二〇〇四年度国家哲学社会科学基金重点项目（04AZJ001）

中国各民族原始宗教资料集成

苗族卷 水族卷

总 主 编：吕大吉 何耀华
副总主编：陈国安

苗族卷 主编：覃东平
水族卷 主编：陈国安

中国社会科学出版社

图书在版编目（CIP）数据

中国各民族原始宗教资料集成．苗族卷、水族卷/吕大吉,何耀华总主编．
北京：中国社会科学出版社,2013.5
ISBN 978-7-5161-0004-2

Ⅰ.①中… Ⅱ.①吕…②何… Ⅲ.①苗族—原始宗教—资料—汇编—中国
②水族—原始宗教—资料—汇编—中国 Ⅳ.①B933

中国版本图书馆 CIP 数据核字（2011）第 171107 号

出 版 人	赵剑英
选题策划	黄燕生
责任编辑	李　是　骆　珊
责任校对	孙洪波
责任印制	戴　宽

出　　版	中国社会科学出版社
社　　址	北京鼓楼西大街甲 158 号（邮编 100720）
网　　址	http://www.csspw.cn
	中文域名：中国社科网　010-64070619
发 行 部	010-84083685
门 市 部	010-84029450
经　　销	新华书店及其他书店
印刷装订	环球印刷（北京）有限公司
版　　次	2013 年 5 月第 1 版
印　　次	2013 年 5 月第 1 次印刷
开　　本	787×1092　1/16
印　　张	49.25
字　　数	1125 千字
定　　价	180.00 元

凡购买中国社会科学出版社图书，如有质量问题请与本社联系调换
电话：010-64009791
版权所有　侵权必究

苗 族

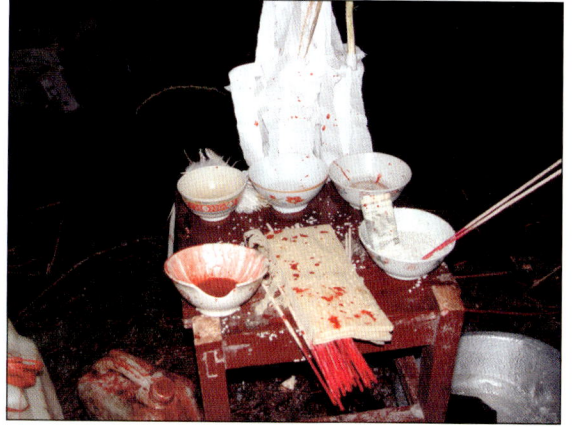

1 鬼师正在剥取驱鬼用的巴茅草
2 敬羊鬼（或称羊神）
3 鬼师胸抱大白公鸡念祭词"招龙"
4 在寨外路边临时搭建的篱笆上杀羊送鬼
5 鬼师进行洗屋驱鬼仪式
6 "招龙"时的祭物

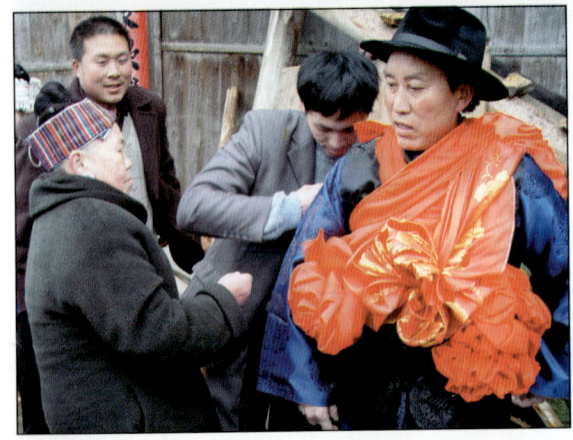

7 村寨"招龙"时，亲朋们送礼庆贺，进寨时要鸣放鞭炮敬贺
8 身着丝绸长袍盛装准备出场的砍牛手
9 砍牛手在盛装妇女们的簇拥下，庄严、徐徐地向龙潭走去
10 人们争相向牛敬酒，祈求平安
11 祭祖用的铜鼓平时挂在鼓藏头家谷堆的上方
12 杀牛后举行盛大的踩鼓仪式，娱神、娱人

7	10
8	11
9	12

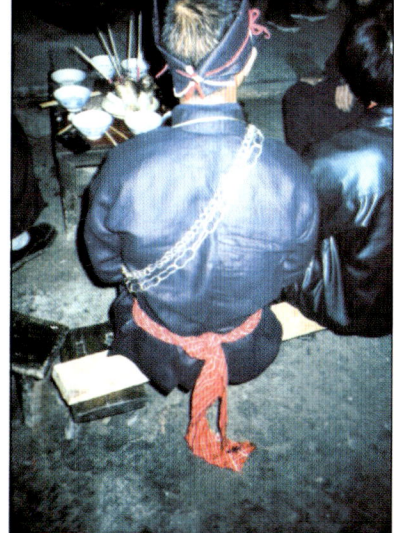

13 龙潭在寨子的上方，常年有水
14 将龙的牺牲之一，砍杀后直接抛入龙潭中
15 鱼是祖先的爱物，所以也成了妇女们的特殊饰物
16 吃鼓藏时男扮女妆的砍牛手
17 杀牛祭祖后，各家要把牛角送到第一鼓社头家，用竹篾捆在预先准备好的枫柱上，由巫师颂牛。意在称赞杀得好，它会给主人带来人、财两旺
18 祈求风调雨顺的踩水鼓仪式
19 不论祭祖还是"招龙"，牛倒下时，一定要让它的头倒向东方

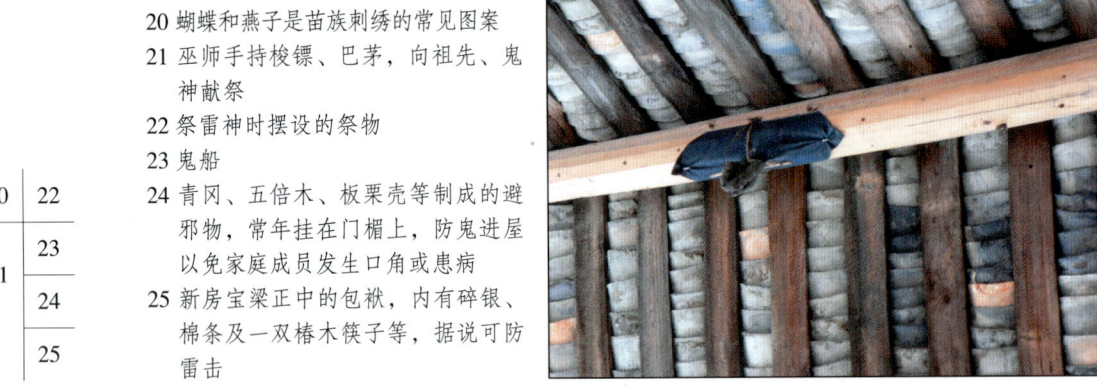

20 蝴蝶和燕子是苗族刺绣的常见图案
21 巫师手持梭镖、巴茅，向祖先、鬼神献祭
22 祭雷神时摆设的祭物
23 鬼船
24 青冈、五倍木、板栗壳等制成的避邪物，常年挂在门楣上，防鬼进屋以免家庭成员发生口角或患病
25 新房宝梁正中的包袱，内有碎银、棉条及一双椿木筷子等，据说可防雷击

20	22
21	23
	24
	25

26 护寨枫树脚下的土地菩萨
27 年节时人们在土地菩萨前杀牲、焚香纸祭祀
28 一旦发生车祸，要在车祸现场"招魂"
29 这辆汽车因运送车祸的伤者，人们在"招魂"时也要杀鸡为它"驱鬼"
30 村头的护寨枫树，是祖宗的化身，也是年节祭祀的对象
31 桥对苗族来说有特殊意义，是求子的主要场地。桥头就是土地菩萨，年节时人们在此烧香挂纸

26	29
27	30
28	31

32 龙潭边的牛角，是杀牛"招龙"后的遗物，也是村寨的守护神
33 灶边亦是祭祀祖宗的场所
34 凳子形似桥，故功能与桥同，既可架桥求子，也可架凳求子。这是年节乞求子孙平安而祭祀的地方，祭凳即祭桥
35 国家一级保护植物秃杉。贵州雷山格头村的苗族把它当作"祖宗树"才使此地成为全国最大的成片秃杉生长地

36 苗族最原始的鼓——地鼓
37 人们为了求子而架设的桥，也即供行人休息的凳子
38 这三块木板虽无实际功用，但它却是人们为求子而架设的"桥"，任何人都不能破坏，否则便认为故意引走"桥"主人的子孙，必然引起械斗
39 送鬼、娱鬼用的彩带等物

水　族

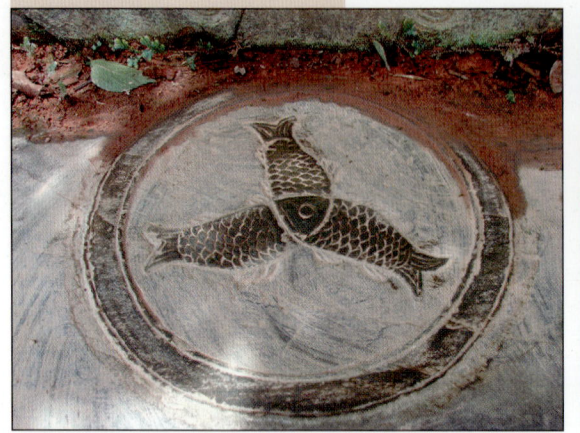

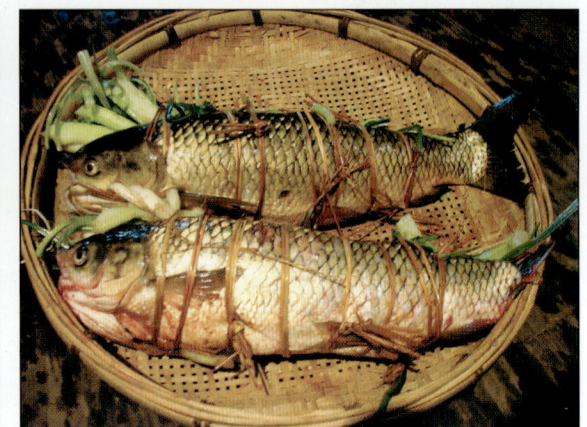

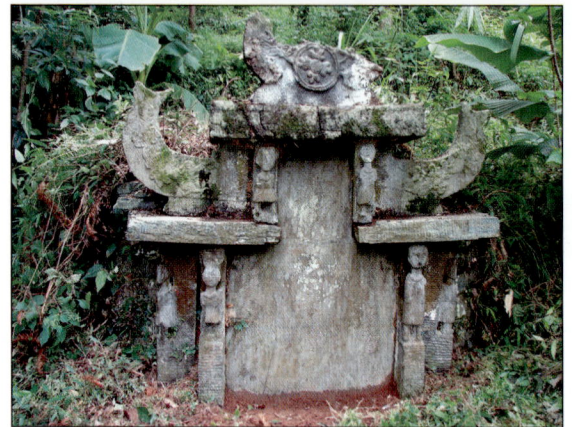

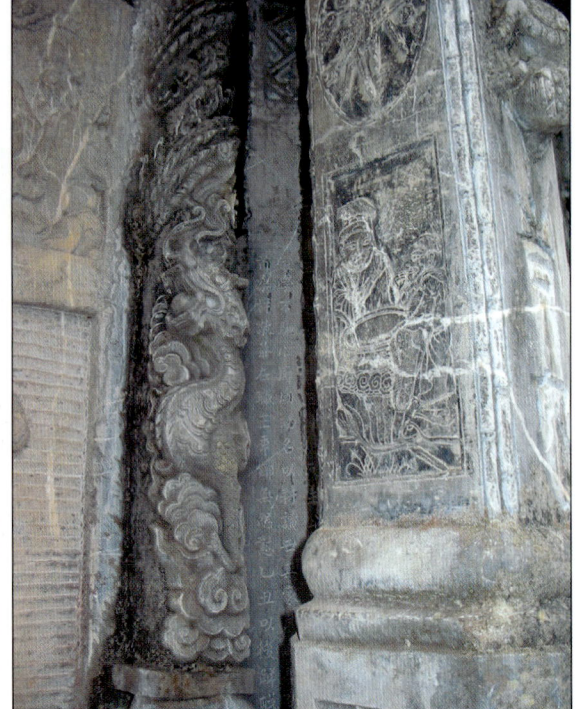

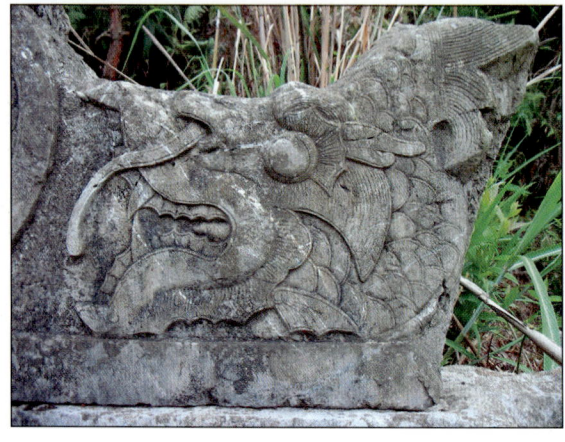

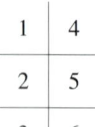

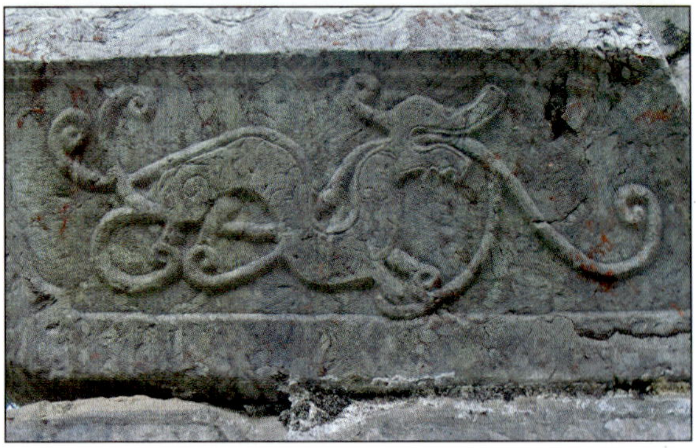

1	4
2	5
3	6

1 鱼图腾崇拜，常见于水族墓门雕刻
2 鱼图腾崇拜
3 双鱼托葫芦是水族墓门上的重要图案
4 鱼包韭菜是水族供祭中的珍品
5 龙图腾崇拜，水族墓上的石雕龙柱
6 水族墓门上的龙石雕

7 龙凤图腾崇拜，水井上的石雕。求生育女孩者献牲并饮此井中水，就能如愿以偿
8 当地为崇拜的巨石盖房，民间称此为"打卦亭"
9 石崇拜
10 贵州三都水族村的怪巨石，当地信奉者尤多
11 贵州丹寨高排村为石菩萨修造的小庙
12 扫寨鬼。贵州榕江县兴华乡摆吉寨水族驱鬼作法后悬于门上的木刀
13 树崇拜。求保者供祭、许愿、贴纸钱。

26	29
27	30
28	31
	32

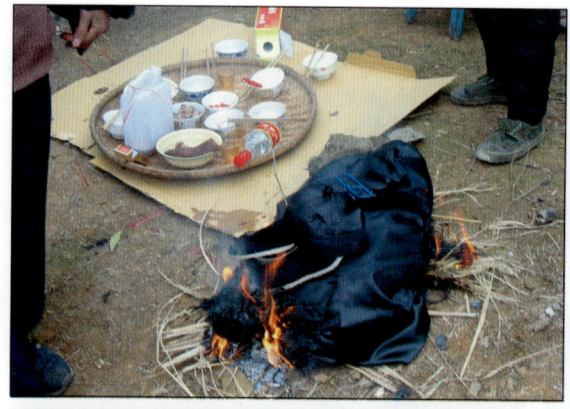

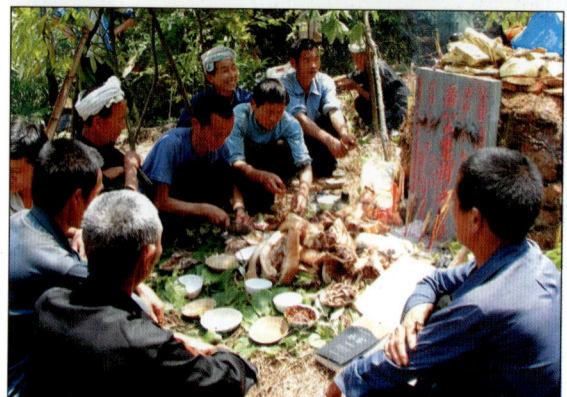

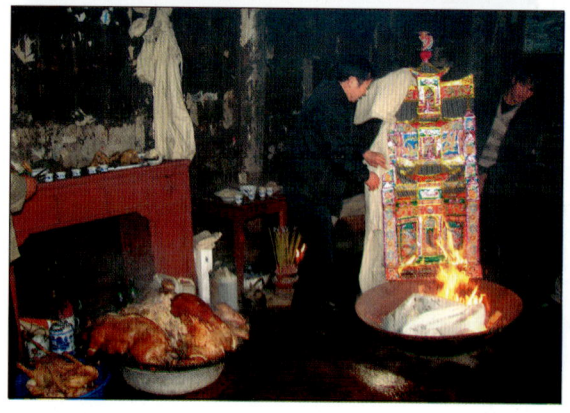

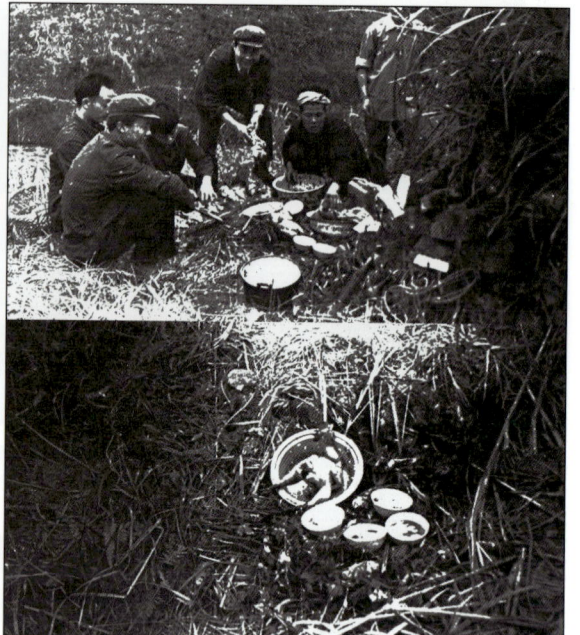

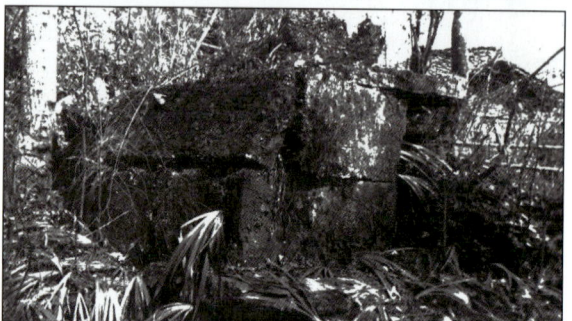

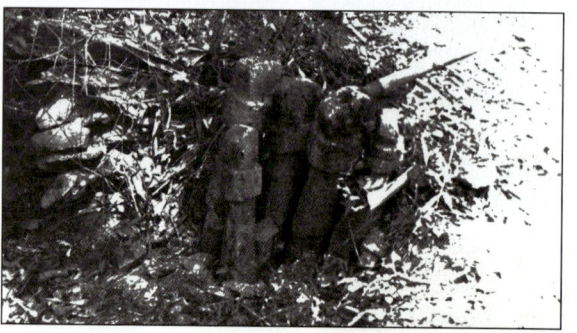

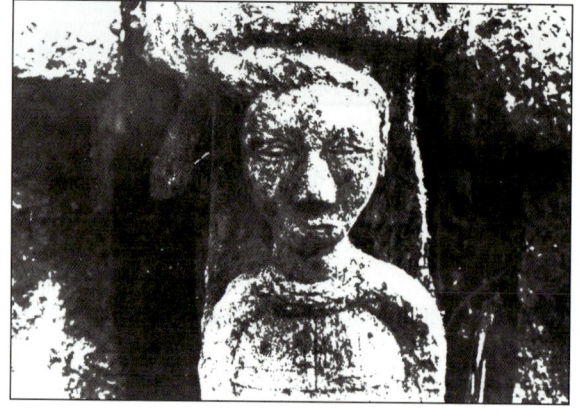

26 兑现许愿时的承诺，为客死他乡的亲人在屋外焚烧新衣

27 按习俗守孝3年结束时，在墓地前的除服仪式

28 守孝3年结束时，举行烧香亭祭及主祭的“孝帕”

29 清明节祭祖，贵州榕江计划乡上拉力寨水族清明节祭祖，上：长辈坟前供祭活动；下为坟旁另设祭席供土地神。

30 早期石棺墓

31 早期土坟墓

32 贵州榕江水尾上寨早期石棺墓侧浮雕水族女性形象

33 石棺墓石刻

34 早期墓石刻，所刻牛、马象征向先辈献牲祭品

35 水书的创始人、水族全民族的保护神陆夺公的供祭位

36 早期墓碑。明弘治十三年［1500年］立于贵州三都县塘州乡拉下村

37 新坟墓供献

33	36
34	37
35	

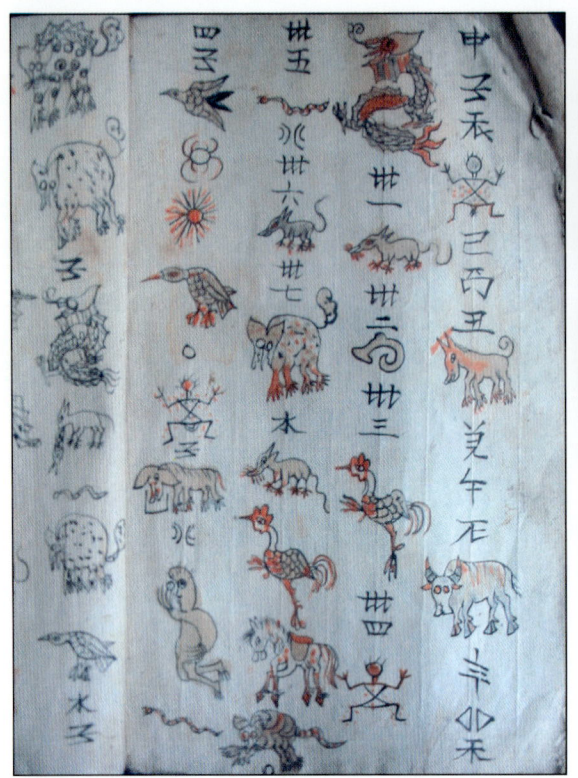

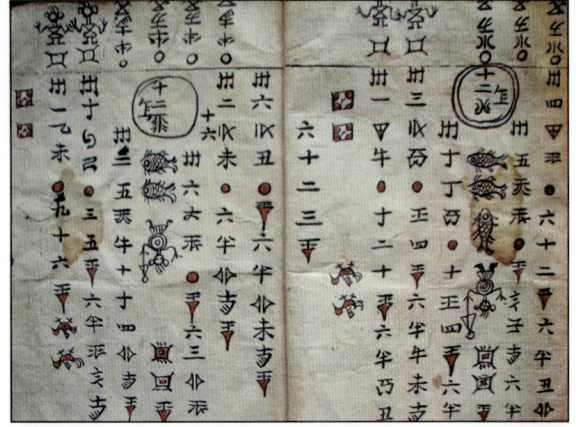

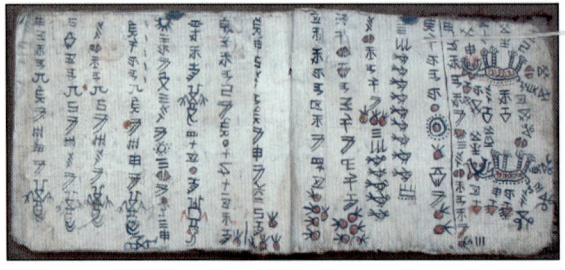

38 《水书·二十八宿卷》选页
39 《水书·秘籍卷》选页
40 《水书·秘籍卷》选页
41 《水书·命理卷》段落表意彩绘图
42 《水书·起造卷》选页
43 《水书·天象方位吉凶》选图

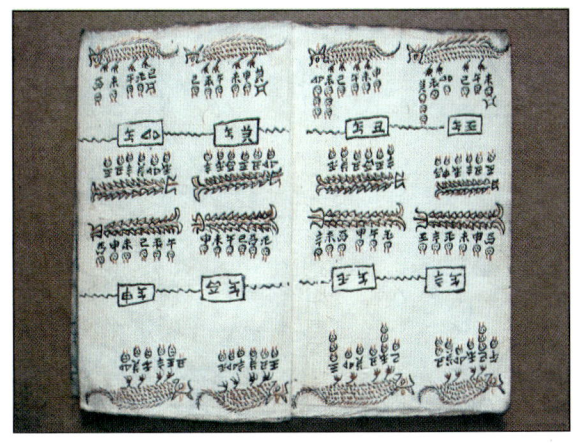

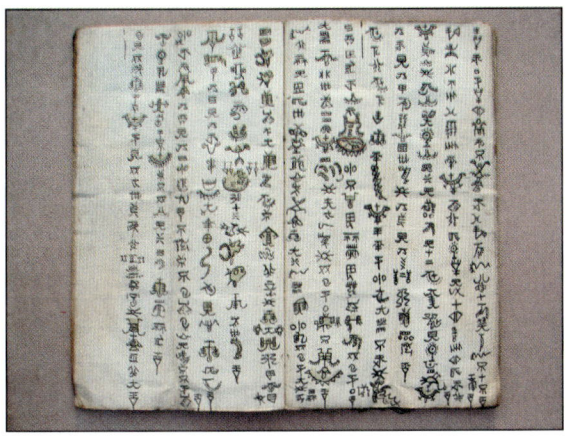

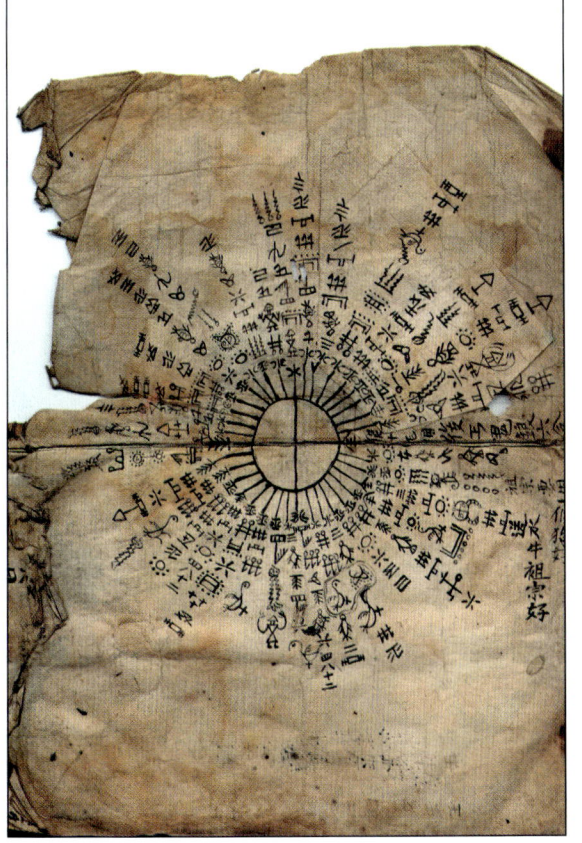

44《水书·龙虎煞制化》选页
45《水书奇字本·调光—2》
46《水书·卵卜卷》选页
47 卦卜后到石菩萨前的供祭活动
48 众人正在水书
49 水族民间草卜

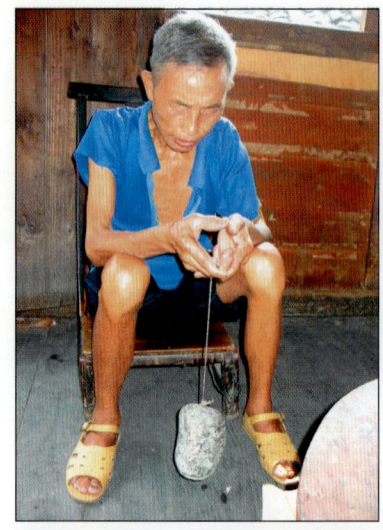

50 水族民间石卜
51 水族民间女巫蛋卜
52 蛋卜是水族民间最高深的占卜方式，与水书合用
53 占卜师使用的石卜、蛋卜用具
54 水族崇尚铜鼓，在节日、丧葬等活动中使用
55 生母娘娘供祭席，家家必设，希望家中人口增殖，健康长寿
56 水书先生作法后的竹子预示着人增寿并节节高升
57 竹子是水族民间人高寿的象征物

总 主 编	吕大吉	何耀华	
副总主编	何光沪	金 泽（回族）	高师宁
	宋立道	黄燕生	
编 委	（以姓氏笔划为序）		
	于锦绣	王树五（白族）	吕大吉
	伍文义（布依族）	孙若穷	牟钟鉴
	邢关英	杜玉亭	何光沪
	宋立道	李文厚	李廷贵（苗族）
	李坚尚	李绍明（土家族）	李国文
	李道勇	乌兰查夫（蒙古族）	何耀华
	岑秀文（苗族）	余洪模（彝族）	佟德富（蒙古族）
	张 民（侗族）	张公瑾	张有隽（瑶族）
	金 泽（回族）	和志武（纳西族）	周锡银
	范宏贵	杨淑荣	高师宁
	倪为国	钱安靖	翁家烈（苗族）
	桑耀华	曹成章	黄燕生
	雷广正	詹承绪	蔡家琪
	满都尔图（达斡尔族）		

中国各民族原始宗教资料集成
总　　序

吕大吉

1. 原始人的宗教信仰，不但是整个人类宗教的发端，在一定意义上，也是人类社会各种文化形式的源泉。文明时代的各种宗教，不管它们崇拜的神灵多么伟大，信奉的教义信条多么玄秘，构建的礼仪体制多么神圣，实际上都不是来自神灵的启示，而是起源于原始时代野蛮人粗俗不堪的膜拜。同样，文明时代各种高雅精致的文化形式：崇高的道德规范，庄严的政治制度，赏心悦目的文学艺术，智慧深邃的哲学思辨……尽管它们各有自己植根的社会土壤，但在其发育的初期，几乎无不脱胎寄养于原始宗教的腹中。宗教和其他文化形式在发生学和发育学上的这一事实，凸显出研究原始宗教的学术意义。人们如果想了解宗教和其他文化形式的本质和奥秘，就得探索它们得以产生的根据和发展的原因，对之进行追根溯源的研究。正是由于这个缘故，许许多多的宗教学家、哲学家、伦理学家、文学家、艺术家、人类学家、民族学家、社会学家、历史学家……像探寻金矿的淘金者一样，都情不自禁地走进原始宗教这个令人困惑不解而又使人兴奋不已的领域。

2. 宗教如何产生，这在宗教学中是一个至关重要的问题。传统的信仰总是相信神圣的宗教必有其神圣的来源，宗教神学家则说成是神的启示。科学的宗教研究打破了这种神话。历史上的启蒙思想家们用理性的批判精神破除信仰主义的独断，肯定宗教这种事物和世界上其他一切事物一样都有其形成和发展的自然过程，并从人而不是从神那里寻找宗教的本质及其产生的根据。对宗教进行的这种理智性探讨，使得宗教研究得以摆脱神学的束缚，在19世纪下半叶形成为一门独立的人文学科——宗教学。研究宗教的起源和发展问题，不仅催生了近代宗教学，而且一直是宗教学者乐此不疲、孜孜以求的热点。达尔文生物进化论的胜利，更对近代宗教学的发展给予了极大的推动。既然人类是从类人猿进化而来，那末，人类所有的一切，包括神圣的宗教，理所当然地也有其从产生到发展、从低级形式到高级形式的进化过程。于是，野蛮的原始人代替"神圣的上帝"成了人类宗教的最初创建人，也成了探索宗教之根的宗教学者们追踪逐猎的主要目标。一时之间，对世界上各个民族的原始社会、原始文化和原始宗教进行实地调查、文献收集和学术研究之风，勃然兴起，成为学术界的时尚。

3. 从 19 世纪下半纪宗教学的诞生到 20 世纪初，是近代宗教学蓬勃发展的时期，名家辈出，学派林立，百花竞放。他们争鸣的焦点主要集中在宗教如何产生、如何发展问题上。单以宗教起源论而言，其中之影响较大者，就有德国自然神话学派的"自然神话说"[①]，泰勒的"万物有灵论"[②]，斯宾塞的"祖灵论"[③]，杜尔凯姆和弗洛伊德的"图腾说"[④]，马雷特的"前万物有灵论"[⑤]，施米特的"原始启示说"或"原始一神论"[⑥]……除了"原始启示说"把最初的宗教说成是"上帝"对原始人的启示以外，其他诸种宗教起源论实质上都是把宗教的发端归结为原始人的错误观念和错误联想，把宗教的神还原为原始人的幻想，把神的神性还原为原始人的人性。这些宗教学说的争鸣，使近代宗教学从其问世之日起就展现出一种波澜壮阔的态势。

研究宗教之起源并非始自 19 世纪，早在古代希腊罗马时代，思想家们即已提出过种种不同的理论。如：克塞诺芬尼的"神灵拟人说"[⑦]，德谟克里特、伊壁鸠鲁、卢克莱修的"恐惧造神说"[⑧]，普罗蒂库斯的"感恩说"[⑨]，克里底亚的"神道设教说"[⑩]，亚里士多德的"天象惊奇说"[⑪]，犹希麦如的"人死封神说"[⑫]……这些宗教起源论也是把宗教和神的产生归结为人的错误观念，是一种反信仰主义的理智性探讨。但近代宗教学的宗教起源论有一个大不相同的特点。古代的宗教起源论没有与生物进化论有关的"原始人"观念，没有有关"原始宗教"的实证资料，基本上是一种哲学性的思辨与推理。近代宗教学则不然，它非常重视原始社会之宗教与文化的实地调查和实证资料的积累。近代宗教学的奠基人麦克斯·缪勒以巨大的热情整理并翻译古代东方的宗教典籍（特别是古印度的吠陀经典），出版了震惊学术界的《东方圣书集》（原文有五十卷）；宗教人类学的开创者爱德华·泰勒青年时代深入墨西哥对原始文化与原始宗教进行实地考察，写成不朽之作《原始文化》；弗雷泽通过《关于未开化或半开化的各民族的风尚、习俗、宗教、迷信等问题的调查》，广泛收集世界各地许多原始民族的宗教、习俗的资料，写

[①] 认为宗教和神话中的"神"，均发端于原始人对自然力（特别是日月星辰）的人格化。
[②] 认为原始人由于对梦幻等生理心理现象的误解而产生的灵魂观念，是人类宗教的最初起源。
[③] 认为原始人对死去祖先的鬼灵的崇拜，是一切宗教的起源。
[④] 认为原始人的图腾崇拜是人类宗教的原初形式。
[⑤] 认为原始人在信仰万物有灵之前有某种更原始的宗教形式，如美拉尼西亚人的"玛纳-禁忌"信仰。
[⑥] 认为最原始的民族都信仰至上神。一神观念是亘古就有的，起源于上帝对人类的原始启示，多神宗教则是原始一神信仰的退化。
[⑦] 认为神灵是人的虚构，是拟人化的产物。
[⑧] 认为宗教神灵观念起源于对自然力的恐惧。
[⑨] 普罗蒂库斯是公元前 5 世纪希腊智者派哲学家，他认为宗教和神灵观念起源于人对生存攸关的自然力的感恩活动。
[⑩] 克里底亚，公元前 5 世纪希腊智者派哲学家，他认为古代立法者为了约束人民，便虚构出诸神作为人类道德的监督者和审判官。
[⑪] 认为宗教神话和哲学一样，起源于自然万物之创生与天体之运行而产生的迷惑感与惊奇感，解答此种惊奇，产生宗教神话；摆脱神话的愚蠢，就形成哲学。
[⑫] 犹希麦如，公元前 4—3 世纪希腊人，他认为古代人所信诸神皆是声名显赫的帝王或英雄死后神格化的结果。

成了关于原始宗教的巨作《金枝》；马林诺夫斯基等许多卓有贡献的宗教学家都曾长时期深入到原始部落民中生活，实地调查原始民族的宗教信仰，在占有实证资料的基础上进行理论著述。可以毫不过分地认为，如果没有关于人类早期和古代宗教信仰的调查和有关资料的积累，就不可能有近代宗教学的诞生。

4. 与此同时，我们也不能不注意到事情的另一方面：近代宗教学发展初期出现的各种宗教起源论，不仅在理论上各执一词，而且在经验事实上往往也互相冲突。这种情况的继续，便使不少宗教学者产生了对研究原始宗教的怀疑。文明民族的原始时代毕竟已成遥远的过去，当代尚存的原始民族情况又非常复杂，任何学者都不可能穷尽所有民族原始宗教信仰的情况，了解和掌握全部有关资料。因此，当时的宗教学者们在构建其人类宗教的起源和发展理论体系时，难免就会以偏概全，用半哲学性的思辨去填补历史事实上的缺环。鉴于这种情况，有些宗教学者便认为，关于宗教起源和发展问题的研究不可能得到经验材料的实证而成为真正的科学。于是，他们逐渐放弃此种性质的研究，转向对各种宗教信仰和宗教现象进行同时性的比较分析，作心理学、社会学和现象学的解释。这样一来，在近代宗教学的领域中，除了宗教人类学、宗教史学之外，又形成了宗教心理学、宗教社会学、宗教现象学等宗教研究的新理论与新方法。但是，宗教学的这种发展绝不意味着降低或否定研究原始宗教的重要学术意义。宗教学作为一门独立的人文学科出现于学术之林，毕竟只有短暂的一百余年，在其发展的早期，出现不同学术见解的纷争，是一种势之必然的正常状况。各种宗教起源论和宗教发展观都有一定的事实根据，从不同方面加深了我们的认识。我们不会因此而离开真理，而是更接近真理。学术上的争论只是告诉我们，应当在更广大的范围内加强对世界各民族原始宗教的调查研究，收集更多、更全面的事实，为进行新的理论综合打下更坚实的资料基础。

宗教心理学、宗教社会学、宗教现象学之类同时性的比较研究方法无疑是有价值的，但它们实际上也得益于早期宗教学者关于原始宗教的研究，从他们对原始人之所以产生宗教神灵观念，并以各种方式进行崇拜活动的分析上汲取营养，进一步对原始人的宗教信仰进行心理学和社会学的分析，作出现象学的解释。在宗教信仰活动的心理基础问题上，原始人的宗教心理最为单纯；在宗教的社会功能上，原始宗教在原始社会中体现得最为充分；在各种宗教现象的人性基础上，原始人的"人性"更为直接地展现在宗教生活的现象形态之中。离开原始宗教，这些宗教研究的新方法不可能得到充分的发展。

5. 研究原始宗教的意义远不限于宗教学领域。在漫长的历史中，宗教一直高居于社会上层建筑的顶端，支配着广大人类的精神世界。正像宗教的神被视为君临世界的主宰一样，它也被视为人类社会各种文化形式的神圣之源。古代中国人把人事的一切都说成是天命所定。此即《尚书》所谓"天惟与我民彝"、"天叙有典"、"天秩有礼"、"天命有德"。西方人更有甚焉，认为上帝创造世界，天命决定一切。

近代各种人文学科都在各自领域内不断批判这种传统观念，而宗教学关于原始宗教的研究则从根本上予以毁灭性的一击。既然人类最早的神不过是原始时代野蛮人的创造，那末，一切文化形式也和宗教一样，它们的真正创造者便不是神，而是人；而文化的最初创造者便是最初造出了神的原始人。各种文化的幼芽几乎无不包容在原始人的宗教观念和宗教活动之中。不管泰勒的"万物有灵论"能否得到宗教学者的普遍赞同，但相信万物有灵的原始民族在世界上确是相当普遍。所谓神灵支配万物虽有宗教的幻想，但原始人有这种幻想却是确定无疑的事实。正是这种普遍的信念给原始人配戴上一副"万物有灵论"的眼镜，把观察所及的世界投入于宗教神秘主义的浓云密雾之中。原始时代的宗教变成了原始人包罗万象的纲领，成为他们思想的原理，行为的原则，激情的源泉，道德的仿效的准则，人际关系的纽带，社会秩序的保证。原始人的社会生活和各种文化形式无不打上宗教的印记，从宗教观念汲取成长所需的营养，通过宗教活动来展现自己的存在，并由之而取得自己的表现形式。原始时代文化与宗教的这种结合，不仅不曾阻碍各种文化的成长，反倒是促使其进一步发展的契机。原始宗教体系赖以构成的基本要素，诸如宗教的观念、宗教的感情、宗教的行为、宗教的体制，都对原始文化的生长产生过"激素"似的作用。

6. 原始人的头脑中产生出某种灵魂观念和神灵观念，应该说是人类思维发展史上一次质的飞跃。从高深的神学理论和现代文明人的眼光看，原始人的神灵粗俗不堪，但在使用石器的原始时代，神灵观念却是原始人所能设想出来的最伟大、最崇高的一种存在。它集中了原始人的最高智慧，寄托着他们对美好生活的期待以及对自身命运的关注。凭借自然本能、终日以生存为务的原始人群，不知何时竟能构想出某种能脱离肉体的"灵魂"观念，再进一步，竟至设想灵魂的不死，设想出飘忽不定的"精灵"，设想出能创造原始人所不能创造的"奇迹"的"神灵"……这样的幻想，较之于现代科学家设计脱离地球引力的宇宙飞船，是毫不逊色的，那是划破原始时代黑暗世界的一道曙光。原始宗教的神灵观念给原始人的想象添上了超自然的羽翼，使之解脱了人类生理本能的自然束缚，翱翔于超自然的无垠空间；也使原始人超出动物式的感性直观，进入人所特有的抽象思维领域。正是这种具有超自然性质的宗教观念和神灵观念，孕育了人类关于人与超人、自然与超自然的思考，成了文明时代各种哲学思辨和科学探索的起点。我们当然不能像泰勒那样，把产生万物有灵观念的原始人称之为"原始的哲学家"，因为他们头脑中所有的，不过是某种模模糊糊的信念，而不是明晰的推理。但是，如果原始人没有某种关于"超自然力量"的信念，就不会有宗教的神，也就不会在文明发展的一定阶段出现论证它的哲学与神学；当然，也不会因此而激发起把这种"超自然力量"还原为自然力量的自然科学和启蒙科学。

7. 原始人一旦在自己的幻想世界里生出超人间、超自然的神灵观念，必然伴生出对神灵的依赖之感和敬畏之情。随着神灵观念的演进，神的神性愈益崇高，神的权能日渐强大，人对神的依赖感和敬畏感也就相应膨胀。对神的信仰愈是虔诚，人的宗教感情便越发强烈。情动于中势必发之于外，表现为相应的言词和身体动作。由于神灵只是幻想中的存在，任何人都不可能对神有实在感触，所以，一切表现神灵的言词和身体动作便不能不是拟人化的、象征性的。或者用某种物质性的实物和偶像象征那本属虚无的神灵，或者用比喻性的语词来表象神灵的性状，或者用模拟化的身体动作再现神灵的活动……一切"象征"性的表现，都是人性的创造活动，成为形象化的艺术。语言的象征，发展为讴歌神灵事功、感谢神灵恩德的文学艺术（诗歌和神话之类）；身体动作的象征性模拟，发展为舞蹈艺术；神灵偶像的制作，发展为雕塑绘画之类造型艺术……原始人的艺术活动和艺术创作之最深刻的源泉无疑是他们的社会实践，但同样无疑的事实是，原始艺术在原始社会的存在与发展，不可能脱离宗教观念的刺激和宗教崇拜活动的哺育。文化人类学的研究告诉我们，世界各民族的早期文化艺术几乎无不具有宗教的色彩，寄生于原始人的宗教生活。

8. 原始人对神灵的依赖，必然表现为向神祈求、对神献祭之类崇拜行为；对神灵的敬畏又必然体现为对自身行为上的限制和禁戒规定。由于相信万物有灵，原始人的活动几乎成了事事献祭、处处禁忌的宗教生活。原始社会是一个以血缘关系为纽带而结成的氏族制社会，全体氏族成员信仰共同的神灵，进行共同参加的宗教活动，这就逐渐形成了全体氏族成员必须共同遵奉的规范化的宗教礼仪。它把氏族全体成员纳入于普遍性的行为模式和统一性的宗教体制之中。规范化的宗教礼仪具有超个人的权威，对氏族集团中的每一个人的行为与活动具有社会的强制力。氏族社会赋予宗教禁忌规定和宗教礼仪以神圣的权威，迫使原始人逐渐强化对社会规范的服从和对个人行为的约束。这些神圣的禁忌和规范成了原始人在生活中必须遵守的"无上命令"，使原始人的动物性本能受到抑制，由此而受到自制的教诲。年深日久，这些神圣的禁忌和行为规范演变而成为氏族的习尚，外在的强制化为内在的责任，行为上的"必须"积淀为良心上的"应该"，这就强化了源于人际关系的行为准则和伦理意识。弗雷泽说，与神圣观念相联系的禁忌制度，在人类早期的社会生活中，对稳定社会秩序，对确立私有财产不被盗窃和不受侵犯，对婚姻的神圣性，对保护和尊重人的生命，都有重大作用。这个说法确有道理。在原始社会，如果没有与宗教崇拜相联系的礼仪制度和禁戒规定，以及随之而来的严酷可怕的神圣制裁，原始人的道德规范和"法纪"规约是难以建立的，社会的文明与进步就难以想象了。

9. 在原始时代，宗教的体制与社会的体制是浑然一体的。氏族制度被宗教化，宗教崇拜活动的体制也构成氏族社会的社会制度。由图腾崇拜而固定了同一图腾氏族男女不婚的外婚制；由祖先崇拜而规定出丧葬制度，与生产活动相联系的丰产巫术发展为各种祭祀制度……这一切都说明，原始宗教渗透到氏族社会生活的各个方面，固定以至构成氏族社会的各种制度，它是原始社会的无所不包的上层建筑。当然，各种上层建筑（其中包括宗教）的终极根源是社会的经济基础，但它们在原始社会是作为原始宗教的一个组成部分而表现出来的。尽管随着社会的演进，许多上层建筑和社会制度都先后脱去了宗教的外衣，但如追根溯源，我们几乎总是可以在原始时代的宗教中找到它们诞生之初的表现形态。

10. 探究事物的根源，集中反映出人类理智的本性。人类的理智之所以有别于动物的感知，就表现在它不满足于感官的直观陈述，而不断追溯直观背后的根源，以至根源的根源……这种追根溯源的研究激发起思想的热度,促进认识的深化。地理学家探寻长江、黄河的源头,目的不是使江河倒流,而是为了科学地揭示其形成过程,预见其未来的发展,以求更好地整治和利用。同样,从原始宗教那里去探寻各种文化形式的源流,并不是把文明还原为野蛮,贬低文化的高雅和价值,而是从原始人性中寻找各种文化的种子,揭示出文化发展的真正轨迹。

11. 原始社会是一个漫长的历史过程,原始宗教为我们的研究留下了巨大的时间和空间,是宗教学和其他人文学科取之不尽的知识之源。但是,如要研究原始社会的宗教,就得广泛收集一切有关的资料。没有资料就没有学术研究。而有关人类早期宗教情况的第一手资料,只能是原始人的遗骸和文化遗址。尽管宗教的观念不可感知,但如其萌生于原始人的思想之中,迟早总得外化为相应的语言和行为,表现为宗教崇拜活动。活动本身可以消失,但活动的后果却会以感性化、物态化的形式留存于世(如山顶洞人的随葬品,新石器时代原始人的墓葬,红山文化遗址的神庙和祭仪礼器……),人类学、考古学可以对这些原始遗物进行比较分析,推断原始人的宗教观念和崇拜活动。考古发现的宗教遗物本身并不能直接陈述原始人宗教崇拜的故事,我们只能根据与之处于同一文化时代的现代原始民族的宗教信仰情况,通过类比推理对之作出诠释。地理大发现以来,世界各地区、各民族的社会生活和文化习俗越来越多地为人们所了解。其中,不少民族至今尚处于原始社会阶段,民族学的资料可以为我们的研究提供直接根据和参照系统。

12. 中国是人类发祥地之一。中华各民族的原始祖先都有自己的原始性宗教信仰。大多数民族在其发展的一定阶段跨入文明时代,但迟至本世纪50年代,仍有一些民族停留在原始社会,他们是原始宗教和原始文化的"活化石"。即使像华夏民族这样早已创造了世界最古老文明的民族,其传统宗教也并未彻底除去原始祖先的印迹,其历史文献更大量保存有关于原始宗教生活的记叙和历史追述;至于考古发现的原始宗教遗址,则遍布长城内外,江河南北。所有这些,为我们研究中国各民族原始社会、原始宗教和原始文化提供了丰富的人类学、考古学、历史学和民族学的资料。如果我们今天想要追溯中国文化和中国宗教的源头,必须对我国各民族的原始宗教给以特殊的关注。

鉴于原始宗教研究的重大学术意义,我在1983年于福州召开的我国第六个五年计划(1981—1985)期间哲学社会科学规划会议上,建议把研究中国原始宗教、收集整理有关资料列为国家科研计划。这个建议得到了学术界的重视。1986年在北京召开的"七五"期间哲学社会科学规划会议把这项研究列入国家重点科研项目,并委托我为这一课题的主持人。全国各地许多宗教学者、民族学者热烈支持此项研究,愿意投身到这一学术事业中来。在很短时间内,数十名学有专长、卓有成就的专家和教授参加我们这个规模壮观的课题组,展开广泛的协作。

13. 当务之急是要广泛深入地进行调查研究,全面系统地占有原始资料,整理出版,为广大的宗教学者和其他人文学科的学术工作者提供最有权威的资料。为此,我们决定，在实地调查和整理文献记载和考古资料的基础上，编辑出版这一套《中国各民族原始宗教资料集成》（原名"丛编"）。本书将尽可能汇集迄今为止有关各民族原始宗教的全部资料，其来源有四：一是实地调查，二是考古发现，三是历史文献记载，四是学术论著中具有资料价值的记叙。这将是我国各民族原始宗教研究资料的全面集成。这里，我们应该强调指出的是：尽管我国各民族有关原始宗教的资料是丰富的，但长期以来我国学术界对它的调查研究却是不充分的。本世纪50年代、60年代，出于社会改革的需要，我国政府曾组织大批力量（其中不少是民族学者）对各民族的社会和历史进行过规模颇大的社会调查，获得了不少有关各民族传统文化和民俗活动的资料，这些资料是非常难得的、宝贵的。但是，由于种种历史原因，当时的调查主要侧重于社会经济形态和阶级构成，对于传统宗教的调查（通常视为迷信之类，不予重视），一般不过是一鳞半爪，浅尝辄止。对原始性宗教的表层现象虽有所记述，但对其深层内容则触及不多。这使我们失去了许许多多至今无法补救的、珍贵的、不可重复的第一手资料。如果我们今天再想补上宗教调查这一课，客观上确有难以克服的困难。可是，对各民族原始宗教的调查与研究，又不允许我们继续拖延下去。中华人民共和国成立40多年来，是社会大变动和各族文化交融加速进行的历史时期。随着社会的改造和开放，至今尚存的原始民族以及各民族原始性宗教的传统遗迹已经很少了，并正在加快消失——这加重了我们完成这项事业的历史责任感和紧迫感。对各民族原始性传统宗教的调查研究以及资料的收集整理，是一桩带有抢救性的文化学术工程，必须充分重视，立即行动，抓紧进行。现在开展这方面的调查，为时已嫌过晚，如果一误再误，将来时过境迁，让时间的洪流冲刷尽原始性宗教的最后痕迹，我们就后悔莫及了。我们课题组全体同仁就是本着这样的认识承担起这副历史担子的。我们在经费短缺、人手不够的情况下，一方面对现有文献资料进行大规模的收集整理，一方面深入民族地区进行实地调查。有些同志年事已高，体弱多病，但他们却忘我地献身于这项事业，跋涉于高山深谷之地，奔走于穷乡僻壤之间。阅读本《集成》各卷的学界同事，当能从中体味到他们所作的奉献。对由于客观条件的限制而引起的某些资料缺欠，也就能更多地予以谅解。

14. 本书的性质决定我们编选的资料只限于各民族的原始性宗教，可我国的大多数民族早已越过原始阶段，进入阶级社会，原始宗教的因素已沉积和混杂于后来发展的宗教之中。这就有一个按"原始宗教"的内涵和外延来收集和编选有关资料的问题。我们课题组对此作过多次研讨并达成共识。我们认为，所谓"原始宗教"的"原始"，是一个历史范畴，本意是指产生于原始社会的宗教形态，它是人类宗教的发端。原始宗教随着原始社会的发展而演变，但并不随原始社会发展为阶级社会而完全消失。它的许多因素和表现形式都经过变形而沉积在后代的宗教之中。尽管阶级社会的宗教已不再是标准意义的"原始宗教"，但却保留"原始性"宗教的因素。只要我们应用科学的分析方法，不难剥离阶级社会的"附加品"，筛选出原始宗教的"沉积物"。如果要对这种"附加品"和"沉积物"作出科学的甄别，我们必须对原始宗教不同于非原始宗教的特殊性有一个科学的认识。我们认为，这种特殊性主要表现在两个方面：

第一，原始宗教是原始氏族制社会的上层建筑和社会意识的总汇，它的社会本质集中体现为巩固氏族制度和维护氏族社会的传统。原始宗教所包含的各种基本要素（宗教观念、崇拜对象、崇拜行为、崇拜礼仪、宗教体制……）无论在内容和形式上，都体现出原始时代人际关系的性质和氏族制度的需要，并与氏族制的社会结构浑然一体，成为制约整个氏族集体所有成员之意识和行为的规范。原始宗教是氏族集团全民信仰的"氏族宗教"，不具有阶级社会所特有的阶级色彩。

第二，原始人的宗教观念是原始时代支配人们日常生活的异己力量在原始人头脑中的幻想反映。从人类诞生之日起，人就要仰赖于自然界以维持生存的需要。在当时，人要从自然界获取生存所需，便必须依赖由血缘关系结成的群体共同从事生产活动。这就决定原始人的生活既服从于自然力量的支配，又要接受社会关系的制约。两种异己力量在原始人的幻想世界中反映为神圣而又神秘的对象，集中表现为祖先崇拜和自然崇拜。这两种是原始社会氏族宗教的基本观念和基本崇拜对象，其他的崇拜对象大体上均由此衍化而来。图腾崇拜则是原始人观念世界中人与自然朦胧未分之际把自然物视为氏族祖先和氏族象征的一种宗教表现。阶级社会中的图腾崇拜、祖先崇拜、自然崇拜等宗教现象，本质上是原始宗教的"沉积物"，只要我们剥离其阶级色彩，就可在一定程度上还原原始宗教的一些现象形态。

《中国各民族原始宗教资料集成》各卷大体上就是按此理论原则来进行资料的调查、收集、选择和编辑处理的。

由于中国在世界上是一个率先进入文明时代的文明古国，除少数几个民族以外，绝大多数民族早已脱离原始时代，所以，严格意义上的"原始宗教"形态早已成为历史的陈迹。如果不采用这种剥离"附加品"，提取"沉积物"的办法，那些原始性的宗教因素就将永远埋没在历史的底层。这就像开采黄金一样，我们只有通过复杂的筛选程序或者取粹提纯，或者沙里淘金。在自然界，天然的纯金即令不是绝对没有，至少也是稀世之珍。它总是作为因素或颗粒，共生于包含诸多元素的矿石之内，散存于大片沙砾之中。主观上，我们当然希望淘取的"黄金"纯而又纯，但在实际的淘取过程中却不能不受客观的限制。有些宗教意识的共生物常常被历史化合为一种新的质态，如果想要把它还原为组合成它的原始因素，只能通过理论分析。可这样做，我们献给社会的产品，便不是原始资料，而是某种理论的抽象物了。基于这种考虑，《集成》各卷有时不得不向读者和学界提供某些原始宗教与其他宗教的"共生物"。对于志在研究中国原始宗教及其历史发展的学者，这种"共生物"也许更能使他们了解原始宗教的踪迹及其与其他宗教的关系。我们想，这不仅不会降低此类性质资料的学术价值，反倒可以激发学者们进一步的联想。

15. 我国是一个多民族国家，各民族的原始性宗教既有共同性因素，也各有其民族特色。为保持这种特性，我们决定以民族为单元，并依据某些民族族源的相似性或地区上的共同性，分卷编辑出版。除了各民族分卷以外，还包括《考古卷》和《古代文献卷》。

《集成》的编辑与出版，是一项意义重大的学术事业，工程浩大，卷帙众多。但由于课题组同仁们的艰苦努力和精诚合作，工程进展相当顺利，可以预期必成。我们现在已推出第一批成果，在未来的几年内，将陆续完成计划中的全部分卷。此时此刻，我们在享受收获之乐的激动之余，不能不向中国社会科学出版社表示我们由衷的敬意和谢意，没有他们开拓学术新边疆的远见卓识和实际支持，在目前这种出版事业大不景气的时候，本书各卷的出版是难以想象的。

（一九九六年）

A GENERAL INTRODUCTION TO
A SERIES OF SOURCEBOOKS ON THE PRIMITIVE RELIGIONS OF CHINA

Lü Daji

1

　　The religious beliefs of primitive peoples were not only the beginning of religion of all the people, but also, in some senses, the origin of all forms of culture of human society. The various religions in the epoch of civilization, no matter how great their deities, how mystic their creeds and how holy their ritual institutions, in fact, came from the vulgar worship of the barbarians of primitive society instead of through divine revelation. The same is true of the various forms of the refined, elaborated cuitures: norms of lofty morality, solemn institutions of politics, literature and arts pleasant to both the mind and eyes, philosophical thoughts wise and deep, etc., which, for all they took their roots in societies, grew and developed in primitive religions. The genesis and evolutionary development of religion and other forms of culture show that the study of primitive religion is of great significance. In order to have a good understanding of the nature and mystery of religion and other forms of culture, we should research their roots and the reasons for their genesis and development. For this reason, many scholars of religion, philosophy, ethics, literature, arts, anthropology, ethnology, sociology, history, etc., like those who rush to a newly-discovered gold-field, cannot help going into the research field of primitive religion, which always makes one both puzzled and excited.

2

　　How religion came into being is an issue of great importance in the study of religion. According to traditional belief a holy religion must have its holy origin. Theologists believe that their religion came from divine revelations. But the scientific study of religion broke away from the mythical interpretation. The thinkers emerging during the Enlightenment eradicated the dictatorial decision of fideism with judgments made through rational criticism. They confirmed that religion, like other things in the world, has its process of formation and development. They tried to find out the nature of religion and the basis of its origin among human beings instead of deities. Owing to the rational research into religion, the study of religion shook off the yoke of theology and developed into an independent branch of the humanities-the science of religion-in the second half of the nineteenth century.

The research into the origin and evolutionary development of religion not only helped the modern science of religion to take shape but has also been a field of great interest to scholars of religion who pursue the subject avidly. Darwinism has played a great role in the development of the modern science of religion. Since man evolved from the anthropoid ape, everything in the human world naturally has its process of development, which is basically the evolutionary development of more complicated forms of life from earlier and simpler forms. Religion is no exception. Therefore, it was not the sacred gods and deities but the barbarians in primitive society who founded religion, and thus they become the target of the research into the origin of religion. As a result, it became a fashion to do field work and investigation on the subject of primitive societies, primitive cultures and primitive religions of various ethnic groups in the world.

3

From the late nineteenth century, when the science of religion had just been founded, to the early twentieth century, the modern science of religion achieved a vigorous development that produced a host of prominent scholars and academic sehools in relationto religion. The diversity of their points of view on religion focused on its origin and development. Let us review some of the different conclusions on the problem of the origin of religion. Some German scholars held that the "gods" in religion and myths originated in the natural forces (especially the sun, the moon and the stars), which were personifled by the ancient people. According to Edward Burnett Tylor, religion arose from the ancient people's animistic ideas that developed through the process of a faulty logic drawn from physiological and psychological phenomena such as dreams, visions and trances. Herbert Spencer held that religion originated from the ancient people's worship of ancestors. Robertson Smith, Emile Durkheim and Sigmund Freud regarded the worship of the totem as the beginning of religion. R. R. Marett of Britain believed that the ancient people had held some more primitive forms of religious belief, such as "Manataboo" among the Melanesians. before they believed in animism. The German Roman Catholic priest and ethnologist Wilhelm Schmidt maintained that all the primitive people believed in a supreme God, that the idea of one God emerged in ancient times from the God's revelation to the human beings and that polytheism was the degeneration of the primitive monotheism. Other conclusions on the origin of religion owe it to the primitive people's faulty concepts and faulty association of ideas and attribute gods (objects of religious belief) to people's fantasy and the nature of god to the human nature. As a result of the extensive debate in relation to religion, the modern science of religion swept ahead magnificently ever since it came into being.

The study of the origin of religion did not begin in the nineteenth century. As early as the Greco-Roman period, philosophers already raised various theories. Xenophanes defined deities as man's fantasy, the result of personification. According to Democritus (460? —362 B. C.), Epicurus (342? —270 B. C.), and Lucretius (997—755 B. C.), men's ideas of deities originated from their fear of the forces of nature. Pradikos, a Greek philosopher of the fifth century B. C., attributed religion and the concepts of deities and spirits to the activities by which men showed gratitude to the forces of nature that were critical to the existence of human beings. Critias, another Greek philosopher of the fifth century B. C., believed that deities were fabricated by ancient legislators as supervisors and judges of morals so as to control the people. Aristotle maintained that religion, like philosophy, originated in man's awe and confusion about the creation of all things in nature and the movements of celestial objects. According to him, in order to explain the unknown, people produced religious myths, and in order to free the people from the stupidity of myths, philosophy came into being. Euhemerus, a Greek of the fourth-third centuries B. C., attributed gods to the deification of the deceased eminent emperors and heroes. All these conclusions on the origin of religion ascribe the starting point of religion and gods to man's faulty ideas and therefore are a rational study based on antifideism.

Nevertheless, the approach to the study of the genesis of religion is quite different in the modern science of religion. In ancient society the study of the origin of religion was chiefly a philosophical inference, which had neither the concept of "primitive people" in relation to evolutionism nor positive evidence of "primitive religion"; while the modern science of religion put stress on field-work investigation and the collection of evidence in relation to the religion and culture of primitive society.

Max Muller, the founder of the modern science of religion, devoted great enthusiasm to the edition and translation of oriental religious classic books (particularly the Veda of ancient India) and published *Sacred Books of the East*, which created a great sensation in academic circles. Edward Tylor, the founder of religious anthropology, wrote a well-known book, *Primitive Culture*, based on the field-work of primitive religion and culture he had made in Mexico when he was young. On the basis of his *Questions on the Manners, Customs, Religions, Superstitions*, etc. of Uncivilized or Semicivilized Peoples and through the investigation of religious beliefs and customs of primitive people, James G. Frazer wrote and published *Golden Bough*, a masterpiece of primitive religion. Malinowski and many other fruitful scholars of religion all made long-term investigations into the religious belief of primitive peoples and worked among tribesmen before they wrote books with the materials collected from their field-work. So it can be held that without the investigation of the religious beliefs of the primitive and ancient people and the accumulation of materials, there could not have been the modern science of religion.

4

At the same time we have to notice that in the early period of the modern science of religion various theoretical conclusions on the origin of religion were expounded, but many of them were in conflict with each other in theory and facts. This situation thus made many scholars of religion cast doubts on the value of the study of primitive religion. Since the primitive age had become a remote past, as they thought, and the religious belief of the existing primitive tribes was too complex for anyone to have a thorough and comprehensive understanding of it, the scholars of religion in developing the theories of the origin and evolution of religion had to take a part as a whole and make use of pseudo-philosophical deductions to substitute the missing links of historical facts. In view of this, some scholars maintained it was impossible for the study of the origin and growth of religion to become a true science because it could not be proved by experimental evidence. So they gradually gave up the study and turned to the contemporary comparative study of various religious beliefs and religious phenomena, giving psychological, sociological and phenomenologieal interpretations to them. Thus, in the modern science of religion, in addition to anthrop do gical and historical studies of religion, there emerged new theories and new methods-psychological, sociological, and phenomenological studies of religion.

Nevertheless, the growth of new disciplines in the science of religion certainly did not mean that the academic importance of the study of primitive religion was reduced or negated. It is only a century since the science of religion was established and developed as an independent branch of humane studies. It is only natural that in its early period there were different points of view in relation to the study of religion. This was a result of in depth study and a subsequent understanding of the origin and growth of religion from different stands because the different theories on the subject are all based on eertain facts. Instead of going away from it, scholars have come nearer to the truth. The diversity of academic discussions only shows that we should put more stress on he investigation of the peoples of the world on a wider scale and collect more comprehensive data that contain more facts, so as to lay down a more solid base for the newly-established comprehensive study of religion.

The contemporary comparative study of religion made by religious psychologists, religious sociologists, religious phenomenologists and others was doubtless important. In fact, they benefited considerably from the study of primitive religions made by the early scholars, who had made analyses of the starting point of the primitive people's religious concedt of gods and their various activities of worship. By absorbing nutrition from the early analyses, the contemporary comparative study of religion gives psychological and sociological analysis and phenomenological interpretation of primitive religious belief. As to the psychology of religious activities, the primitive people's religious psychology was the simplest; as to the social functions of religion, the social functions of Drimitive religions were given the fullest expression in the primitive society; as to the human nature reflected in various religious phenomena, it was most directly reflected in the Dhenomenal forms of religious life in the primitive society. Thus it can be seen that without the study of primitive religions, these new approaches to the study of religion could not have attained its fullest development.

5

The significance of the study of primitive religion is not limited within the science of religion. Throughout history religion has been high on the top of the superstructure of societv, controlling the spiritual world of the masses of people. Just as gods are eonsidered as the rulers of the world, religion is taken as the sacred origin of all forms of cul ture in the human society. To the ancient Chinese, all things in the world were decided by the Mandate of Heaven, as is said in *Shang Shu （Book of History）*, a Chinese classic. It is all the more for the westerners, who maintain that God created the world and Heaven decides all.

In modern times this traditional concept was criticized in all the disciplines of the humanities, and the study of primitive religion gave it a crushing blow. Since the earliest gods were but a creation by the savages in the primitive era, the real creator of all forms of culture must have been man instead of god; the earliest creator of culture must have been the primitive people who created god. Almost all the young shoots of culture began in the religious concepts and activities of the primitive people. No matter whether Tylor's "animism" bas enjoyed the support of many scholars, the fact is that most of the primitive peoples of the world believed in animism. The belief that all objects are controlled bv deities and spirits is a religious fantasy, but it is a doubtless fact that the primitive people had the fantasy. It was just such a universal belief that provided the primitive people with the "glasses of animism", through which everything in their eyes were covered by clouds of religious mysticism. The religion in the primitive era became an all-embracing guiding principle of their life, a basis of their thoughts, a principle of their behavior, an origin of their passion, a standard of their morals, the ties of their social and personal relations, and a guarantee of their social order. The social life and all forms of culture of the primitive people were stamped with the brand of religion. They absorbed nutrition necessary for their growth from religious concepts, showed their existence through religious activities and thus developed their different forms of representation. The connection of culture with religion in the primitive era was not an obstruction but a promotion to the growth of culture. The fundamental elements necessary to the formation of religious system, such as religious concepts, religious feelings, religious actions and religious institutions-all played a role similar to "hormones" in the growth of the primitive culture.

6

It should be taken as a qualitative change in the evolutionary development of the thoughts of human beings that the primitive people conceived of the ideas of souls and gods. Though they are vulgar and ill in taste in the light of the profound theories of theology and in the eyes of modern men, souls and gods in the primitive era were the greatest and loftiest existence the primitive men had ever imagined, on which they concentrated their highest wisdom and placed their hope for a happy life and the concern about their fate. It is not known how primitive people, who spent all the day seeking food to support their life by means of their natural capacities, could have conceived of the idea that a soul was able to leave the human body. Moreover. they imagined that "spirits" were floating and "gods" could create the miracles men could not make... The imagination, like the light of early dawn that broke the dark world of the primitive era, was not in the least inferior to the design of the first spaceship made by modern scientists. The concepts of gods and spirits of primitive religion put a pair of supernatural wings on the imagination of primitive people. Thanks to the wings, they shook off the natural yoke of men's physiological instincts and thus made men fly freely in the limitless supernatural space. Therefore, the primitive people went beyond the world directly perceived through senses into the sphere of abstract thinking that can be achieved only by human beings.

It was the supernatural religious ideas and the coucept of gods that made men ponder over men and supermen, nature and supernature, and that thus became the starting point of all philosophical thoughts and scientific research in the epoch of civilization. We cannot, of course, call the primitive people who had the conception of animism "primitive philosophers" as Tylor did, because what they formed in their minds was but a dim belief instead of a clear inference. On the other hand, if the primitive people did not have a certain belief in "supernatural power", there would not have been either religious concepts of gods, or the philosophy and theology that expounded and proved it later in a certain period of civilization; nor would there have been the natural science and the Enlightenment philosophy that have subsequently returned the "supernatural forces" to the original forces of nature.

7

Once the imagination about the supernatural and above-the-world gods and spirits emerged in their unrealistic fancies, the primitive people were certainly in awe of and dependent on them. With the development of the imagination, the higher the divinity was, the stronger the divine power became, and the deeper the feelings of awe and dependence were.

Feelings had to be expressed outwardly through speech and physical actions. Since gods were but an existence in men's fancies, nobody could have physical contacts with them. Therefore, all the speech and physical actions that represented divinities had to be personified and symbolized. All symbolized representations, whether they are the symbolization of the purely illusory gods through objects and idols, or the representation of the nature and form of gods through speech by analogy, or the imitation of the imagined actions of gods through ment's physical acts, were the creation of human nature and became visualized arts afterwards. As a result, the symbols of speech developed into the literature and arts (poems, myths and so on) that express men's praise of and gratitudes to the meritorious contributions of gods; symbolized imitation through physical actions developed into dances, and the creation of idols of gods developed into plastic arts such as sculpture and painting.

The artistic activities and creation of the primitive people doubtlessly came first of all from their social practices, and on the other hand it was also a doubtless fact that the primitive arts in the primitive society could not exist and develop without the stimulus of religious conception and the nutrition of religious worship. The studies of cultural anthropology show that the early arts of all peoples without exception were tinged with religion and dependent on their religious life.

8

The primitive people's dependency on gods and spirits was expressed as the worship of gods (praying and offering sacrifices), their feelings of respect and awe of gods were expressed in the restriction of their own acts (taboos and the like). Owing to the belief of animism, the daily activities of the primitive people almost became a religious life full of sacrifices and taboos. Primitive society was of the clan system based on blood ties. In the society the members of a clan all believed in their common gods and thus engaged in common religious activities. This resulted in the gradual formation of the institutionalized religious rituals, which all clan members should observe and therefore brought them into a universal pattern of behavior and a unitary religious institution. The rituals enjoyed superpersonal authority and imposed many restrictions on the behavior and action of every member of the clan. The clan society gave religious taboos and rituals sacred authority, which forced the primitive people to gradually intensify the observation of social norms and the control of personal behavior. The sacred taboos and norms became the "highest orders" the primitive people had to obey in their daily life. Under the "orders" their animal instincts were restrained and they learnt to control themselves. With time passing by. the sacred taboos and the norms of behavior evolved into the cus toms and habits of the clan, the outward compulsion into inner voice urging one to behave in a certain way. and the "necessity" in one's behavior into the "obligation" required by one's conscience. All this caused the strengthening of behavior norms and consciousness of moral principles.

According to Frazer, in the early societies, the taboo institution, related to the concept of sacred, played an important role in stabilizing social order, guarding private property from robbery and encroachment, establishing the sacred nature of marriage, and safeguarding and respecting a person's life. There is truth in the argument. In primitive society, without ritual institutions and taboo regulations, which were related to religious worship, and the terrifying holy sanctions that would follow, the primitive people's moral principles and "laws" would have been difficult to set up, let alone the development of civilization and social progress.

9

Religious institutions and social institutions formed a harmonious whole in the primitive epoch. The clan system became religious, and the institution of religious worship became a social institution of clan society. The totem worship stipulated exogamy, by which marriage was prohibited within a totemic clan. Ancestor worship stipulated funeral institutions. Beliefs in relation to productive activities evolved into various sacrificial rites, etc. All this shows that the primitive religion penetrated into all the aspects of the clan's social life and fixed and even formed all of its social jnstitutions. It was an alembracing superstructure of primitive society. All superstructures (including religion) originated, of course, from the economic base of the society, but in primitive society they expressed themselves as a part of primitive religion. With the evolution of societies, many superstructures and social institutions have taken off the overcoat of religion, but, if we trace back to their origin, we can almost always find their earliest forms in primitive religion.

10

Research into the roots of things reflects the nature of human intellect. What distinguishes human intellect from animal perception lies in the fact that the power of the human mind to reason is not satisfied with the information gained just through the senses and thus continuously attempts to trace back to the roots, even the roots of roots, behind the direct perception. The research by way of tracing back to roots arouses the enthusiasm in thinking and intensifies understanding. The scientists of geography who traced the origin of the Yangtse River and the Yellow River did not aim to make them run backward, but to scientifically reveal the formation of the two rivers and foresee their future changes in order to control and make use of them. Similarly, the search for the origin of all forms of culture in primitive religion does not aim to make civilization go back to barbarism and degenerate the elegance and high value of the culture, but to find the seeds of all forms of culture in the human nature of the primitive people, revealing the true traces of the evolution of culture.

11

The period of primitive society covered a very long time in history. The primitive religion that covered a long time and great space is in fact the origin of later knowledge, inexhaustible and essential for the science of religion and other disciplines of the humanities. But, if we are to study the religion of primitive society, it is necessary to collect all the relevant materials available. Without materials, there certainly will not be scientific study.

The first-hand materials about the early religions could only be the remains and cultural relics of primitive man. The concept of religion cannot be perceived, but, as it began to grow in the mind of primitive man, it would be sooner or later expressed through speech and action as the activities of religious worship. The activities themselves might have passed away, but the result they left behind might have been materialized and stay in the world (such as the funeral objects of Upper Cave Man, the ancient tombs of the Neolithic Age, the temples and sacrificial objects and other cultural relics of the Hongshan Culture). Therefore, anthropologists and archaeologists can make a comparative study of the primitive relics and then deduce a conclusion about the primitive man's religious concepts and worship activities. The religious relics in the archaeological findings themselves can not show how primitive man had carried out their religious worship. We can only make an explanation of it on the basis of a comparative study of the religious beliefs of the modern primitive ethnic groups which are analogous to those of the ancient people. With the great Geographical Discoveries the peoples in the world began to know each other's social life, customs and habits. There are still a number of peoples who live in primitive societies, about which ethnological information can provide our studies with a direct basis and a referral system.

12

China is one of the cradles of human beings. The ancestors of all the peoples in China had their own primitive religious beliefs. Most of the ethnic groups have entered into the epoch of civilization, but a few of them still remained in primitive society as late as the 1950s. They could be taken as the "living fossils" of primitive religion and culture. Even the Chinese people, who created one of the oldest civilizations in the world, cannot get away from the prinis their ancestors have left in the traditional religion. In their historical documents there are a lot of records of primitive religious life. As to the relics of primitive religion in archaeological findings, they have a wide spread in China, inside and outside of the Great Wall and to the north and south of the great rivers. All these findings provide our study of the primitive societies, religions and cultures of the various ethnic groups in China with rich information in anthropology, archaeology, history and ethnology. If we hope to trace the origin of Chinese culture and religion, we must pay a great deal of attention to the primitive religions of China's various nationalities. In view of the importance of the scientific study of primitive religions, on the conference held in Fuzhou in 1983 for making the program of philosophical and social sciences in the period of the Sixth Five-Year Plan of China (1981—1985) I proposed that we should list the study of Chinese primitive religions and the collection of information concerned as a part of the national program of scientific studies. The proposal was highly valued by the academic circles. The. conference for making the program of philosophical and social sciences in the Seventh Five-Year Plan (1986—1990) held in Beijing in 1986 listed the project I had proposed as one of the important items of the program and entrusted the work to me. Many scholars of religion and ethnology warmly supported the project, hoping to take part in the work. In a short time dozens of experts and professors that had made remarkable achievements in their studies took part in one of the most comprehensive studies of primitive religions, that has been carried out involving broad multi-sided cooperatlon.

13

The most pressing task at the moment is that we must make an indepth investigation of wide scope and get overall systematic firsthand data and have them published so as to provide the scholars of religion and other disciplines of the humanities studies with the most authoritative information. For this purpose we decide that *A Series of Sourcebooks on the Primitive Religions of China* should be edited and published after collecting and sorting out, systematically, the archaeological findings, historical literatures and the field investigation data on the nation's primitive religions. The collection will gather as much data as possible about the primitive religions of various ethnic groups of China up to the present day. The sources consist of (1) field-work reports. (2) archaeological findings, (3) historical records, and (4) valuable data in academic works, It will be a comprehensive expression of all the data concerned.

On the other hand, we should notice that, though the primitive religions of China are rich in color, our academic circles have not made sufficient investigations of them. In the 1950s and 1960s, to meet the needs of social reforms, the Chinese government sent a large number of personnel (of whom many were ethnologists) to carry out a large-scale investigation of the society and history of all minority nationalities in China. From the investigation a lot of data about the traditional culture and folk activities of minority groups was gathered. the data was of course very valuable, But, for some historic reasons. the investigation laid particular stress on socio-economic formation and class formation. As to the investigation of traditional religions, it stopped after only scratching the surface. There were only fragmentary records of superficial knowledge of the religions, and few touched the inside of them. Today, as we make up for the missed investigation of religions, we will certainly meet with many difficulties that cannot be overcome objectively. However, the investigation does not allow us to put it aside any longer. The forty years since the founding of the People's Republic of China have witnessed a historical period in which China has experienced great changes and the cultural interchange between nationalities has sped up. With social reforms, the existing primitive societies and the remains of primitive religions are dying away quickly. This situation heightened our responsibility to fulfill the task. To investigate and study primitive traditional religions of all the peoples in China and to sort out the data is an academic project to record the primitive culture. We must pay much attention to it and carry it out as soon as possible. To do the work at the moment is already rather late. If we delay it again and again, when the last traces of primitive religions are washed away in the torrents of time, it will be too late to repent. That is why all the scholars who take part in the project are eager to undertake this important historical responsibility. For all the shortage of financial support and hands, we began to collect and sort out written records and to carry out field-work in the areas of national minorities in China. Some of our group members are of old age and in bad health, but they selflessly threw themselves into the work, traveling across mountains and rivers in remote and undeveloped places. When you read the series, you will know in what difficult situations they have made the contributions and thus will have a sympathetic understanding of the shortage of data caused by objective conditions.

14

The nature of *A Series of Sourcebooks on the Primitive Religions of China* has decided that the sources involved should be only the data of the primitive religions. But. since most Chinese nationalities have passed over the primitive period and entered class society, and the elements of their primitive religions have fallen into or mixed with later developed religions, the collecting and sorting out of the data must be in accordance with the intension and extension of "primitive religion" . After several discussions we reached a better understanding of the term. The "primitive" here, we think, is a historical category, referring to the religious form. that emerged in primitive society as the origin of all religious. Though they grew with the development of primitive society, primitive religions did not disappear when the primitive society evolved into class society. Many of their elements and forms through transformation were deposited in the religions of later generations. The religions of class society are not "primitive" in its true sense, but they have kept many elements of the "primitive religions" . If we use scientific methods to analyze them, it will not be difficult to tear off the elements added by class society and discover the original characteristics of the primitive religions.

If we want to clarify the distinctions between the two scientifically. we should have a scientific understanding of the characteristics of primitive religions, which, we think, lie in the following two aspects:

First, the primitive religion was a comprehensive expression of the superstructure and social consciousness of the primitive society of the clan system. Its social nature was mainly embodied in the consolidation of the clan system and the safeguarding of the tradition of clan society. The fundamental elements of primitive religion such as religious concepts, objects of worship, acts of worship, rites of worship, religious institutions-all reflected, both in content and form, the nature of human relationship and the needs of the clan system in primitive times, and mixed with the social structure of the clam sysytern to form a harmonious whole as the norms which put the thinking and behavior of all the members of the clan under control. The primitive religion was also a "clan religion," which all members of a clan believed in and which was not colored by class consciousness.

Second, the religious concepts of the primitive people were the fantastic reflection in their minds of the alien powers that decided their daily life. From the earliest times, human beings had to rely on nature to maintain their existence. At that time, in order to get what they needed for their daily life, they had to carry out productive activities in groups based on blood ties. Thus, their life was under the control of natural forces and restricted by social relations. The two alien powers were imagined by them as sacred and mysterious objects, which were mainly expressed as ancestor worship and nature worship. Ancestors and nature were the main concepts and objects of worship of the clan religion in primitive society, from which other objects of worship developed.

Totem worship was a religious expression, by which natural objects were considered as clan ancestors and clan symbols when the primitive people could not clearly distinguish men from nature in their minds. The totem worship, ancestor worship, nature worship and other religious expressions in a class society are in nature the "deposited elements" derived from primitive religion. We may infer to some extent some other phenomena of primitive religion from them, provided we tear off their class color.

It is generally according to this theoretical principle that the field-work investigation for *A Series of Sourcebooks oll the Primitive Religions of China* was made, and the sources were collected, sorted out and edited.

China is one of the pioneer civilized ancient countries. The majority of ethnic groups in China have long passed over the primitive period of social development, and cultural and religious interchange has been frequent among them. Except in a few ethnic groups, the forms of "primitive religion" in its strict sense have long become things of the past. If we do not use the scientific method to pick up the original characteristics by way of taking off the "added elements" as mentioned above, the primitive religious ele ments will be buried at the bottom of history forever.

It is just like digging gold. In the natural world, pure gold is very rare. Gold, as a rule, is always found in the ore consisting of many other metallic elements, or in sand. Gold can be purified and refined by sieving and other methods. Of course, we should like to have our gold panned as pure as possible. But in reality the work is always restricted by objective conditions. The same holds good of our work. The primitive religious consciousness and their co-existing practices have always been combined by history into some new religious understandings. To restore them to their original state requires theoretical analysis. If we did so, what we offer to our readers would not be the sources but some theoretical abstracts. Nevertheless, *A Series of Sourcebooks on the Primitive Religions of China* sometimes have to provide our readers with some "co-existing objects" of these co-existing practices and not just the primitive religions in their original form. To those who are interested in the study of Chinese primitive religions and their history, the "co-existing practices" will perhaps give them a better understanding of the traces of primitive religions and the relations between the primitive religions and other religions. Instead of reducing the academic value of the sources, we think, this will enlighten the scholars.

15

China is a multi-national country. The primitive religions of the minority nationalities have common elements, while each has its characteristic features. To keep the national characteristics, we shall publish the Series with a nationality as one unit. But for the convenience of printing, some nationalities who have many similarities in beliefs or who inhabit the same area are put into one volume. So, besides the volumes about the nationalities, there is a volume on archaeology and a volume on ancient documents in the Series. The editing and publishing of the Series with so many volumes is an important and difficult academic project. Thanks to the hard work and sincere cooperation of our colleagues, things have gone smoothly and the project will be accomplished on schedule. Now we are offering the first fruits to the readers. In the coming years we shall cornplete the writing of other volumes. At this moment when we are over joyed at our harvest, we would like to express our heartfelt thanks to the China Social Sciences Publishing House. Without their foresight and sagacity in opening up new academic frontiers and their great support, the publishing of the Series would have been impossible at the present time when the publishing business is at a low ebb.

English translation by
Chen Guansheng (陈观胜)

总 目 录

苗族卷 ………………………………………… 1

水族卷 ………………………………………… 465

图版目录

苗族

图 1. 鬼师正在剥取驱鬼用的巴茅草

图 2. 敬洋鬼（或称羊神）

图 3. 鬼师胸抱大白公鸡念祭词"招龙"

图 4. 在寨外路边临时搭建的篱笆上杀羊送鬼

图 5. 鬼师进行洗屋驱鬼仪式

图 6. "招龙"时的祭物

图 7. 村寨"招龙"时，亲朋们送礼庆贺，进寨时要鸣放鞭炮敬贺

图 8. 身着丝绸长袍盛装准备出场的砍牛手

图 9. 砍牛手在盛装妇女们的簇拥下，庄严、徐徐地向龙潭走去

图 10. 人们争相向牛敬酒，祈求平安

图 11. 祭祖用的铜鼓平时挂在鼓藏头家谷堆的上方

图 12. 杀牛后举行盛大的踩鼓仪式，娱神、娱人

图 13. 龙潭在寨子的上方，常年有水

图 14. 将龙的牺牲之一，砍杀后直接抛入龙潭中

图 15. 鱼是祖先的爱物，所以也成了妇女们的特殊饰物

图 16. 吃鼓藏时男扮女妆的砍牛手

图 17. 杀牛祭祖后，各家要把牛角送到第一鼓社头家，用竹篾捆在预先准备好的枫柱上，由巫师颂牛。意在称赞杀得好，它会给主人带来人、财两旺

图 18. 祈求风调雨顺的踩水鼓仪式

图 19. 不论祭祖还是"招龙"，牛倒下时，一定要让它的头朝东方倒

图 20. 蝴蝶和燕子是苗族刺绣的常见图案

图 21. 巫师手持梭镖、巴茅，向祖先、鬼神献祭

图 22. 祭雷神时摆设的祭物

图 23. 鬼船

图 24. 青冈、五倍木、板栗壳等制成的避邪物，常年挂在门楣上，防鬼进屋以免家庭成员发生口角或患病

图 25. 新房宝梁正中的包袱，内有碎银、棉条及一双椿木筷子等，据说可防雷击

图 26. 护寨枫树脚下的土地菩萨

图版目录　3

图 27. 年节时人们在土地菩萨前杀牲、焚香纸祭祀
图 28. 一旦发生车祸，要在车祸现场"招魂"
图 29. 这辆汽车因运送车祸的伤者，人们在"招魂"时也要杀鸡为它"驱鬼"
图 30. 村头的护寨枫树，是祖宗的化身，也是年节祭祀的对象
图 31. 桥对苗族来说有特殊意义，是求子的主要场地。桥头就是土地菩萨，年节时人们在此烧香挂纸
图 32. 龙潭边的牛角，是杀牛"招龙"后的遗物，也是村寨的守护神
图 33. 灶边亦是祭祀祖宗的场所
图 34. 凳子形似桥，故功能与桥同，既可架桥求子，也可架凳求子。这是年节乞求子孙平安而祭祀的地方，祭凳即祭桥
图 35. 国家一级保护植物秃杉。贵州雷山格头村的苗族把它当作"祖宗树"才使此地成为全国最大的成片秃杉生长地
图 36. 苗族最原始的鼓——地鼓
图 37. 人们为了求子而架设的桥，也即供行人休息的凳子
图 38. 这三块木板虽无实际功能，但它却是人们为求子而架设的"桥"，任何人都不能破坏，否则便认为故意引走"桥"主人的子孙，必然引起械斗
图 39. 送鬼、娱鬼用的彩带等物

水族

图 1. 鱼图腾崇拜，常见于水族墓门雕刻
图 2. 鱼图腾崇拜
图 3. 双鱼托葫芦是水族墓门上的重要图案
图 4. 鱼包韭菜是水族供祭中的珍品
图 5. 龙图腾崇拜，水族墓上的石雕龙柱
图 6. 水族墓门上的龙石雕
图 7. 龙凤图腾崇拜，水井上的石雕。求生育女孩者献牲并饮此井的水，就能如愿以偿
图 8. 当地为崇拜的巨石盖房，民间称此为"打卦亭"
图 9. 石崇拜
图 10. 贵州三都水族村的怪巨石，当地信奉者尤多
图 11. 贵州丹寨高排村为石菩萨修造的小庙
图 12. 打寨鬼。贵州榕江县兴华乡摆吉寨水族驱鬼作法后悬于门上的木刀
图 13. 树崇拜。求保者供祭、许愿、贴纸钱
图 14. 求（升学、找工作、婚姻）者的主观努力与菩萨保佑并重
图 15. 用弓箭驱赶恶煞鬼

图 16. 端节祭祖仪式
图 17. 端节是水历的年终岁首，家中隆重的祭祖年饭
图 18. 卯节祭祖仪式
图 19. 水族的顺梁停棺习俗，供祭鱼包韭菜等珍品
图 20. 水族的悼丧活动
图 21. 丧葬中的献牲。水族为男性死者献牲以杀马为高贵
图 22. 假葬。丧日中逢凶煞，则以木头竖立棺头的假葬
图 23. 停棺待葬。贵州榕江计划乡上拉力寨房屋檐下为棺木搭的临时木皮棚
图 24. 贵州榕江县水尾乡大寨寨旁所停待葬棺木
图 25. 为客死他乡的亲人在屋外举行的祭祀
图 26. 兑现许愿时的承诺，为客死他乡的亲人在屋外焚烧新衣
图 27. 按习俗，守孝 3 年结束时，在墓地前的除服仪式
图 28. 守孝 3 年结束时，举行烧香亭祭及主祭的"孝帕"
图 29. 清明节祭祖，贵州榕江计划乡上拉力寨水族清明节祭祖，上：长辈坟前供祭活动；下为坟旁另设祭席供土地神
图 30. 早期石棺墓
图 31. 早期土坟墓
图 32. 贵州榕江水尾上寨早期石棺墓侧浮雕水族女性形象
图 33. 石棺墓石刻
图 34. 早期墓石刻，所刻牛、马像征向先辈献牲祭品
图 35. 水书的创始人、水族全民族的保护神陆夺公的供祭位
图 36. 早期墓碑。明弘治十三年〔1500 年〕立于贵州三都县塘州乡拉下村
图 37. 新坟墓供献
图 38.《水书·二十八宿卷》选页
图 39.《水书·秘籍卷》选页
图 40.《水书·秘籍卷》选页
图 41.《水书·命理卷》段落表意彩绘图
图 42.《水书·起造卷》选页
图 43.《水书·天象方位吉凶》选图
图 44.《水书·龙虎煞制化》选页
图 45.《水书奇字本·调光—2》
图 46.《水书·卵卜卷》选页
图 47. 卦卜后到石菩萨前的供祭活动
图 48. 众人正在看水书

图 49. 水族民间草卜
图 50. 水族民间石卜
图 51. 水族民间女巫蛋卜
图 52. 蛋卜是水族民间最高深的占卜方式，与水书合用
图 53. 占卜师使用的石卜、蛋卜用具
图 54. 水族崇尚铜鼓，在节日、丧葬等活动中使用
图 55. 生母娘娘供祭席，家家必设，希望家中人口增殖，健康长寿
图 56. 水书先生作法后的竹子预示着人增寿并节节高升
图 57. 竹子是水族民间人高寿的象征物

苗 族 卷

主编 覃东平

苗族卷目录

绪论 ·· 覃东平(19)

第一章　图腾崇拜遗迹 ·· (40)
第一节　盘瓠崇拜遗迹 ·· (40)
1. 汉文文献有关盘瓠的记载 ·· (40)
2. 贵州贵定县定东公社苗族的神犬崇拜 ······························ (42)
3. 贵州榕江县计划公社苗族的神犬崇拜 ······························ (42)
4. 贵州榕江县两汪公社苗族的神犬崇拜 ······························ (42)
5. 湖南湘西时姓苗族的神犬崇拜 ······································ (43)
6. 湖南湘西石姓苗族的神犬崇拜 ······································ (43)
7. 湖南湘西田姓苗族的神犬崇拜 ······································ (43)
8. 湖南麻阳苗族的盘瓠崇拜 ·· (44)
9. 湖南麻阳苗族祭盘瓠 ··· (44)
10. 湖南麻阳苗族祭盘瓠仪式 ··· (44)
11. 湖南麻阳苗族的抬犬求雨 ··· (45)
12. 海南苗族盘瓠图腾崇拜遗迹 ·· (45)
13. 海南苗族盘瓠崇拜传说 ··· (45)
14. 湖北苗族的盘瓠崇拜 ·· (46)
15. 湖北恩施苗族的盘瓠崇拜仪式 ····································· (46)
16. 湖北宣恩苗族的盘瓠崇拜遗迹 ····································· (46)
17. 四川彭水苗族的盘瓠崇拜遗迹 ····································· (47)
18. 云南巍山县苗族的敬犬习俗 ·· (47)

第二节　其他图腾崇拜遗迹 ··· (47)
1. 枫木崇拜 ··· (47)
2. 苗族服饰工艺与枫木崇拜 ·· (48)
3. 燕子崇拜 ··· (49)
4. 蝴蝶崇拜 ··· (49)

5. 贵州清水江苗族的服饰图案与图腾崇拜 …………………………………………（49）

第二章　自然崇拜 …………………………………………………………………（51）
第一节　地体崇拜 …………………………………………………………………（51）
　　1. 贵州台江县苗族祭祀土地菩萨 ……………………………………………（51）
　　2. 贵州榕江县加宜公社苗族敬土地公 ………………………………………（52）
　　3. 贵州从江县孔明公社苗族崇拜土地公 ……………………………………（53）
　　4. 贵州榕江县两汪公社空烈大队苗族敬土地——龙脉 ……………………（53）
　　5. 贵州凯里县舟溪地区苗族敬"地鬼"——土地菩萨 ………………………（53）
　　6. 贵州贵定县仰望乡苗族敬"爷大地"——土地神 …………………………（53）
　　7. 贵州贵定县定东公社苗族村寨的"保护神"——土地庙 …………………（54）
　　8. 贵州黄平县苗族祭地神——"龙脉" ………………………………………（54）
　　9. 贵州榕江县计划公社苗族祭祀龙脉 ………………………………………（54）
　　10. 云南文山州苗族祭土地 …………………………………………………（55）
　　11. 云南金平、麻栗坡等地苗族祭天公地母——祈作物丰收 ……………（55）
　　12. 云南屏边苗族的祭龙 ……………………………………………………（55）
　　13. 云南镇康县小田坝村苗族献龙 …………………………………………（56）
　　14. 云南苗族祭龙——祈求风调雨顺 ………………………………………（56）
　　15. 广西隆林苗族的龙崇拜 …………………………………………………（57）
　　16. 湖南湘西苗族祭当坊土地神 ……………………………………………（57）

第二节　山、石崇拜 ………………………………………………………………（57）
　　1. 贵州榕江县计划公社苗族的巨石崇拜 ……………………………………（57）
　　2. 贵州榕江县加勉乡苗族崇拜的岩石——"日巴匠" ………………………（58）
　　3. 贵州榕江县加勉乡苗族崇拜的岩石——"日吕空" ………………………（59）
　　4. 贵州榕江县加勉乡苗族崇拜的岩石——"日必或" ………………………（59）
　　5. 贵州榕江县两汪公社空烈大队苗族敬山神 ………………………………（60）
　　6. 贵州榕江县加宜公社苗族敬山神——"猎婆" ……………………………（60）
　　7. 贵州雷山县掌披苗族祭祀"嘎赫" …………………………………………（60）
　　8. 贵州黄平县苗族祭山沟神 …………………………………………………（61）
　　9. 贵州威宁县苗族祭鸡山——求山神护佑 …………………………………（61）
　　10. 贵州安顺县鸡场区苗族敬石公石婆 ……………………………………（61）
　　11. 广西隆林苗族的山神 ……………………………………………………（61）
　　12. 广西隆林苗族的水洞神 …………………………………………………（62）
　　13. 广西隆林苗族的石神 ……………………………………………………（62）
　　14. 湖北苗族的大树和岩石崇拜 ……………………………………………（62）
　　15. 云南祥云苗族的山神崇拜 ………………………………………………（63）

16. 云南保山市上槽子村苗族的山神崇拜 …………………………………………… (63)
17. 云南彝良县洛泽河镇仓盈办事处苗族的祭山神 …………………………… (63)
18. 云南安宁县苗族祭祀山神 …………………………………………………… (63)
19. 云南巍山县苗族敬山神 ……………………………………………………… (64)

第三节 天体崇拜 …………………………………………………………………… (64)
1. 贵州台江县苗族祭"西独"——火灾之星 ………………………………… (64)
2. 贵州台江县苗族的抬狗求雨仪式 …………………………………………… (67)
3. 贵州榕江县两汪公社空烈大队苗族的求雨仪式 …………………………… (68)
4. 贵州台江县交下村苗族祭"八奶打"——日出神 ………………………… (68)
5. 贵州台江县交下村苗族祭"八奶留"——日落神 ………………………… (69)
6. 贵州台江县苗族祭"往洛郎金播友" ……………………………………… (69)
7. 贵州台江县苗族祭"戈养你" ……………………………………………… (70)
8. 贵州台江县苗族祭"你呼龙" ……………………………………………… (77)
9. 贵州台江县苗族祭"两呼你呼分收" ……………………………………… (78)
10. 贵州台江县苗族祭"故呵你"（一） ……………………………………… (78)
11. 贵州台江县苗族祭"故呵你"（二） ……………………………………… (79)
12. 贵州台江县苗族祭"故呵你"（三） ……………………………………… (84)
13. 湖北苗族的太阳神崇拜 ……………………………………………………… (85)
14. 湖南湘西苗族祭雷神 ………………………………………………………… (85)

第四节 大树崇拜 …………………………………………………………………… (85)
1. 贵州凯里县舟溪地区苗族崇拜大树 ………………………………………… (85)
2. 贵州榕江县计划公社苗族的大树崇拜 ……………………………………… (86)
3. 贵州贵定县定东公社苗族崇拜大树 ………………………………………… (86)
4. 贵州黄平县苗族敬畏树神 …………………………………………………… (87)
5. 广西隆林苗族的树神 ………………………………………………………… (87)
6. 湖北苗族的番薯神崇拜 ……………………………………………………… (87)
7. 湖北苗族的核桃树崇拜 ……………………………………………………… (88)
8. 云南苗族祭龙树——祈丰收 ………………………………………………… (88)
9. 云南曲靖土桥村苗族的祭树习俗 …………………………………………… (88)

第三章 鬼神崇拜 ………………………………………………………………………… (90)
第一节 灵魂不灭观念 ……………………………………………………………… (90)
1. 贵州松桃县苗族为死者招魂 ………………………………………………… (90)
2. 贵州从江县加勉乡苗族祭祖灵仪式——"拖舍歹" ……………………… (91)
3. 贵州台江县苗族善终者回家的魂 …………………………………………… (92)
4. 贵州台江县苗族善终者守坟的魂 …………………………………………… (93)

5. 贵州台江县苗族送回祖先发祥地去的魂魄 …………………………………… (96)
6. 贵州毕节大南山苗族结婚仪式中的招魂鸡 …………………………………… (98)
7. 贵州台江县苗族招魂——"戛柠赏松" …………………………………… (98)
8. 贵州威宁县苗族为病者叫魂——"吼阿里" …………………………………… (101)
9. 贵州贵定县仰望乡苗族叫人魂仪式 …………………………………… (101)
10. 贵州镇宁县革利地区苗族叫魂仪式 …………………………………… (101)

第二节 神灵崇拜 …………………………………………………………………… (102)
1. 贵州台江县交下村苗族祭门神——"考敌董" …………………………… (102)
2. 贵州雷山县掌披苗族敬奉的"善神" …………………………………… (103)
3. 贵州贵定县仰望乡苗族祭祀的神灵 …………………………………… (104)
4. 贵州贵定县定东公社苗族的厩神菩萨 …………………………………… (104)
5. 贵州贵定县定东公社苗族的门神 …………………………………… (105)
6. 贵州威宁县苗族祭门神——"锁格绕" …………………………………… (105)
7. 贵州榕江县计划公社苗族祭祀的善神 …………………………………… (105)
8. 湖南湘西苗族祭梅山神 …………………………………………………… (106)
9. 云南文山州苗族祭门主 …………………………………………………… (106)
10. 云南屏边县苗族杀"敬门猪"献财神 …………………………………… (106)
11. 云南永善县马楠村苗族"吃门槛猪" …………………………………… (106)
12. 云南广南县月亮坝村苗族敬献的诸神 …………………………………… (107)
13. 云南文山县黑山村苗族敬献的诸神 …………………………………… (107)
14. 云南路南县糯斗村苗族敬献的诸神 …………………………………… (108)
15. 云南元阳县茅山村苗族敬献的诸神 …………………………………… (108)
16. 云南屏边苗族的杀"敬门猪" …………………………………………… (108)
17. 云南文山苗族做禁门猪 …………………………………………………… (109)
18. 云南彝良县洛旺区苗族杀猪敬门神 …………………………………… (109)
19. 广西龙胜苗族的神祇信仰 ……………………………………………… (109)
20. 广西隆林苗族的火灶神 ………………………………………………… (110)
21. 广西隆林苗族的中梁神 ………………………………………………… (110)
22. 四川苗族祭祀门神 ……………………………………………………… (111)
23. 四川筠连县联合乡苗族的祭门神与献泰山 …………………………… (111)

第三节 祛病消灾的祭神活动 ……………………………………………………… (111)
1. 湖南湘西苗族祭波斯神 ………………………………………………… (111)
2. 湖南湘西苗族祭淘砂神 ………………………………………………… (112)
3. 湖南湘西苗族祭揭网神 ………………………………………………… (112)
4. 湖南湘西苗族祭飞山神 ………………………………………………… (112)
5. 湖南湘西苗族祭簸箕茶神 ……………………………………………… (112)

6. 湖南湘西苗族祭布冲他力 ……………………………………………… (112)
7. 湖南湘西苗族祭板可戎 …………………………………………………… (113)
8. 湖南湘西苗族解天狗 ……………………………………………………… (113)
9. 湖南湘西苗族出告祝 ……………………………………………………… (113)
10. 湖南湘西苗族的追魂治病 ……………………………………………… (113)
11. 湖南湘西苗族祭公安三宝神 …………………………………………… (114)
12. 湖南湘西苗族祭罗孔山神 ……………………………………………… (114)
13. 贵州关岭县龙洞乡苗族祭冷坛土地、洞神 ………………………… (114)
14. 贵州贵定县定东公社苗族敬井神 …………………………………… (115)

第四节　鬼灵崇拜 …………………………………………………………… (115)
1. 贵州台江县苗族关于鬼的来历 ………………………………………… (115)
2. 贵州榕江县计划公社苗族祭祀的恶鬼 ……………………………… (117)
3. 贵州榕江县计划公社苗族祭祀的恶鬼的来历 …………………… (119)
4. 贵州从江县孔明公社苗族拦鬼仪式 ………………………………… (120)
5. 贵州从江县孔明公社苗族祭祀的鬼类 …………………………… (120)
6. 贵州雷山县掌披苗族祭祀的恶鬼 …………………………………… (122)
7. 贵州榕江县计划公社苗族民间厉鬼——老变婆 ………………… (123)
8. 贵州台江县苗族祭"精迷办" …………………………………………… (124)
9. 贵州台江县苗族祭"精朽"（甲） ………………………………………… (126)
10. 贵州台江县苗族祭"精朽"（乙） ……………………………………… (128)
11. 贵州台江县苗族祭"精囊" ……………………………………………… (129)
12. 贵州台江县苗族祭"精囊响" …………………………………………… (130)
13. 贵州台江县苗族祭"精翁溜" …………………………………………… (131)
14. 贵州台江县苗族祭"精翁又" …………………………………………… (131)
15. 贵州台江县苗族祭"精迷瓜" …………………………………………… (132)
16. 贵州台江县苗族祭"精弄" ……………………………………………… (133)
17. 贵州台江县苗族祭"八弄"（甲） ……………………………………… (133)
18. 贵州台江县苗族祭"八弄"（乙） ……………………………………… (134)
19. 贵州台江县苗族祭"八弄"（丙） ……………………………………… (135)
20. 贵州台江县苗族祭"八弄"（丁） ……………………………………… (136)
21. 贵州台江县苗族祭"商卡口"（甲） …………………………………… (136)
22. 贵州台江县苗族祭"商卡口"（乙） …………………………………… (137)
23. 贵州台江县苗族祭"戛朽达翁" ………………………………………… (138)
24. 贵州台江县苗族祭"戛朽达送" ………………………………………… (139)
25. 贵州台江县苗族祭"戛朽达塞" ………………………………………… (140)
26. 贵州台江县苗族祭"戛朽达宰" ………………………………………… (140)

27. 贵州台江县苗族祭"戛朽达敢" ································· (141)
28. 贵州台江县苗族祭"商钢衣戛" ································· (141)
29. 贵州台江县苗族祭"商钢衣办" ································· (142)
30. 贵州台江县苗族祭"响催" ····································· (143)
31. 贵州台江县苗族祭"普翁普霰" ································· (146)
32. 贵州台江县苗族祭"商动莫" ··································· (146)
33. 贵州台江县苗族祭"赏东晚" ··································· (147)
34. 贵州台江县苗族祭"禁宰" ····································· (148)
35. 贵州台江县苗族祭"庸邦八" ··································· (149)
36. 贵州台江县苗族祭"恩" ······································· (150)
37. 贵州台江县苗族祭"等" ······································· (151)
38. 贵州台江县苗族祭"商皆来伞" ································· (151)
39. 贵州台江县苗族祭"商耸伞" ··································· (152)
40. 贵州凯里县舟溪地区苗族鬼的来历 ······························ (153)
41. 贵州凯里县舟溪地区苗族祭祀"嘎兑" ···························· (154)
42. 贵州凯里县舟溪地区苗族祛"法瓮" ······························ (154)
43. 贵州凯里县舟溪地区苗族祛"告乎裸" ···························· (155)
44. 贵州凯里县舟溪地区苗族祛"告晚呆" ···························· (155)
45. 贵州凯里县舟溪地区苗族祛"西"（一） ··························· (155)
46. 贵州凯里县舟溪地区苗族祛"西"（二） ··························· (156)
47. 贵州凯里县舟溪地区苗族祛"西"（三） ··························· (156)
48. 贵州凯里县舟溪地区苗族祛"耸咀" ······························ (156)
49. 贵州贵定县仰望乡苗族鬼名及禳解 ······························ (157)
50. 贵州紫云县打郎乡苗族祛鬼方式——"解邦" ······················ (161)
51. 贵州望谟县苗族祭祀的鬼类 ···································· (162)
52. 贵州苗族的一支——"古懂苗"祭祀的鬼类 ······················· (163)
53. 贵州凯里市舟溪乡苗族祭鬼——"干憨碱" ······················· (164)
54. 贵州从江县孔明公社苗族设"拦鬼门" ···························· (165)
55. 贵州从江县孔明公社苗族驱鬼仪式——焚尸 ······················ (165)
56. 贵州惠水县摆金苗族祭祀的鬼类 ································ (166)
57. 贵州安顺县岩腊苗族祭祀的鬼类 ································ (167)
58. 贵州镇宁县革利地区苗族祭"替羊鬼" ···························· (167)
59. 贵州镇宁县革利地区苗族祭"瘦鬼" ······························ (168)
60. 贵州镇宁县革利地区苗族祭"婴儿鬼" ···························· (168)
61. 贵州镇宁县革利地区苗族祭"胎儿鬼" ···························· (169)
62. 贵州台江县交下乡羊达寨苗族的恶鬼情况表 ······················ (170)

63. 贵州凯里市舟溪乡苗族祭鬼方式——拜桥头 …………………………………………（173）
64. 贵州榕江县计划公社苗族的防鬼方法 ……………………………………………（173）
65. 贵州台江县苗族祭片甫——白虎鬼 …………………………………………………（174）
66. 贵州台江县交下村苗族的退鬼仪式——祭"党考" …………………………………（176）
67. 贵州台江县交下村苗族的退鬼仪式——祭"党构" …………………………………（178）
68. 贵州台江县苗族祭"戛龙虐" …………………………………………………………（179）
69. 贵州台江县苗族祭"化裸" ……………………………………………………………（180）
70. 贵州台江县苗族祭"补考" ……………………………………………………………（181）
71. 广西融水苗族的鬼神崇拜 ……………………………………………………………（184）
72. 广西隆林苗族的灵火神 ………………………………………………………………（184）
73. 广西隆林苗族的动物神 ………………………………………………………………（185）
74. 广西隆林县苗族祭祀的鬼神 …………………………………………………………（185）
75. 云南苗族祈求清吉的驱鬼活动 ………………………………………………………（186）
76. 云南文山苗族"祭牛鬼"、"祭老母猪鬼" ……………………………………………（187）
77. 湖南湘西苗族除伤亡鬼 ………………………………………………………………（187）
78. 湖南湘西苗族推送五鬼及白虎 ………………………………………………………（187）
79. 湖南湘西苗族祭鬼仪式——打家先 …………………………………………………（187）
80. 海南苗族的鬼神崇拜 …………………………………………………………………（189）

第五节 "酿鬼"与"蛊" ………………………………………………………………（189）
1. 贵州清水江流域苗族传说的"酿鬼" …………………………………………………（189）
2. 贵州台江县苗族传说的"酿鬼" ………………………………………………………（190）
3. 贵州台江县南省苗族祭"酿鬼" ………………………………………………………（191）
4. 贵州贵定县仰望乡苗族传说的"蛊" …………………………………………………（193）
5. 贵州雷山县西江苗族传说的"蛊" ……………………………………………………（194）
6. 贵州苗族的一支——古懂苗的"蛊鬼"传说 …………………………………………（195）
7. 贵州镇宁县革利地区苗族传说的"蛊鬼" ……………………………………………（196）
8. 湖南湘西苗族传说的放蛊巫术 ………………………………………………………（198）

第四章 祖先崇拜 …………………………………………………………………………（200）
第一节 祖灵祭祀 ………………………………………………………………………（200）
1. 贵州台江县苗族吃"鼓藏"祭祖仪式——推选"鼓藏"头 ……………………………（200）
2. 贵州台江县苗族吃"鼓藏"祭祖仪式——购买和饲养"鼓藏"牛 ……………………（202）
3. 贵州台江县苗族吃"鼓藏"祭祖仪式——接鼓、翻鼓和砍树做鼓 …………………（202）
4. 贵州台江县苗族吃"鼓藏"祭祖仪式——斗牛 ………………………………………（204）
5. 贵州台江县苗族吃"鼓藏"祭祖仪式——杀牛 ………………………………………（205）
6. 贵州台江县苗族吃"鼓藏"祭祖仪式——杀牛后的祭祀活动 ………………………（207）

7. 贵州台江县苗族吃"鼓藏"祭祖仪式——吃猪鼓藏 ……………………………（212）
8. 贵州从江县加勉乡苗族吃"鼓藏"仪式——破蛋 …………………………（213）
9. 贵州从江县加勉乡苗族吃"鼓藏"的主持人员 ……………………………（215）
10. 贵州从江县加勉乡苗族吃"鼓藏"的主要仪式（一）………………………（217）
11. 贵州从江县加勉乡苗族吃"鼓藏"的主要活动（二）………………………（222）
12. 贵州从江县加勉乡苗族吃"鼓藏"的主要活动（三）………………………（225）
13. 贵州从江县加勉乡苗族起"鼓藏"歌 …………………………………………（227）
14. 贵州从江县加勉乡苗族吃"鼓藏"念祖宗歌词 ……………………………（228）
15. 贵州从江县加勉乡苗族吃"鼓藏"烧酒唱词 ………………………………（231）
16. 贵州雷山县掌披苗族吃"牯脏"祭祖及费用 ………………………………（233）
17. 贵州雷山县西江苗族吃"牯脏"祭祖仪式 …………………………………（234）
18. 贵州榕江县计划公社苗族的祭祖方式——"吃鼓" ………………………（235）
19. 贵州施秉县廖洞苗族的祭祖仪式——"闹强" ……………………………（238）
20. 贵州台江县五河苗族鼓社祭的组织人员及职责 ……………………………（240）
21. 贵州台江县五河苗族鼓社祭仪式——醒鼓 …………………………………（241）
22. 贵州台江县五河苗族鼓社祭仪式——接对鼓 ………………………………（241）
23. 贵州台江县五河苗族鼓社祭仪式——砍鼓木 ………………………………（244）
24. 贵州台江县五河苗族鼓社祭仪式——杀牛 …………………………………（246）
25. 贵州台江县五河苗族鼓社祭仪式——吃小"鼓藏" ………………………（249）
26. 贵州清镇县苗族的祭祖仪式——"奥溜" …………………………………（249）
27. 贵州普定县苗族的祭祖方式——祭祀神鼓 …………………………………（252）
28. 贵州苗族的一支——青苗的神鼓 ……………………………………………（252）
29. 贵州松桃县苗族的祭祖仪式——"农泥" …………………………………（253）
30. 贵州贵定县巩固乡苗族祭祖仪式——捶牛 …………………………………（255）
31. 贵州龙里县中排乡、民主乡苗族的祭祖仪式——斗牛 ……………………（257）
32. 贵州龙里县中排乡、民主乡苗族的祭祖仪式——吃把朗 …………………（259）
33. 贵州惠水县摆榜苗族杀牛祭祖宗 ……………………………………………（261）
34. 贵州镇宁县革利地区苗族杀牛祭祖 …………………………………………（262）
35. 贵州松桃县苗族打棒棒猪 ……………………………………………………（263）
36. 贵州贵定县仰望乡苗族的祭祖习俗 …………………………………………（264）
37. 贵州台江县苗族敬祖先仪式："戛山拱浓" ………………………………（267）
38. 贵州清镇县苗族的祭祖仪式——办斋 ………………………………………（267）
39. 贵州威宁县苗族祭老人 ………………………………………………………（269）
40. 贵州苗族的一支——"古懂苗"祭房祖 ……………………………………（269）
41. 湖南湘西苗族祭鬼仪式——椎猪 ……………………………………………（271）
42. 湖南湘西苗族的祭祖仪式——椎牛 …………………………………………（272）

43. 湖南湘西祭鬼仪式——吃猪 ……(276)
44. 湖南湘西苗族祭鬼仪式——祭家先 ……(278)
45. 广西隆林苗族过七月十四 ……(279)
46. 广西融水苗族的拉鼓节 ……(279)
47. 广西隆林苗族的祖先崇拜 ……(279)
48. 广西隆林苗族的服饰图案 ……(280)
49. 广西融水县苗族祭祖仪式——大会节 ……(281)
50. 海南苗族的祖先崇拜 ……(281)
51. 海南苗族的祭祖仪式 ……(281)
52. 重庆秀山县兴隆乡祭祖仪式——"敬家仙" ……(282)
53. 湖北鄂西苗族祖先崇拜 ……(282)
54. 湖北咸丰苗族的敬祖习俗 ……(283)
55. 湖北苗族祭祀祖先和亡人 ……(283)
56. 湖北苗族的安家先 ……(284)
57. 湖北苗族的蚩尤崇拜 ……(284)
58. 湖北宣恩苗族的篾簹簹崇拜 ……(284)
59. 湖北宣恩苗族的"黑神"崇拜 ……(284)
60. 湖北苗族的还牛愿（又叫还小牛愿） ……(285)
61. 湖北苗族的还猪愿 ……(285)
62. 四川苗族的祖先崇拜 ……(286)
63. 四川苗族的"还泰山" ……(286)
64. 四川苗族打"棒棒猪" ……(286)
65. 四川苗族"绷鼓" ……(287)
66. 云南嵩明县漆树塘苗族祭祖习俗 ……(287)
67. 云南文山苗族宗教信仰 ……(287)

第二节 慰藉死者的丧仪、葬式 ……(288)

1. 贵州榕江县加宜公社苗族的丧仪——打牙 ……(288)
2. 贵州贵定县仰望乡苗族的丧仪——为死者开路 ……(288)
3. 贵州苗族的一支——"古懂苗"的开路词 ……(289)
4. 贵州惠水县苗族为死者敲牛 ……(295)
5. 贵州织金县官寨乡苗族的丧仪——打牛 ……(296)
6. 贵州苗族的一支——"古懂苗"给死者交牛 ……(297)
7. 贵州黔西县化屋乡苗族向死者献牛 ……(298)
8. 贵州凯里市舟溪乡苗族为死者"交路" ……(299)
9. 贵州雷山县西江苗族选墓地 ……(301)
10. 贵州毕节县大南山苗族的打嘎 ……(301)

11. 贵州台江县苗族祭"阴班" ……………………………………………………… (304)
12. 贵州台江县苗族祭"阴改" ……………………………………………………… (306)
13. 贵州台江县苗族祭"阴烘" ……………………………………………………… (306)
14. 贵州台江县苗族祭"拢考" ……………………………………………………… (307)
15. 云南屏边苗族的丧葬 …………………………………………………………… (309)
16. 云南巍山县苗族的丧葬礼仪——"开吊" ……………………………………… (309)
17. 四川筠连县联合乡苗族为死者"翻山" ………………………………………… (310)
18. 四川盐边县红宝公社苗族的"烧灵" …………………………………………… (310)
19. 四川苗族"解簸箕" ……………………………………………………………… (312)
20. 广西龙胜苗族的丧事仪式 ……………………………………………………… (312)
21. 湖北鄂西苗族丧葬习俗 ………………………………………………………… (313)
22. 湖北咸丰苗族的上坟 …………………………………………………………… (313)
23. 湖北宣恩苗族丧葬习俗 ………………………………………………………… (313)
24. 湖北利川苗族的丧葬习俗 ……………………………………………………… (314)
25. 湖北咸丰苗族的丧葬习俗 ……………………………………………………… (315)

第五章 巫师、鬼师及巫术 ……………………………………………………… (316)
第一节 巫师、鬼师 ……………………………………………………………… (316)
1. 西南苗族的巫师 ………………………………………………………………… (316)
2. 贵州台江县苗族的鬼师 ………………………………………………………… (316)
3. 贵州榕江县加宜公社苗族的"傻" ……………………………………………… (318)
4. 贵州凯里市舟溪地区苗族的鬼师 ……………………………………………… (319)
5. 贵州贵定县仰望乡苗族的"嚷舵" ……………………………………………… (319)
6. 贵州贵定县仰望乡苗族鬼师的法器及辟邪物 ………………………………… (320)
7. 贵州台江县苗族当巫师的条件 ………………………………………………… (321)
8. 贵州台江县苗族的"相戛孬" …………………………………………………… (322)
9. 贵州贵定县仰望乡苗族的巫婆 ………………………………………………… (323)
10. 贵州台江县苗族当通司的条件 ………………………………………………… (324)
11. 贵州台江县苗族当择日者的条件 ……………………………………………… (324)
12. 贵州台江县苗族的灵姑 ………………………………………………………… (324)
13. 云南金平苗族的魔公 …………………………………………………………… (325)
14. 云南彝良县洛旺区苗族的"白马" ……………………………………………… (325)
15. 云南苗族的祭司和巫师 ………………………………………………………… (326)
16. 云南马关县金厂区苗族的魔公 ………………………………………………… (327)
17. 云南金平县苗族的魔公 ………………………………………………………… (327)
18. 云南屏边县苗族的"白马" ……………………………………………………… (327)

19. 四川古蔺县麻城乡苗族的巫师 …………………………………………… (328)
20. 四川叙永县文化乡苗族的端公 …………………………………………… (328)
21. 重庆秀山县兴隆乡苗族的巫师 …………………………………………… (328)
22. 广西隆林县苗族的巫公 …………………………………………………… (328)

第二节 神判巫术 ………………………………………………………………… (329)
1. 贵州榕江县加宜公社苗族砍鸡头 ………………………………………… (329)
2. 贵州台江县反排乡苗族砍鸡头 …………………………………………… (331)
3. 贵州榕江县加勉乡苗族宰鸡神判 ………………………………………… (331)
4. 贵州榕江县两汪公社苗族砍鸡 …………………………………………… (332)
5. 贵州台江县苗族的砍鸡剁狗 ……………………………………………… (332)
6. 贵州榕江县两汪公社苗族的杀鸡神判 …………………………………… (333)
7. 贵州台江县苗族的烧汤捞油及事例 ……………………………………… (333)
8. 贵州榕江县加宜公社苗族的捞稀饭 ……………………………………… (338)
9. 贵州台江县反排乡苗族的"捞油锅" ……………………………………… (338)
10. 贵州榕江县两汪公社苗族的"捞油锅" …………………………………… (338)
11. 贵州雷山县苗族捞稀饭 …………………………………………………… (339)
12. 贵州榕江县加宜公社苗族踩铧犁 ………………………………………… (339)
13. 贵州榕江县加勉乡苗族踩斧头 …………………………………………… (340)
14. 贵州榕江县加宜公社苗族的赌咒 ………………………………………… (340)
15. 贵州台江县交下村苗族的赌咒 …………………………………………… (341)
16. 贵州台江县反排乡苗族"屠狗" …………………………………………… (341)
17. 贵州紫云县打郎乡苗族的诅咒 …………………………………………… (342)
18. 贵州榕江县加勉乡苗族的煮粽粑神判 …………………………………… (342)
19. 贵州榕江县两汪公社苗族煮粽粑 ………………………………………… (342)
20. 贵州榕江县两汪公社苗族砍狗神判 ……………………………………… (342)
21. 重庆秀山县苗族捞油锅 …………………………………………………… (343)
22. 重庆秀山县苗族的砍鸡 …………………………………………………… (343)
23. 重庆秀山县苗族的诅咒 …………………………………………………… (344)

第三节 议榔中的巫术活动 ……………………………………………………… (344)
1. 贵州雷山县掌披苗族杀牲议榔活动 ……………………………………… (344)
2. 贵州从江县孔明公社苗族的埋岩巫术活动 ……………………………… (345)
3. 贵州从江县加鸠区苗族栽岩活动 ………………………………………… (347)

第四节 占卜巫术 ………………………………………………………………… (350)
1. 贵州从江县加勉乡苗族破蛋——卜婚姻 ………………………………… (350)
2. 贵州从江县加勉乡苗族的破蛋咒语 ……………………………………… (350)
3. 贵州榕江县计划公社苗族以蛋卜鬼 ……………………………………… (352)

4. 贵州从江县加勉乡苗族的杀鸡看眼 ……………………………………… (353)
5. 贵州榕江县加宜公社苗族的"看鸡眼" …………………………………… (353)
6. 贵州从江县孔明公社苗族看鸡眼订婚 …………………………………… (354)
7. 贵州榕江县计划公社苗族的鸡卜形式 …………………………………… (354)
8. 贵州贵定县仰望乡苗族的鸡腿骨卦 ……………………………………… (354)
9. 贵州贵定县定东公社苗族婚事占卜 ……………………………………… (355)
10. 贵州榕江县两汪公社苗族的打草卦 …………………………………… (355)
11. 贵州榕江县计划公社苗族的糯禾草占卜 ……………………………… (355)
12. 贵州凯里舟溪地区苗族的比芭茅 ……………………………………… (356)
13. 贵州台江县苗族"褒攥" ………………………………………………… (356)
14. 贵州榕江县两汪公社苗族的丢米 ……………………………………… (357)
15. 贵州榕江县两汪公社的米卜 …………………………………………… (357)
16. 贵州贵定县仰望乡苗族的抹米卦 ……………………………………… (358)
17. 贵州榕江县两汪公社苗族的"过阴" ………………………………… (358)
18. 贵州榕江县加宜公社苗族的"过阴" ………………………………… (359)
19. 贵州凯里县舟溪地区苗族的"过阴" ………………………………… (359)
20. 贵州榕江县计划公社苗族的石卜 ……………………………………… (360)
21. 贵州榕江县计划公社苗族的竹卜 ……………………………………… (360)
22. 贵州贵定县仰望乡苗族的竹、木卦 …………………………………… (361)
23. 贵州榕江县加宜公社苗族的吊秤砣 …………………………………… (361)
24. 贵州贵定县仰望乡苗族的"打迷拉" ………………………………… (362)
25. 广西隆林苗族的竹子巫具 ……………………………………………… (362)
26. 广西隆林苗族的巫术用具——马蹄匙 ………………………………… (362)
27. 广西隆林苗族的巫术马蹄匙神的作法 ………………………………… (363)
28. 广西隆林苗族的巫术——酸枣树神术 ………………………………… (364)
29. 海南苗族的祖先崇拜"禁术" ………………………………………… (364)
30. 海南苗族的魔术 ………………………………………………………… (365)
31. 海南苗族的迷信 ………………………………………………………… (365)
32. 四川苗族的"符咒" …………………………………………………… (365)
33. 云南巍山县苗族的鸡卜 ………………………………………………… (366)
34. 云南屏边苗族的"跳白马" …………………………………………… (366)
35. 云南屏边苗族的"白马" ……………………………………………… (366)

第六章 禁忌及预兆 …………………………………………………… (367)
第一节 禁忌 ……………………………………………………………… (367)
1. 贵州从江县加勉乡苗族的各种禁忌 …………………………………… (367)

2. 贵州剑河县久仰乡苗族的生产禁忌 …………………………………… (370)
3. 贵州雷山县掌披苗族的农事禁忌 ……………………………………… (371)
4. 贵州榕江县计划公社苗族的各种禁忌 ………………………………… (371)
5. 贵州榕江县两汪公社苗族的禁忌现象 ………………………………… (374)
6. 贵州榕江县加宜公社苗族的禁忌种类 ………………………………… (374)
7. 贵州贵定县仰望乡苗族的各种禁忌 …………………………………… (375)
8. 贵州贵定县定东公社苗族的禁忌 ……………………………………… (378)
9. 贵州罗甸县苗族的禁忌 ………………………………………………… (380)
10. 贵州凯里市舟溪乡苗族的农事禁忌 …………………………………… (381)
11. 贵州从江县加勉乡苗族的婚姻禁忌 …………………………………… (382)
12. 贵州凯里市舟溪苗族的婚事禁忌 ……………………………………… (382)
13. 贵州清水江流域苗族续弦时的禁忌 …………………………………… (383)
14. 贵州台江县反排乡苗族的死亡禁忌 …………………………………… (383)
15. 贵州台江县巫脚交苗族的饮食禁忌 …………………………………… (384)
16. 贵州紫云县打郎乡苗族的禁忌 ………………………………………… (385)
17. 贵州龙里县中排乡和民主乡苗族的禁忌 ……………………………… (386)
18. 贵州榕江县水尾乡苗族的禁忌 ………………………………………… (386)
19. 贵州施秉县廖洞苗族鼓社节期间的一些禁忌 ………………………… (387)
20. 贵州台江县五河苗族鼓社祭的禁忌 …………………………………… (388)
21. 四川筠连县联合乡苗族的禁忌 ………………………………………… (391)
22. 四川苗族的禁忌 ………………………………………………………… (392)
23. 重庆秀山县兴隆乡苗族诸禁忌事象 …………………………………… (392)
24. 云南彝良县苗族的禁忌 ………………………………………………… (393)
25. 云南马关县金厂区苗族的产妇禁忌 …………………………………… (393)
26. 云南巍山县苗族的禁忌 ………………………………………………… (393)
27. 云南屏边县姑租碑苗族的禁忌 ………………………………………… (393)
28. 云南文山州苗族的禁忌 ………………………………………………… (394)
29. 海南苗族的禁忌 ………………………………………………………… (394)
30. 湖南麻阳县苗族的禁忌 ………………………………………………… (395)
31. 广西隆林县苗族的年节禁忌 …………………………………………… (395)
32. 广西隆林县苗族的禁忌 ………………………………………………… (395)
33. 广西隆林苗族的生产禁忌 ……………………………………………… (395)
34. 广西隆林苗族的生活禁忌 ……………………………………………… (396)
35. 广西隆林苗族的婚姻禁忌 ……………………………………………… (396)
36. 广西隆林苗族的妇女禁忌 ……………………………………………… (397)
37. 广西隆林苗族的节日禁忌 ……………………………………………… (397)

38. 湖北苗族的禁忌 …………………………………………………………………… (398)
39. 湖北苗族的婚嫁生育禁忌 ………………………………………………………… (398)
40. 湖北苗族的丧葬禁忌 ……………………………………………………………… (399)
41. 湖北苗族的节日禁忌 ……………………………………………………………… (399)

第二节　预兆 …………………………………………………………………………… (400)
1. 贵州台江县交下村苗族的预兆 …………………………………………………… (400)
2. 贵州紫云县打郎乡苗族的预兆 …………………………………………………… (401)
3. 云南马关县金厂区苗族的预兆 …………………………………………………… (402)
4. 云南彝良县洛旺区的预兆 ………………………………………………………… (402)

第七章　生产祭祀与人生祭仪 ……………………………………………………… (403)
第一节　农事祭祀活动 ………………………………………………………………… (403)
1. 贵州雷山县掌披苗族的农事祭祀人——活路头 ………………………………… (403)
2. 贵州从江县加勉乡苗族活路头的职权 …………………………………………… (404)
3. 贵州从江县孔明公社苗族农事先行人——活路头 ……………………………… (405)
4. 贵州台江县交下村苗族祭"皆翁挡洛" …………………………………………… (405)
5. 贵州台江县台拱寨、巫脚交苗族开秧门 ………………………………………… (406)
6. 贵州从江县加勉乡苗族的"该耶介" ……………………………………………… (407)
7. 贵州从江县加勉乡苗族"喊禾魂" ………………………………………………… (407)
8. 贵州贵定县仰望乡苗族叫米魂 …………………………………………………… (408)
9. 贵州贵定县定东公社苗族喊米魂 ………………………………………………… (408)
10. 湖南城步县苗族的"动春节" …………………………………………………… (408)
11. 湖南城步县苗族的"禾蔸节" …………………………………………………… (409)
12. 湖南城步县苗族的"罢谷节" …………………………………………………… (409)
13. 广西融水县苗族"吃新禾节" …………………………………………………… (409)
14. 广西融水县苗族"过社" ………………………………………………………… (410)
15. 海南苗族的新禾节 ………………………………………………………………… (410)
16. 云南金平苗族在生产方面的宗教活动 ………………………………………… (410)

第二节　祈求社区清吉的祭祀活动 …………………………………………………… (410)
1. 贵州榕江县两汪公社空烈大队苗族"退火殃" …………………………………… (410)
2. 贵州榕江县加宜公社苗族"退火殃"祭仪 ………………………………………… (411)
3. 贵州榕江县两汪公社两汪大队苗族"退火殃"仪式 ……………………………… (412)
4. 贵州从江县孔明公社苗族扫寨 …………………………………………………… (414)
5. 贵州贵定县仰望乡苗族的扫寨仪式 ……………………………………………… (415)
6. 贵州贵定县定东公社苗族打保寨 ………………………………………………… (415)
7. 贵州镇宁县马场乡苗族扫寨 ……………………………………………………… (416)

8. 贵州长顺县广顺区苗族扫寨 …………………………………………… (416)
9. 贵州台江县翁脚乡苗族招龙谢土 ……………………………………… (416)
10. 贵州台江县交下村苗族"董翁" ………………………………………… (417)
11. 贵州榕江县两汪公社空烈大队苗族招龙谢土 ………………………… (425)
12. 贵州榕江县两汪公社苗族的招龙仪式 ………………………………… (426)
13. 云南屏边苗族的"打扫" ………………………………………………… (426)
14. 云南文山州苗族祭火星 ………………………………………………… (427)
15. 云南屏边县苗族请"白马"送鬼 ………………………………………… (427)
16. 湖南湘西苗族接龙 ……………………………………………………… (427)

第三节　祈祷丰收的祭祀仪式 ……………………………………………… (429)
1. 贵州台江县稿午苗族踩鼓——祈求风调雨顺 ………………………… (429)
2. 贵州台江县反排乡苗族吃丑供祖神——祈庄稼丰收 ………………… (430)
3. 贵州榕江县两汪公社苗族吃新节祭祖 ………………………………… (431)
4. 贵州从江县加勉乡苗族尝新包谷 ……………………………………… (432)
5. 贵州台江县苗族敬秧节 ………………………………………………… (432)
6. 贵州台江县苗族秧苞节 ………………………………………………… (433)
7. 贵州台江县苗族敬新谷 ………………………………………………… (433)
8. 贵州从江县加勉乡苗族"诺格刹" ……………………………………… (434)
9. 贵州从江县加勉乡苗族"吃仓饭" ……………………………………… (435)
10. 贵州从江县加勉乡苗族"开禾仓"仪式 ………………………………… (435)
11. 贵州凯里县舟溪地区苗族的宗教性节日 ……………………………… (435)
12. 贵州从江县加勉乡苗族踩秧堂 ………………………………………… (437)
13. 贵州台江县苗族宗教迷信活动使用的食品 …………………………… (437)
14. 湖北鄂西苗族过年习俗 ………………………………………………… (439)
15. 湖北鹤峰苗族过年习俗 ………………………………………………… (439)
16. 湖北来凤苗族的"牛王节" ……………………………………………… (439)
17. 湖北苗族的"月半" ……………………………………………………… (439)
18. 湖北苗族的尝新节 ……………………………………………………… (440)
19. 湖北宣恩苗族过大年 …………………………………………………… (440)
20. 湖北利川苗族的挂青 …………………………………………………… (440)
21. 海南苗族节日中的祭祀活动 …………………………………………… (441)

第四节　人生祭仪 …………………………………………………………… (442)
1. 贵州台江县苗族的架桥求子仪式 ……………………………………… (442)
2. 贵州台江县苗族架凳子求子仪式 ……………………………………… (445)
3. 贵州台江县反排乡苗族的求子祭祀 …………………………………… (446)
4. 贵州台江县苗族敬桥节 ………………………………………………… (447)

5. 贵州榕江县加宜公社苗族祭桥求子 ……………………………………………… (448)
6. 贵州从江县孔明公社苗族架桥、架凳求子习俗 ……………………………… (449)
7. 贵州台江县交下村苗族祭"董下" …………………………………………… (449)
8. 贵州台江县苗族小孩拜寄仪式 ………………………………………………… (452)
9. 贵州镇宁县募役区马场乡苗族找保爷 ………………………………………… (455)
10. 贵州凯里市舟溪乡苗族请保爷仪式 ………………………………………… (456)
11. 贵州榕江县加宜公社苗族祭岩石 …………………………………………… (456)
12. 贵州雷山县掌披苗族祭岩石——求子、治病 ……………………………… (456)
13. 贵州台江县苗族祭岩石 ……………………………………………………… (457)
14. 贵州榕江县两汪公社苗族祭岩石——祈求保佑孩子 ……………………… (457)
15. 贵州凯里市舟溪乡苗族的拜石仪式 ………………………………………… (457)
16. 贵州雷山县掌披苗族把小孩拜寄给大树 …………………………………… (458)
17. 贵州台江县苗族祈求大树保佑小孩仪式 …………………………………… (458)
18. 贵州榕江县加宜公社苗族祭树仪式 ………………………………………… (458)
19. 贵州榕江县两汪公社空烈大队苗族的命名习俗 …………………………… (459)
20. 贵州贵定县仰望乡苗族请鬼师解煞 ………………………………………… (460)
21. 湖南湘西苗族架桥求子习俗 ………………………………………………… (460)
22. 云南苗族祈求生育的仪式——踩花山 ……………………………………… (461)
23. 广西隆林县苗族求子仪式——跳坡 ………………………………………… (461)
24. 四川筠连县联合乡苗族敬大树 ……………………………………………… (462)

后记 ……………………………………………………………………………… (463)

绪 论

覃东平

一 苗族社会历史概况

苗族是中国历史悠久、文化灿烂的民族之一，据 2000 年第五次全国人口普查统计，中国共有苗族 8940116 人，人口数仅次于汉族、壮族、满族、回族，居第五位。贵州是苗族的"大本营"，有 4299954 人，其他的地区，湖南有 1921495 人，云南有 1043535 人，重庆有 502421 人，广西有 462956 人，湖北有 214266 人，四川有 147526 人，广东有 120606 人，海南有 60000 多人，还有散居于其他省（市）的。另外，越南、老挝、泰国、缅甸、美国、加拿大、法国、澳大利亚等国亦有苗族分布，总人口有 100 多万，他们都承认"根"在中国。

（1）苗语属汉藏语系苗瑶语族苗语支，大致可分为三大方言、7 种次方言和 23 种土语。

湘西方言（东部方言）主要通行于湖南省湘西土家族苗族自治州、湖北省恩施土家族苗族自治州、重庆市东南部和贵州省东北部，共两种土语，约有 200 万人操此方言。黔东方言（中部方言）主要通行于贵州省黔东南苗族侗族自治州、黔南布依族苗族自治州、黔西南布依族苗族自治州、广西壮族自治区融水苗族自治县，共 3 个土语，有 200 多万人操此方言。川黔滇方言（西部方言）主要通行于贵州省贵阳市、安顺市、毕节地区和四川省南部、云南省，共 7 个次方言 18 个土语，操此方言者约有 200 万人。中国以外有 100 余万人，多操川、黔、滇方言。此外，还有近百万苗族群众使用汉、侗、瑶、布依等其他民族语言。苗语各方言同源词在 40% 左右。

在苗族民间文学作品和清代以来的一些汉文文献中，都有苗族古代曾有文字的传说和记载。20 世纪初，在黔西北威宁石门坎一带传教的英国基督教传教士柏格里（S. Pollard）与当地苗族、汉族知识分子配合，使用部分拉丁字母和一些记音符号，以石门坎苗语为标准音，创造了"坡拉字母苗文"，即所谓"老苗文"。民国年间，外国传教士胡托、苗族学者石板塘亦分别在黔东南和湘西创造过苗文，但均未能在群众中普及。20 世纪 50 年代，中华人民共和国政府组织汉、苗族语言文字专家对全国苗语进行普查，并创制了湘西、黔东和川黔滇方言次方言 3 种拉丁字母拼音苗文，同时改革了

"老苗文"。

（2）苗族一般居住在海拔400米到1000米之间的山区，气候温和，雨量充沛。粮食作物以大米为主，还有玉米、小麦、高粱、洋芋等；经济作物主要有烟草、花生、棉花、苎麻等。

苗族大多聚族而居，小者数户、数十户一寨，大者数百户、上千户一村。

（3）苗族文化艺术丰富、独特。民间文学有诗歌、传说、故事、童话、神话等，尤以诗歌为最，多为五言体，或押调或押韵，有古歌、理歌、情歌、巫歌、反歌等。舞蹈有芦笙舞、铜鼓舞、板凳舞等，以芦笙舞最普遍。明代以后作家文学逐渐兴起，近代的龙凤翔、石启贵以诗闻名，沈从文的小说著称世界。

苗族服饰丰富多彩，花样繁多，据不完全统计，仅女装就有150多种。主要以棉布、麻布为质料，红、青、蓝、白等为主色调，或绣花草，或绣鸟兽，或绣几何图形，配以挑花、蜡染、织锦等精巧工艺，可谓美不胜收。

（4）苗族在历史上的影响早已为人们所重视。先秦和秦汉时期的有关典籍就对苗族先民的情况有所记载，唐宋以后，出现了许多汉族文人记述苗族生活状况和民风民俗的著述，虽缺乏研究，但对保存资料有一定积极意义。民国时期，包括苗族学者在内的一批民族学家开始对苗族族源、语言文学、宗教信仰、经济生活等进行了较为深入和科学的调查研究，发表了一系列论著。中华人民共和国成立后，尤其是1978年以后，苗族研究逐步走向了理论化和系统化，主要集中体现在对苗族族源研究的拓宽、社会发展、封建王朝的统治方略和农民起义斗争、社会组织、宗教信仰与哲学思想、文化艺术、语言文字、民间文学资料的搜集和研究等8个方面。[①] 成为中国特有的53种学术门类之一。[②] 而且随着苗族的走向世界，也引起了海外学者的关注，从1831年以来的150余年间，平均每年就有两部有关苗族著述问世[③]，苗学正在成为一门世界性的学科。

（5）苗族的族称可分为自称和他称。自称看似很复杂，但仔细研究，它们多是同源词。

他称因族群、时期、地域而异。如汉族与苗族的历史交往最为悠久，加之有汉文记载，汉族对苗族的称呼很多，明清以来尤为突出。清《永绥厅志》记载所谓"苗"的称谓有22种。如红苗、吴家苗、黑苗、白苗、青苗，等等。爱必达《黔南职方纪略》记有52种。如山苗、青头苗、喇巴苗、夭家苗，等等。李宗昉《黔记》记有80种。如九股苗、八寨苗、高坡苗、短裙苗、八番苗，等等。这些称呼主要是根据苗族的居住地区（如八寨苗）、服饰装束（如短裙苗）、所尚颜色（如红苗）、语言发音（如雅雀苗）、经济生产（如打铁苗）等等来确定的。

汉文献记载的带有"苗"的族称，有的并不是今天的苗族，如仡佬苗今已识别并定

---

① 胡起望、李廷贵：《苗族研究的可喜收获》，《苗族研究论丛》，贵州民族出版社1988年版。
② 程裕祯：《中国学术通览》，北京语言学院出版社1995年版。
③ 石朝江：《苗学——一门世界性学科》，《人民日报》（海外版）1989年11月12日。

名为仡佬族；水家苗为水族。还有的却不那么直观，需要通过风俗、语言、历史等多方面的资料与实际调查相结合才能判断。因此，文献中的"苗"有的是对西南少数民族的泛称，有时是苗族的专称，不可一概而论。

"苗"作为各地苗族自称的汉语音译，关于它的含义，中外学者多有解释，主要有以下几种：

格雷夫斯认为，"苗"字是由一个表示草的符号和一个表示田的符号组成，因此，苗族名称的意思是"在一块田里长出的草"，即为田里长草，那就是草莱未辟，所以苗族是"许多野蛮的未开化的部落"。①

约米逊认为，"苗"的意思是"植物发的芽"，而苗族以此标名，表明在汉人到达之前，他们就已经在那里了。即汉人认为苗是土生土长的，苗人系世居部落，还含有一层"未开发的含义"。②

有人认为，"苗"意为"心"。因为苗族古歌中说，枫木心变为蝴蝶，蝴蝶与泡沫恋爱婚配，生出人类的始祖姜央。树心苗语称"Hmongb"，与苗族自称相同，并与蚩尤所弃桎梏化为枫木之林相联系，得出枫木乃古代苗族之族徽，以其树心作为自己族称的结论。

也有人认为，苗语称布为"Hmub"，与族称相同。故"苗"即"布"，源于种麻织布。且植麻养蚕历史悠久，苗族妇女在社会生活中的地位极为显著，所以，苗族的族称当出于对妇女的尊重和对妇女贡献的标志——"布"的纪念。

还有人说，"苗"是汉语对"众多苗族"的称呼。"有苗"、"九黎三苗"等等都说明多。苗族就是由"苗众"部落之称而逐步约定俗成的。苗族系他称而非自称。

另外还有人认为，苗族之称为"苗"，可能和苗族先民最早学会种植水稻有关，或者说苗族先民原属农业民族或部落。因为古时的"苗"指一种农作物，所以"苗人"，就是"种田人"，亦即"种植农作物的人"。③

按，上列的第一、第二和最后一种解释，都是立足于汉语对"苗"字的训诂。"苗"既然是苗语音译，依这种音译的字来解释是缺乏科学根据的。第三、第四种对 Hmub 和 Hmongb 的解释固然不错，而且从苗语本身来寻找其意义的方法亦可取，但它们只是一词多义而已。如 Hmongb 就还有藤子、人的五脏六腑等含义，而与苗族的自称无关。同理，汉族的"汉"不仅有汉族的意思，而且还有男子、丈夫、河汉等近十个含义，而这些含义与汉族的"汉"的意思皆不相涉。

由于苗族自称在语音上的一些差异、汉语记音的不同等多方面的原因，苗族及其先民的汉文称谓有髳、髦、蒙、勉、蛮、曼、帽等等。凌纯声、芮逸夫说："今日纯苗或

---

① 格雷夫斯：《中国纪实》卷二《苗族》。
② 约米逊：《中国西部的土著》，《中国科学与美术杂志》卷一，1923年。
③ 李廷贵等主编：《苗族历史与文化》，中央民族大学出版社1996年版。

狭义的苗，大都自称为〔muŋ〕"，而它"实为髳或髣的音变"。[1] 吕思勉认为："苗者盖蛮字之转音。"[2]

苗族族源可以追溯到四五千年前的"九黎"、"三苗"。传说，当时以蚩尤为首领的九黎部落联盟居住在今天的东至大海，西至华山、吕梁山脉，北至燕山，南至淮河一带地区。[3] 由于与黄帝部落战争的失败，九黎部落联盟开始南迁，到尧、舜、禹时期，在今长江中下游形成了新的部落联盟"三苗"，并与北方的华夏集团发生了多次战争，失败后一部分被驱逐到西北的"三危"，然后南迁，进入今天四川南部、云南东北部等地，发展成为川黔滇方言的苗族。留在长江中下游的，到商、周时期被称为"南蛮"和"荆楚蛮夷"。秦汉时，进入"五溪"和武陵山地区的苗族先民被称为"五溪蛮"、"武陵蛮"，他们大约在汉光武帝刘秀进攻"武陵蛮"时开始迁入今天贵州东北部地区，湘、鄂、川（今重庆市）、黔四省边区成为当时全国苗族分布的中心。唐宋时，"苗"的称呼正式在樊绰《蛮书》、朱辅《溪蛮丛笑》等汉文文献中出现，江淮和江汉一带的苗族逐渐汉化，迁入贵州省的苗族也进一步增多，并成为苗族的聚居中心。元代以后，中央政权加强了对苗族地区的控制，与传统的苗族社会政治、经济、文化发生冲突，统治阶级对苗族的残酷镇压，致使他们由贵州迁入云南等地，又由云南移居东南亚诸国。20世纪70年代以后，又有10多万苗族从东南亚迁居美国、加拿大、法国、澳大利亚等国，使得苗族有"世界民族"之称。

关于苗族的族源，学术界历来莫衷一是。主要有"三苗说"、"髣人说"、"蛮人说"、"伏羲说"、"女娲说"、"祝融说"、"蚩尤说"等。因此，这一问题还有必要作进一步的研究，尤其要充分利用苗族语言、风俗、民间文艺等资料进行新的论证。现仅就"三苗说"提供一孔之见。

三苗又称"有苗"、"苗民"。其地望主要有丹江说、南蛮说、江淮荆州说、洞庭彭蠡说、西裔说和南海说诸种。但可以肯定，"丹江说、南蛮说、江淮荆州说、洞庭彭蠡说相差不大，均指长江中游一带"。[4]

《国语·楚语下》曰："三苗复九黎之德。"注曰："三苗，九黎之后。"孙星衍《尚书今古文注疏·吕刑》引郑玄注有："苗民谓九黎之君也。九黎之君于少昊氏衰而弃善道，上效蚩尤重刑，必变九黎。言苗民者，有苗，九黎之后。颛顼代少昊，诛九黎，分流其子孙，居于西裔者为三苗。至高辛之衰，又复九黎之恶。尧兴，又诛之。尧末，又在朝……禹摄位，又在洞庭逆命，禹又诛之。"侯哲安认为："九黎、三苗的历史线索基本可信。"[5]

三苗与楚关系密切。《史记·楚世家》曰："楚之先祖，出自帝颛顼高阳。高阳者，

---

[1] 凌纯声、芮逸夫：《湘西苗族调查报告》，民族出版社2003年版。
[2] 吕思勉：《中国民族史》，东方出版中心1987年版。
[3] 吴一文：《从蚩尤遗址看蚩尤集团之地望》，《南风》1997年第4期。
[4] 李廷贵等主编：《苗族历史与文化》，中央民族大学出版社1996年版。
[5] 侯哲安：《三苗考》，《贵州民族研究》1979年第1期。

黄帝之孙、昌意之子也。高阳生称，称生卷章，卷章生重黎。"《国语·郑语》曰："夫荆子……且重黎之后也。"可见楚人以重黎为始祖。《国语·楚语下》曰："及少皞之衰，九黎乱德，民神杂糅，不可方物。……颛顼受之，乃命南正重司天以属神，命火正黎司地以属民，使复旧常，无相侵渎，是谓绝地天通。其后三苗复九黎之德，尧复育重黎之后不忘旧者，使复典之，以至于夏、商，故重黎氏世叙天地，而别其分主者也。"可见所谓重黎与九黎系同一，三苗与九黎之关系由此可见。

又，《山海经·大荒北经》曰："颛顼生骦头，骦头生苗民，苗民釐姓。"釐、黎上古音相通，也把苗民之先祖追溯至颛顼。而且，俞伟超还从考古学的角度证明了三苗与楚同源。①

（6）现代苗族与三苗有何联系呢？南宋硕儒朱熹任职潭州时曾有《记三苗》一文云："在湖南见说，溪洞蛮傜略有四种：曰僚，曰仡，曰伶，而其最轻捷者曰'猫'……岂三苗之遗民乎。古字少而多通用，然则所谓三苗者亦当做猫字耳。"明郭子章《黔记·诸夷》说："苗人，古三苗之裔也。自长沙、沅辰以南，尽夜郎之境，往往有之。"杨慎《滇程记》曰："苗者，三苗之裔，自长沙、沅辰尽夜郎之境皆有之。"清《皇朝经世文编》载《郭青螺文集》曰："考红苗，蟠据楚、蜀、黔三省之界，即古三苗遗种也。"《续修叙永永宁厅县合志》卷二〇亦云："考苗族……古称三苗……一曰有苗或荆蛮。"

从文化的传承上也可寻找到现代苗族与三苗的相同或相似之处。

《淮南子·齐俗》云："三苗髽首。"高诱注曰："三苗之国在彭蠡、洞庭之野。髽，以枲束发也。"许慎《说文解字》释"枲"曰："麻也。"因此，所谓"以枲束发"即指用麻掺和在头发中绾成发髻。这种头饰今天在大多数苗族妇女中仍有保存。

三苗与楚同源，其地望主要在长江中游一带地区，与楚国南卷沅湘，北绕颖泗，西包巴蜀，东裹郯邳，颖汝以为洫，江汉以为池的范围相符。因此，楚俗中必然保留有一些三苗的习俗，这些习俗与今天苗俗又极为相似，它们主要有尚东、忌见蛇、尚巫、地名迁徙、用茅门、尚武等。② 现举尚巫为例。楚人上至君臣、下至乡民均迷信巫鬼。据桓谭《新论·言体篇》载："昔楚灵王骄逸朝下，信巫祝之道，躬舞坛前。吴人来攻，其国人告急，而灵王鼓舞自若"，以致吴人"俘获太子及后姬以下"。《汉书·郊祀志》云："楚怀王隆祭祀，事鬼神，欲以获神助，却秦师。"结果"卒破其国，神不佑之"。③ 楚地尚巫之俗经久不衰，《隋书·地理志》、元稹诗《赛神》、《太平寰宇记》等均有详言。顾炎武《天下郡国利病书·湖广》不仅说："湘楚之俗尚鬼，自古为然。"而且还记录了当地尚巫歌舞的境况："岁晚用巫者鸣锣击鼓，男作女妆，始则两人执手而舞，终则数人牵手而舞，……亦随口唱歌，黎时之起，竟日通宵而散。"楚人鬼神之多，古之

---

① 俞伟超：《楚文化的渊源与三苗文化的考古学推测》，《先秦两汉考古学论集》，文物出版社1985年版。
② 吴一文：《楚俗与苗俗比较举隅》，《贵州民族研究》1996年第3期。
③ 董说：《七国考·杂记》。

鲜有。史籍所见者有风伯、雨师、日御、月御、山神、水神、土伯、地宇、宓妃等等。而仅《楚辞·九歌》一章即有东皇太一、云中君、河伯、山鬼、太司命、少司命、东君、湘君、湘夫人等,据此推测,史籍缺失者定还有不少。

  苗族生活中无论大事小事都体现着尚巫的习俗。正如民国时期《黄平县志》所谓:"苗俗信鬼,黔地皆然。"与楚人相似,苗族凡有巫术活动,一般都离不开歌舞。黔东南苗族在吃鼓藏时,就要唱歌跳舞。1990年夏和1991年春节,笔者分别参加了剑河县革东镇稿午寨以祈雨为目的的踩水鼓和招龙回潭保寨平安的招龙活动,两者均有歌舞,尤以招龙为盛。招龙的队伍每经过一道山岭,巫师都要唱一段巫词,并手舞足蹈,其他人配以芦笙和鼓声,并随笙鼓之声舞之蹈之,甚为隆重。另外,苗族社会中的鬼神数量可谓数不胜数。湘西苗族中有雷神、罗孔山神、淘沙神、飞山神、梅山神等,石启贵说:"苗乡鬼神类多,有谓三十六神,七十八鬼。此均我数,实尚不止矣。"① 丹寨县苗族有10个鬼系100多种鬼神。②

  通过历史的追溯及以上文化习俗的对比,可以看到三苗与现代苗族的联系。

二　苗族原始宗教的哲学根源及内容

  宗教是一种意识形态,产生于人类的童年时代。由于当时生产力水平十分低下,人们还无法控制自然力,思维能力尚不发达,难以正确认识自然现象,于是相信在冥冥中有一种超自然的神灵来主宰世界或操纵某一方面的事物。因此,宗教是自然力量和社会力量在人们头脑中的一种特别的反映。弗·恩格斯说:"宗教是在最原始的时代从人们关于自己本身的自然和周围的外部自然的错误的、最原始的观念中产生的。"③

  苗族的原始宗教观念,与其先民的原始哲学思想内在相连。他们认为,世界是物质的世界,先有物质,后有人类,这是苗族原始哲学思想的精华,也是与神创造世界的一种世界起源观念的区别所在。从苗族古歌所反映的哲学思想看,苗族对世界的认识,唯物是主要的,但也有唯心的内容。

  世界上什么最早出现,世界是怎样形成的?这是许多民族史诗关注并回答的问题。苗族古歌不同的口传版本对此有不太相同的说法,但无论哪一种,都集中在古歌的首篇《开天辟地歌》中。

  苗族先民对元初世界的认识是:悠悠太古,野草野菜还没生;没有天,也没有地;没打银柱来撑天,没造日月来照明;什么都还没有造。是谁最早出生呢?是姜央生得最

---

① 石启贵:《湘西苗族实地调查报告》,湖南人民出版社1986年版。
② 王凤刚:《丹寨苗族鬼巫文化一瞥》,《苗侗文坛》1990年第3期。
③ 恩格斯:《反杜林论》(中译本),《马克思恩格斯选集》第3卷,人民出版社1977年版。

早，还是妹留生得最早？抑或是甫方、养优、神仙、西汪婆、火亚立、香妞婆、叵爬、科帝、盘古、修狃和云雾？都不是，是水汽生得最早！哪个最聪明，哪个才生来最早！水汽最聪明，水汽生来最早。①

田兵所著《苗族古歌》也有"云雾生最早，云雾算最老"之句。所以大多数研究者根据这一版本，提出了云雾是万物的根源。例如，田光辉、罗玉达说，苗族先民"认为宇宙的最初本原是一种物质——'云雾'"。②

水汽为万物之原的说法还可以在《苗族史诗·序歌》中看到。③

为什么苗族会以水作为世界的本原呢？这应与他们的原始居住地的环境状况密不可分。苗族原居地在临近江河湖海的黄河中下游和长江中下游地区，经常跟水打交道，观察到由水变成的水汽来无影去无踪，变幻莫测，并通过水汽的有无、高低、多少等规律来预测四季寒暑易节，而这些又直接影响着农牧渔猎业的生产，关系着人们的生活，以至生命的存亡。水是人类以至一切生物不可或缺的物质，在解释天地万物的本原时，便当然地认为"水汽"是生得最早的了。正如弗·恩格斯在论述古希腊朴素唯物主义哲学时所指出的，原始的、自发的唯物主义在"萌芽时期就十分自然地把自然现象的无限多样性的统一看做不言而喻的，并且在某种具体的东西中，在某种特殊的东西中去寻求这个统一"④。

在苗族的传说中，水与人类的产生也是密不可分的。是水滋养了枫木，使之茁壮成长；蝴蝶是由枫树心孕育而成；她与泡沫恋爱配成双，生下了12个蛋；继尾鸟来孵化，孵出了人类的始祖姜央及雷公、龙、虎、蛇等。无论是枫木及其与之有亲缘关系的锈水、古杉木，还是蝴蝶妈妈生的蛋及孵出的各物，都是人类可以直观到的物质。12个蛋之所以能够诞生，并孵化出人类及诸物，关键是蝴蝶妈妈与清水塘旁的泡沫婚配。

另外从天地日月星辰的产生过程看，当初天地相连，人们便设法使之分离，然后开辟江河，到东方运来金银，造了支天柱才形成牢固的天地，随后又制成日月星辰。在这当中，东流的水（江河）是十分关键的因素。因此，无论从自然界的形成，还是生物的产生来看，都与水有着密切关系，水应该是苗族传统哲学中的世界本原。

由于确立了物质是第一性的，先有物质，后有精神。在苗族的原始宗教中，图腾崇拜、自然崇拜、鬼神崇拜、祖先崇拜等都是后天才产生的，或是与人同时产生。这与神创造世界或"上帝造人"说便有了本质的区别，决定了人们对自然、对鬼神的态度。在苗族的原始宗教中，鬼神不是万能的，鬼神曾被人所控制，即人们曾埋过鬼，后因各种原因又将其释放。⑤据说人们埋鬼神后，庄稼生长得不好，捕猎也收获不多，这是因为无鬼避祸、无神消灾之故，因而要把它们放出来，给予香、纸、牺牲，才能保佑生产丰

---

① 燕宝整理译注：《苗族古歌·开天辟地》，贵州民族出版社1993年版。
② 田光辉等：《〈苗族古歌〉的哲学思想初探》，《贵州民族研究》1984年第1期。
③ 马学良、今旦译注：《苗族史诗》，中国民间文艺出版社1983年版。
④ 恩格斯：《自然辩证法》（中译本），人民出版社1971年版。
⑤ 贵州省黄平县民族事务委员会编：《苗族古歌古词·下集·神词》，1988年内部印刷。

收,大鬼大祭,小鬼小祭。在另一个传说中,是这样说的:有一个巫师把鬼埋葬后,因无鬼为害,人们也就不必请巫师禳解了,使他三年不知肉味,最后他只好把鬼挖掘出来了。捉鬼与放鬼,都是人们在不同时期的不同需要,反映了苗族先人社会生产生活的矛盾性。是人们在与自然斗争中胜利和失败的真实写照,在与自然斗争取得胜利时,也就把鬼埋葬了,而斗争的失败,就要寻求鬼神的庇护了。

由于人、鬼、神地位的对等性,鬼神的功用性,在苗族的原始宗教中,不仅鬼神数量众多,而且存在的历史很长。

苗族人民历来信奉原始宗教,这在苗族古歌中有充分反映,现实生活中更是随处可见。苗族的原始宗教由两条主线贯穿,一为祖先崇拜,一为鬼神崇拜,其中穿插有图腾崇拜、自然崇拜以及众多的巫术与禁忌。

(一) 图腾崇拜

图腾系印第安语(Totem)的音译,意为"它的亲族",是原始社会早期的一种宗教信仰,大概与氏族公社同时产生。原始人相信每个氏族都与某种动物、植物有着亲缘或其他特殊关系,此物即成为该氏族的图腾。苗族崇拜的图腾有盘瓠、枫木、燕子、蝴蝶等。这似乎与祖先崇拜界限模糊,难以区别。以盘瓠崇拜为代表,枫木、燕子、蝴蝶崇拜则渗透在日常的生活习俗中。

(1) 盘瓠与苗族之关系,自东汉以来,史载不绝。神母犬父的传说在一些地区苗族中至今仍有流传。而研究同源异流的苗、瑶、畲族族源和原始宗教,盘瓠是一个敏感而又不应回避的问题。瑶、畲族的盘瓠崇拜经过许多人多年不断的研究,可谓明了矣。而苗族的盘瓠崇拜,尤其是黔东方言苗族的盘瓠崇拜一直鲜有人言,甚至认为黔东方言的苗族没有盘瓠崇拜。

1952年冬,《苗族史诗》的搜集整理者马学良、邰昌厚在贵州省台江县台拱寨搜集到一则关于吃鼓藏的传说,后由《苗族史诗》的另一位搜集整理者今旦译为汉文,到1987年才公之于世。大致内容如下:

很久以前,有一个王登基接位时,有位非常勇猛的敌人来攻打他,朝中无人能敌,王召集大官来商量说:"谁要是把这个敌将杀了,我就把女儿嫁给他。"结果还是没有人能够战胜来犯之敌。不久,那王脸上忽然长了个肉瘤,越长越大。肉瘤后来自己掉了下来,他拿了顶帽子将它罩在桌子上。过后不久,王揭开帽子一看,肉瘤变成了一条小狗,王就给他起个名字叫邦尕(Bangb Gab)。小狗逐渐长大。一天,小狗把敌将的头衔了来,王见了敌人的头反倒没了主张,即把文臣武将召来,可众人谁也不敢说该怎么办。还是王的女儿自己说:"只要我爹的天下太平,我嫁鸡随鸡,嫁狗随狗,这是我的命。"就带着狗顺河向西方去。后来,因为过一个隆重的节日,王想起了自己的女儿,就派人顺着江河往西寻找,派出去的人找了很久才找到王的女儿。她已经生养了三个男孩,而狗刚刚死去,它的妻子把它停放在正房,拿些树坨蔸让孩子们敲打,守灵一天一夜。那个去寻找的人回来把他们的情况告诉王，王说："它的功劳大得很哩，你们去看看那边有什么东西最大，就拿来祭祀它吧。""那里水牯牛最大。"那人回答说。王说："十三年拿大水牯祭它一回，祭的时候要什么礼物你们来告诉我。"后来他们要的祭服祭帽都送来了。王还告示普天之下：你们要是碰上一些戴着尖顶帽、披着一块毛毡、慢步走着的人，骑马的要下马，坐轿的要下轿。于是现在人们按着王定下的规矩来吃鼓藏。①

吃鼓藏是黔东南苗族最盛大的祭祖仪式，它和湘西苗族的祭祖仪式椎牛不仅在名称、仪式上有相似性，来历也有相似性。

传说神农时代，西方恩国有谷种，神农张榜布告天下："谁能取得谷种，愿以亲生女儿伽价公主许配给他。"由于恩国太遥远，无人愿来揭榜。一天，宫中的御狗翼洛揭下皇榜。第二天它便前往恩国，到了那里，正值秋收，恩国皇仓里堆满了金黄的稻谷。翼洛爬进去滚了又滚，全身沾满了稻谷，爬出来就往回跑。恩国国王发现后骑马来追，翼洛就要被追上时，它猛回头跳上马，一口将国王咬死，安全归来，神农便将公主嫁给了它。婚后两年，公主生下个大血球，神农见了，一剑劈开，从里面跳出七个男的代兄代玉（苗人）和七个女的代茶代来（汉人）来。一天，代兄代玉带着翼洛去打猎，有条水牛在一旁哈哈大笑，代兄代玉问它笑什么，水牛说："笑你们不认识自己的老子（父亲）。"代兄代玉问："我们家老子在哪里呀？"水牛指指翼洛说："它就是你们老子。"翼洛也点头说是。代兄代玉很生气，认为狗想做他们的爸爸。一怒之下，七人抽出七把铜刀铜剑，把翼洛杀了。回到家中，他们告诉母亲，他们将翼洛杀了。伽价公主当即昏了过去。醒来后大骂代兄代玉："翼洛就是你们的阿爸呀，你们连老子都杀了，还成什么人。"便要杀他们，代茶代来和人们都来求情，伽价公主还是不依。最后，神农传旨说："你代兄代玉无知误杀，免于死罪，水牛不该多舌，罚它世代为人犁田耕地，还要杀来祭祖。"以后每年秋天，代兄代玉都要杀水牛祭奠"奶奶马勾"（即神母狗父）。②

今天苗族聚居的湖南省泸溪、辰溪、麻阳县还有盘瓠洞、辛女宫、辛女岩、辛女潭等与传说中的盘瓠有关的遗迹和地名。泸溪每年农历五月要举行盛大的祭祀盘瓠活动。黔东南、黔东北和湘西还有抬狗求雨的习俗。清陆次云《峒溪纤志》云："苗人，盘瓠之种也。帝喾高辛氏以盘瓠有歼溪蛮之功，封其地，妻以女，生六男六女，而为诸苗祖。尽夜郎境多之，……以十月朔为大节，岁首祭盘瓠，揉鱼肉于槽，扣槽群号以为礼。"

汉文文献中关于盘瓠的记载，据唐李贤注《后汉书·南蛮传》说曾见于《风俗通》。《风俗通》即《风俗通义》，汉末应劭撰，原本30卷，大都佚亡，今仅存10卷，但并不见有关盘瓠的记载，据李贤注推测，他应是见过原书的。而在保存下来较早的汉文文献记载当为《后汉书·南蛮西南夷传》和干宝《搜神记》等，两者所记大同小异。现录

---

① 今旦：《台江苗族的盘瓠传说》，《贵州民族研究》1987年第3期。
② 陶阳等：《中国神话》，上海文艺出版社1994年版。

《后汉书·南蛮西南夷传》者于后：

　　昔高辛氏有犬戎之寇，帝患其侵暴而征伐不剋，乃访募天下：有能得犬戎之将吴将军头者，购黄金千镒，邑万家，又妻以少女。时帝有畜狗，其毛五采，名曰槃瓠，下令之后，槃瓠遂衔人头造阙下，群臣怪而诊之，乃吴将军首也。帝大喜，而计槃瓠不可妻之以女，又无封爵之道，议欲有报，而未知所宜。女闻之，以为帝皇下令，不可违信，因请行。帝不得已，乃以女配槃瓠。槃瓠得女，负而走入南山，止石室中，所处险绝，人迹不至。于是女解去衣裳，为仆鉴之结，著独立之衣。帝悲思之，遣使寻求，辄遇风雨震晦，使者不得进。经三年，生子一十二人，六男六女。槃瓠死后，因自相夫妻，织绩木皮，染以草实，好五色衣服，制裁皆有尾形。其母后归，以状白帝，于是使迎致。诸子衣裳斑兰，语言侏离，好入山壑，不乐平旷。帝顺其意，赐以名山广泽，其后滋蔓，号曰蛮夷。外痴内黠，安土重旧，以先父有功，母帝之女，田作贾贩，无关梁符传租税之赋，有邑君长，皆赐印绶，冠用獭皮，名渠帅曰精夫，相呼为姎徒，今长沙武陵蛮是也。

　　把前文的两段苗族资料，尤其是前一段与《南蛮西南夷传》所载相比，不难发现两者有惊人的相似之处。如果将鱼豢《魏略》中"高辛氏有老妇，居正王室，得耳疾，挑之，乃得物如茧，妇人置瓠中，覆以盖，俄顷化为犬，其文五彩，因名盘瓠"的记载综合而观，似可以肯定，这些传说和记载应该源于同一母体。

　　前一则苗族资料的搜集地点台江素称苗疆腹地，至今仍为全国苗族人口比例最高的县份，这里的苗族在很长一段历史时期内一直过着自理自管的生活，很少与外界接触，苗族传统文化保留丰富而完整。到清雍正十一年（1732）才设官临治，建立台拱厅，纳入中央王朝统治，可以说这则传说受汉文记载影响的可能性极小，而且又有苗文原始记录为证，更增加了其为苗族"原产品"的可靠性。

　　综合黔东南、湘西苗族民间传说、习俗和汉文文献记载，可以证明盘瓠神话在苗族中确实存在，而非子虚乌有。

　　（2）在苗族传说中，枫木心孕育的蝴蝶妈妈与泡沫婚配，生下 12 个蛋，继尾鸟把它们孵出来，才有了人类的始祖姜央。因此枫木自然就与苗族有着"血缘关系"，所以也就成为苗族的图腾，从而受到崇拜。以致在苗族社会中，时常可以看到崇敬枫木的习俗文化。黔东南的许多苗族每迁居新地，都要首先栽植枫木，视其死活以决定去留。栽下的树活了，说明祖宗保佑、同意；树死则说明祖先不同意。雷山县西江镇开觉村至今还流传着这样一个故事：该村祖先原住在台江县巫脚山寨，一天，有两名青年外出打猎，见此地长满浮萍，认为是个好地方，于是折一枝枫木倒插于地，意请祖先昭示，他们能否到此居住。数月后二人回来，见枫木不仅成活，而且枝叶茂盛，认为祖先许可，便搬到此地定居。

　　枫木还应用在一些重要的场合中：用于招龙的龙潭旁要栽枫木；吃鼓藏杀牯牛时，要用一棵枫木棒制成牵牛杆；砍牛后，又用枫木绑牛角于屋里中柱以安祖宗神位。

　　苗族传统社会中，每个宗族都共有一个木鼓，"象征始祖蝴蝶妈妈和再生始祖炎公、炎婆以及历代的列祖列宗都安息在这个木鼓里"。祭祀祖宗时，就祭拜这个木鼓。而这个木鼓最初就是用枫木做成的，后因枫木坚硬，木纹曲扭，不易加工，才改作他木。①在苗族《开亲歌》中，有一种刻在"刻棒"上，用于记录苗族婚姻制度中所规定的聘礼的符号，这些"刻棒"早时也是用枫木做成的：次次不刻木，这次要刻木，开头唱"叙木"，抬枫木回家，中间唱"刻木"，聘礼全刻上，末尾唱"送木"，送木去舅家。……枫木要做啥？……枫木做刻棒，刻棒刻九格。②

三合（今贵州省三都水族自治县）"花衣苗"在鼓社祭杀牛后的第二年十月的辰日，鼓社头家要约许多亲友来家聚宴，并将头年杀牛的木架和山上砍伐来的枫香木放在屋中央，晚上男女随着笙鼓之声围着砍牛架和枫香木跳舞。③

从江县加勉苗族在鼓社祭中，要用枫木来制作专门用于在芦笙坪临时关猪的舐卑和撮猪用具。

湖南城步苗族有祭"枫神"以驱除疫鬼的习俗。由人装扮的"枫神"头上反戴铁三脚，身上倒披蓑衣，脚穿钉鞋，手持一根上粗下细的圆木棒。④现在一些苗族人家对火塘上的三脚架仍较敬奉，任何人都不能用脚踩，也不许在其上烘烤不洁之物，认为它是由三个护火祖先变成的，这或许亦与"枫神"有关。

另外，我们从汉文文献中也可以找到苗族崇拜枫木的根据，而且可能与苗族祖先蚩尤有着紧密联系。

《山海经·大荒南经》记载，宋山上，有赤蛇，名曰育蛇。山上生长着许多枫木，它是蚩尤的桎梏所变。又，《云笈七签》卷一〇〇引《轩辕本纪》也说，黄帝杀蚩尤于黎山之丘，掷械于大荒之中的宋山之上，后化为枫木之林。可见，枫木与蚩尤似有关系。

另外，《太平御览》卷九五七引《述异记》曰："南中有枫子鬼，枫木之老者为人形。亦呼为灵枫。"据考证，《述异记》虽旧题为南朝梁任昉撰，而实为唐宋间人掇集梁书而成。⑤南中，三国时川南、云南、贵州等地因在蜀汉以南，故得名。到与梁同时的北魏时，亦用来泛指南方。《魏书·李寿传》有："封建宁王，以南中十二郡为建宁国"句可为证。这里很可能是指南方的苗族地区。又，《楚辞·招魂》有："湛湛江水兮，上有枫，目极千里兮伤春心。"关于《招魂》一章，目前大多数学者认为系屈原之作。因楚怀王被骗入秦国，三年后客死他乡，正流放于江南的屈原"因此采用'招魂'的形式，来表达他对怀王的哀悼和对楚国命运的忧伤"。⑥其中为什么屈原看到湛湛的江水

---

① 《中国各民族宗教与神话大词典》编审委员会：《中国各民族宗教与神话大词典·苗族》，学苑出版社1990年版。
② 杨通胜等：《开亲歌·人类开亲》，贵州民族出版社1991年版。
③ 陈国钧：《苗族吃牯脏的风俗》，《民国年间苗族论文集》，贵州省民族研究所，1983年编印。
④ 《苗族简史》编写组：《苗族简史》，贵州民族出版社1985年版。
⑤ 袁珂：《中国神话传说词典》，上海辞书出版社1985年版。
⑥ 金开诚：《楚辞选注》，北京出版社1985年版。

和水边的枫木,并远望而"伤春心"呢?楚人与苗族有着密切联系,很可能楚人亦崇拜枫木,故当作者看到江岸边的枫木,而更加伤心。如洪兴祖《楚辞补注》引王逸《楚辞章句》注枫木曰:"汉宫殿中多植之。"汉朝统治阶级上层从刘邦到萧何等均系楚人,汉承楚制,汉宫中多植枫木看来并非偶然,或许有像苗族植枫木在寨边以祈求保佑的目的,可见楚汉均崇拜枫木。另据《史记·高祖本纪》说刘邦"祭蚩尤于沛庭"。结合这一记载,似可以说明枫木崇拜与蚩尤崇拜也许是一脉相通的。

枫树已成为祖宗的代名词,是苗族较早的图腾之一。

(3)在黔东南广为流传的苗族古歌中,都提到燕子。

《苗族史诗·砍伐古枫》说:剩下一双长尖梢,风吹来时闪闪摇,变成继尾鸟,它来抱蝴蝶的蛋。

燕宝整理译注的《苗族古歌·砍枫香树》也说:根子变成了杜鹃,尖梢变成了鹡宇鸟。

苗族古歌的异文大多来自不同地区、不同歌手,但所叙的"继尾鸟"情况却基本相同。关于这种鸟,当今苗族的歌手被人问到时,有的说不知为何物;有的说是大老鹰;还有的说古代有,现在没有了,可能是凤凰。在古歌版本中,或无注释;或说是一种巨鸟、神鸟;或说是鹡鸽;或说是鹰。我们认为继尾可能是燕子或燕类的一种。

邰昌厚记录的《苗族史诗》异文中谈及枫树化万物时说:剩下尖梢一片叶,变成燕子继尾鸟,变成继尾孵蝶蛋。

苗族称家燕为 Bad Lind Zaid,称在岩洞或山崖筑巢的崖燕为 Bad Lind Zat Ghaif,由此 Bad Lind Jit Wif 亦可理解为燕类之一种,即继尾燕。

苗族历来尊重燕子,不能捉燕子玩。若抓了燕子,手就会糜烂,不仅不能抓燕子,更不能打杀它。贵州台江、剑河等地的苗族柳支系就认为他们是燕子的后代。广西融水一带苗族传说过去闹了大水灾,房屋草木被冲走,是燕子上天找来杉籽撒播成林,才造了房屋,所以大家都感谢它,不准杀伤燕子,不许吃它的肉,箭不准向燕子放,石不许向燕子打。到春分人们要闹春耕迎接燕子归来。[①] 在传说《创世大神和神子神孙》中说,雷公施放洪水,谷种发霉不能播种,是燕子到"鸟嗨类能"找来粮种,于是人们留下屋梁给它筑巢,不准赶走,不许捕吃。后来人们在燕子的带领下,从东方来到西方寻找好生活。[②]《苗族史诗·溯河西迁》还说,燕子头戴白银帽来审判岩鹰。

在黔东南苗族二月初二敬桥节的传说中是这样讲的,古代有两夫妇久婚不孕,后来燕子告诉他们去架桥,便得以生育。《尔雅翼》曾记载古代苗族的居住之地荆楚"燕始来睇,有入室者,以双箸掷之,令人生子"。燕在古籍中又称玄鸟,《诗经·商颂》有"天命玄鸟,降而生商"句。据《史记·殷本纪》记载,商的先祖契是简狄吞玄鸟之卵而生。《史记·秦本纪》说,一天,秦之先祖女脩正在纺织,"玄鸟陨卵,女脩吞之,生

---

① 梁彬等:《苗族民间故事选》,广西人民出版社1986年版。
② 梁彬等:《苗族民间故事选》,广西人民出版社1986年版。

子大业"。商、秦之源均在东夷,东夷之鸟崇拜,最突出的是"为鸟师而鸟名"。即以鸟为官名。以《左传·昭公十七年》郯子所叙最详。《尔雅·释鸟》云:"巂周,燕。燕,鳦。"郭《注》说:"齐人呼鳦。"《说文解字》释"乚"曰:"玄鸟也。齐鲁谓之乙。取其鸣自呼。"乙、鳦互通,是燕之别名。齐鲁即今之山东。远古东夷的地望就在齐鲁。东夷与传说中的苗族先民蚩尤集团有着亲密联系。因此,苗族的燕子(继尾)崇拜与商、秦等的鸟崇拜均源于东夷,苗族的燕子崇拜乃东夷鸟崇拜之孑遗。

(4) 蝴蝶崇拜起源于蝴蝶妈妈即妹榜妹略。她的蛋孵化出人类之祖姜央,以及龙、蛇、雷、蜈蚣等等。她既是人类之母,也是苗族之母。苗族最隆重的鼓社祭所祭的第一个祖先就是妹榜妹略。在《苗族凿鼓词》中就有"咱妈是蝴蝶,住在树心心"之说。

现实中的蝴蝶,认为系祖先灵魂的形化物而不能捕杀,否则会手烂眼瞎;蝴蝶进家,则认为是祖先来了;苗族妇女的刺绣花衣裙,传说是仿彩蝶制成。许多织绣品都有蝴蝶图案,十来岁女孩戴的特制的织锦帽有大小两排十多个蝴蝶,苗语称 Mos Gangb Bax Lief(蝴蝶帽),这是审美与崇拜双重意义的结合。苗族妇女多名为 Bangx(榜)和 Lief(略),似应与对 Mais Bangx Mais Lief(蝴蝶妈妈)的崇拜有关联。

(二) 自然崇拜

自然崇拜是最原始的崇拜。恩格斯说:"一切宗教,不是别的,正是人们日常生活中支配着人们的那种外界力量在人们头脑中的幻想的反映。……被反映的,首先是自然的力量。"[1] 苗族在万物有灵观念的支配下,对自然界的各种事物产生崇敬心理,如崇拜土地、巨石、奇石、大树、岩洞等;对一些人造物如桥、水井也神化崇拜,不能随便破坏;对一些方位如上、东也推崇有加。

土地是人类生命之源,把土地当做神,反映了人们对土地的依赖。土地承载的巨石奇石、生长的大树等,因人们对土地的尊崇而身价倍增,成为人们顶礼膜拜的对象。土地神是自然崇拜的代表,具有保佑村寨及人畜平安之能,在苗族寨边、枫树脚、桥旁、路边随处可见土地神安身之所。有的在路坎上挖一个小方洞,内置一块石头,便是土地神龛。这种简单的神龛多为一家一户所筑,村寨共有的土地神龛略为讲究,不过一般也只是高阔各一二米的小屋而已。

苗族传说,土地神是雷公的脐带变的。雷公上天去了,土地神便住在村边,他有沟通天上人间的本事。姜央兄妹成婚后生下的肉团,砍成碎块丢在山上变成人而不会说话。土地神上天去求教雷公,雷公当面不说,过后却自言自语说只要烧爆竹子,人便会说话了。听到这个话,土地神偷偷地告诉了姜央,姜央照此办理。竹子一爆,人们一个个跟着学,便会说话了,这是土地神为人类立下的大功。《苗族史诗·兄弟分居》还说,雷公上天,是土地神拿着松明照他走的;雷公忘了拿坐椅,是土地神给送去的,所以敬

---

[1] 恩格斯:《反杜林论》(中译本),《马克思恩格斯选集》第3卷,人民出版社1977年版。

雷神时桌上有 12 份供品为雷神享有，桌下特备 1 份为土地神享有，表示不忘土地之功。

在远古，石头是人类最重要的生产工具。人们要从大自然中找到适合加工和使用的石块，往往并不容易。如偶然得之，便认为是神赐而把它神灵化。坚硬的石块存在时间长，尤其是村寨周围的巨石，与村寨长伴，便被认为是村寨的保佑神。故小孩体弱多病，便把他拜寄于石，望其像石头那样坚硬（坚强）、强壮，生命不息，健康成长。在采集、狩猎经济时代，大山能提供给人们生存的食物，每一次采集或狩猎的成功，人们都认为是山神的恩赐。

岩洞是人类最早的居住场所之一，人们改屋居后，对岩洞的感情依旧，把它当做祖先安息的场所，或藏尸，或藏鼓。而且岩洞的幽深神秘也被神化，甚至被认为是神灵的居所，人们出现灾祸或有所祈愿时，便去祭岩洞，酹些酒肉于洞内，求其保佑。

普通的石头，本无神秘之处，但如成为"议榔"或"盟誓"的见证，即被神化。任何人不能搬动、击打。如从江县加勉的"战斗石"，本是人们议榔团结对外埋下的石头，但后来人们为取得战斗的胜利，出征前去祭祀它，不仅是盟约的见证，且是战斗的护佑神了。

苗族崇拜的树等植物，除枫木外，还有杉木、五棓木、栎木、竹子等。这是因为枫是祖宗树；杉木再生力强，又是建筑的重要材料；五棓木、栎木可辟邪、驱鬼；竹子长青，易生易繁，象征繁衍和昌盛。

枝繁叶茂茎秆粗大的古树，是生命力旺盛的象征。在苗族人看来，小孩体弱多病，把他拜寄给大树，可使其健康成长。如凯里市舟溪的苗族在农历二月或九月十月，带鸭一只及鱼、酒、糯米饭、香、纸等，携小孩到寨子边的神树下（多为枫、杉树），乞求神树保佑，以后每逢此期，都去敬祭，直到孩子长大成人，有的直至终老。

竹子曾叫姜央兄妹成婚，繁衍了人类，故祭祖时拿竹子做祭杆。代表祖宗神位的牛角架上也要捆上一根竹子，反映了苗族人对竹子的特别感情。

剑河县高丘一带传说，因为一次战争失败，一家兄弟分散逃难，不知以后怎样寻到亲人，大家相约，不管到什么地方居住都须在门前房后栽上一丛竹子，只要见到屋边竹林便知是自家亲人。苗俗迁新地先栽枫，迁新居要栽竹。正是崇拜枫、竹的反映。

不可否认，自然崇拜是从人们的生产生活需要而出发的，带有很大的功利性。但是，应该看到，苗乡所独有的龙潭林、护寨林、鼓藏林、风景林等等，正因为是有神秘的原始宗教，才得以完整地保存，并造就了苗族村寨的山清水秀。

（三）鬼神崇拜

苗族的鬼神众多，各地的名称和数目不尽相同，有的地方认为有三十六神七十二鬼，据说丹寨县苗族鬼种有 100 多类，其实远不止此。在苗语里，类似神和妖魔鬼怪这些概念，用 Dliangb、Fak、Ghab Dliux 来表达。

Dliangb 既指神也指鬼，如吃人的酿鬼称为 Dliangb Gel 或 Dliangb Niangk。与人

为善的兄弟神和土地神也分别称为 Dliangb Jid Dax 和 Dliangb Dab。虽曰善神，有时也会作祟，叫人生病遭灾。

Fak 指妖魔，见蛇或人交媾，认为 Jas Fak 即遇到魔怪了。母猪吃猪崽认为系由这种魔怪所驱使，这是恶鬼。

Ghab Dliux 有时指活人的灵魂。苗人认为人睡着了，他的灵魂便要出游，做梦是灵魂出游的表现。人睡着后不可对之恶作剧，若给他画花脸，一旦灵魂归来，见不像自己的躯壳，便不入窍，而使人失魂生病。活人的灵魂一般不会害人，若害人就称为鬼（Dliangb）了。Ghab Dliux 有时也指死人的魂灵。Ghab Dliux Das 是非正常死亡或野死者的灵魂，即游魂野鬼，无人供奉，便要来整人以求衣食。死亡的牛马也有灵魂，如 Ghab Dliux Liod（黄牛鬼）、Ghab Dliux Mal（马鬼）等等，也会害人。尽管苗语方言复杂，但"鬼"却是同源词，且都是鬼神不分，可见鬼神对苗族影响之深远。

苗族古歌中说顾养在继尾孵出姜央、雷公等之后，才从窝里爬出来的，但它为何物所变，没有交代。这是一种有庞大家族的恶魔，有羊顾鬼、狗顾鬼、猪顾鬼、鸟顾鬼等。据说羊、狗顾鬼凶恶，石中石破，崖中崖裂，柱中柱断，人中人死；猪、鸟顾鬼较弱，人中后轻则昏昏沉沉，重则癫狂，一般不会死人。这种鬼自己不出去害人，是听从巫师指使，专替人打击报复仇人的。但巫师一般都不愿干，因这是伤天害理之事，对方一旦发现，可请更高明的巫师作法抵御，便遭遇一场恶斗，功力逊的一方会败而丧命，或两败俱伤。除非对方在当地实为众人所共恨而有除害之意，巫师才会作法放鬼，但要收取高额报酬。驱使方法是杀相应的牲物敬顾鬼后，喃喃诵咒并告知仇人姓甚名谁，家居何处。还设法把螃蟹或水蜈蚣拴上红丝线，悄悄放进仇人家，顾鬼即随它们去害人。被攻击者如果见到拴红丝线的螃蟹或水蜈蚣进家，立即捉住丢进粪坑即可破解。

正如前文所述，捉鬼放鬼，皆由人意，人高于鬼、人定胜鬼于此可见一斑。

（四）祖先崇拜

苗族既崇拜共同的祖先，也崇拜自己支系、宗族以至家庭的祖宗，子父连名制就是典型的代表。贵州台江县、剑河县部分地区，孙用祖名，有不忘祖宗，以求佑其发财发富多子多孙之意。贵州黔东南苗族支系（或古代氏族）的名称，多是以祖先名为名，有的后来变成了姓。苗族每家每户都在有火炕房间的适当位置上（一般在东侧中柱脚）设有供奉列祖列宗的神位，或杀牛祭祖后以捆绑牛角的枫木杆作为祖宗的神位，年节时酹酒掐肉以示祭祀。

在苗族的传说中，姜央之前是神人时代，从姜央起，才是真人时代，故认为姜央是人类（苗族）的始祖，他与其妹成婚才繁衍了人类。还以智慧战胜了龙、虎、雷等而成为主宰万物的"长兄"。姜央是勤劳、聪明、勇敢的象征。苗族把才智超群的人称为央，把神奇之物冠以央之名，如台江、剑河县交界的清水江有一峡谷，壁立千仞，中有奇洞岩溶，造型神奇，便名为 Ghab Zat Vangb（央崖）。苗族老人过世，讳言"死"，可称为"变央去了"。在鼓社祭中使用的阴阳具，也称为 Mux Vangb（央之阴模）、Dlox Vangb（央之杵具）。

在汉文文献和民间传说中，蚩尤是苗族古代部落联盟"九黎"的首领。考今黔东南苗族有一支称为 Dlib [1i1] 的群体，有人取其声调相似译为"希"或"西"；若取声母近似应译为"黎"或"里"。这是一支人数众多、分布很广的群体，与 Fangs（方）的一支互为伯仲，故有 Jex Jangd Dlib、Juf Jangd Fangs 之说。Jex Jangd Dlib，意为"九个鼓社联合的黎"，即"九黎"。蚩尤在涿鹿战败被杀之后，他的子孙后代或被同化，或从北而南而西直至更远的地方，四处流徙，但对英雄的祖先蚩尤，不管走到哪里，都铭刻在心。有人把几百代家先上溯到蚩尤；有的以蚩为苗姓，以尤为支系名，有人取名为"念蚩"。在四川南部、贵州西北一带许多寨子还有"蚩尤庙"。1998年涿鹿"三祖堂"（炎、黄、蚩）建成后，国内外苗族纷纷前去寻根祭祖，如此等等，都说明了苗族对蚩尤是何等尊崇。在一些民俗事象中，还可见到蚩尤的影子。蚩尤的勇猛具有强大的威慑力，在驱鬼逐魔之时便要请他驾临。台江、剑河县一带洗寨时，巫师倒戴铁三脚，倒披蓑衣，一手执矛，一手执巴茅（象征双刃剑），一边念咒，一边不时地撒一小把米（撒米成兵之意），走遍全寨，以逐火神。这可能就是文献记载的铜头铁额，有角能抵人的战神蚩尤的形象的化身。

苗族最为隆重的祭祖仪式为鼓社祭。由于鼓是祖宗的化身，吃鼓藏时祭祖即祭鼓，鼓也就成为祖宗的化身。苗族地区的木鼓多以楠木、黄檀、枫木、樟木或杉木制成，做鼓社祭所用的木鼓选树要求十分严格。《苗族史诗·寻找木鼓》说：鼓在纠利山林里，选树选最直一棵，枝丫平生叶儿茂，树冠圆圆如纸伞，好像雁鹅的翅膀；树梢挺直冲云霄，枝丫平展像斗笠，树冠如同鸭翅膀，树倒东方最好了。即鼓树要选树干挺直、枝繁叶茂、生命力旺盛的树木。砍的树要倒向东方，即苗族祖先居住的方向。鼓凿通后让白鸡由鼓腔钻过（或从鼓上扔过去），用黄牛皮蒙鼓，鼓槌用柘木做。白公鸡是神鸡，为祭祖之物，让白公鸡钻鼓腔，意思是让它去告诉祖先，鼓已造好、准备回家；或说鼓内邪物秽气已经除尽，可以安息了，让祖先们听到鼓声就回来。

苗族祖先崇拜之甚，以致吃鼓藏祭祖先成为生活中的大事，所有年节均无出其右者，椎牛、椎马、椎猪，是为常事。

苗族的祖宗崇拜也贯穿在日常生活当中，每有酒肉之宴甚至独饮，人们都先酹酒掐肉于地，并曰："祖宗神灵先吃先喝！"然后才开怀畅饮。每年的清明前后，子孙后代都要携酒肉香纸给先人们扫墓上坟。若是大祭，还请房族及至亲好友参加，请巫师主持隆重仪式，杀牲供奉，大家在坟边与祖宗们同饮同乐。祭祀祖先是出于对老人（祖先）的尊崇，对成年人善终者，必想方设法使先人入土为安，表现了人们的怀念之情。

（五）鬼师、巫师与巫术

苗族的神职人员主要有鬼师、巫师、祭司等。

鬼师、巫师是一种能通鬼神祖先的人，在人与鬼神之间起中介作用，一方面代人向鬼神献祭，传达人对鬼神的乞求之愿；另一方面代表鬼神向人提出要求，需要什么牲物敬献、指点亡人路线、返回祖先老家等等。因此，苗族认为鬼师、巫师具有超凡的能力，可以驱赶作祟的鬼神，保护村寨成员、牲畜、农作物及其他生产、生活资料免受鬼神伤害，甚至可驱鬼替人报仇。

巫师大致可分为两类，一类是既能卜算也能禳除的鬼师；另一类是有"灵哥"附身，可知灾祸原因及禳除方法，但不会作法禳除的算命师。前者苗语称为 Xangs Dliangb（鬼师），其作用主要是卜鬼治病消灾。后者称为 Ghet Xangs Hsent Nangs（算命师），通过"灵哥"来给求算者卜其过去、现在及未来的吉凶祸福，甚至可通过"灵哥"与已故的亲人对话。据说"灵哥"是某一个或几个死者的灵魂来附身算命。算命时以头巾或毛巾蒙面，焚香烧纸，"灵哥"到来往往先通报姓名，是汉人说汉话，是某地方人说某地方话。而平时算命师并不懂或不说这些话，因而具有极大的吸引力和迷惑性。鬼师多为男性，算命师多为女性。一些巫师是自学而成。有些人由于记忆力强，看巫师的巫术活动多了，便把巫词及有关仪式牢记于心，自己慢慢学着做，名声传开，有人来请，也就成了巫师。少数人则经过拜师学艺。投师时要送一元二角钱、公鸡一只、酒一斤、一升米的糯米饭。师傅愿收，则将鸡、酒、糯米饭等敬过鬼神后，一同吃了随即授艺。出师前，均须在自家敬过白猪雷神（保家神），方可外出替人作法。不管学艺早晚，都要满40岁后才可做巫师，据说出道早要损寿。苗族巫师是服务性的，不管自己多忙，有人请就得前往。因为帮助他人驱鬼禳灾事大，个人事小，不可拖延。巫师一般作法所得报酬不多，特别是在农忙时节，往往得少失多。所谓40岁以前当巫师要折寿之说，通常的解释是这个时期子女尚小，父母已老或自身已独立创业，过早当之，会影响家事，再者还缺乏经验，故而以折寿作为说辞。

鬼师、巫师因师从不同，地区不同，咒词及敬鬼神方法也略异。但他们都必须明了鬼神的来处、特征和迎送方法，了解本民族本支系的迁移历史和大致情况，甚至懂一些古规古歌。苗族鬼师巫师不脱离农业生产劳动。他们是苗族古代文化的重要传承者，是受群众尊敬的人物，其社会作用应该实事求是地予以评价。不能因为有迷信行为而作为"反面教员"，一概否定。

巫术是原始宗教的重要内容，苗族巫术形式多样，在种植、纺织、婚娶、丧葬、立房、治病等生产生活中都普遍存在。

苗族的巫术主要有诅咒巫术、交感巫术、占卜等，此处以占卜为例进行简述。

鸡卜主要使用在婚姻、选址建房、选鼓社头等方面，以鸡眼卜示为主，鸡眼好则表示神已同意，可订婚、定屋基，鼓社头也必须担任。神判中的"砍鸡头"是鸡卜的另一种方式。巫师用稻草拴一小石，用手提起呈静止状，然后念咒请鬼，先假设为某鬼，如小石横向摆动则不是此鬼，继续请；小石纵向摆动，即为此鬼作祟。接着巫师许它供物，横向摆动示不同意，纵向摆动为同意。病家即按许愿备办祭物。草鞋卜即把小石换成病人穿过之草鞋，余类同。此法多用于探求病因。

草卜有稻草卜和巴茅草卜两种。巴茅草卜则由事主备巴茅草一把，巫师任意剥取其中三片的叶脉，念咒后分别逐个打折后再合并看其形状，判断是何鬼神作祟。确定后，有的立即敬祭，有的以巴茅一棵打成丁字形草标作为许愿之据，病见好转或事有转机再为敬祭。

（六）禁忌及解脱

民俗学上的禁忌指犯忌讳的语言和行动。苗族的禁忌大致分为语言禁忌和行为禁忌两种。

语言禁忌有自己的特定场合，最具典型意义的是鼓社祭期间，许多常用词语都不能说。如 Jud（酒）称 Eb Hsangt（象之水）、Hek Jud（喝酒）称 Tiet Hsangt（拉象）、Nongx Gad（吃饭）称 Jangs Hsat（装沙）、Xed（盐）称 Ghangb Nangx（甘甜）或 Ghet Diel（客家）、Eb Sob（辣椒）称 Zend Naf（辣果）等等。除"盐"与"虎"在资料来源地的贵州台江县发音相同而避讳外，其他一时尚难作出可信的解释。

在其他生产活动方面，有时也有禁忌，如种棉时忌说"种多了"。怕棉听到此话，就不生长了。捕获野兽煮食时，忌说"吃饱了"，此言将使以后打不到野兽。这种禁忌的产生，可能源于人们的良好愿望，提示人们不能满足于已有生活，而应求得更多。

行为禁忌形式多样，内容丰富，涉及人们生产生活的各个方面。有的禁忌为了保护某个方面不受侵犯而赋予神秘的色彩。如禁止在水井内大小便、洗衣服等，否则会使人肚痛或生病。水井是人们日常生活离不开之物，是公共财产，违反者虽不一定会害病，却会使大家的利益受到损害。公私之物被人破坏，或不知破坏者，或知但无力与其理论，泄恨方法就是诅咒。今天人们常骂那些缺少公德的人曰："不得好死。"被诅咒之行为也就成了禁忌。又如正月初一禁姑娘用针，否则种植的辣椒等易被虫吃。这一天还不许扫地，否则可能来年稻易倒伏，也不能将用过的水和垃圾倒掉，犯了这个禁忌则财不能聚。

这些禁忌人们还可防范，但有些禁忌则是无法预料的，如结婚时途中忌雷雨，忌见蛇、野鸡等，则纯属偶然，无法防范。为了消灾免祸，实现自我的心理平衡，即自我安慰，禁忌的解脱方法也就应运而生。

禁忌影响了人们的社会生产和生活，特别是那些无法预料的禁忌，带给人们很大的心理压力，无病也可能引出病来。所以，人们既迷信禁忌现象，又发明了超越和解脱方法，通过语言、牲物等达到消灾的目的。

面对突临禁忌事象，通过语言的表达而实现禁忌的解脱。如苗族认为谁遇到穿山甲缩成一团翻滚而来，必遭病痛之灾，但当即念"我说我命苦，谁知我命好，我遇穿山甲，活上一百世，祭祖九千次"便可免灾。贵州榕江县计划公社的苗族认为，谁遇龙蛇（Nangb Vongx，粗如大腿，头如鸡冠状），即会生病致死，若立即念"你上天成雷，下河成龙，我当官发财，你活一千八百岁，我也能活一千八百岁"便可消灾。有时是语言、行动并举，如该地认为见蛇交尾是凶兆，要死人，但当时找一块长条石，将一端埋入土中并说"你呀！你要留在这里，我走我的，你不能走，要好好地在这里守着"也就可以消灾。可见，即使是最凶险的禁忌，人们仅用几句话便可化解，关键是掌握化解方法，说明禁忌的禁制作用正逐渐减弱。这是观念上的进步。

有些禁忌触犯后，不仅以语言来解脱，而必须有一定的牲物。《苗族史诗·寻找祭服》中说："他欠姜央什么礼？别人回家只消一季，阿幼回来要用三年，她的路程太远了，她在娘家生了儿。担来一只猪腿，还有一只鸭，把祖宗敬了，大家才兴旺。"苗族禁忌姑娘出嫁后回娘家来生孩子。姜央的五姐阿幼因为嫁得太远了，回到娘家来探亲，一时赶不回去，即在娘家分娩。人们认为分娩时流的血及羊水等系污秽之物，龙见龙逃，神见神畏。这就亵渎了祖宗神灵，会对娘家造成损失，故须以物质来解脱。这是外嫁姑娘分属不同氏族后产生的禁忌。人们认为结婚遇雷雨、蛇、野鸡等则一切吉祥喜气皆被雷打雨冲及他物掠去，而使婚姻难以白头偕老，须重新迎娶或请巫师禳解。若在婚宴上杯碗打破或新娘挑新水时摔跤桶破，则认为可能有一方在中年以前死亡，这是象征性禁忌。彻底的解脱之法是中断婚姻关系。

苗族的原始观念中，认为万物有灵，因此农业生产的丰歉、人生的福祸，制约的因素很多，必须事事小心，求得祖先神灵的谅解和保佑，否则将出现麻烦。因而在社会生产生活中，浸染着原始宗教的色彩，通过求神或求祖，使繁衍后人的愿望得以遂顺，即通过与神灵、祖灵的沟通，得到神灵、祖灵的庇护。这是人们对自然强大力量的妥协，是求得心理平衡与解脱的一种方法，与他们的传统思维是一致的，也是无可厚非的。

三　苗族原始宗教的作用

（一）娱神与娱人

在漫长的历史长河里，人类在与自然和社会的斗争中，有成功，有失败，但由于认识的局限，对成败的原因不能作出科学的总结，于是归之于神灵和天命。成者谢神，败者求神，大则杀牲击鼓，吹笙饮唱，人神同乐；小则焚香烧纸，酹酒招肉。成者斗志更盛，败者也减轻心理压力而增强信心。

在古代，宗教娱神活动是人们的主要娱乐方式，即人借娱神以自娱。这在苗族隆重的祭祖、招龙、接龙、求雨等大型活动中，表现得尤为突出。如贵州台江县稿午寨阴历六月的踩水鼓求雨仪式便十分有趣。众人倒披蓑衣戴箬笠，带酒肉香纸到河边祭龙神，有八分醉意之后，在河中击鼓欢跳，时而击水相戏，时而跑到稻田中捞稀泥相击相抹，以衣裤湿透、满身稀泥为乐事。两岸观战者欢呼助战，笑语声喧，不绝于耳。仪式完毕之后每隔12天还有两次、每次两天更为盛大的踩鼓活动。届时邻近几县的群众都来参加，伴以斗牛、赛马（近年还有球赛）助兴。青年男女借此机会谈情说爱，中年人可以彻夜赛唱古歌。而各地断断续续历经数年的鼓社祭的娱神活动，更是丰富多彩，几乎把苗族各种娱乐形式都用上了。这些活动，娱神是虚，娱人是实。长年为衣食奔波劳碌的人们，从中得到放松，心情舒畅地以饱满的热情投入新的生活。

（二）增强民族凝聚力

苗族的原始宗教十分复杂，各支各地都有自己的特点，但因历史的渊源关系和共同的信仰，使他们在分离和漂泊中得到认同。如对枫木、蚩尤的崇拜，以及兄弟分散逃难，相约房前屋后种竹以便日后相认，从而有竹之荣枯与家之兴败相联系的共同认识等等。就局部而论，湘西方言区的盘瓠崇拜，黔东方言区的姜央崇拜是各自方言人民的精神纽带。川黔滇方言则以蚩尤崇拜为盛。不管何地、何方言的苗族，都传说自己的祖先住地在"浑水河"，是战败或其他原因而南迁西迁的，并且把一些祭祀活动中的物事与"浑水河"联系起来。苗族古歌结尾中说："远古的时候啊，你我共祖先，同一个奶奶来生养；洗身同用一个盆，裹体共块青蓝布，敬旱神的肉是一份，敬野鬼的肉共一串。家分多了才成村寨，子孙多了才变疏远，你我也许不相识，可只要见了面啊，摆起这些古事来，嘴里赛蜜甜，开了头就说不完。"[①]

这便是通过历史的追溯达到了认同。

苗族原始宗教演绎了自身的习俗文化，这些习俗文化构成了民族认同的要素。如椎牛祭祖是湘西苗族的说法；黔东南、桂北则称鼓社祭或吃鼓藏；云南苗族称"敲巴郎"。虽然称呼不同，形式略异，但都是一种祭祖习俗，而且都是以牛为牺牲。而尚东、崇左、喜鱼、贵鸭，使他们认为来源是一致的。今天贞丰、安龙等县的部分苗族通过子父连名制的溯祖方式，可在黔东南找到自己的宗支。共同的生活习俗和相同相似的宗教信仰，使他们结成一个整体，是共同的心理素质的具体表现。

（三）规范人们行为

原始宗教在维系社会的正常运转，规范人们的行为上也有一定积极作用。如苗寨周围的风水树、有些荒山草坡忌乱砍滥挖，否则要破坏龙脉，客观上起到了保护植被的作用，以免大风大水造成灾害。非鼓社祭期间不能击鼓，就是提醒人们既不忘祖先，又要节约、娱乐有度。播种后忌吹芦笙，也是告诫人们要安心生产，待稻谷收完，粮食入仓才可尽情娱乐。

如鼓社祭的最初目的是祭祖，乞求富有和子孙繁衍，但随着历史的发展，它已成为家族、宗族内部的头等大事，在这个隆重而神圣的场合，有关家族、宗族对内对外的管

[①] 《苗族史诗·溯河西迁》。

理规定便制定出来,并利用人们对祖先的敬重去加强这些准法律的权威性。每届鼓社祭,既是宗族内部领导层的调整,也是族内准法律的完善和补充,明确每个人的权利和义务。"议榔"仪式中的杀牲和埋岩,就是借用了原始宗教的力量,在人、神的共同监督制约下,使伦理道德和习惯法能发挥最大的功用。

(四) 传播历史文化知识

苗族原始宗教是苗族历史文化的一项重要内容,是本民族及其他民族了解苗族历史的一条渠道。苗族鬼师、巫师是苗族历史文化重要的传承者。在各种仪式中鬼师、巫师、歌师都要赞颂祖先的来源、迁移路线、战斗历程等,使本族的发展历史通过口耳代代相传。超度死者时,巫师要告诉死者沿着什么路线回到祖先的原始居住地,而这条路线,大致便是苗族至少也是这支苗族的迁移路线。

在漫漫的历史长河中,苗族的历史传说基本上是口耳传承,事实证明这类"心史"资料有一定的可信度。从原始宗教入手,可以深入了解苗族的原始社会形态和古代生产生活习俗。如《蝴蝶歌》这首祭祖歌,使我们了解苗族经历了母系氏族社会,人们知母不知父;《洪水滔天》则使我们了解苗族曾经历了血缘家庭,等等。以苗族洗寨活动中巫师倒戴铁三脚架、倒穿蓑衣的形象和枫木崇拜的事象与文献关于蚩尤传说的记载相比较,便可知道巫师的奇异打扮,其实是有历史根据的,历史和传说在这里找到了结合点。

苗族因崇拜姜央而对与之同时出生的龙、虎、蛇、雷等诸物亦加尊崇,但苗族古歌又记述了他们之间的很多斗争。实际上龙、虎诸物应是其他部落或氏族的图腾,姜央与之共母,说明他们具有同源关系,他们间的斗争说明异流后发生了矛盾,而对他们尊崇则证明在斗争中又有融合和吸收。这反映了上古民族关系史上斗争与融合、矛盾与统一的交织情况。

第一章　图腾崇拜遗迹

第一节　盘瓠崇拜遗迹

1. 汉文文献有关盘瓠的记载

昔高辛氏有犬戎之寇，帝患其侵暴而征伐不剋，乃访募天下：有能得犬戎之将吴将军头者，购黄金千镒，邑万家，又妻以少女。时帝有畜狗，其毛五采，名曰槃瓠，下令之后，槃瓠遂衔人头造阙下，群臣怪而诊之，乃吴将军首也。帝大喜，而计槃瓠不可妻之以女，又无封爵之道，议欲有报，而未知所宜。女闻之，以为帝皇下令，不可违信，因请行。帝不得已，乃以女配槃瓠。槃瓠得女，负而走入南山，止石室中，所处险绝，人迹不至。于是女解去衣裳，为仆鉴之结，著独立之衣。帝悲思之，遣使寻求，辄遇风雨震晦，使者不得进。经三年，生子一十二人，六男六女。槃瓠死后，因自相夫妻，织绩木皮，染以草实，好五色衣服，制裁皆有尾形。其母后归，以状白帝，于是使迎致。诸子衣裳斑兰，语言侏离，好入山壑，不乐平旷。帝顺其意，赐以名山广泽，其后滋蔓，号曰蛮夷。外痴内黠，安土重旧，以先父有功，母帝之女，田作贾贩，无关梁符传租税之赋，有邑君长，皆赐印绶，冠用獭皮，名渠帅曰精夫，相呼为姎徒，今长沙武陵蛮是也。

〔《后汉书·南蛮西南夷传》，上海古籍出版社、上海书店影印《二十五史》，1986年版〕

蛮之种类，盖盘瓠之后，其来自久。习俗叛服，前史具之。在江淮之间，依托险阻，部落滋蔓，布于数州，东连寿春，西通上洛……

〔《魏书》列传第八十九，上海古籍出版社、上海书店影印《二十五史》，1986年版〕

蛮者，盘瓠之后。族类蕃衍，散处江、淮之间，汝、豫之郡。凭险作梗，世为寇乱。逮魏人失驭，其暴滋甚。有冉氏、向氏……

〔《周书》列传第四十一，上海古籍出版社、上海书店影印《二十五史》，1986年版〕

蛮之种类，盖盘瓠之后。在江、淮之间，部落滋蔓，布于数州，东连寿春，西通巴、蜀，北接汝、颍，往往有焉。

[《北史》列传第八十三》，上海古籍出版社、上海书店影印《二十五史》，1986年版]

荆、雍州蛮，盘瓠之后也，种落布在诸郡县。宋时因晋于荆州置南蛮、雍州置宁蛮校尉以领之。孝武初，罢南蛮并大府，而宁蛮如故……

[《南史》列传第六十九，上海古籍出版社、上海书店影印《二十五史》，1986年版]

与夏人杂居者，则与诸华不别。其僻处山谷者，则言语不通，嗜好居处全异，颇与巴、渝同俗。诸蛮本其所出，承盘瓠之后，故服章多以班布为饰。其相呼以蛮，则为深忌……

[《隋书》志第二十六，上海古籍出版社、上海书店影印《二十五史》，1986年版]

西南溪峒诸蛮皆盘瓠种，唐虞为要服。周世，其众弥盛，宣王命方叔伐之。楚庄既霸，遂服于楚……

[《宋史》列传第二百五十二，上海古籍出版社、上海书店影印《二十五史》，1986年版]

荆、雍州蛮，盘瓠之后也。分建种落，布在诸郡县。荆州置南蛮，雍州置宁蛮校尉以领之。世祖初，罢南蛮并大府，而宁蛮如故。

[《宋书》列传第五十七，上海古籍出版社、上海书店影印《二十五史》，1986年版]

罗雄州（下）与溪洞蛮獠接壤，历代未尝置郡，夷名其地为塔敝纳夷甸。俗传盘瓠六男，其一曰蒙由丘，后裔有罗雄者居此甸。至其孙普恐，名其部曰罗雄。宪宗四年内附。七年，隶普摩千户。

[《元史》志第十三，上海古籍出版社、上海书店影印《二十五史》，1986年版]

苗人盘瓠之种也，帝喾高辛氏，以盘瓠有歼溪蛮之功，封其地，妻以女，生六男六女。而诸苗，尽夜郎境多有之，有白苗、花苗、青苗、黑苗、红苗。苗部所衣，各别以色，散处山谷，蒙而成寨，睚眦杀人，报酬雠不已。故谚曰：苗家雠九世休，近为熟苗，远为生苗。熟苗劳同牛马，不胜徭役之苦。男子椎髻，当前髻缠锦帨，红布为衣，宛以纳首。妇人以海贝、铜铃结缨络为饰。耳环盈寸,髽镑几尺。以十月朔为大节。岁首祭盘瓠,揉鱼肉于木槽,扣槽群号以为礼,其见流官,无论尊卑皆称曰老黄帝。

[陆次云:《洞溪纤志》]

槃瓠高辛氏之蓄狗也,衔犬戎吴将军头献阙下,帝酬其功,妻以少女。槃瓠负少女入南山,生六子,自通相夫妇,此群苗鼻祖也。详见范史西南夷列传。唐守以前曰蛮、曰僚而已,前明就三苗地设府县卫。支派遂分花、白、青、黑、红,以色名,龙、仲、韦、谢以姓名……

[贝青乔:《苗俗记》]

2. 贵州贵定县定东公社苗族的神犬崇拜

大新寨罗、杨二姓,传说从前大人不在了,小孩在家没奶吃,是一只母狗用奶喂小孩,小孩活下来了,繁衍子孙。后来不准吃狗肉,也不伤狗、害狗,连见了狗血都不能跨,要绕道走。东山罗家不吃狗肉,是一个寡崽被狗奶喂大的,以狗为母。

[杨昌文:《贵定县定东公社苗族社会调查》,《贵州民族调查》(之二),第341页,贵州省民族研究所,1984年10月]

3. 贵州榕江县计划公社苗族的神犬崇拜

计划公社的部分苗族,传说有远古时代,因其祖公的母亲早逝,自己年幼,没有奶吃,有一只母狗看到这种状况,非常可怜祖公,于是给祖公喂奶,使祖公长大成人,因而才有了苗族后代。故至今这部分苗族群众忌食狗肉,他们说,吃了狗肉对不起老祖公,而且将会使人生病,后代不是跛脚,就是瞎眼。

[岑秀文:《榕江县计划公社苗族原始宗教调查报告》,《月亮山地区民族调查》,第254页,贵州省民族研究所,1983年6月]

4. 贵州榕江县两汪公社苗族的神犬崇拜

短裙苗姚姓家族不杀狗,禁食狗肉。传说姚家祖先因母亲早亡,是靠吃狗奶长大的,故崇敬狗,禁止杀狗,不吃狗肉。

[刘龙初:《榕江县两汪公社两汪大队苗族的风俗习惯专题调查报告》,《月亮山地区民族调查》,第415页,贵州省民族研究所,1983年6月。调查时间:1983年5月]

5. 湖南湘西时姓苗族的神犬崇拜

所谓石姓忌食犬，系指小时而言，大石则不忌之。凡杀犬类，无论自己或别人的，均忌食。若误食之，必主绝灭子嗣。相传祖公时某，开垦荒山，斫伐草木，遍山晒满。晒干后，被人窃去甚多。该祖公某恨极，连日坐守。有一天，时当工作安息之际，累甚疲神，一睡酣眠。窃贼至，看见时某睡熟若梦，即纵火烧山，使彼毙命，才好偷柴。火燃烧至时某身边，仍未知觉。彼时有家犬一头，见此火险危及主人，一旦罹祸，将无以靠。一刹那间，速往河边跳入水中，浸湿全身之毛，走至时某身边，附近之柴草，撒及毛水。循环多次，将该柴草湿透殆尽，火烧至此即熄灭。因是主人幸免火殃。犬大狂吠，时某惊醒，大吃一惊。看见此犬，这样殷勤，极力救护，实系恩犬，感激异常。即当该犬誓诅云："恩犬恩犬，今后永远不食你肉，倘若食之，天诛地灭。"依古传留，此时姓爱惜犬之原因也。

[石启贵：《湘西苗族实地调查报告》，第555页，湖南人民出版社1986年版]

6. 湖南湘西石姓苗族的神犬崇拜

姓石的祖宗是仙家、把白。他们的子孙是不吃狗肉的。因为他生了出来长到几个月后，母亲就死了。没有奶吃，天天啼哭。正值他家的狗生了小狗，他就天天随着狗儿吃奶。后来长大了，因感狗的恩德，所以不吃狗肉。因此，现在他的子子孙孙都不吃狗肉。

[凌纯声、芮逸夫：《湘西苗族调查报告》，第229页，民族出版社2003年版]

7. 湖南湘西田姓苗族的神犬崇拜

从前苗族有田氏兄弟二人，兄名拉黑，弟名拉吼。那时有人诬告他兄弟俩，行为不正。官府定于某夜鸡叫和狗叫的时候动身前往捉拿。谁知那夜直到天明鸡和狗都不曾叫一声，官兵也就没有去捉，拉黑拉吼两兄弟才没有被捕。因此二人深感鸡和狗的恩德，共议以后不吃鸡狗的肉。拉黑不吃鸡肉；拉吼不吃狗肉。所以现在拉黑的子孙不吃鸡肉；拉吼的子孙不吃狗肉。

[凌纯声、芮逸夫：《湘西苗族调查报告》，第229—230页，民族出版社2003年版]

8. 湖南麻阳苗族的盘瓠崇拜

过去，麻阳苗族最盛行的是崇拜盘瓠。他们认为盘瓠是苗族的始祖，是至高无上、主宰一切的尊神。有些苗家堂屋的神龛上还立有盘瓠大王神位。至今麻阳境内保存的盘瓠庙宇遗址，在锦江两岸就有18处。高村乡漫水村田姓盘瓠庙建于明朝永乐二年，已有580多年历史，这座砖木结构的宫殿式建筑，占地100多平方米。依村傍水，四周古木葱茏，环境幽静。庙内正殿设有石砌供案，上立三块石碑，正中是"本祭盘瓠大王位"，左右是"新息大王"和"四官大王"石碑。供案两边是一对栩栩如生的龙头，大门上方有扇形浮雕图案，周围刻有雀鸟，中间立着一只龙犬，是一幅典型的"椎牛祭祖图"。庙的两侧建有长廊，停放着两只龙舟，相传，盘瓠大王是乘舟过洞庭，经沅江，溯辰河到达麻阳的。庙前是椎牛杀猪的场所。其他盘瓠庙宇遗址，规模虽不及漫水盘瓠庙，形式与内容却大体相似。

[《麻阳苗族自治县概况》编写组：《麻阳苗族自治县概况》，第26—27页，湖南人民出版社1990年版]

9. 湖南麻阳苗族祭盘瓠

椎牛，是苗族历史上传下来的一项重大祭祖仪式，称为"合族之公祀"，杀猪祭祖则是以家庭为单位所举行的祭祀。祭祖活动有时是求盘瓠保佑，有时是酬谢盘瓠的恩赐。椎牛或杀猪，都须在盘瓠庙内举行祭典。椎牛规模宏大，仪式隆重；杀猪祭祀则比较简单，有请苗老司做法事的，也有供祭品由主人自己祈祷的。

[《麻阳苗族自治县概况》编写组：《麻阳苗族自治县概况》，第27页，湖南人民出版社1990年版]

10. 湖南麻阳苗族祭盘瓠仪式

麻阳苗民称盘瓠大王为"龙王"。因此，祭祀盘瓠大王仪式，又叫做"接龙参神"。每年农历五月，麻阳漫水的苗民集中在盘瓠庙前，举行盛大仪式。五月初一这天，在德高望重的长辈带领下，苗民们结集在盘瓠庙内引吭高唱《接龙歌》。歌曰：

五月初一开神门，敞开神门接祖神。
盘瓠大王是吾祖，自古流传到如今。
……

开了神门，接了龙，人家从盘瓠庙中"请"出两只龙船。此时，鼓锣开道，鞭炮齐鸣。108名头包青丝帕、身穿青衣裳的后生分乘两只龙船，将船轻摇慢荡。意思是：此时阳春恰好，景色正浓，请盘瓠大王乘舟观看沿江两岸苗寨风光。途中，他们一边敲锣打鼓，一边唱起《根源歌》：

　　盘王住在桃源洞，辰州府内有家门，
　　庙堂设在木棺上，赫赫威灵多显应。
　　……
　　武陵栖居千百载，辅佑子孙创乾坤，
　　光阴荏苒春秋在，活不虚传果是真。

两岸苗家姐妹抬出四方桌，插上五色旗，摆上茶点、粑粑，迎接盘瓠大王光临。

"接龙参神"最后一道仪式是将龙船抬进盘瓠庙。此时请来郎舅、戚友亲朋，杀猪宰羊，在盘瓠庙前共饮同乐。

〔《麻阳苗族自治县概况》编写组：《麻阳苗族自治县概况》，第27—28页，湖南人民出版社1990年版〕

11. 湖南麻阳苗族的抬犬求雨

解放前，麻阳有些地方用木头雕成犬的形象，放在"祖神祠"中。每逢久旱无雨，就将木犬抬到江边或溪洞口去求雨。

〔《麻阳苗族自治县概况》编写组：《麻阳苗族自治县概况》，第27—28页，湖南人民出版社1990年版〕

12. 海南苗族盘瓠图腾崇拜遗迹

图腾崇拜的遗迹，在今日他们生活中仍然存在：他们每家虽然都养狗，但绝对不吃狗肉，不是任它自己老死，便是把它和附近黎人交换东西，后一种情形，作者曾经目睹，这显然是图腾社会中"禁止杀害图腾动物"的禁条遗传下来的。此外，上面所插的武道士铃印上所刻的狗的图像，或与此也有关系，值得注意。

〔王兴瑞：《海南岛之苗人》，载李文海等编《民国时期社会调查丛编》，第132页，福建教育出版社2005年版〕

13. 海南苗族盘瓠崇拜传说

从前某富翁有一女，已许字于人，但男家赤贫，女年及笄尚不能娶之。女养一狗，甚加疼爱，食卧与共。久之，竟与狗性交而怀孕，为男家发觉，控之于官。官多方审讯，竟未能讯出奸夫为谁。后由官太太思出一计，提女出狱，与太太同居一屋中，乘夜深女酣睡时，解其衣，发现身上有狗抓痕，遂大悟。于是县官乃提女家人审问，知女在家确有一爱狗，乃令牵此狗来狱与女同居。至夜间，狗果向女狂抓，由是案情大白。男家既知女与狗性交怀孕，当即无条件退婚。女亦被放出狱，回家未久，产一男一女。翁夫妇以有女如此，殊败家声，乃命木匠造船一只，满载金银珠宝，驱女与狗及两子入其中，放之中流，任船漂泊。漂流至惠州城，为人拯救登岸，遂居焉。狗常入山，捕鸟兽以饲二子。子女渐长，然尚不知为狗子也。某日，狗贪惰不入山捕鸟兽，遭二子殴打，母叱责之，并以实告，谓汝等为余与狗所生，彼实汝等之父也。并谓汝等为狗之子，无人肯与为婚，不如兄妹结为夫妇，以延续后代。兄妹结为夫妇后，产二男，及长，二子交恶，不能共处，母恶而驱逐之，一逃上山，一逃下水。上山者为苗人之祖，下水者为疍民之祖。故两族后裔足迹不履王土，不食王粮，亦不纳税也。

[王兴瑞：《海南岛之苗人》，载李文海等编，《民国时期社会调查丛编》，第145—146页，福建教育出版社2005年版]

14. 湖北苗族的盘瓠崇拜

湖北苗族的盘瓠图腾观念比较淡薄，但在部分苗族聚居区，诸如宣恩的小茅坡营、苗寨、下坝等地苗族的潜意识中还能发现盘瓠图腾观念，有的甚至比较明显。有的苗族老人告诉子孙："狗是我们的祖先，千万不要伤害狗，更不能吃狗肉。"这种盘瓠图腾观念在苗族老人的潜意识中比较明朗，在中年苗族心中要淡薄一些，只知狗是比较神圣的，不能杀狗、吃狗肉。由此可见，湖北苗族（当然是少部分）在解放前尚存盘瓠图腾观念，有的延续至今。

[龙子建等著：《湖北苗族》，第187页，民族出版社1999年版]

15. 湖北恩施苗族的盘瓠崇拜仪式

从图腾仪式看，湖北苗族曾保存祭祀盘瓠图腾的仪式。解放前，恩施市芭蕉富尔山石姓、龙姓苗族老人在春节团年时，极其神秘地举行祭祀原始图腾——盘瓠的仪式。即老人们大喊一声，然后在一个盆中共食丰盛的食物（吃的时候不用筷子，直接用嘴啃食），这显然是在模仿犬吃食的动作。恩施罗针田各姓苗族在团年前，全家人各端一碗饭，里面盛放丰盛的菜肴，在门背后极其神圣地学犬叫一声，然后再入席吃团年饭。各姓苗族都不承认自己有此俗，相互都说对方有此俗。

[龙子建等著：《湖北苗族》，第188页，民族出版社1999年版]

16. 湖北宣恩苗族的盘瓠崇拜遗迹

解放前，宣恩县小茅坡营、苗寨等地的苗族喜欢给小孩子戴"狗头帽"，或称"狗耳帽"。所谓"狗头帽"，帽形酷似狗头，上有两耳，酷似狗耳，上面嵌有十八个银菩萨（或称十八罗汉）、响铃、挂牌等银器。这显然是把小孩装扮成盘瓠图腾（神犬）模样，与图腾同体，借盘瓠图腾镇邪恶赐福寿，希望借助盘瓠的神秘力量护佑小孩健康成长，也使小孩免受狗的伤害。鄂西苗族流行"狗子不咬细娃儿"之说，其原因就在于此。

[龙子建等著：《湖北苗族》，第 190 页，民族出版社 1999 年版]

17. 四川彭水苗族的盘瓠崇拜遗迹

父母常常把"狗儿"作为爱称来称呼孩子。有的父母，干脆呼男孩为春狗、冬狗、腊狗等。虽也另有名字，但直到老死，晚辈都称小名："腊狗大伯"、"春狗大公"。

[《彭水苗族土家族自治县概况》编写组：《彭水苗族土家族自治县概况》，第 30 页，四川民族出版社 1989 年版]

18. 云南巍山县苗族的敬犬习俗

巍山苗族过春节有敬狗的习俗，时间是大年三十晚上。他们把煮熟后的各种肉食和大米饭先祭过祖先后，各取出若干装在盆子里喂狗。如果狗先吃大米饭，就预兆来年米贵，如果先吃猪肉，就预兆来年猪贵，狗先吃什么就预示来年什么贵。苗族过年为什么要先敬狗？相传在洪荒时代，苗族没有谷种，派猪到天上去驮运谷种，猪把谷种装在身上，因为猪毛稀，谷种沿路泼撒，到家时只剩得光杆一身，没带回一粒谷种。于是，苗族又派狗去运谷种，因为狗毛密，狗回来时在脊背和尾巴上带回两粒谷种，从此苗族有了谷种。因此，每年过年当地苗族都要先敬狗，并用狗吃食来预卜来年生活的好坏，把狗当做吉祥物的象征。

[薛琳：《巍山县苗族社会历史调查》，云南省编辑组《中国少数民族社会历史调查资料丛刊·云南少数民族社会历史调查资料汇编（五）》，第 58 页，云南人民出版社 1991 年版]

第二节　其他图腾崇拜遗迹

1. 枫木崇拜

在苗族传统意识中，除天地外，世间万物归根结蒂均由枫木变来。尤其是她孕育了人类（包括苗族）的始祖姜央，实现了传说中神人时代到凡人时代的过渡，枫木是祖先之祖，故黔东南苗族把枫木视为祖树、神树，重要场合离不开枫木。

第一，选择寨址，先栽枫树，树活则人住，树死则人去；树活意示祖宗喜欢，可安居为寨；树死意示祖不欢，立村寨必招祸引灾，人丁不旺。

第二，建筑用木，架桥求子非枫即杉，不能舍此而其他。枫即祖，杉多繁。房屋的中柱要枫木，不作中柱也得作瓜，无枫祖先不认而不保佑，人、屋可能遭灾。

第三，鼓社祭用木，如牵牛杆、杀牛桩要枫木制；祖宗鼓要杉木、枫木制作；代表祖宗灵魂的是护寨枫树的三小块树皮；用于安放牛角以代表祖宗神位的木柱要枫木，不能用其他木取代；甚至那记录开亲发展史的刻棒，最早也是用枫木。

第四，村寨边的枫木即为寨神和龙脉所在，严禁砍伐。即使枯萎也不能取作薪柴或他用。台江县革东小稿午寨边的一枫木旁枝断裂枯萎，人们用铁丝捆绑立柱支撑，以使其不致折断坠地。大枫树脚还是每年敬桥节人们祈求子孙、家族繁衍和清明节祀祭祖先的场所；逢年过节，人们在枫树脚杀牲燃香焚纸或在枫树干上贴上滴有牲血的纸钱，并酹酒掐肉于地，即为祭祖。枫树已成为祖宗的代名词，是苗族较早的图腾之一。

〔吴一文、覃东平：《苗族古歌与苗族历史文化研究》，第309—310页，贵州民族出版社2000年版〕

2. 苗族服饰工艺与枫木崇拜

苗族枫木崇拜源于古代社会自然崇拜时代苗族纺织工艺对枫木的某种依存关系。首先，枫蚕纤维可能曾是苗族广泛运用的一种纺织纤维。如今在苗族地区的成片枫木林，常有一种似蚕茧的蝉茧或其他虫茧，据苗族传说，以前先人们曾捡这种枫茧抽丝纺纱织布。1996年笔者搜集到一件来自湖南湘西的苗锦被单，卖锦的苗族老妇人告诉说那燃烧后有丝毛味的纱是用山中的野茧抽丝制成，并说这些野茧多寄生在巨大的枫木上。但此说法在笔者写本书时仍未获得实证，只好暂存一说。其次，枫木崇拜与苗族织染绣即女红工艺有关联的是枫液染。史料记载古代中原也曾有过枫液染。这种以枫木树脂做防染剂的染花工艺如今仍在苗族现实生活中存活。贵州省从江县岜沙，惠水县的摆金、鸭绒以及相邻的贵定、平塘、罗甸等县的苗族以枫脂为主要防染剂，用时掺入少量的牛油以增强柔软度使之不易脆裂，再加热绘于布上，然后浸染之，去蜡即现花。这种被印染专家们认为早于蜡染的枫液染能否可以说曾经影响过苗族先民的生活，成为他们生活必需的组成部分呢？回答应该是肯定的。就像蜡染深入到苗族的各个支系，成为他们生活的组成部分一样，枫液染也肯定曾经成为苗族若干支系生活的组成部分。由此，再回到苗族传说中的枫木神树，成片栽种枫木就不难理解了。只是，当蜂蜡逐渐取代枫脂，棉、麻、蚕丝纤维逐渐取代数量稀少的枫茧丝时，当枫木对苗族人民的日常物质生活逐渐远去时，它仍成为一种美好的记忆留存在苗族人民的精神生活之中。

〔杨正文：《苗族服饰文化》，第260—261页，贵州民族出版社1998年版〕

3. 燕子崇拜

苗族称家燕为 Bad Lind Zaid，称在岩洞或山崖筑巢的崖燕为 Bad Lind Zat Ghaif，由此 Bad Lind Jit Wif 亦可理解为燕类之一种，即继尾燕。

苗族历来尊重燕子，不能捉燕子玩，认为谁捉了手就会糜烂，更不能打杀。台江、剑河等地的苗族柳支系就认为他们是燕子的后代。广西融水一带苗族传说过去闹了大水灾，房屋草木被冲走，是燕子上天找来杉籽撒播成林，才造了房屋，所以大家都感谢它，不准杀伤燕子，不许吃它的肉，箭不准向燕子放，石不许向燕子打。到春分人们要闹春耕迎接燕子归来。在传说《创世大神和神子神孙》中说，雷公施放洪水，谷种发霉不能播种，是燕子到"鸟嗨类能"找来粮种，于是人们留下屋梁给它筑巢，不准赶走，不许捕吃。后来人们在燕子的带领下，从东方来到西方寻找好生活。《苗族史诗·溯河西迁》还说，燕子头戴白银帽来审判岩鹰。

黔东南苗族二月初二敬桥节的传说说，古代有两夫妇久婚不孕，后来燕子告诉他们去架桥，便得以生育。

〔吴一文、覃东平：《苗族古歌与苗族历史文化研究》，第312页，贵州民族出版社2000年版〕

4. 蝴蝶崇拜

蝴蝶崇拜起源于蝴蝶妈妈即妹榜妹略。她的蛋孵化出人类之祖姜央，以及龙、蛇、雷、蜈蚣等等。她是人类之母，也是苗族之母。苗族最隆重的鼓社祭所祭的第一个祖先就是妹榜妹略。现实中的蝴蝶，认为系祖先灵魂的形化物而不能捕杀，否则会手烂眼瞎；蝴蝶进家，则认为是祖先来了；苗族妇女的刺绣花衣裙，传说是仿彩蝶制成。许多织绣品都有蝴蝶图案，十来岁女孩戴的特制的织锦帽有大小两排十多个蝴蝶，苗语称 Mos Gangb Bax Lief（蝴蝶帽），这是审美与崇拜双重意义的结合。苗族妇女多名为 Bangx（榜）和 Lief（略），源于对 Mais Bangx Mais Lief（蝴蝶妈妈）的崇拜。

〔吴一文、覃东平：《苗族古歌与苗族历史文化研究》，第312页，贵州民族出版社2000年版〕

5. 贵州清水江苗族的服饰图案与图腾崇拜

在清水江中游的施洞一带，每当婴儿出世时，须用一张绣绘有"蝴蝶妈妈"图案的土花布作襁褓，把婴儿包扎起来；至两岁前，其所穿的衣服亦用这种图案的土布制成。有的还加绣枫叶纹。婴儿的胎衣，则须在自家堂屋的枫木中柱脚，挖一土坑用其父亲的一只旧鞋装好埋掉。施洞塘坝寨的苗族老人张务翁（女，61岁，1995年10月）介绍说，这是为了让枫树公公和蝴蝶妈晓得，苗家又添儿孙了，请始祖保佑。在黄平、施秉等地，当婴孩呱呱坠地时，接生婆马上找来根红线来给其穿耳，旨在把他（她）的魂魄拴住，使之健康成才。男婴的胎衣，要埋在堂屋的枫木中柱脚；女婴的胎衣则埋在厨间的枫木中柱脚。埋时，不可太深，也不可太浅，脐带口要朝上。埋得太深，认为将来孩子长大后沉默寡言；浅了则缺乏心计，爱哭爱闹。

〔杨国:《苗族服饰：符号与象征》，第98—99页，贵州人民出版社1997年版〕

第二章 自然崇拜

第一节 地体崇拜

1. 贵州台江县苗族祭祀土地菩萨

土地菩萨苗语称为"商大",就是"地鬼"的意思。修有小房子或用几块石板拼成一个大致是四方形的匣子,置"土地菩萨"于其中,这个小房子当地汉人称为土地祠,苗语称为"宰商大"(意为地鬼房)。修建土地祠除为求子而架桥所修的以外,在很多寨边都修有土地祠,修土地祠的目的是希望保佑寨子清吉、人丁繁衍和发财。有的土地祠是全寨共修一座,有的是一个寨子里的一个姓修一座,也有独家修一座的。交下寨有三座,党道寨有一座,羊达寨以前也修有一座在寨后,但被一些老年人反对修在寨后,只许修在寨脚,于是就拆毁了。不论一寨、一姓或一家修的,附近各寨的人在过节气愿意去祭祀时,不受原主的阻挠,如交下寨后的土地祠是交下万家修的,但党道、羊达、南宫一带都有人去祭祀。

在新设土地祠的时候,把祠修好了,就去找两个长形的石头立在祠里,这就是菩萨。苗语叫"告菩萨",就是"菩萨公"的意思,新设时用的祭物是:

小猪一头(或买一个猪头连猪尾、四蹄全部内脏的每样一点也可以);大雄鸡一只;酒数两;饭二碗;香纸(冥钱)适量;鞭炮适量(没有也可以)。

新设土地菩萨时的祭祀及以后各种节气的祭祀,都不用与鬼师打交道。新设的在杀鸡时要以鸡血滴淋作为菩萨的那两个石头,并扯下数片鸡毛蘸鸡血后贴在上面,表示土地菩萨已吃了(它是生熟都吃)。杀猪是放在土地祠的门栏上举行,不淋血在作为土地菩萨的那石头上,也不扯毛贴上。鸡和猪经过去毛、剖开、洗净后放在一起煮,不能切成小块。煮熟了仍以整个鸡、猪供祭。斟两杯(或碗)酒,但只用一双筷子,烧香纸后,有鞭炮的就放鞭炮,并向土地菩萨作揖(苗语也称作揖),说出要求保佑寨子清吉平安、人们发财的祈祷语后即告结束。也有个别举行跪拜的。跪拜苗语称为"裸今"(折弯足膝的意思)。

每年的过苗年、过春节、二月初二的敬桥都要祭"土地菩萨",但过"秧兜卯"及"吃新"时不祭祀。祭祀时用鱼、猪肉、鸡的一样都可以,另用两杯酒、一碗饭和香纸。

筷子只用一双。届期供酒肉、烧香纸即完事，仪式简单。

人与"商大"打交道的起源：

据说从前洪水泛滥，人们都死绝了，只剩"古昂"兄妹二人，二人的婚姻都找不到对象，经"古昂"的请求，兄妹二人就结为夫妇了。结婚以后生一个小孩没有手足耳目口鼻，像南瓜一样。"古昂"怒而将其砍为若干小块，弃在坡上，但都变成很多人了，只是不会说话。"古昂"即请教于"商大"，经"商大"的设法使这些小孩都会说话了，"古昂"就为它修房子——"宰商大"，这是人与"商大"打交道的起源。

[全国人民代表大会民族委员会编：《贵州省台江苗族的宗教迷信》，第7页，1958年5月内部编印]

2. 贵州榕江县加宜公社苗族敬土地公

严格的来说，"土地公"并不是一个真正的人造偶像，而是一块略像人形的从山上取来的天然石头。以此看来，它事实上是由自然崇拜发展而来。土地公的大小颇不一致，加宜寨内的土地公高64厘米，宽50厘米，厚33厘米。其他寨的土地公有的更大，有的则更小。

"土地公"多置放于土地庙内。土地庙大致是高约2米，宽约1米之"干栏"式建筑，一般是寨头、寨尾各有一座。可以说，土地公从一定意义上讲实际是寨子的守护神，它把守着寨子的两头，不让妖魔鬼怪窜进寨子来捣乱破坏。

"敬土地公"也是每隔三年搞一次，大致在农历九月，具体日期由鬼师占卜而定。目的是为祷求保佑全寨人畜平安免去灾害。据说，如果3年内不敬土地公，本寨的"龙脉"就会坏掉，要招致人畜大量死亡……

"敬土地公"必须在本寨土地庙前进行，由寨老（或保长）主持。祭祀之日，从清晨开始要对寨子附近的路口进行封锁，不许外寨人进寨，也不许本寨人出寨，违反者罚猪一头、鸡一只。

祭祀前要把供品陈列于土地庙前，一般要用肥猪1头，公鸡1只（猪和鸡应事先杀好去毛），田鱼9条，猪爪3个，大米2簸箕（合9升，约20斤），项圈3根，马刀1把，鸡蛋大的白岩石3个，蘑芋3个，水牛皮1块。其中，猪和鸡是由全寨各家凑钱买的。祭祀时由鬼师念咒请神，大意是说：土地公啊！今天我们全寨买上肥猪、肥鸡来祭你，望你保护好全寨人口和牲畜的安全，紧守寨口，不让鬼怪进寨危害人畜。祭毕，猪肉由每家平分一串了事。

[王承权等：《榕江县加宜公社苗族调查报告》，《月亮山地区民族调查》，第349页，贵州省民族研究所，1983年6月。调查时间：1983年3月29日至4月15日]

3. 贵州从江县孔明公社苗族崇拜土地公

普遍信仰和崇拜土地公。每寨土地公的地点一般在寨旁的小土堆或石堆上，砌一个每边约50厘米的石框架，里面摆一个小茶杯，这就是土地公位。他们认为全寨人生死祸福都操纵在土地公手里。若寨里一些人病了，就请鬼师来念鬼，去敬土地公。凡全寨性的事，都要先敬土地公才能进行。

[陈天俊：《从江县孔明公社苗族社会调查》，《月亮山地区民族调查》，第439页，贵州省民族研究所，1983年6月]

4. 贵州榕江县两汪公社空烈大队苗族敬土地——龙脉

其一，敬桥头土地。每年阴历二月初二由每家各自用刀头一个、蛋一个、酒三杯、香三根、纸钱三张去至桥头祭祀。据说二月初二是龙脉活动的时候，敬了桥头土地龙脉才不会跑掉，每家才有生育……

其三，敬地脉龙神。苗语叫"享呆"。每年阴历十二月或正月敬献，具体日期看庚子而定。每家在鸡圈门口敬献。其时要剪三个纸人贴于圈上，并用小鱼三条、几根小葱、酒三杯、饭三碗去供祭，以为这样母鸡孵崽就能够成器。

[王承权等：《榕江县两汪公社空烈大队苗族调查报告》，《月亮山地区民族调查》，第388页，贵州省民族研究所，1983年6月。调查时间：1983年4月]

5. 贵州凯里县舟溪地区苗族敬"地鬼"——土地菩萨

土地菩萨都设在寨旁路口和野外大道旁边行人休息的地方。如寨里有几个姓，往往是一姓设一座土地祠，全村是一个姓的，多由亲房或邻近几户共同设置。土地菩萨苗语是有名称的，意思为"地鬼"，没有塑像，只用三个自然石头做灵物，与当地汉族设置为一公一婆不相同。但从设置地点、意义和供献牺牲看，则同汉族的土地菩萨一样。而距离汉族较远，穿着另一种服饰式样，同舟溪是一个方言的许多苗族村寨，并不设置土地菩萨。舟溪地区的苗族设置土地菩萨，可能是受汉族的影响。也可能是发展趋于近似。设土地菩萨的意义都是庇佑全村或某一带平安清吉，猛兽不危害人畜。

[贵州省编辑组：《苗族社会历史调查资料》（二），第280—281页，贵州民族出版社1987年版。调查时间：1958年11月]

6. 贵州贵定县仰望乡苗族敬"爷大地"——土地神

每个寨子的路口都修建有土地庙，用石料建成。土地庙高约四五尺，宽约三四尺，里面都放有三块钟乳石，一大两小。据说大的那块就是土地神，小的两块是他的卫兵。土地庙前面正中有一小门，大的那块钟乳石正好对着门。

当地苗语称土地庙为"毕大地"，称土地神为"爷大地"。每年春节、农历三月三、四月八、六月六、七月十五、九月九等日子，每家人要点几炷香去插在土地庙前，求其保佑风调雨顺、人畜平安。并在丧仪中享受与祖宗同祭之待遇。

人在土地庙前不能笑，否则就要"生病"。

[赵崇南：《贵定县仰望乡苗族原始宗教调查》，《贵州民族调查》（之二），第295页，贵州省民族研究所，1984年10月]

7. 贵州贵定县定东公社苗族村寨的"保护神"——土地庙

土地庙是安在一个寨子的路口，寨子有几个路口就立几个。它的"职责"是给本寨驱逐一切妖魔鬼怪，免得全寨人畜不安，使全寨安全无恙。千里来龙赶不上当方土地。土地公不开口，野猫不敢进寨。因此土地庙是一寨之主。"权力"至高无上。

[杨昌文：《贵定县定东公社苗族社会调查》，《贵州民族调查》（之二），第342页，贵州省民族研究所，1984年10月]

8. 贵州黄平县苗族祭地神——"龙脉"

首先是祭地神，谓之"龙脉"。他们认为地神不仅能使土地长出庄稼，而且能保护人畜生命的安全。因此，每当村寨上出现病人或死人较多的时候，或村寨上牲畜、家禽瘟死较多的时候，或天久不雨严重干旱的时候，则认为是"龙脉"作祟，名曰"龙脉不合"或称为"得罪"与伤害了"龙脉"的结果。若属村寨的龙脉受损，则须全村寨的男女老少一齐举行隆重的祭祀活动。这种祭祀活动至少杀肥猪一至二头，鸡、鸭、酒若干献祭。这反映了苗族人民对土地的一种依赖关系和对"龙脉"的畏敬心理。这种大规模的祭祀活动，虽有时是几十年才碰上一次，然而迷信"龙脉"观念却仍然一直存在着。所以前两年一些地质勘探部门和供电部门，到谷陇地区进行工作——在山梁打井勘探，或在山顶上竖架高压电塔，这本来是好事，而部分苗族群众则认为"伤了龙脉"，将会大祸临头，于是进行阻挠，双方发生了争吵甚而殴打。

[杨世章：《黄平苗族风俗习惯发扬、改革与两个文明建设调查报告》，《贵州民族调查》（之五），第346页，贵州省民族研究学会、贵州省民族研究所编，1988年]

9. 贵州榕江县计划公社苗族祭祀龙脉

计划公社的苗族很相信土地里有所谓的"龙脉"存在。每当寨上人们生病较多，或死人较多，或牲畜、家禽死亡多时，则认为是寨上的"龙脉"或自己居住的"龙脉"不合，或因开山挖土伤了"龙脉"，属于何种情况，须请鬼师卜测认定，而后举行祭祀。

祭祀"龙脉"是一种较大的集体祭祀活动。祭"龙脉"时，无论是个人或全寨侵犯的"龙脉"，都要大肥猪一头，约重四十至一百斤不等，在寨子中间或村头寨尾举行均可。其仪式是先由鬼师念咒，然后杀猪，待猪肉煮熟后又设祭念咒。祭毕，即就地聚餐，大吃一顿，或每人分一串肉，各带回家。

[岑秀文：《榕江县计划公社苗族原始宗教调查报告》，《月亮山地区民族调查》，第254页，贵州省民族研究所，1983年6月]

10. 云南文山州苗族祭土地

时间是在每年古历六月廿四，由单家独户分别进行（有的家就不祭）。是日，准备些鸡、猪肉等去到田地边"献田公地母"。先用四根木棒在地边搭起一个简单的祭坛，然后把祭品置于祭坛上，烧香纸，叩头，最后便把祭品带回家中吃。

[郑镇锋等：《文山州苗族风俗习惯初步调查》，《云南少数民族社会历史调查资料汇编》（一），第161页，云南人民出版社1986年版]

11. 云南金平、麻栗坡等地苗族祭天公地母——祈作物丰收

农作物长出后，特别在秀穗时，为祈求作物丰收，有祭天公地母的习俗。金平、麻栗坡等地的苗族，多半固定在夏历六月初二或六月六举行，祭时杀鸡。金平县营盘等地的花苗祭祀时，还要用鸡毛蘸血滴插洒在正在打苞的玉米穗上。麻栗坡孟董区的苗族固定在夏历六月六日，以家为单位祭天公地母，用一只公鸡祭祀。祭时在地头或田边，搭设一个小的临时祭台，作为放牺牲品用。

[宋恩常：《云南苗族宗教调查散记》，《云南苗族瑶族社会历史调查》，第60页，云南民族出版社1982年版]

12. 云南屏边苗族的祭龙

每年二月初二日祭龙三天，杀猪、杀鸡（有说杀狗的）。酒菜由一两家人负责办理，在祭了龙树以后大家分吃。聚餐由每家派一个男人参加（男的不在女的也可以），费用由全寨负责，平均分摊，祭龙的目的是求雨水均匀，五谷丰登。

据说祭龙过去是由地主搞起来的，地主往往办理一些酒菜让农民来"共餐"，全部费用由农民分担，还规定不论参加聚餐没有，一律都要出钱。所以这种活动后来形成一种习惯，每户都参加，即使不去吃饭也要出钱。

[云南大学历史研究所民族组：《云南省金平屏边苗族瑶族社会调查》，第54页，1976年内部出版]

13. 云南镇康县小田坝村苗族献龙

田坝苗族群众性的宗教习俗活动有献龙、送火神、献稼等。龙，在其苗族心目中是至高无上的神，他们认为是龙把水赐给天地，天才有雨，地才有水，没有龙就没有水，把宇宙间的现象都视为龙的活动。如闪电视为龙眨眼，响雷视为龙撒尿，为了向龙祈求好的雨水滋润庄稼，给人畜有足够的饮水，所以每年要献龙。为了寨子安全，不遭火灾，每年春节要送火神。其次举行一些不同规模的献稼、献猎神活动。改革开放以后，此类活动逐渐减少。

[马占伦主编：《云南回族苗族百村社会经济调查》，第652页，云南民族出版社1997年版]

14. 云南苗族祭龙——祈求风调雨顺

云南一些苗族地区为了祈求风调雨顺，农业丰收，举行祭龙，所谓祭龙即祭龙树。屏边县牛碑社的苗族每年在二月初二举行祭龙。祭时杀猪、鸡，有的杀狗，由一两家人负责办理酒菜。在祭完龙树后，大家分吃。费用由全寨各户平均分摊。其他地区苗族祭龙活动大致也相似，如麻栗坡勐董区卡房脚、大塘子等村的苗族，便在夏历二月初一至初三以村为单位举行祭龙。在水头处集体祭祀，每年由一家主祭，负责出祭龙所需的一口小猪和三五只鸡。每家派一代表参加，通常是家长。参加时自带粮食，作为聚餐时用粮。祭龙期间停止劳动三天，怕动土挖到龙门或龙头，给全村农业生产带来灾难。再如砚山县阿舍苗族也是在夏历二月初二举行祭龙，由村寨长老任龙头（候然）主祭。在本村固定的龙树前祭祀，祭时杀猪一口，猪由全村集体购买。

农作物长出后，特别在秀穗时，为祈求作物丰收，有祭天公地母的习俗。金平、麻栗坡等地的苗族，多半固定在夏历六月初二或六月六举行，祭时杀鸡。金平县营盘等地的花苗祭祀时，还要用鸡毛蘸血滴，插在正在打苞的玉米穗上。麻栗坡孟董区的苗族固定在夏历六月六日，以家为单位祭天公地母，用一只公鸡祭祀。祭时在地头或田边，搭设一个小的临时祭台，作为放牺牲品用。在麻栗坡县境内的苗族至今仍过六月六。而他们的先民花苗，正是"刁俗以六月为岁首"。（《皇清职员图》卷八）清代的作者檀萃也曾提到过苗族"以季夏为岁首，屠牛祀天"（《说蛮》）的宗教祭祀。苗族原来过年正是农作物生长的六月间，但由于苗族长期以来同汉族进行经济、文化的密切交往，改为夏历十二月过年。

[宋恩常：《云南苗族宗教调查散记》，《云南苗族瑶族社会历史调查》，第60页，云南民族出版社1982年版]

15. 广西隆林苗族的龙崇拜

在苗族所崇拜的诸神中，龙是属于最高等级的崇拜对象。他们认为龙既可上天，又可入地，上天就下雨，入地就出水，龙的变化无穷，可变成动物，又可变成人类，均以行善为目的……

由于龙是善神，且大都造福于人类，因此，苗族对龙的崇拜程度很高，把其视为保护神，凡人们要搞什么建筑或是丧葬，都要地理先生找龙脉，以便得到龙神的保护，发家致富。在对龙敬重的同时，也很注意对龙的爱护工作。据说龙很怕铜，所以苗族群众在认为有龙在的水井里舀水，都不许把铜类东西带入，以免惊搅龙；要起房子或葬坟时，其地基周围都不能放炮，怕惊跑龙，给家里带来损失；平时不准人拿婴儿尿布之类的脏衣物到龙井边去洗，怕污染龙，龙跑后大家没水吃等，凡是不利于龙生活的事都不得随便做。

[《隆林苗族》编写组：《隆林苗族》，第316—317页，2002年内部出版]

16. 湖南湘西苗族祭当坊土地神

当坊土地神，苗民认为是一村之主宰。苗乡每寨有土地堂一所，用岩板或石块砌成。全寨人每逢年节或初一、十五均祭之。如地方人畜瘟疫流行及虫蝗灾患发生，集众公议，杀猪祭之，求保平安。

[石启贵：《湘西苗族实地调查报告》，第485页，湖南人民出版社1986年版]

第二节　山、石崇拜

1. 贵州榕江县计划公社苗族的巨石崇拜

这里的苗族认为某些巨石和怪石皆具有某种超人的力量。例如在乌略大队的乌略河心，有一块露出水面的大石头（高35公分，长80公分，三角形状），上面刻有"大小不要要水床"的字样。相信它有镇水的作用，这可能是春、秋两季这里的河水变化无常，使人们深受其害，或沿河两岸的稻田受到水、旱灾威胁所致。

另外，距这块石头有百余米处，有巨石一块，高约2米，宽约4米，苗族群众同样认为此石具有特殊力量，因此，每当逢年过节或遇到较大的困难时，常以酒饭、鸡鸭等物敬祭，乞求巨石庇护和帮助。

[岑秀文:《榕江县计划公社苗族原始宗教调查报告》,《月亮山地区民族调查》，第 254—255 页，贵州省民族研究所，1983 年]

2. 贵州榕江县加勉乡苗族崇拜的岩石——"曰巴匠"

加勉老寨（即下寨）附近的"呆恶"立有一个石头，苗语称为"曰巴匠"（"曰"是岩石，"巴"是女，"匠"是男，合译即"岩女男"）。据说，这个石头是管理婚姻的，同时也管理生产（一说，这个石头事事都管）。立石年代不详。但据说，这个石头是加勉乡最古老的一个。

加勉寨韦该肖说："从前男女在'性'的关系上很乱，争夺妇女，经常闹架。老辈们为了制止这一不良习俗，就由'德雪郎些'（即现在的摆里）分一个石头来这里竖立，管理婚姻。并议定有关婚姻纠纷的处理条规。如未婚女子与男子发生'性'关系怀孕生子时，按照条规男的就得给女的以经济上的赔偿。如果男的坚决否认，只有由女的把古代流传下来的话到'曰巴匠'这个石头边去念，即作罢休。"这篇话按原意译成汉语如次：

"我俩（指男女双方）不乖（意指不听老人的话），现在养崽（指生小孩）。他（指男的）不答应我（指小孩男方不承认是他俩生的）。第一害我；第二害崽（指小的）；第三害爹娘；第四害我养饭（指抚养小孩）。现在我拿他（指男的）来报石头，让你石头帮我做主，请你（指石头）向上'雷'报（指报告'雷'），向下'龙'报（指报告'龙'）。他（指男的）害我一辈（一世），他以后生产不好，打野兽也不得。我坐月只四十天，他记（记他）四代人。"（引者注：即女方在此石前诅咒男方）

韦该肖又说："从前这个石头还有一个铜鼓协助他管理生产。当老鼠吃禾穗、麻雀吃谷米时，就敲铜鼓三下，但必须拿到'别娃'（地名）去打，不能在石头边敲（原因不明）。敲铜鼓时还须念话语。"这篇话语按原意译成汉语如次：

"我（我说）最老（古代）的话，也是'该局'的话，'该匠'的婚姻法规。我（我的）鼓是最老的鼓。我打三手（下）塞老鼠（洞），我打三手（下）塞麻雀（窠）。我（我的）鼓（和）石头都很紧（意即很结实）。我造场（意即立石头的场所）给（在）老寨，竖立这个石头也很紧（意即石头立得很稳当），使我的场也很稳（意即立石头的场所也很稳固）。现（现在）哪个（任何人）不能跨过我的岩（指'曰巴匠'这石头）。现在我们的禾把熟，现在我们的庄稼都很好。"

[贵州省编辑组:《苗族社会历史调查资料》（二），第 136—137 页，贵州民族出版社 1987 年版。调查时间：1957 年 4—8 月]

3. 贵州榕江县加勉乡苗族崇拜的岩石——"曰吕空"

加勉大寨立有一个石头，苗语称为"曰吕空"，又称"曰义卖"。"曰"是岩，"吕"是摸（偷窃），"空"是食（粮食）。"义"是偷，"卖"是衣服（包括一切什物）。合译全意即"岩摸（偷窃）食（粮食）"，"岩偷衣"。

据韦该耶、韦该肖说："这个石头是管理偷窃的，同时它也管理战争事件。'该歪'①处理偷窃犯时，情节重大者还要杀牛去敬它。遇有战争事件也要杀牛去敬石头，如1938年12月，白岩乡（包括加勉寨）九个保，在王家富、韦该森领导下去宰便反抗伪区长欧连时，就杀了一头牛敬过这个石头后，然后出兵。"……

至于竖立这个石头的原因和年代则无从稽考。

[贵州省编辑组：《苗族社会历史调查资料》（二），第137页，贵州民族出版社1987年版。调查时间：1957年4—8月]

4. 贵州榕江县加勉乡苗族崇拜的岩石——"曰必或"

由加勉寨去蕨菜坪的途中地名"曰龙晦"立有一个石头，苗语称为"曰必或"，又称"曰被那"（"曰"是岩，"必"是保，"或"是"官"，"被"是卫，"那"是发财人，合译全意，即"岩保官"、"岩卫发财人"）。

据韦该耶说："这个石头是管理庄稼的，禾谷受到自然灾害时，都要杀牛去敬它。如1953年秧苗遭受虫灾，群众就买牛去敬。"

又说："因为这个石头在'曰龙晦'地点适中，距离寨平乡和加勉都不远，所以人们去敬它（意思是加勉老寨'曰巴匠'这个石头也管理生产[庄稼]的。但是地点不适中，所以庄稼受到天灾时，人们就不去敬加勉老寨的'曰巴匠'，而去敬'曰龙晦'这个石头）。

至于竖立这个石头的年代和原因，据当地苗族老人传说："距今约九十年前，壮族的首领'古红'想做'皇帝'。来调派加勉这个石头所管辖的人去参加。当时苗族的大'该歪'（姓梁）不同意。于是由加勉大寨分一个崽（意即加勉大寨'曰吕空'、'曰义卖'这个石头的儿子）来竖立在'曰龙晦'。表示'坐在这里很稳，可以抵抗外来的调动'（意即大家团结一心，不服从外族的调遣）。"

又说："宰便莫玉的祖父（统治阶级）叫加勉苗族买枪抵抗'土匪'，群众不答应，曾集中到'曰龙晦'来开会，并杀牛敬了石头，表示大家同心不接受买枪。"

[贵州省编辑组：《苗族社会历史调查资料》（二），第137—138页，贵州民族出版社1987年版。调查时间：1957年4—8月]

---

① 引者注："该歪"系当地苗语音译，意思是"当官人"，即习惯法的执行者。

5. 贵州榕江县两汪公社空烈大队苗族敬山神

凡集体进山打猎都要敬山神。一般是在山中有岩石的地方供祭。供物用熟公鸡一只、酒三杯、饭一团以及香、纸等物。敬献时猎人都站立于岩石前祈祷说：山神啊！今天我们去撵山前来敬供你，请你帮助我们多打野货，打到之后我们再来敬你。以为这样即可多打野兽。并且，此次出猎打到什么禽兽就得用什么肉再去供祭一次。

[王承权等：《榕江县两汪公社空烈大队苗族调查报告》，《月亮山地区民族调查》，第 386 页，贵州省民族研究所，1983 年 6 月。调查时间：1983 年 4 月]

6. 贵州榕江县加宜公社苗族敬山神——"猎婆"

"猎婆"即是山神。举凡猎人进山出猎前都要在家中祭"猎婆"。一般用母鸡一只、鱼三条、牛皮一块以及虾、酒、饭等物敬献。祭祀时猎人要祷求说：山神啊！我们准备了好吃的东西来献给你，请你保佑我们多打猎，把山中的野兽都引出来供我们猎取。以为如此之后，进山行猎便可满载而归。

[王承权等：《榕江县加宜公社苗族调查报告》，《月亮山地区民族调查》，第 351 页，贵州省民族研究所，1983 年 6 月。调查时间：1983 年 3—4 月]

7. 贵州雷山县掌披苗族祭祀"嘎赫"

"嘎赫"无法翻译，在凯里一带汉族称为"白虎"，台江称"山神"。据说它可以抵挡恶鬼，能保佑全寨的人清吉，不生疾病。别处的苗族，划定村边一棵古树为它栖息之所，而这里是修一座小屋。小屋在寨头有一座，寨脚有一座（都在下寨），寨脚的在土地改革时已毁了，寨头的仍然存在。寨头的这座高两米，正方形，边长为一米六，周围装栏杆。小屋里放一小木凳，凳上放一长横板。没有偶像，也没有牌位。每年夏历二月，寨头寨脚同时祭祀一次。具体日期不定。祭物主要是狗和鸡，由全寨各户凑钱购买。据说寨头是雄性，因而用一只公狗，寨脚是雌性，因而用一只母狗，并各用一只小鸡。祭仪要请鬼师主持，鬼师念（唱）巫词把狗交给"嘎赫"之后，即杀狗。狗肉煮熟连同酒、饭再供祭，不用筷子，祭品摆在小屋里的小凳上。据说这就是"嘎赫"常住的地方。陪同"嘎赫"住的还有一个"商大"（意为土地鬼，与土地菩萨同一名称），供祭用的鸡就是送给它的，鸡肉摆在小凳的脚下。祭仪结束，全村按户分肉。

[贵州省编辑组：《苗族社会历史调查资料》（二），第 239 页，贵州民族出版社 1987 年版。调查时间：1964 年 3 月]

8. 贵州黄平县苗族祭山沟神

祭"山沟神"。若某家有人生病了，经巫卜算认为是属于山沟神作祟，就用猪、狗、鸡去祭，必须一顿吃光，不能带回家。

[杨世章：《黄平苗族风俗习惯发扬、改革与两个文明建设调查报告》，《贵州民族调查》（之五），第 346 页，贵州省民族研究学会、贵州省民族研究所编，1988 年]

9. 贵州威宁县苗族祭鸡山——求山神护佑

祭鸡山：每年三月，挑选马的天祭祀，在本寨寨老的主持下，寻公鸡一只，带着米酒到山上行祭，每户去一人。由鬼师或寨老念咒后杀鸡，鸡煮熟后又祭，事毕，把鸡肉分给小孩子吃，大人喝酒。其目的是，使本寨的人不生病，不受灾，不着火烧。其咒词的大意是，今天我们背了三百斤鸡、三百斤酒来敬你（山神），求你保佑我们平安。

[岑秀文：《威宁苗族社会调查》，《民族志资料汇编·第二集》，第 149 页，贵州省志民族志编委会，1986 年 10 月]

10. 贵州安顺县鸡场区苗族敬石公石婆

在安顺县鸡场区岩腊乡的岩脚寨，有四颗大石头并立，两颗石头较高，两颗石头较矮，人们对它感到不可思议，故称为石公公和石婆婆，谁家的小孩生病、夜间磨牙等，则用一只鸡、一块刀头肉、一碗米、一碗酒去敬这四颗石头，乞求保佑。

[岑秀文：《安顺县岩腊民族乡岩脚寨苗族调查》，《民族志资料汇编·第二集》，第 79 页，贵州省志民族志编委会，1986 年 10 月]

11. 广西隆林苗族的山神

苗族群众把山神喻为力量无穷的自由神，该神活动性大，且大都是恶神，认为人们所进行的一切活动都处于山神的掌握之中，稍有不慎就要被山神惩罚，所以，他们外出到偏僻的人烟较少的地方活动，都要将身上带有的好食物先祭给山神，有些人办喜事时，半路上还专门安排祭祀山神的活动，以求山神支持其好事，保护他们一路平安。过去，在苗族村寨旁，每年三月初都组织整寨人准备一头猪、一只鸡和酒等祭品，汇集于山林里，在一棵被誉为树王的大树下摆设，由巫师念辞祈祷，宰杀猪鸡，举行祭山仪式，求山神保佑全寨人畜平安，风调雨顺，五谷丰登，后将肉分到各家各户（注：此活动对森林环境的保护具有很大益处，哪一片山林被指定为祭山林的，该片林木就无人敢进入里面去砍伐,树林得到较好的保护,故苗族的这一活动,一方面是祭祀神明,另一方面也是保护森林)。

[《隆林苗族》编写组:《隆林苗族》,第313—314页,2002年内部出版]

12. 广西隆林苗族的水洞神

水洞神在苗族地区,有些水洞被神灵化,认为人对它不好,它也对人不好,久旱无雨时常以食物祭之,求神开恩降雨,常么乡弄杂村岩脚屯有一个山洞,深处有水,哪年干旱,人们就把一些动物的内脏及头、脚丢进洞里,据说每次丢食物进去,多少都有些雨出现,不知是真是假,没有具体考证。但有些洞神不是献与食物,而是用石头打,他们认为这些洞神是懒神,常睡懒觉,要以石头打醒它们,它们才会发威降雨淋湿人类,常么乡么基村初卡屯附近一座大山山顶有口洞,时有雾气从内飘出,故人们也将此洞当做求雨的洞,每遇旱灾,都有人带着午饭到山顶往洞里丢石头,激怒洞神,让洞神降雨。据说此洞神行动很快,一被打搅就马上呼风唤雨,故丢石头的人丢完石头后要马上返回,否则半路就要被雨打湿,有些动作慢的人,常被雨水淋得像落汤鸡。由于苗族相信洞里有神,所以,不论是谁,碰着山洞一般都不轻易往洞里打石头,怕被洞神怪罪。

[《隆林苗族》编写组:《隆林苗族》,第314—315页,2002年内部出版]

13. 广西隆林苗族的石神

苗族对石头神的崇拜也较普遍,它们认为石头的神最硬,可以消除一切灾难,故谁家的小孩身虚体弱经常有病的,就去修一块四方石片,中间磨平,刻上字,请巫公念咒后再在中间画上一些符号,扛到大路边去立放,意思是让石神永远将缠着病人的魔鬼看住,不让其来残害人,确保人丁安康。

[《隆林苗族》编写组:《隆林苗族》,第315页,2002年内部出版]

14. 湖北苗族的大树和岩石崇拜

苗族还崇拜大树和岩石,认为山野大树为神树,山中怪石为神石。无子者在神树、神石前烧纸以求子;有子者供奉酒、肉、香纸等以示谢意;小孩生病,去"拜祭"祈求保佑。

[龙子建等著:《湖北苗族》,第180页,民族出版社1999年版]

15. 云南祥云苗族的山神崇拜

祥云苗族的宗教信仰，主要是原始宗教。其表现形式有鬼神崇拜和占卜。他们在一年要祭祀的主要鬼神有猎神、山神、龙神。祭祀猎神，除祭祀家中的猎神堂外，还在村外山上祭祀猎神。祭祀山神是全村在山上有一个固定的地点，用几块大石头代替，平时各家各户杀鸡祭献，认为祭献了山神，可以保风调雨顺、六畜兴旺。猎人们出门打猎，需要在山中住宿时，也要杀鸡祭献山神。祭祀龙神是在出现干旱水涝时，才到水潭地边进行。

[马占伦主编：《云南回族苗族百村社会经济调查》，第 623 页，云南民族出版社 1997 年版]

16. 云南保山市上槽子村苗族的山神崇拜

村中苗族宗教信仰为多神崇拜的原始宗教，即崇拜山神、树神、猎神、火神、水神等自然神祇。因苗族擅长狩猎，故对山神的崇拜尤盛。对祖先崇拜也很重视。逢节日，必先祭祖先。还盛行占卜，特别是上山打猎或出远门，均要占卜，吉则行，凶则止。

[马占伦主编：《云南回族苗族百村社会经济调查》，第 630—631 页，云南民族出版社 1997 年版]

17. 云南彝良县洛泽河镇仓盈办事处苗族的祭山神

大祭。苗语称为"辞"，是一个亲血缘家族的祭祀活动。也就是亲血缘家庭的祭祖活动。核桃坪社杨姓就曾经大祭过。

小祭。苗语称为"做鬼"，是同房中亲弟兄的祭祀活动。资料书中称"打门槛猪"。虽然是小祭，但是这一仪式在亲血缘家族中相当重要。认家族、认兄弟，在没有家谱时，全凭"做鬼"来确定。

祭神山。每寨必有一神山，神山上以一树或一石为神山的"神"。神山神圣不可侵犯。凡有重要事件，必向神山禀报。出门行猎，必经神山允许，否则伤及家畜。

祭石、祭树、祭水。每寨还有一"打狗林"，用狗祭祀。

[马占伦主编：《云南回族苗族百村社会经济调查》，第 700 页，云南民族出版社 1997 年版]

18. 云南安宁县苗族祭祀山神

花苗各家都选一棵树或一块石崖或用一个石头为代表进行祭祀，祈求保佑家庭成员平安，祈求野兽不来伤害。树、石由端公占卜选定，杀鸡祭祀。不祭祀土地，所谓"苗族无地方"。祭山神"斗米舍",全村共祭一座山,此座山的树木不能砍。每年祭祀一次,时间在春节,杀猪、杀羊过"拉西"祭。

[宋恩常:《安宁、富民、嵩明三县苗族概况》,《云南少数民族社会历史调查资料汇编》(五),第78页,云南人民出版社1991年版]

19. 云南巍山县苗族敬山神

这里苗族对山神、树神顶礼膜拜,他们认为山神、树神能保护人丁安康、五谷丰登、六畜兴旺,因此逢年过节都要杀鸡,用猪头敬献山神和树神。每个苗族村寨共有一个集体山神,有的是一块石头,有的是一座小庙,有的是一棵古树,依地理环境而定。每家都有一棵树神,一般选在屋后,有的是松树,有的是栗木树。这里的苗族视神树为神灵之树、风水之树,不准外人随便触动,遇到神树被破坏时,他们会拼死地给予保护。这里的苗族喜欢狩猎,每家都设有猎神堂,内祀各种野兽的下巴骨,每天吃饭前都要先献过猎神堂之后才吃饭;出外狩猎也要先献过猎神堂,他们认为猎神堂能保护猎人的安全,能保证狩猎顺利。

[薛琳:《巍山县苗族社会历史调查》,《云南少数民族社会历史调查资料汇编》(五),第61页,云南人民出版社1991年版]

第三节 天体崇拜

1. 贵州台江县苗族祭"西独"——火灾之星

"西"是妖精的意思,"独"的意思是火,"西独"就是"放火烧毁人家的妖精"的意思,据说共12个,都是女性,不知是什么东西变成的。住在"董囊皆、宰囊衣"。

据说"西独"不给人带来疫病,但是它来了就要烧房子,人家失火就是它烧的。晚上看见"火星"飞过落在村里或村里失火了就是要祭它。因而祭期不定,前者由全村负责,带有事先祈祷的意义;后者在事情发生之后,在无可奈何的情况下请名叫"戈养你"的雷来保护,谁家失火谁家就负责祭费的四分之一,全村共同负责四分之三。这种祭鬼活动又叫"洗寨"。祭物分三种如下:

(甲)发现"火星"后的祭物

大母猪一只(要已生过小猪的);酒约半斤(谁家的都可以);饭(全村每户凑米一杯煮的);卦一副。

(乙)祭"戛吓"用的东西

大白公鸡一只；酒三碗；"动戛吓"一棵（用大如拇指粗的五棓子树一棵，高约三尺，剥去皮，不留枝叶，另用白纸剪成"兴所"加帽悬挂在树上即成）。

（丙）失火后用的祭物

大雄黄牛一条。（这是祭"戈养你"，请它来保佑全村，详见祭"戈养你"）

为了便于叙述，现在把发现"火星"后祭"西独"的活动，按照其进行的顺序，分为五场来记录：

第一场，逐户灭火和收米。

这场不用鬼师，而是由三四个男人来逐户灭火，并收集每户应凑来煮饭供祭的米。由一人或二人共抬一桶水做灭火用，一人持瓢盛灰，一人收米。进屋时，舀一点水淋在火坑里表示已把火灭掉。实际上如火坑正烧有火时，并不把火完全灭掉，淋水只是一幕戏剧式的表演。对灶孔不作这一表演。由持瓢者抓火坑的一点灰放在瓢里，并带到祭鬼场在举行一定的仪式后，倾入溪水里，表示"西独"已去。收米的人也按例收米。逐户灭火，收米完毕，大家就抬猪并搬一切祭物到祭鬼场去，灭火者就把原先备好的草索横挂在入村的路口，挂得比人略高一点，表示本村正祭"西独"，不许外人入村，直到把鬼送走以后，才拆除草索，解除禁例。这几个负责灭火者挂草索拦路后就把收集的灰和米带到祭鬼场去。

第二场，祭"戛吓"——交代祭物。

"戛吓"命名意义不清楚，不知是什么东西变成的。据说是男性，共有三个，住在"掌卡麻"、"呆务裸"，它保佑地方清吉，全寨平安，人家发财，新房不倒，坟不垮，不烧房子，所以要祭它。祭"戛吓"的陈设是：摆三杯酒在桌上为一行列，师米和卦为一行列，鬼师面对师米和卦。"动戛吓"栽在鬼师的左边。

陈设完毕，鬼师站着念咒，请"戛吓"莅临享受祭物，"戛吓"是由"掌卡麻、呆务裸"经"钢方细朋"来的。来路念的咒语（第一段）同祭"精迷办"时所念的咒语第一段一样，从略。

第二段

你们收去了东西，他家老小都清吉，／你们保佑他家圈里的水牛，保佑圈里的黄牛。／要它吃草甜，身体肥胖毛光滑，／住得清吉平安。水母牛多养雄水牛，／黄母牛多生雌母牛，你从来保佑它们不要走陡坡，／把它们撵到平地来，叫它们个个犁田犁得好，／不要犁走边沿，水牛住得清吉，／黄牛也住得平安。好好保佑白公鸡的尾巴毛十二根，／身上的羽毛十二片。你来招扶你的长衣服，／大帽子，接受你的黄金白银，／首先来接受你的甜酒。

第三段

喊你们来保护他家的堂房，招扶他家的灶房（意思不要失火）；／来保佑小孩，保佑孙子，／保佑老人和青年，住得清吉平安，／一家老小用手抓饭也香，吃菜也甜。／招扶在窝窝里的小鸡不要死，在圈里的猪要吃糠，／家里的银子不要乱花费，谷子也不要浪费，／银子好好存在家，谷子好好存在屋，／银子用不完，谷子也吃不完。／你要这样来保佑才好，要这样来保佑才对，/你坐着等肉，歇着等菜，/杀一个尾巴有十二片毛的白公鸡给你，杀死了你来要它的灵魂，/来闻一点气味。用火来烧，/煮在锅里，肉很香，/汤好味，肉分成三堆，/菜分成三股。

杀鸡烧毛洗净后，以整个鸡血和师米放在一口小锅里煮，肠子是脏的东西，不能掺在一起煮。否则"戛吓"不接受。

第三场，祭"西独"——交代祭物。

在祭"戛吓"到杀鸡后即祭"西独"。陈设是：摆12个酒杯（或碗）于地上成一行列，灰瓢摆在酒杯行列的一端稍上前一点，再摆师米和卦为一行列，鬼师面对师米和卦，蹲着念咒，请"西独"来验收祭物。开头念的咒语是：

天上相争，天上相吵，天上放火；/烧了"南挤"的楼房，烧了"南义"的人家。

咒语念到这里，就念路线，经过"相基、相东"，走到锦屏县的茅坪，上到锦屏（以下路线见祭"你呼龙"），这是党道寨的李播九老人说的。但羊甲寨的李荣当老人说是由"钢方细朋"来，前者由东方来，经过锦屏；后者由南方来，经过榕江，路线不一致。鬼师念咒把"西独"请到之后，就把祭物交代给它，交代时念的咒语同祭"戈养你"时念的咒语基本相同。但每段末尾从"这样

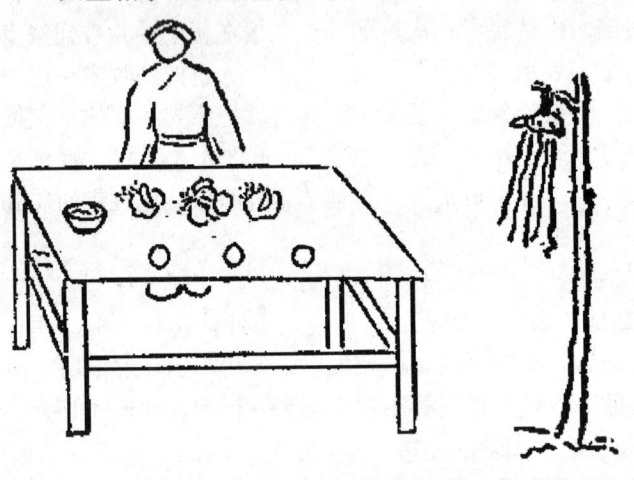

图二十八

他家千年都平安"到"要拣个好卦"六句，这里不念。鬼师念咒把祭物交给"西独"后即由两个"堕白"杀猪，同时就把瓢里的灰倾入溪里。猪毛要用火烧掉，不许用热水烫刮，这是过去杀猪的习惯。但是否有禁忌的意思，说的人也不知道。

猪肉砍为几大块，连内脏和师米一起煮在大锅里。熟后捞出切成肉片。

第四场，祭"戛吓"——供熟食。

在举行第三场的祭仪时，第二场祭"戛吓"的鸡已煮熟了，把它切成小块，分作三份陈设于桌上；鸡头放在中间，肝分成两块摆在两边成三份，肉平均分为三股摆在原三份为一行列。饭摆在每份肉的一边，酒摆在肉饭行列的前面成另一行列，侧面摆汤粥一碗。肉饭行列的另一边是卦，鬼师面对着卦，陈设如图二十八。

鬼师站着念咒，对"戛吓"提出请求，咒语如下：

来收去肉三堆，/拿菜三股（菜，实际也是指肉），收了肉你就来保护家屋，/拿了菜就来保护大门。保佑圈里的水牛，/保佑圈里的黄牛。保佑小孩，/保佑孙子，保佑堂屋，/保佑灶房，保佑老人，/保佑青年，个个住得清吉。/我说的话不长，念的

第二章　自然崇拜

不多。／你们动手来吃，张嘴来喝，／要吃饱，要喝光，／吃甜酒，喝酒酿（引者注：即糟酒、醅），／吃完了就洗手上的油，吃饱了就洗手上的盐，／吃饱了就转去，喝完了就回去，／手拿成一把，胸前抱一抱。

转去你们的拴马坪，回去你们的放牛坡，／送回去，从交下走到巫芒。

（以下咒语是沿来路回去，同祭"精迷办"的最后一段咒语。）

当念到请它吃的时候，就倒杯里的酒和掐一点肉饭及倒一点汤于地下，并举行"八崩"。当鬼师念咒送"戛吓"回去后，"动戛吓"仍留插在原处，并不移动。

第五场，祭"西独"——供熟食。

在举行第四场的祭仪时，祭"西独"的猪肉已煮熟了，就由"堕白"陈设于铺有草或树叶的地上，陈设情况参看祭"精迷办"，这里从略。陈设后鬼师面前是卦，卦的前面是肉饭行列，肉饭行列前面是酒杯行列，如图二十九。

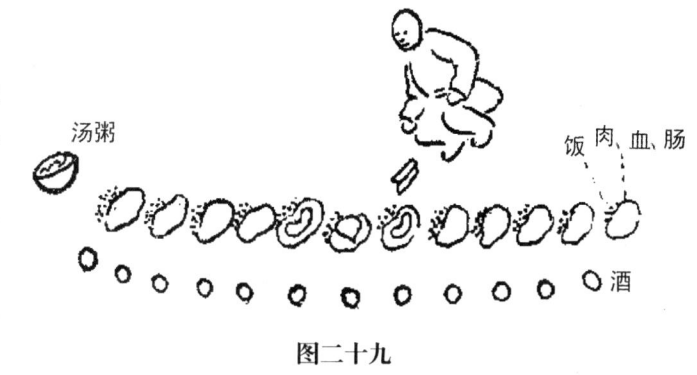

图二十九

鬼师蹲着重念第三场第二段以下的咒语，向"西独"提出要求，咒语内容这里从略，要求毕即请"鬼"吃，这时就由"堕白"逐份倒一点酒、掐一点肉饭和倒一点汤于地上，然后进行"八崩"表示陪鬼。鬼师念咒送鬼走后，与祭的12人各取自己"八崩"的那份，再去计算全村几家共分一份肉，进行平均分配。但猪心仍给鬼师，肾给二个"堕白"。肉和汤粥要当场吃完喝完，不许带回家。

在鬼师还没有念咒送鬼走的时候，不许妇女到祭鬼场。送鬼走了，一家男女老幼都可以去吃肉，酒饭、盐巴和辣椒自备，吃毕要盥手洗涤锅碗才许回家。至此祭"西独"的仪式就全部结束了。

[全国人民代表大会民族委员会编：《贵州省台江苗族的宗教迷信》，第63—66页，1958年5月内部编印]

2. 贵州台江县苗族的抬狗求雨仪式

雨被认为是龙造出来的，在下雨时不作什么表示。但在天旱时的求雨，就有几种表示了。一种是投秽物于龙渊，平时认为那些水潴有龙，就以狗屎丢到里面去，龙怕污秽，就要下雨来冲洗秽物。另一种是闹龙渊。有一种药叫"加寡"，它是一种藤子结的果子。把果子摘下研为细末搅在渊中，名为"闹鱼"。据说渊中的龙怕被闹着，所以就下雨了。再一种是抬狗求雨。据说抬狗求雨要遭雷劈，所以无人敢做。在交下乡只有交下寨的万牛香、万簸香、万几香等几家才能举行。据说这几家原先很穷，以前大家拿钱请他们举行过抬狗求雨，雷没有劈过他们，后来他们就敢于做了。其余的人家仍不敢举行。万姓有一座土地祠在村外二里路的地方，遇天旱要举行求雨时，就用一只雄鸡和酒饭香纸去祭礼（不请鬼师打交道），再回家来用一只守家的大狗（公母不论）扮为女人模样，穿新衣新裙、包头、戴项圈，坐在临时扎的轿子里，二人抬着游寨，另有五六人随同一道去，一些人敲锣，一些人接受各家送来的米，到哪家门外时哪家即以一瓢水淋狗，并送一碗米（约十多两），这样一天走一个村子，水潲、水塘的地方也要到，三四天才停止。狗不杀，仍留守家，所得的米则平均分给抬狗和随去的人。狗也同人一样分得一份。据说抬狗求雨是灵验的，有时当天抬狗当天下雨，有时第二天或第三天就下雨。但抬狗游寨，何以能够下雨，口述者也不知道。只说下雨是龙做出来的。

[全国人民代表大会民族委员会编：《贵州省台江苗族的宗教迷信》，第6页，1958年5月内部编印]

3. 贵州榕江县两汪公社空烈大队苗族的求雨仪式

这也是一项全寨性的宗教活动。在离空列寨约两公里处的河上有一高约六七米的瀑布，瀑布下面有一深潭。解放前人们都把它叫做"龙潭"。据说龙潭中有一条龙，它的主要职责是掌管下雨。过去，每逢久旱不雨，人们便以为是龙在作怪，于是要进行求雨。其实这里的所谓"求雨"，并不是用杀牲祭献或顶礼膜拜等方式祷求"龙"开恩降雨，而是对"龙"采取强硬措施，迫使它下雨。具体做法是：全寨每户人家各凑一杯米，请一人挑大粪至"龙潭"倾倒，妄图用这种办法把龙搞臭，当龙实在经受不了时便会被迫下雨来洗刷自己的身体和龙窝，从而，当地的旱象也就会得到解除。

[王承权等：《榕江县两汪公社空烈大队苗族调查报告》，《月亮山地区民族调查》，第386页，贵州省民族研究所，1983年6月。调查时间：1983年4月]

4. 贵州台江县交下村苗族祭"八奶打"——日出神

"八"的意思是手，"奶"的意思是太阳，"打"的意思是升起。"八奶打"就是"太阳在早上升起来的手"的意思。据说它不是鬼而是太阳的"庸影"（接近于精灵的意思），共有三个，都是男性，住"钢方奶打、粉羊奶党"。它作弄人的眼睛在早上痛。经过鬼师或巫师望了确定是"八奶打"在作弄人以后，就准备祭物祭它。祭物是：

白雄鸡一只；酒几两；饭一碗；"动戛吓"一棵（用一棵有拇指大的五棓子树剥去皮，不留枝叶，上悬白纸剪成"兴所"一挂），师米一碗。

祭"八奶打"是在日出的时候。在门外摆三杯酒和师米于桌上，并栽"动戛吓"，然后鬼师念咒（用"屡达"的声调）请"八奶打"来验收祭物。咒语内容除路线外，完全同祭"戛吓"的咒语一样（见祭"西独"）。"八奶打"到交下的路线是：

给奶给塞（日路月路）→仰翁娘纪纠→公孬龙拢→里翁→西往（锦屏）→夏东（剑河的格东）→方比（剑河的方排）→翁库（属剑河）→公鹅（剑河）→拢里（剑河城外的寨名）→西书（属剑河的九仰乡）→西又（同西书在一个地方）→纠即（即剑河的九即）→松肃→同芒→同道→交下。

鬼师念咒请"八奶打"到达并把祭物交代后就杀鸡，经过烧毛、刮洗、剖开、洗净等程序后，拿回家里煮，只煮鸡肉和肝及师米。据说肠子是脏的东西，如掺在一起煮了"八奶打"就不接受。

将熟肉切后分为三份摆在门外桌上：鸡头摆在中间的那份，两只腿和两只翅膀分别摆在两边的那两份。肉和肝平分为三份来摆，再酌上酒，鬼师念咒向"八奶打"提出要求后即请它吃。三人按照前述一般祭鬼办法"八崩"。鬼师念咒把"八奶打"送走后，祭主可把祭肉拿回家去同家中其他成员一起食用。

[全国人民代表大会民族委员会编：《贵州省台江苗族的宗教迷信》，第56—57页，1958年5月内部编印]

5. 贵州台江县交下村苗族祭"八奶留"——日落神

"留"是没落或不见的意思。"八奶留"的意思是"太阳在下晚落坡时的手"。据说它不是鬼，而是太阳的"庸影"。共三个，都是男性，住"钢方奶说、粉羊奶留"（意为日终的地方，日没的寨头）。作弄人的眼睛痛，经请鬼师望了，确定是"八奶留"作弄后，就准备祭物祭它，祭物是：大雄鸡一只；酒十来两；饭一碗，"兴所"一挂（用红纸剪成，制法见祭"戈养你"，悬在剥了皮的五棓子树上）；师米一碗。

祭"八奶留"是在黄昏时举行。在门外摆三杯酒及师米于桌上并栽"兴所"。鬼师开始念咒（用"鸟大"的声调，下同）请"八奶留"来验收祭物。咒语同祭"八奶打"相同（路线不同），它来到交下的路线是：

钢方奶党、粉羊奶留→钢方有囊、粉羊贵州→响领（水牛场）→响裸（黄牛场）→八菊（在炉山县境的香炉山）→卡领（凯里）→行书、夏赛→南高、夏利（属炉山）→振倒（台江绥阳乡的村名）→夏涉（也在绥阳乡）→夏挖（台江的一个山名）→工打（一条水沟的名字）→纠响（红寨）→掌兴→翁朵→交宫→松妇→养芒→松肃→交下。

鬼师念咒请"八奶留"到达验收了祭物之后就杀鸡，经过烧毛、洗净、煮熟后陈设供祭。祭祀活动同祭"八奶打"一样。

[全国人民代表大会民族委员会编：《贵州省台江苗族的宗教迷信》，第57页，1958年5月内部编印]

6. 贵州台江县苗族祭"往洛郎金播友"

"往洛郎金播友"命名的意义不详，一称为"呵的动"，"呵"意为"雷"，"的"意为"打","动"意为"树",就是"劈树的雷"的意思;又称"红雷"。据说这种鬼是男性,共十二个,是"卖榜、卖留"生的红蛋变成的,另有跟着它们的"商大"一个,共十三个。它们住"纠友"(即丹寨县的乔山,它与"戈养你"同住一个地区,不过是各住一村)。

它是劈树的雷,据说被劈的树,人不能触动,如被劈的树有叶子飞到自己的田里时,就要祭它,否则在种田时一旦触动这些树叶,雷(鬼)就要使田主家的人生病。但在人们因争执而举行烧汤捞油时,烧汤的那方都要请它来放火,把汤煮得滚沸,以烫伤对方的手。

祭"呵的动"用的祭物——黄牛、做饭的米、酒、师米、"兴所"、"夯丢"、"箍打学书"、银、布、纸人、卦等完全与祭"戈养你"时用的祭物一样。祭"往洛郎金播友"是在昼间举行,祭物由二个"堕白"陈设在门外桌上如图七。鬼师在门外念咒语,请鬼来检验祭物。鬼的来路及在门外、在祭鬼场念的全部咒语都同祭"戈养你"一样。请鬼到达并交代完毕后,即把全部祭物搬到祭鬼场去。祭鬼场陈设如图八鬼师念咒把祭物交代后,即由二个"堕白"杀牛,从杀牛到煮肉、分肉、陈设见图九。请鬼吃、与祭者"八崩"、送鬼走、分肉吃、带肉回家等一系列的过程、仪式、手续,都完全与祭"戈养你"一样。念的全部咒语也与祭"戈养你"相同。

以上是南宫、羊达二个寨子的习惯。但交下寨的"呵的动"是十五个,连"商大"共十六个,鬼的数目虽不相同,可是用的祭物和祭的仪式、程序、手续等则是一样。

[全国人民代表大会民委员会编:《贵州省台江苗族的宗教迷信》,第36页,1958年5月内部编印]

7. 贵州台江县苗族祭"戈养你"

"戈养你"命名的意义不详,又称"呵纠"。"呵"意为雷,"纠"意为上方或上游。因此"呵纠"可译为"上游的雷"。当地有以汉语称为"黄牛菩萨"的,那是因为祭"戈养你"要用黄牛之故。据说"戈养你"是男性,共十二个,是"卖榜、卖留"生的大蛋变成的。另有"商大"一个,都住"纠络"(即丹寨县排调区的乔洛)。

这是一个作弄人生病的鬼,男女老幼都是鬼作弄的对象。人病时全身都痛,病情是比较严重的。经请巫师"友戛孬"望过病况而获好转的话,就要准备祭物祭鬼。但只请一个巫师望病还是不大放心的,所以常常要再请另一巫师来望,如也说是这个鬼为祟了,就确定购备祭物祭鬼了(不论何种病,一般是轻病请鬼师"褒攘",重病则请巫师"友戛孬")。祭物是:公黄牛一条(尽可能买小的,只要口头不说是小牛即可。黄色、黑色均可,花、白色的不要);鱼一尾(不拘什么鱼,有二个手指大就行);酒约一斤;饭(由被请参加祭鬼的人及鬼师各出米一碗共约十来斤煮为饭);师米一碗(约十二两,鬼师念咒时用);"兴所"十二个(用白纸剪成相连为三节,每节长约十五公分,宽约一公分,分别夹在每个"箍"上);"箍"十二个(用大如小指长约四十五公分的小竹,上端劈破为六瓣长约五公分，再用一片篾把这劈破部分编成漏斗状，以"兴所"挂在上面）；"商大"二个（用白纸剪成的纸人）分别悬在高约一百五十公分留有枝叶的小竹上；"夯丢"十二个（用长约三十公分，大如小指的小竹为之，一端插以一小片杉木皮代梭镖，并且只能用杉木皮不能用他物，原因不详）；"箍打学书"一个（形状同"箍"一样，但长约为六十五公分，插香用）；银子十二两（用二只手钏代替），新黑布条十二"补"（以新黑布二条代替，"补"是衡量做裙子布长的可用单位，每"补"一般长约六十公分）；人用的"夯丢"即梭镖一把，上悬新腰带一根，人用的锄头一把，卦一副（用长约十二公分、宽约二公分的圆木一节劈破为二片即成，这是法器）。

祭物备齐了就请鬼师开祭，不选择日子，但要在昼间。鬼及"商大"共十三个，参加祭的人连鬼师也共十三个，都要成年的男子。除了家中的人外，不够数请家族的人参加，其中有二人担任"堕白"照料者。

不论祭何种鬼，一般是先在门外开始祭仪，请鬼来检查祭物，再将祭物送到祭鬼场交代给鬼，向鬼提出要求并请鬼吃肉饭等后，就把它送走。但也有少部分祭鬼仪式不经过这三个步骤的。又鬼有几个，祭时也要同样的人数参加。

祭"戈养你"先由二个"堕白"在门外摆桌子一张，在靠近家屋的一边放师米一碗及卦，向外的一边放酒杯（没有杯时就用碗）三个，并斟上酒（酒只斟一点做样子，使鬼认为已有了酒，鬼师念的咒语在门外是不请它喝酒的）。"箍打学书"插在桌的侧面的地上，并烧香一炷。靠近家屋的地上放一把锄头，锄柄向家，并放一根悬有新腰带的梭镖，牛和其他祭物不陈设。随便放在门外什么地方都可以。陈设完毕后，鬼师就开始念咒语了。陈设如图七。

鬼师是站在靠近家的桌边，背靠家，面向桌子，右手持梭镖，抓几粒米向外撒出，并以梭镖柄脚击锄，然后开始念咒。每念咒语一段就抓几粒米撒出，并以镖标击锄。这一次念的内容是到鬼住的地方去请鬼来，鬼来交下村的路线是：

纠友（即丹寨县的乔山）→纠络（丹寨乔洛）→纠碗（丹寨桥歪）→荣丢（雷山方祥脚）→方祥→交包（在台江县，下同）→交密→翁弄（山坳）→汪江→交宫→松归（山坳）→养芒（山岭）→松肃（山坳）→交下。

乔歪距乔洛约四十里，据说这种鬼是住在乔洛（纠络），但为什么要从"纠友"起身？说者不知，但有时他又说鬼住"纠友"。又到交密后取道东扛过南宫走交下是直路，交密与交下来往的人们就是这样走的，但在请鬼时却不走这条路线，而取道汪江经

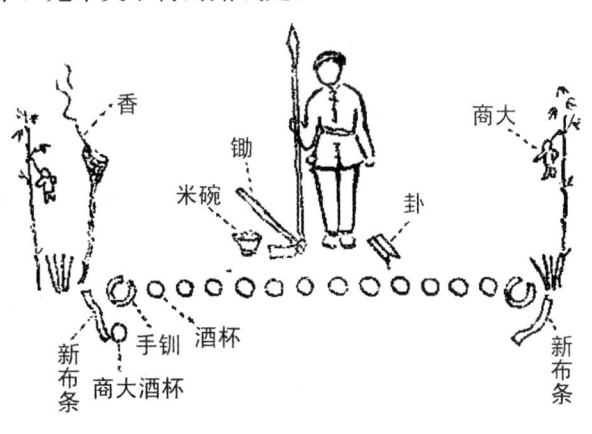

图七

过交宫才转交下，不知是什么缘故。

祭"戈养你"在门外念的咒语如下：

第一段

旧年过去，新年到来，／五月十五，"卖榜"下来；／六月十六，"卖留"也下水来，／俩人在水泡上——悄悄地商量下蛋，／她们共下了十六个蛋，黄蛋变"故昂"，／透亮的蛋变"故拉"，大蛋变"戈养你"，／麻雀多了窝窝装不下，人多了地方坐不下，／找个地方给他们住。你（指戈养你）住乔山大地方，／你住乔洛大寨子。今天他家（指祭主）请我，／喊我鬼师像爹，喊我鬼师像妈。／今天我来到你乔山大地方，乔洛大寨子。／我来到你家金房银房，你在家不在？／怕你老人家不在屋吧？怕到他乡去了，／怕是下游的人来喊去了，／怕是"九翁"的人来叫去了（九翁是一条河的名字）。／就请你的帮工喊你，喊你快点来，／叫你快点走。喊来到门口，／叫来到家，你穿起长衣服，／收拾打扮。今天走出乔山大地方，／来到乔洛大寨子，走出你的金房间，／下到你的银房子，／"商大"（戈养你的仆人）从碓房中出来了，／走金梯子，下银楼梯，／走长楼梯跨大步来。走到乔歪，／上到毛坪，走到方祥，／下高洞来，走到交包，／下到交密，上来翁弄，／下来汪江，走到交宫，／上来松归，下到交下。／到家来要东西吃，要什么东西吃？／他家备得黄牛一只，银子十二两，／布十二"补"，十二个大箩筐，／十二根杆子（即梭镖）。／一会大家到坝子上去（指祭鬼场所），／那里是干净的地方，我们才来交东西给你。／我伸手来拣个卦（唱到这里鬼师就摸一摸卦，但不挞卦，以下各段终了摸卦都不挞下），要拣个好卦。

第二段

请你解开套在他（病人）上身的金链子，／除去捆住他下身的银链子，卸下罩住他头上的金箍，／取掉套住他双脚的银脚镣。他腰杆好了，／筋骨好了，心口不痛，／肺肝不疼。请你撤去那些塞住喉咙的痰，／收清那些敷住嘴巴的痰，还撤去流在头上像水一样的汗，／收去淌在脸上的汗，肚子不要嘟噜的叫，／过了这个年，肚子再不痛。／收去你的"由"药，撤除你的敷药。／收去你的烟雾，灭掉你的火焰，／这样他家千年都平安，百岁能丰收。／请我师傅来念，用师傅干净嘴来讲，／我的手拣卦，要拣个好卦（摸卦）。

第三段

室内清吉，家里平安，／堂屋无事，灶房平安（意指不失火），／清吉上到屋瓦，下到地脚枋。／饮食也好，凉水也干净，／样样都清净。堂屋中的父子，／灶房里的母女，老小平安，／全家清吉，清白像白刺花一样，／干净像"冬"草花一般，这样他家千年都平安，／百岁能丰收。请我师傅来念，／用师傅干净嘴来讲，我伸手来拣卦，要拣个好卦（摸卦）。

第四段

请你保佑栏中的水牛清吉，黄牛健康，／请你不要去作弄母鸡吃蛋，不准母猪吃崽，／公鸡不早叫（天刚黑时鸡叫，认为是凶兆），／狗不乱吠（狗无人而吠，认为有

"鬼"），/火炉不生菌，靛缸不生蛆，/开水不滚翻锅，簸箕米不乱跳，/蝉不飞来柱上鸣，吹米虫（即知了）不在屋脚叫；/老鹰不站在屋脊上，/乌鸦不到屋檐边（以上各种现象都认为是"鬼"在作怪），/"西独"（火神）不烧房子，/"发六"不整人（发六是一种鬼的名称）。/保护雷公不劈谷仓，大风不吹翻禾晾架，/保佑他家白天无口舌，夜晚没"鬼怪"，/保护犁能多用一季，保护耙能多使一年。/这样他家千年都平安，百岁能丰收。/请我师傅来念，用师傅干净嘴来讲。/我伸手来拣卦，要拣个好卦（摸卦）。

第五段

九处的田，十处的土，/大田平安到田角，大土平安到尽头，/好到田坎上的草，田坎脚的树子长得好，/老虎不来踩田，豹子不进土。/田里的秧子长得好，田里的谷子，/不要早出穗。播的谷种不成堆，/稻子不生虫，/稻子不要掐颈（钻心虫吃断谷穗心叫掐颈）。/这样他家千年都平安，百岁能丰收。/请我师傅来念，用师傅干净嘴来讲，/我伸手来拣卦，要拣个好卦（摸卦）。

第六段

你曾经捉走了他的"冈科"（冈科是一种黑壳小虫，代表病人的魂魄），/捆走了他的"冈衣"（冈衣，一种小蜘蛛，也代表病人的魂魄），/捆到你的门口，把它带到你的家，/你是左手拿去的，现在请你右手退出来，/退他的"冈科"给他，退他的"冈衣"给他，/退到门口闹轰轰，退到屋里响当当，/使他脸胖像太阳，脸红像月亮。/这样他家千年都平安，百岁能丰收。/请我师傅念，用我师傅干净嘴来讲，/我伸手来拣卦，要拣个好卦（摸卦）。

第七段

今天天晴路又干，好祭鬼，/今天他家，送你礼物：/送你一件衣服，以后你送他九件。/送他水牛，送他黄牛，/送他水牛尾巴要好，送他的马鬃毛要好，/送他水牛站满坡，黄牛满坪。/送他狗一胎五六只，猪一胎八九只，/送鸡多像山林的鸟，鸭像田里的浮萍，/大银放在皮包，小银搁在皮袋，/你要送他他才得，你要帮他才得多。/这样他家千年都平安，百岁能丰收。/请我师傅来念，用师傅干净嘴来讲，/我伸手来拣卦，要拣个好卦（摸卦）。

第八段

讨件丝织的衣服来穿，拿你的帽来遮，/绿斗笠大得能遮住脚，落雨我躲在你的长衣下，/太阳出来我躲在你的伞底下，今天你家上面塞河，/下面干，上头打伞，/下头干。这样他家千年都平安，/百岁能丰收。请我师傅来念，/用师傅干净嘴来讲，我伸手来拣卦，/要拣个好卦（摸卦）。

第九段

让他能喝水，让他吃得饭，/吃饭合胃口，吃菜也香口。/他能走到大门晒太阳，后门去歇凉，/像你们一样能逛寨，走路像你们一样快，/在这一年当中不再病，这一阶段中不再痛。/过了这年头，/避过杜鹃第一次叫声（年初第一次听到杜鹃叫，如正在大便，就认为不吉利），大江大河都渡过了，／山坡也能跳得过。爹的家财置得少，／崽来帮他添上去，爹不够，／崽来补，保佑他，／保佑他发财。这样他家千年都平安，／百岁能丰收。请我师傅来念，／用师傅干净嘴来讲，我伸手来拣卦，／要拣个好卦（摸卦）。

第十段

收起你们套在他（病人）颈上的金链子，／收起锁在脚下的银链子，他家房屋三间清吉，／房间三间平安，使他水牛生得多，／黄牛也生得好，不准老蛇来爬他的衣服，／毛虫不爬他的布。不准老虎来踩他的田，／豹子不踏他的土。把你上游的鬼攕回去，／下游的鬼也攕回去，攕上都匀宽场子，／攕去下面大地方。进河就成水泡，／进坡就变成大风。保佑他家屋内清吉，／他家住得平安。／攕你的鬼出去了，我挞的卦两面翻（是阴卦）；／保佑人魂进屋了，我挞的卦是两面伏（是阳卦）。／这样他家千年都平安，百岁能丰收。／请我师傅来念，用师傅干净嘴来讲，／我伸手来拣卦，要拣个好卦（摸卦）。

第十一段

大门拿"东福"树来拦，后门以五棓子树来塞，／闩起窗户的门，关紧大门，／水牛进不来，马也进不来。／现在送你到半路上去，到清吉的处所，／到干净地方，再交祭物给你们。

鬼师念咒请鬼到达后，即念咒将祭物交代给鬼检验（不用手逐件检交），家屋门口祭鬼仪式到此结束。然后把全部祭物搬到"祭鬼场"去（在村外的小溪边，一般祭"鬼"都在这里，没有什么建筑物或设备，苗语称为"歹商"，意为"鬼坪"），只有桌子不抬去。

在"祭鬼场"的地上，仍由二个"堕白"负责陈设祭物，摆几个酒杯（或碗），斟上酒；酒杯行列的两端放手钏；手钏之外放新黑布条；再在两端各插六个"篐"及六个"夯丢"；最后两端各插一根悬有"商大"的小竹；在鬼师右手的一端还要插一根插香用的"篐打学书"，并在这端的前面一点放上"商大"用的酒杯一个（"商大"意为"地鬼"）。

陈设完毕，鬼师即念咒，把牛交给鬼。因为鬼要的是大而肥的牛，所以谈到牛时都说是"又肥又大"，这样鬼才相信，而乐于接受。如果老老实实说是小的瘦的，那么鬼不仅不接受，而且不走，则病人的病就不会痊愈。鬼师在念咒时，参加祭鬼的人可随便坐着吸烟或聊天，没有什么祭祀活动。但在讲到牛时也要说是又肥又大的，意思是使鬼更加相信。念的咒语如下：

第十二段

来到了干净场子，到了清吉处所。／活的牛你们抬不动，活的牛你们牵不走，／"丁生"能干，"堕白"干净（丁生、堕白意思都是招扶的人），／杀个黄牛，杀个黄牯牛。／杀了你们要它的魂魄，宰了你们要它的血气。／并要蒸熟内脏，煮熟心肝给你们吃。／现在你们坐着等肉，歇着等菜。／我作交代，交代个清清楚楚。

第二章　自然崇拜

鬼师在念咒过程中吩咐杀牛时，即由二个"堕白"以斧头敲牛头，牛昏倒后再割喉接血。牛死不剥皮，就将牛体分解为四肢、头、身几部分，只取心、肝、肺、尾、胸、肾、血煮为一锅。肚子、肠子、师米另煮为一锅。据说肚肠是脏的东西，鬼不要，所以不能与心肝等放在一起煮。

心肝等煮熟后，仍由二个"堕白"负责陈设献祭。肉饭十三份（包括"商大"在内）都不用碗装，而摆在铺了草或树叶的地上。牛心放在当中的那份（因为除"商大"外，只有十二份摆在一个行列中，故当中的一份偏左偏右均可），二个肾分给中间（即放牛心的那一份）的两侧的那两份。肺的大部分等分为十份分配放在其余的十份内。余剩的肺和肝、尾、胸、血及饭（用与祭者带的米煮成）都按十三份平均分配，其余的肉不再用以陈设祭鬼。饭上放一点烧熟的鱼肉（鱼原是供祭"商大"的，但也分给十二个"戈养你"，同时它也同"戈养你"一样享受牛肉，因此在供物上它与十二个"戈养你"的待遇是相同的）。鬼师面前是卦，卦前为肉饭的行列，再前为酒杯（或碗）的行列。其余手铆、布条、纸人等的位置照旧不变，如图八。

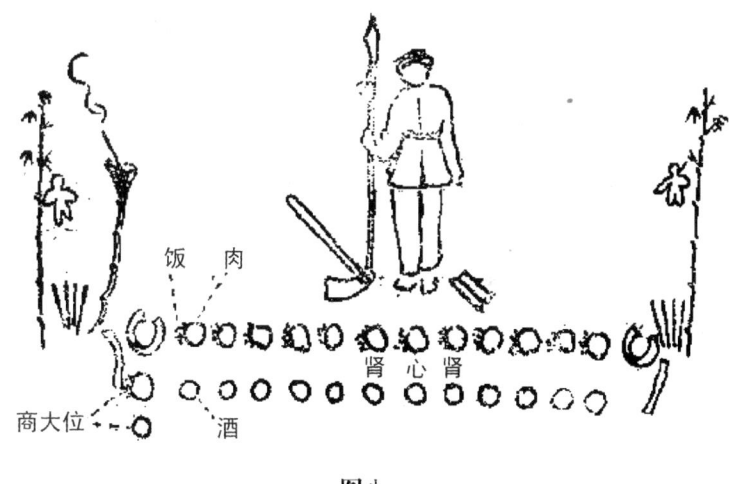

接受中间所供牛心的，据说是"戈养你"的头子，得牛肾的那两个是招扶头子的。因心、肾是"贵重"的供物，所以拿来供这三个。其余九个是头子的家族弟兄。"商大"是"戈养你"的雇工。"戈养你"来的时候也叫它同来。据说人家也有"商大"，它是替人家看管牛、猪等牲畜的。

图八

其余的肉也平均分配为十三份，以便分给参加祭鬼的人。牛头的下颚配给得牛心的鬼师，上颚分为两块，配给得牛肾的那两个"堕白"，另以一只后腿平均分为十份给未得牛头的其他十人，其余的三只牛腿、牛身及肚肠都按十三份平均分配。

陈设妥当了，鬼师就念咒。念到请鬼吃的时候，即由"堕白"把酒杯逐杯倾倒一点于地上，并将肉饭逐份撒一点于地上，表示鬼已吃。"堕白"再端供有牛心的那份的酒给鬼师，供有肾的那份的酒由"堕白"自用，其余的酒端给其余的与祭者。端完了大家才一起喝酒。"堕白"再按端酒的次序掐一块血（因为血容易掐才掐它，而不用心肝等）、一点饭给与祭者，掐完大家同时一起吃，名为"八崩"。"八"意思是损坏，"崩"意思是股份，就是与祭者依次把各份祭祀的酒肉吃一点表示陪"鬼"的意思。鬼师吃有牛心的那份意思是陪鬼头子，二个"堕白"吃有肾的意思是陪招待鬼头子的鬼，其余的人则各陪一个鬼。"八崩"之后，再念咒送鬼沿旧路回去。

熟肉陈设妥当后，鬼师念的咒语是重复前面的第二段（见在门外念的咒语）起念到第十段，然后接下面的咒语。但重复念第二段到第十段咒语的时候，不一定念完，可酌量减少二三段（减哪几段都可以）。

第十三段

"丁生"很能干，"堕白"很干净。／肉煮熟了，你们动手来吃，／张口来喝。吃饱了我指路你们回去，／喝够了我引路你们走，所有的东西你们收清楚。／你们来时我用米来接，你们转去我用米来送。／这样他家千年都平安，百岁能丰收。／请我师傅来念，用师傅干净嘴来讲，／我伸手来拣卦，要拣个好卦（摸卦）。

第十四段

你们从哪条路来，你们仍从哪条路去，／从党道到交宫，汪江上东龙，／下到交密，上去交包；上到高洞，转到方祥；／走到毛坪，上到桥歪；走金梯子，上银梯子；／到你乔山宽寨子，到你乔洛大寨子。／进你的金房间，住你的银房间，／这地方才是你的地方，这个住址才是你的住址，／铺床你去睡，打扫地方你去坐，／这样他家千年都平安，百岁能丰收。／请我师傅来念，用师傅干净嘴来讲，／我伸手来拣卦，要拣个好卦（摸卦）。

祭"鬼"完毕，祭肉不必移动，与祭者就原地吃。谁"八崩"过哪一份，谁就吃哪一份，吃不完可连生肉一起带回家，互不侵犯，互不赠送。酒自备，盐辣由"堕白"供应或自己带来。师米煮成的粥，大家舀吃，不用分配。

祭"鬼"从开始到结束，都不要小孩参加，怕他们不会讲话犯了禁忌。参加祭"鬼"的人数一定同鬼的数目一致，不能多也不能少。

次日再祭"□优歹守"才算结束。"□"的意思应似是三，"优"的意思是男子汉，"歹"的意思是拿，"守"的意思是链子，就是拿链子吊人才生病的三个男子汉的意思，它们是前一天祭的那十二个"戈养你"中的三个。次日祭它们是酬劳它们的"功劳"，但祭物很简单，只要：

鱼三尾（不拘什么鱼，煮熟）；酒三杯；师米一碗；纸人一个（悬在有枝叶的小竹上）；"兴所"三个（夹在编成漏斗状的箍上）；"夯丢"三个（用小竹为梭镖柄，插以一小爿杉木皮为梭镖），"箍打学书"一个（插香用）；卦一副（法器）。

祭物齐备后，即摆在门外的桌上，鬼师背靠家，面前桌上放师米及卦，米前为鱼的行列，鱼头向外，再前为酒杯的行列（酌有酒），桌的侧边是捆

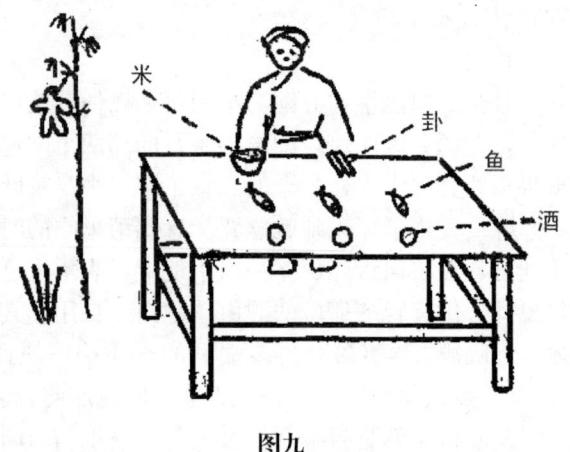

图九

为一束的"兴所"及"夯丢"、纸人。陈设的任务也是由一个"堕白"负责,陈设好后,烧一炷香,如无香时以一点废纸团着火出烟(不起焰)放在箍内就可以,但不要揭破。鬼师开祭,念咒完毕,三人一起在门外吃完才解散。并由"堕白"将"兴所"、"夯丢"及纸人等送插在菜园栏上,即告结束。陈设如图九。

"戈养你"的数目羊达村与南宫相同,都是十三个(包括商大),但交下村是十五个,连"商大"共十六个,数目虽不同,但祭的程序、仪式、祭物则是一样。

[全国人民代表大会民族委员会编:《贵州省台江苗族的宗教迷信》,第27—35页,1958年5月内部编印]

8. 贵州台江县苗族祭"你呼龙"

"你呼龙"命名的意义不详,又称为"呵囊","呵"意为"雷","囊"意为"下方或下游"。就是"下游的雷"的意思,也有用汉语称为"雷公菩萨"的。据说"你呼龙"是男性,共十二个,是"卖榜、卖留"生的长蛋变成的。住"方囊娘、羊囊养"(村名,不知在何处)。祭祀时有一个"商大"同来。

它也是一种害人生病的鬼。病的情况与"戈养你"作弄人的情况大致相同,病情也较重,须请两个巫师望过,都认为是受到"你呼龙"的作弄了,就准备祭物祭它。

祭物除牛而外,其余完全与祭"戈养你"用的祭物一样,数量也相同,做饭的米也是与祭的人带来。牛是用母黄牛一条,也尽可能买小的,只要在谈到牛的时候说是大的肥的就行。牛用黄色、黑色均可,忌用花色和白色。

"你呼龙"是白天举行。由二个"堕白"把祭物陈设于门外桌上如图七,鬼师站着念咒请它莅临享受祭物,念的咒语同祭"戈养你"时在门外念的咒语一样,只是路不同而改变这一段罢了。"你呼龙"到交下的路线是:

方囊娘、羊囊养(村名,不知在何处)→仰翁娘记纠(顺江而上)→公孬留勇(村名,不知在何处)→里翁(即锦屏县的茅坪)→西往(锦屏)→方八(属剑河)→翁库(属剑河)→公鹅(属剑河)→西鲁(属剑河)→西咬(属剑河)→纠即(属剑河)→松芒(属台江)→党道→交下。

与祭的人连鬼师一共十三人,就是要同"鬼"的数目一样,都是男性,女的不能参加,小孩也不许参加,怕小孩说话犯了禁忌。这些与祭人都是先由家里的人担任,不足数再请家族参加。

在门口把祭物交代完毕后,即把全部祭物搬到祭鬼场去(不抬桌子)。到祭鬼场后仍由二个"堕白"陈设祭物如图八。陈设妥当了,鬼师即念咒语。念的咒语同祭"戈养你"念的第十段一样。"堕白"杀牛、煮肉、供祭、分肉,鬼师请鬼吃毕后与祭者的"八崩"、送鬼走、大家分肉吃、带肉回家等一系列的过程及手续完全与祭"戈养你"相同。所念的咒语,也同祭"戈养你"时陈设熟肉后念的一样,只改变鬼回去的路线。次日祭"优歹守"(意思也是"拿链子吊人才使人生病的三个男子汉"),祭的意义、祭物、地点，与祭者的人数、分鱼吃、送"兴所"和"夯丢"插在菜园栏上等一系列的过程及手续完全与祭"戈养你"的"优歹守"一样。陈设如图十……

关于这种鬼的数目，南官、羊达两个寨子都是十三个；而交下寨却有十六个（上述数字包括一个"商大"在内），但祭物、祭的方式、过程则一样。

[全国人民代表大会民族委员会编：《贵州省台江苗族的宗教迷信》，第35—36页，1958年5月内部编印]

9. 贵州台江县苗族祭"两呼你呼分收"

"两呼你呼分收"，亦称"两呼你播商收"，命名的意义不详，又称"呵收"（"呵"意为雷，"收"意为白），是"白雷"的意思。据说这种鬼共九个，那是男性，是"卖榜、卖留"生的一节白一节亮的蛋变成的。住炉山县境内的香炉山。另有跟着它们的"商大"一个，共十个。

"两呼你呼分收"要作弄人生病的，比"戈养你"作弄的要轻些。但在人们因争执而举行烧汤捞油时，捞油的一方的鬼师要请它来把油汤弄冷，同时保佑捞油者的手不起泡……病家请鬼师或巫师望定是它在作祟之后，即准备祭物祭它，祭物是：

公猪一只（尽可能买小的，但不许揭破）；鱼一尾；酒约一斤；做饭的米十碗（由与祭者各出一碗）；"兴所"九个（夹在"箍"上）；"箍打学书"一个（插香用）；"夯丢"九个（以一节小竹的一端插上杉木皮一小片即成，代表梭镖、武器），"商大"二个（用白纸剪成的纸人，分别悬在高约一百五十公分留有枝叶的小竹上，鬼带来的"商大"是一个，而剪纸为二个，同时也不放在祭时"商大"的位置上，不知何故）；银手钏二只（代表银子）；新白布条二条（代表布）。

祭"两呼你呼分收"是在昼间举行，由二个"堕白"陈设祭物于门外的桌上如图七，鬼师念咒语，请鬼来检验祭物。在门外和祭鬼场念的全部咒语除路线而外，都完全和祭"戈养你"时念的咒语一样。鬼的来路是：

绍晚羊仿、八纠（香炉山）羊书→凯里→南高脚高（属炉山县）→掌倒瓜挖（属台江排羊乡）→公打纠响（属台江排羊乡）→交官→松皆→养芒→松肃→交下。

其他祭鬼活动（包括祭"优歹守"）完全与祭"戈养你"一样，不再赘述。

这种鬼的数目，南宫、羊达两个寨子都是十个（包括"商大"一个），交下寨是十三个（包括"商大"一个）。鬼数虽不同，但祭的手续、仪式等则是一样。

[全国人民代表大会民族委员会编：《贵州省台江苗族的宗教迷信》，第36—37页，1958年5月内部编印]

10. 贵州台江县苗族祭"故呵你"（一）

"故"意为"公"，"呵"意为"雷"，"你"意为"水牛"，"故呵你"意为要用水牛祭祀的雷公，当地汉族呼为"水牛菩萨"。

据说"故呵你"住在"南仰南昂"，就是大河的下游，也就是太阳月亮升起来的地方。它是男鬼，只有一个，还有一个"商大"。陪鬼吃的人是十九个。另有一个人陪"商大"。"商大"是给"故呵你"敲锣的，并且还要帮它带烟杆、水壶等，也就是它的侍者。

"故呵你"是"相故六、把故养"用泥巴捏成的。它作弄人的时候主要是使人头痛、腰痛或脚痛。白天它是拿铜钢箍来箍人的头并加上楔子，晚上拿铁箍来箍人的腰也加楔子，早上用铁链来吊人的脚也同样加楔子。它也作弄酒，使酒酿不好。据鬼师说，它不去作弄贫苦的人家，只有发财人家才会有这种鬼。所以祭这种鬼的尽是发财人家。经鬼师或巫师望过，认为是"故呵你"害人致病后，就用下列物品祭祀：

小水牛一只；小猪三只，每只十多斤，这三只猪，由下面三个鬼各吃一只：①"打给松"吃一只，"故呵你"拿钢箍、铁箍、铁链和楔子等加在病人的身上，由它去解除。②"八夺翁"，它为"故呵你"舀水淋病人，病人的汗水因而出得很多。给它吃一只猪，它就不再淋了。③"干谷好"，它帮"故呵你"拿箭来射病人，给它吃一只母猪，它就不再害人了。竹子两根，这是撑鬼用的武器。箭十八枝，筷子那么大，一端削尖；"空你空金"两只（意为"银碗金碗"，竹制的，这是给鬼装肉装饭用的，即交下的"箍"）；"干东怕香"（即交下的"箍打学书"）；"夫细"（纸幡，即交下的"兴所"）；香三炷；铜锣一个（用鼎罐盖代替）；梭镖一把；锄头一把；卦一副；师米一碗；酒十二碗；十二条小鱼；饭十二团；小长桌一张。

祭物在屋内的陈设情况是：桌上摆十九个酒碗成为一个行列，每只酒碗的后面放一碗鱼（一条小鱼），鱼的后面放师米及卦。鬼师对着师米和卦，面向大门。手持梭镖，梭镖脚下放一把锄头。桌子的两边每边树立着九支箭、一棵竹、一挂"夫细"、一个"空你空金"，桌子的前面立着一个"干东怕香"。桌子的左侧放一个鼎罐盖和一个锣锤（即小木棒），并在它们的前面摆着一碗酒和一碗鱼，这是给"商大"的供物。

到祭鬼场后，陈设略有变动，鱼已供过不能再用而换为牛肉，肉后放十九团饭，桌子放肉汤一碗。"商大"面前的鱼也换为肉。其他仪式与祭"夏龙虐"相同，不再赘述。

〔全国人民代表大会民族委员会编：《贵州省台江苗族的宗教迷信》，第130—131页，1958年5月内部编印〕

11. 贵州台江县苗族祭"故呵你"（二）

"故"意思是公，"呵"意思是雷，"你"意思是水牛。"故呵你"就是用水牛祭的雷公的意思，所以当地汉语称为"水牛菩萨"。又名"故金"、"故你"。故金的一个儿子叫沙金，故你的一个儿子叫沙你；但各有几个儿子就不清楚，只知他们有十九个，连"商大"共二十个。

"故呵你"是"卖榜卖留"生的大蛋变成的。它有十九个，都是男性；另有"商大",共有二十个。它们住在"南仰南昂"。

据说"故呵你"作弄人生病的病状是：头、腰、眼、脚都痛得很厉害,可能跛脚瞎眼。有了上述病状后,经过巫师望鬼,认为"故呵称"作怪的话,过了两三天病状有了好转,就要准备祭物来祭它。巫师"望鬼"情况同交下的"望鬼"情况一样。巫师望后原在病人衣服上扯下的那小块布筋由巫师用一根稻草捆好交由病人家属插在壁上。插了之后到祭鬼之前,不许任何人触动,否则病状不唯不减轻,反而要加重。祭"故呵你"的祭物是：

小水母牛一头；"细模细所"二个（用白纸剪成,长约四十公分,分别挂在小竹上）；纸衣三件（剪像人的样子,只要三件原因不详）；小竹十棵（其中两棵梢端留有枝叶,长约一公尺。另一棵长约八十公分,把它的一端劈破为八爿,以篾编为漏斗状做插香用。另二棵各长四十公分,也编为漏斗状做装肉用的苗语叫"箍"）；黄金条（树名）十棵；米一斗（用升子装一碗来代替,但不要揭破）；银子（以银元或手钏代替,放在米上,表示给鬼用）；金锄银锄一把（即普通用的锄头,表示给鬼生产用）；梭镖一把（即普通用的梭镖,长约一公尺,上端穿以梭镖,下端穿以铁锹）；红布一条（长约十五公分,宽二公分,系在梭镖上）；鱼四五条（一条是生的,挂在有梢的那棵小竹上；其余的煮熟,装做两碗）；钢锣铁锣一个（用鼎罐盖代替）；酒约一斤,酌为二十碗；卦一副。

祭"故呵你"是在白天举行,先在门外请鬼到达之后,再送到祭鬼场去,在门外的陈设是把酒、鱼、米、卦摆在桌子的上面,小竹、小树捆作两把竖立在桌子的两脚,做插香用的那棵立在中间,锄头横放在鬼师右边的桌子脚,一个提锣（即鼎罐盖）站在鬼师左边,鬼师左手持梭镖背靠家中面向桌子站着。撒几粒米后就念咒语,在门外念的咒语如下：

住在河下游的鬼,有十九个,／有二十个。地脉住在地下,／龙神也住在地下,你们不空手来,／不空脚来,给我们带来财喜,／给我们带来平安。人命要拿来九升,／要带来九斗,保佑他活到老,／活长久。保佑他活一百一十岁,／活一百二十岁。他的脸红光满面,／更加有精神。手拿银子,／手拿金子,拿甜酒来,／拿好蓝靛水来,借你小孩命,／来添补他小孩的命。拿齐了就走,／拿完了我们就去。父亲走银门,／儿子走金门。走到门口,／下到田坝,来到常德,／经过汉口。走到洪江,／过来比闷,下来南旁,／到了良这。大马路,／路又宽；路大好骑马,／路宽好坐轿；高坡当马骑,／尖坡当轿坐。来到剑河,／走到鲁利,来到龙多,／走到南豆,过来展架,／走来革东,来到干的裸（台江）,／来到方陇堂。过来弄龙,／下到交梦寨,来到台拱寨。／有千家龙房子,有一百家踩鼓的房子；／家家你不去,户户你不进,／他家大房备得祭物,大屋备得祭品。／东西备齐了,祭物备齐了。／备得水牛给你去做种,备得水牛拿去喂。／备一条鱼,拿来摆上前。／摆十九个银碗,二十个金碗。／小银摆在升子口,备得铁杆一把,／梭镖一根。备得绿旗,／备有红旗。备得锄头给你去挖坡,／金锄头给你去挖岭。备得金箍子,／银箍子。备得竹子拿去放在岭上。／黄金树放在坡边。备得水竹丫丫，／毛竹好尖尖。备得三张纸，／缝成三件衣服。备得纸花，／备得白纸，备得钢锣，／备得铁鼓。备好了，／都放到这里，我鬼师来交代。

鬼师念咒请鬼到达了，准备请它们喝酒吃鱼。这时陪祭的人要站起来，等待鬼师把祭物给鬼交代清楚了，就把酒碗中的酒滴一点于地上，并倒一点鱼汤、掐一点肉在地上，表示鬼已吃，陪祭的人才喝酒吃鱼，表示陪鬼。表演完毕，鬼师即念咒请鬼到祭鬼场去。这时陪祭的人分别牵牛搬东西，敲锣（即鼎罐盖）的走在前面，带东西的人跟随着他，鬼师在后。

在祭鬼场仍按照在门外陈设一样把祭物陈设之后，鬼师站着念咒。念的咒语是：

搬东西来到了坝子上，运东西来到这地方；／拉来了"种"牛，牵来了"根"牛（指母牛），／活的牛你拉不去，活的牛你牵不去。／"丁生"能干，／"堕白"清吉（丁生、堕白都是招扶的人），／杀了种牛，宰了耕牛。／敲了牛你们要血，杀了牛你们要魂魄。

鬼师念咒语到杀牛时，即由"堕白"主持杀牛。杀牛的方法是用绳子捆住脚，狠狠地向牛头敲一锤，牛昏倒后才割头接血。剥掉牛皮后就取背脊上的肉一两斤和心、肝、肾、脾、肋骨、血煮在一起准备作为供品。肠肚另煮为一锅，专为食用，不拿来祭鬼，据说这是肮脏的东西，鬼不喜吃它。

熟肉的分配与第三章第三节所叙述的祭各种鬼的分肉方法一样，但要多摆两碗肉在鬼师面前。同时，供"商大"的那份熟肉由敲锣者陪吃。陪祭的人都站齐后，鬼师就念咒语，内容如下：

蒸熟心，煮熟肝，／"丁生"能干，"堕白"干净。／蒸熟肉，十九堆；／摆成肉，二十股。／备得白米饭，捏成了饭团。／备得甜酒，摆成二十杯。／鲤鱼拿来摆，鲤鱼拿来供。／现在你来接去升子中的银子，收去斗里的银子。／接去长梭镖，收去大刀，／接去绿旗，收去红旗。／接去银锄去挖岭，金锄去挖坡。／拿银碗去装肉，金碗去装菜。／拿竹子去栽在岭上，黄金树去栽在坡上。／收去水竹的好丫子，毛竹的好尖尖。／收去"细模"，收去三件纸衣，／三件衣服。拿去好听的钢锣，／拿去好听的钢鼓，收拾得干干净净。／东西得全了，东西要完了。／得了东西你才甘心，你得了东西就收去他的病痛。／取去头上钢箍，腰上铁箍；／脚上钢链，颈上铁链；／收去它的汗水，不吐痰，／不出汗，收去冷气。／哪天来祭你，哪天起每个角落都要收拾干净。／是早上祭，也要把病痛全部收去，／不要留一分病痛，不要留一厘病痛。／我嘴来念，口来讲。／都照从前的规矩办事，照从前的规矩祭祀；／照从前那样祭就对，照从前那样办就好。／腰也好了，身子也好了，／好像一匹白布那样干净，像缎子那样好。／像水潭那样白，像波浪那样好。／腰好了就有力，身上好了就有精神。／病好了像麻雀脱了套，像鱼跳出了鱼篓。／清吉一千年，平安一万年。／一家人清吉，一房人平安。／园里的菜叶不会互相绞缠，甑子里的饭要蒸得熟，／酿酒不会淡，酿酒不会酸，／蓝靛水染布颜色美丽，染衣服也好看。／房屋四堵都好，房子三间也好，／上头好到瓦，下头好到堂屋。／病人好了就有力，病好了也有精神。／酸汤桶不出菌子，坛子不要打伞

（指不生菌子），／碓里的米不乱跳出臼，簸箕里的米也不乱出去。／蜜蜂不进屋，蚂蚁不进家。／我嘴来念，口来讲，／代替百姓来说一千遍，代替皇帝来说一百次。／在寨子里交肉给你，在这地方交菜给你。／哪一天祭都好，随便怎样祭都吉祥，／我一边念，一边用手抓饭，我一边讲讲，一边用手抓米。／饭堆成山，米堆成岭，／抓饭去塞岔路，抓米去拦路口。／塞在门口，像一块石壁；／塞在屋角，成了一座山。／鬼进不来，口舌也不会有。／清水不无故浑，山坡不无故光。／马上祭马上平安，马上祭马上清吉。／坏了修理，烂了修整，／坏了会修，烂了会补，／修整一家一寨都平安，一家来祭一个地方都清吉。／我来祭就好，／过去到过渣养去祭（渣养地名属台江），／张故寨也去祭过，镇远、施秉也祭过，／那里祭得都很好。哪里祭，哪里好，／到哪个寨子都吉利。你这鬼，不许你反悔！／说的话不能随便掉转来。你想推翻我的话，／违反我的咒语，／除非清水河干得能够看见石头，捉得到鱼！／能堵住清水江的水。现出了石头，捉得小鱼！／捡得到螺丝蛳，捉得到大鱼。／到那时再来推翻我的话，推翻我的咒语。／清水河千年都不会干，清水江万年也堵不住；／清水河仍旧有鱼，清水江仍旧有虾。／鬼不敢反悔，说的话也掉不转来，／你去一千年不要回来，去一万年也不要回来。／我说的都是正经的话，没有哪句是多余的，／讲得又清楚，说得又明白。／你跟着水流下去，这事情就结束。／吃饭送你走，喝完送你回去，／送你到你的门口，送你到你的家里。／收去你害人的东西，拿去你丑恶的东西；／不再叫病人软弱无力，让他有精神。／拿去套在他头上的钢箍，腰上的铁箍，／脚上的钢链，头上的铁链，／每个角落都收拾光，四面八方的角落都收拾完，／把它甩在大岩石的脚下，丢在岩洞窝里；／给水冲下去，让风吹上坡。进水成泡，／上坡成风。牛牵回家／，拉到门口。牵去做种，／拉去做根。拿起肉，／带着菜。走到门口，／回到家中，分给家族，／分给兄弟。个个都得，／个个得齐，拿着肉串，／带着肉圈。走到门口，／回到家里。拿去分给亲戚，／分送朋友。拿去两边的肉，／两边的汤，朋友来，拿肉来款待，／亲戚来，拿菜请他们。装在银盘，／盛在金盘。鱼养在九东的田（九东，一个地名），／养在九果的水（九果，一个地名）。朋友来，再去捉，／客人来，再去拿；捉来款待朋友，／拿来宴请客人。你来收去升子口上的银子，／斗里的白银，带到屋里，／拿到门口。白天当钱用，／晚上拿去买东西吃。拿去像三个岭高的梭镖，／像三个坡大的刀子。扛红旗走，／抬绿旗去，拿到屋去，／带到你的住所，白天拿旗来守门，／晚上拿它来守家。银锄头，／拿去挖岭；金锄头，／拿去挖坡。钢锣拿到家里，／铁锣拿到门口。拿去挂在大门口，／挂在房子上，挂在大门，／绑在楼门，白天敲七下，／才知道天亮，晚上敲七下，／才知道天黑。竹子拿回家，／就把它栽在岭上；黄金树你拿回家，／就拿去插在坡上。拿去"细模"，／竖在楼门下，与楼门一样高。／这些都照老规矩来祭，照老办法办事。／来往的人们，都知道他家敬这种鬼，／来往的人们，都知道他家祭这个鬼。／祭完就了事，敬了冤家就没有了，／坏的完全没有了。鬼走了就像火烧了一样，／凭据（指"细东"）也烧光，摔在河头，／丢在火里。都不会再来，／也不会再来。

鬼师念咒到请鬼吃的时候，先叫它洗手再吃。这时由两个"堕白"逐杯倒一点酒在地上，并逐股掐一点肉放在编为漏斗状的那两个竹器里（插香用的那个不放）。表示鬼已吃了供物。然后他二人再端酒给鬼师同其余的陪祭人，端时用双手捧碗，接的人也用双手来接，端完了，鬼师叫喝时大家才同时把酒喝干，各把酒杯放在原位。接着"堕白"又把鬼师面前左边的那一碗肉端给陪祭的人吃。吃肉的仪式是这样：由站在鬼师左边的那个"堕白"端起左边的那碗肉（里面有汤），在倒一点汤在那两束小竹和黄金条的脚下后，就双手递给鬼师吃，鬼师也伸双手来接。鬼师照例倒一点汤在地上，然后喝一点汤，吃一点肉，再退给他左边的那个"堕白"。这位"堕白"自己也像鬼师一样的倒汤、喝汤和吃肉后，就先后递给鬼师右边的那个"堕白"和祭主，这二人同样地吃了以后，仍退还左边的"堕白"。从祭主左边的那个陪祭人起，就不用由左边的"堕白"接递，而由陪祭人分别顺序递送。但大家仍照同一方式倒汤、喝汤、吃肉，一直到每个陪祭者都依次吃完为止，吃第一碗肉的仪式才告结束。吃第二碗肉（即鬼师右边那一碗）的仪式与吃第一碗肉的仪式相同，只是这一次负责递送者，改由右边的那个"堕白"负责。在祭主吃了以后，即由他左边的陪祭人开始依次吃肉。在吃肉的仪式结束后，鬼师即念咒叫鬼洗手漱口休息，一会儿再念咒送鬼走。这时只有敲锣的人陪同鬼师一起，其余的陪祭人可自由活动。等到鬼师开始念咒送鬼走时，敲锣的人就继续不断地敲锣，意思是要敲着锣送鬼回到它的住处。

在煮熟的祭肉中牛心要留给鬼师，两个牛肾留给两个"堕白"，其余的熟祭肉都煮在一起由大家同吃。至于留下未煮的生肉、牛头、四肢、牛皮等就平均分为二十股。鬼师得牛头，两个"堕白"各得一只后腿，祭主得两只前肘，并各得一点牛肉和牛皮，其余的陪祭人分得牛肉加牛皮。分肉完毕后，大家才吃肉。吃的时候，由"堕白"先盛第一、第二次肉，以后任何人都可以添盛。食毕解散，祭"故呵你"的活动就告结束。

另外还有五个登记病人名字的鬼，它们叫"渣优下斗、渣故下吕"。在用牛祭"故呵你"的时候，它们不参加。它们是吃鸭子，所以另外要用鸭子祭它们，祭物准备齐了，就可在祭"故呵你"的那天祭它们；如祭物没有准备，也可推迟八九天再祭。但不能拖得太久，否则它们又要去告诉"故呵你"回来作弄病人加病。祭"渣优下斗、渣故下吕"的祭物是：

雄鸭一只；小竹三棵（一棵的梢端留有枝叶，一棵编为漏斗状的"篚"）；黄金条树二棵；纸衣一件；"细模细所"一挂（白纸剪成的纸条）；酒约半斤（装在五个碗里）；师米一碗；卦一副。

祭"渣优下斗、渣故下吕"是白天举行，先在大门外请"鬼"到达后再搬到祭鬼场杀鸭并煮给它们吃。这一活动过程同祭"故呵你"一样，这里不多叙述了。

[全国人民代表大会民族委员会编：《贵州省台江苗族的宗教迷信》，第 134—140 页，1958 年 5 月内部编印]

12. 贵州台江县苗族祭"故呵你"（三）

"故"意为公，"呵"意为雷，"你"意为水牛，"故呵你"意为要用水牛祭祀的雷公，当地汉族呼为"水牛菩萨"。

"故呵你"住在"南仰南昂"，就是大河的下游，也就是太阳、月亮升起来的地方。它是男鬼，只有一个，还有一个"商大"。陪鬼吃的人是十九个，另一人陪"商大"。"商大"是给"故呵你"敲锣的，并且还要帮助它带烟杆、水壶等，也就是它的侍者。据说"故呵你"耳朵聋了，要敲锣它才能听到。

"故呵你"是"相故六、把故养"用泥造成的。它作弄人的时候，主要是使人头痛、腰痛或脚痛等。白天它是拿钢箍来箍人的头并加上楔子，晚上拿铁箍来箍人的腰也加楔子，早上用铁链来吊人的脚也同样加楔子。它也作弄酒，使酒酿得不好。

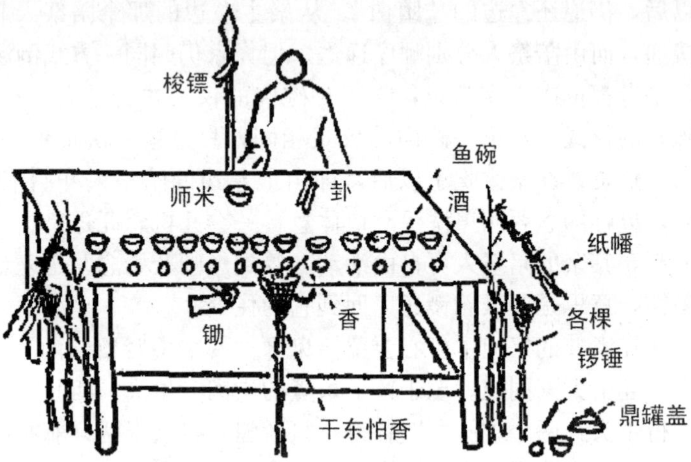

只有发财人家才会有这种鬼。祭这种鬼的尽是发财人家。经鬼师或巫师望过，认为是"故呵你"害人致病后，就用下列物品祭祀：

图三十八

小水牛一只；小猪三只；竹子两根，这是撑"鬼"用的武器；竹箭十八根，一端削尖；"金碗银碗"两只，以竹制成，这是给鬼装肉用的；"干东怕香"，即交下的"箍打学钢"；纸幡，即交下的"兴所"；香三炷；铜锣一个，即鼎罐的铁盖子；梭镖一把；锄头一把；卦一副；师米一碗；酒一两碗；小鱼十二条；饭二十团。

祭物在屋内的陈设情况是：桌上摆十九个酒碗成一个行列，每只酒碗后面放一碗鱼，鱼的后面放师米及卦，鬼师靠米和卦，面向大门。手持梭镖，梭镖脚下放一把锄头。桌子的两边每边树立着九支箭、一枝竹子、一挂纸幡、一个"金碗银碗"，桌子的前面竖立一个"干东怕香"。桌子的左侧放一个鼎罐盖和一个锣锤（即小木棒），并在它们的前面摆着一碗酒和一碗鱼，这是给"商大"的。如图三十八。

到祭鬼场后，陈设略有变动，鱼已供过不能再用而换为牛肉，肉后放十九团饭，桌子两端各放肉汤一碗。"商大"面前的鱼也换成肉，其他仪式与祭"戛龙虐"相同，不再赘述。

13. 湖北苗族的太阳神崇拜

建始杜家坝等地的龙姓苗族在解放前还极其虔诚地崇拜太阳神。即全家人在太阳升起之前，朝太阳升起的东方跪拜，要作三个揖，同时唱《太阳歌》。《太阳歌》歌词是这样的：

太阳出来满天晴，昼夜行来不住停。行得快来催人老，行得慢来道不清。家家户户都先过，哪个敬我太阳神。有人敬我太阳神，永世不入地狱门。无人敬我太阳神，打入阿僻地狱门。太阳冬月十九生，家家户户点明灯。每日朝朝念三遍，一家大小得安宁。祝念此经千万遍，逍遥自在上九天。

从上述歌词中我们不难看出，太阳神在苗族人民心中的地位是至高无上的：是否敬太阳神，关系着死后是否入地狱；是否每天敬太阳神，关系着一家大小的安宁；是否虔诚地敬太阳神，关系着是否上天堂。由此可见，太阳神操纵着苗族人民生前的安宁和死后的去向（入地狱还是上天堂），是每日必敬的尊神，是湖北苗族自然崇拜的主要对象之一。

[龙子建等著：《湖北苗族》，第179—180页，民族出版社1999年版]

14. 湖南湘西苗族祭雷神

祭雷神，苗名谓之"希送"，为苗乡之至大尊神。凡患剧病及天旱无雨，或久雨未晴者祭之。大祭用牛，小祭用猪，均请苗巫为之。须剪白纸两大束，用桌一张，摆酒肉饭碗各七个，敲筒摇铃，如法行之。牛用刀杀，猪用木棒打死。肉煮锅中，白水淡吃，忌放食盐于肉中。倘有盐味，恐主雷劈之祸也。在场观者，尤忌闲言，不准信口说盐与鸡，因盐与鸡，素为雷神所厌恶。倘误说之，必属犯禁，相传神却其祭物，换言之，即神不领受，所耗之费，均属枉然。每有犯此，照其所费，勒令赔偿。

[石启贵：《湘西苗族实地调查报告》，第480页，湖南人民出版社1986年版]

第四节　大树崇拜

1. 贵州凯里县舟溪地区苗族崇拜大树

崇拜大树有两个意思，一个是因小孩身体较羸弱、时常生病而崇拜，这同崇拜巨石和岩一样。这种大树是被人们早拜寄过的，为大家公认是"灵验"的。谁要去拜寄时，准备一只鸭或鱼或肉，以及酒、糯米饭、香、纸等，于旧历二月或九月、十月由家长带领小孩一道去，先摆设酒饭等，再烧香焚纸，由大人说几句请求它保佑孩子清吉平安一类的话之后，将摆设的食物逐一挑小点于地上，在场人接着吃喝一点，就告结束。以后每年的二月或九月、十月（有的寨子只在二月），仍带点酒、饭、鱼或肉和香纸等去供献。这种供献，有的地方在小孩长大结婚后即告结束，有的地方则一直祭到老，甚至后代还去供献。崇拜大树的另一个意思是在寨边选择古树作为"嘎黑"（当地汉人称为"白虎"）栖息之所，借以保佑全寨平安、瘟疫不作、六畜兴旺。供献"嘎黑"时，各地有所区别，青杠林等寨用黄牛和猪及大白鸡，马田等寨用狗和大白鸡。前者在寨前和寨后各择定一株古树，寨前为女性，用猪；寨后为男性，用一只小黄牛。后者村后用狗，村前用白鸡。供物由全村按户凑钱购备，供献牺牲之后，每户去一人就地共食。有的寨子一年一次，有的寨子在疾病流行或猪、牛瘟疫发生时才供祭。

[贵州省编辑组：《苗族社会历史调查资料》（二），第280页，贵州民族出版社1987年版。调查时间：1958年11月]

2. 贵州榕江县计划公社苗族的大树崇拜

这里的苗族认为树大也有神灵，尤其喜欢崇拜大的枫树，今摆拉大队有一个寨子，名叫"者猛"，者即家，猛即枫树，者猛即用枫树建立的家或枫树村。传说这个地方原为荒山，后因枫树多，人们为求得枫树的保护，才陆续地迁居这里，成为今天的者猛寨。

此外，我们一进苗族地区，随时都可以看到村头寨尾的许多大树上钉着许多的小猪笼。苗族群众认为这样做，便可求得树神的保佑，使自己养的小猪能吃快长，粗如树干一样。

[岑秀文：《榕江县计划公社苗族原始宗教调查报告》，《月亮山地区民族调查》，第255页，贵州省民族研究所，1983年6月]

3. 贵州贵定县定东公社苗族崇拜大树

对于大树，尤其是百年以上、几人合抱的香樟、枫香、白果树，他们认为有神保佑，常有过路将军经过树下，是神的化身。因此，全寨的凶吉祸福要寄托在这树上。逢年节或生病，都要烧香烧纸，供奉酒肉，以求安宁，病魔解除。往往把小孩拜寄给树的不少，把小孩的名字也取为"树"，这样，小孩像树一样长寿百年。

[杨昌文：《贵定县定东公社苗族社会调查》，《贵州民族调查》（之二），第341—342页，贵州省民族研究所，1984年10月]

4. 贵州黄平县苗族敬畏树神

祭树神，苗族人民对于村旁路边的大树（风景树）长得如此茂盛，觉得不可思议，由此而产生了一种畏惧心理，他们认为："石大有鬼，树大有神"，似乎是一种"真理"。所以随时提醒小孩不能乱砍神树，甚至不能在神树下屙屎拉尿，否则会得罪神树，受到惩罚。传说解放前有一次寨里一个年轻人砍了一枝神树丫，伤害了神树，结果被神抓去捆在大树上，白天他能见人们在树下走路，而自己却叫不出声音来。人们都认为他已经失踪了，但一个星期之后，他回来了，人们问起他离家的情况，他才把上述情况说了出来。从此，人们更畏惧这棵大树，只要寨上有人生病，经过巫师卜算认为树神作祟，就必须要小猪或鸡、鸭、酒等去祭献，求祈树神原谅，多多保佑。

[杨世章：《黄平苗族风俗习惯发扬、改革与两个文明建设调查报告》，《贵州民族调查》（之五），第346页，贵州省民族研究学会、贵州省民族研究所编，1988年]

5. 广西隆林苗族的树神

苗族村寨旁的古树，大都被奉为神树，备受保护，由于古树被当做神树对待，人们敬而远之，不但无人敢去动它的毫毛，就连从古树上掉下来的烂枝枯叶，都很少有人去捡来烧，笔者家乡天生桥镇科沙村及常么乡政府当地等，现也还有一些几百年的古树享有这种待遇，确实使人费解，究竟其如何神法，却无人说出个所以然，反正是老辈人传下来的规矩，后人哪敢造反。过去对这些树人们都曾按照一定的时间举行祭祀活动，扫除"牛鬼蛇神"以后，就很少见人拜过了，只是偶尔见有些红布之类的东西沾在树身上及一些香火烧在树脚下而已。

[《隆林苗族》编写组：《隆林苗族》，第314页，2002年内部出版]

6. 湖北苗族的番薯神崇拜

除太阳崇拜外，湖北苗族还保留着其他一些自然崇拜的遗风，较为典型的有祭请番薯神和核桃树。

鄂西苗族在八月十五日祭请番薯神。当天晚上，苗族在寨子中跳舞的地方点燃松木油柴火，放歌而舞，歌颂番薯神恩泽。众人肩扛板凳，手捧竹椅，按板凳脚数为准，环火旋舞，以舞狂歌诚心敬请番薯神坐自家竹楼内的板凳，以为之催生番薯。

[龙子建等著：《湖北苗族》，第180页，民族出版社1999年版]

7. 湖北苗族的核桃树崇拜

据笔者所知，建始当阳坝龙姓苗族对核桃树有独特的祭拜仪式。每年腊月二十过大年时，要先以猪肉祭拜核桃树。即先用斧头在核桃树下端砍几道口子，然后把猪肉放入口子，请核桃树过年，希望核桃树来年多结核桃，保佑一家人来年平安。年年如此，因此树龄大的核桃树往往刀痕累累。利川吴姓苗族过去有在核桃树蔸下过年的习俗。后来，腊月二十到树下燃一堆火，将核桃树烧死了，才改在家中过年。利川吴姓苗族在六月六挂长线（纸钱），挂在包谷上，保佑多收点粮食。

〔龙子建等著：《湖北苗族》，第180页，民族出版社1999年版〕

8. 云南苗族祭龙树——祈丰收

云南一些苗族地区为了祈求风调雨顺，农业丰收，举行祭龙，所谓祭龙即祭龙树。屏边县牛碑社的苗族每年在二月初二举行祭龙。祭时杀猪、鸡，有的杀狗，由一两家人负责办理酒菜。在祭完龙树后，大家分吃。费用由全寨各户平均分摊。其他地区苗族祭龙活动大致也相似，如麻栗坡勐董区卡房脚、大塘子等村的苗族，便在夏历二月初一至初三以村为单位举行祭龙。在水头处集体祭祀，每年由一家主祭，负责出祭龙所需的一口小猪和三五只鸡。每家派一代表参加，通常是家长。参加时自带粮食，作为聚餐时用粮。祭龙期间停止劳动三天，怕动土挖到龙门或龙头，给全村农业生产带来灾难。再如砚山县阿舍苗族也是在夏历二月初二举行祭龙，由村寨长老任龙头（候然）主祭。在本村固定的龙树前祭祀，祭时杀猪一口，猪由全村集体购买。

〔宋恩常：《云南苗族宗教调查散记》，《云南苗族瑶族社会历史调查》，第60页，云南民族出版社1982年版〕

9. 云南曲靖土桥村苗族的祭树习俗

土桥村苗族主要信奉原始宗教，即鬼、魂、神的精灵。认为种种自然物背后都有一个至高无上的神掌握着，天有天神，雨有雨神，树有树神，人有灵魂。这些都是不能得罪的，若得罪了，神灵就会给人们带来灾难，所以，人们只能敬奉和祭奠，以求保佑平安。

土桥村至今还流传着祭树的习俗，他们在村后的山林里选了一棵大树称"神树"，称那片树林为"神林"，由村民选出一位长者组织祭礼活动。每年属牛月的第一个属牛日，由村民选出的那位长者带领村民们抱着鸡或抬着猪，带些粮食和酒到"神林"里献祭"神树"。首先，长者端着酒跪在"神树"下献祭说："天神树，地神树，感谢你保佑我们全寨的人畜一年到头平安无事,今天,我们全寨人抬着酒、抱着鸡来感谢你了。"然后,把鸡或猪宰杀煮熟,将鸡的头和心以及汤盛上三碗再端去献祭"神树",说:"天神树,地神树,求你保佑我们寨子来年人畜平安,无灾无病,风调雨顺,粮食丰收"等。最后,大家把带去的酒和煮熟的食物吃完与喝完就回家。

[马占伦主编:《云南回族苗族百村社会经济调查》,第525—526页,云南民族出版社1997年版]

第三章　鬼神崇拜

第一节　灵魂不灭观念

1. 贵州松桃县苗族为死者招魂

招魂，就是招引死者的灵魂。苗族人民认为人虽死而灵魂不灭，为使亡者的灵魂能够及时找到列祖列宗的处所，不致成为孤魂野鬼散游天下无所依归，故当死者安葬后即请祭司按照苗族民间的历法，择定日期（约三五天内），举行招魂活动。

招魂的具体时间是在晚上，场所设在火坑前边。祭司所用的祭具：（1）信筒（锯一竹节做简便的信筒）和一个金属轻铃。（2）用一截白布将采来的一束水菖蒲捆在一把锄板上，叶尖指向水流方向。（3）一个盛有火灰的瓷碗。举行仪式时，当场从在场人众中找一人掌握锄板同祭司并排坐着。祭司面前摆着一个信筒和一碗火灰，碗里燃的是纸钱包着的黄蜡。

招魂活动开始时，祭司双手在烟雾缭绕的碗上旋转三匝，随即口念祭词，叩请祖师及主家的先灵在暗中帮助，去寻找亡者漂泊不定的魂魄。祭司顺着阴灵的指点，紧跟亡者的足迹，在人间大地到处寻找，一时找到日出的东方，一时寻到日落的西岷，一时又寻到田边地角，一时寻往溪边水源。若人间大地都寻找不到，便转向虚无缥缈的"天堂"去寻找。寻找得否，以握锄者手中的锄板抖动与不抖动为标志。若锄板频频抖动，则视为寻到亡者的灵魂。

祭司找到亡者的灵魂时，便对如痴如梦不明阴阳的亡者灵魂道出：××，你与人间阴阳异路，原来你是阳间的人，现在你是阴间的鬼，不信看你头上带着"红令"①，手中拿着纸钱，你听全家老少在为你悲痛哭泣（此时全家放声痛哭），现在你已离开人世，与家人已是阴阳两分。这时掌锄板的人手中的锄板自然不断地抖动，表示亡者已经明确自己的身份。于是祭司嘱咐亡者，为了你在阴间得到快乐，凭我祖师和你祖宗的阴灵，把你指引到安乐的地方。一魂引到东方的故土，回居我们的老家，借着日光，关照人间

---

① 红令，苗族人，当人死之后，脑门上必须戴着一条红布。

的儿孙。一魂引到极乐的"天堂",享受不尽的愉快。一魂留住"夺果"和祖宗阴灵团聚,早晚享受儿孙的供奉。

安置完毕,在场人众帮忙造饭以飨亡者灵魂。煮饭时须将"三脚"倒摆①,祭司则手执一条约五六寸长的白布口念祭词,为主家问卜②。探察吉凶祸福,祈求祛除瘟疫,消灾赐福。此时,祭司所拿白布条向上拉直,能挺直不倒者为吉兆,向下倒垂者为凶讯。嗣后,用酒肉等飨亡灵。

时至午夜,祭司主持洗礼仪式。先是蒸熟米打粑,摆设在"夺果"前,祭奠祖宗先灵,请祖宗先灵坐镇家中。接着将主家原来为亡人洗澡留下的第三盆水倒掉,然后由祭司净化一盆清水,盆内置一银器,给摸过亡人的尸体的人洗手,并将这盆净水喷洒在埋葬亡人用过的搭粑、锄头等工具上,表示洗礼。

翌日早晨,用竹篾编一个简易的背兜,装上祭奠用过的糯米粑,同时将亡者遗下较好的衣物取出一件搭在上面,给亡者舅辈背去。到此招魂活动结束。

[松桃苗族自治县民族事务委员会编:《松桃苗族自治县民族志》,第33—35页,贵州民族出版社1991年版]

2. 贵州从江县加勉乡苗族祭祖灵仪式——"拖舍歹"

从江县加鸠区苗族聚居的村寨中,都有用土石混合砌成的堆堆,苗族称为"舍歹"。每年农历四月、九月各祭一次,谓之"拖舍歹"。"拖"即"敬"或"祭"的意思。

据加勉"鬼师"韦该耶说:"人死后埋葬土中,其灵魂即住在坟墓里,多年后坟墓倒塌成为平地,死者的魂魄即成为游魂。我们的祖宗由都柳江上游移住加勉已千余年,他们初到此地时不知付出了多少劳动力,才把丛林荒土开辟为宽敞的村寨和良田给子孙享受。而他们的坟墓经历长期的风雨剥蚀,早已崩塌无存,他们的灵魂凭依无所。子孙们为了纪念祖宗,所以用土石混合做成一个堆堆来给他们居住。"又说:"我们的祖宗住在'舍歹'里面,日日夜夜替我们守寨门,不让瘟疫及魑、魅、魍、魉进入寨中,我们的人口才得到清吉,六畜才得到平安,年岁才到丰稔。我们纪念祖宗的勤劳及对他们后代的爱护,所以每年要'拖舍歹'两次来报答祖宗功德。"又说:"'拖舍歹'除每年农历的四月、九月照例举行之外,如遇有战争等不幸事件发生,亦须'拖舍歹',喊祖宗同去参战,在战场上保护他们的子孙清吉平安。即或事前来不及'拖舍歹',事后也要补上。1938年韦该森率领群众到宰便与当时的区长欧连作斗争,事前我们全寨拖了'舍歹',结果战胜了欧连,并把他杀掉,我们无一伤亡。足以说明我们的祖宗是异常灵验的。"综上所述,我们认为苗族的"舍歹",类似汉族的宗祠家庙。苗族每年四月、九月"拖舍歹"二次,类似汉族每年春秋二季的祭祀祖先。形式仪节虽有不同,而其敬祖

---

① 苗族平常摆三脚的位置是一只脚放在火坑的右边,对着夺果,另两只脚放在火坑的左边。煮飨亡人的饭须反过来摆。

② 问卜的一条白布,在为亡者缝制垫单时特意留下的一条白布。

宗的意义则是一致的。

"拖舍歹"须选择吉期（一般用虎天）。事前农业社干部（未办社前由行政干部）召集会议筹备酿酒、买猪、捕鱼等工作。敬品使用，两次各有不同，四月"拖舍歹"用生过小猪的母猪一头、鱼五尾。九月则全部用鱼。此外还有糯米饭、酒、茶等敬品。杀猪时须以大木桶装满冷水，然后提着猪的后脚，将它的头淹入水中溺死，不用刀杀。猪毛用火烧掉，不用开水烫。据"鬼师"韦该耶说："'舍歹'里面的祖宗辈分最高的是女性，所以要用母猪祭她们。"又说："用刀杀的猪到不了阴间，所以须用水淹死。"

"拖舍歹"的这一天，寨子里每家至少去一人参加（男女均可），同时全寨休息一日。敬品除猪之外，并以五只碗装酒，一只碗装五条鱼，一只碗装茶，茶水中泡少许糯米饭。另以五个竹篮装饭，不摆筷子。据云："他们的祖宗过去吃饭菜均是用手抓，所以仍照老规矩办事。"除食品之外，还有银项圈五根（据云过去还摆裙子，现在不摆了）、砍牛刀五把（刀柄刀身共长四尺许），铁帽一顶（据云是老辈打仗用的）（加勉的铁帽1939年下江伪县长刘汉昌派兵烧寨时烧毁，只存一块铁皮）。以上这些东西全摆在地上，然后由鬼师主持祭奠。当日鬼师身着新衣（无新衣亦须换上一套整洁的衣服）。先敲铜锣七响，"鬼师"坐在一个小板凳上，口念词语（译义）说："该梭、该罗、该肖、该昂、该纳、该锯、该榕、该亚、该阶、该上、该送、该燕（据云：'这些都是有功于苗族的先辈祖宗'）都进寨来了，他们帮助我们修水沟、架水槽、引水灌田，帮助我们平地基、盖房屋。今天是虎天，日子好。我们用一头母猪、五碗酒、五篮饭、五条鱼、五把刀、五根银项圈、一个铁帽、一碗茶泡饭来敬你们。今天日子好。你们去把水牛、黄牛赶进寨来，把银子、银帽搬进寨来，把铜鼓搬进寨来，拿大丘有水的田来，小丘无水的不要。把禾把、禾苑、麻苑拿进寨来，把野猪、野牛、野羊赶到寨边来，并帮助我们把它一箭射死，保佑我们上山打猎不落空。你们吃饱喝醉后，要去路口守寨，不要让老虎进寨来。早上你们要用雾罩住寨子，不让老鹰来伤害小鸡小鸭，晚上要巡视寨上，不让瘟神进寨来，不让野鬼山神作祟。野鬼山神在远处用箭射，在近处你用鬯戳它，保佑我们有吃有穿，保佑我们男女老幼不生病。你们要用网罩住寨子，你们在网外巡查，有人来喊，你们不要离开，别人是欺骗你们的。酒喝完了，我们再酿来给你们，鱼吃完了，我们再捕来给你们，你们要好好地保佑我们。"念毕，即将敬品平均分给在场人众，即告仪式结束。

[贵州省编辑组：《苗族社会历史调查资料》（二），第124—125页，贵州民族出版社1987年版。调查时间：1957年4—8月]

3. 贵州台江县苗族善终者回家的魂

已结婚生有子女的人，不分性别和年龄多大，假如病死了（善终者），在把尸体葬毕之后，即由参加埋葬者当中的一人拾一颗石头往坟上一掷（埋葬的人都是家族中义务帮助），表示这样才震动死者的家（即坟），死者的魂才知道有人叫他。掷石后即叫死者回家吃酒吃肉去，埋葬的人就回丧家来，到家时设一条凳子在火坑边（苗族在家中挖一个约两尺见方，深约七寸的坑以便烧柴火的称火坑），表示给死者的魂魄坐，并斟一杯酒表示给死者的魂魄喝。一会儿就对死者的魂魄讲"在家中你喜欢坐哪里就坐哪里，家里的人吃什么你也吃什么"的话后，就把坐凳及酒杯撤去。这被叫来家的魂魄就是守家的魂魄，就是"拱浓"（祖先）。

这样世代积累，家里的"拱浓"就很多，所以在吃饭时，尤其是有酒肉吃的时候，一定要"良大"（吃饭前掐一点饭、肉于地上，有酒并倾一点在地上，表示敬祖），否则脾气不好的祖宗就要发怒勾引虎蛇来家或在上山工作时遇着，严重时还要伤害人。所以家家在吃饭时都不忘记"良大"的。据说这时来守家的魂魄并不是整天在家坐着，它是常随其子女后代行止的。所以人上山如遇见虎时，就可立即请"拱浓"保佑；看见蛇时，就是"拱浓"先指点了才发觉，否则会踩着蛇而被蛇咬伤的。

[全国人民代表大会民族委员会编：《贵州省台江苗族的宗教迷信》，第11—12页，1958年5月内部编印]

4. 贵州台江县苗族善终者守坟的魂

守坟的魂在坟上的情况，口述者没有说出什么。但这守坟的魂要不回家才好；如回家来就是要人——即家里要死人，这就不好。

虽不知道守坟魂的活动情况。但人们对坟要加以保护，并且要定时供祭。在葬后的三年内要"董翁榜两"和"戛虾"。两样要同时举行祭祀。"董翁"意为齐龙，通称招龙。"榜两"意为坟，就是为新坟招龙的意思。后者的命名意义不清楚。

先祭"戛吓"后举行祭"董翁榜两"。祭"戛吓"用的祭物是：大白公鸡一只；酒适量；饭适量；独脚的桌子一张（以一块木板凿一孔，用一根长约三尺许的木棍穿孔为脚，脚的下端插入泥中）；"兴所"一挂（用白纸剪成，三节相连。再把一棵五棓子树不留枝叶并剥去皮，以"兴所"悬于其上）。

把"兴所"插在坟顶上，独脚桌插在墓前，鬼师站在坟的后边或左侧念咒（祭"戛吓"念咒的声调既不同"鸟大"，也不同祭鬼，另是一种），请"戛吓"莅临。据说"戛吓"是三个，都是男性，住在"掌喀麻、呆务裸"，经过"钢方细朋"来，来路同架新桥时请"□呆告九"的路线一样，念的咒语是：

喊"哈金"（鬼名），喊"哈你"（鬼名），/喊"哈不"（鬼名），喊他们是由太阳下面的枫树脚来。/月亮下面的"倒"树脚来，他们是枫树根根生出来的，/"倒"树根根养出来的，他们养在太阳下面树脚，/生在月亮下面"倒"树脚，哈金手大，/哈你脚大，今天喊你们三个哈金，/叫你们三个哈你，喊你们三个哈不，/从枫树的顶上下来，"倒"树的顶上下来，/走到"钢方细朋"，来到"粉手细乃"。

以下是路线，同架新桥的"□呆告九"的路线一样。"戛吓"到家后念的咒语如下：

喊你们三个"哈金"，叫你们三个哈你，／来护坟，母龙也来保护。／喊"卡八"（注：在地上找东西护墓的鬼），／叫"卡翁"（注：在水里找东西护墓的鬼），／来招呼就好，来保佑就稳，／稳得像"故保"栽的撑天树子一样，稳得像"故兄"打在上边竖的撑天柱一般。／稳得像太阳住在天上，稳得像月亮排在天空，／你来保护就好，来保佑就稳。

鬼师念咒请"戛吓"到达，并交代祭物后即杀鸡。用火烧掉羽毛，洗净了就煮，但对鸡肠则认为是脏的东西，不能和鸡肉在一起煮来供"戛吓"。熟肉分为三份陈设。就是鸡头和鸡身为一份，摆在中间；腿搭翅各为一份，摆在中间那份的两边，就成三份。肝、血各分为三份来配搭。肉不用碗装而是摆在独脚桌上。饭也分为三份摆在肉的一边成为肉饭行列。肉饭行列是挨近坟的那面，外面摆三个酒杯另成一个行列。

鬼师站在坟后（有的在坟左）念咒：

喊你三个"哈金"，／三个"哈你"，／三个"哈不"，／动手来吃，／张嘴来喝，／吃饱指路你们回去，／喝完了指路你们转去。／你们来收个白公鸡，／你们来收个大公鸭，／收肉三堆，／拿肉三份，／收你们的缎子长衣服去，／拿你们的大帽子去，／拿你们的三杯甜酒，／收你们的三杯酒酿（指有糟的酒）。

（念到这里以下的咒语是沿着来路回去，从略。——摘抄者）

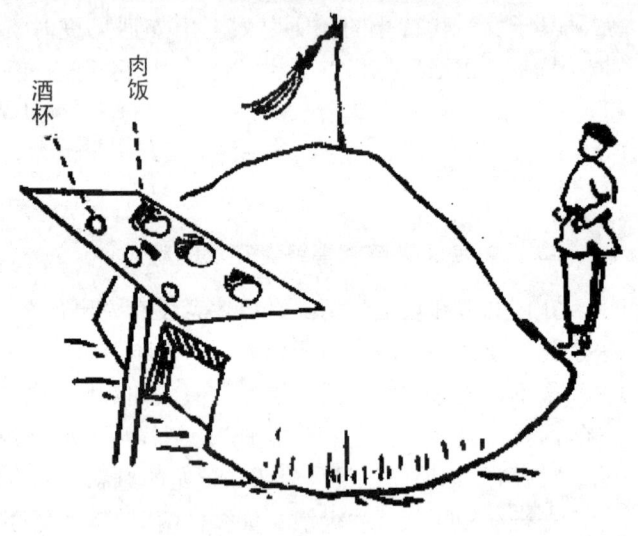

图三

鬼师念咒到请"戛吓"吃的时候，即由"堕白"（意思是招呼的人）把三杯酒逐一倾一点于地上，并把三份肉饭也逐一掐一点放在地上，表示"戛吓"已吃了的意思。"堕白"再端中间那杯酒给鬼师，端一杯给主人，自己取一杯，三人同时喝掉；再按原端酒的次序在三份肉饭中各掐一点给鬼师、主人和自己，三人同时吃掉，表示陪"戛吓"吃，称为"八崩"（"八"意思是损坏，"崩"意思是股份，就是这三份酒肉已经开始吃了的意思）。这时鬼师再念咒送"戛吓"沿着来路回"掌喀麻、呆务裸"去。

祭"戛吓"完毕，跟即举行祭"董翁榜两"。

举行祭"董翁榜两"时用的祭物如下：猪一只（十至四十斤的重量）；酒约一斤（人喝的视人数多寡来定）；饭约一斤（人吃的视人数多寡来定）；香纸（冥钱）适量。

祭"董翁榜两"是在清明前的丑、辰、巳三日当中的一天举行。

祭时是杀猪煮熟后举行，同第三章的"董翁"基本相同，只是不用纸人，事先不派人到周围去叫龙。鬼师念咒请"山脉、水龙"也近些少些，只限于坟地所见的周围的山坡河流，祭后也不举行娱乐。至亲的亲戚也可请来参加，亲戚一般是送鸡一只，酒一小坛（二三斤）。……

鬼师面对墓门站着念咒。念咒请来的有周围的"山脉、水龙"。有老死了的家族祖先（不分辈分）和这坟死者的魂魄在一起吃。念的咒语如下：

我把酒坛开，拿猪来杀，／杀一条猪一拃长，开一坛酒一拃深，／不杀给亲戚，不杀给朋友，／杀来敬坟，杀来敬墓。／喊太阳爹，叫月亮妈，／太阳爹从金岩门出来，月亮妈从银岩洞下来，／来保护这所坟。母龙来保护，／保护就好，来保佑就稳。／我把酒坛开，拿猪来杀。／新鲜肉，干净肉，／你们坐着等，你们歇着等。／我去喊，喊白龙，／叫绿龙，喊地脉，／喊龙神，来保护这所坟，／母龙来保护，保卫就好，／保佑就稳。（坟）脚踏在皇帝家，／（坟）头顶到皇帝家，就得白绸子穿，／就得蓝帽子戴。能得九个男孩，／七个女孩，男孩生得好，／女孩生得美。九个男，／九张桌，去写字；／七个女，七只篮，／去绣花。能得一千个水母牛，／一百个黄母牛，又得鸡大像碓杆，／猪肥像槽。能得母猪一胎八九个，／狗一胎养五六个，能得长田坎（意为大田）。／全部都得齐了，每样都得清楚了，／我把酒坛开，拿猪来杀。／新鲜肉，干净肉，／才动手打整，马上不能吃，／你们坐着等，你们歇着等，／我又去喊。

喊高坡大哥，叫矮坡老弟，／喊地脉，喊龙神，／喊你们来护坟，母龙也来保护。／来保护就好，来保佑就稳。／我把酒坛开，拿猪来杀。／新鲜肉，干净肉，／才动手打整，马上没得吃，你们坐着等，你们歇着等。／我又去喊。

喊来保护寨脚的枫树，保卫地方的"倒"树，／请家先快来，祖宗也快来，／请老祖先。请始祖，我喊一句，你们就上前来。／我喊一声，你们就快些来，／来得多，来了一大批，／请寨上祖先。请亲戚的祖先，／我喊一句，你们就上前来，／我喊一声，你们就快些来。／你们坐着等，你们歇着等；／我把酒坛开，拿猪来杀。／新鲜肉，干净肉，／大人来齐，小孩也来，／老人来齐，青年也来，／你们来送他九个男，七个女。／大家动手来吃，张嘴来喝，／吃饱指路你们去，喝光了引路你们走。／喊"卡八"，叫"卡翁"，／拿肉去哄妻，拿菜去哄崽，／吃饱，吃光，／白龙转回去，绿龙退回去，／太阳爹转去金岩门，月亮妈退去银岩洞，／走到你住址，转到你地方。／高坡，矮坡，／拿肉去哄妻，拿菜去哄崽，／你们来时我用很多话来喊，你们去时我只用一句话来送。／高坡大哥转回去，矮坡老弟退回去，／自己回去自己的地方，自己回去自己的寨子，／家先回到屋里，祖宗转到大门，／白天来招呼，晚上来保护，／白天挡口舌，晚上拦恶鬼。／鱼纲要镶紧，鱼篓要编稳，／天太平才有风，地太平才生草。

祭新坟的"董翁榜两"只举行一次或三次（一年只能举行一次），不能举行二次，原因不详。第四年以后就不举行了。举行时一定先祭"戛吓"请它保护坟不垮。

以后坟墓如遇大树倒下打垮时，也要举行祭"戛吓"和"招龙"。祭物及仪式同新坟的一样，意思是请"戛吓"、"山脉"来保护坟墓。

［全国人民代表大会民族委员会编：《贵州省台江苗族的宗教迷信》，第12—16页，1958年5月内部编印］

5. 贵州台江县苗族送回祖先发祥地去的魂魄

这个魂魄是在人死后抬去埋葬之前，请鬼师"交给"（意为教路，汉人称为开路）。由交下去的路线是：

交下→囊哄（田坝名）→皆缴（村名）→妇里羊（台江属，原村名，现无人家）→欧两羊（村名，在剑河）→养交、白堕（即白道，属剑河）→凶央（大平山）→九商、兄汪（即杨英、杨苕）→娘友、娘路（属丹寨县）→拱丢办（榕江之六百塘）→皆养果（山名，在榕江）→方西（榕江）→伞里（小榕江）→掌衣蒙→皆养动躲→皆养动所→皆养动散→仰翁娘堕囊→欧有孔。

据说"欧有孔"是送死人魂魄去的最终目的地，鬼师念咒送魂魄到达之后，就把死者父母名字告诉死者，使他能根据名字去找到自己的父母。

"欧有孔"是怎样的一个去处呢？当我们正在访问时，李荣当老人即有声有色、似亲临其境地娓娓而谈，问他何以知道得这样清楚时，他才说是从下面的故事得来：交下乡羊达的李衮里是李荣当的侄子，现年五十岁，中农成分。他在二十一二岁的时候，即是距今二十八九年以前的五月得了重病。在一天早饭后约十点钟左右"死"了，只心脏微微跳动。直到下午太阳快落坡时的五点钟左右才苏醒。他苏醒后睁眼一看，见他的母亲守着哭，他问哭的缘故，他母亲就把他已不知人事了又才苏醒过来的情况告诉他，他回忆了一下，就把"死"了所到的地方的情况告诉他母亲。李荣当就根据他说的那地方的情况认为是"欧有孔"而向我们作介绍。在李荣当的知识领域里，认为人死了只有去"欧有孔"。李衮里既"死"了七八个小时又才苏醒转来，则他所到的地方就是"欧有孔"无疑了。现在姑且记在下面：

"欧有孔"地方有一座大房子，房子修在半山，门前屋后都很陡，只有一条独路上去。门外有两个人持棍守门。走到门外时就听到屋里击鼓吹笙很热闹。到那里去的人很多，个个都牵牛拉猪。门外有两个大水缸，去那里的人到门外时都以左手插入缸里，水淹迄手腕，缩手后一抖，使附在手上的水仍抖入缸中。所牵的猪牛也伸嘴入缸中，然后一起进那大房子去。但李衮里不懂伸手进水缸这一规矩，守门者就以手中所持的棍子拦住他，不让他进去。他既无法进去，只好回家了。

李荣当又说：人死了他的魂魄到"欧有孔"的那座大房去要经过"考"了才去"投生"（考和投生两个词汇是原话，苗族没有这两个词汇）。考得人就投生（即转生）为人，考得牛马即转生为牛马，就是考得什么即转生为什么。至于如何考法就不得而知了。考取后立即转生呢，或要拖延若干时间呢，口述者也不知道，但从下述的活动来看，则认为人死后他的魂魄不是马上转生，在"欧有孔"逗留起码有十来年的时间。

父母死了在二三年或五六年（一般不超过十年），因挂念父亲或母亲，不知他（她）是否平安而"化戛孥"去看。"化戛孥"时用一碗米、一碗冷水请巫师到家主持。"化戛孥"的人都是20岁左右的男女青年若干人于晚上在家中把门闭着举行，男女分开，都是坐在小凳上。用一块帕子把脸蒙住，鬼师在一边念咒，不久"化戛孬"的人就进入半睡眠状态，双脚抖动，巫师即以碗中的冷水喷在他们的身上，他们打了一个冷颤，双足大跳，这就是"化戛孬"去了。巫师即以话语或歌指引他们到"欧有孔"去。他们到达时不是到什么寨子或哪个房子去，而是到芦笙塘找他们的父亲或母亲。据说人死了他们的魂魄到"欧有孔"以后，不吃饭，也不干活。是"冷奶毫碰"，天天都跳芦笙、看芦笙，所以"化戛孬"的人到达"欧有孔"时，要直接到芦笙塘才能找到。但还得巫师的指点才能找到，当找到自己的父亲或母亲时，父亲或母亲一定要问"化戛孬"者为什么到"欧有孔"？当即告诉以来意，并说跳一会芦笙就回去。

活人的跳芦笙是沿着圆圈往右边走动。但死人的魂魄跳芦笙时是往左边走动。"化戛孬"者在"欧有孔"随死人的魂魄跳芦笙时也是往左边跳。"化戛孬"者不一定都是死过父母的，所以到"欧有孔"后，死去父亲或母亲的就找父母谈话，不是死了父母的，就找已死的朋友谈心。

"欧有孔"地方男的、女的、老的、年轻的都很多，"化戛孬"者遇见了也可"游方"（即摇马郎），有的竟至因"游方"而忘返，这就要"落魂"了，"落魂"须用一只鸭子"赎魂"。当正在"游方"时，主持者——巫师如叫他们和对方要衣物时，也能得到衣物（只是"化戛孬"者知道，旁人是不见的），但他们接在手上一看都是朽的。这时巫师不能叫他们也给对方物件，因为他们手上没有什么东西，如叫他们也给对方物件，那他们会把身上的衣服脱下给对方而成赤身裸体，就不好看了。

"化戛孬"时都是五六人同时举行，但能"去"的只二三人。时间是二三月或七八月。据说在二三月人"操心"才能去，"操心"就是思想动荡的意思。在七八月有稻叶才能去，理由不详。

上面所叙述的都是属于"善终"者人们认为他的魂魄的归宿。至于非"善终"者，如死于刀枪者或缢死、溺死者，人们对他的魂魄的归宿，又有不同的看法了。

据说非善终者的尸首，要经过焚化后再请巫师为他"开路"送到"欧有孔"去。如不经焚化而"开路"，他去如果遇见"善终"者的魂魄，就会不许他过去的。即使得去了，到"欧有孔"时守门者也不许他进去。经过火烧把肉烧化了，即受伤的地方不见了，余骨就干净了，死者的魂魄也就好看了，这就可以"开路"送他们到"欧有孔"去。非"善终"者如不焚尸，不把他的魂魄送到"欧有孔"去，就要成为鬼了。

抬非"善终"者尸体的人，丧家要请鬼师为他们"洗"的，就是要祭"白弄"。目的是希望死者转生为好人，同时他的魂魄才不附在抬尸者身上而为祟。

以上是结婚生育子女的人死后对他（她）的魂魄的处理。至于未生子女的青年或小孩，不论死因如何，都一律不"开路"。认为今天死了，明天他（她）马上就转生到别家去了。但他（她）投生时是不是要经过"考"呢？转生为人或成什么呢？口述者也是不知道的。

[全国人民代表大会民族委员会编：《贵州省台江苗族的宗教迷信》，第16—17页，1958年5月内部编印]

6. 贵州毕节大南山苗族结婚仪式中的招魂鸡

新娘快到大门外时，新郎在大门外迎接，家中由一对"双全"的夫妇面向门外等候，这对夫妇称为"足漏"，男的手抱一对公、母鸡，女的则接新娘和陪姑等二人的伞。新娘到达，立即进大门，先跨左脚或右脚不论。新郎随即跟她进家，第三个进家是伴娘。这时，抱鸡的男人即说："魂来！魂来！"表示新夫妇的魂来做一家，不要往外去。……

次日，即由一个人把叫魂的那对鸡捏死，去毛及肠杂后，整只煮熟，装在小簸箕中，放在门外的桌上，鸡头向外，然后由新娘的"叔子"和男方的"足漏"二人把鸡转过，头向家中，并喊新夫妇的名字，然后说："魂来！魂来！"喊毕，二人各喝六杯或八杯酒，六谐音禄，表示"禄位高升"或"八大发财"。喝毕，二人的手交叉扯鸡舌，说魂来得好，然后以线捆鸡舌挂在炕架上（即长方形木框，炕东西用。鸡头什么时候掉落，不管），把两只鸡的四只大腿砍下，分给新娘和陪伴娘以及迎接新娘的两个小姑娘四人吃，其余的鸡肉砍成小块分给其他的人吃。

据说这叫魂鸡，原先是给男客吃，后来为什么改送妇女吃呢？原因是从前男嫁给女，家庭主要工作由姑娘负担。那时某家因房屋坏了，姑娘去伐木来修房子，扛不动，她的已出嫁兄弟得知，就把树木扛来了，杀鸡给他们吃。女的才说："我们女的没有本事，干不起重活，把鸡肉给我们吃，我们愿出嫁，兄弟们在家。"于是改变为女嫁男了，所以后来"叫魂鸡"改为妇女们吃。

[贵州省编辑组：《苗族社会历史调查资料》（三），第53页，贵州民族出版社1987年版。调查时间：1965年8—9月]

7. 贵州台江县苗族招魂——"戛朽赏松"

"戛朽赏松"的意思就是生人的"魂"顺着死人走的那线路去了（即落魂）。在走到"养良松贵"时，就被"告褛养"拦住不许再走，再走人就要死的。"养良松贵"是"告褛养"及"告不"住的地方。他们二人不许生人"魂魄"再向前走的原因：一是人命未尽；二是想要礼物。而人们就要到赎魂坳（指本寨附近一个山坳）把人的"魂魄"叫回来。"戛朽"意思是魂，"赏"意思是拦住，"松"意思是山坳。一般情况是四十岁以上的人（不分男女）的魂魄走了（即落魂），人就会感觉软弱乏力。经过鬼师"望鬼"确定是落魂之后，就要举行"戛朽赏松"，应备的礼物是：

小母猪一只；饭一盒（以够去的人吃为度）；酒一壶；师米一碗。

"戛朽赏松"多在子日和丑日的白天请巫师在本村村后的"松玩朽"（意为赎魂魄坳）举行。参加的人数没有一定，一般是五六人或七八人。小孩也可去，没有禁忌。落魂男的人一定要去，女的可以不到场。

在"松玩朽"摆师米和一碗冷水在地上,这些都属于法物。在师米上烧一两炷香。巫师就"法戛孬"(通译为过阴)去把"魂"叫回来。在"朗"的指点下,他二人带着十二个"戛孬"到"养良松贵"与"告褛养"及"告不"办交涉,要求把人(指要找的魂)放回。得到"告褛养"及"告不"准许人们去找魂后,即由"朗"要巫师告诉十二个"戛孬"去找。

在找到了落魂者的魂之后,巫师即告诉"朗",要大家牵住魂的手把它带回来,并请"告褛养"及"告不"一起来喝酒吃肉,当回到"松玩朽"时,参加赎"魂"的人就在预先打扫干净的一块地上找魂。找到一二个小蜘蛛或"刚柯"(有翅的小壳虫),就认为是魂。如果不是,巫师就叫人们继续找,一直到巫师认为是魂为止。

找到魂了怎样处理呢?是把小蜘蛛或"刚柯"放进酒碗内,巫师拿去"响荣"(滚岩),就是交与落魂的人连酒带蜘蛛或"刚柯"一起吃掉。落魂者如是女的,她不到场,就把这碗酒送到家里给她吃。这时巫师的事已办理完毕,即邀"朗"回来,表示"跳岩"之后,自己揭去遮脸布而醒了。

杀猪由"朗"负责,"朗"先扯几根猪毛放在火里烧,表示以猪献给"告褛养"及"告不"后再杀,经过烧毛洗整后,就把肉和全部内脏及师米放在一起煮。

熟肉分成七份陈设以祭"告褛养"及"告不"等。据说除"告褛养"及"告不"外,还有七个随同"告褛养"来的魂,这七个魂是为送还生人的魂而来的。连"告褛养"及"告不"共有九个,但祭时只摆七份熟肉,不知是什么缘故。

熟肉的陈设,也同祭各种鬼一样,从略。

陈设完毕巫师不用帕子遮住脸,而坐在凳子上面对已陈设好了的肉饭行列念咒,念咒是用"鸟大"的声调。念咒完毕送"告褛养"等回去之后,就把全部的肉集中起来,仍然摆在铺有草或树叶的地上,大家一起吃,被请来参加的人都各拿出自己带来的一点酒给落魂的人吃,并送他一点钱(如一二角)。意思是以酒压魂,钱添命。吃时可酌留一点肉带回来给家里的妇女们吃。得的钱可自由支配使用。

念的全部咒语如下:

第一段

旧年过去,新年到来,/今天庚申,今天是好日子。/他家(某某)掉落了"刚柯",掉落了魂魄,/魂魄去得太远了,不知在什么地方。/掉在"告褛养"的屋里,掉在"告不"的门口,/住在坳上来堵塞路。/这里是你们住的房子(指的"告褛养"及"告不"),/房大能容很多人(人是指"魂魄"),/屋宽能容纳人这样多。他的魂魄走在你门口,/掉在你家里,请你帮他喊出来,/一定喊的是他。放他的"刚柯"回来,/放他的魂魄转来;他的"刚柯"转到家,/魂魄回到门口,脸红像太阳,/脸肥像月亮。"刚柯"回到家,/魂魄回到大门口,敬你一只大猪,/敬你一只肥猪,给你"告褛养",/给你带去喂,给你牵去养,/一会儿我请你再来(请"告褛养"来吃肉),一会儿我喊你再来。

下面是陈列熟肉后念的咒语:

第一段

　　旧年去，新年来，／旧年过去了太平，新年到来了就好。／今天是庚申日，今早上日子好，／皇帝晒衣服，汉家立高楼，／鲤鱼晒鳞甲，麻雀晒羽毛，／大老爷出门，有一百人跟随，／今天是个好日子，今天是吉日，／今天他家开坛酒，杀只猪，／新鲜肉，干净肉，／请你们吃（你们是指"告楼养"和"告不"）。／从你黑房里出来，老房子屋里下来，／请你"告楼养"，喊你"告不"。／"告楼养"下来"昂弄良"，"告不"下到"八弄夏"（地名）。／我喊一句，你们就上前来，／我喊一声，你们就来快些。／我把酒坛开，猪来杀，／新鲜肉，干净肉，／才动手搞，还没得吃。／你们坐着等，歇着等，／我又去喊。

第二段

　　太阳爹，月亮妈。／喊太阳爹从金岩门出来，叫月亮妈从银岩洞下来，／上前来，来快些。／莫空手来，不要白来，／一个拿把棉花，拿把麻，／来保佑他住得老，住得久，／保佑他脸红像太阳，脸肥像月亮。／上坡有劲，下坡有力。

　　（以下九句与第一段末"我把酒坛开"至"我又去喊"同。）

第三段

　　喊围寨子的围墙，喊围寨脚的篱笆，／喊高坡大哥，矮坡老弟，／快些来，完全来，／不要空来，不要白来，／一个拿把棉花，拿把麻。

　　（以下九句与第一段末"我把酒坛开"至"我又去喊"同。）

第四段

　　喊门口的家先，请屋里的祖宗，／请始祖，一喊十，／十喊百，百喊千，／千喊万，上前来，／来快些。我把酒坛开，／猪来杀，新鲜肉，／干净肉。来老人，／来小孩，来大人，／来青年。喊七个"误哪欧"（注："误哪欧"、"误相力"，负责捆人的"魂魄"交给"告楼养"和"告不"关在房子里，祭时，也要喊她两个来吃），／叫七个"误相力"，动手来吃，／张嘴来喝。要吃饱，／要喝尽。喊"告楼养"，／请"告不"，上前来，／来快些，动手来吃，／张嘴来喝。要吃饱，／要喝尽。太阳爹来吃，／月亮妈来喝，动手来吃，／张嘴来喝，要吃饱，／要喝尽。请高坡来吃，／矮坡来喝，动手来吃，／张嘴来喝，要吃饱，／要喝尽。请家仙，／请祖宗，动手来吃，／张嘴来喝，要吃饱，／要喝尽。七个"误哪欧"，／七个"误相力"，转去到门口，／回到家里，转去你们的黑房子，／回去你们的老房子，到你们的住所，／到你们的地方。"告楼养"转去，／"告不"回去，"告楼养"转去"昂弄良"，／"告不"回去"八弄夏"，／转到"相发里"（相发里是织布的房间），／回到大房子，到你的住所，／到你的地方。太阳爹转去，／月亮妈回去，太阳爹转去金岩门，／月亮妈回去银岩洞，到你的住所，／到你的地方。你们来时我用很多话来喊，／你们去时我只用一句话来送，一千个坡转去，／一百个岭回去，高坡大哥转回去，／矮坡老弟也回去，到你的住址，／到你的地方。家里的祖宗，／门口的家先，来招扶白天，／来保佑晚上，招扶老的，／保佑少的，招扶大的，／保佑小的，白天保佑无口舌，／晚上保佑无鬼怪，蛇来就捏它尾巴，／老虎来就捏它脚爪，纲脚要镶紧，／鱼篓要编牢，天太平才有风，／地太平才生草。

[全国人民代表大会民族委员会编：《贵州省台江苗族的宗教迷信》，第82—86页，1958年5月内部编印]

8. 贵州威宁县苗族为病者叫魂——"吼阿里"

即叫魂，若人受惊，做恶梦，或因某种不快之事而生病的，则认为是魂离开人体的结果。这就须给病者叫魂。由一人持一枚鸡蛋在病者身上绕几圈之后煮来给病人吃，同时用扫帚从屋角向病者方向扫去，即可使灵魂附在病者身上了；有的则捉住一只小蜘蛛，或抓住别的什么小虫之后，将之缝在布袋里，然后戴在病人的脖子上，亦表示将魂附在病者身上了，就能使病者康复。

[岑秀文：《威宁苗族社会调查》，《民族志资料汇编·第二集》，第150页，贵州省志民族志编委会，1986年10月]

9. 贵州贵定县仰望乡苗族叫人魂仪式

仰望苗族认为，在人的肉体之外，还存在一个灵魂。灵魂如果离开身体，就十分危险。总之，魂在人安，魂去人危。当认为某人的灵魂已寨（引者注："寨"应为"离"）开其躯体后，就必须请鬼师或巫婆去找回来，这就是叫魂或喊魂。

……小孩生病，巫婆"打迷拉"抹米见其魂不附体，不知去向，就要为小孩叫魂。巫婆和鬼师均可为人叫魂，一般先由巫婆叫魂，在堂屋中，用两碗酒、两碗茶、一升米，上插三炷香摆设于桌上。巫婆大喊大叫，煮一个鸡蛋，上写失去魂魄的小孩的名字，待煮熟后剥来看，如无缺损，则认为魂已叫回；如有缺损，则再煮蛋，再叫。也有巫婆说她法力太小，叫不回来的。这时，就要另请鬼师来叫魂。鬼师杀一只大公鸡来搞叫魂仪式。他出门在外到处走、到处叫。一般来说，鬼师最终总是可以把魂叫回来的。

为小孩叫魂后三天之内忌借东西出门。

[赵崇南：《贵定县仰望乡苗族原始宗教调查》，《贵州民族调查》（之二），第310页，贵州省民族研究所，1984年10月。调查时间：1984年3—4月]

10. 贵州镇宁县革利地区苗族叫魂仪式

所谓"叫魂"是把落的"魂"叫回来。这一地区的苗族群众认为，不论男女老少，每个人都有一个"魂魄"附在自己的肉体里，所以因跌倒或受到意外的惊吓，一旦生病，便认为是"魂"落所致，魂落了便要及时叫回来附在原体上，病就会逐渐好转，人的身体就会逐渐康复。

"叫魂"有两种情况，一种是大人生病，时间拖长了不会好，就认为是"魂"已离开身体去"投胎"到别家去了，就要去请巫师、巫婆来给"叫魂"。巫师用一升米放在堂屋中间的桌子上，米上放鸡蛋一个，一把香烧着插在里面，时间是晚上人睡静后进行，其原因是说人已睡静，此时已不嘈杂，巫师叫到落魂人的名字时它可以听得清楚，"魂魄"才回来附在病人的原体上，魂魄叫回来后，病人就会好转，身体会逐渐康复；另一种主要是小孩，小孩跌倒或落坎受惊吓，魂就会落，如果大人在场就及时把小孩扶起，同时顺便在跌倒处用手抓把土，没有土都要抓几根草附在小孩的胸口上，口中念道："魂魄来了，魂魄来了……"这样做认为魂魄已回到体内来了，小孩平安无事。如果大人当时不在场，后来才知道，怕小孩的魂魄落了，要趁早去把小孩的魂魄叫回来。用一碗米、一个鸡蛋、一炷香去叫，把小孩也背去跌倒处等着，叫魂的人口中念念有词，去参加的人就在跌倒的附近扒开草丛寻找，只要是找到一个小蜘蛛，立即捏起来说："魂魄来了，魂魄来了。"这时将蜘蛛放进小孩嘴里吞下肚或将蜘蛛掐死贴在小孩胸口上，表示"魂"已经叫回来了。万一找不到蜘蛛，蚂蚁或其他小虫都要找一个掐死贴在小孩胸口上，也表示是魂魄。

[杨文金：《镇宁革利地区苗族风俗》，《民族志资料汇编·第二集》，第253页，贵州省志民族志编委会，1986年10月]

第二节　神灵崇拜

1. 贵州台江县交下村苗族祭门神——"考敌董"

"考敌董"（"考"不知是什么意思。"敌"意为挡住，"董"意为门），也叫"□优老莽"，据说共有三个，都是男性，它不是"鬼"而是保佑人家的，他为人家"白天挡人，夜间挡鬼"，住在"方掌翁、羊掌霰"。它是"动怕"（五桔子树）和"动荣"两种树木变成的，据说从前"告播"和"告当"二人砍这两棵树去擎天，后来二人以银子打成擎天柱了，就把原来的那两棵树子弃在河边，那两棵树就成为"考"。人们要它来挡住门就能避灾祸。现在人们每年都要祭它，请求它挡灾避祸。在每年农历二月、三月的寅日、卯日或申日、酉日的更深夜静时在家举行。需用的祭物是：

老雄鸡一只；酒约二斤；饭适量；制钱一百二十文，现在大致是人民币一角五分；纸人（商大）三个；并以竹竿夹住；"拢粪"三个（用长约六十公分的一棵小竹，以纸条裹住后再弯成椭圆形）；"兴所"三个（用白纸剪成相连为三节，每节长约十五公分，宽约一公分，系在一节小竹上）；小五桔子树三棵（连根拔）；小"动馀鹅"三棵（它是一种有刺的乔木，这里只要大像手指的，连根拔）；小白刺三棵；小花椒树三棵；白石三颗；毛栗果外壳三个；辣椒三颗；"动枪"三棵（以小竹劈破一端，中间用一根小棍撑住即成）；"把领"三个（以长约三十公分的篾劈一端为两层，在一层的中间割有瞪，以另一层弯来卡住在瞪上即成）；"东啥考"一把（以长约五十公分的小竹一棵劈破一端张开，中间撑以一根小竿，小竿用线拉住，使在被弹时不致跳远，仍可拾用）；三齿耙模型一架；卦二副（用五棓子树做）。

上述从纸人到"把领"十二样祭物，每样都有三件，先从每一样中抽出一件掉头摆好，然后全部捆为一扎系在耙的扶手上。这个耙要摆在家中地上，耙齿向外对着门，耙的后面是三个酒杯的行列，再往里边是摆着师米，鬼师坐在小凳上面对师米。在晚上人们睡静了以后。由鬼师念咒请"考敌董"莅临。它们到交下的路线是两条：

（1）钢方打仿、粉羊打九→掌衣蒙→方响给→拢立掌响→九囊翁→党果松俊→戛九囊翁→四登。

（2）钢方有朗、粉羊贵州→当岭当八，响裸当纠→八菊（香炉山）→凯里→方你（台江）→四登。

它们从两路来到四登会师以后，就同路来到交下，鬼师念咒请它保佑祭主家里清吉后就杀鸡，在烧掉鸡毛并将鸡剖开、洗整之后即煮，但认为污秽的肠子不能放在一起煮。

熟肉的陈设不用碗装，而是摆在砧板上。砧板是放在地上，以鸡头摆在中间，两翅和两腿摆在两边，肝子和肉各平均分为三股来配搭在原来的三份上面。饭也分为三份。分别摆在三份肉的上面，如图三十四。

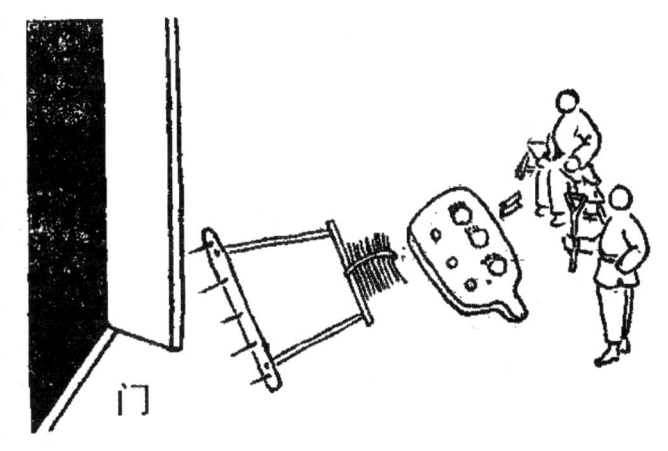

图三十四

鬼师在坐着念咒的时候，由一人站着手持"东啥考"。当鬼师卜卦时，持"东啥考"者就以一根小竿挑动撑住"东啥考"的那根小竿，使那根小竿跳出。但那根小竿是有一根线牵住了的，因而，在它跳出后，随时收回来，仍用它撑住"东啥考"。等鬼师再卜卦时又再表演一次挑出那根小竿的活动。念咒完毕请"考敌董"吃了，鬼师和另外二人就"八崩"，鬼师再念咒送它走，然后把已捆为一束的那些祭物系在屋檐挑枋（承屋檐桁条的穿枋叫挑枋）上，祭仪即告结束。

[全国人民代表大会民族委员会编：《贵州省台江苗族的宗教迷信》，第90—92页，1958年5月内部编印]

2. 贵州雷山县掌披苗族敬奉的"善神"

（"冷喜"）据说"喜"是一个"善神"，男性，人们通常称它为"固喜"（喜公）。"冷"是吃的意思。当老年人身体不太平安时，就要向它祈祷。祭物用雄鸭或小猪一只及酒饭等，并请家族几个中年以上的男人来参加。被请的人各赠送一点钱。祈祷完毕，就把钱换成银子制手钏来戴。这种手钏，在凯里一带的汉族称为"保命钏"。

过春节后，在寅、申两日当中的一天举行，用大雄鸡一只为牺牲。是祈祷神保佑全家在一年中清吉平安的意思。据说这个神的成员是三个男性。

[贵州省编辑组：《苗族社会历史调查资料》（二），第240页，贵州民族出版社1987年版。调查时间：1958年9—10月]

3. 贵州贵定县仰望乡苗族祭祀的神灵

灶神。用一碗饭、一碗菜、一碗茶、一碗酒、香及钱纸若干祭灶，时间与祭土地神相同。平时锅灶前有不少禁忌，人们认为灶神每隔几天要上天报告主人家的情况。

保家神。当地苗语称为"受播变"。多于旧历二月和七月择日祭祀之。祭品为：牛肉一斤、五碗水、一升米、三炷香、五张钱纸、一对卦、三个"启"、一"格楼"、一"喷"（一竹竿，上挂几张白纸）。摆在堂屋桌上祭，祭毕将三个"启"、一"格楼"、一"喷"、一对卦捆在一起，拿去拴在堂屋的中柱上部。

保寨神。当地苗语称为"受不揉"，此神是保佑整个寨子人畜平安的善神。祭祀之物为牛肉、一升米、三炷香、"启"、"格楼"、三张钱纸，祭祀的时间为初一、三月三、六月六、九月九等节日。各家自行祭祀，不统一举行集体性的祭祀活动。

门神。当地苗语称为"达交"，具有双重任务：将鬼挡于门外和为主人招财进宝。祭门神一般是在旧历的正月或二月。祭品为：一升米、一只母鸡、一块猪肉、一块豆腐、五碗水、三炷香、一"格楼"、一"喷"（竹子制作，上挂白纸）。摆在堂屋地上供祭。另外用李子树做一把叉子、一把钩子，用来将不好的东西叉出去，把好的东西勾进家来。

财神。当地苗语称为"活络赛"，祭之好进钱进米。多于正月祭。用一块猪肉、一碗米、一碗水、三炷香、三张钱纸作为祭品。祭时，二空碗对合，中置一钱，用绳捆吊于门斗上，念几句招财进宝的话后，即用刀将绳割断，使碗掉于门前地上摔碎，小钱从碗中滚出。认为这样搞过之后多财源茂盛。

[赵崇南：《贵定县仰望乡苗族原始宗教调查》，《贵州民族调查》（之二），第295—296页，贵州省民族研究所，1984年10月。调查时间：1984年3—4月]

4. 贵州贵定县定东公社苗族的厩神菩萨

它是专管牛马猪羊等牲畜的神。大坪子何家过年不许打粑粑，但在卅夜用箩撮一次，撮多少打多少，这是专门奉供厩神菩萨的。年节要奉供，让厩神菩萨保佑，六畜兴旺。

[杨昌文：《贵定县定东公社苗族社会调查》，《贵州民族调查》（之二），第 343 页，贵州省民族研究所，1984 年 10 月]

5. 贵州贵定县定东公社苗族的门神

门神的位在两扇大门上，它是一家的护卫士，有了它，什么妖魔鬼怪都不敢进家。

[杨昌文：《贵定县定东公社苗族社会调查》，《贵州民族调查》（之二），第 343 页，贵州省民族研究所，1984 年 10 月]

6. 贵州威宁县苗族祭门神——"锁格绕"

"锁格绕"即换大门。锁格绕的原因，一是大门坏了需要更换；二是因为家里发生了不吉利的事情，便认为是大门未能尽到力量来把鬼魔堵住的结果，所以要换门。

换门仪式比较隆重，苗族中的张姓有两种做法，一种是杀母猪祭祀，另一种则须杀公猪换门。于半夜举行换门仪式，未出嫁的姑娘不能参加。三朋四友亦可来贺。祭祀毕，吃饭均用木碗、木勺等餐具，第二天会餐完即散。

[岑秀文：《威宁苗族社会调查》，《民族志资料汇编·第二集·苗族》，第 150 页，贵州省志民族志编委会，1986 年 10 月]

7. 贵州榕江县计划公社苗族祭祀的善神

苗族群众认为，凡对本民族有利，即保护自己生命财产的安全和子孙后代繁衍的鬼（神）都是好鬼：

西达意为地鬼，即汉族所称的土地菩萨。它住在每个寨子的寨头，过去每个村都建有"土地庙"，而今则很少看到。苗族群众认为这种鬼能保护全村群众生命财产的安全，各种鬼神非经地鬼的同意不得进村，因此，为各村民所崇敬，凡大物小事都要乞求地鬼的庇护和帮助。对地鬼用公猪一头、鸭子一只、鱼五条、酒五碗、糯米饭一团祭它，年祭一次……

务厅，意为桥头老婆婆。她住在桥头上面，无子的人家去架桥，使她有住的地方，便可求得她的欢心，就可给你送子。祭品须一对鸡或一对鹅，三至五条鱼，两卡禾和几个鸡蛋。若家庭经济富裕的则用猪一头（重十至二十斤）行祭。

勾共务商，意为保护小孩的老婆婆。她住在天上，专门保护婴儿和儿童的，如果婴儿和儿童生病，就须用一头公猪敬祭（猪重十至一百斤不等），即可得到她的保佑。

务商勾起，意为送子婆，她住在家里的中柱内，专给人们送小孩子的，无孩子的人家只需用一只鸡敬它,就可以怀孕得子。

[岑秀文:《榕江县计划公社苗族原始宗教调查报告》,《月亮山地区民族调查》,第 259—260 页,贵州省民族研究所,1983 年 6 月]

8. 湖南湘西苗族祭梅山神

梅神职务,专管猎人野兽为生活,凡任猎者,均敬祭之。如患手足衰弱病痛,相传于山野时,经行道赂,踩着梅山神所装之套,肉酒致祭,祈保平安。

[石启贵:《湘西苗族实地调查报告》,第 483 页,湖南人民出版社 1986 年版]

9. 云南文山州苗族祭门主

白苗、花苗有"祭门主"之俗,不一定是每家每年都祭,往往是遇到不祥之事的次年年初举行,时间是正月初二、初四、初六三天。"祭门主"那家,门外挂一个斗笠,在这三天之内,外人特别是妇女不能进家门。"祭门主"要杀一头猪,还要请长辈亲戚来看看猪的头脚的放置是否合乎规矩。祭时要关上大门,不让外人知道,吃完后洗完手才能开大门。习惯认为,祭了门主,牲畜兴旺,人财旺盛。从"祭门主"时所悬挂的竹筒数目,可推知其家谱。偏苗无祭门主的习惯。

[郑镇锋等:《文山州苗族风俗习惯初步调查》,《云南少数民族社会历史调查资料汇编》(一),第 161 页,云南人民出版社 1986 年版]

10. 云南屏边县苗族杀"敬门猪"献财神

苗族风俗,一个人在他的一生中要杀一两次"敬门猪"。一般杀猪时间都选在每年的正月初一至初五,于夜深人静时举行。猪要双月的小猪,杀过之后供献财神,以求保佑全家人财兴旺,鬼不进门。按照风俗,杀猪要秘密进行,不让人知道,但事实上不可能如此,倒是成了公开的秘密。"敬门猪"必须一顿吃完,不能留剩。若是有其他民族共餐,一律不能说"公众话"(汉话)。如果有人说了汉话,活动就被破坏,则要重新杀猪,再献财神。

[雷广正等:《屏边苗族社会历史调查》,《云南苗族瑶族社会历史调查》,第 47 页,云南民族出版社 1982 年版]

11. 云南永善县马楠村苗族"吃门槛猪"

长期的生产生活活动中,产生了群众祭祀活动,较为盛行的是"吃门槛猪",祭祀目的是求六畜兴旺、五谷丰登、全家安乐。此活动要择日期，请亲友到场，亲友可随其自愿携家禽到场宰杀供用。活动在夜间进行，要关闭门户，忌外人闯入。祭祀物煮熟敬献门神，由主持人念赠语，要将活在世间的和去世的宗族请到。此礼仪完毕后，才能开餐吃饭，必须一餐吃完，不能剩留。活动中禁止说汉语。除此而外，崇拜自然较普遍的还有敬树神和山神，在苗族村寨中，都有固定的"神山树"，每年大年初一，全寨人都要聚集于此进行祭祀，祈求保佑全寨平安无事。

[马占伦主编：《云南回族苗族百村社会经济调查》，第686页，云南民族出版社1997年版]

12. 云南广南县月亮坝村苗族敬献的诸神

月亮坝主要是原始的巫术在民间普遍流行，会做巫术（占卦）的人被称为"资么"或"几能"。"资么"一般是祖传继承下来的。遇有病痛或灾祸都要请么公来走阴，设坛驱鬼除魔，消灾除难。苗族还信自然崇拜、祖先崇拜和诸神崇拜等。自然崇拜的对象是巨石笋、岩洞和古树等。祖先崇拜：苗族认为"灵魂不灭"，人活着便有"魂魄"，人死后"魂魄"便离开躯壳而存在，这"魂魄"便是"家神"，为此，婚嫁喜庆或节日，都要祭献"婆尤"。祭祖时由主人口念请本家族三代以内的亡灵到席，辈分依次排列从大到小，先男后女。献奉的目的是求其保佑老幼安康、五谷丰登、六畜兴旺。神灵崇拜：凡人到中年，如不生育者，便祈神"赐子"。其做法是：在大路必经的溪涧架桥，或在经行的山道上修路，这样积公德，使神灵因其诚而"赐子"。如得其子便以"桥"名而命之。

苗族还崇拜山神、土地神、灶神、门神等诸神，过去狩猎要祭山神，否则要招致祸端。故有"山神不开口，豹子难下口"的传说。信奉财神，户户祭献门神。几乎家家门头上都用铜钱或锑币钉着红布做标记。祭献土地神，每年清明时节，户均一人，凑钱物买酒肉。大红冠公鸡做贡品，祈求神明消灾免祸、保寨平安。

[马占伦主编：《云南回族苗族百村社会经济调查》，第499—500页，云南民族出版社1997年版]

13. 云南文山县黑山村苗族敬献的诸神

在宗教信仰和节日礼仪方面，虽然没有统一的宗教信仰，但十分信奉带有封建迷信色彩的"么公"，家庭有不幸，如生病、人员去世等等，都要请"么公"走阴叫魂。盛行自然崇拜、祖先崇拜和神灵崇拜，如拜山神、雨神、树神、祭祖、祭龙神等。凡办喜事与节日及丧事或是天灾人祸等，都要杀鸡、杀猪献祭，求神灵保佑。

[马占伦主编：《云南回族苗族百村社会经济调查》，第491—492页，云南民族出版社1997年版]

14. 云南路南县糯斗村苗族敬献的诸神

糯斗苗族主要信仰原始宗教。他们视巨石、大树为神的遗物，有神灵，能给人造福，又会害人，特别是村边苍老的大树更能保佑全村人万事如意、六畜兴旺，因此不能冒犯。全村人年年杀鸡宰羊去祭献，放鞭炮。村后都有山神庙，每年正月初一，家家户户端祭品叩拜求神保佑全家。苗族对祖先无限崇拜，认为祖灵能于家人，故设祖先神位，节庆活动备酒贡祭，吃饭时先祭祖先后才能吃饭，家家供猎神，出门狩猎前，向猎神叩拜，求神获得更多猎物。狩猎归来，必须用猎物祭猎神，表示感谢猎神的恩赐。每年农历二月二日祭龙，祈求风调雨顺，五谷丰登。

[马占伦主编：《云南回族苗族百村社会经济调查》，第423页，云南民族出版社1997年版]

15. 云南元阳县茅山村苗族敬献的诸神

茅山苗族信仰鬼神和崇拜祖先神灵。他们信仰的鬼神有山神、树神、火神、风雨神、猎神等。遇有暴风雨、人生病都要杀鸡、猪献祭。

迷信财神，经常杀鸡献祭，以求财神赐福。茅山苗族最隆重的祭典是三月、九月两次，全村性杀猪献祭村寨土地神，以求寨子安宁、人畜无灾。平时个人遇到不吉利的事或家庭有不幸的事，也要杀鸡献祭祖灵，并点祖宗之名，唱述子孙愿望，祈求列祖列宗保佑。

[马占伦主编：《云南回族苗族百村社会经济调查》，第478页，云南民族出版社1997年版]

16. 云南屏边苗族的杀"敬门猪"

苗族风俗，一个人在他的一生中要杀一两次"敬门猪"。一般杀猪时间都选在每年的正月初一至初五，于深夜人静时举行，猪要双月的小猪，杀过之后供献财神，以求保佑全家人财兴旺、鬼不进门。按照风俗，杀猪要秘密进行，不让人知道，但事实上不可能如此，倒是成了公开的秘密。"敬门猪"必须一顿吃完，不能留剩，若是有其他民族共餐一律不能说"公众话"（汉话），如果有人说了汉话，活动就被破坏，则要重新杀猪再献财神。

[云南大学历史研究所民族组：《云南省金平屏边苗族瑶族社会调查》，第54页，1976年内部出版]

17. 云南文山苗族做禁门猪

做禁门猪又是祭祖的另一形式。苗族凡是在一年中经常遇到灾难，或者是男女婚后生了儿女须自立门户的人家，都时兴做禁门猪。正月初二晚上，要做禁门猪的人家，之前应选购一头大小合适的肉猪。待男主人点燃火把，捧着鸡蛋到大门口念完祭祀词之后，立即返回家中，将猪宰杀，把一个猪的肉、头、脚、肚、肠、肝、肺全部放入锅中煮熟。猪身上的毛粪弃物，一点也不能丢出屋外，要就地埋在屋里的灰堆里。等猪肉煮熟后，主持人用一特制的竹筒或葫芦瓢，自己先舀一点汤喝下，接着再舀给在场的小孩喝。往后，主持人又在床上放一面簸箕，按照家门族姓的规定，准确无误地在簸箕里放上一定数量的小碗和与小碗相等数目的叶片，然后再将所有煮熟的猪肉切片分别放入小碗中和叶片上。碗的摆法和放叶片多少，是区别不同姓氏、不同宗族的密码，一点也不能出错。在长期的封建统治下，苗族饱受欺凌乃至被追杀。他们年年迁徙，四处奔逃，偶有相聚者，大家到底是不是一个宗亲，就是靠做禁门猪时的摆碗和叶片数量同与不同而定，同者即是同宗亲戚，不同者则不同宗亲。在碗中和叶片上摆完猪肉之后，男主人就手把之前舀过肉汤的葫芦瓢或竹筒拿起，双手交叉，在簸箕上方一边念祭词，一边晃动瓢或竹筒。念毕，再将葫芦瓢或竹筒挂在大门头上，仪式就算结束。做禁门猪非常庄重，整个仪式中，不准非主人家的女人参加，不准讲异族话，不准开门外出，不准做任何劳动。做禁门猪的肉，到场的人要当场吃完才算吉利。

〔刘德荣、高先觉、王明富编著：《新编文山风物志》，第152—153页，云南人民出版社2000年版〕

18. 云南彝良县洛旺区苗族杀猪敬门神

……如家中经常有人生病，养鸡、猪牲口很不顺当，他们认为，这便说明门神不管事，让一些白虎、血腥进了家。为了消灾除祸，就要用一头猪来敬献门神，希望他守住大门，不让不吉利的东西进家，保护一家大小清吉平安，养猪、鸡、牲口顺当，万事如意。据苗族同胞说，祭门神一般是在晚上进行，如果在祭的过程中来了客人，不允许讲话，否则就会不灵。祭门神的猪大小不拘，但一定要在当天晚上处理完，如果吃不完也不能留下，要在当晚抬到外面倒掉。

〔颜恩泉：《彝良县洛旺区苗族调查》，《云南少数民族社会历史调查资料汇编》（五），第13页，云南人民出版社1991年版〕

19. 广西龙胜苗族的神祇信仰

牛头的苗族，不信佛教，也不信其他宗教，只有极少数人信道教，给人做道场。普遍的是：家家奉祀祖先，在堂屋正中贴香火牌位，下方设下坛土地，又共同信奉寨头神、社公神、寨边寨口土地神。寨头神系阴兵阴将，负保佑全寨安全之责，社公神管五谷丰收。寨边寨口土地神负责把守寨关，不许野兽进寨。此外，还相信古树有树精，古藤有藤精（山魈鬼、邪鬼），山有山神，河有河神，还有桥头土地神。

〔广西壮族自治区编辑组：《中国少数民族社会历史调查资料丛刊·广西苗族社会历史调查》，第 204 页，广西民族出版社 1987 年版〕

20. 广西隆林苗族的火灶神

在农村，苗家每个家庭都建有一大一小两个灶坑，大的叫灶，小的叫坑，小的供烤火和煮饭菜用，大的除有大事人多时用来煮饭外，平时多用于煮猪食。无论大灶小灶，要建造时都要看好日期，乱建是不行的，特别是大灶，除建时选好日子外，还要选好方向，方向要与住房朝向一致，不能纵向，也不能正向东方。苗族认为大灶是祖先的，祖先就是灶神。灶建成时，灶神已随之附着，建成后的灶不能晾晒衣物，灶口不能用衣物遮挡，否则祖先就会怪罪，把病魔降到事主身上。如犯着灶神，想取得灶神的谅解，就燃三炷香，双手拿着跪在灶口三跪，口中念忏悔词，请求灶神解除病魔，后将香插于灶口一边，让其自然燃尽。灶口不对向的要改正。

〔《隆林苗族》编写组：《隆林苗族》，第 319 页，2002 年内部出版〕

21. 广西隆林苗族的中梁神

中梁是固定房子两头的主要部件之一，苗族群众住房为木制三角形架子房，以三间为主，两间的极少，每起一栋都要配一根中梁，按习俗要求，中梁是由女方兄弟负责筹备和献给，无兄弟或主人家生活困难无法招待舅家人的则自己备，该梁砍伐时有一定的要求，不得随便乱砍，被指定为梁的树，砍伐前要先由砍伐者带上一瓶酒在树脚下念咒，向树神交代该树的用途，念完倒酒放树脚，然后再开刀，树砍倒后严禁人从树身上跨越，直至修好上梁完为止，苗族认为中梁是祖宗的神位，至高无上，房子起好后祖宗们坐在上梁静观后人的生产生活，并起着保护后人不受外神侵犯的作用，这个位置不允许别的神灵侵犯，谁若在梁未上前跨越其身，则表示他正在率他家的神灵来抢这个位置，破坏人家的和平，有损人家祖宗的威望，是要受到惩罚的，如是本家人所为，事情就简单些，大不了指责一通完事，本家族的其他人所为，则要用一只公鸡来扫除，而如是外家族人所为的，小则以鸡驱扫，赔礼道歉，大则赔偿损失，另找一根。为了维护梁的纯洁，负责新房建筑技术的木工师傅一般都不远离梁身，梁修好后要在中间用舅家给的几颗银子（现在一般均用硬币替代）钉一块红布条，以示吉利，上梁前还得请师傅念咒语和贺词，然后由两名会吟上梁词的人扛两头往上送梁，送梁者每上一步念一句，什么上一步一子带财、上二步二龙抱宝等等,直到把梁上到柱顶放好。要盖房子时还在其上面放上一横条才行。

[《隆林苗族》编写组:《隆林苗族》,第319—320页,2002年内部出版]

22. 四川苗族祭祀门神

祭祀门神在他们的生活中是很重要的宗教仪式。川南苗族每逢盖新房、换门以及新任家长甚至发生灾害或兄弟分家均须祭祀门神。祭献时用五个竹筒,一根线把一条鱼拴好,置于门边的木板上,主持人唱祭词,然后开门打猪,猪死后又闭上门。煮熟的猪肉从左到右排列在木板上,先敬当家女人,随后共食之。吃毕方可开门。虔诚的祭门仪式已经有了浓厚的民俗成分,通过这一原始宗教的活动建立起一套象征系统,依赖这种系统维护社区秩序,这就是祭祀门神的功能。

[郎维伟:《四川苗族社会与文化》,第165—166页,四川民族出版社1997年版]

23. 四川筠连县联合乡苗族的祭门神与献泰山

顶神祭献的鬼神有两种:一种是祭门神;另一种是献泰山,均因家庭不顺,人口不清吉,经端公问卦看出是什么鬼神作怪、病的程度、如何祭治,而许愿献祭。病情较轻通常祭门神,情况较为严重则献泰山。祭门神一般用猪或鸡即可,献泰山则是用泰山母猪。杀献泰山母猪据说多于深夜等家人妇儿睡熟后进行。事前暗约家族兄弟于半夜杀献泰山猪,杀泰山猪不能在房外,必须在房内,猪毛猪水不能倒在房外,要在房内处置妥当。泰山猪献后,务须当时食完不得有剩余。有的苗族姓氏,祭神是用狗。其来源据说最初祖先来(引者注:"来"应为"住")在深山老林,狩猎为生,得病,祈求山神保佑早日病好,则以猎狗献祭顶敬。这样历代相传,凡祭献鬼神均用狗,而不用猪。

[四川省编辑组:《四川省苗族傈僳族傣族白族满族社会历史调查》,第136页,四川省社会科学院出版社1986年版]

第三节 祛病消灾的祭神活动

1. 湖南湘西苗族祭波斯神

波斯神为赎小魂之一种,苗谓"了贵"。患冷热病、言语支吾、心神慌乱不定者祭之。祭法是用猪肉及香烛，请巫师，不动锣鼓角号，仅摇师刀，诵咒通呈也。

[石启贵：《湘西苗族实地调查报告》，第 482 页，湖南人民出版社 1986 年版]

2. 湖南湘西苗族祭淘砂神

祭淘砂神，俗谓"喊骇"，苗谓"奶杯"。凡患此病，多于山谷或水边及阴邪之处，惊骇得之。祭此是用鱼肉酒礼及白饭，每因无饭改用包谷粑粑亦可。

[石启贵：《湘西苗族实地调查报告》，第 482 页，湖南人民出版社 1986 年版]

3. 湖南湘西苗族祭揭网神

病者不动，手足拘挛，两眼难开者，苗乡谓之犯网神。此神原是装套拿人为生活，病者踩着该神所装之网套，即害此病。速买肉鸡，请巫将网一一揭之，自然会好。

[石启贵：《湘西苗族实地调查报告》，第 482 页，湖南人民出版社 1986 年版]

4. 湖南湘西苗族祭飞山神

飞山神，为凶恶犷悍之大神。凡患怪病医药罔效者，传为此神祸之。如孕妇难产或长病忽变剧危者，传说祭此，可保平安。当请巫师用牛祭之，设神座于宽坪中，场范围内，插五色旗及洞标，摆肉酒碗，互相杂陈，如法祭之。并扎稻草茅人一个，俗谓之茅人大哥，植神场内。帮忙人等各持刀枪，分作两路，列队超杀。巫师前导，绕座三周，武夫纠纠，凶势跃跃，喊杀连天，刀枪齐发，即将茅人砍成数节，众始休息送神也。

[石启贵：《湘西苗族实地调查报告》，第 483 页，湖南人民出版社 1986 年版]

5. 湖南湘西苗族祭簸箕茶神

凡患眼病，无论风火云翳、红丝臃肿、畏光羞明，用药洗点无效者，即祭簸箕茶神以解之。备办祭物，是用细茶及豆腐，不用肉荤，因是茶神属斋的，于清晨时祭之。

[石启贵：《湘西苗族实地调查报告》，第 484 页，湖南人民出版社 1986 年版]

6. 湖南湘西苗族祭布冲他力

"布冲他力"，此属苗名，无有相当汉意翻译者。有日夜神两种，日神于白日祭之，夜神于晚上祭之。剪白纸两大束，制花树四株，每株挂五色纸八束，用大小桌两张，桌上碗盛肉酒致祭之。有用牛祭，亦有用牛头祭者。每祭此神，是患精神衰弱、皮肤黄肿、四肢无力之病矣。

〔石启贵：《湘西苗族实地调查报告》，第484页，湖南人民出版社1986年版〕

7. 湖南湘西苗族祭板可戎

此神亦无汉意翻译，祭此神，家有伤亡者，与驱赶伤亡神一道举行。用猪鸡香纸等，交生上熟，如法祭之。

〔石启贵：《湘西苗族实地调查报告》，第484页，湖南人民出版社1986年版〕

8. 湖南湘西苗族解天狗

天狗，因患病医治无效，养子未成人者解之。每有此事，相传是犯天狗煞，须备肉酒粑粑鸡狗等项。被解者，全身四肢，缠以布匹及符箓神象，鸣锣角鼓，请巫如法解送也。

〔石启贵：《湘西苗族实地调查报告》，第484—485页，湖南人民出版社1986年版〕

9. 湖南湘西苗族出告祝

"告祝"汉译仿（佛）是口舌神。出，即酬祭之意。出告祝，便是酬祭口舌神。凡因田土婚事纠纷，经人谈判或状诉见官前祭之。有荤斋两种，荤用生猪祭之，斋用粑猪祭之。传说祭此，理论见官，必获胜利，神于阴中，启迪司法裁判官之思想，采纳申述下情也。

〔石启贵：《湘西苗族实地调查报告》，第485页，湖南人民出版社1986年版〕

10. 湖南湘西苗族的追魂治病

凡遇病灾，既已"喊骇"，又已"揭网"及"赎买命"无效者，即用蛮法追魂翻案，开破鬼寨十八重地狱及五方牢井，追魂回来也。兴锣动鼓，角号请神，备用香米肉酒鸡饭等物祭之。巫师差兵发马，与鬼作对，夺魂回来。但此追魂，又有山林魂、坪地魂、岩洞魂、高坡魂、溪水魂、癫狂魂等名称。所有祭物，大致相同，惟神号稍异耳。

〔石启贵：《湘西苗族实地调查报告》，第482页，湖南人民出版社1986年版〕

11. 湖南湘西苗族祭公安三宝神

公安三宝，原系斋神。祭此在前一日，全家都要斋戒，小祭用桌三五七九张，大祭用桌十二至十五张不等。事前用清水洗净，备粑粑香米，剪纸多车，扎做神堂，并插各色旗织祭之。缘以虫蝗灾害、人畜瘟疫及火殃等事，方能祭此，无异汉人之建设清醮然。送神去后，始杀鸭子和肉，开荤共食。倘于举行法事时，误伤手足，出血淋漓，或食荤味，污秽于口，传说必遭虫蛇猛兽伤人，不出一月，自能立见。即吃所余之粑粑，送神之后，均已忌食，无法存之，只得卖与汉人也。

[石启贵：《湘西苗族实地调查报告》，第 483 页，湖南人民出版社 1986 年版]

12. 湖南湘西苗族祭罗孔山神

苗人每因病重失魂，即敬此神，俗又谓之"赎大魂"，苗谓"帕渣"（Peab Zheal）。用牛猪羊均可祭，必需鸡、粑粑等项，并剪纸车纸衣，用墨画之，请觋师鸣锣角鼓，杀牲以祭，交生上熟，腑脏杂煮，装碗陈列，酒碗饭碗，与肉相等。凡帮忙人，除已项下应有肉碗外，余则悉数切煮锅中，一堂共食。送神后，纸车俱焚，各散矣。

[石启贵：《湘西苗族实地调查报告》，第 481—482 页，湖南人民出版社 1986 年版]

13. 贵州关岭县龙洞乡苗族祭冷坛土地、洞神

冷坛土地：若有人上吐下泻、大烧大热时，便认为是冷坛土地作祟，须请鬼师来念咒语，并用一个竹筛装一碗水、水碗里撒几粒饭，然后抬着筛子在病者头上绕几转后，行七、九、十一至九十九步，焚香烧纸、倒水碗即回，认为这样做，病可治愈。

洞神：若有人昏昏沉沉、四肢无力等症状，即认为是洞神缠身所致。须请鬼师来屋献祭。杀羊和鸭子祭（羊用羊毛代替，鸭用鸭毛代替），在筛子里置鸭毛、羊毛、香、纸等物，抬至三岔路口后宰鸡一只，并以鸡血淋之，即完。

老辫婆神：若有人胡说乱唱、精神失常，便认为是辫婆鬼作祟结果，须请鬼师在家里设祭。祭时，取带枝叶的竹子三棵，一棵插于屋内，一棵插在大门口，一棵插在小门口，将一枚坏鸡蛋用红线捆于竹上，以示隔鬼。病人坐在屋内桌下，门口立一人，手持镰刀。祭时，吹木叶、吹竹笛、吹口哨，以引诱辫婆鬼前来就犯。经鬼师念咒之后，以镰刀砍鸡蛋和竹尖，以示将辫婆鬼赶走。重病者还须杀黑狗一只，以狗血淋病人。

天马神：婴儿生病，认为是其灵魂在屋外玩耍时被天马神吓唬所致。请鬼师来屋里念咒，杀鸡一只、鸭一只献祭。若婴儿暴死，则认为是天马神踩死的。

夜的关鬼：若小孩夜间爱哭，须以木杠抵门，并将数粒赤红的木炭投入一水碗中，然后把水碗端放在屋内中柱下，认为这样可以驱鬼，可使小孩不夜哭。

产妇发生难产：人们认为有鬼作怪，用一只公鸡来扫鬼（鸡可做婴儿的替身），使小孩能安全生下来。杀鸡时须将鸡头砍下来，并视鸡头跳的方向来判断凶吉，若鸡头往外跳，为好的预兆；若鸡往内跳，则象征着不吉利。

[岑秀文：《关岭自治县龙洞乡龚家寨苗族社会调查》，《民族志资料汇编·第二集》，第 37 页，贵州省志民族志编委会，1986 年 10 月]

14. 贵州贵定县定东公社苗族敬井神

水井有水井神，……孩子爱哭，常惹百病，当父母的拿雄鸡、刀头去敬供，拜祀水井，还取一个带"井"的名字。如罗登禄小名叫"井保"，颜光华的小名叫龙（水井之意）保。

[杨昌文：《贵定县定东公社苗族社会调查》，《贵州民族调查》（之二），第 342 页，贵州省民族研究所，1984 年 10 月]

第四节　鬼灵崇拜

1. 贵州台江县苗族关于鬼的来历

……除"善鬼"而外，"恶鬼"的来历大致有五种：（1）人类第八世祖先的同胞兄弟姊妹变成；（2）非"善终"者的灵魂变成；（3）历史上的一些人或太阳变成；（4）祖先用过的一些工具变成；（5）来历不明确或根本不清楚者。

（一）人类第八世祖先的同胞兄弟姊妹变成的鬼共计十四种，情况如下：

据说苗族的第一世祖先名叫"秋纠"，"秋纠"生"友秋"世系如下：

秋纠→友秋→洗友→呆洗→告呆→相告（无嗣）→留相/榜相（二人都是女性）→共生十六蛋，其中一为昂留→所昂/拢昂→拢所→立拢→基立（有人能从昂留起数至 42 代的）。

相告是第一个做鬼师的，现在鬼师在"做鬼"时，都要叫到他的名字，叫的意思是：现在做鬼师的一切活动，都同相告的一样。现在人们通称他为"相先娄，把告养"，如称相告，知道的人反而少些。他虽是第一个做鬼师的人，但现在的鬼师们并没有奉他为祖师，也没有供祀他。他没有儿子，绝嗣了，所以在大枫树的洞中发现留相、榜相两姊妹时就以二人为女，因名留相、榜相。

留相、榜相现通称"卖榜、卖留"（卖是妈的意思）。据说二人共生了十六个蛋，这些蛋有的孵成人，有的孵成动物，有的竟变成了鬼。孵成人的蛋虽有六个，但只有"昂"和"拉"才是苗族的祖先，其余的究竟在什么地方，现在不知道。

十六个蛋孵化情况

蛋的原样	孵成物类	蛋的原样	孵成物类
黄蛋	昂（人）	花蛋	虎
透亮蛋	拉（人）	乌红起蓝条花蛋	龙
白蛋	白人	长蛋	蛇
朱红蛋	红人	大蛋	戈休你（雷鬼）
黑蛋	黑人	大长蛋	你呼龙（雷鬼）
蓝蛋	蓝人	红蛋	往洛郎、金播友（劈树雷鬼）
蓬松蛋	水牛	白一节亮一节的蛋	两呼你、播商收（白雷鬼）
褐色蛋	黄牛	寡蛋	（未孵出变成七种精怪）

七种精怪如下

"精迷办"——母猪怪	"精朽"——老虎怪
"精囊书"——大蛇怪	"精囊响"——蜥蜴怪
"精拢"——叶怪	"精翁"——水怪
"精瓜"——鸡怪	

上表十六个蛋所变成的，除人、牛、虎、蛇而外，其余的都成了"鬼""怪"，或者类似"神"的东西了。但这些蛋的总数目，似乎不是肯定的数目。当李荣当、李播九两位老人口述时，首先肯定为十六个，后分述何种蛋形变成什么东西的时候，他们还说有"圆蛋变成蛙"。可是一清点就超过了十六这个数，于是他们又把"圆蛋变成蛙"撤销了。

据说人们的村寨要有"龙"，地方才平安，人畜才兴旺。所以每隔几年全村要举行一次不定期的"董翁"（"董"意为齐，"翁"意为龙，有的释为"招龙"）。按照"董翁"的意义及祭的活动情况看，龙是保护人的，是属于善的一类。

四种雷呢？据说虽在某些情况下人们也要请它们帮一些忙，但机会却不太多，而它们都是常常作弄人，让人生病，要人们的祭物，看来它们似乎属于"恶"的成分居多。

至于七种"精"呢？就完全属于"恶"的一类了。据说它们专门作怪，捉弄人，使人生病，要人给它们东西吃，它们一点不会"保佑"人的。

（二）非"善终"者的魂魄变成鬼。非善终者是指死于刀枪之下和溺死、缢死、跌死、大麻风死、饿死等，这类鬼共九种。据说人生时只有一个魂魄，但死后却有三个魂魄。生有子女而善终者，一魂守坟，一魂守家，一魂被送到"欧有孔"去经过"考"后"转生"。但非"善终"者是不能送到"欧有孔"去的。据说这些人死后的"魂魄"如送到"欧有孔"去，走到路上时遇见善终者也不许他们同路去。即使得去，到"欧有孔"时守门者也不允许他们进去。他们在这样走投无路的情况下，就要变成鬼了。

（三）历史上的一些人或太阳变成鬼。这类鬼共有九种，据说其中一种是祖先，意思不是鬼；又一种是"戛朽大宰"，意为死在家中的魂魄，但不是家先，另五种都各是一个名字"某某"变成，这些可能是历史上的某种人物。但现在说的人只知道他的名字，而不知道他的事迹了。再有二种是太阳的"庸影"变成。

（四）祖先用过的一些工具变成鬼。这类鬼共有三种，据说都是古人抬日月上天后遗弃的"勾索"和"擎天树"变成的。

（五）鬼的来历不明确或无法弄清楚的。这类鬼共有十五种，其中来历不清楚者计十种，来历不明确者五种。前者根本不知道是什么东西变成的，后者较为含糊，口述者自己也弄不清楚，如产妇在未满月前到谁家，谁家就要被"禁宰"这个鬼为害，而"禁宰"怎样来的，就搞不清了。

[全国人民代表大会民族委员会编：《贵州省台江苗族的宗教迷信》，第18—19页，1958年5月内部编印]

2. 贵州榕江县计划公社苗族祭祀的恶鬼

期者留，意为绝种，这种鬼异常可怕，它使人们不能生育，造成断子绝孙。据说这种鬼是被杀的坏人的气变成的，喜欢吃牛肉，须用一头牛来祭它。

期者闹，意为淫乱，它是被杀的坏人的头骨变成的。这种鬼使公鸡爬母鸭，或公鸭爬母鸡，鸡吃鸡蛋。看到此种现象，须杀鸡鸭各一只来祭它，否则看到这种情况的人就会生病。这种鬼住在"戛颜及上戛别及所"。

期者牙，意为毁种，它是坏人的骨头变成的，住在天上。每年开春，虫鸣鸟叫的时候，它从天上到地面上来毁坏稻秧。当看到秧田出现过密或过稀以至空白的情况，就是这种鬼作祟的结果。须用一头小猪来祭它。

西额，意为肚痛，它住在天上，每年春暖花开时节，就下到地面来害人，使人们肚子痛或拉痢疾。这种鬼不吃禽畜，只需烧香纸或用茶水祭它即可。

贝那，意为眼痛，它住在天上，专使人们的眼睛发红肿痛。要杀一只公鸡祭它。

务乃留，意为"游婆"，它四处游动，没有固定的住处，专使婴儿和儿童生病，须一块"刀头肉"祭它。

务辣疑，意为偷窃婆，它四方游动，没有固定的住处，专职盗窃婴儿和儿童的灵魂给别的鬼，使婴儿和儿童生病。群众认为，婴儿和儿童生病，多是因其灵魂被这种鬼盗去，须用香和茶水敬它。

务洗抵锡勾，意为挑剔婆，它住在天上，如果谁家的小孩生于不良时辰，就会受到这种鬼的非难，易使小孩生病，须用一个鸡蛋和一只母鸡祭它。

务客哭，意为枯黄婆，它住在天上，专使婴儿和儿童生病，日渐枯黄，进至死亡。须用两个鸡蛋祭它，并把一只小鸡放在山坡上，让小鸡自由跑掉。

西昂，意为富鬼，这种鬼住在天边，当看到谁家发财时，就到他家去作祟，使人和家畜生病，须用一头公猪祭它。

西翁，即龙鬼，它住在大河中，人若被龙鬼缠身，就会被水溺死。

西耶，即石头鬼，凡有石头的地方就有石头鬼，常使人致病，须三至五条鱼、一只鸡、三个鸡蛋祭它。

西夏头，意树鬼，住在大树上，尤喜爱住在大枫树和长瘤的各种大树上，这种鬼特爱到人多热闹的地方，如喜欢看人们跳铜鼓、吹芦笙、吃牯脏等热闹的场面，爱使人遭病，须三条鱼、三碗酒、一团糯米饭祭它。

财鬼，专使人们不景气，乃至倾家荡产，若被这种鬼缠住，须用一头猪和一只鸭子祭它，但在祭祀时，只能用母猪、公鸭或公猪、母鸭，而不能同是雄性或同是雌性的禽畜去祭它。

西斗，即火鬼，住在天上，是杀了坏人之后，由坏人的血变成的。嗜狗血，要用全身是黑色、黄色或红色的公狗（忌用白色的狗）一只祭它。每隔三年须祭它一次，否则这种鬼就会放火烧寨子。

祭火鬼亦称"扫火殃"或洗寨，祭祀仪式一般在下午举行，这是全村的祭祀活动。祭祀时须全村寨的各家各户都在同一时间内把火灭掉，然后大家公推三至五个人，拉着狗走在前面，鬼师手持一把巴茅跟在后面，口念咒语，振振有词，走街串巷，全村的每个角落都要走到。走到村外时即把狗打死。打狗时切忌狗发出叫声。如果打狗的人不慎，使狗发出叫声，就认为是不吉利的象征，须再寻狗重新举行仪式。

祭火鬼的狗不能吃，须把它埋掉或在其身上绑一块大石头投入水塘里或掷于河中。在举行祭祀期间，不许任何人生火，不许任何人出村，也不许任何人进村。如违反禁忌，则必遭全寨群众的唾骂，并负有全寨安全防火的责任。祭祀完毕，各家各户共同凑钱到其他村寨去买火，至此，全村才能生火，一切恢复正常。

西丢，即单身鬼。它是单身汉死后变成的鬼，专喜欢纠缠妇女，据说不这样，它们到"阴间"去仍然找不到对象结婚。妇女生病，多是这种鬼作祟。祭祀须在山上举行，妇女不能参加。祭物须母羊、公猪或公羊、母猪各一只，杀牲必须吃光，参加人数的多寡，视宰杀猪羊的大小而定。

西给公，即路鬼。人们生病后，先请鬼师念咒占卜，确定是这种鬼之后，即把几粒米和一头猪给其许愿，待病人确有好转，才举行祭祀。祭祀时鬼师先生在病人家中念咒一番，然后把猪和鸭抬到山上（用的是公猪、母鸭或公鸭、母猪），又经鬼师再次念咒后才能宰杀禽畜。肉煮熟后用七个碗盛着，将其排成一个单行。在每个碗前站一个人，亦排成一个单行。又请鬼师念咒，历时半小时，方祭祀完毕。这时由鬼师先品尝一口祭品后，大家方能进食。事毕，鬼师得肉一腿（约5—10斤），参加的群众每人约得肉半斤左右，余下的肉留主人吃。

西者，意家鬼，是一种危害性较大的鬼，它住在"戛耶吉上、戛别吉所"，它要吃牛，每距十年、二十年或三十年才遇到一次。这种祭祀的规模较大，参加人数为20—50人不等。人们生了大病是否这种鬼作祟，须经鬼师"过阴"或"吊石头"预卜后才能确定是否行祭。行祭时，鬼师先在病人家中念咒，然后把牛拉到山上，并随去若干人（去的人数多少由病主邀约），抬着酒、米饭和餐具。杀牛后，用三碗熟牛肉供祭。鬼师念完咒后，亲自吃一口供品之后，群众才开始大吃大喝。事后鬼师得肉一腿（约15—20斤）、牛下巴一个。参加的人每人得牛肉一串（二两至一斤不等），此外，凡主人喜欢的人都可以送给。

务泥，意即管兽婆，它住在荔波县的拉义和狗场，专管山上的各种野兽。打猎前要对它设祭。祭品是一碗酒、三条鱼、半斤猪肉。另外，在行祭时必须要打猎首领的母亲坐在祭品旁边，以代表管兽婆。若不这样，据说管兽婆就会把各种兽类收走，人们就无野兽可捕了。

[岑秀文：《榕江县计划公社苗族原始宗教调查报告》，《月亮山地区民族调查》，第260—261页，贵州省民族研究所，1983年6月]

3. 贵州榕江县计划公社苗族祭祀的恶鬼的来历

传说在远古的时候，天上住有一个男人，名叫"冒"，地上有一个姑娘，名叫"哈"，男的长相丑陋，女的长相漂亮。男的家里很有钱，女的被父母强迫到天上去和那个男子结婚。在无可奈何之下，只好勉强从事，两人结成夫妻。两人生活不久，女的看到男的丑得不堪入目，再也不想同他生活下去，就回到地面上来。女的这一行为，遭到了父母的严厉斥责，并逼迫她回到天上去同男的生活。女的被逼得没有办法，终于到山上去上吊死了。这样就出现了人命关天的大案。女的父母找了两个头人，一个名叫勾定，一个名叫勾替，派他俩到天上找丑男人家打官司，说是你为什么不把我家姑娘管好，她才去上吊死呢？男家无理只好认输，赔偿了七头牛、七两银子给姑娘的父母。但是，勾定和勾替居心不良，他俩私吞了六两银子，拉走了六条牛。女的父母亲只得到一两银子和一头牛。当时勾定和勾替的这种不义行为，激起了群众的公愤，将他俩处以死刑。在临死前这两人对群众道："你们杀了我两个，我们死后也会变成鬼害你们，使你们永远不能安宁。"果然这两个人被杀以后，他们身体的各个部位就变成了各种各样的恶鬼。从此，世界上便有恶鬼出现。

[岑秀文：《榕江县计划公社苗族原始宗教调查报告》，《月亮山地区民族调查》，第261—262页，贵州省民族研究所，1983年6月]

4. 贵州从江县孔明公社苗族拦鬼仪式

拦鬼门，苗语称桑布龙。1983年4月，高沙寨、摆鸠寨入寨的大路上，安上了拦鬼门。是因为人死了后的一两个月内，家里的人病了，便认为这是已死去的人变成鬼后回来作怪，于是，就请鬼师来打鬼。

鬼师来了后，杀一只鸡，用苗语念驱鬼经。接着，在进入寨子路两旁的两棵大树间，用一把把稻草，每两把之间打个结，连接成一根约五六米长的不规则的草绳，草绳两端拴在路旁的两棵大树上，其高度离地面约两米，象征性地把路拦着，称拦鬼绳。绳上挂了三把木刀、两束鸡翅膀毛、一块旧鱼网、两个鸡爪子、一个鸡嘴。拦鬼绳上悬挂的这些物件各有用处：鸡翅膀毛用以扇鬼，鸡嘴用以啄鬼，鱼网用以把鬼套住，鸡爪用以把鬼抓住，三把木刀用以把鬼杀死。另外，在旁边用一个草帽，顶在一棵树桩上，用以把鬼扇出去。

有了这些杀鬼驱鬼的手法，鬼就进不来寨子里作怪，家里的病人就会好。但实际上，病人继续生病。有熬过数日病好了的，也有最后病死的。

这是从路上拦鬼。另一种是从天上拦鬼，叫做驱天马鬼。龙早大队吴老新，小孩抽筋发烧体温约40摄氏度，便请鬼师来做鬼，鬼师来到后，杀了鸡，过了阴，唱念了一番，意思是鬼师到鬼神世界去清查询问，是什么鬼在作怪，经过一番做鬼之后，鬼师说有一个天马鬼要你家小孩。于是杀鸡敬鬼。然后，便在吴老新家的房子顶上，用一个面盆，盛一些清水，盆侧放一个木马。其意思是天马鬼若来了，一见面盆里的水，喝了水就返回去。这样，就不至于使这家小孩病情恶化。但实际上，并不能解决问题。

〔陈天俊：《从江县孔明公社苗族社会调查》，《月亮山地区民族调查》，第440页，贵州省民族研究所，1983年6月〕

5. 贵州从江县孔明公社苗族祭祀的鬼类

"丁往"——当地苗语称为"丁往"的是一种当官的鬼，是好鬼、善鬼。每年一祭，相信祭了他之后，才能人丁兴旺、五谷丰登。所祭之物，一为猪，二为酒。祭时，杀一头猪作为牺牲之物，鬼师念一些奉承和感谢的话。另有三个人站在鬼师的旁边。鬼师边念边倒酒给那三个人喝，反复三次，便结束了。这样便认为将它送走了。五至六年要杀一头牛来祭，据说"丁往"来时带有卫兵，所以祭时，还要杀一只公鸡作为牺牲。这只公鸡是拿去给"丁往"的卫兵们吃的。

"丁夺"——是一种使人肚子痛的鬼。

"酿古"——是一种使人手脚疼痛、化脓生疮的鬼。

"酿勒"——是一种使人全身发痒，然后肿、呕吐、眼睛发花的鬼。

"兴达喇"——是一种使生下小猪的母猪无奶的鬼。

"火殃"——是一种烧寨子的鬼。

其他还有不少。一般认为人、畜所患之各种疾病，均有相应的鬼在捣乱，为其捣乱所致。

当地苗族群众认为，有些人家是有鬼的，并且那鬼会在他家住上好几代，一代一代往下传。如被认为有鬼的人家无儿子，则姑娘出嫁如带走家具，鬼就会附在家具上跟去丈夫家。如不带家具，则不会受歧视。过去有些人生病，也有认为是有鬼的那家人中的鬼引起的，便到他家门去吐口水、淋大粪。

既有鬼魂崇拜，必然就会有主持祭鬼和驱鬼仪式的人——鬼师。孔明公社每个寨子都有鬼师，共有四十多个。鬼师均为中年以上男性担任，与寨老一样，是自然产生的。其活动先是在亲属或较小范围内得到承认，然后影响不断扩大，最后才成为某个寨子的鬼师。

孔明公社的鬼师有个特点，就是巫医合一。他们大都懂一些草医草药，当有人患一般不严重的疾病请鬼师驱鬼时，他们往往也先找一些草药治疗。孔明公社没有专业的鬼师，更无专门传授或研习"鬼道"的人。鬼师是无师自通的。他们没有任何特权，平时仍参加农业劳动。

鬼魂崇拜的主要活动集中在祭鬼和驱鬼上。孔明公社苗族群众把请鬼师主持祭鬼或驱鬼活动统称为"用鬼"。"用鬼"是他们日常社会生活中不可缺少的一个内容。具体说来，"用鬼"活动主要是在以下一些方面：

为生病的人驱鬼。无论大人小孩患病，通常要请鬼师去驱鬼，他们都懂点草医草药，去驱鬼的时候，遇到一般较轻的病，估计吃点药就好了的，便先弄点草药来给生病的人吃。如吃了药不见好转或重一些的病，则作法驱鬼。鬼师作法的时候，口中念念有词，手上则拎着一根草绳，下端拴着一块石块，晃来晃去，边晃边询问是哪个鬼搞的。确定下来之后，便杀一只公鸡，说几句威胁的话，就结束了。驱鬼之后，病人如还是未见好转，甚至病情恶化，解放前则束手无策，听天由命。现在还是找人抬到区、县医院去治疗。我们到达孔明公社的当天晚上，听说小学老师马老华病了，周身痛，一时又找不到药，后有人便去把鬼师请来"用鬼"，把公社信用社的狗拉去杀了作为牺牲之物。第二天，马的病情未见好转，公社还是派了四个年轻力壮的小伙子将他先抬回家，后又抬到区医院去了。

还有一种情况，如流行性感冒之类，很多人都同时患病。这时就把鬼师请来"过阴"，即通过一定的方式使鬼师处于昏迷状态，然后到"阴间"去查看是什么鬼在作怪。"过阴"时，鬼师用布蒙住双眼，燃一支香，从嘴下往上面熏，熏过之后，一会儿似乎进入昏迷状态了，便手拿一把马刀，出门往外面跑去，说鬼在某处，大家跟着去捉。鬼师跑得很快，出门径直朝前面跑去。不拐弯，走直路，遇坡过坡，遇水过水，其他人则跟在后面跑。跑到某个地方，坡上或水边，便停下来用马刀在地下到处乱砍，最后指定一处，说，鬼就在这儿。于是大家挖土下去。有趣的是，往往挖出枯骨之类的东西来。当然，鬼师有鬼师的门道，一般群众是不知道的。1981年摆鸠大队发生流感，寨上人便怀疑别处有人在他们的境内偷埋死人变鬼后所致,就请鬼师作法"过阴",大家拿上桐油跟在鬼师后面到山坡上去寻找,最后鬼师在分居大队林场边停下来,说就在这里。大家就用锄挖下去,果然在鬼师指定的地方挖到别处到这里来偷葬的死人。挖开后,大家便往上倒桐油。第二天,坟主听说后,只好去把死人迁走了。这个坟是没有堆土的,一般人发现不了。可能是鬼师平时比较留心,注意到有外地人到境内偷葬死人。

遇到这种全寨患流感的情况,鬼师还有一种方式:"过阴",遍喊全寨每个人的名字,然后手拿马刀跑出去。到一地,刀尖往地下乱戳,戳着戳着,便戳出许多的蜘蛛来。于是鬼师对大家说,这几个蜘蛛是某家某人的魂,那几个是某家某人的魂。因为鬼把魂勾去藏到这里了,所以大家才生病的。生病的人则用鸭毛小心地将代表其魂的蜘蛛夹放到一个装饭的圆形小竹碗之中,然后拿回家去放到火塘上面炕谷子的炕上面去。最后鬼师又去各家各户放掉蜘蛛,说一些吉利的话。放掉蜘蛛的时候,有时鬼师也说,你家某人过河时魂掉到河里去了,于是把蜘蛛放进一盛满水的碗中,拿一根谷草插入水中。蜘蛛便顺着谷草往上爬。鬼师就说,看,他的魂回来了。

有时鬼师把人生病的原因归结于某人挖土挖坏了龙脉所致。如1980年有个叫柴文松的人,是小学老师,在自家菜园边挖了一个红苕窖。后不久寨中流行一种疾病。请鬼师作法"过阴",鬼师说因柴家挖地窖挖坏了龙脉。结果先后杀了一头牛、两头猪去祭,还硬要柴出一半的钱217元5角。后区政府知道此事,出面干涉,柴家才免去这笔冤枉钱。

〔赵崇南:《从江县孔明公社苗族鬼魂崇拜调查》,《月亮山地区民族调查》,第465—466页,贵州省民族研究所,1983年6月〕

6. 贵州雷山县掌披苗族祭祀的恶鬼

人们认为疾病是由于恶鬼的作弄而引起的,所以对恶鬼非常厌恶,但认为它们的魔力强大,非人力所能抗拒,因此,若要病愈,则非按照惯例供献牺牲不可。意识中的鬼有若干集团,所以人病后,就得请鬼师或巫师来侦察确定,究竟是哪个集团作祟。侦察的作法是,鬼师用掐草(也有称比草,草指芭茅),巫师则"过阴"和掐草兼司。"过阴"据说是直接到"阴间"去侦察鬼怪。

对于鬼怪集团,群众说只有大鬼师或大巫师才熟悉其全部情况,但这里方圆几十里内找不到一个。鬼师和巫师都没有师徒相承关系,一般对于鬼怪也不像歌谣、故事那样随时随地传给青年一代,因而一般人都很不清楚。群众经常供献牺牲的鬼怪集团,有以下几种:

"商领"。"商"的意思是鬼,"领"的意思是水牛,直译为水牛鬼,即用水牛祭祀的鬼。有男集团、女集团两种。男集团以水牯牛为牺牲,女集团以水母牛为牺牲,大小不论,并各用中等雄鸡一只。每个鬼怪集团共有二十五个成员,另有"商大"一个。供祭熟肉时，须用十来斤肉平均分为二十六份。

"商办"。直译为猪鬼，即用猪祭祀的鬼。用公猪或母猪为牺牲，由鬼师确定。猪要十至五十斤大的。这一鬼怪集团共有十五个成员，另有"商大"一个。供祭熟肉时也是平均分配。

"商即"。命名意义不详。同一名称有三个集团，其中一个集团有十三个成员，以生过猪仔的母猪为牺牲；另一个集团有七个成员，以母狗为牺牲；再一个集团有五个成员，以母鸡为牺牲。这三个鬼怪集团的性别不详。

"商王你"。命名意义不清楚。这个集团共有十三个成员，性别不详。以阉过的一只中等猪（约二十斤以上）为牺牲。

"商细当"。苗族妇女（一般在已婚生育后）每于农闲时，欲与某门亲戚（指不同寨的）的妇女晤面，但又腾不出较长时间到对方家去做客，于是即通知对方，约定某日在两寨来往路上的某个地方会晤，并各携带酒菜饭食会餐，叫"细当"。这一群鬼的命名，可能由此而来。向这群鬼供献牺牲时，由亲戚双方同到半路上举行。供献的牺牲，男家用狗，女家用鸡、鸭各一只。据说这一鬼怪集团有三个成员，性别不详。

"商求"（一）。命名意义不清楚（同一名称有六种，故以番号区别）。这一鬼怪集团有十三个成员，性别不详。据说发生母猪吃掉亲生小猪时，就是这一鬼怪集团作祟，要用这只母猪做牺牲供祭它们。否则以后家中就有人患重病。

"商求"（二）。这群鬼怪集团共七个成员，性别不详。据说发生母狗吃掉亲生小狗时，就是它们作祟，要用这只母狗做牺牲供祭它们，否则以后家中也要有人患重病。

"商求"（三）。这种鬼怪独一个，性别不详。雄鸡在天刚黑时啼叫，认为是它作的怪，是不吉利的预兆，要用这只鸡祭它。

"商求"（四）。单独一个，性别不详。据说在野外遇见两蛇相缠（性交）时，就是它作祟。要用一只小鸡祭。通常是先祭，遇见的人才回家，否则以后这人要患病。

"商求"（五）。单独一个，性别不详。据说产妇未满月而进别家时，它就要跟随产妇到那家去作祟，由产妇备一只鸡去祭它。

"商求"（六）。单独一个，性别不详。据说人在野外遇到鸟屙屎淋在身上时，就是它作怪，要用一只小鸡祭它，才能回家，否则以后要患病。

"商看"。"看"是客人的意思，直译为死了的客人所成的鬼。据说这种鬼是凶死（见丧葬）的人的魂魄变成，男变男鬼，女变女鬼。患病经鬼师侦察说是这种鬼作祟了，就要用一只中等大的鸡供献。

〔贵州省编辑组：《苗族社会历史调查资料》（二），第240—241页，贵州民族出版社1987年版。调查时间：1958年9—10月〕

7. 贵州榕江县计划公社苗族民间厉鬼——老变婆

有关老变婆的传说，在苗族中历史久远，至今仍有深刻的影响。这一传说起于何时，由于苗族没有自己的文字记载，难以查实。我们在和苗族群众闲谈时，每当说及老变婆确有"谈虎色变"之势，乃至社队领导同志对此事亦将信将疑。据他们说，老变婆是中青年人死了以后变成的，分为男变婆和女变婆两种。其形象似人，披头散发，赤膊跣足，红眉绿眼，衣衫褴褛，身高如十二三岁的小孩。要变变婆的人死了以后，口吐唾沫。当人们抬他（她）的尸体去山上埋时，尸体一路上放屁，故抬尸的人感到非常恐惧。埋在土里三天之后，尸体就变活了，并从墓中破土而出，坟上出现一个大如碗口的洞穴，这便是墓中尸体变成变婆的证据。变婆出来以后，还能记住自己家庭的事情。如回家来舂米、挑水、放牛或在山上看田水等。他（她）有时也会回到自己的房前屋后来游动，并发出"嘀嘀"之声。如果发现这种情况，须破口大骂"你是鬼，你不是人，莫来伤害我们"等语。变婆听到骂声之后，感到不好意思，就自动离去。传说男的老变婆若在山上遇到妇女时，他就要戏弄妇女。同样，女的老变婆若遇到男人在山上时，她也要戏弄男人。被变婆戏弄过的人，死后一定变成变婆。计怀大队（公社驻地）是老变婆集中的地方。传说古代时，计怀有一个老妇去井边挑水时说过，我们这里树大阴森，水源又好，恐怕容易招老变婆来。老妇的这番话不料被变婆听到了，自此以后，摆拉、摆底、计划、乌略、加两、加化、加去、加牙、加宜等地的老变婆都要经过这里之后，才到别的地方去。老变婆到了计怀之后，一是找螃蟹吃，一是到井边去喝水，并用巴掌在水面上拍三下才离去。如果看到水井的水面上出现一个大如拳头的水泡，便是老变婆拍过水的证据。若吃了老变婆拍过的水，将来死后就会变成老变婆。在谈到老变婆的去向时，他们说，老变婆还须经过一番考验，即遇到池塘或河流时，老变婆必须纵身跳过去，若能顺利地跳过去，就会上山变成老虎，若跳不过去，他（她）就会掉进水里淹死。

  对于老变婆的传说，确属荒诞无稽之谈，是无科学根据的。据我们实地调查，于一九七七年摆拉大队的潘正武猎获一只野兽，雌性，全身长毛，体重八十多斤（市斤），形体与人相似，尤其奶和生殖器亦和人的相近。于是在苗族群众传说是本寨朱老商的爱人潘务能死后变成的，并说由于时间的关系，她的嘴壳突出，还没有完全变成老变婆。由此可知，人们所谓的老变婆，可能是某种类似人的野物，经过人们的不断加工和渲染所致，从而造成了"人哄人，吓死人"的恐怖心理状态而已。

［岑秀文：《榕江县计划公社苗族原始宗教调查报告》，《月亮山地区民族调查》，第 264—265 页，贵州省民族研究所，1983 年 6 月］

8. 贵州台江县苗族祭"精迷办"

  "精"的意思接近于"怪"，"迷办"意为"母猪"，"精迷办"就是"母猪怪"的意思，但一般用汉语称"母猪鬼"。据说共有七个，都是女性，是"卖榜、卖留"生的"寡蛋"变成的，住"钢方细朋"（"钢"意为脚，如寨脚；"方"即地方；"细"意为生或成;"朋"意为双或对,据说是村名,在江西省)。据说因它们是女鬼,所以没有"商大"。

据说"精迷办"初到人家时并不作弄人生病,而是作弄母猪吃掉自己生的小猪。发现这种情况后,就要用这头母猪祭鬼。但可不必马上祭,因家中并没有人生病,可留母猪把小猪养大(母猪只吃掉一个,但生一窝是若干个)了,并留它多养几窝小猎,再杀它祭"鬼",只要不超过二年就可以,祭物比较前面四种雷要简单些,就是:

母猪一只(即吃小猪的母猪);师米一碗;杉木皮棺材一盒(以杉木皮折成长方形的小盒。长约二十五公分,每边宽约八公分);饭(以一碗米煮成);卦一副(法器)。

祭物齐备了,就在晚上举行祭祀,在门外祭时,只放师米一碗及卦在地上,鬼师蹲着念咒,叫鬼来检验祭物。鬼到台江交下的路线见咒语第一段。

在门外念的咒语是:

第一段

你们从"钢方猱狃"地方来,从"粉羊秀家"来,/从"钢方细朋"来,从"粉羊细乃"来,/经过"荣良"(意为断岩),走过"最法"(?岩)(引者注:原文如此),/经过"荣广",/上到"荣更"(广、更都是蛤蟆,意为"蛙岩")/过来就是"荣有"(?岩)(引者注:原文如此),/上到"荣约"(约是鹃,意即"鹃岩")/来到"掌衣蒙"(意为细沙坝),/上到"得水尼"(意为紧的河沙坝)。/来到"甩西"(村名,在榕江),上到"无西"(属榕江),/到达"方西"(即榕江),/来到"拱丢办"(即沙江的六百塘),上到"娘友娘路"(属丹寨)/经过"九商、兄汪"(九商、兄汪均老村名,在剑河的扬英、扬苕附近,现无人家)/来到"枯昂",下到"枯菊"("枯昂、枯菊"均在剑河太平山)/过来"养纠八朵"(即剑河属的白道)/来到工堆(水沟名),上到翁兄,/走过党果地方。来到松俊(以上均属剑河),/来到掌夏皆(自此以下均属台江),上到八芒。/走到夏九,下到巫芒,/上到交下。进屋要吃的,/到家要东西。他家大屋里备有吃的东西,/宽房内摆的是礼物,放有母猪一只,/美酒七碗。但这大屋不是你坐的地方,/这房子不是你坐的房子,等会送你们到清吉的坝子上去,/到那干净的地方去。

这里的第二段至第四段咒语,同祭"戈养你"的第二段至第四段咒语;第五、六、七段咒语,同祭"戈养你"的第六、九、十段的咒语。但每段要减去末尾"这样他家千年都平安"至"要拣个好卦"六句,从略。

请鬼到后,即由鬼师念咒请鬼检验猪等祭物,然后由两个"堕白"捆猪,由与祭的人抬猪及一切祭物到祭鬼场去。在祭场只摆师米和卦在地下,鬼师蹲着念咒把祭物向"鬼"作交代。咒语如下:

来到清吉的场子,干净的地方,/你们坐着等吃的,歇着等东西。/"丁生"是能干的人,"堕白"是勤快的人,/把猪杀了。你们要它的魂魄。/等猪的内脏蒸熟了,等猪肝子也蒸熟了,/我再来告诉你们,慢慢地向你们交代。

鬼师念咒完毕,即由二个"堕白"杀猪,烧毛(交下一带平时杀小猪及鸡鸭时,都不用热水烫毛而用火烧掉，所以在祭鬼等活动中都完全照平时的方法用火烧毛），刮洗干净，再剖开洗涤内脏，然后将肉砍为若干块连同内脏（包括肠肚）、血、师米煮在一口大锅里。肉煮至半熟时即捞出陈设献祭。为什么祭这种鬼时肠肚可掺入一起煮呢？据说这种鬼和后述的许多种鬼都不讲究清吉，所以一起煮了它们也接受。熟肉分为七份陈设在铺有草或树叶的地上，就是：心子放在中间的那份，肾放在心的两侧的那两份，肺的大半分为四块配给没有分得心和肾的那四份，肺的小半及血、肠、肚、肉各平均分成七份，并各摆饭团一团。这饭是用一碗米在家煮好带来的。另舀汤粥（师米掺入煮成）一瓢摆在左端或右端，不用酒。陈设妥当后，鬼师开始念咒。鬼师念咒时重复在门口念的第二段到第七段，向鬼再提出要求和希望之后，即请鬼吃。请鬼和送"鬼"走的咒语如下：

吃饱了我指路回去，喝够了我引路你们走，／所有的东西你们收清楚。你们来时我用米来接，／你们回去我用米来送。你们从哪条路来，／仍从哪条路去。走到巫芒，／转到"干九"。

以下咒语按照请鬼来的地名次序倒念一遍至"钢方猍狃"，然后接下面的咒语。

那个地方才是你们住的地方，那个住所才是你们的住所。／到了你们的地方，送到你们的住所。

请鬼吃时，"堕白"掐肉给鬼，并将鬼肉给与祭者"八崩"的情况与意义完全和祭"戈养你"一样。鬼师送鬼走后，与祭者即就地吃自己原"八崩"的那份肉，互不相送，互不侵犯。吃不完的可以带回家。祭主不备酒，饭也少，但与祭者自己可以预先带来。食盐和辣椒仍由祭主供应。

据说如在母猪吃小猪后二年内不祭这种鬼，家中就要有人生病。按习惯要用吃小猪的那条母猪祭鬼，不能用其他小猪来代替。因为不知道鬼是否接受其他小猪；如鬼不接受的时候，再用原来吃小猪的那条母猪祭鬼，则损失就更大了，所以从来没有人用小猪来代替应宰杀的母猪。

〔全国人民代表大会民族委员会编：《贵州省台江苗族的宗教迷信》，第37—39页，1958年5月内部编印〕

9. 贵州台江县苗族祭"精杇"（甲）

"精杇"（"精"接近于"怪"的意思，"杇"意为虎）就是"虎怪"的意思。"精杇"有二种，情况大体相同，名称也没有分别。为了便于叙述，这里以甲、乙来区别它们。"精杇"（甲）有七个，女性。是"卖榜、卖留"生的寡蛋变成的，也有"商大"一个。"精杇"（甲）有时作怪（所谓作怪，是指发现有虎屎或豹屎在田坎或田中而言），有时作弄人患眼病。患眼病时，经鬼师望"鬼"，确定为"精杇"作弄后才祭，祭物是：

小母猪一只；蛋一个；饭（二碗米煮成）；师米一碗；稻草扎成的虎（有头、尾、脚）一个；虎屎（发现自己田中或田坎有虎豹屎即去捡来，如是鬼师望的就到鬼师说的地方去找，找不着就抓一点草代替盛在篮中带回放在村外）；卦一副。

祭"精朽"（甲）是在黄昏以前举行，日子不选择，由"堕白"陈设师米、卦于门外地上，鬼师蹲着念咒语，咒语如下：

第一段
本段咒语完全与祭"精迷办"的咒语第一段一样。

第二段
本段前部分咒语同祭"戈养你"的咒语第二段前部分一样，至"收去你产烟雾，灭掉你的火焰"句后，就接下面的咒语。

室内清吉，家里平安；／堂屋柱子无事，灶房也不例外，／屋的上面好到瓦，屋的下面好到地脚枋，／饮食也好，凉水也干净，／堂屋中的爷崽，灶房中的母女，／老小平安，全家清吉，／清吉像白刺花一样，干净像"冬"草花一般，／这样他家千年都平安。

第三段
本段咒语同祭"戈养你"的咒语第五段，便要减去末尾"这样他家千年都平安"至"要拣个好卦"六句。

第四段
本段咒语同祭"戈养你"的咒语第六段，但要减去末尾六句。

第五段
本段咒语同祭"戈养你"的咒语第九段，但要减去末尾六句。

第六段
本段前部分咒语同祭"戈养你"的咒语第十段的前部分，念完"保佑人魂进屋了，我挞的卦是两面伏"之后，即接下面的咒语。

大门拿"东福"树来拦，后门以五棓子树来塞，／闩起窗户的门，关紧大门，／水牛进不来，马也进不来，／现在送你们到路上去，到清吉的住所，／到干净的地方，再交祭物给你们。

鬼师念完毕，即把猪、草虎等祭物全部搬到祭鬼的地方去。当走到村外时就把原找来的虎屎一起带去。虎屙屎的田如果在近处，就到那块田边祭；田如远了，就到祭鬼场去。

在祭鬼的地方由"堕白"把师米、卦、草虎、虎屎及蛋陈设在地上，虎头向外。鬼师蹲着念咒语，如下：

来到了干净的场子，到了清吉住所。／活的猪你们抬不动，活的猪你们牵不走。／"丁生"能干，"堕白"干净。／杀个猪，杀个母猪。／杀死了你们要它的魂魄，宰了你们要它的血气。／并要蒸熟内脏，煮熟心肝给你们吃，／现在你们坐着等肉，歇着等菜。／我作交代，交代清清楚楚。

鬼师念咒把祭物交代给鬼后，就由"堕白"杀猪，猪毛用火烧掉。经洗整干净了，就把肉和全部内脏及师米放在一起煮。熟肉仍由"堕白"按照祭"精迷办"陈设熟肉的办法来陈设，如图十。

陈设妥当后，鬼师蹲着念咒语，现在念的咒语是把原在门外念的咒语第三段至第六段重复念一遍，这里从略。

鬼师念咒向鬼提出要求和希望之后，就请鬼吃。这时"堕白"掐肉请鬼吃和掐肉饭给与祭者"八崩"的情况和意义完全同祭"戈养你"一样。"八崩"之后，鬼师即念咒语送"鬼"走。咒语同祭"精迷办"送"鬼"走时一样，这里从略。鬼师送鬼走了，就把草虎送到田边丢掉，然后再把蛋拿到离祭鬼地址数丈远的地方去祭鬼的"商大"，希望"商大"以后不要再带鬼（即虎豹）到田地上屙屎。只念几句咒语后仍把蛋带回烧吃（谁吃都可），然后与祭者就地吃自己原"八崩"的那份肉饭。互不赠送或侵犯，吃不完可以带回家。但祭主不能带回，理由不详。酒饭自备，食盐和辣椒由祭主供给或与祭者各带一点都可以。

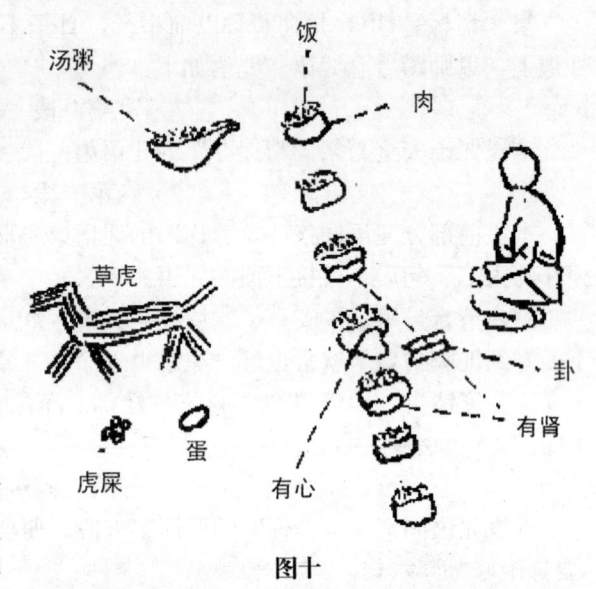

图十

〔全国人民代表大会民族委员会编：《贵州省台江苗族的宗教迷信》，第39—41页，1958年5月内部编印〕

10. 贵州台江县苗族祭"精朽"（乙）

据说这种鬼共七个（另有"商大"一个），女性，也是"卖榜、卖留"生的寡蛋变成的，它有时到人们的田里呕吐（作怪），有时作弄人生病。病有两种情况：鬼如掐人身上人就生病。如用手插人眼睛，人就要患眼病。发现自己田里有虎"呕吐"（何以知道是虎呕吐？述者也不知道）的东西时，就把这些东西捞在田坎以备祭鬼用。经鬼师或巫师确定是这种鬼作祟致病后，就准备祭物祭鬼，祭物是：

小母狗一只；蛋一个；饭（祭主的二碗米煮成）；师米一碗；"左"一个（用稻草扎的草虎）。

祭物齐备了就开始祭仪，不选择日子，但须在黄昏以前祭这种鬼，祭"精朽"（乙）的全部过程和鬼师念的咒语，同祭"精朽"（甲）一样，只念到用猪祭时，改为用狗祭就行了，这里不再赘述。

〔全国人民代表大会民族委员会编：《贵州省台江苗族的宗教迷信》，第41页，1958年5月内部编印〕

11. 贵州台江县苗族祭"精囊"

"精囊"("精"同前面一样是怪的意思,"囊"意为蛇)就是"蛇怪"的意思,据说它是女性,共有五个,是"卖榜、卖留"生的寡蛋变成的。它作弄人腰痛、身痛和肚子痛,经请鬼师或巫师"望鬼"确定是它作弄后,就准备物品来祭,又遇见两条蛇绞在一起(性交)时,就认为是这种鬼作怪,也要祭。祭物是:

小母狗一只;鸡一只(鸡鸭中须有一雄一雌);鸭一只;蛋二个;饭(一碗米煮的);师米一碗;草蛇二根(以两段较粗草索为之,另以两根小索系着草蛇牵走,表示蛇走);卦一副。

祭"精囊"是在黄昏前的时候举行,不选择日子,由二个"堕白"陈设师米及卦于门外,鬼师蹲着念咒请鬼检查祭物。据说这鬼是住在"养衣立同衣友",至台江交下的路线是经"钢方细朋"的。鬼师念的咒语情况如下:

第一段喊鬼到家并交祭物给它,除减去"你们从钢方猴狙来,从粉羊秀家来"这二句外,其余与祭"精朽"(甲)第一段咒语相同。

第二段与祭"精朽"(甲)的咒语第二段相同。

第三段与祭"戈养你"的咒语第六段相同,但应删去最后六句。

第四段与祭"戈养你"的咒语第九段相同,也应减去最后六句。

第五段与祭"精朽"(甲)的咒语第六段相同。

鬼师请鬼检验祭物完毕,即将祭物搬到祭鬼场去。由一人提着两根小绳(即草蛇),象征着蛇在行走。到祭鬼场后,由二个"堕白"陈设草蛇、师米及卦于地上。陈设的位置是:草蛇的头向前,师米和卦对着它的尾巴,鬼师面对师米和卦,蛋虽不陈设,但要取鸡鸭羽毛各二片系于蛋上,表示羽翼长成,已变成鸡或鸭的意思。

鬼师蹲着念咒,把祭物交代给鬼。念的咒语跟在祭鬼场祭"精迷办"的一样。念毕即由二个"堕白"宰杀狗、鸡和鸭。经过烧毛、剖开、洗整之后,狗、鸡、鸭的肉和全部内脏、蛋、师米均放在一个锅内用清水来煮。熟肉由"堕白"陈设为五份,不用碗装,摆在铺有草或树叶的地上,中间那份放狗心,狗心两侧的那两份各放一个鸡或鸭心及狗肾,以狗肺的大半分为二块放在两端没有心、肾的那两份,狗肺的小半及肝、肉、蛋各均分为五股配搭在五份上面,并各放一个饭团,陈设的次序是:先放狗肉,次放鸡肉,再放鸭肉。另舀一碗(或瓢)肉汤带粥放在一边,如图十一。

鬼师蹲着念咒语,念的咒语是把原在门外念的咒语第二段至第四段重复一遍,经向鬼提出要求,并念到"你们动手来拿,张嘴来喝"的时候,就由"堕白"把五份肉饭逐一掐一点,并倒一点粥汤于草蛇上,表示鬼已吃了。"堕白"再按照祭"戈养你"的办法掐肉饭给与祭者举行"八崩"之后。鬼师再念咒语送鬼走。咒语同祭"精迷办"的最后一段咒语一样,从略。送"鬼"走了,供祭的饭就不再移动,与祭者即就地吃自己原来"八崩"过的那份食物。都是互不赠送,互不侵犯。酒饭自备,带有盐巴和辣椒的人，可以互送。汤粥大家舀吃。肉吃不完可以带回家，但主祭只许带在门外给家里的人吃。祭主不论是否有余剩食物带到门外来吃，都要盥手并洗涤锅碗后才能进家，据说不这样做鬼就会转回来。

［全国人民代表大会民族委员会编：《贵州省台江苗族的宗教迷信》，第41—42页，1958年5月内部编印］

图十一

12. 贵州台江县苗族祭"精囊响"

"精囊响"的意思是"四脚蛇怪"，"囊响"是蜥蜴，即普通称的四脚蛇。据说这种鬼是女性，有三个，是"卖榜、卖留"生的寡蛋变成的，也同"精囊"一样住在"养衣立同衣友"。凡遇见四脚蛇性交时（据说情况是一条爬在另一条的背上）即认为是这种鬼作怪，要备祭物祭它。祭物是：

中等鸡一只（鸡鸭当中要一雌一雄）；中等鸭一只；蛋一个；草蛇二根（制法同精囊）；饭（一碗米煮成）；师米一碗；卦一副。

祭"精囊响"是在黄昏前举行。在门外陈设师米及卦于地上。鬼师蹲着念咒语（全部咒语完全与祭"精囊"一样，但祭精囊是用狗，这里是用鸡鸭，只注意改这句咒语就行了），请鬼来检验祭物后，即将全部祭物搬到祭鬼场去。去时的拉草蛇和到祭鬼场后的陈设与祭"精囊"一样。陈设完毕，鬼师蹲着念咒，把祭物交给鬼后，即由"堕白"杀鸡鸭。经过烧毛、刮洗后，鸡鸭肉、肚肠、血、蛋、师米作一锅煮。熟肉的陈设是：以鸡鸭心摆在中间的那份，以一个肝分为二块摆在两边的那两份；另一个肝及肉饭等各平均分为三股摆在三份的上面，舀一碗（瓢）汤粥摆在一边。可参考图十二。

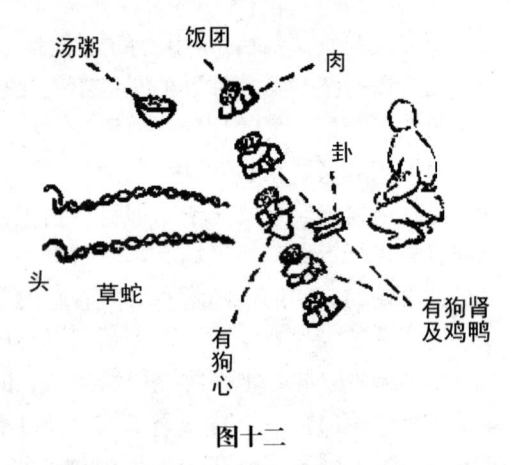

图十二

陈设完毕鬼师的念咒，向鬼提出要求，请鬼吃，直到与祭者分吃祭肉，祭主的禁忌等过程，完全同祭"精囊"一样，这里从略。

［全国人民代表大会民族委员会编：《贵州省台江苗族的宗教迷信》，第42—43页，1958年5月内部编印］

13. 贵州台江县苗族祭"精翁溜"

"精翁溜"("翁"意为"水","溜"意为"大")意为"大的水怪",据说这种鬼是女性,有七个,是"卖榜、卖留"生的寡蛋变成的,住"钢方细朋",它作弄人的时候,人们就会身上痛、头痛或肚子痛。经鬼师或巫师确定是它作弄后就要祭它。有时在野外遇见风吹水面,水跳起两三米高,人们认为这也是它在作怪。如果没有人因而致病,并不需祭祀。祭物是:

小母猪一只;饭(一碗米煮的);师米一碗;卦一副(属于法器)。

祭"精翁溜"是在白天举行,由二个"堕白"把师米及卦摆在门外地上,鬼师蹲着念咒语(在门外和祭鬼场念的全部咒语,完全与祭"精囊"一样)。请鬼来检验祭物,交代完毕,就把全部祭物搬到祭鬼的地方去。这祭"鬼"的地方不是祭鬼场,而是不拘谁家的有水的田边。在祭鬼的地方仍摆师米及卦在地上,鬼师蹲着念咒把祭物交给鬼并请它稍等之后,即由二个"堕白"杀猪,杀猪时可接血,猪快绝气时即把猪抛于水田中,使猪在水中扳动像风(精)吹水跳的样子,就以为是"精"已来接受祭物。等到猪不动时才把它拉起来用火把毛烧掉,经剖腹洗净后,猪肉、猪血、肠、肚、心、肝和师米作一锅煮。熟肉仍由"堕白"陈设于铺有草或树叶的地上,不用碗装。猪心放在中间的那份,肾放在心的两侧那两份,肺的大半平分给其余的四份,肺的小半及肝、肉等各平分为七份来配搭,饭也分作七份摆在每份肉的上面。并舀一碗(瓢)汤粥摆在一边如图十二。

鬼师念咒向鬼提出要求,请鬼吃,至于祭人的分吃祭肉饭,情况都同祭"精迷办"一样,吃不完的肉可带回家,祭主也可带回家。

[全国人民代表大会民族委员会编:《贵州省台江苗族的宗教迷信》,第43页,1958年5月内部编印]

14. 贵州台江县苗族祭"精翁又"

"精翁又"("又"的意思是小)就是"小的水怪"的意思,据说它是女性,共五个,住"钢方细朋",是"卖榜、卖留"生的寡蛋变成的。它作弄人身上痛,经鬼师或巫师望了确定是它作弄之后,即准备祭物请鬼师祭它,用的祭物是:

中等母鸭一只;饭(一碗米煮的);师米一碗;卦一副(法器)。

祭"精翁又"是在白天举行,摆师米及卦于门外的地上,鬼师蹲着念咒语,请鬼来检验祭物。鬼到交下的路线和在门外及祭鬼场念的全部咒语,完全同祭"精囊"一样,但这里是用鸭祭,注意收变这句咒语就行了。请鬼到达并作交代之后,即把全部祭物搬到祭鬼的地方去。祭鬼的地方不一定在祭"鬼"场,要在几尺深的水溪边,到达后仍陈设师米及卦,鬼师蹲着念咒,把祭物交代给鬼后,即杀鸭接血,俟鸭将气绝时就抛在水上,鸭在水面作最后的扳动而拍着双翅像吹风刮水一样,就认为是"精"已来接受祭物。鸭死后捞来烧毛，剖腹洗净后，肉、肠、血、师米作一锅煮。熟肉陈设五份于铺有草或树叶的地上。就是：鸭头放在中间那份，双翅摆在中间两侧的那两份，两腿摆在两端的那两份。肝、肉、肠、血等各平均分为五股配搭在五份的上面，饭也分为五份摆在肉的上面。肉饭摆成一个行列。另舀一碗（瓢）汤粥摆在一端的前面一点。卦摆在后边另起一行列。鬼师面对着卦蹲在地上念咒。

从摆好熟肉念咒起，至于祭者就地吃肉等一系列的祭鬼活动完全和祭"戈养你"一样，这里从略。

[全国人民代表大会民族委员会编：《贵州省台江苗族的宗教迷信》，第43—44页，1958年5月内部编印]

15. 贵州台江县苗族祭"精迷瓜"

"精迷瓜"（"精"意近于"怪"，"迷"的意思是"母"，"瓜"的意思是"鸡"）就是"母鸡怪"的意思，又称"精瓜"意为"鸡怪"。据说这种"怪"是女性，共二个，住在"钢方细朋"，是"卖榜、卖留"所生的寡蛋变成的。作怪情况有二：一为使母鸡啄破自己所生的蛋而吸蛋汁；二为使簸箕中的米无故蹦跳。如不祭它，它就要使人手痛。祭物是：

母鸡一只（即喝蛋的母鸡，如系米跳或手痛则用生过蛋的母鸡）；饭半碗；师米一小把；卦一副（法器）。

祭"精迷瓜"是晚上在家中举行，不去祭鬼场，鬼师一手握米，一手拿卦就念咒（祭"精迷瓜"两次念的咒语，都与祭"精囊"时所念的咒语基本相同，只减少走祭鬼场和这里用鸡祭的那些咒语）。鬼到交下的路线与祭"精迷办"相同。鬼师请"鬼"到达并将祭物交代给鬼后即杀鸡。经过烧毛、剖腹洗净了，就把肉肠作一锅煮。熟后分作二份陈设放在火坑边的砧板上，舀一碗汤并摆两份饭如图十三。

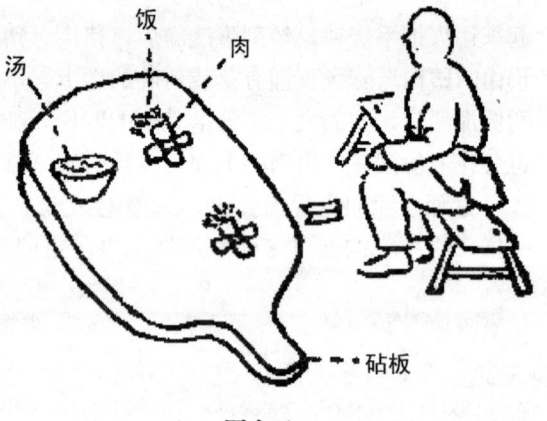

图十三

陈设妥当，鬼师坐着念咒语，从念咒向鬼提出要求至送鬼走的情况和意义完全同祭"戈养你"一样。鬼师念咒送鬼走后，就把肉混在一起，全家共吃。祭鬼不用酒。仍可喝酒。

鸡吃蛋多半在孵卵期间，也有少数在生蛋时吃的，发现这种情况时，可以不马上祭鬼。俟它孵出小鸡并把小鸡抚养大了以后，再杀它祭鬼。

[全国人民代表大会民族委员会编：《贵州省台江苗族的宗教迷信》，第44页，1958年5月内部编印]

16. 贵州台江县苗族祭"精弄"

"弄"意为叶子,"精弄"就是"叶怪"的意思。据说它是女性,共三个,是"卖榜、卖留"生的寡蛋变成的,住"钢方细朋"。遇见树叶掉到地下时还像在走动一样,就是它在作怪。它作弄人的后果是:肚子痛或无力气。经鬼师成巫师望定后,就用如下的祭物祭它:

中等鸡一只(鸡鸭中要一雌一雄);中等鸭一只;饭半碗;几片树叶(用五棓子叶及花椒叶以代鬼);卦一副(法器)。

祭"精弄"是在黄昏前举行。陈设师米及卦于门外地上,鬼师蹲着念咒语请鬼来检验祭物。鬼到交下的路线和在门外及祭鬼场念的全部咒语,完全同祭"精囊"一样。但这里是用鸡鸭祭,要改变这句咒语,鬼师念咒请鬼到达并交代祭物完毕后,就把全部祭物搬到祭鬼场去。在祭鬼场也只陈设师米及卦于地上,鬼师仍蹲着念咒语。把祭物交代给鬼,并请鬼稍等之后即杀鸡鸭。经过烧毛、剖腹、刮洗干净后,肉肠师米混为一锅煮。熟后以鸡鸭的一个头摆在中间的那份,另一个头分为二块供在两边的那两份。肉、肠等各分为三股配搭在三份的上面,饭也分为三股摆在肉的上面。

陈设好了,鬼师就蹲着念咒语,这时一系列的祭鬼活动,与祭"戈养你"基本相同。送鬼走后,与祭者即就地分吃原来自己"八崩"的那份肉,酒饭自带,吃不完的肉可带回家。代表鬼的树叶即留在原处,不再管它。

[全国人民代表大会民族委员会编:《贵州省台江苗族的宗教迷信》,第45页,1958年5月内部编印]

17. 贵州台江县苗族祭"八弄"(甲)

"八"意为"山","弄"意为"叶"。据说是非"善终"者(即死于刀枪的、缢死、溺死、跌死的人),因尸体未经烧化,魂魄不能送往"欧有孔"而成的。因此"八弄"有男性也有女性。共分四种,分别叙述如下:

据说"八弄"(甲)共十二个,男性,住"掌窝窂",是遭刀枪死的人。因尸体未经烧化,魂魄不能送去"欧有孔"而变成,死者的致命伤在何处,它作弄人生病时就使人们痛在何处。经鬼师或巫师望定后,就准备祭物祭它,祭物是:

小母猪一只;饭(一碗米煮的);装血筒十二个(以小竹筒为之,苗语叫"董加响",捆在草人身上做鬼盛血用);"灵"(即草人,用稻草扎成,不穿衣服);竹刀一把(以长尺许的竹片为之,捆在草人腰上的左边);"弄催"十二个(以十二个像筷子样长大的竹竿为之,一端劈破夹以树叶,叶是代表刀系于"灵"腰,鬼是十二个,已有一把竹刀,又制十二把"弄催",意思不详);卦一副(法器)。

祭"八弄"的时间不论,由"堕白"摆师米及卦在门外地上,"灵"倚于壁上(已系上竹刀、竹筒及弄催）如图十四。

　　鬼师蹲着念咒语，请鬼来检验祭物，鬼由"掌窝罕"经过"钢方细朋"而来，到交下的路线和鬼师在门外及祭鬼场念的全部咒语完全与祭"精迷办"一样，鬼师念咒请鬼检验祭物后，就把全部祭物搬到祭鬼场去。在祭鬼场的陈设和在门外的陈设一样，但"灵"放在面前，鬼师不念咒交代祭物即由二个"堕白"杀猪，并立即举猪的血滴入十二个竹筒内。据说这种鬼只吮血，不吃肉。这时鬼师立即念咒，向鬼提出要求完毕后即送鬼走。杀猪的"堕白"也以碗接猪的余血。经烧毛、剖洗、煮熟后，仍依习惯摆猪心在中间的部分，两个肾摆在猪心两侧的那两份，肺的大半分为九股摆作另外的九份，余肺及肉、肝、肠、肚、血、饭等各均分为十二股来分配。因鬼已于杀猪淋血后送走，这时鬼师就不要念咒请"鬼"吃了，而以一棵芭茅（即芦苇）从陈设祭肉行列的这边扫向肉的那一边，并将芭茅顺手抛出去后，大家就地吃肉，鬼师吃有猪心的那份，二个"堕白"各吃有肾的那两份，其余的人各吃一份。要把肉吃完，不能带回家。盐辣由祭主负担或与祭者自带都可以。

图十四

〔全国人民代表大会民族委员会编：《贵州省台江苗族的宗教迷信》，第45—46页，1958年5月内部编印〕

18. 贵州台江县苗族祭"八弄"（乙）

　　据说"八弄"（乙）共七个，都是女性，住在"养戛动"、"呆戛开"。这种鬼是对婚姻不满意不愿出嫁的姑娘缢死了，或死了父母、悲观厌世的姑娘自缢了，她的尸体未经烧化，不能把魂魄送去"欧有孔"而变成的。究竟是所有不满于婚姻而缢死的姑娘变的呢？或仅是从前某个不满于婚姻而缢死的姑娘变成？口述者还弄不清楚。十岁以上的男女，都是"八弄"（乙）作弄的对象。因为它是吊颈死者的魂魄变成，所以它作弄人时就是使人的颈子痛。经鬼师或巫师望鬼确定是它作弄之后，就预备下列的祭物祭它。

　　小母猪一只；饭（一碗米煮成的）；"灵"（即草人）一个；"纠呆粉伤、务独亏拱"（用一棵留有枝叶的小树，在上面挂一个蛋，表示吊颈）一棵；装血筒七个（即小竹筒）；"弄催"七个（制法见"八弄"〈甲〉）；竹刀一把；卦一副（法器）。

　　祭"八弄"（乙）不选择日子和时辰。"堕白"摆师米和卦在门外的地上，并将草人及代表吊颈的小树随便放在一边。鬼师念咒请鬼来检验祭物，鬼由"掌戛堕、养戛开"经"钢方细朋"而来。到交下的路线和鬼师念的咒语跟祭"精囊"一样，只是在开始念咒语时多有这样的几句：

　　不满于婚姻的姑娘，／她到岭上去自缢，／到坡上去吊颈，／就在岭上的"开"树上，／晒布的草坪地方吊死了。

鬼师念咒请鬼到达并交代祭物给它检验后，就把全部祭物搬到祭鬼场去。在祭鬼场摆师米及卦于地上，把草人及代表吊颈的小树插在前面地上，草人身上系着装血筒及"弄催"，竹刀挂在草人腰上的左侧，如图十五。

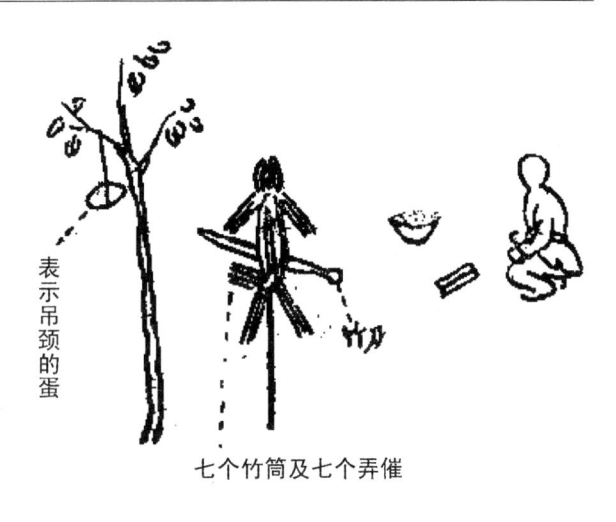

陈设完毕，鬼师蹲着念咒语，把祭物"交"给鬼后，就杀猪以血淋入装血筒内，并以碗接余血。经过烧毛、剖腹、洗净后，肉及全部内脏、师米作一锅煮。熟肉的陈设，同祭"精迷办"的陈设一样。陈设妥当了，鬼师蹲着念咒向鬼提出要求后即请鬼吃。经过"八崩"（情况和意义同祭"戈养你"一样）之后，鬼师即念咒送鬼，将鬼送走后，即取出表示吊颈的那个蛋来烧吃（谁吃均可）。大家就地吃自己原"八崩"的那份肉，吃不完的肉可以带回家。

[全国人民代表大会民族委员会编：《贵州省台江苗族的宗教迷信》，第46—47页，1958年5月内部编印]

19. 贵州台江县苗族祭"八弄"（丙）

据说"八弄"（丙）共五个，都是女性，住在"皆同八攘"。是跌死者的尸体未经烧化，他的魂魄不能送去"欧有孔"而变成的。它作弄人的脚痛。祭物是：

中等母鸡（引者注："鸡"应为"鸭"）一只；饭（一碗米煮的）；师米半碗；装血筒五个（苗语叫"董加响"）；卦一副（法器）。

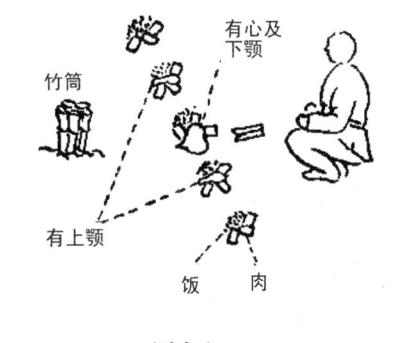

祭"八弄"（丙）不择时间，在门外只陈设师米及卦，鬼师蹲着念咒语，请鬼来检验祭物。鬼由"皆同八攘"经"钢方细朋"来，到交下的路线和鬼师念的全部咒语完全同祭"精囊"一样。但这里是用鸡祭鬼，咒语也要改变这句，鬼师念咒请鬼到达，并把祭物交给鬼检验完毕，即将全部祭物搬到祭鬼场去。

到祭鬼场后，以五个装血筒插在地下，并摆师米及卦，鬼师蹲着念咒语，把祭物交给鬼。然后由"堕白"杀鸭，以血灌入竹筒内。经过烧毛、剖腹、洗净后，肉肠作一锅煮。煮熟后的陈设是：以鸭心及鸭头下颚放在中间的那份，肝分为四块摆做另外的四份。鸭头上颚分为二块摆在有鸭心那份两边的两份。在两端少得心头的那两份,即多分一块肉。其余的肉、血、肠平均分为五份来分配。饭也按五份分配如图十六。

鬼师蹲着念咒,向鬼提出要求,并举行"八崩"。同祭"戈养你"一样。鬼师念咒送鬼走了,与祭者即就地吃自己原"八崩"的那份肉饭,互不赠送,也互不侵犯。酒饭自备,盐巴和辣椒可以互相供应。肉一定要吃完,不许带回家。

[全国人民代表大会民族委员会编:《贵州省台江苗族的宗教迷信》,第47页,1958年5月内部编印]

20. 贵州台江县苗族祭"八弄"(丁)

据说"八弄"(丁)共二个,都是女性,不知是什么东西变成的,住"皆同八攘"。它作弄人的手脚肿得像生疱一样。是随"八弄"(丙)一道来作弄人生病的,但祭它的时候不能同祭"八弄"(丙)一道,而是单独举行。祭物是:

小雄鸡一只(很小辨别不清雌雄的小鸡也可以);师米一小把;卦一副(法器)。

祭"八弄"(丁)很简单,不择时间,鬼师只在门外念咒请鬼到来验收祭物就完事,不到祭鬼场,也不用把鸡煮熟。它到交下的路线同祭"精囊"一样,鬼师念的咒语也大致和祭"精囊"相同;但因不必煮鸡,所以也就减少"堕白"杀鸡、煮肉、请鬼吃熟肉等的咒语。

鬼师念咒请鬼到之后,就杀鸡,把血滴于地上,并淋一点血于门栏后即送鬼走,祭祀仪式到此结束。鸡大一点的,鬼师可带回家去;如太小了也可以扔掉。

[全国人民代表大会民族委员会编:《贵州省台江苗族的宗教迷信》,第47页,1958年5月内部编印]

21. 贵州台江县苗族祭"商卡口"(甲)

"商"意为"鬼","卡"意为"捆","口"是竹制的捕鱼器的苗语称呼。"商卡口"有两种,命名意义不详。据说"商卡口"(甲)有七个,都是女性,是从前一个癞子(大麻风)名叫"仰皆里"的死后变成这种鬼。住"钢方弄荣、粉羊给困"。它作弄人时,七个都来,被作弄的人就会肚痛、呕吐、泻肚。经请鬼师或巫师望过确定是这种鬼作弄之后,即备祭物来祭它。祭物是:

小母猪一只;酒约一斤;饭(一碗米煮的);师米一碗;"口沙口蒙"一个(意为粗的"口"和细的"口",用稻草四棵,以一棵制成直径五公分的圆圈,再以三棵系着圆圈成三脚状,这三棵的另一端捆在一起略成圆锥形。或以蓑草制也可以。据说鬼是在这里面);卦一副(法器)。

祭"商卡口"是在晚上举行,由二个"堕白"摆师米及卦在门外,鬼师蹲着念咒语,请鬼来检验祭物。鬼由"钢方弄荣、粉羊给困"经"钢方细朋"来。到交下的路线和在门外及祭鬼场念的咒语同祭"精囊"一样。鬼师念咒请鬼到达,并把祭物交代给鬼检验了,就把全部祭物搬到祭鬼场去。在祭鬼场也摆在地上,摆师米、卦在一起,前面是七杯(碗)酒,再前面就是"口"。鬼师蹲着念咒语,把祭物交代给鬼后,由二个"堕白"杀猪。经烧毛、刮洗、剖腹、洗净了,肉及全部内脏、师米作一锅煮。熟肉的陈设同祭"精迷办"一样。饭也分为七份。肉饭都完全摆在铺有草或树叶的地上,再酌酒。鬼师蹲着念咒语。这时要将火熄掉,不许有火焰发亮。据说这种"鬼"是生大麻风的人变成的,如不熄火,它害羞不好意思来吃。陈设如图十七。

鬼师念咒向鬼提出要求后就请鬼吃。并举行"八崩"(意义和程序完全同祭"戈养你"一样)。"八崩"后,鬼师念咒送鬼走了,与祭者即就地吃原来自己"八崩"的那一份酒肉。互不赠送,互不侵犯。盐辣由祭主供给,酒饭自备。肉一定要吃完,不许带回家。吃毕要盥手、洗涤锅碗才回家。

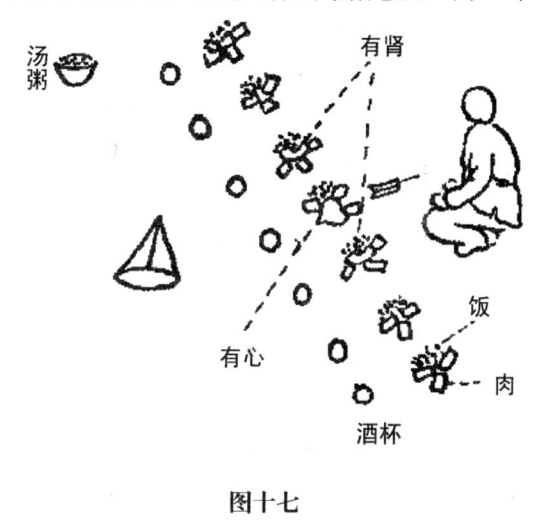

祭这鬼从陈设熟肉、鬼师念咒语起一直到吃完回家,都不许说话,据说因在鬼师念咒语时,鬼要听咒语,故不许旁人说话,但送鬼走了,与祭者吃的时候,甚至回家时也只许互作手势,不许做声,不知是什么缘故。

[全国人民代表大会民族委员会编:《贵州省台江苗族的宗教迷信》,第48页,1958年5月内部编印]

22. 贵州台江县苗族祭"商卡口"(乙)

据说"商卡口"(乙)共二个,都是女性,是从前癫子名叫"宜八囊"死后变成的。住在"钢衣咀先、粉羊咀虐",它作弄人时两个都来,被作弄者肚痛、呕吐、腹泻,经请鬼师或巫师望了确定是它作弄后,就准备祭物来祭它,祭物是:

中等母鸡一只;小鱼一尾;酸菜一小碗(酸菜是以洗净的干青菜细切置诸瓮中,密盖不通气约旬日而成。有用盐腌的,也有不用的);酒数两;饭一碗;"口沙口蒙"一个(制法见"商卡口"甲);卦一副(法器)。

祭"商卡口"(乙)要在晚上举行,摆师米及卦在门外的地上,鬼师蹲着念咒语,请鬼来检验祭物。鬼是由"钢衣咀先、粉羊咀虐"经"钢方细朋"来,到交下的路线与祭"精选办"一样。在门外和祭鬼场念的咒语,同祭"精囊"时所念的咒语一样。但祭"商卡口"(乙)是用鸡,所以交代祭物时要改变这句咒语。

鬼师在门外请鬼检验祭物完毕后，就把全部祭物搬到祭鬼场去。在祭鬼场只摆师米、卦和"口沙口蒙"及二个酒杯（酌酒）于地上，鬼师蹲着念咒语，并把祭物交代给鬼后就杀鸡，经过烧毛、剖腹、洗净后，便把鸡及内脏、师米放在一起煮。鱼太小，和鸡一起煮恐怕一时找不到，所以就单独先煮或用火烧，熟后将鸡肉及内脏各分为二份摆在铺有草或树叶的地上，再各放一点酸菜和半节鱼于肉上，饭也分为二份，并舀一碗汤粥摆在一边，如图十八。

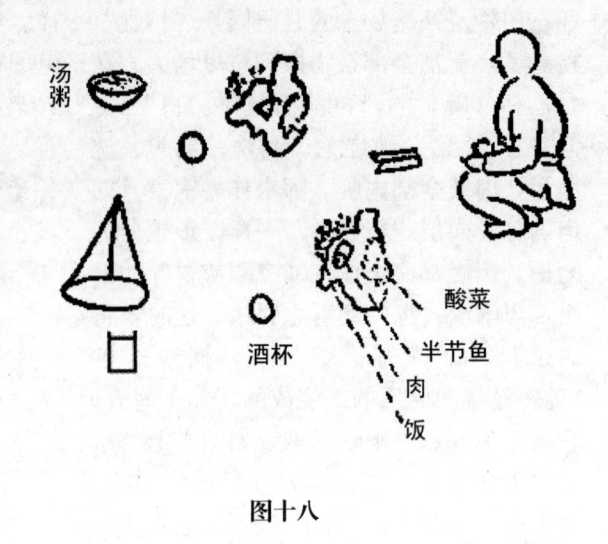

图十八

摆好后，鬼师蹲着念咒语，同时将火熄掉，据说这鬼是癞子死后变成，面目丑陋，有亮它不好意思来吃。直到念完咒语送鬼走了才再生火。鬼师念咒语向鬼提出要求，并请鬼吃后，二人"八崩"。送鬼走了，二人就地吃原来自己"八崩"的那一份酒、肉、饭。吃不完可互相赠送，但一定要吃完，不能带回家。从煮熟念咒语起一直到吃完回家，都不许说话。吃完后盥手、洗涤锅碗才回家。

〔全国人民代表大会民族委员会编：《贵州省台江苗族的宗教迷信》，第48—49页，1958年5月内部编印〕

23. 贵州台江县苗族祭"戛朽达翁"

"戛朽"意思为魂，"达"意为死。"翁"意为水。"戛朽达翁"就是"在水里淹死的人的魂魄"的意思。据说它不是"商"（鬼），只是"戛朽"（魂）。共二个，性别没有一定，男女都有。它是溺死的人的尸体未经烧化，其魂魄不能送到"欧有孔"去过考转生，遂游荡而成为这种作弄人生病的"戛朽"。病人的症状是：脸及身上都浮肿得像溺死者一样。经鬼师或巫师望"鬼"确定是它作弄，并确定它为男性或女性后，就准备祭物祭它。祭物是：

中等鸡一只（男"戛朽"用雄鸡，女"戛朽"用雌鸡）；酒二三两；饭一碗；师米一杯；"柳独"一个（以一棵稻草来回绾数道，留草的一端将已绾的草扎紧，抓一点火灰于其上，表示做火把，以给"戛朽"照亮走路）；卦一副（法器）。

祭"戛朽达翁"是晚上在屋侧或屋后举行，先杀鸡，经过烧毛、剖腹、洗净后，鸡肉及全部内脏和师米（但要留一点做请鬼和送鬼用）作一锅煮。熟肉的陈设是：把肉及肝、肠等各分为二股来陈设为一行列。内一股有鸡头，饭也分为二股摆在肉上或侧边。摆一碗汤粥于一端。肉饭行列的前面是两杯（碗）酒，侧边摆"柳独"，鬼师面对肉饭行列念咒（卦摆在他的面前），请"戛朽达翁"来享受。陈设如图十九。

鬼师念咒语，向"戛朽"提出要求之后，即请"戛朽"吃，鬼师及祭主"八崩"，鬼师吃有鸡头的那份，祭主吃另一份，鬼师念咒送"戛朽"走了，二人就地吃原来自己"八崩"的那份。吃完盥手并洗涤锅碗才回家。

从煮熟祭物陈设好念咒语起到请"戛朽"吃时也要把火焰熄灭，不许有亮，因这"戛朽"是溺死者的魂魄变成，溺死者全身浮肿，形状丑陋，羞于见人，没有亮它才好意思来接受。鬼师念咒语如下：

不知道你是汉族，／还是苗族？／不知道你是主人，／还是客人？／请你从坟山来，／从墓地来。／过来到"戛及"，／下来到"戛所"（戛及、戛所都是埋的地方），／你到屋来了给你祭品，到家来了给你祭物。／来收去黄鸡，来带个火种。／交祭品给你，他家就清吉，拿祭物给你，他家就平安。

他的腰不再痛，肋骨不再疼，／下面小肚不响，上面的肚不叫。／嘴不苦，口不臭，／手不烂，脚不朽。／祭了就平安，祭了就清吉。／恐怕你捆他的魂魄去你坟上，你左手去，／右手退回来，给你黄鸡你退他的灵魂，／给你"戛妥"（鸡）你交回来他的魂魄。动手来吃，／张嘴来喝，肉每股都要吃完，／每堆肉也要吃光。喝光酒，／吃完饭，饭要吃饱，／酒要喝醉。吃完了你就转去，／喝光了你就回去。收去你的鸡，／拿去你的火种，要收光，／最初是喊你来，现在叫你回去。

转去你们的坟山，回去你们的坟墓，／转去"戛及"，回去"戛所"，／那里才是你们的地方，那里才是你们的住所。

[全国人民代表大会民族委员会编：《贵州省台江苗族的宗教迷信》，第49—50页，1958年5月内部编印]

24. 贵州台江县苗族祭"戛朽达送"

"送"意思是"枪"。"戛朽达送"就是"死于枪者的魂魄"的意思。据说共二个男性（男的才会遭枪死，所以都是男性），它是被枪打死者的守坟墓魂，住处就是坟地。它作弄人生病时，病人病痛的部位，就是它被枪打中致死的部位。经鬼师或巫师望定后准备祭物祭它，祭物是：

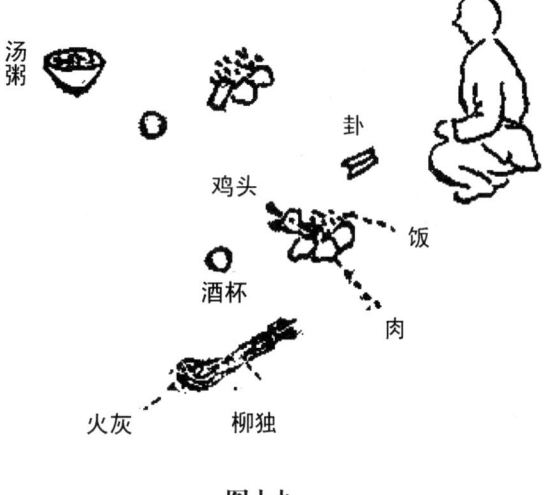

图十九

（图中标注：汤粥、卦、鸡头、饭、酒杯、肉、火灰、柳独）

中等雄鸡一只；酒一杯；饭一碗；"柳独"一个（制法及作用详见祭"戛朽达翁"）；卦一副（法器）。

祭"戛朽达送"是天黑时在屋侧或屋后举行。先杀鸡煮熟后再陈设祭它。陈设如祭"戛朽达翁"一样，见图十九。

陈设好后，鬼师蹲着念像祭"戛朽达翁"一样的咒语，向"戛朽"提出要求后，即请"戛朽"吃。鬼师及祭主一起"八崩"，鬼师再念咒送"戛朽"走，二人即就地各吃自己原"八崩"的那一份（鬼师吃有鸡头的那份）。吃完了要盥手洗涤锅碗才回家。

[全国人民代表大会民族委员会编：《贵州省台江苗族的宗教迷信》，第50—51页，1958年5月内部编印]

25. 贵州台江县苗族祭"戛朽达塞"

"塞"的意思是柴刀，这里指的是刀。"戛朽达塞"就是"被刀杀死者的魂魄"的意思，据说共二个，都是男性（因为男人才会被刀杀死，所以这种"戛朽"都是男性）。它的住所就是死者的坟地。它作弄人生病时，病人病痛的部位，也就是它因刀伤致死的部位。经请鬼师或巫师"望鬼"确定是它作弄之后，就准备祭物祭它。祭物是：

中等雄鸡一只；酒一杯；饭一碗；"柳独"一个（制法及作用见祭"戛朽达翁"）；卦一副。

祭"戛朽达塞"是天黑的时候在屋侧或屋后举行。先杀鸡煮熟后再按祭"戛朽达翁"的陈设方式陈设祭它。如图十九。

陈设好了，鬼师仍蹲着念咒语向"戛朽"提出要求。请"戛朽"吃后，二人即"八崩"。"八崩"时鬼师尝吃有鸡头的那份，祭主尝吃另外的一份，表示相陪。鬼师念咒送"戛朽"走后，二人即就地吃原来自己"八崩"的那份。肉饭一定要吃完，不能带回家。吃毕要盥手，并把锅碗洗涤了才回家。

[全国人民代表大会民族委员会编：《贵州省台江苗族的宗教迷信》，第51页，1958年5月内部编印]

26. 贵州台江县苗族祭"戛朽达宰"

"达"意思是死，"宰"意思是家屋。"戛朽达宰"就是"死在家屋中的人的魂魄"的意思。但这里所说的家屋不是死者自己的家屋，而是他人的家屋，所以它也是一个"非善终者"。据说这个魂是指守坟的魂，而不是坐家或送往"欧有孔"的魂。这种"戛朽"是二个，性别不定，男性作弄男人，女性作弄女人。病的症状是这个"戛朽"生前患什么病，它就使人患什么病。如"戛朽"在生前患咳嗽，它就作弄人生咳嗽病。经请鬼师或巫师望过确定是"戛朽达宰"在害人后，就准备祭物祭它。祭物是：

小鸭一只（"戛朽"是男性就要雄鸭，是女性就要雌鸭）；酒一杯；师米一碗；"柳独"一个（制法及用途见祭"戛朽达翁"）；卦一副（法器）。

祭"戛朽达宰"是天黑的时候在屋侧、屋后举行。同前面所述祭各种鬼一样。杀鸭后经过烧毛、剖开、洗净了就把师米、鸭肉和内脏放在一起煮。鸭子煮熟了就切为二份摆在铺有草或树叶的地上，肝、肠、饭也各分为两份陈设，斟上两杯酒，并舀一碗汤粥摆在一端如图十九。

陈设妥当了，鬼师蹲着念像祭"戛朽达翁"一样的咒语，先向"戛朽"提出要求，再请"戛朽"吃。据说"戛朽"不愿人看它，所以这时要把火焰熄灭不使发亮。鬼师及祭主"八崩"表示陪"戛朽"之后，鬼师再念咒送"戛朽"走，然后二人就地各吃原"八崩"的那一份肉饭。鬼师吃有鸭头的那份，祭主吃另外的一份。要吃完不能带回家。吃毕盥手及洗涤锅碗后才回家。

如前所述，守坟的魂只有一个，但它作弄人生病时则是二个，多的这一个由哪里来呢，口述者也不知道。

[全国人民代表大会民族委员会编：《贵州省台江苗族的宗教迷信》，第51—52页，1958年5月内部编印]

27. 贵州台江县苗族祭"戛朽达敢"

"敢"意思是饭，"戛朽达敢"就是"饿死者的魂魄"的意思，据说共二个，两性都有。它没一定的住所，因为它是饿死的。当人们突然有气无力像饿饭一样，而无大病时，就是它在作怪。经鬼师或巫师望定之后，就煮一点稀饭（粥）自己带到路口撒在地下，同时念"是谁作弄，现送你们饭吃了就离去，不要作弄人了"等语之后即完事，不请鬼师念咒，也不要旁的祭物。

[全国人民代表大会民族委员会编：《贵州省台江苗族的宗教迷信》，第52页，1958年5月内部编印]

28. 贵州台江县苗族祭"商钢衣戛"

"商"意思是鬼，"钢"意思是脚，如寨脚岩脚，"衣"意思是石头，"戛"意思是鸭子。"商钢衣戛"就是"用鸭祭的石脚鬼"的意思。据说共有五个，都是女性，是"仰金霰"变成，但"仰金霰"是什么人则不清楚。它住"钢衣宰先、粉羊宰秀"。

据说"商钢衣戛"作弄人生病的情况是头痛发高烧，甚至精神失常（疯）。经请巫师望了确定是这种鬼作弄之后，就准备祭物祭祀。祭物是：

中等雄鸭一只；酒约一斤；饭（一碗米煮的）；师米一碗；"粉董"一个（用一个长约六公分的竹筒，一端蒙着纸或布就成。据说"商钢衣戛"是在这"粉董"里。"粉"意思是上头，"董"意思是筒，"粉董"就是"筒的上头"的意思）；卦一副（法器）。

祭"商钢衣戛"是在下午，不设"堕白"，由一人在门外摆一碗师米及卦后，鬼师就开始念咒，请鬼来检验祭物。鬼到交下的路线是从"钢衣宰先、粉羊宰秀"经"钢方细朋"来。这里请鬼来的咒语是：

你们坐在金岩，住在银洞；/坐在岩洞里，坐在岩梁上。/我撒米去喊你们，撒米去叫你们。/你们从金洞走出来，从银洞走出来。

这段咒语的前一部分和以后的部分，以及到祭鬼场后要念的全部咒语，都同祭"精囊"的咒语一样。但这里是用鸭祭，念咒交代祭物时，要更改这句咒语。鬼师念咒请鬼到达并把祭物交代完毕后，就把全部祭物搬到祭鬼场去。

在祭鬼场也只摆师米、卦和"粉董"。"粉董"是横放在地上。陈设好了，鬼师就念咒将祭物交给鬼，因不设"堕白"，所以任何与祭者都可杀鸭。把鸭子烧毛洗净了，肉及全部内脏和师米煮在一起。熟鸭不切成块，用整鸭摆在铺有草或树叶的地上供祭。鸭头向前，鬼师面对鸭尾，鸭肠不切断而以整根肠子从鸭颈顺着翅膀往尾巴绾一圈。鸭血煮时不要搅破，要把整块熟鸭血放在鸭头上。鬼师面前是酒杯行列，再前面就是饭团行列。每个饭团之上都摆一点鸭肝。"粉董"蒙布（或纸）的那头朝外。陈设如图二十。

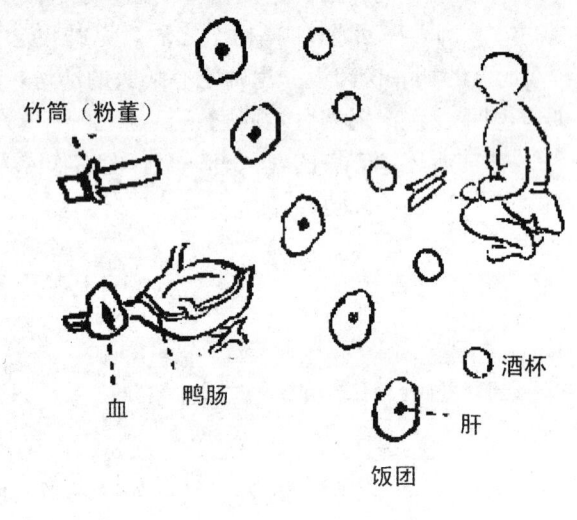

图二十

陈设好后，鬼师仍蹲着念咒向鬼提出要求。念到请鬼吃时，鬼师即掐一点血、肝（因这两样容易掐）和饭放在"粉董"上，与祭者"八崩"之后，鬼师即念咒送鬼走。同时鬼师就把"粉董"拿到石缝里安置。然后把鸭要切成小块给与祭者一起吃，不平均分配。吃的时候不许说话，吃毕要回家时，也不许互叫"回家去"，原因不详。

[全国人民代表大会民族委员会编：《贵州省台江苗族的宗教迷信》，第52—53页，1958年5月内部编印]

29. 贵州台江县苗族祭"商钢衣办"

"办"意为猪，"商钢衣办"的意思是"用猪祭的石脚鬼"，据说共有七个，都是女性，也是"仰金霰"变成，住"钢衣拢立、粉宰拢珊"。它作弄人生病的情况是头痛、发烧。经过请巫师望鬼确定是它作弄之后，就准备祭物祭它。祭物是：

小母猪一只（其实只要一只小猪，不要说破就可以）；酒约一斤；饭（一碗多的米煮成）；"粉董"一个（制法和用意同祭"商钢衣戛"）；师米一碗；卦一副（法器）。

祭"商钢衣办"是在黄昏前由两个"堕白"在门外摆师米及卦于地上，鬼师蹲着念咒，请鬼来检验祭物。鬼由"钢衣拢立、粉宰拢珊"经过"钢方细朋"来。到交下的路践和鬼师念的咒语，完全同祭"商钢衣戛"一样。鬼师念咒请鬼检验祭物完毕后，就把全部祭物搬到祭鬼场去。在祭鬼场由"堕白"陈设师米、卦及"粉董"在地上。"粉董"是横放着的。陈设后鬼师仍蹲着念咒把祭物交代给鬼。"堕白"杀猪（接血），经过烧毛、剖腹、洗净后，取心、肾、肝、肺、小肠、血和师米一起煮。猪身不切成小块，不煮，大肠也不煮。

祭品的陈设是：先在地上铺草或树叶，把整猪摆上，头朝前，鬼师面对猪尾。以生大肠从颈后分从两侧向尾巴绾一圈，煮熟的猪血不打破，留成整块放在猪头上。猪后是煮熟的内脏和饭的行列。陈设方式同前面所述的祭"精迷办"一样。肉饭行列之后是酒杯行列，酒杯行列之后是卦，鬼师面对着卦。盛一碗汤粥摆一边（地点没有一定），陈设如图二十一。

陈设妥当了，鬼师蹲着念咒，向鬼提出要求。念咒到请鬼吃时，"堕白"即逐杯倒一点酒和逐份掐一点肉饭放在"粉董"上，表示鬼已吃。"堕白"接着端有猪心的那份的酒杯给鬼师，二个"堕白"自取有肾的那两份的酒杯，并端其余的四个酒杯给其余的四人。大家同时喝酒之后，"堕白"又掐有猪心的那份的一点肝（因为肝容易掐）给鬼师，二个"堕白"自用有肾的那两份的一点肝，再掐其余四份的一点肝给其余四人（谁得那份的酒，即要同份的肝），人家同时吃了后，又从鬼师起各喝一口汤。鬼师念咒送鬼走后，就把"粉董"放在石缝内。这时再把猪肉切开煮熟分为七份，七人各吃一份（包括原"八崩"的那份食物）。互不赠送，互不侵犯。一定要吃完，不能带回家。

从煮熟猪肉陈设妥当，鬼师开始念咒时起，就不许说话。要在离开祭鬼场才解除这种禁忌，原因不详。

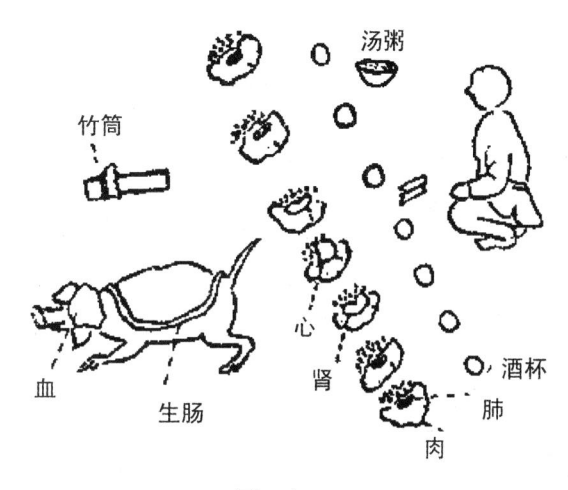

图二十一

[全国人民代表大会民族委员会编：《贵州省台江苗族的宗教迷信》，第53—54页，1958年5月内部编印]

30. 贵州台江县苗族祭"响催"

"响"的意思是"钢沙"（旧时鸟枪用的钢沙），"催"的意思是箭。"响催"就是

"因中箭死而为鬼，祭时要用钢沙和箭"的意思，据说共十二个。都是男性。从前有一个叫"昌榨纠"的人。在他射日月时，把箭往天上射又掉下就射死了"告哈拢"，这个人埋在"钢央告娄、故八告养"地方。他在坟里已成鬼了，可是无路出来。后人不知道这个缘故，在挖地为田时，误挖了坟，鬼就趁机出来了，并且作弄人生病。这个鬼就是"响催"。

"响催"作弄人生病的情况是全身都痛。经过请了鬼师或巫师"望鬼"确定是"响催"在害人之后，就准备祭物来祭它。祭物是：

小母猪一只；饭（二碗米煮的）；酒约半斤；师米一碗；弓十二把；箭一百二十枝（芦苇秆等都可用）；"响"一百二十粒（一般是用破铁锅敲成）；装"响"的簸箕一个（祭毕留用，不抛弃）；小桶一只（埋"响"和"催"及猪肚用）。

祭"响催"是在白天举行。由二个"堕白"制齐弓、箭、钢沙等之后，就在门外地上陈设，从鬼师面前起：第一行列是师米和卦，第二行列是十二杯酒，酒杯行列的一端摆装着有钢沙的簸箕，十二张弓及一百二十枝箭。陈设如图二十二。

陈设完毕，鬼师蹲着开始念咒，请鬼来检验祭物。鬼是由"钢央告娄、故八告养"经"钢方细朋"来的。在门外念的咒语如下：

昌榨纠，射太阳，／他的弓上搁一枝火箭，在毛栗树上也挂一枝箭，／洞里的铁水呼呼出来。大家跑远点，／大家都跑开，哈聋力跑中间，／一股铁水冲出来烫死了。哈聋力，／把"哈"葬在山岭下，埋在山岗脚，／葬要葬得深，埋要埋得远。／有个江央江（人名），又有个兄有兄（人名），／两个修一丘田在山岭下，修一个塘在山岗脚，／惊动了"哈聋力"，它就爬起来，／变成十二根竹钉，十二颗铁钉（钢铁颗颗），／它们来找干两哥（干两，人名）。再走"钢方细朋"，／找青年干点（干点，即干两）。走到人间人就得死尽。／它们到山弯树子即死光。"帮故央"。／以前"相故兴"，祭祀它们就得清吉。／曾经拿只母鸡崽祭过它们。以米来喊你们，／我以米来请你们，上来"故八告养"。／你们从"钢央告娄"走出，就上到"粉恶秀家"。／走了"钢方猍狙"地方，上到"粉羊细乃"。

从这句以下至鬼到交下所念的咒语，同祭"精迷办"一样，鬼到家后念的咒语同祭"戈养你"时念的咒语基本相同；但每段末尾从"这样他家千年都平安"到"要拣个好卦"六句要改做下面的咒语：

向下游簸一簸，簸中了山谷里的枫树，／枫树有了大力气，"响"就变成了银"响"；／向上游扇一扇，扇中了山岭上的那些"朵"树，／"朵"树成为大力者，"响"就变成了金"响"。／向下游簸一簸，簸中了山岭，山岭就成为灵物，／"响"就变成银"响"。向上游扬一扬，／扬中了上游的山坡，它成为大力者，／"响"就变成了金"响"。

鬼师念咒请鬼到达检验祭物完毕，就把全部祭物搬到祭鬼场去。

在祭鬼场的陈设和家屋门外的陈设一样，但要一个"堕白"站着用两手端住装有钢沙的簸箕；另一个"堕白"拿着斗笠站在侧边，鬼师仍蹲着念咒。这时，端簸箕的"堕白"即颠动簸箕，使在簸箕中的钢沙扬几粒出去，拿斗笠的就扇一下。每隔一会儿，他俩又重复表演一次。一直表演到鬼师念咒完毕时为止，但"堕白"也应同时恰好把簸箕里的钢沙簸动扬出完毕。因此这个"堕白"必须比较熟悉念咒所需要的时间，才能完成他的任务。

鬼师念咒把祭物交给鬼之后，"堕白"即杀猪。经过烧毛、刮洗、剖腹、洗净等程序后，肉及全部内脏放在一起煮，师米也掺着煮。但肚留做别的用处不煮。熟肉按照前述祭各种鬼一样地摆在铺有草或树叶的地上。酒杯再酌上酒，另用两棵小棒系住猪肚的两边张紧插在地下，顺序是鬼师面前摆卦，卦的前面是肉饭行列，汤粥碗放在肉饭行列的一端，但不一定与肉饭行列在一根直路上；肉饭行列的前面为酒杯行列，即箭摆在酒杯行列的一端，六七人站在钢沙的外边，手持着弓（一人可换持两张弓）面对猪肚，再向外边摆着小桶。陈设如图二十三。

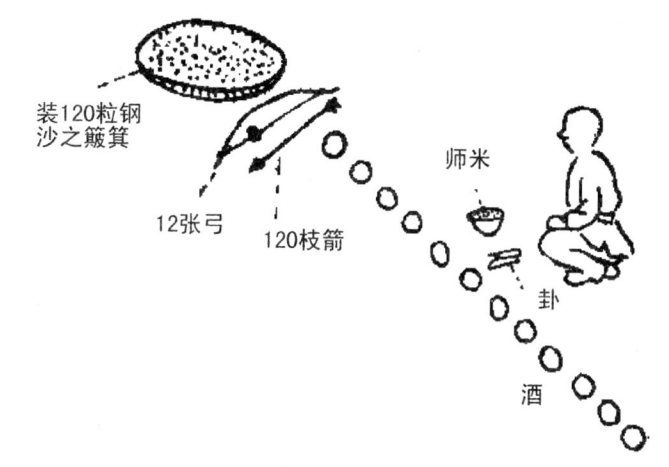

图二十二

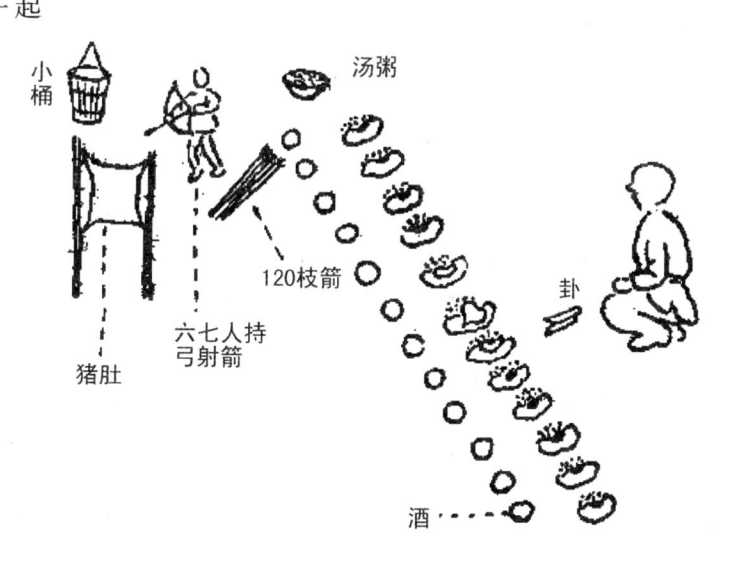

图二十三

陈设布置妥当了。鬼师开始念咒，向鬼提出要求，鬼师重复在门外念的咒语一遍。射箭时念的咒语也同簸钢沙时的咒语一样。鬼师在念咒时，手持着弓的这六七人也就徐徐取箭来射猪肚，猪肚代表日月呢？代表当年被射死的"告哈拢"呢？或代表什么？口述者不知道。射箭的人也要能够掌握鬼师念咒需要的时间。当鬼师念咒完毕。射箭的人也恰好把一百二十枝箭射完。鬼师念咒向鬼提出要求完毕，请鬼吃了之后，与祭者就"八崩"表示陪鬼吃。鬼师即念咒送鬼走了，即由"堕白"（或与祭者的任何一人都可以）收拾猎肚、钢沙、弓箭装在小桶内，掩埋在平时人不去的地方。然后与祭者就地按照原先自己"八崩"的那一份肉、饭吃,肉需要吃完,不能带回家。

[全国人民代表大会民族委员会编:《贵州省台江苗族的宗教
迷信》,第54—56页,1958年5月内部编印]

31. 贵州台江县苗族祭"普翁普霰"

"普"的意思是漂、浮,"翁"的意思是水,"霰"的意思是河沙。"普翁普霰"的意思不清楚。它是女性,据说这种鬼共有二个,就是"窝扭普翁、窝务普霰",都是女性,是"尝囊娘"变成的。但"尝囊娘"是什么人,口述者也不知道。"普翁普霰"住在"掌翁掌霰",它专门作弄甫生未满一月的婴儿或产妇生病。经请鬼师或巫师望过确定是它作弄之后,就准备祭物祭它。祭物是:

中等母鸡一只;酒几两;饭一碗,师米一碗;卦一副(法器)。

祭这种鬼的时间在早上。不用在门外请鬼检验祭物,而是携带祭物径到祭鬼的地方去祭。到什么地方去呢?祭鬼场如在溪边或河边,就到祭鬼场去祭;否则就要到溪边或河边去祭。在祭鬼的地方摆师米及卦于地上,鬼师蹲着念咒,请来验收祭物。念的咒语除路线(如下)和祭物外其余完全同祭"精囊"一样。鬼到交下的路线是:

掌翁掌霰→仰堕搅娘→里翁→西往(锦屏)→戛冬(即剑河的格东)→方比(剑河的方排)→翁库(属剑河)→公鹅(剑河)→西书(属剑河的九仰乡)→西咬(同西书在一个地方)→纠即(剑河的九吉)→松肃(坳名,属台江)→同芒→同道→交下。

鬼师念咒把祭物交代给鬼之后就杀鸡,经过烧毛、剖腹、洗净后全部煮在一起,师米也掺着煮,熟肉分为二份供祭,饭也分做二份摆在每份肉的一边,并酌二酒杯。次序是鬼师面前是卦,卦前是肉饭行列,肉饭之前是酒杯行列。鬼师仍蹲着念咒。向鬼提出要求,请鬼吃了,二人才"八崩"。鬼师再念咒送鬼走了,二人各吃自己原"八崩"的那一份,肉要吃完,并要盥手洗涤锅碗后才回家。

[全国人民代表大会民族委员会编:《贵州省台江苗族的宗教
迷信》,第56页,1958年5月内部编印]

32. 贵州台江县苗族祭"商动莫"

"商"的意思是鬼,"动"的意思是戴,"莫"的意思是帽子或斗笠。"商动莫"就是"戴斗笠的鬼"的意思。据说共有九个,都是男性。另有"朵仰朵宜"二个,是"鬼"的姊妹。但不知他们和她们是什么东西变成的。这种鬼专到有钱人家去找吃(即到有钱人家作弄人生病),它们一起拿铁链去捆人,人才生病。病况是全身痛。经请巫师望过确定是它作怪时,就向它许愿。病如有好转,就准备祭物祭它,病况如没有起色就不祭。祭物是:

小雄猪一只;酒约一斤;糯米粑十一个(每个重约二钱);饭团十一个(由参加

祭鬼的人每人凑米一碗煮成）；中等雄鸭一只（这是给"朵仰朵宜"的）；师米一碗；男稻草人一个（穿衣戴斗笠穿草鞋，它是代表九个鬼，鬼九而稻草人一，不知何故）；"箍"九个，"夯丢"九个；纸人二个（系在留有枝叶的二棵小竹上）；卦一副（法器）。

祭"商动莫"是在白天举行，由"堕白"在门外地上摆师米、卦及其他祭物，草人还没有穿衣戴笠，随便把它倚在壁上。鬼师坐（蹲着也可）在凳子上念咒，请鬼来检验祭物。鬼到交下的路线，在门外和祭鬼场念的咒语则与祭"精迷办"同。鬼师念咒完毕，就把全部祭物搬到祭鬼场去。

在祭鬼场，每一个"箍"及"夯丢"并着插在地下为一行列，酒杯摆在它的后面做另一行列，"堕白"已为稻草人穿了上衣及草鞋，并戴上斗笠。次序是：鬼师面前是师米和卦为一行列，再前面是酒杯行列，酒杯行列前面是"箍"及"夯丢"的行列，两端插着悬有纸人的小竹。"箍"及"夯丢"前面是稻草人，面向祭物行列。

"堕白"陈设完毕，鬼师坐着或蹲着念咒将祭物交给鬼。

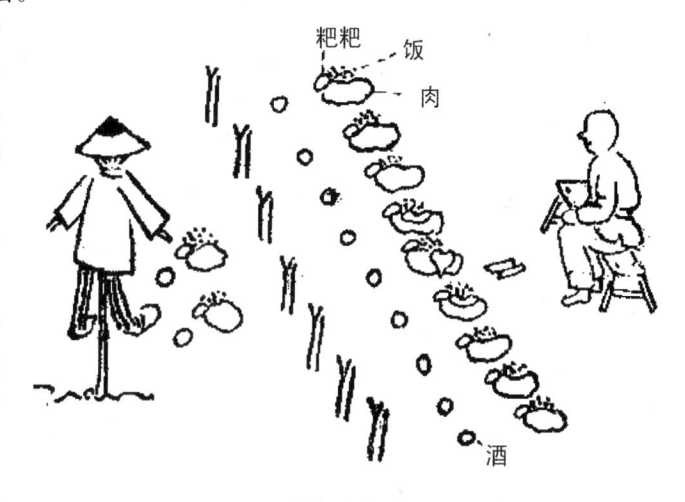

图二十六

这是"交喜交办"（意思是把财物及猪交代，交代完毕即由两个"堕白"杀猪鸭。从烧猪毛到把肉煮熟后的陈设同祭"精迷办"一样，粑粑和饭团摆在每份肉的一边，另摆两个"朵仰朵宜"的鸭肉、粑粑、饭团、酒杯于稻草人的面前），陈设如图二十六。

鬼师念咒向鬼提出要求即请鬼吃，从"堕白"的掐肉、倒酒到与祭者的"八崩"的意义和情况，完全同祭"戈养你"一样。"朵仰朵宜"的酒由鬼师及"堕白"吃了，鬼师就念咒送鬼走，"堕白"再把鸭肉均分为九份放在猪肉上，然后与祭者就地吃原自己"八崩"的那份肉饭和粑粑。互不相送，互不侵犯，吃不完可带回家，盐巴和辣椒由祭主供给。

[全国人民代表大会民族委员会编：《贵州省台江苗族的宗教迷信》，第61—62页，1958年5月内部编印]

33. 贵州台江县苗族祭"赏东晚"

"赏"的意思是鹰，"东晚"的意思是天上，"赏东晚"就是"天上的鹰鬼"的意思，据说共有二个，都是女性，住在"肌路碑即，归娄碑古"（三桠的大杉树、三丛的老松树),不知是什么东西变成的,是不是鹰变成的,说者也不肯定。它作弄二岁至四岁的小孩,使他们发呕吐、泻肚子、发烧等。有了这种情况,经鬼师或巫师望过确定是它作弄之后,就准备祭物祭了。祭物是:

中等母鸡一只;饭一碗;师米一碗;酒约半斤;"鹰灵"一只(用稻草或蓑草扎成如鹰状,栖在一棵小树枝上);卦一副(法器)。

祭"赏东晚"是在早上举行。摆师米、卦于门外地上,不摆"鹰灵",只插于壁上就行了。鬼师念咒,请鬼来检验祭物。鬼来台江县交下的路线如下:

肌路碑即、归娄碑古→仰翁娘纪纠→浓拢(以下同祭"八奶打"的路线,从略)。

鬼师蹲着念咒请鬼到达检验祭物。鬼师念的咒语,除到交下的路线(见上)而外,其余的咒语完全与祭"精囊"念的咒语一样。请鬼到了,就把全部祭物搬到祭鬼场去,在祭鬼场的陈设和在门外的陈设一样,但"鹰灵"要插在前面。鬼师蹲着念咒把祭物交代给鬼后即杀鸡,经过烧毛、剖开、洗净后就煮整个鸡,肠子和师米也放在一起煮。

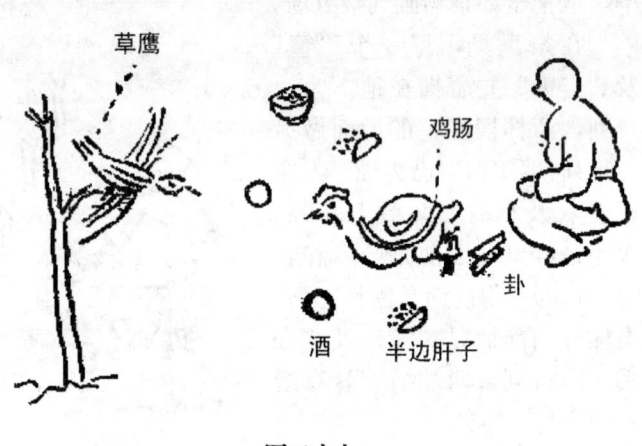

图二十七

熟鸡不切成块,用整鸡摆在铺有草或树叶的地上供祭。鸡头向"鹰灵",以鸡肠从鸡颈分向两侧往尾部绾一圈,肝分为二块摆在鸡的两侧,酒杯摆在前面。另舀一碗汤粥摆在一边,如图二十七。

陈设完毕鬼师仍蹲着念咒,经向鬼提出要求后即请鬼吃。掐肉倒酒给鬼表示鬼已吃之后,就举行"八崩"。鬼师再念咒送鬼走,然后把鸡切成为二份,二人各分吃一份,吃不完可以带回家。

[全国人民代表大会民族委员会编:《贵州省台江苗族的宗教迷信》,第62—63页,1958年5月内部编印]

34. 贵州台江县苗族祭"禁宰"

"禁"的意思是忌,"宰"的意思是家。"禁宰"就是"忌讳产妇到别家的鬼"的意思。不知道是什么东西变成的,只知道产妇生产以后未满月时到谁家,谁家就要遭这种鬼的作弄。据说"禁宰"共十二个,都是女性,住"匡戛恼、宰戛皆"。它作弄人时,被作弄者全身都痛,病状较重。经请巫师望过确定是"禁宰"作弄了,就准备下面的祭物祭它:

小母猪一只；酒约一斤；饭（二碗米煮的）；师米一碗；卦一副（法器）。

祭"禁宰"是白天在家中火坑边举行。摆师米和卦于地上，鬼师面向门外蹲着念咒，请鬼来领祭物，鬼由"匡戛恼、宰戛皆"经过"钢方细朋"而来。到交下的路线和念的全部咒语，完全同祭"精囊"一样。参加祭鬼的人连鬼师共十二个，除鬼师外，先由家中的成年男子担任，不敷的人数再邀请家族其他成员参加。其中由两个人担任"堕白"，鬼师念咒把祭物交给鬼后，"堕白"即杀猪。经过烧毛、刮洗后，就把肉及全部内脏和师米放在一起煮。

在家中地上铺着木板，把切好的熟肉分为十二份摆在木板上。情况参看祭"戈养你"时的陈设。鬼师的面前是卦，卦的前面是肉饭的行列，肉饭行列的前面是酒杯行列。可参考图十九。

鬼师蹲着念咒，向鬼提出要求后即请鬼吃，与祭人"八崩"，送鬼走，与祭人吃自己原"八崩"的那份肉等情况和意义，可参看祭"戈养你"。与祭者所分得的肉可以互送，但需要吃完。余骨用火烧化，洗锅碗的水也要倒出门外去，因为这是"洗家"（洗去因产妇到家而引起的不吉利情况）的东西，不清吉，不能留存。与祭人吃的酒自备，盐巴、辣椒由祭主供应。

[全国人民代表大会民族委员会编：《贵州省台江苗族的宗教迷信》，第66—67页，1958年5月内部编印]

35. 贵州台江县苗族祭"庸邦八"

"庸"意思接近"鬼怪"，"邦"意思是崩垮，"八"意思是山。"庸邦八"就是"作怪使山崩垮的鬼怪"的意思，据说共有七个，都是女性，住"给纠方八、翁牛方晚"，不知是什么东西变成的，人看见泥土正在崩垮或看见石头正在滚下时，就是它作怪。它作弄人生病时，病情比较严重，经过请鬼师或巫师望鬼确定是它作弄之后，就准备如下的祭物祭它：

小母猪一只；酒约一斤；饭（一碗米煮的）；师米一碗；卦一副（法器）。

祭"庸邦八"是白天举行，在门外摆师米和卦于地上，鬼师蹲着念咒请鬼来检验祭物，鬼是由"给纠方八、翁牛方晚"经"钢方细朋"来的，到交下的路线和在门外及祭鬼地方念的全部咒语，都同祭"精迷办"一样，在门外念咒请鬼检验祭物完毕，就把全部祭物搬到遇见土崩或石滚的地方去（如原来没有遇见土崩或石滚的，就到祭鬼场），陈设师米、卦和七个酒杯（碗）于地上。鬼师蹲着念咒，把祭物交代给鬼后，由二个"堕白"杀猪，经过烧毛、洗整干净之后，肉、肠、肚腹和师米放在一起煮。熟肉的陈设与祭"精迷办"的陈设一样，从略。陈设妥当了，鬼师蹲着念咒，提出要求之后即请鬼吃，与祭的人按照祭鬼惯例"八崩"了，鬼师再念咒送鬼走，然后与祭的人就地吃原先自己"八崩"的那份肉。肉要当场吃完，不能带走。食毕要盥手并洗涤锅碗才回去。

[全国人民代表大会民族委员会编：《贵州省台江苗族的宗教迷信》，第67页，1958年5月内部编印]

36. 贵州台江县苗族祭"恩"

"恩"的意思不清楚，据说它是两个，男女各一。男的作弄男人生病，女的作弄女人生病，不知是什么变成的。人们从七八岁到四十岁这段期间男的年龄遇到单数，女的年龄遇到双数时，就容易受到"恩"的作弄，病况是感觉乏力。经请鬼师望了确定是它作弄之后，就准备下面的祭物祭它：

大鸡一只（男用雄鸡，女用雌鸡）；酒一碗；饭一碗；冷水一碗；击冷水碗的小棍一根；师米一碗；卦一副（法器）。

祭"恩"是晚上在家里举行，摆师米和卦于地上，前面是冷水碗，朝着门外，鬼师蹲着面对师米念咒。开头念的咒语是：

天上的太阳"等"，天空的月亮"等"，／拿米去喊，要米去叫，／从太阳的桌子走下来，从月亮的板凳上走下来，／慢慢地从天上拨下来，缓缓地从天上飘下来，／下来到两岔河口，顺河上来到戏瓮。

以下顺路线念咒，这里从略。鬼师一面念咒一面以小木棍击装有冷水的碗，意思是"翁随秀降，翁肃秀务"（冷水补力，热水接气）。鬼师念咒请"恩"来验收祭物，来台江县交下的路线是：

钢文囊奶、钢当囊啥→给奶、给啥→翁娘→翁里→公孬拢龙→西往（锦屏）→皆东（剑河的格东）→方比（剑河的方排）→公鹅（剑河）→里书→西噜→西咬→纠即→松肃→党道→交下。

鬼师念咒请"恩"到达并把祭物交代后即杀鸡，经烧毛、洗净后，肉、肠和师米放在一起煮。

熟肉的陈设是：肉分做二份，头放在一份的上面，肝也分为二块摆在二份的上面。盛一碗汤粥摆在一边，摆上两份饭，酌上两杯酒之后，鬼师仍蹲着念咒。念的咒语跟祭"精囊"煮肉熟后念的咒语一样。经向"恩"提出要求之后，就请它吃，并倒酒掐肉于地上表示鬼已吃。但鬼师不能参加"八崩"。鬼师念咒送鬼走后，祭主家里的人共同吃肉，鬼师就回家去，不参加吃肉了。据说，"恩"是管人的年龄的，它原先想吃牛，但鬼师不同意它吃牛，并对它说："你想要吃牛，你就自己去杀。"但"恩"不能杀牛，就问鬼师同意它吃什么？鬼师说："只能吃鸡。""恩"感觉小了，就说："二人（连鬼师一起算）才共一个鸡怎样吃？"鬼师说："你嫌小了我让给你吃，我就不吃。祭主有钱就送我一点钱；没有钱送我一非谷就行了。"（"非"是台江县覃膏、孝第一带苗族人民计算稻田产量的一种单位，当地原先都种糯稻，成熟时全用摘刀连穗带秆摘下，拇指食指握住的为一"把"，两"把"为一"非"，每"非"重约五六斤）。因此，一直到现在鬼师祭"恩"时都不吃祭肉，但实际上鬼师为人家祭"恩"，人家并没有送他钱或谷子。

[全国人民代表大会民族委员会编：《贵州省台江苗族的宗教迷信》，第67—68页，1958年5月内部编印]

37. 贵州台江县苗族祭"等"

"等"的意义不清楚，不知是什么东西变成的，据说这种鬼有两个，男女各一，男的作弄男人生病，女的作弄女人生病，病的症状也是使人感觉无力。但被害的对象是四十岁以上的人。祭"等"的活动与祭"恩"基本上相同，念的咒语同祭"恩"一样，只是在祭的时候要摆一二角钱或摆一"非"谷子，祭完之后，送给鬼师。

[全国人民代表大会民族委员会编:《贵州省台江苗族的宗教迷信》，第68页，1958年5月内部编印]

38. 贵州台江县苗族祭"商皆来伞"

"商"意思是鬼，"皆来"意思是官，"县官"、"军官"和政府的一切官吏和职员，都可称为"皆来"，"伞"意思是狗，"商皆来伞"就是"狗官鬼"的意思，据说这种鬼共有六个，都是男性，不知是什么东西变成的，住"挡记纠簸"，人们被它作弄后，腮部或头部就会痛，经请鬼师或巫师望鬼确定是它作弄后，就预备下面的祭物祭它：

小雄狗一只；酒数两；饭一碗；筷子六双；凳子六把（用纸剪做凳子的形状以代替）；"商大"六个（即用纸剪成的纸人，用一竹竿劈破一端夹住纸人，是代表衣服给鬼）；师米一碗；卦一副（法器）。

祭"商皆来伞"要在昼间举行，先在门外祭，然后到祭鬼场去。在门外陈设六杯酒、师米及卦于地上，鬼师蹲着念咒请"商皆来伞"来验收祭物。它是从"挡记纠簸"经"钢方细朋"来的。到交下的路线和鬼师在门外及祭鬼场念的全部咒语，都同祭"精囊"一样。鬼师念咒交代结束后，就把全部祭物搬到祭鬼场去。在祭鬼场的陈设是：鬼师面前为师米和卦，师米和卦的前面是六个酒碗的行列，酒碗行列前面插六个"商大"。鬼师蹲着念咒把祭物交代给鬼后，由二个"堕白"杀狗，经过烧毛、刮净、洗净之后，肉及全部内脏和师米煮在一起。

熟肉的陈设是：狗心在中间的那部分，二个肾放在心的两侧的那两份，另把肺的一大半切为三份分给少得心、肾的那三份。狗头分出下颚放在中间的那份，上颚分为二块摆在得肾的那两份，以一腿分为三股来摆在少得狗头的那三份，其余肺的一小半，三只腿、肠和全部的肉各分为六股来摆在六份的上面，饭也分为六份摆在每份肉的上面。上述食物都完全摆在铺有草或树叶的地上，狗肝则切为六块分别用六支筷子穿着，并放在酒碗上面，另以一支筷子一端放在酒碗边，一端放在地上，酒碗压着纸凳（放碗在纸凳上后，纸凳即被压塌在地上），表示酒碗是摆在纸凳上。陈设行列的次序是：鬼师面前是卦，卦的前面是肉饭的行列，肉饭行列前面是酒碗行列，酒碗行列前面是插"商大"的行列。如图三十。

据说这种鬼是"官"，不能用手抓吃，所以要用筷子（除这种鬼外，祭其他各种鬼怪或祈祷，都不用筷子）。又因为是"官"，所以还要凳子（即纸凳）。

陈设完毕，鬼师仍蹲着念咒，对鬼提出要求后就请鬼吃，接惯例倒酒、掐肉表示鬼已吃之后，与祭者即举行"八崩"。鬼师念咒送鬼走了，与祭者再就地吃原先自己"八崩"的那份肉。吃不完的肉，与祭者及祭主都可带回家去。

据说六个鬼的地位都是一样大，职位都是一样高，所以用纸剪的"商大"也是一样。

图三十

［全国人民代表大会民族委员会编：《贵州省台江苗族的宗教迷信》，第68—69页，1958年5月内部编印］

39. 贵州台江县苗族祭"商耸伞"

"商"意思是鬼，"耸"意思是骨，"伞"意思是狗，"商耸伞"就是"狗骨鬼"或"用狗祭了并把狗的骨头埋掉的鬼"的意思。据说这种鬼共有七个，都是女性，不知是什么东西变成的，住在"钢方步菊"。人们被它作弄后，足膝骨、手腕骨就会痛。经鬼师或巫师望了确定是它作弄之后，就预备下面的祭物祭它：

大母狗一只；饭一碗；师米一碗；棺材一盒（用杉木皮制，长约二十公分、宽约十公分的长方形盒子，捆在二人抬的一根小棍上）；冷水一碗；卦一副（法器）。

祭"商耸伞"要在夜深人静后，在家中举行，这时只摆师米、卦和一碗冷水于地上，鬼师蹲着（或坐）念咒请鬼来验收祭物。鬼到台江县交下村的路线是：

钢方步菊→纠友→纠路（丹寨县的乔洛）→方祥（在雷山）→荣独→交包（在台江）→交密→翁农→汪江→交宫→松归→松肃→交下。

鬼师念的咒语同祭"精迷办"所念的基本上一样（只路线和祭物不同）。请鬼到达并把祭物交代清楚后，即由二个"堕白"杀狗，并立即以杀前先摆在地上的那碗冷水倾淋在狗的身上，使狗的魂魄去告诉"告褛养"。因为"告褛养"一定问它："是谁杀你吃？"狗湿水了才能说："是杀做七个耸耿耸伞的，不是为吃而杀。"经过烧毛、刮整、割开、洗净后，肉及全部内脏、师米放在一起煮。

熟肉的陈设参看祭"商皆来伞"，从略。肉饭陈设后，再把妇女的旧衣裙一套放在侧边。

鬼师蹲着或坐着念咒，对鬼提出要求后即请鬼吃。"堕白"掐肉饭给鬼及端酒掐肉给与祭者"八崩"的意义和情况同祭"戈养你"一样。鬼师念咒送鬼走了，与祭者就吃自己原"八崩"的那份肉饭。吃毕各拣自己吃的一小块骨头放在杉木皮制的棺材里,并把原先留下的尾巴和尾巴连接的一节脊骨也放入棺材内,卦就捆在棺材上,这时鬼师即拣一根一端正燃烧着的木棍往家中各处走一周,表示赶鬼,赶到门口时,即以原陈设的那套衣裙在火焰上晃一下,表示把衣裙烧给鬼,之后即由二个"堕白"把杉木皮棺材送到村外路口埋掉,称为"埋骨狗"或称"埋骨",但实际意思是埋掉"商耸伞"。埋后上覆以旧竹篮或旧斗笠,称为"幕商耸"(意为盖住骨头鬼),盖住的意义不详。

大家分得的肉吃不完时可以送给祭主,但一般都不送而各带回家。

[全国人民代表大会民族委员会编:《贵州省台江苗族的宗教迷信》,第69—70页,1958年5月内部编印]

40. 贵州凯里县舟溪地区苗族鬼的来历

每遭人、畜患病和某些奇异现象,或庄稼患了某种病状等等,就认为是恶鬼作祟所致,而请鬼师侦察。经鬼师确定是某一群恶鬼作祟之后,就按例准备牺牲供献。据说恶鬼有很多种,每种都有固定数目的成员合为一群(一个集团),各群之间没有隶属关系,自由活动。所以常常供献牺牲之后,病不痊愈,又请另一个鬼师侦察,如鬼师说是另一群鬼作祟时,又要另行准备牺牲供献。每遭重病,供献牺牲往往是十多次以至数十次。而每次供献牺牲,又需要与这一群鬼的成员相等的家畜和家禽。病较轻的,据说是较小的鬼群作祟,通常就用狗、鸡、鸭、蛋和鱼等;如病情较重,就是大的鬼群为灾,就要用牛和猪为牺牲,并配备上述家畜、家禽。驱鬼的耗费很大,影响也最广。

鬼的来历,我们访问了几个鬼师,说法大致相同,但也有一些有出入的地方。据凯里区下川岩鬼师吴栋簸老人(苗族、贫农)说:从前有一个叫"告嘎良"的老者经商在外死了,他的妻子"屋嘎休"去寻找尸体,遇着大水有感而怀孕,后来就生了十二个蛋。她孵了十三年,没孵出什么,她恼怒了,就准备叫鹰来吃掉。谁知话刚出口,蛋里就出声要求再孵三天。她答应照办了,果然有六个蛋生出小生命来了。它们就是央(人名,黔东南苗族都有关于他的故事传说)、雷、龙、虎、蛇和鼯鼠。其余的六个蛋孵不出什么,于是就扔掉了。但一扔掉就变成鬼了。

扔在山上的,成为"法安"(意为陆地上的鬼怪),现在遇见旋风等,就是它作怪;扔在水里的,成为"法瓮"(意为龙怪);扔在屋前屋后的,成为"法囊"(意为鼠怪),家中有时听到老鼠叫的怪声,就是它作怪;扔在家中的,就成为"商里"(即大麻风);其余两个蛋变成什么,说者不知道。

另外一个鬼师——甘超的吴聊宁说,十二个蛋孵育后,有六个孵出央(人名,同上)、雷、龙、虎、蛇、蛙。其余的六个也因孵不出什么而乱丢,于是也变成了各种鬼怪。

扔在山上的,变成"嘎黑养";扔在田里的,成为"商里"(按:苗语称田为"里",鬼为"商",就是田鬼的意思,实即大麻风)。其余的四个变成了什么,说者不知道。

几个鬼师又说：从前有一个叫"勇董"的人，他偷了一个叫"广"（据说广能吞日月而有日月食的现象发生）的羊子，"广"找到了他，就把他打死了。他死后，身上的几个部分就变成了几种鬼怪，心变成"考"，肠变成"郎"，骨变成"苟"，下颚变成"老扪"，上颚变成"考虽考杠"。

[贵州省编辑组：《苗族社会历史调查资料》（二），第283—284页，贵州民族出版社1987年版。调查时间：1958年11月]

41. 贵州凯里县舟溪地区苗族祭祀"嘎兑"

据说"嘎兑"是一群"善鬼"的名称，共有十九个成员，都是男性，他们是"告褛养"变的，而"告褛养"又是蚯蚓变成的。他们住在天上叫"匡窝你、咀窝金"的地方。

没有子嗣的人家在经济条件许可的情况下，就祭祀它，向它求子。在举行祭仪的时候，要请十九个男人穿着干净的衣服到场陪祭。祭物是：

大水母牛一只，给它；大公鸡一只，给它的近乎随从的"商大"（意为"土地鬼"）；白纸幡二串。

[贵州省编辑组：《苗族社会历史调查资料》（二），第283页，贵州民族出版社1987年版。调查时间：1958年11月]

42. 贵州凯里县舟溪地区苗族祛"法瓮"

"法瓮"是一群"恶鬼"，男女性都有，共十九个成员，它们是"屋嘎休"孵不出小生命的一个蛋丢在水里变成的。但当鬼师谈到祛除他们时，又说是从前一个叫"仰欧莎"的美貌姑娘变成的。

人患重病，经过鬼师侦察后说是"法瓮"作祟时，才举行祛除仪式。祛除列的物品是：水牛一只（大小牝牡不论）；鹅一只；雄鸭两只（杀一只，放生一只）；鸭蛋十五个（共合十九样，意即一个鬼得一"只"）；草船一只。

先在门外举行仪式，由鬼师唱巫词请"法瓮"莅临享受。它们住的地点似乎是想象的，到舟溪的路线是逆清水江而上，路过的地方就是清水江边的：

钢方褒褛、粉见步颇	大河潭的地方
匡掌敖、咀达啥	河沙坝的家
见大	剑河上面的长滩
卡汪	凯里下面的何家寨
里给	凯里上面的菩萨寨

鬼师唱毕，表示已将鬼请到，就把全部祭品携到村边祛鬼的地点。陈设酒、肉，略同祭"嘎兑"。祭时鬼师唱巫词请它们吃喝，要求它们不再作弄病人，让病速痊。之后

就送它们回去，并把草船和鸭子放在溪水里，然后参加的人一起吃肉喝酒。吃不完的肉，主人不能带回家去，但外人可以带。

[贵州省编辑组：《苗族社会历史调查资料》（二），第284—285页，贵州民族出版社1987年版。调查时间：1958年11月]

43. 贵州凯里县舟溪地区苗族祛"告乎祼"

"告乎"即雷公，"祼"为黄牛，意思是用黄牛祛除的鬼，当地汉族称为"雷神"。据说这一群鬼共十七个成员，都是男性，但不知道是什么变成的。

人感觉背痛，或酿酒不好，被说成是这群鬼怪初步作祟的征兆，要及时祛除，否则要患重病。祛除供献的牺牲是：

中等以上（以已生角为准）的黄牡牛一只；大公鸡一只（给它们的近乎随从"商大"）；鲤鱼十八尾；甜酒一坛（鬼师侦察时说是他们作弄了，就做甜酒等待）。

举行祛除仪式的程序同上述一样。它们住在天上，巫词中多称赞和形容它们住宅的善美。它们下了十七级"银梯"之后，只经过"养刚别压"一个地方，就到舟溪。

这群鬼怪和"嘎兑"一样，也有一个近乎随从的"商大"（与土地菩萨同音），与其他几群鬼不同，是否带有一些阶级意识。

[贵州省编辑组：《苗族社会历史调查资料》（二），第285页，贵州民族出版社1987年版。调查时间：1958年11月]

44. 贵州凯里县舟溪地区苗族祛"告晚呆"

"告"的意思为公，"晚"的意思为天，"呆"的意思为地，即"天地之神"的意思。口述者说不出是什么变成的，共有十二个成员，都是男性。

人患病了，或庄稼生长不茁壮，经鬼师说是"告晚呆"作弄之后，就要供献牺牲，用物是：

阉过的中等猪一只；鱼十二尾；甜酒。

供献仪式的程序同上述一样。它们是住在天上的"匡懒来、咀鸟办"，经过"晚糯道熬"（青天云里），下银梯十二级之后，路线就完全同"嘎兑"一样。

[贵州省编辑组：《苗族社会历史调查资料》（二），第285页，贵州民族出版社1987年版。调查时间：1958年11月]

45. 贵州凯里县舟溪地区苗族祛"西"（一）

据说"西"有三群，大的一群共计十七个成员，男女性都有。口述者说不出它是什么东西变成的。它们作弄人，都是由"非善终者"（指死在刀、枪之下，自缢、服毒、溺死、跌死等）的魂魄勾结引诱来的。它们作弄人的病状是疯癫或要自尽等。经鬼师侦察说是它们作弄之后，就为它们供献牺牲。用物是：

小黄牛一只，给"西"；鸭一只，作为洗净非善终者，让他（她）转生；鸡一只，给非善终者。

供献仪程如上所述，在村边驱鬼地点杀了牛、鸭之后，不再供献熟肉。据说它们只喝血（生食），但鸡煮熟后还要由鬼师献给非善终者食用。它们住的地方是"钢方细涉、粉方细大"（意为相杀的地方），这是地下，而非天上。它们到舟溪的路线同"嘎兑"一样。

〔贵州省编辑组：《苗族社会历史调查资料》（二），第285—286页，贵州民族出版社1987年版。调查时间：1958年11月〕

46. 贵州凯里县舟溪地区苗族祛"西"（二）

另一群"西"的成员是较少的，有七个，以狗为牺牲供献。也是非善终者的魂魄勾引来作弄人的。对非善终者的供献和"西"（一）同，来路也一样。

〔贵州省编辑组：《苗族社会历史调查资料》（二），第286页，贵州民族出版社1987年版。调查时间：1958年11月〕

47. 贵州凯里县舟溪地区苗族祛"西"（三）

成员最少的一群"西"是三个，供献的牺牲是一只鸡，对非善终者不供献什么。这是在受伤流血时才用，由鬼师交代并杀鸡见血后，仪式即告完毕。

〔贵州省编辑组：《苗族社会历史调查资料》（二），第286页，贵州民族出版社1987年版。调查时间：1958年11月〕

48. 贵州凯里县舟溪地区苗族祛"耸咀"

"耸咀"这群恶鬼成员共计九个，男女性都有，口述者不知它们是什么变成的。据说是由另一群叫"领赖洛、法赖别"的恶鬼勾引到人家作祟。"领赖洛、法赖别"初作祟时，并不会使人生病，而是使一些奇异的现象发生，如母猪吃自己生的小猪，母鸡吃自己下的蛋，家中的瓦缸和灶边等物件上生蕈子以及狗、猪、牛、鸭等家畜家禽爬上屋顶等等。发现这些现象的时候，如不按例向他们供献牺牲，它们就去勾引"耸咀"来共同作祟。"耸咀"到人家作祟时，起初也是有一些奇异现象发生（如上所述）。发现这些现象之后，如果不向这两群鬼供献牺牲，人就会病倒。祛除他们时，用的牺牲是：

母猪一只（大小不论）；狗一只；鸡两只；鸭一只；蛋四个（以蛋壳代替也可以，但不要说破）。

先在家举行仪式，只杀猪，把肉吃掉，留下猪头及猪脚，连同狗、鸡等一起携带到村外驱鬼场所去按照上述仪程杀狗、鸡、鸭，并煮熟供献。这两群鬼都住地上，"耸咀"住的地方叫"钢方楚生、钢别当法"，"领赖洛、法赖别"住的地方叫"匡亦拢、咀亦娜"。两群鬼到舟溪的路线都同"嘎兑"一样。

[贵州省编辑组：《苗族社会历史调查资料》（二），第286页，贵州民族出版社1987年版。调查时间：1958年11月]

49. 贵州贵定县仰望乡苗族鬼名及禳解

（一）受错　如遇大人、小孩鼻子流血不止，妇女生小孩后流血不止以及其他伤害而流血不止，认为是此鬼作祟造成的。鬼师在流血不止者卧室门口禳解此鬼。用一碗茶、一碗米，大人放桌上、小孩放地上解之。

（二）受细　坐月婆不慎将乳汁掉在地上或草上，认为会遭到"受细"的严厉惩罚，因此非请鬼师禳解不可。用一伞、一桌、一碗米、五碗水、八炷香、八张钱纸、一"启"、一"格楼"（"启"和"格楼"均为竹子制的辟邪物）、白纸剪的三角小旗若干、卦一对、牛肉二三斤。伞撑在桌上，上列物品摆在桌上，先在堂屋中解，然后抬上桌子送出门到河边去，将牛肉煮熟食之。碗筷洗净，方可返回。

如若坐月婆掉在地上或草上的乳汁被牛、猪、狗、鸡、鸭等家畜家禽吃了，那更不得了。大牲畜立即拉到场坝上去卖掉，鸡、狗之类则打死丢到烂泥塘中去。然后请鬼师禳解"受细"，使之不加害于人。用一牛头、两升米、一"启"、一"格楼"、一方桌、香及钱纸若干、一对卦，到远处放牛不到的山坡上解之。牛头煮食，碗筷洗净方可回寨。

（三）受诺　烧坡或砍树等不慎使祖坟损坏，或坟上砌的石头自行垮落，认为是"受诺"所为。要用一升米、五碗水、二三斤牛肉、一"启"、一"格楼"、一对卦去禳解。在损坏的坟边解之，然后方可修复坟墓。三月清明扫墓时，用过"受诺"之后方可动土。

（四）受透　很少解"受透"，有人手、脚麻痹不听指挥时才用它。须用牛头一个、米一升、五碗水、一"启"、一"格楼"、香及钱纸若干、一对卦。由鬼师在山坡上解之。

（五）受格不落　如家中爬出许多蚂蚁在火塘边被烧死，就要禳解"受格不落"。用牛肉二三斤、一"启"、一"格楼"、一对卦。先由巫婆打"迷拉""抹米"侦察，指出在何地方，然后鬼师根据巫婆的指点到其指定的地方进行禳解仪式。

（六）受个老　乌鸦在空中飞过屙屎掉在人的头上，必禳解"受个老"，否则认为会大祸临头。用牛肉二三斤、一碗米、一碗水、一对卦解之。此种鬼用得极少。

（七）受肯　小孩不慎掉进火塘，必用"受肯"。用一小鸡、一碗米、一碗水解之。

（八）受江　田里庄稼因病虫害发黄时用之。用一鸭（鬼师扛一根未去小枝的竹子，鸭吊于上）、五碗水、三角小旗若干（每块田插一张）、一对卦。鬼师砍小树枝在田边搭一架子（称为"搭脚"），将五碗水放在上面解之。鸭杀就地煮吃，血洒于田中。

（九）受恩　人生病严重者用之。常经阴阳先生测日子和巫婆"抹米"之后用。用草人（一头、一手、三脚）一个、公鸡一只、五碗水、一对卦、一方桌在堂屋解之。解毕，公鸡煮熟一家人分享之。

（十）受地　也是一种引起人们疾病的鬼。如家中有人经常生病，请巫婆"抹米"看过之后认定是"受地"所为，便用一升米、五碗水、三炷香、三张钱纸、一"启"、一"格楼"、牛肉二三斤，在门前院坝中由鬼师砍树枝搭个架子，上述物品置于其上而禳解之。

（十一）受结　烤烟（引者注："烟"应为"酒"）烤不好，认为是"受结"所为，用牛肉二三斤、一"启"、一"格楼"、五碗水、三炷香，三张钱纸、一对卦。由鬼师在家中酒缸旁禳解之。

（十二）受奥所　染布染来不好，认为是此鬼作梗所致，用牛肉二三斤、一"启"、一"格楼"、一碗茶、一碗米、三炷香、三张钱纸、一对卦，请鬼师解之。

（十三）受摸　养的蜂飞跑不回来，认为是"受摸"搞的鬼。用牛肉干几块、一碗米、一碗茶、三炷香、三张钱纸、一"启"、一"格楼"、一升米、一对卦，由鬼师于蜂箱旁禳解之。

（十四）受进　打新床或安床时未测日子，后来一家大人、小孩总觉不舒服，认为是得罪此鬼。用一桌、一鸡、五碗水、三炷香、三张钱纸、一"启"、一"格楼"、一对卦，在床边禳解之。

（十五）多绞变　一种致人头痛的鬼，生病时头极痛用之。用一长"启"、一长"格楼"（从地下竖着伸出屋檐之上去）、一方桌（桌上放半边磨子，磨子上放牛角）、一棵刺条、一根芭茅草、五碗水、一升米、三炷香、三张钱纸、一对卦，在院坝中禳解，上述物品除五碗水、一升米、香、纸、卦外，余者要摆放院坝三天后才可收去。

（十六）坦西　也是一种致人头痛难忍的鬼，经常与"多绞变"一道用，也可单用。单用此鬼，用一把伞，搓两根左转的草绳，用其中一根捆在另一根的中部，使两根绳子有三个头，再在这三个头上各拴一根五棓子树削成的小木棍，用一升米、五碗水、一只公鸡、三炷香、三张钱纸、一对卦，在院坝中解之。

（十七）不可　如一家人常生病，巫婆"抹米"侦察到是"不可"这种鬼作祟，就请鬼师来禳解，用一只鸭、一升米、五碗米、一"启"、一"格楼"、三炷香、三张钱纸、一对卦，到土地庙前或三岔路口去解。搞完之后杀鸭子就地煮吃，鸭头砍下用一竹棍穿上，嘴朝天插于地上。另用棕片包几包灰吊在"启"和"格楼"上，也插于地上。

（十八）受戈比　遇暴风雨雷声大作，震动房屋，须禳解"受戈比"。用一升米、牛或猪肉二三斤、五碗水、一"启"、一"格楼"（用过之后烧掉），在堂屋之中用。

（十九）舵给邑　一种勾魂鬼，如在犁田时风吹水面起一圈一圈的波浪，或出门时风吹碎草、灰尘等起来围着人转，即认为是此种鬼在捉人的魂魄。到河边去禳解，用一只鸭、一碗米、一"启"、一"格楼"、一对卦解之。

（二十）受祸　一种认为能使人患多种疾病的鬼。它是大树老了之后变成的，所以用鬼均在其住地——倒了之后遗下的大树根部去用。当巫婆"抹米"见是这种鬼作祟时，便要请鬼师去禳解。用牛肉二三斤、一升米、五碗水、一"启"、一"格楼"、三炷香、三张钱纸、一个草把。先是在堂屋里点燃草把后一手拿着，另一手舀一瓢水，边念巫词，边喝水四处乱喷。一会儿后，便拿上上述物品出门到寨旁的大树根部去。鬼师砍树"搭脚"，将拿去的东西在上面摆设开来，继续禳解仪式的第二部分。完毕后即收拾东西回寨。

（二一）受的　"受的"是引起火灾的鬼，禳解此鬼的活动称为"扫寨"，是一种规模较大的集体性的鬼事活动。扫寨禳解"受的"，每年都是要搞的，但各个寨子没有统一的时间，有的在旧历三月三、六月六、九月九扫寨，有的则在旧历二月和七月两个月中测日子扫寨（据说正规的时间应为前者）。

扫寨时，全寨男子均参加，妇女是不能参加扫寨活动的。由鬼师主持扫寨，他穿平常之衣，并无特殊打扮。肩扛着一根有枝叶的竹竿，上面倒吊着一只大公鸡，手上拿着一只外面缠有草绳的竹筒。另有两个人跟在鬼师后面，抬着用各种颜色的纸扎的小房子，里面坐着一个用纸扎的人，称为"瘟神"。鬼师挨户进入每家人家，由主人用瓢舀水倒入他手中的竹筒之内，他念几句咒语，然后喝水于口中，在火塘（火未熄灭）周围喷三口水。喷过之后，就出门到另一家去，又如此这般地搞一遍。全寨每家都去过之后，便扛鸡到寨外小河的对面去，鬼师用牙咬鸡脖，咬后放其在地，任其乱跑乱跳。待其倒地死后与预先备好的猪肉一起煮食。全寨男人均参加吃肉喝汤。吃完之后，在河中洗净碗筷锅瓢、漱口之后方可进入寨中。因每家平均出钱买的肉，所以又称扫寨为"打伙会"。

当鬼师扛着公鸡在每家禳解"受的"时，其他男人便去修路、淘井、埋沟、打扫卫生等。

如遇失火烧寨，无论烧成与否，均要扫寨，如认为"火星"（即流星）从天上掉入寨中，也要扫寨。

扫寨时通常要念此咒语："天火黄，地火黄，准你烧坡不准你烧房；天火缘，地火缘，准你烧坡不准你烧屋。"

（二二）胜饿　造成妇女难产的鬼。当妇女生小孩难产时，请鬼师用此鬼。用一升米、五碗水、猪肉二三斤、三炷香、三张钱纸、一对卦，放在一个簸箕内在大门口禳解之。

（二三）胜透胜急　也叫"胜旦胜呃"。妇女怀孕八个月时用此鬼，认为用过之后，到生产时才顺利，否则过去生小孩死的妇女的鬼会来扰乱。用挑柴的扁担二根和打粑粑的杵搭一三脚架，将怀孕妇女的背牌和围腰放在三脚架上。下面放一盆水、一碗茶、一碗米、一对卦、三炷香、三张钱纸。怀头胎的要买一头猪（不论大小）、一只鸭杀来用。二胎以后用头胎时的猪头骨即可，不另买猪。其他摆设照旧。

（二四）胜澳胜撮　小孩三、五、七、十、十五、十七岁时用此鬼后，下河洗澡无伤。用一只鸭、一升米、一"启"、一"格楼"、三炷香、三张钱纸、一个草把，在河边上用之。

（二五）胜饶胜长　上山砍柴割草经常为斧镰伤手伤脚用之。用三根有枝叶的小树栽于院坝，经常为斧镰伤手伤脚的那个人，倒披一件草蓑衣蹲在小树旁。鬼师牵一条狗先在堂屋驱鬼，然后出门来放狗跑去，口喊"老虎咬狗"，喊三声。蹲着的那人听见喊声，便起来跑去。在外跑一圈后回来将蓑衣脱丢于小树旁。狗捉回打死食之。

（二六）胜那胜的　斧伤、摔伤、蛇咬伤有时用之。用二三斤猪肉、一碗茶、一碗米、一对卦、受伤人左脚穿的鞋子。由鬼师在堂屋禳解。

（二七）胜江胜兜　野兽或蛇咬伤，用此鬼。用三根芭茅草立于院坝，每根草尖上套一小竹筒，二三斤猪肉、一个草把、一对卦，堂屋中用，然后出门，大喊三声"老虎咬猪"，即解。

（二八）舵杀朵气　妇女婚后多年不孕，认为此鬼所为，做两个草人，每个一手捏一把木刀，一手捏一根花线，用一只小鸡，到山坡上三岔路口去解，小鸡用碗盖在里面。禳解几次仍无生育。则认为命中注定，命不好。

（二九）舵达格　小孩生病呕吐厉害用之。从屋中将此鬼送出，拿五张或七张三角白色小旗，边走边插于地上，走五步或七步便插一张。禳解时用一只小鸡和一个草把。

（三十）那月澳和那月加　生病时用这两个鬼，但在病前曾看见风吹草绾成团方用之。杀一鸭用于前者，买牛肉二三斤用于后者。

（三一）坦西顿　妇女久婚不孕者用。用一把新伞、六尺新白布、一升米、五碗水、一盆水、一元二角钱。剪手拉手的纸人四个贴于床边。六尺白布在禳解结束时要剪下三尺给鬼师带去。

（三二）坦西交　病人上吐下泻用此鬼。用一升米、一把伞、三根木棍、三炷香、三张纸，摆在桌子上用。这张桌子的两条腿在门槛外，两条在门槛内。

（三三）坦西不捞　生病呕吐不止时用。用三张树叶捆吊于屋檐滴水处，上盖一斗篷。一只小鸡、一碗米、一碗茶解之。

（三四）拉蒂拉朵　参加办丧事回家后病倒，认为此鬼作祟，即找一条狗来打死，用杉木皮做一口小棺材，割点狗鼻、耳、脚处的皮肉放在棺材里盖上。用一碗米、一碗茶在堂屋中禳解。待办丧那家人出丧之日，将杉木皮小棺材拿去一道埋掉。狗肉分而食之。

（三五）若令若白　阴阳先生推算八字，认为某人已为此鬼缠身，即用此鬼。用一只公鸡、一升米、五碗水、一张桌子在家中由鬼师禳解。用杉木皮做一只小棺材，将鸡头、脚置于其中，送出门去丢于山坡之上。

（三六）捏䩞　背带鬼。小孩出生的那天日子如不好，便于第三天禳解此鬼。用一碗茶、一碗米、一只小鸡、三炷香、三张钱纸在床前解。解过之后才能拿小孩的衣服去洗。

（三七）埋土结　妇女怀小孩三至四个月，肚子痛，巫婆"抹米"看，认为大、小人的魂不在了，解之。用一只鸡、一碗茶、一碗米、三炷香、三张纸钱在堂屋桌上禳解。

（三八）埋土得雷　人太虚弱时用此鬼。用一只小鸟（不论何种鸟）、一碗茶、一碗米、三炷香、三张纸钱。禳解过程中要念一些祖宗的名字，因此只有本房族的鬼师才解得了。先在堂屋中搞，然后出门，捆一张白纸在小鸟身上，随即放飞之。

（三九）丧咪　人有气无力时用"丧咪"，认为禳解之后就有力气了。用一簸箕、一只木板砍成的木马、芭茅草、稗子、糯米、小米若干、一只公鸡（用后不杀吃）、一块肉、五碗水，均置于簸箕之内。搞了一阵后，便用卦打那木马，打过之后拿去挂于卧室墙上。

（四十）坦坡　当家不利、钱财不利用之。用一簸箕、一升米、一块肉、五碗水、一只鸭子。在赶场天早上用，用过之后即用猪箩装上鸭子到场坝上去卖。出门后不能再进屋。在场坝上卖鸭时，买主不能超过三个，第三个不论贵贱也卖掉。

（四一）乌贵　一种过路鬼，专门扰害小孩和体弱的老人。巫婆"抹米"看见，就请鬼师禳解。用草扎一人（五头、三脚、二手，头上罩鸡蛋壳），用一只小鸡、一碗茶、一碗米。屋中用，用后送出门，小鸡丢于坡上。

（四二）胜傲　小孩掉井、田、河、沟之中，总之掉入水中，必用此鬼。用一只鸭、一碗水、一碗米、一对卦，鸭杀后拔毛丢于地下，肉煮食之。

还有"砂扛"（吊死鬼）、"别澳"（落水鬼）、"陆斗"（老虎鬼）、"不糯"（老蛇鬼）、"当播"（炮打伤亡鬼）、"喝朵杀"（落岩鬼）等等，只有对号禳解之后，才能消灾免难。

〔赵崇南：《贵定县仰望乡苗族原始宗教调查》，《贵州民族调查》（之二），第291—295页，贵州省民族研究所，1984年10月。调查时间：1984年3—4月〕

50. 贵州紫云县打郎乡苗族祛鬼方式——"解邦"

……对于鬼，只有通过鬼师来"解邦"，消除"影响"。鬼师似乎通于人世和冥界之间。他们是"解邦"的主持者，"解邦"时，要在门楣上横放一把五棓子树砍成的木刀。解一般的鬼时，鬼师穿平常衣服；解较大的鬼时，要穿棉布做的长袍，手中摇着铃子，口中念念有词。"邦"者，鬼之总称、通称。不同情况，有不同解法，就生病"解邦"而言，有在家中解的，有到山坡上去解的。在家中解的情况是：放几个碗在凳子上，每个碗中放鸡蛋、肉、酒等，用病人的衣服在碗上绕三圈，然后杀鸡，不能炒，只能清水煮。吃鸡时，将鸡撕成若干块，放在碗中，又用衣服绕三次，将鸡肉倒入锅中，然后才能吃。老摩公先吃一块，其他人想吃的都可以吃，但不能说话。吃不完的话，要倒掉。在山坡上解时，要找有水的地方，把所需的东西放到上面，有时要打一把伞，才开始进行活动；有时要把鸡的大腿骨（卦）和几角钱放在三岔路口。假如谁把钱捡走，就认为那鬼跟到他家去了。人们认为"解邦"时，把鸡、狗、猪、牛献给了鬼，向鬼谄媚，鬼就会高兴起来，才起到"解"的作用。献鸡好办，杀一鸡出血即可，而献猪、牛、狗则更好办，用一点肉干代替之。鬼师"解邦"是不收钱的。除了"解邦"之外，还有打"迷拉"。这也是由鬼师搞，有些老摩公会打，有的则不会。打"迷拉"时，用一围腰挡住脸，脚连续抖动还不断跳动着，坐在一个凳子上，面前放一张桌子，有一种在桌上放18个碗，有一种放6个碗，碗是反叠着的，下面一个口朝下，上面一个口朝上。鬼师口中念念有词，或黏黏糊糊地唱歌，谁也听不清是什么。一般大约半小时后，才讲出那家有什么鬼。第二步进行"解邦"，此时或沿用这位鬼师，或另请高明。除解生病的"邦"外，有些反常现象的"鬼"也必须解。如母鸡学公鸡叫，认为"公鸡叫有理，母鸡叫有鬼"，就得请鬼师用一把谷草，用干肉解，鸡要丢掉，不可食用。

[李子和等：《紫云县打郎乡苗族社会调查》，《贵州民族调查》（之三），第143页，贵州省民族研究所，1985年10月。
调查时间：1985年5月]

51. 贵州望谟县苗族祭祀的鬼类

麻山地区苗族普遍信的鬼有以下几种。

五个鬼：外出的人如身体不适，患头痛之症，认为是五个鬼作祟，经鬼师"吊称砣"（占卜的一种形式），测后行祭。祭的方法是：在病人家中放木桌一张，上摆五个碗（均盛白米），衣服一套，香一支，鬼师咒"请"鬼"就坐"，片刻，祭场移至山上，鬼师又"请"鬼到山上"就坐"。杀狗、羊各一只，猪三头，鸡四只，鸭五只。经鬼师逐一滴水后即杀来祭，待肉煮熟后即把鸡腿切下看鸡腿内骨眼的多少来判吉凶，又以三碗或五碗熟肉敬祭。

约：意为过路鬼。过路鬼走村串寨时，若在某家停留，会使这家人生病，而后病蔓及全寨。请鬼师测后，先从发病家起，逐户扫鬼，到那（引者注："那"应为"哪"）家扫鬼，该户杀一只鸡，鬼师以血抹门，以示与鬼隔离，鬼师一面念咒送鬼，一面用背筐将祭品背走，意思是把鬼送到西方，不再扰乱凡人。

窝（凹）：意为解"口诀"，妇女嘴多惹事，被认为是招致病魔缠身。家人生病，也要请鬼师赶鬼。

木吊板：意为买屋基。人体欠安，六畜不旺，认为是屋基不好，也就是龙脉不好，认为是龙离开屋基所致。于是要鬼师把龙请回来。

绍方：意为四方鬼。眼痛、手脚痛都是这种鬼作祟，这种鬼吃鸡、狗、羊、猪、鸭。但用什么祭，须由鬼师测定。

略贝：意为山野鬼。这种鬼住在山上，若在山上煮饭菜，进餐前，必须先以饭菜敬之，才免受其害。否则就会招来灾难。

[杨昌文：《望谟县麻山地区苗族的原始宗教》，《贵州民族调查》（之三），第363—364页，贵州省民族研究所，1985年10月]

52. 贵州苗族的一支——"古懂苗"祭祀的鬼类

游尸五鬼：当地苗族同胞传说，过去有五个人上山打猎时，不幸被猛兽吃掉，因而找不到他们的尸体，结果变成了"游尸鬼"，经常到寨子上来找东西吃，使人犯病。以公鸡一只、猪一头（用刀头肉代替）、小纸旗五面、捕鸟的绳套五个供祭……

花脸鬼：当地传说，在古代时，某天晚上，青年男女去"赶表"（谈情说爱）时，大家都用草木灰把自己的脸抹黑，弄得面目全非。其中有一对青年男女互相倾慕而同宿一夜，次日天明，才看清楚，这对情人原来是兄妹，因而害羞致死，遂变成了"花脸鬼"，专使小孩生病。祭"花脸鬼"时，病者为女孩则杀鸡一只、杀狗一只、竹筒一个（代替口琴）；病者若为男孩则杀鸡一只、杀狗一只、芦笙一支（用高粱秆制作），在野外献祭。祭时，在屋内立"花树"一棵，把门关好，不准人进屋，若有人叫，亦不能答声，等在外面祭鬼的人吃完饭回家后，才解除禁令。

野鬼：过去有一对青年男女牧羊时，因"玩表"不幸死在岩头上，变成了野鬼。这块大岩石在今紫云布依族苗族自治县猫营乡的小一洼村。每当人们路过这块大岩石旁时，无不打伞避鬼。祭这种鬼时，必须要病者在场，杀鸡一只、羊一只（用一只黑狗代替亦可）做祭，同时敲锣打鼓驱鬼。

犯龙神：人们出现头痛、身上酸痛等症状，就认为是犯了龙神。测定的方法是，用生鸡蛋一枚在病者身上滚一遍后，将其煮熟，从蛋的中部将其剖为两段，去蛋黄，视蛋尖端，若显痕迹，就认为是犯了龙神。用竹筛装上茶水、米饭、素菜各一碗，在屋内供祭。祭毕，将供品抬到三岔路口"交给"土地菩萨。

天马神：人们认为，在夜间小孩子发生剧痛，就是天马神作祟。祭天马神时，在屋内立一匹木马，大人抱着病孩，打着红纸伞，站在木马旁边；鬼师手端半升大米或一升包谷，用手将米撒向天空，同时口中念念有词："天马神，天马神，你不能乱闯进我家大门，你闯倒马头坐船走（引者注："闯倒"在贵州方言中即"碰到"、"遇着"之意；"马头"应为"码头"），闯倒马路朝前奔。你是从东方来，要退回东方去，你是从西方来，要往西方行。……"

疯鬼：说是这种鬼使人生各种疑难病。用一个竹筛装上钱纸六张、香六根、两碗清水行祭，口中念念有词："你来得快，走得也快，没有什么东西送你，将茶、水、饭送你上路，你赶快把人放回来，以后请你吃饱喝足……"

野山鬼：在山野里杀小狗一只、小鸡一只做祭。祭这种鬼时，病者为男性则用麻秆制芦笙一支，女性病者则用竹筒一个。此外，还须五梧子树制成的卦一对，五梧子树杈一根，在树杈上制麻雀窝一个，窝内放几个泥球（代替麻雀蛋），祭毕会餐。

地羊鬼：人的周身发痛，就认为是地羊鬼作祟。请鬼师来念咒，在屋内杀一只公鸡献祭。

叫魂：人们认为灵魂脱离身体人就生病。鬼师来为病者治病时，杀鸭子一只，要草鞋一对，于小簸箕内装一升米、十二碗清水为祭品，鬼师以咒叫魂，人们认为只有鸭子才能到祖宗那里把灵魂背回来。

死鬼：人们说，这种鬼是那种既无亲又无戚、无依无靠的老年人死后变成的。它作祟使人生疮，脚、手发痛等。在屋内杀一只狗、杀一只鸡来做祭，抬到山坡上会餐。

树鬼：人们认为，头发晕或无故发生疼痛时，就是树鬼作的祟。祭这种鬼时，用清水一碗，碗内立三支筷子，再用反搓的绳索去捆本寨子的一棵古树，可使生病者痊愈。

牛鬼：人们认为，老人过世时未杀牛献给，是他来要牛，才使人得重病，需要杀牛祭他。这要举行杀牛仪式，如办斋事那样隆重，寻一杀牛场，场上立"牛伞"一把；用稻草和豆丝叶造一个简陋窝棚；场上还栽一个木柱悬鼓。祭祀时，击木鼓、吹芦笙、唱哀歌等。死者亲友纷至沓来参加。在祭场上杀牛会餐。

死儿鬼：人们认为，若小孩子生了重病，必是死儿鬼纠缠所致。请鬼到屋里来，杀黑鸡、黑狗、黑鸭各一只，杀红毛猪一头；用一尺二寸红布钉在大门上面，表示隔鬼；鬼师在念咒的同时，将油炒面（末）撒在火上，一时火光熠熠，谓之"打粉火"，以之驱鬼，直将鬼送到三岔路口为止。

[岑秀文：《"古懂苗"社会调查》，《贵州民族调查》（之四），第418—419页，贵州省民族研究学会、贵州省民族研究所编，1986年8月]

53. 贵州凯里市舟溪乡苗族祭鬼——"干憨碱"

做"干憨碱"前，清早到山上去挖几枝一米多高的小杉树、小青杠、野竹，连根取回，回来后将根、枝、叶去掉，只留一根小杉树带枝叶，还要准备一些小鱼、二碗米、二碗酒、一只白公鸡、一只红公鸡，还有一点肉和几只空碗、一些白纸条和一块红纸，白纸条一边用剪刀横向剪过。树枝整理好后，将一寸五宽的剪裁好的白纸条斜缠绕在树枝上，剪过的一边张开，成鸡毛掸样，其作用类似汉族的哭丧棍，红纸剪成枫叶状，穿在竹枝上，在留有枝叶的杉树上拴一根挂青线，还将一些竹子削成条，然后将这些准备好的东西扎成四把，放在一边，在一只碗里装上一块肉和红辣椒、葱、姜等，把红公鸡装在笼里放在树枝一边，鬼师坐在小凳上，在面前摆上装肉的碗，前边摆米碗、酒碗和三只小碗，在米碗中插入三角钱纸币，在米碗和酒碗之间的地上放两块一头削尖，长约二十公分，由一破二的半圆木片，估计这根木棍原直径约有五公分，大概是鬼师随身携带之物，已搓得油黑了。

准备就绪后，鬼师开始念咒语，再将两块半圆木片拿起往地上扔两下，然后又接着念，如此反复五次，将肉、葱、小鱼、米等舀一点在一只空碗内，同时倒一点酒在地上，这样，室内仪式完成。

还有室外的仪式，在鬼师做室内仪式时，主人已将室外布置好了，在房子通村子大道的出口处，摆一张桌子，桌腿上捆一把撑开的布伞，桌上所放之物与室内大致相同，地下绑了一只白公鸡，在桌边还放一把伞。鬼师出来后，把桌边放的伞夹在腋下，把两块半圆木片放在桌上，又开始念咒语，情况与室内相仿，最后将鱼、肉等掐一点放在空碗里，把酒倒一点洒向天空，仪式完毕。整个过程大约用了一个多小时。鬼师念的咒语大意是来自各方的鬼神，你们不要来烦扰这一家了，这一家人对你们都很尊重，你看他们给你们准备了这样丰盛的食物，你们吃了之后，各走各的吧。鬼师口语当地人也听不懂。

仪式完了后，将两只鸡杀掉，大家吃掉，把鬼师整理过的那些树枝挂到房梁上，米、钱等鬼师拿走，作为报酬。

〔程昭星：《凯里市舟溪乡苗族社会调查》，《贵州民族调查》（之四），第588—589页，贵州省民族研究学会、贵州省民族研究所编，1986年8月〕

54. 贵州从江县孔明公社苗族设"拦鬼门"

"拦鬼门"当地苗语称为"沙不龙"，汉语称为"拦路鬼"。这是一种设于寨头拦鬼的东西。这个东西，我们在高砂和摆鸠两个寨子都看到了。设"拦鬼门"的原因，是因为某家有人病重，久治不愈，请鬼师多次作法驱鬼仍无效，于是就要设这种"拦鬼门"。搞的时候要请鬼师念咒语，杀一只公鸡，在寨门外的两棵大树之间，拉上一根草绳，草绳上吊上几把木刀，吊上鸡爪子、鸡毛、破鱼网等物，同时还要在设"拦鬼门"的路上放一簸箕，中间穿过一根木棍插于地上。我们在高砂寨看到的"拦鬼门"就是这样的：一根草绳从寨头路上拉过，上吊五把木刀，刀长一尺许，另有一对鸡爪子，一把鸡毛，两小块破鱼网，均用谷草吊在绳子上。绳子距地面约两米，人可以从下面走过。路边左前方有一块圆形席片，中间穿过一根木棍插于地下。这块圆形席片大概是代替簸箕的吧。据介绍，这种"拦鬼门"是专为拦住病家的亲属死后所变的鬼的。在设"拦鬼门"之前，要由鬼师预先"过阴"侦察好后，确认是病家亲属死后所变之鬼所为，才去设这种"拦鬼门"。

〔赵崇南：《从江县孔明公社苗族鬼魂崇拜调查》，《月亮山地区民族调查》，第467—468页，贵州省民族研究所，1983年6月〕

55. 贵州从江县孔明公社苗族驱鬼仪式——焚尸

如某家接二连三有人生病，且病得很重，甚至有的病死。请鬼师多次作法驱鬼、设"拦鬼门"仍不见效，最后还有一招就是焚尸。这也要由鬼师先"过阴"侦察好是由病家过去死去的亲属中谁变的鬼所致。确认之后，鬼师便领着人去找出其坟，掘开，念咒语，以火烧其尸骨，然后再把剩余之骨灰迁到远处去葬。我们在高砂寨旁边的坟山里见到了一新掘开焚尸后的坟坑，边上扔着一块半朽之棺木。从上面这块以及坑里的另几块棺木的腐朽程度来看，估计埋下二十多年了。公社武装部长叶老新说，搞这种活动，无论是谁的坟，只要鬼师指定之后，照样掘开焚其尸骨。不过，这样的情况还是不多见的。

[赵崇南：《从江县孔明公社苗族鬼魂崇拜调查》，《月亮山地区民族调查》，第468页，贵州省民族研究所，1983年6月]

56. 贵州惠水县摆金苗族祭祀的鬼类

(1) 必拉瓦，"七杀五鬼"。这种鬼须用一只鸡、一斤二两刀头肉、一元二角钱、香、纸等献祭，要在三岔路口去祭它。祭时用稻扎一个人身七头十四手的怪物，其中有七只手须插七把小木刀。

(2) 刚几送，即马郎鬼。它住在青年男女谈情说爱的场所，致使青年人生病。以半碗米饭、一碗水、一束青茅草于屋檐下祭他。祭时旁置一个酒壶，说鬼已塞在酒壶里，鬼师用火把、荷麻草、茅草把鬼赶出来，最后由一人扛着锄头、提着酒壶，将壶埋在山上即算除鬼。

(3) 吊颈鬼。由某某吊死后变成的鬼，使人致病。在夜深人静时祭，直唤吊死鬼的名字，并用茅草扎一草人，以绳索套其颈，挂于树上，然后以一只鸡、一个火烟包送之。

(4) 冬酿冻夺，即伙伴鬼。它住在死亡的婴儿坟上，它使婴儿犯病常哭。送鬼时，用两节竹子（一节干一节生）、三根花线（红、绿、青）连接起来，两端各绑在两节竹上，说是生竹代表阳间，干竹代表阴间，又用一个生鸡蛋（代表阳间）、一个熟鸡蛋（代表阴间），这样即能送鬼出门。

(5) 刚商，即外家鬼。这种鬼住在与外家有一定距离的地方（以看见外家住地的山坡为准）。须小公狗一只、鸡一只、鸭一只、一斤二两刀头肉祭它。祭时将狗打死，以小猪篓盛狗尸挂于树上，表示以此为界，外家鬼不得越过此线。

(6) 商刚波昂总，即落岩鬼。须用一只大公狗杀祭，祭时要病者家人每人一件上衣集成一堆，令孩子的母亲抱着孩子站在中间，并牵着公狗，鬼师围圈念咒，顺时针方向绕三圈，反时针方向念二圈，念毕，杀狗会餐。

(7) 刚赛尝，即饿饭鬼。它与叫花子住一个地方。用一只公鸡、一碗饭、一碗茶、一碗酒、一对木挂（引者注："挂"应为"卦"）祭，即可满足鬼的要求。

(8) 酿可刚，即绞蛇鬼。看到蛇交配认为是病前之兆，须请鬼师驱鬼。以草扎一草蛇，用纸符好，并画上蛇眼，以一个鸡蛋送之。

(9) 召翁召对，即火鬼。用一个猪头、一只公鸡、一升米、一角二分钱祭，在院内举行祭祀。祭时用泥巴塑一雷神模样，放在院中，鬼师即到天上的东西南北方向请它来享受供物，后撒米送他上天，众人会餐，散。

[岑秀文：《惠水县摆金镇苗族社会调查》，《民族志资料汇编·第二集》，第13页，贵州省志民族志编委会，1986年8月。调查时间：1986年1月]

57. 贵州安顺县岩腊苗族祭祀的鬼类

尼姑鬼。妇女生第一个男孩时,要用一只白羊祭这种鬼,认为这种鬼对孕妇危害最大,不敬这种鬼,将使产妇发生难产。祭时请鬼师念咒,于大门口插红纸伞一把,伞上挂满裹腿。咒毕杀羊,请亲友们前来会餐。自带碗筷,务必将食品吃光,并把碗、筷洗净才能离开现场,倘若谁把供品带走,鬼就会跟他走,犯了病仍用一只白羊来祭鬼。

替死鬼。说是姑娘出嫁要挑选门当户对的人家,否则逼着姑娘出嫁,她会上吊死,变成替死鬼。人们生病时,请鬼师测定是替死鬼作祟,要用一头大肥猪来祭,请鬼师念咒,咒毕,用绳子把猪勒死。将猪肉煮熟后又祭,请全家族的人都来吃,不许外人参加,会餐时,只能用鸡蛋壳舀汤喝,不许用其他东西舀汤,务将供品吃光,才能离散。

私儿鬼。即私生子死后变成的鬼,祭私儿鬼时须请鬼师来念咒,唤病人在堂屋内就坐,以簸箕盖之,然后要桃叶一支、左脚穿的草鞋一只、三根芭茅草,置于簸箕内,鬼师即高声呼唤病人的名字,认为这样即可病愈。

龙鬼。病人请鬼师来测定是龙鬼缠身时,须用一头猪、一只公鸡来祭。在水塘边设祭,焚香烧纸,请鬼师来念咒,即杀猪杀鸡,煮熟时又用猪头来祭,祭毕会餐,务将供品吃光才能返家。

[岑秀文:《安顺县岩腊民族乡岩脚寨苗族调查》,《民族志资料汇编·第二集》,第 79—80 页,贵州省志民族志编委会,1986 年 10 月]

58. 贵州镇宁县革利地区苗族祭"替羊鬼"

"替羊鬼"的由来,传说产生于紫云县猫云区黄土乡格朩跳花坡。很早以前,这一地区苗族的跳花节是每月三十日的晚上,每到这一天,男女青年都到格朩花坡上去跳花,在花坡上谈情说爱进行社交活动。有一家两兄妹也去跳花,男的叫落浪,女的叫保俊。三十夜的晚上因无月光,这两兄妹互相看不清楚,产生了恋爱关系,首先还不知道,后来知道他(她)们是两兄妹时,因感到羞耻,怕人笑话,两兄妹就手拉手地一起去跳岩死了,造成了一场悲剧。

当地苗族不管谁家大人小孩得了病,就以为是碰着落浪和保俊变成的鬼作祟,就要去买羊子和鸡来送给跳岩死去的落浪和保俊,让羊子和鸡把人的疾病带走,所以当地称为"替羊鬼"。

送"替羊鬼"的方法是,先把羊子、鸡备办好,就去把巫师巫婆请来,把病人抽(引者注:贵州方言"抽"即"扶"的意思)起来坐在屋里,巫师巫婆右手拉着拴羊子的绳子、提着鸡,左手提着"木卦",口中念念有词,由巫师下阴去沟通"替羊鬼",叫落浪、保俊二人来领取送给他(她)们的羊子和鸡。念完后,拉着羊子围病人转三转,用鸡在病人头上舞三下,表示羊子、鸡已替病人把疾病带走。巫师用左手提着"木卦"往地下摔去,如果"木卦"正扑,表示落浪、保俊愿意接受羊子和鸡;大吉大利,如果"木卦"反扑,说明还有问题,这时还得由巫师来通说一番,求落浪、保俊保佑病人平安,叫他(她)们高高兴兴地把羊子和鸡"拿"走,再把"木卦"往地下摔。如果"木卦"都不正扑,这时巫师就对"鬼"发起脾气来,念着咒语,又摔"木卦",一直要摔到"木卦"正扑。说明巫师发脾气后"鬼"也勉强接受了,才把羊子拉出门。出门后,家人随后抓一把灰撒,表示驱除了"替羊鬼",立即把门关好,屋里的人不能和外面的人说话,任何人来喊都不能开门。一直要等到送"替羊鬼"的人回来才能开门说话。

[杨文金:《镇宁革利地区苗族风俗》,《民族志资料汇编·第二集》,第251—252页,贵州省志民族志编委会,1986年10月]

59. 贵州镇宁县革利地区苗族祭"瘦鬼"

"瘦鬼"的由来是在一百多年前,革利乡小河干丈杨尤夭家有个女孩,父母包办嫁到安顺县岩松去。结婚后父母强迫她去夫家,一段时间后身怀有孕,这个姑娘还是不愿意住在夫家,就又跑回娘家来,结果在娘家生了孩子。后来小河干丈杨尤夭家的人得了一种"瘦病",光想吃好的,软弱无力而死,三年连死四个人,全家只剩三个人了。巫师说:他家姑娘在家里生了孩子,产生了"瘦鬼",他家病死的这四个人都是被"瘦鬼"吃死的,要用一只黑羊子来扫屋,如不扫走"瘦鬼",不仅是吃他家,还要去吃他的家族。所以,至今革利这一地区的苗族群众非常害怕"瘦鬼"。

万一哪家发生了这方面的问题,就要去请巫师来"扫屋"。其方法是:由男方家买一只黑羊、六尺红布。女方背着空背扇,由坐婆领着去"扫屋",接回"瘦鬼"。有的用一升包谷"扫",有的用沙子"扫",口中念念有词,念一句撒一把在屋里,表示把"瘦鬼"扫出屋去;有的用火扫,巫婆点着一把火在屋里到处跳,表示用火驱除"瘦鬼"。"扫"完后,外家的一切用具要分一半给姑娘带走,表示"瘦鬼"见分得了外家的一半家产,也就满意了,"瘦鬼"就跳到姑娘背的背扇里,让她背着回家去,这样,外家才不至于遭"瘦鬼"吃。

[杨文金:《镇宁革利地区苗族风俗》,《民族志资料汇编·第二集》,第252页,贵州省志民族志编委会,1986年10月]

60. 贵州镇宁县革利地区苗族祭"婴儿鬼"

传说本寨乡大鱼凹一家栽有一垄黄瓜,留下一个来做种子。一天,大人上山劳动,两个女儿一个叫谷冂,一个叫谷嘎在家,就把黄瓜摘来吃了。她妈回来一看黄瓜已被摘走,一气之下就骂说:"是哪个虎吃的偷我家的黄瓜。"两个姑娘说是她们摘吃了。她妈说:"你们两个不早说,我已骂出去收不回来了。"怎么办呢?为了不让自己的两个姑娘被虎吃,就与老伴商量,把谷闩、谷嘎送到不远的干河岩洞里藏起来,因这个洞是在山崖上,非常险要,就算是老虎知道了也去不得。每天由父母送饭一次,谷闩、谷嘎两姐妹就这个岩洞里住了下来。一天,一个苗族青年小伙名叫爵嘎觉的路过洞的对面,谷闩、谷嘎就在岩洞里吹木叶召唤爵嘎觉。后来爵嘎觉与大姐谷闩恋爱起来了,晚上来与谷闩玩,他(她)们相约的暗号是爵嘎觉来后用石头敲岩脚,谷闩听见响声后就由洞里把绳子放下来,爵嘎觉再拉着绳子爬上去。时间一久,就被一只老虎发现他们的秘密暗号了。一天晚上天很黑,这只老虎就在岩脚下用石头敲起响声,谷闩以为是她的情人来了,就把绳子放下来,老虎就顺着这根绳子爬上去,一口把谷闩咬死,然后拖走了。

谷闩被老虎拖走后,她的恋人爵嘎觉才来,又在岩脚下敲起了石头。这时谷嘎在上面喊话:"是鬼,还是人?"爵嘎觉答:"是我……"谷嘎放下绳子来,爵嘎觉上去后才知道老虎已把他的情人咬死拖走了。谷嘎怕自己也被虎吃,求爵嘎觉把她带走,爵嘎觉就带着谷嘎逃出了大鱼凹这个地方。后来爵嘎觉与谷嘎成了婚,生下一个孩子。孩子出生后连哭三天三夜不停,爵嘎觉便去找巫婆看。巫婆说。谷闩虽然被虎吃了,但她很留恋人间,幽灵不散,来缠住这个小孩才哭个不停。要用一只小黄狗、一只小白鸡送给她,小孩就不哭了。爵嘎觉就去买了一只小黄狗、一只小白鸡,请巫婆转送给被虎吃的谷闩。

从这以后,这一地区苗族群众为了使自己的小孩不病不哭,每家生了小孩在未满月前都要买一只小黄狗、一只小白鸡来送给被虎吃的谷闩。人们即称这为"婴儿鬼"。

[杨文金:《镇宁革利地区苗族风俗》,《民族志资料汇编·第二集》,第252—253页,贵州省志民族志编委会,1986年10月]

61. 贵州镇宁县革利地区苗族祭"胎儿鬼"

所谓"胎儿鬼",是指孕妇还怀在肚子里的胎儿。这一地区苗族群众95%的人户都有喂养母猪的习惯。由于缺乏科学知识,有的人家母猪的奶少,不够哺育仔猪吃,就认为是村里某孕妇的"胎儿"来把母猪的奶吸去了。为了让自己的猪儿长得胖有奶吃,人们就要防孕妇的"胎儿鬼"来吸走母猪的奶。其预防的方法是:在母猪下崽后,一是用一个铁铧口放在火坑里烧红,再抬到猪圈里压在猪粪下,表示铁气可以驱邪。二是用稻草捆上一吊"禾麻"挂在一根小竹棒上。一来表示驱邪,二来让孕妇看见不能进屋。这样就可以避免"胎儿鬼"去给(引者注:"给"应为"跟")小猪儿抢奶吃。

[杨文金:《镇宁革利地区苗族风俗》,《民族志资料汇编·第二集》,第253页,贵州省志民族志编委会,1986年10月]

62. 贵州台江县交下乡羊达寨苗族的恶鬼情况表

鬼名	译意	性别	鬼数	附带数	住址	来路	变成者	祭的地点	祭的时间	祭的主要牲畜
"戈养你"或"呵纠"	后名为上游的雷	男	12	商大1	丹寨县		卖榜卖留的大蛋	祭鬼场	白天	小雄黄牛
"你呼龙"或"呵囊"	后名为下游的雷	男	12	商大1	方囊		卖榜卖留的长蛋	祭鬼场	白天	小母黄牛
"往龙洛金播友"或"呵的动"	后名为劈树的雷	男	12	商大1	丹寨县		卖榜卖留的红蛋	祭鬼场	白天	小雄黄牛
"两呼你呼分收"或"呵收"	后名为白雷	男	9	商大1	炉山县香炉山		卖榜卖留的白亮蛋	祭鬼场	白天	小雄猪
精迷办	母猪怪	女	7		钢方细朋		卖榜卖留的寡蛋	祭鬼场	晚上	大母猪
精朽（甲）	虎怪	女	7	商大1	钢方细朋		卖榜卖留的寡蛋	虎屙屎的田	黄昏	小母猪
精朽（乙）	虎怪	女	7	商大1	钢方细朋		卖榜卖留的寡蛋	虎呕吐的田	黄昏	小母狗
精囊	蛇怪	女	5		养衣林同衣偶		卖榜卖留的寡蛋	祭鬼场	黄昏	小母猪
精囊响	蜥蜴怪	女	3		养衣林同衣偶		卖榜卖留的寡蛋	祭鬼场	黄昏	鸡鸭
精翁溜	大的水怪	女	7				卖榜卖留的寡蛋	水田边	白天	小母猪
精翁又	小的水怪	女	5				卖榜卖留的寡蛋	溪边	白天	
精迷瓜	母鸡怪	女	2				卖榜卖留的寡蛋	家中	晚上	大母鸡

第三章　鬼神崇拜

续表

鬼名	译意	性别	鬼数	附带数	住址	来路	变成者	祭的地点	祭的时间	祭的主要牲畜
精弄	叶怪	女	3				卖榜卖留的寡蛋	祭鬼场	黄昏	中等鸡鸭
八弄（甲）		男	12		掌窝罕		死于刀枪者	祭鬼场	不论	小母猪
八弄（乙）		女	7		养戛堕歹戛开		自缢的姑娘	祭鬼场	不论	小母猪
八弄（丙）		女	5		皆同八攘		跌死者	祭鬼场	不论	中母鸭
八弄（丁）		女	2		皆同八攘		不详	门外	不论	小鸡
商卡口（甲）		女	7		钢方弄荣粉羊给困		癞子仰皆里	祭鬼场	晚上	小母猪
商卡口（乙）		女	2		钢衣宰先粉羊宰疟		癞子宜八囊	祭鬼场	晚上	小母鸡
戛朽达翁	溺死者的魂	不定	2		附近溺死者的坟		溺死者	祭鬼场	下晚	小鸡
戛朽达送	死于枪者的魂	男	2		附近死于枪者的坟		遭枪死者	村边	黄昏时	中等雄鸡
戛朽达塞	死于刀者的魂	男	2		附近死于刀者的坟		遭刀死者	村边	黄昏时	中等雄鸡
戛朽达敢	饿死者的魂	男女	2		没有居住定所		饿死者	路口	不论	只要一点粥
戛朽达宰		男女	2		附近的坟		人死了的守坟魂	村边	晚上	小鸡
商钢衣戛		女	5				仰金散	祭鬼场	黄昏时	中等雄鸭
商钢衣办		女	7		钢衣拢立粉宰拢聊		仰金散	祭鬼场	黄昏时	小母猪

续表

鬼名	译意	性别	鬼数	附带数	住址	来路	变成者	祭的地点	祭的时间	祭的主要牲畜
响催		男	12		钢央告娄故八告养		告哈拢	祭鬼场	白天	小母猪
普翁普皶		女	2		掌翁掌皶		尝囊娘	河边	早上	中等母鸡
八奶打		男	3		戛方奶打		太阳的精灵	门外	早上	大白鸡
八奶留		男	3		粉羊奶留		太阳的精灵	门外	黄昏时	大雄鸡
阴班		女	12		戛罗囊奶钢当囊啥		抬日月的藤	溪边	白天	小母猪
阴改		女	12		戛罗囊奶钢当囊啥		抬日月的钩	家中	白天	小母猪
阴烘		女	7				不详	路边	白天	小猪
陇考		女	7		谷莽方仿谷柴方溜		仰戛怕宜戛荣	祭鬼场	白天	小母猪
商董莫		男	9				不详	祭鬼场	白天	小雄猪
尝东晚		女	2		基溜碑即归娄碑故		不详	祭鬼场	早上	小母鸡
西独		女	12	戛吓3	董囊皆宰囊衣		不详	祭鬼场	白天	小母猪、大白公鸡
禁宰		女	12		医戛恼宰戛皆		不详	家中	白天	小母猪
庸邦八		女	7		给纠方八翁牛方晚		不详	祭鬼场	白天	小母猪
恩		男女	2		戛罗囊奶钢当囊啥		不详	家中	晚上	中等鸡

第三章 鬼神崇拜

续表

鬼名	译意	性别	鬼数	附带数	住址	来路	变成者	祭的地点	祭的时间	祭的主要牺畜
等		男女	2		戛歹囊奶钢当囊啥	不详			晚上	中等鸡
商皆来伞		男	6		党记纠籐	不详		祭鬼场	白天	小雄狗
商笪伞		女	7		钢方步菊	不详		家中	晚上	大母狗

［全国人民代表大会民族委员会编：《贵州省台江苗族的宗教迷信》，第25—27页，1958年5月内部编印］

63. 贵州凯里市舟溪乡苗族祭鬼方式——拜桥头

拜桥头，或称搭桥，这种方式主要用来除病消灾。按当地苗族群众的说法，人生病一定是得罪了某一方面的恶鬼，而这些鬼大都聚集在桥头，所以要对这些鬼进行供奉，取得它的原谅。其做法是找一块平整的石板平放在桥头地上，鬼师事先根据情况找出病人得罪的鬼来，并指示应当使用何种物品供奉，病人家属将供品，一般是猪头、鸭子、糯米饭和酒供奉于石板前头，请鬼师代替病人家属对致病之鬼说好话，争取原谅。仪式结束后，石板留在地上任人踩踏，经过其上的人越多越好，大概是要让石板代人受过之意。

［程昭星：《凯里市舟溪乡苗族社会调查》，《贵州民族调查》（之四），第589页，贵州省民族研究学会、贵州省民族研究所编，1986年8月］

64. 贵州榕江县计划公社苗族的防鬼方法

这里的苗族群众家，在其入门的上方，均挂有刺棒一根、辣椒一个、小竹竿一根、小木板一块（约有一尺长、二指宽）。据说这些东西的作用类似"画虎于门，鬼不敢入"。

（1）小刺棒，这表明家里曾有人死于不良时辰，即用刺棒阻其灵魂进屋，借以消灾免祸。

（2）辣椒可辣住鬼的眼睛，使其不敢贸然进屋。

（3）小木板，用木炭在板上面画上若干横道，即可把鬼吓跑。

（4）小竹竿一根，长约二尺，粗如食指，破其一端，以小木棒（长二寸许）撑开，说是这样做能起到驱邪赶鬼的作用。

加去大队有一个名叫韦固寿的苗族老农，刚去世不久：（1）其长子的入门上方，横挂有一条完整的蛇皮，据说这可以拒鬼于门之外；又在其门槛边放刺棒两根（长约尺余），盖以少量蕨叶，这表示请已死的父亲的灵魂来食，食后必走。（2）其次子的门槛边置刺棒两根，亦盖以蕨叶，但又将一个土碗扑于其上。据说这表示请其父的灵魂回家来吃饱喝足之后，让其一走了之，并望其永远不再回来。

〔岑秀文：《榕江县计划公社苗族原始宗教调查报告》，《月亮山地区民族调查》，第255页，贵州省民族研究所，1983年6月〕

65. 贵州台江县苗族祭片甫——白虎鬼

"片甫"即汉族的"白虎"（"片甫"疑为"白虎"二字的转音）。据说共三个，都是男性，住在"南京、北京"。又说"片甫"是苗族固有的，不是学自汉族。它也是"鬼"，是保护人家的。但来得凶时，就是"白虎当堂坐，不出人命就出祸"（口述者原话），要发生口角或作弄牲畜病。但请它来了，它能保佑家中，使别的鬼不来作弄人生病，家中不出意外事情，同时又送财来。用的祭物是：

大雄鸡一只；酒适量；饭适量；香及钱纸（冥钱）适量；凉水半碗；纸人三个（以竹竿夹住）；剪刀一把；制钱二三十文；师米一碗；卦一副。

祭"片甫"是白天在家中举行。摆一碗师米于地上，碗中插三个纸人和三炷香，在碗的一边插一把剪刀。碗的前面是三杯酒。

鬼师蹲着念咒请"片甫"莅临。它到交下的路线是：

南京、北京→觉娘→（大河）、觉里→公孬（清水江下游）→龙拢→里翁→西往（锦屏）→戛东（即剑河的格东）→方比（属剑河）→翁库→公鹅（剑河）→拢里→西溜→西要→纠即（以上均属剑河）→松肃→同芒→同动→交下。

当请"片甫"到家时，鬼师即以剪刀插在地上，把装有半碗冷水的那个碗放在剪刀的柄上，碗中放有二三十文制钱，并放一文在地上，碗放得稳，就认为请的"片甫"已莅临，就可杀鸡。如碗放不稳时，就认为"片甫"不来，不杀鸡祭了。怎样能把碗放得稳呢？据说"片甫"如果来了，它就能把碗掌握住，所以能放得稳。如请"片甫"不到，没有谁能把碗掌握住，那就放不稳了。念的咒语如下：

"片甫"，在南京，／住北京。在黑坡，／住花坡。你在燕子屋，／你住"宰故昌"（台江苗族称文昌阁为"宰故昌"），／走来南京，上来北京。／走来黑坡，上来花坡。／走来燕子屋，下来"宰故昌"，／走来杉木场，上来对木场。／走来毛坪（引者注："毛坪"即锦屏县的茅坪），上来锦屏。／走来方号，上到方朱。／走到鲁里，上到剑河。／走来几又（引者注："几又"即剑河县基佑），上来九仰。／走来九节，上来八休，／下来当道。东方白虎，／西方白虎，南方白虎。／你来保佑掌稳，白虎当堂坐。／保得稳，要掌紧。／稳像太阳，坐像月亮。

杀鸡后用火把毛烧掉，经剖腹、洗整了，鸡身、血、肝及师米放在一起煮，据说肠子是脏的东西，不能和在肉里煮，否则"片甫"不接受。

熟肉分三堆摆在有砧板的地上，鸡头放在中间，两只翅膀及两腿分别摆放在鸡头的两边，并分别配以同样数量的肉、肝、血和饭，然后斟上酒，如图三十五。

鬼师仍蹲着念咒，当念到"伸手拈吃，张口来饮"的时候，就捡起原放地上的那文制钱把它从空中放下，使它把碗打翻。碗被打翻后，盖住原放在碗里的制钱就归主人得，表示"片甫"送财来；盖不住的就归鬼师了，表示酬谢鬼师与"片甫"打交道的"功劳"。经过"八崩"后就念咒送"片甫"走了。念的咒语如下：

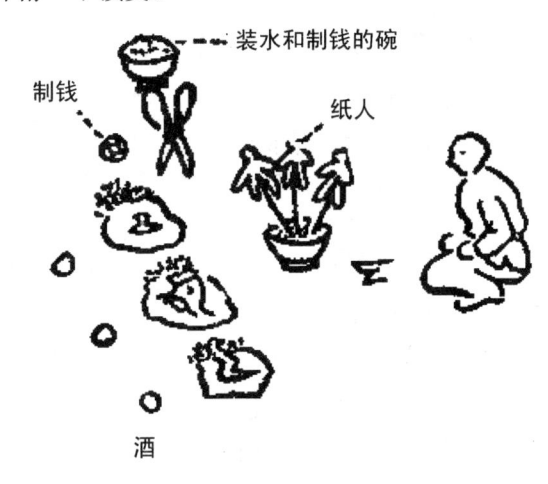

图三十五

第一段

保护圈里水牛，保护圈里黄牛。／保护碓房的鸡，保护猪圈的猪，／保佑他大房三格，大屋三间；／上保到屋顶，下保到地脚枋，／说的是好话，打的是好卦。

第二段

赶走坏人不要让他商量来害人，不来起心整人。／不要搓灰成索子，不要搓糠成条条（如果灰能搓成索子、糠搓成条，就是有本事能害人）。／火石不打不要出火，吹火筒不吹不要出风，／螃蟹莫在塘边讲话，蛇鱼不在岩洞细语，／晚上屋檐下燕子不要叫，只要你这个能干的"戛公"。／能干的白虎，要你们来抵，／拿你们来挡，抓住一千年，／挡住一百年。

第三段

东方白虎，南方白虎，／西方白虎，都来遮住那些会讲的，／挡住那些会说的，抵住那些翻岩石捉鱼的。／翻树掐菌子的，塞河头，下游就干了。／头上打伞，脚下干；／白天免去口舌，夜晚挡住鬼怪。／白天走路清吉，夜晚做梦也好。／抵住寨上大师傅，挡住地方大师傅。／抵住大师傅念"考"来。挡住侗家师傅念"考"来。

第四段

动手来吃，用嘴来喝，／吃饱了指路你们去，喝光了引路请你们走。／你们拿去黑鸡、黄鸡，收下这三份肉，／收做一把，拿做一包。／你们来时是用米来喊的，你们去时还是拿米来送。／走过水田，退到坡上，／走去几节。（以下沿着来路念回去，从略）／这地方才是你们住的地方，这处所才是你们住的处所。／拿肉去哄你们的老婆，拿菜

（也是肉）去哄你们的崽。／一切交代清楚，永不回头。

〔全国人民代表大会民族委员会编：《贵州省台江苗族的宗教迷信》，第92—94页，1958年5月内部编印〕

66. 贵州台江县交下村苗族的退鬼仪式——祭"党考"

"党"意思是退回、遣回，"考"的命名意义不清楚，它的名字只称为"考"，在放它去找纠纷的对方评理时称"响考"，把它遣回或退回时称"党考"，据说这种鬼共十二个，都是男性，不知是什么东西变成它们的，住的地方是三个，南方叫"钢方干古、粉羊有衣"，西方叫"钢方有攘，粉羊贵州"，东方叫"钢方差董、粉羊差哨"。

据说"考"是一种最凶恶的鬼，但平时它是不轻易作弄人生病的，只有在人们因事纠纷，一方吃亏而势力又敌不过对方，不敢再用人力争执而请鬼师放"考"去作弄对方的人畜死亡时，才显出它们是一种很凶恶的鬼，但当它们路过时有个别的人遇见了，也要生病的。如交下乡羊达寨邰老太于二十多年前有一次在路上看见十二个穿红衣的人过路，其中八人扛有锚叉及大刀，另四人打空手，她害怕了就躲在山林内，俟那些穿红衣的人走过了才出来。嗣即遇见了熟人她问他们是否看见，旁人答复不见。她到家后两天就病倒了，经请鬼师望了说那些穿红衣服的就是"考"，并祭"考"之后她的病才痊愈。但这仅是个别的人遇见了生病，很多人遇见了并不一定生病，如有时在路上遇见系有红线的螃蟹走过，就是别人放的"考"过路的，遇见了只要不讲话，不触动它，就不会生病的。据说遇见过路的"考"作弄生病，一般只是肚腹疼痛，病势较轻，如是一方放去作弄另一方而不及时请巫师"望鬼"、"祭鬼"，在二三日内病人会死亡的。

据传说"放考"都是用死的螃蟹、蜈蚣、"刚送"、"刚即"等昆虫经鬼师念咒语后复活而到对方那里整人的。因此病人经请巫师望了说是被人"放考"作弄了，就请巫师于晚上在家里过阴捕捉（白天鬼散去了，晚上鬼才集中），巫师说在某处的时候即用师刀（这是巫师的法器，没有师刀就临时找别的刀代替），把地下画一圆圈，这时侧边的人即以锄头挖这圆圈。据说挖深约尺许的时候，就会发现地里有上述各种昆虫的一种或木炭。把它关在一个竹筒内，这就等于把鬼关了，无法再去捉弄病人。病状有了好转，就要准备祭物祭它。这些昆虫关在竹筒内不论时间多久，甚至一年的时间它也不会死的。据说它们原是死昆虫经念咒复活而来之故。三十五六年前交下乡羊达寨的李荣缩（又名李老四）家曾有人生病，经巫师的过阴捕捉，在他家的门脚石坎内曾找出系有红线的中等螃蟹一只。

"退考"用的祭物较多，如下：

大雄狗一只；大雄鸡一只；酒约一斤；一碗米煮的饭；装酒用的水牛角两只；碗十个；"拢粪"十二根；"动烫"十二把；"兴所"（纸幡）十二个；红纸人（商大）十二个；连根拔的小五梧子树十二棵；"不鹅"（有刺的落叶乔木）十二棵；毛栗外壳十二个；手指样大的白石十二颗；竹制的耙模型一把（有十二齿，比人用的稍小些）；五梧子树做的卦三付（引者注："付"应为"副"）；师米一碗；谷子三箩（共约三十斤，是鬼师的工资）。

"退考"不选择日子，但要在白天举行，陪祭的人连鬼师共十二个，其中二人担任"堕白"。由"堕白"陈设祭物于门外地上，就是：靠近门壁那边的当中摆三副卦，左边放关鬼的竹筒，右边摆师米为一行列。这个行列的前面是十二个酒杯的行列，并把上述祭物从"拢龚"到白石等八种各分六件共扎为一束摆在酒杯行列的两端，并在这两束祭物的外边各摆一箩谷子，在酒碗正中的前面摆一箩谷子。再前面就是竹制的耙，耙齿向前。陈设妥当，并斟上酒，鬼师即背靠家屋，面向三副卦蹲着念咒语请"考"莅临享受祭物。

前面讲过"考"的住址是三个地方，所以在举行祭（退）它的时候，要分别把三处的都请到。先请南方，次请西方，最后请东方。念的咒语与祭各种鬼是有所不同的，从鬼的住址到交下的路线，不是把沿途经过各个地名都念到，而是把沿途从前因纠纷经"考"解决了的那件事情和地点念作咒语，这称为一"本"（相当于章或部的意思）。计南路共七"本"，西路共四"本"，东路共四"本"，请到家以后念五"本"，总共二十一"本"。每"本"咒语都有相同的地方，我们注明后把它省略了……

咒语念到这里，就把全部祭物搬到村外路上（无一定地方，距离寨子约数十至百把丈），把祭物按照在门外陈设的样子陈设妥当后，鬼师蹲着念几句咒语，像祭各种鬼到祭鬼场后所念的咒语一样，请鬼休息等待煮肉，即由"堕白"主持杀鸡宰狗，鸡狗经过烧毛、洗整之后，就把肉和全部内脏掺作一锅煮。狗肉须砍十二块较大有肋骨的才好陈设。

熟肉的陈设是以心子和下颚为一份，肾及上颚的一半摆在中间那份的两边，以肺的大半平均摆在其余的那几部分，肺的小半和肝、肠、血、肉等则平均分配，三副卦的前面为肉饭行列，再前面是酒杯（碗）行列，其余各种祭物仍在原位不动。但另以鸡摆做"考敌董"（挡门的"考"）的席位三份在左手稍上前一点，如图三十六。

陈设完毕，鬼师即念咒先向鬼提出一些要求和希望之后，即请鬼吃，并举行"八崩"。

"考敌董"的席位由鬼师及二个"堕白""八崩"。之后即念咒按请鬼来的先后次序送它走，即先南方，次西方，最后是东方。现在念的咒语同祭各种鬼供祭熟食时念的基本相同，这里从略。送鬼走了，即由"堕白"把两把

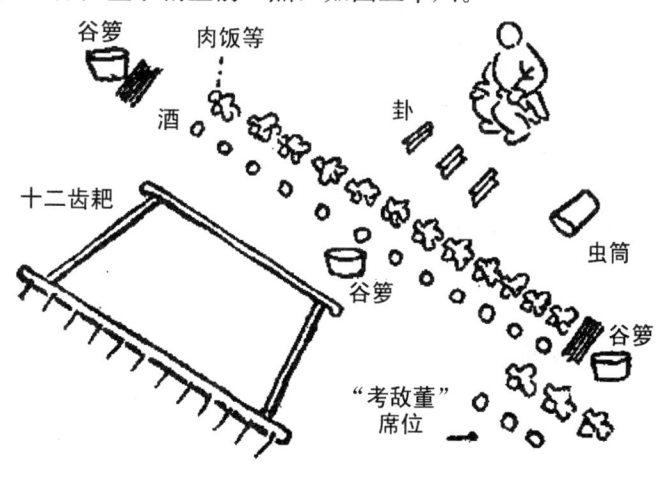

图三十六

五楷子树等祭物分插在路的两边，装昆虫的那个竹筒放在一边的脚下，筒口朝外，使虫能回去。分插完毕，与祭者即吃自己原"八崩"的那份酒肉，陈设在"考敌董"席位的鸡肉则配搭在各份的上面。肉要吃完，不许带回家，吃不完的可以互相赠送。

[全国人民代表大会民族委员会编：《贵州省台江苗族的宗教迷信》，第104—116页，1958年5月内部编印]

67. 贵州台江县交下村苗族的退鬼仪式——祭"党构"

"构"的命名意义口述者也不清楚。"党构"就是把"构"遣回的意思，据说它共有三个，都是女性，住在"钢方有攘、粉羊贵州"，不知是什么东西变成它的，人们请求它的目的与"考"基本相同。据说它不能作弄对方的人畜死亡，只作弄对方的人发高热以致精神错乱或说不出话，唇皮经常颤动，但听不见声音。

在放"构"的时候，只念咒语，对方的人病了，并请巫师望过说是被人放"构"作弄之后，就用下面的祭物祭它：

大雄鸡一只（巫师望鬼时说放"构"的一方用的是雄鸡，则遣回也用雄鸡；反之，则用雌鸡）；纸人三个；火灰一勺；米糠一勺；酒半斤；饭一碗；银子三钱（或谷十五斤，做开支鬼师工资）；卦一副（法器）。

祭物齐备了，就于晚上在家里举行祭"党构"，巫师念下面的咒语请"构"莅临享受祭物。路线是由"构"住的地方到台江的。

从钢方有攘、粉羊贵州来，下来响领（水牛场），／到了响裸（黄牛场。水牛场、黄牛场均指福泉之牛场）；／来到香炉山上头，下到凯里，／过来到溜嘎撒（大营格细，属炉山），就到南高鸟利（属炉山），／来到嘎挖振倒（前为坡名，后为村名，属台江），／到了养你八打。过来戛掌方仿，／戛呆方你（即台江）。

到达地方后，再叫鬼进祭主家，然后念到下面的"正文"，正式的咒语共有五"本"，各"本"相同的咒语这里加以说明后，就省略去了……

鬼师念咒完毕即杀鸡，鸡肉及全部内脏平均分为二份，以一份煮熟（鸡头不分，煮熟），一份留生，因为来的"构"不知是生"构"或熟"构"，所以供祭鸡肉要一半是生的，一半是熟的，都各为三股陈设作一行列。

陈设妥当了，鬼师仍蹲着把第一本至第五本的咒语重念一遍，但每本末尾要加下面两句：你们来的如是生"构"，就请吃生肉；／你们来的如是熟"构"，就请吃熟肉。

鬼师念咒到叫鬼把灰和糠带回去撒在对方的脸上时，就抓一点灰和糠撒在纸人之上三圈，并做哑笑声一次，五本咒语念完，请鬼吃并依例"八崩"之后，鬼师即念咒送它们沿旧路回去。

[全国人民代表大会民族委员会编：《贵州省台江苗族的宗教迷信》，第116—118页，1958年5月内部编印]

68. 贵州台江县苗族祭"戛龙虐"

"戛龙虐"又名"足俄你弄麻、足俄瓦弄麻",意为"十二个黑嘴、十二个黑脸"。据说只是一个鬼,是"相故六、把故养"用泥巴造成的。它作弄人的时候,是用手掌打人;打着哪里,哪里就痛,人病后如果巫师和鬼师以为是这种鬼作怪的话,就备祭物来祭它。

祭物是:小黄牛一只;竹筒十二个,每个长四十公分,有指头大,是鬼装血用的;小刀十二把,是五楷子树削成的,每把四十公分,宽五六公分,是鬼杀人用的;芭茅草十二棵,每棵约一公尺长,是鬼师扫鬼出去用的;稻草人一个,高一尺三,宽五公分,它就算是"戛龙虐";大刀一把,长一公尺,宽七公分,也是五楷子树做的,稻草人背在背上;竹制弓十二把,长一公尺,有弦;竹箭十二支,每支长四十公分,有筷子粗,一端削尖,是送鬼去作为射鱼用的;红纸一张,宽三十公分,长八十公分,用它包着稻草人的头,表示这鬼很威猛凶恶;卦一副,五楷子树做的,长三十公分,有指头宽,鬼师用以吓鬼;师米一碗;酒十二碗;饭十二团。

图三十七

"堕白"把祭物在屋内摆后,鬼师就蹲在地上念咒请鬼来检验祭品,解除病人的痛苦,并请它到河坝去等牛吃。祭品陈设的情况是:稻草人头包红纸,身背大木刀面向大门;竹筒、竹箭、竹弓、芭茅草和小刀捆做一把放在草人的左侧。草人后面是十二只酒碗的行列,酒碗后面放师米及卦,鬼师则面对上述祭物。如图三十七。

祭品搬到河坝后的陈设情况与屋内基本相同,但在每只酒碗前面要摆着竹筒、竹箭、竹弓、芭茅草和小刀等各件。在鬼师念咒交代杀牛和"堕白"杀牛之后,要用牛血淋洒一遍。

其他仪式与交下杀牛祭鬼的情况大致相同,只是在供牛时要把牛头尾及四肢摆成一只牛的形状,请鬼享用时牛头朝鬼师这面,请鬼带走时,牛斗则须朝外面。而与祭者食用时仍按平时习惯使用碗筷。

[全国人民代表大会民族委员会编:《贵州省台江苗族的宗教迷信》,第146—147页,1958年5月内部编印]

69. 贵州台江县苗族祭"化裸"

"化"和交下的"精"一样，都是精的意思。"裸"的意思是黄牛，"化裸"就是黄牛怪的意思，据说都是女性，共十三个，住在"钢欧休扭、粉羊细家；钢方细乃、粉羊细邓"地方。它们是卖榜、卖留生的寡蛋变成的。如果有人看见人性交，就要祭"化裸"；否则它就要作弄这个遇见的人，使他肚痛腰痛，面色苍白，四肢无力，吃不下饭，并且要病一二个月的时间。经请巫师望鬼认为是"化裸"在作弄人之后，就用下面的祭物祭它。

大黄母牛一条；金灰、银灰十三包（用十三张树叶包柴灰做成，代替金子、银子，每包有拇指样大）；小竹十三棵（都留有梢和枝叶的，每棵长约一公尺，做赶鬼用）；芭茅十三棵（即芦苇，做赶鬼用）；冷水一碗（做隔鬼用）；酒适量；饭适量（由祭主负责）；师米一碗；卦一副。

祭"化裸"是先在家里举行，鬼师念咒请鬼到达之后再搬到祭鬼场去。在家里的陈设是：由"堕白"把每棵小竹和每棵芭茅捆在一起为十三股摆在门栏内约七十公分的地方，竹草的梢端向外，以十三包灰分别摆在竹草的旁边，师米和卦摆在鬼师的右首前面，水碗摆在鬼师的左首前面。鬼师面对这些祭物也就是面向门外蹲着念咒。请鬼莅临。鬼到台江的路线是：休扭→牛足→荣良（意为断岩）→这法（意同上）→荣广（蛙岩）→荣棍→荣赏（意为鹰岩）→荣约（意为鹞岩）→敖俄→拉卡→响归→放夺→娘友→娘路（以上两地属丹寨）→杨英、杨苕（属剑河）→瓮山→瓮虐→党果、松俊（属剑河即松党果）→翁两→翁细→窝邦→万九→南翁→交包→交密→汪江→细够→松龙→交毗→登禄→台拱（即台江）。

请鬼到家把祭物交代给鬼检验完毕，就把全部祭物搬到祭鬼场去。临走的时候，鬼师右手握住那十三把竹草和卦，左手端着冷水碗，在家里各处走一趟。一面走，一面摇晃着竹草，表示把鬼赶出去。走出了大门，就把水倾倒在门槛脚，表示这是大江大河，把鬼阻挡住，不能再进家来。在祭鬼场的陈设，仍由"堕白"负责。鬼师念咒到杀牛的时候，即由"堕白"主持杀牛。牛皮剥下出卖，只煮肠、肚、心子、肾、血、七八斤肉和十三根带有肉的肋骨。牛头、牛尾及四肢都不煮。

熟肉也不用碗装，它的陈设仍由"堕白"负责，摆的位置和分量同交下祭鬼的办法一样，这里从略，不同之点有二：（1）装两碗汤摆在肉饭行列的两端，而交下只摆一碗。（2）牛头、牛尾、四肢摆在鬼师的右首前面，牛头向鬼师；四肢分向四角；复（引者注："复"应为"覆"）以牛皮；并接上牛尾；状如一条牛的样子。交下就不用这种方式。

鬼师蹲着念咒请鬼领受祭物。当念到请鬼吃的时候，先叫它们洗手漱口再来吃。这时在交下的要由"堕白"逐份倒一点酒和掐一点肉饭于地上，但南省没有这一段仪式，并且祭鬼的人数不一定是十三个，人多时可以几个人陪一个鬼，人少时可以一个人陪几个鬼。因之，除鬼师固定吃中间有牛心的那份和两个"堕白"分别吃有牛肾的那两份以外，谁吃其余各份则按陪祭人数的多寡来决定，或者是一人吃一份，或者是数人共吃一份或者一人吃数份。但每个人都要倾一点酒和掐一点肉饭在地上，表示先敬鬼，然后再尝吃一点表示陪鬼。这样表演完毕，鬼师再念咒叫鬼洗手漱口休息，与祭人把全部供祭的酒肉撤去后，鬼师就念咒送鬼回去。这时与祭者就把用牛头、牛尾、四肢和牛皮摆成的牛形掉换方向，使牛头向外，表示鬼已牵着牛走了。最后鬼师把小竹、芭茅、灰包等摔出，祭仪就告结束。供祭的肉再煮后大家一起吃。但牛心留给鬼师，牛肾留给两个"堕白"，不切煮给大家吃。……

[全国人民代表大会民族委员会编：《贵州省台江苗族的宗教迷信》，第132—133页，1958年5月内部编印]

70. 贵州台江县苗族祭"补考"

"补"的意思是盖起，"考"的意思是钵，"补考"就是在祭鬼的时候，要用一个钵子盖起埋掉的意思，它共有二十二个，都是男性，住在"钢方那东、粉羊那诺；钢方补因、粉羊慕因"地方。据说"补考"虽然是一种"恶鬼"，但它与其他的鬼是有不相同的地方，就是平时虽然它也作弄人生病，但祭它之后，就能防御他人放"向考"害人，或坏人要来敲诈自己时，这种鬼就会使他昏头昏脑，不能进行敲诈……

祭"补考"用的物品如下：

雄狗一只；旗子两面（用红纸剪成直角三角形的样子），"拢粪"十二棵（用宽约二公分的纸条剪成须状斜着缠在每棵长约四十公分的竹竿上即成）；五棓子树十二棵（连根拔起来，每棵有手指粗，长四十公分，但要求一样长）；纸衣十二件（用纸剪成人的形状，用十二根竹签分别夹住）；斧头一把；酒一斤，装在十二个碗里；师米一碗；卦一副（用长约四十公分，直径约四公分的一节毛栗树劈为两片就成）。

祭"补考"是在白天举行，要十二个人（包括鬼师）一起祭它，不能多也不能少。由"堕白"把祭物摆在门外，摆设的情况是：在鬼师的右侧摆一把斧头于地上，卦放在斧上，斧头前面是师米，再在前面是十二个酒杯（或碗）的行列，酒杯行列前面是十二把纸衣等（每把有纸衣、五棓子树、"拢粪"和"动荡"各一）（引者注："动荡"在后文中为"动烫"）的行列，在这个行列的两头各前面一点插一面纸旗。

陈设妥当了，鬼师面向祭物，背靠家中，蹲着念咒，请"补考"莅临家享受祭物，鬼师一面念咒，一面手持大木卦挞着斧头，在门外念的咒语如下：

十二个"挺身考补"（人名），"力身考木"（人名），/他们住在"哪东"地方，"哪裸"寨子。/旧年过去，新年到来。/他（祭鬼者）在家里，清静地坐着，/居住得很平安，并没有像马那样大的冤家，/没有牛那样大的"考心"（敌人），没有一点口舌，/没有偷窃和吵架。没有坏人来调唆，/铸造铜鼓不掺假，铁（刀）里也不掺坏钢，/一家人生活得很清吉，一屋人住得很平安，/心像墨钱一样直，心像墨斗一样好。／哪里有像马一样大的冤家？哪里有像牛一样大的仇人？／不过他家（祭鬼者）放心不下，备得祭物，／备得祭品，万样东西都齐备了，／准备送给你（"考"）。备有狗种，／备有狗媒子（指雄狗），备有五棓子树，／备有一根"戛欧"（是一种有刺的树）。备有"拢粪"（红纸剪的花条），备有两面大旗子，／拿去插在两边，地下摆十二碗酒，／请你来坐好，拿东西给你。／在从前那个时候，人们都是这样说：／请"相冈"（鬼师的名字）来祭鬼，／请"相豆"（鬼师的名字）来念咒；／现在"相冈"已死了，"相豆"也死了／，到处喊也不能来了，到寨子里去叫也不见了。／还留有"相冈"的衣服给我们地方的人来穿，／还留下帽子给我们地方的人来戴。我是这地方上的鬼师，就照以前的规矩来祭鬼，／我是寨子上的师傅，就照以前的道理来念咒。／伸手去抓米，用指头去捡谷子，／撒白米去请，撒谷子去喊。／大谷子，大白米，／谷子走到他（指鬼）的脚边，白米走到他（指鬼）的身边。／鬼跟着谷子来，鬼随着白米走，／走来"哪东"地方，下来"哪裸"寨子，／经过"补因"（地名），走过"木因"（地名），／经过"细奶"，走到"细邓"，／走过"荣良"，经过"来法"，／走过"荣冈"，来到"荣更"（以上均指地名），／跟着清水河来，顺着这些路来。／来到常德，走到汉口，／走到洪江（湖南），来到比卖（广西边界），／走到"南旁"寨（剑河），经过"南这"寨（剑河），／走到"公鹅"（剑河城），经过"弄利"寨（剑河城外），／走到革东（台江），下到点落。／高山当马骑，尖山当骡跨。／经过"拥心"，下到"麻海"（均指地名），／来到南角，走到家里。／你到了就来接东西去，你来了就来收东西去，／像顺着鱼梁捉鱼。来了我交东西给你，／牵着这个狗种，拉着这个狗媒子，／用索子来捆，用索子来拉。／牵到家里，拉到门口；／牵去做种，拉去做媒子。／拿着五棓子树和"戛欧"，拿着白纸做成的衣服，／扛着大旗。抬着宽旗。／抬起甜酒，这酒是妈做的，抬起这一百样东西，／扛起一百件物件。东西得到手就甘心，／得到手就乐意。现在你来收他家的灾难，／屋的角落，门的缝缝，都收得干干净净。／就是屋边也不要有坏的东西。家中清吉平安，／全家人很健康。心像柱子一样直，／也像墨线一样直。没有像马一样大的冤家，／没有像牛一样大的仇人。开田不占人家的地，／挖土不犯别人土边。他家与地方相处很和睦，／像每月十五的月亮那样光明。我家生活得好，／同寨上十五户或十六户相处得很和睦。／恐怕有个别坏分子吃粪不怕雷打，咬岩石不怕牙齿断，／在谷库下商量，在禾晾边打主意，／商量来害人，打主意来吃人。／他们商量要到屋里来，他们打主意要到门口来；／现在请你十二个"挺身考补"来挡住他们，／请你十二位"力身考木"来挡住他们。／你们肩膀宽，你们身脊大，／能够保护我们的头，也保得住我们的脚。／现在来保护他家不要有口舌，堵塞那些坏话，／把那吃粪不怕雷打的拦住，把那咬岩石不怕牙齿断的挡住。／还有细小的口舌，商量害人的谰言，／请你把坏话收干净，请你把谰言完全收光；／收去就好，挡住了就无事。／一家人清吉，一家人平安。像马样大的冤家没有了，像牛样大的仇人没有了，／大的坏话全无，小的坏话也没有了，／收去就清吉，收得干干净净，／清水不会无故浑，青山不会无故变得秃秃光。／坏了就修，烂了就补；／坏了我就来修，烂了我就来补。／

他家修了，一个寨子都好，／他家祭了，一个地方都好；／一千年清吉，一万年平安，／一家清吉，一屋平安，／白天走路也清吉，晚上走路也平安。

鬼师念咒请鬼到达之后，就在咒语中把祭物逐件交代给鬼，并向鬼提出要求。然后才把全部祭物搬到村外大路上去（不去祭鬼场）。陈设妥当，鬼师即念下面的咒语：

十二个"挺身考补"，十二个"力身考木"，／东西抬出去，屋里就干净了。／抬到这个坝子上，这里是很宽的地方，／很大的地方。一千条路来的坏东西，／一百条路来的坏东西，都要把它们收走，／收拾得干干净净。牵来狗种，／拉来狗媒子；活的你牵不动，／也拉不走。打死它，你要它的魂魄，／杀死它，你收它的魂魄，打死了你马上来接它的魂魄，／杀死了你马上来要它的魂魄。拿起狗的魂魄上前去，／拿起狗的魂魄上前走。坐着等肉，／休息等菜，拿火来烧，／拿水来洗；岭上的水，／山里的柴。用水蒸熟了，／用火煮好了，十二堆肉，十二股菜。我嘴来念，／我口来讲；坐起等肉，／休息等菜。

当鬼师念咒语到杀狗时候，即由"堕白"杀狗。经过烧毛、割开、洗净之后，肉及全部内脏作一锅煮，熟肉全部陈设，肉、肺、肝、血、肚腹等各平均分为十二股，摆成十二堆，狗心摆在中间那一堆，两个肾摆在狗心的两侧。十二只酒碗内现在便要斟上酒。鬼师仍蹲着念咒，念的咒语如下：

"丁生"灵活，"堕白"干净。／用水来蒸熟，用火来煮熟。／摆成十二堆肉，十二股菜，／备得白菜，有十二团饭，／十二碗甜酒，摆好甜酒。／照从前的规矩摆，按从前的规矩来放。／一分不差，一厘不错。／现在你们动手来吃肉，伸手来端酒。／肉好吃，酒好喝，摆在两头的两碗汤也好吃，每样都吃个光，／都吃个干净。边吃边来保佑。／用你的大肩膀，挡住那些谰言，／拦住那些坏语，大门角角都干净，／堂屋缝缝也清吉。清水不无故浑，／青山也不无故变得秃秃光，祭给你的狗种，你来收去，／祭给你的狗媒子，你来拿去。拿去十二堆肉，／拿去十二股菜，拿去十二碗甜酒，／拿去十二碗好酒，来拿白饭，／白饭十二碗，拿去两头摆的两碗汤。／收去"戛不"，收去花椒树，／收去五棓子树，收去"戛欧"，收去"拢龚挡考"，／收去"把里动烫"，收去十二件纸衣。／给你狗他家就好，交给你肉就没有事，／一千年清吉，一万年平安，／冤家没有了，完全都走光了。／吃完就洗手，吃饱就漱口，／吃饱了就去，喝完了就走。／大家都来坐，都来坐整齐。／伸手去抓米，用手去抓谷子，／谷子引路，白米送你们走，／大路可行马，路宽好走牛。／收去谰言，收去坏话。／百项坏事都收光，样样坏事都收光。／走大路，往原路走回去，／山岭当马骑，尖坡当骡跨，／一步翻过坡，就到你的堂屋里，／一步翻过岭，就到你住所。送你到"戛方哪东"，／到你"夫昂哪裸"，"戛方补因"，／"戛丘木因"；那个房间才是你的房间，／那个住所才是你的住所。你不要再翻悔，／也不再违反我的话；你如果要翻悔，／再反驳我的话，除非你去河上头，／能够找到一匹有角的骡子，去河下头，／能找到一匹有牛蹄一样的马，可是河上头没有那样的骡子，／河下头也没有那样的马。寅日来祭就好，／卯日来祭，鬼就走完。拿合同来烧，／或者甩在河里去，千年都不会再来，／万年也不再来。

当鬼师念咒请鬼吃熟肉、喝酒的时候,要请它们洗手漱口后再吃,这时陪祭的人各把自己面前的那份酒倒一点在地上,再把自己面前的那份肉掐一点丢在地上,表示鬼已吃了,大家即就地喝酒吃肉,并要吃光。如果肉多了,一时吃不完,可稍休息再吃,万一吃不完的时候,就要全部倒掉或烧掉,但须留下几块狗骨头。陪祭人把肉吃完了,鬼师再念咒送鬼回到它的住所去,最后由"堕白"把几块狗骨头装在瓦罐里,用一个瓦钵盖住,连同纸旗、五棓子树、"拢龚"、纸衣等一起埋在路上。埋的办法是这样:在路当中挖一小坑,把瓦瓮埋在这里;再在这里的两边,即路的两边各挖一个坑,把纸旗等分为两把分别插在两个坑里,但要留出半截在地面。埋插完毕,陪祭人即解散回家。

〔全国人民代表大会民族委员会编:《贵州省台江苗族的宗教迷信》,第140—146页,1958年5月内部编印〕

71. 广西融水苗族的鬼神崇拜

苗族没有什么宗教组织,但普遍相信鬼神。他们将天看得非常神秘,并对天抱着很大的希望。

元宝是一个典型的苗寨,居住在这里的苗族,自古以来就迷信鬼神。这里流传着这样的谚语:"未曾有鬼就先有鬼师,未曾有人犯罪就先有官员。"据贾秀义说,苗族的鬼师不是专职的,也不是世代相传,谁喜欢学就学。当人们生病时就去找鬼师(道公或师公)来送鬼,送鬼要给鬼师一定的礼物和钱米。雨卜、古都和香粉等地的苗族也同样信神信鬼。解放后,信鬼神的人逐渐减少了,生了病也知道去找医生了。

苗族一般没有祖先神龛,以火塘中铁制的三脚灶为祖先神位,因此他们不许谁将脚踏到三脚灶上去。这是苗族特有的风俗之一。过年节敬神祭祖时都在火塘边,祭品是鸡、鸭、猪肉等,都摆在地上。苗族没安神庙,只设一个社王,每逢较大的节日就到那里去敬神,特别是二月社,还要请鬼师一道去。解放后这种情况有了很大改变,敬神已成为可有可无的事情。

〔广西壮族自治区编辑组:《中国少数民族社会历史调查资料丛刊·广西苗族社会历史调查》,第175页,广西民族出版社1987年版〕

72. 广西隆林苗族的灵火神

灵火神是一种恶神,苗族称之为"长脚鬼"(因此神高低都可去得,故以此名谓称)。该鬼到处都有,石崖、石洞、树内、坡上等地方都是它们栖身的场所,晚上出来活动,到哪里都成帮点火把或烧坡、游动,苗族认为此鬼一旦缠到人身上,就专门靠吸血为生,吸干一个再吸另一个,把人一个个整死,最使人害怕。人们发现这种鬼活动时,都要避开,不用电筒照,不高声说笑,不与其作对,晚上如不小心将东西忘记在坡上或离家稍远的路上,第二天就认为东西已是长脚鬼所有,宁可损失,不敢再要,如是农具的可借用，但用完要放回原处，且事先要交代好，不能拿走，如拿走的，鬼会跟着来找，找不见东西就找人算账，谁家若碰着将是一种灾难，所以，如不幸碰上，首先要请会赶鬼的道公巫婆来家作法驱赶，赶不走的，这家人就会在做工时商量逃避办法，选定躲藏地点，然后选择几个晚上悄悄外出，一去不归，家产除能拿动且又不易被发现的钱物外，其他基本上都不要，家庭损失惨重。其实这种病从医学角度上来说叫肺核病，并不是什么灵火鬼造成。苗族人因相当部分没有接受过教育，不知道此病的病因，因而就将其视为长脚鬼所为。

[《隆林苗族》编写组：《隆林苗族》，第315页，2002年内部出版]

73. 广西隆林苗族的动物神

苗族对动物神一般都没有多少好感，特别是对于经常危害人们健康的三种动物鬼最恨（苗族对鬼与神没有分开，鬼就是神，神也就是鬼），而苗族说的动物鬼基本上都指这三种，即苗语说的"找俫、找兰、找罗"。找俫是一种手、耳、嘴像人样的山鼠；找兰指黄色老虎；找罗为黑色老虎，这三种动物据说会变成妖艳的青年男女来害人，它们经常在坡上的小水井里食水，每食一处都沾有一定的口水，并以口水为记号，把该水井视为己有，人如要饮用该水，就必须舀三小瓢泼掉。每泼一瓢要指名道姓的说给这三种动物的哪一个，意思是让井水的主子先喝，然后才轮到人喝。如不先舀给它们，人喝后它们就会跟着来，天天不离你左右，变成美男美女跟你调情，迷惑人，消磨人的精神，人就会被其控制行动，使人食不甘味，寝不安宁，待到一定时候它就指使人自杀，让人的灵魂跟着它走，谁被其缠上，如不采取抵御措施，总有一天会以自杀的方式结束自己的生命，给家庭造成损失。由于这三种动物具有这种本事，苗族群众在坡上生产都很注意，一般白天不乱在坡上睡觉和饮用比较偏僻的小水井之水，如不小心撞着，都要想办法予以解除。在解除过程中不能让被害人知道，由旁人悄悄进行，如被知道了，跟随被害人左右的动物鬼有准备就无效了，这个办法很有效，基本达到百分之百。

[《隆林苗族》编写组：《隆林苗族》，第315—316页，2002年内部出版]

74. 广西隆林县苗族祭祀的鬼神

（1）牛鬼

家里有人生病，危急了，请巫公来看，认为是父母或祖父死了很久，现在回来要牛，这样就要做牛鬼了。要一个同族人做证人，答应给一条牛，等病人好了就杀牛，在保人作保时，杀一只鸡，病人说："祖先，我愿送牛给你，请你把我的病治好，好了以后一定杀牛，他不杀，我负责，你来找我。"以后病好了就请巫公看日子进行。

做法：有两个巫公，一个做鬼，一个讲神话，在寨外的一块平地上，用五根木头搭成一个房，一根树贯过南北中间搞成十字架，十字架的左右有两个柱，给牛绳通过。开始时，巫公坐东朝西，做一次鬼，另一个傍（引者注："傍"应为"旁"）边讲话，用手把酒洒向四方，用小刀向吊着的小鸡砍几次，然后带回去，以后在堂屋杀这只小鸡。之后，又朝东做一次鬼，接着把绑有牛的绳子的一端通过三脚架，通过十字架横杆，再用茅草绳接住，通过病人手中。把另一端交给巫公，然后把牛打死，以后杀猪、牛，房族亲戚来吃，不得卖肉。

（2）筷子鬼

十七八岁以后，有了妻子就可以做筷子鬼，说是二十五、二十七、三十岁，连做三次，保佑小孩不生病，长大快。

做法：杀一只鸡，把头、颈、翅、腿、肉、脚分别剁碎，分数碗装好，大家吃。每吃完一样，说吃完了，如"鸡头吃完了"、"鸡肉吃完了"。从头吃到尾，最后吃脚，在吃肉之前，把筷子一把一把地挂在香炉边，有十三双、二十五双、三十双。用楼梯挂上去，其他的人在下面围成一个圈用牛角装酒给主人先喝，其次轮到下面，楼梯有几阶，就喝几角酒，但往往喝不到三角，就有人醉倒了。

（3）母猪鬼

原因：说是做了母猪鬼农民养母猪才好，猪可以多生仔。

做法：一种是家里男人在二十六、二十八、三十、三十二岁这几年做一次。另一种是请巫公来看，认为要做母猪鬼才做。把母猪杀去，请亲戚来吃，进行时，不能讲本族以外的话，否则就做不灵。

（4）狗鬼

一条母狗在门口挖一个洞，这是不祥之兆，请巫公来看，把狗杀掉，否则家里有人生病。

（5）鸡鬼

一只母鸡下蛋后又把蛋吃掉，这将产生各种不好的事情出来，请巫公来做鸡鬼，这才免去灾祸。

[广西壮族自治区编辑组：《广西苗族社会历史调查》，第76—77页，广西民族出版社1987年版]

75. 云南苗族祈求清吉的驱鬼活动

麻栗坡孟董区苗族常常在夏历春节后，一般在正月、二月间，为祈求全村成员健康平安，要举行拦鬼活动。拦鬼仪式由巫师主办，祭时杀狗，将狗血涂在木制的七或八把木刀上，木刀要悬挂在寨门的草绳上。他们认为经过狗血涂染的木刀，可以起阻拦邪鬼入寨的作用。这种以狗为牺牲，悬挂木刀的巫术，多病或者防止发生疾病的家庭，亦可自行找巫师举行。此外，多病的家庭亦可找巫师用桃树枝扫鬼。这种用桃树枝扫鬼的巫术非常简单，由巫师用两枝桃树枝沿屋四周扫鬼，最后扫到大门外便结束。……

[宋恩常：《云南苗族宗教调查散记》，《云南苗族瑶族社会历史调查》，第61页，云南民族出版社1982年版]

76. 云南文山苗族"祭牛鬼"、"祭老母猪鬼"

这种祭祀并非常年举行。若某家死掉亲属之后的一二年里，家中有人患病，请魔公占卜，魔公便说要"祭牛鬼"或"祭老母猪鬼"向祖宗还愿，才能治好病，于是宰牛祭之，叫做"祭牛鬼"。或宰杀小猪一只祭之，叫"祭老母猪鬼"。做这些迷信活动时，往往是全族的亲戚都来参加，杀的牛或猪要一次吃完。

[郑镇锋等：《文山州苗族风俗习惯初步调查》，《云南少数民族社会历史调查资料汇编》（一），第162页，云南人民出版社1986年版]

77. 湖南湘西苗族除伤亡鬼

若人不慎，滚伤斫伤，致成伤灾，医药无效者，苗人归咎于伤亡鬼暗于阴中所为也。凡遇伤患，请巫除之，用豆腐、雄鸡、粑粑祭之。初烧香纸，请入屋中，已赶走去，出门后，请至途中，用鸡隔之，务使伤者，医药有效也。

[石启贵：《湘西苗族实地调查报告》，第483页，湖南人民出版社1986年版]

78. 湖南湘西苗族推送五鬼及白虎

谚云："五鬼五个头，十人遇着九人愁；白虎五个爪，十人遇着九人了。"头会咬人，爪为抓人，凡遇之者，均属不利，占香问卜，说出有此，速请巫师急送之，须备香米肉酒饭鸡等物。酬祭简单，需费不多。

[石启贵：《湘西苗族实地调查报告》，第485页，湖南人民出版社1986年版]

79. 湖南湘西苗族祭鬼仪式——打家先

苗人生病，吃药不愈，就要许愿"打家先"……或在病时举行，或在病愈之后还愿。事前须至母舅家报信，请舅家七人（须六男一女）来做客。如舅家人数不足七人，可由母舅转请他人补足之。但所请之人，不得与主人同姓。日期可以不必拣选，只需过下述几种忌日：如家中生小孩，须满月后方可做；生猫，亦须隔一月；生猪、羊、牛、马、狗要过十二天；孵鸡、鸭、鹅，三天之后；家有丧事或主人见别家丧事，须隔十二天。舅家倘未过以上的忌日，则外甥家来报信时，可回绝之。如主人因求病速愈，不能延搁，亦可由主人另请，例不得请同姓之客。

打家先的仪式，共分四节，自早至晚，需时一整日，所请之鬼共八位……地点在屋内火塘旁。苗巫坐在火塘后面低凳上，面向门外，前置竹筒蜡碗。火塘前摆一方桌，桌上置方花纸十块，分做二列；后列每方纸上放一碗酒，再后插纸鬼四个；两旁桌角各插纸旗一面。另鸡两只，用细绳穿鼻，系于桌足。猪两只，用绳缚足，放在鸡前，头向灶。在苗巫位置的右旁，地上置一篾垫，垫上置一饭桶，桶与盖分开，稍前置一罐，罐内垫一花纸，纸上放一酒碗。在篾垫之前火塘右旁，置一簸箕，簸箕上用篾条三条扎一半圆顶，外用纸糊后，再覆以布。内插纸鬼三位，中放花纸四张，后两纸之上各置酒一碗。

第一节请神。苗巫坐在矮凳上，不用法器，只口中念咒，咒词的大意如下：

主人的上下行的亲戚们，主人近来交了坏运，行路时遇见草木作怪；吃饭时有破锅碎片在饭碗里作怪。主人眼快，才见此怪。（念某某家先鬼名）鬼要食吃，先来作怪，使主人生病。主人生病不愈，才来口头许愿，许愿以后，病就好了，许了愿，脱了鬼锁，病不再发，并且永远断根。主人积到了钱财，就去赶场买肥猪，买纸钱。过了忌日，才来祭鬼。世上巫师很少，才到我家来请我。我来了，再请诸鬼来到此地烧起一碗黄蜡。竹筒与铃铛都放在火塘之旁。装肉的两个簸箕，金银的罐头，金银的垫子，也都摆好在火塘的旁边。祭鬼的桌子，用来赎魂的纸钱，盛酒的花碗，大小肥猪，两只大鸡，亦都摆在桌旁请鬼来收领，领了请快吃（念某某家先鬼名）。

第二节打竹筒。苗巫打竹筒，同时念咒，大意是说许多怪状，如十二棵大树作怪；吃了鱼、肉、笋、烟作怪；用水、洗澡、坐船遇到了水怪；衣服作怪；蚂蚁、田螺作怪；木棍、竹竿作怪等等。

第三节交牲。上个环节咒语念毕，稍息。苗巫即将竹筒收起，黄蜡碗移至桌上。然后请男家七个客人中的一男一女，对面而坐。男客在里靠篾垫而坐，面向外，女客在外靠簸箕而坐，面向内。其余男客五人坐在桌子靠火塘一边的长板凳上。苗巫右手执筶，左手摇铃，又开始念咒：

打家先的酒预备好了，共有七个空酒碗，两个在火塘的旁边，五个在门的旁边。请来领收！领了不要就喝。说到猪鸡，不送不到，要送就到。要请祖师的兵马，要命我的千兵万马，帮交大猪，帮送小猪，帮送两鸡。鸡送到窠里，小猪送到圈里，大猪送到楼里。

至此巫师做手势送猪。送猪有口诀三句，声甚低，旁人只见其嘴动而不闻其声。据苗巫言，昔日师父传授此诀时，曾再三嘱咐，日后非有真正徒弟不可传授，万不可乱传于人。否则，本人要丧失生命，或作法事不灵。念完了三句送猪口诀，又高声念道：

帮忙的人手拿木棍，当猪胸一棍打死，找去火烧，用水来洗！快点做！鬼等在此地，已有半日了。

念毕，主人与帮忙的人将猪用棍打死，扛至屋内，用火熏烧，熟后用水洗净，破肚，开成两片，一片主人收起，但须砍下一腿送与巫师，余一片为七位客人所得。另一猪亦照此分派，唯主人的一份收起，客人的一份切成小块，用碗七只盛肉，两碗放在簸箕的花纸上，五碗放在桌子的花纸上。再以肉数块，放在篾垫的铁罐里。肉摆好以后，各人仍回到原位。

第四节送鬼。巫师左手摇铃，右手执笞，口中念咒，大意为：

猪在锅里煮熟了，做好七碗肉，再和七碗酒，都放在火炉旁边；还有十碗肉，放在门边。巫师来把这许多酒肉，献给家先鬼，请鬼领受！

念毕卜笞，全家卜毕，再卜送鬼笞。如鬼已去，客人即稍尝猪肉，携了所分得的猪肉各自回家。此时巫师与主人均不能吃肉。巫师须将各种纸鬼纸旗并纸钱，拿到大路上焚化，主人即将二鸡宰而煮熟，待巫师回来共食之。

[凌纯声、芮逸夫著：《湘西苗族调查报告》，第 96—99 页，民族出版社 2003 年版]

80. 海南苗族的鬼神崇拜

苗族崇拜的多种神，主要有玉皇大帝、墓主仙公、墓主仙婆、雷公、土地公、海龙王等等。凡过旧历年、办婚丧大事、打醮做斋、遇灾解禳、驱鬼除魔等重大活动，均要祭祀上述诸神，祈祷神灵降福解厄。

苗民对鬼魂既惧怕又崇敬，认为山鬼、帝母鬼既可保佑人，又可作祟于人，故要时常讨好他们，不让其为祟作祸，凡砍山伐树、狩猎、丧葬等，都要祭祀山鬼。妇女生儿育女、母子患疾罹灾，则要祭告帝母鬼。人们对非命死者、未成年夭折的儿童、因难产死亡的妇女等亡魂，都认为会变成恶鬼，会危害活人。凡遇天灾或疾病，就认为是这些恶鬼作怪。他们一方面请道士作法驱鬼，另一方面向鬼许愿，用猪、鸡、肉之类的祭品祈求解禳。

[王承权：《海南苗族的习俗与文化》，《民族学资料丛编·南方民族的文化习俗》，第 326 页，云南人民出版社 1991 年版]

第五节　"酿鬼"与"蛊"

1. 贵州清水江流域苗族传说的"酿鬼"

先谈所谓"酿鬼"。在炉山、黄平称为"老虎鬼"。苗族迷信有一种能够依附人身的"酿鬼"。这种"鬼"附身以后，当事人并不知觉，但"鬼"可以通过他任意作祟，招灾引祸，贻害他人，而且还会传子传孙。凡被认为身附"酿鬼"的人，一般以妇女为多，就被人疏远鄙视甚至仇恨。至于认为有"酿鬼"的人究竟有何种标志，却没有人能够明确指出。常有一些姿容秀丽、劳动积极的姑娘，在任何方面看不出丝毫异象，终因群众认为身附"酿鬼"或出自有"酿鬼"的家庭，在婚姻上竟遭排斥。即或由于不了解情况，外面人和她订立婚约后，一旦有所发觉，也可以无条件解除婚约。在黄平非但被认为附有"酿鬼"的本人遭人排斥，连他的家属、亲戚甚至朋友都受到连累，也被认为有"酿鬼"，一般人都不愿和他们结婚。结果这些被另眼看待的人只好在自己的行列中互相通婚。解放前在迷信较深的苗族地区，"酿鬼"的风声是经常听到的。这不知道冤枉了多少青年，限制了他们应有的婚姻生活。

与"酿鬼"相似的另一种迷信就是相传的"放蛊"。据说苗族中有一些妇女暗中饲养毒虫，吸取毒液，乘人不防备来放毒害人以为快。有些地区一提到"放蛊"即有谈虎色变的情况。比如在炉山缔结婚约时，首先要探听对方家庭是否"清白"。所谓"清白"，指的是家中没有"蛊"、没有"老虎鬼"、没有不治之症等。有些青年妇女，尽管身心毫无缺陷，只是因为被人怀疑有蛊，在解放前往往只能嫁与有缺陷的或家境比自己贫寒的男子，终身甚至后代背上一个沉重的包袱，精神上的痛苦可想而知。

〔贵州省编辑组：《苗族社会历史调查》（三），第103页，贵州民族出版社1987年版。调查时间：1956年冬〕

2. 贵州台江县苗族传说的"酿鬼"

"商谷"台江汉译为"酿鬼"（一作禳），在炉山一带译为"老虎鬼"。据说"商谷"是源于"商独"（"商"的意思是鬼，"独"的意思是火），据说"商独"是附在老年妇女身上的。附有"商独"的老太太如看见别人的庄稼长得茂盛并加以称赞时，附在她身上的"商独"就会去作弄庄稼，使它长得不好，甚至枯死。田主发现自己的庄稼长得不好了，就扎一个火把去插在被害的那块田土中，使"商独"不敢再来作弄庄稼。"商独"也会作弄人，使人有病痛。起初只要用一尾鱼祭它就可以。后来有一家人因为找不到鱼做祭物，恰遇家里还剩一点牛肉，就用剩余的牛肉来祭它。它吃了这一次牛肉以后就变成了"商谷"。

"商谷"是要吃牛肉的，因此它常常要把牛弄死。但有时也把人弄死，据说是因为它把死人的尸首当做牛肉，这就是说牛肉、人肉它都要吃。

据悉"商谷"要作弄人时，就把一团棉花塞在人的口里，使人窒息而死，它到了某家就依附在这家人的身上借这家的人形去作弄别人。这家有几个人，它去作弄别人时也就是几个。但只有被"商谷"作弄的人才看得见，旁人是看不见的。每个"商谷"手里都持一把刀去割肉，提一只篮子装肉，它不要其他祭物，人和鬼师都不能采用祭祀的方法与它打交道，只有用枪打。在打枪后，如病人说打中了某人（指依附的那家人的某人），那就意味着"商谷"已经吓跑了。同时，病人所说的那一个被"打中"的人（即有"商谷"的人家的某人）也就要病几天。

有"商谷"的人家，自己是不知道的。只有在旁人认为他家有"商谷"后，他家才知道,"商谷"依附在谁家以前,往往十代八代都不走。但它不作弄这家的人、畜,而是专门去整死别家的人、畜,吃它们的肉。有"商谷"的人家的女儿出嫁时,它也要跟随这个姑娘到夫家去,而这夫家也就有"商谷"了。因此有"商谷"的人家的姑娘虽然长得很美丽,但婚姻前途是未可乐观的。据说也有办法使"商谷"不能跟随出嫁的姑娘到夫家去。办法是:男方在晚上带着自制的女人全套衣裙鞋子,并烧一堆火在女方村外等候,新娘到达后即将原来穿的衣着脱掉,跨过火去再穿上男方带来的衣裙。据说"商谷"怕火,新娘跨火而过时,它就无法跟去了。此后新娘也永远不能回娘家,男方也不与女家来往,这样,男方就不会有"商谷"。这显然是一种不近人情的办法,而妇女们往往是不愿与娘家永远隔离的。有的地区有因"商谷"而发生婚姻纠纷的。……

在交下一带,没有听说过"商谷"整死人、畜的事情。但过去有几个未满周岁的婴儿曾因口鼻流血而死,一般都认为这是"商谷"整死的。此外,述者曾给我们讲了另一个"商谷"整人的故事,现在记录在下面。

距今五六十年以前,剑河县的养牛地方有某人(姓名不详),在一个晚上背着枪出去看田水。他从田间回来时已夜深了。到村边时听有人在呻吟,发出"哼哼"的声音,他很诧异,就打了一枪,只听"砰"的一声,像掉了什么东西一样,他有些害怕,也就急忙跑回家去了,但次日没有发现什么东西,也没有听说出了什么事故。不知过了多少时间,有一年他(指背枪看田水的人)因事到一个地方的一人家去,那家有一个老人,这老人嘱咐家里杀鸡款待他,并留他吃了一天的酒,他问是什么缘故,老人说:"某年某月自己被'商谷'捉住抬到某地方,因痛而呻吟,幸而遇你打了一枪,把'商谷'吓跑了才脱命。否则'商谷'一定不放手,自己也活不到今天了。为了感谢救命之恩,所以设宴请你。"

[全国人民代表大会民族委员会编:《贵州省台江苗族的宗教迷信》,第70—71页,1958年5月内部编印]

3. 贵州台江县南省苗族祭"酿鬼"

"酿鬼",炉山、黄平一带称为"老虎鬼",苗语叫做"商谷"。在很多苗族地区都说这种鬼特别凶恶,被作弄的人瞬息就要死亡,并且不能用祭物祭它,但南省的传说并不像别处说得那么凶恶,可以用祭物祭它。而且它的起源还是一个遭受诬蔑、备受凌辱的传说呢。

这种鬼的来历,各地传说并不一致,现在把南省的传说叙述如下:

从前有一个樵夫名叫"掌柴卖"。他穷得无立锥之地,全靠卖柴度日,孤苦伶仃地住在一个小茅棚里。有一天他独自到一个山谷里去砍柴(即采樵),在山谷里遇见一个非常美丽的姑娘,她的名字叫妞。这个姑娘想同他结为夫妇,就征求他的意见,但"掌柴卖"因穷得自己的生活都过不下去,哪里敢娶她为妻子呢?于是就拒绝了她的要求,而挑柴回家。第二天他在那山谷里又遇见了妞姑娘,妞姑娘仍然找他攀谈,并重新提起昨天的要求。"掌柴卖"对她说:"我穷得无田无地,无家无业,专靠卖柴度日,你跟我去,怎么能吃得起这种苦头呢?"妞姑娘说:"我不嫌你穷,也不怕辛苦,只要同意结婚,我俩勤勤恳恳地劳动,美满的生活就在后头!"可是"掌柴卖"还是拒绝了。在回家的路上他决心明天不再到这里来打柴,以免又碰上这位姑娘,多出许多麻烦。第三天他果然另选了一个山谷去砍柴。可是那个姑娘又早已站在那里的山岭上,听见他砍柴的响声以后,马上又下到山谷里来同他打招呼。"你又来了?真怪事。""掌柴卖"惊讶地叫起来了。她仍像头两天一样提出与"掌柴卖"结为夫妇。"掌柴卖"觉得她很有诚意,就不再躲避和推辞,答应同她结婚。两人回到"掌柴卖"家里后,由于共同努力劳动,家境就一天比一天好,并有积蓄。不久他们迁到排略去住,并修房造屋,不数年生男育女,成家立业,生活过得很好。但旁人妒忌他俩因为辛勤劳动亲密合作而取得的美满生活,反而捏造故事,诬蔑他俩有"酿鬼",并又是在"酿鬼"帮忙的情况下才发家的,使他们在精神上受到很大的打击。而从此以后,苗族社会中也就常常出现"酿鬼",这就是"酿鬼"的起源。"酿鬼"有二个,是一男一女(但祭物要五份,原因不详)。当人们的胸痛或腹痛时,经请巫师望鬼,如果以为是"酿鬼"在作弄人的话,就要准备下面的祭物祭它。

母鸡、母鸭各一只;蛋三个(鸡蛋、鸭蛋都可以);柴草五小挑(每挑的一端捆柴,另一端捆草,扁担长约十三公分,每挑重约数两);捞兜一个(竹制的捕鱼器,这里是用稻草扎成的小模型,送给鬼捕鱼用);雨伞一把,女衣一件,手钏一只,把衣服包住雨伞,手钏套住伞顶;小草鞋五双(用稻草编成五只代替五双,给鬼穿用,每只有拇指样大);酒饭适量。祭这种鬼是晚上在家里举行。在大门里距门栏约五十公分的地方摆一个簸箕在地上,五个酒杯摆在簸箕的两边,三个蛋摆在簸箕的中间,米和卦摆在簸箕里朝墙壁的那一面,其余的东西摆在簸箕外面的地上。

鬼师背向墙壁,面对簸箕(朝向门外)蹲着念咒。念咒语时声音放得很低,陪祭的人也不能讲话。据说这种鬼脸皮薄,害羞,念大声了或旁边的人讲话,它认为在骂它,就不敢前来领受祭物。

据说这种鬼是居无定所的,随处游荡,它的来往没有一定的路线,鬼师只要撒几粒米后,叫它的名字,它就走拢来享受祭物。

熟肉分为五份摆在簸箕里,不用碗装,也不用筷子,鬼师念咒请鬼来吃的时候,先叫它们洗手漱口,念咒语到请吃之后,也同交下的祭鬼活动一样,倒一点酒、掐一点肉饭在地上,表示鬼已吃了,陪祭人也同交下一样地举行"八崩"(陪鬼吃一点的意思)。鬼吃后,鬼师就叫它洗手、漱口和休息。这时要用碗把摆在簸箕里的肉盖起来,表示已吃完,鬼师念咒送鬼走了,就把鞋、柴、捞兜、衣服等暂时放在门外,等到陪祭人吃完酒肉后,再把鞋、柴等东西送到寨边去丢掉,但衣服只用火熏一下就拿回家来。

[全国人民代表大会民族委员会编:《贵州省台江苗族的宗教迷信》,第131—132页,1958年5月内部编印]

4. 贵州贵定县仰望乡苗族传说的"蛊"

"蛊"（也叫放药），人人害怕，叫做"杀人不用刀"。仰望苗族群众普遍认为，如果被认为会放"蛊"的人放了"蛊"，必定会发生病痛，且十分严重。症状为面如蜡黄、软而无力、肚子剧痛，有些厉害者，痛得在床上打滚。中了"蛊"毒后，有的转回家就发作，有的则可潜伏十天半月、几年几十年才发作。因被人放"蛊"所致的病痛，快的要病痛二十五天，慢的则要病痛三十七天，不死者算是命大。认为凡中"蛊"毒者，医生不能救、鬼师不能解，唯一的办法是到放"蛊"之人家中去找点头发、破布、厕所旁的烂泥拿回家烧后兑水喝了才会好。这些东西，只能暗要，不能明要。谁放的"蛊"，就要谁家的，别家的不能代替。总之，提到放"蛊"，许多人恐惧之感油然而生，似乎比凶恶的鬼还令人害怕十倍。

如何分辨会放"蛊"的人家呢？在他们看来，会放"蛊"的人家，屋中都较干净，因为被放"蛊"后，人家要来找解的东西，为不使其得到，故家中收拾得较有条理、较干净。走进屋中，可见板墙上灰尘发亮。至于会放"蛊"的人身上的特征则是：指甲发黄并往上翻，脸上发红，但红得不自然。

把人们的说法归纳起来，会放"蛊"的人，其情况如下：

（一）祖传的，子子孙孙都会放"蛊"。一代会放，代代会放。（二）年轻美貌的少女。（三）注意清洁卫生，家中收拾得井井有条的。（四）居住于放"蛊"人家较为集中区域的其他人家。有些人认为，放"蛊"的人是哪个民族的，便只能放哪个民族的人，放不到其他民族的人。有些人则认为，不论哪个民族都能放。有些人认为，只能放于人，不能放于牛、马、猪、羊、鸡、鸭等家畜家禽。有些人认为，不但可放于人，也可放于各种家畜家禽。仰望许多人认为，拿"蛊"、拿药的人，放人才发人（指有子有孙），脸上才有水色（指脸上颜色红润好看）；凡拿"蛊"、拿药的人，到一定时间必须放出去，如不放出去，则自己将死于"蛊"毒。或认为"药不上场"，在场坝上是安全的，放"蛊"的人在场坝上是放不到人的。他们说，拿"蛊"、拿药的人决不会承认自己会放"蛊"。当有人说他会放时，他便拿出一把锄头、一只撮箕扔于地上，说，你去把根根挖出来看看。

由于人们对"蛊"毒的恐惧心理，凡被认为会放"蛊"的人家，必被孤立起来。村寨中、房族中的各种活动，都不得参加；姑娘虽至芳龄，本乡无人问字，只好远嫁他乡；后生小伙也只能到外边很远之处才讨得来媳妇；他们常常被指控为某家某人疾病的根源而蒙受不白之冤；他们大人、小孩都遭到歧视，承担着无法忍受的心理创伤。

至于侦察放"蛊"人的方法是这样的：中"蛊"者卧于床，肚痛不安，严重者滚来翻去，有时掉下床来，拿取猪食的木瓢扣于患者脸上，瓢背上再放置两根筷子。这时，令患者边呻吟边咒骂，无意中喊出某人的名字，这名字就被认为是放"蛊"

者的名字。

[赵崇南：《贵定县仰望乡苗族原始宗教调查》，《贵州民族调查》（之二），第304页，贵州省民族研究所，1984年10月。调查时间：1984年3—4月]

5. 贵州雷山县西江苗族传说的"蛊"

旧时，西江地区普遍存在有关"蛊毒"和"放蛊"的传说。蛊毒有青蛙蛊、蛇蛊、毛虫蛊、蚂蟥蛊等多种。

蛇蛊。传说会放此"蛊"的人家，藏有一条老蛇，每逢大年初二唤蛇出，捉蛇放其血于罐。蛇血滴于罐，当、当、当响。经数月制成"蛊"。误吃蛇血干，或被人用指甲蘸血干弹中者，即得蛇蛊。

青蛙蛊、毛虫蛊、蚂蟥蛊等，制法与蛇蛊同。把蛙等的血滴于罐内，经数月即成。

传说会放"蛊"的多系妇女，亦只传给女性。会放"蛊"者必传给他人，否则到一定时候自己要夭亡。会制造和施放"蛊毒"，若她的"蛊毒"被杀死，其人亦立即死亡。传说过去有一老者为儿子娶了一房媳妇，初，媳妇常回娘家走亲戚。过了一段时间，却不愿走访娘家了，甚至过年过节亦如此。老人感到奇怪，问媳妇为什么不愿走访娘家？媳妇说："我娘会放青蛙蛊，想传给我，我不愿意。但她有时会使'蛊'变成一朵美丽的鲜花或别的什么东西，不小心碰着了就会得'蛊'，所以我不愿回娘家。"老人听后会对媳妇说，不用害怕，我同你一起到你娘家去。临走的前一天晚上，老人捉来一只青蛙，藏于袖口内。第二天，同媳妇赴亲家母家中。至，亲家母请坐于堂前，老人手捏青蛙使之哇哇有叫声。亲家母问老人："你身上有青蛙在叫？"老人回答："是的，我有青蛙蛊。"傍晚，老人盛沸水于盆，说是要洗脚，并请亲家母将她的"蛊蛙"拿来同自己的"蛙蛊"比较，看谁的长得大。亲家母不知老人的用意，即捉自己的"蛊蛙"给老人。老人接过蛙，立即将其投入盆中沸水。"蛊蛙"死，亲家母亦当场倒地死亡。

中"蛊"的表现或症状：喉管奇痒，最后说不出话来；或呕吐、嘴起泡等。

治疗：某人中"蛊"后，尽快对寨子里的人说："我喉管特别痒，是不是得了'蛊'呢？"众人听后，各送一口水给他喝，并说此"蛊"有某人会放。于是，放"蛊"者就自己把"蛊"收回。传说，中"蛊"的人接众人所送水漱口，亦可除"蛊"。

用龙胆草、八角莲、山豆根、黄连煎汤服，也能解除"蛊"毒。

寨中某人被认为会放"蛊"后，地方上凡人及耕畜死亡，都归咎于放"蛊"者所为。被认为会放"蛊"或家中有"老虎鬼"的人家，在地方上备受歧视、仇恨，任何人都不与他们来往，不准他们到别人家点火、借东西，禁止参加全村寨的公共活动，如过年节、吃牯脏等。被认为会发"蛊"的人家，姑娘嫁不出去，儿子娶不到媳妇，往往只能到很远的、不知道他们会放"蛊"的地方去开亲。

[韦启光:《雷山县西江苗寨调查报告》,《贵州民族调查》(之三),第198—199页,贵州省民族研究所,1985年10月]

6. 贵州苗族的一支——古懂苗的"蛊鬼"传说

(1) 有关"蛊鬼"的传说

"蛊鬼"在古懂苗地区颇为流行,当地群众传说道,在很早以前,有一个妇女生了五个女孩,每生一个女孩时,也同时生一个"蛊"。待这五个女孩长大出嫁时,母亲拿出"蛊"来分给她们带走。有老蛇蛊、蛤蟆蛊、斑鸠蛊、蜜蜂蛊、蚂蟥蛊、毛虫蛊、蛋黄蛊等等。大妹、二妹接受母亲分给的"蛊"带走了,三妹、四妹和五妹不愿意把母亲分的"蛊"带走,结果"蛊"知道了,就自己跳进火坑里,烧死了。所以,三妹、四妹和五妹出嫁的时候,没有"蛊"给她们带。故后来一部分苗族妇女有"蛊",而另一部分苗族妇女没有"蛊"。

说是有"蛊"的妇女对"蛊"是非常保密的,以致家人都不知道她终生养"蛊"。有"蛊"的妇女到一定的时候就放"蛊"去害人,不然她周身发痒,难以忍耐,若"蛊"放不出去,就会被"蛊"咬死。还说,有"蛊"的妇女长得很漂亮,头发乌黑,肤色白嫩,额头有光,令人倾慕。由于"蛊鬼"作怪,有"蛊"之家养猪猪肥、养牛牛壮、庄稼茂盛、比较富有等等。

(2) 着蛊与"蛊鬼"

在古懂苗地区,由于人们迷信"蛊鬼"和科学知识的贫乏,每生疾病,常常认为是着了"蛊"。有严重疾病者,还会有生命的危险,因此,谈及蛊事,往往引起人们恐惧,由此,人们听说哪个妇女有"蛊"时,对其倍加歧视和打击,以至欲置之于死地而后快。

所谓"蛊",既看不见,又摸不着,来无影,去无踪,故人们把它比喻为鬼,久而久之,在人们的思想意识中逐步形成"蛊鬼"的概念。世代相传,遗留至今。

(3) 防"蛊"、骂"蛊"和躲"蛊鬼"

人们认为,不吃有"蛊"人家的食物,不拿有"蛊"人家的东西,就可避免"着蛊"。在当地苗族群众中有所谓"清针线",指的是青年男女谈恋爱时,要查清自己的意中人的母亲及其母系祖辈是否"蓄蛊"。不"蓄蛊"者,就认为她家的"针线"是干净的,可使双方结为终身伴侣。反之,认为"针线"不干净的人家之女,男方就不可能去同女方谈情说爱。此外,还有所谓"忌针线",就是不能随便拿别人的东西,哪怕是家庭相当贫困的妇女,也不随便拿别人的一针一线,故今天在古懂苗地区,衣物被盗的情况极少发生,这与他们的道德观念有着密切的联系,但也与他们生怕自己"着蛊"有关。若自己生了病,更是倍加提防"蛊鬼"的侵入。其防御的办法有三:其一,于晚上取生鸡蛋一枚,并将鸡蛋在病人身上滚一下,然后用针将鸡蛋扎若干小孔,口中念念有词,最后把这枚鸡蛋置于病者枕头边,若有"蛊鬼"来犯,则忙去吃鸡蛋,就可以把病人放过;其二,用布包草灰一碗,口中念念有词,说是这样可把"蛊鬼"收在灰碗里,就等于在放"蛊鬼"者的脸上抹灰,使其害羞,就不敢贸然放"蛊"来犯;其三,晚上在病者家大门上挂米筛一个,认为"蛊鬼"害怕筛子的眼睛多,不敢进屋冒犯病人。

　　人们生疮、长脓包、无名中毒或有伤口发炎等症状,都认为是"着蛊"所致。病者在深夜里起来指桑骂槐地乱骂一通,务使放"蛊鬼"的人听到,使其收回放来的"蛊鬼",故这一地区有所谓的"骂蛊"之说。

　　在人们中,若互有成见或互有冤仇者,随时都会提防对方放来"蛊鬼",一旦生病,必疑是对方放"蛊"所致。因此,此等人家的病人,就跑到别的村寨去"躲蛊鬼",走时很秘密,原因是生怕"灶神菩萨"知道后去告诉"蛊鬼"。病人出走前用草绳围灶一圈,表示把"灶神菩萨"拴起来,再用簸箕蒙住灶口,表示蒙住"灶神菩萨"的眼睛,使其看不见,走不动,以免看见病人外出。为了迷惑"蛊鬼",病人离家时,把草鞋倒着穿,使其脚印是往家走而不是外出,"蛊鬼"弄不清病人的去向。这样,可达到躲避"蛊鬼"的目的。

〔岑秀文:《"古懂苗"社会调查》,《贵州民族调查》(之四),第 421—422 页,贵州省民族研究学会、贵州省民族研究所编,1986 年 8 月〕

7. 贵州镇宁县革利地区苗族传说的"蛊鬼"

　　革利地区对"蛊鬼"的传说是:很早以前,有一个妇女,生了五个女儿,在她每生一个女儿时,同时也生了一个"蛊鬼"。到她们长大出嫁时,母亲就把这些"蛊鬼"拿出来分给她们各自带走。这些"蛊鬼"的种类不一,有老蛇、蛤蟆、斑鸠、麻雀、鸦雀等。分完以后,大妹、二妹对母亲给她们的"蛊鬼"感到乐意,就带走了。三妹、四妹、五妹对母亲分配给她们的"蛊鬼"感到不乐意,不愿接受。这时"蛊鬼"生了气,就自己跳到火坑里被火烧死了,这三人就没有得"蛊鬼"。从此,在苗族中就产生了一部分人有"蛊鬼"、另一部分人没有"蛊鬼"的传说。在这一地区苗族中相传"蛊鬼"来自两个方面:一方面是直接的遗传,由母亲传给女儿,须经过秘密的传授,才能知道其中的诀窍;另一方面是间接的"传染",这主要是没有"蛊鬼"的妇女,如果向有"蛊鬼"的妇女讨了东西,如衣服、裙子、针、线等后,"蛊鬼"就会跟随而来,于是,就会染上"蛊鬼"。所以直至今天,这一地区的苗族群众都很相信"蛊鬼"。其表现在:

　　(1)"躲鬼"。传说有"蛊鬼"的妇女的特征是:人长得很漂亮,头发黑亮,脸色嫩白,额部有光。"蛊鬼"发作时,她的脸会红,身体发痒,而这时她必须把"蛊鬼"放出去毒害别人,才使自己舒服安全。要是她的"蛊鬼"放不出去,就会毒死自己。放

"蛊鬼"的方法有两种：一种是间接放"蛊鬼"，假借某些生物作为放"蛊鬼"的媒介。使有矛盾的人吃了有蛊毒的东西，到了一定的时候蛊毒发作而死去。另一种是直接放"蛊鬼"。"蛊鬼"是专门对付有矛盾的人的。你身体好时，"蛊鬼"不敢来吃，待你生病体弱时，有"蛊鬼"的人就放"蛊鬼"来吃你。因此人生病了，不敢在家住，生怕"蛊鬼"来吃，就到别的村寨亲戚家去"躲鬼"。走时很保密，不能在屋里商量，怕"灶神菩萨"知道后去通知"蛊鬼"，而且不能叫"躲鬼"，要用代用的话叫"讨菜"。一般在下午太阳偏西时就要离开家。病人走前用一根草绳围灶一圈，拴个疙瘩在后面，表示把"灶神菩萨"的手拴住了使它走不动、看不见；其次，病人离家时，要把草鞋倒着穿，使"蛊鬼"晚上来找病人时，搞不清病人的去向，使病人可以逃脱"蛊鬼"的追踪。

（2）"骂寨"。人生疮、跌伤、伤口发炎疼痛，也认为是有人放"蛊鬼"造成的，凡发生这样的事，病人的亲属半夜起来"骂寨"，"指桑骂槐"不提名，让放"蛊鬼"的人听到后，把她的"蛊鬼"收回去。

（3）防"蛊鬼"。人生了病，为了不让"蛊鬼"吃着病人，须防"蛊鬼"。其防"蛊鬼"的办法有三种：一是晚上用一个生鸡蛋滚病人身上，然后用针把鸡蛋挑些小孔，口中念念有词，把鸡蛋放在病人的枕头边，让"蛊鬼"来后就去吃鸡蛋，不吃人。第二天起来再把鸡蛋煮熟，剥开蛋壳，用一根小竹签穿上鸡蛋插在大路边，让放"蛊鬼"的人看见她吃的是鸡蛋，感到羞愧，第二天晚上就不来吃病人了。二是用碗装一碗灰，拿一块布包好，口中仍然念念有词，把"蛊鬼"收到碗里，"蛊鬼"来吃病人必须经过这碗灰，第二天早晨起来，使放"蛊鬼"的人脸上有灰，暴露原形，叫放"蛊鬼"的人不敢再来吃病人。三是晚上拿一个米筛挂在大门上，病人枕头边放一把扫帚。米筛有很多小孔，就像眼睛一样，"蛊鬼"害怕被眼睛多的筛子看见。扫帚放在枕头边，好像给病人站岗一样，如果"蛊鬼"来吃病人，扫帚就去打"蛊鬼"。所以，在人们的心目中，认为米筛和扫帚是防"蛊鬼"的最好武器。

（4）"清针线"。所谓"针线"就是"蛊鬼"的意思。"针线"干净与否是区别有"蛊鬼"和无"蛊鬼"的标志。"针线"干净的人家被认为没有"蛊鬼"，"针线"不干净的人家被认为有"蛊鬼"。苗族青年有传统的社交活动，有谈情说爱的自由，但是，婚姻自主的少，父母包办的多。其主要原因是"清针线"。父母在给自己的儿子订婚以前，必须对要娶的这个姑娘进行一次"清针线"。所谓"远的访、近的想"。也就是怕讨着有"蛊鬼"的姑娘。传说"蛊鬼"有遗传性，所以在"清针线"时，要查清母系五代。直至目前，不管是谁给自己的儿子娶媳妇，先要找几个老年妇女来座谈，对要去娶的姑娘家的"针线"进行"清"，通过清"针线"，才能订婚约。这种按母系清"针线"的传统习惯，反映了这一地区苗族母系氏族制的遗迹。

（5）"忌针线"。由于传说"蛊鬼"也会"间接传染"，因此，苗族妇女对针线问题是十分讲究的，妇女之间的东西谁也不送谁，谁也不要谁的。连婆媳之间，互相也不能要，衣裙也不能放在一个柜子里。哪怕是穷得买不起衣裙，对别人的一针一线也是不会要的，如果是要了别人的针线或衣裙，怕染上"蛊鬼"。只有由母亲直接送给的衣物、针线才能要。所以,从古至今,革利地区苗族妇女的衣裙从来没有发生过被偷盗的情况,如果有人失落在路上,过路的妇女看见了也是不会捡的,生怕自己染上"蛊鬼"。

[杨文金:《镇宁革利地区苗族风俗》,《民族志资料汇编·第二集》,第250—251页,贵州省志民族志编委会,1986年10月]

8. 湖南湘西苗族传说的放蛊巫术

蛊毒由来甚古。《春秋左传·昭元年》:"皿虫为蛊,疾如蛊。"可见在两千余年前,即有蛊毒之事。宋郑樵《通志·六书略记》谈及造蛊之法云:"以百虫置皿中,俾相啖食,其存者为蛊。"其法向悬例禁,所以旧刑律有"造蓄蛊毒"之条。而苗中则至今仍秘密存在。《乾州厅志》卷七云:"苗妇能巫蛊杀人,名曰放草鬼。遇有仇怨嫌隙者放之,放于外则虫蛇食五体,放于内则食五脏。被放之人,或痛楚难堪,或形神萧索,或风鸣于皮肤,或屎胀于胸膛,皆致人于死之术也。将死前一月,必见放蛊人之生魂,背而来送物,谓之催药。病家如不能治,不一月人即死矣。闻其法不论男妇皆可学。必秘设一坛,以小瓦罐注水,养细虾数枚,或置暗室床下土中,或置远山僻径石下。人得其瓦罐焚之,放蛊之人亦必死矣。放蛊时有能伸一指放者,能戟二指放者,能骈三指四指放者。一、二指尚属易治,三指则难治,四指则不易治矣。苗人畏蛊不学其法,惟苗妇暗习之。嘉庆以前,苗得放蛊之妇则杀之。嘉庆以后苗不敢杀妇,则卖于民间,民间亦渐得其法。黠者遂挟术以取利。"《永绥厅志》卷六亦云:"真蛊妇目如朱砂,肚腹臂背均有红绿青黄纹路,无者即假。真蛊妇家无有毫厘蛛丝网。每日又须置水一盆于堂屋,将所放之蛊虫吐出,入水盆食水,无者即假。真蛊妇平日又必在山中,或放竹篙在云中为龙斗,或放斗篷在天上作鸟舞,无者即假。如有以上各异,杀之后剐开其腹必有蛊虫在内,则为真蛊。真蛊妇害人百日必死,若病经年,即非受蛊。"历代志书,记载蛊毒之事甚多,惜多语焉不详。作者在苗疆时,颇想调查蛊之究竟,唯以蛊为政府所严禁,苗妇能蛊者,讳莫如深,调查无从着手。下文所记,只是由询问得来的一些材料。……

蛊术只女子相传。如某蛊妇有女三人,其中必有一女习蛊。但不一定要传亲生之女,普通女子,亦得相传。如有一女子向蛊妇学习女红与唱歌,蛊妇见此女可以传授蛊术,即在无意之中,问女:"你得了!"女即生病,如欲病好,非向其学习蛊术不可。传授的仪式与咒语,无从究得其详。蛊妇设有蛊坛,或在家中隐蔽处,或在山洞中。闻有一蛊妇设坛在家,一日早饭后,俟寨中人上山劳作之时,妇即关门在家烧温水为神偶沐浴,不意为小儿所见。翌日,蛊妇上山工作,小儿仿效之,烧沸水为神偶沐浴,将蛊偶烫死。中有一偶即为蛊妇自己之魂所附。妇在山工作,即已自觉,返家换衣后,即气绝身死。蛊妇眼红,如不放蛊,自己要生病,脸变黄色。放蛊中一人,蛊妇自己可保无病三年;中一牛,可保一年;中一树,可保三个月。猪亦可放,狗则不能,故蛊妇怕狗,不吃狗肉。中蛊者的病象，脸呈黄色，想吃食物，得之又吃不下。大都腹胀，急医亦能痊愈。民国十七年凤凰县发生一蛊毒案。有一苗人，二子相继而亡。疑为同寨蛊妇作祟，后告官抄搜其家，在隐蔽处抄出一瓦罐，内有蛇、鳖、蛤蟆等物，并有纸剪的人形。因证据确凿，即将蛊妇枪毙。

［凌纯声、芮逸夫著：《湘西苗族调查报告》，第147—148页，民族出版社2003年版］

第四章　祖先崇拜

第一节　祖灵祭祀

1. 贵州台江县苗族吃"鼓藏"祭祖仪式——推选"鼓藏"头

主持吃鼓藏这个节日活动的主要人物是五个鼓藏头。即"戛纽"（第一鼓藏头，直译为鼓的头子）、"戛雄"（二鼓藏头，直译为发财的头子）、"戛劳"（三鼓藏头，直译为桌子的头子）、"顶往"（四鼓藏头，直译为固定招扶的人）、"顶播"（五鼓藏头，直译为固定保卫的人）五人，各有职司，以第一鼓藏头为最大，先后次序不可乱。

此外尚有四人，各有专职。一名"戛两"接待"虐两"（女婿）；一名"戛当"供给木头做长板凳；一名"戛耶"吹芦笙引路开道；一名"戛抑"秘密保管"玉碗"不能随便示人，以免遗失……

每届应做鼓藏的时候便由群众推选上述人物，并首先要结队吹芦笙去第一鼓藏头家庆贺，当场杀鸡看眼。如果鸡的眼睛是闭的便是不吉，可另选他人。倘若眼睛是亮的便是大吉大利，被选的人就必须担任，不可推辞。

第一鼓藏头一般系已婚的且较朴实的青壮年。而他的父辈或祖辈是在上届吃鼓藏后去世的。因为他还没有经过吃鼓藏祭祀他新故的父辈，所以才选他当第一鼓藏头。当第一鼓藏头的人多系中农以下的阶层，地、富分子做的很少，因为当了第一鼓藏头不仅要花钱费神而且禁忌很多，言行都受限制，这是地、富分子所不愿意干的。

中贫农是否很愿意当第一鼓藏头呢？一般来说，都是带些勉强的。当然，做第一鼓藏头是一种荣耀，但是要比大家多出钱多费时间。例如几次规模较大的放鼓藏牛打架的时候，客人来得很多，有些人在本寨亲戚家去喝酒吃肉，但是在本寨中没有亲戚的人都到第一鼓藏头家里来，不管认识与否，都可同样吃喝。第一鼓藏头这种开销往往大得惊人。有的地区，如番召、交下的群众每年凑集一千二百斤到一千五百斤谷子给第一鼓藏头家作为帮助招待客人之用，但这仍是不够的。巫脚交没有这种例规。那么，第一鼓藏头的负担当然更重了。至于平时节日活动的开支也比群众多些，而数字也是不小的。因此，当人们考虑到经济负担的时候，内心总是有些不愿做鼓藏头的。那么，为什么又不能推辞呢？群众异口同声地说，这是祖宗定下的老规矩，杀鸡后鸡眼睛是亮的话，谁也不能推却。从表面看似乎是自愿遵守的。后来我们从巫脚乡的支书处了解到苗族有"开除"（苗语为"巴母"，别开之意）的旧例，如果群众推你当鼓藏头，而你坚决不干的话，便可以执行开除。那就是说，以后便不准你参加集体活动，不准吃鼓藏，寨中死人不准你去吊丧送葬，你家死了人也无人帮抬棺材，连一个火种也取不到。如有人私自与被开除者往来也要受罚。这种旧例的存在，可能也是没有人敢于推辞不干的原因之一。"开除"对群众是一个很大的威胁，但我们还没有听说过群众自己要开除一个成员的例子。在氏族社会里，在共同劳动、平均分配的生活情况下，被族群开除等于个人消灭。苗族的社会经济结构早已超越了那时的阶段，因而长时期来已不再引用这种历史上所遗留下来的惩罚方法。可是地主恶霸为了避免自己当鼓藏头而感到拘束，因而借此来恐吓群众，在解放前是发生过的。

  鼓藏头主持祭祀祖宗的大典，这是一个庄严的职务，群众认为他的一言一行都关系着全寨的幸福和安全，因而当鼓藏头的就有很多禁忌，不得触犯，否则将被群众责难。如果由于他触犯了禁忌而发生了不祥之事，那么群众就要唯他是问，要他负责。凡担任鼓藏头（包括五个鼓藏头）的人，均不能自己亲手杀生，不能捕鸟。"顶往"、"顶播"两人在执行他们的职务时，要宰鸭杀鸡，也只能在其他鼓藏头家进行。至于鼓藏头的鼓藏牛，还是要他自己亲手砍杀祭祖的，这当然不在禁忌之列。在他们带饭篮上坡生产时，自己也不能从扁担上取下饭篮，必须他人代为取下才能吃饭。田土内如有乱石碎木必须清除的话，也只能小心地搬移在田埂上，不能乱丢。担任了鼓藏头就不能"游方"，更不能随便说不吉的话。说话有很多忌讳，往往是以类似的词汇来代替原来的词汇。如盐苗语为"雪"，因为与虎同音，便不能称盐为"雪"，而只能改称为"越赶朗"（甜岩石）。由于类似的原因，辣子（翁烧）改称为"再那"（果子）；酒（纠）改称为"翁昌"，吃饭（老给）改称为"以该蕨"；牛（你）改称为"戛量"或"戛菜"等等。此外，杀牛之年他的家里不能嫁女，但可以娶媳妇，这都是不可违背的禁律，在旧社会是没有人敢于非议的。

  在举行仪式的时候，鼓藏头要穿长衣，戴藤制高顶的凉帽（苗语为"莫两"），张伞。在新鼓藏头选出后，上届鼓藏头应将保存在自己家内梁上的凉帽移交给新鼓藏头，并杀鸭一只祝贺他。

  另有唱歌郎（苗语为"各雪卡"）四人，也是吃鼓藏祭祖的各项仪式中不可少的人物。他们的职务是念经，也就是唱鼓藏歌祭告祖先。在巫脚交的唱歌郎都是不脱产的农民，并且是本家族的成员，与大家同吃鼓藏。唱歌郎有时由鬼师（也是不脱产的农民）兼做，但一般唱歌郎只会唱鼓藏歌祭祖，并非鬼师，不会执行鬼师的职务。他们念经是有报酬的。因此，在吃鼓藏的时候人们都要花钱，只有唱歌郎反而增加收入。

        〔贵州省编辑组：《苗族社会历史调查资料》（一），第249—250页，贵州民族出版社1986年版。调查时间：1956年冬〕

2. 贵州台江县苗族吃"鼓藏"祭祖仪式——购买和饲养"鼓藏"牛

选购鼓藏牛的标准是要力大、身壮、善斗。首先由鼓藏头购买，群众陆续凑钱后买，经济情况好一点的，一家买一头，地富往往买二三头，经济情况差一点的，几家或十几家合买一头。当然也有实际上力不胜任而勉强买一头的，甚至还有卖田借债买牛后以致倾家破产的。一般鼓藏牛重二百多斤到三百多斤不等。解放前约值光洋三十多元到五十多元，但较好的善于打架的牛往往要卖到八九十元以至于一百多元。

鼓藏牛一般饲养三年才杀，由于养牛的目的是要力大、能打架，因之饲养方法与一般耕牛不同。花费很大，而且这种牛几乎是不做活路的。巫脚交的习惯是，除了每天要喂嫩草八十到一百斤和换垫草外，还要喂两碗米煮的稀饭（约两挑水）。上山割草、煮米和喂食等饲养工作，每天就需要一个劳动力，约等于一个劳动日，以三年计算便要一千零五个劳动日，合计人民币三百六十一元三角五分（今年巫脚交一个劳动日分得三角三分）。每天二碗米，三年便要二千一百九十碗，约计二万八千四百七十两（每碗十三两）的米，合计人民币一百零六元八角（每斤六分），两笔数目合计共需人民币四百六十八元一角五分。所以巫脚交群众反映养鼓藏牛实在养不起。同时每个牛主都希望把鼓藏牛养成一个善斗的牛，便不愿意要它多做活路以免影响它的壮大，有的甚至干脆就不让它做活路。当然，也有因为鼓藏牛的力气太大，在犁田时很容易闯祸而不敢再叫它做活路的。即或偶然要它做一点活路，也必须要有两个人才能有效地控制它。鼓藏牛实际上就是养来打架和吃肉的，对农业生产没有好处，还得花人力、物力去饲养，这种支出对群众来说确是沉重的负担。

[贵州省编辑组：《苗族社会历史调查资料》（一），第250—251页，贵州民族出版社1986年版。调查时间：1956年冬]

3. 贵州台江县苗族吃"鼓藏"祭祖仪式——接鼓、翻鼓和砍树做鼓

吃"鼓藏"必须击鼓。鼓有两种：

第一种为双鼓，苗语为"牛朋"。这两面鼓在平时一般是放在已婚未育而想生儿女的人家里。保管这种鼓是他们自己申请的。逢年过节都有敬酒的责任。双鼓中的每一个鼓都有两头，平时只可敲一头，另一头只有吃鼓藏时才准敲。因为敲了鼓就等于请祖宗来吃鼓藏，不吃的话，祖宗便会叫老虎下来吃牛，发生种种灾难。这也是一个莫敢稍违的禁忌。在选出鼓藏头后，二月的一个辰日便要接鼓，也就是说，要把双鼓搬到鼓藏头的家里去。

接鼓之日在早饭后，五个鼓藏头和四个唱歌郎及其他有关人物数十人要轮次到五个鼓藏头家里去吃一次酒和茶，意思是告诉他们家的祖宗准备要做鼓藏了。在五个鼓藏头

家喝完酒、茶之后，这一伙人同去"戛纽"家取长衣、高帽等，再去到藏双鼓者的家里，由藏鼓人家出一只鸭、一盘糯米饭和一罐酒敬祖先。鸭子分为头及四肢共五股，"戛纽"、"戛雄"各取一腿，"戛劳"取头，"顶往"及"顶播"各取一只翅膀。他们五人各吃一点后，由大家分吃，互相敬酒，颇为热闹。吃完后，五个鼓藏头即须穿着长衣、戴着高帽，在唱歌郎唱歌祭告祖先后将双鼓接往"戛纽"家里。抬鼓的有六人，都是有妻儿的青壮年，四人抬两鼓，两人抬鼓架，每人可带谷子五斤（有的地区带十斤），由群众分摊。在"戛耶"吹着芦笙引着五个鼓藏头、四个唱歌郎和抬双鼓的经过的地方，沿途人家都出门欢迎，全寨的人都会出来赶热闹，或者加入接鼓的行列。鼓藏头等待双鼓安置妥当后，即脱衣服回家，各取一只鸭子、一盘糯米饭和一罐泡酒来祭祖，并由唱歌郎念经。鸭子和饭均须分切为两半，鼓藏头等各取自己的一半，另一半由大家分食。接鼓的活动从上午开始，经过这一天的热闹，往往要搞到深夜，在大家兴尽酒醉的情况下宣告结束。这就是吃鼓藏的正式开始。

另一种鼓叫做单鼓，苗语称为"牛操"。每吃一次鼓藏都要做一个单鼓送到岩洞去埋藏。在同一时期内还要去翻两次旧的单鼓。这种翻鼓也就是祭鼓。翻鼓的目的，据说是为了要惊动祖先，告诉他们子孙们要杀牛祭祖了。翻鼓共有两次，在决定吃鼓藏那年及次年十月的子日下午（岩洞路远的话便改在早上）举行。在进行时，五个鼓藏头都戴藤帽、着新衣、张着伞、拿着一把砍牛刀，同四个唱歌郎以及寨里本族的男女老少共同参加。

在唱歌郎唱歌祭告祖先后，五个鼓藏头各执一把砍牛刀在岩前晃几下，再由"顶往"进洞去翻一下鼓，并由群众将杉树皮蒙在鼓上（有的地区如反排要给蒙鼓人五斤谷子）敲击几下。祭祀时不用香纸，只须酒饭及杀鸭一只。祭后把鸭切为头及四肢等五股，依前述分法，大家分吃。次日过苗年，因而更加热闹。第二年十月子日举行第二次翻鼓，情况相同。

第三年（即杀牛之年）的五月寅日，须把砍下做鼓的树搬来寨子附近的坳上。次日（卯日）五个鼓藏头穿长衣、戴高帽前往坳上，每人用砍牛刀在树上砍一下，并将少许木屑放在身上带回家来，认为这样做才吉利。同时要由唱歌郎四人唱歌祭树，祭时不用香纸，五个鼓藏头及有鼓藏牛之家，每家均须出鸭子一只、糯米饭一盘、酒一罐作为供物。祭后按照前述分成两半的办法进行分配。次日举行斗牛。那天照例招待客人，认识与否，均可往鼓藏头家喝酒吃肉，这是最热闹的斗牛日期之一。同年吃新谷的日子，还要依同样仪式去翻一次尚未蒙皮的新鼓，并应在先一日杀黑色黄牛一只（约值五百斤谷子），留皮蒙鼓，牛肉则由群众分食。

巫脚交及其邻近地区都用反排的楠木（苗语"冻非牛"）来制鼓，其他地区也有用樟木做的。按照传说，一个鼓应该是一"庹"（两手伸直的长度）又一"卡"（大指头与中指头伸直的长度）长，实际上巫脚交的单鼓有一百六十五公分（约五尺）长，外围直径十八公分，内围直径十一公分。双鼓有一百七十四公分（合五尺三寸）长，外围直径三十公分，内围直径二十一公分。

单鼓做好后，须等到杀牛后的第十三天（子日）才能用皮蒙鼓，抬往鼓藏头家。事前他须将两个房间打通，准备将单鼓放在中间，以便群众在周围踩鼓，一直到单鼓送进岩洞以后，他才能把被拆开的房间恢复原状。

[贵州省编辑组：《苗族社会历史调查资料》（一），第251—252页，贵州民族出版社1986年版。调查时间：1956年冬]

4. 贵州台江县苗族吃"鼓藏"祭祖仪式——斗牛

如果我们不从祖先崇拜的信仰上来看吃鼓藏，那么这个节日的主要内容，从表面上看就只有斗牛和吃牛肉、猪肉这两件大事了。前者反映人们文化生活的要求，因为它是群众所喜爱的一种娱乐。后者使人们的物质生活得到一定程度的调剂，住在偏僻的农村里和高寒的山坡上的苗族人民，除了歌唱和舞蹈外，斗牛便是他们最喜爱的娱乐。到吃鼓藏的时候，斗牛的情况更为热闹。

如前所述，只要有能打架的牛，在所有的节日里几乎没有不进行斗牛的。在平时，有的寨子可能缺乏打架的牛，或者有也不多，但在吃鼓藏期间便不会有这个问题，因为鼓藏牛一般都是会打架的牛。每个鼓藏牛的主人都是极感兴趣和非常认真地去照顾自己的牛，要把它饲养成一条战无不胜的斗牛，因此鼓藏牛打架的场面就显得格外精彩，格外吸引观众。正因为斗牛能够吸引广大的观众，所以鼓藏牛打架就成为苗族社会中参加人数最多和最热闹的一种群众性的娱乐活动。鼓藏牛打架的日子，在事实上同时也就成为一个规模最大的社交会期。苗族人民谈起鼓藏牛打架的时候，往往会兴高采烈地告诉我们，在他们的寨子里曾经有过何等热闹的场面。即以近事为例，也可以看出一个大概。台江交汪寨仅有一百九十六户，一九五五年准备四十八只牛来打架。在这年农历二月间放牛打架之日，有五千余人到场参观，虽经主事者在斗牛完毕后宣布接受党的教育，厉行节约，不再宰杀牛只，不按旧例招待亲友，以免浪费。但是还是有八百多人在交汪寨住了一晚，仅酒、饭两顿，即耗去八千斤谷子。如果按照原有习惯的话，那么在交汪寨吃喝通宵的至少会有三四千人。这就说明，吃鼓藏是苗族社会中最热闹的一个节日，而鼓藏牛打架又是这个节日中最热闹的一种活动。鼓藏牛虽然经常被放出打架，但并不是每一次牛打架都有同样多的人来参观。一般是在翻鼓、砍树做鼓和杀牛之前的几次来客最多。有时往往出现因为客多屋内住不下而不得不摆到门外来吃的场面。同时，所有居民的家中往往也都挤满了宾客，使全寨的主人和客人都沉浸在节日的欢乐中。这样的热闹是任何节日所比不上的，但饮食消耗之大也可以想见。凡看了斗牛以后，除亲戚要留宿本寨等待杀牛外，其他观众都各自分散回家。

在举行几次规模较大的鼓藏牛打架的日子里有着极为庄严的开幕仪式。前三个鼓藏头在这一天几乎不开口说话，不随便行动，想吃想喝都不开口，汗水鼻涕都要"顶往"、"顶播"代为揩干。据说这是怕他们的言行可能触犯忌讳之故。鼓藏头戴着高顶藤帽，穿起长衣，张开雨伞（有的地区用绸子制成的伞，由人代撑），同四个唱歌郎走着表示极其庄重的慢步,一步一步地走到牛打坪,行人路过都要让路。五个鼓藏头依序严肃地站好后才能开始斗牛。鼓藏头平时已有很多忌讳,而斗牛之日还要受更多的拘束。只有等到斗牛完毕回家之后才能吸烟说话,必须等到杀牛以后才能解除一切禁忌。

至于斗牛次数并无严格规定,除非天气不好或有其他重要事故不举行外,每逢节日休息,总是要放鼓藏牛出来打架的。苗族人民非常喜欢这种娱乐活动。为了吃鼓藏,大家买了鼓藏牛,增加了斗牛的次数,扩大了斗牛的场面,更可满足他们的爱好。

[贵州省编辑组:《苗族社会历史调查资料》(一),第252—253页,贵州民族出版社1986年版。调查时间:1956年冬]

5. 贵州台江县苗族吃"鼓藏"祭祖仪式——杀牛

宰杀鼓藏牛要在十月的乙亥日举行(十月如无乙亥日即改在十一月的乙亥日)。杀牛之前一般都要审牛师(或称扫牛师傅,苗语称"勾缺尼")来审查。首先,看这条牛是否可杀,如果可杀,还要由他决定应当用什么供物,并且由他念扫牛经,把牛的魂魄引到祖先那里去,免得它来扰害家族。担任扫牛师的,在这一地带只有反排杨姓一家。据他们自己说台江、黄平、施秉、镇远、剑河、炉山、雷山、三穗一带吃鼓藏的都请他们去扫牛。剑河翁望(六码头)有杨姓二十余户,也是他们的家族,专司剑河县南部地区穿着短裙的苗族的"扫牛"职务。这家杨姓的祖先据说原系汉族,后来他们的一位女祖先嫁给苗族祖先"故果"为续弦以后才变为苗族。根据姓杨的传说,过去苗族不知什么牛可杀,什么牛不能杀。有时杀错了,牛的魂魄出来作祟害人。"故果"后妻之汉族儿子,也就是杨姓的祖先,懂得牛旋,知道审牛。凡是经过他审查的牛就不再为害人间。从此以后,台江一带吃鼓藏时必须请他家的人审牛后才敢宰杀,如果不合格就不能杀。

审牛师根据什么来断定某牛是否可杀呢?唯一的根据,就是看牛的毛旋是否合于他们所定的标准。如眼角、眼下有旋便不能杀,否则有悲伤失望之事发生。腹下或生殖器附近有旋也不能杀,否则必死人破财。标准甚多,不胜列举。同时,还要根据毛旋的情况来决定要用什么供物,用鸡鸭或用鱼,用小猪或兼用其中数种。如果尾部毛不好,还要用青布一尺五寸盖在牛背上。这些供物是做什么用的呢?据说这是为牛准备礼物,以便它们带去酬谢"板央"和"板告",因为牛角和毛旋都是他们装上的。扫牛时由"勾缺尼"把棉花一团放在牛背上,再把一碗凉水和一碗酒倒在牛鼻子上,任牛舔吃。另用青草一把扫牛角,然后念扫牛经,同时将供物的毛或鳞贴一点在牛头上。念经完毕后,将煮熟的供物每样给牛吃一点,扫牛仪式即告结束。扫牛一只,由牛主送"勾缺尼"钱一角或数角,杀牛后每牛送肉一斤,扫牛时如用棉花青布也归他所有。"勾缺尼"都是不脱离生产的农民,审牛的本领都是祖先传下来的。在吃鼓藏之年,他们就多有这一部分的收入。自一九五五年经过人民政府的教育后,他们已表示不再去替人审牛以免浪费牛只。

除请审牛师审牛以外，有的地区如孝弟乡事前还要约请亲戚（牛主家的女婿或舅父等）来砍牛，如果亲戚同意的话，还要请他来"号牛"（即表示确定由某人来杀某牛之意），号牛在杀牛之年的五月举行。砍牛者要备礼物送牛主，一般的要送几元钱的爆竹、一斗米的酒、五升米的粑粑、一幅约有二丈长的红布、二三只鸡和一块银洋。杀牛之前，除自带砍牛刀外，应备的礼物是：小猪一只、五升米的酒、几升米的粑粑和一元银洋，以上两项礼物约共需银洋二十元左右。据说这种开销是属于一般的，有的还送得更多一些，少的也要送十元左右的礼物。总之，号牛是杀牛前砍牛者所必须履行的一个手续，他比掌杆者送礼较厚。一般的贺客也须备办礼物于斗牛之日或杀牛的前夕亲自带去表示祝贺。

杀鼓藏牛应于天亮后（有的地区在天亮前）在河沟边的坝上砍杀，并有一定的次序，必须先杀鼓藏头的牛，然后再杀群众的牛。鼓藏头的牛由鼓藏头自己用砍牛刀砍杀，以一刀砍死为吉。砍时不烧香纸，但可放爆竹。群众的牛由自己的亲戚砍杀，合购之牛由出钱最多者的亲戚砍杀，而牛角也由出钱最多者保存。砍牛者除取得牛腿一条外，并与掌杆者各分胸脯一半（牛为多数人共有，则砍牛者只取胸脯的一边）。此外，除"勾缺尼"要分肉一斤外，四个唱歌郎等也要分肉。巫脚交万姓的分肉办法是：每牛提出七斤分做三股，砍牛的女婿得一股，另两股再分成四份，四个唱歌郎共得一份，五个鼓藏头共得一份，其他筹办节日活动的执事等共得一份，群众共吃一份。

将来这次砍牛者家里吃鼓藏时，也要请这次牛主去担任同样的工作，同样分肉。这就是"还礼"的习惯。

这一天牛虽已宰杀，但尚未向祖宗献牛，所以牛头、牛尾及四腿等六件还应当放在牛圈上，而牛口里也要放三根草，表示它尚活着。同时也不能正式欢宴客人。大家可以随意休息、喝酒、踩芦笙或"游方"。

吃一次鼓藏，养牛、杀牛、送礼、请客等耗费的数字是很大的。如前述交汪寨只有一百九十六户，其中一百六十户在一九五五年就准备杀四十八条鼓藏牛。根据一九五五年台江县人民政府初步统计：解放几年来，仅覃膏、孝弟、德风三个大乡部分村寨共一千五百五十二户就杀去三百九十三条鼓藏牛，以每条牛平均一百元（按旧币折合）计算，就合三万九千三百元。而每条鼓藏牛又要喂三年，每天每人割草花费的劳动力以四角计算，三年就合近一万七千元。此外，杀鼓藏牛的时候，每家的亲友还要来放炮挂红、送鸡送鸭，估计每条鼓藏牛平均十五元，三百九十三条就合五千八百九十五元。在杀鼓藏牛的第二年又要杀鼓藏猪，差不多每户杀一只，也有一户杀两只的。据估计杀去的鼓藏猪起码在四百只以上，以每只平均十五元计算，就合六千元，以上共计达二十二万余元。加上其他招待客人用的柴、米、油、盐等，数字就更大了，这对于今天的苗族人民来说的确是一种很大的浪费。

[贵州省编辑组：《苗族社会历史调查资料》（一），第253—255页，贵州民族出版社1986年版。调查时间：1956年冬]

6. 贵州台江县苗族吃"鼓藏"祭祖仪式——杀牛后的祭祀活动

鼓藏牛既已宰杀，斗牛活动当然暂时无法进行，除群众可以自由踩芦笙和"游方"外，在杀牛后的十四天内要进行许多吃鼓藏所特有的节日活动。在这期间也就不依常规来过苗年，一般群众只做些必要的工作，如砍柴、背饲料等。而鼓藏头等根本没有时间做活路。这就是说，从斗牛、杀牛起，连续十六天基本上不做活路。

今将这十四天的具体活动逐一叙述于后：

第一天，子日，天未亮，各家都须祭祖，供物是用（一）牛七件（肝、肺、心、腰、肚、肠、肉）切成小块，包成七包。或用七根竹条穿成七串，每包或每串中包括七件；（二）糯米饭一盘；（三）相同碗数的茶及酒，碗数多少不拘。祭后即宴请客人吃早饭。

中午前后，第一鼓藏头接各家祖宗去他家陪鼓，每家都要有人到鼓藏头家喝酒吃肉。在第一鼓藏头家吃完以后，其他四个鼓藏头也要轮流在他们各自的家里同样招待各家的人，每家去一人或二人，不去也可以，但五个鼓藏头和四个唱歌郎是不能缺席的。

亲戚们多于前一二日携带礼物前来祝贺，一般只住两夜（戌、亥两夜）。除砍牛的和掌杆的亲戚送礼特别多已如前述外，普通客人多半只送一只鸭子、一罐酒及几斤粑粑。他们在这天上午喝酒吃肉后便陆续回家，去时可得到回礼肉一斤到三斤。将来遇到这些客人家里吃鼓藏时，今天的主人也要同样送贺礼给他们，而今天的客人也会把数量相同的牛肉回送给今天的主人。这些都是"还礼"的习惯。

第二天，丑日，开始由唱歌郎轮流在五个鼓藏头家唱歌祭祖，从二鼓藏头家起唱，五个鼓藏头和寨中老人均须到场喝酒、吃饭一天。来参加吃酒饭的亲戚一般每家带酒一海（即比碗大的钵子）。下午砍牛头、烧牛脚炖吃，吃不完的可带回家。牛角由牛主安放在自己家中。

第三天，寅日，在三鼓藏头家唱鼓藏歌祭祖，情况同前。下午献牛角，又叫贺牛角，由唱歌郎致祝。牛角分别绑在第一鼓藏头及二鼓藏头门口的一根临时置放的木柱上，三、四鼓藏头的牛角必须放在第一鼓藏头的门口，五鼓藏头的牛角必须放在二鼓藏头的门口，群众的牛角可以任意摆。唱歌郎主要祝贺牛主多子多孙、安田置地。因而牛主须随意送一点钱给他，一二角到三四角不等。

第四天，卯日，在四鼓藏头家唱歌祭祖。那天除可自由踩芦笙和"游方"外，并无吃鼓藏特有的活动，因之砍柴、背草的人较多。

第五天，辰日，在五鼓藏头家唱歌，下午唱歌郎念经并举行分"角形排骨"。杀牛时每条牛应留下与牛角相似的、带皮肉的角形排骨一块，这时应按次序（鼓藏头的在前）摆在坪上，俟唱歌郎两人，戴着鼓藏头的帽子，手持牛角酒，站在桌上念经完毕，然后将排骨砍为两边，牛主取回一边，另一边分为三股，鼓藏头、唱歌郎及群众各分一股，群众的一股即在坝上煮吃。

第六天，巳日，在第一鼓藏头家唱歌祭祖，这个节日至此告一段落。下午牛主在唱歌郎唱歌后将第一鼓藏头及二鼓藏头家门口的牛角取回，由唱歌郎在场祈祷祖宗保佑家宅平安、世代清吉。

第七天，午日，迎"修一康"（即以竹条编成一个鸟窠）。这个竹鸟窠事前编好放在坡上。到了午日"戛耶"吹着芦笙引着戴衣帽的鼓藏头和唱歌郎等前往迎取。迎取时，先由"戛耶"将一熟蛋摆在窠边，用脚拨蛋围着竹窠转三次，再将熟蛋向本寨的方向踢去，然后用破衣包一块四五斤重的岩石，放在窠内带到第一鼓藏头的家里。他家里的中柱地方已预置一棵有三个杈的叉木树，把这个竹鸟窠摆在杈上。窠内岩石这时就取出来，另外放进四五斤糯谷（五个鼓藏头每人先垫十斤谷子，共五十斤，供节日之用，以后由群众分摊，这四五斤糯谷是从这里取出来的）。到了晚上青年们从本寨神树下燃起火把（中间要有一根不易燃的木棍），并跑到第一鼓藏头家里，一进门便将火把投入竹编鸟窠内。当时有人在旁边，随即用水将火淋熄。这样投掷要连续三晚。投掷火把后，孩子们就可以去各家索取食物，如肉、米、酒、盐、辣子等。这个活动也要连续进行三晚。

这种仪式究竟是什么意思呢？据说那是因为人们的祖先"姑昂"是由鸟窠内的蛋变成的，他在窠内不能生长，所以要用火把他赶出来。那一根不易燃的木棍代表着蛇，因为当年是蛇衔着火爬上去把"姑昂"赶下来的。这种戏剧性的仪式显然是表演了人类起源的传说，在祭祀祖先性质的吃鼓藏的时候来举行是完全相称的。在没有文字记录的民族中，古老的传说有时依靠了各种凝固的仪式礼节而巧妙地保存下来，这里就是很好的一个例证。

晚上九十点钟的时候，唱歌郎要到第一鼓藏头家唱歌，连续唱三晚，由五个鼓藏头供给酒肉饮食。

第八天，未日，除唱歌郎晚间在第一鼓藏头家唱歌外，无其他特有的节日活动。

第九天，申日，早饭后由"戛当"将高矮的长板凳各一条安放在第一鼓藏头家中，晚间仍唱歌一晚。据说高矮两凳是代表两座桥，高的是供祖先过路的，矮的是供后人过路的。供物都摆在高凳上，矮凳在第十一天举行另一仪式时，由鼓藏头的妻子们从上面走过。在鼓藏歌中要唱到这项活动的情节。

第十天，酉日，上午舂米做粑粑（由前述五个鼓藏头所垫的五十斤中取出），先做各五斤重的三个，其中有一个要有一洞以便挂在颈上，准备送给鼓藏头家的女婿，另两个送给两个"背水"的已婚女儿。剩下的米（约三十斤）由五个鼓藏头带来做成人的两性生殖器的模型，贴在鼓藏头家里的中柱和壁上，并须另做木制的两性的性器官挂在鼓房。同时第一鼓藏头要杀小猪一只放在长板凳上供祖宗。

此外，群众还要集体来搓草绳捆房子。据说过去祖宗的房子不牢固，恐怕吃鼓藏人多把房子挤垮了，曾经用绳子来捆过房子，所以后来吃鼓藏仍要用禾草结成绳子把第一鼓藏头的房子捆一转。次日（戌日）晚间唱歌郎装扮客人来唱鼓藏歌时便要唱到这个故事。这是探讨苗族住所发展具有意义的线索。

下午接女婿（苗语为"虐两"）。女婿自背炒米一两斤，随来两人抬一木桶，内置已整好的鸭子七只，另一人挑着一只活鸭、一壶酒和一篮饭，还有六人每人带着有根的竹子一根，一行共十人同来做客。五个鼓藏头及"戛两"的妻子出到寨子外面的路上迎接他们，"顶往"、"顶播"之妻敬茶，其他人的妻子敬酒，把他们送到"戛两"家中。当天他们要依次到五个鼓藏头家里去喝酒。

第十一天，戌日，这一天的活动最多，是非常忙碌紧张的一天。

早上，凡家有老年人在上次吃鼓藏后死去的，由各家子孙将他们的头巾衣服照生前穿戴的形式摆在河沟边的坝子上，同时还在旁边用瓦片及树皮搭一小间房屋，意思是要请祖宗洗头、换衣、进屋。但有的地区如孝弟、交下等乡，则是把头巾、衣服以及牛角集中在鼓藏头家中献祭。

稍后，鼓藏头家的女婿将木桶一只捆在中柱上（鼓藏歌里说这是一个腌鱼的桶），鼓藏头之妻用木棒在他屁股上打一下便跑开。女婿照例要骂一声："鼓藏头的婆娘，为啥打我，我×你的妈！"据说这样骂了，同吃鼓藏的全体家族都会发财。

此外，还要敬鱼和松鼠，办法是：用稻草扎成一个草环放在鼓藏头家的桌子上，草环上插上六根竹子，五根竹子上各穿小鱼一条，另一根竹子上穿松鼠一只（用皮即可），竹子要从鱼口和鼠尾插入。为什么要把这两样动物摆在桌上呢？据说是因为它们曾经帮助苗人祖先找到失去的耕牛，并要求在吃鼓藏的时候请它们来赶热闹，所以子孙做鼓藏的时候便把它们当成客人供在桌上。

早饭后，五个鼓藏头的妻子穿着自己丈夫的长衣，提着一个篮子，从一个门进来，依次在第一鼓藏头家的矮凳上走过（同过桥一般），然后由另一个门出去。在走过凳子的时候，由第一鼓藏头预请一人拿着一个盛酒的葫芦向她们洒酒，作为男性的某种象征，认为这样才会生男育女，同吃鼓藏的全体家族就会人丁兴旺。同时，唱歌郎配合着这一举动唱着有关的歌词，这一切都会引起群众的笑声。洒酒者也就是后面要提到的，在下午另一仪式中手持性器官模型的人，必须用谷子请，否则没有人肯干，因为大家认为洒了酒便不会再有儿女。

鼓藏头的妻子们出门后，由一个年长有福的妇女领着到"戛两"家去，并由她把前述女婿送来的木桶打开，取出七只鸭子，五个鼓藏头的妻子各得一只放在篮子里，她自取一只，另一只给主人"戛两"。这时"戛两"要杀一只鸭子请她们喝酒，她们略喝一点便回到第一鼓藏头家，再走过一次矮凳，然后脱去长衣，这一仪式便告结束。她们回到第一鼓藏头家时必须从原来的出口进去，从原来的入口出来。据说这路线是不可走错的。

紧接着便进行"背水喂鱼"和"竹战抹花脸"的活动。"背水喂鱼"是由第一鼓藏头家里的已婚女儿一人背水，二鼓藏头家的已婚女儿一人取水，从河沟用水桶背水三次倒在第一鼓藏头家的已有五条鱼的水缸内（先由五个鼓藏头各捉一条放在缸内）。这水缸放在前述的桌子下面。每次取水三瓢，妇女在前，第一鼓藏头家的女婿在后，五个鼓藏头也应穿衣戴帽张伞跟着他们走三趟。背完水后应将水桶放在中柱下，也即上述腌鱼桶之下。根据过去的歌词，这是养鱼的桶。后来，不知在什么时候流行着一种说法，说是背了水的话不是有子无财，便是有财无子，两者不可得兼，因而第一和第二鼓藏头家里的已出嫁的女儿便不愿在节日回家背水，只得由这两个鼓藏头分别出钱去请人代替。如巫脚交万姓在一九五二年就花了十万元旧币在覃膏堡请了一位姓项的汉族妇女代为背水。这就说明了"背水喂鱼"是吃鼓藏不可少的一个节日活动。我们知道，在节日活动中的每一仪式，长时期使用而没有改变，必然有一定的历史意义。个体婚制流行以后，妻子随夫居住，婚后间或返回娘家，她已变成宾客，不再从事基本劳动。这种情况与背水仪式的精神是很不一致的。这使我们有理由相信这种仪式必然代表更古老的一种社会制度，如果我们往前追溯，在母系家庭时已婚女儿并不离家，她终身在娘家从事劳动。背水仪式或许就是象征这一阶段的生活。

"竹战抹花脸"游戏的主角是来自第一鼓藏头家的女婿家的六个客人和本寨的代表（有几条鼓藏牛便有几位代表）。主客两方，首先每人拿着有根的竹子一根（女婿家的竹子是自己带来的，已如前述）打架为戏，然后互以锅烟抹成花脸，引起群众欢笑。这样连续三次，并可同样去抹过路人的脸，据说只有这样打闹玩耍才会平安发财。

到了下午三点钟的时候还要举行"放狗撵寨"，先以三十斤谷子请人（这人苗语称为"阿补仰"，即山羊之意），拿着木制的两性生殖器模型从第一鼓藏头家跑出，第一鼓藏头手持弓箭在后尾追，在寨上跑了一转后仍跑回第一鼓藏头家。这时"阿补仰"应躲在双鼓后面。第一鼓藏头即问他："你要生男的还是要生女的？"他答："生男的。"又问："你想吃什么？"答："想吃鸡。"答完以后，此人即将生殖器模型放在鼓下，然后走出。为他杀鸡一只，但他只能吃一半，另一半是要留下的。据说按照老规矩持木制两性生殖器模型者应为两人，一人持女性生殖器的模型在前，另一人持男性生殖器的模型随后追赶，最后由鼓藏头持弓箭在后面追，回到家后仅由持女性生殖器模型的人在鼓后答话。由于请人要花钱，所以后来只请一人同时拿着两性生殖器模型来表演这个传统的节目故事。

在这种"放狗撵寨"的仪式与上述用葫芦洒酒和在第一鼓藏头家粘贴两性生殖器官形式的米粑等活动中，用我们今天的眼光来看是很猥亵的，但这些在古代并不是完全秘密的，只是随着时代的进展两性关系才逐渐隐蔽起来。此外，苗族在历史上长期奔波之余，安定下来以后，当然渴望人丁兴旺，而吃鼓藏中这一类的仪式又多少与生男育女有关。这也是一个使它们能够几乎原封不动地一直保留到现在的理由。因此，这绝不是苗族无羞耻观念的问题。

当天的黄昏前，有关家庭应将供在坝上的衣服头巾取回，但须将衣服等在第一鼓藏头家的火坑上经过一下才能拿到家中保存。收回衣服后，将用牛七件（肝、肺、心、腰、肚、肠、肉）所煮的稀饭送往第一鼓藏头家的高凳上祭祖，前次吃鼓藏后家中死有几个长辈便供几碗。供时不烧香纸、不念经，但是非常热闹。接着还要做"藏鼓"（单鼓）之戏，先由主人将鼓藏在本寨附近地区，次日由女婿家的人去找。如果找不到，便扣女婿十五斤谷子。如果找到了，再由女婿等去藏鼓，主人翌日去找，找不到便加给女婿谷子十五斤，找到后便算了。鼓藏头家的女婿是吃鼓藏时要经常到场的人物，凡是鼓藏头应穿长衣戴高帽进行的仪式多半都要有他参与。因之巫脚交的群众每年要送女婿一百二十斤谷子，三年共三百六十斤，意思是弥补他耽误生产的损失。

吃晚饭时还要捧"玉碗"饮酒。关于玉碗有不少传说，很多地区说是江西送来的，有的说是几十两银子从洪江买来的，有的说是从榕江买来的，有的说连同鼓藏头的衣帽都是皇帝给的。巫脚交张姓的玉碗已打破了，现在所用的据说是在贵阳买来的一只蓝花碗。总之，他们对待这个碗是很神秘的，不肯轻易给外人看见。巫脚交万姓说他们的碗有三只脚，大概不是什么玉碗，而是像张姓的那种瓷碗，玉碗只是在鼓藏歌中所提到的东西。捧玉碗喝酒，先在保管玉碗的"戛仰"家举行，由"戛仰"及唱歌郎一人共捧玉碗，唱歌并饮一碗酒。到第一鼓藏头家以后，由"戛仰"用手捧玉碗，第二、三、四、五鼓藏头的手按顺序摆在他的手下面，最下面是第一鼓藏头的手。每人用这个玉碗喝一碗酒，同时由唱歌郎唱鼓藏歌，然后再交给"戛仰"保存。这是很隆重的一个仪式，并且举行时很神秘，人们都以一睹玉碗为幸。

本日最后一种活动便是两个唱歌郎假装亲戚来访，并且开始吹两天三晚的芦笙。在夜深的时候，唱歌郎两人假装为两个亲戚带着前述第一鼓藏头的半边鸡和一只猪腿来寨敲第一鼓藏头的门。第一鼓藏头照例要问："你们是哪里来的？"客人就要回答从七十二寨（榕江属）来的。客人问："你们在做什么？"主人答："我们在做鼓藏。"客人问："我们来参加好不好？"主人答："欢迎，欢迎。"客人进门便唱鼓藏歌，唱完后这两位假的客人便告辞出门，随即由"戛耶"请两人到第一鼓藏头家吹芦笙给祖先听，吹两天三晚，到子日晚间为止。

这种活动在今天看来，虽已变成一种固定的仪式，但仍富有历史的意义。从假装亲戚的那句"从七十二寨来的"答话里面，我们还可以获得一点历史线索。上面我们已经提过，鼓藏头所用的衣帽据说在以前是从江西经过榕江送来的。在捧玉碗饮酒时的碗听说从前也是从榕江买来的。如把这些联在一起来看，就很有力地说明了台江一带苗族必然是从榕江一带迁移来的。至于从什么地方迁到榕江，那就有待于进一步的研究了。

第十二天，亥日，在第一鼓藏头家继续日夜吹芦笙。女婿家的人去找鼓，如果找到了，他们晚间也去藏鼓，让主人们明天再找。大家对藏鼓颇感兴趣，往往藏得十分巧妙，使对方难以发现，这也是节日娱乐之一，是否有其他意义尚待深入调查。

第十三天，子日，鼓藏头家仍继续日夜吹芦笙。上午主人找鼓，下午用牛皮蒙单鼓。在半夜将鼓抬进鼓藏头家，吹芦笙的当即结束奏乐。

第十四天，丑日，早饭时各家各自敬鼓，情况如过年一样。早饭后，鼓藏头穿衣戴帽带头在第一鼓藏头家踩鼓、吹木叶、唱歌，全寨都可以去参加，极为热闹。从此以后，只要有空闲，任何人都可到第一鼓藏头家去踩鼓，主人必须忍耐，莫厌烦杂。踩鼓时，未生育的妇女往往会趁人不注意的时候在壁上取下一个男生殖器形状的粑粑，拿回家煮给自己和丈夫同吃，据说这样便可生男育女。如果生了儿女，这个家庭就会杀猪请客来感谢祖先。

杀牛后十四天的节日活动到此结束。单鼓、双鼓都放在第一鼓藏头家,以后逢年过节群众又到鼓房来踩鼓取乐。

[贵州省编辑组:《苗族社会历史调查资料》(一),第 255—260 页,贵州民族出版社 1986 年版。调查时间:1956 年冬]

7. 贵州台江县苗族吃"鼓藏"祭祖仪式——吃猪鼓藏

杀牛后的次年十月要进行吃猪鼓藏的节日活动。吃猪鼓藏是苗语"能比果"的意译。这包括杀猪祭祖的一系列的节日活动,其中很多是与杀牛后的节日活动相同的,但在人物方面则有些变动。在吃猪鼓藏中,主要祭祀在二鼓藏头家举行。吃猪鼓藏经常跟随五个鼓藏头主祭的女婿是由二鼓藏头家的女婿担任,仍由群众凑 120 斤谷子给他。"背水喂鱼"时改为二鼓藏头家的女儿背水,由第一鼓藏头家的女儿取水。"戛两"、"戛仰"都要由群众另行推选。玉碗改由这个新的"戛仰"秘密保存,到下届吃鼓藏杀猪前为止。

吃猪鼓藏与杀牛的时间都是在农历十月间。而十月正是过苗年的时候,因而群众也就不照平时的办法来过苗年,而按照吃猪鼓藏的日程来进行节日活动。其进程如下:

第一天,应把双鼓搬到二鼓藏头家(单鼓仍放在第一鼓藏头家,仍在他家踩单鼓),其过程与上一年吃鼓藏时搬双鼓到第一鼓藏头家的情况相同。有的客人这天便来赶热闹,留在寨中住宿。

第二天,子日杀猪(须用甲子日,如十月无甲子日,即往后移)。黎明时各自在家里宰杀,不择人选,不分先后。第一鼓藏头和二鼓藏头的猪可留待十天后的酉日再杀,有的人家独宰一只猪或两只猪,也有些人家联合起来共杀一只。在一般情况下杀猪的只数往往会接近住户数字。这些情况一方面反映了苗族人民对吃鼓藏这个节日的重视,另一方面也说明了吃鼓藏要耗费大量的物资。前来祝贺的亲戚今天都可以到齐,但由于尚未祭祖,今天还不能像第二日那样地待客,主人们只能用一般的请客办法请客喝点酒、吃些荤菜。宾主之间可以自由地踩鼓和"游方"。

第三天,丑日的活动与上一年杀牛后子日的活动一样,各家敬祖后再到五个鼓藏头家去喝酒吃肉。所不同的只是供物改为猪五件(肝、肺、心、腰、肉),分为五包或五串,每包或每串都应包括猪五件,而去鼓藏头家的顺序是从二鼓藏头家开始,再依次到其他鼓藏头家。客人喝酒吃肉后即陆续回家。

从第四天寅日到第七天,一共四天,由四个唱歌郎到五个鼓藏头家唱鼓藏歌祭祖,但应在第七天到二鼓藏头家作为结束,其情况与上一年杀牛后的丑日到巳日的活动相同。此外并无其他特有的节日活动。

第八天,午日,是唱歌祭祖的最后一天。上午在二鼓藏头家唱歌,下午接竹制鸟窝到二鼓藏头家,晚间投火把、讨取食物,并开始唱三晚的歌。这些与杀牛后午日的活动也相同，五个鼓藏头凑米三十斤（以后由群众分摊），放几斤在"鸟窝"内，余下的留着做粑粑送女婿、女儿和做性器官模型的人。

第九天，未日，第十天为申日。两天的晚间继续投火把，讨取食物、唱歌。申日鼓藏头五家各捉一条鱼，准备做"背水喂鱼"之用。

第十一天，酉日，上午打三个大粑粑做性器官模型，并用草环穿鱼和松鼠。在中午的时候还要放猪打架，这当然只能是一种形式，因为猪没有互斗的性能和习惯。第一鼓藏头和第二鼓藏头如果在亥日没有杀猪，今天斗猪后当然要杀。即或曾经杀过猪，今天在斗猪后还要另杀一只，不过可以杀小一点的，杀后应该摆在长凳上祭祖。晚间接女婿，其过程与杀牛后酉日的活动相同，只是女婿已改为第二鼓藏头家的女婿，而"戛两"也换了人。

第十二天，戌日，除不供衣服、不藏鼓、不"放狗撵寨"外，女婿捆木桶，鼓藏头的妻子穿长衣、走板凳、取鸭子、背水喂鱼、竹战抹花脸、捧玉碗喝酒、唱歌郎假装亲戚来访、开始吹芦笙等，均与杀牛后戌日的活动相同。只是女婿和背水的已嫁女儿都是第二鼓藏头家里的人，从而如请人背水的话也由二鼓藏头出钱。此外，捧玉碗喝酒也在他家举行。

第十三天，亥日，第十四天，子日，继续日夜吹芦笙。子日半夜先送双鼓到自愿保管之家，其情况与上一年接双鼓时相同。在巫脚交，人们一般的都愿保管双鼓，认为祖宗会保佑自己家里人财两旺，而尚未生育的家庭，更要争取接鼓来家。送完双数后便接着送单鼓进岩洞。

送鼓进洞前应将鼓皮剥去，由第一、二鼓藏头各得一张，木制性器官一套也随同单鼓送入洞内。送鼓的仪式和队伍与翻鼓时基本相同，只是已嫁之女和未婚的十四五岁以上的女子这一夜都不能在父母家里，不能参加自己家里吃鼓藏这一个祭祖的最后仪式。这明显地反映着女子系夫家的成员，因之她们只应参加夫家祖先的祭祀，而对自己祖先的祭祀便不能全部参加。

单鼓被送进岩洞后，吃鼓藏祭祖的典礼就算圆满地完成了。全寨群众随即分别被邀请到第一、第二鼓藏头家去喝酒，这是吃鼓藏的最后一次的聚餐，活动至此完全结束。

[贵州省编辑组：《苗族社会历史调查资料》（一），第260—262页，贵州民族出版社1986年版。调查时间：1956年冬]

8. 贵州从江县加勉乡苗族吃"鼓藏"仪式——破蛋

加勉大寨吃猪鼓藏无一定年限，已述如前。因此他们决定吃鼓藏与否是以破蛋为前奏，即破蛋看鼓藏鬼（祖宗）是否要来，加勉苗语称为"果改纽"（"果"即是"破"，"改"即是"蛋"，"纽"即是"鼓"）。有鼓藏鬼的家族有人生病时，经请"鬼师"敬过他们意识中所有的鬼神之后，如病仍未愈即须请"鬼师"破蛋。破蛋的方式有两种：前一种只需请"鬼师"及寨上几位老人来家煮一鸡蛋破开来看；后一种须由病家准备酒、茶、饭，并宰鸭一只煮熟摆在火坑边敬祖宗，几十架芦笙齐奏，始由"鬼师"煮蛋破看。之后，不论是否看出鼓藏鬼要来，均须将敬品平均分给在场的众人分食。

破蛋的时间除农历五月、六月、七月、八月禁忌外，其余各月均可举行。日期一般选用子日（苗语称为"弄追"）。破蛋有连续举行十次以上的，如尚未能肯定鼓藏鬼是否要来，则只有暂时停止，以后择期再破，直到得出结果或病者已死为止。无鼓藏鬼的姓氏暨与有鼓藏鬼同族的旁支。有人生病时，只请"鬼师"看鬼、敬神，不破蛋来看。据云鼓藏鬼不会找到外姓或其旁支子孙的。

破蛋必须用鸡蛋。据传说："鸡是太阳的舅爷。从前太阳是鸡叫出来的，人们不知道的事鸡能尽知，鸡由蛋孵出，用蛋等于用鸡。"

破蛋的办法，鬼师以锅烟于蛋壳上画一圆圈，区别头、脚、眼睛、翅膀，以草结成圈夹着鸡蛋，大端朝东，平正放在锅中煮熟并念诵词语。之后，即取出刀从蛋身切去三分之一，取出蛋黄，然后持着连蛋白的蛋壳，对着灯光透视两端（大端为头，小端为脚）的白点，（即蛋白连壳处两端的蛋带煮熟后凝结为白点），如大端（头）的白点在右、小端（脚）的白点在左，表示祖宗未来；如白点现出两端顶上，表示祖宗要来；如大端的白点在左、小端的白点在右，表示已来祖宗。

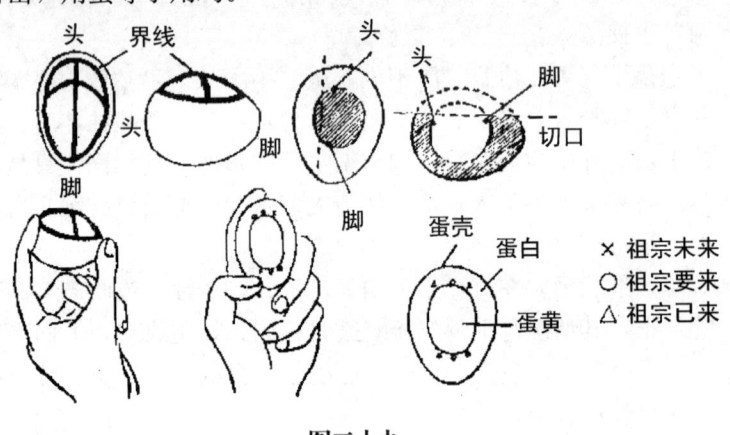

图二十九

破蛋凡经五次，其中如有一次不成功，鼓藏仍然不吃。第一次破蛋是决定祖宗是否来，已详上述；第二次破蛋是看有鼓藏鬼的家族是哪一代祖宗带头来送银钱、田地、男女；第三次是看有鼓藏鬼的家族哪一代祖宗最后来关财喜；第四次是看全寨的祖宗是否都同来；策五次破蛋是决定谁能充任本届鼓藏师。二至五次破蛋前须由鬼师"吊石头看卦"，然后煮蛋破看。综如上述，加勉乡吃一次鼓藏是很不容易的。据我们了解，加勉韦姓属于"该几"的后代已二十年不吃鼓藏；属于"该噪"的后代则有四十余年，梁姓不吃鼓藏也有二十余年；王姓已二百余年不吃鼓藏了。他们说："我们过年过节，很少有人单独宰猪，解放前甚至有的在过年或过节时一斤肉都买不起。汉族过年多半单独宰猪，我们几十年吃一次鼓藏，每家宰头把猪还不能说是浪费。"

[贵州省编辑组：《苗族社会历史调查资料》（二），第95—97页，贵州民族出版社1987年版。调查时间：1957年8月]

9. 贵州从江县加勉乡苗族吃"鼓藏"的主持人员

鼓藏头，加勉乡苗语称为"该纽"，为吃鼓藏的主要主持人。有世传、推选、谁家生病先喂鼓藏牛，即为鼓藏头三种。如台江巫脚交是由群众推选有威望、为人忠朴者充任，从江县孔明乡是谁家有病人先买得鼓藏牛即为本届的鼓藏头，东郎、加勉则系世传。但所谓世传并不局限于父子兄弟递嬗相承，而是局限于一个支系。至于鼓藏头的产生，是从这一支系中有人生病经请鬼师"破蛋"确定是祖宗来找他，他即充当本届鼓藏头。如这一支系已绝嗣、旁支有人生病时，亦须请鬼师"破蛋"。如确定是鼓藏鬼（祖宗）来找，他即为鼓藏头，不能推辞或任意更动。

加勉乡的鼓藏头是代表一个姓及全寨吃鼓藏的主持者。鼓藏来了就是全寨的事，同时也是全姓的事。如加勉韦姓吃鼓藏时，不仅本寨韦姓参加，迁居外寨的韦姓也得参加（迁居别通、条蛙、羊玉、蕨菜坪、党九、别捉、别拜、别陇、爷果及住在广西宜北县（现与思恩县合并为环江县）的韦姓均须喂猪敬祖宗，同时还须以酒、米帮助鼓藏头。同寨的梁、王、龙、蒙等姓亦须参加，但外姓只能参加吃鼓藏，"敬祖宗"与"念祖宗"时则不能参与。

加勉吃一次鼓藏活动的时间计三年六次。鼓藏头的花费究竟是多少呢？据说"至少是四头猪、三十六只鸭子、九百多条鱼、约两百斤米的酒、两百多斤粑粑、五六百斤米的饭、四五斤麻"。这样大的耗费鼓藏头一人是负担不起的。据我们了解，除由其家族帮助之外，还有出嫁的姑姑、姐妹、女儿送牛帮助；外公、外婆、岳父、岳母则送猪帮助。加勉鬼师韦该耶说："当鼓藏头的自己花费有限，他不过当一头人而已。"加勉的鼓藏头，除主持吃鼓藏之外，别无其他特权，平时亦无任何权力……

神东：即"鼓藏师"。整个鼓藏过程的歌词均由他负责歌诵。因此必须具备精通三年六次活动中每次数十节应歌诵的歌词，顺诵如流、不颠倒错乱者，方有被选择的条件。

"神东"的产生是经过"破蛋"决定的，已述如前。未破蛋前，先将本寨具有充当"神东"条件的人进行排队，后由鬼师先"吊石头看卦"，再"破蛋"为最后之决定。"破蛋"时，每人只破一个，如不成功即作罢。逐一看过后，如均未成功，鼓藏仍然不吃。因为加勉吃鼓藏是不能到外寨请神东的（别的寨子无此限制，如一九五六年别拜寨吃鼓藏曾到党纽请梁永福区长的父亲梁故九充任"神东"）。由于"神东"不易产生，也就抬高了他的身价。第五次"破蛋"成功后，"该纽"（即鼓藏头，以下均称为"该纽"）即将"蛋"送到他家里，通知他担任本届"神东"，如果他乐意接受则已；否则"该纽"须再登门邀请，若再不接受，"该纽"须邀集其家族结队登门邀请，直到他接受为止。

充任"神东"的人，虽然在时间上花费较多，可是在物质的报酬上他比其他十一个执事人所得要多。三年（吃新包谷两次活动不计在内）六次活动的敬品，他一人独得三分之一。

"神东"在吃鼓藏期间有以下十条禁忌：①不能挖粪挑粪；②不能上树或上屋顶；③不能唱情歌，或说不正当的话；④不得乱搞男女关系；⑤不能参加修理崩塌田坎；⑥不能与人争吵或斗殴；⑦寨中或家里有不幸事件发生时，不能说坏，只能说好，如死了人不能说死，只能说"他去榕江找钱用去了。"同时不能哭，不能动手摸尸体或参加丧葬；⑧到芦笙坪吃饭时，"瓦榜"、"瓦栋"分给多少吃多少，不能退回，也不能再要；⑨不能动手宰牛，同时不能到宰牛现场看别人宰牛；⑩不能代别人"送鬼"。

神机九：或称"刀娃"。他的职司次于"神东"，大于"神榜"，须选择有自然滑稽神态、能装模作样、引动别人欢笑而他自己又能忍笑者充任。他的专职是每次吹芦笙时由他口念芦笙调，手执白鸡尾毛，仿效吹芦笙的手势在前面走，"说机九"二人及芦笙队随后（芦笙共十架，其中有大筒七架、小筒三架），继后是"神东"、"神榜"及其他执事人。

神榜：职司次于"神机九"，大于"说机九"，职责是跟着"神东"念诵鼓藏歌词，当他的助手。一般是由"该纽"兼任（原因是既可亲自参加敬祖宗，又可节省开支），如"该纽"不能兼任时，则须遴选会念诵鼓藏歌词者充任。

吃鼓藏的每节活动，"该纽"均须到场参加。"神东"在右，"该纽"立中，"神榜"在左，三人平行齐立不能缺一。

说机九：由两人充任，他们的职司次于"神榜"，大于"瓦榜"、"瓦栋"，职责是吹芦笙。

瓦榜、瓦栋：两者在名称上有区分，在职司上则虽同一性质，但一正一副。他们的职司是：凡属于吃鼓藏应做的事，均须由他二人先动手，此外当"神东"、"神榜"念诵鼓藏歌词需要用鱼、麻等敬品时，均先须由"瓦榜"送，"瓦栋"接，然后交给"神东"、"神榜"。"神东"、"神榜"在念诵鼓藏歌词时无论取、放任何东西，均须经过"瓦榜"、"瓦栋"的手，不能自取自放或与其他的人接触。复次，"该纽"家里在吃鼓藏期间，宰鸭、宰猪、烧酒、蒸饭，以及在芦笙坪分菜、分饭……均须由他二人动手。因此"瓦榜"、"瓦栋"须选择熟悉吃鼓藏流程的人充任。

窝借、窝独：或总称"窝借火"，他们的职司是守鼓藏棚及砍拉鼓用的树藤、与藏鼓游戏等事。每年两次踩歌堂、开鼓藏棚后由他们日夜守在棚里。

姐耶纽：职责是背水泡米打粑粑（台江巫脚交吃鼓藏也有背水的节日，但是叫做"背水喂鱼"），由两人充任。据说加勉过去是以妇女充任，后来改为一男一女（加勉对面党港寨至今仍沿用男女各一人为"姐耶纽"，并须选择一对美丽健壮的男女，意在看他〈她〉们一同进出，引起欢笑）。现在是用两个男性，但于背水泡米时其中一人还须身披妇女衣服，表示有妇女参加。

得纽：职司是在拉木鼓进寨时由他化装并装模作样地盘问木鼓。他的条件须面容丑陋，又能忍笑及在装模作样时表情很天真者方能充任。

以上十二个执事人，除具备上述不可或缺的条件以外，还须具有忠实、勤劳、无不正当（如偷盗）行为、已婚有配偶者，方能充任。

产生这十二个执事人的方法，除"神东"已述如前外，其余十一人均由群众预选，经"鬼师""吊石头看卦"请祖宗为最后之决定。如祖宗不同意又须另选，重请"鬼师""看卦"，否则可能触怒祖宗降祸及其子孙。因此他们预选执事人时特别郑重，不符合以上诸条件者，本人也不敢贸然接受群众的推选。

〔贵州省编辑组：《苗族社会历史调查资料》（二），第 97—99 页，贵州民族出版社 1987 年版。调查时间：1957 年 8 月〕

10. 贵州从江县加勉乡苗族吃"鼓藏"的主要仪式（一）

加勉吃鼓藏的第一年是从农历九月开始。这一期的节目计有："起鼓藏棚"、"猪翻身"、"埋鼓藏箱"、"砍板凳"、"烧酒"、"守棚"、"唱开门歌"、"开芦笙坪"、"踩歌堂"、"拉板凳"、"敬祖宗"、"洗芦笙坪"、"煮稀饭"、"关棚忌寨"、"放祖宗回棚"、"砍鼓"、"藏鼓游戏"、"吃牛屎饭"等，活动时间共五天。在活动期中全寨生产整个停顿，男女老幼均参加吃鼓藏（以后各期活动时间长短虽有不同，但在活动期中一律停止生产）。

起鼓藏棚：五次破蛋均告成功，"神东"已接受"该纽"的邀请，即决定吃鼓藏。第一年秋季活动的前奏，即是起鼓藏棚（以下简称鼓棚）。

鼓棚：加勉苗语称为"蝶好"，建在鼓藏头家的附近。宽六尺六寸，深六尺三寸，呈"人"字形，前盖木皮，后盖木板，四周以木板装好（装横板）。人工、材料均由全寨共同负担。如木板一时凑不出新的，则由"该纽"出木料，群众出工锯解。但据说："起鼓棚所需的工料，往往是用不完的。因为老辈传说，起鼓棚的工料，谁家出得多，他家的祖宗就得的多，不出工料，他家的祖宗就什么也得不到。"因此起鼓棚时参加工作及供应材料者是十分踊跃的。（台江巫脚交称鼓藏棚为鼓房，谁家当鼓藏头，鼓房即设在他家里。）

起鼓棚计有"砍树"、"下墨"、"挖柱眼"、"平地基"、"立棚"、"盖棚"、"扫棚"、"驱鬼"、"栽竹"、"敬棚"等过程，每一过程均须以鱼、麻……敬供，并由"神东"念词交代，"瓦榜"、"瓦栋"动手先做。

起鼓棚的当日，十二执事人齐集"该纽"家中，商讨安排工作。是日"该纽"宰猪一头，约重五十斤，除以四分之一送"神东"、四分之二给"神机九"等十一人外，自留四分之一及全部肚杂来款待十二执事人。

鼓棚建成后，以竹子制成弓箭各一，并以木板制箭靶，先打上三颗竹钉，由"窝借"持弓扣箭上弦，对箭靶连射三矢。之后，即以弓、箭、靶悬挂鼓棚中，谓之"驱鬼"。接着就是"栽竹子"、"敬棚"。先以竹子一株栽于棚外，"该纽"宰鸭一只及鱼、麻、酒、饭等敬品，伙同十二执事人及群众吹芦笙结队前往"敬棚"。由"神东"念词交代，译义说："我们已给你们（祖宗）起好棚子，请你们到里面坐，照料你们的子孙人口清吉、五谷丰收，才有酒、有鱼、有肉来敬你们，热热闹闹踩歌堂。"之后，即由

"瓦榜"、"瓦栋"将鸭子剪成若干小块分给在场人众分食。据说："生人得吃，死者方才得吃。"因此无论在场的人有多少，每人均须吃一点。（以下节目凡当场吃掉的食品，均须按在场人数平均分配，用意相同。）

群众对鼓棚是十分尊敬的。因为鼓棚是他们祖宗的住所，三年中如棚内长一株草，或漏一滴雨，须拔掉或修理时，均须由"该纽"宰鸭一只，由"神东"前往念词交代后，方能动手；否则可能触怒祖宗，降祸及其子孙。

猪翻身、埋鼓藏箱："篦飞姐"译义为猪翻身，"假酒滴吊"译义为埋鼓藏箱。加勉吃鼓藏开始时，"该纽"须喂猪一头，满三年后以之敬全寨各姓六十个祖宗。决定吃鼓藏后，"该纽"先买好一头小猪，起鼓棚的当夜十二执事人吹着芦笙到"该纽"家，陈列敬品，由"神东"念词交代祖宗，叫他们好好照管这头猪使之快快长大，不能让猪跑出外面吃农作物。之后，即将小猪捉出圈外，剪下左耳及猪尾各一小点，装入事先做好的鼓藏箱中，随即将小猪放到箱上翻身一转。猪翻身的仪式即告结束。

鼓藏箱用杉木板五块制成，呈三角形（如图）。装好猪耳、猪尾后，以之埋于"该纽"住宅后面的干燥地方，上盖木皮，使雨水不能浸下，以防朽烂；否则触犯祖宗，可能招致人口不安。（鼓藏箱埋到三年后取出，随同木鼓送到野外埋藏。）

鼓藏箱

三年中如因一些原因如猪圈关栏不好猪跑到外面去时，必须由"瓦榜"或"瓦栋"把它们赶回来。因为这头猪的喂养目的是敬祖宗的，如果叫别人去赶，恐怕乱叫乱骂，开罪祖宗。猪赶回圈后，"该纽"以鱼、麻为敬品，请"神东"念，叫他们好好照管。（这头猪喂满三年宰杀祭敬过祖宗后，以四分之一给"神东"，而"神机九"等十一人共分其中的四分之二，"该纽"得四分之一。）

砍板凳：加勉苗语称为"目刀歹"，过程计有"磨斧头"、"看树"、"砍树"、"量树"、"做凳"等节目。每节均以鱼、麻为敬品，"神东"念词交代，"瓦榜"、"瓦栋"动手先做，群众帮忙。

砍树这一天是群众性的活动，全寨男性多数都去参加。当日"该纽"宰鸭一只，剪成两块，连头的一块由"神东"携着，"神榜"携另一块，"神机九"等十人各带鱼一条从"该纽"家集合出发。出发前"该纽"备酒一大碗，由"瓦榜"持着，站在"该纽"家门前，凡参加砍树的人都喝一口，然后吹着芦笙出发，行至中途须停下磨斧头。据说，老辈吃鼓藏砍树做板凳或做鼓时，曾在这里磨过斧头。因此斧头虽然在家磨好，但到达此地仍须再磨，表示遵循祖宗的规矩。磨斧前先将鱼、麻等敬品摆下，即由"神东"唱"磨斧歌"，之后由"瓦榜"、"瓦栋"将斧头在石头上略磨几下，仪式即告结束。

到达山上时，先做看树（找树）的表演（树是事前找好的）。看好树后，即摆列敬品由"神东"念词交代说："树是我们古老古代栽的，树中有田、地、银、钱，要它去做板凳。"念毕即由"瓦榜"、"瓦栋"动手先砍，群众帮忙。树倒的方向必须朝东，否则不利，因此无论树倒的方向是否是自然向东，均须把它拉向东倒。树砍倒后，"神机九"口念芦笙调，手仿效吹芦笙的动作，装模作样在前引导众人由树端走到树梢，谓之量树。然后将树锯断抬回，置于老辈吃鼓藏做板凳的地方，当天做好（加勉寨老辈吃鼓藏做板凳的地方在加勉小砦寨边）。

板凳有大、小两根，大板凳高三尺，宽约尺许，代表母水牛；小板凳无尺度限制，但须小于大板凳，代表公水牛。小板凳一头无脚，原因为何？我们请教若干苗族老人均无具体答复。板凳做好后仍放原处，开芦笙坪后才拉进鼓棚。

烧酒、守棚、唱开门歌：敬棚结束以后，当夜即烧酒，加勉苗语称为"龚送纽"。这时十二执事人及群众均到"该纽"家。"该纽"宰鸭一只及腌鱼、茶（茶水里面放糯米饭一小点）等敬品摆在火坑边，然后以土陶酒壶一把装米酒数两置于火坑上升火烧烤。酒壶口以芭蕉叶盖好，上面压一石头，插鸡毛一片，石头是临时派人到河边拾来的，不能以不清吉的石头代用。升火后，由"神东"念词交代。词凡二百七十三句，我们已译成汉语附录于后。

"瓦榜"、"瓦栋"将鸭子剪开分给在场人众以后，群众各自回家。"窝借"、"窝独"到鼓棚里守棚。"神东"、"神榜"借宿"该纽"家附近。"神机九"等八人均留宿"该纽"家中，轮流守夜。鸡鸣时，即将"该纽"家事先准备的铜鼓或木鼓敲响，"神东"、"神榜"听到鼓声即到"该纽"门口唱开门歌，歌词大意是："'该纽'，何处去了，祖宗给你送东西来，叫他赶快来接。"这时"该纽"即将鱼、麻、酒、饭等敬品摆在地上欢迎。"神东"、"神榜"推门进去，"窝借"、"窝独"听到鼓声也从鼓棚来到"该纽"家里同食敬品。

开芦笙坪、踩歌堂、拉板凳、敬祖宗：开芦笙坪，加勉苗语称为"拨朗"（即开始踩堂之意），踩歌堂称为"东纽讲"，拉板凳称为"余歹"，均为这一天的节目。事前选择吉日（加勉选用子日），并须在这天（子日）以前将起棚、砍板凳等事项做完。

节目先从开芦笙坪开始，当日除"该纽"宰鸭三只、鱼数十条、麻若干根、酒一桶约二十斤及糯米饭三十余斤外，另由各户凑酒三四十斤，鱼、肉十余斤，糯米饭六七十斤齐集"该纽"家中，一同结队出发。先行者为七至八个健壮美丽穿着新衣或披着花被面、垫单的青年男子，继后为芦笙队，以下是几个美丽的姑娘（她们今天将所有的新衣和银饰都穿戴上），她们的后面是"该纽"及各执事人。"瓦榜"、"瓦栋"背着蓑衣，拖着斧头、锄头，其他诸人则肩抬食物随后。到达芦笙坪时绕坪三转，即停下将食物陈列于芦笙坪的中央，"神东"念词交代祖宗后，"瓦榜"、"瓦栋"将锄头在坪子里拖一转，叫做开芦笙坪。之后，即将食品分给在场人众。

接着是踩歌堂、拉板凳两个节目同时举行。这时中年男子及青年妇女多半留在芦笙坪陪伴外寨的宾客踩歌堂，青年男性则多数参加拉板凳。这时附近村寨亲友云集，情景异常热闹。

拉板凳前须选长于说笑话又善于喝酒的七人,让他们喝得半醉,好说笑话。笑话的内容着重在性交方面。据说:"拉板凳是一场公、母牛的交配表演。"情景是四人抬着大板凳在前,两人携着小板凳在后,边走边说笑话,走不几步,以小板凳搭在大板凳的一头说:"公水牛与母水牛交媾了。"接着以一人将米水淋在板凳上面,又同声大喊:"公、母水牛都泄精了。"惹起观众一齐大笑。如此表演若干次,直至拉到鼓棚安装为止。拉板凳时须以鸭子一只及鱼、麻、酒等物为敬品,由"神东"念词交代,然后"瓦榜"、"瓦栋"动手。

敬祖宗是今天主要仪式之一。板凳拉进鼓棚以后即开始举行。凡与"该纽"同姓者无论本支、外支均得参加(外姓不能参加)。参与敬祖宗的各户事先须按照其应敬祖宗人数各先备鱼一条、酒一碗、麻二根,集中鼓棚作为敬品。每次敬七个祖公须摆列酒七碗、鱼七条、麻十四根。敬品是摆在鼓棚中的板凳上面(鼓棚中是先用一块木板横架当桌子,板凳拉来后,即撤去木板,以板凳当桌子),由"神东"、"神榜"念词交代,每念一遍,表示敬一个祖宗。念词时,"神东"以竹箸敲酒碗边,表示喊祖宗来享受敬品(平时他们不能随便敲碗)。念完七遍后又另换敬品,再敬七个,直到敬完为止。敬过祖宗的酒,他的后代要端起喝一口,表示陪祖宗。但所敬的祖宗如果是"横死"的,则不陪饮(将酒倾倒地上),据说:"如果陪横死的人饮酒,恐怕他来讨替身。"

洗芦笙坪、煮稀饭:歌堂踩过以后即须洗芦笙坪,表示不再踩歌堂之意,以后再踩则须重开。这个节目的活动情况,仍由"该纽"备酒、鱼、麻为敬品,七个人吹着芦笙绕坪三转,并由"神东"念词交代,即告结束。

洗芦笙坪的当夜,各户凑米煮稀饭。据说:"板凳拉进鼓棚后,各家备食品敬了祖宗,唯早夭的儿童不能进鼓棚,没有得到任何享受。因此,在结束踩歌堂的当夜,由小孩挨户凑米携到鼓棚煮稀饭给他们(指早夭的儿童们)喝。"稀饭煮好后,由"神东"念词,"神榜"以镰刀敲击锅边念着咒语,意思是:"稀饭煮熟了,你们(死去的小孩们)来喝罢。"念毕,叫小孩们把稀饭吃掉。

关棚忌寨、放祖宗回棚:煮稀饭给早夭的小孩们吃后,"神榜"、"瓦榜"、"瓦栋"携鱼、麻等敬品前往关棚(下次开芦笙坪后方能再开)。由"神东"念词交代,"瓦榜"、"瓦栋"则将"草标"遍插寨外各路口,表示"忌寨"(即不许生人入寨)。

忌寨的当夜各户将饭菜煮熟,以备次日早晨在家里敬祖宗后放祖宗回鼓棚。据说:"在放祖宗回鼓棚的当天,家里不能有任何响动,以防惊动祖宗。"次日天未明时,各户将昨夜准备好的敬品摆列在火坑边。"该纽"逐户检查过,即回家击鼓,各户听到鼓声时或舂碓,或敲板壁。"该纽"击鼓三通,各户照常搞三次,表示放祖宗回鼓棚。

砍鼓、藏鼓游戏、吃牛屎饭:放祖宗回鼓棚的当日早餐后,各执事人及群众齐集"该纽"家中,上山砍树做木鼓。这时"该纽"宰鸭二只,以一只剪成两块,"神东"、"神榜"各携带一块（"神东"携带连鸭头的一块），其余十个执事人各带鱼一条。此外，"该纽"另以几十条鱼及酒、麻、饭等交由群众携带，吹芦笙结队出发，行至中途仍须停下磨斧。到达山上后，先做找树表演，然后将敬品摆下，由"神东"念词（译义）说："该纽"送我一对鱼、两根麻、两碗酒，我鼓藏师才来到这里。斧头从哪里来？由"该纽"家中带来。叫谁来砍树？别人都不砍。大家推举"瓦榜"、"瓦栋"砍。树要向东方倒，祖宗才喜欢。"该纽"家才顺利。"神东"、"神榜"事事都如意，全寨户户都平安，生产样样都丰收。念毕，由"瓦榜"、"瓦栋"动手先砍。斧头是用两把，先以一把按在树上，另以一把敲按在树上的斧头背，以便拾取木屑。据说："木屑是银钱，不能让它落在地上。"第一块木屑由"该纽"先拾取，以次及"神东"等十二执事人各拾取一块后，始由群众拾取，直到在场者每人都拾得木屑后，才用一般砍树的方法将树砍倒。之后，即进行量树，由"神机九"带头，"说机九"吹着芦笙率在场人众从树端走到树梢，每人拾取树叶数张并树屑携回家里当宝贝收藏，谓之"得银钱田地回家"。接着是盖树蔸的仪节，"该纽"以两个糯米粑、两条鱼，前届鼓藏头以一条鱼、一个糯米粑，共同盖在树蔸上，意思是希望树蔸发芽，重长小树，象征人口如树一般不断地生生不息。之后，即将树抬回，中途由"窝借"、"窝独"做藏鼓游戏（"窝借"、"窝独"把树藏起，由群众去找，如此表演数次）。树抬到寨外老辈做木鼓的地方，当天做成鼓筒。鼓筒长、短、大、小无严格限制，一般是长约五尺，直径六寸许。做好后置于原地，冬季始拉进芦笙坪。（榕江县高中乡苗族吃鼓藏制造木鼓要花费七天的时间方把鼓筒做好，每天掏心六七寸，年长者带着酒饭随同二三十个后生一面闲谈一面工作。）

做鼓筒时掏出的木屑，加勉苗语称为"给溜"，意即"牛屎"。鼓筒做成后，十二执事人用布包一包木屑，率同群众吹芦笙送到"该纽"家中，"该纽"以鱼、麻等为敬品摆在楼下牛圈边欢迎。"神东"、"神榜"唱歌（译义）说："祖宗送猪、牛、鸡、鸭到'该纽'家来。"随即上楼又在楼口唱歌（译义）说："祖宗送银钱、田地、男女、衣服、布匹到'该纽'家来。"当"神东"、"神榜"上楼时，"该纽"仍须摆敬品迎接。是日晚餐，"该纽"按全寨人口准备酒、饭、鱼、肉请全寨吃一餐，谓之吃牛屎饭。酒、饭、鱼、肉由"瓦榜"、"瓦栋"按人口（不分大小）各分一份，不够吃者不能再要，吃不完的可以带回家去。

第一年秋季活动至此结束，所有用来敬祖宗的敬品——肉、鱼、鸭、麻均集中分给十二执事人，并按职司大小为分配的比例。"神东"为总数三分之一，"神机九"、"神榜"、"瓦榜"、"瓦栋"共得三分之一，"窝借"、"窝独"、"说机九"二人、"姐耶纽"二人、"得纽"一人共得三分之一。此外，"该纽"另送"神东"糯米粑约二十斤、鸭一只；送"神榜"糯米粑约二十斤；送"神机九"糯米粑约十斤；其余九人无赠品，同时招待他们一餐酒饭。"神东"所得的敬品与赠品，"该纽"请人送到他家表示尊敬。

以后每季活动的敬品分配比例与"该纽"赠送"神东"等的礼品，均与第一年秋季相同。

[贵州省编辑组：《苗族社会历史调查资料》（二），第99—104页，贵州民族出版社1987年版。调查时间：1957年8月]

11. 贵州从江县加勉乡苗族吃"鼓藏"的主要活动（二）

冬季活动节目，计有烧酒、守棚、唱开门歌、编炕篮、砍鼓藤、开芦笙坪、踩歌堂、拉鼓、喊鼓看禾廊、盘问鼓、背水泡米打粑粑、驱山神野鬼、蒙鼓、喊祖宗、念祖宗、洗芦笙坪、关棚忌寨、煮稀饭、放祖宗回棚等。

活动仍从烧酒开始，日期择用狗天（戌日）。烧酒、守棚、唱开门歌、开芦笙坪、踩歌堂、洗芦笙坪、关棚忌寨、煮稀饭、放祖宗回棚等节目的活动形式均与秋季相同，不再赘述。唯烧酒是以三个酒壶连烧三夜；开门歌也是连唱三次。其余节目评述如次：

编炕篮：加勉苗语称为"候金"，日期择用猪天（亥日），即烧酒的第二天。炕篮用竹子编成，以之悬挂鼓棚火坑上烤禾。禾由"该纽"拿出约重七八斤的一把交由"窝借"、"窝独"烘烤，舂米来打粑粑。编炕篮时，是由全寨男性集体操作，"瓦榜"、"瓦栋"动手先编，然后每人编一条篾。如全寨男性均已编过竹篮尚未完成时，则轮流再编（每人一次不能编两条篾），据说："吃鼓藏是全寨的事，所以要大家动手。"

砍鼓藤、拉鼓、喊鼓看禾廊、盘问鼓：鼓藤，加勉苗语称为"肖纽"，砍鼓藤的日期择用鼠天（子日）。"该纽"以糯米饭一包、腌鱼一尾、麻两根交给"窝借"、"窝独"持到山上去砍，作为拉鼓之用。"窝借"、"窝独"上山将敬品敬过藤子以后，即动手砍伐，鼓藤长九度（两手平伸为一度，九度约四丈左右）。砍好后，以麻捆鱼一条于藤子蔸上，意思是希望藤子再长新芽继续繁衍。

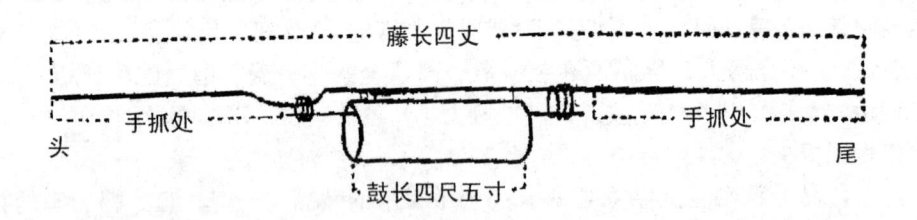

当日即开芦笙坪踩歌堂，并同时进行拉鼓仪节（加勉苗语称拉鼓为"靴纽"）。拉鼓时"该纽"除照例备鱼、麻、酒、鸭子为敬品外，并须多预备酒二三十斤给拉鼓的人喝。这时全寨青年结队出发，先以树藤将鼓筒绑好，（如图）。

树藤的首端必须在鼓筒头部，不能任意颠倒。拉鼓时四丈多长的树藤除中间绑鼓点用去一部分外，拖在两头的藤子均须用手抓满。如本寨人数不够，还须请外寨亲友帮忙或帮助吹芦笙。拉前拉后的第一人均须选择有威望者担任,以便指挥。因为拉鼓时有时前进、有时后退,忽举高、忽放低,忽快、忽慢,拉鼓者均是青年,酒后兴致特别高涨,如前后无人掌握,很可能造成意外事故。

鼓拉到寨外暂时停下,事前做一禾廊(如图),上挂三把禾,将鼓停放禾廊下面,谓之喊鼓看禾廊。据说:"恐怕鼓不知道今年收成如何,犹豫不肯进寨,所以要喊鼓看禾廊,方能解除鼓的顾虑。"鼓停下后,由"神东"念词交代说:"禾廊上挂满了禾把,我们有吃有穿,你放心进寨去吧。"之后,即拉鼓继续前进。

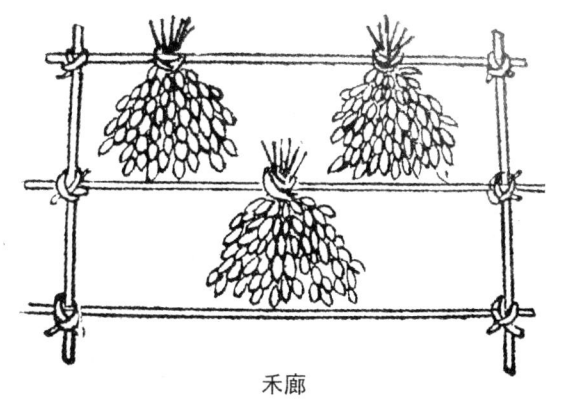

禾廊

鼓未进寨前须进行盘问鼓的仪节。这时"得纽"头戴铁帽,倒背蓑衣,脚穿木屐(如图),手执斧头,由"该纽"家出去到寨外,等鼓将进寨时"得纽"飞步上前举斧待砍,急声询问:"来好是来坏?"拉鼓人答应:"来好。""得纽"即兴高采烈地回头往寨中走,让鼓进寨。忽又回头举斧再问,如此三问三答,仪节即告结束。"得纽"到鼓棚卸装。鼓拉到芦笙坪后绕坪三转,然后安置在坪子的中心。

背水泡米打粑粑、驱山神野鬼:背水泡米打粑粑或称"背鼓藏水",是"姐耶纽"的专职,已述如前。这里需要补充的是:背水时"姐耶纽"一人背背兜(竹制,加勉苗族平时生活中无此用具),内中放糯米五六斤(即由"该纽"拿出交"窝借"、"窝独"在鼓棚中炕干禾把舂出来的糯米),一人背水桶一只,同到沟边,由"神东"念词交代,并以铁刀当瓢做舀水的表演,将铁刀上的水滴滴入桶中,如此三次,两人即将背兜、水桶背到鼓棚。同时几十个青年男子双手持木刀,于"神东"念词完毕后以木刀互相拍击,直随"姐耶纽"到鼓棚,绕棚三转,谓之驱山神野鬼。糯米和水背到鼓棚以后,即将米蒸饭打粑粑。粑粑共两个,做成男女两性裸体像,生殖器部位要做得特别显著,置于鼓棚中的板凳上面,由"窝借"、"窝独"守棚照管。

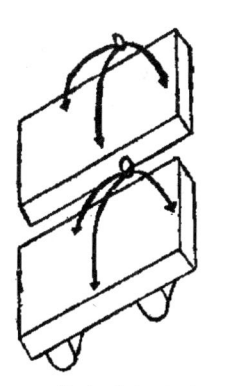

木屐

蒙鼓、喊祖宗、念祖宗:蒙鼓、喊祖宗、念祖宗为第一年冬季活动的主要节目,日期选用虎(寅日)。是日先蒙鼓,蒙鼓前准备铁钉四个,以之钉于鼓筒中,谓之"与鼓装牙齿"。据说:"三年后,送鼓到山上,鼓即变成老虎,虎无牙则不吉利。"蒙鼓是用黄牛皮,蒙鼓前将牛皮戳通三个洞眼,用篾条穿入眼中绑好。"窝借"、"瓦榜"、"瓦栋"三人拉着牛皮到溪边抛入水中,谓之"赶牛洗澡"。三人拉着牛皮行进时,呼喝着赶牛的音调,同时说:"我们赶母牛去找公牛交媾了。"蒙鼓前,还有"鸡钻鼓"的仪节。动作是：以小母鸡一只由鼓筒首端钻入，自尾端钻出，随即将鸡放走。这只鸡走进哪家就属哪家，并永远饲养。据说："钻过鼓筒的鸡，长得快，蛋也生得多。"（这次蒙鼓是蒙鼓的首端，尾端到第二年冬季再蒙。）

在蒙鼓的同时，还举行喊祖宗仪式。按一般情况无论任何家族都是死者多于生者，年湮代远，"数典忘祖"也是必然的事，他们自然不能把所有的祖宗都喊到。那么他们究竟喊哪些祖宗呢？据说，吃鼓藏喊祖宗有三个原则：第一，过去吃鼓藏喊过三次及不能记忆名讳的祖宗不喊；第二，过去喊过二次以下的（包括新亡的长辈），可喊可不喊，由其子孙临时决定；第三，本届吃鼓藏前，经"鬼师""破蛋"决定"带头送财富"与"尾后关财喜"的两代祖公、祖婆则必须要喊。因此他们吃一次鼓藏所喊的祖宗每户不过数对或数人。喊祖宗前，各户按应喊的祖宗每人准备一套衣服，祖婆则添备首饰携到应喊祖宗的墓地，数人吹着芦笙，由墓地迎接到芦笙坪。当祖宗进寨时，须让"带头送财喜"的这一代祖宗先行，次序是根据携带迎接祖宗服装者的行列来明确。"尾后关财喜"的这一代祖宗则最后入寨。祖宗进寨时大放爆竹，一般以多放为荣。爆竹的来源或由亲友赠送，或自行购买。据我们了解，一九五六年别拜吃鼓藏迎祖宗放了百多元的爆竹，消耗是相当大的。祖宗到芦笙坪后，芦笙队与带服装的行列绕坪三转，即表示祖先来到。

喊祖宗进芦笙坪后，即开始念祖宗。这时木鼓已经蒙好，放在芦笙坪的中央，尾端触地。首端用树撑起呈倾斜状，鼓头朝东，"该纽"以被盖一床搭在鼓的尾端。之后，即将"带头送财喜"的那代祖宗的服装铺在鼓上，由"神东"、"神榜"念词交代，词长二百四十八句，我们已译成汉语附录于后。然后依次将各户喊来的祖宗一对或一个（指无配偶或配偶现存者）逐一念完，"关财喜"的那一代祖先则留到最后来念。每念一对或一个祖宗时，均须换摆服装及敬品。敬品的规定：念男性时须六条鱼、十斤禾、麻两根；念女性时须母鸡一只（用麻先缢死，不能以活鸡来敬）、米五斤、麻两根，如祖公祖婆同念则须陈列以上两类敬品之和。念词语时，"神东"敲鼓，"神榜"帮腔，必须念完一遍方能休息。如因特别事故，"神东"、"神榜"必须离开，亦须找人代念；无人代念时，则须找人继续敲鼓。念祖宗这个节目，村寨较大者往往进行三至四天方能结束。

第二年，据我们了解，加勉寨苗族每年农历七月吃新包谷，家家宰鸭或猪敬祖宗，但无仪节，唯于吃鼓藏的第二、三两年吃新包谷时，则须聚集执事人到"该纽"家中宰鸭一只，由"神东"、"神榜"念词交代祖宗，敬品当场分给在场人众吃了，无群众性的集体活动。

第二年秋季活动的时间为农历九月，节目仍以烧酒开始，时间计两夜一天即告结束。

活动的节目有烧酒、守棚、唱开门歌、开芦笙坪、踩歌堂、与鼓洗脸、洗芦笙坪、关棚忌寨、放祖宗回棚、煮稀饭。这些节目，除"与鼓洗脸"是一个新节目之外，其余均与第一年秋季同。

与鼓洗脸：是于开芦笙坪后，由"该纽"以禾草一束交由"瓦榜"、"瓦栋"烧灰滤水,另以魔芋推浆渗入灰水中,"瓦榜"以手帕浸入灰水中,取出在鼓上抹三把,"神东"念词交代,即告结束。

第二年冬季活动的时间为农历十二月,计有烧酒、守棚、唱开门歌、开芦笙坪、踩歌堂、移鼓入鼓棚、蒙鼓、念祖宗、关棚忌寨、洗芦笙坪、放祖宗回棚、煮稀饭等节目。除"蒙鼓"是由"瓦榜"、"瓦栋"以牛皮蒙鼓的尾端并用篾条箍好外,"该纽"以鼓棒击鼓三下。于蒙鼓前,由十二执事人将鼓抬进鼓棚。在移鼓时,"该纽"以鱼、麻等为敬品,由"神东"念词交代,除举行"念祖宗"的节目时不摆衣服之外,其余节目的活动情况均与第一年同期相同。

〔贵州省编辑组:《苗族社会历史调查资料》(二),第104—107页,贵州民族出版社1987年版。调查时间:1957年8月〕

12. 贵州从江县加勉乡苗族吃"鼓藏"的主要活动(三)

第三年为吃鼓藏的最后一年,仍是分三期活动。第一期:是农历七月吃新包谷。第二期是农历九月踩歌堂,活动节目与情况均与第二年同期相同。第三期:为最后阶段,活动时间仍为农历十二月,这时附近村寨的亲友须以礼物赠送"该纽"及吃鼓藏各户,因为三年六次踩歌堂亲友均来参加,多次麻烦"该纽"与吃鼓藏各户,在人情上必须以礼物相赠,表示庆贺。所赠礼物的厚薄则视亲戚关系来决定,受礼者答礼多少亦是按送礼的厚薄为标准。据我们了解,除一般亲友外,近亲均有一定的规例,如出室的亲姑母、同胞姐妹、女儿应送黄牛或水牛一头,家境困难者则折价送(至多三十毫,等于人民币三元)。答礼时,送黄牛则回答猪一只,送水牛则回

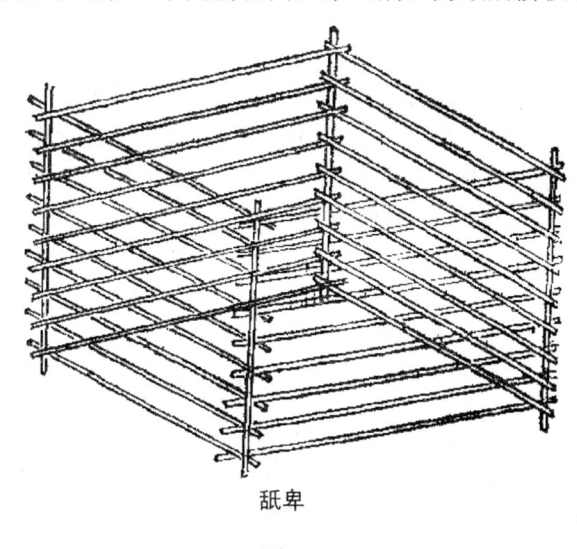

舐卑

图一

答两只,折价送则临时决定答礼的品种与数量。以上这些亲戚,除送牛之外,还须赠送禾、糯米粑、酒、鸡、鸭(鸡鸭用麻缢死相赠,不送活的)、爆竹等物。外公、外婆、舅父、岳父、岳母、内兄、弟应送羊或猪一只,受礼者则答以猪肉一腿。一般性的亲友最多送羊一只或鸡、鸭、禾、糯米粑;有的也折钱送。答礼则视送礼的厚薄临时决定。待客则不分亲疏与送礼的多少,一律款留食宿两天。

冬季活动的节目,计有烧酒、守棚、唱开门歌、开芦笙坪、踩歌堂、念祖宗、做舐

卑与撮猪用具、撮猪交给祖宗、杀猪、打鼓藏粑、煮猪头肉、滚猪头、送鼓、洗芦笙坪、关棚忌寨、煮稀饭等。除"做舐卑"与"撮猪用具"、"撮猪交给祖宗"、"杀猪"、"打鼓藏粑"、"煮猪头肉"、"滚猪头"、"送鼓"是新的节目外，其余均与第二年同期相同。

撮猪用具

图二

做砥卑与撮猪用具："舐卑"，即是在芦笙坪做的临时猪圈（如图一），以枫树三十六根做成。砍树的当日是群众性的活动，全寨青年结队上山，除砍伐枫树之外，并在山里以小树编成一个形如漏斗的撮猪用具（如图二），置于山上，第二天吹芦笙结队入山将枫树及撮猪用具抬到芦笙坪。

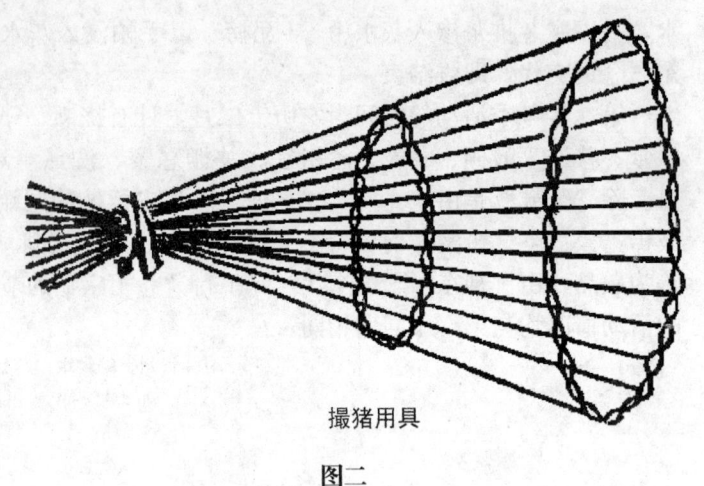

做舐卑时，先于四角钉树桩，四方各捆上九根枫树。舐卑高约八尺，宽长均为丈许，能关栏猪十余头。

撮猪交给祖宗：舐卑做好以后，即将"该纽"喂的两头猪（剪耳尾的一头在内），并选择各户喂来吃鼓藏猪只中的最肥大者十余头赶到芦笙坪。然后，用撮猪用具先将"该纽"喂的剪耳尾猪撮入舐卑中，然后依次将"该纽"的另一头猪及各户赶来肥大的猪撮入。舐卑中关猪的数目只能是奇数，最多十三头。关猪入舐卑时，不能动手捉，也不能任猪走进去，必须用树做成的专门用具（即撮猪用具）撮进去。据说："这些都是祖宗留下来的老规矩。"

撮猪时，由"瓦榜"、"瓦栋"先动手，群众帮忙。未撮猪前，"神东"念词交代（译义）说："我们把喂了三年的猪送来，关在舐卑里面，给祖宗来看，还有喂在家里的猪，那是我们的，祖宗不能再要了。"

把猪关在芦笙坪的舐卑中，据说："除交给祖宗的意义以外，还有给亲友参观，显示三年喂猪成绩的意义。"

杀猪：凡喂来吃鼓藏的猪，均须由"神东"、"神榜"念词交代后方能宰杀。因此，"神东"、"神榜"须提前数日挨户念词，因为有些吃鼓藏户是远住数十里以外的。

关在舐卑中的猪全部由"瓦榜"、"瓦栋"手杀，并须以长矛戳死，不能用刀，一矛戳不死则戳三矛，也是戳奇数不能戳偶数。先戳死"该纽"喂的两头猪，然后戳其他各户喂的。

舐卑中的猪杀完后，即结队吹芦笙挨户去杀猪。杀猪的方式与一般相同，不用矛戳，去毛是用火烧不用水烫（每头猪均须以三根排骨连肉带皮赠予"神东"，余者以之款待亲友）。

打鼓藏粑、煮猪头肉：凡参加吃鼓藏各户不分贫富，均须出米五六斤，于撮猪的当夜集中鼓棚。当晚一面守夜一面打粑粑，次日杀猪完毕，各户将猪头下颚留下，集中鼓棚煮熟，即远在数十里以外者亦须将猪头如期送来，连同粑粑摆在板凳上敬祖宗。"神东"、"神榜"念词交代。之后，由"瓦榜"、"瓦栋"将敬品平均分给各户携回家中。

滚猪头：滚猪头，即是送祖宗回去之意。歌堂踩完后，十二执事人携着"该纽"喂的剪耳尾猪的头骨到寨子的西方。"该纽"以鱼、麻、酒、鸭为敬品，由"神东"念词交代（译义）说："'该纽'用一对鱼、两根麻、一只鸭、一碗酒交给我'鼓藏师'，我们才来到这里。叫谁来管？大家推举'瓦榜'、'瓦栋'来管。大家来到这里送你祖宗们回去。你们去三年回来，我们生产来不及，猪也不能长得这样快；你们去一百年才回来，我们把'鼓藏歌'都忘了，无人照料你们；二次回来的时间要适当，不快也不迟。"念毕，即由"瓦榜"、"瓦栋"将猪头骨掷向低处滚去。据说："如猪眼朝寨子则鼓藏（祖宗）不久即回；如朝寨外，最少几十年才回来。"

送鼓：三年鼓藏结束，即将木鼓、鼓藏箱、炕篮、木刀、蓑衣送到野外盖藏。白天杀猪，晚上送鼓。送鼓前，先将蒙鼓的牛皮取下，首端的牛皮给"该纽"，尾端的给"神东"。午夜由"瓦榜"、"瓦栋"提着长矛和木鼓筒等物到野外人迹罕至之处用草盖藏。送鼓前，各执事人在鼓棚煮猪肉一腿分食（吃不完的各带回家），并以鱼十二条、麻十二根、鸭子一只、酒一碗、糯米饭两斤为敬品，敬过祖宗后即将鼓送出。送鼓时除"神东"留在芦笙坪外，其余的十一人均须前往，送到目的地后不念、不唱，一声不响地将鼓筒等物用草盖好，即各自回家。这时凡参与送鼓者的家中均于事前备鱼一条、麻一根，等候送鼓者回家时即将鱼、麻交给他们。送鼓者接上鱼、麻时，口念一声"树杂格别"（即太阳由东方出来），即上床安睡，直到第二天日出后方才出门。送鼓的同时即关棚忌寨，次日天明取去"草标"恢复正常状态，三年鼓藏至此结束。

鼓棚中的板凳、芦笙、弓、箭、箭靶及猪头骨任其放在棚中不许翻动。

［贵州省编辑组：《苗族社会历史调查资料》（二），第107—110页，贵州民族出版社1987年版。调查时间：1957年8月］

13. 贵州从江县加勉乡苗族起"鼓藏"歌

（1）公啊！你已早辞人世，／你去世的时间，到现在已非一日。／去世时，什么东西你均未带走，／把土地留下来，／把田也留下来，田里还有鱼和泥鳅游。／田很大丘，泥鳅一口气走不到里边埂，／也不能一口气走到田外边埂。／回忆你生前，虽然年老还天天去放牛，／把牛赶到坡的尽头。

（2）婆啊！你早辞人世！／你去世时，什么东西你均未带走，／把土地留下来，／把田也留下来，田里还有鱼和泥鳅游。／田很大丘，泥鳅一口气走不到里边埂，／也不能一口气走到田外边埂。／回忆你生前，虽然年老还天天织布，／你留下的箱子里边装的都是花衣服，／黑漆箱子装的是白银，／红漆箱子装的也是银子和细布。

（3）回忆你们想办法到"宋谁"地方去寻找铜，／铸出很好的铜鼓。／铜鼓九个，敲起来声音嗡嗡。／公心爱铜鼓，不再想别的东西，／把铜鼓藏在家中。／婆心爱铜鼓，把铜鼓藏在家中。／想起老祖宗"洞代"的那个铜鼓，／是由他父亲"牙龙"传下的铜鼓。／敲铜鼓时一手拿棍击着鼓边，／一手持草捶（"捶"应为"锤"——引者注）击着鼓的中间。／另以一人把木桶扬起一上一下地对着鼓口，／铜鼓的声音就响得特别动听而新鲜。／那嗡嗡的响声是由木桶的反映，／鼓声一起，人们都来参观。／铜鼓是专供人们玩的，／每逢节日都可以敲击，／并且尽情喝酒来提高兴趣。／有些人喝得脸也红了，眼睛也赤了。／参加的人虽多，但还比不上吃鼓藏热闹，／因为这时尚未制造木鼓。／造木鼓的树须取自东方，／木鼓周围七尺，／长度亦为七尺。

（4）西风起了，吹动树叶呼呼地鸣，／吹动葛藤沙沙地响。／婆在阴间积累白银，／把银子一两一两地装入箱子，／把银子装满黑漆箱子里。／时间一天天地过去，鸡已翻窝孵蛋，／婆想来家看看。／公去看他的塘，／又去看他田里的鱼。／他先缓步迟迟行走着，／走走又回头，／看婆动身来了？还是没有？／婆也赶着鸭子来了，／鸭子一共有八排。／婆在后走也四处看看，／回头看谁？／看公来了没有？／原来公已先走，并且回家不是空手，／公在前面赶着牛走，／牛的数量共有八群。／公想鼓藏棚已经盖好，／公到鼓藏棚稍息了。／婆想鼓藏棚已经盖成，／也到那里休息。

（5）祖宗对后代如此关心，／子孙不能让他（她）们做野鬼孤魂，／不能让他（她）们东游西走。／我们要去打鱼，／打鱼来给祖宗们下酒。／我们做鱼梁去捕鱼，／只有做鱼梁才能得大鱼。

（6）我们拉着婆的手进芦笙坪，／拉着她的手摸过木鼓。／这个木鼓是刚才造成，／造木鼓来迎接祖宗。／同时还要踩歌堂、吹芦笙。／芦笙坪里早有人在玩，／今夜祖宗来，／家家户户都发财。／母鹅生下蛋，／母牛产小牛。／宾客云集，／家家户户客满堂。

[贵州省编辑组：《苗族社会历史调查资料》（二），第110—111页，贵州民族出版社1987年版。调查时间：1957年8月]

14. 贵州从江县加勉乡苗族吃"鼓藏"念祖宗歌词

祖宗啊！你们的后代拿来一对鱼，／交给我鼓藏师，／又拿来了一壶酒两根麻，／敬供你们，／同时迎接你们来家。

回忆你们生前，终日劳劳碌碌，／燕子飞转北方时，／方才在家稍住。／但是，／燕子刚由北方飞到南方，／阳鸟刚开口叫，／公就忙着去开荒，／婆也忙着去种地。／你们到了坡上时，／万恶的鬼就着魔了公的身体，／同时着魔了婆的身体。／你们遇鬼的地方是地的上边，/是田的下边。/公的身上发冷，/头也痛得难忍。/公病了，公从原路回家。/婆也病了，跟着公一道回家。/公和婆都到了家里，/把得病的原因告知了儿女，/儿女们把谷草拿到，/铺床给公睡觉，/铺床给婆睡觉。

寨上的男子第二天仍然去生产，/公生了病，坐在家中烤柴火。/寨上的女子第二天仍然去挖地，/婆生了病，坐在家中烤柴火。/公烤火后，病还是没有好，/婆烤火后，身上更加发热。/婆病的原因，是一个死了的老奶作祟。/公病久了，最后去世！/婆病久了，也相继去世！

当太阳偏西方，/太阳落坡的时候，/把公的遗体抬到坡上去，/把婆的遗体也抬到坡上去。/接着把公放进了棺材，/将公的双手平平整整地放在胸前。/婆的遗体也放进了棺材，/婆的眼睛是紧紧闭着的。/半夜以后，公鸡在笼里站立起来，/它在拍翅膀，/公鸡开口叫。/公在棺材中竖起身体来/，公想要"铜鼓"和"铁帽"。/公得了"铜鼓"、"铁帽"就把骨头接起来，/公像生前一样了。/找衣服穿，/衣服穿上身后，/公就很漂亮了。/公从棺材中站起来了，/精神像生前一样。

公去山中砍树，砍树做什么？用来架桥。/桥架好了，公就过河到"秀纠"。/公在"秀纠"起造禾晾，/同时修禾仓。公又想去开荒山，/开荒山种小米。/公把开荒的工具修理好，/把锄头修理好，公就动手开荒，/"秀纠"的荒山开成田了。/公又饲养黄牛，/同时养了水牛八群。/"秀纠"这个地方，水牛黄牛共有九群。/公把银子一两一两地积累起来，/银子一共有八堆。/这八堆银子共装在九口箱子里放在"秀纠"。/田、地、银钱、耕牛都有了，公心中在想：/想什么呢？想把婆接来。/接婆来煮饭。/吃了饭才有气力。/公把饭吃了以后，/把火药枪要得来，/到山中狩猎打熊，/打野猪，/公由"秀纠"出发到山里，/看到野猪窝在对门坡。/公站在这边坡，/又看到熊在那边走，/公就从这边走。/天黑了，/太阳下坡了，/雀鸟归林了，/他们的声音从林中发出来。/公看是时候了，于是把火药枪提起，/慢慢地走过去，/一枪打中了公熊。/公熊无力挣扎，/随时倒下去了。/熊死了，公把熊背起。/一直背到家里来，/把今天狩猎的经过，告诉了婆，/叫婆把熊肉腌起来，/腌在坛子里面。/亲友来时，公把熊肉拿出来招待。/公这样招待亲友，亲友们把牛送来。/嫁出的女儿，也把牛送来给父母。/公的财产更多了，银子存积更多了。/公住的八个寨都很富足。/有八万个禾把在别寨，/有九万个禾把在"秀纠"。/公又把牛计算一下，/有八群牛在别寨，/有九群牛在"秀纠"。/公又计算他的布匹，/一共是八捆。/公有这么多的财产，就把"秀纠"离开。

公从"秀纠"出发，/婆也从"秀纠"出发，/是谁越过"休水"这个高山？/是公，/是婆。/是谁走到了河岸边？/是公，/是婆。/是谁走到了水边？/是公，/是婆。/公和婆走到了水边，/掉头看上游，上游的水奔腾流下。/回首看下游，/碧潭深不见底。/公去找树，找到一根，/把桥架起来，/公过河来了。/婆也找到了一根树，/把桥架起，/婆也过河来了。/越过高山，渡过大河，/谁过这条河来？/是公，／是婆。／公过河后，把牛放了，／放牛做什么？放牛吃草，／放牛在河边吃草。／婆过河后，把鸭放了，／放鸭做什么？放鸭吃虫，／放鸭在河边吃虫。／公去洗脸，／在河边洗脸，／用河水来洗脸，／脸洗得很干净，／公的脸白白净净，／婆的脸也洗得白白净净。／公洗干净脸以后，把牛赶拢来，／把牛赶在一处来清点数量。／婆洗脸干净以后，也把鸭赶拢来，／把鸭赶在一处来清点数量。／公把铜鼓背在背上，／把银子背在面前，／公又往前走路了。

公慢慢地走，／朝着大路走，／公走到陡壁悬崖下。／前途无路了，／公准备修路，／把锄头修理好，／路修好牛可通行了，／牛安全走过去，／公也安全走过去。／到达了"秀随"，／婆也安全走过，／也到达了"秀随"。／婆休息下来，／坐下等公。／公去修水利，／修水利来灌溉田，／水利修好了，水在淌着声音潺潺地响。／公把田埂修起来，／田的四周都修好了埂。

公从"娘把、娘扁"的路上走。／从"娘碑、娘底"的路上走，／行行重行行，看到村寨了，／看到公的后代在烧火，／他们烧火来欢迎公和婆。／他们接着送一包饭来，／给公和婆吃。／公在吃饭，／在寨边吃饭。鼓声从芦笙坪里响出来，／声音是咚咚的，／好像在欢迎公和婆。／是谁听到鼓声就来？／是公，／是婆。／是谁从寨边来？／是公，／是婆。／是谁在那边烤火？／是公，／是婆。公烤火后前进了。／是谁到芦笙坪来？／是公，／是婆。公到芦笙坪后，把牛放了，／牛放在芦笙坪外边。／婆到芦笙坪后，把鸭放了，／鸭放在芦笙坪外边。公到芦笙坪里跳舞，／婆也到芦笙坪跳舞，／他（她）们围绕木鼓跳舞。／跳舞以后公去清点牛的数目，／把牛赶在一起。／婆跳舞后，也去清点鸭子的数目，／把鸭子赶在一起。

参加踩歌堂的人们看到祖宗来了，／站在一边观看。／他们是在那里欢迎，／站在鼓的那边欢迎。／祖公们！你们放心吧！／这些欢迎的人们都是你的后代，／他们恭恭敬敬站在那边欢迎你们。／

公把湿衣脱下，／换上新衣。／婆也把湿衣脱下，／换上新衣。／公和婆把手慢慢撑起，／伸手去摸鼓边，／伸脚去踩鼓。／公踩鼓有一条鱼在前引路，／婆踩鼓有一只鸡在前引路。／鼓藏师把很好的酒提起来，／浇在鼓上，渗进鼓的孔眼中。／公在前面走，我们后面跟，／婆在前面走，我们在后面跟。／走到鼓的下边，／走过鼓的那边。／是谁走过芦笙坪？／是公走过去，／婆也随公走过去。／是谁在芦笙坪那边跳舞？／是公在芦笙坪那边跳舞，／婆也在芦笙坪那边跳舞。／

今年过去了，等到明年，／我们把芦笙坪外边的沟修好，／水不能流进来，芦笙坪就干燥了。／好给公坐，／好给婆坐。／公们坐在鼓棚，／时间有一年了。／歌堂踩完，我们去生产，／没有时间来照顾公们。／因为要种田，禾仓里面才有禾，／坛子里才有腌鱼。／今年敬祖宗完毕，／很草率，对不起祖宗。

[贵州省编辑组：《苗族社会历史调查资料》（二），第112—115页，贵州民族出版社1987年版。调查时间：1957年8月]

15. 贵州从江县加勉乡苗族吃"鼓藏"烧酒唱词

春天在"纠有"生产，／秋天"纠有"的作物先熟，／禾也是"纠有"的先熟，／要修理锄头才能在"纠有"开荒，／锄头修好以后，才能在"纠有"挖地，／地挖好了，把土拍散才能种小米，／把小米种子撒在地上，／种子撒下去是不落空的。

又到榕江去生产，／到榕江所属"逮往"这个地方去生产，／"逮往"这个地方种子撒下去也不落空。／又到"洞房"去生产，／到"洞房"所属"方哪"这个地方去生产，／"方哪"这个地方种子撒下去也不落空。／又到"洞叟"去生产，／到"洞叟"所属"逮规"这个地方去生产，／"逮规"这个地方种子撒下去也不落空。／又到"洞拜"去生产，到"洞拜"所属"逮哈"这个地方去生产，／"逮哈"这个地方种子撒下去也不落空。／又到"埃随"去生产，／到"埃友"去生产，／"埃随"、"埃友"的荒山尚未开完，／我们正在这里开荒山，／我们正在这里挖地，／我们生产后从原路走回来，／回到家里，／把生产的情况告诉母亲。

要母亲去开禾仓，／开禾仓取小米种子，／因为小米种子放在禾仓中，／母亲把小米种从禾仓中取出，／拿到家里来，／母亲把小米揉下，／用簸箕来簸，把它簸干净。／母亲去蒸饭，／蒸饭给我们吃，／我们吃饭后就出门去了，／走到地里，／我们把种子撒下，／种子撒在地上，／拿碎土把种子盖好，／经过一段时间，／种子发芽了，／芽长出土面上来，／我们从原路回来，／来到家里，／把今天的生产情况告诉了母亲。

叫母亲蒸饭，／蒸饭给我们吃，／我们吃饭后就出门去了，／去到田坡，／走到田里，／我们拿镰刀割禾蔸，／我们用锄头挖田，／把田挖好，／把粪撒下，／满田都撒到粪，／我们从原路回来，／来到家里，／把今天的生产情况告诉母亲。／叫母亲去开禾仓，／开禾仓取禾种，／因为禾种在禾仓里面。／母亲把禾种取出来，／拿到家里，／母亲把禾种揉下，／用簸箕来簸，／把它簸干净，／禾种很饱满。／我们选日子，／选择好日子，／日子选好了，／宰鸭敬祖宗，开始播种。

母亲来蒸饭，／蒸饭给我们吃，／我们出门去，／去到田坝，／到秧田里面，／我们把种子撒下，／种子撒在秧田中，／撒在秧田的烂泥上面，／烂泥把禾种盖起，／过了一段时间，／种子发了芽，／秧苗长出土了。／我们朝原路回来，／来到家里，／把生产情况告诉母亲。

叫母亲蒸饭，／蒸饭给我们吃，／我们出门去，／去到坡上，／到种小米的地里面，我们去薅草，／把草扯干净，／把扯下的草堆在小米根蔸边。／小米长高了，／小米发蔸了。／我们从原路回来，／来到家里，把生产情况告诉母亲。

叫母亲蒸饭，／蒸饭给我们吃，／我们出门去，／去到田坝，／去到田中，／我们取泥敷田埂，／田埂周围都敷好，／拿粪来撒，／满田都撒了粪。／我们从原路回来，／回到家里，／把生产情况告诉母亲。

叫母亲开米桶，／开米桶量米，／拿竹筒量米，／母亲去挑水，／挑水来泡米，／我们选日子，／选择好日子，／日子选好以后，把鸭子关好，／叫母亲头天夜晚把鸭子宰好，／把饭蒸好，／蒸饭给我们吃，／我们出门去，／去到田坝，／去到田中，／我们去栽秧，／在田里栽秧，／秧栽得很齐整，／我们从原路回来，／来到家里。

　　我们去河边打鱼，／去修水沟，／引水来灌田，／回头去看小米地，／小米黄了，／小米熟了，／我们来做摘小米的"摘刀"，"摘刀"是竹柄，首端装上一块铁皮。／我们去收小米，／摘下的小米放地下。／我们把小米挑回来，／挑到家里，／放在火炕上，／把它烤起来，／把它烤干。／烤干以后，／母亲把小米取下，／把米粒揉下来，／放在碓里去舂，／用簸箕簸干净。／母亲把糠留下，／拿糠来做酒曲，／做酒曲要用老曲做酒母，／做好后放在火炕上烤干，／烤干后，／母亲把它取下来，／收藏在竹包里面。

　　母亲来蒸饭，／蒸饭给我们吃，／我们出门去，／去到田坝，／去到田里，／我们来薅秧，／把田里的草扯干净。／我们从原路回来，／来到家里，／把生产情况告诉母亲。

　　叫母亲蒸饭，／蒸饭给我们吃。／我们出门去，／去到田坝，／去到田里，／我们去割田埂，／把田埂的草割干净。／我们从原路回来，／来到家里。

　　叫母亲蒸饭，／饭蒸给我们吃。／我们出门去，／去到田坝，／去到田里，／看禾熟了没有？／看每丘田的禾都熟了没有？／禾全熟了，／长得很饱满。／我们从原路回来，回到家里，／把情况告诉母亲。

　　叫母亲蒸饭，／蒸饭给我们吃。／我们出门去，／去到田坝，／去到田里，／我们去摘禾，／摘下的禾共堆成七堆，／共有九挑，／我们把它挑回来，／挑到禾廊里面，／把禾放在禾廊上晾起，／让风把它吹干，／禾干好了，我们选择好日子，／选择一个好日子，／我们把禾由禾廊取下来，／把禾拿到禾仓里收好，／我们把情况告诉母亲。／叫母亲去开禾仓，／把禾取出来，／母亲把禾扛起，／扛到家中，／放在火炕上烘烤，／对着火头上烘烤，／让它烤干，／禾烤干了，／母亲把它取下来，／放在簸箕里面，／用碓来舂，／舂成米，簸去糠。／母亲量米，／拿竹筒来量米。／母亲去挑水，／挑水来泡米。／母亲来蒸饭，／把酒曲放到饭里，／酿酒，／酒酿得三天，／酿成酒了。／母亲来拿，／拿坛子来装酒，／瓜葫芦瓢在哪里？／四处寻找，／找到了好几个，／都不能用，／把它搁在一边。

　　长嘴葫芦瓜放哪里？／父亲种的长嘴葫芦瓜放在哪里？／父亲种在园子里面的葫芦瓜在哪里？／长嘴葫芦瓜找到了，／拿给寨上的人做瓜瓢，／寨上的人很多，／但是都不会做，／大家推举"瓦栋"来做，／"瓦榜"也会做，／"瓦榜"把瓜瓢做好，／拿瓢来舀酒，／把坛子里面的酒舀出来，／拿来敬祖宗，／祖宗才欢喜。

　　把芭蕉叶找来盖酒罐，／把酒罐盖好，／麻在哪里？／麻找到了，／把麻将芭蕉叶捆好。／石头在哪里？／石头从河边拿来了，／把石头盖起酒罐。／烧酒来敬祖宗，／烧酒来敬父亲，／酒要烧三夜，／酒烧好了，／三罐酒都烧好了，／酒烧好了拿去敬父亲，／拿来敬母亲，／祖宗才高兴，／父亲才高兴，／鼓藏头家才人财两发，／鼓藏师家才人财两发，／大家才人财两发。

> [贵州省编辑组：《苗族社会历史调查资料》（二），第116—120页，贵州民族出版社1987年版。调查时间：1957年8月］

16. 贵州雷山县掌披苗族吃"牯脏"祭祖及费用

这个活动耗费很大，每举行一次就大损元气，直接影响生产力的发展。"一次吃牯脏，十年背苦账"，就是对吃牯脏后的生活写照。而吃牯脏是每十三年举行一次，有的头一次牯脏的债刚还清，有的甚至未还清，而下一次的期限又到了，这样循回不已会使大部分人家在经济上、生产上、生活上喘不过气来。

习惯上虽说十三年举行一次，但实际是跟随属相每十二年举行一次的。掌披是在蛇（巳）年秋收后的农历十月举行，具体日期临时确定。吃牯脏的意义，据说是把牛交给已故的老人，使他们得牛犁田、得牛打角（斗牛），并把猪、鸡、鸭送给祖宗饲养，这样他们才保佑子孙发财，不致产生不幸的后果。每次吃牯脏杀牛都把牛角放在堂屋靠壁头的地方，以后不许移动。杀牛后，牛的鼻子要割下来放在"斗费纽"[①] 上面，同时放上衣、裙、手钏、项圈，表示送给祖先，这些东西须摆在场上三天，并请唱歌者唱牯脏歌一天，表示超度死者。此后收去衣物，挂上铜鼓，青年人跳铜鼓舞，老人们就在场上喝酒、唱酒歌。

一九五三年（癸巳）是掌披轮到吃牯脏的一年。因为刚解放不久，群众的迷信观念还很严重，因此全寨苗族都积极准备牛、猪、鸡、鸭来举行这一祭典，并在上一年就形成了准备的热潮。当时全村有苗族一百四十户，准备杀水牛八十六头（都是好的大牛）；每头牛至少还要配杀三只鸡、五只鸭，能斗的牛还增杀一只十多斤的猪，估计增杀的猪五十只；不杀牛的户（有的因生活困难，有的因前几届杀多了，不再杀），每户至少要杀一只猪，同时杀鸡鸭。此外，还要酿酒、做饭以招待亲友，平均每户需米二百斤。全部估计如下：牛，八十六头，单价一百元，共计八千六百元；猪，八十只，单价二十元，共计一千六百元；鸡鸭，四百三十五只，单价五角，共计二百一十七元五角；酒饭用米二万九千斤，单价六分，共计一千七百四十元，合计一万二千一百五十七元五角。

按照这个计划进行吃牯脏，平均每户要耗费八十六元八角多。在土地改革完毕不久生产力刚获得解放的时候，进行这样大规模的耗费活动对生产是很不利的。因此，党和人民政府曾进行了一系列的劝导和说服工作。通过寨上的党团员、积极分子和自然领袖（活路头、牯脏头）共同商讨，摸清底细，然后召开座谈会，让大家讨论，以认识这样

---

① 树名，即楠木，吃牯脏用的木鼓是用这种树制成。这里是指木鼓，木鼓是长六尺、直径六寸的圆木筒，两端蒙以牛皮。

的大量浪费对今后生产所造成的严重恶果。后经大家同意，少杀了许多只牲畜，杀牛四十九头、猪三十只，鸡鸭减少三分之一。但仍消耗六千八百多元，只减少五千多元，平均每户仍浪费四十八元。而节省的数目也就可买大米八万七千八百一十五斤。

[贵州省编辑组：《苗族社会历史调查资料》（二），第237—238页，贵州民族出版社1987年版。调查时间：1958年9—10月]

17. 贵州雷山县西江苗族吃"牯脏"祭祖仪式

这是西江苗族最隆重的祭祖庆典，每隔十三年或七年举行一次。传说苗族先民迁移到西江之前有吃牯脏习俗，迁到西江第二年由于农业丰收，有了粮食、猪等即举行迁移后的第一次吃牯脏祭典，以后每隔十三年举行一次。每次吃牯脏从子年开始，经丑年到寅年结束，历时三年之久。也有一种传说，西江苗族由东方老家迁移到这里途中经历十三年，故十三年吃一次牯脏。

每次吃牯脏开始的第一年（子年），称为迎鼓年。在这年的农历十月前后，选一个认为吉利的日子（子日）为迎鼓日。这日牯脏头与一位父母、兄弟、儿女及夫妻都齐全家里有吃有穿的长者，把象征祖先灵魂安息之所的牯脏鼓（铜鼓）从鼓房接出，然后由一壮年男子（亦须父母、兄弟、儿女、夫妻齐全者）将鼓背在背上，向踩鼓堂（羊排寨中的一块空地，面积约合一亩地）徐徐行进，牯脏头及长者随后。行进中牯脏头不断念唱《引鼓歌》，其内容有：

爹娘鼓像太阳，／他（她）看到全天地间，／他（她）招呼我们：／老的住得长久，／幼的长得快，好像天空的太阳……

鼓被迎到踩鼓堂后，牯脏头及长者击鼓：当、当、呜！当、当、呜！同时，几个姑娘、青年男子（亦须父母、兄弟等齐全者）按鼓节拍轻轻起舞，称为跳鼓。在寨中的鼓堂跳了一会鼓以后，接着把鼓迎至山脚下的大鼓堂（现为西江小学的运动场）。这时全西江各自然村寨的男女老幼纷纷到齐，芦笙队开始跳芦笙。芦笙队不仅有西江的，还有台江、雷山等地的。外来的芦笙队伍均由羊排寨杀猪设宴招待。在跳芦笙的同时，西江所属各自然村寨抬酒到大鼓堂，由青年向老人、来宾敬牛角酒。所谓牛角酒，是用牛角盛装的酒，一角酒重半斤至一二斤不等。敬酒时各自然村寨按安排顺序进行，一个自然村寨敬完后，接着另一个自然村寨敬酒。接酒的老人、来宾，如仅用嘴接，则象征性地呷一口即算有礼貌，主人即不会勉强他喝；如用双手去接，则主人一杯接一杯地向接酒者送酒，直到老人、来宾显出醉意才算是对他们有礼貌。敬酒活动持续的时间较长，往往从下午延续到夜幕降临。敬酒完毕，各自然村寨接芦笙队到本寨跳芦笙。同时，由牯脏头及一老者随背鼓人将牯脏鼓送回牯脏头家的鼓房安放好。至此，迎鼓仪式结束。

迎鼓后的第二年一般不安排重大活动，主要是做好来年举行送鼓的准备工作，每家都喂养一二头甚至数头肥猪。

第三年，即寅年，举行送鼓仪式，意为送牯脏鼓（也即祖先的灵魂）回家。送鼓的日子由牯脏头选定，一般在农历十月至冬月间的一个寅日。各家事先把选定的日期通知自己的远近亲戚，请他们到时参加。到期，是日清晨家家户户争先杀猪，认为越早越吉利。猪杀好后，各家分送给其每个亲戚一腿猪肉（重十多斤），家里亲戚多的往往杀数头猪才够赠送。分完猪腿肉，即用猪胸脯砍成二三两重一起煮好，请亲戚喝酒吃饭。这一天，人们相见时说的吉利话是：仓库的粮食都在你肚子里装满了，表示祝福对方生活富裕。

这天下午，由牯脏头、一名长老及背鼓壮年人将牯脏鼓迎出，至踩鼓堂后即开始跳鼓。跳鼓活动一般持续三五日或七日，至多不超过九日。这是一次规模盛大的群众性娱乐活动，热闹非凡。举行跳鼓活动的天数，以单数为吉利，不用双数，如二、四天或六、八天等。在举行跳鼓活动期间男人们穿上新衣服，妇女特别是姑娘们则着盛装，配戴项圈、银角、银花等装饰。

跳鼓活动结束，由牯脏头、长老及背鼓人将鼓送回鼓房，牯脏头把甜酒、猪腿等放入鼓内。送鼓途中，送鼓者每前行三步一叩头，五步一叩首。至牯脏头家，牯脏头把甜酒、猪腿取出烹煮，请送鼓人及寨中几个有名望的长者喝酒、吃饭。酒宴完毕，牯脏头把稻谷装满鼓内送回鼓房。为时三年的吃牯脏祭祖活动至此结束。

西江苗族吃牯脏所敬奉的铜鼓，传说系蜀汉丞相孔明南征时由四川传入，可惜在"黔东事变"（一九四一年）时被国民党军阀火烧羊排寨所毁。

西江原有一丘十二挑稻谷产量的寨田，是全寨的公共田产，交由牯脏头耕种管理，所产粮食用于存放铜鼓内以及用来招待亲族人等吃饭。

存放于鼓房内的铜鼓，平时上锁，不许牯脏头以外的任何人触动。妇女不得进鼓房。鼓内的稻谷由牯脏头经常翻晒，经十三年而不坏，是为大吉，否则就是不好的事。

[韦启光：《雷山县西江苗寨调查报告》，《贵州民族调查》（之三），第 195—196 页，贵州省民族研究所，1985 年 10 月]

18. 贵州榕江县计划公社苗族的祭祖方式——"吃鼓"

关于吃牯脏的来源有两种说法，一说是古时候苗族人民爱造反，当时的统治者诸葛亮，为了削弱和磨灭苗族人民的造反精神，遂提倡斗牛、跳铜鼓、吹芦笙、吃牯脏等群众性娱乐活动。二是流传于民间的《牯脏歌》说，吃牯脏最早起源于榕江的勾喜和务欧这两个老人，当时这对老人吃牯脏的时候，引起了八开、定旦、计水、计划、计怀、加化、摆拉（均属今八开区所辖）、排调（今丹寨县排调公社）、上江（今三都自治县都江区）等地的苗族寨老们的极大兴趣，于是相邀前往榕江观看。这些寨老回到本寨号召本寨群众，按照榕江吃牯脏的做法也吃起牯脏来。从此，各寨才开始有吃牯脏的活动。还说，最初吃牯脏是闹着好玩的，由于参加吃牯脏的老人们死了以后，他们的灵魂仍然惦记着吃牯脏时的欢乐情景,如果不吃牯脏来祭祀他们,那么人们就会遭灾受难,不得安宁。故规定一个对年,即十三年吃一次牯脏(除牛、蛇、龙年外,均可举行吃牯脏活动)。

吃牯脏的准备和祭祀活动的全过程是这样的:

将要吃牯脏的前三年,由牯脏头召集寨内各家族头人商议买牛吃牯脏事项。他有权责令大家:"该买牛的尽快买牛来喂,买不起牛的,也要买猪做好准备。"(用来吃牯脏的牛都是膘肥体壮的好牛)事毕由牯脏头杀鸡一只,拿出五六斤未酿成的泡酒款待大家。

数月(约六至七个月)以后,牯脏头又号召群众修整"牛堂"(吃牯脏时举行踩堂仪式的地方),并由牯脏头献猪一只(约重三十至五十斤)、泡酒一桶、糯米饭一簸箕招待参与修"牛堂"的群众。去参加修"牛堂"的人自带糯米饭1—2斤、泡酒少许,养有鸭者带鸭一只,无鸭可带者则须带手掌大的干鱼一条,若无东西可带者亦不追问,同样享有共餐的权利。

修完"牛堂"以后,约过半年多的时间,牯脏头又召集各家族的头人会议商讨购买芦笙、芒筒事宜。须由牯脏头自备芦笙一套(三至五只),各家族群众凑钱买芦笙一套(五至七只)、芒筒一套(七至九只),做吃牯脏用。

到吃牯脏那年的"吃新节",牯脏头又召集各家族头人会议,主要是检查各家族吃牯脏所做的准备。会议结束时,由牯脏头杀鸭一只招待与会者。

吃牯脏时各户所杀的牛或杀的猪,每头只能送给自己的已早死的一位老人(不能只以一头牛或一头猪同时祭几位老人),因此,杀一头牛或杀一头猪就只能叫一位死者的名字(爹或妈)。如若爹妈健在,则祭祖父祖母或曾祖父曾祖母,……景况好的人家杀牛数头,那么就可相应地多叫几位死去的老人的名字;而家境困难只能杀一头牛或一头猪的,就只能叫一位死去的老人的名字了。这种情况与中心区域的苗族吃牯脏略有不同的地方(即中心地区的苗族吃牯脏即祭祀祖先不受杀牛或杀猪头数的限制,不论杀一头猪或者杀一头牛,包括本家族历代祖先都要祭)。

吃牯脏的祭祀活动约在阴历九月举行。起于牛天,历时七天,前三天大搞娱乐活动,如跳铜鼓、跳芦笙、吹芒筒等。跳芦笙又分为男人跳和女人跳两种。男人跳芦笙时,身穿特制的牯脏衣(据说此种衣服类似唱京剧用的龙袍),舞步属高难动作,因此一般只有中年人或少数老年人才会跳;女人跳芦笙除身着特别的盛装外,舞步和平常的跳法无异。

至第三天须举行踩堂仪式。踩堂是按寨上各家族氏系在同一天内进行。例如,计怀寨有潘姓家族、姚姓家族、侯姓家族和杨姓家族。牯脏头是潘姓,因此踩堂必须让潘姓家族先踩,此后各家族去踩堂时就不分先后了。无家族的或未形成家族的零星户则随意参与哪个家族去踩堂均可,但不管哪个家族去踩堂都必须有牯脏头参加。

踩堂时必须舅舅来拉牛(如无舅舅的可找好友代替);必须有两个妇女挑东西,一个挑衣服(必须是新衣服,五至七件),如果是祭父或祭公要挑男服,是祭母或祭奶则挑女服。另一个妇女则挑一挑东西,一头是用箩筐装的糯米,另一头是一水桶猪肉(约重十至二十斤),挑这些东西都必须是亲友来承担。此外,还有扛着鸟笼的、抬着鱼网的、空着手跟着走的,队伍大小不一,有十余人至数十人不等,这要视主人的家境富裕情况及其亲友的多寡而定。踩堂队伍的顺序是:牯脏头身穿牯脏衣、头戴特制的白野鸡帽走在最前列,跟在牯脏头身后的是自己的芦笙队约十至十二人,然后是群众的芦笙队、芒筒队、拉牛的、放鞭炮的(亦有放铁炮),抬衣服的、挑担子的、扛鸟笼的、背鱼网的,最后是群众队伍。

各家族的踩堂队伍到牛堂走了三圈之后取堂泥少许抹于牛背(以示踩了堂),即依次返寨休息(牛堂设在村旁或寨尾,距寨子约有数百米远)。是夜,待鸡叫三遍后举行杀牛仪式。杀牛前每家都要请两个鬼师(事先约好)到家里来念咒,一问一答,表示给祖先送牛。此时唤一人将主人保存的一双旧牛角抬到已准备好的杀牛桩旁停立片刻,这表示把牛送出了门。给祖先送牛的咒词如下:

今晚时辰好,/今天就来送,/今晚就来牵,/五个旋牯牛,/牯牛五个旋,/来送给你老(人),/送来给老人,/你老定合心。/送来条牯牛,/快来牵起走,/你得头牯牛,/牯牛五个旋。/送牛要拉紧,/又要拿得稳,/这个你放心,/来牵你满意。/这牛换你心,/白天要看好,/晚上要谨慎。/看护好小孩,/发子又多孙,/子孙能发财,/富到七辈人。/你得五旋牛,/牯牛五个旋,/你拉到"无数"(地名),/你牵到"误幼"(地名),/你要牢记住,/已心满意足。

据说若不这样请鬼师念咒把牛送给祖先,牛鬼就不会走出门,反使人致病。鬼师在屋内念咒,每经过一道门时须索鱼两条(大小不一),从屋里走到杀牛桩旁念咒仍然要鱼两条,如果主人家屋里的门多则需要的鱼也就多,这些鱼全归鬼师所得。这一切准备就绪,就杀牛祭祖先。

杀牛须牯脏头家先杀,牯脏头家杀牛时即鸣三枪为号,全寨的各户人家听到枪声后即把牛杀死。杀牛一定是舅舅杀,如没有舅舅的,则允许请其他至亲代替执行这一任务(此种情况极少)。这里吃牯脏杀牛是用斧凿牛颈部使牛致死。牛被杀死之后,又请鬼师念咒,并由鬼师亲手戳牛一刀之后,群众方能动手剖牛。

杀牛之后,全村寨家家户户大吃大喝四天,一切活动均被停止。但是,在此期间凡适婚而又未婚的青年男女必须离家到别的村寨(未吃牯脏的亲友家)去避鬼,须住三个晚上,待本寨举行祭鬼活动后方可返回村。苗族群众认为,吃牯脏期间来看热闹的鬼很多,必须小心加以防范。那么该嫁而未嫁和该娶而未娶的青年男女,由于他们的身体是洁净的容易招鬼喜欢,如不设法避开就可能遭到预想不到的灾难。这段时间,人们为避开鬼,家家户户在杀牛前必须挑水和蓄水,然后请鬼师祭鬼,祭品为一牛角酒、一条干鱼、一团糯米饭。经鬼师念咒之后即用树叶把水井盖好,之所以如此,目的是为了防备鬼到井边去喝水。若不把水井盖好,吃了鬼喝过的水会使人生病。这样又经过三天三夜之后,再请鬼师祭鬼(祭品仍是干鱼一条、一牛角酒、一团糯米饭),把盖在井上的树叶揭开后,人们才可饮水。

吃牯脏即将结束的时候，全村寨都举行赶鬼活动，其做法是：请一个鬼师到居住在本村寨最高处的人家，在其屋内摆三条鱼、三碗酒、一碗糯米饭祭鬼。鬼师念咒的同时，一面以木棍戳地，一面从口中发出习习的驱赶之声。此时全村寨的各家各户亦随之敲门击鼓，一片赶鬼之声。据说谁家此时不赶鬼，鬼就会在他家躲藏起来，他就会遭到预想不到的灾难。经过赶鬼之后，一切恢复正常，吃牯脏完毕……

牯脏头在吃牯脏期间不出门，只能待在自己的家里，吃饭亦躲在自己的卧室里吃且不能多吃，据说在此期间牯脏头吃多了就会把全寨吃穷。牯脏头及其爱人必须三天三夜不睡觉，若牯脏头在吃牯脏期间睡觉，那么就是不吉利的象征，全村的人将要遭灾或生病。因此必受到社会舆论的非议。

牯脏头的最初一任据说是群众推选的，后来才变为世袭乃至为某一较强的家族所控制。当牯脏头的条件是：①家底富足；②多子多孙；③必须是爱人健在；④最早迁入本寨居住的。如果父亲当了牯脏头，父死必指定其儿子当，儿死又指定其孙子当，如果家景代代富足就一直当下去。他们认为，若父亲当了牯脏头，儿子不当（这须家庭经济富裕），那么，死去的父亲就会变成鬼来缠他。若牯脏头家变穷了则另寻人来当，但是必须找同姓的亲族的人来当，不能轻易地把这种肥缺让给别的家族。例如，计怀寨的牯脏头的顺序是：潘固伦→潘固生（固伦之子）→送固金（固伦之弟）→潘固替（固金之侄）→潘文清（固金之子）→潘玉忠（文清之堂兄弟）。

[岑秀文：《榕江县计划公社苗族原始宗教调查报告》，《月亮山地区民族调查》，第 255—259 页，贵州省民族研究所，1983 年 6 月]

19. 贵州施秉县廖洞苗族的祭祖仪式——"闹强"

头一天，在鼓社头（苗语名"格略"，直译为鼓头。"格略"的产生，由参与鼓社活动者民主选举。不论贫富，皆可担任。最主要的是这个人在当地大家心目中为人耿直、处事公正、待人诚恳。亦即当地享有威望，年纪在五十岁以上的人。并不论其在家族中辈分的高低，被选到者义不容辞）的带领下，全寨男女（老人们穿上长衫马褂——即苗族男子的盛装）排成纵队，歌队唱着古歌，大家跟随着鼓社头到"嘎赛略"，把一对长五尺、直径二尺左右的牛皮鼓迎接到鼓社头家。之后，即在河坝或广场进行传统的踩鼓活动。姑娘们盛装银饰前来参加。

第二天，开始祭祖活动。这时，鼓社头戴着插有野鸡毛的帽子，身穿长衫马褂，并在衣裳各处用棉花黏上装饰，仿宫廷帝王装束。左右各有两名随从人员，在敲过三通鼓社鼓后开始入场。

在进入"借挡"（苗语，直译为鼓社场）后（鼓社场一般选择在寨外空地或河沙坝，廖洞的"借挡"即在河坝），"格略"目不斜视，旁若无人，表情严肃，状如偶像，步履稳重，缓缓而为前导，并不得乱说乱动。即使被蚊虫、叮咬，抑或是偶然间淌鼻涕、口水（鼓社头多系老人，加之十月已属冬季，受气候的影响，人们淌鼻涕、口水，皆正常现象），均有随从人员，给予赶撑或揩擦。鼓社头后面，为一二十人组成的歌队，唱着鼓社歌。歌队之后，为全寨的男男女女（娃娃除外），衣着一般。走在队伍最后的是选出来装丑角的两个男子。一男装，一男扮女装，脸上画红着绿，衣服穿得古古怪怪的。男者手持"榜欧"（苗语，水枪），内装米汤。这"一男一女"可以随随便便，不受拘束。每当队伍中有人走出，向其求福，即以米汤射之，并高呼："踩有，踩有，踩沙香有。"（苗语，直译为"得了，得了，得富贵了"）场外围观者则大笑不止。

这支浩浩荡荡的祭祀队伍，跟着鼓社头，踏着古歌，绕着放置在场中央的木架上的社鼓，转圈游场。所有进场的人（除那两个丑角外）不能说笑，非常严肃。那些来自各地的客人和本寨的小孩们，在场外围观。仪式进行大约一两个小时，待唱完鼓社歌，送鼓社头回家后，便开始了传统的踩鼓活动。

此后，即为节日欢乐的高潮。斗牛开始了。首先，由"格略"家先放牛上场，这头牛膘肥体壮，打扮得十分威武。背上配有牛鞍，上插数支野鸡毛和八面三角形彩旗，腰拴装有铃铛的肚带。鼓社节的斗牛与其他节日中的斗牛不同，即不需组织人去拉开或隔离，一直要斗到分出胜败方为止，因为"闹强"的斗牛，无论胜败都要杀来祭祖。此时，观者人山人海，万头攒动，欢声震天。

第三天，杀祭鼓社牛。各户所备以祭祖的牛都必须由自家的亲舅爷或姑爹动手。节前即通知请哪个来杀，姑、舅来过节时都带有一篓饭、一只鸭、一坛酒送礼。被请为杀牛者，还需请房族中十多个身强力壮的人同往，并自备一把磨得锋利的砍牛刀[①]。

杀牛时，必须先等鼓社头家的牛（鼓社头家的牛请有巫师敬神）牵出来后，其他的才陆续牵来。这时，主人家并不拢边，只准备了一个簸箕接牛血和一根脚抱肚（小腿肚）粗的枫木树，长约一丈多。此树要选择生长在向阳山坡上的方可，背阴处的不行。来帮忙杀牛的人则将牛鼻捆在枫木树的中间，然后一边几个人将枫木树往下压，如推磨一般，推着牛在河坝原地转圈圈，估计牛转晕了，两边随即向上猛举，使牛头朝天。执刀者，双手握刀，与撑牛鼻者站在同一线上，挥刀对着牛颈，先比试三至五次，最后猛力挥刀由下向上向牛颈一砍一拖。有的一刀"过龙"（方言，即一刀杀死），有的需杀数刀。但不论持刀者力气与技术好否，哪怕这第一刀只能在牛颈上划一道印印，也必须由舅或姑爹亲自动手，旁人方可帮忙，将牛砍死放倒在地。

此后，先将牛头卸下，抬回主人家，放在"香火"（神龛）脚供起来，再将牛开肠破肚。这条牛不煺毛亦不剥皮，砍下四腿，挂在主人家门前。前、后腿，为过完节后主人家送给舅舅或姑爹的礼物。"轭当"肉（即牛肩部分），为送给至亲好友的礼物。其余部分，外来客人即可随意去割，喜欢哪个部位就割哪个部位，炒、煮、烧吃均可。主人家只再供给酒、饭、盐、柴，不另办菜。参与吃鼓社者必须自备刀子、锅子以及葱蒜、

[①] 砍牛刀，一种特制过鼓社节的宰牛工具。柄长一尺多，刀叶长三至四尺，宽约二寸，单刃无刀尖，锋利无比。历史上苗族人民反抗官府压迫，皆用以为武器。

辣子香料等，无论你到哪里煮吃都行，主人不再来过问。

[成文魁：《施秉六合乡苗族节日》，《民族志资料汇编·第二集》，第335—336页，贵州省志民族志编委会，1986年10月]

20. 贵州台江县五河苗族鼓社祭的组织人员及职责

Ghab Niel（音尕纽）对称 Ghab Hsangb（音尕昌），引称 Ghab Niel Hieb，意为大鼓主，俗称第一鼓藏头，负责全社有关祭祖的各项重要活动的组织安排。

Ghab Xongt（音尕雄）引称 Ghab Niel Yut（音尕纽佑），意为繁昌之主，俗称第二鼓藏头，协助 Ghab Niel 工作，主持最后一年的 nongx ghod（猪祭）活动。

Dinx Wangx（音鼎往）意为"护王"，主要负责保护第一鼓主的安全及生活安排，举行祭祀活动时随侍第一鼓主，帮其擦汗，受人酒肉后为其擦嘴，逢年过节为其杀牲。

Dinx Bob（音鼎波）意为"护宝"或"护卫"，职责如 Dinx Wangx，但他负责第二鼓主。

DinxWangx 与 Dinx Bob 其中一人因病因事不能履行职责时另一个可以代行。

Ghab Hlod（音尕洛）二人，一正一副。正曰 Ghab Hlod Hlieb（意为大尕洛），副曰 Ghab Hlod Yut（意为小尕洛）。共同负责鼓社祭各种仪式中唱歌以娱神娱人，是最熟悉鼓社礼规的人。

Ghab Tiot（音尕翘）二人，不分正副，负责鼓社祭中的经费收支及大型活动时维持秩序和调处纠纷。在维持秩序时，各持一根约一人高的棍棒（竹、木均可）。

Liongl Tongb（音勇通）负责鸣锣喊寨，通知开会、踩鼓、送鼓回山及其他有关事宜。

Bad Diob（音巴交）意为啄木者，专司击鼓，但不打对鼓，只打踩的鼓及送回山的鼓。据史诗记述，姜央兄妹先踩鼓是以啄木鸟啄击空木的响声为节拍跳起来的，故后世以啄木鸟称击鼓者。

Daib Yus Lif（意为黎姑爹）负责收"烧窝"时得来的糯谷舂成白米蒸好打成粑，并在仪式中扮扛粑人。这个角色要请新近迁入的成员担任，此后凡全鼓社的公有产业如山林、土地、河流等均有他家一份并可代代相传。

Ghab Nix Vangl（音尕你羊）六人，共同或分别负责收受全鼓社或本家支捐米时点名唱歌。到外地去请人或办事皆由他们轮流承担。

[今旦：《台江县革东镇五河村鼓社祭调查》，《贵州民族调查》卷十九，第730—731页，贵州省民族研究所、贵州省民族研究学会，2001年]

21. 贵州台江县五河苗族鼓社祭仪式——醒鼓

牛年二月辛酉或己酉日醒鼓，意在叫醒蝴蝶妈妈（Mais Bangx Mais Lief），迎请其回家。当天上午上届及本届的执事人员及全鼓社的青壮年男子，每人执一柄磨得锃亮的砍牛刀，由 Ghab Niel、Ghab Xongt（第一、二鼓藏头）为首，穿着特制礼服，带领众人到鼓藏林的藏鼓洞去，唯独 Bad Diob（司击鼓者）一人先期另路到达鼓洞。众人来到鼓洞下面的小坪里停下，Ghab Hlod 二人便唱歌：

Bad Diob lol dib niel,	巴交来击鼓，
Khangk hek mais Bangx diangl.	鼓响蝶母醒。
Hot mais Bangx nongs lol,	请蝶母自来，
Lief jit diux ghab niel.	爬出祭鼓门。
Mais Bangx fal gek vef,	蝶母轻轻起，
Lol yangd hfud yad yenf.	从容绾发髻。
Hot mais Bangx nongs lol,	请蝶母自来，
Lief jit diux ghab niel.	爬上鼓主门。

Bad Diob 听到 Ghab Hlod 唱完歌后便在鼓洞里敲击三下鼓腔（因早年送鼓归山时鼓皮已被戳通）。原来在迎接 Mais Bangx 的大队伍中备有一面直径如菜碗般大的小鼓，Bad Diob 敲过之后便敲这小鼓，众人围鼓跳过三圈便打马回程。在寨脚的河坝上，育龄妇女们以 Ghab Niel 之妻为首，列队迎候归来的队伍。每人左手提一篮子，内放一口擦得光可鉴人的鼎罐，罐里盛着米酒；右手持一掏空的亚腰葫芦（意为纪念姜央兄妹在洪水滔天时乘葫芦而幸免于难），队伍走过，各人便用葫芦舀酒逐一奉敬。Ghab Niel、Ghab Xongt 每吃过一回敬酒，Dinx Wangx、Dinx Bod 都得给他们擦一次嘴。敬完酒大家在河坝上踩鼓三圈后，执事人员便把 Mais Bangx、Mais Lief 等祖先神灵引到 Ghab Niel 家去。其余的人及敬酒的妇女和看热闹的群众留在河坝上继续踩鼓唱歌，尽兴方散。

［今旦：《台江县革东镇五河村鼓社祭调查》，《贵州民族调查》卷十九，第 731—732 页，贵州省民族研究所、贵州省民族研究学会，2001 年］

22. 贵州台江县五河苗族鼓社祭仪式——接对鼓

巳年二月初二日接对鼓。传说从前五岔一伙年轻人行船运货去凯里，回来的途中听说革一后哨附近一个寨子有一对鼓很好便去偷来。到了河边，以为失主追不上了，大家都很高兴，咚咚咚就敲了起来。失主听见鼓响，随声追赶。五岔人怕被追住，来到廖洞（即今施秉县六合）派人到寨上去说："我们偷得了一对好鼓，现在失主追得很紧，先放你们寨上，你们吃鼓藏你们用，我们吃我们来接。"这对鼓就存放在廖洞。到巳年二月初二日五岔便去廖洞接鼓，称为 Niel Lol Nangl（意为鼓东来）。

这一天清早，五岔派二人携一篮糯米饭、一壶酒、一包糖、一只鸭步行而去，直到存放对鼓的 Ghab Dinx（音尕鼎）家。他家早备了酒肉等候。五岔来人抵家便将他俩带来的鸭子杀了，邀寨上众人作陪。吃过早饭，五岔的两只船载着几十人来到寨脚，只让两个 Ghab Hlod 和四个抬鼓的人进村，其余的在河边等着。这六人来到 Ghab Dinx 家门口，主人见了便立即把大门关紧，不许进家。这时五岔的两位 Ghab Hlod 唱起歌来：

Jex juf fangb vangl Hliot,	九十个廖洞，
Max dangf fangb ngul Hxit.	不及我五岔。
Bib ngul Hxit jox fangb,	我们五岔寨，
Ghab dail hsat seix sangb,	沙滩美如花，
Ob dangl zangt lix eb,	两头水田坝，
Hfud vangl det mangx dlub,	上面白枫林，
Ghongl lad vof dax xab,	枝垂叶来遮，
Hot mais Bangx nangs longl,	蝶母自己走，
Des bib longx lob mongl.	跟我身后行。

五岔的人唱完，廖洞的两个 Ghab Hlod 应声答唱：

Jex juf fangb Ngul Hxit,	九十个五岔，
Max dangf fangb vangl Hliot.	不及我廖洞。
Bib vangl Hliot jox fangb,	我们廖洞村，
Ghab dail hsat seix sangb,	河坝真正美，
Ob dangl zangt lix eb,	两头水田坝，
Hfud vangl det mangx dlub,	上面白枫林，
Ghongl lad vof dax xab,	枝弯叶遮荫，
Hot mais Bangx xet mongl.	蝶母莫下行。

唱答完毕，Ghab Dinx 把大门打开让五岔的人进来。抬鼓的四人各带一匹约一丈长的新家机布作为捆鼓绳，把鼓拴好要抬出门。Ghab Dinx 家的妇女便在大门边把着不许抬走。抬鼓人只得从后门夺路而去，没有后门就破壁而出，一边走一边喊："子孙们跟我们一道走哩！"这时廖洞全寨各家都把孩子关在屋里，不许出门看热闹，以免灵魂随去。

把鼓抬到河边上了船，顺江而下，到五岔寨西头靠岸。这时寨上的人全体出动，前来迎鼓。河沙坝上各家早已按 Ghab Niel、Ghab Xongt、Dinx Wangx、Dinx Bod……十七位执事人员的次序排列，各摆一张桌子，上放一只熟鸭（或鹅）、一盆糯米饭、一壶酒、五个酒碗，以及菜刀、砧板。一般人家可以随意排在后边以同礼迎鼓。把鼓从船上抬上岸后，从廖洞接鼓来的人们列队向迎鼓的人群走去。几十人组成的砍牛刀队走在前面，行进时每人都把刀高高举起，并且不停地晃动着，银光闪闪，甚是威武雄壮，只有在停步时才可把刀放下。四人抬着对鼓跟在刀队之后，Ghab Niel 等执事人员跟在鼓后缓步而行。

鼓上了岸，开始列队而行的时候，Ghab Hlod 便一边走一边唱：

Lief hxet diongx hmongb niel,	蝶母在鼓中,
Daib hxet ob hvangb dangl.	子孙两边等。
Des diot Ghab Hsangb bil,	交到尕昌手,
Hot Ghab Niel lol dus,	请尕昌来分。
Xit baib zenx dlal dles,	分配很均匀,
Dot ib dangx dol bas.	大家全得到。
Lief hxet diongx hmongb dlongd,	蝶母住鼓里,
Daib hxet ob hvangb hxid.	子孙两边看。
Des diot Ghab Hsangb dad,	手交尕昌牵,
Ghab Hsangb hangb dad xend.	尕昌牵稳稳。
Hot Ghab Niel lol dus,	请鼓主来分,
Xit baib zenx dlal dles,	分得匀又匀,
Dot ib dangx dol bas.	人人都有份。

来到每家的桌前都要唱一回赞歌，内容相同，但必须指明祝福谁家（下文的××即为人名）。

Lol leit laib nangx nongd,	来到这地方,
Lol leit ×× zaid.	到了××家。
×× ghab hnid hliod,	××心肠好,
Ait jox hvib dad dad,	心宽情意长,
Liek jox eb dad yangd,	像条长长河,
Liek waix taib khangd sod,	像晴日清晨,
Nongt dax hmaib jend jend,	太阳快升天。
Nenx xongt diangb dax dad,	他支起长桌,
Diangb dangk yaf dliangx fangd,	长桌八庹宽,
Yaf dliangx dab gid hniongd.	厚重八庹地。
Ghangb dax vongx bod hniangt,	桌脚垫龙宝,
Guf dax box ongd hxet,	桌上卧鸡鹅,
Ib niuf fis box ongd,	一只香鸭肉,
Ob niuf fis langx gad,	二坨糯米饭,
Bib nius fis langx jud,	三壶好米酒,
Dax zab qangb zend ded,	五串薏苡仁,
Beix seix hlieb niel ghod,	钱大如铜鼓,
Sot diot guf dax dad.	放在长桌上。

Ait wangb dax dlial dliangd,	装扮多漂亮，
Ait wangb diot dlas hxid,	扮给富贵看，
Ait wangb diot xangf hxid,	做给繁昌瞧，
Dlas bongf dlas bongx hnid.	富贵见心欢，
Xangf bongf xangf bongx hnid,	繁昌见高兴。
Nenx bongx hvib pend oend,	它心怦怦跳，
Lif dlinf bus mongx zaid.	跃进你家门。

唱完，主人便砍鸭敬酒敬肉。首先酹酒掐肉于鼓再逐一敬各执事人员。敬完酒把鼓抬到踩鼓坪，接鼓队在踩过三圈鼓后即往 Ghab Niel 家走，并在他家尽情欢宴以示祝贺。其他村民及客人仍在踩鼓坪上鼓舞欢歌。

对鼓抬回时已被戳破，到达后的第二天要宰一头雄黄牛取皮蒙鼓，另留一块皮日后做蒙祖宗鼓（即藏在山洞的鼓）之用。牛肉当日村人共食。蒙鼓的时候，在地上立一木架，用以固定鼓身，鼓面向上，先蒙好一头，上涂 eb lef lax（用滑皮椰木皮浸泡出的一种黏液），让小孩子使力敲打，使其脱毛。后再蒙另一头，其法如前。为了奖励孩子们，打过之后每人给一坨熟牛肉吃。这一活动经历三天三夜，孩子们不停地敲击对鼓，老人们唱古歌，先从《Mais Bangx Diangl（蝶母诞生）》系列的"黑鼓藏歌"开始，再唱其他歌。青年们则踩鼓娱乐。

从廖洞接鼓回来时，Ghab Niel 家要备几挑用 det ghad dlad（野蜡梅树）制成的鼓槌，挑着缓缓跟在对鼓后边。鼓手刚敲过一下，便有妇女伸手抢夺而去。他又得另取新槌来敲，往复如此，几挑鼓槌都被抢光。每个抢得鼓槌的都立即放进怀中，到家则放在枕头边，表示儿女已经来跟着父母同眠了。

对鼓平放在约一人高的木架上，架下放五个酒杯，常年有酒，逢年过节用碗盛菜油点灯，烧香纸，备酒肉祭奠，并用力击鼓，寨人听到后方可就餐。对鼓一般放在单间屋子里，若无单间也得用栅栏隔开，以免无知好奇的小孩触动。对鼓上面放一只松鼠标本（将皮剥了，用糠壳填充，每届一换）。万一说错了话或触动了鼓，推说是顽皮无知的松鼠所为便可得祖先的原谅。

对鼓平放在 Ghab Niel 家一年，Ghab Xongt 家两年，Ghab Dinx 家三年。（Ghab Dinx 音尕鼎，意为存放者，只在祭后存放保护对鼓，故不在执事人员之列）。满六年后廖洞又来连同鼓架一起接去，称为 niel mongl jes（鼓西去），仪式如前述五岔去廖洞接时相同。

[今旦：《台江县革东镇五河村鼓社祭调查》，《贵州民族调查》卷十九，第 732—736 页，贵州省民族研究所、贵州省民族研究学会，2001 年]

23. 贵州台江县五河苗族鼓社祭仪式——砍鼓木

午年九月初九日砍鼓木。砍鼓木苗语叫 Dod Niel（砍鼓）。这一天，各执事人员及

Ghab Niel Bangl（意为第一鼓藏头之伴，即其兄弟子侄等近亲）随 Ghab Niel、Ghab Xongt 到山林里砍树来做新的祖宗鼓。首选的是 det hsab niel（黄檀木，有的说是楠木），若没有可用樟木。到了树下，先焚香纸、杀鸭（只用鲜血淋树，不当场煮食）、唱赞木歌。随即由 Ghab Niel 砍三斧，再由 Ghab Xongt 砍三斧，之后由身强力壮的青年一人或数人连番砍断。树木要让它倒向东方或山上。树倒后砍去根梢，选中间较直而且两头径围相近又无疙瘩的一节约五尺长，由 Ghab Niel 指派四人扛回家。砍树时掉在地上的木屑用箩筐收好一并挑来，每一片木屑代表一个子孙。途中各家妇女穿着节日盛装，提着装有酒肉及饮酒用的亚腰葫芦的竹篮列队迎候。队伍一到，从 Ghab Niel、Ghab Xongt 按顺序敬酒敬肉，同时去抢那些木屑，到手后即置入怀中带回家去放在床上用被窝盖好。敬完一轮后，妇女们又得抢先越过抬鼓木的队伍到适当的地方候着，再敬一轮，一般是三次，直至进入寨内。

在砍鼓木的来去途中，遇到溪流、古树、奇石等等 Ghab Hlod 都得唱歌对它们进行赞美。比如遇见杉木时唱道：

Bib leit det jib dlangl,	我们到杉乡，
Bib hent det jib dail.	我们赞杉郎。
Det jib not bed yil,	杉家兄弟多，
Hent bas yangx hangb mongl.	赞完再向前。
Det jib niangb vangx bil,	杉树生山坡，
Jongx nongx dab mongl dol.	根入土深深。
Jongt jox ghaib dlial ghail,	根深本才固，
Guf nongx eb hxud yel,	树巅吸雨露，
Ghab ot niul jus niul.	梢叶青油油。
Ib hniut longl ib longl,	一年冲一冲，
Ob hniut longl ob longl.	二年长一头。
Bat hniut sos waix niel,	百年冲云霄，
Xab hvent dangx laib diongl,	遮荫全山谷，
Vik hvent dangx laib vangl,	全寨人乘凉。
Dongt dongs seix xab jul,	人人受荫被，
Vut jus ghax niangb nend.	这是幸福源。

把鼓木抬到 Ghab Niel 家之后，将它放在门外的木马上，不许人踩、坐或放衣物。第二天找一位没有生育过男孩又有点木工技术的男子来修整凿通，限三天三夜完成。凿通后便用原先备好的黄牛皮把两头蒙上。为什么要选具备这两个条件的人来凿鼓呢？没有技术，三天内难以完成任务；没生育过男孩则是给他一个为祖宗效劳的机会，让祖宗赐给他男孩，这是求之不得的好差事。据说，鼓凿通后原先要拿一只白公鸡从鼓腔中通过再蒙皮。1954 年举行最后一次鼓社祭时已没有这一仪式。

鼓蒙好便请反排来的四个歌手唱赞鼓歌，苗语曰 Xangx Niel。这四人中为主的一人叫 Bad Xex 或 Ghab Xex（唱赞歌之主的意思）。他们四人各以二人为一方对唱，一唱一答连续三天三夜。此期间未生育男孩的妇女都送些花带棉条来敬鼓。仪式结束，把鼓面戳破送到藏鼓洞里存放，让祖宗神灵与鼓同在那里安身。妇女们送的花带要剪破了再拴在鼓身，送的钱放进鼓腔，棉条放在鼓上面。天未亮时，Liongx Tongb 串寨扬声歌唱：

  Fal lol lob vangt liel,   小伙们，起来呀，
  Fal lol bib hsongt niel,   起来我们送鼓吧，
  Niel mongl ghangb sat mongl. 祭鼓要到山洞去。

  听到歌声后众人便起来聚集到 Ghab Niel 家门前，由两位没生育过男孩的男子扛起鼓走在前头，后面依次跟着 Ghab Niel、Ghab Xongt 等执事人员及其他村民。这时，Bad Diob（司击鼓者）已先期到达藏鼓洞，待送鼓队伍快到达的时候，他"当、当、当"地敲着扁担。在队伍中的 Liongx Tongb 高声问道："是谁呀？"答曰："是松鼠！"意思是祖先们在洞里安息，万一听见有什么类似鼓声的响动，不要以为是子孙们击鼓呼唤，而是顽皮的松鼠们蹦跳玩乐发出的响声。送鼓的队伍继续前进，直到藏鼓洞把旧鼓丢弃安放好新鼓就回家。

            [今旦：《台江县革东镇五河村鼓社祭调查》，《贵州民族调查》卷十九，第 736—739 页，贵州省民族研究所、贵州省民族研究学会，2001 年]

24. 贵州台江县五河苗族鼓社祭仪式——杀牛

  午年十月初十日杀牛。此前一天各家的亲戚到齐，早饭后所有的牯牛都拉到斗牛坪放开绳索任其自寻对手乱斗，苗语叫 Langs Ninx，斗伤斗死不论，直到败逃才去捉回。据说，斗牛背上都背着子孙，斗多斗久了怕子孙从牛背上掉下来受伤，斗牛败逃乃是为了保护子孙，主家并不希望自家的牛常胜不败。因此，胜败亦荣。到收牛回家的时候，亲友们都来给斗牛披红放炮祝贺，鞭炮震天，浓烟蔽日，热闹非常。由于来客太多，主家难以安排住宿，远处客人多自带被子，老人小孩以稻草铺地而睡，青年们则在踩鼓坪上踩鼓唱歌通宵达旦。无亲可投的人便都到 Ghab Niel 家就餐。

  杀牛前要到反排请一位审牛师（苗语叫 Bad Hlat）来审视每一头祭祖牛，看看是好是坏，能不能杀。所谓好坏，主要看该牛的毛旋生在何处，两只角颜色如何判定。据说四肢四旋、头旋偏左、角色深灰为佳。若毛旋生在生殖器边、颈下、鼻梁上，角色带红则为凶。这种牛不能杀，杀了要殃及主家或杀牛者，角色带红的还会失火殃及寨邻。若要宰杀得在全鼓社的牛都杀了之后牵到远离本寨的外村属地上去。审牛时审牛师认为不好的牛不取任何报酬，好的牛有的要鸡，有的要鸭，有的要鱼，有的要四两棉条，有的几者兼要，这些东西备齐后，审牛师口中念念有词，一手轻轻抚摸着牯牛头身，事后这些物品全归审牛师所有，以做报酬。

初十日清晨，能杀的牛一律牵到斗牛坪，Bad Xex（赞牛师）把 Ghab Niel 家的牛赞过之后，Ghab Niel、Ghab Xongt 自己执刀，其兄弟亲戚三四人执杠。"执杠"苗语曰 gangf qok。杠用根粗过手臂长约一丈的枫木做成，杠尖跟牛鼻套紧紧拴住，执杠者用力上扬，把牛头高高仰起，执刀者一刀向牛颈砍去，待血喷涌而出时已有人用簸箕接起。各户见他们两家动手之后也就同时下手。有的兵不血刃牛便倒地了，有的十刀八刀也没砍死，这种牛叫 niex ak hsab（带钢牛）。杀牛前要用 hlat hmongb xok（野红藤）和麻线换下旧鼻套。据说这会使牛到时温顺服帖一些，实际上麻是仪式所必需，红藤坚韧不易断裂，这是祭仪与实用二者的巧妙结合。杀牛者一般都要带上一种名为 ghab bad tiab（天门冬）的草药，临时擦在牛的头鼻和刀刃上，据说牛嗅到这种药气就气软无力了。杀牛者必是主家的姑爹或舅爹，主家执杠者须与其辈分相当。若虽有姑爹至亲，但不 zenx dins（即不育男孩或丧偶等），可请其他外戚。不管请什么人，都必须先长后幼，若不请长而请幼必生纠纷，故有古谚曰："Max ninx dot fat bed lul（杀牛先尽长兄）。"若长兄年迈或病弱不敢杀，也得先比画一下再由他人代杀。

牛杀死之后，把刀放在牛身上，大伙回家吃过早饭再来剖牛，取出内脏洗净，肉则连皮带毛先砍成几大块挑回家，头（连角）及四只蹄子放在大门外，旁边备一盆水，盆边放三棵芭茅，其意思是祭牛虽死犹在。肉要留一只带尾巴的后腿和一块胸脯给杀牛者，若只给一大块胸脯则必须另外配一只鸭子以代尾巴。尾巴是亲戚关系永续的象征，若缺尾巴则被认为这门亲戚从此断绝往来，会引起误会以致纠纷。除去给杀牛者的以外，所有来客都得每家送一块肉三斤、五斤、十斤、八斤不等。有的大户人家亲友太多，祭牛的肉仅够送客，还得另杀一二头菜牛待客。祭牛的心、肺、肝、肠、肾、血、带肋肉（表示全牛）要取出一部分或全部煮熟敬供祖先。然后主客一起大块吃肉、大碗喝酒，三天三夜客人散去，再举行下列仪式：

Xangx gib ninx（赞牛角）：各家把牛角送到 Ghab Niel 家，用篾条拴在门外早已备好的枫木棒上，角上放着少则四两，多则一二斤的棉条。由 Bad Xex 对牛角逐一唱赞歌，内容不外祝福主家 dlas dlas xangf xangf（财丁两旺）。

Nongf niux niux ngas jel,	只要妹愿意，
Nongf niut liex ngas fal,	只要哥勤起，
Ib hmangt jex dias fal,	一夜起九回，
Jef dangt jex daib dial,	就得九男儿，
Xongs pik xongx ghangb lol.	七女跟着来。

这歌不仅在这里唱，在"赞鼓"、"烧窝"、"射牌"、"过桥"等多种场合中也唱，甚至还有一些更直露的关于两性关系平时羞于启齿的歌句，这里从略了。

赞过之后第三天各家把牛角拿回去放置于东面的中柱下，或拴在原有的枫木棒上，作为祖宗神位长期供奉。

But Mais But Bad（奠祭父母）：赞牛角后第三天举行。凡在上届与本届之间有老人去世的人家，事先要以竹篾扎成一小小房屋，周围用纸封好备用。要逝者的一套衣服折好捆好（若无遗下的则须新做），是男性还需一根牵牛绳，一齐拿到 Ghab Niel 家。先以衣物碰一碰对鼓，然后在火上过一下，并且交代这是送给某公某奶的。纸屋及牵牛绳在 Ghab Niel 家门外烧掉，衣服则带回家。

Tiet Lob Ninx（拉牛脚）：把以上两件事做完之后，剩下的四只牛蹄用牵牛索拴好，一人在前边拉着，一人在后面用鞭子抽打，如同平时赶牛一样走出寨外煮吃或者丢掉。这样牛才能到祖先那里去帮他们犁田和打斗娱乐。

Nangx Dangk（过桥）：把一张长约五尺、宽约五寸的木凳放在 Ghab Niel 家堂屋或门外，由 Ghab Niel 的老婆先从凳上走过，接着 Ghab Xongt 的老婆再过，要连过三次，过时要装出脚酸腿痛一跛一跛的样儿，旁边还有人在唱祝福歌。

Ak Eb（背水）：杀牛后一个月举行。两个十几岁的小姑娘各人背一只桶，以一个雇请来的笙童吹着芦笙为前导，全鼓社执事人员及群众跟着她俩一起到河边背水，来回三次。由第一、二鼓主的老婆舀水进桶，还互相屙水嬉闹。在第一鼓主家门口摆放着一个盆，盆里有九条鱼，鱼嘴用小竹竿撑开（或者把九根竹棒各破开上部分别把鱼夹住），背了水来，两个小姑娘就用瓢把水舀进鱼嘴里去。这两个女孩子都是用高价请来的，或者是孤儿，或者家贫不得已而为之，传说背过水后不会生育。一般人都不愿意让自己的女儿去干。

Bangd Saik（射牌）：背水后一日举行。由外村请来两个男子，一人背着一块画有女阴的木牌走在前面，另一人跟在后面持弓箭射向木牌，并且不时地问道："射中没有？"答道："射中了。"要连续三天，每个小巷都要走到，时间在天亮之前人们都尚未起床的时候。原因可能有二：这是象征性行为表演，出于羞耻，避免更多的人看见；出于祈求人口繁衍的目的，特定在人们尚在床笫之时。

Guf Dul Khangt（烧窝）：Khangt 全称为 Vil Khangt，指继尾鸟孵蝴蝶妈妈蛋的窝。把一棵树的梢部中间的主梢砍去，留下旁枝，以树枝为经、竹篾为纬编成一个喇叭口状的笼子，形如鸟窝，即 Vil Khangt，放在 Ghab Niel 家里，口朝大门外。凡有祭祖牛的人家各将一把五六斤重的糯禾捆在一束干柴上，上午十时左右来到 Ghab Niel 家门外，一个个把糯禾把点燃，投向屋里的窝子。Ghab Niel 家的成员多人，有的手持钉耙，有的持水瓢在窝边侍候，火把投来即舀水灭火，用钉耙勾出糯禾。投完后马上把糯稻脱粒并舂成米蒸熟打成粑粑，打粑由第一鼓主的老婆和黎姑爹执槌，偶尔用槌子上端戳一下对方下身。这时 Bax Xex 在旁唱着关于祝福人丁两旺的赞歌。

粑粑打好后，Daib Yus Lif 把一条湿毛巾搭在自己肩上，第一鼓主的老婆把粑粑弄上肩去，他一只手捏着一坨，一走出门就被众人你一坨我一坨地抢，最后就只剩下手中那两坨了。据说凡是抢到这粑粑吃的人就会 dlas xangf（财丁两旺）。

在《苗族史诗》的《十二个蛋》和《兄弟分居》中说，蝴蝶妈妈生的蛋孵出了雷、龙、虎、蛇、姜央等之后，他们"齐齐睡在窝里头"，并且你抢我的东西，我夺你的玩意儿，弄得"砸了鼎罐摔了锅，甑里的饭全打泼"。"姜央真聪明，出门嘎嘎叫大伙：你们在家闹什么，快快出门找食物，找肉来我们下饭！"但是大伙并没有听姜央的劝告。

姜央才放火烧房（即窝），逼着大家走出这个狭窄的窝去寻找宽敞的房屋和更多更好的食物。这一仪式反映的正是这一古老的内容。

Maf Ghab Nix Niel（砍鼓柱，简称 Maf Niel，即砍鼓）：杀牛后一月举行。此前一两个月，Ghab Niel（第一鼓主）家即准备了一些直径一尺左右的枫木棒，每根长约六尺，到时拿一棵栽在踩鼓场中央，周围用小棒捆绑支撑，以防倒下。若不准备此木柱，临时人们可以去砍 Ghab Niel 家的房柱。青壮年男子（本寨外寨都有）各持一把砍牛刀，围鼓而舞，徐徐向前。当走近鼓柱时即扬刀砍去，到快要断时，懂规矩的人只是装模作样做用力砍去之状，并不真正下刀，以免断在自己的刀下。据说砍断乃不祥之兆。万一断了砍断者可以扛去当柴烧或做砧板。这时 Ghab Niel 家人立即换上新的一根，让人们继续砍。鼓柱砍断的时候，看热闹的人们会不约而同地欢呼"啊哈啊哈"。有的姑娘会扬声高歌或者赞其勇武有力，或者刺其使用憨劲。

Seik Dlas Seik Hniangt（迎财接喜）：在本鼓社中选定几户富有之家，让他们轮流各请全鼓社人吃一顿饭，意思是祝他们此后更为富有，全鼓社人都像他们一样丰衣足食。

午年的活动至此结束，未年无事。

[今旦：《台江县革东镇五河村鼓社祭调查》，《贵州民族调查》卷十九，第739—743页，贵州省民族研究所、贵州省民族研究学会，2001年]

25. 贵州台江县五河苗族鼓社祭仪式——吃小"鼓藏"

申年十月十日 Nongx Ghod（俗称吃小"鼓藏"）：此前几天有牛杀的人家各准备一棵竹子，连根挖起，以火烟石灰间节涂黑刷白，上端留有枝叶并用麻线拴着二根棉条，立在房屋山间或门前或牛栏边。十日延请亲戚好友前来杀猪祭祖，一般一家杀一头，家境贫寒者也可两家三家合伙一头。十二日午间，各家由一青壮年准备锅烟带在身上，把竹子扛到斗牛坪（即河坝上）集中。分上码头、下码头两队，相距约两竹竿，站着听 Ghab Tiot 口令。Ghab Tiot 叫："Khot ab（倒啊）!"各自将竹竿放倒在地。"Tiet ab（拖啊）!"各自将竹竿向后拉数步。接着就掏出锅烟，互相向脸上涂抹。有的互相追赶，有的捉头抱颈，一个两个都变成了黑面人，只剩牙齿是白的了，四面看热闹的人唱吼连天，欢声雷动。娱人娱神的活动到今天结束。此后用来敲击供人踩跳的鼓就送到 Ghab Dinx 家存放，不能再敲，直到下届开始之时。

[今旦：《台江县革东镇五河村鼓社祭调查》，《贵州民族调查》卷十九，第743—744页，贵州省民族研究所、贵州省民族研究学会，2001年]

26. 贵州清镇县苗族的祭祖仪式——"奥溜"

奥，苗语"跳"之意，溜即鼓。苗语称的奥溜就是汉语跳鼓的直译。汉语称之为力斋。它是同宗共祖的宗族在固定的年代里举行的祭祀大典。

奥溜多少年举办一次？因地区和姓氏（汉姓）不同而有差别。祭祀年份，按生肖十二属相，有十三年（虚岁，下同）祭一次的，也有祭两次的。一般来说，上方多为十三年一次，下方则祭两次（除龙窝小谷陇、鸡爬田部分王氏外）。在下方，原先祭两次的，除平滩彭氏、红岩部分王氏外，现统统改为十三年一次。

举办年份固定，也因姓氏不同又各不相同。

十三年两次的，龙窝平滩彭氏是鼠、马之年。

原祭两次、后改为一次的，龙窝苗寨、大谷佐王氏定在马年（原是鼠、马年），有的姓氏则定在鼠年或龙年、狗年、兔年。

十三年一次的是：

下方小谷陇、鸡爬田的部分王氏是鼠年。

上方新发乡迎燕、高坡郭氏是兔年。

新发乡迎燕陈、杨二氏是龙年。

甘沟木林和同宗的龙滩河王氏也是龙年。

甘沟茶山、中寨刘氏是马年。

甘沟木林和同宗的中寨王氏是鸡年。

具体日期，下方三天，多在农历九月或十月的狗或鼠、虎、兔几天中，任选一天作为"开始"之日。但必须在第三天打牛时是单日，即牛倒单日。上方是当年农历十月的上或中旬，"开始"之日务必与当年属相年相同，如龙年举办，开始之日必须是龙日。

奥溜是在同宗族中，以房为单位，轮流举办。其程序和礼俗冗长、烦琐。举办的头一年就举行交接手续。以木林王如学家族为例（下同），他们龙年举办。在兔年的十月龙日，由上一届举办的房族（具体是操办的人家）准备一床席子、一床毛毯、两坛甜酒、两壶白酒、一只雄鸡、两个蛋，用几根茅草拴在一节几尺长而粗的枫烟树（泡木树）上，在本家族的掌坛师的率领下，前往下一届人家（王如学家在龙年操办）。当夜由掌坛师主持，交接时双方说唱一番（用苗语）用牛角盛酒，互相敬酒，吹芦笙的在堂屋内转九转，这样，就算完成了交接手续。次年操办的房族（人家）才好做各种准备。准备工作中，首先考虑的是请守鼓人（即请芦笙师、唱师、歌师）、买牛、备鼓和各种祭品。

请守鼓者，优先请姑妈或舅舅家，如无或不同意的才请姨妈或别的亲友。若果先请的亲友而不去请，则认为是失礼。请时，送一斤酒、一封糖。愿意的即收下，否则不收。愿意作为守鼓的亲友，他们又去确定担任芦笙师、唱师、歌师的人，届时一同前往主家守鼓。

用黄牯牛（不用母牛）牛角、旋、毛色都很讲究。所用之牛一般是一房中，由与主人同辈的人凑钱购买，如王如学家是两房，今年（一九八八年）农历十月是长房王如学操办，这头牛就由与王如学同一辈的人集资买。习惯上说，牛跟鼓走，哪房（家）办，哪房（家）备牛。

备鼓：下方奥溜时用的鼓，有的姓氏是自家制鼓，有的姓氏不制鼓，固定向别家借。如下方红岩王正坤家借本寨不同宗的王顺清家族的鼓。王明友家则固定去平滩彭氏借。上方用鼓，过去固定向寺庙借。木林和龙滩河王氏向云贵山寺庙借，后因寺庙不存在才借其他寺庙的。茶山刘氏、中寨王氏和同宗的木林王氏则向甘沟黑神庙借。中寨王国祥老人说，从前甘沟街有一半是苗家，中寨王氏、茶山刘氏和甘沟街上汉族分场期收税，一半税收归苗家。以后苗家将那半边街交寺庙。又因有中寨王氏长房中一老人无后，在征得家族同意后把田产交寺庙，因此每逢十三年跳鼓，寺庙专制新鼓，供两地刘、王二氏用。故每年在甘沟举行的桃花节或平时间，苗家上寺庙打鼓，和尚不得干涉。

中寨王氏奥溜，一直未中断，"文革"中（一九六九年，鸡年）黑神庙鼓被毁坏，他们便以吹唢呐艺人用的小鼓代替。到了下一届（一九八一年），轮到木林二房操办时，专制鼓一个，今年（一九八八年）十月木林王如学操办，他花五百元制大鼓一个，还打算修鼓房存放。

准备工作搞好后，届时按日期举行各种仪式。

兔日接鼓（日期以王如学为例）。过去，大家拿着香纸和刀头酒礼，吹着芦笙曲前往甘沟黑神庙祭祀一番之后，把鼓抬回家。

龙日是开始之日（龙年举办龙日开始，前已述）。这一天，操办人家的四方亲友纷纷来到，不是操办人家的各家客也在当日到达。从这日起，举办奥溜的家族家家有客人，户户酒肉香。

蛇日下场。下场必有场地，场址固定，届届皆然。若要更换场地必须事先宰羊或杀鸡祭祀，否则不能更换。下场，即凡在上届至本届内，同宗族中凡死了人，家人便把亡人的衣服（男亡人）或裙子（女亡人），由女婿背着，依房族（如大房、二房等）、辈分、年龄大小次序跟随掌坛师（最前）、唱歌师、芦笙师后面，斟酒师、做菜师、阴师也随其后，一列长队，吹吹打打，鱼贯而入场地，并分别以顺、逆时针绕成圆周，转三次，每次九周，共二十七周。从所背的衣服、裙子数便知届内本宗族死了多少男的和女的。送亡人下场的人家，妇女环哭场旁。当夜，还要杀猪或羊祭亡人。经济条件稍差的人家也得杀鸡，起码也得煮一个蛋祭祀。

马日打牛。打牛，上方一般打一头，如木林王如学家（但同宗的龙滩河王氏打五头，中寨王氏也打五头，他们说，王氏五房人，每个房打一头）。下方打牛数目则依本届内看死了多少老人而定。凡本届内死了人，亡人的儿女必须打一头牛祭。一般说打牛数和死人数相同，因此打牛较多。打时，按房、辈、年龄大小次序排成一排，依次打。故下方的奥溜，汉话又称为打排牛。

打牛的晚上（有的说是在下场的当晚）背下场的衣服和裙子送到三岔路，燃起一堆火，把衣、裙往火焰上烧几下，表示送亡人升天。妇女们号哭一阵，吊念亡人。

因木林王氏和龙滩河王氏同宗，奥溜举办日期是衔接的。因此，马日木林打牛祭祀后，羊日木林同宗族及各方客人又前往龙滩河。猴日打牛，鸡日散客。至此木林王氏的奥溜才算结束。

[杨昌文:《清镇"呆猫"的"奥溜"》,《贵州民族调查》(之六),第291—293页,贵州省民族研究学会、贵州省民族研究所编,1989年]

27. 贵州普定县苗族的祭祖方式——祭祀神鼓

普定县的苗族,每一个家族,也就是一个"绕"(寨)或一个"确"(数寨之联合体)都有一面神鼓,苗语谓之为"尤莫俏"。鼓长三尺,径为一尺五,木质鼓身,以黄牛皮做鼓面,钉三百六十颗竹钉。

神鼓之放置,古时是放在"子绕"或"梯府"家里,现在是放在办过丧事的"打戛"者的家里,挂在堂屋的中柱上端,平时不能撞击。办丧事"打戛"时用神鼓,要经过祭师亲自去请;来回背鼓时,要用一件男人的衣服盖上。这种神鼓可能是苗族父系时代的产物,是男人权力的象征。

神鼓祭祀的原因,据云系洪水时代神鼓救了苗族先祖"谷梭唉"和"丢梭欧"两人,祭之而使人类将悲哀变为欢乐。

《苗族史诗》云:

洪水淹没了天上一轮十三天,/是人间的一轮十三年啊!/谷梭唉和丢梭欧两人,/坐在大牛皮鼓里,/洪水淹上天去,/大牛皮鼓飘上天去。/……用刺竹捅开消水洞,/洪水才渐渐消下去。/……这样,/谷梭唉和丢梭欧两人,/才返回到人世间。/……人的始祖,/是大牛皮鼓救出来的。/世间上的人,/要跟先祖们去时,/要去扶得大牛皮鼓来唤醒啊!/用大牛皮鼓完成礼规,/才能把人世间的事说清,/将人类的悲哀变成欢乐。

神鼓祭祀是苗族普遍的祭祀活动。普定县苗族历史上每年的十月初一,都要举行一次神鼓祭祀活动,相当于黔东南苗族的"鼓社"。普定县的苗族称之为"赖札"。历史上的神鼓祭祀,小则以"绕"为单位进行,大则以"确"为单位进行,最大者以"夜郎"为单位进行。

[王正贤:《普定县苗族琐记》,《贵州民族调查》(之九),第56—57页,贵州省民族研究所、贵州省民族研究学会编,1992年]

28. 贵州苗族的一支——青苗的神鼓

苗族有的支系,鼓是同宗家族才能共一个鼓。不同宗的绝不能共鼓,但安顺县旧州等地的青苗,不同姓(宗)不同寨是可以共鼓的。有的是一个寨子共一个,也有几个寨子共一个鼓的。如旧州附近的陈家庄、文昌阁、牛滚塘、关家坟、韭菜叶都是同一个鼓。也有几个寨子共鼓,后因人口增加,或其他原因而单独制鼓的。莲花塘、平寨、高车后原来共鼓，高车因人口增多就单独制鼓了。

谁家有丧事，事毕就有责任保存鼓。待第二家有丧事，方来接鼓，事毕鼓就保存他（丧）家。头年有丧事，次年正月初二，这家（丧家）负责饭，共鼓人家，各自带上酒肉来到保存神鼓家，祭祀神鼓，大家聚一餐。正月初二或初三，谁家取老名，主人家要把酒肉等丰盛饭菜放在存鼓的人家办招待，请共鼓的人家吃饭，以便席间取老名。

大家有维护鼓尊严的义务。如会吹唢呐的人，别人请去吹获取报酬后，到了正月初二祭神鼓时，要以部分报酬归公，或祭神鼓开支，或做维修鼓用及其他有关共鼓的公共事宜。

[杨昌文：《都蒙青苗考察述略》，《民族志资料汇编·第二集》，第74页，贵州省志民族志编委会，1986年10月]

29. 贵州松桃县苗族的祭祖仪式——"农泥"

"农泥"是松桃苗族人民自古以来唯一最隆重、耗资最大的带有综合性和代表性的祭祀活动。一般家庭是搞不起来的，只有那些家有良田千亩、肥土百顷的有钱人家才有能力举行"农泥"祭祀活动。解放前的十多年唯一亲眼看过三宝乡（现在是盘信区）龙昌贵家进行过一次。

"农泥"活动的目的有二：一说是供奉列祖列宗，同时祈求家道兴隆、人丁发达、五谷丰收；二说是家有病人久病难治、久治难愈，原因是水牛冲倒的。因此，要请黑地土主即神灵做主，通过"农泥"活动，达到病人得救、康复如常、损财免灾、祛病得福的最终目的。

"农泥"前必须准备的工作：一是先要许愿。"农泥"前几年请"八队雄"（汉语称老师或巫师）用竹子编成牛嘴箩挂在许家房屋三川（瓦房堂屋上第三块横方）上许愿。祭祀前两三年就得先预购一头做"农泥"祭祀活动用的大水牯牛（身上四膀还要有毛旋，遍身呈现青黑色，不使其来耕地，专为供奉祖先才喂养的高大肥壮的水牛）。二是祭祀前一两个月，主人家要用一面大锣和一个大鼓悬挂在寨子外山坳路边的树上，同时插上一个坐标，敬告不准任何人在坐标的范围内高声怪气地喧嚷，否则得不到祖宗和神牛的谅解。祭主要请人帮忙，每天早、中、晚三次击鼓吹唢呐，以此表示许愿人的真诚心意和强烈的"农泥"活动的到来。三是"农泥"前的一两个礼拜，主人必须请人肩挑米酒专程去母舅和妻舅家告诉"农泥"的准确日期，表示慎重。这样，好让母舅和妻舅两家做好一切准备。

"农泥"祭祀活动从开始到结束前后五天五夜。

第一天，是做好"农泥"祭祀的准备事项，召集有关杂事人员，分工负责，明确任务。如参加"农泥"的人数、接客收礼、安排吃住、煮饭洗菜炒菜等事项。

第二天，打猪，推豆腐。猪少则两头，多则四至五头，大小不一样。打猪的人是跪着打，家族人帮忙。猪一经打死，则被整干净，后横放在堂屋中间，举行祭祀活动，事毕，由打猪人将猪分成若干份，"八队雄"分得肚子；打猪人得上嘴唇；背猪人得一边（背猪人是一男一女），主人家还要给米四斤、酒两斤、盐半斤。

第三天，杀黄牛一头做枕牛。事先把牛捆好在木桩上（这根柱子一般是周长一尺半以上，高一至二丈），木柱顶端用竹编成小鸟，象征乌鸦，两边是用现成的水牛角拴上，杀黄牛是祭主家族的人执刀，除留一牛肺给祭司做解领之用外，其余牛肉均以待客。

首先，一清早在祭场外面就要安排等待迎接庆贺的客人，不管是亲戚朋友或是近邻八寨看热闹的人，只要来到就是客人，一律加以款待。来者挑、抬、提各种礼品，有送吃穿的，也有送各种物资的，前后来客不断，吹吹打打，非常热闹。主人对各地来客特别是舅舅的到来，主家老少必须亲自出寨接待，手扶酒杯，叩拜相迎，以示敬重。其次，到了上午十点左右，在主人家堂屋内放置三张大木桌，桌面上撒一层米糠，糠面上摆碗七个，还有酒肉糯米粑等祭品。另外还要在地上放一只铁三脚（昔日苗族家中没有砌灶的，一律烧火坑，多用铁三脚支锅煮食），铁三脚上放鼎罐一个，银花数半；此时，祭司头戴冠冕，身穿祭服，手持祭具，开始挺立站着，貌似威严，然后坐于堂屋中，左边陪坐是舅父舅母，右边陪坐是妻舅家男人，其他姑父姐丈等客人亦依次陪坐。各家请来祝贺的吹鼓手站立两旁，每当祭司念完一段祭词时，吹鼓手就大吹大擂一次。祭司弯腰作揖，主人和陪祭人亦仿效祭司的动作重复进行。这一天的"农泥"活动一直搞到深夜十二点左右。

第四天，是举行交牲杀牛（水牛——神牛）活动。杀牛是"农泥"活动之高潮。

杀牛场设在一块宽敞的空地中央，事前就栽好了一根木桩，高四五米，直径十五至二十公分。柱身均雕刻有许多传统图案和花纹，并涂以红、黄、蓝、黑等色彩，甚为美观，汉语译为"牛泥"。"牛泥"上套系着一个结实的绳匝，然后由母舅家来客中择一身强力壮者牵着祭牛，用一根如大拇指粗的棕绳，一端捆绑在水牛角上，另一端捆绑在"牛泥"柱的绳匝上，使水牛只能围圈转动，这为杀牛做好了准备。

杀神牛时，先是祭司带着主人及陪祭客人，用"糯豆"的步伐进入杀牛场（"糯豆"是苗语，形容走路的样子，步子小而且慢），然后绕场走三圈，此时，主人一方的青年男女抬来许多米酒，不论男女老少，不分亲疏，遇人就扯耳劝酒，甚至拉到酒桶旁捏住手灌酒，也有将酒渣向观众身上乱泼，以示对来客的欢迎和尊敬，来客对此亦甚感体面。顿时，杀牛场上，锣鼓大震，爆竹、大号、三连炮齐鸣，欢呼声不断。在祭师带领下，主人一家老幼朝拜天地、祖先和牛神，化纸、烧香、三揖九叩大礼。接着舅家早已安排好的杀神牛者，手持铁矛（三十至四十公分长的铁刀套在一节二至三米长的圆杂木棍上）步入杀牛场地，同样先向天地三拜九叩后，转向祭牛做刺杀动作，接着把铁矛交背面同来的青年，杀神牛就此开始了。

"农泥"杀牛不是随便对水牛乱打乱杀的，而是要杀在祭司事先在神牛的左上前胛用白色画好的标圈内。被杀之牛，一时十分凶猛，乱跳乱奔，杀牛者有的是由于胆小害怕，在杀的过程中手忙脚乱，或因不冷静沉着，心慌铁矛杀不准部位。在这种情况下，杀牛者不但受到人们的耻笑和嘲骂，弄得不好，还要被旁人夺走铁矛，从而失去杀牛的资格。此时，杀牛舅家只好另择能人，继续狠刺神牛。当祭牛行将倒地时，主人家的一伙男青年突然从祭场上跳出来到神牛前面和舅家一方的那伙青年人各自争回神牛的倒向。舅家一方要争取倒向大门外，而主人家一方则要争取倒向主人家的堂屋一面。两方争持不下，各不相让，推推拉拉，直至强者得胜为止。神牛一倒毙，各方亲友请来的歌手涌入祭场，脚踩牛头，嘴唱高歌，人山人海，一片欢腾。

第五天早上，"农泥"活动又在祭场上恢复起来了，原来的场地的陈设没有变动，所以祭司高念祭词，其意思是说苗族自从盘古开天地，后来洪水满天，"奶努（妹女）八棍（兄男）"成婚，繁衍人类，同时讲述苗族的远祖和艰难的迁徙历程，最后如何来到这里。这里原是一派茫茫如海的原始森林，百里无村寨，千坡无人烟的地方，拓土开荒，播种谷物，维持生活，联姻结戚，繁衍后代。为了答谢列祖列宗的辛劳和功德，才进行"农泥"活动，下午将祭肉分发，母舅家和妻舅家各得一只后腿，姑爷、姑丈各得一只前腿，其余亲朋好友也各得一份，看热闹的观众同样以客相待，让所有参加"农泥"活动的人都能达到高兴而来，满意而归。

[吴新建：《松桃苗族的宗教情况调查》，《贵州民族调查》（之八），第106—108页，贵州省民族研究所、贵州省民族研究学会编，1990年]

30. 贵州贵定县巩固乡苗族祭祖仪式——捶牛

（1）选牛角柱。在将要捶牛的前几天，捶牛主人带着自己的亲房兄弟在山里选择生长茂盛、树干笔直的杉树一棵。选定后，请本族的鬼师（做道场的）到选定的树下摆上酒席敬供，然后才开始砍树。在树将要被砍倒的时候，在地上用树杈撑着树梢使其慢慢往下倒，不伤树尖的枝叶。最后留下靠树尖七至九套树丫（三尺左右），保持树尖枝叶完好（选择生长茂盛的杉树，以示后代兴旺发达；保持树尖枝叶完好似笔，以示后代出文人）。其余枝丫树皮砍下，表面再用石灰涂抹。再仿照被捶牛的牛角式样，复制一对木牛角于树尖枝丫下面。

（2）设经堂。捶牛前一天，按家族房族中的支系，以当年捶牛人家中长辈的堂房做经堂。经堂内侧吊有自制大木长鼓两个，本族用的铜鼓一个。经堂正中摆放着铁锅、碗碟等东西，碗内盛有煮熟的糯米饭，本经堂要捶多少头牛，就有多少个盛糯米饭的碗。经堂外面按办丧事布置。

（3）立牛角柱（也称立围杆）。出发前，鬼师们身穿红袍，拿着黄纸伞，先在经堂内绕堂、敬祖，然后打着黄纸伞，吹着长喇叭（即大号，一种长二米左右的活动的喇叭），敲锣打鼓至固定的立牛角柱位置上"拜天地"。然后按家族房族中捶牛人家字辈从大到小的顺序，相应地从高到低依次把牛角柱立好。

（4）立捶牛桩。捶牛前，主人还要事先准备好一根六尺左右长的毛栗树桩子（选用不易腐烂的毛栗树做捶牛桩，目的要保存到下一届捶牛，即要保存十三年；同时毛栗树能开花结果，表示后代人像毛栗树一样开花结果，兴旺发达）。在捶牛的前一天，待女婿来到以后，由女婿在树桩离地面一尺六寸的地方凿一个眼（捶牛时将套牛角的大竹绳从中穿过）。然后在祖传捶牛的位置挖一个深二尺五寸左右的坑，埋入地下部分加两根成十字架的短棒（目的使其牢固），再按家族房族中捶牛人家的字辈顺序从高到低依次把捶牛桩立好。立好后，还要用三根衬棒成三角形抵住这根柱子（目的使其稳固）。捶牛时，有的人家还将一把带谷穗的糯米搁在树桩上。

（5）进经堂。女婿进经堂前，经堂的鬼师们统一备好酒席，在经堂外摆好桌子，请本经堂内前来捶牛的女婿和押礼先生赴宴。宴毕，在经堂的统一安排下，按家房族中捶牛主字辈的大小顺序，由鬼师先生敲锣喊大女婿进入经堂。进经堂时，由二个引礼者走在前，女婿、押礼先生和抬牛食锅糯米的、拿捶牛棒提大竹绳的等跟在后面。同时在门外放铁炮、鞭炮。女婿进经堂后，即在经堂正中下跪、磕头，鬼师即全体起立接待，讲一番风顺话。然后到指定的位置上，用带去捆牛角的大竹绳圈成圆圈，将牛食锅放在上面，坐在锅旁守锅。锅内放有带去的糯米（一般三升六合左右），糯米上圈放着带去的牵牛索，圆圈的大小以女婿和押礼先生的酒量而定（因主人家拿酒来吃宵夜时，以酒淹没圈的圆圈为准）。糯米内插有两把木匠用的四分凿（捶牛时用以打进牛颈、切断神经）。从女婿开始进经堂，外面就放该女婿带来的鞭炮，一直到把炮放完（来捶牛的女婿每人都要准备一万个以上的土鞭炮，在放炮时十多根竹竿挂着的鞭炮同时点燃，有时还夹放大炮、铁炮。按当地说法，进经堂就是看女婿们玩火炮，看谁放炮的时间长）。鞭炮声停后，外面的鬼师才喊二女婿进经堂……直到来捶牛的女婿全部进入经堂为止。

女婿和押礼先生进入经堂后，不能随意出来，进到经堂里面就等于暂时"关禁闭"。待女婿全部进入经堂后，鬼师们鸣鼓敲锣，念咒一番，然后在堂屋中央逐一请各捶牛主人家的亡人上经堂。守锅的押礼先生们对唱古歌，一直闹一个通宵。

（6）出经堂。第二天清晨，女婿出来后，先到母舅爷面前下拜磕头、敬酒，请母舅爷在捶牛时掌好凿子，协助把牛捶死。捶牛的时间到了（上午十点半），鬼师先生领着经堂内字辈最小的女婿（反过来从小到大）出经堂，带到捶牛主人家堂屋敬祖，敬毕，复席。然后由鬼师带出大门，走到牛圈边，女婿请来的帮手们用带来的牛索牵牛鼻子，用大竹绳索将牛角绑住，牛背上背着毯子，由几十个人拖着大竹绳，一直把牛拖到事先栽好的捶牛桩上，将牛角捆绑在牛桩上。捆绑好牛角后，母舅爷拿着竹竿夹好的凿子立于牛角根与耳朵间的穴位上，女婿用带来的捶牛棒第一次、第二次做捶的样子，第三次用尽全力一棒击于母舅爷掌好的四分凿上，凿被击进牛颈，牛即倒地。这时四周早已准备好的帮手们即一拥而上，掐的掐牛嘴（不能让牛叫出声来），整的整牛身，捆的捆牛腿，再用尖刀把牛杀死，用簸箕接牛血。紧接着鬼师先生又依次带出字辈倒数第二的女婿。……直到把女婿全部带出。

牛全部杀死（祭祖的牛）后，在剖牛时先将牛颈和牛腿连皮毛割下来，待送给女婿和母舅爷，大肉全部割成若干小块，用绳子捆好挂着，待来做客的亲戚朋友走时每人打发一块做送礼。

[王发杰：《贵定县巩固乡苗族捶牛祭祖》，《民族志资料汇编·第二集》，第 287—289 页，贵州省志民族志编委会，1986 年 10 月]

31. 贵州龙里县中排乡、民主乡苗族的祭祖仪式——斗牛

斗牛可分买把朗、踩场、请把朗酒、斗牛四个步骤。

买把朗：临近狗和兔的年，经济宽裕的人家，若确定吃把朗，就四处寻找把朗，如遇到符合条件、称心如意的，就不惜高价购买。把朗标准是：头、角、毛色、身法好的，最好是旋长在前两膀、后两腿，且以顺时针长的利主家，逆时针的利姑太或姑妈家。下列几种牛不要：眼角和肚子有旋的不要；角尖往下或白色的不要，认为这是丧事的征兆；角轮不好的不要，认为这是破财，招来穷困；毛红的不要，认为是火星牛，将带来火灾；没项颈的不要，认为这是丧事的征兆；头短不及一尺二寸或断角缺尾的也不要。同时，一个把朗一面锣，买把朗必先买锣。

买到理想的把朗，凡经过同支苗族的寨子，若寨内有至亲者须前来将把朗牵去，鸣炮相迎，赠送三五把谷子并盛情招待，唱把朗歌，每经亲友的寨子都如此这般的热闹一番。到家时，先给牛喝盐水，让牛进家（左脚入家门）。把朗到家，寨上各家妇女则先后为把朗送来草料，一是慰劳牛，二是向主人祝贺。牛到家，锣鼓声不绝于耳，鞭炮齐鸣，犹如办喜事一样热闹。主人则请来各方至亲，以酒肉招待。

现就途经亲友家唱的把朗歌的一段歌词摘抄如下：

银子包在身，哪样也不想，／只想买个好把朗，同场主抽签，／才抽到牛牌到高坡牛打场，当地生意人来看望。／问是为哪样？这是苗家抽签买把朗。／……来到贵阳打手镯，去黔西大定买把朗，／那里某家个好把朗，主人是石头，／石头对牛说，买你去是为哪样？／牛答：苗家有几个牛打场，让我去牛打场，／石头要银一千一百两，苗家拿银子几大堆，／石头拿戥子（秤）来称，得一千一百两银，／在黔西大定住一夜，拉到毕节黄土坡。／脚有盆大，拉到燕楼、党武，／这是我们的老家乡，看到我们祖先三百个牛杆，／看到我们祖先三百个牛桩，来到骑龙赵司，／这里有一条河，人走桥，把朗涉河。／洗去毕节黄土坡水，一个好把朗来到家，／请伯爷老叔敲锣打鼓来迎接，一盆盐水送给它。／左脚先进家，大家为有个好把朗喝杯酒庆贺它……

踩场和请把朗酒：到踩场日（正场日子），将把朗拉到场上，以女婿及至亲们送的床单、红布等礼品披在把朗背上，挂红戴彩，整着一新，寨上父老及前来祝贺者，成群结队，前呼后拥，尾随把朗，绕场一周。场上锣声、唢呐声、爆竹声交织在一起，震耳欲聋，气氛热烈，别有情趣。主人则以此为荣，觉得非常体面。

此时，凡来牵过把朗的内亲，继续牵牛至家，庆贺一番。而同时，主人家中备好酒肉，招待各方来贺之客，大家痛饮一餐。经过踩场之后，杀一只雄鸡祭，这叫洗把朗

脚，有为牛洗尘之意。

斗牛：斗牛场地，根据不同时间、不同性质分为正场和草坝场，场址分开，场址一经确定，都要固定下来，不得更改。上、中、下三排各有自己的正场和草坝场。这些场都有场主管理。斗牛场地的场主和跳月一样，都属于一个场主（只有下排稍有不同）。上排斗牛场主是上坎泥，中排属王寨，只有下排属等鲊和坝卡（跳月场主是等鲊和新寨）。

斗牛时期是农历的六月至八月，三个排的正场和草坝场的斗牛时间，均有自己选择的属相日，且每隔十三天各举行一次，其具体日程如下表：

排名	正场日期（属相）	草场日期（属相）
上排	猪	鼠
中排	龙	鼠
下排	狗	龙

关于牛打场的来历，相传"先开牛场后开马道"。说很久以前，今龙里摆省谷蒙有潘绍龙、潘绍虎兄弟俩（红毡苗）商量开牛场，牛场开在皮公摆王（传说在惠水县境），马道开在贵阳烧箕凹，牛场开了十三天，没有开成，马道只开了一天就开成了，后来两兄弟共同开才开成，以后就有了牛打场。

还传说苗族的牛打场共开了四十八个。现在能知道的有八个。第一个是皮公摆王；第二个是惠水岗度；第三个是羊场甘胃鸡场（龙里境）；第四个是羊场弯寨龙寨；第五个是贵定云雾区仰望烂坝；第六个是贵阳市花溪区高坡猪场（今乡驻地）；第七个是孟关（花溪区属）牛打场；第八个是龙里虎场坝（可能是饶钵山，白苗的牛打场）。但没有上、中、下三个排的牛打场，而只有饶钵山。这正好说明兴牛打场时，白苗还在龙里董下、老寨、蔡家院、长寨（龙里）一带居住，牛打场是饶钵山，他们还未迁到上、中、下三排。

牛打场的正场和草场坝到底区别在哪里呢？正场的斗牛，按照日期，各排在各排的场地举行，彼此不能越界到其他的排场地斗牛，否则引起纠纷。草场坝可以越界，到别的排去打，但事先要邀请约定。

不论哪种牛打场，都有共同的古规矩，不得违反，斗牛场上，凡出了事都由场主按古规处理。例如，此牛被彼牛打断角或腿等，则认为是不吉利之兆，须将此牛当场宰杀用来祭场，祭祀四十八个牛打场之场主。以牛肉招待大家吃一餐，剩余的由牛主抬回家，也有的场主软弱无力，遇事不敢处理。如一九四五年，在下排长舍村的草场坝，斗牛时一头牛角被打断，由于场主没有执行古规，人们则认为不吉利的事将会不断发生。结果只好弃之不要，改在原来场址的上方。在谷郎也出现过类似情况。

凡确定作为吃把朗的牛必须上场与其他牛斗，且以斗输为吉。同时，凡同宗的牛不能互斗，这可能是与祭祖有关。

[杨昌文：《龙里县中排乡和民主乡苗族考察记略》，《贵州民族调查》（之四），第212—214页，贵州省民族研究学会、贵州省民族研究所编，1986年8月]

32. 贵州龙里县中排乡、民主乡苗族的祭祖仪式——吃把朗

这是祭祖活动的第二阶段，是祭祖活动最活跃、最隆重的部分，也是节日的核心。传说从前在燕楼党武时是吃把鸭，即吃单身牛，要吃的牛先后杀，约一星期吃一个。现在日子统一在狗年和兔年农历八月第一个猴日开始，中间经过鸡、狗、猪、鼠、牛、虎共七天七夜。牛统一倒在猪的天，这叫吃排牛。

上面提到，正场的斗牛不能越界到别的场地去举行斗牛。但到了狗和兔的年，被吃把朗可以例外，并在其他两个排的正场转三周。即六月初猪日到上排正场的场地，凡中排下排当年要吃的把朗都拉到这里转三周。转时，主人穿上红绸大袍，系花腰带，牛角缠上红布，有些人家还用银包牛角。放铁炮、敲锣鼓、吹唢呐、鸣大号，声震山谷，响彻云霄。到了六月下旬的龙日，上、下排的牛拉到中排场上转三周。七月上旬的狗日，轮到下排场地，上、中排的牛拉到场地。三个场都转完后，到八月初的猴日才可以举行吃把朗仪式。

每转到一个场地，临近亲友招待牛主一番，并把牛拉至其客家以示炫耀，表示接客（即吃把朗的人家接客），凡牛主及牛到的人家，到牛主吃把朗时，客人定前往祝贺。

吃把朗时，事前须按照大小次序征求女婿意见，大女婿认为自己没能力，则依次征求二、三女婿的意见。看他们谁愿接牛脖颈。同意接的女婿，在敲牛之前杀一头牛招待岳父（舅舅家），即吃把朗的人家。吃一个进出，即头一天去吃一餐住一夜，次日吃完早饭即回。这两餐不要青、白菜上桌。

之后，主家去接客，每到一家主动向被请之客人要一只鸡米三把。若客人不在家，可以随意提上一只鸡就走，客人知其事，不但不反感反而觉得体面。

倒牛之前，有几件事必须做。一是立牛杆，要按古规，须上山砍一根二丈左右而且枝叶繁茂的杉树。树干画成十三道白、十三道黑，栽在全寨统一固定的地方，吃一头把朗立一根牛杆。牛杆，是祭祖的一个重要标志，便于祖人们"来参加祭祖"节日。二是编牛索。这是家族中弟兄们的事，用竹篾编成三丈长的绳子，用来绑牛。三是立牛桩，也即牛碑，宽一尺五寸、长五尺许，是石头制的，上刻有字，上下各打一个洞，用木棒一根横穿下面的洞，埋入地里，上面的洞是固定牛鼻子，便于敲牛。牛桩刻的字大意是：×年×月×日，×××（儿子名）为×××敲牛×头……。作为永久纪念，有如汉族墓上的碑文。四是挂鼓，一个家族有两面鼓，长约三尺八至四尺五，直径一尺八寸左右。鼓是香樟树制的，别的树不能代替，所以苗语称香樟树为"鼓树"，凡吃的本家族，

鼓是挂在辈分高或年龄大的家。谁家用完就放谁家，鼓是祖先在的地方，有如汉族的祖先在神龛（香火）上一样，与其说吃把朗是祭祖，不如说是祭两面鼓。

吃把朗是八月初猴日开始，这一天用一只鸡解邪气，晚上用一稻穗祭祖。

鸡日，即第二天，客人来（除接牛脖颈的女婿）时，一般送一只鸡、一块肉，鸡是大礼，一般都送。

狗日，即第三天，答应接脖颈的女婿来，他是敲牛的主角及执行者，因此，迎接他及其随来的人要比一般客人隆重一些。

女婿的礼物是一斤姜、一斤麻、一口锅、一百头蒜、一只雄鸡，专门制的敲牛的榔头及凿。姜、蒜及鸡肉末互相掺和，家族每户分一点吃并招待客人，一人一小点，麻是用来编索子拉牛到牛桩上。

女婿和同寨的一位姑娘住牛圈边，不能随意动，牛动则仿照牛的动作动，牛怎么动，他（她）们俩人就怎么动。专门有人不时以蒜（姜）鸡末喂他们。这俩人一直在此住一夜，次日（猪日）才可以获得"自由"。

猪日是敲牛的日子，这天，执事的女婿身着红古装来到敲牛的地方，先挖牛桩（碑）洞，女婿先挖三锄，其余由舅爷及有关人挖完。

洞挖完，牛该拉出门了，以一根麻索（女婿送的一斤麻搓成）和一根花腰带牵牛出门，此时，如牛拉屎尿，这是吉利之事，用撮箕接起来，这象征着财喜，家族中要敲之牛，按主人辈分及年龄大小从左到右依次排好，举行一定仪式之后，女婿用凿子和榔头扬三下，表示女婿已经敲了，其他人就把牛敲死。牛血分给家族每户一些，牛内脏由寨上曾经送草喂的妇女打整，每人分一些牛油带回家。把这条牛打整完后，接着敲第二个，并将所有的牛于当天敲完，这一天也是大宴宾客的时候。

被敲的牛脖子及往尾部的十三根骨之肉归执事女婿，一个后腿连尾巴归母舅，另给送鸡的宾客每人一两斤牛肉，所剩无几。因此，往往另杀一头菜牛招待亲友，这天大家开怀畅饮、高歌、场面隆重，气氛热烈，热闹非常。

鼠日，即第五天，客走脖颈出。母舅得一只后腿（连尾）回去了，送鸡的客人们每户得一两斤牛肉回去了，女婿抬着牛脖颈准备要走了。但女婿的走并不是那么一帆风顺。本寨的姑娘们将女婿团团围住拦住去路，使其无法脱身，只能放下牛脖颈来，割些牛肉打发了事。女婿脱身起程了，每经一个苗族村寨，寨上的姑娘们同样来拦路，女婿又以一些牛肉送给姑娘们。因此，有些人路远，经过的寨子多，往往肉被各个寨子的姑娘们割完，剩下一个牛骨头架人抬回家。

第六、七天，即牛、虎日，家族复席又同吃一餐，整个吃把朗要搞七天七夜才算结束。

七天七夜的吃把朗祭祖节，全由家族中的鬼师、芦笙匠、鼓匠等三匠主持祭祖仪式，在七个日日夜夜里芦笙声不断，鼓声不绝。七天结束了，他们的事并没有结束，因为祭祖仪式分别在每天举行，一直到第二十五天解牛绳（固定在牛桩上的牛绳）才了事。从虎日结束解牛绳到第二十五天，三匠仍在主人家进餐，每顿酒肉招待。

"父死留儿，牛死留角。"牛倒后留角放在神龛下的位置处（白苗没有神龛），作为吃把朗的凭证，永久的纪念。吃把朗的牛角加上牛桩（碑）的碑文，后世的人就知道这一家什么时候吃了把朗。如等鲊王大智家的牛桩是丙戌年的，即一九四六年，他家吃了把朗。因此保留牛桩也是一件值得重视的事，牛桩保护的办法，一般栽在敲牛的位置上，有的用土埋，有的则盖好，以避免风化。

吃把朗关键是自己有无经济能力，并非凡逢兔、狗之年都吃，有的人家一辈子不吃的，人家一辈子能吃一次或两次就算了不起。

[杨昌文：《龙里县中排乡和民主乡苗族考察记略》，《贵州民族调查》（之四），第214—215页，贵州省民族研究学会、贵州省民族研究所编，1986年8月]

33. 贵州惠水县摆榜苗族杀牛祭祖宗

摆榜苗族同胞非常迷信祖宗，他们大凡生病或遭到意外事故，或不景气，都认为是祖宗作祟，因此，这里的苗族杀牛祭祀祖宗非常频繁。这有两种传说，一说是在明太祖时，有一个大臣叫刘伯温的，有一天他坐在城里看到有一头牛从西门上下来，牛的角上写有三句话："巫牛祭天，白马祭地，杀牛祭祖。"苗族杀牛祭祖是沿此而来；另一传说是，古时苗族有一对青年男女非常要好，在晚上谈情说爱。有一天晚上，趁父母已睡之机，姑娘把小伙子悄悄地带进家，一起躲在楼上。不料姑娘的父亲走上楼来。小伙子急中生智，跳进牛厩里。老人听到响声即到牛厩察看。小伙子抓住旁边放的棉花遮体。老人深感诧异，发言道："你出来，你是从哪里来的？"来者答道："我是从天上来的。"问："你来做哪样？"答："我来要牛崽。"这人一出牛栏就消失得无影无踪。过不久，这家姑娘生病，请鬼师来看，说是"天仙"下凡要牛崽，没有要走，欠了"天仙"的债，要将那牛崽杀了，用来祭祀，之后女儿的病才能痊愈。从这以后，凡生病者都要杀牛来祭，实在无牛的则猪来替。

由于上述原因，苗族群众凡生病者多杀牛来祭。据下摆乡的粗略统计，每年因人生病而被杀的牛用以祭祖者不下百余头，至于宰杀的鸡鸭更是不计其数。例如，一九八五年瓦窑寨的李××因其十四岁的女孩生病，疑是老祖宗找牛肉吃，于是杀第一头牛来祭过世不久的老人。亲友各捐大米一二升前来参与。客返，各带四五斤牛肉走，孩子的病仍未治好。但目前这里的苗族同胞还不习惯接孩子到医院去就诊，有病重者亦不愿上医院去。他们说：孩子生病背出门去，会引鬼进家来。他继而杀第二头、第三头牛给女孩赶鬼治病。牛肉虽然可以变卖，却损失五百余元，造成了生活的困难。

一九八六年元月，甲坝村王××家的小孩出麻疹。由于迷信思想的影响，不愿去医院就诊，遂杀了一头价值三百余元的牛祭祖解鬼，但仍抢救不了，结果人财两空。

一九八六年元月十三日，甲坝村石板寨的王××难产，说是祖宗来缠。家里人请鬼师念咒，一连杀了两头牛祭祖，孩子仍然没有生下来。产妇危在旦夕，家人不得不去医院里请医生来救。医生陈万富赶来,略施巧计,不到十五分钟孩子即安全地生了下来。……

　　这里有一点还需说及的,贫苦之家无力买牛祭祖的,可设法"买牛气"祭祖。即联系将杀牛卖者,与其商定,先把牛拉来,杀其祭祖,牛肉仍交给原主出售,即所谓的"买牛气"。这种事,在摆榜地区是很多见的,这是其一。其二,这里的苗族同胞忌喂母畜,但喂母水牛可以。他们若遇水牛病死时,必寻当地孤独者先动刀,众人方能割食。说是这样才不招鬼。

[岑秀文:《惠水县摆榜苗族社会调查》,《民族志资料汇编·第二集》,第21—22页,贵州省志民族志编委会,1986年10月]

34. 贵州镇宁县革利地区苗族杀牛祭祖

　　传说杀牛祭祖的由来是:很早以前,郎姜和他的儿子姜署尖上坡去做活路,有只老虎来吓他家俩父子,在跑回家的路上,又有条蛇横着拦他俩的路。郎姜到家后心情非常不愉快,就打了一碗米去请巫师看,巫师说:"你家没有什么,是你死去的父亲来要牛,因为他在阴间没有牛犁地,现在来跟你要一头牛到阴间去种庄稼。只要杀一头牛祭给他就没事了。"郎姜又去请示"天师","天师"说:"可以杀,杀牛祭给自己的父亲是应该的。"郎姜请示"天师"回来后就准备了一头黄牯牛,去请巫师来杀给他的父亲,巫师说:"杀牛祭祖要打鼓吹唢呐、芦笙。用一头小猪来祭鼓、唢呐、芦笙,然后才能吹打鼓乐。用一只狗来封口舌。"从那以后,苗族老人死后都要杀一头牛祭给他,如果刚死时没有杀祭给他带走,过后他会回来要牛。

　　这一地区苗族群众中,杀牛祭祖有两种情况。一种是老人死后,在安埋前,如果家庭经济条件好的,就在抬上山时,杀一头牛给他带到阴间去"喂养耕作",就算清白无事了。另一种是,老人死时家庭经济困难,杀不起牛祭给死去的老人,以后还会回来要牛。过一段时间经济条件好转,就要主动择定日期,杀牛祭给死去的父母。如家庭经济困难暂时杀不起牛祭给自己的父母,只好请巫师巫婆"下阴间"去给死去的祖宗"商量说好话"。许下"愿献",到秋收后或合适的时候筹钱买好牛,届时再去请巫师巫婆来,由巫师巫婆"传来"祖宗到做斋场领走祭给他们的牛,这叫"还愿献"。

　　许愿献牛的时间不能超过三年,由自家承认。巫师、巫婆沟通要牛的祖宗向他许下愿献。用稻草搓条牛绳,巫师、巫婆口中念念有词把牛绳挂在神堂上做"凭证"。如果到时不杀牛祭祀,祖宗就要作怪,整治你,使你家人生病。如果人病死了,把人抬上山时就把许愿的牛绳"凭证"拿出门烧掉;如果人的病好了,届时必须备办"还愿献",祭作怪的祖宗,这样才能保你全家安然无恙。

[杨文金:《镇宁革利地区苗族风俗》,《民族志资料汇编·第二集》,第260—261页,贵州省志民族志编委会,1986年10月]

35. 贵州松桃县苗族打棒棒猪

松桃苗族，历来盛行"pot ghot"的祭祀，它的祭典虽然不及"nongx niex"那么盛大，但保持的清规戒律却要严肃得多。

"pot ghot"的场所，设在火炕边的"hangl ghot"（即苗族安置祖先的地方，位置设在住房右边一间的火炕边，通常忌讳客人、妇女和小孩在这里坐）。

举行"pot ghot"前，主人要先延请祭司择定吉日，然后再去请舅父母来做陪祭人，并请族中一位长辈来担任献爵敬酒的职司，届时祭司即来主家主持祭祀活动。

"pot ghot"活动为时两天。第一天，祭司布置祭坛；第二天正式开始"pot ghot"的活动，经过程序是：设坛装像，交牲献熟，背忌肉，饯祖。就此依次介绍如下：

设坛装像：

举行祭祀的第一天。祭司带着竹制的祭祀乐器，苗语呼为"xenb ndongd"，"nkind mel"（金属制的铃铛）来到主家，布置设坛装像。祭坛上布置一个焚香碗，两旁悬挂着表示军旗的纸幡，并用竹篾编成象征洞穴的竹罩，再用数根树枝交错构成密林状。在树荫下装饰一尊女祖先的立体模像。身着苗族古装衣裙，头戴花巾，坐于坛边，俨然如在其上。

设坛装像完毕，时间已是夜幕低垂，祭司拨紧"xenb ndongd"的发音，试敲几下，咚咚作响，优雅的声音传遍邻里。

交牲献熟：

"pot ghot"所献的牲畜是两头猪（有的要用花猪），整个活动肃穆庄严。这一天禁止在场的人说汉话，一切家中有孕妇的人不许入场更不许汉人入场；否则，就是亵渎祖宗神灵，这堂祭典就无效。祭祀开始时，在祭坛前面，即祖先的模像旁边，摆着两把面对面的椅子，请舅父舅母入座陪祭，并于祭坛的侧边另摆一张桌子、三把椅子，给随同舅父舅母来陪祭的三个男人坐。此时，祭司敲起"xenb ndongd"，间或摇着"nkind mel"，站立着，高声唱起招魂的祭词，迎请祖先魂灵归来！随后由族人把猪牵到堂屋边，祭司即进行交牲法事，向祖先申述"pot ghot"的诚意。随即进行刑牲，将猪翻仰，四脚朝天，每只脚都绑在木柱上，二人各将一根木棍紧贴猪头插入地里，并将木棍上端用力拉紧使其向内交叉，卡住猪脖子使其不能动弹，然后再用木棒猛击猪胸，必须三棒、五棒或七棒把猪打死。猪被击死后，先用水浇淋全身，置于烈火中烧烤脱毛，然后用水洗净。这时，刀手执行分肉职责，剖开猪腹，按祭忌的习惯将猪切成几份，即祭品，送参与陪祭的舅父母一份，酬祭司一份，族中执行刀手的一份和留给主家聚餐四大部分。其中以祭品一项最为复杂，全猪的五脏六腑和五体各部都要割一小点，不能缺少和重复，陈设在十多个位置上，绝不允许错乱。祭品陈设好了，祭司又进行一次法事，敬请祖先领受。

忌肉：

"pot ghot"用的两头猪的猪肉，经刀手分配为四个部分之后，各部分的处理以及如何享用都有严格的规定。祭坛上的供品，凡是参加祭祀活动的族人都可以得到一份，分配给祭司的那份，由他带回家去自行处理，没有任何禁忌；留给主家部分，供给族人聚餐；舅家带回部分，陈规旧习特别森严。舅家人在背忌肉回家途中，若迎面而来的人知道他们是背忌肉的都要迅速回避，不与他们对撞过。舅家背忌肉回到家中之后，视其忌肉多少，请族中老少各自带米饭碗筷齐集一起，一次吃完，不准余留。吃完后，大家各拿碗筷到河边去洗，并须漱口、洗手。从忌肉中所剔出的骨头亦须全部投入河里。

饯祖：

"pot ghot"的最后一道法事是主家举行聚餐，为祖先灵魂饯行。这时，凡被邀请到场的族人一齐动手，帮助祭司将祭坛移到村外的空地上，大家汇集于祭坛边。刀手将留做饯祖的那部分肉切好，用若干个大碗满满地盛着，分摆在地面上，由祭司进行最后一道法事。他运用兴、比的祭词，其意是历数东西南北各地都很险恶，无论天上地下又是那么的冷淡，劝告祖先不如回到家中和儿孙们常住，以享受儿孙们的早晚供奉，那就舒服快乐得多了。随后祭司又作为祖宗的代言人，叮嘱儿孙们，要和睦友爱才会人丁兴旺、家道昌隆。祖宗阴灵随时来和大家欢聚一堂。至此，"pot ghot"祭典方告结束。

[松桃苗族自治县民族事务委员会编：《松桃苗族自治县民族志》，第38—41页，贵州民族出版社1991年版]

36. 贵州贵定县仰望乡苗族的祭祖习俗

（一）平常祭祖。平常祭祖一般是在节令举行，仪式比较简单。燃几炷香、烧几张纸、摆点饭菜供祭。需要供祭祖宗的节令是春节、三月三、四月八、六月六、七月十五、九月九、腊月初八（即所谓"腊八"节）等。忌用狗肉和山上野味作为供祭物，妇女不得触动祭物。

祭祖以七月半较为隆重。除点香烧纸供饭外，还要做"冥色"烧去给祖宗。"冥色"是用白纸三张或五张卷成筒状，上面写上祖宗和儿、孙的名字。给每个祖宗的"冥色"数量不定，少则三、五个，多则九、十一个（只可单数）。放在院坝中烧，每一辈祖宗的"冥色"各放一排，按辈分烧，从记得的最早的祖宗直到不久前死去的。烧完后，纸灰不能乱丢，要送到河中去让水漂走。烧"冥色"的意思是给祖宗送钱去用。

（二）五年小祭。即每五年比较隆重地祭一次死去的父亲（其余的男女祖宗均不在祭祀之列）。五年小祭杀一头牛来祭父，此牛不像十三年大祭那样要求高，不论水牛、黄牛、大小、肥瘦、毛色等，只要是条牛就行了，谓之要点"牛气"，但伤残之牛不可用。

五年小祭时须请鬼师做主祭人。祭日，先在大门外院坝中做一拱桥，此拱桥是用竹子编的，桥的两端编成两个漏斗形。在拱桥上挂、缠上一些白纸条。桥两端弯曲下去，扎在两棵镰刀把粗细的果子树上。桥下之地上放一块新的青布。鬼师在桥搭好之后，要举行奠桥仪式。奠桥之时，在桥脚下两头各放一把未脱粒的糯谷吊吊，各放一碗酒、一碗肉。鬼师将布卷起，从头滚到尾，为送走不好的；再从尾滚到头，是送好的。此布在祭祀完毕之后交给鬼师拿去。

在大门外不远处，还要插一棵树在地上，此树应有枝叶，树上挂两小把未脱粒的糯谷吊吊。这棵树谓之"小祭牛杆"。

待将上述活动搞完之后，鬼师才在堂屋正式开始祭祖仪式。他头缠纱帕，但不穿法衣。

堂屋中安放坛板一块，上面放三团饭（头团奠父、二团奠祖、三团奠母），每团饭的中间插一块上扎白纸的竹片，放一根牛绳、一把凿子、一把用树木削成的长形锤子，放砧板一块，砧板上放一大碗，碗上盖以木瓢（鬼师祭时，依次将茶、酒、肉汤等物放于此碗中祭奠）。坛板上摆的绳子、凿子、锤子，只摆不用。备有一根长竹竿，作为挂放青袍（鬼师的法衣）于堂屋上面的一根竹竿上时用。另备有一小节竹子，祭仪中破一而为二做卦用。

鬼师先念一会儿巫词，做帮手的即拉牛出去杀，取牛的五脏、血一盆、牛头及一脚、一尾交给鬼师摆放在坛板上做祭品。

五年小祭历时一天。最后令帮手收去坛板上的全部摆设，主祭鬼师将挂放青袍的长竹竿从堂屋扔出门外，解下纱帕，祭祀仪式即告结束。

现在仰望乡的苗族，对于十三年大祭（祭祀共同的祖先）似已无兴趣了（已五十多年未搞过了）。许多人对于仅祭祀自己父亲的五年小祭则是看得很重要，不可不搞。

五年小祭不击木鼓、铜鼓，不请姑、舅家来参加祭祀活动。

因仰望乡少牛，杀来祭祖后无法搞生产，也有不少人是到场坝上买来牛头、牛血及牛杂碎回家祭祖的。

（三）十三年大祭。每隔十三年祭一次祖宗（祭祀共同的祖先）。这一祭祀活动是仰望乡苗族过去存在过的规模最大、最为隆重的集体性祭祖活动。据传说：在远古时代，有一年，先是大旱，接着六月打早霜，颗粒无收，死了不少的人。第二年，又是洪水滔天。伏羲兄妹俩有一个大葫芦。当洪水来时，他俩坐在葫芦里得以幸存，而其余人等均被淹死。水退之后，他二人都找不到婚配之人，无奈，兄妹结为夫妻。但婚后七年不孕，不见一子。后来，在西弥山发现一条乌牛，其角上面有"祭天牛"三个大字。伏羲即将此牛宰祭天地，不久女娲果然有了身孕。十月怀胎，一朝分娩，生下一孩儿。伏羲将此孩子砍碎抛于四方，才使得大地上重新有了人。仰望苗族依据这一传说，认为伏羲兄妹以牛祭天才得以怀孕生子，因而要想人丁兴旺就必须像伏羲兄妹那样祭祖。

当祭之年七月（旧历），即去通知姑、舅两家，祭祖日期姑舅两家便按时来到。

祭祖的牛（称为"巴朗"，即水牯牛）提前准备，一般是请有经验的人四处购买水牛，如身上有四个旋，鼻子上有一个旋的，上牛；周身只一旋的，称为"打伞旋"，上牛；全身毛顺着铺下去的，称为"一铺砖"，上牛。如用不合要求的牛祭祖，不但祖宗不会保佑后代人丁兴旺，反而会加害于后人。

把牛买来后，即精心饲养，膘肥体壮，并要拉出去参加几次斗牛比赛，看其是否输过。如果从未输过，那是绝不能杀来祭祖的。这种用来祭祖的牛一定要在斗牛比赛中至少输过一次。

跟五年小祭一样，十三年大祭也是在堂屋举行。仪式由鬼师主持，均穿黄绸衣，戴纱帕。鬼师分为主祭师和帮手，前者一人，后者五六人或七八人不等。鬼师背朝神龛面对大门而站，面前放一块木板，称为"神坛"。上面摆放着一块砧板，砧板上放一大碗（盛茶水），碗里放一木瓢。另在"神坛"上摆放五杯茶、五碗菜。"神坛"的一头放着半筐糯米饭。堂屋右边里面一排姑、舅家的亲属（称为"踩场"之人），他们每人手里拿一小碗，用来喝酒。外面一排则是来帮忙敲牛的人。堂屋中还有大铁锅一口，里面满盛米酒，酒中泡着盘成一圈的、竹子编的牛绳一条（这根牛绳是用来拴祭祖之牛去宰杀的。在编这根牛绳之前，要杀一只公鸡祭过）。另有"敲牛棒"一根，由选来敲牛的人拿着。敲牛的人为谁并无严格的规定，一般胆大力大的后生小伙子都可担任。

敲牛前，先立"牛杆"。"牛杆"长五六尺，直径一尺左右，为杉木制成。先在山上砍来直而无节的杉树一段，剥去皮然后加工成棱柱体（八棱），在中部钻一孔，最后涂上各种颜色。

牛杆立在屋前院坝上。要先用上一届祭祖时所杀牛的鼻子（按习惯，牛鼻子割下放在火塘上烤干之后留着下届祭祖时用）烧的汤奠祭之后，才能立牛杆。奠祭时还要用两碗酒、两碗茶、两碗肉作为祭品。

敲牛时，由一人用那根泡在大铁锅酒中的竹编绳子牵牛到牛杆前，将竹编绳子一头穿过牛杆上的那个小孔拉紧，以使牛头抵在牛杆上。敲牛之人即用一铁凿对准牛头上两耳之间的地方，然后用敲牛棒猛击铁凿顶端，使铁凿刺入牛头。这时牛即倒地，敲牛人顺手抓起一把长刀猛割牛的脖子，只见血流如注，倾入事先备好的一只大盆内。四周观众喝彩不绝，更增加了热烈气氛。

祭祖所杀之牛，只是作为礼物分送亲属，并不在祭期用于请客，而是另外杀猪来请客。按惯例，姑爷抬脖子（即分去一条前腿，这条前腿上应带着三至四块肋骨），母舅抬大腿（即分去一条后腿），余者视送钱（亲属来参加祭祀活动，均要送点钱作为礼物）之多寡，全部割送亲属作为回礼。如一条牛不够回礼的，还得再去买一条牛来杀（这条牛就不讲究了）。

祭祖所杀之牛，只开膛取出肚杂，不剥皮刮毛，就从皮上下刀割来作为回礼。

十三年大祭需时三天，第一天吃牛、猪等的肚杂，第二、三天为正席请客，第四天即送客。请来时，男人先到，妇女晚一步；送客时则相反，先送妇女，男人晚一步。

敲牛那年，要先准备好新衣、新鞋、新帽等，届时不能穿破旧衣服。

作为回礼的牛肉每个亲戚都有一块，这块牛肉不能包或捆成一坨拿走，也不能用谷草捆，只能用竹片拴上长长的一条提着回家去。

牛角、牛鼻子保存起来，以后还有用处。

整个大祭期间要唱"兜古"（即叙述过去一些事件的古歌）的歌。现在这样的歌已无一人会唱了。

在祭仪中，司鼓者击鼓时两脚须一前一后站立，鼓止时收回脚。主祭鬼师不能坐，自始至终口不停地念话，手、脚、身体等则不停地摆动。

约在五十年前才搞过十三年一大祭的活动，后来因经济困窘而未再进行。

[赵崇南：《贵定县仰望乡苗族原始宗教调查》，《贵州民族调查》（之二），第296—298页，贵州省民族研究所，1984年10月。调查时间：1984年3—4月]

37. 贵州台江县苗族敬祖先仪式："戛山拱浓"

"戛山拱浓"意思是祖先。在小孩坐立不安或有蛇进家时，就认为是在吃酒肉或吃鱼时没有"良大"（二字均念阳平，就是吃饭之前要掐一点肉饭于地上，喝酒时也要先倒一点酒于地上，表示先敬祖先），祖先不高兴才发生这些现象。有了这些现象发生后，不一定请鬼师或巫师"望鬼"，可自备祭物请鬼师来家中祭祀。祭物是：

大雄鸭一只、酒约一斤（吃过了的不能用）、饭适量。

不用交代祭物，而是把鸭杀了，经过烧毛洗整煮熟了（肠子是脏的东西不能掺在一起煮）切成小块，不用碗装，平铺在桌上，不分为几份，但肝子要分为三份来摆。再摆饭并斟酒后，鬼师即念咒"鸟大"（鸟大时念咒的声调与祭鬼念咒的声调不一样）。这些"戛山拱浓"是自己祖先守家的"魂"，不是从什么地方请来。但祖先是很多人，也不是逐个名字请到，而是在几句咒语的包括下就算把祖先普遍请到了。鬼师念咒提出要求后就请祖先吃，经过"八崩"后即告结束。

[全国人民代表大会民族委员会编：《贵州省台江苗族的宗教迷信》，第94页，1958年5月内部编印]

38. 贵州清镇县苗族的祭祖仪式——办斋

办斋是汉语的称呼。苗语称"奥溜"，直译是跳鼓，意译为祭祖先……

办斋，多少年举办一次？在属相的哪一年举行？因姓氏不同而各有差异。有的姓氏历来都兴十三年一次，有的则为六年和七年一次，也就是说，在十三年中举办两次。小谷陇、鸡爬田部分王氏是十三年一次，规定逢鼠年举行。而小坝王氏、谷当裨何氏、平滩彭氏、红岩王氏、猫冲、大谷佐王氏、大谷佐任氏是六年和七年举行。平滩彭氏是鼠马之年，有的则是逢龙、狗之年办，如红岩王氏。随着经济、文化的发展变化，现在除平滩彭氏、红岩王氏仍为六年和七年也即逢鼠马之年举办之外，其他原兴六年和七年的统统改为十三年一次。猫寨、大谷佐王氏改在马年举办，有的规定为鼠年，有的是龙年，有的是狗年，有的则在兔年举行。

鼓，是苗族祖先的象征，祖先与鼓有着密切的关系，祭鼓，就是祭祖先。因此，鼓往往是一个家族一只，而且是放在已故亡人辈分高或年长的人家（辈分相同，则放在年长的人家）。存放鼓的人家，称为鼓房。

办斋是农历九月或十月的狗、鼠、虎、兔天。这几个日子无论哪一天开始都行，但必须是单日。牛倒单日，即是说办斋的第三天杀（敲）牛必须是单日。

办斋前后进行三天。

第一天是开坛门，或者称为会祖。在办斋这一届中，同祭一个鼓的家族，看去世几个人就杀几只鸡。死男的杀公鸡，女的杀母鸡。各家分杀好后，按男左女右统一挂在鼓房家堂屋内。通过看鸡的数字，就能知道这一届办斋期间本房族死了多少男的和女的。

开坛门，是鼓房家请五个主持法事的人，即一个吹芦笙的，一个唱歌的，一个斟酒的，两个掌坛的，还有六至八个守鼓的。不是鼓房的人家只请三个人，就是吹芦笙的、唱的和斟酒的。从开坛门这一天起，直至第三天，日日夜夜，芦笙曲不断，鼓声不绝。因此守鼓的人只有轮流执事。

办斋的第二天是等客。四面八方的客人到，这一天要做五台法事，是办斋的正场，其中一个重要场面就是背衣服跳场。鼓声凄凉，芦笙曲低沉，十分悲伤，催人泪下。

第三天是牛倒。俗话说，"杀牛祭祖，杀马祭天。"办斋的这一届，共鼓的人家，看去世几个人就杀几头牛。如一九八四年（鼠年），红岩王家只杀一头牛，大谷佐彭氏杀了三头，平滩彭氏杀了七头，小坝王家、大谷佐任家各杀了十多头。

这一天，各家把牛拉到规定的场地，鼓房的牛放在右则，其余按亡人大小排列，成"一"字形。形成一排，故有的人也称办斋为"打排牛"。谁拴牛、谁杀牛都是固定的，一般习惯上是吹芦笙的拴牛，酌酒的杀牛，做菜的接血。打（杀）牛祭祖（祭鼓）后，鼓声停止，表明为老人办斋的事结束。到吃喝完毕，芦笙曲重新吹起来，跳舞的尽情地跳舞。这是送老人灵魂"回到祖先那里去"，因为办斋期间要把亡灵接回。办斋完了，该送他们"回"去了。

过去，制一个新鼓是在固定的地方制，如同杀牛一样，各个家族各有固定的地方，鼓制好，请三个鬼师、一个妇女，用新裙子、新腰带，把鼓背到鼓房家。话虽然这么讲，而新鼓实际是别人抬来的。

如鼓坏在哪里，制成的新鼓必须背到鼓坏的地方。在那里举行仪式之后，再由那里背回家，方式如同上面提到制新鼓后接鼓声一样。这里有一个生动的例子。在反乱年间，红岩王家在逃亡时把鼓也背着，而背去的鼓坏（或丢）在辛店子。后来日子平静了，重新制鼓，又将鼓背到辛店子，举行仪式之后才按上述办法把鼓背回来。途中不得休息，连夜背至家。只有这样，才能接上鼓声，鼓才响，这叫接鼓气。现在友窝几百户苗族没有鼓，那是"文革"时，统统作为封建迷信的东西、"牛鬼神蛇"的物品，收交革委会驻地——龙窝化为灰烬。现在党的民族政策落实，各个家族都在酝酿制新鼓，使传统的习俗得以恢复。若制新鼓，要把鼓背到龙窝举行仪式后才能背回家。也就是说，要到龙窝接鼓声（气）。

有一些人家不兴制鼓。办斋时，要借别的姓氏的鼓。如红岩王正坤要借本寨王顺清家的鼓（这两家王不同宗）。王明友家则到平滩彭家借。借鼓也是固定的不能随意借。

借的手续并不复杂,不需要多少厚礼。两人抬一坛酒一升一合米饭,随着四个吹芦笙的,六至八人把鼓抬来就行了。还鼓时也是这般礼节。

办斋结束,鼓悬挂在鼓房家堂屋左侧,平时绝对不能打,只有六月和十月打鼓祭祖时才能打。

打鼓祭祖,这是简单的祭祖形式,不像办斋那样复杂。时间是农历的六月初和十月初的狗日或兔日,哪一天在前就用哪一天。

六月栽秧完毕,洗好犁耙,农活不多。此时祭祀自己亡故的父母皆各用鸡蛋一个。祭祖那天,寨邻听到鼓声,大家吹着芦笙前来祝贺。当晚主人办宵夜热情招待。

十月祭祖较六月的隆重一些。祭品是祭父用公鸡一只,祭母则用鸡蛋一个,均将祭品拿到鼓房家祭。

[杨昌文:《清镇县龙窝苗族调查概说》,《民族志资料汇编·第二集》,第58—59页,贵州省志民族志编委会,1986年10月]

39. 贵州威宁县苗族祭老人

在王姓苗族中,各家祭老人时须用下过一窝猪崽的母猪一头。祭祀那天,在天亮时就把母猪放出门口去,事先等待的两个人在野外把母猪杀死,然后主人背着一个竹筐、手拄拐杖故意去问道:"我家的猪失落了,你们看见没有?"那二人即答:"你家的母猪被野狗咬死在这里呢!我们已经把野狗赶跑了。"于是大家动手,把已被杀死的猪抬回来,经鬼师念咒煮吃,仪式即结束。

又另一王姓的苗族,亦用一头母猪祭老人,也在天快亮时把母猪赶到屋外,由两个人拉着母猪(一个人拉猪头,另一个人拉猪的尾巴),鬼师骑在猪的背上念咒一个上午,咒语大意是:"今年年成好,今天时辰好,才杀猪请爹妈来吃,你们吃饱喝足,要保佑我们有吃有穿,人畜安全,子孙发达……"。念毕,把猪杀死。然后从猪脖子下取出一块肉来煮,肉熟后切为七块或九块来祭老人。祭老人时,四方亲友前来参加,并以一只鸡、一斤酒或一斤包谷作为礼物。事毕,鬼师得一左腿猪肉(重十斤左右)。

[岑秀文:《威宁苗族社会调查》,《民族志资料汇编·第二集》,第150页,贵州省志民族志编委会,1986年10月]

40. 贵州苗族的一支——"古懂苗"祭房祖

祭房祖(亦叫打母猪鬼),这是古懂苗同胞生活中的一件大事。所谓房族,即由血缘较近的人们组成。在古懂苗同胞中,一般是以五代人为一房,也有三代人为一房的。每个房族共祭一个房祖。各姓氏祭房祖的情况大致是由上辈人往下辈人推算,每增加一代人时,则去掉祖辈一代的房祖,另立新房祖。每祭新房祖时须杀一头母猪来祭祀。祭房为祖传,这有两种做法:第一种是大哥祭了祖房之后,其余各弟弟均于免祭;第二种是长兄祭了房祖不能代替其弟弟们祭，因此各弟兄都要各祭房祖。

　　杀母猪祭房祖必须择吉日举行，届时由祖传的专门从事祭房祖的鬼师前来主持办理。祭房祖这天，鬼师装扮主人家的男人，主人家的姑爹装扮主人家的妻子，佯为一对夫妻。姑爹身着衣、裙，背着菜筐到山上去讨野菜（和尚菜）来煮做供品。是日，在堂屋内放一张用葵花秆制成的二层供床，床上摆十三块杉木皮；把野菜一把、鸡蛋一枚掺着汤粑一锅煮，用碗装好摆在杉木皮上；把一头母猪的四只脚拴在一起，抬到堂屋，以木杠子压着。鬼师坐在凳上念咒："今天是好日子，某某家杀一头母猪来孝敬老人，是为祖宗清根。杨方、杨鲁（古懂苗传说中创造人类的祖先）是从哪里来？他们又到哪里去？啊！他们是从天上来的，已经来到家里，来到长木鼓里头。快，倒茶，倒茶！天上老祖宗来了，有香烧香，无香就杀母猪当。"

　　"在当初，祖先有金米银米吃也吃不完的时候你不来，今天吃完了你才来，今天把你来供祭，一碗、两碗，十升一斗，十斗一石。世界上先有藤后有树，先有杨方，后有杨鲁，杨方、杨鲁，你们在山野田坝仔细听我言，我给你们的许多供品莫要样样都吃完，你们应该留得一点在人间。"

　　"杨方、杨鲁听我言，天地旱了对场十三天，任何庄稼枯死完，地开裂口大难言，吓得天上神仙打开天门看，杨方、杨鲁乞求神仙放水救人间，神仙小筛子筛雨不顶用，用了大筛筛雨旱象才解决。过了对场十三天，不意听到蛤蟆叫声在云端，吓得神仙忙打开天门看，大地已是洪水朝天。神仙本想降雨救人类，不料雨降多了害人间。神仙看到这情景，遂用铁棍戳地眼，才使茫茫大地水消完。杨方、杨鲁坐在木鼓里，随水漂荡不知到哪年？不料洪水消退木鼓落在大岩上，欲上地面难上难，忽闻老鹰崽崽叫，忙用绳子将它捆。老鹰问道为何捆我崽？杨方立即答语言：请你行好帮一个忙，你把我俩背到地面去，一定把你崽放给你。老鹰满口来答应，背上杨方和杨鲁，飞了一段飞不动。老鹰叫喊肚子饿得真难受，杨鲁立马拔刀割下肩下的两坨肉来喂老鹰，今天人类才会有颈根。老鹰吃不饱又向杨方要肉吃，杨方便拔刀割下肩下的两坨肉来给老鹰吃，今天人类才有两个下腋窝（当地群众叫胛下孔）。老鹰吃完肉仍然没有把杨方、杨鲁背到地面上，老鹰叫喊肚子饿得飞不动。杨方、杨鲁又割下腿上两坨肉给老鹰吃，今天人才会有两只脚杆。杨方、杨鲁问老鹰：我们给你吃饱了，为什么还不背我俩下到地面去？老鹰迟迟不回答。杨方、杨鲁怀疑老鹰力小背不动他俩下到地面去，直言不讳地对老鹰说：你能否把南山的那块大石头搬到北山吗？老鹰听了这句话，一气直往南山飞，两爪抓住大石块顷刻搬到北山端。杨方、杨鲁敬佩老鹰力量大无比，老鹰才把杨方、杨鲁背到地面来。看到地面满目凄凉，想当初世上车马喧闹，看如今人烟灭绝。杨鲁向妹妹直言：老天下雨，洪水朝天，大地无人烟，兄妹不成双，有谁制人烟？杨方听了很心酸，怨恨杨鲁为何出此言？说道兄妹婚配真是不要脸。杨鲁答言道：杨方啊杨方，天下无男又无女，我俩不婚配，谁来制人烟？杨方回答说：杨鲁啊杨鲁，倘若我俩要婚配，除非隔山把针穿！我在北山岭，你在南山巅，线能穿上针，定结为夫妻，若针穿不上，兄妹要分明。言毕往山行，女抛针，男抛线，不意线穿针。杨方又说道，滚磨再成婚，我在南山岭，你在北山端，两磨同时滚，若磨全为一，定结为夫妻。杨方和杨鲁滚磨才结婚，生下肉坨坨，人鬼实难分。杨方说，看来兄妹不能成婚配，我俩仍以兄妹称。杨鲁听后生了气，拔刀砍烂肉坨坨，割下一块放牛厩，就变成了牛家，又割下一块放在石头上，就变成了石家，再割一块挂在李树上，就变成李家……这样才有百家姓。余下骨头烧成灰，向天撒去次日变村庄。"

"有人又无火，人类难生活，一只乌鸦飞来叫，火，火，火在石岩脚。杨鲁听到后，用石互相敲击来取火。人类没有甑子蒸饭来吃，天长地久怎么能度日？一只乌鸦又飞来叫，啊，啊，去用木来合。杨鲁去把木材砍来合成了甑子。人类没有锅，怎能度生活？一只乌鸦又飞来叫，啊，啊，去用泥来搓。杨鲁去拿泥巴来做成沙锅。世界上有了人烟，但无地名，杨鲁说，我要走遍天下去取地名。杨方说你去就去吧，杨鲁就出走天下，每到一个地就取一个地名，巴郎、革利、格邦、破岩、土角、大水井、高寨、箐口、茅草、杨柳、猛正、小革包、大革峭……。"把古懂苗同胞所在的村寨都通念一遍。念毕，杀母猪，用猪血煮稀饭，盛十碗摆在供桌上。再取猪腰身的皮、六个猪乳头煮熟后摆在杉木皮上供祭，片刻众人分吃供品。然后取猪的两只前腿、猪下巴等，依照猪的原形摆设供品，又祭。鬼师念道："我们苗族要是碰着你（指供床），是兄是弟，是姐是妹……"念完，抬供床扔于三岔路口，历时一天的祭房祖活动结束。

祭了房祖则表示这一房人有了新房祖，老房祖则被废除，往后祭祖时只从新房祖的名字念起。

[岑秀文：《"古懂苗"社会调查》，《贵州民族调查》（之四），第418—420页，贵州省民族研究学会、贵州省民族研究所编，1986年8月]

41. 湖南湘西苗族祭鬼仪式——椎猪

椎猪，俗称"吃猪"，苗谓农琶，亦是吃猪之意。吃猪亦系苗乡盛大祭典之一，与椎牛大同小异。至于有吃牛与吃猪之分，均系其姓氏之习俗定也。吃牛，以牛祭之。吃猪，以肥猪祭之。设备亦繁，规模和耗费，不次于椎牛。初因病痛或寻嗣，听信仙姑或巫医指示，许吃猪大愿。家下猪崽，留花猪二只或买二只。所谓花猪者，只要头尾有白花是也。亦须选择体质健壮、耳目周正方可用之。猪买回家，请觋通呈，报告祖先，转呈天公，业经叩请猪神知闻。嗣后该猪肥大时，虔备祭礼，酬谢神恩。有许一年，亦有许二年者，猪肥即祭之，祭此要到十月，或冬腊月下厚霜举行才好。并且椎牛祀毕，才能椎猪。相传大牛会踩小猪，祭猪先于祭牛，恐不吉利也。择定祭日后，报知舅姑姻亲抬腿，亲友前来道贺。一切设备、唱歌鼓舞，均与椎牛相同，参看椎牛节便知，此不多赘。所异者神堂设在地楼上，诵咒声小，不摇金铃。贺客不行至该处，不知神座设何所在也。神座上摆有酒肉碗、石磨、鼎罐、木盘、甑子等，楼梁亦悬猪牛肉串，由一樽一献起，至九樽九献止。宾主击鼓，唱和歌曲亦与椎牛同，唯觋神咒；与椎牛神咒大异。

椎牛神咒，虽属古体排偶，谐音押韵，但总可令人懂得一半。而椎猪神咒，句句不知是说何事，编者未深考究。明晨餐后，苗觋一人，立于门外，身负背笼，笼中装些衣裙鞋袜，手持木杖，叙述以往椎猪根源。另一个身披花被，右手执长刀一把，站立桌上，左手执木叶一把，代替纸类。苗民谓之"途头琶"，用以庆神。并植花柱两根于门外宽坪中，花猪系于柱上，待觋与舅辈绕柱三周，礼毕，昔日舅辈用木棍椎猪，今变旧法，用刀宰之。除将五脏取出煮熟致祭外，整猪暂不分拆，置于神桌祭之，祭毕，将两猪腿割下送抬腿亲。其余切成块，分送贺客。每家大小不拘，表示礼到而已，散客情形与椎牛同，从略述之。

〔石启贵：《湘西苗族实地调查报告》，第472—473页，湖南人民出版社1986年版〕

42. 湖南湘西苗族的祭祖仪式——椎牛

椎牛，俗称"吃牛"，苗语"弄业"，亦是吃牛之意。古有"椎牛而祭之俗"，本题特定为椎牛，是仿古时之意义。吃牛为苗族最大祭典，历时四天三夜。不仅家族邻里参祭，亲朋亦请参祭之。吃牛耗费甚巨，多需数千串，少则千余串。故苗谚云："吃牛难，大户动本钱（存钱），小户卖庄田。"可见非富豪人家无力吃牛也。苗民吃牛，一为解除重病，二为求子。一般吃牛前先许愿。关于许愿之法，初用口许，继请苗觋（俗称苗老司）用黄牛许，谓之"押彩"。觋师燃烛香，摇金铃，摆肉酒，陈牛笼，虔诚咒告神知。有许一年、二年、三五年者，期限不等，椎祭多于冬季举行，时届秋末收获完毕，事前当有着手计划。倘若家中未喂水牛者，备款串乡或赶场选购水牛首为重要。吃牛有吃单牛，亦有吃双牛者，有的用白牯，有的用黑牯。吃单与双，用黑与白，以祭主家习而定。一般吃单牛多，吃双牛少，用黑牯多，用白牯少。吃双牛者，黑白各一，白牯为冠，黑牯次之。无论椎祭单牛与双牛，水牯均需选有四膀四旋，耳目角蹄端正，精力气强，缺一不用也。去买牛时，首先敬奉四官神，亦有未敬而先叩许者。购牛转家，焚香烧纸，敬候以待，鸣锣击鼓，欢迎入屋。牛进屋时，观牛行止，以卜吉凶。相传头向左看者吉，右看者凶；直往中堂仰看者大利，退缩不前摆头者大凶。牛进屋，拉屎主进财，拉尿主退财。苗民用此秘密预卜，主人注视之，每每引为可喜可忧也。水牛买回后，择期聚众家族，请觋师来家"果业"，即定吃牛之意。如法通呈，报告祖先，转奏"果打"，即天公，俗称天老爷。送牛神知闻。继请择日先生择定吉期，即备柴米油盐等。另在家族中挑选一位长辈或平辈，至舅姑和姐妹家"包纠业"，即报吃牛酒。此是必须履行之手续，彼方即或已知道，亦须请人去报之。担任请客者，须用"完人"。所谓完人，是指家实余裕，儿女满堂，不丁忧服之人而言。报客者先至舅爷家，叩请舅爷届时前来椎牛。再去姑姊妹家，报请姑姊届时前来抬牛腿。所谓抬牛腿，即将祭祀水牯之四条腿（双牛八条）割送舅姑及姐妹。四条腿中，有头腿、二腿、三腿、四腿。谁抬头、二腿，谁抬三、四腿，极为讲究。按苗族传统习惯，"男以舅爷尊，女以兄弟重"。

"兄弟"实际是女方兄弟，说法不同，均指舅辈。苗族舅辈地位高，权力大。苗语称舅辈为"果仲兵高"，直译是植物之根和兜。亦有称为"且比"，直译为出生处。牛腿是按血亲分配，腿序为：父亲之舅辈曰"仲打"，直译为椎牛舅、理抬头腿（后腿带尾巴）。儿子之舅辈为"仲且"，地位次之，抬二腿（后腿不带尾巴）。倘若吃双牛，父舅椎白牛，抬白牛头腿。子舅椎黑牛，抬黑牛头腿。余下三、四腿送姑，姑又以大小排列，无姑则送姐妹。有直系亲须给直系亲，无直系亲者给堂舅或堂姑姐妹。相沿成俗，不可更动。违者犯祭，社会舆论亦遭责也。按规定得牛腿者，彼方均以为荣。故设宴殷勤款待报信者，并以金钱或红帕赠之，表示酬劳。四腿定后，再报其他亲朋们。此普通即可，无他谢物。

吃牛祭期长，规模大，宾多客众，事前必周密筹划。黄牛牯、水牛牯、猪鸡祭物不可少，牛肉、猪肉、酒饭待客不可无。还要在家族中，选派三位亲族之长辈或兄弟担任职务。长者曰"江岩"或"江腾"，直译仿佛肉师或刀师，专司切肉摆肉事项。次者曰"江九"，直译仿佛酒师，专司酾酒摆杯事项。三曰"江九兔"，专司高粱、甜米酒事项。此三人系陪神重要人物。每人送白巾一条，以便擦手，表示对神洁净之意。又设锣鼓师一人，苗乐吹手二人。苗族家族中有"当奈哥"习俗，直译为"当寨饭"，俗谓"请百家饭"。请客谁家前，谁家后，内外帮忙人，谁负何责，事先均按规安排，客到方不紊乱也。倘若初次吃牛，得备"扭业"一根，即牛柱一根，待椎牛时绑牛用之。此柱须质硬，高约二丈，横面直径七八寸。标直挺拔，其上端雕刻花环，故又曰"花柱"。另外，祭前一个月或半个月，举行"闹狼业"活动，直译为"闹吃牛鼓"。届时，主家将寨鼓借出，每晚全寨青年男女均聚集起来，有的学唱吃牛歌，有的练击鼓舞。在"闹狼业"期间往往涌现一批能歌善舞者。待吃牛时，宾主对唱、赛鼓则靠这批人也。

准备就绪，届时椎祭。先于期前一日祭家先，苗谓"农琶夯告"。早餐后，集合众家族等，备桌一张，水洗干净，燃蜡香，烧钱纸。主人具备花红利米肉等陈列桌上，苗觋叩请祖师，封坛收邪，剪长联两大束及其他应用各种纸类。设备成后，用猪一只及鸡行之。布置就绪，当开始时，觋敲竹筒，苗谓"剖兴"，声音登然，烧蜡香，雾腾缈缈。如法诵咒，交生宰杀。肉酒阵列，有摆五樽五献，亦有七樽七献者。舅辈例来抬猪腿，送小礼贺之。猪腿抬出门时，大呼三声："同姓者远避，忌肉来了！"所谓同姓，系相同椎牛家之姓而言。与主人同姓者闻之，纷纷躲开。舅辈抬猪腿人始开步。此肉抬至家中后煮熟之，邀族人一餐吃竣。如有剩余，连骨带肉一概深埋于土中，壅以厚土，不许猫犬得食一片。相传犬猫食之立遭意外之祸也。

吃牛祭祀第一天，主要是送黄牛牯和敬祖先。送黄牛牯，苗谓"送巴优葡"，亦有谓"农优"，直译为送黄牛牯或吃黄牛，需用雄鸡一只附之。苗觋用大小桌子各一张，分别摆设酒碗于门外，并扎花树四株于坪中，牵黄牛牯出，觋师喂食喂水。主家老幼立于牛旁，聆听觋师叙述黄牯之功劳，当年天公与黄牛之友情，以及如今天公如何思念黄牯，祭主今日送其升天等语。嗣请雷公打开天门，让黄牯到"留豆留且"去会天公。颂毕，将黄牛杀也。刀师将肉切成块或穿成肉串，放于木盘和挂在堂屋，备祭祀时行法用之。待至深夜，鸡叫五更时敬祖先。苗谓"喜享业"。蒸糯米饭舂粑粑，俗称打粑粑。舂好后，扯做一大薄圆片或堆成堆，置于簸箕里。另摆酒碗五个，献竹筒，如法咒毕，用刀将大粑划成小块，连同小粑分赠家族，不得向隅。

第二天活动最多。白天是接舅辈、迎亲朋，俗称"上客"，苗谓"求卡"。堂屋中，桌凳铺设神座，桌上摆石磨一副，木甑一个，木盘子三块，三脚架一具，鼎罐一个，酒壶一把，酒碗九个。另有九个碗，每碗盖圆牛肚一块。桌上铺些糠皮，以免醑酒滴湿桌上。安排就绪，等候客来。在贺客方面分抬腿客与非抬腿客两种。抬腿客之贺礼例厚于人。贺钱数十串以至数百串，粑粑、糖糁、酒数担、鞋数双、鞭炮数千或数万响。椎牛男辈，另携葛藤一根，长矛一把或数把，以备绑牛椎牛之用。凡抬腿亲与主要亲戚，均邀族人一同往贺，男女老幼，一行数十人或百余人，并请歌师备对歌曲。迎接舅辈，大异常人，礼节极为隆重，舅至村头，炮鸣喧天。行至坪外，暂不入屋。此刻，主家执肉端酒，伏俯磕头，一面作揖一面喊："罗！罗！罗！喂！"，即"来！来！来！喂！"连喊三遍毕，鸣火炮九响，鞭炮数十万响。接着十六人端着肉盘，一人端着酒坛，二人拿着灯笼，二人举着火把，叩请舅客进屋。叩毕，全场宾主齐呼："呼！呼！呼！喂！"众每喊一次，甥退一步，舅进一步，一直将舅客迎到大门口。舅临门前，主饬歌师二人，一人执杯盘，一人执酒壶，肉盘摆有熟肉二片，花杯两个，杯内醑酒。歌师面朝外，拦门唱歌，喜笑欢迎。男辈歌师于门外对答之。互助对答数道，为时良久，观看者若堵墙，评判优劣。唱毕，致舅三鞠躬礼。口呼"和尾"三声，举杯奠酒，舅揖谢入屋升堂矣。此仪式苗语谓"果仲答竹包兵"，可直译为：舅辈踏门进屋。舅辈入堂，主家青年男女立即寻找舅客敬酒，一般是女找男客，男找女客。客须一饮而尽，否则即遭"苗谬"，即扯耳朵，往往惹得满堂大笑。对其他抬腿亲，迎礼有所简。每抬腿亲穿着盛装陪神者，于神座处静坐陪觋祭神。

陪神者数目因地而异，有的一男一女，有的有女无男。晚餐后，设神座于门外，摆肉酒各五碗，觋师燃香摇铃，请神降临，苗名谓之"窝酒格"。日暮后，开场行法，苗名谓之"冲沙冲会"。此时，一般父老围坐神堂中。舅姑姻亲，头冠红缨大帽，身穿长衫褂袍，脚穿新式鞋袜，恭敬整齐，分坐苗觋左右陪神，献酒献肉。宾主吹手，相互步音，比赛胜负。觋师燃烛香，摇金铃，排坐当中。演乐行法。苗名谓之"九蒲业"。开声"韩约！"咒语喃喃，祈祷天公，发驾降临。三请三迎。下降时，由一樽一献起，至七樽七献止。休息一次，又用木板五块，凿成船形，装肉五盒，苗名谓之"禾帕"。又用竹织箩圈多个，装些零星杂肉，苗名谓之"禾谢"。彼时，有一觋师参入神场"卡果业"，直译为讲述吃牛古根。讲古根有觋师者，亦有祭主和舅辈，双方各请一位"将都"，直译为语师。两位语师共同述说天地产生，山川形成，人类繁衍，苗族迁徙，吃牛缘由等。少顷，觋师继续行法，由七樽七献起，一直献至九樽九献止。此时深夜，法事毕矣。拆堂屋神座，桌椅移至屋角边。进入"都狼业"仪式，直译为跳吃牛鼓舞。击吃牛鼓，跳吃牛舞，是椎牛祭祀几个主要热闹场面之一。届时，觋师率领抬腿陪神者绕场三周，接着主人亦领着客人载歌载舞绕场三周。长辈在前，年轻人尾随其后。绕毕，叩请舅爷先击鼓，俗谓之开鼓。随之主人唱歌击鼓，接着邀请客人玩鼓。被邀请对象，例为客方表兄弟姊妹。故彼方不善歌舞者，常常离场逃跑。而主方则满屋追逐，揪住方休。但一般青年表辈，均主动择配相依，女唱男合，尽情地"歌之舞之"。苗乡击鼓，均有一人立鼓旁敲边，俗谓之敲边鼓，苗称"招渣"。玩鼓者于鼓正面，随边鼓之节奏翩翩起舞。查咱，查咱，咱咚咚！查咱，查咱，咱咚咚！左手击鼓，右手舞之，右手击鼓，左手舞之。鼓舞分男女，男鼓舞有鸡公啄米、阵鼓催兵、犁地耕田、农夫插秧、收获打谷、大鹏展翅、猴子戏物、九龙下海等等。女鼓舞有美女梳妆、包头洗面、巧妇织锦、绣花跳花、绩麻纺纱、左右插花等等。每当客人击一会儿鼓，敲边鼓者故意"鸡留渣"，直译为：边鼓击错了。击错边鼓，按习规该击鼓者唱歌。全场立即大哗："边鼓击错了，唱歌！唱歌！"击鼓者只好停鼓唱吃牛歌等。唱毕休息，另一人上。此罢彼续，前停后继，全堂欢庆至天明。自唱歌击鼓后，老年人转向地楼布置神座，觐燃烛香，敲竹鼓，诵咒行法，苗调"培比"，事毕，鸡鸣拂晓矣。

　　第三天祭祀活动，主要是舅辈椎牛。是日紧张、精彩，热闹非凡。早餐后，神座设于门外，一切布置与昨晚间室内相同。觋师随同舅辈等献肉献酒，演乐行法。最后献至九樽九献。同时植花牛柱于宽坪中。植花柱时间，因地而异，亦有事先植好矣。此刻，宾主入场。城乡小贩前来摆摊设点，供应糖果和食品。远近村寨扶老携幼，亦涌来观看热闹。约十时许，水牯送至椎场。觋师念咒，以高粱酒灌之。抬腿陪神者，以此同来排立于坪中，气氛庄重威严，如皇宫上早朝。法事毕，巨炮三声、鼓乐齐奏。甥叩请舅爷绑牛。绑牛时，全场沸腾。"呼阿，呼阿，喂！""呼阿，呼阿，喂！"叫一次，舅辈朝拜一方。齐呼五遍，四方观众及牛牯均拜。此刻，主方爱热闹者，故意在牛身抽鞭、在牛旁放鞭炮以惊牛。舅辈如未迅速将牛绑好，即遭观众嘲笑无能。故舅辈事先均组织族中能者以对付之，现丑者极少，舅辈用葛藤系水牛于牛柱上。绑毕，场内响起"难为（感谢之意）舅父！难为舅辈！"之呼声。舅辈谢退。主家刀师进场在水牯前左腿上，即心脏部位处画个碗口般大之红团，此圈是椎杀之命中点。接着觋师划椎牛场地范围，舅辈陪神者随觋插纸标。复量场地，事毕复回陪神。准备就绪，祭主——甥对舅爷下跪，叩请舅爷入场椎牛，并献红布一段，斜系腰肩。舅爷将矛递给族中之椎手们，传递一位，主人赠系红布一段。少七八人，多至十九人。每人受礼，全场高呼："来！来！来！喂！"礼毕，舅族中年老之长辈，手拖长矛，双目注视牛柱，两脚继踵，交换移步，绕中柱圈线徐行，苗谓之"老斗业"。绕毕，面朝东向，行三鞠躬礼，口呼"和尾"三声，做椎牛姿势，退场将矛交给祭主亲舅。舅爷是年轻者，开始椎牛。若年长不灵，亦仅做椎牛姿势，退场将矛交给族中椎手。椎手们，系腰扎裤，武夫纠纠；持矛旁待，威风凛凛。祭主再次揖拜，舅辈执矛上场，瞄准红图，先以矛把椎之。水牛绕柱奔旋，然后再用矛尖轻轻刺之。水牛飞快旋转，椎手疾步紧跟椎之。观众不断高呼："呼阿！呼阿！喂！"以助威。一般"呼阿！呼阿！"是做椎势，"喂！"方落矛。椎牛有椎规："水牛绕柱一周，椎手必落矛一次，并且矛尖要落在红圈内。倘若绕三周还未椎中或椎在圈外，或向牛掷矛者，均属犯规。观众立即叫喊："夺矛！夺矛！"遭此情况，舅辈不能发怒，只能换人。椎手们依次上场，开始椎得轻，供观众娱乐。良久，方椎牛毙倒。倘若椎双牛，仪式相似，同一椎场。相异处：父舅椎白牛，朝"季对"方向。所谓季对，即房屋供祖先处一端。子舅椎黑牛，朝"季左"方向。所谓季左，即房屋供祖先处另一端。椎牛时间，有先椎白牛，后椎黑牛。亦有同时椎者。但白牛必须先倒也。牛倒方向，苗民卜吉凶祸福。牛头向屋，谓之直倒，上吉；头脚向屋，谓之有情横倒，中吉；头脚背屋，谓之无情横倒，主凶；牛头向外，尾对屋内，谓之背倒，大凶；压盖椎口处，伤舅辈，亦凶。主人每以倒牛情况，见吉凶兆头，忧乐生心。故在牛即将倒下之时，椎手们一般均围在牛旁，倘若发现有凶倒之趋势迅速向前帮忙，使牛倒向吉利方向。吉倒时，宾主皆欢，全场沸腾，主家散发甜酒，年轻人对唱鼓舞以庆之。同时，主家刀师及帮忙人麋集，割牛头，下牛腿，再割牛身，切分肉块，除用敬神项下外，余皆赠给亲朋。其他心肝肠胃肺等，锅燎煮熟，分切肉片，阵列于地楼神座上，如法祭之，苗谓之"培善业"。并蒸糯米饭，分赠至亲好友，招待人客。一般贺客均到族中吃百家饭。饭毕，近处亲朋有的陆续回去也。留者照例唱歌鼓舞至深夜。

第四天，是日收牛柱、敬牛头、欢送舅辈亲朋等。清晨，众亲族聚集。觋师行法事，舅辈与主家相互祝愿，遂将牛角连头骨砍下，绑在堂屋中柱上端，以示纪念，每次如此。吃儿次牛，即有几对牛角也。吃双牛加倍。接着将牛柱取回，置于家中，备下次吃牛再用之。祭毕用餐。末餐例归主人自当，苗谓之"利降卡"，俗称散客饭。散客时，舅姑将牛腿扛回。亲朋亦相继离开。主人放鞭炮欢送舅辈出村。青年男女，相互对歌，送了一程又一程，越送越远，往往送出几里，甚至十几里以外。赛歌时，客人唱输，主人将牛腿肉割下；主人唱输，自觉将肉退回。最后，主家用苗锦、花布赠客；客以银圆酬之。欢笑而别，尽兴方归。

散客后，觋师是日将牛头、蹄、四爪摆做一堂，口念咒语，放火烧之。锅中煮熟，帮忙人吃饮之。主人摆花红利米，燃香烧纸。觋师默敬祖师，奉承主家吉利兴旺。为时四天祭祀活动毕，此椎祭牛神之概况也。

〔石启贵：《湘西苗族实地调查报告》，第 462—471 页，湖南人民出版社 1986 年版〕

43. 湖南湘西祭鬼仪式——吃猪

吃猪，意即"猪鬼"，为苗中祭祀大典之一，祭祖父母等家鬼及雷鬼。前后要做四天，共分十四节。事前预备猪四只，水牛肉若干斤。牛肉煮熟，切成肉片，串成肉串。七片一串的共十四串，九片一串的共十八串。预期请来母族的亲戚，母舅或妻舅在祭典中均称后辈。

第一天晚上做第一节,谓之起场。用大桌一张,摆在正屋中间。桌上摆酒肉各五碗,酸汤一碗,零碎牛肉一盘,木桶一个,桶上放禾枯一根。巫师举行法事,先放炮,次吹号,及后打锣鼓而终。

第二天做第二、三、四、五、六节。早上做第二节,为祭祖父母及家鬼。用小桌子一张,放在大门外,桌上放磨盖一片,反摆。磨上置木桶一个,桶上放刀一把,禾枯二根,牛草数根及秃头芭叶一束。并用托盘一个,内摆酒五杯,碎牛肉若干片。不烧黄蜡,巫师仅念咒而已。

第三节祭雷鬼。最要忌用食盐,因苗人迷信,雷鬼最怕食盐。用大桌一张,亦摆在大门外,桌下摆锄头一柄,蓑衣一件,犁头一张。又用瓦片一块,中放小火炭数块,上烧黄蜡,放在桌上。再摆酒、饭、水牛肉各七碗,酸汤、茶各一碗,共计二十三碗。另摆水牛肉两大盆,桌子旁边放活猪一只,四足捆住。屋外墙壁上挂红毡子一床,又梭镖一支,镖尖插木板一块,倒立毡旁地上,巫师坐在正面,右手执宝剑一把,左手拿秃头芭叶一束,手镯一只。口中念咒,在场陪神人等执壶把酒、吹号、打锣鼓、燃放鞭炮。先献水牛肉七串,一次献一串,献至七次方毕。再将猪一只由巫师献给鬼后,即送厨房宰杀煮熟,再割取猪的各部分肉及心、肝、脏、肺,分做七盆,上献送鬼。

第四节在下午将晚的时候做。用小桌一张,放在门外,上摆香、米、利市(一种纸马)、青烛一对,并酒五杯。

第五节在晚上起更后做。用大桌子两张相连,横摆在堂屋内。桌之四面围摆长凳若干张。桌上摆酒十二碗,内外各六碗;饭十二碗,摆成一长排,每碗之上放猪肉一块,插筷子一双;肉十二碗,亦照饭碗摆成一长排。肉碗之前又摆酸汤、茶各一碗。桌子的一角,放一木桶,桶上放禾枯二根,宝剑一把。巫师与后辈及最亲近的亲族围桌而坐,巫师举行法事,余人放炮、吹打,喧闹一堂。

第六节在二更后做。用长门板一块搁起,放在地楼外方,上摆酒九碗,肉九碗,甜酒九碗,另酸汤一碗,茶一碗。右方摆磨盖一片,上置一桶,桶上摆禾枯一束,宝剑一把。巫师及后辈三人坐成一排,背后悬红毡子一床。巫师做法事,由三樽三献,五樽五献,七樽七献,做至九樽九献。后辈三人恭坐陪鬼,坐到有人出外小便后,主妇拿出雄鸡一只,由巫师献牲,而后宰杀煮熟献鬼。

第三天做第七、八、九、十、十一、十二节。第七节在早晨做。亦用长门板一块搁起,上摆酒、肉各九碗,酸汤一碗,茶一碗及香米、利市,上插弓箭一副,银手镯一只,篾片一条。又磨盖一片,盖上置一木桶,桶上摆禾枯二根及宝剑一把,磨柄上插竹柄,笋中横穿木板一块,一端削成鱼尾形,一穿一小孔,系头绳一根,上刻×形。铺设就绪,巫师即举行法事。

第八节用酒、饭、茶各七碗,摆在地楼正屋中间柱子脚下。巫师行法事,念咒,祭祖先。苗人以为中柱脚下是家堂,是他们列祖列宗所在之地。

第九节在正屋的左面一间,用大肥猪一只,四足绚着,中穿一木棍,棍的两端,结在两根木桩上。先由巫师交牲与鬼,再宰杀煮熟,用小篾笋七个装肉。又以碗装肉七碗，酒饭各七碗，摆在一起；另切肉片，七片串成一串，共七串放在盘内。巫师念咒卜答送鬼。此系祭五谷鬼。

第十节在中午的时候做，竖五花柱（用长约三丈余的杉木做成，上刻花纹，涂以红白颜色）两根在场上，每柱系猪一只，用麻绳捆着后脚。此绳须由后辈搓成。又雄鸡一只，用细麻线穿着鼻子；系在五花柱旁的一小木柱上。巫师戴帽穿袍。手执树枝一根，站在屋檐下。主人头戴礼帽，身披红毡子一条。先以长凳一张，靠在五花柱上，左手执宝剑一把，篾条一根，扬篾条做赶猪状。巫师念咒送猪，焚香烧纸毕，诸后辈手持兵器出，向内行三鞠躬，再向外行三鞠躬，乃宰猪杀鸡。

第十一节在正屋中间前面做。地铺篾席一床，上摆各后辈的衣帽。席后放一长凳，上摆酒一碗，水牛肉一块。巫师立在门外，头戴斗笠，身背篾笼，笼内装衣服等物，手撑木棍一根，口中念咒，说猪鬼的根源，念毕，直进屋内，吃凳上的酒肉。

第十二节在深夜或四五更时做。用长门板搁起为桌，将五花柱上已宰杀的两只猪，割洗干净，放在桌上，猪头向内。桌上又摆酒、肉、甜酒各九碗，酸汤一碗，茶一碗。又饭十二碗，每碗上摆夹花肉串一串，并有磨盖及香米、利市等物。不吹打，由巫师静悄悄地通呈。

第四天做第十三、十四节。第十三节在五更鸡啼时做。一后辈身披毛毡子，头戴草帽，左手执牛角一个，内装水酒，右手执刀一把，并拿猪肉一串，计有肉七片。去至河边或井边，将牛角中之酒倒去，换装清水，转至途中，将肉七片吃了。来到门外，学鸡叫之声，进屋即坐下。桌上摆一托盘，盘内放酒三杯，肉三片，盘下放钵头一个，牛角所装之水即倒在钵内。巫师击鼓念咒，念毕，取水之人跑出门外，主人以柴灰撒在他的身上。

第十四节为送鬼，在早晨做。以猪头煮熟，切成小片或小块，分装在三托盘内，每盘内放酒三杯。一盘摆在正屋的中柱下，一盘在前半间的地上，一盘在门边，由巫师念咒送鬼。

〔凌纯声、芮逸夫：《湘西苗族调查报告》，第92—96页，民族出版社2003年版〕

44. 湖南湘西苗族祭鬼仪式——祭家先

敬家先，苗名谓之"农琶夯告"。有先许而后祭者，亦有临时致祭者，择期举行，事前报请舅辈前来抬腿，花猪一只，须采猪祭之。用凳一张，摆酒饭肉各七碗，剪纸七车，并用白纸糊一大猪笼。举行法事，苗觋烧蜜蜡、击竹筒、摇铜铃、诵神咒，开神声"韩哟"，苗语喃喃。其竹筒之制法：用竹两节，二三尺余长，直径约五寸，中部凿开两行眼孔，中篾一块，削篾内部成薄片，两端各上小尖一颗，使之突出，较竹原部位略高，用箸竹棍节击之，手击筒声与口咒语要合拍调，缓急声音皆相呼应，声音澄然，殊为雅听。交牲杀猪，锅煮熟肉，和以心肝肺肠等，切装碗中。陪神舅辈，项下所得之肉腿背回家，当出门时，大喊三声："斋肉来了，同姓者远避！"才能步行不忌矣。到家后，肉有多少，限做一餐吃完，余肉及骨概埋土中，不能食。埋之要深，以免猎狗挖出食之；否则出门必为毒蛇猛兽所伤，故未敢有稍犯者。

〔石启贵：《湘西苗族实地调查报告》，第479—480页，湖南人民出版社1986年版〕

45. 广西隆林苗族过七月十四

俗话说：七月十四是阴间老人过年，这天杀小猪、羊、鸡等供神。

苗族一般的节日不一定供神，但过年和七月十四必定供神。也有一些苗族总不上坟、敬祖宗，也不烧纸香的。

〔广西壮族自治区编辑组：《中国少数民族社会历史调查资料丛刊·广西苗族社会历史调查》，第73页，广西民族出版社1987年版〕

46. 广西融水苗族的拉鼓节

"鼓社"，是苗族的一种社会组织形式。拉鼓或鼓社节，是融水苗族的又一重大民族传统节日。拉鼓一般每十三年举行一次，也有七年、九年或十一年举行一次的。在举行拉鼓的前两三年，就要把水牯牛养好，每一家或几家合伙养一头，"鼓牛"不给耙田，并加喂精饲料。拉鼓前一两天鼓主就请来祭师杀牛祭祖，全"鼓社"的亲戚都来参加，远近村寨的群众也闻风而来看热闹。到拉鼓那天，便以本寨群众为一方和外来看热闹的群众为一方进行拉鼓，这时鼓主和祭师便头戴银白色凤尾冠，身披特制的披风，拄着拐杖，边走边唱着拉鼓歌，在"咚咚"的鼓声中，盛装的苗族姑娘和小伙子便翩翩起舞，热闹非凡。这种场面通常有数十个村寨数千人甚至上万人参加。鼓主便将接待客人食宿按家境贫富情况分摊到各家各户。此外，还要连续大吃大喝十二天。很多贫困农户为此倾家荡产。

〔广西壮族自治区编辑组：《中国少数民族社会历史调查资料丛刊·广西苗族社会历史调查》，第140页，广西民族出版社1987年版〕

47. 广西隆林苗族的祖先崇拜

苗族的先民们认为人有灵魂，而这个灵魂是永远不死和不眠的，它既可附以躯壳，又可脱离躯壳，人活着时做的梦就是灵魂活动的表现，人死后灵魂就变成了鬼神，活动于另一个世界，并担负着子孙们的护卫重担。想到自己列祖列宗的灵魂都生活在阴间还和亲属们保持一定的联系，活着时生活艰辛，死了后也还是不得清闲的情景时，他们很感动。所以，对祖先们崇敬有加，平时有好吃的东西都要先祭祀给先祖，让他们和亲属们一同享受，认为只有这样，家人才会得到他们的庇护而免遭其他邪魔的侵害，子孙兴旺，幸福安康，于是产生了对祖先的崇拜。

[《隆林苗族》编写组：《隆林苗族》，第319页，2002年内部出版]

48. 广西隆林苗族的服饰图案

据史料记载，苗族的祖先原是生活于黄河、长江流域一带，那里的土肥水美，景色宜人，是生产生活的好地方。后来随着战争灾难的降临，热爱和平的苗族人民被迫离开了美丽富饶的家园，实行向西南方向迁徙。人虽离开，但是家乡那些河流、那些田园及一草一木却无法从他们的心目中抹去。为了让后代人永远记住祖先们居住的地方，先辈们在没有文字记载的情况下采用缝制的方法，以多种颜色丝线把家乡的美景绣在妇女的衣物上，让人们在举手投足之间都可以看到故乡的景色，引发人们思念故土的深深情怀。苗族妇女的服饰为何有那么多精工考究的花纹，它不是随心所欲做出来的，它具有深奥的历史渊源。在隆林的苗族共有六个支系，但他们的服饰除蜡染部分基本相同外，其他部位的花纹却各有千秋，这是因迁离时的季节不同所致。从他们服饰上所反映的内容看，偏苗离开时可能是八九月，当时正是稻熟千重浪的金秋时节，因此，他们服装上的用料主要是黄、白、黑、黛四种颜色。黄色和白色从其搭配和粗细上看，一眼就可看出黄色代表的是成块熟透的稻田；白色是水天一色的河流；黑色成方形，意指村寨边挡住牲畜用的木篱笆；蜡染部分成黛色，即为村寨的炊烟。田块、河流的弯曲部分则用折叠成皱的方法来表现，一眼看去非常酷似实地的图景，轮廓分明，这是下装。上装领口与袖子上使用的花纹表现内容与下装相同，只是代表的不是平地，而是山丘周围的田块，表现力非常现实。红头苗与清水苗迁离时的季节应是春天菜花、桃花开放的时候，他们服装上多采用方格的形式及粉红色、黄色的线料绣制花纹，一眼就让人看出是艳丽夺目的桃花、菜花，其他部位的花纹和偏苗相似。素苗与花苗应是夏季离开故土，故他们服饰上反映的均为黛绿色的景致。而白苗支系走的时候可能是寒冷的冬天，这时候正是漫天雪花飘飞的时节，所以他们的服饰除上装及头饰缀有一些黄色的花儿外，下装皆呈白雪皑皑的天地。苗族人民这些高超的描绘技巧，可称得上为历史的一绝，是其他民族所少有的。因而，尽管时间跨越了多少朝代，苗族的服饰除了质量上的不断改变外，图案却没有多大的变化，不是他们不知道创新，而是他们不愿意创新，他们要永远记住本民族的这段悲壮历史。

[《隆林苗族》编写组：《隆林苗族》，第317—318页，2002年内部出版]

49. 广西融水县苗族祭祖仪式——大会节

大会节亦叫拉鼓节或敬祖节。这是上兰的白苗所特有的传统节日。从上兰来的小东江白苗过这个节的时候，是要到上兰去过的。大会节每十三年过一次（也有"小会节"三年过一次）。常在十一月间举行，连续大打大唱三天三夜，热闹非常。主要活动除拉鼓（打鼓）外，还有三四个年老的人领头唱歌（有歌本），其他所有男士围着一木柱跟唱，并执着拐棍不断地旋转。节日期间各人分摊白米、酸肉等来聚餐。节日结束时，杀一只由全村人出资而派人轮养的猪，每家分给一串肉。

白苗人过大、小会节的用鼓也是特有的。它分长鼓和小鼓二种：长的长一丈五尺，径一尺左右；小的长二尺五寸，径一尺许，皆是挖空木柱、两头钉上水牛皮制成的。对于鼓的制、用、管、弃有一定的成规。长鼓是大会节才用的，节后存三年就废弃了。在这三年内选族内一年长者保管，经常拿饭酒到鼓边吃，逢初一、十五，早晚要穿着干净衣服去敲打几分钟。除这一时间外，其他人可随意去敲娱乐。小鼓是小会节用，用一次换一次皮。

大会节是白苗最大的节日，其意义是尊敬祖先，祝福子孙繁衍、幸福。因为传说他们的祖先是由一只母狗猎物把他养大的。后来，那只母狗又过河捕猎，到河中被山洪冲去，幸被一棵树阻住而脱险。白苗人的祖先为了纪念这树，便把它砍下做成一大长鼓，世世代代流传下来，每逢大会节举行拉鼓活动，以此表示对祖先的怀念与尊敬，同时祈求祖先保佑其子孙兴旺幸福。

[广西壮族自治区编辑组：《中国少数民族社会历史调查资料丛刊·广西苗族社会历史调查》，第 198 页，广西民族出版社 1987 年版]

50. 海南苗族的祖先崇拜

苗族的宗教信仰主要是祖先崇拜，敬奉盘古皇为始祖，每年二月初二和六月初六都做粽粑祭奠，同时信仰墓主仙公、墓主仙婆。自然崇拜也占有重要地位，迷信山鬼、海龙公、土地公、灶王公等，每次砍山、狩猎都要祭告山鬼保佑。

[《海南黎族苗族自治州概况》编写组：《海南黎族苗族自治州概况》，第 53 页，广东人民出版社 1986 年版]

51. 海南苗族的祭祖仪式

每年二月初二日和六月初六日，家家祭祀盘古王，祭品有肉和粽粑，富裕者杀鸡祭祀。全家人团聚或邀亲友欢聚，席间讲盘王的故事，唱《盘皇歌》等。对本家族的祖先，从前没有设神龛；到建国前后，在县城附近的一些苗村里，有的家庭开始设了祖先神龛,并认为它对全家人具有福荫的作用,任何人不得侵犯。凡遇农历年的初一、十五、三月三、六月六、七月十四、冬至节等等,苗胞都要祭祀祖先。特别是在每年的十一月一日至十五日,家家户户每晚都要焚香点灯,说是照亮神路,迎接祖先回家看望子孙,并祈祷他们福佑子孙家运亨通,人财两旺。

[王承权:《海南苗族的习俗与文化》,中国社会科学院民族研究所民族学研究室《民族学资料丛编·南方民族的文化习俗》,第325—326页,云南人民出版社1991年版]

52. 重庆秀山县兴隆乡祭祖仪式——"敬家仙"

对祖先的崇拜也是苗族人民很重视的,祖先的神位和汉族不同。苗族居住的房屋虽都有一间堂屋,正中也有"天地君亲师"的神位,但这只不过是解放前为了怕汉族说连祖先也不敬而模仿汉族的。其实苗族自认为祖先的神位不在堂屋而在左面一间屋内。在这间屋内左边不甚引起注意的地方放着一张凳子,凳子上盖着两个碗,这才是苗族认为自己的祖先神位即"家仙"的真正所在。平时不准家人移动,外人不知移动了或坐了,主人虽口不言而心实不悦。"家仙"每三年一大祭,祭时"打棒棒猪",用棒棒打猪头至死,请"八得送"(苗语道士巫师)来念经请历代祖先驾临祭奠一天,并从姻亲中请一男一女来陪同祖先吃酒。当"八得送"说请××祖宗来饮酒时,这两位所谓陪客就拿着酒杯在香上绕一转后一饮而尽,当天下午并请家族及亲属吃酒肉。打的棒棒猪当天要吃完,一餐吃不完不下席,休息一下,再吃直到吃完为止。当天忌讳很多,不能说一句汉话,不能说一个"不"字;外人不知碰到后,要坐上桌子就吃,不讲客气话;否则一天的祭祀以及打的棒棒猪都要被认为无效。在平时则于每餐饭时,要先将饭放在"家仙"凳上几分钟才开始吃饭,至今石伯欲(民族小学教师)、石万兴、石万登、吴秀益等家中仍摆着这样的"家仙"神位,虽未打棒棒猪,可神位也未撤销。

[四川省编辑组:《四川省苗族傈僳族傣族白族满族社会历史调查》,第177页,四川省社会科学院出版社1986年版]

53. 湖北鄂西苗族祖先崇拜

鄂西苗族崇拜祖先、祭祀鬼神,堂屋的神龛上大多数只供"×××氏堂上历代祖先",不供"天地君",有的把家神供在火坑柴尾那一方。认为人死后变鬼,鬼有善恶之分,善鬼同情人,恶鬼害人。为了驱除恶鬼,求得吉祥,多请苗先生还愿,有大牛愿、小牛愿、猪愿等。还大牛愿规模大,要宰一头壮水牛、一头黄牛、一头猪,进行五天五夜。还愿时在院坝里栽一根大木桩,叫将军柱,把牛拴在柱上。苗先生做法事后,由还愿者的亲属组成杀牛枪手。杀牛时,打猴儿鼓,唱苗歌。杀牛后,枪手各得一条牛腿,其余牛肉招待亲友。把牛肉煮熟后,放在堂屋中间一张长桌子上,亲友围着桌子边唱、边跳、边吃牛肉、边喝酒。吃牛肉用手抓。小牛愿及猪愿规模要小些。这种还愿形式解放后已经没有了。

苗家生了小孩或接了媳妇，要请苗先生举行入谱仪式，死了人举行出谱仪式。谱是一块青布，上无文字，放在一个竹筒内，他们认为全族的魂魄都装在筒内，入谱时顺转两转，出谱时反转两转，边转边念入谱或出谱人的姓名。

苗先生在苗族群众中具有较高威信，无论丧葬嫁娶、修房盖屋，都要请苗先生来做法事，安慰祖先。苗先生不是世袭制度，继承人在苗家兄弟较多、品德较好的人家挑选。

[《鄂西土家族苗族自治州概况》编写组：《鄂西土家族苗族自治州概况》，第33—34页，湖北人民出版社1990年版]

54. 湖北咸丰苗族的敬祖习俗

咸丰杨姓苗族每逢清明要在堂屋里倒扑一个簸箕，上面放一束青，祭奠祖先，表示不忘祖宗之死。解放前，杨姓苗族有一个共同的寨子——杨家寨子，建有杨家祠堂。祠堂里供着祖先牌位，一人一个牌位，按辈分依次排列。清明节时举行清明会，族长要带领族人到祠堂去祭祖。平时全族人出钱置地，请人耕种，收取租谷，供祭祖时吃。祭祖时，族人依次在祠堂的祖先牌位前磕头。平时族人发生矛盾，在清明会时由族长协调解决。如遇偷抢劫盗，清明会时要打屁股。白姓苗族在清明节时，家家户户挂青、扫墓、烧纸、炸炮火。

[龙子建等：《湖北苗族》，第142页，民族出版社1999年版]

55. 湖北苗族祭祀祖先和亡人

湖北苗族崇拜祖先，故流行祭祀祖先之俗。他们在堂屋的神龛上，供奉"×氏堂上历代祖先"，也有的供奉"天地君亲师位"。苗寨杨姓苗族在神龛上供奉簸箕篓，因其祖先逃难时，为逃脱敌人的追捕，躲在一个以簸箕篓为壁的茅棚内，幸免于难，故挂簸箕篓以示纪念。

小茅坡营苗族的祖先神位在火坑的柴尾处。姓张的苗族在神龛上供奉"黑神"（民族首领张仕杰）。过去，湖北苗族每天都给祖先献饭，从而成为他们在日常生活中祭祖最常见的方式。这就是"日祭"。他们在杀猪、尝新、婚丧、节日中都要举行祭祖仪式。

杀猪时，湖北苗族在神龛上摆刀头、酒菜，上面插香，下面烧纸，以示请祖先回家吃"杀猪饭"。

尝新时，苗族要先祭祀祖先，即扯谷子三穗、包谷一个（断成三节），煮熟后用三碗装起，上面放片肉，无肉鱼也可。这就是所谓的"阴人不吃，阳人不领"。

丧葬中，宣恩小茅坡营苗族要整火把酒。火把酒席面要丰盛，东西由主人出，参加的人，全部是主人这家能上祖先牌位的人，还要在同姓族人中找两个长者做陪客。席摆在火炉旁边，席地而坐。这餐酒席叫做"陪亡人吃饭"，又叫"供家神吃饭"。

〔龙子建等：《湖北苗族》，第151页，民族出版社1999年版〕

56. 湖北苗族的安家先

安家先是小茅坡营苗族祭祀祖先的特殊方式。家里凡是经过大的变动，如婚丧嫁娶等，或在家中打闹和破皮见血，事后都必须安家先。苗家崇拜祖先，认为祖先灵魂不灭，安家先就是祭谱。苗家人有两种"宗表"，也就是谱书，一种是活人的，每接一个媳妇或生小孩满三年后，通过安家先上活人谱，嫁姑娘或死了人通过安家先除谱。这种"宗表"，要找本族最虔诚的人保管，放在柜子或箱子角落里，只能立放，不能倒放，取时只能在上午。所谓宗表，是一个竹筒，筒内放一块青布或红布。无妥当人保管时，由苗老师代管。另一种是死人"宗表"，由苗老师记住。每死一个人，通过安家先告诉历代亡人，说："家神位上有他（她）的位置，和你们一样享受子孙祭祀。"安家先随时都有举行的，一般家里打闹或破皮见血，都要安家先。说这样惊动了祖先，要通过苗老师安抚敬奉。安抚敬奉了祖先，可以保佑四季康泰、五谷丰登。安家先，用大升米做簸箕大个粑粑，敬祖后，划成三块，送给亲朋，表示和祖先同乐，中间的那块，苗老师拿去先敬历代巫师亡人，然后分给亲朋。安家先做法事一天。

〔龙子建等：《湖北苗族》，第182—183页，民族出版社1999年版〕

57. 湖北苗族的蚩尤崇拜

鄂西相当一部分苗族特别崇拜"阿普（祖公）蚩尤"，甚至成为部分苗族唯一的尊神。

〔龙子建等著：《湖北苗族》，第181页，民族出版社1999年版〕

58. 湖北宣恩苗族的篾簧簧崇拜

宣恩高罗苗寨杨姓苗族在神龛上供奉篾簧簧。相传其祖先在逃难时，躲在一以篾簧簧为壁的茅棚内，幸免于死。挂上篾簧簧，以示不忘祖先之苦难。

〔龙子建等著：《湖北苗族》，第181页，民族出版社1999年版〕

59. 湖北宣恩苗族的"黑神"崇拜

宣恩长潭张姓苗族在神龛上都供奉"黑神"。相传很久很久以前，姓张的祖先住在湖南长沙一带，首领叫张仕杰，会打仗。张仕杰七十三岁那年，旁边一个外姓人与张家有仇，组织起人马打起来，一把火烧了张家的寨子，寨里的人搞慌了，到处乱跑。张仕杰不顾自己年岁大，赶忙召集那些人，一边扑火，一边和外姓人打。后来，外姓人越来越多，张家支持不住了，死得只剩下十个兄弟姊妹。张仕杰这时已被火烧得黑糊糊的，面貌都辨不出来了。他用最后一口气说："你们快跑到别处去，不然要被他们杀完。"张仕杰话一说完就断了气。那十个兄弟姊妹一起跑到鄂西安家落户，他们想给张仕杰雕个像供奉，但记不得他原来的样子了，只记得分开时他那黑糊糊的脸巴和身子，就雕了一个黑色的神像供在神龛上。一代一代，就这样传了下来。咸丰杨家寨杨姓苗族把全族的祖先牌位按辈分供奉在杨家祠堂之中，每年清明节先在自家堂屋中央倒扑一个簸箕，置白纸于其上，奠有馔酒醴，焚香蜡纸烛祭祖。然后全宗族的人在杨家祠堂举行清明会，由族长主持，集体祭拜祖先，即按祖先辈分高低依次祭拜。

[龙子建等：《湖北苗族》，第181—182页，民族出版社1999年版]

60. 湖北苗族的还牛愿 (又叫还小牛愿)

还牛愿时用活牛可以，用死牛也可以，有的在白天举行，有的在夜晚举行。还愿时，场内栽一木桩，四周栽刺秋木四根与中柱藤索相连，上扎纸人，巫师身披一匹白布，手执法铃，念鬼词。法事后，有一枪手用枪打纸人，以示赶走恶鬼。另一隶亲倒披蓑衣，在响枪打纸人的同时用刀砍断三根刺秋木（留一根由苗老师砍），砍后把刺秋纸人烧掉，以示执行神的旨意对恶魔的惩治。同时还要搞献生和献熟。献生是杀牛祭神，献熟是把熟牛肉切成巴掌大块块加上十尖——五脏之尖，用篾条串起来，五个米粑粑，摆在神龛前（火炉边），安抚历代亡人及巫师之先王法师。事毕后，砍木人得巫师做法事用的那匹白布、一个项圈和十尖。巫师得去头母鸡一只（献生除一头牛外，还要一只母鸡）。

[龙子建等：《湖北苗族》，第198页，民族出版社1999年版]

61. 湖北苗族的还猪愿

巫师推算许愿后，用一尺长的杉木皮，两头用绳捆起，然后吊在神龛上（火炉上），显愿后取下。什么时候杀猪，什么时候还愿。还愿时首先献生，把猪四蹄捆起，顺中柱（头对火炉），面朝外，中柱上方挂一段青布，旁摆十碗，上盖纸钱，苗老师祭祀神灵。表示如愿敬奉后，把猪抬出去杀了。杀猪后还要献熟，献熟时三只蹄爪加尾巴、下牙巴骨、肚内五脏各割一点为十尖，并割六寸长一指厚十四条肥肉，统统用筷条串起，煮熟后放在簸箕内，下牙巴骨放在鼎罐上，由巫师安抚历代祖先亡人。同时还要选一男性隶亲背肉，就是把敬了神的那些肉背回去，表示代亲人免灾。背肉时一路上不能见到主人家这一姓人，见到了等于把灾星传给了对方。肉不能背进屋，进屋不诚心，要在外边办好吃掉，吃不完的包括洗碗水统统埋掉，表示彻底消了灾。苗老师得一只蹄爪作为酬谢。

[龙子建等：《湖北苗族》，第198页，民族出版社1999年版]

62. 四川苗族的祖先崇拜

四川苗族的祖先崇拜最为普遍、最为虔诚，又最庞杂。几乎每户都要供奉祖先，视老人死后灵魂不死，设神龛供奉，可以造福家人。祖先神位安放于火塘边，也有设在堂屋正壁的。川南苗族有的人家用几张钱纸贴在堂屋五尺高处的正壁中部，再钉上竹钉，安放一块小木板，木板上放香炉，即视为供奉的"家神"。川东南苗族在火炕旁安置一张小方凳，一般不可随便移动。他们认为祖先在此与家人朝夕相处，每逢年节，甚至娶进嫁出都要对灵位献酒、肉，表现十分虔诚。

[郎维伟：《四川苗族社会与文化》，第160页，四川民族出版社1997年版]

63. 四川苗族的"还泰山"

"还泰山"，也称祭天神，是川南苗族祖先崇拜的一种仪式。夜间在室内举行，非苗族男性不能参加，门外挂刺藤，防止外人入室。主人邀家族弟兄参加，杀母猪一头以祭，最好是生过三窝的母猪。从杀猪到煮肉祭献、至吃完为止，参加者严格使用苗语，洗猪水不能往外倾倒，全部过程充满虔诚的气氛。"还泰山"是对祖先的祭献，也是对祖先的要求。因此苗族认为按传统祭礼才能保证祖先莅临享祭，也才能祛灾灭病。

[郎维伟：《四川苗族社会与文化》，第161页，四川民族出版社1997年版]

64. 四川苗族打"棒棒猪"

打"棒棒猪"，川东南苗语称"剖果"，意为祭祖。秀山的苗族平时在供"家先"的小方凳上倒扣两个碗或杯，每饭不忘祖。通常三年一大祭，届时延请祭师择吉日主祭。先设祭坛为典礼中心，塑女祖模型一尊，将"剖果"牲畜牵至，用棒击头毙命，取五脏六腑各一点献于坛，供祖先享用，并从姻亲中请男女各一人陪祖先喝酒。然后，参加祭祖典礼的人聚食棒棒猪，席间祭师念念有词，多为祈祖先造福、子孙和睦、人丁兴旺之语，最终食尽方散，祭典结束，一般历时一到两天。

[郎维伟：《四川苗族社会与文化》，第160—161页，四川民族出版社1997年版]

65. 四川苗族"绷鼓"

"绷鼓"是盐边苗族的祭祖仪式。由德高望重的老人发起并主持，择阴历单日，打牛敬祖。选樟树为鼓身，在松木搭成的绷鼓台上，置牛皮于鼓身，用灶灰涂于牛皮，持藤条鞭打，至牛毛全部脱落，即告做成。当夜，将鼓背至公房，参加的人击鼓喝酒，分食牛肉，吹竹笙，跳锅庄。次日将鼓藏于山上岩洞中，当家中有老人去世时取用。至此，追念祖先、祈求保佑的绷鼓仪式结束。

[郎维伟：《四川苗族社会与文化》，第 162 页，四川民族出版社 1997 年版]

66. 云南嵩明县漆树塘苗族祭祖习俗

据了解，漆树塘的村民往昔盛行过祖先崇拜，一年一祭。稍富有者用猪肉祭祖，贫穷者用自种的白菜祭祖。建村人王友明生前常祭祀祖先。他们杀猪祭祀祖先仪式中有装扮成一只虎捉猪的一节。相传王氏祖先有两支人，一富一贫。富者杀猪将祭祖时，突然跑来一只虎，将猪叼至祖坟地。此后每祭祖先，均有虎捉猪的仪式。王家祭祖仅用猪肉，不焚香烛。仪式上仅需长辈讲几句话，大家就可以吃祭祖饭了。

[马占伦主编：《云南回族苗族百村社会经济调查》，第 416—417 页，云南民族出版社 1997 年版]

67. 云南文山苗族宗教信仰

文山苗族信仰自然崇拜、鬼神崇拜、祖先崇拜的原始宗教。他们认为人死后灵魂犹存，仍然在保佑着活着的儿女和子孙。为此，不管是住草房、瓦房都要设神位祭祀祖宗。每逢节庆都要用好菜好饭好酒祭献，并燃香点灯烧纸钱。苗族祭祀祖先，有七月十五的祭祖节、春节等。祭献时，十分虔诚。苗族认为万物有灵。所以在过春节时，每家每户都买很多草纸，裁制为纸钱，在屋里房外的磨、碓、牛圈、牛厩、猪槽、马槽、楼楞、板凳、筛子、簸箕等所有东西上都各贴上一张纸钱。然后在神位上点好香灯，摆上祭献物品，庄重严肃地举行祭祀祖先亡灵的仪式。最后，一家人方才围坐一处吃年饭。

[刘德荣、高先觉、王明富编：《新编文山风物志》，第 151—152 页，云南人民出版社 2000 年版]

第二节 慰藉死者的丧仪、葬式

1. 贵州榕江县加宜公社苗族的丧仪——打牙

对年龄在五十岁以上的死者，死亡时如果一颗牙齿未掉的，要将门牙（上下不论）打掉一颗。打牙的用意有两种说法：一种是如果年龄在五十岁以上的尚未掉牙，就不显得年老寿高，这样死后去到另一个世界别人见了会笑话。另一种说法是，如果不将死者牙齿打掉一颗，他会回来危害子孙，吃掉田里的庄稼。打牙是将死者停放于木板上之后由儿子用铁火钳来拔或者是用弯刀背来敲（据老人们回忆，传说在没有使用铁器时也有用河边的砾石或山上的硬石块来打掉牙齿的）。拔牙不必经过任何仪式，也不请鬼师念口诀。敲掉的牙齿随便丢在屋外即可。

〔王承权等：《榕江县加宜公社苗族调查报告》，《月亮山地区民族调查》，第344页，贵州省民族研究所，1983年6月〕

2. 贵州贵定县仰望乡苗族的丧仪——为死者开路

丧仪的第一道程序为开路，其意为引送亡灵到祖宗亡灵之地去。男七岁以上，女九岁以上，方可开路。因开路时要招过去亡故的男、女祖宗灵魂来参加丧仪，要自远及近念那些男、女祖宗的名字（鬼师要记住五六百男、女祖宗的名字，真不简单！虽然每一个房族都有一个记载男、女祖宗名字的本本，但办丧时是绝不能拿出照念的），不同房族的鬼师念不出别房族祖宗的名字，所以办丧的鬼师只能是本房族的鬼师。

办丧的鬼师分为主持鬼师和做帮手的鬼师。他们出门去丧家前，要在自家院坝放置一扇磨子、一根刺条、一棵芭茅草、一对牛角等辟邪物。开路时，鬼师站在堂屋左边，亡人停于右边一竹子搭的灵床上。鬼师均身穿黄绸衣，头戴纱帕。主持鬼师左手抱一只公鸡（男死用公鸡，女死用母鸡），右手握一竹管（长约六寸、直径约一寸五，竹管中部有一节，握于掌心）。他宣布丧仪开始时，司鼓者（做帮手的鬼师）即击断气鼓（两只木鼓、一只铜鼓）；鼓停，主持鬼师念几句话后，用右手竹管猛击那只公鸡的头，将其击晕之后扔出大门外去。此鸡在大门外宰杀后，煮熟作为祭奠之物。另取一鸡以淘米水洗其面部和两足，并拿些淘过的米来喂这只鸡，然后主持鬼师才拿在手中开路，开路毕，将此鸡拔毛之后放在甑脚（上蒸糯米饭）水里煮熟。当糯米饭上气时即执刀将手中竹管破而为卦。这竹管事先挑选，要纹路好的，因为破来做卦时，只能砍一刀，不可复砍二刀。破为二半后，用刀尖在其中一半竹片背上画一条线，然后将两片捡起合起来打卦。鬼师不停地打卦、不停地念话，意为一切灾难、疾病随亡人而去，永不回返。

办丧开路时，堂屋中还安放坛桌一张，上放一块砧板，这块砧板是新做的，四方形，有一尾，形如燕尾。砧板上放一大碗，碗上倒扣一木瓢。开路过程中，凡奠酒、肉、茶、汤等均用此碗盛奠。

老年人死亡，杀一条大牛来开路，无力备牛的，以后过了三五年或一二十年，还是要想法弄一条牛杀来补上（无论时隔多久，还是要请鬼师为其开路）。

只有杀牛开路的丧仪鬼师才穿黄绸衣，戴纱帕。如无牛杀，也可杀鸡或猪开路，这样的情况就不如杀牛开路的隆重了。杀鸡开路的不击鼓，杀猪开路的仅击一木鼓。杀牛开路，才是正式丧仪。杀鸡或杀猪开路，只是一种无牛不得已将就的办法。鬼师死必须杀牛开路。

开路时，吹芦笙、唢呐，称为"闹丧"，还要吹好几次海螺。用一只牛角奠酒，这只牛角必须是十三年大祭时所敲之牛留下的角。

[赵崇南：《贵定县仰望乡苗族原始宗教调查》，《贵州民族调查》（之二），第299页，贵州省民族研究所，1984年10月。调查时间：1984年3—4月]

3. 贵州苗族的一支——"古懂苗"的开路词

安葬故人的前一天晚上，要请鬼师为死者开路。深夜，鬼师手提一只大公鸡立于棺柩旁，口中念念有词，声调低沉而悲痛，听之催人泪下。开路词道："死者，我来到了门楼边，看见那里有一只狗，对我摇头摆尾的，我看了一眼，它不像鬼，我看它两眼，又不像神，我看第三眼时，它又不像原来的样子了。当我看它第四眼时，才看清楚那里有一个穿得新展展的、头包青帕子（死者为女性则念"头戴梳子的"）、腰拴棉线的人躺在那里。死者，是你不是？啊！是你了。我来我戴着铜帽，你戴的是铁帽。你在阳间要听人的话，你现在来到阴间，一定要听我的话（这段词为开场白，表明鬼师的身份）。

死者，你听着，现在我要告诉你，古老古代是谁帮助人类创天造地的？是葫芦兄妹帮助人类创天造地的。天、地都造好了，就在开天辟地的当初，石头是软的，泥巴是硬的，世界上种不成庄稼。后来出了杨方、杨亚来治天治地，结果使石头变硬，泥巴变软了，阳间才能种出庄稼来，人类才得以生存。大地上先有草草，后有树木；先有藤藤，后有马桑（一种结酸果的灌木）。人类则先有杨方，后有杨亚。杨方、杨亚才生了孔夫子，孔夫子能识九十九样药，知道六十六种迷腊（巫师），这才有药物来医治阳间的人类。过了对场十三天，他的父母亲不幸死了，去喊他回来，用鼻子去吸气，气上不来；用嘴巴去喝气，气上不来。用包谷秆来做骨头，用泥巴来做肉，再用鼻子去吸气，气上不来；用嘴去喝气，气上不来。孔夫子才来封敕：人不能不死，世上人不死，地皮上装不下了。世界上没有人来砍掉树木就不可能见到阳光。世界上的人长生不老，地皮上就容纳不下。

死者，现在我要向你交代，龙脉已断，你才落气（咽气），你一定要跟老祖公老祖太去，没有人拦住你，是灶神菩萨拉你的手，缠你的脚，它问你来阴间做哪样，大家做大家吃。你就回答它：我本来生在世界上就是大家做大家吃的，现在阎王老爷放病来缠身，我逃不了我才来。死者，你在阳间吃饭是用碗，喝酒要拿杯；你来到阴间，天冷不烧火，白天不吃饭，去和大家做大家吃。灶神菩萨才会放你过去。

死者，是谁拉你的手，缠你的脚？只有铁锅和甑子来拉你的手，缠你的脚，他们要问你来阴间做哪样？大家做大家吃。你要回答：本来我在世上是大家做大家吃的，吃饭要抬碗，喝酒要拿杯，只因阎王老爷放病来缠身，我逃不了我才来。天冷不烧火，白天不吃饭，大家做大家吃。铁锅和甑子才会放你过去。

死者，当你来到柱子头边，是它拴你的手缠你的脚，问你来做哪样？大家做大家吃。你要回答：我原来在世上，一天吃一顿饭扛一棵树，一天吃两顿饭扛两棵树，吃三顿饭扛三棵树。拿来大家造屋大家住。只因阎王老爷放病来缠身，我逃不了我才来。现在一天吃不到一顿饭，扛不了一棵树，吃不到两顿饭，扛不了两棵树，吃不到三顿饭，扛不了三棵树，大家起房大家住。天冷不烧火，白天不吃饭，大家吃大家做，柱头就会放你走。

死者，大梁一定盘问你，是它拉你的手，缠你的脚，问你来做哪样？大家起房大家住。你就回答：过去我在世间上，一天吃一顿饭，扛一棵梁，吃两顿饭，扛两棵梁，吃三顿饭，扛三棵梁，大家起房大家住。只因阎王老爷放病来缠身，医生医不好，我逃不了我才来，一天不吃一顿饭，扛不了一棵梁，吃不上两顿饭，扛不了两棵梁，吃不了三顿饭，扛不了三棵梁，大家起房大家住。天冷不烧火，白天不吃饭，大梁才会放你走。

死者，你若遇到船皮拉你的手，缠你的脚，问你来做哪样？大家做大家吃。你就回答：我原本在世间上，一天能磨一升米，十天能磨一斗米，一年三百六十天能磨三石六斗米，大家做大家吃。现在阎王老爷放病来缠身，医生治不了，吃药吃不好，我逃不了我才来。天冷不烧火，白天不吃饭，大家做大家吃。船皮才会放你走。

死者，当你走到大门边，大门问你来做哪样？大家做大家吃。你就回答：我原在世间上，每天天亮就开门，每天天黑就关门。只因阎王老爷放病来缠身，医生治不了，吃药治不好，我逃不了我才来。天冷不烧火，白天不吃饭，大家做大家吃，大门才肯放你走。

死者，当你走到粪堆边，是它拉你的手，缠你的脚，问你来做哪样？大家做大家吃，你就回答：我原在世间上，一天吃一顿饭就挑一挑粪，吃两顿饭挑两挑粪，吃三顿饭挑三挑粪。抬粪去撒放三块田，养三丘秧。现在阎王放病来缠身，医生治不了，吃药吃不好，我逃不了我才来。天冷不烧火，白天不吃饭，大家做大家吃，粪堆才会放你走。

死者，当你走到菜园时，是它拉你的手，缠你的脚，问你来做哪样？大家做大家吃。你就回答：我原来种菜得菜吃，种葱闻葱香。现在阎王老爷放病来缠身，医生治不了，吃药治不好。种菜得不到菜吃，种葱闻不到葱味，我逃不了我才来。天冷不烧火，白天不吃饭，大家种大家吃，菜园才会放你走。

死者，当你走到麻园地，是它拉你的手，缠你的脚，问你来做哪样？大家做大家吃。你就回答：我原在人世间，种麻得麻穿。现在阎王老爷放病来缠身，医生医不好，吃药治不了，我逃不了我才来。天冷不烧火，白天不吃饭，大家做大家吃，麻园地才会放你走。

死者，你遇到竹蓬，它会拉你的手，缠你的脚，问你来做哪样？大家做大家吃。你就回答：我原本在人世间，竹子长大用箍桶、用箍缸。现在阎王老爷放病来缠身，医生治不了，吃药吃不好，我逃不了我才来。天冷不烧火，白天不吃饭，大家做大家吃，竹蓬才会放你走。

死者，你要遇到老祖宗，是他拉你的手，缠你的脚。问你来做哪样？大家做大家吃。你就回答：我原来在人世间，吃饭要抬碗，喝酒要拿杯。只因阎王老爷放病来缠身，医生治不好，吃药治不了，我逃不了我才来。冷天不烧火，白天不吃饭，大家做大家吃，祖宗才会放你走。

死者，你要遇到母猪鬼，是它拉你的手，缠你的脚，问你来做哪样？大家做大家吃。你就回答：我原来在人世间，一天勒一升糠，十天勒一斗，一年三百六十天勒三石六斗糠来喂你，你肯吃又会长。现在阎王老爷放病来缠身，医生治不好，吃药治不了，我逃不了我才来。冷天不烧火，白天不吃饭，大家做大家吃，母猪鬼才会放你走。

死者，你还遇到土地菩萨，是他缠你的脚，拉你的手，问你来做哪样？大家做大家吃。你就回答：我原来在人世间，吃饭要抬碗，喝酒要拿杯。现在阎王老爷放病来缠身，医生医不好，吃药治不了，我逃不了我才来。大家做大家吃。好了，现在你应该下门楼去了。

啊！死者，你去阴间的路上经过一口塘，塘里的水很浑浊你不能吃，那是猪食水！再过去又要遇到一口塘，塘里的水很清凉，这才是吃的水。经过这口塘往前走，又遇到一口干塘，你不要从塘中间走过，要从两边走，泥巴才不会把你的鞋子弄脏。你同大家走才合伴。

死者，你看到对门的那道关口，叫阳关。你过了阳关就会看见一个很大的阳光坝，有两只公羊在坝上吃草。你走到阳光坝时，要解草来喂老公羊。你往对门看，有一道关叫阴关。那里有一个阴坝，你走到阴坝时，天已发亮，太阳出来了。老祖公和老祖太就会来接你。我指你到阴坝去，把你交给老祖公和老祖太他们。现在供酒给你吃（给死者敬酒），我送给你家什和东西，有碗、筷、锅、甑、刀、砧板、水缸、水桶、扁担、箩筐、磨子、石碓、衣服、裤子、帽子、锄、镰、犁、斧头、荞种、麦种、瓜种、玉米、稻种等。现在样样都送给了，样样都送全了。死者，你听我讲，自从开天辟地到如今，你的父亲是不拴腰带的，你的母亲也是不拴腰带的。你父亲和母亲在七天内使你形成生命，七个月使你变成人，九个月使你出生到人间。死者，你要牢记，你母亲的咪咪（即乳房）是你的早饭、午饭和晚饭，你母亲的左胳膊是你的枕头，你母亲的髁膝头是你的板凳，你母亲的背上是你的温床。死者，你转回人间时，你没有一点东西，你只有一只黄母鸡。黄母鸡的母亲叫童子娘娘，黄母鸡的父亲长有红冠子，它妈生它时没有咪咪吃，所以它一生下来就会啄食吃。死者，你母亲一生下你来你就会吃咪咪。黄母鸡的妈妈把它养大成娘，你母亲把你养大就成爷。黄母鸡一天下一个蛋，两天能生两个蛋，十三天就能生十三个蛋，抱了二十三天孵出了十三个小鸡崽。它们长大后，拿一只送给野猫，拿一只送给黄鼠狼，一只送给老鹰，一只送给鹞子，一只送给猫头鹰，一只送给乌鸦，一只送给麻雀，一只送给伯父，一只送给亲家，一只送给姑妈，一只送给姑爷，一只送给姑娘，一共送了十二只鸡，最后剩下的一只鸡，是你的"开路鸡"。仔鸡仔鸡，头戴红冠帽，身穿五色衣，别人拿你无用处，我拿你做开路鸡。仔鸡仔鸡，你妈妈喂大你，天黑你知道，天亮你知啼，人话你听懂，鬼话你熟悉。仔鸡仔鸡，你妈妈喂大你，送你一把梳，你拿背朝地（喻鸡冠像一把木梳）。仔鸡仔鸡，你妈妈喂大你，送你一个金龙头，你不会戴，放在下巴底。仔鸡仔鸡，你妈妈喂大你，送你一对龙角，你不会戴，把它放在脚板底（指脚爪）。

死者，雄鸡叫你你就跟着走。过了阴坝来到了牛坝。牛叫你不要怕，你是骑在马上，勒着马走，太阳出来晒，你在鸡翅膀下面躲阴，天上下雨来，你在鸡尾巴下面躲雨。雄鸡叫你你就跟着走。

死者，你过了牛坝，来到了马坝，马叫你不要怕，你骑在马上，勒着马走。路不平，坡很陡，雄鸡叫你跟着走。太阳出来晒，你在鸡翅膀下面躲阴，天上下雨来，你就在鸡尾巴下面躲雨。

死者，你过马坝来到猪坝。大猪成群，小猪成堆，你不要怕，你骑马上，勒着马走，路不平，坡很陡。雄鸡叫你你就跟着走，太阳出来晒，你就到鸡翅膀下面躲阴，天上下雨来，你就在鸡尾巴下面躲雨。

死者，你走过猪坝来到狗坝，大狗叫，你要用麻绳拴狗的牙齿。小狗一叫，你拿骨头塞进它的嘴里。拿一棵木棒棒来打狗开路，你骑在马上，勒着马走，路不平，坡很陡。雄鸡叫你你就跟着走，太阳出来晒，你就在鸡翅膀下面躲阴，天上下雨来，你在鸡尾巴下面躲雨。

死者，你走过狗坝来到鸡坝，大鸡出来成群，小鸡出来成堆，你不要怕，你骑在马上，勒着马走，路不平，坡很陡。雄鸡叫你你就跟着走，太阳出来晒，你就在鸡翅膀下面躲阴，天上下雨来，你在鸡尾巴下面躲雨。

死者，你走过鸡坝来到鸭坝。鸭子呷呷叫，小鸭哇哇闹，你不要怕，你骑在马上，勒着马走。太阳出来晒，你就在鸡翅膀下面躲阴，天上下雨来，你在鸡尾巴下面躲雨。

死者，过了鸭坝来到芭茅关和苦蒜关。有人去讨芭茅草，你莫要去讨；人家去挖苦蒜，你莫去挖。等你将来投生到人间，有奶奶和爷爷。你骑在马上，勒着马走。雄鸡叫你你就跟着走，太阳出来晒，你在鸡翅膀下面躲阴，天上下雨来，你在鸡翅膀下面躲雨。

死者，你走过芭茅关和苦蒜关来到森林关，有九十九个大森林在等着你。你不要怕，你骑在马上，勒着马走。雄鸡叫你你就跟着走，太阳出来晒，你就在鸡翅膀下面躲阴，天上下雨来，你就在鸡尾巴下面躲雨。

死者，你走过森林关来到毛虫坝，毛虫站起来有老公羊大。你不要怕，你骑在马上，勒着马走。雄鸡叫你你就跟着走，太阳出来晒，你就在鸡翅膀下面躲阴，天上下雨来，你就在鸡尾巴下面躲雨。

死者，你走过毛虫坝来到四脚蛇坝，四脚蛇爬起来有一根木杠子大。你不要怕，你骑在马上，勒着马走。雄鸡叫你你就跟着走，太阳出来晒，你就到鸡翅膀下面躲阴，天上下雨来，你就到鸡尾巴下面躲雨。

死者，你走过了四脚蛇坝来到蝙蝠坝，蝙蝠飞起来有老鹰大。你不要怕，你骑在马上，勒着马走。雄鸡叫你你就跟着走，太阳出来晒，你就在鸡翅膀下面躲阴，天上下雨来，你就在鸡尾巴下面躲雨。

死者，你过了蝙蝠坝来到老虎坝，大老虎张盆大的血口要吃你，你要拿麻绳去套住老虎牙齿；小老虎张开口，你拿骨头塞进它的嘴里。你不要怕，你骑在马上，勒着马走。雄鸡叫你你就跟着走，太阳出来晒，你就在鸡翅膀下面躲阴，天上下雨来，你就在鸡尾巴下面躲雨。

死者，你走过老虎坝来到马蜂坝，马蜂飞起来有麻雀那样大。你不要怕，你骑在马上，勒着马走，雄鸡叫你你就跟着走。太阳出来晒，你就在鸡翅膀下面躲阴，天上下雨来，你就在鸡尾巴下面躲雨。

死者，你走过马蜂坝来到麻雀坝，大麻雀叫喳喳，小麻雀叫哇哇。你不要怕，你骑在马上，勒着马走。雄鸡叫你你就跟着走，太阳出来晒，你就在鸡翅膀下面躲阴，天上下雨来，你就在鸡尾巴下面躲雨。

死者，你走过麻雀坝来到喜鹊、乌鸦坝，喜鹊叫的是你的妻子来接你，乌鸦叫的是老祖公老祖太来接你。你不要怕，你骑在马上，勒着马走。雄鸡叫你你就跟着走，太阳出来晒，你就在鸡翅膀下面躲阴，天上下雨来，你就在鸡尾巴下面躲雨。

死者，你走过喜鹊、乌鸦坝来到强盗坝，强盗们个个手拿大马刀，整整齐齐地来来往往。你不要怕，你骑在马上，勒着马走。雄鸡叫你你就跟着走，太阳出来晒，你就在鸡翅膀下面躲阴，天上下雨来，你就在鸡尾巴下面躲雨。

死者，你走过强盗坝来到藤子关。你看到人家去扯藤子时你莫要去扯藤子，留它在它的，将后投生人世，你才长得漂亮。你不要怕，你骑在马上，勒着马走。雄鸡叫你你就跟着走，太阳出来晒，你就在鸡翅膀下面躲阴，天上下雨来，你就在鸡尾巴下面躲雨。

死者，你走过藤子关来到花坝、果子坝。人家去讨花时，你莫要去讨；人家去摘果子时，你莫要去摘。你投生到人间，才会有儿有女。你骑在马上，勒着马走。雄鸡叫你你就跟着走，太阳出来晒，你就在鸡翅膀下面躲阴，天上下雨来，你就在鸡尾巴下面躲雨。

死者，你走过花坝、果子坝来到笋子坝。你看到人家去扯笋子时，你莫要去扯，留它在它的，以后你转回到阳间，你才有儿有女。你骑在马上，勒着马走。雄鸡叫你你就跟着走，太阳出来晒，你就在鸡翅膀下面躲阴，天上下雨来，你就在鸡尾巴下面躲雨。

死者，你走过笋子坝来到花桥坝。你看见人家去跳花时，你莫要去跳，将来你转回到人间，你才会有儿有女。你骑在马上，勒着马走。雄鸡叫你你就跟着走，太阳出来晒，你就到鸡翅膀下面躲阴，天上下雨来，你就在鸡尾巴下面去躲雨。

死者，你走过花桥坝来到迷魂井。你到了迷魂井，一定要喝迷魂水，你看见人家啄脑壳去喝水时，你莫要啄脑壳去喝水。要是你啄脑壳去喝水，将后回人间你就会变牛变马，人家拿你来骑，到那时你哭也没有用。你要喝水，就用瓢去舀水吃，用碗来舀水吃，用手来捧水吃，将后转回人间才变成人。

死者，你走过迷魂井来到一个关，那是老祖公老祖太他们换鞋的地点。他们要用铜鞋、铁鞋来换你的布鞋，你千万不要换，铜鞋和铁鞋重得很，你要是穿上了，就跟不上老祖公老祖太他们走，那时你哭也没有用。

死者，你过了换鞋的地点又上一道关，那是老祖公老祖太换金兑银的地方。你千万不要去换，金银重得很，你换上了拿不动，你就会跟不上老祖公老祖太他们走，那时你一定会哭，哭也没有用。

死者，你走过丰都城来到休息关（即吃午餐的地点），老祖公老祖太在那里休息吃晌午，你也在那里休息吃晌午，吃饱了才能跟着老祖公老祖太他们走。

死者，你走过休息关晌午关来到了。老祖公老祖太休息时，他们拿出金银凳来坐，你也把你的金银凳拿出来坐。老祖公老祖太拿出扇子来扇凉，你也要拿出你的扇子来扇凉。

死者，你走过休息关来到"松阴场"，你到那里要买牛买马，买猪买狗，买鸡买鸭，买犁买耙，买油盐柴米。买齐各种东西后，老祖公老祖太他们走，你就跟着走。

死者，你走过松阴场来到一座城，这座城又高又大，亮堂堂的，你走到城边听到吹唢呐、听到敲木鼓时，你千万不要进去，那是汉族的城呀！过了这座城还有一座城，那座城又高又大，你走到城边，就听到吹芦笙，听到击木鼓，你就进去，那才是我们少数民族的城，你到那里去买牛买马，买猪买狗，买鸡买鸭，买犁买耙，买油盐柴米……样样东西都买齐全了，老祖公老祖太他们走，你就跟着他们走。

死者，你走过少数民族的城来到无人城。你只能到城边去看，千万不要进城去，那个城是一个缺儿少女的城，是缺夫少妻的城，是缺父少母的城，你进去了，人家也会把你赶走。

死者，你走过无人城就有三条路，上头的那条路你走不得，下面的那条路也走不得，你要走就走中间那条路。你随中间这条路走去，阎王殿就在前面等着你，你进阎王殿要过九十九道门，那里有一块鲁师牌，阎王老爷就在里面等着你。你走到阎王老爷面前时，他问你来做哪样？你就说我的粮草已经吃完了我才来。阎王老爷叫你进去，你必须把你的马、牛、羊、猪、狗关好，把各样东西放好，你就落气（咽气）在那里，你要拿你的三百六十节老骨头和他换三百六十节新骨头（认为每个人由三百六十节骨头组成的）。他送你一节牛骨头，你不能要，你要了牛骨头，将后转回人间就变成牛，人家拿你来犁田，那时你哭也没有用。他送你一节马骨头，你不能要，你要了马骨头，将后转回人间就会变成马，人家拿你来骑，那时你哭也没有用。他送你一节猪骨头，你也不能要，要了猪骨头，将后你转回人间就变成猪，人家宰你吃肉，那时你哭也没有用。他送你一节狗骨头，你不能要，你要了狗骨头，将后转回人间就会变成狗，人家拿你杀来吃肉，那时你哭也没有用。他送你一节鸡骨头，你不能要，你要了鸡骨头，将后转生到人间就会变成鸡，人家拿你杀来吃，你再哭也没有用。他要是送你一节铜骨头或者送你一节铁骨头，你立马就要，将后转生到人间才变成人。

死者，你换了骨头以后，还要去跟阎王老爷要命。他送你一分命你不能要，他送你两分命你不能要，他送你十二分命你也不能要，他要送你半柜子的时，你立马就要，将后你转生到人间才过得起生活（男性的死者还要跟阎王老爷要老婆，女性死者还要跟阎王老爷要丈夫）。

死者，阎王老爷送给你一个穿黄衣服的，你不能要，要了穿黄衣服的，将后转回人间就会变成牛，人家拿它来拉犁，不能做你的老婆，那时你哭也没有用。阎王老爷要是给你一个穿锦衣的，你不能要，要了穿锦衣的，将后转到人间就变成马，人家拿它来骑，不能做你的老婆，那时你哭也没有用。阎王老爷送给你一个穿绸子衣服的，你不能要，要了穿绸子衣服的，将后转生到人间就会变成猪，人家杀它来吃肉，不能做你的妻子，那时你再哭也没有用。阎王老爷送给你一个穿长衣服的，你也不能要，你要了一个穿长衣服的，将后转回人间就变成狗，人家敲它吃肉，不能做你的妻子，你哭也没有用。阎王老爷送你一个穿红衣服的，你不能要，要了穿红衣服的，将后转回人间就变成鸡，人家捉它杀来吃，不能做你的妻子，那时你会哭，你再哭也没有用。阎王老爷要是送一个穿短衣服的，你立马要，将后转回人间得官做，这才是你的妻子，那时你才称心如意。

死者，你要记住，去跟阎王老爷要儿子，他送给你一个穿短衣的，你立马就要，将来转生到人间才得官做，那时你有说不出的高兴。你还去问阎王老爷要家用的东西，种庄稼用的东西，各样种子和各样穿的盖的东西，样样要齐全，将后转生到人间，人家有的东西你才有。将后你转生到人世间时，要变成中年人家的孩子才逗人喜爱，他才不哭。

开路完毕，由鬼师进行"收魂"活动，即把死者亲属和前来奔丧的亲友的名字一一呼唤，表示把他们的灵魂收回来。其时由家族中献小猪一头，杀来祭芦笙和木鼓，以后人们可以自由为死者吹笙和唱"哀歌"（即孝歌）。为死者唱哀歌时，围观者洗耳静听。

[岑秀文：《"古懂苗"社会调查》，《贵州民族调查》（之四），第409—414页，贵州省民族研究学会、贵州省民族研究所编，1986年8月]

4. 贵州惠水县苗族为死者敲牛

敲牛的时间在送葬的当天早上，地点在自己家门口上。头天晚上，在敲牛的地点埋三根木桩,在三根木桩之间拴上绳子,敲牛时,孝子全跪在地上,把牛牵到现场后,拴在木桩上,先由鬼师念鬼,这时,围着牛吹芦笙、跳舞、念鬼完毕就打卦,打完卦再敲牛。所谓"娘亲舅大,爷亲叔大",因此,父亲死,由叔敲牛;母亲死,由娘舅敲牛。

敲牛是一个形式。敲牛时,敲的人用斧头对准牛头,猛敲一下,旁边的人就把牛推倒在地下,用刀杀死。杀牛时,牛头被拉在木桩的绳子下面,挣扎不动。敲牛以后,就抬死人上坡去。

[席克定:《惠水县苗族石棺葬、布依族瓮棺葬调查》,《贵州民族调查》(之二),第460页,贵州省民族研究所,1984年10月]

5. 贵州织金县官寨乡苗族的丧仪——打牛

在丧葬活动中,"打牛"是一个很重要的活动,除了十二岁以下小孩死亡,以及虽已成年但还未掌管家业的青年死亡用鸡代牛外,都要进行"打牛",其时间取决于各个家庭的经济条件,家境好的多是人死后即举行,称之为"打热嘎"。家境差的,只好等过几年积了点钱,买到牛后才能举行。如果人死后即"打牛"的,就请阴阳先生在推算出殡日期时,将之一并推算出来。如果"打牛"的日子与出殡的日子不一致,等早上打了牛后,到下午就把棺材抬出去,停放在离村子不远的地方,到了预定的日子再抬到坟地去埋葬。

"打牛"的仪式,由于死者的性别不同而有差异男性的较简单,女性因事关两个家族,所以要复杂一些。

如果是男的,那么头天下午在院子里(农闲时在村外田坝里)安好拴牛的木桩,烧香、烛,焚纸,召请各位亡亲,如是在田坝里打牛,还要在田坝中搭一个小亭子,称为"灵棚",以便亡亲的魂来后有地方休息。如是女性死者"打牛",同时还要在一个大筛子上用竹子或木条搭一个小房子,上盖女人衣服,"小房子"里放一只现编的小竹簸箕,小簸箕中放两只小酒杯及饭,"打牛"前,预先通知死者娘家,舅爷(或舅侄)按通知提前一天到来,来时带一把伞,背一些酒,领着娘家其他的一些人来,为女性死者"打牛",还有一个说"姑妈话"的仪式,舅爷到达时,"打牛"家拿一床新席子铺在屋外,席子上放一只煮熟、内脏仅留心子的鸡,鸡肚里放两块三四寸长、一破二块的竹子。竹子据说是代表死者的灵魂。舅爷(或舅侄)到后,把鸡翻过来,拿出鸡肚子里的竹片,倒一杯酒奉献给死者,还要说:"姑妈死了,我来踩姑妈的脚。"另外还要给死者叙家常,表示家人不会忘记她。讲完后,孝家就把舅爷及死者娘家来的其他人接进家去,进家后,这些人要为死者哭泣,表示哀悼。完后,孝家请舅爷等人去吃晚饭,安排其他娘家人住处而舅爷或舅侄则与吹唢呐的人到阴阳先生指定的、死者亡灵停留的地方去,陪伴死者魂魄。第二天早上,"打牛"活动开始,"打牛"地点如地里有庄稼就在家门口(因山区土地狭窄,一般家庭都无院坝可言)。所用的牛是黄牛。开始"打牛"的第一个程序是祭奠亡灵，完后将小簸箕及酒、饭点火烧掉。"打牛"时，如是男性死者，打牛的斧头由孝子执掌；如是女性死者，则由舅爷执掌；如舅爷不肯打，由孝家请来搞伙食的人代劳。"打牛"要准备两把斧头，每把斧头都要象征性地"打牛"三下，第一下用斧头掠一下牛背上的毛，第二下稍重一点，第三下再重一下，不允许将牛打死。这六下打完后，打的人将斧头丢开，站在一边的其他人上前来。或者捡斧头"打牛"，或是扯住尾巴，牛被打倒后，用刀将牛杀死，牛血用做招待亲友的早饭，牛肉煮熟晚饭吃和祭奠死者。死者如为女性，吃晚饭前先讲"姑妈话"，到时"打牛"家把头天晚上用的竹席又铺上，席上放祭品：牛骨头、牛肉、鸡，还有女人的头发梳子、镜子、笼子等，席子四角上各放一只瓶子，两只装酒，两只装水。而后将舅爷（或舅侄）请到对屋子或对小房子（在地里"打牛"时）席子的一端，另外再请一个善讲话的人站在另一端作为孝家的代表。请来的这个人将代表死者的小竹片藏起来，舅爷和他两人按规矩用一定的语言应对，经过对死者一番怀念之情的表达后，两人开始斗嘴，看谁反应更快，不过一般死者家请的这个人讲到一定程度时，即作让步，所以最后胜者总是娘舅家的人，斗嘴时间有长达三小时之久的。完了之后，将席子及其上的物品收拾起来，招待娘舅家的人吃晚饭，之后祭奠死者及家族中已去之先辈和各位亡人，最后打鼓放鬼，在"打牛"活动中还要跳芦笙，到打鼓放鬼时，跳芦笙停止。放鬼时，要将代表亡人灵魂的两片竹子用来翻卦，如果得到三回顺卦就称鬼已放走，不然要一直翻下去，直到连得三回顺卦。如果是在土里"打牛"的，将小房子烧了，筛子如果还好，放到火上燎过后可继续使用，否则烧掉。

〔程昭星：《织金县官寨乡民俗调查》，《贵州民族调查》（之四），第363—364页，贵州省民族研究学会、贵州省民族研究所编，1986年8月〕

6. 贵州苗族的一支——"古懂苗"给死者交牛

献给死者的牛，要两只牛角长得对称、四肢健全、膘肥体壮的黄牯牛为好。

给死者"交牛"时，鬼师念道："父亲老人，现在给你老人家送一头瘦牛，你老人家将给我们送千万头肥壮的牛。杀的是活牛，牛肉还在冒着气，现在拿牛胸脯、牛肝脏和牛血来供你，请你老人家来吃吧。"念毕，则表示把牛交给死者了。"交牛"完毕，由大女婿执行砍牛，这时同辈妇女们先向大女婿敬三碗酒，才行砍牛，杀牛前，先由孝子佯杀牛一刀，然后大女婿把牛砍死。即刻取牛肉煮敬死者。另把牛头、牛尾、牛脚都割下来。摆成活牛式样，排成三行，每行十一组，绝不能摆错。说是摆错了将遗祸于子孙后代，出现跛脚、瞎眼等残疾。这一摆设，不仅请家族老幼和亲友前来观看和学习，而且还请已故的家族老人们（念一下名字）来陪死者吃饭。古懂苗的习惯，若给死者献牛的，要供祭死者七回；若给死者献猪的，要供祭死者五回；若给死者献鸡的，只给死者供祭三回。祭毕，由鬼师把各亲友送来的礼物一一交给死者，口中念念有词："××亲戚送给××东西，这是向你要富贵的……"每念一位亲友的名字时，要捏少许食品置于供碗内，说是这些东西是供死者包"糌包"用的，口中亦念念有词："死者，这些东西是你的糌包，你走到吃晌午（午餐）的地方，老祖公老祖太他们拿出金银凳来坐，拿出扇子来扇凉时，你也要拿出你的金银凳来坐，拿出你的扇子来扇凉，拿出你的糌包来吃……"念毕，再敬死者一次酒。这时，由鬼师向死者要"魂"，即把死者亲属及死者家族中的男女孩子老幼的名字通念一遍，把死者亲友的户主名字通念一遍，表示把他们的灵魂从死者身边唤回家来。然后由鬼师行卜，获得好卜（一仰一伏）时，就认为是取得了死者的"同意"。众人即抬灵柩上山。与此同时，要大女婿抢斧把"牛伞"砍倒，舅母们趁势点火烧"牛伞"，并故意纵火去烧姑爷或给其抹"花脸"，以此取乐逗笑。

〔岑秀文：《"古董苗"社会调查》，《贵州民族调查》（之四），第 415—416 页，贵州省民族研究学会、贵州省民族研究所编，1986 年 8 月〕

7. 贵州黔西县化屋乡苗族向死者献牛

向死者献牛的主要是丧主和女婿，这于人死后的第三日举行交牛仪式，届时依然请鬼师念咒语，按先主后宾的顺序把牛交给死者。念毕，由力壮者用斧背将牛击毙，当地群众谓之"打热嘎"。又有少数人家在办丧事时，因经济困难不给死者举行葬礼，待到家庭经济宽裕时才为死者杀牛奠祭，是时，亲友亦前来吊唁，故称之为"打冷嘎"。

化屋苗族对女性死者的吊唁则是另一番情景。届时由舅舅家来为死者说"姑妈话"，分两次举行。

第一次说"姑妈话"时，须在死者门前摆木桌一张，用一个小簸箕装上一只熟鸡、一碗米饭、几杯烧酒、死者的少许头发，置于桌上，桌旁铺草席一张。这时孝子要跪在灵柩后面，说"姑妈话"的人立于桌旁，口中念念有词道："我来到山垭口，看见野马走成路，蜘蛛爬成行，你家的酒杯和席子摆在门口做哪样？"孝子答道："我妈妈不见（死了）已有十三天，去清程，喊人去找，到阎王路上去找，全看不见，找不到，不知舅舅把我妈带来没有？"舅舅方答道："本来喊到我娘舅，我也请人到处去找，喊人四处去寻，找到了阎王路上，望见一个人，她的脸不是我姑妈的脸，身上不像我姑妈形，打她她不肯转，喊她她不肯回，她长也长不大，长大做南山。姑妈我俩小的时候同吃母亲的奶，母亲的手杆是我们的枕头，我打算不来看，深怕我姑妈死在刀山上。自从盘古开天地，伏羲姊妹来成双，周公之礼分姊妹，肖何赵录分阴阳，六郎兴了姑妈话，才讲八娘九妹腔。"孝子答："自从盘古开天地，三皇五帝定乾坤，楼景制了月亮好几个，双制星星做一堆，水淹秦朝来失败，阴阳相合才生儿，伸手起来找不到姊妹，伸手起来找不到话说。兄弟无意，姊妹无娘，乾坤两个相配，我们两个就是乾坤儿。"

第一次说"姑妈话"，主要是叙述了姑妈和舅舅同娘共母的骨肉之情，在姑妈去世的时候，舅舅前来说"姑妈话"吊唁确系非同小可，这包含着历史的深刻意义，表现了舅舅对姑妈的沉痛哀悼和无限怀念。

第二次说"姑妈话"务于杀牛给死者奠祭之后。是时，同样在丧主门前摆木桌一张，上面摆猪腿和羊腿各一只，熟鸡三只，牛肉四块，米饭一碗，肠、肝、肚、肺四碗做供。供桌旁铺草席一张，在草席后面另摆上一张长木桌，上面摆两碗猪肉和一只熟鸡做供。舅舅家来的客人均围着长木桌就坐，每人面前摆有酒和肉各一碗，客人们一边用手抓肉下酒（忌用筷），一边听说"姑妈话"。

开始由舅方发问："你们哭也哭不成，把这些东西摆在门口做哪样？"孝子答道："我妈妈死了，请你们当母舅的来看她一眼。"说"姑妈话"的人则念念有词说："混沌初开，乾坤始定，在你关关雎鸠，飞在河那边，王祥拿得一个鱼来吃，孟中拿得一根竹笋来供。姊妹肝胆相连，爱莫能助。颜路赶不上颜士后，我赶不上姑妈厚道，我和姑妈本是同母生。韩信活埋他老母，观音能救父王身。人生在世，哪个愿死入黄泉？只因为阎王勾了你的名字在前头，这是你的命尽了呀，姑妈！

"春来阳雀叫，记我姑妈话，想到姑妈死，我多么悲伤。我做母舅来，看到外甥跪起哭，孝当先来孝，焚香又烧纸，我起先来讲姑妈话，免得你牵肠挂肚呀，姑妈！

"我长来长不大，长大做南山，姑妈的骨头骨节在×乡×县×地，姑妈的魂魄要跟我做舅舅的回去吧！

"太阳落坡了，月亮出山了，我姑妈你各去你的，我自己转回去了，我们姊妹之情到此为止，分身后各走各的。"

说"姑妈话"时，气氛十分悲伤凄凉，奔丧的远近亲友不禁为之涕泣。

［岑秀文：《黔西县化屋苗族乡苗族婚丧习俗调查》，《贵州民族调查》（之五），第 311—312 页，贵州省民族研究学会、贵州省民族研究所编，1988 年］

8. 贵州凯里市舟溪乡苗族为死者"交路"

人死了在将出丧埋葬时，要请鬼师交代死者的去路，名为"交路"（当地汉族称为开路）。送到天上的"刁嘎鳃、咀乓浓"（意为祖宗住的房舍）去。但送去的是第几个魂魄，鬼师们又茫然了。交代死人的路线，起初一段是地下，并且在巫词中，许多地名都加上一些坏了的词儿，后一段是天上，一直到"刁嘎鳃、且乓浓"。路线如下：

养尖兜、乓东洋	家门口、寨当中
嘎往八、嘎替哥	毁坏的菜园、倒塌的寨门
相里将、敖补汪	寨边的田埂和水井
养的兜、别谋港①	
嘎赏引、嘎囊略	本寨经常牧牛的地方

---

① 直译为敲火岭，挞盆山，即为村边焚毁死者遗物和掩埋者回家到此洗手后将盆打破的地方。

养刚蒙、别刚压	蜂岭、虫坡
嘎鸟学、嘎道心①	岩石嵯峨、树枝丛生的地方
养催立、别段霞	讲理的山岭、唱歌的山坡
养良、松诡	陡岭、隘口
敖晚虐、告皎呆②	天河和撑篙者告皎
杠皎工、告褛羊③	拱桥、告褛家
虐修④	
响肯	市集名
歹给咀虐⑤	跳芦笙和踩鼓的地方
匡嘎两、咀嘎兑	嘎两、嘎兑（神名）的家
匡屋榜、咀屋所⑥	屋榜、屋所（女神名）的家
敖寡归⑦	鸡屎河
敖鳃①	黑水
敖收②	白水
刁嘎鳃、咀乓浓③	祖先住地

先在祭主的大门外举行请"嘎兑"莅临的仪式，鬼师唱着巫词请它们到来，它们到舟溪的路线是：

匡窝你、咀窝金	银屋金房
晚糯道熬	天上云间
接着就下十九级银梯	
刚方囊奶、粉方囊赖	日月出来的地方

（以下同架桥时请"告皎、屋长"的路线一样。）

鬼师唱巫词把路名唱完，表示已请"嘎兑"到来之后，即由全体陪祭的人及鬼师携带祭物到村外经常祛鬼的地方去。杀牛并把肉煮熟，分配为十九份摆在桌上。中间的一份摆心脏，心脏侧边的两份各摆一个腰子（肾），另以胸脯和肝子平均分配在十九份的

---

① 据说死者得到子孙送给吃的东西，到此都挂在这里。

② 这里已经到天上，以下的地名都在天上，"告皎呆"是天河的撑篙者。过渡时要给他米或钱（冥钱）做工资，所以鬼师交路时要预备一把小米或钱纸放在侧边。

③ "告褛羊"又叫"告褛养"，近乎一个神，死人的魂魄要穿过他家去。据说活人落魂了，魂魄走到这里，他就拦住不准走过，等待鬼师叫回去；如走过了，人就要死。

④ 据说它是一只大虎，把路拦住，死人的魂魄到这里时它就要吃掉。为了避免此祸，所以要杀水牛给死者带去，虎怕水牛，就会让路。无力杀牛的，交路的鬼师交代死者等待，俟有牵牛的死人魂魄到来时，再随他一道过去。

⑤ 这是吹笙跳鼓的地方。死者如是老年人，鬼师就告诉他（她）看一会热闹再过去；如死者是年轻的，就告诉他（她）参加跳一会再去。

⑥ 耕畜、农具在这里，"立"（即讲理词）和"贾"（解决纠纷的长篇理词）也在这里，鬼师告诉死者的魂魄去取，以传给子孙。

⑦ 这里是鸡屎河，太脏，鬼师即告诉死者魂魄要捞好衣服，以免弄脏。

上面。并摆饭、酒各十九份；桌下摆十九份生肉。"商大"的席位摆在桌下。摆好之后，由鬼师唱巫词请它们饮食，请它们赐予。巫词很长，要费几个小时才能唱完。交代完毕后，就送它们回去。然后陪祭人一道吃喝一餐，肉挑回祭主家去，重新煮过，宴请客人。

[贵州省编辑组：《苗族社会历史调查资料》（二），第281—283页，贵州民族出版社1987年版。调查时间：1958年11月]

---

① 这里是黑水，鬼师告诉死者的魂魄染衣。
② 这是白水，即清水，鬼师告诉死者的魂魄洗脸洗手，才如同祖宗一样干净。
③ 这是祖先住的地方，鬼师告诉死者的魂魄在这里住千年万载，并告诉他安心住，鬼师回去了。

9. 贵州雷山县西江苗族选墓地

这里苗族认为祖先死后有三个灵魂：一个留在墓穴，一个回到东方老家，一个在本家护子孙。因此，一个人正常死亡后，必须对他（她）的三个灵魂作妥善安排：选择墓地时，用卜卦征求死者留在墓穴的灵魂，是否同意安葬于子孙所选择的基地。其仪式是，请鬼师在所选择的墓地旁，同死者的灵魂对话。届时鬼师口中念念有词，大意是说：你的子孙择这块宝地做你的墓穴，是不是同意？如同意，请示阳卦或阴卦。之后，鬼师开始占卜，如占得阳卦或阴卦，说明死者同意安葬于此；如多次占卜而未得此卦，说明死者不同意葬于此，须另选地方。选定墓地后，在下葬之前鬼师站立墓穴前向东射出一支箭，然后将棺木下葬。与此同时，鬼师唱送魂歌，把死者的另一个灵魂送回东方苗族先民生息过的地方。送魂指示的路线是：西江—平寨—龙久—鸟摇河—黄里—丹江—永乐—榕江—沿都柳江下至广西—湖南—湖北—长江下游平原。死者的另一个灵魂则在家守护子孙。每逢年节，甚至平日吃肉时，饭前须将几片肉、饭及少许酒洒于火塘旁，以示敬祀祖先在家之灵。

[韦启光：《雷山县西江苗寨调查报告》，《贵州民族调查》（之三），第198页，贵州省民族研究所，1985年10月]

10. 贵州毕节县大南山苗族的打嘎

（2）打嘎的主持者和祭品

打嘎的主持者有主祭人、总管、掌坛师等。打嘎是为死去不久的死者举行的。这些主持者须由死者死时原来主持开路、打牛和吹芦笙的那一批人负责。

（主祭人）主祭人苗话的意思是知道太鬼的人。一般由家族内熟悉祭仪的人承担，是原先人死时承担开路、祭祀的人。

（总管）总管苗话的意思是管这样、管那样的人。有内总管和外总管之分：内总管专管祭祀仪式；外总管专管接收礼物、招待客人、计划物资等。总管由房族内或房族外的人担任都可以。

（掌坛师）掌坛师苗话的意思是会吹芦笙的人。只要会吹芦笙，无论是房族内外的人都可担任，共需两人，一正一副，正的吹累了，就由副的接着吹。

其他在场的人，则临时负责唱歌、击鼓。唱歌者当场谢酒一杯。

孝子要在场跪拜，以示孝道。

祭祀时要吹芦笙，有这样一个传说故事（是项正清等口述的）：

从前唐僧到西天取经的时候，回来时经书被大鱼吃掉了。当把大鱼捉到后，汉族的人就割下鱼头，用棍敲它，使它吐经，所以后来汉人敲木鱼。彝族的人从鱼腹中取出一部分经书，因打湿了，就摊在五棓子树叶上曝晒，晒干时已黏住了，扯不脱，所以后来彝族打嘎就要用五棓子树。苗族的人得鱼尾（鳍），以口吹它，使其吐出经；后来鱼尾烂了，就改用竹筒来代替，就成为芦笙，所以后来祭祀时要吹芦笙，使其吐出经，就是芦笙吹的声音。

祭品有牛、鸡、粑粑等。牛一头，大小不论，由亲戚送来。祭主家境富裕而备有牛多头的都要一次杀掉。鸡一只，是给死者做报晓用的。把鸡杀死打整后，放在糍粑上。以糍粑一个一升糯米（七市斤左右）做成，捏成一大圆饼，有簸箕样大，放在簸箕里。

关于打嘎起源的传说中，没有提到用鸡和糍粑做祭品，后来用这两样，据项正清说有这样一个传说：

从前官家征调苗族的人当兵去打"小朝"（记音），结果把小朝打败了，但去的人死了很多。谁死谁活，都不知道，活的回来了，有的人过了三年还不回来才肯定他们已死了。生还的有些人提议以家里的牛、猪杀来祭祀那些死了的人，大家同意了，就杀牛、杀猪祭祀。在祭祀时，因为没有鼓就以簸笼盖着水缸代替。正在进行祭祀的时候，"主子"听到了就过来看。他看见这样的祭祀，很不在意地说："我说是怎样搞法？是这样搞！"祭祀的人听到了，为求吉利，便接话说："主子说还差一只鸡和一个粑粑。"大家就补办了鸡和粑粑做祭品。后来无论哪家打嘎都少不了这两样。

（3）打嘎过程

打嘎时，先在堂屋摆上席子、簸箕，簸箕里盛一个大糍粑，糍粑之上放一只已杀死的鸡，鸡的上面放有一件衣服，表示是死者灵魂享祭的地方。

陈设完毕，即击鼓表示请主祭人招请灵魂前来享祭。除招请应祭的灵魂外，还招请三至五代——上起祖辈，下至孙辈已经亡故的直系、旁系亲属的灵魂前来陪享。

主祭人念祭词逐一提到死者的名字，邀请他们的灵魂从坟墓里前来享受祭品。念名毕，表示亡魂已到来，即请他们喝酒、吃饭、吃鸡蛋、吃肉，并烧香纸，接着吹芦笙。先奏"起头"，大意是：

今天是个好日子，请某某的灵魂来到，请坐在席子上、簸箕上、桌子上，请喝酒、吃肉、吃饭、吃鸡蛋。

吹奏芦笙者自吹自舞，每请坐一次，享一次祭品，吹笙者双手持着芦笙表演作揖的舞姿，同时笙声不断。招待陪享的灵魂时，笙调内容和舞法完全相同，只改变被请的灵魂名字。笙调不长，可重复吹舞几次至几十次。

祭毕，即把整套陈设和祭品搬到屋外的场地去举行另一个祭仪，称为"串院坝"（苗语的意思是鬼在院坝散步）。照原样陈设，并摆九个空碗（据说各姓摆的空碗数不一样，有摆五个、七个、十二个的，但大南山各姓都摆九个）。把鸡煮熟，内脏切细供祭。共祭九次，每次在一个空碗内放一点鸡肉，表示该灵魂及陪享的灵魂同享受。

当上祭时，要吹奏芦笙，笙词内容大意如下：

请到院坝散心，请喝酒、吃饭、吃肉。

在门外祭毕，又将全部陈设的东西搬回堂屋原来的地方，照原样陈列。这时，又吹奏芦笙，苗语意思是鬼进层，又叫落屋。笙词是：灵魂落到哪里？灵魂落到寨子中间。灵魂落到哪里？灵魂落到院子中间。灵魂落到哪里？灵魂落到门边。灵魂落到哪里？灵魂落到屋中间。

然后其他的人可以吹芦笙、唱歌，表示热闹。

到了半夜，就要举行"上表"仪式。上表没有疏文，而是吹笙代替。上表者（即祭奠者）是先家族而后轮到客人，依次进行，每人单独进行一次。先由死者的大伯（即嫡堂兄或伯伯）上表，没有大伯的，即由房族内长辈先上，大伯上完，才轮到叔子。再次，如死者是父亲，即由死者的姊妹上表；如死者是母亲，则由母舅（死者的兄弟）上表。如家境富裕，备有酒多，女婿以至其他亲友也可上表。如果酒少，在轮到掌坛师、总管上表后就结束这一仪式。

上表时，由主祭者念祭词，吹笙者吹奏芦笙，祭词和笙词基本相同，但芦笙要重复吹三遍，祭词、笙词的内容大意是：

现在某某备有钱纸、酒、肉给你，请你来喝酒吃肉，领钱去买土地。

同时，死者的儿媳要持一束火把在旁，表示给死者照亮数钱。主祭人念完上述祭词后，儿媳先喝一杯酒，然后轮到上表人、总管、吹笙者依次各喝一杯。

依次上表完毕，酒多时，就要"桌拉子"即把在场的亲戚完全请来由总管主持。唱歌时不吹笙，不击鼓。唱歌内容是：

来客问：我家某某，得什么病？怎样死的？得什么棺材？你是总管，住在旁边，是否知道？

总管答：他得某样病，死了得杉木棺，你看是否满意？

来客问：在生时劳动，抚育子女如何苦？……

总管照样回答。有的客人还问孝子是否孝顺？有什么孝顺表示？孝子即跪着说以祭祀来报答老人，不忘老人的恩情。

在场参加的人都给酒喝，需要酒的数量很大。

次日天明，即在门外场地搭一座"文阁"。文阁是四方形，很像土地祠，说这是"最好的房子"。是用九棵竹子、九棵木柱配搭而成，连接的地方用竹篾反扭捆绑，顶上覆以鱼草，板壁用竹片做成。

文阁搭成，即将木鼓由堂屋抬出，挂在文阁前面新栽的木柱上。

木鼓挂好，即准备举行"交牲"仪式。这时，吹笙者即吹奏"天亮结束"的笙调，大意是：

给你吃饱饭，酒喝醉，请你从大门走出，回你的家去。

吹笙者一面吹奏芦笙，一面先步出大门，随即把全部打嘎的设备搬到门外，并把牛牵来。牛用长绳牵好，绳的一端跨过鼓上，通过文阁穿进陈列的衣服袖里，表示灵魂牵着牛。这时，即以蛋滚牛，表示只给灵魂一条牛，其他牛的魂魄要放回来。这一仪式也由主祭者主持，他跪着念祭词。祭词如下：

某某给你准备了最好的牛，给你酒喝，以后你要拿千百条牛还他。给钱去买田地，你要保佑他的子孙发达。

吹笙者跳右脚吹奏，双手捧着芦笙作揖。芦笙的词与祭词相同。祭词念毕即杀牛。当正在杀牛时，吹笙者即吹奏"抢牛命"的芦笙词，另有一人表演击鼓（鼓仍挂原木桩上），二人以极快的步伐围牛而舞。吹笙毕即以笙筒点牛血。至此暂告一个段落。亲戚如有送牛，上祭表演的祭词和芦笙词都与上述的相同，只改掉祭者的名字。

牛肉煮熟后，即把牛头分做九份供祭（李姓分做三十三份，放在木叶上），主祭者念词致祭。祭毕，即念词告诉请来的灵魂快回坟墓去，并说不快回去，蚂蚁要把他们的家（指坟墓）戳穿了。吹笙者同时吹奏芦笙。主祭者念到这里即打卦；得了阴卦，主祭者即说："去了"，在场的人也附和着说："去了"，即告结束。这时，要把参加祭祀的亲人的灵魂叫回，叫他们不要跟随亡魂去。先把糍粑切做许多小块，每念到一个在场人的名字，得阳卦时，即给一小块粑粑，表示人的魂魄已叫出来了。

在整个祭祀过程中，当客人来到时，吹笙者必须吹笙迎接客人，客人一般都带有芦笙和唢呐，到门外就要吹奏芦笙，所以祭主的吹笙者也要吹笙迎接，边吹边走至大门，双方相对边吹边捧芦笙作揖。客人进家时，吹奏者在前，吹唢呐在后，客人的主祭者向灵位跪拜，孝子也陪跪。主人的吹笙者则引客人的吹笙者朝时针相反的方向在堂屋转三圈。每转一圈，便向灵位作一个揖。满三圈了，又引吹唢呐者到专安排的席位坐下（席位设有一张方桌，摆有花生、核桃等食品）。这时客人吹笙者仍在灵位前吹舞芦笙，直到祭主的吹笙者安排客人完毕为止。

在整个祭祀过程中的每个仪式都要吹舞芦笙。在开始招请灵魂时用鼓，其后只做吹芦笙时打拍子用。

〔贵州省编辑组：《苗族社会历史调查》三，第65—68页，贵州民族出版社1987年版〕

11. 贵州台江县苗族祭"阴班"

"阴"是遭遇的意思，"班"是藤的意思。据说"阴班"就是"刚死的人遭藤子绊着"的意思。"阴班"共12个，都是女性，是从前有两个人，名叫"告簸"和"告党"，用藤子抬日月上天，把日月抬到天上后，不用藤子了。藤子就变成这种鬼。这种鬼是住住"戞歹囊奶、钢当囊啥"。当人死了还没有埋葬的时候，如果遇着了"阴班"，即要祭它；否则埋葬后，死人就要牵连家属，一个牵连一个，全家和亲戚都会生病。所以在人死后就要去请"胜奶莽"（胜为算。奶为昼，莽为夜，意为算日子）的人推算才知道。就是根据死者死的日、时的属相等来推算。推算后如果遭"阴班"了，就要举行祭祀，祭物是：

小母猪一只，酒约一斤，饭（丧家一碗米，与祭者各一把米凑在一起煮成），师米一碗，野生藤子十二种（藤名是：啥猫瓮、啥猫若、啥寡梭、啥奎洗、啥加干、梭桂然即鱼草、啥猫朵、啥拢、啥背所、啥翁不、啥翁不腮、啥故牙若，每种藤各绾为一个能放下碗底的小圈），卦一副（法器）。

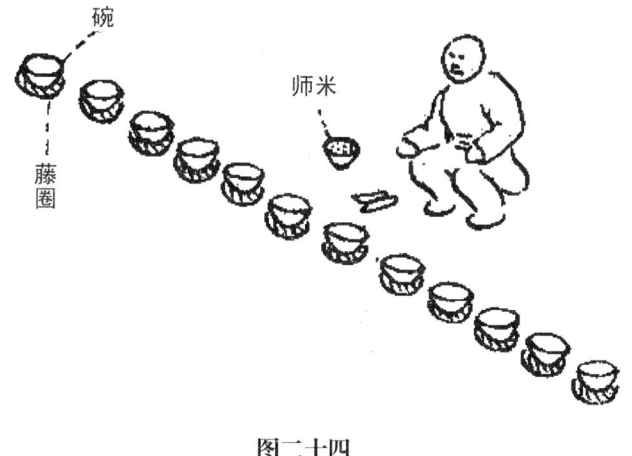

图二十四

人死后如遭"阴班"了，时间来得及的话，则先祭了再埋人；如准备不及的时候，就先埋人再祭也可以。祭的时候是在白天。由"堕白"在门外陈设十二个藤圈于地上成一直线的行列，再把十二个碗分别放在藤圈里。在这行列的后面摆师米和卦，鬼师面对着陈设的这些东西，如图二十四。

酌酒后鬼师蹲着念咒，请"阴班"来检验祭物，"阴班"是由"戞歹囊奶、钢当囊啥"经过"钢方细朋"来的，到交下的路线和在门外及祭鬼场念的咒语同祭"精迷办"一样。但开始时，应先念下面几句咒语：

十二根金藤，十二根银藤，要米去喊，拿米去叫，来到造太阳的寨脚，上到造月亮的地方。

搬全部祭物到溪边或河边后陈设同在门外的一样，鬼师仍蹲着念咒把祭物交代给鬼。由二个"堕白"杀猪，烧去猪毛。刮洗干净，剖开肚腹，洗涤内脏之后，肉和全部内脏及师米放在一起煮，熟肉和饭等的陈设同祭"精迷办"一样。

鬼师念的咒语也基本上与祭"精迷办"的相同。只是在临到送鬼走之前，即砍藤圈的时候，要加念下面几句咒语：

割断金银藤像"相果类"一样，砍断金银藤像"把果养"一般；割断就好，砍断就行。他家清吉，亲戚也清吉，朋友都好，房族爷崽也都好。

鬼师蹲着念咒对"阴班"提出要求后就请它吃，这时就按照十二份各先倒一点酒再掐一点肉于藤圈上表示鬼已吃。然后与祭者"八崩"，大家一起吃，表示陪鬼。在鬼师念咒送鬼走的同时"堕白"即把十二个藤圈砍一次，或几个藤圈作一次地砍断抛入溪（河）水中。祭完各人就地吃自己"八崩"的那份肉饭。肉饭要吃完，不许带走。吃完后，洗涤锅碗并盥手才回家。

[全国人民代表大会民族委员会编：《贵州省台江苗族的宗教迷信》，第57—58页，1958年5月内部编印]

12. 贵州台江县苗族祭"阴改"

"改"的意思是钩，"阴改"就是"刚死的人遭钩子钩着"的意思。据说这种鬼共有十二个，都是女性。同"阴班"一样，也是从前"告簸、告党"用钩抬日月上天之后不用了而变成的。在人死未葬的时候，经请"胜奶莽"者推算出是遭了"阴改"了就要祭它。祭物是：

小母猪一只，酒约半斤，饭（丧家一碗米，与祭者各一把米和在一起煮的），师米一碗，桃李钩七个（用桃枝和李枝做成，桃三李四或桃四李三都可以），卦一副（法器）。

祭"阴改"是白天在家中举行。先祭了再埋人或埋了人再祭都可以。在家里摆十二个酒碗、师米和卦于地上，鬼师蹲着念咒请鬼来验收祭物。"阴改"同"阴班"一样地住在"戛歹囊奶、钢当囊啥"。所以到台江交下的路线和念的咒语也完全相同。念咒请鬼到达验收祭物后，即由"堕白"杀猪并烧去猪毛，刮洗干净，剖开肚腹，并把内脏等洗涤干净以后，就把全猪和师米放在一起煮。熟肉和饭、酒等的陈设与祭"精迷办"同。

鬼师蹲着念咒与鬼交涉和提出要求，这时一个"堕白"在门外手持桃李钩伸向家中（在门槛上），鬼师在家手持秤钩向外伸，二人以钩套钩，互相用力一拉，使桃李钩缺掉，表示鬼钩已坏，钩不着生人了，也就再不会有人因被"阴改"为祟而致病或致死了。

鬼师念咒，钩毕，就请鬼吃。与祭者"八崩"，鬼师念咒送鬼走后，大家一起用餐。

[全国人民代表大会民族委员会编：《贵州省台江苗族的宗教迷信》，第58—59页，1958年5月内部编印]

13. 贵州台江县苗族祭"阴烘"

"阴"的意思是遭遇，"烘"的意思不很清楚，似乎带有"双"的意思，但不是爱侣的"双"，而是泛指家畜两个的双，如一母牛一仔牛称为"依烘们呆"（一双母子），据说"阴烘"共七个，都是女性，不知是什么东西变成，住在"钢方烘"。男人死逢双日，女人死在晚上,如果他们的年龄都在二十岁以上,他(她)们的魂魄就找不到去路,还要另一人死了给他(她)带路,这就是遇到了"烘",也就是"阴烘"。祭"阴烘"的东西是:

小猪一只(也有用小鸡祭的,据说小鸡小,带不了死者的路,所以都用小猪),酒十来两,师米一碗,棺材一副(用杉皮做成,长约二十公分、宽约十公分的长方形盒子),卦一副(法器)。

祭"阴烘"是在抬死人上坟地之前举行,先在门外摆七个酒碗、师米和卦于地上,鬼师念咒请"阴烘"莅临,"阴烘"是由"钢方烘"经"钢方细朋"而来。到交下的路线与念的咒语,同祭"精迷办"一样。请"阴烘"到达检验祭物之后,就把全部祭物搬到了丧必经的路边,不是到坟地上,只要出村子不远就行了。

到了适当地点后,仍照在门外陈设的样子。鬼师念咒把祭物交代给鬼之后即杀猪,先把前肘一只从腕部砍下,装入杉木皮做的小棺材内以与死者同时埋葬。杀的猪经过烧毛,刮净剖开洗净之后,就把肉和全部内脏煮在一起。

熟肉的陈设供祭和祭"精迷办"一样,鬼师念咒交代完毕请"阴烘"吃了之后,与祭者即举行"八崩",鬼师再念咒送"阴烘"走,然后与祭者就地吃原来自己"八崩"的那一份肉饭。

祭"阴烘"需要掌握好时间,在与祭者吃毕之后,抬尸体的也正好来了。这时就由祭者当中的二人抬杉皮做的小棺材前走,尸体在后(这是习惯,尸体在前也是可以的)一起抬到坟地,在棺材上堆盖了一些泥土后,就把杉木皮做好的小棺材也放进墓坑里,使大小两个棺材平行,且都摆得一样高,这时鬼师就念咒语说死者已成"烘"(双),应安心去。

有人在葬前祭"阴烘",但有的不祭。在葬后家里如有人病了,经鬼师或巫师望了说是遭"阴烘"的话就要补祭。补祭需用的祭物和祭的情况与葬前祭的一样。盛有猪前肘的杉木皮棺材也抬到坟地反坟挖约一尺深后,再把杉皮棺材放进去。由一人说(可不用鬼师说了):现在成"烘"了,你们去吧!掩土完毕,祭仪也就结束了。

[全国人民代表大会民族委员会编:《贵州省台江苗族的宗教迷信》,第59—60页,1958年5月内部编印]

14. 贵州台江县苗族祭"拢考"

据说在古时候"仰戛怕、宜戛荣"二人在"决囊"(洪水泛滥)时爬上枫树及"动朵"(是一种乔木,汉名不详)逃难,但洪水越来越大,树都被淹了,于是二人也就被淹死而成"拢考"。它住在"谷莽方仿、谷朵方溜"(即二人避难的树上),共七个,都是女性。

人死后丧家请"胜奶莽"的人推算,如说死人犯了"拢考",就要祭"拢考",否则丧家还要死人及死亲支家族和最亲的亲戚六人(连已死的共七人)。祭物是:

小母猪一只，酒约半斤，饭（二碗米煮的），师米一碗，"达金达你"一个（意为金袋银袋，是在手掌样大的白布袋中，装入灰和一点木炭，表示给"仰戛怕、宜戛荣"二人在逃洪水时保留火种），"汤金"一个（好梯子，用大如手臂，长约五尺的杉木一棵，砍成七级，到祭鬼场时倚在一棵自然树上，表示在"决囊"时，"仰戛怕、宜戛荣"爬上树去避难），卦一副（法器）。

祭"拢考"是在白天举行，由与祭者二人当"堕白"负责，陈设师米及卦于门外地上，鬼师蹲着念咒请"鬼"来检验祭物，这种"鬼"是住在"谷莽方仿、谷朵方溜"（即"枫树梢是宽地方"和"朵树梢是大地方"）。来时是"仰底汤金、由堕汤你"而至"钢方细朋"（好攀着金梯、沿着银梯而到钢方细朋）。由"钢方细朋"到交下的路线与祭"精迷办"一样，但念咒语时要先叙述"拢考"的起源，然后请它沿路而来。先念的咒语是：

洪水泛滥了九天，又一连黑了九昼夜，涨了九天水死绝了人种，黑了九昼夜死完了树种，下游没有人，上游没有树，只剩下仰戛怕（女性），宜戛荣（女性），上天无路，入地无门，上到枫树巅，爬到"朵"树丫，但她俩还是被淹死了。碰着仰戛怕"拢考"，碰着宜戛荣"电海"（拢考、电海，都是鬼名），就喊七个"拢考"来，叫七个"电海"来。拿米来喊，要米来叫，从宽宽的枫树梢下来，从平平的"朵"树丫下来，走金梯，下银梯，经过"钢方细朋"地方，走过"粉弟细奶"地方。

到此以下的咒语同祭"精迷办"一样，这里从略。鬼师念咒请"鬼"到家检验了祭物之后，就把全部祭物搬到祭鬼场去，到了祭鬼场就把"汤金"靠在一棵自然树上，并摆师米、卦和七个酒杯于地上，酌上酒，"达金达你"放在"汤金"脚下。鬼师蹲着念咒，把祭物交给"拢考"，二个"堕白"杀猪，经过烧毛、刮洗、剖腹、洗净后，肉和全部内脏放做一锅煮。

煮熟后的陈设同祭"精迷办"一样。酒杯再酌上酒。鬼师面前是卦，卦的面前是肉饭的行列，肉饭行列前面为酒杯的行列。再前就是"达金达你"（金袋银袋）和"汤金"（梯）。陈设如图二十五。

陈设完毕后，鬼师蹲着念咒语，念的咒语同祭"阴班"念的咒语一样，但要在最后加上下面的几句咒语：收你的灰袋，拿你的炭袋，收你的金梯子，拿你的银梯子，收到枫树梢，拿到"朵"树丫，这儿才是你住的地方，这里才是你坐的处所，打扫干净你去坐，

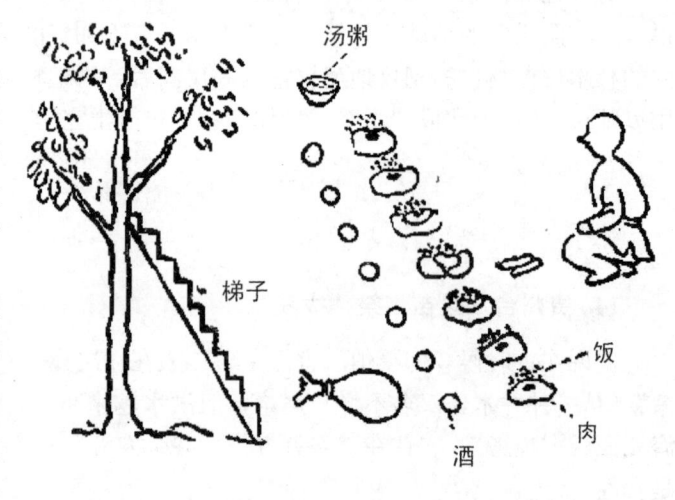

图二十五

铺床你去睡。

　　鬼师向鬼提出要求完毕,才请鬼吃。"堕白"掐肉及与祭者"八崩"的意义和情况同祭"戈养你"一样。鬼师再念咒送鬼走,念咒结束。"堕白"就把"达金达你"挂到树上去,然后与祭者就地吃自己原"八崩"的那份肉。肉要吃完,不能带回去,吃毕要盥手洗涤锅碗才回家。

〔全国人民代表大会民族委员会编:《贵州省台江苗族的宗教迷信》,第60—61页,1958年5月内部编印〕

15. 云南屏边苗族的丧葬

　　苗族若遇老人死亡,全家同姓不戴帽子,由叔伯率领轮流跪拜,且全村寨都要来帮忙,或上山砍木料做棺材,或杀鸡宰猪(设宴),或替死者洗身剃头然后换上寿衣,以木盛殓,择吉安葬(花苗、青苗将死者放在一块木板上吊起来,人与棺木分别抬到山上再入棺下葬)。除花苗实行横葬外,其余皆是直葬(与汉族的埋葬相同)。丧葬不选坟地,但要择看吉日(也有不择看的)。出丧时八人抬棺,一人献饭,坟系土坟堆,不用石砌,但立石碑。出葬前后三天,杀猪、杀牛招待客人,姑舅表亲,本村外村远近不论男女不分民族(汉族也有)各带一点礼品(猪、牛、羊、鸡、钱、包谷、土纸等,不带也可以)前来帮助。富裕农户往往邀客数百,多者乃至上千,一般都有数十至百人。三天之中死者家属则痛哭流涕,晚上吹起芦笙,打起皮鼓,唱歌、跳舞以示哀悼。死者死后十五天(有说一百天)要做"五七",度死者,也要杀鸡、牛、羊、猪向死者献祭,还有烧灵的风俗,烧灵时间或在死者死后一月举行,或在一二年以后举行,用纸竹做成纸衣烧给死者并要献饭,有钱人家还要杀猪、牛、鸡等宴请客人。

〔云南大学历史研究所民族组:《云南省金平屏边苗族瑶族社会调查》,第53页,1976年内部出版〕

16. 云南巍山县苗族的丧葬礼仪——"开吊"

　　这里的苗族认为,人死后灵魂存在人间,要为死者举行隆重的丧葬礼仪。小孩死亡,苗族认为是偷生鬼到世托生,要为死者祭神送鬼,驱鬼除邪,使偷生鬼不要再来。死者是成年人的,苗族认为人虽死了,但灵魂存在世上,要为死者举行隆重的开吊礼仪超度亡人,使其再次早日化胎托生出世。

　　这里的苗族成人的丧葬非常隆重。人死后,先用温水洗身,给死者穿上一套完整的苗族挑花衣服。如死者是女的,还要穿上一条麻布裙子。苗家认为死者穿上这套花衣服就可以归拢阴间的苗族祖宗,否则就归不了祖,在阴间要受人歧视。巍山汉苗死后用棺材,白苗用散板。在汉苗中,人死后,穿上花衣服,就可以装进棺材;白苗中,人死后,穿上花衣服,还要用白布裹身,然后把死者停放在堂屋里,等待开吊送葬安埋。人死的当天，死者的家属分头派人去请亲戚来开吊。亲戚得知消息后，便从四处赶来奔丧，每户牵来一只羊，作为送给死者的礼物。所有送来的羊，死者家除留下三只作为脱孝羊外，其余全部杀掉，作为死者的陪葬品。

奔丧的亲戚来齐后就举行"开吊"。开吊的时间，苗族各个支系略有不同。白苗一般是两天两夜，汉苗一般是一天一夜。开吊前，举行剽牛仪式，死者是男的，用牯子牛，死者是女的，用母牛，作为杀送给死者的陪葬品。剽牛开始，由道师先念经文，然后把牛用索子绑在一棵松树上，两人手持斧头，猛敲牛头，把牛活活敲死，道师在旁用刀子在牛脖子上补杀一刀，让血流出，剽牛始告结束。剽牛之后，举行开吊礼仪，内容有道师念经、吹奏芦笙、敲羊皮鼓、跳芦笙舞等。开吊后送葬，把死者送到坟地安葬。出丧时，用芦笙开路，送到坟地。白苗是用滑竿把死者抬到坟地，然后用四块散板做棺材，下葬安埋；汉苗则用棺木直接下葬安埋。汉苗和白苗坟墓的式样不同，汉苗顺岭岗直埋，白苗依岭岗横埋。安埋三天后，砌新坟，汉苗和白苗的坟头石一样，死者是男的，用石头砌九台，死者是女的，用石头砌七台。这样，整个丧葬礼仪活动便告结束。

〔薛琳：《巍山县苗族社会历史调查》，《云南少数民族社会历史调查资料汇编》（五），第60页，云南人民出版社1991年版〕

17. 四川筠连县联合乡苗族为死者"翻山"

逢年过节首先向祖先献酒、献饭。献拜时先将酒肉摆设齐全，献祭者向祖先喊说家人所走过的地名，然后将前三代所有的亲房兄弟一一点名献酒献饭。另一种情况，在苗族中还有翻尸（又叫翻山）的习惯。老人死去年代久了，就要来向子孙要钱要牛、要猪，搞得子孙不清吉，经请端公卜卦看明，就立即备办新衣、新棺材，选择日期，"翻山"安葬。

〔四川省编辑组：《四川省苗族傈僳族傣族白族满族社会历史调查》，第136页，四川省社会科学院出版社1986年版〕

18. 四川盐边县红宝公社苗族的"烧灵"

苗族有个传说：有一个苗人去打山，走得很远、很远，后来病死在一个岩腔里，因离家太远，所以无人领尸。过了许久，他的一个老表也去打山，在那个岩腔里睡觉。半夜死者的灵魂来叫他，让他帮忙解下筛子，一同回去喝酒、吃肉，于是死者就托老表带回村中。

二人坐在筛子中，看得见别人而别人看不见他们。活着的老表买了许多肉和酒，二人喝醉了酒，吃饱了饭，死者坐在三块糍粑上，老表躲在糍粑后。第三天死者说他要走了，叫活着的老表坐好。死者一走，活着的人就从筛子中滚了出来。酒醒后，他就把一切都讲了出来。

从此，苗族就有了烧灵的风俗。

另外，还有一个传说：人死以后，有三个灵魂，一个上天，一个去投胎，还有一个守着尸体。烧灵的目的就是让守着尸体的灵魂离开筛子，让灵魂超生，不来干扰活着的人。

关于用筛子烧灵是取于"伏羲兄妹为婚"的传说：伏羲兄妹结婚前曾滚过簸箕。从此，传说人死后就背着一个"簸箕"——筛子。死者本人解不下来，只有后人才能解得下来。

人死后，三年、五年不定，即可举行烧灵仪式。如果还有老辈人在就不能举行。死者家属要办羊肉、鸡肉的酒席请来两个东巴先生——一个吹芦笙，一个击鼓。

首先，在一个竹筛子上扎一个架子，如死者是男人则在其上披上男人的衣服，上面没有头布；如是女人就披上女人的衣服以及头布。如死者是母亲或娘娘就让舅舅去请灵，父亲的灵就要女婿去请。

另外，筛子中还要放入三个玉米或糯米等粮食做成的糍粑，以及将一小段木棍剖开做成卦，还要准备一瓶酒、一个杯子。一般接灵在黄昏时分。

烧灵仪式时，先由东巴先生背上弓箭（为保护灵魂归来之意）和死者亲属来到死者坟前，在坟上撒三把土，喊着死者的名字说：现在接你回家看看，替你解掉背在身上的筛子，让你超生去。然后就端起筛子往回走。

接灵回家后，要在外堂屋墙上斜靠一根木柱，用来挂鼓，将盛有"灵魂"的筛子放在木柱下。然后由一个东巴先生按着另一个东巴先生吹芦笙的节奏敲鼓，吹芦笙的东巴先生一边跳一边按逆时针方向围绕着木柱旋转，意为：灵魂呀，今天接你回来，解掉你的筛子，你去洗好脸，自己来吃饭吧。与此同时，端灵的人把准备好的洗脸水倒到卦中，端着灵到厨房转一遭，再端回来，将卦丢在筛子中。如一半扑一半仰，则表示灵魂接受；若二者皆扑或皆仰，则表示不接受，应再来一次，直到灵魂接受为止。然后用杯子装上酒放在筛前给灵魂喝，早晨要杀只鸡给灵魂吃，一刀把准备好的熟鸡砍为两半，放在筛子里面敬灵，结束后由他人吃掉。如果亲戚送来猪、牛、羊等物品祭祀，就要把父母、叔伯等人请来坐到上八位，东巴先生口中念念有词，内容为：活着的亲戚某某给你送来了××，如果送来的是猪，就由舅父拿刀给屠者；如果是牛就拿板斧给屠者，杀来祭灵。

之后就进行送灵魂仪式，仍是一个东巴击鼓，一个东巴吹芦笙，按顺时针方向旋转并舞蹈，意为：太阳快要落山了，人的影子快要消失了，灵魂呀，你很痛苦了吧？请你等一等，等亲戚们吃完了饭就送你走。好容易，亲戚们吃完了饭，灵魂呀，你走吧，我们来替你解脱筛子。

此后，便由端灵的人提上筛子——灵魂，取掉了上面的衣物以及粑粑等。将筛子立在地上，一脚踢出去，筛子滚后如扣在地上，就表示已送走了灵魂；如翻过来则必须再次踢，直至扣住为止，使守尸体的灵魂得到解脱。

［李海鹰等：《盐边县红宝公社苗族调查》，《四川省苗族傈僳族傣族白族满族社会历史调查》，第 192—193 页，四川省社会科学院出版社 1986 年版］

19. 四川苗族"解簸箕"

"解簸箕",苗语称"阿汪"。川南古蔺、叙永,川西南盐边的苗族有此祭祖活动。古蔺、叙永苗家传说,过去人死后用席子捆尸,下葬时用簸箕盖顶再覆土,坟上栽杉树或桐树一株。数年后,祖先为后人托梦,述其九年不解席,我过不了十九座寒官,八年不解簸箕,过不了八十八座城,野牛吃了我的头发,子孙不管,还有何用?于是一个名叫抖志的后代带领苗家,捉住野牛,打牛祭祖,翻坟解簸箕和席子,重新装殓尸骨。过去这种仪式比较盛行,民国年间修的《古宋县志初稿》载有"祖灵不安,当翻尸则启棺而改易之"。

盐边红宝乡的苗族则从创世传说演化出解簸箕祭祖的内容。当地的白苗(又称鸦雀苗)、青苗(又称花花苗)相传,远古洪水泛滥,几乎绝了人烟,世间剩下伏羲兄妹。为了人类繁衍,哥哥提议二人结婚,妹妹不同意,认为亲兄妹不能结为夫妻。哥哥不肯放弃主张,妹妹推托不过,只好提出条件。即兄妹各拿一扇簸箕自相对的山头滚下,如果滚下合在一起,方可结为夫妻。因天意所定,两个簸箕准确地合在一起,最终二人结合传下后代。以后苗族对死去的老人行烧灵的仪式中留下了解簸箕之说。死去的祖先之所以背着簸箕则取自于伏羲兄妹滚过簸箕才结婚的神话。苗族还说,人死以后,有三个灵魂,一个上天,一个去投胎,还有一个守尸体。烧灵的目的就是让守着尸体的灵魂离开簸箕,让灵魂超生,不致干扰活着的人。创世说与现实生活中的烧灵仪式贯穿了一条祖先崇拜的线索。

解簸箕实行"翻尸"实为一种"二次葬"俗,打牛翻尸是一种隆重的祭祖仪式。川西南攀枝花市的盐边县的苗族老人死后,事隔三至五年,举行烧灵仪式。不过一旦比死者老一辈的人尚在世,是不能举行这种仪式的。显然,烧灵是变异的"二次葬",是祭祖活动。苗民视死亡为肉体存在的终结和灵魂存在的继续,所以有人死后仍生活的观念,实际成了鬼神观念。二次葬则是基于以上观念而产生,以祈求解除祖先困苦,得到神灵保佑的目的。这种仪式保留了苗族古老的打牛祭祖特点,也反映出对祖先二次葬的独特形式。

〔郎维伟:《四川苗族社会与文化》,第160—161页,四川民族出版社1997年版〕

20. 广西龙胜苗族的丧事仪式

老人家去世,由亲生子女(孤寡例外)用净水沐浴,穿戴好,即入棺,灵柩用两张二人凳架在堂屋的右边,请道士设坛念经,开通冥路,超度亡魂,少则一夜,多则三天三夜,叫打道场。全家披麻戴孝,如属高龄老人,经济丰裕的就挂满堂白,凡吊丧者都发一块号布(孝布)。亲友拿去吊丧的奠礼有祭账、米、钱和香纸之类。

入殓后不马上盖棺，只用毛毯或单被遮盖，待抬到山上下井之后方把盖子盖上。送葬时，有儿子的就由儿子捧灵牌，另由一人拿把纸伞，手提一碗饭，放到坟顶上，叫"坟头伞"、"坟头饭"。（择日）安葬之后，须连到坟前供三朝清茶，供灵牌时间至少一月，最多三年。供灵期满，又请师人设祭烧去灵牌，将亡魂迎接上香火牌位（即家先）。这样，一桩丧事全部结束。

［广西壮族自治区编辑组：《中国少数民族社会历史调查资料丛刊·广西苗族社会历史调查》，第 203 页，广西民族出版社 1987 年版］

21. 湖北鄂西苗族丧葬习俗

死人后，死人贴身衣服要穿白色，棺材横放在堂屋内，停横丧，苗先生开路以后才摆直。开路时，苗先生敲竹鼓、摇铜铃、念苗经，为死者超度。苗经唱的是《开天辟地歌》，叙述祖先迁徙情况，长达数百句（无文字记载，全凭记忆）。埋葬时，姑舅亲属一人身裹白布，叫背布，手持长镰刀，在棺材前面为死者开路。丧葬不烧香纸，只烧蜜蜂列子，棺材上山入穴后才闭殓。选择坟地不请阴阳先生，只要宗族合计一下就行了。非正常死亡的，尸体不得进屋，亲属不得接近，由他人办理入殓，埋在较远偏僻的地方。

［《鄂西土家族苗族自治州概况》编写组：《鄂西土家族苗族自治州概况》，第 33 页，湖北人民出版社 1990 年版］

22. 湖北咸丰苗族的上坟

咸丰杨姓苗族在腊月三十之前上坟，只插一对红蜡烛，不烧香、纸，解放前放鞭炮。吃团年饭时，长者坐上方，儿、媳坐两旁，孙子坐下方。三十到初一，禁忌繁多，初一早晨洗脸水不朝地下泼，一天不扫地，俗称"银水不外流，装在聚宝盆"；不许说不吉利的话，如"血"、"死"等，不拿针，不吹火，不吃饭，只能吃豆皮、粑粑，不能泡汤，不许打雀鸟，煮饭要有十二杯或十二碗，最好一餐吃完。三十晚上十二点挑水，俗称"抢银水"。过年要给死去的老人献酒、献饭。初一不出门，初二拜家门，初三、初四拜丈人。陆姓苗族团年前要送亮祭祖先，敬伏波菩萨，敬神龛。届时要到大门左边的柱头上插香，还要敬猪圈、牛圈和土地菩萨。敬祖先时，在神龛上摆猪头，烧香焚纸。三十晚上要守夜，烧柴疙瘩，柴要从三十烧到十五。

［龙子建等：《湖北苗族》，第 147 页，民族出版社 1999 年版］

23. 湖北宣恩苗族丧葬习俗

第一，宣恩苗族的丧葬基本上保留着苗俗，受汉族、土家族文化的影响较少，具有浓郁的民族特色；

第二，宣恩苗族的丧葬活动中鬼神迷信成分较多，苗老师的法事贯穿于整个丧葬活动的始终；

第三，死人后请苗老师开路，苗老师只用铜铃、竹鼓两种乐器，一手摇铜铃，一手敲竹鼓，为死者念经超度；

第四，入殓时，棺材横放堂屋，头靠火坑家神一方，以示不忘祖先，开路后再摆正；

第五，发丧时，要由引葬人背布引葬；

第六，安葬后，要为死者招魂，届时要整火把酒；

第七，招魂后，死者家中要安家先；

第八，墓向朝东，纪念祖先远古东来；

第九，非正常死亡，尸体不得进屋，亲人不得挨尸，由他人办理入殓；

第十，夭亡者，只穿袜，不穿鞋，仪式简单。

[龙子建等：《湖北苗族》，第133页，民族出版社1999年版]

24. 湖北利川苗族的丧葬习俗

第一，落气时病人有的躺在床上，有的坐在椅子上，至亲全部到场，有的要烧落气钱；

第二，落气后要为亡人洗澡、梳头，穿老衣、老鞋；

第三，穿老衣后有的直接入棺，有的要抬到堂屋的木板上停放一段时间，等待入棺；

第四，棺材有一棺、二棺（内棺、外棺）、三棺之分；

第五，入棺前要用筛子在棺材里筛一层灰，用酒杯盖三行"寿圈"；

第六，入棺仪式庄重、神秘，整个仪式由至亲办理，要关大门，不许外人到场；

第七，棺材一般摆在堂屋中央，大头朝香火，小头朝大门，亡人背对香火，而有的摆在堂屋左侧，中间摆大桌子，棺材大头朝大门，小头朝香火，亡人面对香火；

第八，设灵堂，扎大灵，供灵牌；

第九，家境好的做道场，家境不好的要开路，做道场时有的要"破血河"，做"鬼王粑"，玩狮子；

第十，要请坐堂锣鼓，打绕棺，唱孝歌；

第十一，棺材下井时，孝子要用孝帕"垫井"；

第十二，坟的形状有圆形、长方形（实际上是前大后小，前面是方的）两种。尽管利川各姓氏苗族的丧葬习俗有较大差异，但也有一些基本相同或类似的，这就是利川市苗族丧葬习俗最主要的特点。

[龙子建等：《湖北苗族》，第137页，民族出版社1999年版]

25. 湖北咸丰苗族的丧葬习俗

第一，老人死后，先把尸体停放在堂屋的木板或竹席上，开路后方入殓；

第二，棺材有的顺放（大头朝香火，小头朝大门），有的倒放（大头朝大门，小头朝香火）；

第三，有的要烧香焚纸，有的不烧香焚纸；

第四，有的要做道场，开路，跳丧，唱孝歌。有的不做道场，只开路，唱孝歌；

第五，孝子要拿杵丧棒，只跪不拜；

第六，发丧时由亲属背布引葬；

第七，过去埋团坟，现在有坟头坟尾；

第八，对非正常死亡和夭亡的埋葬方法基本一致。

[龙子建等：《湖北苗族》，第138页，民族出版社1999年版]

第五章 巫师、鬼师及巫术

第一节 巫师、鬼师

1. 西南苗族的巫师

苗族的宗教信仰是原始的多神教。这个多神教的特质是神鬼不分,凡是有超自然能力的,无论是魔鬼、祖灵或神祇都称之为鬼。在他们的日常生活中,如果发现了奇异的现象或反常的状态,而不能控制和解释的,就以为有鬼作祟。唯一解救的方法便是"祭鬼"。

苗族的巫师,俗称"苗老师",或称鬼师。苗族又接受了汉人道教的信仰,也崇拜汉族之神。汉人巫师,称为"客老师"。苗族各种"祭鬼"的仪式,大都是避祸求福的心理在行为上的表现。比如为求子而举行的"椎牛"仪式,为病愈而举行的"打家仙",为求超度而举行的"超度亡人"仪式等,都是他们现实生活的宗教反映。

[何愈:《西南少数民族及其神话》,第84页,新世纪出版社1951年版]

2. 贵州台江县苗族的鬼师

(1) 鬼师

根据我们目前的调查,在交下乡的苗族社会中,为宗教信仰服务的、主持一定的宗教活动的宗教师有"故相商"(鬼师)、"相戛孬"(巫师)、"朗"(通司)、"胜奶莽"(择日者)等。根据本章所述各种宗教活动的情况来看,在日常生活中鬼师所主持的宗教活动最多,与居民的关系比较密切,因而鬼师的人数也较多。每寨至少有鬼师一人,有的寨子有几个鬼师。巫师和通司负责主持的宗教活动较少,但是这种宗教师并不缺乏。至于从汉族学来的"择日者"交下乡会的人很少,找他们的人也不普遍。这是各种宗教师与群众的关系的总的情况。

这些宗教师虽然各有专业和分工,但是他们彼此之间并无隶属关系,没有共同的教义和祖师,也没有教主和一定的组织形式。他们都是没有脱离生产的农民,并未成为宗教职业者。他们或者各自进行自己的专业宗教活动，或者互相配合、主持某种宗教仪式，并无门户之见，从来没有互相歧视、蔑视或彼此毁谤、中伤的情况，而且习惯上巫师到四十岁以后，一般是兼做鬼师的，不过多数只会做用鸡、鸭的祭鬼活动。

他们里面很多都是歌唱能手，而鬼师几乎同时就是歌师。苗族历代祖先所积累的许多成套的歌谣，很大一部分就是依靠他们才能流传至今，并且有不少的歌词往往就是通过他们的辛勤劳动而创作出来的。有的宗教师还懂得用草药医病，主要是治疗外科的病症，往往有很大的疗效。但这并没有改变他们认为鬼害人、人才会生病的看法。有的宗教师能说会道，做了"六方"，便又多了一重身份。总之，他们不仅是苗族社会中的非职业性的宗教从业者，而且是本民族的"知识分子"。他们在社会上虽然不是什么特权阶级，但是由于他们特别是鬼师，已成为群众里经常要向他们请教生活常识且不可避免要接触的人物，因而自然地享有一定的社会威望。

(2) 当鬼师的条件和传授

当鬼师也有一些条件，但并不严格。一般的要求是：四十岁以上的男人，懂得祭鬼的活动和咒语百分之八九十就可以担任鬼师。他们在平时经常参加祭鬼活动的过程中就已逐渐熟悉了各种祭仪和咒语，遇着本村的鬼师年老生病或死亡没有鬼师的时候，他愿意干或经过一些群众的建议就可以担任鬼师，不需经过什么学习或拜师等手续。但也有人虽经过一些群众建议而自己不乐意干的，因为当鬼师既没有报酬又耽搁活路。如果人们因有人患病而跑到田边去请求正在犁田的鬼师去祭鬼，他也只能先把生产工作放下而履行他的宗教职责。所以家里劳动力少的人往往就不愿意干了。

在开始当鬼师的时候，自己要先祭家里的"董戛吓"（"董"的意思是门，"戛吓"的命名意义不详）。并借着杀鸡的机会，根据鸡眼形状来预卜当鬼师后是否吉利，从而最后决定是否担任鬼师。祭"戛吓"的时候，是要杀一只大白公鸡的，在整只鸡已经煮熟了以后，如果双眼的形状都是一样（或睁、或闭、或凸、或凹）的话，就是当鬼师后吉利的征兆；否则，就认为是当鬼师后不吉利，因而放弃当鬼师的念头。在杀鸡卜得吉兆之后，就用一只大雄鸡"鸟大"祖宗，请祖宗保佑当鬼师以后百事顺遂。

据说苗族第一个当鬼师的是人类第六世祖先，名叫"相告"，现在鬼师祭鬼念咒时都常常提到他的名字，但不是请他享用祭品，而只是申明现在的祭鬼仪式一切都是遵从"相告"的遗教。

当了鬼师以后，对一般的祭鬼活动和咒语还有不懂的地方，可相机随时请教老鬼师。但对"考"及"构"这两种整人的祭鬼活动，就要向会做的老鬼师（会祭的鬼师很少）专门学习了。事实上，鬼师有两种。有的鬼师只会主持比较简单的祭鬼活动，一般就是指用鸡鸭为祭物的祭鬼活动，我们叫这种鬼师为小鬼师；其他能懂得绝大多数祭鬼活动的，我们叫他们为大鬼师。为什么要四十岁以上的男人才能当鬼师呢？据说不到这种年龄的人如果当了鬼师，经常同鬼打交道，鬼就会要他去，以致寿命不长。口述者说，以前交下乡羊达寨的李当所，他在二十二三岁的时候做巫师，不久又兼做鬼师，到二十五六岁的时候就死了。又党道寨的部呕塞也在二十多岁的时候当巫师，不久又兼做鬼师，但只到三十岁就死了。人们认为这些例子就可以证明未满四十岁的男人不宜当鬼师。为什么四十岁以上的男人又能当鬼师呢？据说年龄到了四十岁的人就算是老了，鬼也不要他了，所以不会因为与鬼打交道而缩短寿命。也有在三十八九岁就开始做鬼师的，由于他究竟还没有满四十岁，所以只能祭用鸡、鸭的鬼。至于要用猪、牛的祭鬼活动还得在上四十岁以后才能去负责主持。

如果真正想在年轻的时候就当鬼师，那就要早在十二三岁的时候开始。据说这种年龄当鬼师，鬼就会认为他是一个能干的人而不敢要他去，他就不会因而夭寿了。少年当鬼师的，十几代以来都没听说过。但是，鬼师们都知道有这么一条道理。

[全国人民代表大会民族委员会编：《贵州省台江苗族的宗教迷信》，第19—21页，1958年5月内部编印]

3. 贵州榕江县加宜公社苗族的"傻"

"鬼师"（苗语叫"傻"），是这里宗教迷信活动的执行人，是人与鬼神之间的中间人物，可沟通鬼神与人之间的信息。

从加宜公社的情况来看，"鬼师"都为成年男性，多不识字，系非专业性质的农民。平时在家务农，有人约请时便去从事短暂的宗教性活动。除在求鬼者家中吃喝一顿或分到少许肉类外，没有特别明显的敲榨勒索性质。

在一般人的心目中"鬼师"有大、小之分。大鬼师是年纪较老，从事宗教活动的时间较长，神通更大，本领更高的巫师。他们能背诵更多的口诀，当然也就能同更多的鬼神打交道，于是在群众中也就有较高的声誉。每逢搞"退火秧"、"敬土地公"、"吃牯脏"等全寨性的大型宗教活动都由他们主持。而小鬼师则只有有限的一点本领，他们会背诵的口诀不多，交往的鬼神也较少，所以只能搞一点零星的一般性宗教迷信活动。

据说，大鬼师须有一个学习过程和专门训练。而小鬼师则无须经过专门的求师和训练。但是，由于加宜公社地区现在已没有大鬼师（他们多在从江），因此，人们对大鬼师的来历和得法过程了解很少。下面以加宜大队六小队小鬼师李老三为例来谈一谈他成为鬼师的经过及其活动情况。

李老三，苗族，现年五十七岁，是一个地道的农民，一直以务农为业，不识字，过去也不会做鬼师。据他自己所说，成为鬼师的过程大致如下：

一九七六年农历三月的一个晚上，他在家里床上睡觉时做了一个梦，梦见许多鬼来找他。这些鬼都是青年人，大多数是男性，穿的都是蓝色衣服。但是，他们的具体形象已经记不清楚了。这些鬼对李老三都很和气，并且对他说："我们都很喜欢你，愿意同你来往，今后我们都跟着你了。"就在这时，李老三感到自己"昏昏沉沉的，手脚都在发抖"。然而，醒来之后，"睁开眼睛，全都不见了"。李老三感到"鬼"已经附在了自己的身上，自己也能同鬼打交道了。从此之后李老三便开始当起鬼师来。李老三的这段"得法"经历大致上反映了一般小鬼师的来历情况。

但是，由于他干这个行道的时间不算长，就连自己都承认他的"功夫不算大"，不能搞大型活动，只能搞一些看病问鬼而已。

[王承权等：《榕江县加宜公社苗族调查报告》，《月亮山地区民族调查》，第346—347页，贵州省民族研究所，1983年。调查时间：1983年3—4月]

4. 贵州凯里市舟溪地区苗族的鬼师

鬼师基本上是男人，只有极个别是女的。有的鬼师能走"阴间"（称为过阴），有的则不会，而能用芭茅（也有用稻草的）占卜出是什么鬼怪作祟，这些称为"比芭茅"。

鬼师都是不脱产的农民，而且多是中农以下的。大的村寨常有两三人，他们没有师徒传授相承的习惯。在被人请去执行职务时，没有取较多的报酬，更不讨价还价。过阴和供祭所用的米，按习惯就归鬼师所有，多则一升（约四市斤），少则一碗（约八市两）。

[贵州省编辑组：《苗族社会历史调查资料》（二），第279页，贵州民族出版社1986年版。调查时间：1958年11月]

5. 贵州贵定县仰望乡苗族的"嚷舵"

鬼师，当地苗语称为"嚷舵"，"嚷"意为师傅，"舵"即鬼。鬼均为男性，多是中年以上。仰望公社的鬼师属于每个房族，只能主持本房族的丧仪（但病家请去用鬼时，则不受房族的限制）。每个房族至少五个鬼师（在办丧事时，两个念唱，三个击鼓），多的有七八个的。鬼师在一般鬼事活动中是不着法衣的，仅于办丧和主持十三年大祭时才穿法衣——黄绸衣（一种黄色绸布做的无领无扣的长袍），头包纱帕（白色包头布，棉纱织成）。法器主要是两块竹子或木棍砍成的卦，无论办丧、祭祖或一般鬼事活动均不可离。作法用鬼时，边念咒语或卦词边打卦（将卦丢于地上或桌上），视其仰、扑定吉凶。

常人必须通过一段时间的学习方能成为鬼师。一般是十一二岁时开始学习。鬼师的那一套仪式或巫词，大多无文字记载（一百多年前，全无文字记载，距今五十年前左右，才有一部分用汉字记载下来），学习者主要靠眼看、耳听、心记。每年正月初二至月末为传授和学习鬼师的时间，其他时间一概不可传授和学习。时间划分为两段——前半月学念祖宗名字（认为凡死去的祖宗均已为鬼），必须熟记每一辈人的名字，不论男女。这些名字，有四五百，只有按顺序背熟了才能主持丧仪。现每个房族都有一个本本，用汉字记音，依次记载着祖先的名字（父子连名制）。后半个月则转而学习击鼓（分为木鼓和铜鼓，击法不同），学习禳解自然界存在的各种鬼怪四十多种，它们是人、畜疾病和死亡的制造者。学习者必须牢记它们的名字和各种不同的禳解方法。一般需五年左右才能初步学会，也有学了几十年还未学会的。

学习当鬼师没有什么特别的条件,凡男性儿童都可学习,也可中途停学,不举行拜师仪式。初学时人较多,而最终学成的极少。

鬼师有大、小之别,大鬼师经验丰富、记忆力强,他们主要于房族内死人时出面主持丧仪;小鬼师则多为人禳解自然界的那些鬼怪,他们的"法力"比起大鬼师来小一些。在大鬼师主持丧仪时,小鬼师常在旁击鼓以为助手。

仰望乡苗族中不存在职业鬼师,无论大、小鬼师均无特权,他们平时都参加农业或其他劳动,为人解鬼仅得一升插香米(约四市斤)。为亡人办丧则无报酬,所以有些鬼师说为亡人办丧是"吃无钱的酒,耽(误)有钱的工"。鬼师不主动上门服务,也不摆摊设点,只有当别人请才去。用一次鬼少则需一小时,多则四五个小时。鬼师所主持的较大型的活动为祭祖和扫寨。

鬼师多为当地的能人,有些懂得土医草药,有的懂得兽医。

[赵崇南:《贵定县仰望乡苗族原始宗教调查》,《贵州民族调查》(之二),第 306 页,贵州省民族研究所,1984 年 10 月。调查时间:1984 年 3—4 月]

6. 贵州贵定县仰望乡苗族鬼师的法器及辟邪物

(1)黄绸衣。黄绸衣又称为"黄裘",鬼师为亡人办丧或主持十三年大祭时,必须穿上这种衣服(平时一般鬼事活动不穿)。黄绸衣以机制黄色绸布手工缝制而成,无领无扣,上面没有任何图案和装饰品,形如一件披风。鬼师穿上后,于腰间系一条腰带扎住。

(2)纱帕。纱帕为白色棉纱织成,长约三尺,宽约一尺。平时不用,只与黄绸衣配套使用。用时横缠于头上。

(3)海螺。办丧时吹之,其他鬼事活动不用。系产于沿海一带之常见海螺,一头大、一头小。

(4)木鼓。为枫树所制,中空,外无树皮,两端大小一样,蒙以牛皮,长三尺八寸,直径一尺五寸。木鼓是成对的,一公一母。是从一棵树上锯下来做的,下部做的为公,上部做的为母。鼓上未着任何颜色。上面刻有发起制鼓人的名字。击时斜挂,二人两手执棍击之。只可于办丧和十三年大祭时使用,平时忌击。

(5)铜鼓。笔者看到一面铜鼓,以铜铸造,直径约一尺五寸,高约一尺二寸。鼓面有晕,正中为有芒太阳,其芒未穿晕,有四耳,办丧时和十三年大祭时击之。平时只"腊八"节至正月末可击,其他时间忌击。

(6)卦。竹或木制成,办丧之卦为竹制,平时驱鬼之卦为木制(多以五棓子树制作),偶有小牛角做的。

(7)牛角。办丧之中要用牛角作为奠酒之物,此牛角必须是十三年大祭之际所杀祭祖牛角,平时不用。另有一种是作为辟邪物用的牛角,两只牛角是与头骨连在一起的,驱鬼时放在院坝地上或桌上。

（8）木刀。以五棓子树制作，长约三尺五寸，宽约两指。上面用炭画五或七道黑杠杠。驱鬼时作为辟邪物置于大门上方门斗（大门上有两个圆木头，一左一右，称为"门斗"）之上。

（9）"启"（苗语）。竹子做成，一端削尖，形如梭镖。尖端破开，夹有三角形白色小旗。"启"有两种，一种短的，三尺左右；一种长的，一丈五六，可从地上一直伸出屋檐上去。

（10）"格楼"（苗语）。竹子制作，顶端破开，编成上大下小圆形物，形如漏斗。"格楼"与"启"配合使用。也有长、短两种，尺寸均与"启"同。

（11）刺条。从一种有小刺的植物上砍下在驱鬼时作为辟邪物置于大门之外地上或桌上。

（12）磨子。磨盘有两扇，仅用上面那一扇，在驱鬼时作为辟邪物置于大门之外地上或桌上。

（13）芭茅草。驱鬼时作为辟邪物置于院坝，或于紧急情况时绾成一团吐上几口口水挂于腰间。

（14）草把。用稻草扎成，上插白色三角小旗、钱纸、信香等，驱鬼时边念咒语边点燃拿在手中。

（15）白米。禳解任何鬼都要抓白米撒于空中，认为白米有灵，知道人世间的一切事情，并可将鬼招来、送走。

[赵崇南：《贵定县仰望乡苗族原始宗教调查》，《贵州民族调查》（之二），第 308—309 页，贵州省民族研究所 1984 年 10 月。调查时间：1984 年 3—4 月]

7. 贵州台江县苗族当巫师的条件

当巫师的条件也简单，但不大容易。唯一的条件就是要会"化戛孬"（当地通称为过阴，巫师过阴时即进入半睡眠状态）。据说有的做得成，有的做不成。……如果他看得"准"了，群众就会常常去找他，于是他就逐渐地形成为巫师。所以他也是没有师承的宗教师。他们的年龄不受什么限制，也不论贫富，但须是男的，没有听说过女巫师。正式当巫师的时候，也没有什么祭祀的仪式。到了四十岁以后，如果他想兼做鬼师，仍须按前述办法祭"董戛吓"和看鸡眼后决定是否担任鬼师。

巫师没有什么法器，唯一携带的东西就是遮脸帕，但这张帕子也不是专用来过阴的，而是利用包头帕（苗族男人都用一段长布缠头称包头帕）的一段把脸蒙住就可以。此外，病人要出一碗米并临时找一碗冷水。有了这三样东西，并配上一个通司，巫师就可以进行过阴了。

[全国人民代表大会民族委员会编：《贵州省台江苗族的宗教迷信》，第 21 页，1958 年 5 月内部编印]

8. 贵州台江县苗族的"相戛孬"

"相戛孬"就是巫师，交下乡对巫师的活动称为"法戛孬"（一称友戛孬）。当地汉族通称为"过阴"。这里记的是台江县交下乡交下寨八十四岁的巫师杨沙看（雇农）在"法戛孬"的活动情况。

"法戛孬"时不论在什么地方都得要病人的一碗米，米上放着从病人衣上撕下的一点布筋——"细江"，一碗冷水，一个人当"朗"（当地汉语通称为"通司"）。巫师坐在高约一尺的小凳上，以包头帕的一端把脸遮住。通司坐在他的一边或对面，不蒙脸。先烧三炷香插在米碗里，并烧钱纸（冥钱）于地上（没有香纸时可不烧）。巫师将三粒白米染成黑色，放在米碗里，再连白米和"细江"随手抓得的米十数粒放在手掌里，以口呵气、念咒语，再呵气后即全部放入水碗里。这时巫师即从碗中把"细江"捞出，仔细观察米的排列情况，就知道鬼是由哪个方向来。然后再拾几粒米放在口里嚼，并端冷水碗喝一口，递给通司也喝一口，这时巫师扭动身子像患疟疾一样，也就唱起来了。据杨沙看称，这时他看面前火坑里的火像太阳一样悬着，坑架（在火坑上悬一个约三尺见方的木架做炕东西用叫坑架）像天上一样。

通司一方面是巫师与病主间语言的联络者，另一方面是巫师行动的指引者，当巫师进入半睡眠状态的时候，通司即告诉他把十二个"戛孬"请拢来，好去办事（据说"戛孬"是"魂魄"，有的汉人称为巫师的阴崽）。据说如没有通司指引，巫师的魂魄就要乱跑，跑到不知去处的地方。乱跑去的那些地方常见有绿色的火。遇见绿色的火，他一定要追随，流连忘返，所以要有通司的指引。巫师把十二个"戛孬"请齐了，他就告诉通司说"军迷"齐了（"军迷"即军马）。在通司语言的指引下，巫师、通司及十二个"戛孬"大家一道跟随"军迷"到病主家里去（意思戛孬去，而不是人身去）察看是什么鬼在作弄人才生病。他遇见鬼了，就问清楚鬼叫什么名字——哪种鬼，再告诉通司转告病主。通司并要他向鬼办交涉，要把病人放松，即是病减轻了，就准备祭物给它，否则要烧它。据说人病了只是一种鬼在作弄，不会同时有几种鬼作弄，各种鬼的服饰并不一样，如红雷穿的是红衣，白雷穿的是白衣。

巫师望鬼清楚，没有旁的事了，通司即告诉他率领十二个"戛孬"沿着旧路回来。他把十二个"戛孬"遣散了，通司即告诉他跳岩。据说，岩高约七八尺，在跳时不是往下跳而是往上跳。他表示跳岩后，即把遮脸布揭去，恢复原状而结束了。但所望的是什么鬼他不知道，要反问通司才知道。

口述者自称：在"法戛孬"初入半睡眠状态时，是往下走去，所以把火坑里的火看成像悬在空中的太阳；回来时的跳岩，不是往下跳而是往上跳；并且所走的路不像平常时候人走的路，是山坡较大，阴沉沉的天气。根据这些情况，就不是走活人的路而是走死人的路。

口述者杨沙看当巫师是向一个老师傅学习来的。他在二十来岁的时候到南宫乡的掌戛皆自然村余志播（苗族）家做长工，有一天来了一个剑河老巫师叫告九怒（姓不详）的到掌戛皆"法戛孬"，杨沙看就请他教。他叫杨沙看以一块小帕把脸遮住，坐在一个小凳上。面前放米及冷水各一碗，老师傅即在一边念咒，并以右手的中指、食指蘸着摆在面前的冷水弹在他的脸上，大致过了约半个小时的时间，他就进入半睡眠状态了。老师傅就担任通司，指引他"法戛孬"。自此之后，他就学会"法戛孬"了。他说他在三十来岁的时候，有一次因喝酒醉了，不知怎的十二个"戛孬"来了，他就搞起"法戛孬"来，因为不是别人请他做，自然就没有准备让通司指引他，同时也没有帕子遮脸。那是一个晚上，他跑到寨脚去爬一棵大树，在大树上由这棵树枝往那棵树枝走去。这样的走法是平常人所不能走的，但他并没有跌下。他下来后，有人把他抱住，"戛孬"散了，他才醒来。现在交下一带凡是成年人几乎都能说他的这一件事，但当他酒醉爬树时是在晚上，没有几人看见。又据文昌松同志（汉族）谈：大致在一九四〇年左右，国民党强派台江县的农民运军米到麻江县的下司去。有一次，文昌松同志和杨沙看一道去住宿红阳乡的洪寨（属台江县），适有一家因有人病要找巫师望鬼，经大家的介绍，杨沙看就"法戛孬"帮那家望鬼，素来彼此不认识，当然是互不了解情况的，杨沙看能说出那家的人数，于是那家很相信他。从上述的故事看，在交下一带不仅是过去而且到现在还有很多人仰信鬼师和巫师的望鬼呢。

〔全国人民代表大会民族委员会编：《贵州省台江苗族的宗教迷信》，第24—25页，1958年5月内部编印〕

9. 贵州贵定县仰望乡苗族的巫婆

巫婆，当地苗语称为"嚷喷"，汉语称为"迷拉"，多由中年以上已婚女子充当。巫婆用鬼称为"哦喷"，汉话叫"打迷拉"。仰望乡巫婆有十来个，差不多每个寨子有一个。巫婆是不能参加、主持丧仪的，也不能禳解鬼神（过去完全不能，现在据说可以禳解个别小鬼）。她们的鬼事活动实际上是侦察鬼。如某人生病，她们便通过一定的仪式，搞清是什么鬼作祟及其来踪去影、有何要求等，然后由病家另请鬼师禳解。鬼师和巫婆是有分工的，鬼师主要是禳解鬼，而巫婆主要是侦察鬼。

巫婆侦察鬼，通过"抹米"方式进行。如某人家有人生病便请巫婆去"打迷拉"，无论白天晚上都可进行。巫婆一进病家屋门，便环顾四周，看是否病家每个人的灵魂都在自己身上。人们认为巫婆会"卡门精"，即进门便知病家情况，甚至包括每个人的心理活动她都知道。看过之后，便取一些米放在火上烤，烤焦后放于一碗内，然后冲进茶水泡着待用。接着巫婆用一块白布或手帕从头上盖下来，挡住脸面。坐在火塘边一条约二尺高的小凳子上，取碗喝茶水喷于地上，喷过之后，便拍脚打手，身体乱抖乱晃，不断跺脚，有时伸开两臂做出飞腾的样子，仿佛到了某个地方。一会儿，开始"抹米"看鬼。米盛于另一碗中，上盖一块布或手帕。先吞几粒米后，才开始抹。吞米时，要念病家每个人的年庚八字。用手掌反复地在布上抹来抹去，然后哈气于布上，再揭开来看米，根据米凸凹不平或波纹来断定鬼。这就是所谓的巫婆"抹米"。

巫婆与鬼师一样，没有专以此术为职业的，平时都参加劳动，无任何特权。如果病家不请，不会主动上门。巫婆无寨子或房族的限制，此寨的可去彼寨服务，彼寨的也可去此寨服务；此房族的也可以去彼房族服务，彼房族的可以为此房族的服务。行术时在桌上放有一升米，做插香之用，米上放有块把钱，结束后这升米及钱便归巫婆。这就是她所得的报酬。搞一次约需三至四个钟头，也有长达一天以上的。

仰望乡的巫婆是无师自通的，这点与鬼师要经过学习大不相同。有些是看多而会的，有的则是经过一场大病之后成为巫婆。如长寿寨雷××的母亲（已死十几年了），在一九六一年（当时五十岁左右）突然生病，高烧不退，在床上乱滚，将棉絮全部扯碎了。后来病愈，便成了巫婆，要去"打迷拉"。第一次上阵是由一老巫婆带着，以后她便单独行术了。

[赵崇南:《贵定县仰望乡苗族原始宗教调查》,《贵州民族调查》(之二), 第 306—307 页, 贵州省民族研究所, 1984 年 10 月。调查时间: 1984 年 3—4 月]

10. 贵州台江县苗族当通司的条件

通司是巫师在过阴时的助手，不能做旁的什么活动。当通司必须具备的条件比较简单，只要口齿比较清楚灵活，在巫师过阴的时候能同巫师交涉通话的中年男人就可担任通司的职务。因此巫师去做过阴活动的时候并不自带通司去当助手，而是由当事人临时找人负责。通司是一个不受酬的宗教从业者，他同巫师一样，只接受人家一点饮食的招待。

[全国人民代表大会民族委员会编:《贵州省台江苗族的宗教迷信》,第 21 页, 1958 年 5 月内部编印]

11. 贵州台江县苗族当择日者的条件

择日者都是男性，有少数粗识汉字，一般都是文盲，而且多半是鬼师兼任。从事择日活动，必须懂得一套口诀，这套口诀要专门学习才会应用，不像一般经咒比较容易背诵。学习择日者不受什么限制。学会了开始执行职务时，也没有什么宗教仪式。

[全国人民代表大会民族委员会编:《贵州省台江苗族的宗教迷信》,第 21 页, 1958 年 5 月内部编印]

12. 贵州台江县苗族的灵姑

当灵姑的人男女都有。据说是人死了被送到"欧有孔"去的那个魂魄附在谁的身上，谁就成灵姑了（苗语称"告相勾"）。男"魂魄"附在男身为"勾"，女"魂魄"附在女身为"勾",互不混杂。一个灵姑有二三个"勾",但有的只有一个"勾"。

病者的家人以米一碗及"细江"去请灵姑看时,他坐着拣几粒米放在口中嚼,不用帕子遮脸,等一会儿(约十多分钟)"勾"就来了,这时就请"勾"随米到病人的家里去"望鬼"。他去一会儿又回家把望鬼的情况告诉请他的人。如认为没有看清楚,可请他再去看。像这样往返数次,认为看清楚了即算结束。所谓"勾"的告诉,实际就是灵姑自谈一通。

〔全国人民代表大会民族委员会编:《贵州省台江苗族的宗教迷信》,第25页,1958年5月内部编印〕

13. 云南金平苗族的魔公

苗族信仰巫教。巫教反映在他们生产生活的各个方面,主要反映在为疾病而施展巫术方面。各寨一般都有主持巫教的"昂",当地称魔公。魔公分一般魔公和魔公师,能施行巫术为人治病便可取得魔公职位,男女都有。巫术修养高,地位高,威信大的,常被称为魔公的师傅。魔公家供有用色纸剪贴成的神堂,神堂每年十二月二十九日封,魔公停止宗教活动。正月初五开,又开始一年的宗教活动。开封神堂都由魔公师傅主持。魔公进行宗教活动有咒词,为增加巫教的魔力则广泛地施展魔术,如舌舔火烧红的犁头、用酒点燃烟火油等,魔术由魔公师传授。

巫教所用的牺牲品是猪和鸡,制造杀猪杀鸡的借词是坟地不佳,坟地陷没,从死者的身上为生者的疾病寻找理由。魔公为病人举行一次巫术则收鸡一只、玉蜀黍半升、半开五角。

〔云南大学历史研究所民族组:《云南省金平屏边苗族瑶族社会调查》,第38页,1976年内部出版〕

14. 云南彝良县洛旺区苗族的"白马"

鬼师是苗族群众中宗教迷信活动的执行人,是人与鬼神之间的中间人物,按迷信的说法,他可沟通阴间和阳间的信息。

"鬼师"多数是成年男性,平时在家务农,有人请时才去从事短暂的宗教活动。在整个宗教迷信活动过程中,鬼师除在求鬼者家里吃喝一顿或分到数量很有限的一点肉类外,别无报酬。

在苗族群众的心目中,鬼师有大、小之分,大鬼师一般是年龄较大、从事这项活动的时间较长的,他们认为"大鬼师"比"小鬼师"神通更大一些,他能背诵很多咒语,能和很多鬼神打交道,因而,在苗族群众中有较高威信。"小鬼师"能背诵的咒语不多,他只能搞一般性的迷信活动。

鬼师给人看病的手段主要是"过阴"。据当地群众说,当病人家属来请鬼师看病时,鬼师手拿纸钱和香，把它点燃后就开始念咒语。念完咒语，鬼师的手脚开始微微抖动，当他将顶在头上的黑布拉下来把面部遮住时，抖动的程度越来越大，大约过三分钟后，鬼师便进入"半昏迷状态"。这时，便意味着鬼师和鬼神打上交道了。于是，他开始询问病者家中死去的鬼神，问病者闯着什么了？是什么鬼缠住病者？要吃什么药？怎样退送才能使病者恢复健康，等等。把要问的基本上都问了，整个求鬼的活动也就基本结束。病者的家属回去后，要按照鬼师所说的去为病者解送。在请鬼和送鬼过程中所需的一切物品，最后都是鬼师和病者家属共同享用。

〔颜恩泉：《彝良县洛旺区苗族调查》，《云南少数民族社会历史调查资料汇编》（五），第13页，云南人民出版社1991年版〕

15. 云南苗族的祭司和巫师

苗族社会的祭司有两种，一种是村社祭司，村社的祭司是年高享有威望的寨老，在寨老中选有专职的龙头，如候然等。另一种祭司是氏族或家族的祭司，这种祭司即前述的牙牟，负责本氏族成员死后的指路和烧灵等一系列祭祀活动。

苗族靠卜卦和咒语为人从事"医病"的巫师，各地称呼有些差异。金平、麻栗坡、砚山等地苗语叫宛能、支能，威信的苗语叫多能，巫师男女两性都有。巫师主要凭卜卦为病者问卜。用竹根或牛角尖做卜卦的法具。威信的苗族使用两个竹根劈成四只，进行卜卦，根据抛丢四半根分阴封、阳卦，判断病者所触犯的"鬼神"。砚山的苗族则将两个牛角尖锯成四半，作为进行卜卦的法具。巫师进行巫术活动时，除去卜卦外，还敲铜锣或手摇铜铃念咒跳鬼。巫师为人进行巫术时，头部饰以低帽，似狮子头，头后部直到臀部缀以纸条，类似尾巴。

威信天池苗族巫师多能一般是世袭，一部分是外传。在正式成为巫师之前，要先学跳鬼二三年。正式做巫师要认师，举行立神的仪式。在晚上举行立神仪式，由巫师本人到竹林摸选两根并排生的竹子，作为神台（昂能）的三根竹竿。两个竹根劈成四只，作为卜卦的法具。两根竹竿吊在巫师家堂屋的神台前，在竹竿上贴土纸，巫师将用于牺牲的鸡毛黏在纸上。巫师死后，要将两根竹竿送往崖壁，或者在崖壁处焚烧。

金平县苗族巫师，每个巫师在自己家的堂屋都供有用色纸剪贴成的神堂，神堂每年十二月二十九日封，巫师停止宗教活动。正月初五开，又开始一年的宗教活动。开封神堂都由巫师的师傅主持。巫师进行宗教活动有咒语，为增加巫教的魔力一般则广泛地施展巫术，如舌舐火烧红的犁头、用酒点燃烟火油等，巫术由老巫师传授。而以黑苗的巫师最为普遍，每个氏族或家族都有自己的巫师宛能，宛能实行世袭制，父传子。家族成员生病，便由本家族的宛能卜卦祭鬼，巫师便通过为病人施巫术进行勒索，金平县苗族巫师一般施一次巫术，收鸡一只、玉米半升、半开五角。

〔宋恩常：《云南苗族宗教调查散记》，《云南苗族瑶族社会历史调查》，第63—64页，云南民族出版社1982年版〕

16. 云南马关县金厂区苗族的魔公

金厂地处边远特困山区，交通十分不便，经济、文化、医疗卫生条件相当差，因此，苗胞信神信鬼的观念仍很浓厚。他们的宗教活动还具有一定的原始性，信仰万物皆有灵。他们认为，无论是岩石、大树还是木桥等都会显示灵验，认为家中有家神（自家的祖宗），山中有山神，野外有野鬼，大门有门神。一般都认为神能佑人发财致富，鬼只能给人带来病痛灾难。每逢节令便杀鸡、买肉、烧香、燃纸敬献。每家皆有神龛供奉于堂屋。每寨都有土地神，一般设在寨头一角。人若生病，他们便认为必定是闯到了山神、野鬼，只有去找"魔公"，把生病的时间、病前外出的方向告诉他，请"魔公"掐算应该如何退送。老寨乡共计五百九十八户，就有"魔公"七十五人。"魔公"大部分是成年男性，多不识字，平时在家务农，有人到家来找方去做短暂的宗教活动。在宗教活动中，除在求鬼者家中吃喝一顿或分到少许肉类外，别无报酬。如果全村病人多，牲口死得多，则要举行全寨性的扫寨活动，要杀猪、羊敬献寨中土地神。

[颜恩泉：《云南马关县金厂区苗族社会调查》，《云南少数民族社会历史调查资料汇编》（五），第52页，云南人民出版社1991年版]

17. 云南金平县苗族的魔公

苗族信仰巫教。巫教反映在他们生产生活的各个方面，主要反映在用巫术医治疾病。各寨一般都有主持巫教的"昂"，当地称魔公。魔公一般分魔公和魔公师。凡是能施巫术为人治病便可取得魔公职位，男女都有。巫术修养高而威信大的魔公，常被称作魔公的师傅。魔公家都供有用色纸剪贴成的神堂，神堂每年十二月二十九日封，魔公停止宗教活动，正月初五开，开封神堂要由魔公师傅主持。魔公为增加巫教的魔力则广泛地施魔术，用舌舐火烧红的犁头、用酒点燃烟火油等。魔公的魔术由魔公师传授。

巫教用猪和鸡做牺牲品，魔公为病人举行一次巫术要收鸡一只、玉蜀黍半升、半开五角。用于生产方面的宗教活动，主要是在栽完秧后，便在田边杀鸡祭祀。猎获大的野兽要祭山神，由经常狩猎的人主祭山神，但祭山神的猪头归其所有。

[宋恩常等：《金平县二、七两区苗族社会调查》，《云南苗族瑶族社会历史调查》，第35页，云南民族出版社1982年版]

18. 云南屏边县苗族的"白马"

苗族凡是有病都要请"白马"来献神献鬼。"白马"懂得一点草医草药，半神半药，神药两解，病好以后，农民以实物货币致酬。

[雷广正等：《屏边县苗族社会历史调查》，《云南苗族瑶族社会历史调查》，第 47 页，云南民族出版社 1982 年版]

19. 四川古蔺县麻城乡苗族的巫师

解放前，苗族多迷信鬼神，有病均认为是天降的，有祖宗和鬼神在作祟，有病不找医生，认为巫师是通天曹地府的人，可以将鬼神送走。因此巫师经常被人请去。后来这种迷信思想有所削弱。

[四川省编辑组：《四川省苗族傈僳族傣族白族满族社会历史调查》，第 92 页，四川省社会科学院出版社 1986 年版]

20. 四川叙永县文化乡苗族的端公

兴复村的苗族没有什么宗教信仰，只是侍奉鬼神。人生了病，总认为有鬼神在作怪，一定要请端公看水、打符、送鬼医病。这些端公在社会上有一定地位，大家认为端公能通鬼神，有病就找他们。后来破除迷信，实行有病吃药的科学宣传，大多数苗族人民从实际中得出科学医病才是真正解除毛病的办法。现在端公们都很少有人去找了。王子荣端公说："现在我也不干了，几个月才有个把人来找看下子。"杨明兴说："端公的锣都收来卖了，现有没有人去找他们，有人生病都到卫生所拿药吃，病就好了。"从这些例子看出端公在苗族人民中已逐步失去了威信和作用。

[四川省编辑组：《四川省苗族傈僳族傣族白族满族社会历史调查》，第 58 页，四川省社会科学院出版社 1986 年版]

21. 重庆秀山县兴隆乡苗族的巫师

苗族对巫师是异常敬重的，认为巫师是"仙人"（男的）"仙姑"（女的），能断知吉凶祸福，化难成祥，因此他们在解放前每有病痛总认为是鬼神找来的，不求医而求神，对巫师的话则是言听计从、不敢苟且，一般重病求巫师就往往要"打牛"还牛菩萨。

[四川省编辑组：《四川省苗族傈僳族傣族白族满族社会历史调查》，第 176 页，四川省社会科学院出版社 1986 年版]

22. 广西隆林县苗族的巫公

巫公不论什么阶级的人都可以做。一人病三四个月后，乱说梦话就认为这人要成巫公。用三张纸、三支香点放在桌上，请巫公来传教，病人用布盖脸。一两个月后就成为巫公。

[广西壮族自治区编辑组：《广西苗族社会历史调查》，第 77 页，广西民族出版社 1987 年版]

第二节 神判巫术

1. 贵州榕江县加宜公社苗族砍鸡头

"砍鸡头"，苗语称为"斗皆"。一般用于解决偷盗或财产纠纷中的疑难案件。由鬼师或寨老负责执行。"砍鸡头"一般都在寨内或寨子附近的空地上进行。由原告出公鸡一只。届时，原告和被告各带熟鸭一只、糯米饭一筐到现场。原告、被告分别站立于两边。在每人面前插有高约二米、拇指粗细的木棍一根，并在两棍的底部用绳子牵一条直线，将绳的两端系于棍的底部。同时，还要在直线的中点处插一木棍，鬼师（或寨老）立于中点处，而后由原告和被告各自对天发誓。接着，由鬼师（或寨老）一手提鸡、一手拿刀念口诀请神，希望"神"通过鸡的意志来决定谁是谁非。念毕，便在鸡颈上割一刀（下刀不能过重，也不能过轻。过轻则不能致鸡于死命，它会飞跑掉，达不到砍鸡头的目的；过重则鸡不能滚跳，立刻就会咽气死掉，同样达不到砍鸡头的目的），不偏不倚地放置于中间点。让鸡乱滚乱跳，作垂死挣扎。鸡跳向被告一方，即判定被告确实做了亏心事，除进行赔偿外，还要按规定受罚；反之，鸡跳向原告一方，则判其为诬告，同样按规定受罚；如果鸡不跳向原告一方，也不跳向被告一方，而是往前后方向跳，那么原告和被告双方都不算错，但各要出十五斤肉请全寨人（每家一个）吃一顿了事。

其事例有三：

（1）据七十岁的苗族老人龙老龙说，他二十五岁时（一九三八年）在社能寨（现属榕江县大有公社）见过一次。当时该寨的潘故利侵占了杨老根的祖田，杨要潘退，潘不认账，二人争执不下，于是请从江县加学寨鬼师梁故贾来砍鸡头。届时，附近村寨群众皆来观看，由杨家出公鸡一只，双方各带熟鸭一只、糯米饭一筐来到争执的田地上，当事人分立两旁，相距约二米，并于跟前各插高约一米、拇指粗细的木棍一

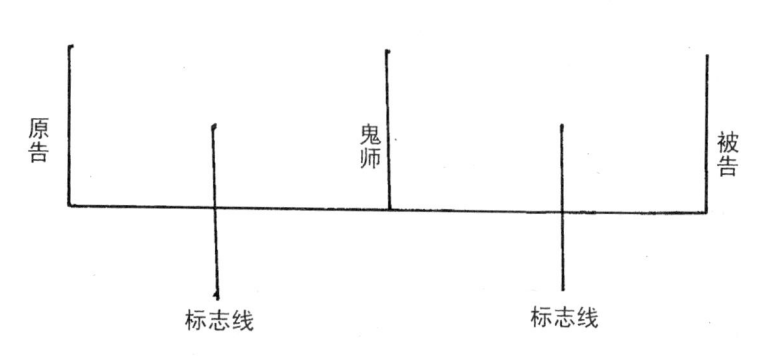

根，将一绳索的两端系于两棍底部，成一直线。另在绳的中点插一木棍，鬼师立于此棍跟前。从中点到两个端点的两个线段的中间点，又各牵竖线一条，使之与横线成垂直状，如图所示。

一切准备停妥，先由原告杨老根发誓说：潘故利侵占了我家的祖宗田，如果是我冤枉他，我不出三个月就要死，如果是他占了田地不认账，不出三个月他死。接着由潘故利发誓说：我根本没占杨家的田地，如果我占了不认账，不出三个月我死，如果是杨老根诬赖我，不出三个月他死。接着鬼师一手拿刀，一手抓住鸡说：鸡啊！鸡啊！你要睁开眼睛！谁真谁假你知道，要把干亏心事的人找出来。说罢，对着鸡脖子割一刀，随即将其放置于中点的木棍跟前。那鸡在地上不断翻滚，很快就越过了鬼师与潘故利之间的标志线。于是潘被判输理，应退出所占田地，并按规定罚银毫三百个。但是，潘不服"神"的判决，并说："如果我三个月内果真死了再退！"结果三个月还差六天，潘故利便死了。除退还田地外，罚了三百毫，由杨老根、鬼师、寨老等各分一份。

（2）据加宜寨八十岁的苗族老人蒙古榜说，约六十年前他在从江县岩寨亲眼见过一次砍鸡头。

当时岩寨的顾九同他的老婆闹翻了，于是其妻当晚便跑到同寨人顾累家躲了一夜，第二天被一个外寨来的男人把她拐走了。顾九一口咬定是顾累卖了他的老婆，顾累拒不承认，双方争得难解难分，只得请寨老详断，寨老也感到难以解决，于是决定第二天以砍鸡头来决定谁是谁非。

砍鸡头是在寨内的一块空地上搞的，由寨老主持，全寨男女老少来了一百多人站立一旁观看。首先要在场地中间插一根刀把粗细、半人高的木棍，寨老即立于此处。并以棍底为中心牵一根长约五庹（五庹约合八米）的直线，每边长约四米。顾九和顾累分别站立于线之两端，并用脚踩住线头。接着由原告顾九开口喊道："鸡啊！你要睁开眼睛，看看谁是好人，谁是坏人！顾累把我老婆骗去卖了，你快去啄他的脚！"顾累跟即喊道："鸡啊！你要睁开眼睛！我没骗卖顾九的老婆，他诬赖我，你快去啄他的脚！"然后，寨老便仰面朝天高呼："天上的菩萨啊！地上的菩萨啊！各方各地的菩萨啊！哪个干了坏事我们不知道，只有你知道，今天请你们来显显灵。"然后又对着鸡说："鸡啊！你不要冤枉好人！不要放过坏人！谁干了坏事，谁说了假话，你就去啄他！"说罢，便用菜刀割鸡脖，并把它放于棍子跟前。那鸡很快跳向顾九一边，于是判其为诬告，罚肉七十七斤，由全寨每家各分一份。

（3）据加宜寨六十六岁的苗族老人辛老寿说，他二十六岁时亲自搞过一次砍鸡头。情况如下：

一九四三年农历三月，辛老寿的哥哥辛老龙怕国民党保安团来抢东西，把一条银项链埋在自家楼下的牛粪堆里藏起来。可是，不久去挖，发现已被人偷走。当时只有辛老寿常在牛圈里搓草、打草鞋，辛老龙怀疑是辛老寿偷了。其实辛老寿确实未偷，不予承认。兄弟二人便争吵起来。去找保长讲理，也说不清楚。保长便说，你们二人每人出六个毫子请个鬼师，明天以砍鸡头来决定谁对谁错。于是去岩寨请来一个名叫彭滚牛的鬼师，第二天在加宜寨后面名叫"引啥打"的地方砍鸡头。那天寨里来了很多人，坝子中间插了一根棍子，还牵了一根横线。辛老龙提着一只鸭子和一筐饭走在前面，辛老寿提着同样的东西走在后面。到达现场后，辛老龙的脸色就变了。保长见他神色不对，有点心虚，怕砍鸡头对他不利。于是便说："你们俩是兄弟，有事好好商量，不要撕破脸，我看今天不用砍鸡头了，你们回去自己解决吧！"辛老龙和辛老寿都同意了，结果未砍成。

〔王承权等：《榕江县加宜公社苗族调查报告》，《月亮山地区民族调查》，第339—341页，贵州省民族研究所，1983年6月。调查时间：1983年3—4月〕

2. 贵州台江县反排乡苗族砍鸡头

在十五年前，反排农民唐牛包与张九当争"别相"（地名）的七挑田，是以杀鸡的方法解决的。张九当的姑母是唐牛包的母亲，唐母去世时张九当将唐牛包"别相"的七挑田据为己有，作为"你希夫"（苗语，直译为"吃头钱"）的代价。按当地习惯，女儿出嫁死后娘家可以向婿家索取八两一钱至十二两银子的"你希夫"（但不能任意占据婿家的田地），这一代的亲戚关系即告终了，须到下一代方能互通嫁娶，但也有因双方感情深厚不要"你希夫"的。唐牛包的母亲去世时，张九当向唐家索取"你希夫"是可以的，但不应占去唐牛包的田地（据说，张九当的姑母死时唐牛包的年纪很小）。因此，唐牛包认为张九当霸占他的田，向张索取。张九当却认为当时唐家没有给"你希夫"，他便可以要田。双方互不让步，"六方"也无法说服他们，只好建议杀鸡解决。于是张九当出鸡，唐牛包杀鸡，并收回七挑田。恰好次年张九当夫妻相继病死，人们认为这是亏理霸占人家的财产的报应。

〔贵州省编辑组：《苗族社会历史调查资料》（一），第400页，贵州民族出版社1986年版。调查时间：1957年3—7月〕

3. 贵州榕江县加勉乡苗族宰鸡神判

宰鸡前，先以树桩两棵竖立两旁，然后用绳子三根把"该歪"拉起坐在两棵树桩的中间，双方当事人则站在树枝两旁，周围站满亲友。先由"该歪"来"念鬼"完毕后，即将鸡宰杀抛在两棵树桩的中间，任其跳动，看鸡临死时跳到何方，何方就是无理。如因争执田、土，除将争执的地方（田、土）无条件让给对方外，并须受罚一百三十二毫。如鸡死在两桩的中间，则双方和解了事。但是一百三十二毫仍然要出，不过在负担上是双方当事人各出一半。这笔罚款除以一半作为伙食费外，其余的由办事人分用，作为报酬。此外，宰鸡时双方当事人还须各出十毫共请一人作证，以免今后再发生纠纷。

> [贵州省编辑组：《苗族社会历史调查资料》（二），第 141
> 页，贵州民族出版社 1987 年版。调查时间：1957 年 4—8
> 月]

4. 贵州榕江县两汪公社苗族砍鸡

砍鸡，苗语叫"斗厚给"。这种方式多用于解决小规模的山岭土地争执。当一个寨子指控另一个寨子侵占其土地，而另一寨又否认有此种行为，经双方反复协商仍不能达成协议时可由一方出雄鸡一只，而由另一方出一人砍鸡。砍鸡前操刀者要当众对天赌咒，大意是说：我没有干坏事砍鸡百砍百胜，如果干了坏事五天内死去。说罢，对准鸡颈一刀砍去。五天内砍鸡者如生病或干活时碰伤、砍伤或摔伤，认为是神对他的报应，应判该方输理；如五天内砍鸡者安然无恙，则表明其理直。

> [王承权等：《榕江县两汪公社空烈大队苗族调查报告》，《月
> 亮山地区民族调查》，第 382 页，贵州省民族研究所，1983
> 年 6 月。调查时间：1983 年 4 月]

5. 贵州台江县苗族的砍鸡剁狗

砍鸡剁狗，苗语叫"倒伞麻瓜"。在双方发生争执，经"六方"（即地方上的头人或理老）调解没有结果，而大家要走"养良松贵"（死人的魂魄要走过的一个地方即是双方都愿以死做赌注的意思）时，往往就用这种办法来解决纠纷。它的手续比烧汤捞油简单得多，以将来死人与否为输赢或有无道理的标准，但争执的东西则归砍鸡或剁狗的人取得或保留。

当一方（简称甲方）提出买鸡或狗，而另一方（简称乙方）愿意砍鸡剁狗时，就确定日期和地点举行。届期各请"六方"二至三人在场作证和维持秩序，因为没有第三者在场，仅争执的双方砍鸡剁狗是难免不出岔子的。砍鸡剁狗的地点一定是有土地祠（不是桥头的那个"商大"）的地方。双方都到达后，就各对土地菩萨发誓，大致是说：谁心狠霸占了别人的东西，谁就要死一类的话后，甲方就以买来的大雄鸡按在土地祠的门枋上，乙方左手扯住鸡头，右手持刀（菜刀、柴刀均可）对准鸡颈一刀砍去，将鸡颈砍断，二人旋时放手，任鸡在地上扳动。

剁狗也同砍鸡一样，只是不在土地祠的门枋上剁而是在土地祠的侧边举行。据说因为"土地菩萨"不吃狗肉（原因不详）之故。砍鸡或剁狗之后，即由双方请来的"六方"把鸡、狗收拾煮吃或由乙方收拾煮请"六方"们吃，他自己也参加吃。

砍鸡或剁狗时，甲乙双方各出银子二钱二分或三钱三分请"六方"。人们认为给了"六方"银子以后他们就可以出来做证人。

在砍鸡剁狗之后，双方各请鬼师用一只大母鸭或一只小猪在家举行"鸟大"，告诉

祖先：已经与人举行了砍鸡剁狗，请求祖宗保佑平安，不要因发誓而死亡等等。祭完全家吃肉。

如果一方在砍鸡剁狗后的三年内死了人，人们就认为是他家没有道理，输了理，所以"土地菩萨"才把他家的人弄死了。如果他过去曾取得双方所争执的东西，这时并不需退还对方。

在双方约定了砍鸡剁狗的日期，届时甲方不买鸡（狗）者为输，乙方不砍者也输。输的就不能再坚持自己的主张，而须承认对方为有理。如果是争执财物的话，这财物就要交给对方。

过去常常用砍鸡剁狗来解决纠纷，但近二十年来在南宫、交下一带已经听不到这种事情了。

[全国人民代表大会民族委员会编：《贵州省台江苗族的宗教迷信》，第102—103页，1958年5月内部编印]

6. 贵州榕江县两汪公社苗族的杀鸡神判

七十年前，平寨夏荣富的祖父同吴老贵是好友。俩人共有五十两银子，存放在吴老贵家。夏荣富祖父去世后，他祖母向吴老贵索回二十五两银子，吴老贵翻脸不承认。夏奶奶请寨老评理未成，双方便通过杀鸡来神判。地点在剑河县大勇区白道公社乌当寨白斗地的土地庙前的平坝上。两家各请一位鬼师和中介人来主持，鬼师在地上画一道横线，标明中心线。夏奶奶和吴老贵各站在中心线的两侧，先由他们各自申诉理由。然后由鬼师杀一只鸡，扔在中心线上，鸡在中心线两边跳来跳去，最后跳到吴老贵脚下，鸡血溅在他身上。可是，吴老贵仍不承认。夏奶奶只好对天发誓：四十九天内，谁家死了人，谁就输了理。在这段时间内，吴老贵的一个瞎眼儿子死了。夏奶奶又找寨老去评理，吴老贵自知理亏，只好退还夏奶奶二十五两银子。

[刘龙初：《榕江县两汪公社两汪大队苗族的风俗习惯专题调查报告》，《月亮山地区民族调查》，第419页，贵州省民族研究所，1983年6月。调查时间：1983年5月]

7. 贵州台江县苗族的烧汤捞油及事例

烧汤捞油，苗语叫"怕胎"。在发生争执无法调解的时候就用这种方法来解决。人们以为这种解决方法是"天理"，即由鬼神来决定是非曲直的意思。一方买油烧汤（简称烧方），另一方在锅中捞斧（简称捞方）。

（1）烧方

烧油汤的东西是：黄蜡五六两；牛油约半斤；小米（未碾过）约二斤半；大米约五斤；大锅一口（能盛二百斤水以上的）；斧一个（没有柄的）。

在双方确定举行烧汤捞油的那天中午把用物搬到村外坝上，并请"六方"（即地方上的头人或理老）三人，由"六方"（挑来清吉的水，把锅洗净、设灶后，就把水、蜡、油、米和斧一起放在锅里，等候烧火）先举行"的八奶"（祭太阳的意思）。用的东西是：

　　大雄鸡一只；酒数两；饭一碗；红"兴所"十几个（用红纸剪成的纸幡悬在长约五尺的小树或小竹上）；师米一碗。

　　祭物是摆在桌上，只摆三杯（碗）酒和师米，桌的侧边竖起红"兴所"，鬼师站着念咒请"八奶"莅临。据说"八奶"是三个，来路同祭"恩"一样，这里从略。

　　请"八奶"到达之后就杀猪，经过烧毛刮整肉、肝、血放在一起煮，肠子另煮，不能用做祭物，因为它是脏的东西。

　　熟肉的陈设是：鸡头摆在中间为一份，两边各摆一只翅膀和一只腿，共为三份。肉、肝、血各平均分为三股分别配搭在已摆的三份上面。饭也分为三份摆在肉的侧边，再斟上酒。

　　鬼师仍站着念咒，向"八奶"提出请求，请"八奶"吃，三人"八崩"，再念咒送它走。但不是送回原处，而是请它在天上看烧汤捞油，送它上天的路线念的咒语也含有要求的意思，如下：

　　吃成就转，饮毕则散，／转到半空太阳之门，散到天上太阳的家乡，／请你们听我说出事情根底，／请你们回头看我们讲出事情的缘由，／我们上到高山请雷来看，邀龙观察，／引导水往下流（苗族认为水往下流是合情合理），／公判人间纠纷。

　　念咒送太阳上天完毕之后，烧方在场的人（捞方未到）一起把鸡吃掉。餐毕就举行"的赏"了。"的赏"用的东西是：

　　大雄鸭一只；酒三碗；饭一团（以五斤米煮成捏为一个饭团）；红"兴所"一挂（用红纸剪成的纸幡）；大竹一棵（粗如手腕，长约二丈左右，上留梢叶，红"兴所"悬在枝上）；"赏"十二片（用大竹一节劈成，长约二尺五寸，宽约四分）。

　　不用活鸭祭祀，杀鸭后经烧毛和洗整了，就以整只鸭及血、肝放在一起煮（肠子是脏的东西，不能和在一起煮）。鸭子煮熟了，把整个鸭子摆在桌上。头向前，鸭的后面摆三杯酒，"赏"和饭为一个行列，前面摆一个小酒坛，桌侧插着悬有红色"兴所"的竹竿。鬼师面对酒杯站着念咒，一面念咒，一面用右手拿着"赏"来打桌子（"赏"有十二片，每次只用一片打一下桌子，不断地、周而复始地打），请"往洛郎金播友"（即红雷）来烧汤。据说烧汤捞油是在说道理，所以要用念得较缓而声音清楚的"鸟大"声调来念。然后鬼师左手持大竹，右手拿雄鸭请"往洛郎金播友"到准备烧汤的大锅边念咒，生火。雄鸭是代表火的。火点燃后，不断加柴，把水煮沸。交代完毕，在场的人（捞方未到）一起把鸭肉、酒等吃完。念的咒语如下：

　　旧年去，新年来。／今天是吉日，今早日子好。／今天是寅日好做"考"（去告状），今天是卯日好做"当"（做事），／我在家里，我在我家中。／你们相吵才出事，你们相争才出乱子，／不知道这条河到哪里才完（比方这件事怎样才能解决），／这些凌哪天才得融化。喊雷公来看，／叫龙来望，来到门口，／来到家中，喊师傅叫爹，／

喊师母做妈，师傅说，五钱银子我才给讲，／一两一钱银子我才动身，来到你家门口，／来到你家，我从地下上到半空中，／从空中又上到天上，坐起谈理你们听，／歇下讲理你们晓，晓得丢布在哪点？／晓得丢布好几样？／肉不过老虎坳（比喻被偷的东西还没有拿得太远的意思），／树子不过太雍乡。这东西还在这寨子，／还在这地方，到处点灯找，／点火找不着。无法我才喊雷公，／去喊龙，喊雷公来看，／叫龙来听。恨这个贼，／恨这个老虎（比喻贼是老虎），恨虫爱咬竹，／恨猪爱咬笋，恨这水獭爱吃鱼。／恨这野猫爱吃鸡。喊雷公来看，／叫龙来听，烧多起泡，／烧少生虫，泡大象水牛脚，／肿得象黄牛脚。这样教育了太雍河鸟宓河一带的人，／教育到捡粪小孩，教育到挑水姑娘，／教育到会缝会穿的妇人，教育到勤劳勤作的男人。／娘勤快娃娃就穿干净，老子勤快崽就能吃饱。／烧就要烧烫，／烧要烧得象"足动东"（"足动东"，从前的老鬼师），／烧象"客秋尚"（从前的老鬼师），／烧象"良往阳"（从前的老鬼师），／烧象"戛这独"（从前的老鬼师）。／水跟着沟走，道理要顺着岭过去。／养儿抱孙，多子多孙，／长命百岁，活九十、活一百岁，／不象"相独角"，不象"泥安少"（这两个是坏鬼师），／他两个脑壳硬，角角尖，／他两个吃粪又不怕雷打，咬石头不怕牙齿断，／他两个来扭雷的颈子，他两个来扭龙的颈子，／他两长不大，生不多，／活不长（又绝子绝孙），要短命，／他两个断人种，绝谷种。／一会儿我们去到堂子，到大坪子，／架岩石要紧，架锅子要稳。／挑水来放在太阳锅里，抬井水来放在月亮锅里，／挑高粱，抬稗子，／挑小米，拿蛇药，／老虎药，蜂子虫药，／大麻风药，黄蜡水，／牛油水，挑来放在太阳锅里，／抬来搁在月亮锅里，抬油柴桠枝，／抬油柴包包。转到"弄给"，下到交工，／转到汪江，上到"弄聋"，／转去交密，转到交包，／上到方祥，转到毛坪，／上到乔歪，退到纠友，／转到乔洛，上到天空，／走到天上，这地方才是你的地方，／这住所才是你的住所。

（2）捞方

烧方生火之后，捞方才到。捞方也请来一个鬼师念咒请求"两呼你呼分收"（白雷来庇荫）。用的东西是：

大雄鸭一只；冷水一桶。

捞方也请有三个"娄方"。自己如不能捞时，还要请来一人代替捞斧。当这些人到达时，鬼师手持活雄鸭在锅边伸手（连鸭）绕锅三转，就开始念咒，咒语如下：

从地下上到天空，天空上到天上，／在家不在？两呼你（即白雷），／你脚穿鞋子，头戴帽子，／身穿缎子，由天上下来，／下到天空，走来"给里"（属炉山县），／下到"八足"（属炉山县的香炉山），／走来九丘田水口，走来九级楼梯塘，／走到开里，下到卡口（开里、卡口均指凯里），／走来南高，上来干路，／走来张斗，下来排羊，／上来五舍八，下来红寨，／过来五多，走来交工，／上来龙给，下来当道。／我来遮住像"足动东"遮住一样，／遮住像"客秋常"一般，遮住像"良往阴"，／遮住像"戛这独"。我来遮住就太平，／我来讲就好，一会到讲理堂子，／到说理的处所，他家安的石块不紧，／搁锅子不稳，／鼎罐水漏走到太阳下边（漏到太阳月亮下边是流得远远的意思），／水下河，火也上山去。

　　双方的鬼师各念各的咒语，烧方念咒请"红雷"把油汤尽量烧沸油烫，捞方念咒请"白雷"施法，使油汤变冷，这时双方请来的"六方"都来检查捞斧者的手是否生疤或有疤痕，并要牢牢记住。

　　当双方念咒完毕，油汤已滚沸了，捞斧者就以手伸入冷水桶中，并把预带约二三斤的米装进袖里。在"十目所视"之下，他很敏捷地将米从袖中倾进锅里，手就顺着米伸进锅底把斧捞出，掷在地上，并用脚踩它一下，捞方的全部成员就离场回家。

　　次日双方全部成员都仍到原处来共同检验捞斧者的手是否起泡。起泡了（不论泡的大小）捞方就认输，烧方赢；不起泡捞方就赢而烧方要认输，按赢方的主张办事，争执就告结束。捞斧者手如起泡了，双方鬼师就在场念咒帮他"吹"冷（退火），使手不再溃烂。

　　赢方回家后要杀一只二三十斤以至百十来斤的肥猪酬谢自己请来的雷（烧方赢时谢红雷，捞方赢时谢白雷），肉煮熟了摆在门外的桌子上供祭，仍请鬼师交代清楚，再把雷送回原处。并酬谢鬼师七八斤重的一只猪腿及猪头的下颚；酬谢"六方"猪肉每人约一斤。

　　输方也要杀一只雄鸭摆在门外的桌上祭自己请来的雷，把它送回原处。

　　双方对请的鬼师和"六方"按照惯例要付给酬金。鬼师较为重要，双方各酬谢自己请的鬼师银子一两六钱，赢方再按照自己争执得来的东西的总值抽十分之一给鬼师。对于"六方"呢，双方各请三人，双方都只要把六钱六分银子给自己请的"六方"，由他们自己去分。但这仅是一般的惯例，从下述几个事例来看，可以不完全按照这个惯例实行。

　　烧汤捞油也有不捞斧而从油锅中所煮的鸡的眼睛的好坏来定输赢的，但祭鬼活动基本上一样。鸡眼坏了烧方赢，鸡眼完整为对方赢。二十多年前，南宫和养开村有人因争屋基而举行的烧汤捞油就是采用这种办法的。

　　现在把交下乡百年来所发生的烧汤捞油事例分述于后，从这些事例中可看出争执的起因和酬谢的情况。

　　第一件，为衣服失窃而全村烧汤捞油。

　　距今四十七八年前（约在一九一〇年前后），台江县的交下乡党道自然村苗族农民李里英（当时相当于中农）家的衣服被人偷去，他要求烧汤捞油，报经团首李养纠（当时的地方行政人员，相当于后来的保长，苗族，有七八十挑田，自己耕种，不雇工，不出租，相当于中农）允许和村里的同意就举行了。据说大家感到村里有人当了小偷，就不安心全家出工生产，所以都赞成举行烧汤捞油。由团首通知，全村约百来户大家自愿结合为三四个组，每组推选一人到场捞斧。所谓自愿结合，就是某些自认为是"干净"、不会当小偷而互相信任的人家的结合，而剩下一些没有取得人们信任的人也只好勉强成为一组。这种烧汤捞油是由失窃者烧油汤，全村推选的人到场捞斧。

　　上述自愿结合的结果，只剩下两户贫农李播倒及李往记没有被各组邀请参加，二人只好结合为一个二人小组，并推李往记捞斧，捞斧的结果是李往记的手起了泡，照惯例当然是失败了。于是二人各赔银六两（共十二两），这笔银子的开支是：付给烧火、舀水等共约一两；赢方鬼师抽十分之一合一两二钱；赔偿李里英衣服去一部分（数目记不清）；余数付给李里英请的鬼师。

捞方的李播倒、李往记二人输了不敢说话。因为二人推定捞斧者的手已起泡，这是"天经地义"的输了，并且失了"面子"，但是无可奈何。按习惯如果失败者认为自己"干净"，不服输时，也可提出再烧汤捞油，自己为烧方。但李播倒、李往记二人失败赔钱后似已无力要求烧汤捞油，所以只好忍气吞声。

第二件，为争山而烧汤捞油。

距今四十五年前（约在一九一三年），交下乡党道村李养纠（当时的团首）的山林约有二亩面积的田被邰九耶（相当于中农）霸占，经"六方"解决不下而举行烧汤捞油。李姓烧汤，邰姓捞斧，结果邰的手起泡而输了，山林是李姓得，邰家还赔银四两。

据说地方确是李家的，树也是李家栽的，但李当团首，邰何以敢霸占呢？原来邰也是"六方"，二人都是地方的"狠人"（意为能讲会说，都是有势力的人），所以邰家也居然敢于霸占团首的山林了。

第三件，为谷子被偷而全村烧汤捞油。

距今四十年前（约在一九一七年），交下乡党道村农民李讲亥（当时相当于中农）家的谷子被偷去二三挑，不知小偷是谁，李讲亥报经团首李养纠允许并得村里的同意，就举行烧汤捞油。村里同意的理由同第一件一样，全村百来户自愿结合成三四个组，每组推选一人代表捞斧，情况同第一件一样。但捞斧结果各组代表的手都没有起泡，李讲亥输了。李讲亥的谷子实在被偷了，但烧汤捞油也输了。据说这是"雷公"不保佑他的结果。他还出银子五两五钱给地方了事，并另付鬼师的工资。

第四件，为农具失窃而大规模举行烧汤捞油。

距今百来年前，剑河县的白道地方有一家（姓名不详）被人偷去了一些农具，计被偷去钉耙一把、锄头一把、尖嘴锄一把。他报请"六方"通知附近的三十六个村子都来参加烧汤捞油。这三十六个村包括距白道七十多里的台江县巫脚乡的巫梭自然村在内。据说东西是巫梭的一个人路过白道时偷的（此人没有到场参加），各村的代表都伸手入锅捞斧，但巫梭的代表手不入锅，只把手在锅口上一晃就过去了。但手也起泡，于是巫梭村就失败而赔了几两银子。

据说烧汤捞油是在所争执的事情搞不清楚时举行。究竟哪些事件可以烧汤捞油，却没有具体规定，从上述的事例来看，都是因为失窃找不到犯人和争执地界不明的山林而举行。其他如婚姻、田土等事件，没有听说（口述者说）因纠纷而举行过烧汤捞油的。

在距交下十来里的南宫是住有汉人的，没有听说过汉、苗之间用烧汤捞油方法解决纠纷。在近三四十年来，南宫一带已经没有人烧汤捞油了，原因是霸占别人的地方或东西的都是"狠人"（即恶霸），"弱人"（即善良的劳动人民）被霸占者，不敢起而争执。

同时在当地解决不了的争执就要打官司，所以都不用老一辈的这种"天理"的办法了。

[全国人民代表大会民族委员会编：《贵州省台江苗族的宗教迷信》，第97—102页，1958年5月内部编印]

8. 贵州榕江县加宜公社苗族的捞稀饭

这种神判方式主要用以解决偷盗方面的疑难案件。据蒙古榜说，五十年前他在摆勒下寨听说过。当时此寨王大搞的家庭比较富裕，为了防盗，将项圈、首饰全部埋在楼上火塘边的泥土内。其后，王的女儿要戴项圈、首饰到加五寨看牛打架，去取银器时发现这些东西已被人偷走。据王回忆，那段时间只有王固老等几个穷人常在楼下牛圈里掏粪，便怀疑是他们偷了。王固老等人坚决否认此事。王大搞便去从江地区请鬼师顾邪来主持捞稀饭。

捞稀饭是在王大搞家火塘屋内进行的，凡被嫌者必须到场，否则被认定为偷盗。由王大搞家出大米、小米各五斤煮稀饭一大锅。待煮得滚开变稠时由鬼师念咒请神。大意是说：我们今天捞稀饭，请你来显灵。谁偷了王大搞家的银器，就烫掉他手上的皮肉。说罢，将一只铁斧丢进锅里。接着，由被嫌者卷起袖口，依次从锅底捞出斧头。按规定，凡烫掉皮肉的都被判定为偷盗。除赔偿原物外，另罚肉七十七斤。但是，当时几乎所有捞稀饭的人都烫掉皮肉，无法判定谁人偷盗。于是鬼师当场宣布：他们谁都未偷，是土匪拿走了。结果，王大搞反而赔黄牛一头给全寨人吃。

[王承权等：《榕江县加宜公社苗族调查报告》，《月亮山地区民族调查》，第341页，贵州省民族研究所，1983年6月。调查时间：1983年3—4月]

9. 贵州台江县反排乡苗族的"捞油锅"

距今约五十多年前，反排农民张老东和张老格因争田纠纷调解不成。内容是：两人是堂兄弟，张老东认为张老格所种"脸相疟"（地名）的八挑田是应当分给他（张老东）家的；张老格则认为这田是自己的。但是谁也不能提出有力的证明或证据，"六方"也无法调解，只好进行"烧汤捞油"。由张老东先出钱烧汤，张老格亲自在锅中捞斧。翌日检验张老格的手臂并没有烫脱皮。张老东自认输了"理"，田归张老格所有。

[贵州省编辑组：《苗族社会历史调查资料》（一），第399页，贵州民族出版社1986年版。调查时间：1957年3—7月]

10. 贵州榕江县两汪公社苗族的"捞油锅"

"捞油锅"，苗语叫"橘他"，"橘"是"捞"，"他"是"锅"。这种神判方式主要用以解决田地争执方面的疑难案件。当两个寨子发生山岭土地争执，一方指控另一方侵占其山岭土地，而另一方否认有此种行为，经反复协商均不能解决时，可由双方寨老商定用"捞油锅"来判定是非。捞油锅必须由鬼师主持，一般在空坝子地方进行。由一方出大锅一口、猪油十二斤、黄蜡十二斤、柴十二担。将油和黄蜡倒于锅内，用柴火将油烧得滚开，并在锅里放铁斧头一个，由另一方在锅中捞斧。捞斧之前要由双方派人共同检验捞斧者手部，看是否有疮泡之类。审视完毕后便开始捞斧。捞斧人要先在自己的袖管内装米一升，并先将米倒入锅内，趁米下沉之机猛然将手伸入锅底捞出铁斧。然后后退三步将斧放于地上。随即由双方指定的人员共同检查捞斧者的手部，看是否有烫伤痕迹。如烫伤皮肉则判其输理，反之则为理直。

〔王承权等:《榕江县两汪公社空烈大队苗族调查报告》,《月亮山地区民族调查》,第382页,贵州省民族研究所,1983年6月。调查时间:1983年4月〕

11. 贵州雷山县苗族捞稀饭

雷山县脚包寨某房族内部争山林请人调解未成，双方便决定举行神判。争执各方各请一位鬼师来主持，由他们各自申诉理由。然后由鬼师念咒语，请雷公、山神来裁判是非。接着由一方在太阳下架一口大锅，下面生大火，锅内放入牛油、黄蜡、糯米、小米、黏米加上水煮成稀饭，将一把斧子沉入锅底。另一方来捞斧子。捞斧子者先在衣袖内装上米，伸手往下捞斧子时米随后落入稀饭内，起着隔热的作用，结果手没有烫伤。

〔刘龙初:《榕江县两汪公社两汪大队苗族的风俗习惯专题调查报告》,《月亮山地区民族调查》,第419页,贵州省民族研究所,1983年6月。调查时间:1983年5月〕

12. 贵州榕江县加宜公社苗族踩铧犁

踩铧犁，苗语作"对加"，也是一种非常残酷的神判形式。主要用于解决偷盗等类疑难案件。做法是将三个铁犁头烧红放于地，让被嫌者赤脚从上面踩过，脚不烫伤、衣裤不着火燃烧则算无过；反之则被判定为偷盗，按规定受罚。

据蒙古榜说，约六十年前他在加宜寨亲自见过一次。当时广西有二十多个"水老"（即水族人）到摆早寨来买木头，其中有一个是工头。在加宜寨雇了二十多人为他们运送木料，每人每天一钱银子的工价。有一天工头发现丢失了五两银子，怀疑是加宜寨的马果老等几人偷去了。马果老等拒不承认。于是工头去广西请来一个鬼师搞踩铧犁，妄图用这种办法来查出偷银者。

踩犁头是用铁犁三个放于炭火上烧得通红后仰放于地上，每隔一步放一个。踩铧之前由鬼师念咒请神，内容是请神来帮助查出偷银贼，未偷者踩上铧犁安然无事；偷盗者菩萨不会饶过他，踏上犁头衣服着火、脚部烧伤。念毕，被嫌者赤着脚，并在脚板上抹一层桐油，往铧上吐一口唾沫，随即由两人扶着左右两边胳臂（目的是为了踩铧时不致摇晃摔倒）快步踏过犁头。据蒙古榜说，最初的几个人都安全通过了。但是，后来有一个人脚刚踏上铁铧，衣裤即着火燃烧。结果该人被判定偷银，除勒令赔偿五两银子外，另罚肉三十三斤，由参加者共同聚食。

据说，按习惯规定，如果踏犁者全都安全通过，衣裤均未着火，或者踏犁者全都衣裤着火燃烧，则表明鬼师"功夫不到家"。在这种情况下，鬼师和原告都要各赔肉十一斤，由参加踏铧者聚食。

[王承权等：《榕江县加宜公社苗族调查报告》，《月亮山地区民族调查》，第341—342页，贵州省民族研究所，1983年6月。调查时间：1983年3—4月]

13. 贵州榕江县加勉乡苗族踩斧头

遇有偷窃事件，失主发觉两人都有偷窃嫌疑而两人又相互推脱，在找不到任何有力证据证明其中一人是真犯时，则以"踩斧头"的方法来解决。"踩斧头"时，须请鬼师来"念鬼"。先以斧头三把放入火坑中烧红取出，鬼师赤足先从斧头上踩过去，次及由两个嫌疑犯赤足踩上斧头走过。当时检验，谁的脚肿起泡，谁即真犯，由"该歪"按习惯法处理。如两人的脚都不起泡，则证明均非偷窃者，失主即须杀猪煮饭款待大家，表示赔礼。

[贵州省编辑组：《苗族社会历史调查资料》（二），第141页，贵州民族出版社1987年版。调查时间：1957年4—8月]

14. 贵州榕江县加宜公社苗族的赌咒

"赌咒"，苗语作"归瓦呆"，相对来说是一种比较文明的神判形式，多用于解决财物争执方面的疑难案件。一般由寨老同保甲长主持，由争执双方在土地庙前进行赌咒。

据蒙古榜说，一九四六年夏天，有三个榕江县城的商人挑盐巴来摆勒上寨换谷子，每斤盐巴换十斤谷子，走到摆勒上寨的坡下时碰上一个农民，自称是摆勒上寨的人，说他要换五斤盐巴，秋收后再给谷子。商人同意了，给了他五斤盐。秋收后，商人来摆勒上寨讨债，认定是潘老三买了他的盐巴。潘矢口否认，双方争得难解难分，便请保甲长和寨老断理。他们也无法定谁真谁假，于是要双方各出雄鸡一只，准备些香火，到土地庙前进行赌咒。

赌咒由寨老和保甲长共同主持。不少人都来观看，气氛颇严肃。先由争执双方在土地庙前焚香挂纸。接着由潘老三站立于土地公面前高呼："天啦！天啦！人不知道天知道哎！如果是我潘老三买了他的盐巴不认账，不出三天我吐血屙痢死！如果是他冤枉我，不出三天他吐血屙痢死！"接着由商人对着土地公赌咒说："天啦！天啦！如果是我冤枉了潘老三，我三天内吐血屙痢死！如果他买了盐巴昧良心，三天内他吐血屙痢死！"赌咒完毕，各自散去。

按规定，如果买方在三天内死去，那是"神"对他的惩罚，证明他确实赖账。除付还欠债外，另罚肉三十三斤由全寨各家共分。如卖方在三天内死去，也是"神"对他的惩罚，证明他是诬赖好人，死了活该。如果三天内双方都未死，那就表明双方都不错。

据蒙古榜说，赌咒后不出三天那商人确实屙痢死了。

[王承权等：《榕江县加宜公社苗族调查报告》，《月亮山地区民族调查》，第342页，贵州省民族研究所，1983年6月。调查时间：1983年3—4月]

15. 贵州台江县交下村苗族的赌咒

发誓，当地汉族译为"赌咒"，苗语叫"戛商"，又称"各商"。人们认为：一个人庄严地发誓后，这个誓言一定会应验，并不须请鬼师作法或"六方"作证。一般都是为一些小物件（如一把镰刀、一根柴）的争执而采用这种方法来解决。如甲方提出要乙方说了话（即赌咒）物件就归乙方，而乙方也愿意时就说"东西原是我的，现在我就要了，如不是我的，我要了就要死"一类的话。然后甲方就把物件交给乙方，争执也就结束。有时父母因为儿子殴打或辱骂自己多次，看来已无法教育他成为一个好人时，往往就会对儿子"戛商"，宣称："尝兄代尿"（"尝"意为绝，"兄"和"尿"意思都是种子，"代"意思是断，即断子绝孙的意思），这不仅是表示痛恨，而且认为今后一定"绝嗣"。

据说"戛商"是灵验的。如剑河县的打雍村有一个人（姓名不详），以前他打了他的母亲，在他的母亲对他作了"尝兄代尿"的誓言之后，他的儿子就死了。现在只有两个女儿，而他已四十多岁，他的母亲也早已死了。

[全国人民代表大会民族委员会编：《贵州省台江苗族的宗教迷信》，第103页，1958年5月内部编印]

16. 贵州台江县反排乡苗族"屠狗"

反排寨脚有一座木桥，在一九三一年时只有唐将我、唐缴光娘、唐纪光娘的后代二十户可以去敬这座桥，他们认为桥是他们二十户共有的，他人不能去敬，恐怕夺去他们的好运。但同寨唐留我的后代十一户却认为这桥是唐姓全族共有的，也要去敬。双方争执不休，无法获得解决。最后由二十户唐姓出狗一只，唐公九代表十一户唐姓砍下狗头宣誓说："如果我们十一户对这座桥没有权利，十一户都要遭到死人、破财……"屠狗后二十户唐姓才允许十一户唐姓去敬桥。

[贵州省编辑组：《苗族社会历史调查资料》（一），第399页，贵州民族出版社1986年版。调查时间：1957年3—7月]

17. 贵州紫云县打郎乡苗族的诅咒

在打郎乡，神判不是苗族地区常见的"捞油锅"，而是赌咒。其过程是：矛盾纠纷的双方，在山垭口上搭一个小棚棚，放一块石头在棚棚后面，做菩萨；抓一只猫，放一只鼓在棚棚上，互相喊天赌咒。

［李子和等：《紫云县打郎乡苗族社会调查》，《贵州民族调查》（之三），第143页，贵州省民族研究所，1985年10月。调查日期：1985年5月］

18. 贵州榕江县加勉乡苗族的煮粽粑神判

寨中失物无法查明是谁偷窃，"寨老"（"该歪"）则采取"煮粽粑"的方法来识别。"煮粽粑"时，由"该歪"亲自主持。先通知各户各自备未煮熟的生粽粑一个，并于粽粑外面自做记号，然后以大锅一口烧火来煮。煮时"该歪"还要"念鬼"。煮到相当的时间即取出检验，谁家的粽粑不熟，就认为东西是他家的人偷的，即按习惯法进行处理。如大家的粽粑都熟，则证明东西是外寨的人偷的。

［贵州省编辑组：《苗族社会历史调查资料》（二），第141页，贵州民族出版社1986年版。调查时间：1957年4—8月］

19. 贵州榕江县两汪公社苗族煮粽粑

煮粽粑，苗语叫"荷撒"，主要用于解决一般性的偷盗案件。如寨中有人家失盗而怀疑某人有偷盗行为，但又没有任何凭据，而被嫌者又矢口否认有此种行为时，可以煮粽粑来判定谁是谁非。其时，双方须请来人证。由原告和被告各出相同品种、相同数量的米一小包，用叶子包好，同时放入一口锅内煮一定时间，然后捞起来看双方的米是否煮熟。如一方已熟而另一方不熟，则不熟一方应被判无理，如系被嫌者应判为偷盗，令其赔偿原物；如系原告，则判为诬告，应当众向被嫌者赔礼道歉。如双方的米都熟或者是都不熟，则双方都无责任。

［王承权等：《榕江县两汪公社空烈大队苗族调查报告》，《月亮山地区民族调查》，第382页，贵州省民族研究所，1983年6月］

20. 贵州榕江县两汪公社苗族砍狗神判

六十年前，南木冲一带的山林本属加簸寨短裙苗杨老先房族所有。两汪寨汉族杨

四、杨六两兄弟企图霸占这片山林，硬说这片山林是他家的。双方争执不下，便到榕江县城打官司。杨四兄弟暗中送给县长五十两银子，县长便将这片山林判给杨四兄弟。杨老先不服，邀请两寨的老人做中介人，决定与杨四兄弟砍狗、杀鸡举行神判。地点在剑河县大勇区今白道公社乌当寨白斗地土地庙前的平坝上。加簸寨每户出一个人，杨老先带着养子李成林，杨四兄弟身穿长袍马褂，带着儿子杨秀成、杨老贵和杨四仔去白斗地。双方各请一个鬼师和三个中介人来主持。

鬼师先在地上画一根横线，标出中心线，杨老先站在中心线的右边，杨四兄弟站在中心线的左边，由双方鬼师念祷词，各自申诉理由。焚香、烧纸后，先由杨老先请鬼师来杀鸡，在鸡的脖子上割一刀，扔在中心线上。鸡在中心线两边来回挣扎一阵，最后倒在杨六脚前，将他的长衫溅满了鸡血。杨六的心里十分不悦，便请他的鬼师来砍狗。鬼师朝狗砍了一刀，扔在中心线的右侧，狗在中心线来回跳了一阵，最后在杨四脚下倒下，狗血溅了杨四一身。杨四十分恼怒，亲自捉来一只猫，砍了一刀，便往杨老先这边扔。说来奇怪，这只猫在中心线跳了一阵，便直往杨四这边跳，使他的长衫也粘满了猫血。中介人让大家来评理。按当地习俗，杨四兄弟输了理。可是，杨六仍坚持这片山林是他的。杨老先也不示弱，当着众人对天赌咒发誓：若这片山林不是我们的，十三天内我家死人。若这片山林是我们的，十三天内你们家要死人。中介人和群众伸张正义，支持杨老先的意见。杨四兄弟无法，也只好对天发誓。可是九天之后，杨六的二儿子杨老贵死了。杨四兄弟仗势欺人，仍不归还这片山林。解放后，人民政府根据群众意见将杨四兄弟依法惩处。

[刘龙初：《榕江县两汪公社两汪大队苗族的风俗习惯专题调查报告》，《月亮山地区民族调查》，第418—419页，贵州省民族研究所，1983年6月。调查时间：1983年5月]

21. 重庆秀山县苗族捞油锅

一九五三年石伯欲（苗族，贫农，民族小学教师）因修建民族小学的公款百余元被盗，附近互助组的组员均被怀疑，乃从贵州请来了道士，并准备好了鸡、油、粑粑，要大家为天发誓后捞油锅，经政府知道后劝阻。

可见赌咒在苗族人民中是神秘的也是很信奉的，一般没有文化的农民相信，连解放后具有一定文化的乡村知识分子也相信。

[四川省编辑组：《四川省苗族傈僳族傣族白族满族社会历史调查》，第164页，四川省社会科学院出版社1986年版]

22. 重庆秀山县苗族的砍鸡

一九四六年，吴仁凤与石金奉（均是苗族中农）因田边地界争吵，乃从百里以外的松桃县长兴乡把菩萨抬来，在沟内下庙（地名）"砍鸡"发誓。先请道士敬菩萨，两人跪在菩萨面前烧香，以一只公鸡在香上绕三转，一刀砍去鸡头，把鸡血装在两个杯内，二人当菩萨发誓后，把鸡血一饮而尽（意即谁昧良心就像鸡一样挨刀死）。其后吴仁凤因痨病吐血死了，于是就有人说"报应"了。

[四川省编辑组：《四川省苗族傈僳族傣族白族满族社会历史调查》，第 164 页，四川省社会科学院出版社 1986 年版]

23. 重庆秀山县苗族的诅咒

据了解一九三五年前后，苗族贫农石老院因秦老仲（汉族）霸占了他家一片山林，双方争吵不休，于是去茶园（距金珠村十余里）庙子中把菩萨抬至山林处，两人头上挂着黄纸钱在菩萨面前赌咒发誓，结果山林还是让秦老仲霸占去了。

[四川省编辑组：《四川省苗族傈僳族傣族白族满族社会历史调查》，第 164 页，四川省社会科学院出版社 1986 年版]

第三节 议榔中的巫术活动

1. 贵州雷山县掌披苗族杀牲议榔活动

议榔是一种较原始的民众会议，每隔二三年举行一次，制定榔规。据六十多岁的老人谈，距今五十三四年前（一九〇四年或一九〇五年，即清光绪三十年或三十一年）曾举行过一次议榔，以后就不再举行了。当时参加议榔的，相当于现在的新塘、桥港、龙河三个乡。议榔一向由新塘乡排洛的苗族（妇女是穿长裙的，服饰同雷山城郊一样）主持。举行议榔时要杀黄牯牛一条，地点是在掌披上寨的牛角堂（即现在的小学地址）。议榔内容主要是不准为匪、不准做小偷、不准打架等。此后如发现有偷盗行为的就按情节轻重处理。大致是：偷菜、柴、鱼、猪等的，由当地处理，按照赃物的价值罚款，如赃物还在，就随同罚款一起交还。挖墙、凿壁、进家偷盗，案子大的，就解送丹江厅衙门办罪，当匪的处以死刑，死刑有溺死、用板子夹死等几种。据说：在解放前，桥港、掌披、排里等寨的苗族至多只有一些小偷行为，没有发生过大案件。而新塘的苗族搞较大偷盗案件的就较多。又说，这里常有外地人来拉木条（运送杉木），人多手杂，有的随便偷群众的柴、菜、鱼、鸡等。又在稻谷成熟时，本地人也有的进行偷盗，因此才举行议榔。举行议榔时，境内的汉族也参加。

从这些简单的资料，我们有这样几点看法：

第一，议榔的起源和背景，虽已无人知道，但前述的近代的议榔内容已成为维护私有财产的公约。第二，属于这一个榔的范围相当宽，纵横三十余里，可能接近千来户，包括两种服装式样的苗族（汉族是后来参加的），假设议榔起源于阶级社会之前，那么这个榔可能是：从前在一个氏族或部落范围内进行，后来才扩大为几个部落联合举行。第三，清代"开辟新疆"之后，魔爪深入苗疆，在"以苗治苗"的反动政策下议榔逐渐变为它的基层统治工具，和反动"衙门"有了密切的联系。

[贵州省编辑组：《苗族社会历史调查资料》（二），第222页，贵州民族出版社1987年版。调查时间：1964年3月]

2. 贵州从江县孔明公社苗族的埋岩巫术活动

孔明公社境内现在还保存着一些当地苗语称为"额骚"（石碑）的东西。它们大小不一，或立或躺，有的在路边，有的在山坡上。虽然过去历年刀耕火种，改土造田，毁林开荒，这些作为当地苗族制定和实施习惯法的东西却安然无恙地保存到了今天。

"额骚"意为石碑，它是在制定习惯法时，竖在地上或埋在地下的。过去有些研究者从这一点出发，把某些苗族社会这种制定习惯法上与通行的"议榔会议"不同的方式，称为"埋岩会议"。

孔明公社的"额骚"有大、小之分。这种划分不是就所竖或所埋岩石之大小而言，而是指它们所起作用的范围大小。"大额骚"所起作用的范围较大，"小额骚"所起作用的范围较小。如摆里大队附近路边有一"额骚"，斜着一半埋在地里，一半露在地上。那块岩石略呈正方形，长、宽约为一尺左右。上端平整，分布着大小不等的孔洞四个，最大的一个直径约四厘米，深约十五厘米。这就是过去在孔明五寨（即今孔明公社的八个大队）范围内起作用的"大额骚"。就在距这个大"额骚"不远、约两里的一个叫松嘎的地方的三叉路口也有一个"额骚"。这一块岩石不像摆里大队附近路边上那块那样斜着躺在地上，而是竖立着的。背后紧挨着那块岩石，有一棵苍劲挺拔的大树，树龄估计在二百年上下。这个"额骚"顶端距地面约一尺，宽约一尺，厚约三寸，平滑而无孔洞。这是一个小"额骚"。解放前实行保甲制度，这个"额骚"只在一个保的范围之内起作用。过去如有人犯了法规，则由小到大，先在小"额骚"所起作用的范围内处理。如处理不了或被处理者不服，则移交大"额骚"，在大"额骚"所起作用的范围内处理。解放前，也有大、小"额骚"范围内处理不了或被处理者不服而移交伪区、乡政府处理的情况出现。

孔明公社苗族社会的大、小"额骚"，上面均无文字。因苗族无文字，他们的习惯法规并无文字记载，仅口头代代相传，所以一般苗族群众也不甚了解，只有寨老或个别懂得苗族老规矩的人才知晓。这些"额骚"在孔明公社苗族社会中是神圣的东西，有一定的禁忌，主要为：从旁走过时不得用手指；远处设草标（例如扫寨退火殃时谢绝外人进寨子于寨头所设之草标）不得指向"额骚"的方向；不得脚踏或坐于其上；不得任意移动。这大概也是孔明公社的大、小"额骚"得以完整地保存至今的主要原因。

孔明公社境内的那些"额骚"——石碑，究竟埋于何时，当地苗族现在已不清楚。分摆大队七十九岁的寨老王正开说他未参加过埋岩活动。直到一九五七年为止，他处理过不少违反苗族习惯法的案件，特别是在处理夺妻即拐人老婆案件方面在孔明公社是有名的。这个大队李老景的父亲过去也曾是寨老，一九六〇年去世，死时九十四岁。李老景的祖父也当过寨老，他们懂得苗族古理，会背诵法规词。他们在世时曾参与处理过许多违反法规的案件。李老景回忆说他小时候看见堂屋里挂着许多猪下巴骨，约有三百多块（按苗族古理，违反法规受罚的人，必须杀猪挨户去送"串串肉"，猪下巴则送寨老家中，以示执行了）。李老景从小与其祖父接触较多，学过一些法规和法规词。但他称自己从未听到父亲或祖父说起过曾参加埋岩活动。另外，摆鸠大队有一位八十岁的范姓老人了解情况较多，也说未见过一次埋岩活动。看来，埋岩石设"额骚"的时间可能距今很久远了。但关于埋岩石的情况则有一些说法。据说埋岩石时是由无子嗣的人去埋，埋的时候说，谁若违反法规，就像他一样，断子绝孙。岩石埋下后，直到今天并未有人搬动过。埋岩石的时候，凡是属这一"额骚"范围的人，无论大人小孩都要到现场去，听寨老或懂苗族古理的人讲古理，背诵法规词，背完法规词之后，便杀一头牛，在山坡上分而食之。

　　孔明公社这个地方看来并未经常埋岩石，所谓制定习惯法规，无非是把人们召集到祖先早已埋好的"额骚"之处去，通过一定的仪式来重申古已有之的法规或根据现实情况的变化补充一点新的内容而已。当地群众也说，他们过去定"民法"（即习惯法），那些法规并不是他们发明出来的，而是祖先传下来的。"额骚"那块岩石也是很早很早以前的祖先埋好了的，并不是每次定"民法"时都要埋岩石。

　　解放前，孔明公社是五大寨（即现分居和摆鸠属于一个大寨，分摆和党易大队属一个大寨，党向和高砂大队属一个大寨，龙早和摆里大队则各属一个大寨，余下的是一个寨）。这五个大寨合起来共一个"额骚"，这个"额骚"就是上面提到的摆里大队附近路边那个大"额骚"。五大寨的寨老，每隔几年由他们发起召集五寨的人到摆里那个大"额骚"处讲古理，背诵法规词。如遇情况复杂时则每年一次。寨老们所讲的、所背诵的东西，包括两个方面的内容：一方面是苗族法规词，这种法规词排列整齐，背诵起来朗朗上口，有的反映了苗族习惯法之起源，有些则记载着为什么要惩罚、如何惩罚等；另一方面是重申古已有之的习惯法规或根据当时的情况增补一些新的规定，但还是以重申旧的法规为主。每隔六七年则要大搞一次。到时各寨人齐集"额骚"周围，仪式与上面提到的那种完全相同，不同的是这次要像祖先埋岩石那次一样，杀一头牛在坡上煮来大家吃掉。一般发起的寨子吃去牛下巴，有的寨子吃去牛的头，有的吃牛腿。吃了牛的这几个部位的寨子便负有监督之责。

　　当寨老或懂得苗族古理、会背诵习惯法规词的人站在"额骚"前讲习惯法、背诵法规词时，其他人则分别站立于周围山坡上静听。寨老或懂苗族古理者一边背诵法规词，一边用右手握着的一根插扦向面前的那块岩石——"额骚"上凿去。背几句，凿一下，直到背诵完毕。那根插扦长约一米，前端套着一铁箭头样的东西。据说摆里大队附近路边那个"额骚"上的孔洞就是这样凿出来的。当有人违反了法规进行处理的时候，也是进行上面这一套仪式，也是边背诵法规词边用插扦凿岩。这样看来，把孔明公社苗族制定和实施习惯法的活动称为"凿岩会议"似更确切一些。从上面的材料可以看出，孔明公社苗族社会的这种"凿岩会议"是苗族社会中与"议榔会议"区别很大的另一种独特的制定和实施习惯法的形式。

[赵崇南：《从江县孔明公社苗族习惯法、乡规民约调查》，《月亮山地区民族调查》，第458—460页，贵州省民族研究所，1983年6月]

3. 贵州从江县加鸠区苗族栽岩活动

（一）一九五八年古历八月初八日，在能秋发生了一次自发的纪念栽岩的群众活动，总计约万余人，为当地历史的罕见。

能秋在加瑞、高台、加学三寨之间，位于污牛河和乌秋河的汇合处，面积不过四五百平方米。这里地势平缓，位置适中，山水秀丽，风景宜人，于是苗族先民们选能秋为栽岩活动地点。

此岩被当地群众视为神物，历代都倍加保护，至今仍然完整无缺，呈柱状，上端弯向东方（表示苗族祖先住在东方），石身高出地面约二十公分。在石柱后面枫树茂密，其中最高的一棵约三十余米，干粗三围，据说是立岩时栽种的。

（二）能秋栽岩溯源及纪念活动背景

传说古代有位汉人来到能秋经商，住在高台村一个叫固密的寨老家里。汉商走后，固密的独子不幸得了天花身亡。固密怀疑是汉商捣的鬼，即派几个武装人员去追捕，一直追到摆拉寨（今榕江县计划乡摆拉村），尚未抓获。恰遇摆拉女寨老乌榜。她惊讶地问他们因何事而来。他们把事情的原委告诉了她。她即劝阻道：汉人办法多，你们几个人力量太单薄，不如回能秋去栽岩立约，组织多一点力量再说。他们闻之有理，返回能秋后即奔走相告，由修摆去通知固侯、固纠（加学村）、休留（下江孖温村）、养拢（停洞村）、固九（摆里村）、榜木（停洞归乃村）、摆相（孔明分摆村）、堆景（加瑞玉民村）、巴右（加瑞村）、凹当、巴汪（加努村）、固里（未详）、新友（加勉别友村）等寨老。经过这些寨老商议，决定在能秋举行一次规模盛大的栽岩活动。他们的分工是：固侯负责打制岩石，固纠负责栽岩，乌榜负责宣布约规。这次栽岩给后人留下了深刻影响。

栽岩活动亦叫议榔，这在黔东南苗族的历史上是比较普遍的事件。由于历史上苗族无文字，人们集会议定的规约，无法记载，只好立石为据，以期共同遵守。

……

（三）活动的范围及其组织形式

苗族的先民来到能秋定居后，在这里举行吃鼓——祭祀祖先活动。传说有兄弟俩，哥哥叫固西，其妻妹芒；弟弟叫固则，其妻妹蒙。吃鼓时，兄弟俩同在一个木槽内酿酒，酒酿好后，以竹篾在槽中分隔，各得一半。吃鼓那天，由于固西的亲友距能秋较近，先到达能秋，先到者先喝酒，不慎把木槽的酒全喝干了（因竹篾不能把酒挡住）；

因固则的亲友距能秋较远，待客人到时，木槽中已无酒可喝，致使固则很丢面子，弟兄俩为此发生激烈的口角，固则一气之下把哥哥杀了。当时固西有两个儿子，一个叫格雷，一个叫右醒，无法生活，即投奔宰朗村的姑父固陇和姑母捣娥。弟兄俩长到十岁时，就学会射箭，一天，他俩不慎射死了别人的鹅，为此受到姑母的责骂，于是向姑母发问道，难道我们弟兄俩不是本地人吧？姑母对他们说，你们是能秋人，你叔叔把你父亲杀了，我才把你们带到这里来养的，你俩尽给我招麻烦。打这以后，弟兄俩为报杀父之仇回到能秋，将固则杀死，被其叔娘妹蒙痛斥道："你叔叔杀了你父亲是他的不对，你弟兄俩把你叔叔杀死了又对在哪里？"弟兄俩在能秋没法生活下去，便逃到雷山、凯里、台江一带谋生。今加鸠地区的苗族多属固则的子孙，而雷山、凯里、台江一带有不少苗族则属于固西的后裔。所以，笔者认为，从加鸠地区的苗族村寨多冠以"加"字，如加勉、加学、加翁、加叶、加瑞、加牙等等和雷山、剑河一带的苗族村寨冠以"西"，如西江、西为挡（意为第一个来此居住的人）、西榜余（即天上的花）、西有（即小的寨子）、西留（即大的寨子）、西就（即祖先居住在癞蛤蟆很多的地方）、西戛（即祖公至此为止）、西秋（即祖公之名）、西喀（即以喜鹊声取祖公名）等有共同之处，而西是加的音变，其含义已难以考证，可能是同一氏族或部落的名称，它们有着历史的渊源关系，同样受到能秋栽岩活动的深刻影响。

一九八五年八月八日纪念栽岩活动所涉及的范围甚广，有加鸠区的加鸠、加勉、加瑞、加牙、孔明等乡的苗族群众；有宰便区的寨平、宰和、二友、新华等乡的苗族群众；有停洞区的东朗、加民、加哨等乡的苗族群众；有下江区的党九、摆亥、下江镇的苗族群众；有榕江县八开区的腊友、加宜、计划等乡的苗族群众，等等。总之，影响面约有数万苗族群众，方圆百余华里。

据被调查者反映，说先民们有能秋栽岩之后，各村寨在寨老的主持下，仿能秋做法，纷纷栽岩立约，致使加鸠地区栽岩活动形成一个"网络系统"，有所谓总岩（能秋）和分岩之说，即能秋岩为总岩，下有加鸠、加瑞、加牙、加叶、加翁、孔明、宋罗宋等八个分岩。

关于总岩和分岩的关系，在群众中传说道，分岩解决不了的事可提交总岩来解决，但实际上这种所谓的总岩和分岩都是处于平等地位，不存在直接的领导与被领导关系。笔者在调查的过程中亦未发现在分岩解决不了而提到总岩来解决的事例，只有涉及区域性的重大事情才由总岩来议决。所以，总岩和分岩虽有范围大小，但没有本质的差别。

（四）纪念能秋栽岩活动的内容

这次纪念能秋栽岩活动是由加学、加牙两村的寨老发起的，事前他们已与各村寨老商妥，定于八月初八日举行纪念活动。

是日上午十时许，加学、加水村的群众身着盛装，吹着芦笙，在寨老的带领下率先进入能秋（他们是当地的主人），有关村寨的寨老亦带着各自的群众先后进入能秋，一时人山人海，好不热闹。

他们在先民栽的那颗石柱面前一一摆上供品，计有水牛皮一张，糯米饭一箩，糯禾一卡（即一束），泡酒一坛（类似醪糟），原麻一只，大刀一把，银项圈九只，鸡蛋九个，公鸡一只，公鹅一只。同时还用枫树桩栽成圆圈，上以野藤缠绕，只许活动的主持人和祭师入内（类似主席台）。

活动开始时，由加学寨老赖小生简要地说明这次在能秋纪念栽岩活动的意义和要求后，加牙寨老韦老拱接着念词，他肩搭麻丝，脖悬干鱼，手持木卦（五棓子树制成的法器），在念的过程中，不时将木卦摔在地上，预卜凶吉。其大意是：众乡亲静听，无古不有今。规约老人定，违反莫讲情。柴山莫乱砍，田地各有份。屋基莫强占，田水在分匀。瓜菜莫乱讨，手脚要干净。若有偷牛马，开仓或撬门，轻的罚银两，重的杀猪分。勾外扰内的，捆绑活埋他。鼓不敲不响，理不讲不明。立岩定规约，教子又传孙。

念毕，重申规约道：

从今以后，各个村寨不准偷盗，不准杀人放火，不准抢田占地，不准乱砍山林，不准调戏妇女……出现开仓砸门或偷牛盗马的，要罚牛一头（牛的胸围要有十二拳大），损失的东西还要他按价赔偿；偷鸡摸狗的，要罚肉三十三斤；杀人的要捆绑活埋；放火烧房屋的，罚白银五十两（买牛杀，做串串肉分送各寨）；偷别人瓜果、蔬菜、棉花、蓝靛的，罚白银四两；破坏他人婚姻的，罚白银一百两；玩弄他人妻女而且拐走的，罚肉五十斤；破坏老人栽的这颗岩石的，要负责赔偿栽岩时的一切费用，等等。

宣布完毕，杀鸡宰鸭，以血淋岩石，并拔少许鸡毛鹅毛黏于石上，以示敬祭。

杀牛为敬祭之高潮，场面惊心动魄，人声鼎沸。把大水牯牛牵来后，务使牛脖子卡于"X"形的枫树桩上，由几个力壮者速将横杆压住牛脖子，一持斧者迅急以斧背猛击牛头，直使牛倒地至死。杀牛柱如图所示。

黔东南苗族崇拜枫树，因此，凡隆重的场合都用枫树制杀牛桩。这种杀牛桩异常牢固，牛一经拉入桩内只好俯首就命，其力再大也无济于事。

牛一倒地，即割下牛头祭石。牛肉的分配是：加牙的长牛村分得牛头，下江镇的子温村分得牛尾，作为主人的加学村、加水村各分得一条牛腿，余下的牛肉均砍成小块，用竹篾穿成串，即所谓的串串肉，分发给各村群众，以告村民履行规约。

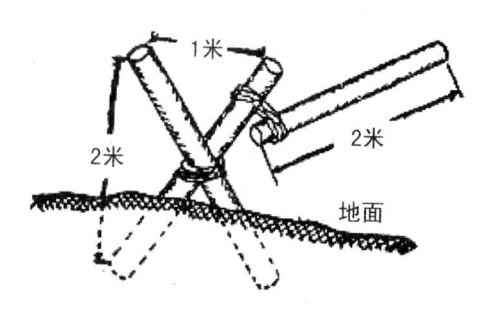

这次栽岩活动历时一天。是晚，远方的来客均受到加学、加水、高台等村群众的热情款待。

（五）纪念能秋栽岩活动的社会影响

人们反映，因为社会不安定、五谷不丰登、六畜不兴旺才来能秋纪念祖先栽岩的。所以，这次在能秋举行纪念栽岩活动有两个内容：

其一，使人们重温古理古规，以之为行动的准绳，借以发展农业生产，安定社会秩序；

其二，祭祀祖先，祈求消灭免祸，以达到人丁安全、六畜兴旺。

[岑秀文：《从江县加鸠区"能秋"栽岩活动调查报告》，《贵州民族调查》（之六），第285—290页，贵州省民族研究所、贵州省民族研究学会编，1989年。调查时间：1988年8月]

第四节　占卜巫术

1. 贵州从江县加勉乡苗族破蛋——卜婚姻

经自由恋爱、双方自愿之后，便在男方家里秘密地进行破蛋。目的是为了预测男女婚后的祸福。一般只破一次，最多破至三次，如均不吉，婚姻即作罢论。也有因为是"偷来"的，来不及履行这一手续，可用"杀鸡看眼"的办法来代替。"破蛋"的过程叙述如下：

"破蛋"，就是在未到女家求婚前先请鬼师来家"破蛋"。"破蛋"时，将鸡蛋一个用锅烟在壳上画一界线，分清腰杆、翅膀、嘴、脚等五个符号，以蛋的首端为"嘴"，尾端为"脚"，然后用左手食指和母指捏对"嘴"、"脚"，即念咒语。念毕，将蛋投入锅内煮熟，取出冷却之后，再以小刀将蛋破成一大一小两半边，把大的半边取掉蛋黄，对光透视，看看嘴部是否现出微显白点，蛋白是否两边厚薄均匀。如"嘴"、"脚"白点相对，蛋白厚薄均匀，则为十全十美，即可前往求婚。如"嘴"、"脚"白点虽然相对，蛋白却向右偏厚，则认为结婚之后女方会压抑男方，甚至男方有早亡的危险。碰到这种情况，一般都不结婚。万一要结，必须于新娘进门时把"鱼"放在桌上，让新娘自取，或请一"当官"的（即寨老之类的人物）代递。据说，只有"当官"的命大才能担当。一般妇女怕新娘命大踩死自己。如蛋白左边略厚，也算是吉祥之兆，因为他们认为男方占有田、地、牛、羊、猪、银、衣，今后女方要靠男方，故无禁忌。

[贵州省编辑组：《苗族社会历史调查资料》（二），第71—72页，贵州民族出版社1987年版。调查时间：1957年4—8月]

2. 贵州从江县加勉乡苗族的破蛋咒语

小鸡！小鸡！／有话告诉你，小鸡！／你心头放宽些，小鸡！

让我指条路给你，小鸡！／现在：／你还没有脚走，／你还没有翅飞，／你还没有脚爪，／你还没有脚爪抓泥。／让我用"三脚架"上的烟灰，／为你画翅膀，／为你画毛羽。／画了脚你就能到处走，／画了翅你就能到处飞。／现在你可以睁眼远看，／现在你可以远走远行。／你的爸妈已到菜园里，／那时还没有生你！／你的爸妈已到菜园门，／那时你还未有出生。／你的爸妈虫已吃饱了，／你却一点也没尝到。／你的爸妈已吃东西进嘴，／你却一点还没有吃。

你外面还是蛋白，／你里面还是蛋黄。／你好好张开耳朵来听我讲一讲，／你睁开眼睛来为我看一看。古老古代，／前辈子的一代。"雷"、"昂"（祖宗名）相争相抢妈的田，／相争相抢的是那丘"呆屋"（地名）的田。相争相抢爸的地，／相争相抢的是那块"宋皆"（地名）的地。／龙就为这事而修了酿天水塘；／雷就为这事而下了倾盆大雨。／龙、雷他俩想酿水到天上。水就渐渐地涨到了半山岗；／火也慢慢地退到坳颈。／它们（指世间万物）都分"船"坐了，／它们（指世间万物）都分"马"骑了，／剩下你（指鸡）还没有"船"坐。／剩下你还没有"马"骑。／你上"鸭"的背，／嘴啄紧"鸭"的毛，／你坐在"鸭"的腰，／它就背你到了辽阔天空，／它就背你到了迷雾云霄。

那时"野鸡"当官员，"竹鸡"是财老，／来判哥（指"雷"）的事，／来解弟（指"昂"）的事。／他们上田勘察，／他们下塘踩看，／哥的事情才判清，／弟的事情才解决。／这时，"雷"就来开洪水。／"雷"在北方开了九个水洞，／"雷"在南方开了七个水孔，／水才慢慢地往下消，／火才慢慢地下来了。／这样：／水转归河，／火转到坑（即火坑），／来到我们的地方，／来到我们的原地，／来到我们的家里。

那时，天天出十二个"太阳"，／天天出十二个"月亮"，／晒得水干石枯，／晒得草木凋黄。／他们用箭射"太阳"，／他们用箭射"月亮"。吓得"太阳"到天上睡去了，／吓得"月亮"到天上睡去了。／天即时漆黑无光。／白天也不晓得是白天，／晚上也不晓得是晚上。／人们看不见路走，／人们也不能去搞生产。／芋头不能出，／禾谷不能长。／这时：吩咐了"公鸡"，／也吩咐了"母鸡"，／叫他俩高啼老天发光，／叫他俩叫喊老天发光。／那时："阳雀"（即杜鹃，又名子规）来赶先，／"阳雀"来赶前，／他却象个傻子那样疯疯癫癫，／不管白天黑夜乱叫不停。它不晓得"太阳"几时出来，／它不晓得"月亮"何时回去。／它喊"太阳"不出来，／它喊"月亮"也不来，／所以才留它在山上住，／才留它在坡上飞，／让它成野鸟，／让虫子给它吃。／你（指鸡）虽然来得迟，小鸡！／你虽然来得晚，小鸡！／但你的耳朵灵敏，小鸡！／你的眼睛明亮，小鸡！／你晓得"太阳"何时出来，小鸡！／你晓得"月亮"何时回去，小鸡！／你晓得"太阳"何时出来，小鸡！／你晓得"月亮"何时回去，小鸡！／你能叫"太阳"出来，／你能叫"月亮"出来。

"太阳"慢慢地出来，／"月亮"渐渐地升上。／这时：／宇宙大亮，／人们能见走路，／人们能去生产。／这时：／芋头发叶生长，／禾谷抽穗结粮。／生长禾谷来养你，／长禾煮成饭来喂你。／编个笼笼给你住，／拿个笼笼把你装。／上寨下寨的人来要你的种，／上寨下寨的人来要你的蛋。／个个养你万万岁，／个个养你万万年。

你的爸妈怀你在肚子里，／孵你在草窝糠壳上。／现在你已出了糠堆草窝，／现在拿你来"念卦"，／拿你来"问理"（问道理）。／我（鬼师自称）也不要你下河去打"鱼"，／我也不要你上坡去赶"兔"，／叫你来"看卦"，／叫你来看病，要你来问喜。／你要好好地张开耳朵来听我讲一讲，／你要睁开眼睛来细细地看一看。／我念男的在你（指蛋）的这一边，／看看××的命吉祥不吉祥。／念男命给你（指蛋）看，／划你左边给××男，／把××这辈命来看。／看看××平安不平安？／看看××的田地房产？／看看××的粮谷禾仓。

现在你（指蛋）的右边是姑娘。／姑娘，看看你的命怎样？／如果你来你就要"化身"现在蛋上，／你要来到他（指男）的房里，／你要来到他（指男）的禾仓，／你要来和他（指男）母、妹舂米，／你要和他挑水。／如果你来！／你要脚（指用锅烟画的"脚"以下均同）靠右边来，／你要嘴（鬼师用手指画嘴的地方）往左边去。／"脚"要把这边来（鬼师用手指画脚的地方），／"嘴"要往那边去（鬼师用手指嘴的地方），／"脚"要对我所画的那里，／"嘴"要对我所画的那里，／"嘴"要到我指的地方来，／"脚"也要到我指的地方来。／现在我们拿"三脚架"的"锅灰"来画个"眼圈"，／拿"锅灰"来画个"眼圈"。／我画在外面透过里面来，／我在外面讲透过里面来。／你拿"脚"到我画的地方来，／你拿"嘴"到我画的地方来，／"嘴"到我指定的地方，／"脚"到我指定的地方，／要真的到我指定的地方来才算数。

我"破蛋"看你俩的命好不好。／我念你俩的命在蛋里面，／我念你俩的命在蛋白内，／你俩要两边蛋白一样薄厚，／你俩要两边力气一样大小，／这样我就说话完了，／这样我就无话讲了。

我拿你（指蛋）在鼎罐煮，／水开起来动摇了你（指蛋）的身，／火烧热了你的身，／煮你仅是一个，／你死也仅是一个，／你死了不要多心，／你死了不要痛恨。／你放宽心些，／你放宽心些，／你要宽怀大量。／你去了不要隐蔽你的"嘴"，／你去了不要藏起你的"脚"。／你"嘴"明现出来在外面，／你"脚"透露出来在外边。／你决不可沾染半点污点，／你决不可沾染丝毫肮脏。／污点肮脏都要躲到一边，／一切肮脏的都不要来沾染我的蛋，／一切不好的东西都不要在我的蛋里。／让我的蛋洁白干净如水洗，／让我的蛋白厚薄均匀，／让我的蛋白两边平均，／让我的蛋反映实情，／让它的"脚"像个铜鼓一样，／让它的"嘴"像个牛头，／让它给千只眼睛都看出真相，／让它百个嘴巴都哑口无言，小鸡啊！

〔贵州省编辑组：《苗族社会历史调查资料》（二），第90—93页，贵州民族出版社1987年版。调查时间：1957年4—8月〕

3. 贵州榕江县计划公社苗族以蛋卜鬼

鬼师给病人预卜时取鸡蛋一个，用锅烟在蛋壳上画一简单的人像或鸡形，念一段咒语之后，将蛋煮熟，剖蛋取出蛋黄，把附着蛋清的蛋壳往上照看，据说看到蛋清上有一颗米大的黑点，即是鬼的显影。鬼的显影有时像人，有时似鸡，关键是要看显像的朝向来判断凶吉。如果显像的头朝外，脚朝内，并现出土黄色，即预示病人将要走向死亡。

若显像的脚朝外而头朝内,则是吉利的象征,病人就有好转的希望。

[岑秀文:《榕江县计划公社苗族原始宗教调查报告》,《月亮山地区民族调查》,第265页,贵州省民族研究所,1983年6月]

4. 贵州从江县加勉乡苗族的杀鸡看眼

男方完成了"破蛋"手续,如无不祥征兆,即请一个族内人或可以信任的人到女家去求婚。如女家同意,则杀鸡一只煮熟,取出后再看鸡眼"睁"、"闭"、"大"、"小"来判断吉凶。

如两眼睁得大小一致,则认为是吉祥之兆;如一只大、一只小,或一只睁、一只闭,均为不利,婚事便"付诸流水"。但杀鸡不能在火坑角落处,据说这是"鬼"坐的地方。

[贵州省编辑组:《苗族社会历史调查资料》(二),第72页,贵州民族出版社1987年版。调查时间:1957年4—8月]

5. 贵州榕江县加宜公社苗族的"看鸡眼"

"看鸡眼",苗语作"傻马皆"。这种"神判"方式并不是用来解决偷盗或财产争执方面的疑难案件,而是用以决定青年男女婚事的成败。即无论一对青年男女感情怎样真挚,双方父母都已赞同,也必须通过关键性的手续才能决定其是否成功。这种现象直到今天在加宜公社地区的苗族中仍普遍盛行。下面谈个实际例子。

加宜公社一小队钟继高的儿子钟老前(汉族,二十岁,现为公社兽医)经媒人辛正法(男,苗族)介绍与摆勒大队第三小队王本德的二女儿王老潘(苗族,十八岁)相识,两人都比较中意,愿为终身伴侣。他们的父母也都很赞同。但是,按当地的习俗,婚事能否成功必须经过杀鸡看眼才能最后决定。于是,钟、王二家共同择定吉日,一九八二年九月二十六日由媒人辛正法前往王家"看鸡眼",去时要身背马刀一把,以驱除途中恶邪。到达时,女家要按上宾相迎,取出母鸡一只(除白颜色外其余毛色均可)置于火塘旁边,寨内各户来一成年男子,一是助兴,二是可起证人作用。接着,由媒人当众念口诀。大意是:男家儿子和女家姑娘情愿相好,父母均无异议,现在当着大家的面,以杀鸡看眼来决定终身,如果两只鸡眼全部睁眼或全部闭眼,则二人可成配偶,偕老白头;如鸡眼睁一只、闭一只,则表明二人不能相配。说罢,由媒人将鸡杀掉,去毛后放于锅中煮熟,然后捞起来看鸡眼,结果此鸡两眼均睁开,宣告婚事成功。到场的人都兴高采烈地向女方父母道喜。媒人当即从腰包内掏出男家事先准备好的定亲礼(人民币六十元)交给女方父亲说:"这点小礼拿去买烟烧吧!"女家当即设宴款待媒人和本寨来人。大家都争着向媒人灌酒,感谢他立下了汗马功劳。吃罢,女家捉九只鸡,请媒人挑回家作为定亲礼。"看鸡眼"的整个过程即算完结。

据说，如果鸡的左眼闭着，意味着男方寿命不长；右眼闭，则意味着女方命不好，不生孩子。此时，到场者都感到扫兴。媒人不再掏礼金，女方也不摆酒设宴，而是只请他们吃一顿便饭即离开女家了事。

[王承权等：《榕江县加宜公社苗族调查报告》，《月亮山地区民族调查》，第342—343页，贵州省民族研究所，1983年6月。调查时间：1983年3—4月]

6. 贵州从江县孔明公社苗族看鸡眼订婚

订婚以后，青年男女能不能结婚，还得杀鸡看鸡眼。其过程是：由男方家的亲人，带着一只一斤多重的小仔鸡到女方家，请鬼师当着双方家长的面把鸡杀死。在杀这只鸡时，鬼师要念罗汉、姑娘、双方父母亲和祖公的名字，卜问这门亲事吉利与否。鬼师把鸡杀死后，放在煮沸了的锅里稍煮一下，把鸡拿出来，看鸡的眼睛。鸡的左眼代表男方，右眼代表女方。若一只睁、一只闭，或两只都闭，就不能结婚。无论是介绍的或自由恋爱的，这门婚事便告吹。若两只眼都睁开，则标志着这门婚事吉利，双方亲友高兴，男方家亲人带来的东毫（或人民币）就做礼物交给女方家长。女方家则杀鸡、鸭，起码九只，或十一、十三、十五、十七、十九、二十一只，均是单数，寨邻亲友争来祝贺，大家开怀痛饮。分摆寨八十四岁苗族老人胡兴明结婚时也按此法。

[陈天俊：《从江县孔明公社苗族社会调查》，《月亮山地区民族调查》，第436页，贵州省民族研究所，1983年6月]

7. 贵州榕江县计划公社苗族的鸡卜形式

鸡卜，亦称为"杀鸡看眼睛"。将鸡杀死后，拔毛洗净煮于锅内，待煮熟时将鸡捞出，视其眼睛有无损坏的情况来判断凶吉。如果鸡的两眼张开且平整完好，则认为是吉利的征兆；如果鸡眼一只完好平整，另一只眼陷下去，则认为是不理想的征兆；若两只鸡眼都往下陷，则为坏兆头。鸡卜多用于青年男女订婚仪式。

[岑秀文：《榕江县计划公社苗族原始宗教调查报告》，《月亮山地区民族调查》，第266页，贵州省民族研究所，1983年6月]

8. 贵州贵定县仰望乡苗族的鸡腿骨卦

人生病时，用鸡的大腿骨来察鬼。取一公鸡杀后煮熟，用香棍插在大腿骨上的小孔中，视小孔的分布、排列、大小、深浅察鬼断吉凶。现这种卜卦方法早已不用了。

[赵崇南：《贵定县仰望乡苗族原始宗教调查》，《贵州民族调查》（之二），第305页，贵州省民族研究所，1984年10月。调查时间：1984年3—4月]

9. 贵州贵定县定东公社苗族婚事占卜

接亲进家，香火上燃烧的一对烛，如同时燃到尽头，全家欢喜；若先后燃尽，就不吉利，要请鬼师禳解。预卜是否吉利，可在鸡血上放酒，如结成一块即好，不结就不好。

〔杨昌文：《贵定县定东公社苗族社会调查》，《贵州民族调查》（之二），第 343 页，贵州省民族研究所，1984 年 10 月〕

10. 贵州榕江县两汪公社苗族的打草卦

榕江县两汪公社空烈大队苗族的打草卦，苗语叫"波戛朗"。当病人家属来找鬼师问病时，鬼师便折生茅草一根拿在手中念咒，念毕，从三片草叶上撕三根草梗做成一样长短，并按三个指头的宽度分成一小段（但并不将其折断），然后再将三根草梗的两头都折在一起，看另一头之上方是否齐平，如系参差不齐，则表明有鬼；反之则表明无鬼（见示意图）。无鬼则是没有任何鬼怪缠住病人，用不着进行其他求鬼活动病人即会自然痊愈。有鬼则表明病人之所以害病是因为有鬼怪缠身。这样，就要请鬼师再用"打草卦"的方式查清究竟是什么鬼在作祟。查明后便由鬼师问鬼许愿说：某某鬼，我们已经知道是你在此作怪，如果你在一两天内使病人情况好转，那就给你一只鸡或一只鸭吃；如若不使病情好转，那就不送东西给你吃。如果病人情况在一两天内果真大有好转，便以为是某某鬼开恩，于是要请鬼师来进行供祭。如系野鬼，则要在寨外的路边路角杀鸡或鸭一只，请野鬼吃血；如系家鬼，则要在家门口敬献。

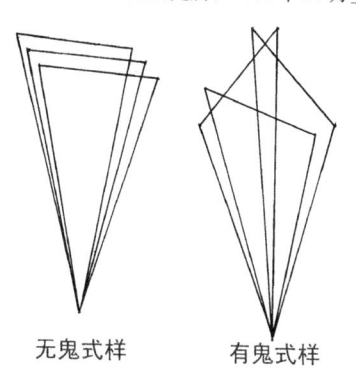

〔王承权等：《榕江县两汪公社空烈大队苗族调查报告》，《月亮山地区民族调查》，第 386—387 页，贵州省民族研究所，1983 年 6 月。调查时间：1983 年 4 月〕

11. 贵州榕江县计划公社苗族的糯禾草占卜

鬼师手拿九根或十一根糯米草，口中念念有词（咒语无统一规定，须视对象临时编凑），同时将九根或十一根糯米草的中部拧成一股绳，然后在米草的两端任意打结，念咒完毕即将绳子拉散。视结头的朝向来断凶吉。如果结都连在一条直线上且头朝一个方向，就是吉利的象征；如果草结的头互相碰撞或彼此的朝向不一，则是不吉利的表现；如果草结彼此连接起来，形状如锅，那么人们就会吉利发财。

占卜的方法不仅为鬼师所常用，而且有的苗族群众亦用来预卜事情的成败和收成的好坏等。

[岑秀文:《榕江县计划公社苗族原始宗教调查报告》,《月亮山地区民族调查》,第266页,贵州省民族研究所,1983年6月]

12. 贵州凯里舟溪地区苗族的比芭茅

会过阴的鬼师都会比芭茅,但会比芭茅的鬼师不一定都会过阴。比芭茅的方法都是一样,先撕去芭茅上的薄叶(也有用稻草芯的),只要长约六七寸的中心叶脉,每三棵为一次,逐棵掐折为四截。一面掐一面念巫词,以呼唤鬼怪,要求它们出现在芭茅上,认清楚了好向它们供献牺牲。鬼师比过确定是某一群鬼怪作祟之后,就告诉病人家里备办牺牲供献。病势较轻的,多用比芭茅;病重的,就过阴和比芭茅都用。

[贵州省编辑组:《苗族社会历史调查资料》(二),第280页,贵州民族出版社1987年版。调查时间:1958年11月]

13. 贵州台江县苗族"褒攘"

"褒攘"的褒是口念手掐的意思,攘意为青草,但实际是指芭茅(芦苇)。"褒攘"当地汉语有的称为"比草"。就是病者的家人在病人身上撕下一小点布筋作为"细江"(译不出汉语意义),并告诉鬼随这"细江"去请鬼师望,知道是谁(何种鬼)再给祭物。鬼师接受这委托后,就把芭茅(芦苇)叶长约二十五公分的中叶脉若干棵析离出来(或粳、糯稻草亦可),一面念咒语,一面叫某鬼的名字,一面以右手的食指中指掌握一棵草而从拇指随意地每隔四至六公分将草掐折(不许断)为五折。每掐三棵就把它们顺掐痕一起折成三角形,两端镶拢放齐,再看中间原掐折成的角度情况来确定病人是否刚提名"褒攘"的这种鬼作怪,两端镶成的角度的大小与"褒攘"目的无关,另外的两个角如一角在九十度左右,一角在五十七度左右时,则认定病人是刚提名"褒攘"的这种鬼的作弄(如图四)。如折成等腰三角形(如图五)或折成一角约一百度,一角约为五十二度的三角形(两端镶成的角度大小无关,如图六)时,则认为病人不是刚提名"褒攘"的这种鬼的作弄,就另提第二种"鬼"来"褒攘"了,直到如图四为止。

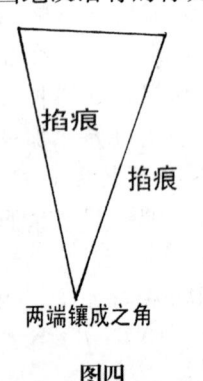

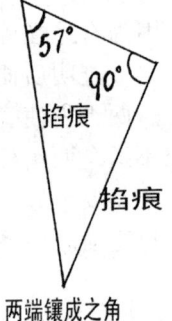

掐草每次一棵,三次都如图四后,就把这三棵草及"细江"捆在一起,叫做"左",鬼师手持念咒,要求鬼放松病人,然后祭它之后,即将"左"交与病主。

[全国人民代表大会民族委员会编:《贵州省台江苗族的宗教迷信》,第22—23页,1958年5月内部编印]

14. 贵州榕江县两汪公社苗族的丢米

丢米，苗语叫"遮戛夏"。用米十余粒，其中三颗用锅烟染黑。再用一只碗盛半碗水。鬼师把米捏于右手念如下口诀：开天辟地，漫天大水，东西全被冲走。老鼠把谷子搬到洞里，人们才有谷种，才可栽秧。白天知道天亮，夜晚知道天黑，什么鬼都知道。现在要报出来，有凶报凶，无凶报吉。不要把吉报凶，也不要把凶报吉。大鬼撒在碗内开大口，小鬼撒在碗内开小口。念罢将米投入碗内。如米粒落入碗底相互紧紧靠着形成一团，表明无鬼，则病人几天内会自行痊愈。如米粒落入碗底后是散开的，则要依米粒的布局（特别是三颗黑米的布局）来决定是何种鬼在作祟。

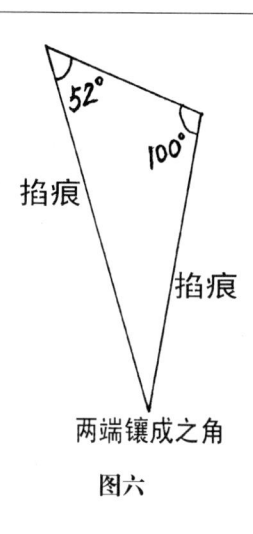

如果是小丧鬼（按：凡凶死的人所变的鬼都谓之凶鬼）作祟，要在坡上杀公鸡一只敬献；如系大丧鬼作祟，则要宰公狗一只敬献。

如若是家鬼作祟，则要先请鬼师踩犁头。即用铁犁头一个烧得通红，鬼师脚上抹上桐油从上面踩过，并用扫帚把屋子里的灰扫出门。然后，用鸡、鸭各一只和蛋一个进行祭祀。

〔王承权等：《榕江县两汪公社空烈大队苗族调查报告》，《月亮山地区民族调查》，第 387 页，贵州省民族研究所，1983 年 6 月。调查时间：1983 年 4 月〕

图六

15. 贵州榕江县两汪公社的米卜

用一只土碗装上半碗清水，然后从病人身上穿的衣服上扯下三四根棉纱，搓成一个小圆球，连同一撮米（一钱左右）扔进水碗里，其中有一粒米须用锅烟染黑。若棉球和米粒是浮起来的，则表示病人病情很轻；若沉入碗底，说明病情很重。若是聚集在一起，表明病情不急；若是分散开的，意味着病人的火重，发高烧，需用凉药来退烧。如果米粒成行并交叉呈现蛇形，则认为是蛇妖作怪。患者要用五棓子树杈做成蛇形，用一只鸡和若干的蛋、酒、饭以及香、纸到村外去祭蛇妖。病情如有好转须杀鸡请大家吃一顿。

〔刘龙初：《榕江县两汪公社两汪大队苗族的风俗习惯专题调查报告》，《月亮山地区民族调查》，第 419—420 页，贵州省民族研究所，1983 年 6 月。调查时间：1983 年 5 月〕

16. 贵州贵定县仰望乡苗族的抹米卦

抹米卦也是一种占卜的方式，为巫婆所专用。巫婆在"打迷拉"（当地称巫婆为"迷拉婆"，其活动称为"打迷拉"）时，往往通过抹米来侦察作祟之鬼。具体做法是：将一只碗装满白米，上面盖上一块白布（或手帕），巫婆先吞几粒米，接着一边念咒语一边用手在隔着布的米上抹来抹去，抹一会儿后，哈点气在布上，然后揭开布（或手帕）来看米上的纹路，从而断定作祟之鬼。此法用得较多。

[赵崇南：《贵定县仰望乡苗族原始宗教调查》，《贵州民族调查》（之二），第 305 页，贵州省民族研究所，1984 年 10 月。调查时间：1984 年 3—4 月]

17. 贵州榕江县两汪公社苗族的"过阴"

"过阴"，这是求鬼问病的一种比较"高级"的方式，一般是在经过"打草卦"和"丢米"之后病人的病情仍不见好转时才搞"过阴"。所谓"过阴"，即是鬼师亲自去到阴界找"鬼"问过究竟。这种活动一般是由鬼师和一名通司在病人家进行。"过阴"时要用一碗米、一碗水、三根香、三张纸钱。鬼师用头帕蒙眼，通司坐于其侧。点燃香纸后鬼师就开始往鬼界行进，不久身体开始微微发抖和着寒着冷，并且抖动程度越来越剧烈，随即就开始进入半昏迷状态。据说这时他已进入"鬼堂"，只知阴界，不知阳界。鬼师便开始和通司对起话来，一般要一问一答。比如，鬼师说他在"鬼堂"中得见病人曾见到两条蛇在一起交配因而生病，通司便问病人家属有无此事。如果答复实有其事，那便弄清了病因；如果病人家属答复说并无其事，那么鬼师又在"鬼堂"中继续行进，继续往下猜，直到猜准病因为止。

查到是什么鬼在作祟后，鬼师便给鬼许愿说，某某鬼，我们已经知道是你在这里缠住病人，如果你在一两天内让病人好转，我们就以××东西来敬献你；如果不让病人好转，就别想吃到供祭品。比如病人是眼痛、颈痛、全身痛，经鬼师查明是雷在作怪，则要敬雷（苗语叫"歇号"），一般要敬两次，一次在家里，一次在野外。在家里敬雷要用巴掌宽约一公尺长的杉树皮一张、碗三个、酒一坛、锄一把，酒坛和锄放于地上，其余物资陈于案上，由鬼师念咒，请雷来解除病人的痛苦，并说如能在几天内使病人好转便杀猪敬献。

如果病人果真在几天内有所好转，则病家要杀四五十斤重的猪一头、公鸡一只、二指大的鱼十二条、糯米饭十二斤、酒十二杯，到山中的"雷堂"去敬雷，感谢它让病人痊愈并恳求它今后不要再让病人患此种病症。

[王承权等：《榕江县两汪公社空烈大队苗族调查报告》，《月亮山地区民族调查》，第 387—388 页，贵州省民族研究所，1983 年 6 月。调查时间：1983 年 4 月]

18. 贵州榕江县加宜公社苗族的"过阴"

鬼师给人看病的主要手段是"过阴"。下面根据李老三的一次实际表演来谈一谈"过阴"的情况。

当病人家属前来看病时,鬼师坐于火塘旁边的矮凳上,以长约二米的一块黑布缠头。手中拿着一块长五六厘米长、手指宽的上面涂有黄蜡的薄纸片。问病者则坐于鬼师旁边,手执点燃的干竹片一小束。鬼师将纸片的一端用火点燃,放于口中用牙"嗤"的一下咬灭,再点燃,再咬灭(据说,咬黄蜡是为了把"鬼"引来,鬼闻到黄蜡香味便会嘴馋前来赴约)。如此反复六七次之后,只见鬼师手脚开始微微发抖,于是他自己便将缠头布拉下来遮住眼睛。接着抖动程度越来越剧烈,并用双足猛击楼板,几乎达到了癫狂的程度,约三五分钟后鬼师便进入半昏迷状态。其时,他不断用手在身旁事先准备好的一个小竹篓内抓取少量米粒放于口中咬碎,并将少量米粒撒向四方。据说,这时鬼师已开始同"鬼"打上交道了。于是,碰上一个便询问一个,是否是它缠着了病人?如果该鬼否认,鬼师便又继续再去问其他的鬼。如果某个鬼承认确实是它作祟,那么便算是找到了病因。可是,事情并未因此了结。接着,鬼师便又开始询问"鬼"的要价了,也就是说,这个缠住病人的"鬼"究竟需要患者家中为它提供什么物资(一般是肉食品)它才可以饶恕病人。不同的"鬼"口味和要价是不同的:有的要吃一只鸡;有的要吃一只鸭;有的要吃一只羊或一只狗、一只猪,等等。问个水落石出之后,鬼师便去至病人家中,根据"鬼"所提的要求,让患者家庭按规格和数量宰杀家禽或家畜兑现。煮熟之后,再由鬼师念咒说:"某某鬼,我们已经知道是你在这里缠住病人了,现已准备了你爱吃的东西,吃饱之后快快离去吧,别再待在这里害人了!"至此,整个求鬼活动即算完毕。

其实,在祭祀完结之后,"鬼"指定要吃的东西全都被鬼师和病者家人一起共同享用了。

〔王承权等:《榕江县加宜公社苗族调查报告》,《月亮山地区民族调查》,第 347 页,贵州省民族研究所,1983 年 6 月。调查时间:1983 年 3—4 月〕

19. 贵州凯里县舟溪地区苗族的"过阴"

有人患了病,请鬼师"过阴"侦察,看是什么鬼怪作祟。据说这种鬼师有许多已死去的成年人男女的灵魂附在身上,称为"阴崽"。"过阴"的时候,就由这些"阴崽"去侦察鬼怪。"过阴"时需要米、香、钱纸、布筋、半碗冷水和几片茅草(有些地方不要),并要一个由男人担任的"通事"(翻译)。据说米是"阴崽"的带路人,布筋是带鬼去与"阴崽"见面,所以米必须要病人家里的,布筋必须从病人身上扯来。米是一升,装在升子里。布筋放在米上,用茅草的就先把茅草插在米上,后放上布筋。装米的升子放在家中的地上或桌上,水碗放在升旁,燃烧三张钱纸放在碗里,燃三炷香插在升内,鬼师坐着,面对米升,通事坐在他的旁边。鬼师用一张小帕或包头巾把脸遮住,抓几粒米放在口里嚼,一嗅到烧香的烟味,就认为"阴崽"来了。他端起水碗喝一口,并交给通事也喝一口。这时,鬼师两足不停地跺着,并唱巫词传集"阴崽"。鬼师把全部"阴崽"逐一叫唤名字,指定在经常集合的地点之后,就告诉通事说人马齐了,要通事开钱,通事燃烧三张钱纸算是开钱。他吩咐"阴崽"见多少分多少,好好分配后,又唱着巫词表示率领"阴崽"到病人家去侦察鬼怪。他一面唱,一面催通事走快些。巫词唱到一定的地方,他表示到达病人家了,就告诉通事。这时通事就把任务告诉他,要求他叫"阴崽"侦察是什么鬼怪作祟。经通事的一再要求、催促侦察完毕,通事满意了,他要求回去。通事允许回去,他就唱着巫词约通事和"阴崽"一道打马回程。他表示率领"阴崽"到达经常传集的地点以后,吩咐"阴崽"各回各家,并和通事道别。这时通事即把香和茅草拔掉,鬼师一跳,表示回到阳间,揭去蒙脸小帕,"过阴"就结束。升里的米作为鬼师的报酬。如鬼师离病人家较远,不便请过来,主人只好带一碗米及布筋到鬼师家去"过阴"。

[贵州省编辑组:《苗族社会历史调查资料》(二),第 279—280 页,贵州民族出版社 1987 年版。调查时间:1958 年 11 月]

20. 贵州榕江县计划公社苗族的石卜

石卜是苗族鬼师寻鬼的一种主要方法。即将一条小绳缚一小石块,然后用手提起悬于空中,成静止状态。经鬼师念咒之后,石块就自动地摆起来,所谓的鬼神有了"显灵"。若石块在鬼师的正面朝着顺的方向摆动,则表示念到的鬼不同意。若石块向横的方向摆动,则表示念到的鬼已同意了,是它作祟。然后鬼师又念咒以禽或畜给鬼许愿。如石块朝鬼师面前按顺的方向摆动,则表示不同意;若按横的方向摆动,则表示鬼已同意所许愿的禽畜了。待病人好转之后,则按照原来给鬼许愿过的禽畜祭鬼。

[岑秀文:《榕江县计划公社苗族原始宗教调查报告》,《月亮山地区民族调查》,第 265—266 页,贵州省民族研究所,1983 年 6 月]

21. 贵州榕江县计划公社苗族的竹卜

竹卜是苗族鬼师使用得比较广泛的测鬼方法。卜具是用一根粗如手拇指、长约四寸的竹筒,斜截一端,并从中破为两半即成。竹卜时,鬼师将卜具合成筒状持于手中,须经念咒之后,将卜具摔于地上,视其扑或翻的情况来判断好坏、善恶和凶吉。例如有槽面一块翻朝上,一块扑于地,就是好卜;若两块有槽面都朝上翻,则为坏卜;若两块有槽面都扑于地，则认为是不理想的或一般的卜。

[岑秀文：《榕江县计划公社苗族原始宗教调查报告》，《月亮山地区民族调查》，第266页，贵州省民族研究所，1983年6月]

22. 贵州贵定县仰望乡苗族的竹、木卦

鬼师无论为亡人办丧或为病人驱鬼均要用卦。前者使用竹制的卦，后者使用五棓子树制的卦。鬼师为亡人办丧时，要准备一根六寸长、直径比大拇指稍粗点的竹子，这根竹子的两端是空的，是从竹节以内砍断的。竹子中部有一节，用时须将此节握于掌心。这根预备用来做卦的竹子，必须选纹路顺直的，因为破而为卦时按例只能一刀破成，不能破二刀。在办丧的过程中，当程序到了破竹为卦之时，鬼师便从正中一刀将那根六寸长的竹子破为两半，这两半块竹片，一块代表鬼师，一块代表司鼓者。在代表鬼师的那半块上，要用刀尖沿竹背画一条线作为标志。最后将这两块竹片的一头削尖，一对竹卦便做成了，然后鬼师将这两块竹片合起来打卦。

鬼师边念巫词边打卦。打卦共为七道，根据不同的情况，必须出现不同的卦形才合符要求。如一次不符，则可反复多次，直到相符为止。视两片竹块落地后的仰、扑情况，卦形分为三种——阴卦、阳卦和顺卦。当两块竹片落地时，一仰一扑者为顺卦、两块均竹背朝天为阴卦、两块均竹里朝天则为阳卦。一般来说，凡送走坏的，要求打出阴卦；凡请来的，不论好坏，要求打出顺卦；凡送走好的，要求打出阳卦。

鬼师为病人驱鬼时则须用木卦，木卦一般用五棓子树、万年青、黄杨木树等制成，而多以五棓子树制作，也有个别用小牛角制作的。木卦长约四寸，比为亡人办丧所用之竹卦短一些，直径约一寸。也是从正中破为二半，并将一头削尖。其用法与办丧的用法相同，一样地分为阴卦、阳卦和顺卦。因为大量的鬼事活动是为病人驱鬼，所以木卦是用得最多的。

[赵崇南：《贵定县仰望乡苗族原始宗教调查》，《贵州民族调查》（之二），第305页，贵州省民族研究所，1984年10月。调查时间：1984年3—4月]

23. 贵州榕江县加宜公社苗族的吊秤砣

有时鬼师也用"吊秤砣"的办法来求鬼问病。这种方法颇为简便，即是有人前来问病，鬼师便用一根细绳穿着一个秤砣的鼻子（据说，早前也有捆一小块石头的）提在手中，然后闭上眼睛念咒问鬼。据说，如若是某某鬼作祟，那么念到它的名字时秤砣就会按照一定的方向来回摆动。这样，再根据"鬼"提出的要求叫病人家杀牲畜祭献。

[王承权等：《榕江县加宜公社苗族调查报告》，《月亮山地区民族调查》，第347页，贵州省民族研究所，1983年6月。调查时间：1983年3—4月]

24. 贵州贵定县仰望乡苗族的"打迷拉"

所谓"打迷拉",是对人的吉凶进行侦察性预测。"打迷拉"是迷拉女子用一块枕巾或帕子蒙住眼,用一升米放在桌上。迷拉女子用手抓一小点米,另又用茶叶煮一壶茶,用一小块布在茶水里烫湿,用布包一点米,放在火里烧一下,再将烧过的米放在茶里。迷拉女将这种茶喝一大口,再吐出来。迷拉女把吐出来的东西一看,便说:或是跳河鬼、吊死鬼、枪打鬼、产终鬼,或家中哪个老人死后变的什么鬼找来了,必须用某样畜、禽(牛、猪、狗、鸡、鸭)来请鬼师解鬼。

[陈天俊:《贵定县仰望乡苗族社会调查》,《贵州民族调查》(之二),第251页,贵州省民族研究所,1984年10月。调查时间:1984年3—4月]

25. 广西隆林苗族的竹子巫具

苗族祖先认为竹子能通阴阳,用竹子做成的"X"字架,用在祭祀场合,可以将人与鬼神之间相互沟通,人说什么鬼神就能听见,用其将祭品祭给鬼神或祭给祖先们,他们就会收到。因此,苗族在一系列的规模较大的祭祀活动中,都要找一节竹子破做两块(苗语称"齿最",也叫"西退"),由巫师用来祭祀鬼神或祖先,每念一句就点一下盛放祭品的小簸箕或石板,表示已给他们送来了什么东西,一般和马蹄匙羹一同使用,无竹就无法进行这种仪式。所以,办丧事时,在事情没有办完之前,巫师要将这一竹块收好;不能让与事无关的其他人发现,怕一些心术不正的人看后拿去作其他处理就麻烦了。苗族还以此物作为本民族与其他民族相见区别的标志,是真苗还是假苗,从这竹节的使用与否就可一清二楚。

[《隆林苗族》编写组:《隆林苗族》,第318—319页,2002年内部出版]

26. 广西隆林苗族的巫术用具——马蹄匙

马蹄匙神,以马蹄匙羹为向导下到阴间与祖先沟通信息的一种巫术。苗族先民们在发现用马蹄匙羹挂起来转动能将活人的灵魂带离人体去见已死去的人的奥妙后,即将马蹄匙视为有神灵存在而把其当做联系祖宗的使者。在苗族家庭里,每家都备有用木质制成似马蹄形状的匙羹,谁家如有人成病久治不愈或被惊吓落魂的,就找人来跟马蹄匙神下到阴间去找祖先,寻问他们病人的病因或与祖先们要回落魂者的魂魄(据说人的魂魄落到阴间后变成牛,均跟自家祖宗在一起,由祖宗们喂养。找魂者找到后,祖先们都会将其交给他带到人间来)。因马蹄匙具有这个作用,在祭祀时都离不开它,改用其他匙羹则不能将祭品送到祖先及被祭供的神那里。因此,马蹄匙羹不仅解决了餐桌上舀饭舀汤的难题，也成了与祖宗们沟通信息的通道。

马蹄匙神有点神秘，用现代的科学去解释，很难说得清楚。因为一句简单的话和一个简单的动作，它就可以将人的灵魂带离人体而进入另一个天地。但不是人人都能做得到，一般都是小孩和一些敏感度高及意志力较弱的人才容易进入这个层次。笔者曾经尝试过，但没有达到目的，而和笔者一同尝试的一侄女却进行得很顺利。刚坐好没有几分钟，她双脚就很有节奏地抖动起来，哈欠声不断，一会儿她惊叫起来，说有一帮老虎坐在路边看着她，她害怕得全身发抖哭了出来，并伸手进火坑里抓火子火灰乱撒，说是抓石头打老虎，弄得旁边看热闹的人四下散开。见她的行动异常，大家怕出事就赶紧将马蹄匙绳往回搓转，约半分钟时间，侄女回到了现实，全身冒汗，还在发抖，连说阴间的路可怕。鉴于马蹄匙的神秘作用，苗族人民对其信度很高。凡是谁家有些比较古怪的现象出现，如野生动物进家、人患一些少见的病或是死亡等，都常用这种活动去阴界见祖宗们，看是否是他们对阳间的亲属们有要求，如是的要想办法尽快按祖先们的提示完成他们交代的任务。

[《隆林苗族》编写组：《隆林苗族》，第 323—324 页，2002 年内部出版]

27. 广西隆林苗族的巫术马蹄匙神的作法

首先准备好一把马蹄匙，一根牢固的小麻绳，一张木凳子（高度要求以人坐下时能使膝盖与身体成八十至九十度的角度为准），一块一尺宽二尺长的黑布，一双草鞋或是布鞋（胶底布鞋不行），如是晚上还要准备好灯，然后用绳子绑住马蹄匙柄尾，吊在火坑上（住楼房的可任意选一地点），让匙羹垂至距地面约六十厘米高度，作法人面对匙羹坐于木凳上，两手平行放膝盖上，距匙羹约五十厘米远，穿上草鞋或布鞋，将黑布从上往前盖下挡住眼睛并闭上眼，一切准备就绪后，旁边一人（也可由作法人自己）站起，双手掌夹住绳子说："带路的姐妹哟，请带小的们去阴间看人家剪花，到老祖家去看田地"，说完即搓动绳子，把匙羹转动后放下手，坐回原处，作法人则不动，保持原状等待，九分钟后如有效的，双脚后跟则自动抬起并有节奏地快速抖动，这时作法人除呼吸正常外，身体没有多少感觉，处于迷糊状态，灵魂已跟随马蹄匙神走入阴界，哈欠声不断。据说阴界的路很寂静，草深深的，很怕人，故头几次去的人往往怕得哭出声来。如是碰上老虎，他们会进行抗击，伸手进火坑里抓火灰火子撒向四周，说是打老虎，此时如没有必要的就将绳子往回搓，并叫带路的姐妹把小的们带回来，之后约一分钟，作法人即清醒过来。有胆子大的直去到碰着祖宗后才被叫回来；如是孤儿的，去找见他们的父母时会大哭不止，诉说离别父母后的痛苦生活，让在场的人也跟着伤心，一旁的人如在这种情况下不马上往回搓动绳子，叫匙羹神带他们回来的话，待哭者哭倒地后，据说人就会死去，无法救活。有这么个传说，称有两姐弟在家里看到大人做这种活动后感到好奇。一天他们放牛到坡上，两姐弟坐在崖脚下，拿出马蹄匙吊在岩石上就仿照大人的做法试验,结果因无人在旁边帮转动绳子,导致两人均被勒死。待家人找见时,两人已是另一个世界的人了。作法的人若是去问病或去抓魂的,他们到阎王爷门外时就喊阎王家开门,进去后直找到病者家老祖,问清楚如是魂落的才和他们领回落到阴间的魂,如病者祖宗们不给,作法人还要与他们抢,待把魂抢到手后即喊带路的马蹄匙神返回,旁边人听到这一喊声,即马上抓住绳子并说:"带路的姐妹哟,请带小的们回阳间喽",随即把绳子往回搓,搓完放手,不久作法人就回到阳间来,把蒙头的黑布掀开,将一看似头发裹成的魂魄交给病人家属收藏,经过抓魂,落魂的人不需药治也会自行好转。这就是苗家马蹄匙神作法及到阴间后如何活动的全部过程。可一人做,也可多人同时做,但如没有这种天赋的人,你就是跟人家(或者自己)做一个晚上也不会有什么进展的。

[《隆林苗族》编写组:《隆林苗族》,第 324—325 页,2002 年内部出版]

28. 广西隆林苗族的巫术——酸枣树神术

酸枣树神,苗语称 mus neeb(谐音"磨能")。会此术的人据说可直接面对鬼神进行交谈。一般人难发现的鬼神在他们眼里并不感到希罕,鬼神是善是恶,他们都能一眼识破,哪家的祖先需要后人做什么,只要去找他们作法下到阴间去问问即可知道。其作法与马蹄神基本一致,只是不用马蹄匙神引路和作法时增加一张凳子垫脚,均在凳子上完成整个活动,来去由作法人自己控制,不需他人帮忙。会此术的人也会解开鬼神对人的纠缠,能唱一些阴歌和模仿祖先们的腔音说话,到阴界后还可打听到一些病人家祖先们的名字。所以,信仰鬼神的苗族群众对巫术也崇拜有加,谁家在生产生活上碰到一些问题,就去找巫公施行法术予以解除。而见到会此术的人在这方面吃香,有些人也借会巫术之名到处行骗,是真是假群众也分不清,反正来者不拒,巫公们总会找出理由让登门者满意而归。据说此术由神仙赐给,神仙看中谁就先给谁一些暗示,愿意接受的,找来一只大公鸡,杀后设坛祭之,以此作为接受神赐给技术的仪式;不愿意接受的,对神的暗示不加理睬,神才另找他人接替。一旦接受这个任务,就不得再吃狗肉,吃狗肉的话就不灵了。

[《隆林苗族》编写组:《隆林苗族》,第 324—325 页,2002 年内部出版]

29. 海南苗族的祖先崇拜"禁术"

苗族群众也普遍相信"禁术",认为某人生病是被人用"禁术"加害的,要请道公查禁,常由此引起纠纷,有的还被无辜杀害。解放后诬指和杀害"禁公"、"禁母"的行为已被禁止。苗族的丧葬也用木棺土葬,没有陪葬品。一般请道公举行丧葬仪式,富裕户还要"打斋"三天方才入殓。

[《海南黎族苗族自治州概况》编写组:《海南黎族苗族自治州概况》,第54页,广东人民出版社1986年版]

30. 海南苗族的魔术

苗人有陷害他人的黑魔术(Black Magic)。凡与人有深仇者,便请道士来弄法报复:用纸书对方之名,然后把它在树林中钉起来,对方的灵魂从此被禁锢,便生奇病异症,慢慢陷于半生不死的状态。被害的人要把弄法者拘得,逼他自动解禁,才能得救。

以上系得自他们口述,但这个魔法灵不灵却不知道。不过作者曾在一个黎首的家里看见了一位患废疾的男子,据人家说,是因他从前随黎首征苗时杀人太多,被苗人弄禁的。也许有这回事呢!

[王兴瑞:《海南岛之苗人》,载《民国时期社会调查丛编》,第132页,李文海等编,福建教育出版社2005年版]

31. 海南苗族的迷信

苗人迷信风水。作者在昂吉时,甲长卢尊英曾对余云,该地苗人之所以多贫困者,系由于风水不好之故。他并指出风水怎样不好,说:山尖,缺乏水源,形势狭窄,无发大财之理。其堂弟为保长者,又问余识不识看风水。余答不识。他说,将来必积多金,从外面请位名地师来相地,以期发达云。

他们又信命信相,作者在那里时,他们向余问识不识算命看相者也不少。

苗人这种迷信意识的发生,自有实际生活的背景,并非全无因由的。这一点,留待最后一章来说明。

[王兴瑞:《海南岛之苗人》,载《民国时期社会调查丛编》,第132页,李文海等编,福建教育出版社2005年版]

32. 四川苗族的"符咒"

川南苗族民间流行符咒,将符贴在门上或屋内。有些人还把七把木剑或木匕首捆在一起,用木炭在上面画上平行线挂于门上或屋梁上。甚至有人把蜂巢挂在大门上或床上,释为鬼怪怕蜂叮咬就会避开。这些形式均属符的衍生,但苗族的符渗入了民间很多古朴形式。目的都是为祈天降祥瑞,人避鬼神。而符往往与咒语相联系,有些苗人把一块打磨光的石斧当做符咒,端公画符时用拳头或石斧在纸上捶打,以示产生了符咒效应。

[郎维伟:《四川苗族社会与文化》,第169页,四川民族出版社1997年版]

33. 云南巍山县苗族的鸡卜

这里的苗族兴杀鸡看卦。凡出远门,要杀一只公鸡,看鸡大腿骨、鸡舌头、鸡头骨以卜吉凶。看卦后,认为安全有利才出门,否则就不出门。

[薛琳:《巍山县苗族社会历史调查》,《云南少数民族社会历史调查资料汇编》(五),第61页,云南人民出版社1991年版]

34. 云南屏边苗族的"跳白马"

苗族凡是有病都要请"白马"来献神献鬼,"白马"懂得一点草药,半神半药,神药两解,病好以后,农民以实物货币致酬。

此外,每年六月二十四日还要杀鸡杀猪,举行"祭田节",求神保佑人畜兴旺,风调雨顺,也有在老人寿辰时备办酒宴以志庆贺的。

[云南大学历史研究所民族组:《云南省金平屏边苗族瑶族社会调查》,第54页,1976年内部出版]

35. 云南屏边苗族的"白马"

苗族人民信仰多神的原始宗教,敬"天地",祭祖先,信鬼信神,万物有灵,但无庙宇、无僧侣、无专门的宗教组织,只有以宗教为职业的"白马"(即魔公,他们也种地)。"白马"大部分收入靠宗教,常常还故意兴妖作怪,迷惑群众,扫寨赶鬼,举行各种宗教活动,借机勒索,过去往往主持一次仪式要收入数元。

[云南大学历史研究所民族组:《云南省金平屏边苗族瑶族社会调查》,第53页,1976年内部出版]

第六章　禁忌及预兆

第一节　禁忌

1. 贵州从江县加勉乡苗族的各种禁忌

丧葬禁忌：

（1）停丧阶段的禁忌：凡看到死人之后，当天只能上坡做活，不能下田生产。据说："如果下田，当年禾谷即会歉收。因为这天是最不吉利的一天。"

寨中有人去世，全寨在这一天无论同姓或异姓均不能从山上挑柴回家。据说："当天如果上山挑柴，鬼就会跟着挑柴者来到家里。"

停丧期间，家属须吃肉。无肉，只能吃白饭，绝不能吃蔬菜。因为这天家里"办了大事"。

（2）陪葬品的禁忌：铜器。据说："铜有腥气，怕今后破坏龙脉。"棉花。据说："因为棉花能够膨胀，今后子孙会耳聋多病。"桐油。据说："桐油臭气大，使死者坐不安宁，将来会败家荡产。"

（3）入葬后的禁忌：入葬一个月内，不能把家里的任何东西出卖或借给别人，否则银钱则往外走。满一个月时，先到"五服"之外的同族家里借锄头一把放在屋内，然后才可以开始出卖或出借东西。据说："锄头比其他东西都重，只有它才能压住钱财不往外走。"

在一个月内家人不能婚、嫁或唱歌、吹芦笙。

生产、生活禁忌：

（1）插秧到"祖公田"（较大较好的称祖公田，不分祖遗或自置）时，须宰鸭或鸡到田中敬供，同时还要讲吉利话，否则当年禾谷无收成。

（2）田中如有老虎走过，或老虎进田洗澡，谓之"有虎鬼进田"。须请"鬼师"来"退鬼"，这丘田方能再种，否则任其抛荒。据说："未退送虎鬼以前，如果勉强去种，不到三年家中必损人口。"退送"虎鬼"的敬品用单不用双，并按月份计算，如正月有虎进田，用狗或猪一头退送；二月与正月同；三月、四月有虎进田，则用三个牲畜退送；五月、六月用五个；七月、八月用七个；九月、十月用九个；冬、十二月用十一个。

（3）妇女禁跨越"牛耙"。因为"耙"是牛拉着种田的工具。牛是怀胎十二个月生小牛，妇女如跨越"牛耙"，将来怀孕时，也要像牛一样——满十二个月才能生下孩子。

（4）农历除夕，全寨农户都打"草标"（"草标"，苗语称为"袖非"。用芭茅草结成，形如丫角，是苗族中的一种标志。他们用来代表语言。如柴火等东西搁在山上，插上一个"草标"表示这是有主之物，别人即不敢拾取。又如禁止外人入寨或入宅时，也以"草标"做标志。不许别人在田埂某处开缺口放水，也打"草标"示意。以上是用"草标"表达意见对人的例子。此外还有用"草标"示意对鬼。如播种插秧时，折禾折起第一把禾时，拔秧拔起第一手秧时……均插上一个"草标"，表示这些东西都是"人"所有的，鬼们不能来侵犯。在秧田中，其用意即是标志这丘田是秧田，鬼们不能来侵犯，老鼠不能来拔秧。

（5）牛、猪、羊怀孕将生产前数日，以青杠树叶遍插牲畜圈的四周。据云青杠树（苗语称"呆哉"）能避一切鬼魅，可保母畜、幼畜平安生长。

（6）六畜产幼畜后，门前悬挂"草标"，忌外人入宅（本宅的人不忌）。据说："外人脚步重，恐怕踩死幼畜（不是真的去踩，怕他的魂影踩着幼畜）。"但为使邻居便于来往，幼畜产下以后，即请"脚步轻"（所谓脚步轻的人，是他们平时试验出来的，如某户生下幼畜，别人不知禁忌走进他家，事后幼畜平安成长，他们就认为这人脚步轻，如加勉寨韦老娘、韦老明，那是经过试验，认为是脚步轻的人）的人来家踩第一次。之后，任何人都可以进屋了。在未请"脚步轻"的人踩第一次之前，如果外人不知禁忌误入其家，主人也不嗔怒，只是当其进屋时哼一声，即作罢论。

（7）雄鸡未到四更即鸣，母鸡学公鸡叫（苗语称"富接给告"），他们都认为有妖魔附在鸡身作祟。如仅一户的鸡如此，主人即将鸡宰杀，割下鸡头，用木棒穿起插于路旁，表示妖魔已退送出去。如全寨的鸡均如此，即须请鬼师看卦，全寨凑钱买狗一条由鬼师主持"扫寨"，否则可能发生火灾或其他意外事件。

（8）牛吃人粪（苗语称"富接借略"），或在圈中旋转不停，都认为是妖魔作祟。即须将牛宰杀，否则人口不安。

（9）牛在圈中夜间无故吼叫（苗语称"富给略"），他们认为是有"野牛妖"作祟。如仅一户的牛如此，户主即将牛宰杀，请鬼师退鬼。如全寨的牛均于夜间吼叫，他们认为将有大祸临头，即请鬼师"扛童过阴"去看。如鬼师说是龙脉被破坏，或是"野牛妖"作祟时，均须宰牛一头由鬼师主持"安龙"或退送"野牛妖"。

（10）母猪将小猪咬死吃掉（苗语称"富别务登"），狗吃孵抱的鸡、鸭蛋（苗语称"富庄耳"），他们都认为有妖魔作祟，即须将猪、狗宰杀，否则人口不安。

（11）鸭放田中无人惊扰无故飞数丘田（苗语称"富及俄养"），他们认为鸭子遇着了妖魔，即须请鬼师退送，否则人口不安。

（12）亲戚来往以鸡、鸭相赠时，须先用麻吊死，然后赠予（只有女儿、女婿回门后第二次来省亲可以活鸡、鸭相赠）。据说："如以活鸡、鸭送给亲戚恐怕他拿回家去饲养，亲戚家的鸡、鸭繁殖起来，就会影响自己家里的鸡、鸭的繁殖。"

(13) 饭甑（苗语称"真该"）、饭包（"两该"）、饭盒（"董该"），这三种用具每年农历"吃新"时洗涤一次，表示一年一度，推陈（陈米）出新（新米）的意思。此外的时间均不能洗。据说："如果随便洗涤，就是洗家财，同时饭比往日吃得多，又饿得快。"

(14) 孕妇禁与产妇见面，同时不能到产妇家中；否则怀孕期要延长一月才生孩子。

(15) 女婿到岳家时，禁上二楼、进内房、到牛圈撮粪；否则触犯岳家的祖宗，就要害急病。

(16) 家里的板凳、桌子无人使用时，必须把它立起；否则怕鬼来坐，怕鬼来找饭吃，人口就会生病。

(17) 少妇生小孩后禁进"秧堂坪"和男子跳舞；否则触犯祖宗，就要生暴病（未生过孩子的少妇不禁忌）。

(18) 已结婚的女性禁背蓑衣。据说：蓑衣是棕丝制成的，上面有毛，结过婚的女子背在身上就触犯祖宗，祖宗就会叫老虎来咬她。（未婚的女子不忌）

(19) 发现空中有火球（流星陨石）坠入寨中时，他们认为是有"火殃"进寨。请鬼师看卦后，各户凑钱买狗一条，由鬼师主持退"火殃"（苗语称"银野"）。日期选用"虎"天，年月则无限制。退"火殃"的狗是不能吃的，事后要将其掩埋在山上。据说："鬼师已将一切鬼魅都咒在狗的身上了。谁吃这条狗的肉，鬼即跟着谁。"退"火殃"的当日，禁外村人进本寨一昼夜。

(20) "踩歌堂"的地基禁修建房屋；否则入宅居住后即会损人口或发生意外不幸事件。

(21) 家中病人不断，请鬼师看卦后，如鬼师说是有"野鬼"（苗语称"冷把"）作祟，则须宰狗一条请鬼师退送。狗肉不能吃，以之掩埋坡上（原因与"退火殃"的狗同）。退送"野鬼"的当天，送鬼之家亦须禁忌生人入宅一昼夜。

(22) 在坡上或途中见到蛇交媾（苗语称"明低柳"），他们认为是遇到"妖怪"。回家后即刻请鬼师退送，否则就要生病。

(23) 山坡的坳上或三岔路口如堆有石头（苗语称为"务略呆"。从江的汉人称为"老太婆守路"），行人经过时须拾小石或树枝抛掷其中（或吐口水）。据云：这样做是向老太婆借马骑，可以增加气力。

(24) 行路时遇到泉水或沟水，均不能随便喝。须先结一草标抛入水中，然后才能喝水。据云："恐怕龙王在井、沟中喝水，触犯了它，就会痛肚子。因此先以草标抛进水中，是表示通知龙王，人们要来喝水的意思。"

[贵州省编辑组：《苗族社会历史调查资料》（二），第132—144页，贵州民族出版社1987年版。调查时间：1957年4—8月]

2. 贵州剑河县久仰乡苗族的生产禁忌

（1）祭大田

五至十来挑产量面积的田在栽秧时要供祭，全寨有四五十丘。据说，祭田稻子才长得苗壮。当栽秧到这种田时，即由一个男人（业主、外人均可）先举行祭仪。祭物是一个熟蛋，酒、饭各少量，一点食盐和十来棵扎成一束的芭茅。由主持人把芭茅插在田的中间，再以秧根蘸食盐栽六七窝于其周围，然后大家进行栽秧。全丘栽完后，由主持人把蛋、酒、饭陈列于田埂上表示供祭，约十多分钟后就撤去，由主持人先尝一点，其余分给其他人吃。这一习俗在解放后仍然保存，直到一九五八年仍是一样。从建立农业社后，谁家在这丘田放鱼，就由他准备物品供祭。

（2）捆谷还鼠债

收获稻子时，每丘田都要先以一棵草把三兜稻子捆在一起（不割），并找一枝有花的树枝或有花的草插上，又捡一颗有手指粗的小石子放在上面。据说，三兜稻是表示归还老鼠债，插花是表示这丘田能收足"谷花"（达到常年产量），小石子表示谷粒饱满，重像石子一样。还鼠债的来源，据说是从前洪水泛滥时谷种失传了，而老鼠衔去的谷子放在树洞里保存着。于是人们发现后就去向老鼠借谷种子。借时曾问过老鼠怎样归还，老鼠说今后不论大田、小田，每丘留三窝归还，否则要啃稻子。因而这习惯一直保存到现在。解放前，每丘田留的三窝听任在田里损坏，解放后也照样保留三兜，但在收割完这一丘田后就收回去。

（3）祭棉花土

种棉花时，土有半亩以上宽的，都要先祭后种。祭物是熟蛋一个，酒、饭若干，两棵树枝和五棵芭茅，树枝要正在开花的，有手指大，高三四十厘米，以芭茅捆住。犁土后，以树枝插在土中，在其周围点播三窝以上的棉种，并摆蛋、酒、饭供祭，等到种完这块土，才由主持人逐一先尝一点，再分给大家吃。据说要插花枝，种的棉花才能长得苗壮，结的棉花才像树花那样多。

（4）"起某"

"起某"直译为起粪，即一年的开头送粪上田的意思。在二三月间，由一个男人选择与自己生日同一属相的日子举行，在天明亮以前挑一点粪，并带三棵芭茅草到田里去。到时，先把芭茅插在田中，再施肥于其周围，仪式即结束。据说，去、回都不要遇见人，否则这一年的庄稼就会长不好。万一遇见人了，也不要打招呼，对方招呼也不要答应。这天要煮一个蛋，备点酒、饭供祭祖宗，表示祈求祖宗保佑庄稼长得苗壮。经过举行这一仪式后，才能挑粪上田，但在此之前挑肥泥或青肥入田则不受禁忌。

（5）栽秧不接秧

栽秧时甲不能以秧递给乙，而需把秧放在地上，乙再去捡。据说不许递接秧子，有两个意思：一是怕秧子不够这丘田栽用；一是甲栽秧时应有的腰身酸疼就会传到乙的身上去，增加乙的疲劳。

（6）栽秧时不许说田里有鱼

栽秧时如遇见田里有鱼，不许说有鱼或这条鱼很大一类的话。据说如不这样禁忌，鱼要掏秧根，秧子就长得不茁壮。

（7）干活休息时不许坐在工具上

在挖土、薅土、犁田、耙田等休息时，不许坐在锄、犁、耙的上面，同时也不许把这些工具插在地里，而要放倒在地上。据说人累了要休息，工具也是一样，应放在地上让它好好休息。

[贵州省编辑组：《苗族社会历史调查资料》（二），第166—167页，贵州民族出版社1987年版。调查时间：1958年]

3. 贵州雷山县掌披苗族的农事禁忌

每年正月初一到二月十五，不干活，不动土；春雷要忌三天不干活等。另有与农事有关的"吃粽粑"，是在栽完秧后进行。谁家插完，他家就包粽粑吃。粽粑吃完后，还把粽粑叶系在小竹竿上逐丘插在自己的稻田里。有鸡杀吃的还同时系上鸡毛。吃粽粑、系粽粑叶，是祈求秧子长得茁壮的意思。全寨没有统一的日子，也再没有什么活动，不像节日。

[贵州省编辑组：《苗族社会历史调查资料》（二），第207—208页，贵州民族出版社1987年版。调查时间：1958年9—10月]

4. 贵州榕江县计划公社苗族的各种禁忌

（1）生孩子时的禁忌

若看到谁家的门口插有一支新的"草标"时，则忌人上他家去。这种情况往往是家中有人生孩子的记号。如果生孩子不打草标在门口示意而使人闯进屋里，那么来人认为是遇到不吉利的事。因此而遇到不幸的事件，就去找生孩子的主人家的麻烦。如果出现产妇来不及回家而将孩子生在别家，就必须用鸡、鸭各一只去赔礼。若孩子是虎时生的，就要用一头小猪去赔礼，因为虎要吃猪，这样接受赔礼的主人才满意。如果产妇发生难产，便认为是有鬼作祟，须请鬼师念咒，并用鸡、鸭各一只拿到山坡上有水的地方去敬祭。

产妇被认为是不干净的人，未满月前不许串门子，如果违反禁忌，必须用一对鸡或一对鸭去给所到的人家赔礼道歉。孩子生下来不满三天不准抱出门，待产妇满一个月以后，必须家族的人请产妇去吃一餐饭，产事才算完毕。

对孩子的出生时辰，苗族群众是很注重的。如果孩子是在夜间鸡叫以前出生的，不行"拜寄"，属虎时出生的就要拜寄给水，原因是只有水才能阻止老虎前进，否则孩子就会生病，乃至死亡。如果孩子是虎年出生的，其父亲或母亲是猪年或狗年出生的，那么，孩子也必须拜寄给水。如果孩子是龙时生的，必须拜寄给石头，因为龙和石头才能住在一起，以保孩子的平安。若孩子是猴时生的，必须拜寄给树，因为猴子是住在树上的。行拜寄为保护孩子的平安，祭品须鸡一只、酒一碗或猪肉半斤。据初步统计，上述情况在计划公社的苗族中约有十分之一。

爱哭、多病的孩子须拜寄给人，谓之找"保爷"，拜寄给谁，须经鬼师占卜之后，测出要拜寄的对象之后才去行拜。行拜时须带去两卡禾、一只鸡。"保爷"回送的礼物有：一条凳子、一双筷子、一个碗和一件衣服。

（2）出嫁时的禁忌

姑娘出嫁若途中听到天上响雷，则认为是不吉利的象征。一般遇到这种情况，新娘子就此转回娘家。如果新娘子不忌雷声继续前进，但到了男方家仍然雷声不止，那么新娘子非转回娘家不可；否则受到非议，有的甚至为此而离婚的。

姑娘出嫁至途中遇到山雀拦路、抬死人等事，都认为是很不吉利的征兆，须及时转回娘家。

（3）男方去接亲的媒人或亲友都必须是家境较好、多子多孙的人，忌用寡妇接亲。

（4）难产死、火烧死、雷击死、上吊死、老虎咬死，总之属非正常死亡的人，都认为是"死不好"的人。遇到这种情况是无人帮忙的，必须丧主请人抬尸去埋。苗族群众认为：①若手接触过这些不好的人之后，去种庄稼，会使（庄稼）长得不好。②这些"死不好"的人满身是鬼，弄得不好会引鬼缠身或招火烧房子。③这些"死不好"的人或被认为是忤逆不孝之子或被认为是为人不正直等的因果报应，不能给予同情。

（5）播种禁忌

每年开春后，第一次听到雷声若是属牛的或属虎的天，那么这一春凡遇牛、虎之日不能播种。如违反禁忌去播种，就会遭到雷击，或种子长不出来。

计划公社的苗族群众至今还保有活路头先下种、先插秧、先割谷等较为原始的习俗。如谁违反了这种生产上的禁忌，就会遭到社会舆论的谴责，并承担全村的庄稼长势好、坏的责任。

活路头开始撒种时必须在天亮前行动，据说天亮以后去撒种容易被山雀知道，那么，播下的种子就会被山雀吃掉。

（6）种棉花时，切忌讲"种多了"，若被棉种听到这话，它就不生长了。

（7）在猎获野兽煮吃的时候，忌讲"吃饱了"，说吃饱了就会打不到野兽。当野兽被打死时，禁止说"打死"，应说"过去了"；看到打死或打伤的野兽流血时，禁止说"流血"，必须说成"冒水"，违反禁忌打不到野兽。

（8）人们上山干活或出门走亲，如遇到一种叫"闹锡"的山雀拦路就被认为是一种不祥之兆。但是，如果山雀站在路的右边便是吉利；若山雀站在路的左边，那么就意味所做的事情等于白费力。

（9）苗族群众砍柴堆时忌龙天和蛇天，因为龙天和蛇天都属水天，如果在这两天去砍柴堆，柴就不易燃烧。

（10）妇女纺纱织布时要选猴、狗、猪、龙天，忌虎、兔、马、羊、鸡、鼠等天，据说如果违反禁忌，牵纱容易断，织布也不顺利。

（11）走亲禁忌

走亲访友忌每月初八，不背小孩出门；大人则有所谓的"七不出门，八不归家"。违反禁忌会使人生病。女婿到岳父家（特别是喂有斗牛的岳父），不能把脚伸到火坑边，若把脚伸到火坑边就不礼貌，看到岳父家煮东西时切忌去揭锅盖。

（12）火灾禁忌

本寨正被火烧时忌到别的寨子去，亦忌别寨的人到本寨来，须请鬼师念咒进行所谓的"扫寨"以后，本寨的人才能到别的寨子去，别寨子的人也才能进到本寨来。他们认为，火鬼是可以跟着人走的。若不经鬼师念咒，火鬼就会跟本寨的人到别寨去，或火鬼跟着别寨的人到本寨来，就会造成不幸的灾难。

（13）过年时的禁忌

过年时（春节和苗年），从初一至初三不许小孩出门（指去远处），更不能背着婴儿远离家门。这里的群众认为，春节期间去架桥求子的比较多，深恐自己小孩的灵魂被别的人家接走，造成孩子的生病和死亡。

（14）吃牯脏禁忌

苗族群众认为，吃牯脏时有许多鬼来看热闹。因此，做事说话都要谨小慎微。在吃牯脏期间，不舂米，不挑柴，不挑水，一切活路停干。只许讲好听的话，不许讲不吉利的话，切忌发出各种怪声。不吃青菜，吃了发癫。吃菜要说成吃草，吃饭要说成喂牛草，不准讲吃饱饭或饿饭，想吃饭时须说："有草没有？要喂牛了。"不准讲死，如果死了人就说："他回老家去了。"或者说："他造铜鼓去了。"在此期间谁讲了坏话和不吉利的话，将会得到报应。

（15）捕鸟时忌说"吃饱了"等语，要改成"合了"，否则就捕不到鸟了。

（16）立新屋时要选择猪天、龙天、狗天，苗族群众认为这几天是吉日，其余的天均属不好的日子，因此不能起房盖屋。

（17）人们上山或走路时，若遇到红头蛇，苗族群众认为这种蛇是由鬼变成的，打了这种蛇，就会害病。

另有一种叫做龙蛇，粗如大腿，头长鸡冠。如遇到这种蛇，一不能打，二要立即念口语："你上天成雷，下河成龙，我当官发财，你活一千八百岁，我也活一千八百岁。"这样便可消灾免祸了。

若遇到两条蛇交配，则认为是不吉利的凶兆。当即捡起一块长形石块，并将其一端埋于土中，且要口念咒语道："你呀！你要留在这里，我走我的，你不能走，要好好地在这里守着。"这样便可平安无事。

[岑秀文：《榕江县计划公社苗族原始宗教调查报告》，《月亮山地区民族调查》，第266—268页，贵州省民族研究所，1983年6月]

5. 贵州榕江县两汪公社苗族的禁忌现象

（1）每年春天在别人都未听到杜鹃叫声时，如果有人在上厕所时听到杜鹃叫，则为不吉之兆，该人会得重病。

（2）母鸡学公鸡叫意味着家中有鬼，必须把那只母鸡杀掉放在锅底用盆盖着蒸熟吃，方可免灾。

（3）上坡干活或外出时听见"兜点地"（俗名骂人鹊，一种指头大的小鸟）叫声，则为不吉之兆，意味着家里会折财或有人生病。

（4）婚期之日，新娘子在来夫家途中碰见抬死人为凶兆，婚后不是夫死便是妻亡。

（5）媒人去说媒时在路上听见死人的消息，当天不能去说亲，否则会不吉利，必须改期再去。

（6）寨里的牛乱叫要失火。

（7）妇女梳头时应在屋里或屋外梳，不能头未梳好就往屋里走或往屋外走，这样老祖公会不高兴，要放老蛇来咬她。

（8）逢年过节在火塘边供祭老祖公时，不能让小孩或狗去吃供物，否则老祖公会放老蛇来咬人。

（9）过端午节每家必须杀一只母鸭祭老祖公，否则老祖公会生气，要放老蛇来咬人。

（10）妇女结婚之后在夫家时不能去草人坡唱歌，否则老祖公会放老蛇来咬她。

[王承权等：《榕江县两汪公社空烈大队苗族调查报告》，《月亮山地区民族调查》，第388页，贵州省民族研究所，1983年6月。调查时间：1983年4月]

6. 贵州榕江县加宜公社苗族的禁忌种类

（1）自家的公鸡站在门槛上对着屋里叫，意味着家中有"白口"鬼（苗语作"摆拉"，一种可使人头痛的鬼）。必须请鬼师前来退"白口"鬼，把那只鸡宰掉，并用长约一公尺的棍子一根将鸡头插于棍的一端，然后把棍子插于村外之路口上，这样便可退走"白口"。

（2）母鸡啼夜是最不吉利的兆头，意味着家里要死人。

（3）新婚之日，新娘前来男家的路途上如果看见了蛇或者是见到野鸡飞也为不吉之兆，婚后不是男死便是女亡。但是，由于男家已事先备好酒席，所以，婚事仍可照样在当日举行。但是，婚后男女两家要共同择一吉日，届时由男女两家各煮鸭子一只，携带糯米饭一筐，双方由自己家里出发相向而行，在半路上相遇，然后共同将食物分食。以为这样便可逢凶化吉，转危为安。

（4）家中生小孩或家禽家畜下崽，要在门楣上打草标作为禁忌的信物，或者用一根横木拦在门上做标志，外人不经许可不能随便进入，否则对小孩或禽畜不利。如果外人因有要事非进屋不可，则主人要在门槛内点燃稻草一小捆，让来人从火上跨过，这样便可祛邪消灾。

（5）母鸡啄食自己下的鸡蛋或母猪吃掉自己下的猪崽为凶兆，表明家里有恶鬼，可能死人。必须请鬼师前来作法退鬼，并把那只母鸡或母猪杀掉方可免灾。

（6）全寨的牛在圈栏里乱叫为凶兆，意味着寨里要死人。

（7）雷霹田、霹地、霹房子为不吉之兆，霹到谁家谁家就必须杀猪祭祀，才能免去灾害。

（8）修房造屋打地基时只能以低就高，即只能往低处累土往上填平，而绝不能铲平高处以就低处；否则会破坏龙脉，给全寨带来危害。

（9）自家种菜时，菜园地只能挖一锄深，不能往下深挖；否则会破坏本家的龙脉，给全家带来危害。

（10）村寨附近大树上盘绕藤子是本寨"龙脉"所在之处，不能随意砍掉；否则会破坏"龙脉"，给全寨带来危害。

（11）大树上长的树疙瘩是有"鬼"的一种表现，任何人都不能去碰，谁碰了"小山"鬼就会找上门去缠着谁。因此，必须请鬼师来杀鸭（或鸡、羊、狗、猪）一只，退"小山"鬼，这样才能免于灾害。

（12）听见老鸦叫为凶兆，意味着寨内要死人。

（13）无论任何人在任何时候、任何地方看见两条蛇在一起交配为凶兆，看见者会生大病，因此必须请鬼师前来杀鸭一只驱除邪气，这样方可免灾。

（14）每家的火塘上面不能烘烤衣服和鞋袜，否则祖宗会发怒。

[王承权等：《榕江县加宜公社苗族调查报告》，《月亮山地区民族调查》，第351—352页，贵州省民族研究所，1983年6月。调查时间：1983年3—4月]

7. 贵州贵定县仰望乡苗族的各种禁忌

（1）寨旁风景古树不得随意砍伐，任其老朽自然倒下；倒下后也不能劈做烧柴，只有八十岁以上的老人死了，方可砍去作为办丧事的烧柴。

（2）正月初一到十五，逢单不挑水、不扫地、不动锄头镰刀。

（3）初一至十五，不得在寨内晾晒粮食衣物等，洗脸水不得倒于屋外，认为这样做，当年打雷凶，会刮大风吹倒房星；不得挑肥放于田中，认为这样做，当年会天干无田水。

（4）每年除正月初二至正月末外，其他时间不得学做鬼师。

（5）小孩生病用鬼后，三天内不得将家中任何东西拿出门外借与他人。

(6) 建房时，不得从梁上掉下任何木工工具；起房子，忌"鲁班跌扑"日，认为犯了木匠会死；忌"倒家煞"日，认为犯了主人家不安，房子将来自己会倒去；忌"斧头煞"日，认为犯了木匠会砍伤手、锯伤脚，桌子会倒来压着木匠。

(7) 坐月婆被认为是不洁的，不得擅进他姓之屋，不得与他姓之人讲话。如违犯就会致他姓之人生病（但他姓之人可以去坐月婆家）。坐月婆不得上楼，家中任何事均不可做，任何东西均不可触摸。

(8) 忌家中牛、猪、羊、狗、鸡等吃坐月婆掉在地上或草上的乳汁，如果吃了，则须将它们卖掉（猪、牛等）或打死（鸡、狗等打死，丢到烂泥塘中去），然后搞禳解仪式。用一牛头、两升米、香及钱纸若干、一"启"、一"格楼"、一张方桌，到放牛不到的高坡之上去举行禳解仪式。去五或七人，鬼师作法之后，将牛头煮而食之。剩余尽倾于山坡之上，不得带回寨中。因此，坐月婆须格外小心，给孩子喂奶时，如不慎掉于地上应当立即用脚擦掉。认为违犯了这一禁忌，就会得罪雷公，很可能被雷打死（一九七一年和一九八二年均有妇女遇雷击而死，人们认为就是因为犯过上述这样的大禁忌）。

(9) 坐月婆不得坐于门槛上，成人不得坐门槛（小孩子无忌）；古历六至七月米包苔时，任何人均不得坐门槛，认为坐了后米线不出。

(10) 忌挑空桶、空筐进屋（可双手拎进）；不论男、女出去做活路，回来时忌肩扛锄、耙等农具进屋（可拎进去）。

(11) 家中有人亡故，如测日子不好，不得办丧、哭丧（先装棺抬到山上存放着，待以后另测日子办丧开路）。

(12) 此房族的鬼师忌为彼房族的亡人办丧，反之亦然。办丧事时，孝子不吃牛、猪、鸡等家畜家禽肉，不吃油，只能吃豆腐、蔬菜等。如吃肉，则认为是吃死去的亡人的肉；不得喝酒。房族内其他人均无忌。即使吃豆腐、蔬菜等，孝子也要避开到一边去吃。

(13) 凡上吊死、雷击死、落岩死、蛇咬死、虎咬死、落水死等非正常死亡者，忌埋尸，须火化之后方可埋掉。

(14) 母鸡学公鸡鸣叫必杀之。将鸡脖子置于门槛上用刀剁下，然后用木棍将鸡头、一翅、一脚穿上插到三岔路口。马上听到叫马上杀，如过后杀，则须请鬼师禳解。剩下的鸡肉煮食之。母鸡打鸣，认为是变成了鬼。

母鸡下蛋后或孵小鸡时将蛋吃掉，必将母鸡杀掉。

(15) 忌脚。如"迷拉婆"讲要忌脚时，便不得出门。

(16) 叫魂后忌借家中任何东西出门，忌三天。

(17) 牛下崽，三天内忌孕妇进屋，认为进了母牛无奶水。

(18) 不可在灶内烧鸡毛、猪毛、人头发；在锅中洗筷子，不可握成一把在锅底蹭齐；燃香烧纸之后方可拆除旧灶或点燃新灶；牛、猪等家畜骨头不得丢于灶中去烧；人不可站于灶台之上；烧火时，不可坐着正对灶门，应偏一些；不可反背烤火；不得在灶边吵架；煮饭、洗锅时，不得在灶边乱讲话。人们认为灶神五六天便上天到玉皇大帝处去汇报主人家的情况，所以在灶边必须谨慎从事。

（19）坐月婆不得擅入他姓之家。如进了，必须"扫屋"禳解。禳解的方式为：鬼师头戴筲箕，手拿碎瓦片。鬼师走在前面，一人牵狗、另一人抬一张水耙紧跟于后。每个房间都要走到。鬼师边走边念咒语，边将手中碎瓦片扔于每间房中。搞完之后将碎瓦片扫出倒掉，狗敲死在屋中煮而食之。

（20）坐月婆生小孩三天后方可去洗衣服，否则认为会无奶水。如犯了忌，由鬼师用一碗茶、一碗米、一只小鸡、三张钱纸、三炷香在床头禳解之。

（21）任何人不得替坐月婆去洗小孩的尿布，替坐月婆倒屎、倒尿。这些事必须由坐月婆自己干。忌乱倒坐月婆的屎尿，必须倒到河里去。

（22）产妇吃完的蛋壳，忌乱丢，认为乱丢了，小孩会生"干疙瘩"（一种皮肤病），只能倒在河中。

（23）接背牌（此地风俗，结婚那天只接新妇的背牌，她本人是不到男方家去的）时忌打雷；忌撞着孕妇。认为撞着孕妇是撞着"四眼鬼"。如撞着孕妇，必须马上找一只小鸡来杀在沟边禳解，否则今后夫妻不和。

（24）懂草药的人，忌传与外人，认为传了，药便不灵了。

（25）吃完的药渣，忌乱倒，必须倒在干净的地方。

（26）忌与被认为会放蛊的人在一起坐、行、食。忌与其家开亲。

（27）无意中撞到穿山甲、野鸡，认为不吉利；路上见两蛇交配，凶兆。

（28）忌牛发笑、磕头、摆头，认为这是牛作怪，必拉去场坝卖掉；否则家中病人、死人。

（29）未换过牙的小孩和妇女不可吃用鬼的肉食。

（30）未到开路年龄死亡的小孩不得为其开路。

（31）忌在认为龙脉经过的地方挖土、取石，认为会搞坏龙脉。

（32）母猪下小猪崽后吃掉小猪崽，认为作怪，必拉去场坝卖掉。

（33）金家忌种瓜。据说金家的祖宗曾种过瓜，有一年瓜藤爬上房去，结了几只很大的瓜在房顶上。一天，有一个瓜忽然从房上滚下来，将在院中玩耍的一个小孩砸死了。此后，金家就不再种瓜了（一九五八年后又开始种瓜了）。

（34）陈家忌种麻。传说陈家的祖宗是种麻的，有一天，其家三个媳妇在楼上搓麻线时，有一团麻线掉到楼下牛圈里被一条水牯牛吃下肚去。陈家公公后来检查时，发现少了一团麻线，便认为是三个媳妇偷去了。后查明为水牯牛所食。从此以后，陈家就不种麻了（现已种）。

（35）中寨忌撒春菜秧。过去中寨是不撒春菜秧的。传说中寨陈家的祖宗有两个老婆，有一年春天撒菜秧时，一个撒了，一个没撒，后为吃菜经常发生矛盾。于是中寨再也不撒春菜秧了（现已撒）。

（36）山上打来的猎物，忌炒吃，只能煮来吃。煮时不可盖锅盖，否则认为以后打不到野物或打得很少。

（37）忌妇女上供，亦不得触摸上供之物。

（38）孕妇不得参加中堂婚礼（但可入席吃酒）；未婚怀孕妇女，不得参加他人婚礼，不得入席喝酒。如违禁，则须"挂红"，即买红绸一丈二尺挂于主人家大门上，另燃放鞭炮一挂。

（39）狗肉不可上供，认为是不干净的；亦不得以山上打来的野物上供，认为是"坐肉"。

（40）不得在家中唱情歌，只能在挑花场（正月姑娘齐集于此挑花）和田野里唱。

（41）吹芦笙，吹出不吹进，即只能边吹边向寨外走，不得边吹边向寨内走；只能一对芦笙吹，忌两对以上同时吹；因为只有死人办丧时才吹两对以上的芦笙。

（42）平时忌敲木鼓，只有死人办丧时才能敲；"腊八"至正月来可敲铜鼓，其他时间忌敲。

（43）雷击断的大树不能拿来打家具、造屋。但可用来做仓板，据说做仓板老鼠不敢入内。

（44）办丧切菜、肉的砧板忌用厨房中的砧板，须按格式另做一块，并且在上面只能切不能砍；只能往前推，不能朝后拉。

（45）从父或母亡以后守孝的，忌洗头、剃头、洗澡、换衣、洗衣、进异姓之家；忌与妻子同床。

〔赵崇南：《贵定县仰望乡苗族原始宗教调查》，《贵州民族调查》（之二），第 301—304 页，贵州省民族研究所，1984 年 10 月。调查时间：1984 年 3—4 月〕

8. 贵州贵定县定东公社苗族的禁忌

（1）除夕吃年饭时，不许喝汤。喝了汤，换工干活时就会下雨。年饭也不许吃太快。晚上统一洗脚，但不能洗过膝盖。新年（初一）不能翻箱倒柜，全家新年穿的新衣服在年前就拿出来。新年（初一）若是龙日或狗日即是好日子，当天可以煮饭，若不是这两天，初一的饭菜必须在年卅夜那晚弄好。

（2）初一，男的不许睡懒觉，睡了田坎垮。男的起床后，把饭菜弄好，热好洗脸水，叫妇女起来洗脸吃饭，妇女终年搞家务、忙锅灶，这一天该是她们休息的日子。当天不洗衣，不挑水，不动土，也不扫地，扫了，要刮大风。

（3）正月十五以后才能推磨。推了，雨被推到别的地方，下不到本地来。

（4）初七不走亲戚，初八不归家，即七不出门，八不归家。

（5）包谷下种，不能吹芦笙，七月谷子扬花才可以吹，而且必须吹，主要是吹（催）谷子快成熟。

（6）蛇日的那天不下种，否则像蛇盘旋着那样，芽长不起来。

（7）打新雷，不动土，不做针线活，不进菜园，不扫地，不倒洗脚水，也不下生米。不忌讳，当年庄稼长得黄黄的，没有收成。

（8）农历四月八是牛生日，不准牛耕地，让它过自己的节。

（9）第一次吃新米饭，先让狗和鸡吃，因为米是它们带来的。马、鸡、猪三日忌吃新米饭。如不忌，就像马那样随时都吃；像鸡那样到处乱翻；像猪那样懒又吃得多。

（10）吃饭不能敲碗、桌子。盛饭多了，不能用嘴去吃，不然，会把米魂吓跑。

（11）水牛不能进家，黄牛进家添富添贵。

（12）青年人不能种棕，不然以后像棕那样会被一层层的剥，子孙穷。

（13）讨脚猪，工价多不要，少不要，只要一元二角、十二个鸡蛋，表示一年四季十二个月都有猪崽。

（14）祭祖、开路不能用汉语，只能用苗语。

（15）打土墙、立房子不许小孩笑，不然墙倒屋垮。不弄饭团给孩子吃，否则木匠的斧子会打在自己的手脚上。

（16）大洞、麻窝寨王姓，大坪子、大新寨何姓不能种麻（请人种可以）。大洞兰家不种瓜、四季豆、八月豆。大岩寨颜家不用麻箍，只能用手做。也不能睡木匠做的床，只能睡木马床。大岩寨罗家不能用牛粪放麻，否则会出怪事。传说从前有七个儿子都娶媳妇，七个媳妇争牛粪放自己的麻园地，多少不均，造成矛盾，老人就说以后再也不许用牛粪放麻。哪个不信就要被蛇咬、老虎吃。大新寨、大坪子何家，竹林沟兰家，东山袁家，野六田、大新寨罗家过年不打粑粑。其原因，传说过去媳妇心不好，不孝敬老人，把包谷粑送给公婆吃，自己和孩子吃大米粑。老人知道很生气，教训媳妇说，以后不许打粑粑，哪个打，老虎咬他，不咬也要出怪事，从此以后就不打了。

（17）大新寨罗、杨二氏不吃狗肉，何姓不摸秧鸡。

（18）老人死孝子四十九天不理发，孝帕不离头。三年内孝子服重不入席。三年内孝帕不烂的要在老人去世三周年那天晚上烧，烧前必须烧香纸供饭。

（19）公公不能与儿媳对面坐。伯伯（丈夫的哥哥）不能与弟媳对面坐。伯伯不能睡弟媳的床，弟弟却可以睡嫂嫂的床。

（20）喝酒时忌换酒碗。否则就是打亲家，儿女要成亲。

（21）接亲忌打雷下雨，不然，今后新人有孩子会长不好，因此结婚往往安排在农历九月至次年二月。路上忌遇别人家结婚的新娘，认为别人已把自己的路踩了，来日不顺利。因此，往往结婚那段时间四处打听附近有无同路的结婚人家。如遇上或绕道走，或互换手巾。

（22）大岩寨王、罗、颜三氏不与东山兰家开亲，虎转田颜家不与杨家开亲。

（23）大小岩寨接亲不能经过菜苗（地名）。东山苗族讨八字接亲不能经过小岩寨附近的歇气塘。今年（一九八四年）正月初六（二月七日）东山颜家去德新公社讨八字，只得绕道走。

（24）姑娘出嫁时，其母或嫂有孕，孕妇要回避。嫂嫂有孕，哥哥不能扶妹妹出门。所有娘家嫁妆必须用秤称过，意思是称了表示用钱买来的，不会出现不吉利的事。新人到家，孕妇不能进洞房，因为她是"四眼人"，带有煞气，新人会犯"四眼煞"，不生育。双河大队支部书记何德玉的嫂子结婚时，其大姐身怀有孕。在新人出门时大姐为她整理了一下衣服。新人到男家，事也凑巧，何的一位姨表姐也是孕妇进了新房。后来何的大嫂四五年不怀孕，请鬼师解"四眼煞"、"天狗吃煞"、"断桥煞"都无济于事。家里人都埋怨那两个孕妇。一九六三年何的嫂子去贵定县医院检查，诊断出是女方没有生育能力。这种埋怨心理从此才消除，人们再也不信那一套了。

[杨昌文：《贵定县定东公社苗族社会调查》，《贵州民族调查》（之二），第343—345页，贵州省民族研究所，1984年10月]

9. 贵州罗甸县苗族的禁忌

产妇的禁忌：

（1）产妇不能进别人家洞房，也不能随意摸主人的东西。

（2）不能将包片晒在房前或当眼的地方，只能晒在屋后不显眼的角落里。

（3）不能去外串门，否则，别人要让扫家。

（4）不能去井边洗衣、洗脚，不然龙王要会跑掉，水井枯竭。在家洗的污水不能随便泼，以免牛马吃上，产妇、婴儿遭雨打。

（5）三十天内，男方不能入内房，更不能同宿。

（6）产妇坐的凳子，其他人不能坐，不然会生病。

（7）男客坐楼下，不许产妇上楼；不能回娘家生小孩。

其他禁忌：

（1）林、梁等姓不吃动物心脏；部分黄、罗二姓不吃狗肉；丧事期间，孝男孝女忌荤吃素。孙辈和客人可以不忌；砍的牛马，丧家也不能吃，有的地方丧家还需购置一套炊具给出嫁的女儿用。

（2）拉来寨林家祭祖的祭品非放姜不可；韦家祭祖的祭品非鱼不可，如无鱼，堆在供桌上的粑粑会倒。

（3）程家三十夜打粑粑是用来祭祖的，披着蓑衣打，而且打三槌，要往门外张望几眼后再回来继续打。据说，从前祖先很穷，打糯米粑的糯米是偷来的，打时怕人发现，因此出来看有无外人。这个习惯一直沿袭至今。

（4）打新雷，第一、二次忌三天，第三次忌一天，忌时，不下地干农活。

（5）正月初一至十五不许带新的、绿色的木叶、菜之类进屋。如带进家，必须有东西盖；这段时间，洗好的衣物要拿到离家稍远的地方去晒，以防暴风，以防蛇虫进家。

（6）新的一年，第一次下种，修家畜栏，出门走客做生意都要择日子，有"七不出门，八不归家"的忌讳。

（7）新媳妇进门，男方父母回避不能见，意思是媳妇是来管家的，我们（父母）

在，媳妇不好管。也有另一种解释，怕见以后常吵架。

（8）新媳妇进门，必须跨过门内摆有点着灯的筛子，以隔四眼人。

（9）立新房，不能说"人多人少"之类的话。

（10）男客在楼下，绝不准已婚妇女上楼，避免踏在客人头上。不得过客人面前。

（11）吃饭时，菜锅的两耳必须顺梁安放。若放歪，表示丧事来临，不吉利。相反，丧事期间，锅耳不能顺梁安放。

（12）姑娘出嫁不许哭，怕眼泪落在家中，家要穷。

[杨昌文：《罗甸县苗族习俗调查》，《贵州民族调查》（之三），第268—275页，贵州省民族研究所，1985年10月]

10. 贵州凯里市舟溪乡苗族的农事禁忌

开始每一年的生产劳动，不是随便可以进行的，须经一定的仪式。在很久以前，当地的苗王就定下一个规矩：每年开挖第一锄的权力由木老人的罗来俊老人执掌，如果罗来俊不宣布挖了第一锄之前，谁敢开锄，将受到舆论的谴责。开锄的日子定在正月的第一个牛日，牛日凌晨一点到天亮前这段时间（不能到天亮以后，否则认为是对祖宗不敬），选择一个吉时，带上预先备好的七根芭茅草、锄头，走到外边地里（当然还要带上钱纸和香），烧过钱纸和焚过香后，在地里挖七锄，在每一锄挖成的土坑里插上一根芭茅草。然后回到屋内，将锄头倚在门外，在屋内桌上摆出七只碗，装上白开水，意思是七位祖先劳动回来了。先喝开水，敬过开水后，淘米做饭，炒菜，饭菜好后，给七位祖宗敬酒、上肉、敬饭。敬饭也有要求：酒要斟三次，饭要添三回，肉除牛肉外，什么肉都可以，之所以禁止供牛肉，因为牛是耕田的，祖宗见了会不高兴。供祭完后，开锄仪式结束，此后大家便可以开始耕种。

在生产上还有一些禁忌。在阴历二月十五以前，如果遇到打雷、闪电，要停止生产性劳动三天，不能耕田、挖土、锄草，也不能挑粪等，只可以从事生活性劳动，如挑水、砍柴等。按当地说法，如果不停止生产将要影响收成，对庄稼生长不利。过了二月十五，就可以不管打雷、闪电了。

这里苗族规定：吹芦笙从秋天庄稼收割完开始，可以吹到第二年阴历正月底，过时不准再吹。当地苗族认为，过了时间还吹，就会惹怒鬼神，从而影响收成。因而习惯上对过时还吹芦笙的人要予以惩罚，轻的被老人责骂，重的还要收芦笙砸坏，这段时间没有人敢再吹芦笙。

[程昭星：《凯里市舟溪乡苗族社会调查》，《贵州民族调查》（之四），第583—584页，贵州省民族研究学会、贵州省民族研究所编，1986年8月]

11. 贵州从江县加勉乡苗族的婚姻禁忌

(1) 迎亲时路途中的禁忌

当迎亲时，如新娘在途中遇到野鸡、老蛇路过面前，或听到鸣"死人炮"及听说某寨有人去世，天空雷响，断酒坛索、箩索，或断裙带和系银器的纽带，或失足摔跤等任何一项，均认为有鬼神拦路，是不吉利的预兆。遇到上述情况时，虽然照例前往新郎家成亲，但事后必须离婚，不然婚后有病、死、苦或不生育等事。

(2) 容貌的禁忌

丑陋的容貌为人们所厌恶，这是自然的现象。但这里的苗族人民，对于一些容貌不太好看的妇女，却有一种纯迷信的解释。如女的生了一副龅牙，或牙不关风，或一张大嘴，或眼皮两颧生有黑痣，均认为是克夫、刑子、败坏家产的恶貌，亦为人们所厌弃。

以上禁忌，都给男女青年在婚姻问题上扣上了枷锁。特别是"破蛋"、"杀鸡看眼"、"途中禁忌"更为突出。不少的青年男女为此而中断婚姻，苦恼一世。

如加勉寨韦老腿和潘仰两人情投意合，一心白头偕老，结成夫妻，但因连续"破蛋"三次不吉，结果只有各自另寻对象。

又如党翁寨龙老秀娶老利（女）时，走在路途中，忽遇死人抬过，结果行了婚礼之后，双方甘愿离异。

再如潘务嘴（女）由于她的嘴生得特别大，出嫁不到几年，恰好丈夫病故。后又改嫁给加勉寨韦该生，韦也极穷，因此人们认为"女人嘴大，不好看，又不好做婆娘"。

[贵州省编辑组：《苗族社会历史调查资料》（二），第72—73页，贵州民族出版社1987年版。调查时间：1957年4—8月]

12. 贵州凯里市舟溪苗族的婚事禁忌

对寡妇认为是不吉利的人，不能到新房去，更不能触及新娘。孕妇被认为是"四眼人"，她进入新房或触及新娘，以后夫妇就不和睦。结婚时中途如遇送丧或埋人，那是很不"吉利"的，要设法避开。如果在中途遇上另一位也是在结婚的行进中，两位新娘彼此要互换一件衣服。因此常在婚期要到来之前，总要探听附近有无同日结婚的、路过什么地方，而设法挪动时间，以免相遇。此外，一些不吉利的如"死"等的话都是被禁的。

再婚也有一系列的禁忌。未婚或已婚的青年男女都不许参加再婚者的婚礼，据说谁要是参加了，以后他（她）也要碰到同样的遭遇。后妻只能从侧门进家。进家时前妻的儿子要在家里坐着，以后才能"压住"继母而不受虐待。卧室如果仍是前妻住过的，就要把床位和杂物移动，甚至另开房门，以迷惑前妻的魂魄，使她认不清故居，免得时常作祟。

此外，不论初婚或再婚以及有关的说亲、订婚和新娘"煮饭"等的日子，都忌用寅日和申日，认为虎（寅）、猴（申）都是狠的动物，属相这两天的日子都是凶日，所以忌用。

[贵州省编辑组：《苗族社会历史调查资料》（二），第272—273页，贵州民族出版社1987年版。调查时间：1958年11月]

13. 贵州清水江流域苗族续弦时的禁忌

续弦虽然是一件喜事，但与不幸的前妻的死亡是联系着的。在文化比较落后的社会上，人生的不测灾祸往往陪伴着许多迷信。因此，在续弦的婚仪上至今还保留有不少禁忌，一般苗族人民对它们还是深信不移的。比如后妻引来家时，须从后门或小门进屋。在台江巫脚乡一带的房屋如没有后门，则须打开一堵墙壁作为侧门，让她由此进屋。据说这是为了避免重复前妻由大门进屋而遭受的厄运，而且由后门或侧门进可以从后面或侧面撵走前妻的魂魄。如果从大门进去，鬼就无路可走，以后要作怪对新妇不利。在炉山的舟溪一带，如果前妻因难产或其他暴病死的，那床铺和房内的什物须另行布置，内房的门也另开，目的在迷惑前妻的鬼，使她认不清故居，免得时常来作祟。

一个寡妇一般人都目为不吉；一个男子如果续弦娶了一个寡妇，也目为身沾不吉。别人家里如有重大喜事，就不敢请他担任重要职务，比如盖房的抬梁，吃"牯脏"时担任"牯脏头"都就轮不到他了。

[贵州省编辑组：《苗族社会历史调查》（三），第158—159页，贵州民族出版社1987年版。调查时间：1956年冬]

14. 贵州台江县反排乡苗族的死亡禁忌

（1）为死者裁衣、制棺、宰杀牲畜等项活动，均由年长者担任或起个头，其他人才能动手。一般青年都忌参加丧事，认为这是不吉利的事。

（2）死者穿衣忌用双数。认为用双还要死人，与死者成双。

（3）忌铜质和刷有桐油的物品殉葬。认为这些东西腥气太大，将会把地神龙脉熏走，使死者坐卧不安，遗属也随着不安宁。死者穿着，忌用棉衣和帽子。穿棉戴帽，他的子孙耳朵要聋。丝、毛织品也不能给死者穿，其意不明。

（4）死者睡过的稻草和垫尸草，下葬后要烧掉。烧时，一定要选择一个比较偏僻的地方。如果有人踩着这草灰，脚板底就会开裂。烧草的人必须是：夫死妻烧，妻死夫烧。如果死者已无妻或无夫，则由儿媳去做，无儿媳的才由孝子烧。如果由已嫁的孝女烧，须给她一尺布，表示致谢。

（5）背"嘎差"者，在送葬过程中往返都不能回头看，同时必须绕道回家。认为回头看死者就以为对他过分留念，而将背"嘎差"者（孝子）"带走"。

（6）杀给死者的牛，忌用眼角下有毛旋和角的年轮纹呈现弧形的。认为用这样的牛将会继续死人。

（7）埋葬后，丧家在十三天内不能花钱。如花了钱，则认为是"破财"。

（8）有与死者同属一年月日生的，忌与死者见面。认为见了面，自己也要死。

（9）死在外面者，其尸体不能抬进家。认为让它进了家，今后还将会出现类似情况。

（10）十七八岁的男青年死亡，要葬在望不见寨子的地方。如果他能望到寨子，晚上青年人打"阿唬"、吹口哨进行"游方"活动时，容易唤起他前来"参加"，使人们遭到病痛。也有的说，他会变成"变婆"鬼进到寨子和大家"游方"。

（11）停丧期间，房族内忌吹芦笙、唱歌、舂米。即使无米下锅也只能借吃，否则就会被认为是不严肃之举动。

[贵州省编辑组：《苗族社会历史调查资料》（一），第188—189页，贵州民族出版社1986年版。调查时间：1965年4—7月]

15. 贵州台江县巫脚交苗族的饮食禁忌

（1）婚姻上的饮食禁忌

结婚时，女家送男家猪一只，糯米饭一箩，鲤鱼五至九尾；没有猪便以三至五只的鸡或鸭代替，不送酒。所有这些食物，女方的送亲人不能吃。新媳妇住了十三天转回娘家，男家送女家猪肉七八斤，九升至一斗二升糯米做的粑粑，鱼五六尾，酒五至十斤。这些食物，男方陪送去的人不能吃。同样，新娘在娘家住了十三天后回男家，大家送给男家的食物，陪送新媳妇的客人也不能吃。

据说人类的祖先"固央"，因发生洪水后找不到人开亲，后来就与他妹妹结婚。因此，兄妹二人议定，男方送给女方的食物男方不能吃，女方送给男方的食物女方也不能吃；吃了的话不是不生育子女就会生疗疯或马疗疯。所以从古传到现在，大家都遵守这个习惯。

（2）吃鼓藏饮食禁忌

吃鼓藏时，杀鼓藏牛或鼓藏猪的人家要送牛肉或猪肉给来参加的客人；如果较近的亲戚没来参加，就将肉送到他家。这时主人就不能以这些食物招待送肉来的客人。因按习惯，做鼓藏送肉的人不能吃自己送给客人的食物。

（3）丧事饮食禁忌

老人死了下葬时，子女要给他送"粮"。这粮是由子女把糯谷放入碓内舂，每人踩了一脚后，就各人抓一把放入一个布口袋里，用甑子蒸熟，到出丧时，由子女用砍牛刀挑到坟地去同葬，作为送给死者的粮食。没有抓完剩下的谷子，在舂成白米后做成饭，这叫做发财饭。这种饭只有死者的儿女能吃,外人不能吃。

(4) 病人饮食禁忌

病人的食物禁忌,如公鸡肉、母猪肉、野菜、南瓜、黄瓜、辣椒病人不吃,出天花的不吃盐等。

(5) 产妇饮食禁忌

产妇饮食禁忌与病人基本相同,唯不忌黄瓜和南瓜。

(6) 未婚青年男女的饮食禁忌

姑娘不吃母猪肠和鸡肠。据说,吃了母猪肠将来不能生育子女;吃了鸡肠就织不好花带,会把花带织得弯弯扭扭,像鸡肠一样。青年男子不吃公鸡的睾丸。

(7) 其他禁忌

姑娘们招待游方客吃饭时,忌煮蛋、韭菜和酸汤菜,据说煮这些食物待客,以后就不能合成一家。另外,煮辣椒时要用手指头慢慢地撕破,不能用辣钵舂。据说吃了舂的辣椒以后,结成夫妻的感情就不好。

扫寨时,杀猪和吃饭均在寨子外面,不许在家里煮吃。吃完后还要将锅、碗洗涤干净才能搬回家去。

[贵州省编辑组:《苗族社会历史调查资料》(一),第349—350页,贵州民族出版社1986年版。调查时间:1956年]

16. 贵州紫云县打郎乡苗族的禁忌

结婚、立房子,不准有人哭。砌石头、挖坡,在那个范围内不能吹口哨,否则石头会掉下来砸人。赶场天妇女不准上楼,包括自己家的妇女。借人水桶用后归还时,必须肩挑一只,手提一只,不能两只挑着,否则不吉利。归还向他人借的甑子时,必须横着拿,不能将其口部朝天,否则煮不熟饭。推豆腐时不准其他外人染指,万一在做的过程中知道有人来了,就要拿几个辣椒放在豆腐里,或者拿几叶芭茅草在锅上绕几下,否则豆腐做不成。烤酒时,不许其他任何人插手,万一知道有人来了,就得拿一把刀插在汽缸上,否则酒做不出来。打猎得先测好日子,烧纸、香敬山神;猎物按人平分,人不去而他家养的狗跟着去了的,那狗也有一份;打猎者得猎物的头。打鱼是到几十里以外的地方去打,如一年之内已得几条,有一二十斤了的话,当年就不能再打了,否则会伤人。准备结婚和结婚不翻年的妇女不能去参加别人家的喜、丧事。大年初一早上起至初五,不能砍柴、要柴,不能洗衣。大年三十夜不能择菜。从大年初一起十三天内不能用磨、碓,否则要起大风吹倒房子。起房子时,房屋大门不能对着山洞,否则那家人好牲畜就不好,牲畜好人就不好。每年在自己老人去世的那天和埋葬的那天纪念日不能播种。遇到和自己生年属相相同的那个日子也不能播种,所以有的人忌鼠天,有的忌牛天……。给人斟酒不能反手斟,不能用手盖在酒碗上遮挡,因为只有死人时才这样做。吃饭时若要去找人、办事等,不能站在门口张望不前,要一直走进去。不能用亮米石

（一种石英石，当地有很多这种石头）砌坟墓，否则后代会出现白化症。

〔李子和等：《紫云县打郎乡苗族社会调查》，《贵州民族调查》（之三），第 143 页，贵州省民族研究所，1985 年 10 月。调查时间：1985 年 5 月〕

17. 贵州龙里县中排乡和民主乡苗族的禁忌

（1）正月初一不扫地，女的不做锅灶（不煮饭菜），冯氏的男孩不去别家做客；正月间不在院坝晒衣服；上排、唐堡两地间的苗族村子，正月不吹把郎调；正月除芦笙外，忌吹箫、笛子、木叶、手技（吹手指头）。

（2）跳月期间，场主寨上人先跳，否则认为人死，要七仓牛干粑、七仓蚂蚱来解才避免灾祸降临。

（3）在牛打场，一头牛的角或腿被打断，要杀此牛扫场，否则不吉利，牛打场也只好放弃，另择新场。

（4）四月八下雨，当年会出现旱情。

（5）狗、龙两日日子最好，红、白喜事、立房等都用这两个日子，就连关牛（到了一定时期，牛关在圈中，割草喂）也是选择这两个日子，其他日子多不用。

（6）唐氏及部分王氏鬼师不能吃狗肉。学鬼师的法事只能在正月，其余时期禁止学做。

（7）一年中打新雷，头三次各忌三天，不扫地。

（8）栽秧结束，以寨为单位，从前敲牛，现在杀猪祭祀，叫打保寨，汉语叫秧苗会。以保无灾情，风调雨顺，稻谷丰收。

（9）疾病流行，以前全寨杀牛祭寨主，以求消灾灭疾；麻疹流行，从前用猪头、雄鸡解，不干活。

（10）鸡不能在下午、晚上叫，不能上楼下蛋；狗不能爬灶，在屋内到处闻。

（11）丧事，孝子十三天，有的一个月不到别家，不准人影到屋，过路离屋子要远一些。从前换工，只能在屋外吃饭（不能进家），不踩死蚂蚁，不同房。

（12）从前不兴设神龛、写香火，不烧香纸；丧事、吃把郎时期，鬼师、鼓匠、芦笙匠都在火坑边操办。

〔杨昌文：《龙里县中排乡和民主乡苗族考察记略》，《贵州民族调查》（之四），贵州省民族研究学会、贵州省民族研究所编，1986 年 8 月〕

18. 贵州榕江县水尾乡苗族的禁忌

（1）忌看死人。人们上山干活或外出时若看见死人或抬死人时，则认为是很不吉利。他们的处理办法是，速拔草数根并及时地念口语道："扯根茅草白猛猛，左手拿来右手冲,插在沙滩龙不上,插在路上鬼不闻,插在人身分百鬼,百鬼不敢进郎身。"念毕,张开手掌,五指并拢,后依五个指头的长短断草五根,用口在草上呵气三下后将其掷于地上,然后又将掷的草折起来藏于自己的衣袋里。认为这样做就可达到消灾免祸的目的。

(2) 这里的苗族一般都忌食蛇肉和猫肉。时姓家族忌食乌鸦肉和不伤乌鸦。传说在远古之初,苗族的祖先们没有吃的,后来是乌鸦背饭来送给他们的祖先吃,故有永世之恩。

龙姓家族忌食喜鹊肉,不伤害喜鹊。他们说,在很古老的时候,是喜鹊把他们的祖宗养大的,若吃了喜鹊肉或伤害了喜鹊,就对不起自己的祖宗,是大逆不道。

苗族中的麻姓家族忌食狗肉。据说在古代的时候他们的祖宗年幼无奶吃,是狗用奶把他养大的,倘若吃了狗肉就等于吃了祖宗的肉,故其子子孙孙有不吃狗肉之禁忌。

滚塘苗族的这些禁忌,与他们先祖的图腾崇拜有关,或者说是他们先祖图腾崇拜的一种遗风。当然这还有待进一步考察。

(3) 忌产妇串门。人们认为产妇是很不干净的人,严禁其串村走寨和串门子,若谁家违反这个禁忌,则依习惯法罚产妇出鸡一只、米酒两斤、大米十二筒、人民币一元二角,以供寨上众人会餐。

(4) 不婚怀孕的妇女受到人们的歧视,不准在村内生产,违者罚鸡一只、米酒两斤、大米十二筒、人民币一元二角,以供众人会餐。

[岑秀文:《榕江县水尾水族乡苗族社会调查》,《民族志资料汇编·第二集·苗族》,第 89—90 页,贵州省志民族志编委会,1986 年 10 月]

19. 贵州施秉县廖洞苗族鼓社节期间的一些禁忌

①"闹强"节期间,无论亲友或陌生客人,进寨后,节日未结束前,一律不准出寨。为了使大家不至于无意触犯这条规矩,节日期间,专门设有一名"传士",每天早晚各敲锣沿寨通知一次,告诉大家,这次的鼓社节过几天。另外还在寨外路头与路尾,派专人把守。擅自离寨者,捉回来后要罚款。

②参与鼓社节活动者,无论主客都不能乱说话。如系外来客人,主人家必将再三嘱咐,吃喝随便,但不得信口而言。就当地来讲,所说的话也与平时不一样,亦即要用夸张一些或者优美一些的语言来代替平时的习惯说法。如平时说吃饱了,苗语叫"秀呢",节日期间则必须说"的央",即"吃肥了";平时吃肉为"记额",节日吃肉则须说"记相类",即"吃象肉"等等。总之,不懂不说无事,说错了也要被罚款。

③"闹强"节期间,男女青年在寨内的游方场地,皆以姓或房族划有专门地点。如走错场地而又一再不听劝告者,即视为"巴强"(苗语,直译为坏了规矩),轻则被罚一牛一猪,当众认错;重则为"却格强",意即必须赔偿这次过节期间所耗全部费用(这

种事绝少发生）。

④"闹强"期间，"格略"（鼓社头）的开支很大，因此，大家必须凑钱给他家买一头菜牛，用以接待那些来赶节又无亲友可投的人。有时，被推举为鼓社头的人家里很穷，虽然威望高，但无力买鼓社牛，那么，大家还要凑钱给他家买一头像样的牛。

⑤凡杀牛祭祖的人家都要准备一根高过屋檐的"豆妥"（苗语，竹子），连根挖回，梢部留几小丫，余皆剔去，在中间刮出一段来涂以黑色，插在大门外，以做标记。

⑥外人前来赶节，不需要准备礼物。进寨后找到鼓社头家，将所戴的斗笠或雨伞往鼓社头家门外一放，主人即予接待。因不相识，鼓社头家管伙食的即点数斗笠、雨伞，准备酒饭。因此，解放前凡遇某寨"闹强"，那些无家可归或靠乞讨为生者便蜂拥而至，前往赶节。

[成文魁：《施秉六合乡苗族节日》，《民族志资料汇编·第二集》，第336—337页，贵州省志民族志编委会，1986年10月]

20. 贵州台江县五河苗族鼓社祭的禁忌

①语言禁忌：某些语词不许跟平时一样使用，必须改成另外的说法。现举其常用者列表如下：

汉意	平时口语	鼓社祭用语及其原意
盐	xid	ghangb nangx 甜
辣椒	eb seb	ghab jek 芽子
猪	bat	ghex
黄牛	liod	bob dox
水牛	ninx	ghab liongk
鸡	gheib	jud niux 尖嘴
鸭	gas 或 ok	mik niux 扁嘴
狗	dlad	ved tiet 守闾门
鱼	nail	ghab dlot 鳞
房屋	zaid	diaf※
鼓	niel	hek※

第六章　禁忌及预兆

续表

汉意	平时口语	鼓社祭用语及其原意
饭碗	dit，xangd	wef　乳房
芦笙	gix	vef*
田	lix	qed*
老虎	ghet xed	ghab lail　官
老蛇	nangb	hlat bas　藤子
鹅	ngangs	dad ghongd　长颈
凳子	dof	mal　马
筷子	dius	ghangs　篙子
桌子	dax	xenl
棉花	nenx，maib hsenb	sent
刀子	diuk	hsab　钢
大（小）便	ghad，jut	gongx hlangb
蛋	git	laib bod　宝贝
泪	eb mais	hold hlat　放绳子
水	eb	bof　水（儿语）
竹子	hlod	yex　竿子
小偷	ghet niangs	jangl jod　歪膝
客人	khat	Yux*
吃饭	nongx gad	jangs hsat　装沙子
吃菜	nongx vob	bangd sof　射青菜雀
吸烟	hek yenb	jangs jenl　装茶
喝酒	hek jud	jangs hsangt　装象
杀水牛	mafninx	luf liongk*
打架	xit dib	xit diut　抵角
吃饱了	nongx xut yangx	jongs dlenx yangx　装圆了
敲鼓	dib niel	khangk hek　撞鼓

汉意	平时口语	鼓社祭用语及其原意
穷困	khed hxat	jas zat　抵崖
出血	lol hxangd	bongx hsangt　冒象
饭没熟	gad dot hxangd	hsat dot yuf　沙没透
虚弱	mais ves	dlas ves　富力
咸	ib xib	hniongd ghangb nangx　甜重（过甜）
淡	xis	hfab　轻
病	mongb	hlieb ves　大力
死	das	lief，dlas　蝴蝶，富
走路	hangb gid	longl mal　走马
休息	lol ves	dins mal　停马（勒住马）
生火	diod dul	tob hnaib　出太阳，日照
说错话	hmat hsut hveb	xex jad jangs nial　松树栽得稀
客人到了，拿鸡来杀	Khat dax leit yangx dad gheib loldat	yux lol leit yangx，dad jut niux lol luf

（上表第三栏空白者为暂不明原意，有※号者为见于古歌的同义词）

词语换用的情况很复杂，这里不作分析，将另文讨论。

②行为禁忌：非鼓社期间禁敲鼓、踩鼓、敲击扁担等物及以嘴模拟鼓声，因为鼓声是唤醒祖先的信号。禁谈及老虎、蝴蝶妈妈和唱有关祭祖的古歌，怕老虎进村为害人畜。第一、第二鼓主（Ghab Niel、Ghab Xongt）举行仪式时，走路必须慢而稳，忌跌撞，忌擦汗、擦嘴、擦鼻涕，带饭上山劳动忌打开饭盒，劳动时忌乱丢石头，忌杀牲。这些一则表示鼓主的地位至尊；二则希望他们没有任何闪失，以免祖先不悦而贻害众生。

③婚姻禁忌：从午年开始至申年的三年里，有女禁嫁，有男禁娶。故有歌曰：

Eb xet gid nail jit,　　　　　　　有水莫让鱼上游，
Bib xit seix jel ot.　　　　　　　我们一同打单身。
Mais yangk jangd Ngul Hxit,　　等到五岔祭完祖，
Bib xit seix xolsat.　　　　　　　我们一起再成亲。

因此，在开始祭祖之前，许多人家怕过几年后耽误子女的前程，只要有合适的对象便急急忙忙为他们办了婚事，以致一些十五六岁的小姑娘也早早地嫁去作为 bangx niangb（意为如花一样护着的媳妇），去一天半日便回娘家，只是表示名花有主而已。本鼓社已经出嫁的姑娘，在举行砍鼓木、砍鼓柱、抢粑粑等重要活动时必须回到夫家。有的姑娘因为抗婚不愿去夫家也得到其他亲友家暂住几天，活动结束才能回来。尚未坐家的新媳妇在重要活动期间必须回来参加，等仪式结束方可回娘家。祭祀的目的主要是祈求祖先赋予家族成员新的子孙和更多财富（dlas xangf），而嫁出去的姑娘已属外家族成员，她们已没有祭祀本家族祖先的义务，也就不能享受这个权利了，因此才把她们排斥在这些活动之外。新媳妇虽然还没坐家但已成为本家族的一分子，必须回来接受这一良好的祝福。

第一、第二鼓主的服饰。他们平时所穿跟群众一样，在举行仪式时须穿着特制的祭服，名为 xib（希）或 ud xib（希衣），无领无袖无纽扣，颜色如麻袋，似一块大披毡，长可及膝，上部两边各钉一条带子，披时把带系紧。头戴尖顶帽，顶高约一尺，帽檐约一寸多宽，顶左右各插一雉翎，裤子、内衣、鞋袜不论。一人一把砍牛大刀斜抱胸前，刀柄有红、绿、黄诸色相配的缨须。第一鼓主小腹处佩一阳具模型，第二鼓主佩阴具模型。走路时有如京剧舞台上走方步的模样，完完全全一副既富且贵庄严威武的王者扮相。那阴阳具则是人丁兴旺的象征。整个家族的希望在他们身上得到了形象化的体现。

为什么一定要请反排的人来审牛和唱赞歌。民间的古谚曰：Qenf diub vangl nongf khongt, Qenf Fangs Bil dlas xongt（请寨人算白请，请反排才兴盛）。这有两个原因：传说古代祖先们挑着古理古规、古歌古词从东方迁来，到了反排扁担断了，这些宝贝就多留在那里了，所以反排人世世代代都懂的多，别处去学也学不全；举行仪式时有些关于两性的祝词，本地人都是父子兄妹亲戚好友，羞于启齿。反排人与此地相距较远无婚姻亲戚关系，陌生人之间说些"丑听"的话也无所顾忌。

[今旦：《台江县革东镇五河村鼓社祭调查》，《贵州民族调查》卷十九，第744—748页，贵州省民族研究所、贵州省民族研究学会，2001年]

21. 四川筠连县联合乡苗族的禁忌

在生产上如正月初一、初二、初三不干活，三月三、七月半停止工作。还有妇女不下田、不犁地，犁地就犯，因为跨过了牛沟，耕牛就不能翻身，所以有罪。生活上的禁忌尤多。如公媳不能同桌吃饭，不能同坐一条凳，大伯与弟媳不能共坐一条凳，以示对长者的尊重。新年正月初一、初二、初三严禁使用针，使针会戳到祖人的眼睛。不准绩麻，绩了麻家里不顺遂。吃年饭不得泡汤，否则庄稼要被洪水冲走。过年烧饭不能淋湿灶头，淋湿了灶头，做活时要受大雨淋。过年不能扫地，扫了地就认为是扫财出门了。妇女顶敬祖宗，后代不兴旺。在变虎的姓氏家不能谈鬼说虎豹。妇女的裙子不能挂在门上，也不能当灶门或挂在火炉旁边。男子不能携带裙子，否则不吉利。女子不能上楼，因为家中有老父老母，还有祖宗前辈，上了楼就会犯罪，犯了罪就要受到处分，生下的子女就愚蠢，这是祖戒。所以一般老年人常对年轻的媳妇说："你们不要上楼，一上去就下不来，要被蛇缠死在楼上。"所以有的人家就严禁妇女上楼。还有禁止吃猪心，简称为禁心。据说是从前有弟兄两人为了杀猪祭祖，把肉煮在锅里，要敬献时心子不见了。双方互相怀疑而形成械斗，杀死了人，后来发现心子贴在锅底上，因此就起誓为戒，历代相沿遵行，遂成禁忌。这在苗族杨、韩二姓中较为流行。

[四川省编辑组：《四川省苗族傈僳族傣族白族满族社会历史调查》，第 135 页，四川省社会科学院出版社 1986 年版]

22. 四川苗族的禁忌

川南苗族的习俗中，过年吃团年饭时要先喂狗。大年初一全家要早起床，否则就预兆新的一年很懒。起床后不得吹火，因为吹火将使当年起大风，庄稼收成不好。老年人早起听到麻雀叫，则认为当年谷子好；喜鹊叫则包谷好；画眉叫则小米好。另外，正月初一、初二、十四、十五日禁舂碓、推磨。丧葬禁忌中，遇父母死，孝子四十九天内不离家，要请"土老师"开路，做道场，超度亡灵。

川南苗族在正月、二月、三月内凡逢戊日忌讳动土，否则庄稼将被大风吹倒，甚至会下冰雹。正月初一至初三忌讳用针，认为使用针要戳到祖先的眼，也禁绩麻，否则诸事不顺遂。吃年饭不得泡汤，否则庄稼被洪水冲走。新年不扫地，避免扫财出门。禁吃猪心，据传是两弟兄打猪祭祖时，猪心不翼而飞，兄弟俩相互猜疑酿成不和。事后发现猪心烧焦贴在锅底上，他们从此发誓不食猪心，相沿成习，遂成禁忌，主要在川南杨、韩二姓的苗族中流行。此外，川南过去流行施"蛊"和"变虎"的说法，人们忌讳与这些人交往。各地苗族在祖先崇拜或其他追念死者的仪式中均有一些禁忌表现。所有这些禁忌对正常的生产、生活有不利影响。解放后各地移风易俗，上述许多禁忌已被苗族人民所摈除。

[郎维伟：《四川苗族社会与文化》，第 170 页，四川民族出版社 1997 年版]

23. 重庆秀山县兴隆乡苗族诸禁忌事象

在除夕吃团年饭时要先喂狗，将准备过年的各种菜肴每样都取一些来喂狗，看狗先吃哪样，则来年哪样就会卖的贵。吃团圆年饭时不准泡汤，否则会认为来年种大春时要下雨。除夕晚吃了宵夜后要烧大火守夜，认为火烧得越大则来年庄稼杂草越少。大年初一早晨全家老小都要很早起床，否则就预兆今年很懒。起床后不准吹火，否则会被认为今年有大风，庄稼收成就不好。也不能打人骂人，否则被认为今年要多口舌，遇事不吉利。特别是老年人,他们起床后很注意听哪种鸟先叫。若麻雀先叫则认为今年谷子收成好,喜鹊叫则包谷收成好,画眉叫则小米收成好。在播种时就把那可能收成好的多种一些。

[四川省编辑组:《四川省苗族傈僳族傣族白族满族社会历史调查》,第177页,四川省社会科学院出版社1986年版]

24. 云南彝良县苗族的禁忌

新娶来的媳妇不能与公公同桌吃饭,不允许上楼,父子分家后不在此限。

家里妇人生小孩或牲畜下崽,要在门上挂草和别的东西作为禁忌的信号。

[颜恩泉:《彝良县洛旺区苗族调查》,《云南少数民族社会历史调查资料汇编》(五),第14页,云南人民出版社1991年版]

25. 云南马关县金厂区苗族的产妇禁忌

产妇家门要用茅草或篾帽挂上,不让外人进家,否则外人就会将产妇的奶水踩走使婴儿无奶吃。

[颜恩泉:《马关县金厂区苗族社会调查》,《云南少数民族社会历史调查资料汇编》(五),第52页,云南人民出版社1991年版]

26. 云南巍山县苗族的禁忌

这里苗族的禁忌是男人不吃动物的眼睛。传说在古时候,苗族有个男人因为吃了麂子的一双眼睛去赶街,回来后眼睛就瞎了,从那以后苗族男人就不再吃动物的眼睛。妇女不准进哥哥的住处,否则就认为是对长辈不尊重,破败了家风,要受到族规的处罚,轻者受到斥责,罚体力劳动;累犯者,要逐出家门。

[薛琳:《巍山县苗族社会历史调查》,《云南少数民族社会历史调查资料汇编》(五),第61页,云南人民出版社1991年版]

27. 云南屏边县姑租碑苗族的禁忌

该区苗族由于各家族的来源不同,因此各自保留有不同的禁忌:杨姓家族禁吃猪心,杀了猪,猪心须送给外姓吃。家里老人去世,在停尸期间,全族的男性成员必须每天早、中、晚吹着芦笙围着死者生前住的居屋转三圈,一直到送葬为止。据说,这是因为他们的祖先是带兵打仗的。古姓家族则有妇女不得上楼的禁忌。

[颜恩泉:《屏边苗族自治县姑租碑苗族社会历史调查》,《云南少数民族社会历史调查资料汇编》(五),第34页,云南人民出版社1991年版]

28. 云南文山州苗族的禁忌

除了前面叙及的禁忌而外，家庭中禁忌不多，主要是：妇女不能在长辈男子面前走过，要绕到他的座位后面走；不是当家的妇女不能上楼；新媳妇只能同丈夫和婆母同桌吃饭，不能同老公公同桌吃饭；此外还有"忌脚"、"忌客"的迷信。据魔公所说，某日不可出门、某日忌客人来家等等。

[郑镇锋等：《文山州苗族风俗习惯初步调查》，《云南少数民族社会历史调查资料汇编》（一），第163页，云南人民出版社1986年版]

29. 海南苗族的禁忌

（1）农历正月初一，忌说鬼和不吉利的话。
（2）二月初二，忌出门生产，怕惹来天灾，庄稼歉收。
（3）路遇出丧者，行猎人必须立即返回，否则不吉利。
（4）出门生产或开荒时，如遇穿山甲或蛇则预示不吉利，必须立即回家。
（5）四月砍山时，必须在路口和家门上置放带青叶的树枝，以防外人进家，带来不幸。
（6）不得扛着锄头或斧头进屋，但可用手提着拿进。
（7）忌吃狗肉。
（8）订婚日、结婚时，三天内忌摔坏锅碗家什，否则婚姻不会美满。
（9）入赘女婿的后裔，必须隔五代之后才准同女方家族的人通婚。
（10）订婚、结婚、命名、新娘第一次下地生产劳动、盖房、迁居等等，都要择吉日，不得在空亡、破日或危日进行上述活动。
（11）忌在阳春三月和木棉花开时结婚，否则夫妻婚后不和谐。
（12）房前挂有米筛、尖刀或桃叶，表示家里有病人，刚送过鬼，忌外人闯入。
（13）大门两旁挂青树叶，表示家中有产妇，希望客人不要进屋。
（14）忌践踏、毁坏祖坟，认为会有辱祖宗，贻害子孙。
（15）哀悼死者时眼泪忌掉进棺材里，否则不吉利。
（16）忌重丧日发丧。
（17）看见鸟飞入室、狗爬房顶，认为会倒霉。
（18）夜晚听到人吹口哨或鬼哭，认为会发生不幸事件。

[王承权：《海南苗族的习俗与文化》，《民族学资料丛编·南方民族的文化习俗》，第327—328页，云南人民出版社1991年版]

30. 湖南麻阳县苗族的禁忌

至今流传下来的如祖父母和父母在世时晚辈忌包白头帕、忌蓄须。前者被认为是不吉祥，后者被认为是不尊敬。清早，尤其是大年初一早晨，忌说蛇、虎、豹、鬼以及死伤之类不吉利的话。忌夜晚在屋里打口哨。忌震"龙岩"，苗家一般堂屋中柱下有一块石板，石板下有一小坑，坑内有清水一碗，为"龙"的栖身处。据说如果震动了石板，"龙"就会受惊离去，将会有灾难降临。忌在"雨水"、"惊蛰"（戊日）出门挑水，进园打菜，下田耕耘。相传违忌将会带来风雨不顺、五谷歉收。忌在正月里去别人家屋里接火，认为这会"接"走别人家的财气，等等。

[《麻阳苗族自治县概况》编写组：《麻阳苗族自治县概况》，第 26 页，湖南人民出版社 1990 年版]

31. 广西隆林县苗族的年节禁忌

（1）年初一早上要把大牛牵到堂屋里吃东西，等到它屙完屎尿才拉走，这样才丰收。

（2）吃第一个粽子不得乱丢叶子，否则火烧房子、起大风。

（3）从初一到十五不得推磨。初八不得煮饭，那天所食的饭必须在初七搞好。

[邢凤麟等：《隆林各族自治县苗族社会历史调查》，《广西苗族社会历史调查》，第 73 页，广西民族出版社 1987 年版]

32. 广西隆林县苗族的禁忌

（1）苗族妇女不得上楼，否则家里有人眼瞎。

（2）妇女不得与家公、家婆坐在一张板凳上，坐了脚跛眼瞎。

（3）鸡叫头遍抢田水，生产丰收。

（4）年三十晚、初一，全家老少不得吃水泡饭，吃了田埂崩。

[广西壮族自治区编辑组：《广西苗族社会历史调查》，第 77 页，广西民族出版社 1987 年版]

33. 广西隆林苗族的生产禁忌

（1）开工忌逢猴日和打雷日。猴，苗语称 Laib（谐音：俫），按字意为红色，红意为火，猴日播种庄稼，易被太阳晒死；猴日造房，易被火烧等。雷日开工说是与雷对顶，易遭雷击，故这两日严忌开工。

（2）未喊粮魂忌收粮食。农历七月下旬至九月为粮食成熟期，一般八月份就可收粮食了,每到这个时节,苗族民间都要喊粮魂(以前按村寨统一进行,现在由个人自便),苗族认为万物都有灵魂,粮食的灵魂是在地里。如不在收粮前把粮魂叫来家,以后收的粮食就没有灵魂,没有灵魂的粮食就容易被消耗完,故为防止此现象的出现要喊一喊。喊时找几包新包谷等放在小簸箕里,置于门内,喊魂者左手拿一公鸡、右手执一把镰刀,坐于簸箕旁,面对门口唱喊魂歌,唱毕把镰刀自上往背后丢,镰刀落地后刀口要朝喊魂者,表示粮魂已来,如刀口朝向不对的要继续喊,直到达到要求才停。此仪式一般在七月半时就可开始进行。

[《隆林苗族》编写组:《隆林苗族》,第320—321页,2002年内部出版]

34. 广西隆林苗族的生活禁忌

(1)小孩及未婚者忌食鸡爪和鸡翅。苗族的规矩是小孩食用鸡爪以后读书时写字不好,食用鸡翅长大找不得老婆。未婚者食用鸡爪和翅则不易找到对象,即使找得到也易被别人抢走或被鸡扇跑。所以,平时他们均不得随便食用这些部位的肉块,还有食用血后和人争气脸爱红,食用鸡肚嘴皮厚等,在一定程度上限制了小孩与年轻人和父母争食的现象,同时也起到了保护小孩牙齿健康生长及教育孩子们学会尊敬老人的积极作用。

(2)在家里忌开雨伞。苗族在家里开雨伞是有严格要求的,不是特定场合一般情况下不得在屋里打开伞走来走去,(凉雨伞和无人拿着走动的不受限制)。所谓的特定场合指的是丧事场合,家里有老人过世,舅爷来做主客时,按规定由其打开一把从家里带来的雨伞,意为死者伞,该伞直开到将死者送入墓穴时才关上。平时如在家里打开雨伞走来走去,如有丧事,不吉利,故不允许乱开。

[《隆林苗族》编写组:《隆林苗族》,第321页,2002年内部出版]

35. 广西隆林苗族的婚姻禁忌

(1)提亲、娶亲要求忌碰打雷。提亲、娶亲是关系到一个人一生中的幸福问题,不允许有异常现象的出现,如在提亲或娶亲过程中碰着打雷,则意味着天公不同意这门亲事,将来双方不会有好结果的。此外,如当天碰岩石垮塌或野生动物(大型)出现,亦同样停止行事,另谋别路。

(2)第一次带新人来家忌碰较大型以上野生动物,如不幸碰上则示意着两者的结合将碰上难题,即便事情不会马上来临,但也不会长久,迟早要分开的。苗族认为这是命运,不能结合的缘分不能强求,要适时终止关系。

[《隆林苗族》编写组:《隆林苗族》,第321页,2002年内部出版]

36. 广西隆林苗族的妇女禁忌

（1）坐月妇女忌串寨和与别的妇女在外面说话，如乱串寨和外出与别的妇女交谈，则意味着你孩子的魂魄已属于别人，过后要用背带到你进过的那户人家，或与你说过话的妇女家里将你孩子的魂魄背回来，否则你的孩子就会有灾难。孕妇不能闯进坐月妇女家，否则坐月妇女奶少或无奶则怪罪于此孕妇偷奶水。

（2）忌在别家生小孩，在别人家生小孩是不好的，会把人家的福气冲散，影响别人家今后禽畜的饲养问题。同时，在别人家生小孩，小孩的魂魄也附在别人家里。当你离开别人家时，须准备三尺六的红布到人家家里挂红，还得用背带到他家里去背回你小孩的魂魄，小孩才健康成长。

（3）大年初一忌进别人家。苗族民间有一种说法，把男人视为主人、女人视为客人。客人在这一天进入谁家，谁家当年使用的农具如犁耙、铧口等易被石头碰坏，故为提高农具使用寿命，一般不允许妇女乱进入别人家。

[《隆林苗族》编写组：《隆林苗族》，第322页，2002年内部出版]

37. 广西隆林苗族的节日禁忌

（1）大年三十晚吃饭忌泡汤，泡汤的话下年做工碰到的雨水就多，自家地容易被雨水冲刷，水土流失严重，还有地里的草也会长的多，增加做工难度。

（2）大年初一不吹火，火不燃只能用火柴点，不注意的当年房子易被风吹坏；不在家里烧糯粑，烧的话当年家人易得毒疮；不玩刀斧，减轻当年刀具伤手脚；不得在家缝东西，尽量避免当年耕牛脚被东西刺伤现象；不吹口哨，减少当年风灾。

（3）大年初八忌煮饭，苗族认为那天是谷米日，不能伤害谷米，当天的饭要在头天晚上煮。

（4）大年初一忌喊别人起床，谁人何时想起床就自己起，否则新年身上爱长虱子。

（5）大年初一至十五忌在屋外周围晒衣物，如晒的话当年风大吹坏住房。

（6）二月初二忌雀窝，主要是预防雀鸟和老鼠破坏粮食作物。

（7）立秋当天忌进入地里，苗家认为立秋那天地里的瓜、豆最脆弱，人如进去的话，身上带去的细菌会把瓜豆感染，容易腐烂，故预防为主，不得随便进入。

除以上外，有些家族还有部分忌俗，如杨家忌吃动物心脏，李家媳妇不能上楼，陈家不得将黄瓜和桃果放在背篓里背，熊家女孩十多岁后不得上楼，小孩子忌吃鸡肠子等。

[《隆林苗族》编写组：《隆林苗族》，第322—323页，2002年内部出版]

38. 湖北苗族的禁忌

苗族平时在家里不准吹风打哨（尤其是晚上），以免惊动家神。

苗家的家神供在火炉边。火炉必须对准中柱，中堂不设火炉。火炉必须在两头，有的在东头，有的在西头。火炉的柴尾处是祖先神位，不能上祖先牌位的人（尤其是外人）不能坐。平时这地方一般不坐人。

火炉里的三脚代表主人，不能踩。

苗族在外边不能随便捆人，不能破皮见血，发生了就要请苗老师安家先。

以前苗族不喂鸡，传说踩了鸡屎会瞎眼睛。现在苗族吃鸡蛋时要先洗，若不洗据说也会瞎眼睛。相传部分苗族迁到鄂西时先住岩洞，因害怕官兵知道，就养成了不养鸡的习惯，后来逐渐演变成一种禁忌。实际上是苗族爱卫生的一种表现。

因为狗是湖北苗族崇拜的图腾，故部分苗族忌吃狗肉，更不能以狗肉招待客人。小茅坡营石家两弟兄打架，后来老母亲就叫一个姓石，一个姓席，姓席的就忌吃狗肉。下坝杨姓苗族忌吃狗肉，谁若吃了狗肉，则会受到族人的严厉处罚。

湖北部分苗族禁吃蛇肉，因为蛇是冷性的东西，若吃了蛇肉，就上不了家先表。

开年后，苗族误沾了粽粑叶（箬竹叶）和粽子要洗手。不过五月是吃不得粽子的，不然要得病。这一习俗和石启贵《湘西苗族实地调查报告》中记载的杨姓苗族忌沾箬叶之俗相同。

恩施市双河的东乡廖姓苗族忌吃水牛肉。据廖姓苗族传说，水牛是廖姓人的祖先，故他们忌吃水牛肉。

还猪愿时，杀猪不准残破，也不能随便吃，只能在苗老师进屋作法后才能动。

咸丰苗族建房时梁木有选择性，砍伐时只能往上倒，不能向下倒，更不能从梁木上横跨。锯木材时，锯子要大进小出，不能后退。

抬梁木时不准落地。建始苗族建房时不能吹口哨。巴东苗族妇女不能上房。

巴东潘姓苗族正月、四月、十月都不能洗被子、铺盖。

[龙子建等：《湖北苗族》，第 153—154 页，民族出版社 1999 年版]

39. 湖北苗族的婚嫁生育禁忌

巴东潘姓苗族孕妇不能坐门槛，坐门墩，不能坐在堂屋桌子前。

妇女怀孕，丈夫不能在门槛上砍门槛，不能在墙上钉钉子。

从婚嫁习俗看，湖北苗族的婚嫁习俗中有许多禁忌。

送亲时，娘娘、姐姐不能送亲，俗称"姐送妹，穷三辈"，"娘娘送侄女儿，穷得舔石板"。部分苗族新娘到婆家时,只能从侧门进,不能从大门进。新娘进屋时,屋里不能见火(火要用围席罩住),家中的人要回避,以免碰热脸,致使日后不和。毛头丫头、二道婚、孕妇不能进洞房。结婚两日不同房,回门后新郎新娘同房。

[龙子建等:《湖北苗族》,第154页,民族出版社1999年版]

40. 湖北苗族的丧葬禁忌

非正常死亡者不能在堂屋里办理丧事。即便在堂屋里办理,也不能从大门进,而要从侧门进。

入棺前,禁止外人到场,洗澡、穿衣、入棺皆由亲人办理。

部分苗族在丧葬时忌讳有哭声。

家中死人后,孝子不能吃油,也不能吃甑子饭。

棺材入土前不能挨泥,要用孝子的孝帕垫着。从死人之日起到安家先之日止,死人的这一姓都不能用针,动了针就不吉利,招魂之后才能动针。

[龙子建等:《湖北苗族》,第154页,民族出版社1999年版]

41. 湖北苗族的节日禁忌

过端午时,要买帽子戴,不打粽粑叶。敬菩萨之前不准吃粑粑。

不进菜园,不见窝麻菜,淘米水不能喂猪,不然蛇会爬神龛。

正月初一,苗族的洗脸水不能朝地下泼,一天不扫地,"银水不外流,装在聚宝盆",不许说不吉利的话,如"血"、"死"等,不拿针,不吹火,火不歇,不见饭,只能吃豆皮、粑粑,不许泡汤,不许打雀鸟,不准叫醒人吃早饭,不准看秤。腊月二十那天将秤藏好,否则第二年做活路时易碰到蛇。据说初一扫地意味着庄稼第二年容易被风吹;初一洗脸水往外泼,第二年要折财。建始苗族妇女过年三天不出门。

过苗年时,晚上不能见血,不能讲血,不能讲话,直到鸡叫才解禁。从大年初一算起到过苗年为止这期间,人们不准吃外边来的东西和烧外边的东西。亲戚拜年送的东西不能吃,这期间狩猎赶场,不吃外边的东西,不进别人屋。

[龙子建等:《湖北苗族》,第154—155页,民族出版社1999年版]

第二节 预兆

1. 贵州台江县交下村苗族的预兆

(1) 燃香后熄灭两三次时，不能开丘陵为新田

在开辟新田时，如果该地有小丘陵的话，应否挖去，要用燃香的方法来占卜决定。一般都要燃香三次，如果燃香两次或三次均不熄灭时，就可把小丘陵挖去；如果熄灭两次以上，就认为这小丘陵是"务养务八"（务意为气力，养为岭，八为山。"务养务八"意为山灵）住的地方，不许挖掉。如果挖掉了，"务养务八"就要走了，人就要"倒霉"。

(2) 卖田不卖龙

价值在六七十元光洋以上的田据说都是有龙的（龙是灵物，谁也没有见过），卖田不能卖龙。如把龙卖掉了，龙到哪家，哪家就兴旺；而卖龙的人家就要"倒霉"，绝嗣。所谓卖龙，就是另要一笔龙价，并在收取价金时声明把龙卖给买主，没有其他仪式。据说交下乡的羊达村李某从前卖了十四挑产量面积的田，价银一百两，同时他又把龙卖给买主另得龙价十二两。后来果然他就没有孙子，他的儿子虽抱有养子，但养子也无后。

在老田忽然发生塌陷的情况时就认为是龙走了的征兆，因此必须请鬼师用猪把龙请回来，并将陷阱填平。

(3) 遇穿山甲要"鸟大"

据说穿山甲是旱龙，人们如遇见了它不死也要生大病而脱去一层皮。因此在遇见穿山甲后就要备一只大雄鸡请鬼师到家中来"鸟大"，请求祖宗保佑，过了三年人不死就算事已过去，虽然以后可能死去，也就不是因为遇见穿山甲的缘故。

(4) 鸡鸣失时要砍鸡头

鸡在晚上十二点钟以后叫，人们以为这是正常的，因为它在叫太阳出来。如它在天甫黑的时候，或夜晚八九点钟的时候就叫起来了，那就是"白虎当堂坐"（口述者原用这句汉话）。据说白虎当堂是很不吉利的，不烧房子也要犯口舌。遇有这种情况发生时，人们就对鸡说："你再叫来！"如它不再叫就算没事。如鸡"不听话"，再叫两次或三次时就要把它捉来砍头。砍头时不接血，一刀将鸡头砍下后，用一根小签把鸡嘴撑开，用一根粗如手指、长约二三尺的小棍把鸡头穿起，插在村外东方路口，嘴向东方，并对它说："你乱叫，就送你到这里来看太阳。"鸡肉可以食用。人们认为这样做了，即可避免失火或惹起口舌。

(5) 旧历正月、二月听杜鹃啼的征兆

在旧历正月第一次听到杜鹃啼的时候，如果正在大便，就认为自己"运气"不好、

会生病，必须向三户人家讨点饭吃，才能免去霉气或不生病（仅交下乡的羊过寨没有这种风俗）。如果正在走路，则认为这一年出门（离家）的时间多。

（6）不能吃坟上的果菜

坟上（不论新坟或老坟）生的野菜或果树所结的果子都不能摘吃，吃了瞌睡就特别多。据说人死就是睡着了，活人如果吃了死人坟上所生的果实或野菜，也就会像他一样瞌睡。

（7）向"新雷"祈福

在旧历年初第一次听到的雷声就是"新雷"。如果已经睡了，听到"新雷"就起来坐在床上向雷说："送财送饭来，保佑我们清吉。"同时伸手往床下乱摸，摸着板凳等的时候就说："捉得鱼了！捉得鱼了！捉得二三条鱼。"在其他情况下听见"新雷"时就说："娘朽娘要，歹你歹给敢。"（意即平安清吉，发财发福），要求雷的保佑。

（8）蜥蜴（即四脚蛇）如果爬在人身上，则认为是四种雷鬼当中的一种在作怪；如爬到头上，则认为人就要死，无法禳解。

（9）用甑子蒸饭时如果中间有一股饭煮不熟（不熟的饭如一根柱一样插在甑内），或者有一股饭颜色不一样时，就认为是红雷以外的三种雷中的一种在作怪，或者就是死人的征兆，没有办法禳解。

（10）乌鸦飞过村子上空连叫三声时，认为这是死人之兆，不能禳解。

（11）灯花（油灯）如果呈钩状，主有不吉之事发生，不能禳解。

（12）灯花结成圆形者，主得财。

（13）灯花结成长形者，主得肉吃。

（14）木柴在燃烧时因喷出水汽而发出响声时，主有客人来。

[全国人民代表大会民族委员会编：《贵州省台江苗族的宗教迷信》，第120—122页，1958年5月内部编印]

2. 贵州紫云县打郎乡苗族的预兆

如果小猪头上或脚上有异样，兆不吉，自家人不可食用，别人家才可食用。包谷分岔，生两个包谷棒，主吉利。乌鸦叫，兆有人将死（但叫声如"格恶"者才主凶，其他叫声则无害），并看乌鸦的头对何方向，如其对着本寨子，本寨将有人死；如头对着寨子外，则其他寨子有人将亡。猫头鹰叫预兆烧房子。如它飞到家中，其声如人哭，则该家必有人要死。猫从家跑走不归，主家将衰败，或者要死人。灶边生菌子出来，预兆要死人。碗拿在手中时刚好破裂，不祥，有鬼。流星朝何方坠落，何方就有朱砂。半夜时牛叫，不祥，有鬼。老鸹、雀鸟在天上飞过时，拉的屎落到人身上，很不吉利，有鬼，要"解邦"。蛇、蛙或野猫跑到家中，不能打死它们。认为是祖宗遣来的，应立即供老祖公。人家的牛羊自己走进了某家大门，则主某家将要衰败。谁家养的蜜蜂一夜叫到天亮，则谁家一定要死人，或亲戚中要死人。有一种称作"嫩良"的鸟，其声若猫叫，谁听到谁不吉利。扫把星落向何方，何方就要死人或者烧房子。

[李子和等：《紫云县打郎乡苗族社会调查》，《贵州民族调查》(之三)，第144页，贵州省民族研究所，1985年10月。调查时间：1985年5月]

3. 云南马关县金厂区苗族的预兆

（1）如果自家喂养的母鸡学公鸡叫，表示凶兆，意味着家里要死人。发生此种情况，必须立即把母鸡的头砍下，用五色布放于鸡嘴里，用木棍将鸡头串上，插在十字路口。

（2）听到乌鸦在自己所在的周围叫，意味着附近村寨或本寨要死人。

（3）无论何人，不管在何地方，见到两条蛇在一起交配，是最不吉利的凶兆，认为见者必定会大难临头，须及时找鬼师杀牲驱除邪气方可免灾。

[颜恩泉：《马关县金厂区苗族社会调查》，《云南少数民族社会历史调查资料汇编》(五)，第52页，云南人民出版社1991年版]

4. 云南彝良县洛旺区的预兆

母鸡学公鸡叫是凶兆，意味着家里要出事。

[颜恩泉：《彝良县洛旺区苗族调查》，《云南少数民族社会历史调查资料汇编》(五)，第14页，云南人民出版社1991年版]

第七章　生产祭祀与人生祭仪

第一节　农事祭祀活动

1. 贵州雷山县掌披苗族的农事祭祀人——活路头

（1）起头浸种：几十年来全村范围内浸水稻种子都由向当皎起头。起头也只是个仪式，选择在寅、辰、申当中的一天举行，只浸一小把谷种。到第十三日即轮到同一属相之日就播种，这天要去得早，大都在天未亮就去，去回都不许遇见旁人。据说遇见了人，不免要打招呼，这样庄稼就不好。撒种仪式除撒播浸好的稻种外，还带一点预先准备的糯米饭、鱼、酒等作为祭品，于撒完稻种后在田埂上供祭。回到家还要煮一点鱼供祭"告且高、务且给"（意即"起头做活的公公"，"起头做吃的奶奶"），以后庄稼才会苗壮像以前他二人种的那样。

（2）开秧门：快到栽秧时，又由向当皎选用与播种同一属相的日子举行"开秧门"仪式，此后八九天群众才能栽秧。举行仪式要早去早回，路上不许遇见人，同时仍带一点糯米饭、鱼和酒做祭品。扯得秧后（即举行浸种仪式撒播的），即到固定的那丘田（在下寨寨脚）栽下。先把捆好的两棵芭茅插在田中，然后在芭茅的周围栽五兜、七兜或九兜秧。据说单数才发兜（分蘖），栽双则表示已有伴，就不发兜了。栽芭茅的意思是生长在这个地方的芭茅在先，稻子在后，先栽芭茅，以后稻子才会像它一样长得苗壮。栽完后，在田埂上陈列祭品供祭。回到家还要杀一只鸡或煮鱼祭敬"告且高、务且给"。至于群众插秧，每栽到一丘，也都临时割三棵芭茅先插，然后才栽秧。

（3）起头种棉：每年种棉花，也由向当皎举行开头仪式，日期与当年浸稻种同一属相。祭品是一只狗（大小均可）或一只中等以上的鸡（雌雄不论）。于早上或中午把祭品带到土边去，先将那块土种完，然后杀狗（或鸡），煮熟后供祭"告且高、务且给"，狗肉（或鸡肉）就由种土的人一起吃。此后需到下月的同一属相之日，群众才能开种。

这里种棉习惯上采取互助方式，一家的活在一天内完成。互助的户数，少的二三户，多则六七户，换工换食。种棉是比较隆重的，种棉之前还要酿酒，并准备肉或鸡鸭，无钱的也要在田里捉几尾鱼来招待。一般是抬锅到土边去煮，也有少数是回家来吃的。全寨一般在一个星期内种完，至多不超过两个星期。

（4）起头做染缸和织布：每年各家做染布用的染水和当年棉花收获后的开始织布，也由向当皎起头。在秋收结束以后，用同当年浸种同一属相的日子举行。过后群众才做。

（5）起头吃新米：每年包谷和稻子成熟时，也由向当皎家先吃，用同当年浸种同一属相的一天举行仪式，只用包谷一包、稻谷数穗剥成米掺饭煮吃，不用其他祭品……

另有与农事有关的"吃粽粑"，在栽完秧后进行。谁家插完，他家就包粽粑吃。粽粑吃完后，还把粽粑叶系在小竹竿上逐丘插在自己的稻田里。有鸡杀吃的还同时系上鸡毛。吃粽粑系粽粑叶，是祈求秧子长得苗壮的意思。全寨没有统一的日子，也再没有什么活动，不像节日。

[贵州省编辑组：《苗族社会历史调查资料》（二），第206—208页，贵州民族出版社1987年版。调查时间：1958年9—10月］

2. 贵州从江县加勉乡苗族活路头的职权

"活路头"在苗族中是有着一定地位的，但是他的职权只限于带头开始播种、插秧，并主持执行违反生产禁忌的习惯法，此外别无特权。

加勉乡的"活路头"是由龙姓世袭。世袭的方式是父死子继，无子由兄、弟（包括房族中的兄、弟）继承，无兄、弟由族中子侄辈（包括亲侄）年长者继承，女子无继承权利。

据当地苗族老人传说："远在三十四代至三十五代的祖公名'该休'，生有六子，长该哈，次该候，次该昂，次该年，次该机，次该嗓。'该休'先命长、次子播种，秧苗长得很好，当年禾谷丰收。及三、四、五、六子先后长成，'该休'各叫他们播一年种，秧都长得不好，收成也差。'该休'再叫长、次子播种，秧苗仍然长得很好，禾谷又得到丰收。因此'该休'每年都叫长、次子播种，秧也由他二人先插，习以为常，'活路头'的来源即由此而起。加勉龙姓是'该休'长、次两子的后代（三子姓梁，四子姓王，五、六子姓韦），所以'活路头'由龙姓世袭。"

现在的"活路头"名龙老友，住弄活寨，贫农成分，他已加入农业生产合作社。他管辖的地区计有：加勉大寨、老寨、小寨及爱耐、白通、羊娃、给扛、昂牛、白邦、弄活、党翁、阳丢、阳汪、加磨、福草、爱务十六个自然村（加勉乡还有一个"活路头"名龙老纽，他管辖的地区只有加趸上、中、下三寨。此外加翁乡的"活路头"是潘老外、韦老党。寨平乡的"活路头"是李老格。其余地区不详）。他有一丘作为每年带头播种插秧的"专用田"，名叫"爱寨"。据说：这丘田也是他们的祖公"该休"遗留下来的（田不能出卖，"活路头"的生活如有困难，由群众替他解决）。

据加勉苗族老人韦该耶等说："从前如有人违犯'活路头'职权内的生产禁忌，无处罚条规。自某年起（说者记不清年代），因加勉、党翁'踩秧堂'，连吹十几天的芦笙，违反了祖宗留下的规矩。'活路头'龙老友出来干涉，群众不听。恰好是年禾谷歉收，群众认为是'活路头'带头播种、插秧有问题，叫他赔偿粮食。龙老友说：'你们踩秧堂、吹芦笙超过了规定时间，我说你们不听。今年禾谷收成不好，怨我不得。粮食我赔不起，只有不干这个活路头。'于是徙家他往，走到半路为群众劝阻回来，并向他表示认错，同时还规定了违反'活路头'职权内的生产禁忌必定处罚的条规。这些条规任何人都得遵守，即'该歪'也不例外。"

[贵州省编辑组：《苗族社会历史调查资料》（二），第135—136页，贵州民族出版社1987年版。调查时间：1957年4—8月]

3. 贵州从江县孔明公社苗族农事先行人——活路头

每寨都有活路头。活路头是其祖先最早居住在这个寨子的人的后代。活路头没有什么权力，只是人们有一个共同的信念：要他开头做了活路，大家才能做，这样禾苗才长得茂盛，获得丰收。

每年春耕快开始时，活路头用一把草点着一把火，先在田角挖几锄，全寨人才挖自己的田，开始了一年的活路。分摆寨的活路头是吴谷喜，死后由其子吴老桑担任。摆里寨的活路头是王志新，摆鸠寨的活路头是郑老友。

挖过田后，即要进行撒谷种。撒谷种由寨老选定日期，每户做些糯米酒，由活路头先播几粒种，播种时点燃香、烛，插茅草在秧田边，然后各户才相继撒谷种。到插秧时，先由活路头包三张钱纸、三支香、茅草，在他的田角先插秧，然后全寨才进行插秧，种土烟、辣椒。到谷穗成熟时，由活路头先割三穗新谷做成饭来祭祀祖先，各户才收割。秋天种油菜也按以上仪式由活路头先开始进行。

每项农活都必须由活路头开始，不准任何人违反；否则，被认为是不吉利而受罚。

[陈天俊：《从江县孔明公社苗族社会调查》，《月亮山地区民族调查》，第426—427页，贵州省民族研究所，1983年6月]

4. 贵州台江县交下村苗族祭"皆翁挡洛"

"皆翁挡洛"的"皆翁"意为喊龙，"挡洛"意为回来。在田中突然发生塌陷时，就认为是龙走了，龙走了就要"倒霉"，所以需要把龙叫回来。据说龙大大小小不知是几个，男的女的都有。用的祭物是：

小雄猪一只；酒数斤；饭适量；师米一碗。

在举行"皆翁挡洛"之前，先把田中的陷阱填平恢复原状，然后才喊龙来守住。把猪及酒、饭等祭物搬到塌陷的田边，即不先交代祭物，猪肉等煮熟（肠肚不能和在一起煮）后就在铺有草或树叶的地上摆成三堆，猪心及下颚摆在中间，两个肾及分为两块的上颚摆在两边，并配以同等数量的饭、肉、肝和血等。再斟上三杯（碗）酒，鬼师即蹲着用"鸟大"的声调念咒。念咒喊龙时要把附近一带水塘水潴都念到，等于找龙一样。因为不知龙是到哪里去了，所以在请它回来时，就把附近认为可能有龙的地方都念到。请龙回来了，对它提了要求之后，即请它吃肉喝酒。经过"八崩"后，祭仪即告结束。参加祭祀的人一起吃，吃不完的可带回家。

[全国人民代表大会民族委员会编：《贵州省台江苗族的宗教迷信》，第95—96页，1958年5月内部编印]

5. 贵州台江县台拱寨、巫脚交苗族开秧门

台江的苗族群众于每年春季必须先敬田再插秧，否则认为那年就会歉收。敬田时有的地区各家自敬，敬后即可插秧；有的地区有一块公认的田首先敬祭，敬后插秧，其他各家必须等这块田插了秧才可动手。巫脚交是属于前者，台拱寨是属于后者。这就叫"开秧门"。

台拱寨每年首先"开秧门"的那块田离寨约一里路，以前是地主王宗尧的产业。土改后归贫农王先林所有。每年到了插秧的时候，这块田的主人选定某一天，由一二人带着一只公鸭、香、纸、酒、饭、五根茅草和一根拇指粗、长约六七尺的去了皮的、留有五个杈枝的泡木树一起带到田里。到后，把泡木树和茅草插在田内，再以供品敬祭。在前去路途中避免见人，否则不吉，所以必须于天未明时即出发。这样敬了田以后即随时可以插秧。等他动手一插，附近耕种一千五六百亩田的农民们才可以跟着敬自己的田并开始插秧。这个首先插秧的人，叫做"秧头"。在台拱一带"秧头"是首先在那块田上"开秧门"的主人，如所有权转让了，新主人就来当"秧头"。另外有些地区，如南宫，"秧头"固定在姓尹的一家。据说长期以来他家庄稼长得好，从而把他家固定下来当"秧头"。

除了这家"秧头"外，其他人家于敬田时就不必用鸭而可以用鸭蛋代替，泡木树也可以免去，其他供品则相同。时间在白天，也没有避人的禁忌。这种根深蒂固的信仰长时期来都没有动摇过，一直到了最近城郊农民都入了农业社后才没有人再来敬田插秧了。经济基础改变了，风俗习惯也随之而改革。

在过去，如果"秧头"尚未插秧而有人提前插的话，一被发觉就会被重罚，一般都在三四元至七八元钱之间，用做购买猪，以猪头和香、纸、酒、饭到秧门田去敬。这种集体纪律性的约束与个体小农经济是不相适应的，它可能是一种较古老的历史遗留，反映了过去集体劳动、共同生产的情况。

巫脚交在插秧前也必须"开秧门"，但各家各自开自己的秧门，没有"秧头"来领导的举动。各家"开秧门"时，每户都要有一男人在与他的生日同一属相的那天的早晨去插秧，同时携带肉、酒前往。途中最好不要遇到人，即使遇到人也不能相互询问，别人发问也不能答应。到秧田后，先插三五棵有梢而大的芭茅（村民认为芭茅是大刀，鬼

见了就害怕,它就不敢来损伤庄稼了),然后再插秧三五窝(每窝五片秧子)于其周围。最后撒酒、肉少许于秧田中,表示敬开辟田地的祖先。回家后再以鸡、鸭、鱼、肉少许撒于火坑边上,表示敬祖,请求祖宗保佑。

在巫脚交虽然没有"秧头"带头插秧的仪式,但那里也有一种"白石田"需要敬。这些田里放有一块升子大的石英石,据说是祖先传下来的。这些田的主人们于每年插秧时煮熟一只鸡或鸭,带一壶酒到田里,把一棵带有三个杈的五棓子树插在田中,将白石、酒、肉放在杈上,用香、纸祭供。祭完把白石和树杈放在田坎上以便明年再用。白石据说是象征白米和"谷重如石"的意思。

办社前,每年都这样的祭;办社后,也还有人煮蛋去祭的。

[贵州省编辑组:《苗族社会历史调查资料》(一),第220—221页,贵州民族出版社1986年版。调查时间:1956年冬]

6. 贵州从江县加勉乡苗族的"该耶介"

开秧门,加勉苗语称"该耶介",即开始插秧之意,开秧门即开始插秧,为此地苗族民族节日之一。

开秧门须由"活路头"带头先做。先选择吉日,届期宰鸭一只,加上鱼、肉、酒、茶泡饭等敬品,摆在火坑边敬过祖宗后,再以棕叶包着鱼、肉、饭、肥料,等天未明时即由家里出发,到他的"专用田"中去开秧门。据说:"如果去得迟了,途中恐有鸟雀拦路,因为去开秧门时,途中如果遇到鸟雀,即是当年禾谷歉收之兆,同时本人(活路头)当年也不吉利。所以要在鸟雀未出窠巢以前出发。"到达田中后,即将敬品——鱼、肉……摆到田边敬过神,然后取肉、饭少许及肥料一并放入田中,随即插秧三兜呈三角形状。另以芭茅草结成"草标"三个插在田中,仪式即告结束。

活路头未开秧门之前,任何人不能插秧,违者将受到处罚。开秧门后,群众随时都可以插秧了。开秧门的当日,各户均买肉或宰鸡、鸭、捕鱼来敬祖宗,并按照活路头开秧门的仪节在田中举行。之后,全家将敬品聚餐,欢度节日。

[贵州省编辑组:《苗族社会历史调查资料》(二),第121页,贵州民族出版社1987年版。调查时间:1957年4—8月]

7. 贵州从江县加勉乡苗族"喊禾魂"

喊禾魂,加勉苗语称为"用畜来"。这是一个数年或数十年才有一次的节日。

插秧以后,如久雨成灾,田堤崩塌过多,已呈歉收景象时,他们认为是禾的魂魄飞上天去了,须请鬼师把它喊回来。于是举行喊禾魂的仪式。

喊禾魂时,全寨聚资买母猪一头,宰杀后取用肚杂煮熟向天空敬供。据说:"要母猪飞上天去开天门,禾魂才能回来。"敬品除母猪肚杂之外,各户须以糯米半斤、糯米饭一碗、鱼一尾、生鸭蛋一个、酒一壶、禾一把,并以干竹片捆成一束,取栗树木火炭一粒夹在竹把的中心,谓之"火把"。上列这些敬品全部摆在地上,由鬼师主持念诵词语。之后,即卜卦看"禾魂"是否已回?如鬼师说,"禾魂"已回来了,群众即在地上寻找,看到小虫(蜘蛛、蚂蚁等类)即捉回去,谓为"禾魂"已喊回来(喊禾魂的禾把留做来年的种子)。

[贵州省编辑组:《苗族社会历史调查资料》(二),第 124 页,贵州民族出版社 1987 年版。调查时间:1957 年 4—8 月]

8. 贵州贵定县仰望乡苗族叫米魂

叫米魂是由阴阳先生主持。用一只大公鸡、一块猪肉、十二块豆腐干、五六尺布、一张桌子摆在大门前招米魂进仓。搞完之后送阴阳先生一升米、一块二角钱。

[赵崇南:《贵定县仰望乡苗族原始宗教调查》,《贵州民族调查》(之二),第 310 页,贵州省民族研究所,1984 年 10 月。调查时间:1984 年 3—4 月]

9. 贵州贵定县定东公社苗族喊米魂

每年农历二月举行,主要是把"米"的魂魄招来,免得它放荡不归家。喊了米魂,当年庄稼长得好、五谷丰登。要用狗一条、鸡一只。把杂粮五谷、白银(石头代)分为一挑,由一人挑起。在鬼师喊魂的神龛面前不能换肩,但可用衬子衬起休息片刻。如果是喊半天米魂,抬的人是够受的。因此,抬的人要选力大有忍耐性的人。

[杨昌文:《贵定县定东公社苗族社会调查》,《贵州民族调查》(之二),第 341 页,贵州省民族研究所,1984 年 10 月]

10. 湖南城步县苗族的"动春节"

三月三,是指农历的三月初三日,这一天是城步苗族的"动春节"。为了祈求祖先保佑,使当年五谷丰登、人畜两旺,就要杀猪、杀鸭、做糯米粑敬祖,并接女儿、女婿回家团聚。但活动方式因地而异。长安公社六马大队的苗族在这一天炒猪肉时,要先放水后放肉,还规定接回来的女儿、女婿不能与娘家同吃敬过祖先的猪肉。江头司公社茶园大队的苗族则另有一种特殊习惯,当女儿、女婿和其他客人吃了过节饭之后,客人必须不辞而别,否则就是对主人的不尊重。

[《城步苗族自治县概况》编写组:《城步苗族自治县概况》,第 26—27 页,湖南人民出版社 1984 年版]

11. 湖南城步县苗族的"禾蔸节"

六月六,也就是农历的六月初六,这一天是苗家的"禾蔸节"。每年禾蔸节,苗族要杀鸭子敬"五谷大神",买肉打酒,邀亲友聚会。饭前,主人要戴上斗笠到田头给五谷大神"挂青"(即插上纸钱)并设酒祭奠,路上遇见最亲热的朋友也不能说话,彼此遮面而过,表示对"五谷大神"的一片专诚。城步苗族为什么要敬这位"五谷大神"呢?因为自古传说五谷大神为了救活饥饿的人群,曾将自己的奶汁挤出来施舍,每一滴奶汁便凝结成一粒白米,后来奶子挤出血来就变成了红米,再挤下去,血也挤完了,五谷大神也就死了,但他的奶汁所变成的稻米却为人们所种植,养活了一代一代的人。苗家为了报答"五谷大神"的恩情,每到农历六月初六禾苗快抽穗的时候便去田头挂青,表示纪念。

[《城步苗族自治县概况》编写组:《城步苗族自治县概况》,第 27 页,湖南人民出版社 1984 年版]

12. 湖南城步县苗族的"罢谷节"

"罢谷节",意思五谷收割完毕之后庆贺丰年。过"罢谷节"在城步各姓苗族中时间各异。五团公社杨姓苗族在九月"霜降"以前的"未"日过节,银姓苗族则在"卯"日过节。过节时要杀猪、打粑粑和蒸糯米酒祭祀祖先。敬祖时,全寨子每家每户都要拿两个粑粑到特设的节坪里去供祭,祭祖之后,大家才一起开怀畅饮,共庆丰收。

县境东南部白毛坪区的苗族没有过九月"罢谷节"的习惯,而是在每年农历十月份的第一个"亥"日过他们的苗年大节。主要活动是祭祖。这一天,寨中为头的头首,把已蒸好的甜酒和糯米粑粑抬进庙里,各户又凑钱将买来的大肥猪抬进庙里去宰杀。祭祀完毕,大家便在庙里吃甜酒、粑粑和煮熟的猪血猪杂,叫做吃"猪屎汤",凡出了钱的人家都能分到生猪肉带回家去。祭祖这一活动叫做"庆鼓堂",全寨人敲锣打鼓、吹芦笙、跳舞唱歌,欢乐一天一晚,亲友团聚欢乐异常。

[《城步苗族自治县概况》编写组:《城步苗族自治县概况》,第 27—28 页,湖南人民出版社 1984 年版]

13. 广西融水县苗族"吃新禾节"

"吃新禾节"要选吉利的日子,一般为农历六月初六、初八或十二、十三不定。在过节这一天,人们到田里摘些将熟的禾穗回来和饭一起煮,并杀鸡杀鸭祭神,意思是表示庆祝丰收。

[广西壮族自治区编辑组:《广西苗族社会历史调查》,第 177 页,广西民族出版社 1987 年版]

14. 广西融水县苗族"过社"

"过社"有二月社和八月社两次。二月社杀猪，八月社宰鸡鸭。社日那天不准晒衣服、踩田及上山烧火等，违者罚用猪、牛、鸡、鸭来祭社，还规定凡要去敬神的人在过社前三四十天内不得参加红白喜事。过社敬神要请鬼师，并送给鸡、鸭肉作为报酬。过社杀的猪每年都抽签轮流饲养，杀时按户平均分配，但要给钱。

[广西壮族自治区编辑组：《广西苗族社会历史调查》，第177页，广西民族出版社1987年版]

15. 海南苗族的新禾节

新禾节是苗族古老的传统节日，节期在山栏稻抽穗扬花的农历八月份，但日子没有一定，每年也不同一日，须由道公看通书找一个黄道吉日。是日杀鸡、买肉和元宝香烛等，在山栏园里采摘三五片稻叶放在饭内蒸，以这些叶和饭等祭祀家神祖先，预祝山栏稻丰收。进食时这些饭只许家里人食用而不能给外人吃。

[《海南黎族苗族自治州概况》编写组：《海南黎族苗族自治州概况》，第54—55页，广东人民出版社1986年版]

16. 云南金平苗族在生产方面的宗教活动

一个是在栽完秧后在田边杀鸡致祭，而在山地是没有这种仪式。猎获大的野兽要祭山神，在他们中间选出经常狩猎的人祭祀山神，由他负责每一次的祭祀，然后祭山神的猪头归其所有。

[云南大学历史研究所民族组：《云南省金平屏边苗族瑶族社会调查》，第38页，1976年内部出版]

第二节　祈求社区清吉的祭祀活动

1. 贵州榕江县两汪公社空烈大队苗族"退火殃"

"退火殃"，当地苗语叫"喜下多"。据说"火殃"是一种很厉害的大鬼，专门纵火烧房。如若有人惹恼了它，那就必然遭受火灾。

我们所调查的几位苗族老人都异口同声地说他们看见过"火殃鬼"，而且就在今年阴历二月十五日的下午两点来钟还看见过一次。据说它是一团火球，圆圆的，有篮球那么大，后面还喷出二尺多长的火星像尾巴一样。经过空列寨前面的上空从东向西飞了过去。据说，"火殃鬼"只要掉到哪一个寨子，该寨肯定会遭火灾。

以前每个寨子一年或两年必须搞一次"退火殃"。最近的一次是在一九五〇年搞过一次。一般是由寨老做发起人，由全寨每家凑钱买肥猪一只，毛色最好是白色，如无全白的，花猪也行，但是不得用全黑毛的猪。同时须请鬼师一个来负责搞"退火殃"。

"退火殃"的当天要对村寨的各个路口进行封锁，本寨人不得出寨，外寨人也不得进寨。如有人违反，那么，本寨今后如发生火灾要对该人追究责任。"退火殃"时鬼师要连同其余四人到寨内每家挨门挨户串寨。第一个人拿竹箩筐一个，走到哪家该家都须往箩筐里倒一合米。第二个人拿撮箕一个，走到哪家都要去火塘抓一把灰放于撮箕内。第三个人担水一担，走到哪家都往火塘里泼水。第四个人肩上扛一木棒，棒上拴一只白色公鸡。鬼师走在最后。前面四人都走出家门后，由鬼师在屋内打卦念咒，大意是要"喜下多"赶快离开该家，不要前来作祟。打卦必须要胜卦和阴卦才吉利，阳卦者主凶。因此，如打了阳卦，那还得重新再打，一直打到胜卦和阴卦为止。打卦完毕，鬼师正欲离开该家时，该家的妇女要抓一把灰撒于鬼师身上，意思是要鬼师将"火殃"背走。当鬼师离开家门之后，该家的全体成员也都必须把门关上离开屋子，到寨子前面的河边集中。鬼师连同其他四人串完全寨各家后也来到河边，把装灰的撮箕放到河中让水冲走。然后大家把猪杀掉，煮熟由全寨人共食。吃完后已是天黑，大家把火全灭掉，将剩余的东西倒在河里，摸黑回家。

由于"退火殃"时已将全寨各家的火灭尽，人们要重新点火时不得在寨内或寨边点火，也不许用火柴引火，据说这种火是燥火并容易招来火灾。只能跨过一条河用钻木取火或用敲石取火的方式引火，然后再将火种分给全寨各家，据说这种火是"老火"可避免火灾。

"退火殃"的整个过程即是如此。

[王承权等：《榕江县两汪公社空烈大队苗族调查报告》，《月亮山地区民族调查》，第 384 页，贵州省民族研究所，1983年 6 月。调查时间：1983 年 4 月]

2. 贵州榕江县加宜公社苗族"退火殃"祭仪

"退火殃"，苗语称为"勒下"。过去每个寨子三年必须搞一次。据说"火殃"是一种很厉害的大鬼，专门纵火烧房。寨子如若三年内不搞"退火殃"，那就会大祸临头。

人们对"火殃"如此恐惧并非完全是凭空产生的，因为这里的房舍几乎全是用树木构建，屋顶多以树皮或茅草覆盖，并且房屋都很密集，一家紧靠一家。加之这里煮饭不用炉灶，都在火塘上进行，而火塘上边的二米左右的空间，一般都挂一个吊篮烤烘稻穗，因此稍有不慎即会失火。同时，还由于这里的村寨多坐落在半山腰上，饮水十分困难，一般要走半公里路程，方能取回一担饮水（有的寨子甚至要走一公里左右），大多数人家是吃一顿挑一顿，没有储水的习惯。在这种情况下，一旦失火，很难扑灭。人们仅有的一点财产顷刻间便会化为灰烬。解放后，仅加宜公社就已经发生了几次火灾：一九五〇年九月加宜寨贾从光家失火，四户人家房屋被焚；一九六二年加舍寨发生一次大火灾，全寨二十多户有一半人家的房屋被毁；一九六六年五月栽秧时节，加宜寨蒙老八家失火，有三户人家被连累遭殃。一九八二年十月份九秋大队一、二生产队发生了一次毁灭性的火灾，全寨三十四户人家仅梁老高一家幸免于难，其余三十八户房舍都被火吞噬，损失各种物资约十三万多元。面对这种情况人们都感到无可奈何，但是，他们又都找不到一个可行的防御火灾的有效办法，于是只有祷求鬼神。把火灾发生的原因全部归于想象中的"火殃"作祟。直到去年加宜寨还由大队领导出面张罗，由每户人家出一角八分钱搞了一次"退火殃"的活动。

"退火殃"都在每隔三年的腊月最后一天下午的两三点钟进行。整个活动由寨老主持。全寨各家要凑钱买毛色为红色的狗一只（必须是公的）和公鸡一只（毛色不论）供"退火殃"时使用。从当天清晨起即开始对寨子周围的各个路口进行封锁，禁止通行（一般都打草标或以木杆横架于路口作为标记）。外寨人不得进入本寨，本寨人也不许出寨，违反者按规定罚狗一条、鸡一只。

"退火殃"开始前约一个小时左右，全寨各家必须把家里的火全部灭掉，甚至抽烟也不许可。然后，每家出一名男性家长（妇女不许参加），集中在寨内的一块空地上，整个场面气氛严肃，不许嬉笑，并将狗和鸡带到现场。接着，鬼师以三尺白布包头，头上盖小铁锅一口，手执铁剑一柄，站立于中央开始作法念祷词，大意是要"火殃"远离此地，不要再回来游荡，纵火烧寨，危害百姓安全。念毕，由寨老领头，众人用绳子把狗和鸡拖出寨外，边走边吆喝起哄，表示驱赶"火殃"出寨。并且必须跨过一条小河，这样火殃才不致返回。然后用绳将鸡勒死，以木棒将狗击毙。鸡由鬼师拿去食用，狗肉则绝不能食，因为在这个时候它是"火殃"的化身。必须用刀将其剁为几段，再埋入深坑中，使其不再钻出来捣乱。至此，"退火殃"的整个过程即算完结。据说，经过"退火殃"之后本寨就可免去火灾。这里还有个情节值得一提，"退火殃"后各家要重新点火做饭均不得用火柴或击石引火，因为这些都是人间的"凡火"，会引来火灾。而只能用干毛竹一小段，将其剖为两半，用一块覆置于板凳上，而以另一块的一个边口在其上用力摩擦，下面放一小团火草。摩擦生热迸出火星，引燃火草，从而达到取火的目的。然后把火分给各家做饭。据说，这样得来的火是"仙火"，不致引起火灾。

〔王承权等：《榕江县加宜公社苗族调查报告》，《月亮山地区民族调查》，第 347—349 页，贵州省民族研究所，1983 年 6 月〕

3. 贵州榕江县两汪公社两汪大队苗族"退火殃"仪式

"退火殃"，苗语叫"舍酿"。近几年来，两汪寨居民因麻痹大意经常失火，引起人们十分关注。两汪寨是山区的小集市，又是两汪公社所在地，这里有供销社、信用社、粮库、林业站，房子一幢接一幢，都是木质结构。人们十分担心一旦发生火灾，将使国家和人民的财产蒙受损失。人们对平常失火的原因议论纷纷，说是因为多年来寨子没有举行退火殃祭祀活动，是火种在惩罚大家。两汪寨的群众便商议举行"退火殃"。一九八三年三月初六，趁公社干部外出开会之际，全寨举行"退火殃"祭祀活动。两汪寨分两个生产队。一队从乌当寨买了一头一百四十斤的猪，酿了五十斤酒；二队买了一头一百一十一斤的猪，出一百三十斤酒。两队共买一只鸭，并从寨蒿区朗洞倪家请了一个大鬼师及徒弟共三人，前来主持"退火殃"的祭祀仪式，每人付给三元报酬。

祭祀仪式在一队队部举行。队部墙上挂着一幅神像，神像下放一张桌子，桌上摆一升（方形的）米，米上插上两支蜡烛，放三元三角钱（祭毕归鬼师），桌子上再放五杯茶、二碗豆腐，以及用黄纸画成的符幛一百多张。用两根楠竹破成竹篾编成一只船，摆在门口。船的两头各用稻草扎一个草人，糊上白纸，用笔墨画成有眼、鼻、嘴、耳朵的人像。鬼师身穿长袍，手拿法器，一个徒弟打锣，一个徒弟击鼓。

祭祀前，全村寨的男子集中在祭场的两侧，妇女不能参加。在村子进出口处，人们拉上一根绳子，系上草标，禁止外人进村。各家各户将火塘的火熄灭，门上放一碗水、一碗米，米上放二至三角钱，准备迎接鬼师来家里"退火殃"。

祭祀时，先点烛、焚香，由鬼师边敲木鱼，边念退火殃经。念毕，由四个人抬着竹船游村串户，一个人抱着一只活公鸭在前面开道，鬼师和徒弟随后，边击木鱼，边念经，众人簇拥竹船，紧跟鬼师后面，到各家各户去念退火殃经、贴符幛。鬼师到每家门口时，竹船停在门外，由抱鸭的人和鬼师们进屋去，在堂屋里绕一周，在火塘边念一段退火殃经，这时有专门的人将门口摆着的一碗水倒在火塘上，象征将火灾扑灭了。鬼师在门口扔竹卦，直到满意后才离去。随后，有一个挑箩筐的人来收摆在门口的一碗米和钱。另有一个身材较高的人手拿着糨糊，往大门上贴符幛。

游村串户结束后，大家来到两汪河边的一个平地上举行送火殃神的仪式。开始由一个人用刀子先将猪捅一刀，大家接着用石头将猪砍死，将竹船放到两汪河中，点燃草人，让船顺流而下。河岸上的人们焚香、烧纸，送船远离村寨，鬼师猛击木鱼，高声朗诵退火殃经，将在前开道的公鸭就地放生。这时候才通知各家可以重新生火，祭祀仪式才告结束。

男子在河边将猪开膛、洗净、煮熟，按全村人数来平分猪肉和酒，以户为单位，大家就地野餐。过去"退火殃"所开支的一切费用按户平摊。这次费用由生产队的公积金开支。

［刘龙初：《榕江县两汪公社两汪大队苗族的风俗习惯专题调查报告》，《月亮山地区民族调查》，第416—417页，贵州省民族研究所，1983年6月］

4. 贵州从江县孔明公社苗族扫寨

扫寨又叫"退火殃"。当地苗族群众认为失火烧寨子是由"火殃"鬼引起的。孔明公社苗族群众的住房大多依山势而建，全是木结构，房顶上盖的也是树皮，且建造得比较集中，房子挨房子。一但失火烧起来，损失极为惨重。有些寨子被火烧过之后，一二十年也难以恢复起来。所以他们每隔三四年要由鬼师主持进行扫寨仪式，把藏在寨中的"火殃"鬼赶走。如遇哪个寨子失火，那就马上进行扫寨退"火殃"活动。平常扫寨"退火殃"的仪式是这样的：每家每户的火塘全部用水淋熄，由鬼师召集全寨子的人到寨子中央集中。鬼师念咒语。念完之后便拉上一条狗在全寨到处乱跑。最后要过一条河，拉着狗从河中走过去。过去之后，即把狗打死，埋在地下。他们相信，这样搞过之后，"火殃"鬼便随狗去了。搞完上述这些活动之后，方重新进寨。派一人到别寨去买火来，各家各户再到买火来那家去引火回家重新烧起火来。举行扫寨"退火殃"仪式时，要在寨头拉一根草绳，上面扎着"草标"，表示禁止外人进寨。如有外面的人进寨，下次扫寨之前如发生火灾，便要由那个进寨的人负全部责任。

笔者在调查过程中，亲身参加了一次扫寨"退火殃"活动。

四月四日晨，听说凌晨两点钟摆里寨失火，烧了二十六家，笔者赶紧起床与县民委会的吴国治同志及几个公社干部一起去摆里。公社所在地离摆里约十里路。我们到达现场时，余火还烧着，遍地灰烬，一些人站在自家的地基旁边用长长的竹竿挑着还可使用的家什。

一会儿，公社秘书小王告诉我，说未搞"退火殃"之前不可离开。如离开的人经过别的寨子，别寨以后失火便要负责。

"退火殃"的仪式在一块寨中比较平坦的高地上举行，时间大约在九点钟，两个鬼师——一老一少。年长的那位约七十岁，年少的那位约三十岁，并排站着。他们的前面放着两只水桶，里面装着大半桶水。水桶旁边放着两把谷草。其余的人则在周围肃立着。那位老鬼师手中拄着一根高出人头的木棍，手握木棍处，还捏着一小吊谷穗。他的右手拿着两小段木块，约手指粗细。头上扣着一只白色的脸盆（据公社干部说，应戴铁帽，因一时找不到，权以脸盆代之）。老鬼师神情木然，呆呆地望着前面的余火灰烬，口中念念有词，大概是念咒语。念几句，便把手中的木块向地上掷去；然后又念，又捡起来；又念，又掷下去。如此不断反复。那个年约三十的小鬼师，右手拉着一条黑狗，左手拄着一根竹子。竹子的枝叶均未去掉，上面倒吊着一只公鸡。

老鬼师那样口中念念有词地念了约十来分钟之后，便与那年轻的鬼师拉着狗、拿着鸡向寨外走去。他们刚走，便有两个青年人一个提一只水桶，拿一把谷草，分头向相反的方向走去。他们拿谷草在桶里蘸上水，然后往余火灰烬上洒去。

狗和鸡在寨头上杀了，没有埋掉而是煮熟，在场的人每人可以吃一小块。出寨子的路口正中烧着一小堆火,出去的人都必须从火上跨过去。

这就是一次具体的扫寨"退火殃"活动。搞完之后,在现场的人便可以自由行动了。后听说当天早上除了上面提到的这个被烧的摆里寨搞扫寨活动外,周围其他的寨子都搞了扫寨"退火殃"活动。"火殃"鬼寨寨痛恨,人们群起而赶之!

[赵崇南:《从江县孔明公社苗族鬼魂崇拜调查》,《月亮山地区民族调查》,第467页,贵州省民族研究所,1983年6月]

5. 贵州贵定县仰望乡苗族的扫寨仪式

仰望乡海贝苗的扫寨习俗还有一段离奇的传说,说是董仲书的小孩是天上神星七姊妹的崽,儿童们都骂这个小孩是"有父教无娘养"。他便问鬼:"为什么我有父无母?"鬼神回答道:"你母在天上,你七月初一到寨子对面坡上去看,裙子上有一点红色的女子就是你母。"到了这天,他就去看,有七个女子,第七个女子的裙子上有一点红,便认出是他妈。他对他妈说:"妈妈,人家骂我!"他妈就给他一粒珠(火星),他带着这珠(火星)往回走。鬼师看他得火星回来,赶快关门。他就把火星一甩,寨子就被火烧。从此就必须年年扫寨。这里扫寨每年举行一次,但各寨扫寨时间不同,或古历三月三、六月六、九月九。其办法是:请一个鬼师,用一只公鸡,每户出一二元钱。各户不灭火,但这天上午用各户凑的钱买东西在寨子外面的沟边吃饭。鬼师念唱一通后,再吃完饭,即行结束。

[陈天俊:《贵定县仰望乡苗族社会调查》,《贵州民族调查》(之二),第251页,贵州省民族研究所,1984年10月。调查时间:1984年3—4月]

6. 贵州贵定县定东公社苗族打保寨

打保寨,苗语叫"所促"。"所"是扫,"促"是寨子,意即扫寨子、扫火殃,同于"退火殃"。通过打保寨把火鬼赶走,全寨才不至于受火灾。以寨为单位,每年一次。时间是阴历十月或冬月十五、十七、十九。由寨老组织大家合资买好鸡、鸭、狗、猪肉、酒等。进行时连鬼师一起共五人。鬼师一手拿雄鸡,一手拿包谷、净水、黄旗伞走在前,四人跟其后,第一个手拿水瓢,第二个拿坝芒草扎的船,船上放有一只鸭,第三个抬狗(公),第四个手持五梧子树做的木叉。每到一家,鬼师念念有词,并一问一答,鬼师问:"火有多高?"答:"火有三尺高。"又问:"水有多高?"答:"水有三丈高。"……随后,鬼师口含净水吐出,第一个拿瓢的人把火淋熄,不留火种。第四个人将五梧子木叉把刚淋熄的火胡乱地搅一遍,唯恐火不熄。这时主人把熄灭的火灰撒在鬼师和来人身上。火鬼就被这些人赶走了。如此这般的家家串到。寨老指定一个地方生火(用火镰、火草起新火),各家又从新火的地方把火种带回家。吃一餐酒肉方散。吃不完的东西不能带回家,留到第二天吃,如果不多就倒掉。这种活动女人不能参加。

[杨昌文:《贵定县定东公社苗族社会调查》,《贵州民族调查》(之二),第342页,贵州省民族研究所,1984年10月]

7. 贵州镇宁县马场乡苗族扫寨

这里苗族扫寨的目的是为了扫除瘟疫和鬼火。扫寨是在每年二月或七月进行。扫寨的方式是用一个猪头、一只鸡、两碗酒,用稻草扎成两把似人形的物件,表示是瘟疫和鬼火。再用一碗米、一碗酒,老莫到全寨各户进行做念,同时用竹卦来打卦(占卜),两只卦片一翻一扑才是好卦,若不这样则再次打卦,一直打到合此要求为止。于是,又端一碗水做念一阵后倒在灶边,意味着扫除了鬼火。把全寨各家的鬼火扫了后,还要剪一个纸人、两把木刀,拴在寨子边,这就表示瘟疫和鬼火均被消灭,扫寨结束。

[陈天俊:《镇宁县募役区马场乡苗族社会调查》,《贵州民族调查》(之三),第63页,贵州省民族研究所,1985年10月]

8. 贵州长顺县广顺区苗族扫寨

苗族村寨每年十月间或二月间进行,如果有人看见天火时就得提前进行,他们说天火来,地火引,这方来,那方起,来时是一串串的。扫寨时由全寨人出钱请鬼师。鬼师要戴个斗笠,身上要佩一把宝刀。鬼师要在寨子里的某一家设上一个祭堂,先在祭堂内烧香磕头,祭奠祖宗,请祖宗保佑全寨平安,消灾化祸。念完后,鬼师从祭堂内出来,让几个人抬上一个纸扎的船,拎一桶水、一只鸭子、一只鸡,这几个人跟在鬼师后面,鬼师挨家挨户地走,到每一家灶前念一番,意思是说,请灶神菩萨把火看好,把火封好,鬼师就从桶里舀一水缸泼在这家的地上,然后画一个符草贴在这家大门上。一家一家走过后,鬼师就把抬着的纸船拿到河边烧了。然后全寨男子就聚于河边,把鸡鸭和事先凑钱买的酒菜拿到这里,加上柴火煮熟饱餐一顿,妇女是绝对禁止参加的,吃完大家各自散去,扫寨至此结束。

[邹晓辛:《长顺县广顺区苗族布依族习俗调查》,《贵州民族调查》(之五),第396页,贵州省民族研究学会、贵州省民族研究所编,1988年]

9. 贵州台江县翁脚乡苗族招龙谢土

就是酬谢龙脉或村里发生了疾病、火灾以后,大家认为龙走了,失去了庇佑的缘故,这就得把龙招回来。龙在苗族人民的心目中是一种吉祥幸福的象征。因此,招龙谢土的时间一般是在秋收以后的十月或春耕生产即将开始的二月进行。

招龙谢土的日期大都择在"辰"日即"龙"日，他们认为这两个日子里是良辰吉日。择日届时，寨里要备办酒、猪（或牛）、白公鸡、白鹅等。各户还高兴地去通报亲友前来参加。亲友来时要备礼物送主人，一般有鸡、鸭、米酒和钱（几元即可），还要放爆竹。

在节日前三天，寨上家家户户大搞清洁卫生，把堂屋四周、火塘上下、灶房左右、屋前四周扫得干干净净，连蛛网都不留一根。

招龙的程序是：请一位精通本氏族历史和风俗习惯的巫师来制备红、黄、蓝、白等各色纸人、小三角旗和扎彩竹条。在当天晚上，全村男性老少都穿上新衣服，分别带着小旗、纸人和彩竹条，牵牛、带鸡、鹅和鞭炮，排成队伍，由巫师带领，敲锣打鼓、吹笙从村里出发，沿着本村与外村交壤的地界迂回地往山去，但不得踏越他人地界一步。每走到交叉路口，由巫师念"招词"，于地上插一纸竹条、小三角旗和一个纸人，放鞭炮才又继续走。一直绕遍本村周围地界，再往本村最高的山头爬，即龙的住处。然后由巫师念过"招词"，请龙下山。人们顺着回村的方向下坡，继而来到村边的水池畔，巫师念安顿龙在池里后，便把牵去招龙的牛、鹅、鸭杀了，淋血酹酒、焚香纸敬供。这时，全村人按户口人头分"龙肉"去吃。

每户主人把"龙肉"煮熟后，切成块或坨分给家人及贺客。客人随即馈赠礼钱，以示庆贺。

晚间，各家各户饮酒同乐，客人祝福主人美满幸福。至此，人们认为龙已回村，来年风调雨顺、人畜安康。有些寨在招龙的第二天要进行吹笙、踩鼓活动一至二天，青年男女则趁机在晚间尽情友访，缔结良缘。

[吴通发：《台江县翁脚乡方白寨苗族调查》，《民族志资料汇编·第二集》，第 132 页，贵州省志民族志编委会，1986 年 10 月]

10. 贵州台江县交下村苗族"董翁"

"董"意为齐，"翁"意为龙，"董翁"就是"招齐龙来保佑地方"的意思，当地汉语通称为"招龙"。据说"董翁"共十二个，男性、女性都有。每个村子都有许多龙保佑，人们才清吉兴旺。龙若走了，大家就感到软气乏力。遇有这种情况经过巫师看过认为必须招龙时，就要进行全村都要参加的招龙活动。"董翁"又称"董引兴、麻海"，"引兴、麻海"是两个人的名字。据说从前有一个人名叫"戛两"的，他曾砍过一棵有六七抱（两手合抱为一抱）大的枫树，砍断树脚时发现"引兴、麻海"在里面。枫树倒后不知过了几许时间，树干已经干枯，并且生了蛀虫。有一天啄木鸟飞到这棵已倒的枫树上啄蛀虫吃，树里又有两个人喊道："你啄往旁边一点，不要啄着我们的脚。"这两人也就从树中出来了。她们就是苗族"吃牯脏"时所歌颂的"卖榜、卖留"。按苗族传说"卖榜、卖留"是人类第七世，"引兴、麻海"是在"卖榜、卖留"之先，但不知他们是第几世。

祭"董翁"用的物品如下：

大肥猪一只（十多户的村子用二三十斤的猪，二十多户的村子用四五十斤的猪。村子越大，用的猪也越多，猪价全村平均负担）；饭（由全村各户凑十来斤米煮成）；酒（十多户的村，每户出米约五斤；二十多户的村，每户出米二三斤，分由二三户酿酒）；"董翁"两个（就是木龙，用长约一百三十五公分，直径约十八公分的杉木两棵剥去皮后做成，以树脚为头，树梢为尾。头有口，口中放以杉木做成的"龙宝"一枚。"龙宝"是圆形，直径约五公分。龙身用木炭画鳞）；凳两根（用一节长约一百三十五公分，直径约十六公分的生杉木劈破为两片，每片的两端各凿一个孔，孔中穿一根贯通上下的凳脚而成为两脚凳。凳脚的下端栽进泥中，凳才不倒；凳脚高约六十公分。凳脚往上穿的那端，高也是六十公分。这是预备做在祭"董翁"时全村妇女拿棉花条挂上用的）；"商大"数百人（就是用纸剪的"纸人"。每个纸人用一根竹签夹住，以便插在地下）。

祭"董翁"时还要祭"戛吓"。祭"戛吓"用的物品如下：

老白公鸡一只；"打醒戛吓"一棵（用直径约二公分，长约一百三十五公分的五棓子树枝，剔去枝叶，并剥掉皮，上悬用纸剪成的"兴所"即成）；酒约半斤（在全村人共同出米所酿的酒中取用）；师米一碗。

"董翁"应在龙日（即辰日）的昼间举行，在举行的前一日就在场子的两端各栽一根凳子。现在按照"董翁"的顺序来叙述其具体过程。

第一场　喊龙

在举行"董翁"那天鸡鸣时（大致是凌晨二三时左右），预先确定的人就出村向所有的通向本村的道路上去喊龙，每条路都由两个人负责：一人带纸剪的"商大"和一点米，一人拿芦笙，走到本村与外村交界的地方（如山坳或小溪等自然界线）去喊龙，一般是距本村十来里路。二人到达时天已亮了，就在山坳略向本村倾斜一点的地方插一对纸剪的"商大"，并撒几粒米后就高呼："龙起来，随我们喝酒吃肉去！"这时另一人就吹起芦笙来，一面吹一面向本寨走。在途中遇一个山坳或一个坡时，又同样插一对纸"商大"、撒几粒米，用同样的话喊龙，吹芦笙的仍不停地吹奏着。回到村里"董翁"用的场子（这里没有什么建筑物，平时就是人们乘凉聊天的地方），就把剩余的纸"商大"沿场子周围插一圈。各路喊龙的人回到村子时都一样插纸"商大"。随到随插，插完即回家吃早饭。

第二场　祭"戛吓"

在喊龙的人已经出发后，祭"戛吓"的人及鬼师就到"董翁"场祭"戛吓"。两个"堕白"把两个"董翁"摆在场中的地上，把"打醒戛吓"栽在挨近一根凳子的地方（挨近哪根凳子都可以），在凳上摆三个酒杯（或碗）和一碗师米。如图。

鬼师坐在带去的小凳子上面，对着新栽的并摆有酒的那个两脚凳念咒请"戛吓"莅临。"戛吓"是三个，都是男性，住在"戛掌卡麻"。"戛吓"有两种，一种叫"吓金、虾你"，又叫"吓不"（"不"意为保佑），就是保佑人们的"戛吓"。另一种叫"吓养、

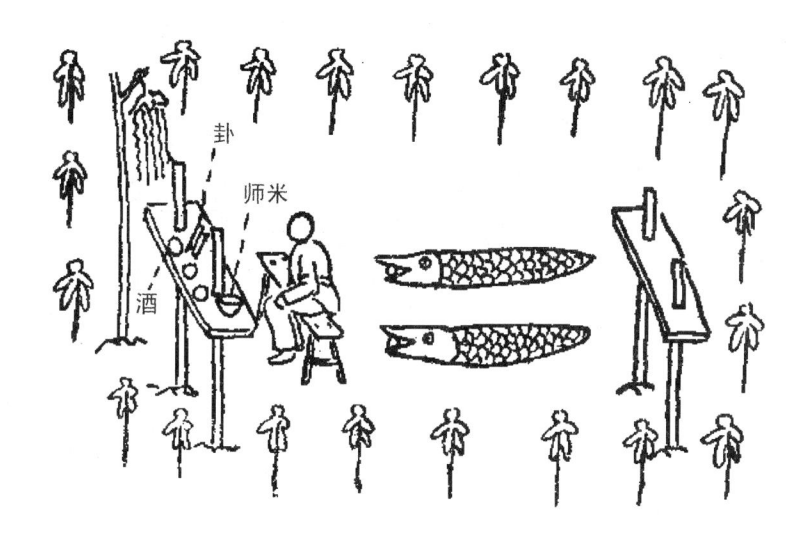

"吓同"，又叫"吓朋"，就是一对"戛吓"的意思。"戛吓"到台江县交下村的路线是由"戛掌卡麻"经"钢方细朋"而来，路线同"拜呆告九"一样。

鬼师念请"戛吓"到达并把祭物交代后，即由"堕白"杀鸡，用火烧掉鸡毛，刮整、洗净，再剖开取出全部内脏，然后煮这个整鸡，不能切成块。内脏不能和在一起煮，人们认为内脏是脏的东西，不能用来祭"戛吓"。

熟肉的陈设是，鸡头摆在中间，两边各摆一只翅膀和一只脚，摆成三堆。肉切好平均配搭在这三堆上面。鬼师仍坐着念咒，向"戛吓"提出要求后就请"戛吓"吃。这时"堕白"即倒一点酒、掐一点肉于凳上，表示"戛吓"已吃。鬼师及两个"堕白"举行"八崩"表示陪"戛吓"。然后鬼师再念咒送"戛吓"走。

第三场　祭"翁"

祭"翁"是在猪肉煮熟后举行，预先不交代活猪。在举行祭"戛吓"的同时，两个"堕白"就把猪杀了。这是一只大肥猪，但不用热水烫刮毛，只是用火把毛焚掉，据说这是习惯，不是属于什么禁忌。洗整完毕后，将肉砍为十二块，连肝、肺、心、肾等煮在一起，作为祭祀之用。肠子、肚腹另煮在一起，因为这是脏的东西，不能做祭祀之用。

熟肉的陈设也由"堕白"负责，既不用桌子，也不用碗装，而是把原先砍煮的那十二块肉摆在两个木龙的身上，再把猪心和中间那一块肉摆在一边，以两个猪肾摆在猪心两边的那两块肉上，以猪肺的大半切为九块摆在未摆猪心、猪肾的那九块肉上。肺的小半及肝各平均分为十二股配搭在十二块肉上面，并且每块肉的上面都各摆有一个饭团，"董翁"（木龙）的面前摆十二杯（碗）酒，如图。

陈设妥当了，鬼师戴着"摸两"（用篾编的帽子，形状和欧洲人的礼帽相似）。穿上长衫坐在小凳上念咒请龙回来，并要按照巫师的指示，从它现在的所在地把它请回来。

同时又把本村周围数十里内所知道的水塘、水潴都念到，每念到一处，都说："有龙没有，有龙即随我们喝酒吃肉去。"并且要把本村附近的大山（神灵）、同家族和附近地带的已死的有名望的人物普遍请到。鬼师念咒是用"鸟大"的声调。全部咒语如下：

第一段

旧年过去，新年到来。／新年是个太平年，新年是个好年。／今天是庚申日，今天是个好日子，／皇帝晒衣服，汉人立楼房，／鱼在河边晒鳞甲，山上麻雀晒羽毛，／大老爷出门，跟随者一百。／今天他家开酒坛，拉猪来杀，／杀个猪一囗长，开坛酒一囗深。杀猪不是送亲戚，也不是送客人，／是杀来请你们白龙，杀来招待你们绿龙。／今天请你们十二条大白龙，今天待你们十二条绿龙，／我喊一句你们就上前来，我喊一声你们就来快些，／你们来住在大坪子，来住在大地方，我们地方和寨子，因为住不安，寨子也不热闹。／所以喊你们白龙，叫你们绿龙，／来保佑我们的寨子和地方，保佑老人，／保佑青年，保佑大人，／保佑小孩，保佑我们这个地方，／大家吃菜也甜，吃饭也香，／大家的脸红像太阳，脸肥像月亮，／上坡有劲，下坡也有力，／你们坐着等，歇着等。

摸两

图三十二

第二段

这地方不热闹，这寨子不清吉，／喊白龙，叫绿龙，／我喊一句你们上前来，我喊一声你们来快些，／杀个猪一囗长，开一坛酒一囗深，／不杀给亲戚，不杀给客人，／是杀来请你们白龙，你们来到这地方，／来到这寨子，来住我们这地方的龙潭，／来歇这寨子的龙塘，来保佑这寨子，／来保佑这地方，你们来招扶我们就好，／你们保佑我们就平安，保佑老人，／（以下咒语与第一段末的十二行同。即"今天请你们十二条大白龙……"）

第三段

这地方不热闹，这寨子不清吉，／杀个猪一囗长，开坛酒一囗深，／不杀给亲戚，不杀给客人，／是杀来请你太阳爹，请你月亮妈，／太阳爹从金门洞下来，月亮妈从银洞下来，／来保佑老人。（以下咒语与第一段末的十二行同。即"今天请你们十二条大白龙……"）

第四段

我们这个寨子，有九十户，／有一百家。猪只杀一囗长，／开坛酒一囗深，／来请太雍河"弄几养这"（水塘）的白龙，／请太雍河"弄几很这"（水塘）的绿龙，／叫你们顺河下来。／又请太雍河"几舍这"（水塘）的白龙，／太雍河"几求这"（水塘）的绿龙。再往下边走，／请"搞鸟潭"的白龙。你从"搞鸟潭"来，／我喊你一句，你就向前来。／我再向前头走，请"误布塘"的绿龙。／再上前去，／请"王冈塘"的白龙（王冈在剑河县南甲寨脚），／我喊你一句，你就上前来，／背上背龙崽，面前抱龙崽，／大的大，小的小一起上来。／我再走上面，／请"卡空"塘的白龙（卡空在南甲寨脚），／你从"卡空"来，请"卡空"塘的绿龙。／我再到上边来，请"弄发"滩的白龙（弄发在剑河县），／请"者香"塘的绿龙，背上背龙崽，／面前抱龙崽一起来。我再走上面，／请"几西"潭的白龙（几西在剑河县五西村），／又叫绿龙。我再上边走，／经过"戛力"潭（戛力在剑河县），又过"甫袜"潭，／又走来上边，／请"几奶"潭的白龙（几奶，台江掌戛皆寨脚）。／"几兔"的绿龙，喊你一句，／你就上前来，叫你一句，／你就来快些。来住我们寨子的龙潭，／来歇我们地方的龙塘，我们把酒坛开，／把猪来杀，有新鲜肉，／干净肉，你们坐着等，／我再去喊。

第五段

我们这地方不热闹，我们这寨子不清吉，／杀个猪一□长，开坛酒一□深，／请剑河"戛误鲁"塘的白龙，请"戛误鲁"塘的绿龙，／我喊一句，你们就上前来，／我喊一声，你们就来快些。／我上到"弄龙"（坡上的大塘在剑河县），／请白龙请绿龙。（以下十二句咒语与第四段末"喊你一句"至"我再去喊"同）

第六段

又到"翁豆"的大塘，请白龙、绿龙。／我喊一句，你就上前来，／我喊一声，你就来快些，／我到"翁比"（翁比在台江县孝弟乡），请"央老"塘的白龙，／又请绿龙，我喊一句，／你就来快些，我到"瓮多"（瓮多在台江县交密乡），／请"相故"的白龙，又请绿龙。（以下十二句咒语与第四段末"喊你一句"至"我再去喊"同）

第七段

我到"雍昂"塘（"雍昂"在台江县），／我到"几补"塘（"几补"在台江县孝弟乡），／请白龙，／请绿龙，我喊一句，／你们就上前来，我喊一声，／你们就来快些。我们到"翁牛"（翁牛、几刀在台江县孝弟乡），／又到"几刀"，／请白龙，请绿龙，／我喊一句，你们就上前来，／我叫一声，你们就来快些。／我到"翁独"（"翁独"在台江县南宫乡的坡头），／"张俄"（高坡上的塘）南宫，请白龙，／请绿龙。（以下十二句咒语与第四段末"喊你一句"至"我再去喊"同）

第八段

我到南东寨（南东在剑河县太雍乡），五顺寨（五顺在剑河县太雍乡），／喊五带寨（五带在剑河县太雍乡），叫张节寨（张节在剑河县太雍乡），／我喊一句，你们上前来，／我喊一句，你们来快些。／又喊"树沙老"（"树沙老"，地名，在台江县岩板寨坡头），／叫"树沙腰"（"树沙腰"，地名，在台江县岩板寨坡头），／喊"戛胡麻"（"戛胡麻"，坡名，在台江县交下乡），／叫"戛公雍"（地名），请地脉，／请龙神，我喊一句，／你就上前来，我喊一声，／你们就来快些。我喊"五里"（五里在台江县交下乡），／叫"八批"（八批在台江县交下乡）。（以下十二句咒语与第四段末"喊你一句"

至"我再去喊"同）

第九段

喊"几有"寨（属剑河县九仰乡），叫"九仰"寨（属剑河县九仰乡），／喊"阿那"寨（属剑河县九仰乡），叫"巫交沟"寨（属剑河县）。／喊寨上的首领，叫地方的头人，／我喊一句，你们就上前来，／我喊一声。你们就来快些。／喊"昂奶"，／叫"四登"（昂奶、四登是一个寨子，在台江县巫脚乡），／这个地方出皇帝（往斗勾，簸斗岭的张秀眉是苗族领袖），／这寨子出领袖，喊巫梭（在台江县巫脚乡），／叫反排（在台江县巫脚乡），喊寨子领袖，／叫地方头子，我喊一句，／你们就上前来，我喊一声，／你们就来快些。／喊"边属"寨（寨子名，在台江县交密乡交工），／"麻因"寨，"翁可"塘（在台江县交密乡），／"张新"寨（在台江县交密乡），请这些寨子的领袖，／这地方的头子。（以下十二句咒语与第四段末"喊你一句"至"我再去喊"同）

第十段

喊"汪江"寨（在台江县交密乡），"翁龙"沟（在台江县交密乡），／喊"交密寨"，叫"交包"寨（在台江县交密乡），／请这些寨上的领袖，叫这些地方的头子，／我喊一句，你们就上前来，我喊一声，／你们就来快些。喊五匠寨（在台江县交密乡），／叫南牛寨（在台江县东扌乡），喊张哄寨（在台江县南宫乡），／叫南宫寨，喊寨子的领袖，／叫地方的头子。（以下十二句咒语与第四段末"喊你一句"至"我再去喊"同）

第十一段

喊五舍寨（在台江县东扌乡），叫东扌寨（在台江县的东扌乡），／请这些寨子的神树，请这些地方的领袖，／我喊一句，你们就上前来，／我喊一声，你们就来快些。／喊"昂高"（在台江县东扌乡），叫东义寨（在台江县东扌乡），／喊张灯（在台江县东扌乡），叫八多（在剑河县太雍乡），／喊这些寨子的神树，请这些地方的领袖。／我喊一句，你们就上前来，／我喊一声，你们就来快些。／喊"公歹"（路名，属剑河县），叫"五兄"（寨名，属剑河县），／喊"者那"寨（属剑河县），叫"干舍"寨（属剑河县），／请这些寨子的领袖，请这些地方的头子，／我喊一句，你们就上前来，／我喊一声，你们就来快些。／喊"五脸"寨（属剑河县），叫"九脸"寨（属剑河县），／喊"五很"寨（属台江县），叫"掌衣"寨（属台江县），／请这些寨子的领袖，请这些地方的头子。／我喊一句，你们就上前来，／我喊一声，你们就来快些。喊"瓮两"（洞名，在剑河县五脸乡），叫"瓮很"（洞名，在台江县东扌乡），／喊"大田角"（寨名，在台江县南宫乡），叫"刀欧"（坡上地名，出过皇帝），／喊"咋属"（交下大寨），叫"咋有"（交下小寨），／请这些寨子的领袖，请这些地方的头子。（以下十二句咒语与第四段末"喊你一句"至"我再去喊"同）

第十二段

喊太瓮（寨名），叫"养留"寨，／喊"大赖"寨，／叫"八学"寨（以上四个寨子均属剑河县），／喊张老寨，叫白邦寨，／喊干九（坳），叫巫忙寨（以上四个寨子均属台江县），／请这些寨子的领袖，请这些地方的头子。（以下十二句咒语与第四段末

"喊你一句"至"我再去喊"同)

第十三段

　　喊"弄龙"(坡名),叫"干舍"(坡名),／走上边,喊"康瓮"(意为龙洞),／叫"昂安巴"(台江县交下乡党道背后坡名),／再走上面,喊"昂府力"(台江县交下乡党道后岭名),／叫"弄旧里"(台江县交下乡党道背后坳名),高坡大哥,／矮坡老弟,背上背小坡,／面前抱小坡,我喊一句,／你们就上前来,我喊一声,／你们就来快些。上这边,／喊"播拿夒"(晒糯米架的禾晾坡),走上边,／叫"东弄兄"(坳名),走上边,／喊"养呼独"(坡),叫"播拿留"(大禾晾坡),／走上边,喊"弄干岭"(坡坳),／叫"八昂堆"(坡顶),高坡大哥,／矮坡老弟。(以下十二句咒语与第四段末"喊你一句"至"我再去喊"同)

第十四段

　　来这边,喊"八郎"(地名),叫"翁恶足"(坡名),／喊四登,叫"播夹碗"(坡名),／走下边,喊"确窝"坡(在巫梭),下走那边,喊"帽子"坡(在巫梭)。／高坡大哥,矮坡老弟。(以下十二句咒语与第四段末"喊你一句"至"我再去喊"同)

第十五段

　　走过那边,喊"播张欧"(坡名),／叫"播弄给"(岭名),走这边,喊"昂忙"(岭名),／叫"弄秀"(岭名),喊"播戈拉"(太阳坡),／叫"新你(坡名),昂丁(岭名)",喊"枯马"坡,"播当"坡,／走那边,喊"播偏龙",叫"播呼瓮"。／走那一边,喊"尽保"和"播左"(坡),／叫"保你"和"播哄"(坡)。高坡大哥,／矮坡老弟。(以下十二句咒语与第四段末"喊你一句"至"我再去喊"同)

第十六段

　　喊枫树来保护寨脚,叫"倒"树来保护地方。／喊架给人过路的桥,叫搭给人过路的桥,／喊长的石凳,叫短的石凳,／喊水塘里的"误仰",／叫水井里的"误妮"(误仰、误妮都是水中生的姑娘),／喊九十户,叫一百家,／喊老祖先,叫老祖公,／一代喊一代,一辈喊一辈,／我喊你,你喊十,／十喊百,百喊千,／千喊万,背的背,／抱的抱,我喊一句,／你们就上前来,我喊一声,／你们就来快些,来住我们的坝子,／来歇我们的地方,我把酒坛开,／猪来杀,有新鲜肉,／干净肉。大家一路来,／大家一起来,大的也来齐,／小的也来齐,大家来齐像修塘一样,／大家来齐像修田一样,"拥新收"动手来吃,／"麻脸龙"动嘴来喝,喊白龙动手吃,／叫绿龙动嘴喝,喊亲戚朋友,喊众神树和领袖,喊领袖和头子,／喊太阳爹,叫月亮妈,／上前来吃,走前来喝。／喊保佑这寨子的坡,叫保佑这地方的坡,／喊"朗麻"坡,叫"干公"岭,／喊地脉,叫龙神,／动手来吃,张嘴来喝。／枫树吃了就保佑寨脚,"倒"树喝了就保佑地方,／我们九十户,一百家,／家先快些来,祖宗也快些来,／我们这些老人,老祖先,／动手来吃,张嘴来喝,／"引兴"、"麻海",上前来吃,／快些来喝,吃饱喝光,／吃饱了指路你们去,喝光了引路你们走,／拿肉去给你们的妻,带肉去哄你们的崽。／白龙、绿龙走回去,太阳爹转你金岩门,／月亮妈回你银岩洞，拿肉去哄妻，／拿肉去哄崽。喊领袖，／叫头子，喊亲戚朋友，／上前吃，在先喝，吃饱喝光，／拿肉去哄妻，拿肉去哄崽。／你们来时我拿很多话来喊，你们转去时只用一句话来送，／各回各的地方，各回各的寨子，／高坡矮坡，地脉、龙神，／在前吃，在先喝，吃饱喝光，／拿肉去哄妻，拿肉去哄崽。／你们来时我用很多话来喊，你们转去只用一句话送，／各转各的地方，各回各的寨子，／"误仰"就回去水塘，"误妮"回去水井，／枫树转到寨脚。桥公转到桥头，／板凳仍回到板凳头去，这个寨子的家先，／地方的祖宗，你招扶白天，／你来保佑晚上，白天招扶无口舌，／夜晚招扶无鬼怪，蛇来你们就捏它尾巴，／老虎来你们就捏它脚爪，镶纲要镶得紧，／编鱼篓要编得牢，天上才吹风，／地下太平才生草，这个地方的人脸红像太阳，脸肥像月亮。

鬼师念咒请求龙保佑地方清吉、人畜平安发达之后即请龙吃。与祭者即举行"八崩"，表示陪龙。鬼师再念咒请龙留在本村境内的大山上、水塘、水潞之中。据说祭"翁"是请龙来保佑本地人们，所以不能把它送走。祭祀完毕，居民及其客人就开始聚餐。

祭"董翁"时，各家可请自己的亲戚参加。亲戚带的礼物一般是二至三斤酒、一只大鸡或大鸭。被请的亲戚没有儿子的，还可带一二元光洋来，在鬼师念咒时，就拿钱交给龙，希望龙给他们一个儿子，并说：你"爱番爱沙"（意近"发财发富"），"我拿银子来送你"（指龙）。但鬼师是不能接受这钱的，因为收了人们的钱，却不知到哪里去找儿子给他。同时又怕本村的男孩的魂魄会跟着客人走，本村小孩就会死亡，人口就会减少，所以不愿接受这银子。

当鬼师正在念咒语时，本村妇女各带二三根棉花条（以弹好的棉花捻成条、粗如手指，长约三十公分）系在新栽的那两根凳子的往上穿上的脚上，请求保佑子孙繁衍，同时各送鬼师一根棉条。

妇女们来吃酒时都穿上盛装，吃了酒饭后就举行跳芦笙，同时妇女以酒敬客，一直玩到夜深才尽兴而散。来的客人中壮年、老年即到自己亲戚家住宿，年轻的就在外边"游方"。

因此，招龙时是充满着节日的气氛，附近村寨来赶热闹的人们不在少数。

举行祭"董翁"时，总有两家准备"接帽子"和"接凳子"。中年没有儿子的以为接了"帽子"或接了"凳子"就可生儿子。所谓接帽子或接凳子，并不是实际上把凳子或帽子接到家里，而只是口里说说。在吃酒肉饱了之后，年老的男子就分别跟随"接凳接帽"的这两个人到他们家里去。到家后就要杀鸭祭祖，有钱的就杀猪，并请随去的人吃。如随去的老人都醉酒了，就可改在次日举行。鸭子（或猪）煮熟后，要请祭"董翁"的鬼师来"虐大"（祭祖，同时也请附近的大山及已死的地方人物）。主人送鬼师一块帕子（长约二尺，宽约八九寸的自织的一小段布），并送一元大洋。但鬼师只要帕子，不要大洋。认为要了人家的大洋，就要说保证人家生儿子的话，不说不行，说了又怕自己儿子的"魂魄"到他家去，而自己的儿子就要死。"鸟大"完毕后，随去的老年人都在他家吃酒。

鬼师祭"董翁"是有工资的，一般是大洋一元。即使鬼师是本家族或本村的人也要给工资。

[全国人民代表大会民族委员会编：《贵州省台江苗族的宗教迷信》，第72—82页，1958年5月内部编印]

11. 贵州榕江县两汪公社空烈大队苗族招龙谢土

招龙谢土，苗语叫"欧北"。"招龙谢土"的目的是为了保住本寨的"龙脉"。这样才能人畜两旺，农业丰收。招龙谢土是不定期的，可两三年搞一次，也可五六年或十来年搞一次。凡是遭到瘟疫、灾害，人畜大量死亡，农业严重遭灾，便以为是"遭灾星"，寨子的"龙脉"已经不朝向本寨，因此必须"招龙"。本地的苗族人民这样重视"龙脉"，那么"龙脉"究竟是什么？对于这个问题我们的调查对象没有一个能够讲清楚的。有的说"龙脉"主要是指"地脉龙神"，它住在地下，管理本寨的地气，是这里一切事物生存发展的命根子。有的说龙脉就是指的龙气，主要是包括本地的风水之类。一个寨子的"龙脉"坏了就是"龙气"已经跑了，必须把它招回来。

招龙谢土是由寨老来提头、组织，一般在阴历二月间搞，具体日期要看庚子而定。其时，全寨每家要凑钱买大花猪或白猪一头（全黑的不要）和大公鸡一只以及香纸等物。另外，还要鱼十二条，糍粑二十个，米酒一坛。并且要用白纸剪三个纸人和一些花草、鹊鸟。此外，还要用一截杉树破成两半，做成一丈二尺长的板凳两根。

招龙谢土一般在寨子背后进行，不能在寨子前面。空列寨是在寨后一个叫"加淤"的专门地方。这里地处山岭尽头，风水很好。

当天，人们从清晨就开始筹备，将物资运往现场，并将供祭品陈列于长凳上。要请一个会口诀的大鬼师前来主持。早饭后，全寨男女老幼都去至祭祀地点，外寨人也欢迎参加。鬼师坐于中间的木凳之上，两旁坐着两位三四十岁的平辈男子。

祭祀活动开始后，由鬼师念咒请神。所请的神有：地脉龙神、山神土地、山坡陆岭以及这个寨子的开寨祖先等等。每请一个神，两边侍候的两个中年男性要倒一杯酒、一杯茶。这样把"四方四路、五方五路的地脉龙神"都请到后，接着由那两个中年男性杀猪（猪事先捆缚好，用刀杀）和鸡，用火将毛烧掉并洗干净。把猪腿和猪头肉切成小块，中间的中段部分则砍成十二块，摆成十二份陈于案上。

然后由鬼师继续念咒说：四方四路、五方五路的地脉龙神，你们等久了。现在猪和鸡都已杀好，请你们来享用。你们要保佑本寨人畜两旺、禾谷丰收，男女两发展，家禽家畜成器。念完后将肉煮熟，由全寨人共同聚食。

他们以为这样便可保住本寨的龙脉。

[王承权等：《榕江县两汪公社空烈大队苗族调查报告》，《月亮山地区民族调查》，第384—385页，贵州省民族研究所，1983年6月。调查时间：1983年4月]

12. 贵州榕江县两汪公社苗族的招龙仪式

一个寨子或附近几个寨子凡庄稼长不好、六畜不发达、人经常生病、孩子发育不健康，人们便认为这里风水不好，没有龙脉。所以，全寨要举行招龙仪式，苗语叫"斗古"。

招龙仪式，凡是共坐一座山的人不分家族和村寨共同举行。先是家族或村寨老人商量决定后，按户平摊钱粮，买一口猪，一只公鸡。每户再出一斤大米，由陪祭人负责酿两缸酒。酒酿得不好，或不干净，不能用来举行招龙仪式时祭献，要请鬼师改期举行招龙仪式，重新酿两缸酒。陪祭人是由群众推选出来的两位福气好的男性成员担任。祭祀前，由鬼师用五六尺长的杉树，做一条只有两条腿的龙凳，一头画上眼睛、角、嘴等视为龙头，另一头削尖，作为龙尾。龙凳安埋在村子后面靠背山山脚的一块平地上，招龙仪式就在这里举行。

招龙仪式由鬼师来选择属龙的日子举行。先是招小龙，后招大龙。这一天，鸡叫第一遍的时候，由鬼师和两个陪祭人带着一只公鸡和一些米到距村子二里远的山坡上去招小龙。鬼师在山坡上大声念咒语，请上山的龙出来回村去。由一个陪祭人抱着公鸡在前开道，鬼师居中，另一个陪祭人尾后，在回村的路上撒米，引龙进村，直到龙凳旁停下来。鬼师和陪祭人将鸡、酒、饭摆在龙凳上祭一下，由三人就地野餐。群众不参加招小龙的仪式，但每户要出一些白布，将白布相互连接起来，从龙凳一直铺到招小龙的山坡上，为龙进村铺路搭桥，故名接龙布。祭毕，各自收回自己的白布。

早饭后，全村男女集中在龙凳两旁，鬼师居中，陪祭人分站两边，在龙凳前举行招大龙仪式。焚香、烧纸后，由鬼师念咒语，陪祭人帮腔。念到一定时候，便由专人杀猪、开膛、洗净。猪的大小肠子象征龙身，必须由陪祭人来祭。洗时要小心，切勿将它弄断。再将猪肉、肠、肺、肝等一块煮熟后，供奉在龙凳上。猪头、猪尾居中，两边各摆前后两只猪腿。猪的内脏，如肠、肝、肺等分成十二份，陈放在猪头的下方，每份内脏旁再放一杯酒、一坨饭。除了召请本山的龙外，还要召请四面八方的龙都来享受祭祀。祭祀开始后，鬼师要不断念咒语，同陪祭人一样，不能喝水、进食。

祭祀结束后，大家集体聚餐。酒足饭饱后，举行踩芦笙的娱乐活动，一直到天黑才结束。

〔刘龙初：《榕江县两汪公社两汪大队苗族的风俗习惯专题调查报告》，《月亮山地区民族调查》，第417页，贵州省民族研究所，1983年6月〕

13. 云南屏边苗族的"打扫"

扫寨时间不定，一般在村寨中疾病流行而需神保佑时举行。请"白马"来"送鬼"，

"白马"用一根草绳串上若干木片，木片上染上狗血横放在村前村后的路上，并杀羊、鸡、狗等献鬼，以示将村中的恶神恶鬼赶出村寨。请白马送鬼每次要给他五六元钱和一些包谷、食物，作为报酬。

[云南大学历史研究所民族组：《云南省金平屏边苗族瑶族社会调查》，第54页，1976年内部出版]

14. 云南文山州苗族祭火星

这是为了防止火灾的祭祀活动，多在正月或二三月间举行。当举行这种仪式时，全村的人都到山坡上围拢起来，由魔公牵着一只羊或者一只狗念经，众人以石击此羊（或狗），最后用刀宰割，就在山坡上煮而食之。

[郑镇锋等：《文山州苗族风俗习惯初步调查》，《云南少数民族社会历史调查资料汇编》（一），第161页，云南人民出版社1986年版]

15. 云南屏边县苗族请"白马"送鬼

扫寨时间不定，一般在村寨中疾病流行需求神保佑时举行。请"白马"来送鬼。"白马"用一根串着若干木片的草绳扎成，木片染上狗血横放在村前村后的路上，并杀羊、鸡、狗等献鬼，以示将村中的恶神与恶鬼赶出村寨。请"白马"送鬼，每次要给他五六元钱和一些包谷、食物，作为报酬。

[雷广正等：《屏边苗族社会历史调查》，《云南苗族瑶族社会历史调查》，第47页，云南民族出版社1982年版]

16. 湖南湘西苗族接龙

接龙，苗谓之"然戎"，即邀请龙。亦有叫"希戎"，即敬龙。苗民最崇拜龙，接龙祭典之规格仅次于吃牛与吃猪。传说狗克龙，故戌年均忌接龙。九月亦与龙相克，故接龙要至农历十月后举行。接龙前几晚，寨上男女老幼聚集到主家"道戎"，即闹龙。届时长辈说古道今，青年人练击鼓、吹唢呐、学唱歌。深夜，众饮甜酒后散也。接龙期至，亲朋均来道贺。此日，宾主穿着一新。特别是妇女，服饰格外华丽。神座设于堂屋，用桌子一张，上面摆些花红利米，酒碗五个，糯米粑粑五柱。地上铺晒簟一床，簟上铺以五色花布。花布上置满金银首饰、绣花衣裙等物。簟中央摆一大盘"龙粑"，四个角亦放四盘龙粑。所谓龙粑，即用糯米粑制成龙之形状也。神座前后左右、屋里屋外挂满五彩纸花束。门外摆桌一张，桌上摆酒碗七个，桌边绑长矛一把，矛尖刺在木板上。用猪两只，绑着四脚，用木桩两根，将猪钉卧于地下。两猪一祭雷神，一祭龙神。苗觋起场接龙祭祀时，燃蜡烛，烧香纸，敲竹筒，咒语喃喃。摇金铃，打锣鼓，吹唢呐。敬雷神酒，自一樽一献起，至七樽七献止。献龙神酒，自一樽一献起，至五樽五献止。肥猪先交生，而后交熟。所谓交生，即用咒语通呈后宰之。所谓交熟，即破开五脏洗净，放锅中煮熟，取出祭之，雷之神号即：五百雷公雷婆、七百雷公雷母之谓。龙之神号即：东方青龙、南方赤龙、西方白龙、北方黑龙、中央黄龙、五方五位、五大龙神、龙公龙婆、龙父龙母、龙子龙孙之谓。雷神龙神敬毕，随之请龙、接龙与接雷。此时，两主妇身穿接龙衣裙头戴接龙帽由觋师带领，分别去两个水井接龙和接雷。苗谓之"仲戎"和"仲送"。接龙队伍出门，屋内忌吹唢呐和敲锣鼓，接龙途中插以五色花纸，沿路站满人群。接龙觋师到井边念请龙咒，引雷觋师念迎雷咒。请龙咒请四方五位之龙，均指具体方位与地名，每念一方，均咒嘱：

回到九条路头，转到十条路尾。骑驴者停驴，骑马者止马，坐轿者停轿。在此等候龙公龙婆，坐此等候龙父龙母。东方奉请青龙公，南方奉请赤龙婆，西方奉请白龙公，北方奉请黑龙婆，中央奉请黄龙。奉请管儿管女，管田管地；请出四个天门，八个地府。拜见云斗，人骑千里，龙恰一步。十字路头，九岔路尾。停车一步，停马一脚。

到此，觋师接念驱魔龙咒：

另有魔龙败山，魔凤败地。此龙不同心，此凤不耕耘，此龙打牌，此龙赌博。此是懒龙，此是病龙。原住南方，回南方去。原住北方，回北方去。原住东方，回东方去。原住西方，回西方去。现我烧粮，现我烧米。烧给魔龙，烧给魔凤。不送拢驴旁，不给靠马边。不送拢轿旁，不给挨柜边。

驱魔龙毕，觋师颂祥龙：

留的龙公龙婆，龙父龙母，龙兄龙弟，龙伯龙叔，龙子龙孙。此些龙和睦，此些龙相好，五十龙妇，六十龙子。有脚你们上门寻吃，有嘴你们进屋找喝。东方青帝青龙坐青轿，穿青衣，戴青帽，拿青旗，骑青马，吹青号。朝朝代代富家人，富了家人富子孙。带得金银宝贝回家门，回到家中有好处，制田制土不会崩。田地家中出宝货，年年耕种养儿孙。南方赤帝赤龙坐赤轿，穿赤衣，戴赤帽，拿赤旗，骑赤马，吹赤号，朝朝代代富家人，富了家人富子孙，带得六畜六马回家门。回到家中有用处，犁田犁土耕阳春。一年犁土两回做，犁土年年好收成。西方白帝白龙坐白轿，穿白衣，戴白帽，拿白旗，骑白马，吹白号。朝朝代代富家人，富了家人富子孙，带得五谷庄稼回家门。回到家中年年种，一颗落地百颗生。前仓装满，后仓摆登。北方黑帝黑龙，坐黑轿，穿黑衣，戴黑帽，拿黑旗，骑黑马，吹黑号，朝朝代代富家人，富了家人富子孙。带得贵儿贵女回家门。回到家中生贵子，长大成人中翰林。中央黄帝黄龙坐黄轿，穿黄衣，戴黄帽，拿黄旗，骑黄马，吹黄号，朝朝代代富家人，富了家人富子孙。子孙打马到朝廷，封侯挂帅管万民。五方五位，龙神归位。主家有肉有酒，有酒有肉。有金砂银砂，金库银库，金山银山，长袍短褂，耳环项圈，二面金锣，黑猪一只，多头羊盘，龙粑分供。回到家堂，转到屋内，才来排方定座，稳定乾坤。

念毕，主妇身背包袱毵称，手提清泉水一壶，打伞而回。此刻，燃烛烧香，鼓乐齐奏，火炮喧天。返回途中，主人敲碗欢迎。接龙回至门口，觋又请龙，每当觋师念完某方龙已到时，宾主齐声答应："唉！来到了！"接着大家揖拜。五方之龙都请毕，户主三跪九叩，接龙入屋。到屋绕行三周，就位而坐。堂屋当中，已掘好一土穴，俗称龙穴，苗谓之"苦戎"。深约尺许，安碗一个，将接龙妇提回之泉水倒入碗中，另加水酒、银粉、朱砂等。就绪后以石板盖之，俗谓之安龙。安龙时，觋念安龙咒：

五位龙公龙婆，龙父龙母。黄龙、黑龙、赤龙、白龙。他们穿新衣，他们戴银帽。他们绸衣显花，他们缎衣现朵。请你们来到房中，来到屋心。备好了黄纸，备好了钱纸。未烧是纸，烧了是钱。得钱拿去分，得财拿去发。旋绕三周，上下三次，安在屋中，安在屋心。过冬靠你龙公龙母保冬，过春靠你龙公龙母保春。安保三十年大发，四十年大旺。大吉大利，无灾无难。

安龙毕，烧纸钱，燃香烛，鼓乐齐鸣，鞭炮喧天，宾主吃肉饮酒以庆之，此系接龙安龙也。引雷未有接龙热闹隆重。雷神引回，安在屋檐下。祭毕，招待客人用餐。家族例请亲朋"农乃高"，苗语直译为吃寨饭，俗谓吃"百家饭"。相传龙畏酸汤，接龙用餐当忌之。还传说龙最爱听唢呐，故宾主届时都请名唢呐师以吹之。晚上宾主相互步音常常一赛百余曲，吹者难解难分，闻者在旁议胜负。大多年轻人则去唱歌鼓舞，通宵达旦。此一户接龙之情况也。

还有接村龙，苗谓之"然戎苟"。一家一户接龙与全村接龙，祭法大体相同，但亦有若干相异之处。如，接村龙，定要一头小白水牯，一户接龙有的用猪即可；一户接龙神堂设于堂屋，除摆龙粑等物外，另展接龙衣五套，需觋师二人，全村接龙只有一户长辈家之摆设、觋师人数与一户接相同外，其余的家堂屋亦设神座，但只摆一套接龙衣，觋师一人，一户接只有主妇个人穿着接龙衣去接龙，全村接龙每户主妇均得去。届时，一族长辈家之主妇先出门，按辈大小依次列队去水井引龙也。引龙妇小村数十人，大村上百人，加上全村老幼及成千上万之宾客亦去观看，可见引龙时之壮景也！接龙回村，各户举行安龙仪式，客人可以自由串户游玩，但用餐一般是客主自理。晚间，家家灯火辉煌，喇叭唢呐喧天。青年男女踏着鼓乐节奏环绕堂屋之龙穴翩翩起舞和唱接龙歌，苗谓之"吉略戎"。气氛热烈，全村欢腾。

昔盛此俗，现少此举，但偶然仍闻有接村龙也。

〔石启贵：《湘西苗族实地调查报告》，第 473—477 页，湖南人民出版社 1986 年版〕

第三节　祈祷丰收的祭祀仪式

1. 贵州台江县稿午苗族踩鼓——祈求风调雨顺

离台江城区约三十五里，离革东约五里路的稿午，在每年六月、七月之间要举行三次"干虫年",其性质与"吃丑"是一样的。"干虫年"苗音为"能酿刚格",意思就是:过了这个节才可免去一年的旱灾和虫害,还可带来风调雨顺。

六月卯日"吃新"以后,再隔十天就是子日,那天晚上过"干虫年"节。从此以后每隔十一天的再逢子日,就再过一次,一共过三次。过"干虫年"并不十分隆重,一般只用些鸭、鸡和几斤肉,一家老幼共吃一餐。出嫁的女儿往往趁此机会回家来看看父母,住上几天。

过"干虫年"的第二天丑日更加热闹,那天大家休息,不做活路,同样举行各种文娱活动,附近各寨的群众都来参加,以第二次人数最多,每年都有四五千人。当天最重要的活动是踩鼓。在第一个"干虫年"后丑日下午进行踩鼓时,要举行踩鼓仪式,大小稿午两寨,每户须捐出十二碗酒和一些香、纸,带到河沟边沙坝上"踩鼓塘"的起鼓处去祭龙。祭后,大家把酒喝完,即互相泼水淋身,并以稀泥巴互相涂抹,叫做"打泥巴仗"。接着就踩鼓。这是老规矩,在他们传下来的歌词中就有这样的规定。歌中唱道:

痛恨这个天啧,老不下雨,／田里的水都被晒干了。／蚯蚓没水喝,叫得那么厉害,／青年们沿着田坎到处看,／心里的苦愁说不完。／回家来告诉父母,／父母想出了主意:／邀约大家一齐来"吃卯",／劝导大家来过"干虫年"。／青年们挨家挨户去领酒,／抬到河边水冲去,／把酒灌在龙脑壳。

大家一齐来喝酒,／我们饮不尽就交杯。／喝醉了心里有些不明白,／便泼水淋身涂抹稀泥。／天上的雷公看见了,／觉得这样太难看,／立即雷声隆隆响着,／大雨像瓢浇一般,／我们就得水来养田了。

上次踩鼓多么热闹,／现在节气又到了。／我们多去邀约些寨子,／大家都一齐来踩鼓。／我们都踩鼓,／转去转来地踩,／踩到太阳落坡才分散。／再各去找客人,／回到家中去吃饭。

踩鼓的活动与过苗年的踩鼓相同。除踩鼓之外,有时还有赛马、斗牛、吹芦笙等活动,但它们不是当天的主要节目,不像踩鼓那样重要。比如在一九五五年就没有芦笙出现,一九五七年没有举行赛马,斗牛也没有斗起来,但每年的踩鼓总是一样的热闹。

有客的人家夜间就招待来客,中年以上的人大都留在家里与客人一起喝酒谈天。青年男女们就成堆地到家边或寨中空地上进行"游方"的活动,使歌声和欢笑声笼罩了整个寨子。一直要到鸡鸣两遍,情侣们才依依告别。

三个"干虫年"过去了,但在七月底以前还有二个丑日。这两次就不再过节,不必踩鼓了,但仍然要休息一天。

[贵州省编辑组:《苗族社会历史调查资料》(一),第240—241页,贵州民族出版社1986年版。调查时间:1956年冬]

2. 贵州台江县反排乡苗族吃丑供祖神——祈庄稼丰收

吃丑,苗语称为"努秀"。秧苑节后,每逢丑日便过一次"吃丑节",接连六次,到

"新米节"前才告结束。吃丑也是祝愿庄稼丰收。

吃丑活动除与秧苑节相同外，第一个丑日还有一个群众性的敬神活动，占卜当年风调雨顺，人丁平安。所敬祀的神，是木头刻成的全身男性偶像，高尺许，称做"固六"，即"老公公"，或称为祖神。

祖神供奉在第二生产队后山的小庙内，苗语叫"最六"，即老公公的房子。敬祖神时，需要香纸各一斤，阉猪雄鸡各一只。这些祭品的费用由值年甲（全寨分为四甲，各甲轮流值年）在甲内按户凑集，并各出半碗米交给甲长酿酒。此外，值年甲还要找出一个"耶固六"，即背祖神者。产生的办法是：先从四个甲各推选出二人（或各选三人）加上原背祖神者一人共九人，于敬祖神时围聚在神像面前，由鬼师在每人面前依次卜卦，连获三次同样的卦的人便以为祖神喜欢。敬祭毕，由他把祖神和卦背回家去藏起来。在分肉时，"耶固六"可多分得一块猪下颚。次年敬祭时，再由他把祖神背到小庙里去。重新卜占"耶固六"，如果仍是原来那个人，他还须担任，不得推卸。

祖神必须保藏在秘密的地方，不许妇女看见。保藏祖神的人家，妇女不能在家梳头，家里不能做醅菜、糟辣。因为这些东西的气味太大，怕把祖神熏跑。原来这座小庙是建在五队背山上的，有一年盖神庙的杉木皮被风吹到约一里路的二队背山去了。鬼师说，这是那里有人做醅菜，把祖神熏跑了，于是把神庙迁到二队背山来。

祭祖神的猪、鸡要拿到庙前去杀，但猪肉都拿回家去挨户平分，只留下内脏煮熟做祭品。参加祭祀的主要是鬼师和"耶固六"的候选人（他们也是各甲居民敬神的代表）。他们围在神前，每人面前摆着猪内脏、鸡肉、酒、饭和各自带去的五个粑粑，表示陪祖神共食。这时，鬼师燃香、烧纸，占卦卜问全寨群众最关心的大事，如：今年雨水好不好，染布青不青，人丁平安否？每问一事，卜一次卦，以顺卦为吉祥，逆卦为不利。问事完毕，卜卦选出"耶固六"，敬祭活动便告结束。

[贵州省编辑组：《苗族社会历史调查资料》（一），第172—173页，贵州民族出版社1986年版。调查时间：1965年4—7月]

3. 贵州榕江县两汪公社苗族吃新节祭祖

吃新节，苗语叫"拢乃西"，时间是在每年田里的稻禾含苞期间。每家去田里捉几个半斤以上的鱼，另外还必须捉一个当年出生的小鱼，再摘三个稻穗，将大鱼煮熟、小鱼烧熟、稻穗蒸熟放在火塘边上祭祖先。祭毕，将小鱼按全家人口数分成几份，每人吃一小块，名叫"尝新鱼"，将一个稻穗按全家人口数分成几份，每人一份，自己剥壳后吃掉，名叫"吃新禾苞"。饭后，吴姓的小伙子们去唐姓的"歌堂"同唐姓的姑娘唱歌，唐姓的小伙子们也去吴姓"歌堂"同吴姓的姑娘们唱歌，情况与端午节相同。

[王承权等：《榕江县两汪公社空烈大队苗族调查报告》，《月亮山地区民族调查》，第389页，贵州省民族研究所，1983年6月]

4. 贵州从江县加勉乡苗族尝新包谷

尝新包谷，加勉苗语称为"耶鹏"，时间为每年农历六月的第一个"羊"天（未日）。如此时包谷尚未成熟，则延至第二个"羊"天。一九五七年加勉大寨尝新包谷是阳历七月十日（即农历六月十五日"羊天"）。党翁包谷成熟较迟则延至七月二十二日，即农历六月二十五日"羊"天过节。

尝新包谷时，须以新小米和包谷同煮，并杀鸭一至二只，加上鱼、肉、酒、茶、粽粑等，先祭祖宗，然后全家聚餐。这个节日的食品有包谷、小米、鸭子、酒、茶、粽粑，都是不可缺少的。当节日来临时，除生活特别贫苦的住户之外，不喂有鸭子的，或以鸡向他户调换，或用钱购买（一九五七年加勉大寨的居民尝新包谷时，百分之九十五以上的住户都杀鸭子）。酒是事前准备好的，节前无米酿酒、过节时无钱买酒的住户则向亲邻去告借。茶则用采集的新茶叶，不能用陈茶。鱼和猪肉可有可无。粽粑在从江加勉一带苗族节日中，只有尝新包谷时才吃。他们用糯米渗饭豆，以粽叶包成煮熟，在尝新包谷这一天拿来敬祖宗、喂耕牛（最少一个）及给小孩们吃。生活特别贫苦的住户借米也要包几个粽粑。

尝新包谷这一天一般是休假一日。农业合作社成立以后，社主任于节日来临时，虽然没有宣布放假，但在这一天群众都不做活路，或在家里休息，或到溪边、田里捕鱼、捉泥鳅来增添荤菜。

尝新包谷节日中，还有"解秧粑"的仪节。这时插秧已基本结束了，要替牛解下"粑"来。据说"粑"虽然不是日夜给牛背着，但未用刀来砍断"粑藤"以前，牛的灵魂还是日夜背着"粑"的。因此，必须将"粑藤"砍断，牛方能休息；否则把牛饲养得再好，牛还是不会肥壮的。"解秧粑"是于尝新包谷节晚餐后举行的。先把"粑"摆端正，以粽粑及酒放在"粑"的旁边，然后用刀砍断"粑藤"，粽粑给牛吃。粽叶捆在"粑架"上，并以口含酒喷"粑架"，之后将"粑架"放于高处，仪式即告完毕。

[贵州省编辑组：《苗族社会历史调查资料》（二），第122页，贵州民族出版社1987年版。调查时间：1957年4—8月]

5. 贵州台江县苗族敬秧节

敬秧节，为苗语"能莫戛依"的意译（"能"意为吃,"莫"即卯日之译音,"戛依"即秧脚之意），也叫"吃秧卯"。这是庆祝栽秧完毕和预祝新谷丰收的节日。

巫脚交的敬秧节在农历五月栽秧完毕包蔸后的卯日举行。一般的是由家中的男女取三颗谷子所生的嫩秧蔸三株回家，剥取秧心放在饭上，再连饭、肉、酒等撒一些在地上，并烧香、纸以示敬秧，预祝今年有好的收成。秧叶也不能抛开，一般都摆在火坑上面的坑架上。节日的主要食物为粽粑、鸭子或鸡和酒。在三天到五天内，仅在早饭前做些必要的活路，下午休息或娱乐、踩芦笙、"游方"并放牛打架。每条斗牛均须斗一次，如今天没有轮到，次日再继续进行，到斗完为止。有的地区如排羊乡还有些不同的习惯。在食物方面必须吃鸭，如家中只有鸡，也要另买鸭子来过节。此外，人人都要穿节日盛装去赶场。妇女们打扮得格外齐整，所有银饰都要戴上，并可在赶场附近地方"游方"。家长照例须买点东西给小孩，如草鞋等日用品均可。

[贵州省编辑组：《苗族社会历史调查资料》（一），第221—222页，贵州民族出版社1986年版。调查时间：1956年冬]

6. 贵州台江县苗族秧苑节

秧苑节，苗语叫"努莫嘎桠"，意为"吃秧尾卯"，时间是栽秧结束的卯日，为时五天，预祝禾苗生长茂盛，获得丰收。

卯日的头天晚上，由鼓藏头或保存双鼓的人击鼓，通知大家准备过节。

当天家家户户都摘三四株禾苗回家，放入饭甑里蒸，表示是新秧饭，并且包粽包、捉鱼、杀鸭或鸡来祭祖，然后全家聚餐。

吹芦笙、跳芦笙舞、斗牛、游方也是这个节日不可缺少的集体活动。如果是在吃鼓藏期内，斗牛还须分先后。首先由人们吹芦笙依次在五个鼓藏头家挨户喝酒，喝酒后再开始斗牛，头一对牛必须有第一鼓藏头的牛，以后才是其他人的牛。

[贵州省编辑组：《苗族社会历史调查资料》（一），第172页，贵州民族出版社1986年版。调查时间：1965年4—7月]

7. 贵州台江县苗族敬新谷

敬新谷节又叫吃新节，即苗语"能莫格希"的意译（原语是"吃卯新谷"四个音节），这是在七月新谷成熟后的一个卯日敬新谷和庆祝新谷成熟的节日。日期没有一定，在巫脚交如果谷子未熟，就可移到八月的一个卯日过节。

过节之日，把少许新谷放在饭上蒸熟（也有用新谷煮成一顿饭吃的）。并备办粽粑、荤菜一二样（至少要有鱼）及泡酒等，按照前述敬秧办法敬新谷。在摘取新谷的时候，还要插一株野花在新稻束的中间，表示新稻子的收成是"足花"。

苗族人民过新谷节要休息三五天，可以展开踩芦笙、斗牛、游方等项活动。这些快乐的情况反映在吃卯的歌词中，现举交下乡所唱的两首如下：

之一：七月间来到了，做活路的日子来到了。七月间要吃卯，不吃不翻这个年，不吃不完这个月，大家商量要吃卯。七月间我们来吃卯，有鱼去捉鱼，有鸡就杀鸡，有的包着粽子。爹妈对娃娃们说：这是我们过七月卯，过了卯，大家才平安。吃卯谷子才长得好。秧苗长得蓬蓬大，叶子长得大又长，张张叶子绿油油，这样年成才快活。

之二：向地方父老去讲，父老好对大家说，大家一齐来吃卯。到卯天，大家来吃卯，只有几天就要吃卯了，有鱼去捉鱼，有鸡就杀鸡，包粽子来吃卯。大人对娃娃们说：七月间我们来吃卯，小娃娃才平安。吃卯谷子才长得好，秧苗发得多，叶子有露水淋，叶子绿油油的，稻谷金晃晃的。今午收成好，家家多打粮。

台江城郊一带有些地区种的早稻成熟比较早，如果等齐了一起吃，事实上不可能，所以分区来举行但必须在卯日，故前后可相差十二天。在这里也用一二蔸秧陪同鸡、鱼、酒、肉、香、纸来敬祖，敬后聚餐一次。过去在这天经常有斗牛。但十几年来已不举行，因此并不热闹，一般人都不休息，妇女们也不更换服装。

在吃新谷以前任何人不准在田里收谷子食用，即或是没有米吃也不例外。这是一个必须遵守的禁忌，巫脚、城郊都是这样。他们认为在吃新谷前收谷子将使全寨的收成不好。事实上这对有一些缺粮的农民是极其不利的，他们睁着眼睛看着自己成熟较早的劳动果实在那里而不能食用，他们就可能被迫去借谷子。这使我们体会到：任何一种习俗如果掺入了宗教的因素，把它作为一种禁忌来遵守，那便会大大地增加它对群众的拘束力量。同时，收割必须从某个日子开始的规定，意味着过去这一类的劳动是集体进行的，到了一定的日期大家一起来收割。这种较为原始的共同劳动的习惯长期地凝固下来，一直到了私有制的社会里，仍借禁忌的形式规定了在某个日子以前不许私人擅自去收割。尽管这种原始社会的习俗与私有制的生产独立性是矛盾的，但任何一种较古老的历史遗留，在人们还不能正确认识自然界而宗教的虚妄的信念还可以支配人类信仰的时候，这种原始习俗是可以在与变化了的社会制度产生矛盾的情况下被长期地保留下来的。

在成立农业社后，大家仍然都过吃新节，如敬秧节一样，人们都在所属生产队的田里取新谷回家过节。同时，休息的时间也改短了些，一般都只有一两天了。

〔贵州省编辑组：《苗族社会历史调查资料》（一），第242—244页，贵州民族出版社1986年版。调查时间：1956年冬〕

8. 贵州从江县加勉乡苗族"诺格刹"

农历十月底、冬月初，在高寒山区中禾谷登场已相竣事。这时苗族农民兄弟们选择吉日（一般用兔天，即卯日）结束他们的收获工作，当地苗语称为"诺格刹"（"诺"即吃，"格"即饭，"刹"即结束）。"诺格刹"的当天大量增加饮食，一方面是庆祝丰收；另一方面是终年劳动的成果均已登场，应作暂时休息，增添饮食来表示庆贺。因此，他们在欢度这个节日时把储藏的酸鱼、腌麻雀、腌老鼠全部取出，并宰鸡、鸭，捕鲜鱼来给全家饱食一餐。

"诺格刹"的当天他们摘完最后一丘田的禾，捆一束大禾把称为"母禾"或"刹脚禾"（引者注：刹脚为方言，最后之意）。这一束禾把比一般的要大二三倍，重十四五斤，由田里挑回家时须挑在后面，到家后把它挂在"禾廊"的第三或第五根横架上。据说，"这是祖宗传下来的老规矩"。

[贵州省编辑组：《苗族社会历史调查资料》（二），第123页，贵州民族出版社1987年版。调查时间：1957年4—8月]

9. 贵州从江县加勉乡苗族"吃仓饭"

收获结束时特留的"大禾把"须于当年冬季春雷未鸣前把它舂米蒸饭全家同吃。这谓之吃仓饭，加勉苗语称为"诺格陇"。

吃仓饭一般选用兔天（卯日）或猪天（亥日），佐食品只能吃肉，不能吃蔬菜。因此有些人户在冬季的猫天或猪天届临时往往因买不到肉而吃不成仓饭，如此一次复一次地拖延下去，直到春雷已鸣仓饭仍未能吃者深感遗憾，因为"大禾把"的米在春雷已鸣之后只能用来酿酒，不能蒸饭吃了。

吃仓饭后的当日不能出门，为了防止家里的人饭后外出，这一餐饭往往到深夜才吃，以便饭后即睡。如饭有剩余留到第二天深夜再吃，吃后仍然不能外出。此外，"大禾把"的米只限于同居共饮的家人吃。如于吃仓饭时遇到亲友或分居的父、母、兄弟到来时，须另蒸饭招待。

[贵州省编辑组：《苗族社会历史调查资料》（二），第123页，贵州民族出版社1987年版。调查时间：1957年4—8月]

10. 贵州从江县加勉乡苗族"开禾仓"仪式

秋收结束，禾谷晒干入仓后，首次开仓取禾谷时须选择吉日（一般用兔天，即卯日）举行仪式后才能开仓。

开禾仓时须以鸭蛋一个、糯米饭半碗、杨梅树枝三枝、草灰一包、黄土一块（须在大路上挖取）携到米仓边。再以草灰、黄土、杨梅树枝放在禾顶上，鸭蛋、糯米饭则携入仓内，将三粒米放入糯米饭中以后即告结束。

鸭蛋、糯米饭携田，由主持开禾仓的人吃掉，以后即可随时开仓取用禾谷。

[贵州省编辑组：《苗族社会历史调查资料》（二），第123页，贵州民族出版社1987年版。调查时间：1957年4—8月]

11. 贵州凯里县舟溪地区苗族的宗教性节日

（1）吃糟

旧历七月的第一个卯日，甘超、黄金寨、虎场坡、牌坊边、吴家寨、鸭塘等寨的吴姓（这几寨共一个祖）就过吃糟节，吴姓对这个节日非常重视，苗语叫"能粑搞"，是一个祭祖的节日，主要祭品是以糯米饭浸在灰水里（糯稻草烧成灰滤来的水）做成的"糟"，当地汉族称为"灰糟"。灰糟是在七月的第一个子日就做，做法是把蒸熟的糯米饭泡在滤好的灰水里，再放十二片葫芦叶及十二颗在河边拾来的小石子和十二条干鱼。卯日到了，就举行供祭祖先的仪式。早上先舀十杯灰糟放在神龛前的桌子上，每杯灰糟还放上一条鱼和一棵稻包，并摆十二碗饭，饭上各插一双筷子，又斟酒二杯至四杯，并以四棵茅草挂在神龛上。然后举行"量达"，即把摆设的东西各掐一点于桌上，表示祭祖，这叫"吃稻包"。下午把新摘的糯谷约一百粒左右剥壳蒸熟，并备有酒肉一同摆在神龛前的桌上，如仪举行"量达"，叫"吃新饭"。

第二天在舟溪的河沙坝上举行斗牛活动，场面非常热闹，不"吃糟"的村寨和附近的汉族也参加，观众常达一二万人。因为这一带的苗族喜欢斗牛，收获时间又未到，农事不太紧张，休息一两天也不要紧。同时，插秧结束后，牛就休息了，又是青草茂盛的季节，膘肥力壮，正好相斗，有的不惜从数十里以外将牛牵来，汉族也将爱斗的水牯牛拉来参加。

(2) 吃稻包

这是凯里县万潮区枧腰寨以及其他村寨过的节日，也在旧历七月的第一个卯日举行。这天到田里拿几棵稻包回来，并备有酒肉供祭祖先，家人会餐一二顿，不做其他活动。

(3) 能九由

"能九由"是苗语译音，"能"是吃，"九"是粑粑，"由"是龙姓宗支的专称。意思即为吃"由"这个宗支的粑粑。青杠林、岩寨的龙姓在十月第一个丑日过，漫洞等寨的龙姓在第二个丑日过。如第一个丑日逢初三、初四，青杠林即推迟到第二个丑日，和漫洞一起过。节日快到了，每家就做十来斤糯米的甜酒，同时备办鲜鱼、肉、白酒等，糍粑是丑日头一天就先打好（每家常做四五十以至百来斤米，因为还要送给亲戚）。丑日早晨，把鲜鱼煮好，用楮树叶装，分成十二份，放在一根极矮的长条凳上（这根凳是专制的，虽没有什么禁忌，但它不适合其他用途，故用后搁起来，直到来年又才用），每份配一个酒杯，斟上甜酒；另用一张桌子放大块糍粑两三块（小块的则多放些，都不大讲究数字）。烧香纸后就开始"量达"，先将每杯甜酒依次倒一点在矮凳上，就喊全家人来喝酒，喝完又斟第二次，每杯又倒一点，又喝，一直喝满三次，这时即把每份鱼也掐一点在凳上，喝酒的人又分着吃，吃完后又把每块糍粑掐一点在桌上，人可吃可不吃。然后收起来，"量达"（也即敬祭祖宗）的仪式算完毕。接着准备早餐，这餐除了鱼、肉外，还喝甜酒、吃糯米饭。第二天每个村子还做斗牛活动。

(4) 吃祖宗鼓

这是一个祭祖的节日。是卡乌（地名，属丹寨县）和情郎（地名，属凯里县）几个寨子在二月间举行。除以鱼、肉、酒等做祭祖活动外，还进行踩鼓和斗牛。鼓是一个五六寸直径的长木鼓。一人在场中击鼓,男女青年就围着跳起来。主人和客人都可以跳。步伐是进三步,退三步。参加观看的客人甚多。

[贵州省编辑组:《苗族社会历史调查资料》(二),第276—278页,贵州民族出版社1987年版。调查时间:1958年11月]

12. 贵州从江县加勉乡苗族踩秧堂

踩秧堂是此地苗族人民主要节日之一。加勉苗语称为"东纽英"或"耶英",前者译义为踩秧堂(吹芦笙跳舞),后者为开始播种。

踩秧堂是以村寨为单位的集体活动。每一自然村都有一块公共的空地,位于寨子的中心,专供踩秧堂或"吃鼓藏"时"踩歌堂"之用。面积一般是:小村寨的约十七点五平方米,大村寨的约三十六平方米。

踩秧堂是一年一次的活动。加鸠区所属孔明、加瑞、加翁、加亚、加都、加勉各乡的自然村都是在农历的正月、二月举行,活动期限一般是三至五天,日期由各寨自行选择。加勉乡加勉大寨每年踩秧堂的时间是选用农历正或二月的甲申日(一九五七年踩秧堂是在三月十三日至十五日举行,即农历的二月十二日开始至十四日结束)。

踩秧堂时全寨停止生产。男、女、老、幼都穿着新衣,尤其是未婚少女和已婚少妇(已生育的少妇,按当地习俗不能参加踩秧堂,只能在场外参观),她们把所有的新衣、银饰都穿戴起来,去参加这一年一度的盛会。此外,附近村寨的人都成群结队地前来参加,人数很多,情景非常热闹。……

按当地习俗,踩秧堂前只能做砍柴、割草、挖田、开荒等活路,不能撒播各种农作物的种子,否则当年各种作物都要歉收。据云这是祖宗传下来的禁例。

踩秧堂的第一天举行播种仪式。由"活路头"宰鸭、备酒、饭、茶等敬品摆在火坑边敬过祖宗后,即携着谷种、肥料、锄头、火把(用干草捆成一束点火)天未亮前到达他的"专用田"中,举锄略挖几下,即将谷种播于田中,盖上肥料。之后,用芭茅草结成三个"草标"插在新挖的地方,表示谷种已经播下,生产开始了。当日早饭后,群众按照"活路头"的做法,各于自己的田中播种。

踩秧堂后,表现在生产方面的有三个禁忌:(一)不准吹芦笙;(二)不准烧砖瓦;(三)不准烧死人遗骨。

[贵州省编辑组:《苗族社会历史调查资料》(二),第120—121页,贵州民族出版社1987年版]

13. 贵州台江县苗族宗教迷信活动使用的食品

在宗教活动上使用的食物种类最多,计有猪、牛、羊、狗、鸡、鸭、鱼、蛋和酒、糯米饭、黏米饭等。兹将吃鼓藏、敬祖、敬桥时使用的食物分别列举于后。

（1）吃鼓藏

吃鼓藏活动的时间很长，在各个不同的活动阶段上，使用的食物都有不同。如：推选鼓藏头时，杀鸡看眼，以此决定某人是否能当选。在鼓藏头家里唱鼓藏歌时，由他出鸭一只、酒一壶、糯米饭若干敬祖宗。搬双鼓时，由原先保管双鼓的家杀鸭一只、煮七八升糯米饭、出七八斤米酒、茶两碗敬鼓。敬毕后，就用这些邀请接鼓和搬鼓的众人吃饭。鼓搬到第一鼓藏头家里安放时，第一鼓藏头要用鸭一只、七八斤米的糯米饭、七八斤米的酒敬鼓。共余四家鼓藏头也拿同样的食物到第一鼓藏头家敬鼓。敬毕后，将各种食物的一半分给群众吃，其余一半自己带回家。到第三年的阴历十月或十一月乙亥日吃鼓藏时，杀水牯牛若干头。第四年送鼓入岩洞时，又杀猪若干头。

（2）扫寨

遇失火烧房时就要进行扫寨。不发生火灾，每隔一两年也要扫寨一次。扫寨时，全寨都要参加。扫寨的意思是把火神赶出寨外，使寨内免遭火灾。在进行扫寨活动时，到寨上的各条路口都以稻草插标为号，不许外村的人进入。扫寨用的食物是母猪一只，饭十二团，不用酒。

（3）招龙

招龙的用意是把龙脉招拢来，以保村民清吉平安、人财两旺。招龙时用猪一只，白公鸡一只，酒一坛，糯米饭和黏米饭各三升，并请亲戚来喝酒。

（4）敬桥

无子之家为了求子，有子之家为求得孩子平安，就架桥来敬。敬桥有大敬、小敬之分，生活富裕的人家使用大敬，贫困的人家就小敬。

大敬中用的食物。架新桥时用鸭一只，蛋二至五个，鲤鱼二尾，酒一壶，二至三斤糯米饭。这些食物都带到架桥的地方并在那里煮食。过三年后举行大敬时，还请家族成员一同喝酒。这时使用小猪一口，蛋二至八个，鲤鱼三至五尾，酒一坛，糯米饭三升。

小敬中用的食物。架新桥用蛋二个，鱼二尾，酒一壶，二碗糯米做的饭。过三年后再敬时，邀请分了家的兄弟喝酒。此时用公鸡一只，鲤鱼三至五尾，酒一壶，二升糯米做的饭。

不论大敬或小敬，三年以后就要年年用蛋、鲤鱼、酒和糯米饭去敬。

（5）敬祖

敬祖是经常的活动，使用食物无一定。在节日就以节日的食物敬祭。在平时则吃什么敬什么。一般食物是摆置在火坑边，在用膳前拨一些到地上，喝酒时往地上奠酒这就算敬了祖。在三月间，也兴挂清上坟。使用的食物有熟猪肉、糯米饭、酒一壶。这些食物的分量是根据生活状况而定，多少不拘。

（6）升梁

凡建造房屋，在立好屋架后就举行升梁仪式，并以酒、鲤鱼、糯米饭敬神。敬毕后，还招待帮助升梁的人就地喝酒。糯米饭和鱼分给小孩。

[贵州省编辑组：《苗族社会历史调查资料》（一），第347页，贵州民族出版社1986年版。调查时间：1956年]

14. 湖北鄂西苗族过年习俗

苗家过两个年，大年和小年，大年与汉族相同，不隆重。小年又叫苗年，从农历正月初一数起，碰到子日即为小年（有的是午日）。过苗年要祭祀祖先，这一天的饮食丰盛，衣着讲究，禁忌也特别多。不讲血，不见血，晚上不讲话，不打哨，不吃别人送的礼物，不吃别人吹过气的东西等等。四月八日是牛王节，不让牛犁田，饲料好一些。此外，苗族的禁忌还有：不能坐火坑的后方，那是家神所在地；不能踩三角，认为三角是家庭的护火神，踩三角是对主人的不尊敬；婚丧时妇女不能哭，怕惊动家神。

[《鄂西土家族苗族自治州概况》编写组：《鄂西土家族苗族自治州概况》，第33页，湖北人民出版社1990年版]

15. 湖北鹤峰苗族过年习俗

鹤峰龙姓过苗年时，猪头煮熟后要敬土地庙。

[龙子建等：《湖北苗族》，第141页，民族出版社1999年版]

16. 湖北来凤苗族的"牛王节"

来凤苗族每年过"牛王节"时，都在村寨的场坝里供奉一个纸糊篾扎的牛头，给牛王供奉精美的饭食，然后烧香叩头，多谢牛王送来了谷种。人们还围绕牛的牌位跳起动作极为简单的舞蹈，吆喝声不断。动作极少，乱舞四肢。舞者还要装扮成盘古时期的模样，赤裸四肢，下体裹兽皮青草。

[龙子建等：《湖北苗族》，第144页，民族出版社1999年版]

17. 湖北苗族的"月半"

月半，又称亡人节，是湖北苗族祭奠亡人的节日。湖北苗族过月半的习俗各地差异较大。

宣恩苗族的亡人供奉在家中，故过月半时在屋里供饭敬神，在外边烧纸钱，上坟烧纸。

咸丰苗族过月半时，要把嫁出去的姑娘接回来，全家团聚。据说，这天亡人也要回家和家人团聚，故吃饭时要给亡人献饭，还要给老祖宗寄纸钱、烧包封（杨姓苗族不烧）。据同治四年《咸丰县志》卷三《礼教》记载："中元节前以纸钱封包，或以金银锭装笼，书祖先名讳，所谓清明祀坟，中元祀名，祭于中庭，男女上食如生，三日焚之于外，各庙作盂兰会，赈济无主孤魂。又以香蘸油，遍热山径，谓之路烛。"

来凤姚姓苗族在七月十三日要给祖先烧包封，杨姓苗族在七月十二日或十三日要给祖先烧月半纸。虞姓苗族每年阳历七月初要把亡故的祖人接回家，从初一至十五，每天摆饭、献饭给祖人，七月十五日要烧包封送祖人。

鹤峰杨姓苗族的月半在七月十三日，称为"蛮子月半"，俗称"年小月半大"，这天要烧纸祭祖。据说是祖宗要到扬州看戏缺钱花，故要给祖宗寄纸钱。

利川杨姓苗族在七月十二日过月半，要将已出嫁的姑娘接回家，吃饭时给祖先供饭，供后用纸把饭包好，还要烧包封、纸钱祭奠祖宗。建始苗族亡人节以七月十二日为正节，这天，各家都要举办家宴，接出嫁的姑娘回来过节，众亲戚总要往来祝贺。到了夜晚，家家户户都要祭祖封包冥袱，包袱上书明故祖亡人名讳，犹如写信封一般，即如"故显考（或妣）×公讳××收"。有的地方还有到坟头接背祖公（做背的样子）过节的风习。七月十五日各庙宇要做"盂兰盆会"，赈济那些无主的鬼魂。

［龙子建等：《湖北苗族》，第145—146页，民族出版社1999年版］

18. 湖北苗族的尝新节

一般在水稻、包谷即将成熟的季节。届时必须先敬祖先，吃新扯谷子三穗、包谷一个（断成三节），煮熟后用三碗装起，上面放片肉，无肉鱼也可，敬祖先，叫做"阴人不吃，阳人不领"。这一习俗解放前在宣恩苗区较为盛行，现已基本消失。

［龙子建等：《湖北苗族》，第146页，民族出版社1999年版］

19. 湖北宣恩苗族过大年

宣恩苗族过大年时要洗菖蒲澡。三十晚上，在河边扯一把头朝上的水菖蒲，放在水内洗澡，叫做洗掉一切灾星。洗澡水倒在檐沟内，叫做冲走灾星。扯回来的菖蒲，每种食物上放一点避灾，过了苗年才取掉。小茅坡营苗族腊月三十晚上要给祖坟送亮。过年时不吹风打哨，从正月初一到苗年不吃别人的东西，不然就要跌岩坎。苗寨苗族过年时要在神龛前敬祖先。届时在神龛上插香敬祖先，神龛下插香敬土地。

［龙子建等：《湖北苗族》，第147页，民族出版社1999年版］

20. 湖北利川苗族的挂青

利川邹姓苗族清明节时以挂青为主，他们举行清明会，族长负责，每个直系亲属轮流坐庄，除给祖坟挂青外，还要续谱。杨姓苗族在清明节时举行清明会，由族长负责组织，每个家庭轮流坐庄，到杨家祠堂祭拜祖先和观音菩萨。姚姓苗族也举行清明会，届时族人要到祖坟清坟、挂青，烧纸焚香，到祠堂祭拜祖先。其他各姓苗族基本上都挂青祭祖（吴姓苗族姑娘挂的青要用红纸把腰拴一下，以示区别儿子、孙子挂的青）。

[龙子建等：《湖北苗族》，第142—143页，民族出版社1999年版]

21. 海南苗族节日中的祭祀活动

（1）二月二节

这一天，全村人在寨老的率领下，集体祭祀盘古王。节前寨老通知各户每家出钱若干，用于购买猪、鸡和酒菜。当日由能干的妇女们负责烹制食品，做熟后陈列在村内空地上。到下午三时至四时，由道士或懂历史掌故的老人主持祭典。祭祀开始后，要讲苗族的来历，盘古王和盘古婆创造人类的丰功，最后祈求他们赐福后人。此外，如本民族遇到什么外来的欺侮，本族内部有什么人违犯古规，村内青年有何不良行为等等，均要在这个聚餐会上提出。如今又加上如何搞好生产，搞好治安管理，如何完成国家下达的生产指标和公余粮任务等等。人人都可自由发表意见。犯错误者接受批评后要当众认错。对提出讨论的问题要当场形成决议，以便大家遵守。这是一个促进本族、本村人团结的节日，又是对后辈进行教育的节日，故有的人叫它为团结日。诸事议毕，全村人围坐聚餐，故又叫"吃团结饭"。

（2）三月三节

其来历有多种传说。一谓远古时代，苗族人生活很苦，不会盖房居住。有户猎人在三月三日生下个男孩，从小聪明伶俐，长大后发明了建造"金"字形茅屋，从此苗胞不受风雨之苦。苗族人们为了纪念他，每年三月三这天，男子就上山打猎，妇女在家做三色饭纪念他。另一种传说是：苗族原住在贵州省（也有说住云南、广西的），长年居住在深山老林里，那时政府不去管理他们。后来，有个聪明的苗族男孩发动大家下山占田，被政府军打败。但这个男青年十分勇敢机智，组织大家造弓制箭，再次同官军打仗，终于获得胜利。可惜的是胜利之后，大家只顾自己生产自己吃，没有统一领导人，后来官军来攻，苗胞只得四处逃散。其中有几户人逃到海南，从此海南才有苗族。初来的人有赵、盘、蒋、邓、李五大姓，另有一个姓毛的单身汉。由于大家思念那个勇敢善战的男青年，便在一块商议如何纪念他。有人提议道："他领导我们在三月初三打过大胜仗，我们就在这天来纪念他。"大家一致同意，从此就有了三月三节。

庆祝三月三的活动，包括几方面的内容。清晨，男子上山打猎，以便将猎获物做祭品；如二小时内打不到野味，必须买回鱼和肉做献祭。妇女们则从三月初二日开始做过节准备，白天上山采集染色草叶，晚上用水把糯米发胀，第二天清晨用来蒸五色饭。这五色饭是山黄姜染的黄色、三角枫染的黑色饭、红蓝草（有说用鸭脚草）染的红色饭、辣椒叶染的蓝色饭和未染色的白米饭。有的家庭只做红、黄、白三色饭。与此同时，要杀鸡、烹鱼、煮鸡蛋或烧制猎获的野味。食物和祭品烹熟后，家长把左侧大门关上，右侧打开，大门不得关死。左侧大门后置小桌一张（无桌可用长条凳），将食物一盘盘盛好放在左侧祭桌上（放右侧也可以，但门的开关方向要相反）。祭品除五色饭外，要有肉类（猪、羊、鸡、鸭或野味至少有一种）、鱼类和蛋类三种，鱼类买不着可省去，鸡蛋则要三个。祭品摆好后，家长开始讲五姓人来到海南岛的事迹，然后说："我们今天纪念你们，望祖先保佑子孙们发达平安，多做好事。"上午九时左右开始祭祖，祭毕，各家自己团聚欢宴，同村亲友不互相邀请。饭后，男子又上山打猎游玩，妇女在家绣花、聊天，小孩们在村里相邀玩乐。猎人归来后，要将猎获物分送村邻共享，不去打猎的人家也能得到出猎各户送来的肉。节日里，为什么有的家庭做三色饭、有的做五色饭呢？苗胞说法不大一样。有人说最早就是做三色饭，用以纪念带领我们苗族打胜仗的那位祖先，后来有些人想到还要纪念来海南岛的五姓始祖，才由三色饭改为五色饭。另一种说法是从前兴做五色饭，表示五姓人共同祭祖，后来因五色不易配齐，为了方便，有些人就改为三色的了。解放后，政府承认三月三日为海南省黎族和苗族的民族节日，节日期间放假三日。届时各个黎、苗民族聚居的县城都组织歌舞、体育、电影等活动，以示庆祝，从而使这个民族节日变得更加丰富多彩。

（3）六月六日

家家做粽粑、杀鸡（无鸡用猪肉或野味代替），上山祭祀盘古皇和神农帝，祈求当年庄稼丰收，人畜健壮。人们边祷告边唱道："翻手你才阳手方，复手又才方兮兮。听得方声调子响，神农皇帝到坛心。早间你在扶桑庙，功曹得秘去转神。你就得问疏密亲，并鞍宝马赴坛心。来到坛前你下马，接过筵前饮香云，上筵领受安坛酒，师重依本唱元恩。末唱前朝并后界，回来且唱仗义皇，三皇五帝同光隆，着君一个唱元恩。……"以下就唱盘古开天地、造人类的经过。也有不少苗胞不会唱上述古歌，以祷祝几句表示祭祀。此外，他们还要给山公焚烧盖有人印和狗印的纸，祈求他保佑多打猎物，驱除野猪和虫害，保护庄稼茁壮成长。

[王承权：《海南苗族的习俗与文化》，《民族学资料丛编·南方民族的文化习俗》，第329—331页，云南人民出版社1991年版]

第四节 人生祭仪

1. 贵州台江县苗族的架桥求子仪式

第一种：木桥。是没有生育男孩的人家修建的。一般都是修在跨溪沟的路上，以利交通。修桥的动机不必经过鬼师、巫师的确定，而是自己主动办的。这种桥叫"九兜八"（意为把这山接过那山的桥），都是在二月初二日开始修建。用桥木三棵、五棵或七棵（用单数的意义不详）把桥架好。桥木脚放在走向家中的方向，梢端向外，因为树脚称"戛"，主人也称"戛"，要一致；"戛"也含有根的意思，有根的那端向家中，象征有根有种的意思。架桥用的供物品是：

大雄鸭一只；鱼三尾；糯米粑三个或五个；糯米饭适量；酒约一斤。

架好桥后就杀鸭，鸭和鱼不用切成块，放在一起煮，但鸭肠不能放在一起煮；人们认为肠子是脏的东西，如放在一起煮了，就不能供桥了。

将煮熟的整鸭（不用碗装）摆在往家中的那端的桥上，鸭头向外，饭及粑粑摆在一起，与鸭成一行列。鸭、饭前面是三个酒杯的行列，再前面是三尾鱼的行列，鱼头对鸭头，如图一。

架新桥时要请鬼师向桥作交代的。陈设了酒、鸭等之后，鬼师在往家中那端的桥头蹲着念咒（用祭祖先念的"鸟大"声调）请"呆告九"（三个桥公的意思）及祖宗到来。"呆告九"来到交下的路线是：

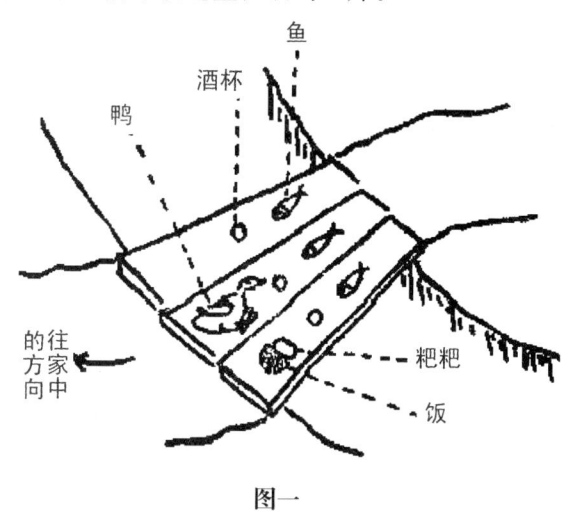

图一

皆九囊奶、皆当囊啥→钢方细朋→荣良（意为断岩）→最法（"最"也是岩，"法"意不详）→仰翁纪纠（顺江而上）→荣友（？岩石名）→荣约（鹆岩）→荣广（蛙岩）→荣棍（也是蛙岩）→掌衣蒙（意为细石坪，村名）→甩西（村名在榕江县）→无西（在榕江县）→方西（榕江县）→拱吊办（即榕江县的六百塘）→娘友娘路（在丹寨县）→九商兄汪（即杨英、杨苕，在剑河县）→兄昂、兄菊（即大平山，在剑河县）→养纠、拜刹（即剑河县的白道）→娘迋（路名，属剑河县）→娘兄（山名，属剑河县）→党果、松俊（坳名，属剑河县）→养洗（山岭，在台江县）→妇里羊（田坝名，在交下附近）→八芒→荣下→交下。

至于祖先呢，据说在人由家到建桥地点时他们已跟随来了，所以念的咒语中不需念出应走的路线了，只请他们与桥一起吃就行。念咒把要求、希望提出后，好请"呆告九"及祖先吃，这时即将杯中的酒倾一点于桥上，并把鸭肉、鱼肉、饭及粑粑等也逐一掐一点于桥上，表示桥及祖先已吃了，然后再念咒请"呆告九"留住桥上，不送它们回去了。祖宗则仍随人回家。

修建新桥时，较大的桥是要设有"商大"的，小桥没有地方设的可不设。"商大"的形式与汉族供设的土地菩萨近似，所以当地汉人都称为土地菩萨。"商大"设在桥的哪一头都可以，但面要朝着桥，意思是它要守桥，一般都是用五块石板镶为四方形或长方形的匣子，这就是"宰"（家的意思），再拾两颗或一颗石头放在"宰"内为"商大"，但对"商大"的数目和性别则很模糊，也不知道是什么变成它。口述者对它的数目、性别起先说不知道。继说是一公一婆二个（按：可能是看见汉族土地祠的塑像而有此概念）。后又说普通都称"告商大"，"告"意为公，那么"商大"都是男性。架桥以后生子的杀猪取名，第二年或第三年杀猪谢桥供祭"商大"的酒肉是两份，则"商大"似乎是两个。

架新桥时虽说有"商大"，但不设什么供祭物品，只在桥上"鸟大"时倒一点酒、掐一点肉放在它的前面就行。并在"鸟大"时念的咒中有"商大洛且，兜呆洛昂"，意思是请它看桥。但看桥的目的和意义不清楚。

鬼师"鸟大"完毕了之后，去架桥的人（没有一定人数）大家一起在桥边吃肉喝酒，但要留一尾鱼、一只鸭腿、一个蛋和一点酒饭作为引导未来的孩子的魂魄回家。当回家的时候，鬼师也随同一道到桥主家去。到家时不举行什么仪式，只在进家时鬼师说"引小孩来"，并叫主妇（即希望架桥而生男孩的那个妇女）喝一点酒。

架桥后如生儿子了（年限不论），则于生子后的第三天、第七天或第九天杀猪，并给婴儿取名，名字多用"九"（桥）。杀猪一般是二十多斤重的，富有的人家杀的是三四十斤，贫寒人家只杀十多斤的，都在家举行。把猪杀了，大猪就用热水烫，小猪用火把毛燎掉。把肉砍为几大抉连内脏放在一起煮，熟肉陈设都不用碗装。一部分摆三份，一部分则满桌铺，情况如下：

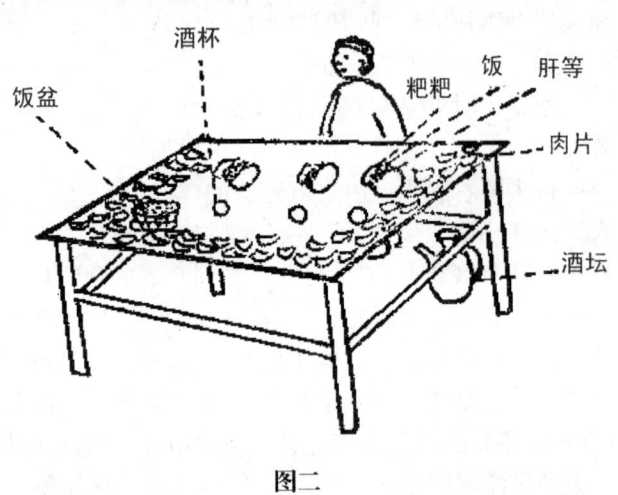

图二

猪心、猪尾、猪头的下颚摆在中间为一份，猪肾、上颚的一半分别摆在中间那份的两边为两份，肝、肺各分为三块摆在三份的上面。饭和粑粑也各分为三份分别摆在三份肉的侧边成为一个行列，在这行列的前面是三个酒杯（没有杯就用碗）的行列，在角上放着一盆饭，酒坛放在桌的脚下，猪肉切成小块满布于桌子边沿上，只朝里面的边沿不摆，鬼师坐在不摆小块肉的一面念咒语。陈设如图二。

鬼师念咒叫"鸟大"，就是用"鸟大"的声调来念咒，请下面的灵苊临享受祭物。

告九、告当　　意为桥公、凳公

商引、受牙（是从前两个人的名字）

把奶、门啥　　意为日父、月母

雍翁、务八　　意为水龙、山脉

播千、播刮　　意为高山、矮山

戛吓羊、簸弄方　　意为寨子"戛吓"、地方祖先

戛吓宰、簸弄看　　意为家中"戛吓"、亲戚祖先

把上面的名字都念到之后就算是请到了，对它们提出了请求、希望之后，就请它们吃，然后宣布请它们散回去。

把肉煮熟之后，由家里面一个人携带三碗肉、三碗饭、三杯酒到桥上敬桥，但不用鬼师去了。

到次年的二月初二另杀一只二三十斤的猪以谢桥。这次不是在家而是到桥边去举行仪式。把肉煮熟了，陈设敬桥之后大家就吃酒吃肉，不请鬼师"鸟大"。

第三年再在桥边杀一只猪"涉九"（意为结束新桥），这次也不用鬼师"鸟大"，只需把肉煮熟陈设敬桥后，大家就吃肉喝酒。

自此以后每年农历二月初二日都要按照习惯去"拖九"。以后桥朽坏了，就由修桥人或他的子孙修补，在换新的桥木时有钱的要杀猪敬桥，没有钱的只买几斤肉也可以。

在生儿子后的第一次杀猪及第二、第三年的杀猪，以后的"拖九"都要供祭"商大"。供祭"商大"是用二个酒杯，肉饭也摆为二份，肉饭的样数与供桥的样数是一样。

关于架桥起源，流传有这样一个故事：从前"古昂"与一批青年人，据说其中就有他的儿子，架桥于"九囊奶、当囊啥"地方。桥修成功，大家说："谁在桥上能把桥摇响了，就称他为首领。"青年们都轮流上桥试过了，但没有谁能把桥摇响，只有"古昂"的办法多而摇响了，事先他捉得一只小鸟暗藏在怀里，轮到他摇桥时。他走在桥上，一面摇桥，一面以手暗中按摸小鸟，小鸟"叽叽"地叫了，大家不知是小鸟叫，以为真的是"古昂"把桥摇响了。于是就称他为首领。这就是架桥的起源。一直到现在人们为求子而架桥时鬼师念咒，都要念到"古昂"架桥的故事。

第二种：石板桥。也是已婚夫妇没有生育儿子而修建的桥，用长三四尺的石板横跨小沟就成桥了，架桥时的杀猪念"鸟大"、生子后的杀猪取名及杀猪谢桥等一系列的手续都完全同架木桥一样。

第三种：家桥。家桥苗语称为"几娘宰"，是用两棵杉树夹一棵香椿树（没有香椿时就全用杉树）做成。长约二十五公分，每株粗如茶杯。桥铺在大门内地下，桥面与地面一样平，树梢向外，这种桥不设"商大"。架桥时用的供物是：

大雄鸭一只，鱼三尾，糯米饭，酒适量。

把鱼煮熟后请鬼师"鸟大"，像架木桥一样。念咒请来的"告九"也留在桥上，不送回去。

生男孩了，也要杀猪取名像木桥一样。但第二年不杀猪谢桥，也不"涉九"了。不过平时家中有酒肉吃的时候，都要倾一点酒、掐一点肉于桥上，表示有酒肉时先供桥而后吃的意思。

[全国人民代表大会民族委员会编：《贵州省台江苗族的宗教迷信》，第7—10页，1958年5月内部编印]

2. 贵州台江县苗族架凳子求子仪式

凳子是为求子而架设的。把一节长约百多公分的圆木劈破为两片，把劈破的那面刨

（或砍）平。在两端各凿一孔，并在孔中穿上一根木棍而成为二脚凳，凳脚的下端栽在土中凳就稳了。这种凳子是设在山坳大路边，以做行人休息之用。不设"商大"，只栽一棵枝叶完整的小竹于凳旁，成活否均不管。如没有地方可栽时，这棵小竹就拿回摆在家中。架设凳子后生子了，也要杀猪命名的（名多用"当"即凳）。这次的杀猪和第二、第三年杀猪的意义和手续都完全同架桥一样。

架设的这种凳都称"古当"，就是"凳公"的意思。不听有"凳太"或"凳婆"一类的称呼，那么凳都属于男性了。并且是属于"善"，所以人们向它求子。据说它的地位没有大小之分，也没有谁管理谁的意识。

栽的小竹一定要有梢，取"有后"的意思，断梢了是象征"断后"（无后）。所以断梢的一定不用。

〔全国人民代表大会民族委员会编：《贵州省台江苗族的宗教迷信》，第11页，1958年5月内部编印〕

3. 贵州台江县反排乡苗族的求子祭祀

敬桥节，苗语称为"砌久"，这是一年中最热闹的一个节日。时间在夏历的二月初二。敬桥是为了求子，人们认为敬桥这天有许多娃娃在桥上等候着。有的天刚亮就去敬桥，好把娃娃引到自己的家里。有的由于桥多路远，便提前在初一进行。敬桥后，才在家祭祖和吃早饭。

祭品用粑粑三个、鱼三尾或猪肉一至三两，糯米饭一团，鸭蛋一个和一点酒，其中鸭蛋是不可少的。他们认为蛋是娃娃最喜欢的东西，能把娃娃逗到家里。此外，还要烧香烧纸，有的还剪许多纸娃娃，用木棒穿着，插于桥的四角，表示子女成群。

敬桥不分男女老幼，但剑河县的久仰等地禁忌孕妇敬桥。一般妇女在这一天也不愿背娃娃走过桥上。

桥不能随意乱敬。人们认为谁敬了那座桥，该桥就保护谁，所以哪些人敬哪座桥是固定的。属于全寨共有的桥，寨内每家都可以去敬；属于某一姓氏共有的，只能由某一姓氏的人去敬；属于私人架设的，则归私人去敬，违者即被认为把桥主的娃娃、财喜抢走了，势必引起纠纷。大约在三十多年前，唐姓的两个支系曾为争祭横跨寨中小河的一道木桥发生过纠纷。

敬桥当天下午，男女老幼都集中到芦笙坪上举行跳芦笙、斗牛活动。斗牛最吸引人。

节日里要连续休息几天，青年人到游方坡上尽情"游方"。中年人、老年人，尤其是妇女，便互相走访，喝酒谈心。

反排的桥有以下情况：

（1）寨有桥：这种桥有一座，名"风丢居学"，坐落寨东的"后龙雍向"地方（后龙即瀑布，雍向地名）。

（2）一个姓或两个姓所有的桥比较多，而且是较大的。

（3）私有桥：主要分布农田头、水沟或人行小道上，一般都是小桥。其中有两种情况：一种是为交通而架设的；另一种是为求子而架设的。后一种有时找不到适当的跨沟地点，就平铺在路面上。

妇女婚后不育，或者生女不生男，请巫婆（外地来的）看手纹，决定要架桥求子者，便架桥，苗语称为"兄久"。架桥时，请鬼师主持，用一尺二寸布（黑白均可）、一元钱、五斤米、三尾鱼、三个鸭蛋或一只鸭做祭品。以后，每逢正月初二都要敬祭一次，在三年内如果生了小孩，即在生小孩的第三年举行"岔久"（即结束之意）。"岔久"时，其祭品是根据架设时的祭品而定。如架桥时用蛋，这时则用鸭；架时用鸭，这时则用一只小猪，以示报答。如果三年内没有生子的就不举行"岔久"，而继续敬祭。

［贵州省编辑组：《苗族社会历史调查资料》（一），第171—172页，贵州民族出版社1986年版。调查时间：1965年4—7月］

4. 贵州台江县苗族敬桥节

敬桥是苗语"拖久"的意译，桥是"久"，"拖久"直译为"热桥"，也就是敬桥、祭桥的意思，通称为"敬桥"。同时这又是架桥的日子，因而也叫做架桥节。

敬桥在农历二月初二举行，在个别地区也有例外，如台江南部的洪寨，如遇闰正月，他们就在闰月过，而不再在二月初二敬桥了。敬桥是敬自己家里所架的桥，或自己家里有份的公众的桥。因此我们首先谈一谈架桥。

台江苗族架桥的原因有二：一是婚后数年未生男孩的人，便架桥求子；二是保佑小孩平安不生疾病。有的地区架桥仅有保佑儿童的意义，如排羊乡的习惯便是这样。所谓架桥，实际上就是用三根杉木或一块石头架在溪沟上以便行人。一般的都是在二月初二或二月内由父亲或祖父亲自架设。如无水沟，也可在路中或在自己房子的大门内挖一坑，把三根二尺多长、三寸多宽的杉木铺嵌在坑内，这叫"做桥"。有的这三根不一定是杉木，中间一根可用椿木，据说椿木有香气，更受龙的欢迎。在架桥后三年内，每年都要敬桥，三年以后可敬可不敬，但不能撤去。为什么不能撤桥呢？群众说这是因为架桥有德，拆桥有罪。

敬桥的特点是必须用鸭蛋，有时还要染成红绿颜色。据说这样才能把小孩引到桥上来，也就是使架桥者能够生育小孩。在巫脚交除用鸭蛋外，还要备酒一壶、糯米饭一盘或粑粑几个、鱼三条或鸭子一只。敬桥要烧香、纸，并把每种供物都撒一点在桥上给桥吃。解放后有的地区购买香纸很不方便，但是仍然保留着用食物敬桥的风俗。

各家为了前述原因所架的桥，只有架桥之家可去敬祭，他人不得偷敬，否则就会引起纠纷。因为架桥之家不愿他人夺去他的养儿子的希望，或夺去对他的孩子的庇护。但持酒过桥时洒一点酒在桥上敬桥却是允许的。特别是妇女们，无论是路过公众的桥或私人所架的桥，如果带有酒、肉则须洒一点在桥上敬桥，意在使自己的孩子长得更健康。

有些地方有公众祭众桥之举。比如在台拱寨，以前地方上曾有人欺骗某寡妇得到一笔钱，后经群众仗义追回，通过协议把它充做"土地费"基金。这笔款一共三十二两银子，当时折合光洋三十三元，任何人都可以借用，利率二分。每年以利息收入于敬桥节日买些酒肉作为公祭该寨附近五座众桥之用。到一九五一年大家觉得放贷剥削不合法，就把余款买了猪，吃了一顿，把钱一起用光，从此就不再有公祭了。据说以前南宫也有过这种"土地费"，于二月二日和八月二日敬桥神和土地神，但到近三四十年来就已不再举行了。

台江苗族中还有一种叫做"九兜八"，汉语译为"阴桥"。架设这种桥的目的不是为了求子而是想发财、想家里出个把能干的人。据说这样的桥的架设对地方上是不利的，有时会使寨里伤人或失火，甚至弄得鸡不叫、狗不咬，所以架设阴桥必须于晚间约请一个鬼师秘密地去进行。架设的地点往往选在山坳的路中，挖掘一个深约二尺多的坑，坑内放三个蛋，再以一块桥板放在蛋上，放好后即盖泥土，使路面恢复原状，然后烧点香纸即回家。鬼师的酬劳须大洋四五元，所以贫穷的人是架不起的。这样的桥也在每年二月初二祭敬一次，当然必须悄悄地秘密进行，祭品一般也是鱼、酒、饭和一些香纸。

[贵州省编辑组：《苗族社会历史调查资料》（一），第215—216页，贵州民族出版社1986年版。调查时间：1956年冬]

5. 贵州榕江县加宜公社苗族祭桥求子

据我们的了解，这里所谓祭桥其实多数并不是真的在溪水边的桥头进行供祭，而多是在路口进行。祭桥大致又可分两种情况。

其一是由于老婆不生孩子，要请鬼师来祭桥。用猪一头（大小不论）、红蛋三个（鸡、鸭蛋均可）、蓝布三尺、鸡一只、酸鱼一个、酒一筒、米一升、糯谷穗三把，去至村寨附近的路口。由鬼师念咒，请桥头老爷赐福，把儿子送到祭桥的人家来。

随即要在路口挖一浅坑，上铺约一米长的木板三块（不能多，也不能少），算是"架桥"。同时，还须在一旁的土坎上凿长宽均约二十至二十五厘米方形窟窿一个，内放一块石头，外面插几炷香、挂上几张纸钱，算是修了"土地庙"。以为这样即可求来儿子。

其二是如果某家生子之后，经鬼师算命认为孩子的出生年月日不好，寿命不长，于是也要祭桥。祭品和做法与上面大致相同。在桥旁要放置长板凳一张，让过路老人坐了后可为孩子增寿添福。

[王承权等：《榕江县加宜公社苗族调查报告》，《月亮山地区民族调查》，第350页，贵州省民族研究所，1983年6月。调查时间：1983年3—4月]

6. 贵州从江县孔明公社苗族架桥、架凳求子习俗

孔明公社几乎每条山路上都架有小木桥。有些地方看上去根本不用架桥的，也架着；不少地方的路边上则架有木凳。小木桥都用三根去皮的杉木架成，树的根部朝向一方，树梢朝向一方。凳子是两根柱子埋在地里，上面横架着一块较厚的杉木板。架桥和架凳的意思是相同的，都是无儿子的人家为求后嗣去架的。或架桥，或架凳。认为别人从他家架设的桥上走过或坐在他家架的凳子上休息，其魂便会到架桥或凳的那家人家去投胎，架桥或架凳的时候必须请鬼师去主持一定的仪式。由鬼师念咒语，然后杀一只鸡或鸭子，把血洒在桥或凳上，鸡或鸭毛插一些在桥头、凳脚。鸡或鸭子就地煮吃。架好桥后还要在旁边土坡上挖一个洞，用石块砌一方穴，里面放置一小酒杯。据当地群众说，这是"土地公"住的地方，由他来照看路上的桥。

架桥、架凳后，每年要拿饭、酒、肉到桥或凳那儿去祭一次。如架桥、架凳后不久得子，便每年都去祭，并一直祭下去。谁家架的，年久坏了之后还由谁家重新去架，别的人不能随便乱动。

新架的桥或凳，群众都不愿从上面走过或坐下休息。遇刚架好不久的桥往往绕道而行。如无他路可走，必须过去时，则先投一块石头到桥上，然后再走过去。

[赵崇南：《从江县孔明公社苗族鬼魂崇拜调查》，《月亮山地区民族调查》，第 468 页，贵州省民族研究所，1983 年 6 月]

7. 贵州台江县交下村苗族祭"董下"

"董"意为齐，"下"意接近于命。"董下"是"添寿"的意思，当地汉语称为"打保福"。男女老少在坐卧不安、软弱乏力的时候，经过"胜奶养"（当地译为"掐日子"）者算过说要"董下"时就要照办。据说从前有两人名叫"醒宁钢囊奶"和"诺告钢奶啥"经过"董下"后才坐老（长寿）。根据"董下娘娄、辣囊娘方"（添寿才能活到老，祈命才能久坐这地方）的意思，所以现在人们才"董下"。举行"董下"用的东西是：

大肥猪一只（五六十斤以至百来斤）；酒数十斤（以一斗二升米酿成，主要是供给亲友吃，"董下"只用数斤的一坛）；糯米饭；豆腐数两；茶一杯；菜油灯一盏。

"董下"要在丑日（当地苗族称为水牛日）的白天在家举行，较小的村子全村的老年男女和没有老人之家的中年男女和亲戚都请来参加。较大的村则只请亲友家族或邻近的人家。这些被邀请的家族亲戚都要赠送礼物，家族过去是送制钱一百文左右，现在是人民币一二角、酒一二斤。亲戚过去送大洋一元左右（现在的人民币），酒约五六斤一坛、大鸡一只。在这天的早上由亲房家族数人来帮助杀猪（用热水烫毛）。洗整完毕后，肉煮至半熟时即取放一边，只继续把心、肝、肺、胃、脾、血、头、四只脚及附有尾骨的尾巴等煮熟。肚腹是脏的东西，不能掺在一起煮。

熟肉的陈设由"堕白"负责，在家中摆两张桌子。面向门外，一桌是荤席、一桌是素席。荤席的陈设共为十二份，就是：桌子朝家中的那边摆十二块半熟的肉，其他都摆在这些肉块上。就是：猪心摆在中间，两个肾摆在猪心两边；以猪肺的大半平均为九股来分配在其余的九块肉上。以下颚和尾摆同猪心一起，上颚分为二块摆在有猪肾的那两块肉上。另外肺的小半、肝、脾、血各平均分为十二块配搭在十二块肉的上面，饭也分为十二团分别摆在十二份肉的上面。肉饭行列的前面是十二杯酒的行列。

素席的陈设简单：桌的中间摆一碗豆腐，一边摆一杯茶，一边摆一盏燃着的灯，如图三十三。

鬼师站在荤席旁边，面朝门外念咒，咒语如下：

第一段

旧年过去，新年到来。／今天是吉祥的日子，今天是好日子。／今天是庚申日，今早上是好日子，／皇帝晒衣服，汉家立高楼，／河里鱼晒鳞，坡上麻雀晒羽毛，／大老爷出门，一百多人随着。／这个崽的福气没有地大，命也没有天长，／求地保佑，天保佑，／保佑他命长，保佑他命大。／借你的福，你的命来保佑，／他活到九十，活到一百。／喊"误相"从地下来，／"误朗"从天上来（注："误相"、"误朗"是两个妇女，寿命长得像太阳月亮，故请她两个来保佑小孩命才长）。／不要空手来，不要白来，／一个拿一把棉花，一个拿一把麻，／托你们的福，托你们的命来保佑，／他活到老，命又长。／我把酒坛开，猪来杀，／杀一条猪一□长，开坛酒一□深。／不杀送亲戚，不杀送客人；／杀送你"误相八方"来吃，杀送你"误朗方碗"来吃，／有新鲜肉，干净肉，／我们刚才杀，还不得吃，／你们坐着等，歇着等。

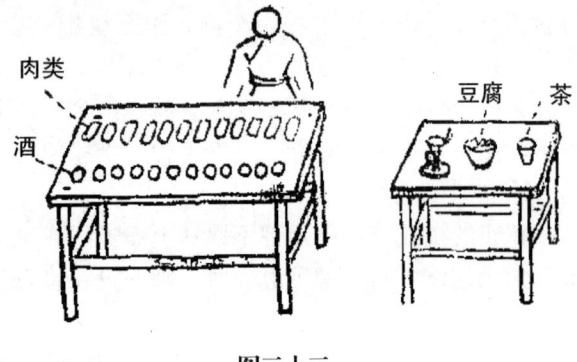

第二段

喊"商引"，叫"受牙"（从前的人名），／"商引"从坡上下来，叫"受牙"从天上下来，／不要空手来，／（此处的四句与第一段同），借你们的命来保佑他，请你们来吃豆腐，／喝点茶，你们坐着等，／歇着等。

第三段

喊太阳爹，叫月亮妈，／太阳爹从金岩门来，月亮妈从银洞来，／（以下与第一段的"不要空手来"至"不杀给客人"十四句同）。杀给太阳爹吃，杀给月亮妈吃，／（以下从"新鲜肉"起至"歇着等"六句与第一段末六句同）。

第四段

请太阳下的桥公，月亮下的板凳，／十二桥公在游逛，／十二板凳在散步（他们游逛是在送子）。／桥公请你从太阳那儿下来，板凳请你从月亮那边走来。／托你的福大，你的命长，／不要空手来。／（以下从"不要白来"起至末句基本与第一段同，但本段少"借你们的福"至"命又长"四句。又"杀给……"二句改为"杀给太阳下的桥公，月亮下的板凳"，其余全同）。

第五段

喊岭上的白虎，叫山弯的白虎，／（以下从"托你们的福大"至末句"歇着等"与第四段同，但"杀给……"二句改为"杀给岭上的白虎吃，杀给山弯晨的白虎吃"）。

第六段

喊亲戚，叫朋友，／走下边，喊当下（寨子名，在台江县交下乡），／叫"汪绍"（老寨名，在台江县交下乡），／喊板凳寨（在台江县交下乡），叫汪因寨（在台江县交下乡），／喊领袖，叫头子，／上前来，来快些。／走上边，／喊"翁里"（地名，在剑河县九节寨），／叫"八排"（地名，在剑河县九节寨）。／走上边，／喊"俄那"（寨名，在剑河县九仰乡），／叫五交（寨名，在剑河县九仰乡）。喊领袖，／叫头子，我喊一句，／你们就上前来，我喊一声，／你们就来快些，／（以下从"托你们的福大"起至末句"歇着等"同第四段，但"杀给……"二句改为"杀给你们领袖吃，杀给你们头子吃"）。

第七段

走上边，／喊"吊脸"（寨名，在台江县巫脚乡），／叫四登（寨名，在台江县巫脚乡），／喊"翁留斗"（沟名，在台江县交宫），／叫"者翁根"（沟名，在台江县交宫。／走下边，喊"边属"（寨名，在台江县交宫），／叫"麻因"（寨名，在台江县交宫），喊"翁可"（塘名，在交宫）。／叫"张新"（在台江县交宫），喊"客多"，／叫"筛课"，喊"足独东"，／叫"客九商"（以上均在台江县交宫）。去下头，／喊"南祥"（寨名，在台江县南宫乡），／叫斗寨，喊"府当"寨，／叫"九聋"寨（以上均在台江县南宫乡。走上边，／喊"翁独"（塘名，在台江县南宫乡斗寨坡头），／叫"干至"（坳名，在台江县南宫乡），／过这边，／喊"张俄"（坡名，在台江县南宫乡），／叫"布崽"（坡顶名，在台江县南宫乡）。／不要空手来，白白的来，／一个拿一把棉花，一个拿一把麻，／借你的福大，你的命长，／我把酒坛开，猪来杀，／杀一条猪一□长，开坛酒一□深，／不杀给亲戚，不杀给客人，／杀来给领袖吃，杀给头子吃。／我喊一句，上前来，／我喊一声，来快些。／（以上六句与第一段末六句同）。

第八段

喊"大田角"（寨名，在台江县南宫乡），／叫"力欧"（岭名，在南宫乡），／喊"哈属"（寨名，在台江县交下乡），／叫"哈有"，喊"干九"，／叫"五忙"（以上都是寨名，均在交下乡）。／喊寨上的领袖，叫地方的头子。／（以下从"不要空手来"，至"不杀给客人"同第一段，但本段少"他活到老，命又长"二句）。／杀给你们领袖吃，给你们头子吃，／杀给地方的领袖，寨子的头子。／（以下从"我喊一句"起至"歇着等"十句与第七段末十句同）。

第九段

喊寨子上的围墙，地方上篱笆，／高坡大哥，矮坡老弟，／背上背小坡，面前抱小岭。／（以下从"不要空手来"至末句基本同第八段，但"杀给你们领袖吃"至"来快些"八句改为"杀给高坡大哥吃，杀给矮坡老弟吃"）。

第十段

祖宗快来，祖先快来，／太祖公，始祖公，／喊寨上祖宗，叫地方家先，／喊家族的家先，叫亲戚祖宗。／我喊一句，上前来，／我喊一声，来快些。／（以下从"不要空手来"至末句同第九段末，但要把"杀给……"二句改为"杀给屋里的祖先，祖宗来吃"）。

第十一段

一齐都来，一齐都坐，／大大小小都来，年轻的也来。／大家动手来吃，大家张嘴来喝；／要吃饱，要喝光。／吃饱揩去手上的油，喝光揩掉手上的饭。／拿肉去哄妻，拿菜去哄崽。／你们是哪点的就仍回到那里去。／是哪个寨子来的也仍回到你们的寨去。／你们来时我用几粒米喊来的，去时也用几粒米送回去。／高坡大哥，你转去，／矮坡老弟，你回去，／祖宗回去屋，祖先转到门口，／（以下从"你招扶白天"至"地太平才生草"十句与祭"董翁"的咒语第十六段末同）。／下坡也有力，脸红像太阳，脸肥像月亮。

鬼师念咒请求这些"灵物"赐福添寿，并请它们吃了酒肉之后就送走，送走之后才"八崩"。这不是陪"灵物"，而是先吃一点在先，其他人才能吃的意思。祭肉除留有猪心的那份给鬼师带回家外，其余的肉全部切煮招待亲友吃。

据说被请来增福添寿的这些"灵物"没有大小高低之分。谁吃有猪心的那份也不知道。

家族亲友送来的钱被拿去换银子，过一段时间，十九天以至一二个月以后，就请银匠来家打为"穷下"（当地汉语译为"保命钏"）或"守下"（当地汉语译为"保命链"）给"董下"的人戴。人的生日是属猴（申）的就打为"保命链"才"吊"得住他，其余的生日则打"保命钏"。在打"保命钏"或"保命链"时，主人要杀一只鸡煮熟，并须掐一点鸡肉并倒一点酒淋在"穷下"或"保命链"上面才开始佩戴，表示这是"穷下穷瓢"。与一般的手饰不同，据说这样戴了才长命。银匠吃了鸡就不给工资了，即使给他工资他也不要。这是习惯，没有什么禁忌。

〔全国人民代表大会民族委员会编：《贵州省台江苗族的宗教迷信》，第86—90页，1958年5月内部编印〕

8. 贵州台江县苗族小孩拜寄仪式

八个月以上十五岁以下的小孩有经常生病、哭吵的情况时，就请算命的人（汉族、苗族都有）根据小孩出生的时辰来确定要拜寄一种东西，借它来保佑孩子或为孩子解除厄运。超过十五岁以上的已懂事，不哭吵了，就不需拜寄什么。而八个月以下的婴儿为什么不拜寄呢？据说是因为他们身上还经常有粪便，不干净，所以还不能拜寄。这也可能是反映着八个月以下婴儿的死亡率较高，拜寄了也很难有把握成长，因而不叫他们拜寄。这还有待于进一步地调查和分析。

（1）子时：子的属相是鼠。子时人们都已睡静，只有老鼠不睡觉，猪在这个时候也睡不着。在这个时候生下的孩子是没有外人看见的，只有老鼠、树和猪看见。以后这个孩子如果时常哭哭吵吵，身体很瘦弱，就要根据算命的人的指示去拜寄老鼠、树子或猪。拜寄老鼠并不是真正拜寄老鼠，而是拜寄一个老鼠吃过米的米桶。拜寄树子是枝叶茂密的常绿乔木，台江城关拜寄的树子都是苗话叫的"动所"（当地汉语称为檬子树）。拜寄猪也不是真正的拜寄猪，而是拜寄自己的猪圈。拜寄的礼物比较简单，就是：

鱼三条（或一个蛋或猪肉数两也可以，要煮熟）；香三炷；纸钱（冥钱）一两；烛一对；饭半碗（粳米饭或糯米饭都可以）；酒三杯。

去举行拜寄仪式的时候不需选择日子，由孩子的父亲或母亲带着他一起去，可以不请鬼师（当然有鬼师更好）。把供祭的物品陈设，并焚香秉烛之后，就带孩子向拜寄的东西作揖磕头，并说"我的孩子经常哭吵，又瘦，今天带他来拜寄你，请你保佑他不要哭吵，快长快大"这一类的祈祷话。祈祷完毕，再把供祭的食物掐一点放在地下，表示拜寄的东西已吃了，拜寄仪式即告结束。第二年的旧历正月初二日和二月初二日仍预备同样的供品去敬它。第三年的二月初二日还要用一只煮熟的鸭子（拜寄的是男孩就用雄鸭，女孩就用雌鸭）去敬，以后可以不祭。

（2）丑时：在丑时生下的孩子，正遇着这一天鸡开始叫的时候（农村晚上鸡鸣一般都是二三点钟的时候，通称鸡叫一遍），这是最好的出生时辰，用不着拜寄什么东西了。即或这个孩子有些什么病痛，也得另想其他的办法。

（3）寅时：寅的属相是虎。寅时老虎离窝寻找食物去了，它的窝是冷的；它回来住在窝里，它的窝又是热的，因而虎窝总是忽冷忽热，在寅时生下的孩子身上就像虎窝那样忽冷忽热，坐卧不宁，哭哭吵吵。所以要带他去拜寄水井，使身体凉爽，不再发冷发热。拜寄的办法与拜寄猪圈同。

（4）卯时：卯的属相是兔。卯时正是早上，这个时候如让家兔跑到外边去，被朝露淋湿了，就不易长大。须制一个木圈把它关起来，不让它在早上出去。在卯时生下的孩子就像被朝露打湿的兔子一样，长得瘦弱，经常哭吵，所以要带他去拜寄兔圈。家里养有兔子的，就拜寄原有的兔圈；否则要制一个宽三寸长三尺的兔圈表示给兔子住，再带小孩去拜寄。这个兔圈要隔为二间，一间给它玩耍。这个兔圈摆在堂屋的右边，拜寄的办法与拜寄猪圈同。

（5）辰时：辰的属相是龙。据说上半年（即一至六月）天气暖和，龙能爬，能行动；下半年（即七至十二月）天气冷了，龙怕冷，爬不起来，不能行动。在下半年辰时生下的孩子就像龙那样爬不起来，长得很瘦弱，经常哭吵，所以要想办法拉他爬起来。

这就要制一根三环铁质和六环银质的链子给这小孩戴在颈上。三个铁环代表马衔在口里的铁链,六个银环表示衔口两边的拉链,意思是有了这根链子了,就能够把龙拉得起来,也就是能够把小孩拉得起来,他就不再哭吵而平安长大了。链子制好了,就要请一位年纪较高的老人(男女均可)来说几句吉利祝福的话,并置备下面的供祭物品祭祀祖宗:

猪肉几两;酒三杯;饭一碗;香三炷;烛一对;纸钱(冥钱)适量。

祭品是摆在堂屋神龛前面的桌上,烧香纸后,就把链子交由请来的那位老人给孩子戴上。老人一面给孩子戴上链子,一面祝福"快长快大,活一百二十岁"的吉利话,这就结束了。

(6)巳时:巳的属相是蛇。蛇喜欢栖在石硐里,它有了石硐居住,就很舒服地休息和睡觉。巳时生下的孩子,如果经常发烧发热又哭又瘦,就到三岔河(两河汇流处,通称三岔河)的河里捡三颗像碗样大的石头来放在家中饮水缸脚为一行列,表示给蛇一个凉爽的地方栖息,将小孩拜寄给这三颗石头,石头保佑了小孩,他就不病、不哭吵了。拜祭时不选择日子,拜寄的办法与拜寄猪圈一样,只是要用三个蛋代替三条鱼。

(7)午时:午的属相是马。六到八月天气很热,蚊子又多(指的是叮牲畜的蝇子),特别是在中午的时候马站着、睡着都不舒服。这就要有一个马槽装饲料给马吃,它才有精神驱逐蚊子。这个时候生下的孩子就像马那样的不舒服,哭哭吵吵,所以要拜寄马槽。家里养有马的,就拜寄现有的马槽;否则要制一个长一尺二寸、宽三寸、高三寸的马槽摆在堂屋的右边(即进去的左边,这是指男孩,如是女孩则摆的位置相反)。再带孩子去拜寄,拜寄的办法与拜寄水缸脚下的三块石头一样。

(8)未时:未的属相是羊。在未时生下的孩子,如果他经常生病或哭吵,就应该带他拜寄羊子,但羊子关在圈里的时间长了,蹄子容易腐烂,这是不好的现象。所以改为拜寄儿女多而有"声望"的一对夫妇为"干爹干妈"。拜寄时不选择日子,用的礼物是:

成衣一套;鞋袜各一双;黑色头帕一段(长一丈二尺);大雄鸡、鸭各一只;猪肉二十斤(数量不一定);香、钱纸、烛、酒(酒肉的数量无一定,视双方的经济力量确定,越有钱的人家,用的酒肉就越多)。

那么被拜寄为干爹干妈也要回赠"干崽"(或干女)礼物的,回赠的礼物是:

成衣一套;鞋袜各一双;银手钏一对(上刻有祝福孩子的汉字)。

孩子的父母带他到被拜寄的人家后,就把带去的鸡、鸭和肉煮熟,陈设在那家的神龛前的桌子上,焚香秉烛之后,即叫小孩向神龛作揖磕头,并向被拜寄的人作揖磕头,认做干爹干妈,同时把小孩的名字连上干爹的名字成为父子连名一样。这时这对被拜寄为干爹干妈的夫妇就把准备好了的礼物送给孩子,并祝福几句"快长快大"之类的话之后,仪式即告结束。大家一起聚餐。

(9)申时:申的属相是猴。五月、六月正是桃子、李子成熟的时候。八月、九月正是柿子、梨子、毛栗成熟的时候。果子成熟了,猴子喜欢摘吃。在这几个月的申时出生的孩子，就像成熟的果子一样，容易被猴子摘掉，那对孩子是非常不利的，所以要带他去拜寄一对儿女多的夫妇为干父母或制一根链子给他戴，表示把他拴住，才不会像果子那样被猴子摘掉。拜寄人的办法与前述者相同，链子要十三环（只是环数的多少，没有旁的意思），有的夹有铁环，有的全是银环。戴链子时的仪式也与前述者相同。

（10）酉时：酉的属相是鸡。酉时正是黄昏的时候，鸡正进棚子里睡觉，也正是苗家吃晚饭的时候。在这个时候出生的孩子，如果他在人们吃饭的时候便哭哭吵吵的话，就带他人去拜寄鸡棚，拜寄办法与拜寄猪圈一样。

（11）戌时：戌的属相是狗。狗走路时总是蹦蹦跳跳，它又好抢小孩的饭吃。生在戌时的孩子，如果一受吓就要哭，而生病时就像抽筋一样的话，就要扎一个草窝给狗睡觉，并拿一点饭给狗吃，表示拿饭给狗吃了，它不再抢小孩的饭吃，小孩就不哭；同时，他就很乖地像狗那样舒服地睡在狗窝里，不病不吵了。拜寄的办法同拜寄猪圈一样。

（12）亥时：亥的属相是猪。在五到七月的这段时间天气很热，猪在猪圈里熬不住，就要想撬翻猪圈外出沐浴。九到十二月天气冷了，它在圈里不暖和，也想撬翻猪圈外出衔草做窝。只有一到四月和八月不冷不热，它在圈里很舒适地睡觉。所以人们认为在五到七月和九至十二月亥时生下的孩子是"八字"大。要克父母，像猪撬翻猪圈一样。这样他的父母会要早死；如克不了父母，会要克到自己。因此，父母就要带这孩子去拜寄有"威望"的人家。但别人也会认为这孩子的"八字"大，怕被他（她）撬翻而不愿接受，那么只好带他去拜寄三家的猪圈了。拜寄的办法与前述拜寄猪圈的办法同。

〔全国人民代表大会民族委员会编：《贵州省台江苗族的宗教迷信》，第124—126页，1958年5月内部编印〕

9. 贵州镇宁县募役区马场乡苗族找保爷

这里苗族的观念形态是这样：必须要为刚生的孩子找一个"保爷"，才能保护孩子的魂魄不受鬼怪邪恶的袭击，小孩才能长命。找"保爷"的做法是：先准备煮熟的一斤肉、一瓶酒，带着碗筷和酒杯，选择一个吉日，找好在寨以外独路而有沟必须要有桥才能通过的处所，日期一到在早晨就带着酒肉并背着小孩在这独路桥边等候。把肉用碗盛好，等待"保爷"的来到。从等待时起，不管是谁，先经过这里的人就算是这孩子的"保爷"（先经过者若是成年男子，则为"保爷"。若是未成年人，那就继续等待）。这时，为孩子找"保爷"的人就说："天保佑，你是有福气的大好人，是我这小孩的保爷。"于是，便把"保爷"请到家里去，用鸡肉、猪肉和酒热情招待。设宴招待完毕后，"保爷"要给小孩说句吉祥话和起个名字。家住关山苗寨的民办教师王志敏（苗族，男，二十二岁）有一次一早出去在途中碰上有搭桥的人在那里等候而当上了"保爷"，并给那个小孩起了个名字叫"长学"（永远好学不断上进之意）和"天天成长壮大，长大后有才学、最能干"的封赠语。这样,为小孩求得"保爷"的人十分高兴,留这位"保爷"多住几天,给"保爷"送礼和拜年。给"保爷"拜年的礼物是用十二斤米做的两个大糯米粑和酒,"保爷"送给小孩三至五元钱。从找到"保爷"计算起的三年满了后的春节时,为小孩找"保爷"的家长要背小孩带着一坨猪肉、两对糯米粑(用十五斤的糯米做成)、一只鸡给"保爷"拜年,"保爷"则回赠给小孩一套衣服。此后便适时地相互走访加深情谊。

[陈天俊:《镇宁县募役区马场乡苗族社会调查》,《贵州民族调查》(之三),第61页,贵州省民族研究所,1985年10月]

10. 贵州凯里市舟溪乡苗族请保爷仪式

某家小孩经常生病,长得不顺利,一般就要请保爷。清晨在路边挂上小孩的衣服,在路上铺上石板,大人等候在旁边,撞见的第一个成年男子即是小孩的保爷。保爷对小孩表示祝福,小孩的父母亲在一定的日子,如节日、小孩生日等时间,要给保爷送礼物,保爷也要作相应的回赠,这种保爷关系有维持很长时间的。

[程昭星:《凯里市舟溪乡苗族社会调查》,《贵州民族调查》(之四),第589页,贵州省民族研究学会、贵州省民族研究所编,1986年8月]

11. 贵州榕江县加宜公社苗族祭岩石

如果孩子晚上爱哭,家长要选一处岩石地方,前去插几炷香,贴上几张纸钱,将孩子"寄拜"给岩石。这样,可保佑孩子不哭。

[王承权等:《榕江县加宜公社苗族调查报告》,《月亮山地区民族调查》,第351页,贵州省民族研究所,1983年6月。调查时间:1983年3—4月]

12. 贵州雷山县掌披苗族祭岩石——求子、治病

全寨崇拜的岩石有四处,其中三处是为求子,或以孩子拜寄而祈求消灾脱难的;另一处是祈求消除耳病的。前三处的起初祈求须在节日那天去,用猪肉、一只大雄鸡、一个蛋、酒、饭、香、纸去供祭。祭仪不用鬼师,自己把祭物陈设供祭后即完毕。以后每年的八月吃新和春节,要带一点鱼或一个蛋以及酒、饭、香、纸去供祭,过苗年时可去可不去。后一处在下寨的寨脚,由患耳病的人扎象征性的一小挑柴草和空蛋壳,带去放在岩脚即回来,不举行什么仪式。据说解放前祈求的人很多,近年来已逐渐减少。但在我们调查时,也还发现有新鸡毛、小挑柴草和空蛋壳等,这说明现在还有不少的人相信

它能消除耳病。

> [贵州省编辑组：《苗族社会历史调查资料》（二），第238—239页，贵州民族出版社1987年版。调查时间：1958年9—10月]

13. 贵州台江县苗族祭岩石

小孩拜给大岩石，也可以得岩石的"保佑"。这也要在二月初二举行。无论安凳或拜寄给常绿树或岩石，其祭祀办法与敬桥相同。按习惯，生有"属火"的小孩拜寄岩石（或井），"属水"的拜寄给常绿树。在架桥或拜寄之后，这孩子就必须以桥或拜寄之物为名，意思是说这孩子已成为这些东西的孩子了，就可以得到它们的庇护，易于成长，就会像它们那样经得起风吹雨打。这无疑是魔术信仰中的"类比方法"的一种形式。他们相信遵循这种办法，魔术的作用可使小儿们比拟岩石或常绿树百年长寿。

> [贵州省编辑组：《苗族社会历史调查资料》（一），第217页，贵州民族出版社1986年版。调查时间：1962年]

14. 贵州榕江县两汪公社苗族祭岩石——祈求保佑孩子

当孩子发育不好、经常生病时，家长可举行祭岩石仪式，祈求神灵保佑孩子健康成长。两汪大队有一块大岩石，坐落在长头滩一块水田的中间，距两汪寨有二三里远。附近的苗族群众都到这里来举行祭岩石仪式，至今仍香火不断，祭岩石的人不少。这块岩石成为当地苗家十分崇拜的岩石神。

祭岩石时，人们要选择一个吉日，带上熟鸡蛋、酒、饭、鱼以及香、纸等物到这块岩石下，焚香、烧纸、念祷词，求神灵保佑他家孩子健康成长。然后将鸡蛋剥开，取出一点蛋白，连同一点酒、饭撒在岩石下，并将一张钱纸贴在岩石上。祭毕，将供品带回家去，鸡蛋留给拜岩石的孩子吃。

> [刘龙初：《榕江县两汪公社两汪大队苗族的风俗习惯专题调查报告》，《月亮山地区民族调查》，第418页，贵州省民族研究所，1983年6月。调查时间：1983年5月]

15. 贵州凯里市舟溪乡苗族的拜石仪式

拜石一般要拜三年，拜石的目的是祈求寄存于大石里的神灵保佑合家平安，小孩无灾病。拜石的起源思想是借喻岩石的万古长存之意，拜寄时要用祭物如香火、钱纸等，祭物不特指某样物品，有的用一只鸭蛋，有的用一只公鸡，还要准备糯米饭、酒、肉等，视家庭经济条件和祈愿的心情而定，而且规矩是一年要比一年丰盛。祭时，将鸭杀掉，把鸭血淋到岩石上、焚香、烧纸钱，供上其他祭品，完后将鸭拔毛、煮熟，在大石前吃掉，一般还要请鬼师参与。舟溪镇街旁原来有一块怪石，当地各族群众传说这块石头是自己走来的，走到舟溪时天亮了，只好留在舟溪街旁山坡上了。来拜这块石头的人很多，说是一年有上千人前来拜祭。"文化革命"中被炸掉，现已荡然无存。

[程昭星：《凯里市舟溪乡苗族社会调查》，《贵州民族调查》（之四），第 589 页，贵州省民族研究学会、贵州省民族研究所编，1986 年 8 月]

16. 贵州雷山县掌披苗族把小孩拜寄给大树

有的人家小孩常病，就去拜寄大树，祈求它保佑消灾脱难。初去时要大雄鸡一只和酒、饭、香、纸，由小孩的父亲带去，杀鸡煮熟就自己供祭，同时把拜寄的目的对大树说几句，不请鬼师主持祭仪，以后每年的吃新和过年时要准备一点肉或鱼及酒饭香纸去供祭。这种大树现共有四棵。据六十来岁的老人们讲："在他们的上一辈时，被拜寄的树子很多，到他们这一辈以后就逐渐减少了，而且多是有钱人家才去拜寄。"

[贵州省编辑组：《苗族社会历史调查资料》（二），第 239 页，贵州民族出版社 1987 年版。调查时间：1958 年 9—10 月]

17. 贵州台江县苗族祈求大树保佑小孩仪式

为了"保佑"在农历十月卯日（即兔日）生的小孩，二月初二把小孩拜寄给常绿大树，或在家内安置木凳和象征性的常绿大树。巫脚交的传说认为十月里草枯树叶落，兔子难以藏身，易受老鹰伤害，因而十月兔日生的小孩是多灾多难不易长成。有了常绿树的庇护就能长大成人。小孩拜寄之树，一般的是几十年的柏树、杉树等，也往往就是寨中的神树。安置木凳的方法是用杉木做一只两头各有一脚的凳子，将两只凳脚栽一节在地下，一般的是装在对着火坑的墙边（或者略为偏右），另选一根留着根和叶子的竹子捆在凳边的桩上，代替常绿树。

[贵州省编辑组：《苗族社会历史调查资料》（一），第 216—217 页，贵州民族出版社 1986 年版。调查时间：1956 年冬]

18. 贵州榕江县加宜公社苗族祭树仪式

如果经鬼师算定某家孩子的"命"不好，则该家要用雄鸡一只，选择枝繁叶茂的大树一棵，请鬼师前去祭树。在树下插几支香，树上贴几张纸钱，请该树作为孩子的第二个父母。这样，可保佑孩子健康成长。

[王承权等：《榕江县加宜公社苗族调查报告》，《月亮山地区民族调查》，第 351 页，贵州省民族研究所，1983 年 6 月。调查时间：1983 年 3—4 月]

19. 贵州榕江县两汪公社空烈大队苗族的命名习俗

孩子满"三朝"，父亲要到田里捉三条鱼，杀只鸡或鸭，摆三杯酒、一碗饭在火塘边祭祀祖宗。祭祀完毕，外婆抱（舅母、伯母、叔母都可抱）孩子到房门口走一下，标志着以后可以抱着在卧房门前玩玩了。小孩满月，要举办满月酒，宴请父母双方家族的近亲长辈。舅母、伯母、叔母也要送糯米（五至十斤）、鸡蛋（三至九个）、鱼（一至三条），酸菜汤（一碗）、腌肉（一块）或鸡（一只）等，前来庆贺。产妇吃过亲戚送的东西后才能开荤，往后就可以吃各种各样的食物了。办过满月酒，产妇方可自由出入大门；拿下产妇门前的草标，外人也可随意进入产妇卧室；婴儿可用背带背在身上，在此之前只许抱、不准背。

空烈苗族的名字由三个字构成，第一个字为姓，第二个字加"老"（寓意长寿），第三个字才是本人名。孩子满"三朝"那天，父亲请家族中会推算甲子的人来给孩子取名字，男孩必须由男子命名，女孩可请老奶们取名。根据孩子出生年月、方位推算出孩子属金、木、水、火、土五行中的哪一种，然后取个与之一致的名字，祈求吉利。

如孩子属水，女孩就取"老欧"、"老仰"，男孩就取"老牛"、"老往"（"老翁"的同音异写字）之类的名字。"老欧"意为像水一样长流不断；"老仰"意为像船一样在水里游来游去不沉没；"老牛"意为像牛一样会犁田、搞生产；"老往"意为水里的龙。

如孩子属土，男孩就取"老觉"、"老耶"，女孩就取"老窝"、"老格"等名字。"老觉"含义是像桥一样让众人走，象征人丁兴旺；"老耶"含义是像岩石一样结实；"老窝"含义是像一棵菜那样青油油的；"老格"含义是到山冲里去打猪菜，能吃苦耐劳。

如孩子属木，女孩就取"老尼"、"老弯"，男孩就取"老昌"（男）等。"老尼"意为像大树四季常青；"老弯"意为像簸箕摇来摇去，勤快听话；"老昌"意为像树木那样繁荣昌盛。

若孩子属金，就取"老你"（男女均可），男孩就取"老休"等。"老你"含义为像银子一样美丽宝贵；"老休"含义为像锄头一样锐利。

若孩子属火，男孩就取名"老丢"，女孩就取"老坐"等。"老丢"意为像汉族那样会读书识字；"老坐"意为走得快，办事能干利索。

还有一些父母用古代传说中的人名来替孩子命名。如空烈地方苗族传说远古时候，有名"老希"和"老宜"的两个美女，常到河边洗衣服。见她们艳丽绝伦，有一天龙王就把她俩抓到海里去了。后来，她俩变成了海里的仙女。所以，不少父母就喜为女儿取名"老希"或"老宜"，希望女儿像仙女那样漂亮。另一个传说讲，古代有个叫"保秀"

的青年长得十分健壮忠厚，其妻更生得美丽聪明，夫妻俩无田无地，生活相当困苦。聪明的妻子叫丈夫上山把地挖平，用土、石把坎子垒起来，不让土壤流失。一场春雨来后，保秀垒的地就变成了水田，他们从此有吃有穿，日子过得美满幸福。因此，有的父亲就给儿子取名"老保"（当地又写作"老报"），希望儿子像保秀那样能干、有福气。

近代以来，有些苗族受汉文化的影响，用汉文意思为孩子取名。如"老发"，意为发展家业，发展子孙，多用做长子名字。"老成"意为生一个，长成一个。"老长"意为长命富贵等。解放后接受中、小学教育的人多起来，有的苗族人还当了国家干部，在汉文化的影响下，不少苗族又取了学名。譬如，原叫吴老发，现叫"吴秀祥"；原叫"吴老江"，现叫"吴秀兵"；原叫"唐老牛"，现叫"唐树兴"；原叫"杨老往"，现叫"杨秀成"等等，这一现象说明，民族之间的文化交流必然会相互吸取、相互渗透。

[王承权等：《榕江县两汪公社空烈大队苗族调查报告》，《月亮山地区民族调查》，第 370—371 页，贵州省民族研究所，1983 年 6 月]

20. 贵州贵定县仰望乡苗族请鬼师解煞

生小孩满月，要办满月酒。先要请鬼师"解煞"，意思是为小孩排除一切凶煞。海贝苗称"解煞"……鬼师在作"解煞"时要使之"过千日关"、"万日关"、"鸡脚关"、"双金钱"、"百虎关"、"落笋关"等。"解煞"的形式是搭"满月桥"……用一棵长三米的竹子，把竹子的中间部分弯曲成半圆形，两边之间用一绳子固定起来，两边意味着"桥墩"，中间意味着"桥"，中间挂上一条条白纸带，这就是"满月桥"。鬼师所说唱的过那些关，就由此桥顺利通过，过了关，就使小孩能顺利。其做法是：请鬼师到生小孩的家中，鬼师按照小孩的出生时辰，提出或用猪头、小狗，或用鸡、鸭来"解煞"。在主人的正堂屋设一张桌子，用一升（四市斤）米、五个碗，碗里盛着上述已宰杀鸡、鸭或猪头肉。由鬼师念词，念完即宣布结束。于是，亲戚、寨邻便来祝贺，最亲的送鸡、蛋、衣服（小孩穿的），一般的送五至十个鸡蛋，主人作相应招待，满月酒当天办完。

[陈天俊：《贵定县仰望乡苗族社会调查》，《贵州民族调查》（之二），第 247 页，贵州省民族研究所，1984 年 10 月]

21. 湖南湘西苗族架桥求子习俗

架桥有分天桥、地桥、石桥、木桥数种。有自架者，有由舅辈代架者，无论谁架，均得请觋师举行架桥仪式。多因无子或有养不成人者架之。须备粑粑肉酒雄鸡香米各礼品。有人到场参观者，酌给粑粑一个或二个，受粑之人，当说吉语以谢之。

[石启贵：《湘西苗族实地调查报告》，第 482 页，湖南人民出版社 1986 年版]

22. 云南苗族祈求生育的仪式——踩花山

踩花山，苗语叫"勾道"。举行踩花山的时间是从每年夏历正月初三到初九，七天左右。为了欢度踩花山，在苗族聚居的地区都有固定的踩花山场，踩花山场苗语称"厚道"。主办人叫"尤厚道"，"厚道"由没有子女的家庭主办，因为主办"厚道"需要大量的酒，一般是二三家联合举办，负责在"厚道"上树立二三丈高的踩花山杆——龙竹，这种竹竿的两侧各吊一件青布，青布下端接一段红布，布长约三丈。居住在远区的苗族男女老少带着饭菜前来参加踩花山。踩花山的具体形式，男子围绕龙竹杆周围吹芦笙跳舞，男女青年利用集合的机会认识，彼此赛歌，山歌内容多半是有关男女间的爱情，主人备酒招待他们。主办人使用作为踩花山杆的大竹做床睡觉。主办家庭的夫妻可以用吊在竹杆上的青、红布做衣服。他们希望用经过踩花山洗礼过的大竹、布使他们自己得到子女。"勾道"要连续主办三年，主办三年后再由其他家庭办。

这种祈求子女的踩花山，清代以来的文献曾叫跳鬼竿。"龙家苗，宋时为乌撒部。在广顺者明初设安抚司，以辖之，后于其他，置广顺州。……春日立竿于野，男女远竿择配谓之跳鬼竿。"（《皇清职贡图》卷八）又贝青乔的《苗俗记》说："春时立木于野，男女旋舞以为乐，僚人曰罗汉，楼龙苗曰鬼竿。"《邱北县志》记载当地苗族的"婚姻事交聘金后，即领而归，不择日时。数年后无子嗣者，许以踩花山，祈神佑之，有效则踩。踩必三年，头年三日，次年五日，三年七日，远来者不拘多寡，主人必招待之"（见《人种·邱北县志》）。此外，金平县苗族已婚妇女如不生育，还有以在大门口暗搭木桥的仪式，祈求来访者给主人带来子女。但此桥要由巫师搭设。

[宋恩常：《云南苗族宗教调查散记》，《云南苗族瑶族社会历史调查》，第61—62页，云南民族出版社1982年版]

23. 广西隆林县苗族求子仪式——跳坡

相传在很久以前，有一对苗族夫妇，三十多岁了，还没有孩子，后来他们叫一帮青年男女来，用酒肉相待。这样连做三年，果然生了一个孩子，此后谁结婚不能生孩子的就组织跳坡。久了，跳坡就成为苗族人民的一种风俗了。

坡场一般是选择在较宽的、较中心的地方，如磨基乡有六个坡场。时间的安排是：孟来场为初六，金岗林为初七，石板凳坡场为初八，小德峨亚口为十六、十七两日，龙洞为初五。时间都安排好，以免冲突。

跳坡与平时赶场一样，有各种日用品卖，有老人和小孩，但青年男女特别多，全都打扮得整整齐齐，男的每人还带一种乐器来。坡场上立有一根高柱，上面挂有一壶酒、一块肉，青年人谁有本事的，就爬上喝完酒，倒滑下来。第二个又爬上去，这样接着下去。有这种本领的人是姑娘心目中最理想的人。解放后，在政府的重视下，参加跳坡的人盛况空前，如一九五八年的农历正月初六，孟来跳场有四百多人，初七金岗林跳场有六百多人；初八石板凳坡场有六百多人，一九六三年，小德蛾亚口坡场有七百人左右。

跳坡结束后，各自都回自己的家，也有去亲戚家喝酒谈心的。在跳坡的过程中，两人相爱的，可以带回某方的家，父母不加干涉，而以为这是光荣的事，以酒肉相待。

〔广西壮族自治区编辑组：《广西苗族社会历史调查》，第74—75页，广西民族出版社1987年版〕

24. 四川筠连县联合乡苗族敬大树

如有的敬大树，有的敬巨石，他们认为大树、巨石都能够保佑人的。有的人把自己的儿女去寄拜给大树或巨石，让子女像大树一样的生长高大、茂盛，或者像巨石一样的稳固不朽。

〔四川省编辑组：《四川省苗族傈僳族傣族白族满族社会历史调查》，第136页，四川省社会科学院出版社1986年版〕

后　记

　　本研究项目是何耀华研究员主持的 2004 年国家社会科学基金重点项目"中国原始宗教资料调查研究"（04AZJ001）的一个子项目；是自"七五"、"八五"以来吕大吉、何耀华总主编的《中国各民族原始宗教资料集成》多卷本中的一卷。

　　在资料收集过程中，由于时间、经费等原因，第一，未能对我国苗族分布较多的省份如云南、广西、广东、海南、湖南、湖北、重庆、四川等进行实地调查，所以这几个省份苗族的原始宗教资料相对薄弱。第二，本书收集的资料主要是前人的调查资料。资料取舍的原则以第一次发表的资料为主，间接的或他人研究引用的资料，暂不辑录，力图保证本资料集的原生性，最大限度地展现苗族原始宗教的历史概貌。第三，苗族是一个以原始宗教为主的民族，近代才有极少部分人信仰其他宗教，故此苗族的原始宗教内容十分丰富。限于篇幅，本书辑录的只能说是摘其要者，如能从此对苗族的原始宗教有一孔之见，即是笔者的莫大欣慰。第四，在资料的引用过程中，原文中的一些错误，有些作了说明或注释；有些如苗语记音、国际音标记音或拉丁语记音的，由于各方面的原因，存在较多的谬误且无法进行校对只好删去，如果读者有特殊要求，可参照原文。方言中的一些自创字，为保持原貌暂且按原字标出，但注明读音和词意。

　　项目主持人何耀华研究员多次来贵州检查指导，并召开审稿会议，传达"集成"总主编吕大吉研究员的意见，严格把关；贵州五个民族分卷的组织管理协调人陈国安研究员对本分卷的调研给了具体的帮助；中国社会科学出版社第五编室主任黄燕生、责任编辑李是前来贵州省民族研究所出席审稿会议，对本分卷的修改完善给予指导；贵州日报社吴一文先生提供了大量的图书资料及图片。苗学研究的前辈今旦先生对书稿内容进行了审定。贵州省民族研究所的领导和同仁对本书给予了极大的支持，提供了一切便利的条件。在本书付梓之前，让我们对上述同志以及对项目申报管理单位云南民族大学、云南省民族研究所、中国西南民族研究学会表示衷心的感谢！

覃东平

2008 年 1 月 18 日

水 族 卷

主编 陈国安

水族卷目录

水族原始宗教概述 ……………………………………………………… 陈国安（473）

第一章　图腾崇拜遗迹 ………………………………………………（489）

第一节　鱼图腾崇拜遗迹 …………………………………………（489）
1. 鱼文化中的图腾崇拜遗迹 ……………………………………（489）
2. 水族鱼图腾崇拜遗迹 …………………………………………（489）

第二节　凤凰图腾崇拜遗迹 ………………………………………（492）
1. 凤凰图腾神话 …………………………………………………（492）
2. 三都板引村水族对凤凰图腾的赞歌 …………………………（493）

第三节　龙图腾崇拜遗迹 …………………………………………（493）
1. 龙图腾 …………………………………………………………（493）
2. 龙女斗旱魔的传说 ……………………………………………（495）

第二章　自然崇拜 ……………………………………………………（499）

第一节　敬岩石 ……………………………………………………（499）
1. 石崇拜 …………………………………………………………（499）
2. 水族对"石头菩萨"的崇拜 …………………………………（501）
3. 三都县九阡区拜霞调查 ………………………………………（502）
4. 三都九阡水族拜缪 ……………………………………………（504）
5. 三都九阡水族对大岩石的敬拜 ………………………………（506）
6. 荔波县水族拜霞调查 …………………………………………（506）
7. 荔波县佳荣、岜鲜、水维的拜霞 ……………………………（508）
8. 水族霞节 ………………………………………………………（508）
9. 三都板引村水族对"将军岩"的崇拜 ………………………（509）
10. 三都三洞信哄村水族对"石主"的崇拜 …………………（509）
11. 水族祈雨"敬霞"活动 ……………………………………（510）
12. 水族节日中重视对岩石的供奉 ……………………………（512）

第二节　土地崇拜 (513)
　　1. 土地崇拜 (513)
　　2. 榕江县水尾公社水族的祭龙脉 (514)
　　3. 荔波县水族的偷"葬龙脉" (514)
　　4. 三都板引村"龙脉"崇拜 (514)
　　5. 水族对土地神的崇拜 (515)
第三节　雷神崇拜 (515)
　　水族对雷的敬和畏 (515)
第四节　树崇拜 (517)
　　1. 水族树崇拜 (517)
　　2. 三都九阡水族"韵孃"活动 (517)

第三章　鬼魂崇拜 (519)
第一节　水族的神灵观念 (519)
　　1. 三都三洞、恒丰水族的神灵观念 (519)
第二节　鬼名称 (520)
　　1. 水族鬼神分类 (520)
　　2. 水族鬼的名称 (521)
　　3. 广西水族鬼魂崇拜 (546)
　　4. 三都县三洞六甲大人、怪公神 (547)
第三节　善鬼 (548)
　　1. 荔波县水族好鬼类 (548)
　　2. 三都三洞水族善神 (550)
第四节　恶鬼 (551)
　　1. 荔波水族恶鬼 (551)
　　2. 三都三洞水族恶神 (554)
第五节　放鬼和拒鬼 (555)
　　1. 榕江县水族的"放鬼"和"拒鬼"调查 (555)
　　2. 荔波水族的"放鬼"、"退鬼"调查 (556)
　　3. "放鬼"、"退鬼" (557)
第六节　扫寨鬼　扫家鬼 (557)
　　1. 榕江县计划公社上拉力"扫寨鬼"、"扫家鬼"调查 (557)
　　2. 荔波县佳荣、岜鲜、水维三个乡水族"扫寨"活动 (558)
　　3. 荔波县水族寡妇改嫁的"撑门、御鬼"仪式 (558)
　　4. "挡" (559)

第四章　祖先崇拜 (561)

第一节　荔波水族关于祖先传说 (561)
第二节　供祖祭祖 (562)
 1. 荔波水族对祖先的供祭 (562)
 2. 榕江水尾水族对祖先"拱略夺"的供祭 (563)
 3. 三都三洞水族对母神、六甲公的供祭 (563)
 4. 水族铜鼓祭祖 (564)
 5. 水族跳"斗牛舞"祭祖 (566)

第三节　节日中的祭祖活动 (567)
 1. 三都九阡水族"借端"祭祖 (567)
 2. 端节的祭祖活动 (568)
 3. 三都九阡水族"借卯"祭祖 (569)
 4. 三都九阡水族供祭地母娘娘 (570)
 5. 三都九阡水族挂清祭祖 (570)
 6. 三都板引村水族挂清祭祖活动 (571)
 7. 三都九阡水族的挂谢祭祖 (571)

第四节　丧葬中的祭祖活动 (572)
 1. 开控 (572)
  ①水族的丧葬 (572)
  ②三都县中和区水族丧葬祭祖议式——开控纪实 (577)
  ③榕江县水尾公社水族开控调查 (583)
  ④榕江县水尾公社水族丧葬中的敞棺、非正常死亡、墓型、墓碑调查 (585)
 2. 停棺待葬 (590)
  ①榕江县计划公社上拉力寨水族停棺待葬调查 (590)
  ②榕江县水尾公社水族停棺待葬调查 (590)

第五章　水书 (592)

第一节　水书的来源及分类 (592)
 1. 泐虽的来历 (592)
 2. 天皇烧泐虽 (595)
 3. 荔波县："水书"来源及种类 (597)
 4. 原始古朴的文字 (598)
 5.《水书》探源 (600)
 6. 水书《正七》卷 (603)

第二节　《水书》的研究价值 (607)

  1.《水书》具有宗教学研究价值⋯⋯⋯⋯⋯⋯⋯⋯⋯⋯⋯⋯⋯⋯⋯⋯⋯(607)
  2.《水书》中的五行观思想及其认识功能⋯⋯⋯⋯⋯⋯⋯⋯⋯⋯⋯⋯⋯(607)
  3. 五十年来《水书》研究述评 ⋯⋯⋯⋯⋯⋯⋯⋯⋯⋯⋯⋯⋯⋯⋯⋯⋯(608)
 第三节　水书对丧葬的影响(水文墓碑)⋯⋯⋯⋯⋯⋯⋯⋯⋯⋯⋯⋯⋯⋯⋯(613)
  1. 水书先生"择吉"、出殡的选择 ⋯⋯⋯⋯⋯⋯⋯⋯⋯⋯⋯⋯⋯⋯⋯⋯(613)
  2. 水文字碑文 ⋯⋯⋯⋯⋯⋯⋯⋯⋯⋯⋯⋯⋯⋯⋯⋯⋯⋯⋯⋯⋯⋯⋯⋯(613)
  3. 三都县拉下村水文字墓碑 ⋯⋯⋯⋯⋯⋯⋯⋯⋯⋯⋯⋯⋯⋯⋯⋯⋯⋯(614)
 第四节　"水书"对宗教中的支配作用⋯⋯⋯⋯⋯⋯⋯⋯⋯⋯⋯⋯⋯⋯⋯⋯(617)
 第五节　"水书"对民俗的影响⋯⋯⋯⋯⋯⋯⋯⋯⋯⋯⋯⋯⋯⋯⋯⋯⋯⋯⋯(618)

第六章　经典　神话 ⋯⋯⋯⋯⋯⋯⋯⋯⋯⋯⋯⋯⋯⋯⋯⋯⋯⋯⋯⋯⋯⋯⋯(626)

 第一节　经典⋯⋯⋯⋯⋯⋯⋯⋯⋯⋯⋯⋯⋯⋯⋯⋯⋯⋯⋯⋯⋯⋯⋯⋯⋯⋯(626)
  1.《泐金·纪日卷》⋯⋯⋯⋯⋯⋯⋯⋯⋯⋯⋯⋯⋯⋯⋯⋯⋯⋯⋯⋯⋯⋯(626)
  2.《水书·正七卷》⋯⋯⋯⋯⋯⋯⋯⋯⋯⋯⋯⋯⋯⋯⋯⋯⋯⋯⋯⋯⋯⋯(642)
  3.《水书·壬辰卷》⋯⋯⋯⋯⋯⋯⋯⋯⋯⋯⋯⋯⋯⋯⋯⋯⋯⋯⋯⋯⋯⋯(646)
  4.《水书·六十甲子》⋯⋯⋯⋯⋯⋯⋯⋯⋯⋯⋯⋯⋯⋯⋯⋯⋯⋯⋯⋯⋯(649)
  5.《水书·丧葬卷》⋯⋯⋯⋯⋯⋯⋯⋯⋯⋯⋯⋯⋯⋯⋯⋯⋯⋯⋯⋯⋯⋯(663)
  6. 水族古老宗教典籍《水书》中的重要条目 ⋯⋯⋯⋯⋯⋯⋯⋯⋯⋯⋯(682)
 第二节　神话⋯⋯⋯⋯⋯⋯⋯⋯⋯⋯⋯⋯⋯⋯⋯⋯⋯⋯⋯⋯⋯⋯⋯⋯⋯⋯(697)
  1. 开天辟地、造神造人、造文字等神话传说 ⋯⋯⋯⋯⋯⋯⋯⋯⋯⋯⋯(697)
  2. 荔波县佳荣、岜鲜、水维水族神话传说 ⋯⋯⋯⋯⋯⋯⋯⋯⋯⋯⋯⋯(699)

第七章　占卜、巫术和禁忌 ⋯⋯⋯⋯⋯⋯⋯⋯⋯⋯⋯⋯⋯⋯⋯⋯⋯⋯⋯(702)

 第一节　占卜⋯⋯⋯⋯⋯⋯⋯⋯⋯⋯⋯⋯⋯⋯⋯⋯⋯⋯⋯⋯⋯⋯⋯⋯⋯⋯(702)
  1. 榕江县水尾公社水族占卜 ⋯⋯⋯⋯⋯⋯⋯⋯⋯⋯⋯⋯⋯⋯⋯⋯⋯⋯(702)
  2. 水族的古老占卜 ⋯⋯⋯⋯⋯⋯⋯⋯⋯⋯⋯⋯⋯⋯⋯⋯⋯⋯⋯⋯⋯⋯(703)
  3. 三都三洞恒丰水族占卜 ⋯⋯⋯⋯⋯⋯⋯⋯⋯⋯⋯⋯⋯⋯⋯⋯⋯⋯⋯(705)
 第二节　禁忌⋯⋯⋯⋯⋯⋯⋯⋯⋯⋯⋯⋯⋯⋯⋯⋯⋯⋯⋯⋯⋯⋯⋯⋯⋯⋯(706)
  1. 生产禁忌 ⋯⋯⋯⋯⋯⋯⋯⋯⋯⋯⋯⋯⋯⋯⋯⋯⋯⋯⋯⋯⋯⋯⋯⋯⋯(706)
  2. 出行禁忌 ⋯⋯⋯⋯⋯⋯⋯⋯⋯⋯⋯⋯⋯⋯⋯⋯⋯⋯⋯⋯⋯⋯⋯⋯⋯(709)
  3. 婚姻禁忌 ⋯⋯⋯⋯⋯⋯⋯⋯⋯⋯⋯⋯⋯⋯⋯⋯⋯⋯⋯⋯⋯⋯⋯⋯⋯(710)
  4. 生育禁忌 ⋯⋯⋯⋯⋯⋯⋯⋯⋯⋯⋯⋯⋯⋯⋯⋯⋯⋯⋯⋯⋯⋯⋯⋯⋯(711)
  5. 丧葬禁忌 ⋯⋯⋯⋯⋯⋯⋯⋯⋯⋯⋯⋯⋯⋯⋯⋯⋯⋯⋯⋯⋯⋯⋯⋯⋯(712)
  6. 节日禁忌 ⋯⋯⋯⋯⋯⋯⋯⋯⋯⋯⋯⋯⋯⋯⋯⋯⋯⋯⋯⋯⋯⋯⋯⋯⋯(714)
  7. 其他禁忌 ⋯⋯⋯⋯⋯⋯⋯⋯⋯⋯⋯⋯⋯⋯⋯⋯⋯⋯⋯⋯⋯⋯⋯⋯⋯(715)

第八章　原始宗教礼仪 (717)
第一节　水族古老宗教性仪俗 (717)
第二节　敬鬼 (719)
1. 敬生育神"娘娘" (719)
2. 敬霞节 (719)
3. 拜善石 (720)
4. 敬岩神 (721)

第三节　撵寨鬼 (722)
1. 撵寨鬼(1) (722)
2. 撵寨鬼(2) (722)

第九章　水族原始宗教器物 (723)
第一节　水族古老宗教器物 (723)
第二节　铜鼓的传说 (726)
1. 铜鼓的由来 (726)
2. 孔明(诸葛亮)改铜鼓 (727)
3. 铜鼓歌 (728)

第三节　水族原始宗教器物的功能 (730)
1. 铜鼓斗犀牛 (730)
2. 虎鼓伏虎 (731)
3. 三都水族自治县板引村龙铜鼓斗孽龙的传说 (731)
4. 丧葬活动中对铜鼓的使用 (732)

第十章　宗教人员 (734)
1. 水族的古老宗教人员 (734)
2. 水族祭司 (734)
3. 鬼师、巫婆在信仰民俗中的作用 (735)

第十一章　原始宗教与社会经济文化生活 (737)
1. 三都水族自治县九阡水族原始宗教 (737)
2. 原始宗教的社会影响 (741)
3. 三都三洞恒丰原始宗教对社会意识的影响 (743)
4. 原始宗教对丧葬的影响 (744)
5. 原始宗教对经济的影响 (745)

主要参考书目……………………………………………………（749）
后记………………………………………………………………（751）
总编附记…………………………………………………………（752）

水族原始宗教概述

陈国安

一 水族的社会历史概况

水族同胞十分热爱自己的家乡,将自己的家乡称为像"凤凰羽毛一样美丽的地方"。据 2000 年全国第五次人口普查统计,全国水族人口有 406902 人,其中贵州省有 369723 人,占全国水族总人的 90.86%。贵州的水族主要分布在三都水族自治县(197700 人)及周边的荔波(34300 人)、都匀(32000 人)、独山(23900 人)、榕江、丹寨、雷山、从江、剑河、福泉、平塘、黎平等县市,黔西北的毕节市有水族 5520 人。广西壮族自治区有 15476 人,主要分布在河池、柳州两市。云南省境内还有水族近万人,主要分布在滇东北曲靖市的富源县。

水族主要聚居地在黔桂边地区,北起贵州省的福泉县,东至黎平县,南至广西壮族自治区的宜山、都安,西至云南省的富源县,主要在苗岭山脉以南龙江中上游和都柳江上游广大地区,其云雾山的支脉八瓣山横亘其间,形成龙江、都柳江之分水岭。水族分布地区的海拔为 500 米至 1000 余米间。广西境内水族分布的南丹、环江、宜山等地属十万大山地区。这些地区多系山地类型,处于云贵高原东南端破碎地段,为喀斯特地表特征。

水族有自己独立的语言——水语。水语属汉藏语系壮侗语族侗水语支。水族自称 Sui^3 或 $ai^3 sui^3$,"水"是 sui^3 的译音(ai^3 是人的量词)。它与同语族的其他语言,特别是与同语支的毛南语、侗语、仫佬语有许多同源词,尤其与毛南语、侗语的关系更为密切。水族聚居区内,绝大部分水族人都以水语做交流工具,在交谈、开会、市场交易等社会活动中也多用水语。在边远、交通闭塞地区,如月亮山腹地,除上学校读过书和在本村寨外活动较多的男性外,几乎整个村寨的老人、妇女都不懂或不会讲其他语言(主要指汉语)。在与其他民族杂居地区则不然,与侗族杂居者,大都能听懂或会讲侗语;与苗族杂居者大都能听懂或会讲苗语;与瑶族、布依族杂居者,情况也一样。虽然改革开放(1978 年)以来,随着扶贫开发和西部大开发的实施,水族与外界的联系日趋加强,但边远地区仍较封闭,原生文化保留还较浓。

水族自称虽(Sui^3),汉字"水"是水语的音译汉字书写。关于水族"水"的汉称,最早见于唐代。《新唐书·地理志》卷四十三下,江南道条载:诸蛮州五十一,"抚水州,县四:抚水、古劳、多蓬、京水"。

"开元中,置莪、劳、抚水等羁縻州。"唐开元年间为公元 713—740 年,考抚水州在今黔桂边境地。抚水，按中国历代封建王朝命名的习惯理解，顾名思义，完全可以理解为对"水"的安抚。显然，"水"是被安抚的对象，应该是以"水"为称的人们群体，就是指居住在这里的水族。可以说，唐初"水族"的发展已形成有共同地域、共同语言、共同经济生活和共同文化上的共同心理素质的单一民族。

到明代，王守仁《月潭寺公馆记》中称水族居住地的人们为"水"。其后邝露在《赤雅》一书中有"水亦僚类"的记载。"Sui³"在水语中，有"疏通顺理"和"篦子"两种含义。但水语中的"Sui³"不是"水"之意。历史上，水族曾被称为"百越"、"僚"、"苗"、"蛮"，到清代中叶，开始有了更明确的专称，诸如"水家苗"、"水家"。

中华人民共和国成立后，在征得"水家"干部、群众的意见，经国务院1956年批准建立"三都水家族自治县"，历史上的"水家"第一次得到中央政府的认定。在筹建自治县的过程中，部分水族干部、群众鉴于历史上民族间的相互歧视，水族被辱骂为"水家崽"而感到称"水家族"有侮辱之意，强烈反对使用"水家族"之称，国务院据此决定将"水家族"改称为"水族"。从此水族得到正式确认。

关于水族的族源问题，学术界有不同的说法，其中普遍认为与百越中的骆越有渊源关系。骆越人最早生活在今广西的邕江流域一带的"岜虽山"，后来由于战争的影响，古代水族先民离开邕江流域，经今河池、南丹沿龙江溯流而上，往今黔桂边境迁移[①]。另有所谓"广东广西迁来"。近年来，有水族学者认为，水族先民中的一部分原住北方睢水流域，大约在公元前11世纪殷商亡国之后，第一次举族迁徙南方，融入百越族中[②]。

唐代以前文献中几乎没有关于水族的文字记载，水族的"原始社会"只能从"民族调查"（50年代初进行的）、民间口传的古歌、传说故事中探索。水族先民在邕江流域度过了母系社会时期，进而进入父系社会，过着狩猎、穴居的原始生活。秦汉以来，水族先民在今黔桂边境定居下来，生存繁衍。到唐代，由于水族先民人口增多，势力有所增强，以蒙氏集团为代表的大姓得到较大发展，唐王朝从应州等地析置"抚水州"，[③] 这是水族历史上第一个以"水"命名的地方政权。宋代仍沿袭，到元代，设陈蒙州、合江州和陈蒙烂土军民安抚司，元末形成蒙、皮、雷三姓土司割据局面。明初，朱元璋灭三姓土司，改都云定云安抚司为都匀安抚司，陈蒙烂土长官司、合江州属焉，置荔波县，直至清雍正年间的"改土归流"。到中华人民共和国建立后于1957年1月2日正式成立三都水族自治县。除此之外，在水族人口聚居的地方还建有18个水族乡。

---

① 陈国安著：《水族》，民族出版社1993年版，第8页。
② 潘朝霖、韦宗林主编：《中国水族文化研究》，贵州人民出版社2004年版，第11—12页。
③ 欧阳修：《新唐书·地理志》卷四十三（下），载《二十五史》（6），上海古籍出版社、上海书店1995年版，第126页。

二 水族原始宗教的主要内容

原始宗教是一种社会文化现象，是人类发展到一定社会历史阶段的产物。美国人类学家克莱德·克拉克洪提出：人与一般的生物之所以不同，主要体现在系统地制作工具、运用抽象的语言和宗教信仰三个方面。宗教信仰则是人类社会独有，且存在于目前所知的一切人类群体之中的事实。[①] 原始宗教是自然力量和社会力量在人们意识中的一种不实的反映。恩格斯在《反杜林论》中说："一切宗教都不过是支配着人们日常生活的外部力量在人们头脑中的虚幻的反映，在这种反映中，人间的力量采取了超人间的力量的形式。"在社会生产力水平极度低下，生产范围极度狭小和人们的思维能力局限性较大，自我意识极端微弱的条件下，人们对神秘的自然界和自然现象又缺乏理解，对自然力的无比强大感到敬畏和恐惧。随着人类生产规模的逐渐扩大、生产工具的改进和生产技能的提高，在漫长的社会实践中，人类的思维能力不断提高，懂得了把自己同自然界分开，开始认识到自然现象与人类之间、自然现象与自然现象之间的某些联系，促成了考察人与自然现象、自然现象与自然现象之间相互关系的虚幻观念——"精灵"与"神"应运而生，从而产生了一种虔诚的崇拜意识，这就是原始宗教意识。水族的宗教信仰主要为原始宗教（自然宗教），其内容包括图腾崇拜、自然崇拜、鬼魂崇拜、祖先崇拜，还有放鬼和拒鬼的原始宗教活动。

（一）图腾崇拜遗迹

"图腾"一词来源于北美印第安人奥季布瓦族"Totem"的音译。图腾是"亲属"、"标记"和"他的亲属"之意。在原始社会，以血缘为纽带的各个氏族集团在追溯自己的远祖时，往往把自己的远祖想象为某一类动物或植物，这些动植物就是他们的图腾。他们常常把图腾作为本氏族的标记，相信自己同本氏族的图腾有着某种血缘的关系，因此要保护图腾，崇拜图腾。图腾便成为一个民族内部团结、成员之间互相约束的一种神秘力量。

水族历史上是否有图腾崇拜？据专家研究和大量的民族学调查，特别是近十多年"贵州省水家学会"组织的研讨活动，不少学者认为水族有图腾，他们认为水族图腾主要有鱼图腾、凤凰图腾和龙图腾等。

鱼图腾：鱼在水族人民的社会生活中有着极为重要的特殊地位。水族是从百越族群中的一支发展而分离独立出来的。百越民族历史上分布在中国的东南、南部沿海地方。据有关研究百越族群的论著：百越民族的图腾崇拜有蛇、鸟、象、竹子、羊、鱼等（参

[①] 史宗主编，金泽等译：《20世纪西方宗教人类学文选》，上海三联书店1995年版，第1页。

见陈国强等著《百越民族史》），还有学者提出壮族、水族、侗族、布依族乃至台湾的雅美人都是以鱼为图腾。从事水族研究的学者潘朝霖、何积全、潘玉熙、范禹、韦忠仕、蒙明儒等也撰文讨论有关水族鱼图腾的学术问题。潘朝霖明确指出："鱼是水族先民的图腾，对后世的影响极为深远。在男女社交活动中，鱼成为讴歌的对象，成为对方的代名词。"

从水族史的角度溯其源，《越绝书》曾载："大越海滨之民。"水族先民曾住在"地面宽广平坦，海水平岸，看见天边"的地方，过着"早上吃鱼，晚上吃肉，鱼当顿，肉当餐"的生活。[①] 水族先民居住在"海"边，天天与鱼虾打交道。这样一来鱼虾便与他们的生活紧密联系在一起了。以后水族迁入现今桂东北、黔东南以三都、荔波为中心，及其相邻地方的居住地，其地属亚热带气候，天气多燠热，雨量充沛，水源丰富，是富饶的鱼米之乡。都柳江横贯水族分布地，漳江发源于三都县境内，密如蛛网的支流沟壑提供了大量产鱼的优越条件和鱼类产品。时至今日，水族民间还保留有家庭养鱼的传统习俗，人们普遍有稻田养鱼的习惯和较丰富的经验，而且许多家庭还有自家房前修挖鱼塘的习惯，塘里养有一种或多种鱼类，供祭、待客，随要随捞，甚为方便。水族民间还有在鱼塘里养有专为老人过世时办丧事用的"养老鱼"。

鱼不仅在水族同胞生产养殖中占有十分重要的地位，在日常饮食、供祭中也同样占有十分重要的地位。水族隆重的年节——借端的习俗与鱼有密切的关系。相传，在水族人口增多，只能分散居住后，为了确定如何轮流过端时，老祖公拱登便让各家支去抓鱼，以鱼的轻重来确定先后次序。实际上是一种古老的占卜方式，也是各支系势力大小、力量强弱确定先后的象征。在民间古歌《鲤鱼歌》中，充分表达了水族人民以鱼为祖先的意识。"咱鲤鱼，本住长江，地面广，四处游逛。鱼摆尾，波浪翻滚，鱼点头，红鳞闪光。庚午年，水府打仗，两条龙，你争我抢……咱鲤鱼，心头害怕，一家人，逃往四方。洞庭湖，碰到鱼郎，鲤鱼孙，眼睛不亮。……鲤鱼孙，少了一双。鲤鱼奶，身体肥胖，走不快，一命遭殃。……到乌江，更遇豪强，轰隆隆，滩头放响。石头飞，穿肠破肚，波浪滚，鱼漂满江。一家人，死去大半，只剩下，鱼爹鱼娘……夫妻俩，抹干眼泪，都柳江，安下家乡……鲤鱼娘，起早睡晚，鲤鱼爹，不怕风霜。春产仔，生儿育女，夏戏水，跳跃滩上。秋找食，江河漫游。冬怕冷，潜伏深塘。天地转，春去秋来，咱鲤鱼，才又兴旺。"[②] 从内容来考察，这个传说显然是后人加工过的，但其核心内容仍然保留了对鱼的深厚感情，把鱼作为水族祖先代表的象征意义是十分清楚的。应该说这正是水族以鱼为图腾意识的反映。水族同胞日常饮食中有以鱼为贵的习惯，待客、供祭都必须要有鱼。水族的"鱼包韭菜"是闻名遐迩的富于特色佳肴。端节的祭祖供品中，鱼是必不可少的，端节前晚和亥日上午都要严格忌荤，但鱼虾不在此列。水族卯节

[①] 陈国安：《荔波县水族来源及原始宗教调查报告》，载《贵州民族调查》（之四），第 183—184 页。
[②] 周隆渊整理：《鲤鱼歌》，载黔南布依族苗族自治州文研室、三都水族自治县编《水族民歌选·岛黛瓦》，1981 年，第 176—179 页。

中传统的祭稻田仪式,鱼和螺蛳是必供之品。水族的额节,前半夜须设素席供祭,但鱼亦是必不可少的供品。在婚姻礼仪和供祭品中,鱼是十分重要的礼物和祭品。水族的结婚离不开鱼作为礼品,有两重含义,一是结婚不忘祖,必须供祭祖先,祭品少不了鱼;二是结婚都望早生贵子。都匀王司地方的水族结婚,新娘进夫家时,新房中要摆一坛,装有清水和两条鲜活鲤鱼,意为鱼水合欢,祈盼早生贵子。水族民间还有喜称男孩为"鱼",称女孩为"虾"的习惯,把新增子女与被做为图腾崇拜的鱼联系在一起。有的地区,新建房屋落成,要找寻一个父母双亲健在、儿女双全的"全福人"提一只装有两条活鱼的罐子放进新房内,希望日后人丁兴旺。以上结婚、叫名、送鱼等等现象,都是水族鱼图腾意识的遗存和反映,是把人自身的繁衍、人丁的增加与鱼的"血缘"联系起来,亦是鱼崇拜的表现。丧葬方面,在水族人的墓盖上方都刻有双鱼托葫芦的图案。据民族学者研究,葫芦是生殖繁衍的象征,而在古代也曾被作为女性、女阴及繁衍的象征。鱼托葫芦的图案更清楚地反映了人们祈求子孙繁衍的愿望。在水族的一些石棺墓的墓壁上,也雕刻有不少的鱼图案,同样表现了水族人民崇拜鱼图腾的印记。

凤凰图腾:在水族图腾崇拜的探讨中,有部分学者认为水族历史上曾经以凤凰为图腾的时期,而且在水族的民间传说和生活习俗中还有历史的遗迹可寻。

根据对水族历史的研究,一般认为,水族先民从今广西沿海迁到今黔桂边境居住。水族民间传说,他们的祖先是随着一只金凤凰溯都柳江而上,来到这里(指三都地区)定居下来。有一首民歌《凤凰之歌》唱道:

> 金凤凰,飞遍柳江,
> 从柳城,逆流而上。
> 她站在,瑶人山上,
> 又展翅,西南飞翔。
> 她站在,红茶树上,
> 整羽翅,高歌昂扬。
> 这地方,山清水绿,
> 这地方,花香果香;
> 这地方,田地宽广,
> 这地方,鱼米之乡。
> 金凤凰,引俺来此,
> 建家园,代代安康。

这首民歌把水族的长途跋涉、迁徙与金凤凰的引导、帮助联系在一起,把民族的命运与金凤凰联系在一起,实际上就可看做是凤凰图腾崇拜的遗迹。

在水族人中间,还有民间传说《十二个仙蛋》,也是讲人与凤凰结为夫妻的故事。相传,天仙派第九个女儿"牙线"降到大地,她走了千山万水,荒凉无际,看不到一个人，十分苦恼，便决心在大地上创造万物，繁衍人类。她在月神婆婆的帮助下，在月亮山受到雨神洗礼受孕，生下12个仙蛋，孵化出12种动物：即人、雷、龙、虎、蛇、熊、猴、牛、马、猪、狗、凤凰。若干年后，他们都长大了，但互不服气，个个争当大哥，管理天下。"牙线"无法调解，于是出了两道难题进行考试，先答对的就是"大哥"：看谁先长出牙齿，或看谁先找来火种，谁就当大哥管理天下。结果是人最聪明，先长出牙齿，又先找来火种，就理所当然地当了大哥。其他动物虽然不服气，但都惧怕火，雷跑上了天，龙下到海，虎、蛇、熊、猴等都躲进了森林里，只有凤凰不怕火，并喜欢在火焰上欢舞，一下变成了凤凰姑娘，与人成亲，繁衍了人类。这人与凤凰的"血缘"关系，繁衍人类，本身就是一种典型的图腾崇拜。

因此，有学者曾概括性地总结道："从上述民族学、语言学、民俗学等事象考察，我认为凤凰当是水族远古氏族部落的图腾。它既有与始祖鸟的血缘关系，又有在阶级社会中被保存下来的图腾崇拜印迹，以及表现在建筑、装饰、文学艺术等方面仍有象征意味的审美情趣。"

龙图腾：水族人民中，还保留有明显的对龙的崇拜意识。龙作为华夏民族的象征，炎黄后代的图腾，这是为世人共知的事实。水族的龙图腾意识仅保留在民间传说、古歌和民间习俗中。

水族民间传说、古歌中关于对龙的崇拜不少。首先表现在水族先民在千辛万苦的长途迁徙中，在不知向何处去的时候，正是有龙的指引才找到了安身之处。有一则关于水族最大的节日——端节的来源的传说中说：水族先民背着铜鼓，挑着家什，跟着"诺仙术"（水语，即凤凰）的影子，逆着大河往上搬家，最后来到岔河口地方，"诺仙术"不见了，"走哪里好呢？人们又犯愁了。最后看见左边一条河里有条巨龙在游动，太阳一出来，龙鳞金闪闪、亮晃晃的。人们说龙是吉祥的动物，就朝着左边的河谷往上搬。……从这以后，'诺仙术'也飞来周围的梧桐树上或金竹林里落脚了"[①]。这个民间传说中，涉及有关图腾方面的两个问题，一是前文中讲到的凤凰图腾崇拜的问题，二是龙作为图腾崇拜的问题。传说中龙和凤凰都存在，水族先民长途迁徙的方向都是由他们所指引，他们让水家先民找到了"好坝子"，理想的安身之地，水族山民把本民族的生存紧密地与龙、凤凰联系在一起。还有一则传说故事，荔波水庆地方，有一个住在月亮山柿花树上的两千多年的大灰狼老妖旱魔，经常来水庆吐火烤山林、田地、庄稼，农民颗粒无收，只能吃野菜、树皮充饥。东海龙王于是派女儿阿荫、阿西来水庆造"海"解救水族同胞。旱魔在作恶的时候，阿荫、阿西与之作殊死的斗争，在水族后生阿辽的帮助下，彻底战胜了大灰狼老妖，水族同胞得救了，阿荫和阿辽结为夫妻，过着幸福的生活。故事描述了东海龙王与水族人民感情相通、血肉相连的关系，表现了龙与水族人民同生死、共患难的"血缘"关系。在水族的民间歌谣中也有对龙崇拜的遗迹。如"到龙

[①] 任虽收集整理：《端节的由来》，载岱年世杰主编：《水族民间故事》，贵州人民出版社1984年版，第75—80页。

宫去做龙王，到天上去做神仙。晚上要变成大星星，从天上观望人间"等。在水族的民俗中，随处可见龙崇拜的痕迹。人们把龙刻在坟墓的碑、柱、墓壁，由此可见，龙在水族同胞心中的重要位置。

此外，还有学者提出，在水族民间不同姓氏间，有可能以老虎、水牛、黄牛、大象、羊为图腾。

（二）自然崇拜

水族先民长期生活的自然环境在亚热带湿润气候的喀斯特山区，生产力水平十分低下，只能依赖大自然而生存。他们对人类自身的生老病死、自然界中各种物质以及所发生的各种怪异现象，等等，只能依据自己的认识水平和有限的经验加以想象。他们认为大自然与人一样，也是有生命、有知觉、有意识的实体，于是便产生了"万物有灵"的观念。正如恩格斯指出的那样，"最初的宗教表现是反映自然现象、季节更换等等的庆祝活动。一个部落或民族生活于其中的特定自然条件和产物，都被搬进了它的宗教里"。水族人民也正是这样，把生活地自然环境内的各种各样无从解释的自然现象和自然物都搬进"宗教里"，形成了具有水族自身特点的自然崇拜，主要有石崇拜、树崇拜、雷崇拜、土地崇拜等。

石崇拜：在水族的自然崇拜中，对石的崇拜是十分突出的。在远古时期人类用石头作为同猛兽作斗争的武器，又被加工成生产工具，是原始人赖以生存的依靠，因对石头怀有特殊的感情，于是产生了崇拜；加之水族聚居的黔南和黔桂边境地区，属于典型的喀斯特地形，多各种各样的巨石和各种形状的岩溶石，这使他们很容易产生遐想和敬畏感，进而认为它们都有灵性，加以崇拜。

水族的石崇拜主要有：拜霞、拜缪、拜善、最令、改善、最纠、定枯、立岜、拜石、石卜等，其中，以"拜霞"最为隆重，场面也很大，以宗族为单位，分若干股参加，人数众多。"拜"是供祭的意思。"霞"是从山上找来一尺许高类似人形的石头，这种石头被称为"霞菩萨"。关于霞菩萨的来历有多种传说，但不管是哪一种传说，都离不开石头，并且是一神灵物。其功能可以呼风唤雨，保证农人风调雨顺，庄稼获丰收。

"缪"是岩神（当地又称岩菩萨）的名字。水族人将居住地的路旁寨边，矗立有古怪巨石，或山上、山洞里有像人形的石头，都称为"缪"，都是祭拜的对象，有些在露天者还盖有岩神棚以避风雨。据不完全统计，三都县三洞地区有岩神六处，九阡区有岩神百余处，其中以姑垒坡等七八处最"灵"，周围百余里的水族同胞都到这里还愿供祭。求供者主要是祈求菩萨保佑并赐生儿子、人丁平安、发财致富等。近年又增加了学生升学、工作调动、参军提干等内容，许愿求保。待所求事项兑现后，必按许愿所说，举行隆重的还愿仪式，绝不违背诺言。如三都县三洞乡乔村板留寨后有一高约两丈的石菩萨，酷似一巨人，庄严肃穆。当地水族同胞认为它很灵验，每年水历正月初一至十五日，香火不断，爆竹声震耳，杀猪供祭还愿者络绎不绝。

"拜善",即供祭大菩萨,"善"是石菩萨的名字并因此形成一个团体。在三都县九阡地区,有两个"善"组织,一个在水枚大寨,一个在水响。水枚寨的"善"像马形,是从广西"偷"来的;水响寨起初没有"善",就决心到附近叫水便的水族寨去偷,谁知去偷者错把管睡觉的"觉神"偷来了。觉神是一个十分小气而又吃独食的菩萨,但人们又不能把它还回去,只得供起来(周围其他村寨往往将此事作为笑话谈),因此水响寨的拜善是在夜间举行,不能宴请宾客,不能大张旗鼓地进行。善组织下,分若干股,进行供祭,祈求"善"赐福,确保风调雨顺、五谷丰登。

　　"最令"水族各村寨都有。"最令"是长圆形、一头带嘴、像人形的石头,均是从山上找来的,但要找一个大的和两个小的,将其安置在村寨大门旁,并为它们修建一座小房,或用石头砌成石屋。大的一个为主神,小的两个站立左右,为其护卫,共同保证寨子的平安。寨上每年用酒肉敬祭一次,其功能一是保障寨内全体成员少生病、庄稼生长好,二是可以挡住白虎的侵害。

　　"改善",凡在三岔路口有自然生长成带嘴的像人形的石头,水族人便认为它具有神灵,称该石头为"改善"。据说凡家中有小孩体弱多病者,只要备上酒肉、纸钱和香去供奉祈求便可保小孩健康成长。

　　"最纠",是护桥之神灵,人们在野外选择一个自然形成的像人形的石头,将它立于桥头,担负守护职责,当"地母娘娘"送子路过该桥时保其平安无事,不致出现意外,其意是让石头神保证人们能得到送来的子女。

　　"定枯",凡山上自然滚下来的石头,经滚动后一点未损坏者,则认为此石有神灵,路过此地时要特别小心,还必须捡一根木柴放在石头上。据说这样才能保证路上平安,否则路途中必出意外事故。

　　"立邑",三都九阡水昂寨石姓水族供祭的寨神,它在水昂寨对面山顶叫邑昔的地方。这里能看到全寨的土地。人们用肥猪一头供祭,击铜鼓,以保全寨人畜平安,庄稼丰收。

　　"拜石",凡小孩经卜算后,认为命中缺"金",将影响日后发育,事主即选定一块石头拜祭,小孩呼此石为"爸爸",并将小名叫某金,正式名字中也要有金字,以祈求保佑,健康成长。还有的小孩拜寄给石菩萨,用小木牌写上"信民×××",将其投寄于菩萨神主案前,祈求长命富贵,保佑安康。

　　"石卜",水族民间还普遍采用石头来作占卜,称"石卜",这也是石崇拜的一种。

　　树崇拜:水族长期生活在森林茂密、古树参天的环境里,对村寨附近高大苍劲或生长古怪的树木产生畏惧心理,视做生命和灵性,因而对古树产生崇拜。人们对这些村寨口、路旁、井边、河畔高大挺拔的古树敬若神明,禁忌很多,不能随意触动,不能有所毁损,更不能砍伐。村民常常敬供,祈求树神的保佑。有些在占卜中被认为命中缺"木"的小孩,父母还要认一棵古树为"保爷"。人们还在坟山墓地栽种枫树,希望能庇护子孙后代。许多水族家庭,凡生男孩,其父母都要为其栽一棵树,并精心照料,盼儿子像树一样茁壮成长。"韵娘"是水族古树崇拜中最隆重的供祭活动。韵娘以村寨为单位每隔一年的水历十月（汉族农历六月）由水书先生依水书择一吉日举行，届时，由水书先生带领众人列队到大枫树下的祭坛上，焚香点烛化纸祭祀，水书先生念咒祈祷，祈求树神保佑，风调雨顺，五谷丰登。供祭当天，村寨四周及路口都要插上草标，表示封寨，外人不得进入。祭毕，还须将猪下颌骨挂于大枫树上，众人享用供品。有的村寨还有"韵娘田"，耕种者不缴租粮，所产粮食全供祭祀"韵娘"使用。

雷神崇拜：水族同胞认为雷电有特别的神秘感，因而将其神化。雷神又称为"母头雷"，被女性化。至今对水族人民的生产、生活和思想道德都有很深的影响。雷神在水族古老的传说故事中有十分突出的地位。古歌《初造人》的歌词曰："初造人／成四兄弟，共一父／面目不同。那老大／是母头雷，人老二／老虎第三，那老四／是条蛟龙。"在另一首古歌《人龙雷虎争天下》中也有对雷的描述："据传说／人龙雷虎，远古时／都是兄弟。雷最大／人是二哥，虎排三／老四是龙。"这两首古歌中，一是人雷虎龙始终是在一起的，造人歌和争天下歌，都是这四个兄弟同在一块。二是雷（母头雷）始终是"老大"、"最大"；人始终是"老二"、"二哥"。可见，水族先民在古歌中对雷的崇拜、喜好和畏惧的心理。每逢春雷乍起，水族称此刻为"瓦正"，意即万物苏醒、变化的开始。每年当第一声春雷响起时，人们要朝天鸣枪庆贺，欲借春雷的威力祈求这一年获得生产的丰收；有的人要往果树杈上塞入石头，祈祷果树花繁实累，不掉青果、不被虫害；有的人用木棒或刷把（扫帚）敲击禾仓，以示驱逐鼠雀的危害；有的还要全寨聚会，敲锣击鼓、唱歌跳舞。这些活动都是为了向"母头雷"祈祷风调雨顺，五谷丰收。水族民歌中有"老和少，盼望瓦正，没有鼓敲，也要乒乓拍簸箕庆祝"的歌词。另一方面，水族人又畏惧"母头雷"带来的灾难，因此在春耕生产中有严格的传统忌雷习俗。每当第一次春雷响后的九天不能下田干农活，第二次春雷响，还须忌雷七天，以后忌五天、三天、一天，否则将使庄稼受灾，可以看出雷对人类造成灾害的畏惧心理。在水族的婚姻习俗中，姑娘出嫁去新郎家的途中要打伞罩头，相传是在兄妹成婚时妹妹为避雷雨躲避在芭蕉树下演化而来。结婚时，遇上打雷，新娘不能出阁，若在途中遇雷，必须立即采取补救措施，一种方法是倒回娘家另择出阁日子；另一种方法是径直往新郎家，不坐不吃不喝，立即倒回娘家，杀鸡祭雷；再一种方法是在新郎家住十三天，并用公鸡祭雷。此外，水族人起房盖屋、出殡安葬、出门远行等都很忌雷。

土地崇拜：水族的土地崇拜集中表现为"社神崇拜"。他们认为世界上万物都以土地为载体而生长，人类则依赖土地生长的植物、动物以生存和繁衍。水族是农耕民族，土地成了人们生产生活中不可缺少的条件，春播秋收，没有土地的帮助，人们则无法生存。这些在水族先民的意识中得到科学的解释，把土地神化，则形成对土地崇拜的思想基础。水族先民把土地神称为"纠底"，在水族人的农事活动之前、之中、之后都要祭祀田神、地神。水族举行庆丰收的端节，在举行"端坡"赛马前，须先用酒、鱼、糯饭祭祀地神，对土地神赐予的粮食表示感谢，求地神的保佑，否则将发生马撞死人或打架斗殴等不幸事件。在庆祝水稻插秧完毕的"卯节"中，有男女对歌，开始前，也须敬祭土地神。此外，水族过"六月六"洗澡节时，也须先祭祀土地神。

(三) 鬼魂（灵魂）崇拜

原始人类由于对人体还很不了解（直至今日人类对自身的了解也还是有限），因此往往把人的精神看做是独立于肉体以外的存在物，深信灵魂的存在，灵魂不死，因此产生了对灵魂的敬畏感，由敬畏而崇拜。许多民族部落对灵魂的崇拜，即鬼魂崇拜。他们认为，人死之后，其灵魂就离开肉体变成了可以四处游荡的鬼魂；鬼魂对人类既有保护的作用，也有危害作用，人们千方百计趋利避害，于是便产生了繁多的、一定程序的仪式来祭祀鬼魂。正如恩格斯指出的，"在远古时代，人们还完全不知道自己身体的构造，并且受梦中景象的影响，于是就产生一种观念；他们的思维和感觉不是他们身体的活动，而是一种独特的、寓于这个身体之中而在人死亡时就离开身体的灵魂的活动。从这个时候起，人们不得不思考这种灵魂对外部世界的关系。既然灵魂在人死时离开肉体而继续活着，那么就没有任何理由去设想它本身还会死亡；这样就产生了灵魂不死的观念"[①]。

水族先民同样在原始社会阶段就产生了鬼魂的观念，随着历史的推进，这种观念得到充分的发展。在水族的民间，凡生死、疾病、灾害、吉凶、祸福、招财、求子，现阶段还有升学、参军、谋职、升官、工作调动等，都要求之于鬼神，都要因此而供祭鬼神。值得注意的是，在水族民间的社会生活中，"鬼"和"神"没有明确的区分，一般来说当鬼对人有利的时候被称为"神"，不利的时候则被称为"鬼"，但并不绝对。水族的鬼神名目繁多，民谚有"足不足，三百六"之说，言其鬼神之多。水族巫师"送鬼"时，主人家送给巫师的红包，多则三元六角，少者也得给三角六分，取其与三和六相关的数，也就是360个鬼神的象征性表示，是水族民间鬼魂崇拜的具体反映。

水族的鬼神有多少？根据水族学者王品魁的调查统计，水族民间崇拜的鬼神有313个之多。这313个鬼神分属于5个系统、36类。按王氏的划分：第一个系统为男性鬼神，共有9类59个；第二个系统为女性鬼神，共有4类57个；第三个系统为落魂和招魂方面的鬼神，共4类39个；第四个系统为凶神恶煞方面的鬼神，即恶鬼，共14类105个；第五个系统为"文件"，"文件"有阻挡与驱逐之意，共有52个。又根据潘朝霖近几年的调查、整理，水族民间的鬼有800余个之多，在中国各民族中非常罕见。

(四) 祖先崇拜

水族的祖先崇拜是对鬼魂崇拜的发展，是对自己血缘先辈的敬仰。在水族祖先崇拜

---

① 恩格斯：《路德维希·费尔巴哈和德国古典哲学的终结》。

中明显地表现出两个特征：一是对本民族远祖的崇拜，二是对父辈等祖先的崇拜，并认为只有死亡年代较近的亡灵其神力才大，因而更加受到崇敬。水族的远祖崇拜中，主要集中对"生母娘娘"神和陆铎公的崇拜。

尽管水族到目前总人口还不到40万人（50年代初期，只有10万人口），但却是一个历史悠久的民族。据有关研究认为，水族的族源可以追溯到战国秦汉时期，水族地区有行政建制可以追溯到唐代。若从秦汉时算起，已有二千多年的历史；从唐代有建制算起，也有一千三百多年的历史。在如此漫长的历史中，如此人口较少的民族，人口的再生产、繁衍和延续始终是一个十分重大的事项，也是一个艰难曲折的重大问题。因此，在水族人民的社会生活中把对"生母娘娘"的崇拜放到十分重要的位置是顺理成章的事。对"生母娘娘"的崇拜就是最早的女性祖先崇拜，为此还形成了专门的节日——"苏宁喜"。苏宁喜这个节日在水族聚居的各村落中十分普遍，每年水历四月（农历十月）丑日举行（三都县恒丰乡和勇地方的水族更为重视，以此节为辞旧迎新的年节，十分隆重）。水族同胞每个家庭都设有"生母娘娘"的神位桌，安放神位之处一般是空的，只是每年祭祀时，剪长约一尺、宽约一寸的纸条，用竹篾夹之，插于神位桌的靠壁上，此纸条永久留存，以后逐年增加。对"生母娘娘"的供祭活动，全部由妇女主持，儿童参加，男人绝少参加。供祭时有特别的讲究，其目的是求"娘娘神"赐子和保护儿童健康成长。关于水族的苏宁喜节情况，20世纪30年代民族学家吴泽霖深入水族地区实地调查后，写了《水家的妇女生活》调查报告，其中"宗教信仰"部分有关"娘娘神"的描述说："这位女神，专保护儿童的平安，每家都设有固定的神位。平时每日早晚饭前供饭菜各一碗以示敬奉。每年腊月择子午吉日为隆重供奉节，事前以竹叶糯米包成粽粑若干只，煮熟。是日早晨，又将神前桌位洗净，用酒杯三个或五个横排于桌的外方，地上置一簸箕、内置糯谷穗一束，束上附捆女衣裙各一，手镯一对，项圈一根，都挂于衣裙，再于簸箕旁置火一碗，火中撒以米糖，使成烟熏状，以代香纸，因而又名'暖娘娘桌'。祭祀观音菩萨及保家神时男女均参加，惟祭娘娘神时则由女子主持，小孩亦得参加，男子参加者绝少。"[①]

同时，由于"生母娘娘"是专管小孩的，对于婚后久无生育，或虽有生育却未生男孩的家庭来说，也就必然有求于"生母娘娘"，并形成了定期的求子仪式，即每年农历正月择吉亥日举行"暖桥"，请求"生母娘娘"赐子，还要修造桥梁或石凳、木凳。中华人民共和国建立后，水族对"生母娘娘"仍然崇拜，许多家庭仍设有"生母娘娘"神位，特别是相对更边远山区更是重视，不忘供奉。

陆铎公是水族民族普遍崇拜的远祖先，也是水族全民族共同尊崇敬仰的神。陆铎公是男性，相传是水书的创造者和传播者，是水族原始社会时期父系时代的英雄人物，水族历史上许多有影响的事迹都集中于陆铎公身上，是被人们崇拜的父系祖先，

---

① 吴泽霖：《水家的妇女生活》，载吴泽霖、陈国钧等主编：《贵州苗夷社会研究》，民族出版社2004年版，第72页。

可以说水族同胞凡生活中的重大事项都必须请陆铎公到场，而且当水书先生（包括其他"过阴"等巫术活动）的各种供祭等活动如果发生错误，都要供陆铎公来予以纠正。

三　水族原始宗教的特点

水族的原始宗教信仰与许多民族相似，是在长期的历史发展中形成的，与其先民生活的自然地理环境和社会生活有密切关系，有本民族的特点：

第一，水族的自然崇拜是多方面的，有对土地的崇拜、树的崇拜、雷神的崇拜和石崇拜，其中以对石的崇拜更为突出。不管是生活在邕江流域或是聚居黔南和黔桂边境地区，都属于喀斯特地理环境，石头随处可拾，是最容易、最简单获得的"工具"，用石头可以作为同猛兽作斗争的武器，又可以石为原料加工成生产工具，原始人对石头的特殊作用怀有深厚的感情。同时这里有许多各种各样的巨石和各种形状的岩溶石，这使他们很容易产生遐想和敬畏感，进而认为它们都有灵性，加以崇拜，实际产生了对石的一种灵物崇拜。

水族的石崇拜，就其社会功能观之，不外乎两个方面，一是围绕农业生产，特别是水稻生产，求得风调雨顺，粮食获得丰收，即物质（生活资源）的再生产；二是围绕人口的繁衍，供祭送子娘娘，求得小孩健康成长，人丁增多，即人类自身的再生产。这两个方面正是水族先民们在社会生活中最突出、最重要、最关心的两大生存发展问题。

第二，水族的鬼魂崇拜中，鬼不仅数量多，且体系庞大而很有威力。当地民谚说："苗家的蛊，水家的鬼。"意思是说苗族的蛊和水族的鬼都是很厉害的且让人畏而远之。然而水家的鬼、苗家的蛊在民间有如此大的威力并非一朝一夕形成的，它们是在漫长的历史发展过程中，水族、苗族先民们为了保护自己，抵御外来的入侵和掠夺势力，利用原始宗教在人们意识中的神秘性，加以大肆地渲染，于是"水家的鬼"在社会上更加神秘难测，产生了奇妙的效果。水族虽然人口较少，但在漫长的历史发展过程中，仍然能够不被人口多于自己、比自己更强大的民族所同化，可以说原始宗教的存在起了很大作用。

水族的鬼的数量，据最近的研究成果表明，水族民间传说的鬼有800余个之多，构成了一个体系完整的鬼的世界（社会），按自然属性分：自然崇拜类可分为天鬼、地鬼两种，天鬼中有太阳、雷、星、风、霞、虹、雨、天狗、月亮等鬼。地鬼又可分为植物、动物、室内、室外。灵魂崇拜类可分为仙鬼、活人鬼、死人鬼三种。死人鬼还可分为祖灵神（鬼）、寨鬼、地方鬼及杂鬼等。

按性质分，有善鬼、恶鬼与和双重性鬼。善鬼即好鬼，在水族民间有数十个之多，构成一个系列，包括生产生活的方方面面，它们能保护人类，给人类带来好运。如保财鬼"介包"、"戛哈"，都能对家庭财产起到保护的作用，造福家庭；保命鬼"保敏"，能保护家庭成员的生命安全，包括离开山寨在外参军、读书、工作、做生意等；负责给各家庭送小孩的"牙省"、"牙挖善"和保佑小孩健康成长的"鲁颠"、"牙西"等都是善鬼。"拱陆铎"、"拱龙猛"、"牙所洛"、"光略瓜·牙哈浪"、"光乃西·牙爽尼"、"光吉告·牙报铺"、"不加叙·尼加烟"等都是善鬼，有的不仅能佑庇人类，还能驱逐恶鬼；有的管理财产，有的管理寨门、大路，有的管理庄稼，有的管理寿命。属于善鬼的还有"海吉林"、"九笨年"、"三洛"、"富举代旺"、"不片"、"九高月"、"架孟"、"八贪土"、"不登"、"尼吉林"、"九笨月"、"四洛"、"富举九"、"方不登"、"九高日"、"壬辰"、"八贪龙批"、"九高年"、"吉林月"、"九笨曰"、"五富"、"九地借饭"、"方不片"、"九高天干"、"满丙"、"小逢寅"、"金堂"、"吉林日"、"九笨方"、"代旺"、"八贪关印"、"不寸呀"、"九高五乙"、"姑油"、"八贪六麻"、"天钢"、"吉林年"、"九笨寸呀"、"杜空"、"八贪壬辰"、"不姑地"、"九高寸呀"、"龙定低"、"八贪金水"、"开山"、"吉林姑地"、"九笨姑地"、"贪休"、"八贪吉利不十二挡"、"九高方"、"龙定劳"、"不关抵登"……非常之多。

恶鬼，顾名思义，给人类带来灾难厄运的凶恶之鬼。水族的恶鬼有数百个之多，如"丈朵枚"、"五尼"、"六塞"、"天棒"、"连"、"歹伞"、"金计"、"学鲁"、"代哇控"、"也提"、"丈朵育"、"五墓"、"六力"、"天反"、"连五八品"、"当华"、"路荒"、"代哇片"、"六麻"、"丈朵空"、"沙上"、"六害"、"半用"、"连七"、"九火"、"把享"、"韧害"、"代哇葬"、"六罕"、"龙犬"、"花消"、"连九"、"十品"、"把花"、"向且"、"歹耿"、"休显"、"全登"、"业独"、"龙刮"、"尖幸"、"连年"、"花际"、"牛哇"、"风溶"、"歹傍"、"天笔"、"全片"、"方独"、"龙交"、"土居"、"天割"、"六朵"、"龙反"、"不倒"、"九反"、"白木"、"地点"、"姑刀"、"代哇登"、"梭项"、"姑又"、"也贯"、"甲倒"等都属恶鬼类。

至于双重性鬼，在水族的鬼类中也不少，同样是一个鬼用于不同事项往往会得到相反的结果，如"梭项鬼"，在犯忌的日子，用于丧葬则凶，会引起连续不断的死人，而用于定亲、开店则吉，带来好运。

此外，水族的鬼还可以按性可分为男性鬼神和女性鬼神两大类。

据不完全统计男性鬼神有70余个，又可分为9大类。第一类为家鬼类，属鬼神的正宗。家鬼共有11个，其特点是年代越近，神灵越大，护佑能力就越强；反之，年代越久远，神灵越小，护佑能力相应就越差，有的甚至转为恶鬼，专兴灾降祸。有的是保护宗族的，有的则是保护家庭的。"公家神"，是庇护一个宗族支系的吉福，是最大的保家神。祖父辈死去变为"三华家神"，曾祖父辈死去变为"四华家神"，高祖父辈死去变为"五华家神"，而父辈死去变成的"公忙干"，则是最大的保家神，它可以护佑全家人（包括外出者）的生命安全、人丁繁衍、家业兴旺，还能驱逐各种凶神恶煞的侵犯，是水族民间最为崇敬的保家鬼。"公高打干"，是专门护佑钱财的保家鬼。

第二类为"公高打蛮"，有5个。它们比家鬼的年代更久远，家中已没有它们的香火席位，到处游荡，已变成恶鬼，时有作祟，只求得吃，不想保佑。

第三类为"公断本",有 3 个,是由结婚建立家庭而没有生育后代者死去变成的鬼。这类鬼有近亲、旁亲、远族三种之分,家中也没有他们的香火席位,只能游离奔波,到处觅食。

第四类为"公棒项",有 4 个。这类鬼相隔年代更为久远,一旦作祟可造成倾家荡产,还可使人病无法治愈,直至死亡。但如果供祭及时,也可以使其转变成有一定的护佑作用的鬼。

第五类为"公六夺",相传它们都是水书的创造者,有 14 个,能护佑全民族,最受人们的尊敬,护佑范围更广,作用更大。14 个各有分工,各司专职,有的管农事活动,有的管择吉凶,有的管百工之事,等等,住在广西越群山中的岜虽山燕子洞、蝙蝠洞的地方。

第六类为"九地",有 3 个。它们是专管一座山头、一处穴地或一个村寨的"坐山鬼"或"坐地鬼"。凡在九地所管辖地域内进行敬神、扫墓挂清活动以及营造、丧葬时,都要单独设席位供祭它们。否则,人们的供祭活动就不起作用,受供祭者就会受到它们的欺负和把供强占去。

第七类为"忙恒",类似土地神,有 6 个。这类鬼可分三种:一种是大地方鬼,另一种是小地方鬼,再一种是本村寨鬼,它们都是专管和护卫管辖范围内的人居和牲畜。若外人和牲畜经过这些地方和村寨,只要它们作祟,就会造成人神志昏迷、牲口发痛。

第八类为"忙哄",有 11 个。这是专门拨弄是非、挑动口角争斗的肇事鬼。

第九类为"公蹦",有 12 个。"蹦"意即"官",是为官者死后变成的鬼。这类鬼因其生前为官,故作用很大,尤其是在驱逐各种恶鬼作祟时,巫师须请它出来理事。

各类男性鬼,从它们的司职和作用可以看到,从横向和纵向都构成了一个完整的从原始社会到阶级社会的网络体系,它们中多数是给人们带来好处的好鬼(善鬼),少数才会作祟带来灾害;它们的司职各有大小,大到全民族,一片地方,小到村寨、家庭;它们有的居家中,有的住野外;有的安有神位,有的却没有设神位;有的年代久远,原始社会阶段即有,有的则是父、祖父辈,有的还是进入阶级社会的"蹦"。可见,水族的属男性的鬼神就有如此众多,较为罕见。

女性鬼神,据不完全统计有 50 多个,可分四个大类。第一类为"妮航",有 15 个。妮航即"娘娘神",其职能主要是专管对子女的生育与抚养,一般在人家的厨房内设席供奉。妮航中的 15 个鬼神各有分工,各司其职。"牙的"、"牙劳"专管生育,"牙两"、"牙贩"专管调节生育子女的有无与数量多少。"牙苗"专管为子女做背带。"牙湿"专管为子女洗澡保健。"妮航六十"专管为子女保阳寿 60 岁的鬼。"牙难"是专管护理子女疾病的鬼。"妮航"是古老的鬼,据传说住在广西邕江流域越群山之花山口庙宇上的楼阁底下。

第二类为"牙寄"、"牙命",有 8 个。是专管人的寿命的女鬼。

第三类为"牙花恋、牙花离",有 25 个。它们专管小孩出生、主宰人间祸福。

第四类为"牙地",有 7 个。是另一种"娘娘神",专管小儿健康和六畜兴旺。

女性鬼神的数量也不少。她们中有管寿命者，更多的则是管生育的，不仅有送小孩的，还有调节有无和多少及保其健康成长的，分工细致，职责明确，可见水族人民自古以来都十分重视人口的繁衍。主管生育的女性鬼神十分古老，大都"住"在广西境内，据对水族历史的研究，水族在广西邕虽山时还处于原始社会的母系社会阶段。

第三，水书先生和水书在原始宗教活动中有较强的作用。水书先生是水族人对掌握水书并能运用水书测算吉凶祸福、请鬼送鬼、化灾趋吉者的称呼，类似于巫师。他们可以通过念咒作法，达到驱鬼消灾、化凶为夷的目的。水书分为白书和黑书两种类型，在水族人民的日常生活中水书的使用范围很广，诸如平日出行、农事、营造、婚丧、禁忌等各种原始宗教活动，都受水书的支配。由于水书与水族人民生产生活有着紧密的联系，相当部分人的思维、行为、处事等都受着水书的影响和制约。

在节日中的"借端"，按天干地支的计算，如按水书的规定，虽然到了亥日为"借端"，若是丁亥，则不能过节，必须避开或延至下个亥日方能举行。"借卯"也同样，逢丁卯也须避开。"拜霞"、"拜善"、"拜缪"、"供祭拱略夺"、"韵嬢"、"帽牙"等的供祭活动，虽然规定有月的时间，但具体在该月哪一天，必须遵照水书的规定选择属于水、土、木的日子才能举行，若属于火、金的日子就不行。在其他原始宗教活动中，同样受到水书中各种规定的支配。

第四，水族的鬼神崇拜中，有相当一部分具有吉凶的二重性。按一般状态水族的鬼可分为善鬼、恶鬼两大类，善鬼即给人们带来好处的鬼，如"介包"（保财鬼）、"椎"（保寨鬼）、"牙省"（送子鬼）、"当舵"（守大门鬼）等等。恶鬼即给人们带来厄运的坏鬼，如"六凶兵"（长发鬼）、"牙央洞"（背小孩）、"向倒"（跌伤鬼）、"单赣"（断命根鬼）等。这是就一般的划分，但在实际生活的使用中，按水书的规定，在不同的场合，不同的时间、范围往往产生不同作用和效果，这就是我们说的"二重性"。如"大腻鬼"，本是狩猎的恶鬼，定亲不成。但若用来保村保寨又成为善鬼，开挖鱼塘则狐狸不敢前来偷食；用来立仓廒，鼠雀不至，均可免去灾害①。又如"退逃鬼"，意思是成群络绎不绝，引申意为使事态连续不断发生，富人和大寨子的人忌安葬，穷人不忌。但用于狩猎安套子、开店则吉。"姑短六十鬼"，为吉凶兼备之鬼，凶日安葬则凶，吉日宜写契约和开置新田②。可见，水族的鬼中，部分具有二重性是由于它们的功能和用于不同事项而决定的，这是水族原始宗教中鬼魂崇拜的又一特点。

四 原始宗教对水族人的影响

长期以来，水族同胞特别是相对更为边远山区的水族人对原始宗教的崇拜十分浓

---

① 王品魁译注：《水书·正七卷、壬辰卷》，贵州民族出版社1994年版，第5、12页。
② 王品魁、潘朝霖译注：《水书·丧葬卷》，贵州民族出版社2005年版，第379、423页。

厚，直接影响着他们的意识观念、生产生活和行为，规范和支配着人们的行动。

在水族人的意识观念中，周围的万物都是有"灵性"的，都会对人的生产生活产生各种影响作用，这是一种"万物有灵"的观念。在农作物生长中，只要敬拜好石菩萨，就会得到粮食丰收。他们还认为，人的出生、发育成长、生病跌岩、做事成否、死亡等等，都受着鬼神力量的操纵，同时也受着祖先神灵、好的鬼魂的护佑还有古树、水井、大崖石等精灵的作用力的护佑，或伤害。这些神灵、鬼魂等都有一种超自然的力量，支配着人们一生。所以水族人的整个观念意识，都受到原始宗教的影响。

在生产活动中，水族人通过拜霞、拜善和立岜、敬土地等求雨活动，把获得粮食丰收的希望寄托于对"霞"、"善"等"石菩萨"对人类的恩赐上。因此，水族同胞在敬霞、敬善的活动中，表现得十分虔诚、肃穆，各股（近似于家族中的支系）争先送去的供肉"堆得齐树高"，水家人笃信：谁的供肉多，谁就会得到菩萨的护佑，雨水就好，就能得到比其他股更多的粮食丰收（以后规定各股供必须是一样多）。

在日常生活活动中，水族人如欲出行，首先要按水书中的记载，查看是否吉利而行。在营造中，诸如屋基的选择，中梁（房子的主要承重构件）的选定和何时砍伐、上中梁、开大门等都得按水书中规定的吉日吉时来进行。在水族的节日"借端"，按水书的规定，逢有些时日必须避开，且要换一时日过节，"借卯"也同样，需要避开某些所谓不吉利的时日。拜霞、拜善、拜缪、供祭拱略夺、韵嬢、帽牙等供祭活动，一般只规定有月的时间，具体在该月哪一天，必须遵照水书的规定选择属于水、土、木的日子才能举行，若属于火、金的日子就不行。在水族的婚姻中，婚姻的确定，接亲的日辰，接亲途中的驱鬼逐邪，都必按水书的吉凶规定择吉而行。丧葬更是必须遵守，老年人去世，若有亲友尤其是女婿必查水书，是否"命"上"冲撞"，如不"冲撞，方能前往吊丧。在丧葬的所有程序中，必按水书规定行事，出现不祥征兆，亦须"水书先生"来"解"。以上种种，都影响着水族人民的生活。

当然，随着社会的进步，经济的发展和现代科学文化知识的普及，原始宗教观念在水族人的思想意识中逐渐淡漠，支配作用和影响越来越减弱。

第一章　图腾崇拜遗迹

第一节　鱼图腾崇拜遗迹

1. 鱼文化中的图腾崇拜遗迹

鱼与水族先民具有亲近性，对水族人起着保护作用，鱼作为水族重要的文化符号即标记已是毋庸置疑了。这可以从以下几个方面得到证实。

1. 鱼图腾之护佑作用。水族建造新房、奠基动土前，先用鱼做供品，以求祖先保佑；同时用土罐装一对小鱼置放于新屋基上一会，借以鱼之神灵保护所建房的人及众亲百客不受伤害。在水族的民间文化宝库《水书》中，关于水族原始宗教 600 多个条目中，涉及用做驱除凶神恶鬼的就有 30 多条。

2. 鱼图腾标记。水族各家的房梁中间都镶有两条对称的鱼形银制图像，有的还用木头刻制成鱼，安放在大门之上，尤为明显的是，水族青年妇女的围腰和小孩的背带上都绣有鱼形图案，儿童帽沿周围也挂银制鱼形，都匀市王司一带的水族妇女还在袜垫上绣着色彩鲜艳的鱼图案。

3. 人鱼通婚的神话传说。水族民间流传着许许多多关于鱼的神话故事，其中反映水族的鱼图腾崇拜的应推《鱼姑娘》这个神话。神话中说有位叫阿珍的水族后生因贫穷而未能娶媳，有一天，他去撒网捕鱼，捕到一条红红的大鲤鱼，拿回家放进水缸里喂养，鲤鱼突然变成一位漂亮的红衣姑娘站出来，与阿珍成亲。这则神话反映了人与动物通婚的图腾意识。

[潘玉熙：《试论水族原始宗教中的鱼文化》，载《黔南民族》1990 年第 2、3 期]

2. 水族鱼图腾崇拜遗迹

鱼在水族人民生活中似乎有着特殊重要的位置。水族对鱼的喜爱渊源颇深。现今，水族绝大多数居住在三都县境内及毗邻地区，三都气候燠热，水源丰富，是富饶的鱼米之乡。都柳江横贯县境，漳江在县境内发源。密如蛛网的支流沟溪，给水族人民提供了大量鱼类产品。此外，水族有家庭养鱼的传统习惯，不仅普遍利用水稻田养鱼，很多家庭还挖有小鱼塘，蓄水养鱼，随吃随捉。一些家庭鱼塘还养有专为老人百年之后办丧事用的"养老鱼"。由于有这样的自然环境和传统习俗，鱼便是水族最喜爱的美味菜肴，也是待客的佳品。尽管如此，水族还在怀念他们的老家，就如《端节的由来》中所说"人们虽然说有了落脚的地方，可是总怀念老家，总想念过去天天吃鱼虾的日子"。

水族乃古越人之后，《越绝书》载："大越海滨之民。"生活在海边的水族先民天天与鱼虾打交道，鱼虾与他们的生活密不可分是理所当然之事。正因为鱼与水族先民生活有着十分密切的关系，在水族思想意识中必然有特殊的地位。这一点，在水族民俗传承中仍可找到很多佐证。例如，水族轮流"过端"的特殊习俗，便与鱼有密切关系。据说，在确定分散在各地的水族如何轮流过节时，老祖公拱登想出办法，让各支系派一个人去抓鱼，谁抓的鱼最大就从谁所在地区开始过端，下面的以鱼的重量排顺序。这里，以鱼为卜的方法，实际上表明鱼在水族先民心目中的重要位置。确切地说，这里的鱼可以看做祖先的化身，以鱼的大小决定过端的顺序，也就是以支系力量强弱、势力大小确定先后的象征。而下面这首《鲤鱼歌》更直接地表达出水族以鱼为民族祖先的意识：

"咱鲤鱼，本住长江，地面广，四处游逛。鱼摆尾，波浪翻滚，鱼点头，红鳞闪光。庚午年，水府打仗，两条龙，你争我抢……咱鲤鱼，心头害怕，一家人，逃往四方。……到乌江，更遇豪强，轰隆隆，滩头放响。石头飞，穿肠破肚，波浪滚，鱼漂满江。一家人，死去大半，只剩下，鱼爹鱼娘……夫妻俩，抹干眼泪，都柳江，安下家乡……春产仔，生儿育女，夏戏水，跳跃滩上。秋找食，江河漫游。冬怕冷，潜伏深塘。天地转，春去秋来，咱鲤鱼，才又兴旺。"

这首歌谣经后人加工整理的痕迹比较明显，但它有一个比较可信的原始内核，就是充满对鱼的深情。这首歌谣借鲤鱼避难、屡遭浩劫直至定居繁衍的经历，诉说水族迁徙与发展的历史。其中以鱼作为水族祖先代表的象征意义是十分明显的。水族不忌讳以鱼作为祖先，这正是图腾意识的反映。

鱼在水族心目中的特殊价值表现在民俗的很多方面。《端节歌》中就有这样的歌词："仙造端，送虽（"虽"是水语"水族"的音译）来过，/煮鱼虾，祭奠远祖。/扫庭院，擦洗碗筷，/吃素菜，古老规矩……"从歌词中我们了解到水族有这样的习俗：过端时，要"煮鱼虾祭奠远祖"，但同时必须"吃素菜"，这古老规矩看来是很矛盾的。鱼虾从来都被视为荤菜，有鱼虾为祭，吃素又从何谈起？事实上，这正是水族一种特殊的心态。因为他们认为祖先来自"天天吃鱼虾"的地方，鱼虾是最喜爱而又最平常的食物。祭祀祖先时，以祖先最喜欢的鱼虾为供品，能使祖先高兴，愿意光临。因此，他们把鱼虾当做特殊供物，不列入该禁用的荤菜之列。水族以亥日为端节，亥日前夜戌日要敬祭祖先神灵，这是很庄严的仪式。为显示虔诚，这一晚和亥日上午都严格忌荤，唯鱼则不但不忌，鱼包韭菜、炕鱼等还是必不可少的供物。

荔波县和三都九阡地区水族不过端节而过卯节，其中有一项传统的祭稻田仪式，祭祀时必须以鱼、螺蛳为供物。

第一章 图腾崇拜遗迹

荔波县水庆等部分地区水族在每年正月酉亥日过传统的年节——额节，节前夕半夜要设素席祭祖，也以鱼为不可或缺的主要供品。

鱼不仅在盛大节日的祭祖活动中是必不可少的供物，在许多礼仪活动中，同样显示着特别重要的作用。在三都、荔波部分水族迎亲礼仪中，有这样的老规矩：接亲前一天，男家派两对少男少女为"接亲客"。他们要带礼物送往女家，其礼物除糯米饭、米酒、猪肉等物之外，还有竹编的罩鱼笼和一串以竹篾串起的金刚藤叶。这是特意送女家供奉祖先的。鱼笼表示怀念祖先的渔业生涯，而金刚藤叶则象征鱼，串在一起的金刚藤叶意味着渔业丰收。其总体含义是：男婚女嫁，效古之法，嫁娶不忘古，子孙才发达。

在都匀王司地区，新娘进家时，新房中要摆上一坛装有两条鲜活鲤鱼的清水，意为鱼水合欢，有祈望早生贵子的含义。

有些地区新屋落成时，要找一个父母健在、子女齐全的"全福人"提一只装有两条活鱼的罐子放进房内。这里的鱼显然有象征祖先灵魂的意义，意即请祖先到新居来，庇佑家庭平安。

葬丧期间，丧家及至亲均须忌荤食素，而鱼虾水产依然不属禁忌之列，而且祭物必须要有鱼。总的来说，不论是喜事丧事，不论是祭奠祖先还是驱魔送鬼，都离不开鱼。鱼既是美味食物，更蕴涵着对祖先纪念的深层意义。这些都在表明，鱼曾经是水族先民的图腾物。

鱼作为图腾物还表现在广泛地以鱼为民族工艺的宣传对象上。在水族古代石墓葬中，随处可见碑盖上方雕刻的双鱼托葫芦的图案。我们已经知道，葫芦是生殖繁衍的象征，这是被不少学者从各民族普遍流传的葫芦救人、兄妹结婚等洪水神话的研究中确认的。而鱼在古代也被作为女性、女阴及繁衍的象征。这样，鱼托葫芦的图案便清楚地反映了祈求子孙繁衍的心愿。而鱼的显要地位也更加突出。另外，在妇女的服饰——围腰、银饰、背带中，常可见到以鱼及其变形图案的饰物。在房屋建筑上，屋脊、中梁等，也有鱼形图案。一些民间传说和民间故事更是鲜明地描述了人与鱼的血缘关系，如《鱼姑娘》；鱼龙姑娘与水族后生阿珍结为夫妻、后为县官所害。鱼龙姑娘报仇后化为天边彩虹："水族妇女为了纪念鱼龙姑娘，所以把花边镶在衣襟上，看上去宛若天边那道彩虹。水族妇女佩戴的银簪玉镯，是鱼龙姑娘留下的遗物。水家姑娘围腰的两根飘带，是鱼龙姑娘两侧鱼翅的象征！"又如《百褶裙哪里去了》：阿秀姑娘随大队迁徙时寻水迷路，被饿狼所困，又被大江挡住去路，正在万分危急之时，一条鱼帮助她过江脱离狼口。阿秀脱下自己的百褶裙送给鱼："鱼呀，鱼，千言万语都表达不了我的心意，请收下我千针万线绣成的百褶裙，这是我们水族人最珍贵的礼品。"从此，水族姑娘再也没有百褶裙，而鱼却有了鳍和尾。这一类民间传说及民间故事主要是对水族妇女服饰来历及演变的想象和解释。但从鱼与人结为夫妻，鱼主动救人等情节中，也可以寻到水族意识中鱼与人有特殊关系的蛛丝马迹。

[何积全主编：《水族民俗探幽》，第232—236页，四川民族出版社1992年版]

第二节　凤凰图腾崇拜遗迹

1. 凤凰图腾神话

水族与图腾有关的始祖神话，以《十二个仙蛋》和古歌《旭济·金昆鸟》等较突出。

《十二个仙蛋》内容梗概如下：

天神派第九个女儿牙线降到大地，她走遍千山万岭看不到一个人，十分苦恼，决心要为大地繁衍人烟，创造万物。在月神婆婆帮助下，她在月亮山受到雨神的洗礼，就身怀有孕了。后来生下十二个仙蛋，经过孵化，变成十二种动物，即人、雷、龙、虎、蛇、熊、猴、牛、马、猪、狗、凤凰等。几年后，这些动物长大了，个个想争当大哥，好管天下。牙线无法，只好出两道难题来考试：一是谁先长牙齿，二是谁先找到火种，谁就当大哥，管天下。当然还是人最聪明，他先长牙齿又先找到火种，就当上了大哥。但其他动物都不服气，然而它们又怕火，于是雷跑到天上云之中，龙跑到海里，虎、熊、猴等都跑到森林中躲藏了。只有凤凰不怕火，并在火焰上欢舞，趁人不注意，它就变成了一个凤凰姑娘，后来与人成亲，从此世上才有人烟繁衍。

水族有古歌《旭济·金昆鸟》。据水族民间歌手蒙健康说：凤凰姑娘（水语叫若缅）和人成亲后，生下三男三女，她百年归天后，十分想念人间子孙，于是她的灵魂又变成三种鸟：一是锦鸡、二是野鸡、三是布谷鸟，这三种鸟分别管理人间的生育、雨水和播种。传说金昆鸟是专管播种的，即布谷鸟。

在水族地区，我们常常看到凤凰的艺术形象，如水龙乡引朗石棺墓群，就有石刻的牧牛、逃荒图、犀牛、凤鸟等。席克定在《优美逼真的水族石刻铜鼓纹饰墓群》中说："在石墓的四壁上，还有若干动物，如山羊、猫捕鱼、仙鹤、麒麟、凤凰等。"潘一志先生在《水族社会历史资料稿》中说："柱上刻双龙抱柱，额上刻丹凤朝阳。"笔者曾在恒丰参加过一次水族葬礼，发丧时在棺木上必拴一只雄鸡。据韦国蝗先生解释，此鸡乃开路鸡，传说本来要用凤凰引路，才能带领亡魂回到祖先居住的乐地。但一时难得找到凤凰，只好用鸡代之。

在人生礼仪上，水家婴儿满月时，外婆要给这位新生的外孙两件礼物，一是凤冠帽，二是凤尾背袋。古代凤冠用银制品饰，帽后还绣两条长飘带饰凤羽；凤尾袋如今已演变为作马尾绣成凤羽状背袋了。相传初生婴儿第一次获得这两件祖传灵物的洗礼，就不怕人生旅途上的刀山火海，能飞能走，结实如意。

在建筑上，水家喜住干栏式的吊脚楼，传说祖先到此是飞来的，脚不能沾地气。正屋两端倒水，似两只凤尾；中间凸起表示一对雌雄凤头，正在商量成家立业之事。

在舞蹈方面，水族有古典斗角舞，舞者腰系若干五彩飘带，象征凤羽飞翔。

水族民间还有一首《凤凰歌》，歌中唱道：

它落在，哪座山上，/哪一带，幸福吉祥。/……凤凰鸟，飞越高山，/山隔山，千里迢迢。/山再高，无法遥挡，/凤凰啊，在我心上。

在水语中，称凤凰叫"若缅"，"若"即鸟，"缅"有女性、凤、锦鸡等多种含义。

凤凰与龙、麒麟一样，从动物学来说，本来是没有的，不过龙为汉族图腾，是蛇的升华。

从上述民族学、语言学、民俗学等事象考察，我认为凤凰当是水家远古氏族部落的图腾。它既有始祖鸟的血缘关系，又有在阶级社会中被保存下来的图腾崇拜迹印，以及表现在建筑、装饰、文学艺术方面仍有象征意味的审美情趣。

[杨路塔：《水族凤凰图腾考》，载贵州水家学会编《水家学研究》（二），第147—151页，1993年]

2. 三都板引村水族对凤凰图腾的赞歌

板引村历史悠久，据75岁老人韦永福推算，已有700多年历史了，[其先祖]是从广西柳州一带迁徙来的。群众说，他们的祖先是从遥远的海边迁徙来的。他们的先人来此虽无详细的文字记载，却有着许多美丽的传说和歌谣，说他们的祖先是随着一只凤凰沿都柳江而上，到这里定居下来的。有一首水族民歌这样唱道：

金凤凰，飞遍柳江，/从柳城，逆流而上。/她站在，瑶人山上，/又展翅，西南飞翔。/她站在，红茶树上，/整羽翅，高歌昂扬。/这地方，山青水绿，/这地方，花香果香；/这地方，田地宽广，/这地方，鱼米之乡。/金凤凰，引俺来此，/建家园，代代安康。

传说在远古时，因此祖公是凤凰引着随都柳江而来的，使他们来到这里得到安居乐业。因此，对雀鸟很是崇拜。这里的水族人民是不准随意捉鸟来家关在笼子里喂，上山打雀，主要是打翻嘴吃的野鸡和好吃懒做的土画眉鸟。

[杨有义：《板引村水族社会调查》，载贵州省民族志编委会《民族志资料汇编》第七集（水族、壮族），第173页，1988年]

第三节　龙图腾崇拜遗迹

1. 龙图腾

水族崇拜龙的现象既有历史渊缘，也有文化交流的影响。水族对龙的崇拜表现在众多的民俗事象中，一些民间传说和故事透露出这种崇拜的心理根据，如《端节的由来》：在水族被灾害逼得背井离乡、结队逃荒的途中，人们找不到落脚的好地方，"最后看见左边一条河里有条巨龙在游动，太阳一出来，龙鳞金闪闪、亮晃晃的。人们说龙是吉祥的动物，就朝着左边的河谷往上搬"。果然，找到了好坝子，有了理想的安身之地。龙是吉祥的象征，它的启示给水族带来了幸福，这是水族崇拜龙的一个重要原因。龙还不断为人们造福，如《龙女斗旱魔》叙述了东海龙王派女儿斗妖造海，帮助水庆地方解除旱灾的故事。"东海龙王看见水庆地方旱得恼火，饿死了许多人，心中十分焦急"，龙与人感情相通，这显示了人与龙的血肉联系。《宝珠龙》中，穷后生阿旺无意中得到一颗宝珠，给家里带来了温饱。贪心的财主来抢夺，阿旺不愿宝珠落入坏人手中，把宝珠吞进肚里，变成了一条龙。这个故事实际上反映了水族认为龙与人有血缘关系的意识。这也是龙图腾崇拜的心理基础。

在民俗活动中，随时可见龙崇拜的痕迹。例如，水族老人亡故，在安葬前要举行一种追悼亡人的仪式——开控。开控按规模分小控、中控、大控及特控，一般视经济能力决定开控的规模。水族认为，人死后灵魂不会死亡，而是离开肉体到另一世界生活，或是入海去做龙。民间歌谣中就有"到龙宫去做龙王，到天上去做神仙。晚上要变成大星星，从天上观望人间"的歌词。因此，开大控或特控时的舞龙活动是具有象征意义的。水族开控时舞的龙比较独特，龙身粗而短，一般为7至13节，被称为胖（读如"忙"mang）龙。舞龙时常配以黄烟，龙在烟雾中游动，造成一种神龙腾飞的气氛，仿佛亡灵成龙上天入海。在出殡安葬时，巫师的咒辞中也有祈请十二条龙来庇佑的辞句。这里的龙乃是祖先灵魂的代表。

对龙的崇拜除在丧葬仪式中表露外，还常凝固在坟墓的雕刻之中。水族古老的石棺墓上，多有龙图腾的雕刻。这种石棺墓"长约五尺宽约三尺，上下三层像一座小房子的形式。石块上有的雕刻人、弓、矢、刀、标插等形象"，"有的有三套碑面石柱，柱上刻双龙抱柱"。又据宋兆麟、严汝娴对《三都县荣耀村水族画像石墓》的调查材料，这些石墓"一般刻有一龙或二龙戏珠等形象"；"这类墓顶上也有三角叉，其上刻双鱼形，两侧为二龙戏珠。墓上有的刻有碑文，'内层上幅：'山绕山环钟甲第'，下幅：'龙盘虎踞起人文'，外层上幅：'千里乘龙钟吉穴'，下幅：'一弯曲水映万塘'"。"在画像石墓上，几乎都有龙的形象，如二龙戏珠、双龙抱柱等。这种情况与水族早期崇拜龙图腾有密切联系。该族谚语说：'见龙死，见官穷'，把龙视为最神秘的神灵。所以在墓楣上多刻龙的形象。近现代水族墓上仍然有不少龙的形象。"这一切，都十分清楚地说明，龙在水族心目中有着十分重要的地位。

水族崇拜龙的形象，可在历史上追寻到它的根源。水族为古越人之后，龙崇拜正是古越人的信仰特点。《说苑·奉使篇》："诸发曰：彼越……处海垂之际，屏外蕃以外居，而蛟龙又与我争焉，是以剪发文身，烂然成章，以成龙子者将避水神也。"这是对生活在海边的越人剪发文身，把自己打扮为龙子模样，以避水中恶龙危害的记载。《汉书·地理志》应劭注："越人需在水中，故断其发而文其身，以象龙子，故不见伤害也。"这再一次说明，越人为避龙的伤害，故把自己当做龙的子孙，表示对龙的崇敬以避灾害。《淮南子·泰族篇》许慎注指出："越人以箴刺皮为龙文，所以为尊荣之地。"表明越人之剪发文身为龙子状不仅有取悦蛟龙避害之意，且有以龙文为尊贵荣耀的感情。

由于古越人崇拜的一个心理因素是避龙之害，故水族龙崇拜意识中亦有恶龙与善龙的区别。在民间传说和故事中，很清楚地反映着这种感情。《潘羡的奇遇》中，龙王与后生潘羡结为莫逆之交，并惩罚了可恶的皇帝；《红泥鳅》中，龙女帮助好心的后生小挈制裁了恶毒的后母，并与他结为美满夫妻。在这里龙与水族先民不仅是关系密切的朋友，还结为亲缘，这恐怕正是"以成龙子"意识的演变。而在《铜鼓的传说》等传说及故事中，又表现了"人们恨不得一刀把孽龙劈成几段"的思想。这里所谓的善龙与恶龙，明显地反映了阶级社会中阶级压迫的内容，因此可以认为是后人丰富加工的情节。然而其中对龙的崇敬或畏惧的感情，则可能是龙崇拜意识的原始内核。

值得注意的是，不少传说与故事中龙与鱼常混为一谈。如《水族为什么住木楼》中，龙女时而变成大金鱼，时而又变成红蛇（小龙）。为纪念她拯救乡亲们的恩情，人们"雕了座巨大的石鱼"，"那就是龙女的塑像哩"。《鱼姑娘》中，鱼姑娘又被称为鱼龙姑娘。在"开控"仪式上，舞的"胖龙"颇似鱼的形状。从这些现象中我们以为龙崇拜与鱼崇拜很有可能是同一种图腾意识的传承。鱼与龙皆生活在水中，周身又都披鳞甲，形状确实有相近之处。对于龙的原型有各种不同的看法，其中之一是鳄主干说，认为"龙的基础应是鳄鱼"。此说正是从南方民族生活环境着眼的。古越人生活在河海湖泽之地，"蛟龙"之害很可能就是鳄鱼之灾。因而龙崇拜确实有很多鳄鱼的影子。今天的龙崇拜意识已经历史变异，将龙与鱼混杂或融合在一起，是很有可能的。

〔何积全主编：《水族民俗探幽》，第 238—241 页，四川民族出版社 1992 年版〕

2. 龙女斗旱魔的传说

古时候，水庆地方有个旱魔，住在月亮山的一棵柿花树上，时常下来害人。人们恨透了它，把它叫做"安木阿"（水族传说中的一个最凶恶、最残暴的妖魔）。

每天从早到晚，安木阿飞腾在天空，吐出火燎燎的舌头，烤得山林冒烟，田土发红。使坡上的包谷、小米叶子卷成一线；坝里的谷子、高粱、禾苗搓成索子。到秋天，人们一颗粮食收不进家，全靠剥树皮、挖野菜来充饥，日子过得非常困苦。

一天，东海龙王看见水庆地方旱得恼火，饿死了许多人，心中十分焦急，便把阿荫、阿西两个龙女喊到面前说："女儿们呀，如今水庆年年遭大旱，人们的生活实在难熬。我想派你们两姊妹到那里去造一个海，你们愿意去吗？"

阿荫、阿西高兴地同声答道："女儿愿去。"阿荫接着问："不知父王想在那里造个什么海？"

龙王说："造个深青海，也叫养育海。你们晓得为什么要造这种海吗？"

阿西抢着回答："我们懂得父王的心意，就是造一个又大又深的蓝海，浇灌水庆所有的田园。"

龙王呵呵地笑着说："是呀，造好这个海，那里的人们就不怕受旱。种好庄稼，大家有吃有穿，便安居乐业啦！"

阿荫皱起眉头说："女儿有一件事想提醒父王，不知现在可不可以讲？"

龙王问："什么事，你不妨说出来。"

阿荫说："养育海要造，但不除掉旱魔，人们还是要遭殃的。请求父王给女儿带几百名虾兵蟹将前往水庆，一面造海，一面斩除旱魔。"

龙王急忙问道："你说的是哪个旱魔？"

阿西说："姐姐讲的这个旱魔，就是月亮山上的安木阿。"

龙王问阿荫："是安木阿吗？"

阿荫答道："是的。女儿已经查明，安木阿原是月亮山上的一只大灰狼，在山间修炼了两千多年变成妖精，时时出来危害人们。此妖不除，难消人们心中大患。"

龙王听了，气得捋须搔腮，马上命阿荫和阿西率领五百名虾兵蟹将开往水庆，造海除妖，镇守海疆。

阿荫两姊妹领了父王圣旨，连夜带着虾兵蟹将赶到水庆，在杨梅山脚扎下营寨。第二天天麻麻亮，她们便领着兵将们来到枯苗寨的崇山峻岭中，选择一处方圆八百多里的低洼盆地，开始动手造海。在繁忙、艰苦的造海劳动中，阿荫和阿西不怕狂风吹打，不顾瘴气缠身，白天黑夜跟着虾兵蟹将一起挖山抬石，掏土理沟。不到半月，养育海便建成了。汪汪碧水与茫茫山野连成一片，水庆山间出现了一幅美丽的画面。

碧蓝的海水，顺着山腰弯弯曲曲的溪沟，咚咚咚地流进了干枯的田园。人们看见田里有了水，就像得了甘露，心里笑开了花。大家跳呀，唱呀，一起跑到海边，跪在地上向海心磕头作揖，感谢龙王和龙女的恩德。阿荫和阿西走出海面，向人们回礼。阿荫对人们说："从今以后，水庆有了养育海，只要你们勤劳，日子就会好过了。"阿西说："现在正是栽秧季节，大家赶快回去干活吧！"人们十分高兴，依依不舍地拜辞了阿荫姊妹。阿荫吩咐虾兵蟹将守住大海，和阿西来到枯苗寨，跟人们一块栽秧、种地。十天工夫，水庆的田里都栽上了秧，土里种完了包谷、高粱、小米、棉花。不久，山上山下一片油绿，庄稼一天比一天茁壮起来。

谷子快打包的时候，旱魔安木阿从柿花树上一觉醒来，忽然发现水庆有了一个大海，气得从树上跳下来，喊了一个狐妖问道："是哪个到水庆造的海？"

狐妖急忙答道："是东海龙女阿荫、阿西带领虾兵蟹将来造的。"

安木阿一听是阿荫和阿西两个龙女造的海，马上转怒为喜。心想：阿荫姊妹是文武双全的美貌姑娘，要是把她们弄到月亮山来做我的夫人，那该多好呀！于是，它摇身一变，变成一个后生。看那模样：山药脑壳，葫芦脸，青麻头发，胡椒眼，张着血盆大嘴，摇摇摆摆地朝水庆海边走来。寨子上的人们看着这个奇形怪状的人都非常惊慌。这时，阿荫和阿西正在和人们一起薅秧，一见这个丑恶的男子，便料定是旱魔安木阿变的。她们见到这个妖魔，顿时心中燃起怒火，跳上田坎，拔剑上前拦路问道："站住！你这丑恶男子是不是安木阿所变，快老实讲来，不然，姑娘的宝剑就不留情啦！"

安木阿抬头一望，见两个如花似月的美丽姑娘拔剑相问，也猜到是两个龙女，心中大喜，假装弯腰陪笑答道："我是月亮山上的后生，到前面寨子请伙计上山吃酒，不知两位姑娘尊姓大名，请告诉我。若不嫌弃，也请两位姑娘到我家玩。"

阿荫气恼地说："我们是东海龙女，怎能到你妖窝做客，沾上腥气，弄脏一身清白。"

安木阿献出百般殷勤说道："早已听说两位龙女英名，后生无限崇敬，望你们可怜后生日夜想念的苦楚，成全我们作为夫妻，共享一生安乐。"

阿西愤怒地吼道："住嘴！不准妖魔胡说。你屙泡尿照照，看你像什么样子。"

安木阿走到水沟边，低头朝沟水中照了一阵，自鸣得意地说："我的样子长得很好看嘛！在月亮山上的后生中，我要算最漂亮的啦！"

阿荫告诫人们说："妖魔看东西完全跟人相反，人们认为是丑恶的，它们当做是最美好的，这就是妖魔为什么要害人的道理。以后你们要小心提防啊！"

阿西晃了晃宝剑，逼到旱魔面前问道："我们早已认出你是安木阿，你到底来这里干什么？赶快讲来！"

安木阿见龙女识破了它的真面目，对它毫无好感，于是便收起笑脸，凶恶地说："我就是安木阿。今天我来这里，一要你们把海水弄干，把海填平，不准让水流进水庆田地；二要你两个上山做我的夫人，要是半点不依，我就不客气了。"

阿荫和阿西十分气愤，舞动宝剑，大声喝道："妖魔好生无理，看剑！"顿时，只见四道白光闪亮，四把宝剑直刺安木阿；安木阿从背后抽出钢刀，急忙招架。阿荫和阿西越战越勇，安木阿渐渐抵挡不住，退到秃山脚下。阿荫赶上劈头一剑，安木阿举刀来迎，只听"当啷"一声，安木阿的钢刀被砍成两截。安木阿感到手麻脚乱，转身跳到空中，伸出长长的火舌，喷出熊熊烈火，向阿荫、阿西烧来；阿荫、阿西飞到天上，吐出两股大水，哗哗冲淋火舌，灭熄了火焰。安木阿无力还手，败下阵来，摇身变成一只大灰狼，逃回月亮山。阿荫和阿西紧紧在它身后追赶。安木阿在月亮山上纠集了几百个狐妖蛇怪，避开阿荫和阿西，窜到养育海边，正想打开海口，让海水流干。五百名虾兵蟹将看到，一齐出来迎敌，双方扭打厮杀，喊声震天。安木阿趁机钻进海里，用两爪紧扒海口。等阿荫、阿西赶到，杀散狐妖蛇怪，安木阿已扒开四面海口。海水像山洪暴发，铺天盖地冲来，流向四面八方。阿荫揪住安木阿，阿西一剑将它刺倒在地上。阿荫、阿西以为安木阿已死，马上转身去堵塞海口，抢救水庆万亩田庄。阿荫、阿西和人们整整忙了七天七夜，才把四面海口堵住。虾兵蟹将去抢海水，舀了七天七夜，才舀回一半海水来。阿荫、阿西和虾兵蟹将都累透了，人们也都累透了，大家躺在海滩上休息。这时，安木阿苏醒过来，张牙舞爪地向阿荫姊妹扑来，人们急得大声叫喊。阿荫、阿西睁开眼睛望了望，实在累得无力动弹。正在这危急时刻，只见麻拐山后面走出一个英俊的后生，手拿弓箭，迎面向安木阿赶来。人们仔细一瞧，认出他是杨梅寨的年轻猎人阿辽，大家非常惊喜。阿辽弓法熟练，武艺高强，经常一人钻进深山野谷，捕打得无数猛虎恶狼，救出了许多人命。可是，人们担心他打不赢凶残的妖魔安木阿，提醒他多加小心。阿辽说："两位龙女为我们造海除妖，带给我们幸福安乐，现在她们有难，我就是粉身碎骨，也要搭救她们。"说完，几步跨到安木阿前面，搭上箭，拉满弓，只听"嗖"的一声，一箭射去，正中安木阿左眼。安木阿痛得嗷嗷怪叫，倒在地上打滚。阿辽赶到安木阿身边，对准它的右眼准备再射第二箭时，安木阿忽然伸出前爪一抓，抓断了阿辽右手四个手指。阿辽退后几步，忍着伤痛，用剩下的一个大拇指继续拉满弓，一箭射穿了安木阿的脑壳。安木阿再也扳（挣扎之意）不动了，倒在地上断了气。

  大家看到阿辽射死了安木阿，为地方除了一大祸害，心里说不出的欢喜，许多人激动得淌下眼泪。这时，大家渐渐恢复了疲劳，一齐走来向阿辽祝贺。阿荫见阿辽的右手伤口还在出血，便从荷包里摸出一颗药丸，研成粉末，敷在阿辽的伤口上。阿辽的右手一上药，就不痛了，血也止了。阿荫望着阿辽说："你两箭射死了旱魔，为地方除了大害，人们感谢你，我们敬佩你，可是你的右手残废了，今后怎么办呢？"

  不等阿辽回答，阿西接着说："是呀，他的右手残废了，以后怎样做活？"她望了望阿辽，又望了望阿荫，然后深情地说："阿姐呀，我看阿辽是个英俊、诚实的后生，没有成婚，你就要他做我的姐夫吧！"

  阿荫不好意思地低下头，笑了笑，斜视着阿西说："死丫头，哪个叫你多嘴？"

  人们看出龙女对阿辽有了情意，大家很高兴。一位白发老人笑呵呵地对阿荫说："阿西说的，也是我们心坎上的话，我们地方离不开你们。阿辽是个好后生，你就答应同阿辽结成一家，永远和我们在一起吧！"老人说完，便叫阿辽请求阿荫留下。阿辽诚恳地对阿荫说："龙女啊，请你留在养育海吧！你要是不嫌弃我，我愿永远陪伴在你身旁。"

  阿荫被阿辽和人们一片赤诚的心意感动。她对阿辽说："你为了救大家，自己残废了，我应该留下来照顾你。等我回东海去告诉父王，回来再与你成亲。"阿辽高兴极了，跟阿荫交换了定情礼物。接着，阿荫便带着大家来到安木阿的尸体旁边，向人们说："妖魔死了，还能复生。要使妖魔以后不再害人，只有将它的躯壳砍断，丢在路边让人们踩，失去元气，才不能生还。"于是阿荫便举起宝剑，将安木阿的尸体砍成十二节，甩到路边，让人们踩踏。后来，安木阿的这十二节尸体变成了十二个山坳。从荔波到水尧的来往行人都要踩着安木阿的尸体变成的十二处山坳走来。从此，妖魔再也不能复生害人了。

  第二天，阿荫姊妹回到东海，向龙王禀明一切情况。龙王大喜，允许了阿荫和阿辽的婚事，并从水晶宫里取出三颗药丸，叫阿荫拿给阿辽吃。阿荫和阿西返回养育海后，让阿辽吃了药丸，他的右手重新长出了四个指头，跟原来的一模一样，他又能犁田、耙田、打猎了。不久，阿荫和阿辽结了婚，他们在一起种庄稼，一起守卫养育海，造福人们。

［蔡中运搜集整理：《龙女斗旱魔》，载岱年、世杰主编《水族民间故事》，第 56—64 页，贵州人民出版社 1984 年版］

第二章 自然崇拜

第一节 敬岩石

1. 石崇拜

岩石与人类关系至为密切，原始时期人类就曾用石头作为同猛兽作斗争的武器，又以石为原料加工成生产工具，是原始人赖以生存的物质之一，故人对石头怀有特殊的感情，并产生了崇拜；加之水族聚居的黔南和黔桂边境地区，属于典型的石灰岩地形，各种各样的巨石和各种形状的岩溶石，使人们很容易产生遐想和敬畏感，进而将他们认为其中有灵性的加以崇拜，称为石菩萨。

水族的石崇拜主要有：

"拜缪"，水语的"拜"是敬的意思，"缪"是岩菩萨的名字。水族居住地的路旁寨边，矗立有古怪巨石，或山上、山洞里有像人形的石头，都被称为"缪"，均是水族同胞祭拜的对象，对于在露天者还盖有岩神棚以避风雨。据不完全统计，三都县三洞地区有岩神六处，其中以板劳、杨柳关、殿让三处的岩神最灵验。九阡区有岩神百余处，其中以姑垒坡等七八处最灵验，周围百余里的水族同胞都到这里还愿供祭。对石菩萨的供祭一般在水历的五月初一至十五日（即农历正月初一至十五日）之间，多在十五日举行，时间的选择以水书规定来确定。求供者主要是祈求菩萨赐生儿子和赐福、人丁平安、发财致富等项。近年又增加了学生升学、工作调动、参军提干等内容，许愿求保。待所求事项兑现后，必按许愿所说，进行隆重的还愿仪式，绝不违背诺言。如三都县三洞乡乔村板留寨后有一高约两丈的石菩萨，酷似一巨人，庄严肃穆。当地水族同胞认为很灵，每年水历正月初一至十五日，香火不断，爆竹声震耳，杀猪供祭还愿者络绎不绝。

"拜善"，又叫拜大菩萨，"善"是石菩萨的名字。分布在三都县九阡地区，有两个善组织，一个在水枚大寨，一个在水响。据传说，水枚寨的"善"像马形，是从广西偷来的；水响寨起初没有"善"，就决心到附近的水族寨——水便去偷，谁知错把"觉神"偷来了。觉神是一个十分小气而又吃独食的菩萨，但又不能还回去，只得供起来（民间其他村寨往往将此事作为笑话谈），因此水响寨的拜善活动是在夜间举行，不能宴请宾客，不能大张旗鼓地进行。祭祀时，善组织下，分若干股，人们带着公鸡、挑选六名父母健在、眉清目秀的青年去"善"所在地供祭，祈求"善"赐福，确保风调雨顺、五谷丰登。

"最令"，水语。水族各村寨都有。"最令"是长圆形、一头带嘴、像人形的石头，均是从山上找来的，但要找一个大的和两个小的，将其安置在村寨大门旁，并为它们修建一座小房，或用石头砌成石屋。大的一个为男性，小的两个站立左右，为其护卫。寨上每年用酒肉敬祭一次，他们的功能一是保障寨内全体成员少生病、庄稼生长好，二是可以挡住白虎的侵害。

"改善"，凡在三岔路口有自然生长成带嘴的像人形的石头，水族同胞便认为它有神异功能，称该石头为"改善"。据说凡家中有小孩体弱多病者，只要备上酒肉、纸钱和香去供奉祈求便可保小孩健康成长。

"最纠"，在野外选择一个自然形成的像人形的石头，将它立于桥头，担负守护职责，当"地母娘娘"送子路过该桥时保其平安无事，不致出现意外，其意是让石头神保证人们能得到送来的子女。每年农历二月择一吉日，用肉或幼猪、酒等供祭一次。

"定枯"，凡山上自然滚下来的石头，经滚动后一点未损坏者，则认为此石是神灵，人们路过此地时要特别小心，还必须捡一根柴禾放在石头上。据说这样才能保证路上平安，否则路途中必出意外事故。

"立邑"，即敬大石岩。三都九阡水昂寨的石姓水族每12年逢"亥"年举行一次供祭，大石岩在水昂寨对面山顶叫邑昔的地方。这里能看到全寨的土地。届时用肥猪一头供祭，击铜鼓，以保全寨人畜平安与庄稼丰收。

"拜石"，水族民间凡小孩经卜算后，若认为命中缺金，将影响日后发育，必须补救。主人家备好饭菜香纸钱等到选定的一块石头前拜祭，小孩向石头作三个辑，呼此石为"爸爸"，并将小名叫某金，正式名字中也要有金字，以求得对小孩的保佑，健康成长。还有的小孩拜寄给石菩萨，用小木牌写上"信民×××将信男×××投寄于菩萨神主案前，祈求长命富贵，保佑安康……"。

"石卜"，水族民间还普遍采用石头来做占卜，称"石卜"，这也是石崇拜的一种。石卜是由巫师用根草绳捆住一个石头（石卜用的石头，是巫师在石菩萨处通过竹卦后取得），将患者的衣物夹于悬挂卜石的草绳上，巫师用手捏住绳头，提着卜石，口念咒词，观察石头摆动的次数和方向来判定吉凶，看是何神何鬼作祟，从而决定用何物禳解。

"拜霞"，拜霞是水族民间十分大型、隆重的节日，其中十分重要的就是敬"霞"菩萨。水族同胞认为霞菩萨具有神秘的力量，它可以呼风唤雨，让庄稼丰收，十分灵验（详见节日部分对"拜霞"的介绍）。霞菩萨是一尺许高的人形石头，关于霞菩萨的来历有多种传说，不管是哪一种传说，都离不开石头，并是一神灵物。水族人民对霞菩萨十分敬重。秘密保存，供祭场面大，可见霞菩萨在水族人民生活中的重要地位和作用。

［陈国安：《水族通史》，打印稿］

2. 水族对"石头菩萨"的崇拜

水族人民每隔十二年过一回"借霞"节。过节那天,当地水、苗、侗、布依和汉族等几个民族的人们,身着节日盛装,从四面八方聚集于现今九阡名叫"茶井"的地方。这天,要宰杀十二头猪,供在井边的香案上。各民族各村寨共同推选出十二个代表,他们肩靠肩地坐在井边,一道举杯庆祝,对天发誓,磕头叩拜,十二个代表共饮"交杯酒",畅叙大家虽然不是一个民族,各住一个村寨,但都是兄弟,彼此要团结。大家欢乐一阵之后,人群中鼓锣齐鸣,笙笛吹奏,对歌悠扬,赛马飞奔,整个场面,人山人海,热闹非凡。

"借霞"节是怎样兴起的呢?相传,过去这里有条隔鸟河,那时候还没有分什么民族,人们都居住在这条河的两岸,靠捕捞鱼虾度日。可是儿孙一代接一代,人越繁殖越多,河中的鱼虾却越来越少,不够维持生活了。那时,人人都发愁,但又想不出什么好办法。一天,一个年纪大的老人拿着虾笆下河捞鱼虾,捞来捞去,捞了半天一个虾也见不着。忽然间,他感到虾笆沉甸甸的,以为是条大鱼,高高兴兴地连忙提出水面,一看,却是坨大石头。这石头形状像人,越看越感到它的神态活灵活现。可是,老人哪有闲心看石头玩呢?他把这坨石头扔下水去,又开始捞鱼虾。说来奇怪,老人家左捞右捞,这坨石头次次都在虾笆里。老人开始有些生气了,就跑下河去打捞鱼虾。嘿!在下河也次次捞到这坨石头。老人更是气上加气,提起虾笆转身又跑到上河去捞。嘿!硬是怪得很,在上河还是次次捞到这坨石头。老人这回倒不生气了。他想:在下河捞到算是水冲下去的,倒也还说得过去,在上河也捞到,莫非又是水冲上来的不成?这坨石头肯定有些神异,不然为哪样它每回都钻进了我的虾笆?老人想了一阵,自言自语地说道:它莫非是要我把它带到岸上去?这样一想,老人就把石头带上岸来,放在一个显眼的地方,叫大家都来看。

观看的人们,越来越多,将石头四周围了个里三层外三层。这时,那石头忽然发出声音:"从前,你们的祖祖辈辈靠捕捞鱼虾为生,现在人烟稠密了,鱼虾少了,再靠捞鱼虾就不能维持生活了,你们必须另外寻找谋生的办法。大家可以分头离开这里,朝着四面八方走,遇到有水的地方就住下来,然后开田地,种五谷,男耕女织,创建幸福的家园。"说完,这神奇的石头再也不出声了。人们听了,众口一声地说道:"这是神仙给我们指点的出路!"于是,大家照着石头神仙的话去做,一群群,一队队,先先后后,分头离开了隔鸟河。从此以后,人们才开始了农业生活。

十二年过去了,居住在各地的人们都怀念原先的故土,就背起干粮回来看望。可是,人们回来一看,原来的隔鸟河却无影无踪了,不知到哪里去了。人们见了面,发觉各自说的话也不一样了。衣着呢,也是各有各的样式,各有各的鲜艳颜色和图案花纹。老人说,幸亏当时有那石头菩萨指点,大家各去一地,各自在不同的地方,喝了不同的泉水,兴起了不同的生活方式,穿上了不同的衣裳;幸亏当时有生活才变得这样丰富多彩。人们为了纪念石菩萨的指点，一齐动手，在原来供石头的地方共同修了一口井，并且依据从离开这里后第一次返回来的时间，决定每隔十二年的第一个"子"日，各族人们聚集在一起，庆祝纪念。为了让子孙后代都记住各个民族原是一家人，所以在过节时，要推选代表喝交杯酒，对天盟誓永远和睦友好。

[文兰等搜集整理：《"借霞"的由来》，载潘朝丰、陈立浩编《水族民间故事集·月亮山》，第50—52页，1981年]

3. 三都县九阡区拜霞调查

进入九阡地区的水族，在漫长的生产和生活活动的岁月里，既保留了水族原始的特点，而又不断地有所发展变化，其节日的情况也是如此。他们既继承了原籍地区传统节日的特点，而又有新的发展和变化。

九阡地区水族的节日很多，据笔者实地调查有十五个，可以分为祈求农业生产发展、获得丰收，供祭祖先求保佑，供祭鬼神求人丁兴旺发展等几个方面。

1. 拜霞

水语"拜"是供祭的意思，"霞"是菩萨的名字。在九阡地区的水族历史上，曾较普遍地有过这个节日，只是到解放后才没有举行过，去年（1984年）又准备举行，由于种种原因没有实现。在整个九阡地区霞的组织分布很广，据统计共有六个，其中九阡乡四个，一个是以母改、上板闷、水答、姑潭、大水叶、板拉、姑内、伍略、引头、老寨、底各、岜环、姑养、挠甲、大寨、板里、姑牙和杨拱乡的高农，板甲乡的汉和等二十个村寨组成，分为十二股。另一个是以板南、吉佑、引抗、雨岜、板哄、井麻、板高、的系、姑纽、弄里、枚红等十三个寨组成，亦分为十二股。另外，下板闷寨单独为一个霞组织，石板寨亦为一个霞组织，分为三股。水各乡有一个霞组织，由拉写、拉蛇、下拉绍、荔蒙等四个寨组成，分为四股，此四寨又习惯合称为"水昔"。杨拱乡有一个霞组织，由姑霞、杨拱大寨和中寨、只合、努拉、姑祥等六个寨组成，分为四股。

拜霞的时间一般为十二年举行一次，也有六年举行一次的，有的逢子年，也有的逢子、午年，其具体时间都是在水历十月（农历六月）选择一吉日举行。按水书的规定选择时取属水、木、土的日子，以水日为最好。

九阡地区拜霞的做法和内容基本一致。

首先要做好拜霞的准备工作，大致有五项：

一、购买供祭品，由霞组织所属各股集体凑钱购买一头肥猪、米酒、糯米若干。

二、训练公鸡，这是一项十分重要的准备工作，它直接关系到拜霞活动的成败。这项工作大都在拜霞前几个月就开始了，先将公鸡用绳子拴脚放在竹篾块上，以后慢慢地用一根竹竿支起来，逐渐升高，使之习惯，每天到未时要拉绳逗引公鸡啼叫三声，约一两个月后交水书先生继续进行适应站高处啼叫的训练，直到正式拜霞时为止。

三、用竹篾编成长约四五尺的两条竹胎，然后用彩色纸糊成彩龙。

四、有的霞组织还要用纸给菩萨做衣服，用花纸做成栏干花边。

五、请水书先生割蛋，再根据水书推算，选定吉日。

拜霞分两次进行，一次是拜真霞，一次是"拜假霞"。

第一次拜真霞必须秘密进行。真霞藏得十分秘密谨慎，一般是埋藏在信得过的人家屋基下（其条件是这家人老实可靠，绝对没有赌博偷盗等行为）。到了寅时，由水书先生、各股村寨寨老集中一处，秘密地叫醒埋霞者（不能让其家人知道），将霞菩萨挖出（有的只挖出头部），用猪肉、猪杂、米酒进行供祭，用猪肉、米酒倾淋霞头（约三四斤），祭毕，分食酒肉，将剩余部分分领回家。

第二次拜霞，到了巳时，各股将猪肉（120斤）、米酒（60斤）、糯米饭抬到指定的霞坡集中，按股的先后次序排好队（各股的次序轮流周转），两名水书先生领队走前，接着是各寨寨老，各股供祭品，铜鼓铜锣，两人抬着的一头五六十斤重的母猪，行进中一人用树枝不时去戳母猪的生殖器，随后是身穿长衫、打着纸伞、手摇羽扇的长者和群众男女的队伍，有的手拿竹片向禾田里戽水，唱着拜霞的来历等水歌列队前往霞井，按次序将供祭品放置井边为一排，各寨寨老紧挨自己股的供物坐下，井边石崖下放有一个假的霞菩萨，井旁立一带叶的长竹竿，将公鸡站立在竹竿顶，将母猪放在井边。到午时，拜祭开始，首先用井水在供祭物四周淋一圈，由水书先生念咒作法，每股有一青年男子站立在供肉旁，不时地用剪刀剪肉给水书先生和寨老们吃，以吃得多为好。到了未时，水书先生呼风唤雨，让公鸡啼叫三声，将母猪杀死，让猪血任意流在井边。这时，水书先生喊道："下雨了，雨下得越来越大了……"据传说，待公鸡啼叫三声后，尽管是晴空万里，也会突然骤变而刮风下雨。此时，整个霞坡群众闭伞脱帽欢呼，接受雨水的沐浴，若有谁不关闭雨伞，旁边人立即将伞撕烂。

随后，各股轮流用酒淋霞菩萨，并说道："菩萨醉酒啰！菩萨打滚啰！"一直淋到霞菩萨倒地为止。这时，参加拜霞的青年男女开始唱歌，主人男唱，来客女合，主人女唱，来客男合。开始唱霞的来历，唱风调雨顺，获得丰收，之后就唱情歌、恋爱歌，参加者不受限制，已婚青年男女都可以参加，要求不要吵架，不要发生纠纷。如果谁家的姑娘、媳妇不让唱，就事先回家去。

申时，各股将肉、酒、糯米饭分到各户，拜霞活动结束，主人客人回家宴饮。

九阡地区拜霞活动非常隆重，各家都要邀请自己的亲戚参加，有的霞组织参加者多至数千人，甚至上万人。

各个霞组织都有自己的霞田，如九阡大寨有一亩霞田，耕种霞田者不交公粮，也不交租，只是到拜霞时负责割蛋的一切开支，出一头四五十斤重的母猪。

拜霞用的公鸡必须是红色，忌用白色。拜霞时，家有孕妇者不能参加，若前去参加了将影响拜霞的效果。

2. 拜善

水语的拜善，是大菩萨的意思。在九阡地区有两个善的组织，一是由九阡乡的枚彩、枚才、姑前、枚以、枚玄、枚下、定邶、甲利、底梭等九寨组成，此九寨习惯合称为"水枚"。相传来这里后有七个"公",拜善时按七个"公"为单位参加。另一个是由杨拱乡的上、下水响和小高农三个村寨组成。

水枚善组织每十二年供祭一次,逢龙年举行。水响善组织每六年供祭一次,逢子、午年举行。在水历的十月(农历六月)选定对庄稼生长有利的日子,即有利于植物生长的日子(按水书每月有人生长日、六畜生长日、植物生长日)。

水枚和水响拜善的仪式有差异。

水枚在供祭前,首先七个"公"的家族按人头出钱买猪,届时杀好,杀猪时只准讲吉利的话。其次,训练公鸡,其方法与拜霞训练公鸡一样。其三,准备竹竿,拜善的竹竿是特别讲究的,砍竹的人必须经过选择,条件是出生日辰好,家庭经济宽裕,威望高,富贵双全,儿女双全者。砍竹时间还要根据水书堆算,选择吉日吉时。其四,选择"坐善"者六人,条件是相貌清秀,父母双全健在,最好是兄弟姐妹齐全者担任。

按水书选定的那一天已时,七个"公"的家族将猪肉、米酒抬到枚才寨,参加拜善的全体人员在枚才寨集中,六位水书先生在六位"坐善"者的陪同下走在队伍的前头(六位坐善者均穿长衫、戴官帽),之后是七个"公"各寨的寨老、抬供祭物者,后面是大公、二公、三公次序的群众队伍,敲铜锣、打铜鼓,向枚彩善石进发。

拜善仪式由大公鲜(以后是其后裔)主持,六位坐善者端坐善石四周,不能移动,更不能离开,六位水书先生念咒祈祷,让公鸡啼叫,据说当公鸡啼叫后天就能立即下雨。供祭毕,各公的家族按人头分肉回家,招待来客,共同欢庆。

供祭时,各公送来的供祭物(主要是指猪肉)必须一样多,据他们自己解释,谁多谁将多得雨水。公鸡必须用红色,忌用白色,鸡由鲜公出,祭后的公鸡不能杀吃,只能带回家继续喂养,直到自然死去。

水响的供祭与水枚不同,用两头猪,头晚先杀一头,供祭时,将熟肉和活猪抬到善坡(他们习惯称为霞坡),还要牵去一条狗,请一名水书先生,先在寨外路口打上草标。供祭分两次进行,第一次是将熟肉进行供祭,第二次是杀猪后,再供祭一次。

[陈国安:《三都水族自治县九阡区水族节日调查》,载贵州省民族研究所编《贵州民族调查》(之三),第 314—316 页,1985 年]

4. 三都九阡水族拜缪

"拜缪"是岩菩萨的名字,每年水历五月初一至十五日之间(农历正月初一至十五日)根据水书选择吉日举行,一般都在十五日举行。

在水族人民的社会生活中,凡求生儿子和求保佑子女健康成长、不生病死亡者,都要进行拜缪的活动。他们认为,只要是岩神同意后就会送子上门,可以生儿子。有的已生数女,希望生得儿子者,也前去拜岩神。

九阡地区,拜缪的活动很盛行,几乎到处都有缪。据笔者调查,在九阡地区共有百余处之多。就其著名、群众认为最为灵验者有九阡乡积垒坡的缪,还有石板寨、大水叶寨、水懂寨、老寨、弄里寨、水迭等寨。水各乡板拉寨、姑拉寨、底吾寨、杨拱乡高农寨、韦家寨的缪也很有名。

水历五月十五日这天,拜缪活动最多,敬祭者全家带上米酒、刀头肉、花糯米饭、纸钱、香、红纸等供祭物,到供祭的岩石前摆好供物。如果是求生子者,须将红纸染上牲口血;保子平安者,将纸钱染上牲口血,然后用竹子做成的卦(水语称"靠缪")开始卜卦,如果两块为阴,说明菩萨还没有同意给男孩,如果两块为阳,说明菩萨笑了,还是没有同意,要两块为一阴一阳,说明菩萨已经同意了,想生男孩者赐给男孩,欲求保平安者确保平安。卜卦时,一卦不成可卜数卦,卜成为止。次数少者,今后还愿可以简单些,比如用一只鸡;次数多者,今后还愿时一定要用大供物,比如一头肥猪。也有一种比较简单的方法,不需要带供物,只要有一对卦就行了,时间也比较灵活,凡逢十日就行,但必须有一个担保人,两人到达岩石处,由担保人卜卦,卜成后,担保人立即磕头表示谢意,祭保者说道:"如果……我明年一定用……来谢你。"据说,凡求灵验者,必须进行还愿,否则,岩菩萨将找到担保人,使其生病肚痛。

还愿比初求时更为隆重,供物也更讲究。还愿在水历五月十五日进行。有的还愿还要请巫婆来念岩菩萨,其办法是先将岩菩萨(用一似人形的岩石)置放桌上,一直念到菩萨倒下,根据倒的方向确定供奉什么东西,而多数则是根据卜卦的情况或许愿物来确定。届时,请来外婆、舅家和其他亲戚,外婆和舅家都要送给孩子衣服鞋袜帽子等物,其余亲戚则要送谷子作为"添粮",希望孩子能顺利长大成人,增长寿命。这一天,主人和客人带上肉(或鸡、或抬猪)、糯米饭、米酒、香、纸钱及需用炊具,还必须带上事先准备好的两根杉木杆(水话称"干朵"),木杆上有帽头,中上部有用四块长约四十公分、宽约十五公分的木板钉成的正方形木框固定在木杆上,四方都写有吉祥的字样(也有不写字的),如"长命富贵"、"天地日月"、"子孙万福"等,还要做一个木牌子,长约二十五公分,宽约二十公分,上面写有"长命富贵,拜寄石菩萨保爷……","保四季安康","向公三叩首,石公保爷为我郎君……保我一家安"等字样,也有不做木牌子而用红布的。这种供祭要进行两次,先将带去的熟肉、酒、糯米饭进行供祭,烧纸钱,吃供物。之后杀猪,栽立干朵,又一次进行供祭。这一活动从上午八九点开始。一直进行到下午五六点才能结束

供祭物吃后的剩余,拿回家后切忌盖起来。他们认为盖起来后,孩童将成哑巴,供祭的酒杯不能带回家,必须留在山上。

有的为了求得灵验,不惜跋涉数十里,如九阡乡积垒坡的岩神,就有来自杨拱、板甲、荔波县邕显等的求供者,供祭中浪费也是很大的,如去年(1984年)水枚寨的潘某已生六个女孩。由于求供后果生一男孩,为了表示对缪菩萨的敬意,还愿时请了众多亲朋好友,一百多斤重的大猪在还愿的供祭场上就吃光了。

[陈国安:《三都水族自治县九阡区水族节日调查》,载贵州省民族研究所编《贵州民族调查》(之三),第319—320页,1985年]

5. 三都九阡水族对大岩石的敬拜

水语"邑"是大石岩的意思，立邑就是敬大石岩。十二年中逢亥年举行一次。在九阡地区杨拱乡水昂等村寨有这个节日。

水昂是在村寨对面山上的一个大石岩被称为邑昔的地点举行，邑昔能俯视到全寨的所有土地、山林。

供祭时，全寨出钱买一头肥猪，供祭方法类似于拜霞，只是不用公鸡。供祭目的是为了村寨庄稼丰收，人丁发展。

〔陈国安：《三都水族自治县九阡区水族节日调查》，载贵州省民族研究所编《贵州民族调查》（之三），第 322 页，1985年〕

6. 荔波县水族拜霞调查

1. 拜霞，荔波水族中较普遍地有拜霞的习惯，因拜霞中必须要一头母猪，所以又有"母猪霞"之说。霞，就是在野外发现有自己滚动的石头，类似人形，发现后必须捡回家来用绳子捆上，防止它再滚动逃跑，然后通知寨上、本家族举行立霞仪式。

荔波境内水族拜霞的做法基本相同，有的如佳荣的拉亮、水利的水岩都是隔年拜一次，有的如水尧是逢亥年，即十二年拜一次。一个霞基本上是按一个家族组织起来的，如水涝寨的欧姓水族为一个霞组织，在水利乡的水岩地区则是由水岩、邑龙、拉修、抵和、上下水降、据翁、干洋、拉垒、邑芒、拉干、母答、洞塘十三个寨的吴姓组成。当然，随着社会的发展，迁徙的频繁，还有古代社会依附投靠等现象，因此，有的霞组织中也有少数他姓参加。

拜霞一般在五六月内选择寅天举行。水岩十三寨中，以拉垒寨为首，该寨要负责请来水书先生念咒和祈祷，还需准备一条蛇，用树芯做成六个项圈给霞菩萨戴；母答寨出糯米，足够拜霞时煮稀饭用；洞塘寨出一只猫；其余各寨除凑钱购买一头大母猪，一只大公猪外，还需准备猪肉、酒、糯饭、纸钱、香等。水岩霞组织有霞塘，离拉干寨约三百米的路边，培坎边有百年以上的老柏树，现存六棵，并为一排，还有几个已被砍伐的柏树桩。一排柏树的尽头十五米处有一石崖，拜霞时六个霞菩萨就放置在石崖下。

届时，拉垒的寨老先到距拉千寨三百米的老坟坡躲起来，各寨将供物一齐送往拜霞处，先绕霞塘三圈，然后将供祭用的肉、酒等吊在各寨大柏树的横杆上，各寨一名寨老坐于本寨供祭物旁，有一男青年立旁照顾，给霞菩萨戴上"项圈"。此时，参加拜霞者则对躲藏在老坟坡的拉垒寨老破口大骂（他们认为骂得越丑越好），拉垒寨老被骂后，

"不得已"来到拜霞处,鬼师开始念咒作法,放母猪到塘里,请来的"叫花子"从后爬上去骑母猪,引起众人哄堂大笑。之后将母猪杀死,又把猫和蛇放入泥塘,任其斗打,斗打结束后,各寨青年下塘摔跤,互打泥仗,对路过行人可以随便叫骂,朝其身上撒稀泥。据说,拉干在解放前的一次拜霞时,正好一地方官路过,群众也朝其身上撒泥,他无奈只得忍受离去。他们认为越是这样越能迎来庄稼的丰收。

而水涝的拜霞则是全寨共同出一头大肥猪、一百斤酒、一百斤糯米,足够全霞吃一顿。这里有霞田,田旁有一高约二尺像人形的霞菩萨,过去还为霞盖有房子,供祭时亦放母猪(种霞田者提供)到霞田里,让众人下田去捉,谁捉住母猪大家敬酒。这样田里的秧苗全被踩烂,他们认为踩得越乱越好,尽管霞田被踩得当年颗粒不收,主人亦不能要求赔偿。拜霞后第二年庄稼仍然不好,还需用肉、酒继续供祭。

2. 缪改盖,亦叫拜缪。缪是在山上或山洞里长有像人形的石头。主要是中青年夫妻没有子女或想生儿子者前去拜求。

对缪的拜求比较简单,求者备上糯米饭、酒、肉、香、钱,有的还带卦,有的还要带上担保人,先卜卦问事,供奉纸钱、香等祭品,并向缪菩萨许愿说:菩萨,您让我生儿子(或其他所求),我明年拿大猪来敬您……

如果到时果然如愿生了儿子,供奉者兴高采烈,邀约众多乡亲前往"还愿"。还愿一般在农历的正月十五日进行,有的根据生辰日时选择一吉日,除了杀肥猪供奉外,有的还要立桅杆(用两根木料,再在杆顶处钉一方框,四周写上吉利之语,如"子孙万福"、"万寿无疆"等)。

近年来,拜缪的内容又有所增加,如有的为其子女求读书得到好成绩、能升学,还有的为子女祈祷工作调动的成功等。

3. 最令,各村寨都有。到山上找来长圆形、一头带嘴的像人形的石头,要一大两小,安置在村寨大门旁,为其修一小房,或用石头砌成房形。大的一个为男性,小的性别不限,站立左右为其护卫,寨上每年用酒、肉敬一次。其作用一是可以保障寨内人少生病,庄稼长得好;二是可以挡住白虎。

4. 改善,凡在三岔路口有自然生长成带嘴的像人形的石头,水族同胞认为这种石头能保佑小孩健康成长。因此,家中有小孩体弱多病。就备上酒、肉、香、纸钱前去供奉。

5. 定枯,凡山上自然滚下来的石头,经过滚动之后一点未摔坏者,则认为亦有神灵,路过时非常小心谨慎,还必须捡一根柴禾放在石头之上,这样才能保佑你路上的安全,否则路途中必然会出事故。

6. 最纠,在野外选择一个自然形成像人形的石头,将它立于桥头,让它负责守护好,当"地母娘娘"送子来路过桥时,不至于出现事故,其意思是让石头保证能得以生子,每年二月选择一吉时用肉或小猪、酒、香、纸钱供祭一次。

7. 拜石,凡小孩出生后,经卜算后认为命里缺金者,则要拿饭菜、香、纸钱到石头跟前,让小孩向石头作三个揖,并面对石头喊叫爸爸,求其保佑健康成长,改名叫金某，或名字中有金字。

[陈国安：《荔波县水族来源及原始宗教调查报告》，载贵州省民族研究学会、贵州省民族研究所编《贵州民族调查》（之四），第193—195页，1986年]

7. 荔波县佳荣、岜鲜、水维的拜霞

拜霞。此节在三乡十分盛行。水族拜霞始于何时不得而知，但有关拜霞之来历传说却很多。据佳荣乡拉亮寨老、鬼师潘天福讲，清初年间，庄稼歉收，于是大家就找鬼师问原因，鬼师讲是没有拜菩萨（即霞）所致。于是大家为了祈求风调雨顺，确保丰年，或以寨边巨石、或以寨外大树为霞进行礼拜。在拉亮，全寨就拜寨边一株约四至五人才能合围之参天古树；在水维的岜毛寨，就拜寨侧后的一巨石。现在这个地区拜霞为一年一次。每年水历十月属虎天晚四时至早七时左右进行。到时全寨每家出一人，带上十来斤酒，赶上一头大家凑钱买的猪，到霞前杀食参拜。拜时，先将酒肉放在霞之面前，然后燃香烧纸，由一个人念道：请霞菩萨保佑，不让野兽为害，风调雨顺，庄稼丰收。整个过程中，切忌讲不吉利的话，严禁外人偷看，以免冲散霞菩萨。否则风不顺、雨不调，收成无望，人畜不兴。因此，每逢拜霞之时，各村寨皆派有专人守护路口，严禁不相干之人乱走、乱闯。

拜缪。是水族求子嗣之节日。笔者所到水族之村寨几乎都有缪。拜缪的来历，据说在很早以前，有两个人赶场后，回寨途中遇雨，只得到路边一山洞躲雨。进洞后才发觉山洞颇似佛家之庙宇，于是其中一人就极力怂恿结婚几年都无子息的同伴向这个石洞讲讲自己的心愿。于是同伴就虔诚地对一大石讲：缪（菩萨之意）啊！我娶妻几年始终无崽无女，您如有灵，就保佑我有崽有女。来年我一定拿酒来供您，给您烧香。第二年，他的妻子果然生得一子。见灵验如此，那人用猪、酒、香去供奉那石。以后没有子息者亦多去求它，结果大家都以那石为缪。现在水族拜缪一般是在水历五月初一和十五两天（农历正月初一和十五）白天进行。因为当初是男子拜缪，所以至今仍是男子。至于女子拜缪，一般是要在结婚多年仍不生育的情况下才去。拜物多少不定，一般是富多贫少，虔诚者多，欠诚者少。

[颜勇：《荔波县佳荣、岜鲜、水维三乡水族神话传说及习俗调查》，载贵州省民族研究学会、贵州省民族研究所编《贵州民族调查》（之四），第285—286页，1986年]

8. 水族霞节

水族社会在早前有一个以祈雨敬水神为主题的宗教祀典——"敬霞"的活动。（"霞"即水神之意）

"敬霞"祀典，有的地区每逢丑年和未年（间隔七年）、有的地区每逢子年（间隔十

三年）的农历六月（水历十月）择其吉日举行一次。敬霞祀典仪式极为隆重。"敬霞"这天，当地若干村寨，以宗支族系为单位，组织长蛇阵仪仗队，长者身穿长衫，打着雨伞、手摇扇，缓缓前行，随后是本族成年和少年男子抬着大量的猪肉（旺族多达几百斤，小族最少也要几十斤）和米酒、糯米饭等，打着铜锣、铜鼓，有的手拿竹片向禾田㞌水，吆喝前进。各村寨都按时到达预先在古井旁设置的神坛前。将酒肉陈放在神坛前的松针上。坛前耸立一竹竿，竿上挂着装有一雄鸡的笼子。由水书先生手持仗鞭，主持祭祀的法事，水书先生掌握水族原始宗教的丰富知识，他的祝词多用深奥的古水语祈福禳灾。据说水书先生在祝词中有指令鸡啼和呼风唤雨之术。当鸡叫和下雨时，整个"霞坡"上的男女一律关伞摘帽接受沐浴，祈祷风调雨顺，人寿年丰。敬霞这天，霞坡上人山人海，设摊摆卖，男女对歌，热闹非凡。

"敬霞"祀典，只是在解放前进行活动。解放后，二十年来一直未见举行这个祀典了。

[石国义：《水族节日》，载贵州省志民族志编委会编《民族志资料汇编》第七集（水族、壮族），第248页，1988年]

9. 三都板引村水族对"将军岩"的崇拜

板引村，依山傍水，村前，水东小河从西向东流去，在二里远的的查村门前落入漓坑，经流七里多的山洞，出群力村水雅寨，流入坝街小河入都柳江。河的北岸是茂林修竹围绕的板党、的母两个自然村寨，小河西头有十余丈高的独立巨石，名曰"将军岩"，又名火神岩。这块将军岩，在这里很受群众崇敬。人们经常用香纸、鸡鸭等去敬供，还对它有着美妙的神话般的传说。传说在很久很久以前，有一位将军来征伐这个地方，这个地方有一个十分凶恶的猛虎，经常出来伤害人畜，将军带领他的士兵去找寻消灭这只害人的毒虫。老虎发觉人多势众，不敢逗能，拔腿就跑，将军提箭就追，猛虎狂啸使起了法术，突然狂风大作，它想借此逃脱将军的追赶，跨过神仙桥，逃上板引大山去。这孽物刚登上干要（水语：仙人洞）山顶，激怒了从这里路过的雷神，当头就给了它一锤，就把老虎劈成了两半，神仙桥也被震断了。后来风停雾散，将军就把箭插在此地，变成了这一拔地而起的巨石岩。被劈的猛虎呢？一边被雷神摔下河里去了，另一边仍然屹立在山头，真是虎死不倒威啊！

将军岩为何又叫火神岩呢？传说在以前火烧独山之前，这块巨岩发红了半个月之久，独县城就被火烧，因此得名。

[杨有义：《板引村水族社会调查》，载贵州省志民族志编委会《民族志资料汇编》第七集，第131页，1988年]

10. 三都三洞信哄村水族对"石主"的崇拜

据潘昌云（水族，86岁）老人讲：三洞信哄村的石菩萨（大石头）在1978年被几个民兵用炸药炸，结果石菩萨没被炸倒，过后不久，有几个民兵反而死去了（据调查，实际是害病死的）。农村政策开放后，农民、个体户、专业户、商人信仰石神者，更为盛行，即求子得子、求财发财者，为之举行的"还愿"仪式场面更大，即逢年正月初二日至十四、十五日"还愿"者抬着猪，挑着鸡和酒、饭、菜到石菩萨前举行祭典仪式，树立标杆，大宴宾客；在外地或在县城经商者也驱车前来行"还愿"仪式。1989年旧历正月十四日我们特地前去实地探访过一次，正巧碰上板南村一农户潘某求子得子的"还愿"仪式，其规模不算大，因为下雨，他在家杀猪后邀约十余人前来祭祀，祭毕，特邀我们到他家采访与调查。前来参加贺喜者约三十余人。这足以说明水族"石主"崇拜的一般性质了。

[雷广正：《水族原始宗教信仰调查报告》，载贵州省民族研究所、贵州省民族研究学会编《贵州民族调查》（之八），第96—97页，1990年]

11. 水家祈雨"敬霞"活动

一、敬霞的基本情况

"霞"或"尼霞"是水家人对具有水之灵性而形若人状石头的称呼。尼者，母性之义；霞者，神之名称。人们相信虔诚地敬供霞神，能确保当地风调雨顺，五谷丰登，人丁兴旺。故敬霞成为水家地区最奇特的原始宗教活动。

敬霞时间，选择在插秧结束后的水家历九十月间（相当阴历五六月）的吉利酉日或辰日。敬霞并非每年一次，因地域及氏族的差异，有二年一祭、六年一祭或十二年一祭不等。二年一祭的多在丑卯巳未酉亥年举行，如荔波县的水岩霞；六年一祭的多在丑未年举行，如三都县的杨拱霞；十二年一祭的多在子年进行，如三都县的九阡霞、水龙霞等。

霞不仅是神名，也是参加这一活动的组织机构名称。敬霞都是以集体形式活动，既有单一村寨同一父系血缘的霞，还有十数个村寨属不同父系血缘的霞。这种组织，水家语习惯称为"霞枚"、"霞涝"，即指水枚地区的霞和水涝地区的霞。由于敬霞活动影响深远，人们也常以该地行祭的水井作为代称。如"霞雷"、"霞低哥"、"霞水干"等。再者，由于敬霞年份相异，人们还有年份的代称，如"拜霞亥"、"拜霞子"等。另外，敬霞都使用母猪，也有人称为"霞尼某"。由多个宗支组成的霞，每个宗支称为"的丁"，即一股之义。"丁"者，原指用竹签平分的祭祀肉串，引申为参与祭祀的一个单位。

敬霞这天，各股的男性成员几乎全部出动，列着长蛇阵仪仗队向祭祀地点的霞井缓缓行进。队首是戴四耳帽、身穿长衫、打着雨伞、摇羽毛扇的长者，接着是铜鼓、铜锣、铜钹、革鼓的打击乐队，再者是抬着猪肉、米酒、糯米饭等祭品的青年，最后是手拿竹片、竹竿吋打田水并吆喝着的人们。祭坛正中为主祭席，以特制的竹篾桌子摆上供奉的猪肉、米酒、糯米饭、豆腐和鱼等。主祭席的两侧对称排列着松枝铺就的地席，上面供奉着各股带来的祭品。祭坛前面立着一根粗大的长竹竿，顶端挂着装有公鸡的笼子。公鸡是祭师借以向天神传递信息、祈降神雨的吉祥动物。吉时一到，祭师手持一根带叶的水竹子，蘸着从霞井打来的水，一边念着水语祝词，一边轻轻挥洒，还不时轻轻抛掷白米碗中的卜具，并抓些米粒撒向前方。当请来神灵，向其述说祈求的原因之后，便以祭物享神。此后，请神赐福降雨。并用咒语指令公鸡啼鸣，据说只要精诚所至，老天会降下神雨，即使是几滴也会赢来阵阵乐器声和欢呼声。这时，祭师命令到场的人关闭雨伞、摘下斗笠以接受神雨沐浴。接着，祭师让雇请来的乞丐穿上白衣服，两人抬着母猪在祭坛前的稻田间走过，并责令后面那位乞丐以松针戳击母猪阴部，让其发出号叫，而荔波县水岩霞则将母猪赶进稻田里，叫乞丐从猪的尾部爬着骑到猪背上，要是做性媾状动作则予以重赏。乞丐的粗野动作引起人们哄笑并鼓乐大作。此后，又将猫和蛇放到水塘或水田里，任其相互打斗，有的则将黑猫、黑狗及蛇绑于竹竿尖上沉溺于水中。这些仪式结束后，又让人们以竹片、竹竿在田间或潭边、水塘边打泥水仗。有的则让各股的青年下稻田互相摔跤，使个个变成泥水人，把禾苗践踏得一塌糊涂。三洞霞和水岩霞这时还叫参加活动者以最丑、最脏的话，破口大骂当地的乡绅、寨老或官员，事先安排在附近隐伏的乡绅们只得忍气吞声，不得有任何抗议言行。结束了这些恶作剧的表演之后，祭师又念起送神的祝词，洒水酹酒送神回归。各股聚餐之后，留下头人在晚间以酒把立于地上的"尼霞"灌倒，而后又秘密将其埋藏。有的还祭假霞而藏真霞。这样，敬霞活动方告圆满结束。

敬霞活动既是庄严神圣的，但又是放荡粗野的，其中蕴含着很深的民俗意识。但是，不管采用什么巫术，不管献上什么祭品，其目的无非是让霞神在充裕的物质享受和满意的精神愉悦之后，能全心尽力保证该地区风调雨顺、五谷丰登和子嗣兴旺。

二、霞神的缘起

霞神是怎么出现的，为什么是人形石头，敬霞与水家族社会有何关联？这些都值得我们进行深入研究。

关于霞神的来历，民间传说如下：远古时有位老人下河捞鱼虾，捞了半天什么也没捞着。他对苍天祈祷说："仙婆啊！请求你保佑我和我的子孙嘛！"然后又继续捞鱼虾。却捞到一块一尺来长的人形石头。他气愤地把石头抛掉，又接着捞鱼虾，但每次都只捞到那块石头。老人往上游走去，想摆脱那块石头的纠缠。不料捞上来的依旧是那块石头。老人觉得奇怪，便说："你有什么话就尽管说吧，神奇的石头。"石头果然发出声音："老人家，这一带鱼虾少啦，并且很快要出现水灾，你领着子孙们顺水往上游走，会有开垦田地种庄稼安身的好地方。"老人相信这是神仙在指点，照着去办，果然改善了生活。为了感谢这块神石，人们供祭它，并把它隐藏于洞中，祈它保佑风调雨顺。

霞神为什么是石之结构、人之形态、水之灵性呢？这个问题，只要了解水家人的石神崇拜就容易理解了。水家的自然崇拜物中，石头占有重要位置。人们把石头封为哥散、尼庙或菩萨，向它祈求子嗣、钱财并免除灾祸，还有人把多病的子女拜寄给石头，取名为"石生"、"石佑"、"石保"等。水家有种凶恶鬼叫"脚钉"，是满身长着魔爪般石针的怪石，虽然也作祟，但还能为人判定是非曲直，成为自然神与社会神的混合体。水家村寨或个体家庭大多也以坐相的人形石头作为供奉的寨神或哥散（菩萨）。水家地区多为岩溶地貌，绝大多数的井泉溪流都从石头的缝隙中、窟窿中渗流出来。因此，先民们很自然地把石头当成水的灵魂寄寓之所。霞神之所以是人的形态，只不过是水家把人与人可互通情感的现象移到石头上。认为具有人体形态的石头能通情感，能显灵性并能行走。如果任意捡一块石头都奉为神，未免对神太亵渎。由此看来，人们塑造这位具有水之灵性、石之结构、人之形态的霞神，既有直观的观察，又受到鬼神观念和美学观念支配。任何一个民族的神，都不过是人们按照自己的需要和愿望去塑造的。

〔潘朝霖：《水族祈雨活动"敬霞"试探》，载贵州省水家学会编《水家学研究》（一），第97—108页，贵州民族出版社1993年版〕

12. 水族节日中重视对岩石的供奉

水族对于岩石的崇拜表现在节日中有拜霞、拜善和拜缪，其中又以霞和善的来历传说最为丰富和完整。

霞，是一个类似人形的岩石，多数在井边，也有在山上的。在九阡的水昔地区，相传来这里的发公在下大雨时到河边去捞鱼，第一次捞到一块石头，丢掉了。第二次又捞到这块石头，仔细观看，是一个似人形的半身像，觉得奇怪，拿回家中。晚上发公做了一个梦，霞站在一块石头上，石头下面有一面铜鼓，敲一下响九声，声音能传一百多里远……第二天发公请来巫婆过阴，代言说："我（按：指霞）是想来你们这里，同你们一起发展生产……"发公和寨老们遵照巫婆的代言，将霞放在一个木盘里，装上米，抬到拉蛇寨田边，喊了三声，游来了两条黄鳝围绕着霞，又一起抬到井边，摆上供祭桌，将抬去的一头活猪（重约六十斤）溺水，抬猪的二人互打水仗，然后杀猪供祭，顿时天上乌云翻滚，即刻下起大雨，当年庄稼获得丰收。开初是三年一祭，之后发展成六年祭一次，逢子年、午年的六月未日举行。

在九阡乡的老寨也有霞菩萨来历的传说，相传祖公上山打柴，看到两个像人形的石头，当祖公来到石头面前时，两个石头立即站立起来，祖公觉得很奇怪。晚上，祖公梦见一个白胡子公公和一个白发奶奶。第二天祖公就拿酒去供，当年庄稼得到丰收，六畜兴旺。几个人见此好处，就商量将两个霞抬回家，时间约在元朝末年。后来，有一个霞菩萨被人偷走了，于是就将剩下这个霞菩萨秘密地埋了起来。因此，拜霞时就分两次进行，第一次拜真霞，第二次就用一个相似的石头代替。

还有善，其供祭方法基本相同，只是来历不同，善菩萨是偷来的。水枚地区的善是从广西偷来的。相传很早的时候。有一个名叫"有公"的，在广西卖活路（谋生路——

引者注），回家探亲时，乡亲们问他那里庄稼好不好，有公说那里庄稼很好，因为有两个石头，形如马状，每年那个寨子的男女老少都要去拜敬，所以庄稼长得很好。于是乡亲们就决定去广西偷来石马？也好让其保佑庄稼，求得好的收成。偷来后，先将石马放在定邑寨的邑彩地方，对石马说："把你放在这里，你觉得地方好就不要叫，如果觉得不好就叫。"当晚，亲友们听到石头叫了，第二天又将石头移到枚以，作了同样的交待，当晚石头还是叫了，又将石头移到枚才寨的故抗地方，交待后晚上还是叫，乡亲们见选择的几个地方都不行，已经没有信心了，准备送回广西原地方，当晚把石头放在枚才寨旁的井边，也作了交待，那晚石头不叫了，正值农忙插秧季节，插完秧后水枚家族的七个"公"个都来供奉，是年为龙年，往后逢龙年水枚九寨潘姓水族都来供奉。

相传水响的善菩萨也是偷来的，起初，水响和杨拱儿寨为一个霞组织，据传说是因为请来的水书先生在拜霞时只为杨拱儿寨的杨姓祈祷，因而庄稼连年获丰收，而水响不能得利，水响的陆姓生气后就分了出来，自己到水便去偷了一个石菩萨来。

拜缪亦是供祭的岩石，这和水族人丁发展、种的繁衍密切相关，在水族人类自身的生产中占有很重要的地位。而霞和善都是与农业生产密切相关，这对以水稻为主食，且具有悠久的种植历史的百越民族的一支——水族来说，也在物质生产中占有很重要的地位。可见，水族的节日供奉中，岩石的确很受重视，占有很重要的地位。

[陈国安：《三都水族自治县九阡区水族节日调查》，载贵州省民族研究所编《贵州民族调查》（之三），第325—326页，1985年]

第二节　土地崇拜

1. 土地崇拜

土地崇拜又称"社神崇拜"。由于水族先民看到万物都因地而得生长，因此把地看成是一个巨大的生物和一切东西的负载者，这使他们产生各种猜测和幻想；进入农耕时代之后，土地成了人们生产、生活的重要条件，对之有了更大的依赖性。土地滋养着万物，人们春播秋收，没有土地的帮助就不能生活，使人们对土地产生了崇拜。水族先民把土地神称为"纠底"。在农事活动之前、之中、之后都要祭祀田神、地神等。水族人民过端节举行端坡赛马前，必先用酒、鱼、饭祭祀地神，求得地神保佑，否则将发生马撞死人或打架斗殴现象。过卯节，在男女对歌开始之前，也必须先敬供地神；过六月六洗澡节，也必先祭祀地神，方可下泉沐浴。

[韦忠仕：《中国民族文化大观·水族篇》（未刊打印稿），第100—101页]

2. 榕江县水尾公社水族的祭龙脉

祭"龙脉"：水尾地区的水族同胞非常相信"龙脉"，他们认为，家族的发展、子孙的繁衍、家境的好坏等等都归于"龙脉"的作用。水族村寨多居于半山腰，亦因"龙脉"所致；久婚不孕或不生男孩，则认为是所占"龙脉"不好；死者亦须择好"龙脉"安葬。水族同胞的"龙脉"观念，实质上只不过是土地崇拜的一种表现形式而已。

〔岑秀文：《榕江县水尾公社水族的婚姻、丧葬、原始宗教调查》，载贵州省民族研究所编《贵州民族调查》（之二），第104页，1984年〕

3. 荔波县水族的偷"葬龙脉"

葬龙脉：在选择墓地时是非常注重龙脉的，有的为了选择"真正"的龙脉墓地不惜数百元代价，除了请水书先生寻找龙脉好地外，这里还流行一种"偷龙脉"的习惯，偷龙脉的方法有两种：一种是埋葬三五年后，又找到了好龙脉地方，自家人将死者的尸骨用布包好，装入盆内，得夜深人静，偷偷去到选好的地方挖一个小坑埋之，仅哥弟知道，有时连家中其他人也不知道，不挂青，往往只传子孙，不能外露；另一种是将死者的骨灰合（和）上酒，搓成坨，或搅拌成糊状，待半夜人静时，用钢钎打一小洞，将骨灰合（和）酒灌入或将骨灰坨放入，再原样封好，不让外人知道，特别是去偷埋在别人祖坟中或坟旁更是要千万小心。水族同胞认为，只要是死去的老人能占上龙脉，其后代必然是人丁兴旺，升官发财。在实际生活中，也有利用找龙脉行骗者，也有想找好龙脉而上当者。在邑鲜乡的拉先林笔斗小寨，从独山（县）请来一位地理先生选龙脉，地理先生看后扬言说找到了一块好地，若葬其地保证三年后必出大官（因主人有一个儿子在部队服役），条件是先交300元，待当大官发财年再交700元，主人求好龙脉发财心切，借不到钱，让"地理先生"骗去了一头牛。

〔陈国安：《荔波县水族社会调查》，载贵州省志民族志编委会编《民族志资料汇编》第七集，（水族、壮族），第115页，1988年〕

4. 三都板引村"龙脉"崇拜

这里的人们，十分相信山川、河流、大地是有龙脉存在的，因此，在起新居，或者葬新坟时，都要请会看龙脉的人来看地，找"风水"拨"字向"。如选山神向等等。在取向中，以"八卦"为基础。凡在寨子的后山或坟山上乱开石头，都是破坏龙脉的行为，谁做了，都要受到全寨人反对。为此，寨子里如果人或牲畜得病了，就要请鬼师来测卜，若是议定破坏了龙脉，则要罚事主拿鸡、鸭、鱼等去祭祀。祭祀时，先由鬼师念咒，尔后杀牲，祭毕，大家吃喝一餐才算了之大吉。

〔杨有义：《板引村水族社会调查》，载贵州省志民族志编委会编《民族志资料汇编·第七集·水族、壮族》，第173页，1988年〕

5. 水族对土地神的敬拜

水族崇拜岩石、大树又往往与崇拜土地（社神）交织在一起，人们相信这些自然物能使稻谷丰收，人畜兴旺，故在其仪式中，又有祭司"呼风唤雨"的举动。土地（社神），水语呼为"九地"，具体分为"公蛮干"（小块土地上的单个神）、"公家神灵"（宗族的神）、"公高打"（村寨的神）。一般崇拜物为一石头，置于村中或村旁林木之中，分别于不同的时间内以牺牲品及酒饭祭献。这可能是水稻民族崇拜自然物的物质基础，因为人们的生存与发展都离不开土地。

〔雷广正：《水族原始宗教与民族文化》，载《贵州民族研究》1989年第4期，第113页〕

第三节 雷神崇拜

水族对雷的敬和畏

水族同胞对雷电有特别的神秘感，并将之神化。雷神又称为"母头雷"，被女性化。水族先民对雷神十分崇敬，这种崇敬表现为畏惧心态，至今对水族人民的生产、生活和思想道德都有很深的影响。

雷神在水族古老的传说故事中占有十分突出的地位。古歌《初造人》歌词曰："初造人/成四兄弟，共一父/面目不同。那老大/是母头雷，人老二/老虎第三，那老四/是条蛟龙。"在另一首古歌《人龙雷虎争天下》中也有对雷的描述，古歌曰："据传说/人龙雷虎，远古时/都是兄弟。雷最大/人是二哥，虎排三/老四是龙。"这两首古歌中，一是人、雷、虎、龙始终是在一起的，造人歌和争天下歌，都是这四个兄弟同在一块。二是雷（母头雷）始终是"老大"、"最大"；人始终是"老二"、"二哥"。可见，水族先民在创作古歌时就有了对雷的崇拜和畏惧的心理。雷神是什么形状呢？我们可以从传说中或水族民间的言行中找到一些踪影。在传说故事中，雷神的形象被描绘成足长嘴大并且十分瘦癯，具体像什么形状却又说不出来。不过，在水族民间，凡看到干瘦的母猪，常常会指着说："它瘦壳得像母头雷一样。"照此描述，母头雷的形状当是瘦瘦的四脚兽。

但是，在水族妇女们所制的一种称为"歹结"的纺织品上，刺绣的背带尾部的雷神图案中，把它描绘成圆形，其周围还有布满火苗状的纹饰，类似火轮一般，这与生活中观察到的雷电差不多。还有传说，人、龙、雷、虎是由天仙牙巫婆所造，或是由金昆鸟的蛋孵化出来的。由此看来，母头雷的形象是一个不确定的东西，都是人们按自己的观察和想象来描述，其来源也是说法不一。

生活在大自然的人类，在原始社会时期留下了许多人兽共居杂处的传说故事。水族的远古神话传说中，人、龙、雷、虎本来是四个亲兄弟，同在坝子里生活。后来老虎不遵守公德，独自霸占了侥幸生长出来的一穗小米，因此产生了内讧，四兄弟从此闹得不可开交。由于老虎的行为引起的矛盾，四兄弟相互间失去了信任感，只能用分开的办法来彻底解决矛盾。可是现成的茅棚住房和赖以生存的平坦坝子谁也不愿放弃，天仙便出面来调解，决定由四兄弟以斗法的方式解决问题，谁胜利了茅棚和平坝就归谁占用。龙、雷、虎都使出了自己的本领，最终人以火攻击败了三个对手而取胜。雷被火燎而翻腾上天，怀恨在心而怨声隆隆。人占据平坝之后，生活富足，繁衍很快，雷在天上时时瞅见内心很不服气，就偷放天河堤闸让洪水淹没人类。天仙知道消息后，急忙送仙葫芦种到人间种植。当洪水泛滥时，只有躲进大葫芦瓜里的兄妹存活下来，成婚而再造人类。这个神话传说中，生动地把雷作为神的威力充分体现出来，也表现了人的无能为力（只能借助仙的帮助）。

在神话传说故事中，雷对人类的繁衍也起阻止、破坏的作用。相传人类被洪水淹没，只剩下兄妹俩，当仙人苦心劝说兄妹成亲繁衍人类的时候，又是母头雷从中捣乱。当妹妹走在成婚的路上正怯生生欲行又止时，雷在天上隆隆大作，使妹妹顿感惊恐，误认为违背常伦的婚姻惹恼天庭，恐慌中躲到了芭蕉树下，哥哥也破吓得从南山石洞跑出来到后山隐蔽起来。母头雷的破坏行为使仙人忍无可忍，径直逮住母头雷，斥责它坏了大事，同时责令它从此秋冬季节不许做声，好让天下人接亲嫁女、起房盖屋。

水族的民俗中对雷的崇拜表现出喜与惧的心态。每年当第一声春雷（水族称"瓦正"，"瓦"为发情，意即复苏，"正"即起来，"瓦正"就是万物苏醒、变化的开始）响动，人们要朝天鸣枪庆贺，借助春雷的威力获得生产的丰收；有的急忙往果树杈上放石头，祈祷果树花繁实累，不掉青果、不被虫害；有的用木棒或刷把敲击禾仓，以示驱逐鼠雀的危害；有的还要倾寨聚会，敲锣击鼓唱歌跳舞。这些活动都是为了向母头雷祈祷风调雨顺、五谷丰收。水族民歌中有"老和少，盼望瓦正，没有鼓敲，也要乒乓拍簸箕庆祝"的歌词。

另一方面，水族同胞又畏惧母头雷带来的灾难。首先在春耕生产中有严格的传统忌雷习俗，每当第一次春雷响，九天不能下田干农活，第二次春雷响，还须忌雷七天，以后忌五天、三天、一天，否则将招致庄稼受灾，这是雷对人类造成灾害的畏惧心理的表现。在水族的婚姻习俗中，姑娘出阁去新郎家的途中要打伞罩头，相传是在兄妹成婚时妹妹躲避在芭蕉树下演化而来。结婚时，遇上打雷，新娘不能出阁，若在途中遇雷，必须立即采取补救措施,一种方法是倒回娘家另择出阁日子;另一种方法是径直往新郎家,不坐不吃不喝即刻倒回娘家,杀鸡祭雷;再一种方法是在新郎家住十三天,并用公鸡祭雷。此外,起房盖屋、出殡安葬、出门远行等都要忌雷。

[陈国安:《水族通史》(未刊打印稿)]

第四节 树崇拜

1. 水族树崇拜

水族分布在亚热带地区,历史上森林茂密,古树参天,直到新中国建立时也是如此。建国后,虽经大批量的采伐,对森林破坏很大,水族聚居的三都自治县、榕江县等仍被列为全国重点木材县。水族先民长期居住在这样的环境中,在人们的认识水平很低下的历史状况下,科学还很不发达,自然地对村寨附近高大苍劲或生长古怪的古树产生畏惧心理,人们把它们视做生命和灵性,因而对古树产生崇拜。水族同胞对生长在村寨口、路旁、井边、河畔的高大挺拔的古树,诸如银杏、巨杉、苍松、古榕、翠柏、倒鳞树等敬若神明,禁忌很多,不能随意触动,不能有所毁损,更不能砍伐。村民常常烧香敬供,祈求树神对人的保佑。有些算卦时命中缺木的小孩,父母还要举行仪式,认一棵古树为"保爷",将孩子拜寄给树,并取名为"木生"之类,以达"补命"、健康成长的愿望,还须常常对保爷树供以香火。水族同胞还有在坟山墓地栽种枫树习惯,从而庇护子孙后代。许多水族家庭,凡生男孩,其父母都要为其栽一棵树,并精心照料,盼儿子像树一样茁状成长。清明扫墓,亲人要在墓旁栽一棵树,以示对先人的纪念。水族的每个村寨边必有一棵高大古树——"风水树",求其保佑全寨人平安,任何人都有保护的义务,绝不允许人损害。

[陈国安:《水族通史》(未刊打印稿)]

2. 三都九阡水族"韵嬢"活动

这是以村寨为单位进行的节日,每隔一年进行一次。在水历十月(农历六月)选择一属水、木、土的吉日举行。在九阡地区只有九阡的小水叶寨过这个节日。供祭品有一头肥猪、酒、糯米、香、纸钱,由各户出钱购买或出实物。

小水叶寨有嬢田半亩,嬢田不出租税,在水书先生割蛋选择吉日这天,出米十斤,糯米酒十斤作为招待费之用。

届时,将猪抬到供祭场(小水叶寨是在寨边大枫树下举行),各户去一人参加(多为户主),杀猪后煮成稀饭,将熟肉堆放在簸箕内,猪头压放其上,供上酒、糯米饭,点香烧纸，由一名水书先生念咒祈祷，在村寨四周和路口插上草标，祭毕，将猪的下颌骨挂在枫树上，参加者吃肉喝酒，之后将剩余平分各户。

供祭的目的是为了求得风调雨顺，获得农业丰收。

［陈国安：《三都水族自治县九阡区水族节日调查》，载贵州省民族研究所编《贵州民族调查》（之三），第 321 页，1985 年］

第三章 鬼魂崇拜

第一节 水族的神灵观念

1. 三都三洞、恒丰水族的神灵观念

水族人民崇拜多元性的神灵观念，即神有善神、恶神，鬼也有一般鬼魂与恶鬼之分。水书先生认为：宗族、家族、祖先及亲友死去后变为家内的保护神；"牙巫"、"恩公"大石菩萨（石头神）、土地菩萨、稻谷神、水井神、树神、酒神等等，此为善神。恶神、恶鬼有"牙养"（类似于猫头鹰），一种专门捉弄小孩的恶鬼；"牙谬"，其中又分为大大小小的恶鬼，大人小孩都容易被捉弄；"曼魂"，非正常死亡的大人和小孩变的饿鬼；"曼哄"，冤家对头，争相到官府告状或从杀场跑来的野鬼；"扫相"；死于刀枪的恶鬼；"管木"（相当于《象吉通书》里说的大煞），详细又分为"掌木鞋"、"掌戈干"、"掌卯掌优"、"汉罗卯六鲁士"、"掌棍掌修西"等五种；"歹瓦"，老人去世时间不巧碰上的恶鬼，凡遇到这种"歹瓦"恶鬼时，已嫁出去的姑娘和女婿不能前来奔丧，在丧葬期间，姑娘、女婿不能面朝死者家居住的方向，并且要用树枝拦住通向死者家的道路，不然生者会死去。另外，还有危害牲口、危害庄稼的许多恶鬼、恶神，如危害猪、牛、马不食饲料或致死的"腊滚"恶鬼；危害五谷不生、不长、不熟和危害烤酒不成的"腊乌"恶鬼等等。

由于人们长期以来的神鬼观念意识很深，所以农户们在生产、生活过程中，无论碰到什么情况或境遇时，乃至梦见一些异常现象时都要请水书先生、巫师、巫婆来依据当事人的情况测定神鬼，尔后举行祭祀活动，至于祭礼用的牺牲、物品、地点、规模因人和事及神鬼的属性而具体决定处置。

据水书先生讲，凡是家族、祖先及亲友的神灵来犯活人者，只需在屋内用酒肉饭菜和香纸祭献即可；凡是家族以外的人的神灵来犯者，一定要在楼底下祭献；其他恶神、恶鬼来犯者，要在门外、村外祭献；要是"夏"（汉人鬼）、"谬"（苗人鬼）来犯者，要用狗和羊在村外祭献；其他形形色色的恶鬼来犯时，要用稻草点燃火，用枝条和狼箕刺驱赶或拒于门外、村外等等。

上述这些多神崇拜的观念和意识，有的是由水族原始宗教发展和演变而来的，有的是与其他民族互相交往过程中互相影响而来的，如《水书》与《象吉通书》类似或相同，即是一个例证。

〔雷广正：《水族原始宗教信仰调查报告》，载贵州省民族研究所、贵州省民族研究学会编《贵州民族调查》（之八），第99—100页，1990年〕

第二节　鬼名称

1. 水族鬼神分类

（1）自然崇拜类（天鬼、地鬼）

天鬼：太阳、星、雷、风、雹、虹、雨、天狗（虚拟的）、月亮……

地鬼：植物：谷、棉、瓜（葫芦）、树、竹、白刺、狼箕、雀不站（刺脑包）……

　　　　动物：鱼、鸡（鸟、卵）、龙、猫、蛇、虎、牛、猪、狗……

　　　　室内：牙抱（酒曲神）、牙屯（染缸靛青神）、灶神（含铜、银、铁匠之风箱神）、火神、碓神、铜鼓、圈神、财神

　　　　室外：九地（土地神）、田土神、霞神、水神（河、井、泉、潭）、脚钉、哥散（石神、岩神、尼庙、菩萨）、洞神

（2）人类灵魂崇拜类（仙鬼、活人鬼、死人鬼）

①仙鬼。牙花散、牙花梨、牙花龙、牙花术（其下属有20个或26个鬼，主要是：金朋、寡同、端开、五墓、灭引、桥灭、桥独、桥孔、桥傍……）

②活人鬼：三棍姑、九棍伞（指棍姑类有3个，棍伞类有9个）、五海魂、墓地魂、鬼魂、动物魂……

③死人鬼（祖灵崇拜、寨鬼、地方鬼及杂鬼）：

A. 祖灵崇拜（公六夺、家鬼）：

a. 公六夺：公六莽、牙所洛（为公六夺之女婿）、公六夺（有14个鬼）、阿六甲、公三辛、牙三乙、免四奴、补懈六夺、公六瓜·补哈浪、公乃西·牙伞尼、公启高·牙报补、补加细·尼加烟

b. 家鬼（公忙干、公干神、公高打干、尼杭）：

甲、公忙干（父辈亡灵）

乙、公干神：三华干神（祖父辈亡灵）、四华干神（曾祖辈亡灵）、五华干神（高祖辈亡灵）

丙、公高打干（堂中老鬼）

丁、尼杭（生母）：牙劳·先夺六广·抵挡花散·低鞍夫谋，呆棍尼杭
　　　　　　　　　牙低·水命牙六·水金牙梨·花六尼杭

　　　　　　　牙三喜・花六抵亚・花梨拉代
　　　　　　　牙领劳・花六领办・花梨领免
　　　　　　　牙领低・花六伞散・花梨伦仰
　　　　　　　牙花来、牙拎惰、牙贩会、牙贩、牙两、牙苗、牙洗、牙记、
　　　　　　　牙命、牙地、牙西、牙醒、牙娘、尼杭六十
　B. 寨鬼：公高打蛮（寨中古老亡灵）、公断本（绝后亡灵）、忙恒憾（村寨内之地
　　　　方凭：忙恒）
　C. 地方鬼及杂鬼：忙恒：忙恒低（小地盘之鬼）、忙恒劳（大地盘之鬼）
　　　　　　　公猛（官员、绅士之亡灵）、腊鸟（20个鬼）、腊八（9个鬼）、
　　　　　　　全（22个鬼）
　　　　　　　腊押（腊金）（依附于巫婆，多为聪颖夭伤者及名人亡灵）、星
　　　　　　　（12个鬼）、挡（50多个鬼）
　　　　　　　尼忙君（牧童或孤儿及独身者亡灵）、羊老（恶死之青壮年亡
　　　　　　　灵）
　　　　　　　腊牢（狱卒亡灵）、忙戛撒（乞丐鬼）。
　　　　　　　陆凶丙（异族长发鬼）、脚（异族亡灵变成之凶鬼）、腊空（2
　　　　　　　个鬼）

　　　　　　　　　　　　　[潘朝霖：《水族》，载《中国各民族宗教与神话大词典》，第
　　　　　　　　　　　　　557页，学苑出版社1990年版]

2. 水族鬼的名称

　　[牙娘] 鬼名。流传于贵州水族地区（原文为"贵州三都"，现据作者意见，改为贵州水族地区，下同）。水语音译，意为娘奶、娘婆，水族生母娘娘系列的鬼之一种。其心地善良，乐于向生育女性送子女，故亦称送子婆。个体家庭多在里屋"牙希登"的娘娘席上供祭。若待其不恭，也会闹别扭而偶尔施祸，靠占卜探明其旨意再去念咒供祭消灾祈福。

　　[牙低] 鬼名。流传于贵州水族地区，水语音译，意为么奶或么婆，水族生母娘娘"尼杭"及神话牙花散系列的生育鬼之一种。相传为父系家庭生母死后所变之鬼，住在"低干楼，务干庙，把花散，干尼杭"，即转角楼下，庙房之上，花散仙洞口，生母娘娘家。其为后裔赐子嗣并施以福泽加以庇佑。个体家庭统一在里屋"牙希登"的生母娘娘祭席处供奉，无牌位。年常以家庭日常便饭供祭，节庆以鸡、鱼、肉、酒及彩蛋、糯饭等供祭，以水历四月丑日或春节、端节为最隆重，施祭为家庭主妇，参与者为妇幼。若遇婴孩病灾或流产等凶祸，根据占卜所示杀猪、鸡、鸭、鱼等供祭念咒，祈其消灾赐福。

　　[牙劳] 鬼名。流传于贵州水族地区，水语音译，意为长奶或大奶，水族生母娘娘

"尼杭"及神话牙花散仙婆系列的生育鬼之一种。相传为生母死后所变之鬼，住在"低干楼，务干庙，把花散，干尼杭"，即转角楼下，庙房之上，花散仙洞口，生母娘娘家。其为后裔赐子嗣并施以福泽加以庇佑。个体家庭几乎都有供祭生母娘娘的"牙希登"祭席，但无肖像及牌位，多插些彩花须缠竹条的"枚化"、彩色小拱门贴些彩色纸人以装饰。平常以便饭供祭，节庆以鸡鸭鱼肉、彩蛋花糯饭及米酒供祭，以水历四月丑日或春节、端节、卯节、额节为隆重。若有幼婴或妇女病患，占卜逢此鬼闹别扭或失职，根据卜辞旨意做相关的祭祀及念咒，多以鸡鸭鱼肉奉祭。此鬼有两个，祭时分别以待之。

［牙两低］鬼名。流传于贵州水族地区，水语音译，意为偷盗婴孩的么奶，水族生母娘娘"尼杭"及神话牙花散仙婆系列的生育鬼之一种。住在"低干楼，务干庙，把花散，干牙两"，即转角楼下，庙房之上，花散仙洞口，偷盗婆之家。其天职是趁人不注意专偷盗婴孩，造成幼婴失魂或染重疾以至夭殇。此鬼作祟是通过占卜探明，为祈幼儿康复，根据卜辞做相关的祭祀及念咒活动，大多以母鸡或肉、豆腐献祭。为提防此鬼作祟，为人母者不轻易放幼婴于僻静处或生人家，背着行路时也不时呼唤幼婴，快进家时也呼唤幼婴归家。人们对其畏惧三分。

［牙两劳］鬼名。流传于贵州水族地区，水语音译，意为偷盗幼婴的长奶，水族生母娘娘"尼杭"及神话牙花散仙婆系列的生育恶鬼之一种。住在"低干楼，务干庙，把花散，干牙两"，即转角楼下，庙房之上，花散仙洞口，偷盗婆之家。其专司偷盗幼婴，造成幼婴失魂或惊恐不已甚至染上绝症身亡。此鬼作祟是通过占卜探明，并根据其欲望去做相关的祭奉及念咒活动，以祈消灾除难。大多以母鸡、猪肉供祭，有的在"牙希登"的生母娘娘祭席处施祭，有的则在野外。为防此鬼作祟，人们不轻易放幼婴在僻静处或生人之家，外出背幼婴常呼唤其名，进家要呼唤其一道入室。有幼婴之妇忌谈此鬼，生怕触怒此鬼而蒙受灾难。

［牙贩］鬼名。流传于贵州水族地区，水语音译，意为拐卖幼婴的婆婆，水族生母娘娘"尼杭"及神话牙花散仙婆系列的生育恶鬼之一种。住在"低干楼，务干庙，把花散，干牙贩"，即转角楼下，庙房之上，花散仙洞口，买卖贩运奶奶之家。此鬼以贩运拐卖幼婴为天职，往往是在东村买了幼婴就卖往西寨，造成不少家庭幼婴失踪，主要症状为失魂、失落或染重病夭殇。有幼婴之家忌谈此鬼唯恐受难。人们通过占卜探明若是此鬼作祟，则多备母鸡或猪肉，迎请巫师来念咒驱除。有的地方习惯在里屋的生母娘娘席边供祭，有的地方习惯在野外送鬼。

［牙贩打困］鬼名。流传于贵州水族地，水语音译，意为在路途中劫持拐卖幼婴的婆婆，水族生母娘娘"尼杭"及神话牙花散仙婆系列的生育恶鬼之一种。住在"低干楼，务干庙，把花散，干牙贩"，或"庙花散，干牙贩"，即转角楼下，庙房之上，花散仙洞口，买卖贩运奶奶之家或花散仙庙，买卖贩运奶奶之家。此鬼与"牙贩"司职相同，但此鬼只专在路途中拐卖迷路或失落的幼婴，致使幼婴失踪、失魂或染重疾即夭殇。有幼婴人家忌谈此鬼，带幼婴外出不轻易从身体上放下。若占卜悉此鬼作祟，多备母鸡、肉或鸭子念咒相送。有在生母娘娘祭席边供奉的，有在野地供奉送鬼的。

［牙命］鬼名。又称"尼杭六十"，雅号为"牙隆补命，花厘尼杭补命"，流传于贵州水族地区，水语音译，意为保佑寿运的婆婆，水族生母娘娘"尼杭"及神话牙花散仙婆系列的生育鬼之一种。酬鬼仪式分为中堂保命一种，六十保命三种。寿享五十以上者，常备猪鸡酬犒此鬼。其位在"低干楼，务干庙，把花散，干尼杭六十"，或"庙花散，干尼杭六十"、"庙花散，干牙命"，即转角楼下，庙房之上，花散仙洞口，保六十寿运的生母娘娘之家，或保寿运的生母婆婆之家。此鬼专保生人寿享六十以上。但若待其失礼即令人罹难。当卜知此鬼失职而招祸时，即按卜辞去做相关祭仪，延鬼师念祝，以住地请此鬼来享受猪鸡等供馔。人们确信由此获得"花隆保命，花厘尼杭保命"鬼之保佑。设祭时，有的还挖根部并连、尖梢佳、节眼匀称的一对竹子绑于祭席边的柱头上，摆上冒尖的一升白米及银饰，以施放祭者获得巫术相似律的效果，如咒词所云："三十命哟。五十命果，六十命面，金银命界"，即三十冒尖的命，五十内中发达悠长鼓胀的命，六十延年久长的命，像金银般长久的命。

［牙难共道］鬼名。流传于贵州水族地区，又称"牙难报抵"，意为床边的牙难，席角的牙难，水族生母娘娘"尼杭"及神话牙花散仙婆系列的生育鬼之一种。此鬼与"牙难"为姊妹鬼。其住在"低干楼，务干庙，把花散，干牙难"，或"庙花散，干牙贩"，即转角楼下，庙堂之上，花散仙洞口，牙难婆婆家或花散庙堂里，牙难婆婆家。此其作祟，往往使五十岁以上的妇人大病不起，瘫软无力。占卜逢之即备母鸡为主祭品，延请巫师念咒送鬼，认为可解除疾病。

［牙湿］鬼名。流传于贵州水族地区，全称为"花隆牙湿，花厘尼杭牙湿"，或"花隆三喜，花厘尼杭牙湿"，或"花隆三喜，花厘尼杭三喜"，意为洗身婆婆，洗身的花隆仙婆，洗身的生母娘娘花厘仙婆，三朝的花隆仙婆，生母娘娘三朝花厘仙婆，水族生母娘娘"尼杭"及神话牙花散仙婆系列的生育鬼之一种。其住在"低干楼，务干庙，把花散，干牙贩"，即转角楼下，庙堂之上，花散仙洞口，洗身婆婆家。其专门为新生婴儿净身，保佑其健壮安康。一旦经过"牙湿"的洗刷，婴孩就能"湿邓回瓜，湿那回干"，即净身洁白，洗脸玉白。倘若对此鬼失礼会给幼婴招祸，多以母鸡为主祭品念咒祛凶祈吉。

［牙苗低］鬼名。流传于贵州水族地区，水语音译，意为么苗婆或小苗奶，水族生母娘娘"尼杭"及神话牙花散仙婆系列的生育鬼之一种。其雅号水语云"三洞牙谋，九洞牙育，苗敖瑶报"，大意为管三条坝子的谋奶。住在"低干楼，务干庙，把花散，干牙苗"，或"庙花散，干牙苗"，即转角楼下，庙房之上，花散仙洞口苗婆婆之家或花散仙庙内，苗奶努之家。此鬼专为幼婴裁缝背带并庇佑其安康。当其失职或闹别扭时，幼婴会无故从背带中坠地或病危夭殇。平常不单独供祭。若占卜悉此鬼失职，则据卜辞要求去做相关的祭鬼仪式，多以鸡、肉奉祭，并将背带摆于席边。此鬼分小、中、大三种，职分与才能大致相同。

［牙苗胆］鬼名。流传于贵州水族地区，水语音译，意为中间的苗婆，水族生母娘娘"尼杭"及神话牙花散仙婆系列的生育鬼之一种。其雅号水语云："七洞牙谋，九洞

牙育，苗熬瑶报"，大意为管七条坝子的媒婆，管九条坝子的育婆，内地的苗人有角饰的瑶人。其住在"低干楼，务干庙，把花散，干牙贩"，或"庙花散，干牙苗"即转角楼下，庙房之上，花散仙洞口，苗婆婆之家，或花散仙庙，苗奶奶之家。此鬼专为有幼婴之家裁缝背带，并庇佑幼婴康健。若其失职或闹别扭，会使幼婴不知不觉坠地或病危。平常一般不单独供祭，若占卜悉此鬼失职，则据卜辞去做相关的送鬼仪式，多以小猪或母鸡祭之，并以背带等用具摆于祭席边。此鬼分小、中、大三种，职分与才能大致相同。

［牙苗劳］鬼名。流传于贵州水族地区，水语音译，意为长苗婆或大苗婆，水族生母娘娘"尼杭"及神话牙花散仙婆系列的生育鬼之一种。其雅号水语云"十洞牙媒，九洞牙育，苗熬瑶报"，大意为管十条坝子的媒婆，管九条坝子的育婆，内地的苗人有角饰的瑶人。其住在"低干楼，务干庙，把花散，干牙苗"，或"庙花散，干牙苗"，即转角楼下，庙房之上，花散仙洞口，苗婆婆之家或花散仙庙内，苗奶奶之家。此鬼专为有幼婴之家裁缝背带，并庇佑幼婴安康。若其失职或闹别扭，会使幼婴无故从背上坠地或病危夭折。平常不单独供祭，若占卜悉此鬼失职，则按卜辞去做相关的送鬼仪式，多以猪、鸡相送，并将背带摆在祭席边。此鬼有三种，分为小、中、大苗婆，职分与才能大致相似。

［牙难］鬼名。流传于贵州水族地区，水语音译，意为使老人妇女病患的生母娘娘、水族生母娘娘"尼杭"及神话牙花散仙婆系列的生育鬼之一种。此鬼与"牙难共道"或"牙难报抵"为姊妹鬼。其住在"低干楼，务干庙，把花散，干牙难贩"，即转角楼下，庙堂之上，花散仙洞口，牙难婆婆家。此鬼多为五十或六十岁以上的妇人遭遇，引起严重病患，多以猪牛肉、豆腐、糯饭供祭，延请巫师念咒送鬼。

［金柱低追］鬼名。流传于贵州水族地区。此鬼与"金柱低难"、"鸭柱低难"是同类性质的鬼，俱系水语音译名称。水族生母娘娘"尼杭"及神话牙花散仙婆系列的生育鬼之一种。其由绅士或官长配偶的亡灵幻化而成，住在"低干楼，务干庙，把花散，干牙贩"，或"庙花散，干牙苗"，即转角楼下，庙房之上，花散仙洞口，牙改婆婆家，或花散婆婆庙中，牙改婆婆家里。此鬼作祟时，使人无故病痛难免。祭祀多以肉、甜酒、糯饭等。这三个鬼都是占卜后知悉，若不及时祭奉礼送，病情即加重而危及性命。

［牙拢］鬼名。流传于贵州水族地区，水语音译，意为诓哄诱骗的婆婆，水族生母娘娘"尼杭"及神话牙花散仙婆系列的生育鬼之一种，其住在"把花散，干牙拢"，即花散仙洞口，牙拢奶奶家。此鬼专门对幼婴进行诓哄诱骗，将幼婴骗引到他乡，而使其生父母失去宝贝。有时，此鬼也对大人进行骗拐使其失去理智而让膝下子女被拐骗，当占卜悉此鬼作祟时，备母鸡、糯饭、肉等，请鬼师来念咒袪凶祈吉。

［牙记］鬼名。流传于贵州水族地区，水语音译，意为保命婆婆，水族生母娘娘"尼杭"及神话牙花散仙婆系列的生育鬼之一种，其住在"庙花散，干花记"，即花散仙婆神庙，牙记保命婆婆之家。寿享五十以上者多备猪鸡酬犒。此鬼祭仪一般分为八种，根据施祭人情况或占卜结果而选择其中一种或三种。

第三章 鬼魂崇拜

〔牙抵歹〕鬼名。流传于贵州水族地区，水语音译，意为缝背带的婆婆，水族生母娘娘"尼杭"及神话牙花散仙婆系列的生育鬼之一种。其全称为"花隆改亚，花梨拉歹，改亚抵好"，意为剪布的花隆婆，缝背带的花梨奶，剪布缝绸。其住在"庙花散，干牙抵歹"，即花散的仙庙内，缝背带的婆婆家。此鬼专为幼婴之魂送背带，保佑其健康成长。若失敬，此鬼也会作祟使幼婴从背上坠落。占卜得知即以母鸡及酒肉等请巫师送鬼祈吉。

〔金朋〕鬼名。流传于贵州水族地区，水语音译，水族生母娘娘"尼杭"及神话牙花散仙婆系列的生育鬼之一种。此鬼多为巫卜所悉，是生育的恶鬼，常使幼婴上吐下泻。祭供此鬼多用鸭蛋或鸭子，巫师要从"把花散，干花解"，即花散仙洞口，花解婆婆家请其来受祭，述说缘由祈其开恩保护幼婴成长。

〔寡铜〕鬼名。流传于贵州水族地区，水语音译，水族生母娘娘"尼杭"及神话牙花散仙婆系列的生育鬼之一种。此为生育恶鬼，能导致孕妇流产、破胎。多系巫卜所悉。为除灾祸需备鸭子及酒饭延请巫师念咒祈鬼开恩保佑，此鬼住在"庙花散，干花解"，即花教庙中，花解婆婆家里。

〔端开〕鬼名。流传于水族地区，水语言译，水族生母娘娘"尼杭"及神话牙花散仙婆系列的生育鬼之一种。此为生育恶鬼，当寄附于幼婴身上时认为会四肢无力软弱裸瘦。当巫卜悉此鬼作祟。要备小猪延请巫师解鬼，要从"把花散，干花解"，即花散仙洞口，花解仙婆家请此鬼来开恩消灾。

〔五墓〕鬼名。流传于贵州水族地区，水语音译，水族生母娘娘"尼杭"及神话牙花散仙婆系列的生育鬼之一种。此为生育恶鬼，附着于幼婴身上则使其面黄肌瘦，四肢无力。当巫卜悉此鬼作祟，需备鸭或鸡延请巫师从"把花散，干花解"，即花散仙洞口，花解婆婆家处请其来受祭，祈其开恩消灾。

〔歹棒〕鬼名。又称"尼杭歹棒"，流传于贵州水族地区，水语音译，生长逢上歹棒鬼之意，是水族生母娘娘"尼杭"及牙花散仙婆系列的生育鬼之一种。此恶鬼附着于幼孩身上不易长成人，即或长大也难聚钱财。解此鬼时要从其住地"庙花散，干花解"，即花散仙庙中，花散仙婆家请其来受祭，并延请巫师念咒祈鬼开恩消难。

〔尼杭沙朋〕鬼名。流传于贵州水族地区，水语音译，水族生母娘娘"尼杭"及仙婆牙花散仙婆系列的生育鬼之一种。此鬼多为生辰犯之，犯病后经巫卜悉其作祟。此鬼令幼婴长大之后招来无端的是非口角。多以鸭或鸡解此鬼，从"庙花散，干花解"处请鬼来受祭，祈其开恩消难。

〔尼杭半用〕鬼名。流传于贵州水族地区，水语音译，水族生母娘娘。"尼杭"及仙婆牙花散系列的生育鬼之一种。生辰犯此鬼令幼婴夭殇，即使幼儿不死也寿不过三十岁。解此鬼多以猪鸡为主祭品，延请巫师念咒祈鬼开恩消灾。此鬼住地在"庙花散，干花解"，即花散仙庙内，花解仙婆家。

〔尼杭歹耿〕鬼名。流传于贵州水族地区，水语音译，水族生母娘娘"尼杭"及神话牙花散仙婆系列的生育鬼之一种。生辰犯此鬼会克父母及向外推移钱财，多以猪或鸡为主祭品解送此鬼。巫师多从"把花散,干花解",即花散仙洞口,花解仙婆家请此鬼来享受供馔,祈其开恩消灾。

〔尼杭歹点〕鬼名。流传于贵州水族地区,水语音译,水族生母娘娘"尼杭"及仙婆牙花散系列的生育鬼之一种。生辰犯了此鬼,会减父母寿命、家中钱财扫地出门而令父母短寿,自家受困。常以鸭或鸡为主祭品解此鬼。巫师多以"庙花散,干花解",即花散仙庙内,花解仙婆家迎此鬼来享供馔,祈鬼开恩消灾。

〔尼杭歹败〕鬼名。流传于贵州水族地区,水语音译,水族生母娘娘"尼杭"及神话牙花散仙婆系列的生育鬼之一种。生辰碰上此鬼,易夭殇及破钱财。多以母鸡为主祭品解鬼,其鬼住"把耗散,干花解",即花解仙洞口,花散婆婆家。

〔尼杭九气〕鬼名。流传于贵州水族地区,水语音译,水族生母娘娘"尼杭"及仙婆牙花散系列的生育鬼之一种。生辰逢上此鬼会使口角是非接踵入门,多以母鸡为主祭品解鬼。此鬼住"庙花散,干花解",即花散仙庙中,花解仙婆家。

〔尼杭花来〕鬼名。流传于贵州水族地区,水语音译,水族生母娘娘"尼杭"及仙婆牙花散系列的生育鬼之一种。生辰逢此鬼会使幼婴四肢无力,神情痴呆,多以母鸡为主祭品解鬼。此鬼住"庙花散,干花解",即花散仙庙内,花散仙婆家。

〔尼杭四散〕鬼名。流传于贵州水族地区,水语音译,水族生母娘娘"尼杭"及仙婆牙花散系列的生育鬼之一种。生辰若犯此鬼,长大成家后夫妇会失和,钱粮之魂外走使家道穷酸。多以鸡为主祭品延请巫师为解鬼。此鬼住"把花散,干花解",即花散仙洞口,花散仙婆家。

〔尼杭歹伞〕鬼名。流传于贵州水族地区,水语音译,水族生母娘娘"尼杭"及神话牙花散仙婆系列的生育鬼之一种。生辰若逢此鬼认为即使长大也会夫妇失和及钱财难聚。多以母鸡为主祭品解鬼。其鬼住在"把花散,干花解",即花散仙洞口,花解仙婆家。

〔尼杭八品〕鬼名。流传于贵州水族地区,水语音译,水族生母娘娘"尼杭"及神话牙花散仙婆系列的生育鬼之一种。生辰若逢此鬼会夭殇或在他乡死于非命,多以鸡为主祭品延巫师来解鬼,祈其开恩消灾除难。

〔尼杭十品〕鬼名。流传于贵州水族地区,水语音译,水族生母娘娘"尼杭"及神话牙花散仙婆系列的生育鬼之一种。生辰遇此鬼会夭殇,若不夭殇将来亦客死他乡尸骨难运返故里安葬。多以鸡或肉为主祭品解鬼,祈其开恩消灾。其鬼住"把花散,干花解",即花散仙洞口,花解仙婆家。

〔尼杭七煞〕鬼名。流传于贵州水族地区,水语音译,与此相似者还有"尼杭八煞",水族生母娘娘"尼杭"及仙婆牙花散系列的生育鬼之一种。若生辰犯了此鬼易夭殇或招凶祸,多备母鸡为主祭品解鬼。此鬼住"把花散,干花改",即花散仙洞口,花改仙婆家。

〔尼杭六盘〕鬼名。又称"六盘"。流传于贵州水族地区,水语音译,水族生母娘娘"尼杭"及仙婆牙花散系列的生育鬼之一种。生辰碰上此鬼会导致家人失和及钱财难聚。

多以鸡为主祭品解鬼。其鬼住"把花散，干花改"，即花散仙洞口，花改仙婆家。

〔灭引〕鬼名。流传于贵州水族地区。水语音译，意为过不了山垭口，引申为夭殇之恶鬼。水族生母娘娘"尼杭"及仙婆牙花散系列的生育鬼之一种。生辰逢此鬼易夭殇或寿不过三十岁。多以鸭鸡为主祭品解鬼。此鬼住"把花散，干花改"，即花散仙洞口，花改仙婆家。

〔桥孔〕鬼名。流传于贵州水族地区。水语音译，意为生命之桥出现空洞。水族生母娘娘"尼杭"及仙婆牙花散系列的生育鬼之一种。此鬼多为占卜所知，犯此鬼者缺少子嗣或有子易夭殇。多以鸡鸭为主祭品解鬼。其鬼住"把花散，干花改"，即花散仙洞口，花改仙婆家。

〔桥傍〕鬼名。流传于贵州水族地区。水语音译，意为垮了生命之桥。水族生母娘娘"尼杭"及仙婆牙花散系列的生育鬼之一种。命中若犯此鬼，子嗣投胎之桥已塌崩而导致无生育。常以母鸡为主祭品延请巫师祈鬼开恩消灾，同时在要道口、河沟处用果木修道桥，认为可消难纳吉。此鬼住"把花散，干花改"，即花散仙洞口，花改仙婆家。

〔桥果〕鬼名。流传于贵州水族地区。水语音译，意为生命之桥被沤坏。水族生母娘娘"尼杭"及仙婆牙花散系列的生育鬼之一种。命中占卜遇上此鬼，会造成引导后裔投胎之桥受野鬼破坏，导致无子嗣。习惯以母鸡为主祭品延巫师来犒鬼，以祈开恩消灾，并在要道口、河沟处修座小桥，寓生命之桥已修补可望有生育。此鬼住"把花散，干花解"，即花散仙洞口，花解仙婆家。

〔梭项〕鬼名。流传于贵州水族地区。水语音译，水族古巫书中的鬼。本意为根系发达，盘根错节。引申作使事态连绵不断发生的鬼，靠人支配其吉凶。

〔则头〕鬼名。流传于贵州水族地区。水语音译，水族古巫书中，导致家财破败或遭命案之恶鬼，但却利于抵御外患巫术，吉凶由人支配。

〔沙上〕鬼名。流传于贵州水族地区。水语音译，水族古巫书中，导致人死伤于非命的杀伤恶鬼之一种。

〔沙晒〕鬼名。流传于贵州水族地区。水语音译，水族古巫书中的鬼，意为杀伤巫师或其家人。是专门坑害巫师与水书先生的恶鬼。

〔沙命〕鬼名。流传于贵州水族地区。水语音译，意为伤害性命。水族古巫书中危害巫师或其家人性命及不利招魂的恶鬼。

〔沙朋〕鬼名。流传于贵州水族地区。水语音译，水族古巫书中把事态弄得混杂凌乱及导致口舌是非的恶鬼。相传，安葬亡人之时犯之即会遭口舌是非，初次说亲、与人论理、做保福鬼、做保寨保家的撑门"挡"鬼等。

〔白木〕鬼名。又称"天钢破"，流传于贵州水族地区。水语音译，水族古巫书中专门坑害有口才而贤达之人的恶鬼。

〔天烟〕鬼名。又名"歹电"，流传于贵州水族地区。水语音译，水族古巫书中的鬼，俗称鼻涕虫鬼。是狩猎的恶鬼，保村保寨的善鬼。

〔土居〕鬼名。又称"都居"，流传于贵州水族地区。水语音译，水族古巫书中的鬼，有雌雄之分，能导致病患瘟疫。

［头］鬼名。流传于贵州水族地区，水语音译，水族古巫书中能招致命案、祸患与贫穷的恶鬼，分雌雄两类。

［天割］鬼名。流传于贵州水族地区，水语音译，水族古巫书中妨碍婚姻与幼儿出行的恶鬼。

［则列］鬼名。流传于贵州水族地区，水语音译，水族古巫书中的鬼。吉凶由人支配，凶则导致内讧相互争斗甚至仇杀，吉则利于找人打官司。

［涌恒］鬼名。流传于贵州水族地区，水语音译，水族古巫书中的鬼，本意为"挤满了地盘"，善用者可聚财成巨富。误用者则导致众户绝嗣一家独发，墓地挤满坟堆与新鬼。

［代榜］鬼名。流传于贵州水族地区，水语音译，水族古巫书中的鬼，是导致崩塌垮败的凶鬼，又是挽救婚姻巫术的善鬼。

［歹耿］鬼名。流传于贵州水族地区，水语音译，水族古巫书中的鬼，意为有向外推移之力之鬼，能使穷富移位，能推挡外来祸患。

［歹败］鬼名。流传于贵州水族地区，水语音译，水族古巫书中的鬼，意为能有倾斜魔力鬼，认为碰上此鬼家业人口退败，利于作巫术。

［博略］鬼名。流传于贵州水族地区，水语音译，水族古巫书中的鬼，是丧事与生辰方面的凶鬼。古代可能出现过某恶性传染病，患者死后，众亲人抚尸痛哭大量吸入病毒不久也相继病死，故以此为恶鬼告诫后人提防。

［给害］鬼名。流传于贵州水族地区，水语音译，水族古巫书中的鬼，是限制人繁育后代之鬼。

［沙上血鲁］鬼名。又称"血鲁任"，流传于贵州水族地区，水语音译，水族古巫书中的鬼。血鲁恶鬼可分为主要伤害人与畜两种，此为导致人死伤于非命的恶鬼，人生的仪礼及起造等均忌。

［上金记］鬼名。流传于贵州水族地区，水语音译，又名"沙土金记"，水族古巫书中导致人死伤于非命的恶鬼之一种，此鬼主要诱引人们相互砍杀。

［上都答］鬼名。又名"沙上都答"，流传于贵州水族地区，水语音译，导致人死伤于非命的杀伤类恶鬼之一，遇此鬼者即相互踢打残杀。

［上哥］鬼名。又名沙上哥。流传于贵州水族地区，水语音译，水族古巫书中的鬼，是导致人死伤于非命的杀伤鬼类之一种，主忌锻造项圈、手镯等首饰及立碑。

［习玉］鬼名。流传于贵州水族地区，水语音译，水族古巫书中导致火灾的恶鬼。

［习哄］鬼名。流传于贵州水族地区，水语音译，水族古巫书中的鬼，意为从内部引起祸殃凶时，是丧事方面的恶鬼。

［习凡］鬼名。流传于贵州水族地区，水语音译，水族古巫书中的鬼。俗信，此鬼依时辰游动，是导致小凶祸的恶鬼。

［到兰］鬼名。流传于贵州水族地区，水语音译，水族古巫书中的鬼，又名"姑举

念"或"姑梅念",是导致贤达者夭殇的恶鬼。

〔十品〕鬼名。流传于贵州水族地区,水语音译,水族古巫书中生辰与安葬方面的恶鬼。属"杀上"系列之恶鬼。

〔某没〕鬼名。流传于贵州水族地区,水语音译,水族古巫书中的鬼。意为"全灭绝进入墓地",是丧葬方面的恶鬼。

〔灭门〕鬼名。流传于贵州水族地区,水语音译,水族古巫书中导致无故死人及招凶祸的恶鬼。

〔满丙〕鬼名。流传于贵州水族地区,水语音译,水族古巫书中的鬼。意为"如猴子来回盘绕",是眷恋故地之鬼。

〔路封〕鬼名。流传于贵州水族地区,水语音译,水族古巫书中导致不育的鬼。

〔龙讨〕鬼名。流传于贵州水族地区,水语音译,水族古巫书中牵引灵魂回归的鬼。

〔龙反〕鬼名。流传于贵州水族地区,水语音译,水族古巫书中走亲及丧葬方面之恶鬼。

〔龙犬〕鬼名。流传于贵州水族地区,水语音译,水族古巫书中导致重丧绝户的大恶鬼。

〔龙交〕鬼名。流传于贵州水族地区,水语音译,水族古巫书中专招凶祸之鬼。

〔龙刮〕鬼名。流传于贵州水族地区,水语音译,水族古巫书中导致人跛脚、害病的恶鬼。

〔六年〕鬼名。流传于贵州水族地区,水语音译,水族古巫书中惹是生非之恶鬼。

〔六力〕鬼名。流传于贵州水族地区,水语音译,水族古巫书中导致财败人亡的凶鬼。

〔六寒〕鬼名。流传于贵州水族地区,水语音译,水族古巫书中导致闹事端的恶鬼。

〔六害〕鬼名。流传于贵州水族地区,水语音译,水族古巫书中导致重丧和少子嗣的恶鬼。

〔六朵〕鬼名。流传于贵州水族地区,水语音译,水族古巫书中为丧事之恶鬼,碰上此鬼认为能把祸水引向孝家的三家六房。

〔夫狼〕鬼名。流传于贵州水族地区,水语音译,水族古巫书中制克人丁招凶的恶鬼。丧葬及婚姻时忌此鬼。

〔风溶〕鬼名。流传于贵州水族地区,水语音译,水族古巫书中的鬼,意为封存的也会消融掉,是导致人丁减少、财产消败的恶鬼。

〔方弄〕鬼名。流传于贵州水族地区,水语音译,水族古巫书中的鬼,意为"黑方",是祭祖活动方面的恶鬼。

〔方别付〕鬼名。流传于贵州水族地区,水语音译,水族古巫书中的鬼,意为"麻风病鬼肆虐的方位"。是导致麻风病的恶鬼。

〔点地〕鬼名。流传于贵州水族地区,水语音译,水族古巫书中遭横祸之鬼。安葬或自家祭祖等忌此鬼,利于去为他人解鬼消灾。

〔半用〕鬼名。流传于贵州水族地区，水语音译，水族古巫书中的鬼，意为"半世人"，是导致夭殇的恶鬼，安葬及祭祖等均忌此鬼，利于作惩治盗贼的巫术。

〔八头九腊〕鬼名。流传于贵州水族地区，水语音译，水族古巫书中的鬼。"头"与"腊"均为凶鬼，这是靠掌宫定凶日法，是招致命案与口舌的凶鬼，按水历不同月份在九宫掌上推算，第八宫为"头鬼"，第九宫为"腊鬼"；头则招命案，腊则招口舌凶祸，主要忌安葬。

〔破花〕鬼名。流传于贵州水族地区，水语音译，水族古巫书中会给巫师及水书先生带来致命凶险的恶鬼。

〔排〕鬼名。流传于贵州水族地区，水语音译，水族古巫书中的鬼，又称"代排"。此鬼种类多，分坑害丧家三服人家的"排登"鬼；致祸五服之外人家的"排片"鬼；年上作祟的"排贝"鬼；月上肆虐的"排月"鬼；日上显祸的"排闻"鬼。方位上逞凶的"排方"鬼等。安葬时忌此鬼。

〔怕享〕鬼名。流传于贵州水族地区，水语音译，水族古巫书中的鬼，是导致病患和破财的恶鬼。

〔牛哇〕鬼名。流传于贵州水族地区，水语音译，水族古巫书中的鬼，意为"如牛一般蠢笨"，是导致蠢笨愚昧的恶鬼。

〔姑秀〕鬼名。流传于贵州水族地区，水语音译，水族古巫书中的鬼，专诱妇女心猿意马，为婚姻方面的恶鬼。

〔姑任〕鬼名。流传于贵州水族地区，水语音译，水族古巫书中的鬼，意为"人头"，是招致命案之鬼。

〔姑刀〕鬼名。流传于贵州水族地区，水语音译，水族古巫书中的鬼，意为"火把头鬼"或"砍吊丧牛的桩头鬼"，是丧葬方面的恶鬼。

〔告采〕鬼名。流传于贵州水族地区，水语音译，水族古巫书中的鬼，是诱导人不愿前行而眷恋故土之鬼。

〔竿排〕鬼名。又称"四雄"，流传于贵州水族地区，水语音译，水族古巫书中的鬼，意为"立吊丧幡竿引来重丧的鬼"。据传，若犯此鬼则相继死人，忌入殓、整容、穿寿衣等。若犯之必须念防鬼患的"挡"巫术才能够免灾。

〔嘎晕〕鬼名。流传于贵州水族地区，水语音译，水族古巫书中的鬼，意为"飞龙鬼"或"招祸飞龙鬼"，是招来凶祸使人绝嗣的凶鬼。通常把掌宫分为七个宫位，看用事之日属何宫来定其凶祸。其口诀云："抵一抵二抵脚猪，抵三抵四抵牯牛，抵五抵黄狗，抵六抵公鸡，抵七抵飞龙"；意指第一元第二元是公猪掌宫凶，第三元第四元是公牛掌宫凶，第五元是黄狗掌宫凶，第六元是公鸡掌宫凶，第七元是飞龙掌宫凶。每一宫也称为每一元。安葬犯之，相传，遇脚猪与牯牛宫位的则绝嗣，黄狗宫位的后世出懒汉、偷盗之人，公鸡宫位的则后世出不归家之人；飞龙宫位的后世遭飞灾奇祸；将掌宫分为七宫，从甲子起遁，依一定的忌宫确定不同凶祸，如公鸡宫则忌戊辰、乙亥、壬午。

〔夫牛〕鬼名。流传于贵州水族地区，水语音译，水族古巫书中的鬼，安葬时忌，是导致重丧及缺子嗣的恶鬼。

〔甫逆〕鬼名。流传于贵州水族地区，水语音译，水族古巫书中的鬼，是招惹口舌是非的恶鬼。

〔计阿〕鬼名。流传于贵州水族地区，水语音译，水族古巫书中的鬼，意为胃口好贪吃，是导致人们暴食暴饮、贪吃及饥饿的鬼，吉凶参半由人支配。

〔烘金〕鬼名。流传于贵州水族地区，水语音译，水族古巫书中导致蚀财与丧命的恶鬼。

〔花消〕鬼名。流传于贵州水族地区，水语音译，水族古巫书中导致丧命、重丧及祸患的凶鬼。安葬与炼火药时忌。

〔花祭〕鬼名。流传于贵州三都。水语音译，水族古巫书中的鬼，吉凶参半，是导致短命的恶鬼，又是施行放鬼巫术的吉鬼。

〔罕地〕鬼名。又称"干袜"，流传于贵州水族地区，水语音译，水族古巫书中的鬼，意为坟墓、新鬼挤满墓地或荒寂的家庭，是导致丧亡绝嗣致使村落荒败而墓地坟头挤密的恶鬼。

〔姑又五鬼〕鬼名。流传于贵州水族地区，水语音译，水族古巫书中的鬼，意为"剪刀尖上的五把槌子"，是导致人病重而死的恶鬼。

〔姑又〕鬼名。流传于贵州水族地区，水语音译，水族古巫书中的鬼，意为"剪刀尖之鬼"。此鬼十分厉害，宜作防卫或治人巫术，又是经济活动及安葬方面的恶鬼，主要有年月日时之忌。

〔姑又甲乙〕鬼名。流传于贵州水族地区，水语音译，水族古巫书中的鬼，意为"剪刀尖鬼所隐伏的天干日"，是招纳财福的吉星。

〔龙定劳〕鬼名。流传于贵州水族地区，水语音译，水族古巫书中的鬼，意为大的龙定古鬼，能言善辩、工于辞令、人才成长及家庭富裕的吉鬼。

〔天反〕鬼名。流传于贵州水族地区，水语音译，水族古巫书中使凶祸反复滞留的凶鬼。

〔天笔〕鬼名。流传于贵州水族地区，水语音译，水族古巫书中安葬幼婴又导致新生幼婴夭殇之凶鬼。

〔堂华〕鬼名。流传于贵州水族地区，水语音译，水族古巫书中的鬼。其吉凶由人驾驭，是既能招是非又能挡是非的鬼。

〔九反〕鬼名。流传于贵州水族地区，水语音译，水族古巫书中来回往复、反复无常作祟的鬼。

〔金可〕鬼名。流传于贵州水族地区，水语音译，水族古巫书中丧葬与安置家具方面的恶鬼。

〔皆没〕鬼名。流传于贵州水族地区，水语音译，水族古巫书中打首饰、补高寿、劳作及导致耳聋的恶鬼。

〔尖幸〕鬼名。流传于贵州水族地区，水语音译，水族古巫书中导致家庭不安宁的恶鬼。

〔问桃〕鬼名。又称"缓"。流传于贵州水族地区，水语音译，水族古巫书中的鬼，其吉凶由人主宰，是利于求学的善鬼，又是忌解鬼退鬼的抑鬼。

〔架孟〕鬼名。流传于贵州水族地区，水语音译，水族古巫书中促使家庭人财两旺的善鬼。

〔甲倒〕鬼名。流传于贵州水族地区，水语音译，水族古巫书中的鬼，跨步即摔倒，是导致动辄亏损招祸的恶鬼。

〔业夺〕鬼名。流传于贵州水族地区，水语音译，水族古巫书中的鬼，意为"孤独的日子"，是导致世代单传、人丁不旺的鬼。

〔也提〕鬼名。流传于贵州水族地区，水语音译，水族古巫书中的鬼。主要导致主妇丧亡及家人病患之恶鬼。

〔也辣〕鬼名。流传于贵州水族地区，水语音译，水族古巫书中的鬼。安葬及逃荒时忌，会导致出现大祸事的恶鬼。

〔也贯〕鬼名。流传于贵州水族地区，水语音译，水族古巫书中治盗贼及退鬼等巫术之善鬼，又是安葬遭命案是非灾祸之恶鬼。

〔学鲁〕鬼名。流传于贵州水族地区，水语音译，水族古巫书中的渔业吉鬼，也是安葬或敬祖时导致人或牲畜死亡衰败之恶鬼。

〔孝先〕鬼名。流传于贵州水族地区，水语音译，水族古巫书中抵挡祸患巫术的善鬼，也是安葬及做保福鬼等的凶神。

〔向且〕鬼名。流传于贵州水族地区，水语音译，水族古巫书中的鬼，主要能导致人变野、变懒之恶鬼。

〔九火满〕鬼名。流传于贵州水族地区，水语音译，水族古巫书中的鬼，又名"亚夷"，意为"穷得如猴子或野芝麻"，主要是安葬及生辰所忌之恶鬼。

〔九火〕鬼名。流传于贵州水族地区，水语音译，水族古巫书中的鬼，意为久穷、最穷或后裔世代受穷，是导致极度贫困之恶鬼，又是作惩治盗贼巫术的善鬼。

〔蛙吃骨〕鬼名。流传于贵州水族地区，水语音译，水族古巫书中的鬼，意为神蛙啃吃尸骨，是导致祖先尸骨被啃噬使后裔人绝财枯的恶鬼，又是作惩治盗贼巫术的正义鬼，吉凶参半。

〔退逃〕鬼名。流传于贵州水族地区，水语音译，水族古巫书中的鬼。意为成群络绎不绝，引申为使事态连续不断发生之鬼，主忌安葬及抵御巫术，又利于开店经商。

〔不登〕鬼名。流传于贵州水族地区，水语音译，水族古巫书中的鬼，意为"靠根蔸的瓜"，与尖梢的"不片"相对应，是财福之善鬼。

〔八贪土〕鬼名。流传于贵州水族地区，水语音译，水族古巫书中的鬼，能使人人财两旺的善鬼。

〔歹盖〕鬼名。流传于贵州水族地区，水语音译，水族古巫书中的鬼，意为"上进"、"记得住",是启蒙读书的善鬼,逢之能入耳不忘,过目成诵。

〔地转〕鬼名。流传于贵州水族地区,水语音译,水族古巫书中的鬼,意为"大地在旋转",是祸福互换交替的鬼。

〔代哇〕鬼名。流传于贵州水族地区,水语音译,水族古巫书中的鬼,还分有对孝家威胁最大的"代哇登",对么女婿及三房女婿威胁最大的"代哇片",忌悼丧吹拉弹唱的"代哇控",是丧葬方面的凶鬼。

〔代榜〕鬼名。流传于贵州水族地区,水语音译,水族古巫书中导致崩塌垮败的凶鬼,又是挽救婚姻巫术的善鬼。

〔傍堂〕鬼名。流传于贵州水族地区,水语音译,水族古巫书中导致口舌是非迭起的恶鬼。

〔龙盆〕鬼名。流传于贵州水族地区,水语音译,水族古巫书中的鬼,认为是导致破财、死人的恶鬼。

〔不关抵登〕鬼名。流传于贵州水族地区,水语音译,水族古巫书中能招引财富的善鬼。

〔代寿〕鬼名。流传于贵州水族地区,水语音译,水族古巫书中能使人长寿之善鬼。

〔代旺〕鬼名。流传于贵州水族地区,水语音译,水族古巫书中能使人财两旺的大善鬼。

〔三洛〕鬼名。流传于贵州水族地区,水语音译,水族古巫书中的鬼,此鬼有撮合团聚的力量,是议事婚嫁的善鬼。

〔杜空〕鬼名。流传于贵州水族地区,水语音译,水族古巫书中能使人财兴旺发达的善鬼。

〔沙补〕鬼名。流传于贵州水族地区,水语音译,水族古巫书中能招财纳福的善鬼。

〔贪休〕鬼名。流传于贵州水族地区,水语音译,水族古巫书中能带来生机和福泽的贪鬼,是丧葬的善鬼。

〔八贪吉利〕鬼名。流传于贵州水族地区,水语音译,水族古巫书中认为能施福泽的善鬼。

〔八贪关印〕鬼名。流传于贵州水族地区,水语音译,水族古巫书中能使家庭显贵富裕的善鬼。

〔壬辰〕鬼名。流传于贵州水族地区,水语音译,水族古巫书中的鬼,此鬼为善鬼,能使人财两旺。

〔贪呆〕鬼名。流传于贵州水族地区,水语音译,水族古巫书中能招致亡命的贪鬼,与活命的"贪休(生)"鬼相对而言,此为招来死难鬼的凶鬼。

〔熬挠〕鬼名。流传于贵州水族地区,水语音译,水族古巫书中的鬼,认为是导致内讧、口舌的恶鬼。

〔八品〕鬼名。流传于贵州水族地区,水语音译,水族古巫书中的鬼,此鬼属于死于非命的"沙上"类之恶鬼,常诱使家人在外地丧命,但尸骨能运返故土安埋。

〔不倒〕鬼名。流传于贵州水族地区，水语音译，水族古巫书中的鬼，意为"偏歪颠倒的瓜"，是能使祸福颠倒的鬼，吉凶由人支配。

〔不干〕鬼名。又称"不板"，流传于贵州水族地区，水语音译，水族古巫书中的鬼，意为苦瓜或半世人的瓜，为生育方面的恶鬼。

〔卡老弄〕鬼名。流传于贵州水族地区，水语音译，水族古巫书中的鬼，意为克伤老年人的黑鬼，此鬼容易附着于老年人身上使其害病甚至身亡。

〔破罕〕鬼名。流传于贵州水族地区，水语音译，水族古巫书中的鬼，意为"破碎散开"，是导致破败、散垮的鬼。

〔冷凉〕鬼名。流传于贵州水族地区，水语音译，水族古巫书中反复无常之恶鬼。

〔五富〕鬼名。流传于贵州水族地区，水语音译，水族古巫书中能引来财富之善鬼。

〔公六夺〕鬼名。又称"拱陆铎"，水语音译，意为六夺公公，水族古文字及古巫书的创始人，死后其亡灵被尊崇为全民族的保护鬼。公六夺鬼自成系列，是由其家族成员为主而组成的系列鬼，习惯以业绩卓著、出类拔萃的六夺公为代表。此系列鬼主要有："公六夺·贺六甲"、"公六夺·牙所洛"、"公六瓜·补哈浪"、"公乃西·牙伞尼"、"补加细·尼加烟"、"公甲子·牙甲午"、"公三辛·牙三乙"、"公带泐·牙达南"、"公当墨·牙带泐"、"公记书·补记堂"、"公金松·牙猛洛"、"公低修·补地高"、"涌夫寅·辰甲连"、"公走就·牙欲老"、"公朴·牙培"、"公劳·牙腊"、"仙六保·仙六夺"等等。公六夺中分管农事百工的又称"六夺工"，管吉日良辰凶煞方位及消除祸患抵御鬼怪的称为"六夺泐"。公六夺庇护的范围极广，佑护的威力无穷。因此，在丧葬、营造、保护村寨及农事活动中都要请其来保佑，尤其丧葬活动必不可少。祭供此鬼多以鱼、猪、鸡等为主祭品，习惯每样祭品、祭器、坐凳、陪同坐席者（含巫师）等都以六之数为佳数。念咒时，巫师要历数"公六夺"在燕子洞口、蝙蝠洞坎创造水家古文字，叙述民族起源繁衍与迁徙及列祖列宗活动情况。

〔公六夺·牙所洛〕鬼名，水语音译，水族全民族保护鬼之一种，"公六夺"系列之鬼。据传是"公六夺"父母亡灵所化，由于此二鬼生前曾参与水族古文字及古巫书的创造及传播活动，因此当择吉活动中若出现失误一定要奉请他们来指导与纠正。祭品以鱼为贵，还有猪、鸡、豆腐等。

〔公三辛·牙三乙〕鬼名。水语音译，水族全民族保护鬼之一种，"公六夺"系列之鬼。此二鬼系夫妇俩亡灵所化，生前参与水家古文字古巫书的创造与传播，主管六十甲子，是水族抵御制止祸患鬼怪作祟"挡"巫术的得力正鬼。祭品多以鱼、鸡等。

〔公甲子·牙甲午〕鬼名。水语音译，水族全民族保护鬼之一种，"公六夺"系列之鬼。此二鬼生前曾参与水家古文字古巫书的创造与传播，并主管六十甲子，死后亡灵被人们尊崇为此二鬼。水家在丧葬、求学及作抵御制止鬼怪及天灾人祸的"挡"巫术时，请此鬼来除凶纳吉。

〔公忙干〕鬼名。水语音译，水族家庭的保家鬼之一种，由父辈亡灵变成。其鬼能施福泽祛凶邪，保家庭钱粮富足，六畜兴旺，人丁发达，居家外出平安，抵御各类恶鬼的侵害骚扰。因其庇佑威力最强，是水家最尊崇的保家鬼。一般俱定期在中堂杀猪牛鸡供奉。若家庭出现怪异或重大事件，占卜得知此鬼失职所致，即据卜师意旨杀牲念咒应急献祭以图平安。此鬼住在"海倒海岛，海倒业鸟，海岛业电"。意为海倒海岛的地方。你在海倒居住，你在海岛栖身。或云住在"地一恒平，墓门恒忙，定墓旺，把墓劳"。意为最平坦的地方，坟墓之都鬼神之乡，兴旺的墓地下方，宏伟的大墓之口。

[三华干神] 鬼名。水语音译，水族家庭的保家鬼之一种，由祖父辈亡灵变成。其鬼能施福泽，祛凶邪，保佑家庭人丁兴旺，钱财富足，六畜兴旺，居家外出者人身安全，并抵御各类恶鬼的危害骚扰。其庇佑能力大，颇受水家人尊崇。一般俱定期以猪牛在中堂供祭，若无牛，常以牛头、牛肉、牛脚、牛尾充当。当家庭出现重大事件或病患，若经占卜悉此鬼失职所致，则依卜师意旨采取临时应急供祭念咒祈其保佑。此鬼住在"地一恒平，墓门恒忙，定墓旺，把墓劳"，意为最为平坦的地方，坟墓之都鬼神之乡，兴旺的墓地下方，宏伟的大墓之口。

[四华干神] 鬼名。水语音译，水族家庭的保家鬼之一种，由曾祖父辈亡灵变成。此鬼能施福泽，祛凶邪，保佑家庭人丁兴旺，钱财富足，六畜兴旺，家人平安，并抵御各类邪鬼恶鬼的侵害骚扰。因其庇佑能力大，备受水家人尊崇。通常定期以牛猪在中堂设祭供奉，若无全畜亦可以头尾四肢及少许肉供祭，延师念咒。当家中出现重大事件或病灾，若占卜悉此鬼失职所致，则依卜师旨意采取临时应急消灾的杀牲供祭，祈此鬼保佑消灾。此鬼住在"地一恒平，墓门恒忙，定墓旺，把墓劳"，意为最为平坦的地方，坟墓之都鬼神之乡，兴旺的墓地下方，宏伟的大墓之口。

[五华干神] 鬼名。水语音译，水族家庭的保家鬼之一种，由高祖父辈亡灵变成。此鬼能施福泽，祛凶邪，保佑家庭人丁兴旺，钱粮丰盈，六畜兴旺，家人居家外出平安，并抵御可能入侵骚扰的各类鬼怪。因其庇护威力强而颇受水家人尊崇，除定期以猪牛供奉之外，当家中遇上病灾或发生重大事件，若占卜悉此鬼失职所致，则依卜师意旨采取应急措施，杀牲念咒供祭祈鬼继续开恩保佑。此鬼住在"地一恒平，墓门恒忙，定墓旺，把墓劳"，意为第一平坦的地方，坟墓之都鬼神之乡，兴旺的墓地之下，宏伟的大墓之口。

[公怪] 鬼名。水语音译，水族家庭的保家鬼之一，由高祖父的父辈以上之亡灵变成。此鬼已显中性，既可施福，也可兴祸，主要是视后裔对其尊崇的态度来决定，其住在"地一恒平，墓门恒忙，定墓旺，把墓劳"，意为最为平坦的地方，坟墓之都鬼神之乡，兴旺的墓地下方，宏伟的大墓之口。除日常祭祀之外，若家中出现变异的事态，需根据卜师旨意择日备供品祭鬼，以期开恩消灾赐福。

[公就育·牙就言] 鬼名。水语音译，水族家庭的鬼之一种，是远祖辈之亡灵变成。此鬼为夫妇俩，或只提男性"公就育"代表。其护佑能力差而作祟的机会较多。当家中出现异常事态，占卜悉为此鬼为祸时，即备猪为主祭品延巫师念咒祭鬼，祈其开恩消灾。此鬼住在"地一恒平，墓门恒忙，定墓旺，把墓劳"。即最为平坦的地方，坟墓之都鬼神之乡，兴旺的墓地之下方，宏伟的大墓之口。

〔公高打干〕鬼名。水语音译，意为堂中的古老公，水族家庭的保佑鬼之一种。此鬼为古老的先祖亡灵变成，能保佑家中人丁平安，钱粮丰盈，通常以猪为祭品。当家中发生异常事态，占卜知此鬼失职所致，则杀猪念咒敬奉祈其开恩消灾赐福。此鬼住"墓门恒忙，定墓旺，把墓劳"，即坟墓之都鬼神之乡，兴旺的墓地之下，宏伟的大墓之口。供祭时，为防家中钱粮之魂外走导致家境贫穷，所有来家进食者出门时需净手，洗手水只能倒在圈中；三天之内不准向外借出钱粮及器物，也不准传出火种。谨防巫术引败家败人丁。

〔公白项〕鬼名。水语音译，水族家庭的鬼之一种，是远祖亡灵变成。此鬼分为五种：公白项·打干（堂中白项公）、公白项·打蛮或公白项·定爹（寨中白项公或梯子脚的白项公）、公白项·牙白散（白项公、白散奶）、公白项·牙白保（白项公、白保奶）、公白项·牙白补（白项公、白补奶）。此鬼是中性，可以保佑家庭赐福施恩，也可兴祸助邪，主要视后裔对其尊崇的情况而定。通常供祭前三者多用猪牛肉，后二者用小猪。若家中发生异常事态，则依卜师所言备祭品供奉，念咒祈其开恩消灾赐福。此五个鬼住在"墓门恒忙，定墓旺，把墓劳"，即坟墓之都鬼神之乡，兴旺的墓门之下，宏伟的大墓之口。

〔公高杠·公当多〕鬼名，水语音译。意为十分远久的公、异常古老的公，是由极为久远的先祖亡灵变成的鬼，水族家庭的鬼之一种。此鬼因在各家庭中无香火供奉的席位，游食各地，易兴邪作祟。当家庭发生异常事态，占卜知是此鬼作祟，则备小猪延巫师来念咒祭鬼，祈其开恩云游他方不再来骚扰侵害主人。此鬼住在"墓门恒忙"，即坟墓之都，鬼神之乡。

〔公高打蛮〕鬼名。水语音译，或云"公高把惰"、"公高定爹"，意为门外的古老公，或门口的古老公、楼梯脚下的古老公，水族家庭中的鬼之一种。此鬼共分五种：言丈符、补丈高；公丈王、腊丈劳；公丈壬、腊丈横；公六那、牙变那；睹正、腊哉。当家中发生异常事态，占卜悉为此鬼作祟，即备猪、鸡、狗、鹅、鸭等祭品，立稻草一帽于大门外为祭席，帽檐圆周陈列供品，由巫师念咒陈述缘由祈鬼开恩赐福。据说此鬼是在家中无香火之席位的鬼，为觅食而四处飘游，沦为恶鬼，稍不顺心则兴祸作祟。一旦以丰盛祭品供奉就会停止作恶。此鬼住在"墓六恒，坟六寡"，意为六个地盘的墓，六个分支（以"瓦片"代分支的家族或部族）的坟。

〔公斗本〕鬼名。水语音译，意为绝后嗣的公，水族家庭中的鬼之一种。此鬼由无后嗣的先祖亡灵变成。因家中无香火供奉四处云游觅食。此鬼分为三种：公斗本，忙干斗本，丈斗本。要依不同的对象进行供祭。家中出现异常事态，当占卜悉此鬼作祟，要依卜师择日献祭念咒。多以公鸡为主祭品。设祭时取一张桌子横跨门槛，使祭席半截在屋内，半截在门外，以防此鬼与家中的"公忙干"、"公干神"等鬼争食。此鬼享受公鸡等牲醴供馔之后，据说会依咒词所云开恩赐吉，并云游他方。此鬼住"墓门恒忙"，即坟墓之都，鬼神之乡，

〔全〕鬼名。水语音译，水族恶鬼类之一种。此鬼自成体系，是一种天上降下之鬼

怪凶祸，主要有"三路全木"、"六路全土"、"九路全金"、"四林全虽"、"全弄全都哈"、"全两全都贝"、"全领鞋"、"全赖梅"、"全卯"、"全酉"、"全丑"、"全未"、"全寅申"、"全巳亥"、"全秀喜"、"全姑罔"、"全方闷"、"全春夏"、"全卡命"、"全当反"、"全半困"、"公耿林根"、"林根五怪"等等。这些鬼涉及五行、地支、经商、丧葬、方位、春夏季节、生辰、路途等等，几乎无处不在。当命蹇之人路上碰着当即昏倒不省人事。常备鸡或豆腐、肉类供祭，请巫师念咒禳解时要迎请"公六夺"鬼类中的"公三辛·牙三乙"来驱逐清扫。这类鬼多为占卜所知，也有凭生活经验判定。

〔丈朵育〕鬼名。水语音译，意为搬弄屋上瓦片坠落之恶鬼。水族认为此鬼送来灾难的先兆。当占卜知是何鬼指使，即备鸡鸭或猪解之，延巫师念咒禳灾。巫师要迎请"公十勒·白十伦"这两鬼出面来驱逐清除。

〔丈〕鬼名。水语音译，或称"怪"，是野鬼或家鬼送进家来的先兆事象，水族最为忌讳的鬼怪之一。"丈"类自成体系，而统领者称"腊连"，常迎请其来清扫同类的下属。此鬼分"公就欲·牙就言"、"腊成·腊宰"、"腊正低·尼正倒"、"腊怪低·尼怪倒"、"尼丈把·腊丈送"、"除丈"。一般还把"腊鸟"鬼类也列入"丈"，甚至"腊君"也列入其中。"丈"的兆象有蛇入裤裆、堂中谷子弹跳、簸箕中米自弹跳，牛、猪或狗到中堂拉屎，久住不离，老蛇在灶内或室内盘绕，蚂蚁在室内牵线，猪、狗一胎只生一个和酉时鸡叫等等。相传，发现这种怪异物时，一是要先说吉利的话，二是用一个酒杯倒扣在中堂桌上，及时去请巫师占卜，看是何鬼所送，然后择日杀牲敬供，方能化险为夷，逢凶化吉。送来的怪异物，也可能是吉祥的先兆，也可能是祸患的预示，如果不及时除"丈"，请巫师念咒禳解，就会出事，发病以至家败人亡。根据占卜属于何鬼怪，即杀牲奉敬方可消灾纳吉。

〔牙地〕鬼名。水语音译，水族母性鬼之一种。此鬼显中性，主要是赐福，也有失职或作祟的。此鬼自成系列，主要有"牙地动"、"牙地劳"、"牙地低（四种）"、"牙地保劳"、"牙地保低"、"牙地难"等等。当占卜知此鬼失职而导致的祸患，常备肉或鸡延师来念咒禳解以祈吉。据云此鬼住在水语称为"鬼柱都匀，各干开东，高空开空"的地方。

〔牙地动〕鬼名。水语音译，意为抬着的牙地鬼，水族母性鬼"牙地"系列之一种。此鬼据说是由布依族或苗族的绅士夫人亡灵变成的。据说此鬼欢愉时可保佑老小健康，若懊恼时也会兴祸。当占卜知此鬼作祟，即备酒、肉、鸡等祭品而且每样仅限于一斤半，装于竹箩内由二人用单肩抬到山野之上设席念咒禳解。

〔牙地劳〕鬼名。水语音译，意为大的牙地鬼，水族母性鬼"牙地"系列的一种。其保家庭人丁平安，钱财丰盈。但若待其不恭也有恼怒而作祟的现象。常用重量为三斤或一斤半肉祭供，延巫师念咒祈吉。

〔牙地低〕鬼名。水语音译，意为小的牙地鬼，水族母性鬼"牙地"系列之一种。此鬼还分为四种，可保妇幼健康，但也会有失职而使鬼怪侵扰之时。同时若供奉不周也会引起此鬼懊恼而作祟的。当占卜知此鬼作祟时，备肉延巫师念咒禳解祈吉。

〔牙地保劳〕鬼名。水语音译，意为大的牙地保佑鬼，水族母性鬼"牙地"系列之一种，可保佑家中老幼康宁，但也有失职招祸或待其不恭而懊恼兴祸的。若占卜知此鬼作祟，备母鸡延巫师念咒禳解。

〔牙地保低〕鬼名。水语音译，意为小的牙地保佑鬼，水族母性鬼"牙地"系列之一种，保幼小儿的康宁。若其失职也会有鬼怪侵扰，或待其失敬而会懊恼兴祸。当占卜知此鬼作祟时，备肉延巫师念咒禳解祈吉。

〔牙地难〕鬼名。水语音译，水族母性鬼"牙地"系列之一种，主要保佑五六十岁以上的老人康宁。若其失职则鬼怪侵扰而使人招病昏厥，或待其失敬也会懊恼兴祸。当占卜知此鬼作祟，备肉延巫师念咒禳除。

〔眩目鬼〕鬼名。水语音译，指水族俗信认为人头晕目眩，四肢无力，即是命中逢上此恶鬼。此鬼是"公板览，牙板亚，板直烤，倒直宁"，即突然摇头晃脑的公，晕眩如摇纺车的奶，在原地转动，倒在依靠处所引起的。需备肉，请巫师念咒解鬼以禳除凶祸。

〔棉花地鬼〕鬼名。水语意译，水族农作之鬼之一种。农户认为主宰棉花生长的是此鬼。为此植棉之户的主妇，常于夜间携几串鸡蛋壳及酒饭菜到地里设祭。插上鸡蛋壳后，又插一草标，期冀棉桃如鸡蛋大，绽开时白如雪；草标是防止多嘴的人议论。全过程都是悄悄地进行，祭主只轻声念几句祝词，防惊扰棉神而落花掉桃。人们认为这样一来，棉花即可获得丰收。

〔猛住郎·牙羊关〕鬼名。水语音译，水族官员亡灵变成的"公猛"系列鬼之一种。此鬼有保佑庇护的功能，为幼婴做"三朝"礼仪时杀鸡设祭请其来赐福。此鬼住在"卯腊负，怒腊显，定坝卯，熬坝共"，即腊负小丘，腊显山上，坝卯的岩坎脚，坝共石山之内；或住"怒三科，坝五宰"，即三个垭口的山，五级梯坎的岩石。敬奉此鬼多以鸡为主祭品。

〔猛住郎·牙羊保〕鬼名。又称"猛住郎·牙羊省"，水语音译，意为住郎的官长，保佑的羊奶，水族官员亡灵变成的"公猛"系列鬼之一种。此鬼能驱除侵扰的邪祟鬼怪，能保家庭平安，钱财丰盈。多在堂中的中柱下设祭席，杀雄雌鸡各一只做主祭品，巫师认为靠此鬼才能理断阴阳界间的杂事。此鬼住"卯腊负，怒腊显，定坝卯，熬坝共"，即腊负小丘，腊显山上，坝卯岩坎脚，坝共石山内；或住"怒三科，坝五宰"。即三个垭口的山，五级梯坎的岩石。

〔腊金腊足·腊育腊叶〕鬼名。水语音译，水族官员亡灵变成的"公猛"系列鬼之一种。此鬼能驱逐来侵扰作祟的邪魔鬼怪，也能保家境平安。当占卜或从预兆性的"丈"恶鬼的兆象中知道家中异常事态发生的根源，多备公母鸡各一只，延巫师在中柱之下设祭席供祭，祈此鬼出来理事赐福。此鬼住"卯腊负，怒腊显，定坝卯，熬坝共"，即腊负小丘，腊显山上，坝卯岩坎脚，坝共石山内；或住"怒三科，坝五宰"，即三个垭口的山，五级梯坎的岩石。

〔忙恒劳〕鬼名。水语音译，意为大地域的鬼，水族地域鬼"忙恒"之一种。此鬼为大地域或大地盘内的鬼，是该地域内历代成年亡灵所变，呈中性，施福泽的不多，兴邪作祟的不少。幼婴及少儿易中此鬼，导致昏迷不醒，软弱无力。当占卜知此鬼作祟，以猪或鹅为主祭品请巫师念咒祭鬼消灾。此鬼分为两个，第一个多以小猪供祭，第二个多以鹅供祭。此鬼住在"猛鲁，猛兰，猛鲁定半，猛兰定沙"。

［忙恒低］鬼名。水语音译。意为小地域之鬼，水族地域鬼"忙恒"之一种。此鬼为小地域或小地盘的鬼，此鬼由该地盘内或村寨内历代成年亡灵所变，可施福保地域内平安，可兴祸使人害病。幼婴及少儿易中此鬼造成发烧昏迷，成年人中此鬼易受刀伤、摔伤。当占卜知此鬼作祟，多以鸡或蛋解鬼。此鬼分为三种，根据占卜定其名分及供奉之物。此鬼的雅号水语称："金腊公，朋腊西。"

［九地］鬼名。水语音译，指掌管土地之鬼。因所管的范围对象不同，有"田土九地"、"坟墓九地"、"屋基九地"、"村寨九地"、"山头九地"、"恶额九地"、"己亥九地"等，"恶额"与"己亥"是总管此类的"九地"鬼。一般的"九地"分三种，名分相同。祭法略有差异。人们认为在安葬、修造甚至造田等，要以酒饭肉食或鸡敬祭此鬼再破土，否则得不到保佑。还有受坐地鬼欺负的可能。此鬼住"墓门恒忙"，即坟墓之都，鬼神之乡，或住在"定邑旺，低怒劳"，即兴旺的岩坎脚，高大的山峰下。

［恶额九地·己亥九地］鬼名。水语音译，指水族土地总管之鬼。此二鬼可以施福保佑平安，也偶有失职导致发生凶祸，靠占卜探测其意。此鬼保佑较广大地域之内的平安，作制敌的放鬼巫术或抵御敌方的倒鬼巫术，都请此二鬼做向导。当占卜悉其宅的"九地"鬼作祟，解鬼时，也要设祭念咒请此二位土地总管之鬼来督察清扫。祭品多用肉、豆腐、鸡。其祝咒大意为：尊敬的恶额九地，尊敬的己亥九地，恶额是个明白的，己亥是个贤能的，在天你们才看得清楚，在高处你才见到下方。左脚入草丛你们就入草丛，右脚进家你们就跟随进家，白天进房间你们就进房间，它突然闯入森林，你们就尾随进森林。此鬼据说住在"定邑旺，低怒劳"，即兴旺的岩坎脚，高大的山峰下，或住在"墓门恒忙"，即坟墓之都，鬼神之乡。

［桥姑朵］鬼名。水语音译，意为屋山头的生命之桥，水族生母娘娘"尼杭"及仙婆牙花散系列的生育鬼之一种。人若逢上此生育恶鬼会导致生育不顺。解此鬼多依占卜巫师旨意备鸡鸭祭鬼，还从祭席边牵拉两根棉纱线至主妇卧室，认为生命之桥已畅通，投胎的阴魂能顺利到家。此鬼住在"把花散，干花散"即花散仙洞口，花散仙婆家，或住在"定格丑，姑格逸，定邑卡，打邑虽"，即丑场脚下，寅场上头，红色崖坎下，水家石头中。

［桥把空］鬼名。水语音译，意为坑洞口的生命之桥，水族生母娘娘"尼杭"及仙婆牙花散系列的生育鬼之一种。犯此生育凶鬼，命中该有的子女魂会掉入深坑洞中而导致少子嗣。解此鬼需备狗、鸭各一只为主祭品，在坑洞口设祭，用绳系小狗置坑洞中。念咒毕即提上来。主妇从洞口牵两根纱线到卧室房门之后别住，象征祭桥鬼引来儿魂入室，不久将会有孕。有的还剪彩纸人贴于生母娘娘的"牙希登"席边墙上，或贴于主妇卧室内。此鬼住在"把花散，干花改"，即花散仙庙内，花改仙婆家，或丑场脚下，寅

场上头，红色崖砍下，水家石头中。

［桥六啊］鬼名。水语音译，意为有六个凹陷洞的生命桥，水族生母娘娘"尼杭"及仙婆牙花散系列的生育鬼之一种。此生育恶鬼使迎接投胎阴魂通过的生命桥出现坑洞，胆怯的阴魂不敢来投胎而导致生育不顺。解此鬼让阴阳界间的生育之桥畅通，婿家自备母鸡酒饭，外家送小猪及彩饭、彩蛋，双方约定在途中的三岔道口相会并在此设祭，并立六个石凳供行人休息。此鬼或说住在"把花散，干花改"，即花散仙洞口，花改仙婆家；或说住"定格丑，姑格逸，定邑卡，打邑虽"，即丑场脚下，寅场上方，红色岩坎下，水家石头中。

［桥打归］鬼名。水语音译，意为过沟的生命桥，水族生母娘娘"尼杭"及仙婆牙花散系列的生育鬼之一种。占卜悉命犯此鬼，若不解送会影响阴魂来投胎而导致缺少子嗣。主人家解鬼时，自备母鸡，由外家送小猪、一对雌雄小鸡、彩纸须缠竹条的"枚化"、折糯、彩蛋、粽子等一齐来酬鬼。小鸡留给女婿家喂养。余下祭品，双方可互相交换。此鬼据传住"庙花散，干花改"，即花散仙洞口，花改仙婆家。有的又说住"定格丑，姑格逸，定邑卡，批邑虽"，即丑场脚下，寅场上方，红色岩坎下，水家石头中。

［桥把情红］鬼名。水语音译。意为卧室门口的生命桥。水族生母娘娘"尼杭"及仙婆牙花散系列的生育鬼之一种。命中若占卜遇上此鬼，认为阴魂投胎来到主妇卧室门口还会受阻而导致缺少子嗣。多用母鸡解鬼，除请巫师念咒之外，还要外家送彩色小拱门一对及雌雄小鸡一双给女婿家，还送花糯饭、彩蛋、粽子等。祭此鬼时，客人来去俱不问候送行。

［桥独低爹］鬼名。水语音译，意为楼梯下孤独的生命桥，水族生母娘娘"尼杭"及仙婆牙花散系列的生育鬼之一种。占卜知命犯此鬼，认为会导致阴魂投胎的通道狭窄僻冷，导致生育不畅。常以母鸡解鬼祈其开恩消灾。

［桥短化］鬼名。水语音译，意为生育之路到了尽头或绝情桥，水族生母娘娘"尼杭"及仙婆牙花散系列的生育鬼之一种。人若犯此生育恶鬼认为生育机能受挫似乎到了尽头，往往是生一胎即不再生育的妇女多犯此鬼，使"归短亚，哈短引"，即溪沟引到尽头，坡路达山垭口。解鬼时由外家送小狗、母猪，再请巫师念咒祈鬼开恩消灾。

［桥命］鬼名。水语音译，意为生命的断桥，水族生母娘娘"尼杭"及仙婆牙花散系列的生育鬼之一种。命中占卜知犯此鬼，若不解除会导致阻断子孙阴魂的投胎之路，使生育无望。多以小猪、鸡为主祭品，延巫师修桥念咒祈鬼开恩消灾。

［桥金］鬼名。水语音译，与此鬼相对应的还有"桥木"，意为生命的金桥、木桥。水族生母娘娘"尼杭"及仙婆牙花散系列的生育鬼之一种。此生育恶鬼能导致人缺少子嗣，当占卜知命犯此鬼，需备鸡鸭为主祭品，延巫师往要道口、溪沟处修桥，以期接通阴阳界间的生命之桥，让阴魂顺利投胎。

［桥独］鬼名。水语音译，意为孤独的生命桥，水族生母娘娘"尼杭"及仙婆牙花散系列的生育鬼之一种。此鬼为生育的恶鬼，犯之会造成子嗣缺少甚至无生育。若占卜悉之则备鸡鸭为主祭品，延巫师到要道口、溪沟处修桥杀牲敬鬼，祈其接通阴阳间的生

命之桥，让投胎阴魂顺达育龄主妇之腹中。

［桥灭］鬼名。水语音译，意为生命之桥脱榫快垮了，水族生母娘娘"尼杭"及仙婆牙花散系列的生育鬼之一种。此鬼多为占卜所知，若命中触犯此鬼会断送子女生育之路而造成绝嗣，多以鸡鸭为主祭品并在交通道口、溪沟处修桥，据说能解除灾祸而纳吉。

［牙拍］鬼名。水语音译，意为打耳光的婆婆，水族生母娘娘"尼杭"及仙婆牙花散系列的生育鬼之一种。当占卜知命犯此生育恶鬼，认为投胎的小儿阴魂受此鬼打耳光而惊恐，由此导致不能生育或所育的小孩常惊吓失魂。常以鸡鸭解鬼，请巫师念咒，祈其开恩消灾。

［六散］鬼名。水语音译，意为多方散开，水族生母娘娘"尼杭"及仙婆牙花散系列的生育鬼之一种。此生育恶鬼能导致子女阴魂四散，人之不和，财运不聚，家庭缺子少财。若占卜知命犯此鬼，备主祭品鸡鸭，请巫师解鬼，祈其开恩消灾。

［腊鸟］鬼名。水语音译，为"娃娃鬼"或"非正常生育的娃娃鬼"，水族"腊鸟"鬼系列的总称。水家传统观念认为下列违背常情的现象都会导致出现此鬼：①女人生育不足月即串门；②出嫁女子回娘家生育或死亡；③不受父母承认的自由婚姻生育；④婚外恋生育，出苗不齐。家庭一旦受腊鸟骚扰，即导致农事不利，稻子抽穗不一，秕谷增多；喂养禽畜易死于瘟疫或长不大，酿酒不仅发酸而且得酒少。当家中出现异常事态，占卜确认为此鬼作祟，需备鸡蛋或肉，请巫师请来"共那白那"、"共那化、白那兑"、"共那白、共那果"三个鬼来驱逐它出门。

［腊鸟低·尼鸟套］鬼名。水语音译，水族娃娃鬼"腊鸟"系列之一种。非寡妇之妇女生育不足月便到他人家串门，会引出恶鬼"腊鸟"来作祟，使家中农作不利，禽畜不旺，酿酒不成，诸事不顺。当占卜是此鬼作祟，当备鸡或肉，延巫师来念咒，请"共那白那"、"共那化、白那兑"、"共那白、共那果"三个鬼来诓哄、清扫此鬼出门。

［公则传·牙则斗］鬼名。水语音译，水族娃娃鬼"腊鸟"系列之一种。寡妇生育不足月到他人家去串门而引出的"腊鸟"鬼。使家中农作不利，禽畜不旺，酿酒不成，诸事不顺。占卜知是此鬼作祟，则备鸡为主祭品，延巫师念咒，请来"共那白那"、"共那化、白那兑"、"共那白、共那果"三个鬼来诓哄、清扫"腊鸟"出门。

［扰富传·腊先题］鬼名。水语音译，水族娃娃鬼"腊鸟"系列之一种。当寡妇生育不足月到他人家串门而引出之"腊鸟鬼"；使家中家事不利，禽畜不旺，酿酒不成，诸事不顺。占卜知此鬼作祟，则备肉或鸡，延巫师解鬼以祈消灾纳吉。

［腊牛鸟·腊高洛］鬼名。水语音译，水族娃娃鬼"腊鸟"系列之一种。由寡妇生育不足月就串门而引出的"腊鸟"鬼，使家中农事不顺，禽畜不旺，酿酒不成，诸事受阻。占卜知此鬼作祟，则备肉或鸡，延巫师解鬼以祈消灾纳吉。

［公路冷·牙点地］鬼名。水语音译，水族娃娃鬼"腊鸟"系列之一种。若女子出嫁后违背传统习惯到娘家来生育或在娘家过世，会引来"腊鸟"凶鬼。遇此，则备鸡酒糟饭延巫师念咒，扫除"腊鸟"鬼。

[丈尼华·丈花鸟] 鬼名。水语音译，水族娃娃鬼"腊鸟"系列之一种。若出嫁女子违背传统习惯回到娘家生育或在娘家过世，会引来"腊鸟"恶鬼作祟，使农事不利，禽畜不旺，酿酒不成，诸事不顺。多备鸡酒饭，延请巫师解鬼，则请此鬼来横扫"腊鸟"鬼。

[补同幸·人同宰] 鬼名。水语音译，水族娃娃鬼"腊鸟"系列之一种。出嫁女子若违背传统习惯回到娘家生育或过世，会引"腊鸟"鬼作祟，使农事不利，禽畜不旺，酿酒不成，诸事不顺。习惯备鸡酒饭等，延请巫师解鬼，请此鬼来横扫"腊鸟"鬼出门。

[共稳化·白稳伍] 鬼名。水语音译，水族娃娃鬼"腊鸟"系列之一种。出嫁女子若违背传统习惯回到娘家生育或过世，会引出"腊鸟"鬼作祟，致使农事不利，禽畜不旺，酿酒不成，诸事不顺。多备鸡或肉为主祭品等，延请巫师念咒，横扫"腊鸟"鬼出门。

[公姑耿·牙点地] 鬼名。水语音译，水族娃娃鬼"腊鸟"系列之一种。出嫁女子若违背传统习惯回到娘家生育或过世，会引出"腊鸟"鬼作祟，使农作不利，禽畜不旺，酿酒不成，诸事不顺。常备鸭或鸡请巫师念咒解鬼，横扫"腊鸟"鬼出门。

[丈鬼恶·丈贷鸟] 鬼名。水语音译。指水族娃娃鬼"腊鸟"系列之一种。是违背传统习俗的婚外恋生育之子死后及未受父母承认的自主婚姻生育死后所变成的"腊鸟"类鬼。该鬼使农事失利，酿酒不成，禽畜不旺，诸事不顺。常以肉或鸡做主祭品，延巫师念咒解鬼以祈消灾纳吉。

[腊鬼恶·腊贷鸟] 鬼名。水语音译，水族娃娃鬼"腊鸟"系列之一种。违背传统习惯的婚外恋生育死后及未受父母承认的自主婚姻生育死后所变成的"腊鸟"类鬼。该鬼使农作失利，禽畜不旺，酿酒不成，诸事不顾。常以肉或鸡供祭，延巫师念咒解鬼以祈消灾纳吉。

[歹元作·贷元迪] 鬼名。水语音译，水族娃娃鬼"腊鸟"系列之一种。违背传统习惯的婚外恋生育死后及未受父母承认的自主婚姻生育死后所变成的"腊鸟"类鬼。此鬼导致农作失利，禽畜不旺，酿酒不成，诸事不顺。多备以肉或鸡设祭。延巫师念咒解鬼以祈消灾除难。

[勇虎传·腊元迪] 鬼名。水语音译，水族娃娃鬼"腊鸟"系列之一种。违背传统习惯的婚外恋生育死后及未受父母承认的自主婚姻生育死后所变成的"腊鸟"类鬼。此鬼导致农业不利，禽畜不旺，酿酒不成，诸事不顺。常备肉或鸡，延请巫师念咒祭鬼，祈其开恩赐福，清扫家中的"腊鸟"鬼出门。

[补汪文·人汪尾] 鬼名。水语音译，水族娃娃鬼"腊鸟"系列之一种。违背传统习惯的婚外恋生育死后及未受父母承认的自主婚姻生育死后所变成的"腊鸟"类鬼。此鬼导致农作不收，禽育不旺，酿酒不成，诸事不顺。常备肉或鸡设祭，延请巫师念咒解鬼，祈其开恩赐福，清扫家中的"腊鸟"鬼出门。

[共鸟白鸟] 鬼名。水语音译。水族娃娃鬼"腊鸟"系列之一种。违背传统习惯的

婚外恋生育死后及未受父母承认的自由婚姻生育死后所变成的"腊鸟"类鬼。此鬼导致农作不利，禽畜不旺，酿酒不成，诸事不顺。常备肉或鸡设祭，延请巫师念咒解鬼以祈消灾纳吉。

［公腊拢·眉顶罕］鬼名。水语音译。水族娃娃鬼"腊鸟"系列之一种。违背传统习惯的婚外恋生育死后及未受父母承认的自由婚姻生育死后所变成的"腊鸟"类鬼。此鬼导致农作不利，禽畜不旺，酿酒不成，诸事不顺。常备肉或鸡设祭，延请巫师念咒解鬼，以祈消灾纳吉。

［共那白那］鬼名。水语音译。水族娃娃鬼"腊鸟"系列之一种。水家传统习惯认为生育不足月串门，出嫁女子回娘家生育或死亡，不受父母承认的自由婚姻生育，婚外恋生育等等，都会引出"腊鸟"鬼来骚扰，使农作不利，酿酒不成，禽畜不旺，诸事不利。为此，则备鸡、鸭或肉类祭鬼，请巫师念咒解鬼时需软硬兼施把"腊鸟"鬼赶出家门。与此鬼相同的还有"共邵化·白那兑"、"共那白·共那果"。

［腊空］鬼名。水语音译。分为"腊空劳"、"腊空低"两种，即大小两种"腊空"鬼。水族牲口及什物方面的善鬼，当牲口及重要物品丢失无法寻找时，备鸡或肉做祭品，延请巫师念咒，即请此鬼来帮忙追踪找回所丢之牲口或什物。大的习惯以鸡祭，小的多以肉祭。此鬼住在水语称为"领路，报土"之处，意为涵洞缝隙，土墙之隅。

［君］鬼名。水语音译。指孤儿或单身汉亡灵所变之鬼。此鬼中性，不作祟时可保牲口按时归家或平安吃草。当其心境不佳便作祟，使放牧于野外的牲口失踪，四处寻找既听不到叫声也不见踪影。备酒肉到牧场附近祭供此鬼，被其收留的牲口即很快能找到。放牧之人在野外烧火，灭火时习惯留一袋烟的柴头给此鬼继续享用，如果全部熄掉往后放牧牲口易被此鬼收留或自然走失。

［三劳果］鬼名。水语音译。水族"腊牢"狱卒类凶鬼之一种。人们认为狱卒死后，煞气犹存，但其无香火享受，在四散觅食之时往往兴祸作祟，使人头晕目眩，神魂颠倒，头重脚轻。当占卜知为此鬼施虐，即备三五斤肉为主祭品，延巫师念咒解鬼以消弭灾祸。"六果"亦属狱卒类凶鬼。

［捞散伞·牢半困］鬼名。水语音译。水族"腊牢"狱卒类凶鬼之一种。人们认为狱卒死后，无人供奉香火让其享受，但其煞气犹存，在四散觅食之时往往兴祸作祟，使人头晕目眩，神魂颠倒，头重脚轻。当占卜知此鬼虐，即备三五斤肉做祭品，延巫师念咒，禳解消灾。

［忙哄］鬼名。水语音译，意为口舌争端的是非鬼，水族口舌鬼之一种。此鬼有自家的系列，主要的鬼类有"告显·银显"、"公土·牙十修"、"尼忙梅·海忙要"、"公金川·牙乱地"、"公倒干·牙倒朵"、"公住龙·牙朋倒"、"公倒把·牙翻鬼"、"抗采哀·坟达拥拢铜"、"公倒杀·牙大罕"、"公十腊·白十伦"、"公十腊·八十救"、"君杀师·哀乃包"、"公喜·牙兮"、"公救粪·牙松染"。此类鬼无端引起口舌是非，挑拨家族或邻里关系，导致口舌灾祸迭起。如"告显"鬼，其全称云："告显姑正，银显低蛮；告显抵马，银显哈人"，意为坡头告显鬼，寨脚银显鬼，告显鬼砍马，银显鬼杀人。有的

巫师还称"忙哄"鬼会导致这样的恶果：弯拐的手，曲肠的人，新笋挤老笋，奸滑者吃活人。此鬼据传住在"十二姑打，十二哈哄"之地。当家中发生异常事态，经占卜知是此鬼作祟，便备狗、鸡、鸭等祭品供奉，延师念咒祈鬼消灾纳福。因鬼类不同，"公土"、"尼忙梅"、"公金川"等以狗祭；"公倒把"、"告显"、"抗采哀"等以公鸡祭；"公倒干"以母鸡祭；"公倒杀"、"公十腊"、"君杀师"、"公救龚"、"公喜"等以鸭祭；"公住龙"则以倒毛鸡祭。

〔腊八〕鬼名。水语音译，水族恶鬼之一种。此鬼自成系列，有"公八兮·尼八二"、"公八兮·尼八三"、"公八兮·尼八四"、"公八兮·尼八五"、"公八兮·尼八六"、"公八兮·尼八七"、"公八兮·尼八八"、"公八兮·尼八九"、"公乙卯·牙小四"、"公三可·八五点"、"公流灭·八七显"、"三哀腊·八哀皆"、"公八兮·尼八敬"、"九银同由"等。此为导致病患的小恶鬼，凡人遇上肚子突然绞痛，哀号不绝，挣扎不已。凡占卜知是此鬼作祟，备一斤半或三斤肉延巫师念咒禳解，据说能消灾止痛。此鬼住在水语称为"幸林幸乎，各哀东，各空皆官"之处，或云住在"风住郎，动廷兰，闷七幸"之处。

〔脚〕鬼名。水语音译，水族"脚"鬼类的一种。"脚"是一种恶鬼，心胸极端褊狭，动辄懊恼发气而兴邪作祟，主要扭弯人的四肢，或扭掐人的面部，使人的器官失去正常机能。有的传说此鬼还令人得急病、怪病，疼痛难忍，狂号挣扎。"脚"鬼分为"脚"、"脚钉"、"脚焉鬼"等。逢此鬼作祟，备三斤肉或一斤半肉，延巫师念咒解鬼。如果得急怪之病者，在疼痛时许下诺言之后愿以物酬答，当解除疼痛后必须按所许之愿去酬鬼，或杀牛，或宰鸡猪不等。否则会受到更重的灾病惩罚。

〔脚钉〕鬼名。水语音译，意为如钉状的脚鬼，水族"脚"鬼类之一种。此为正义鬼，其外表布满尖刺状的怪异石头，被奉为石神"哥散"（又称"尼庙"），认为其能主持公道，惩罚凶顽邪恶。相传古代七人狩猎，追逐一只野猪坠入深坑。坑洞壁藤蔓盘缠。众议由六人顺藤下洞底宰野猪。坑内六人经过争议达成只分成六份的决定。守洞口者听到后急嚷："还有我的一份。"可是坑洞底的人谁也不理睬。守洞口者气愤之下割断藤蔓扬长而去。坑洞内六人无法爬出洞外守着野猪肉毙命，此六人死后其亡灵变成"脚钉"鬼。据传岩石表面尖刺状的锥体是他们攀援挣扎留下的指痕。据说"脚钉"很灵验，争执双方为澄清是非曲直，即带祭品到此怪石下述说缘由，之后赌咒祈其裁决。祭此鬼的忌讳颇多，如不许说话，独肩抬猪到供祭点，若无诚意即受惩治等。

〔脚焉鬼〕鬼名。水语音译，水族"脚"鬼类之一种。"脚"鬼生性褊狭，易兴邪作祟，弄得人肢体或其他器官变形扭痛难忍。此鬼住"苗天尧保，各乃采系"（水语音译）。当占卜悉为此鬼作祟，即备一斤半或三斤肉为祭品，带到园地角或竹林边请巫师念咒解鬼以祈消灾除难。此鬼有的还分大小两种。

〔哥散〕鬼名。水语音译，又称"尼庙"，近代称为"石菩萨"，又称石神，水族认为是附着鬼气的石头，有的归之于"脚"鬼类。"哥散"多为无子嗣者向其求生育子女，求财者向其求发财之兆象，疑难之事未决者求其主持公道，进行撕鸡腿裁定是非曲直的赌咒等。当事态如所求，即按当时所许之诺言进行酬赏，多半将鸡、猪抬到哥散处宰杀煮了敬供。往后那些求子如愿者逢正月十五还以便仪相敬。

〔伤〕鬼名。水语音译，或称"星"，水族恶鬼之一种。"伤"鬼自成体系，主要为内讧"伤"和非正常伤亡的惨死自杀"伤"两大类。前者使家族、邻里及亲友之间相互争吵，纠缠不止，引起打斗殴伤。后者患祸最烈，有"伤非巴"、"伤低足"、"伤劫玉"、"伤玉"、"伤倒"、"伤朵南"、"伤朵夯"、"伤借哈"、"伤蒙"、"伤嘎"、"伤非"、"伤把弄"、"伤都哈"、"伤鼻血"、"伤斗本"、"伤猪"、"伤狗"、"伤贵"、"伤博"等等。当家人非正常伤亡时，一旦占卜遇到"伤"鬼，需依卜师所指定的种类，分别去供祭，延巫师念咒祈鬼消灾免难，或防止恶鬼遗传后人。

〔伤借哈〕鬼名。水语音译，意为服毒自杀的"伤"鬼，水族恶鬼"伤"类之一种。染上此鬼会诱人服毒身亡。占卜知此鬼为患，即备鸡、酒等，延巫师解鬼，并作御防外患的"挡伤"巫术，以祈吉。

〔伤朵夯〕鬼名。水语音译，意为自缢的"伤"鬼，水族恶鬼"伤"类之一种。此鬼又名"伤养、伤摇，低井梅放，常井梅门"，即养的伤，摇的伤，桃枝之下，吊于李树枝。染上此鬼，心胸褊狭导致自缢身亡。占卜知此鬼作祟，备酒肉或鸡，延巫师念咒解鬼，并作御外患的"挡伤"巫术，以防灾祸延续。

〔伤劫玉〕鬼名。水语音译，水族恶鬼"伤"类的鬼之一种。此鬼由流星带来，逢之会导致天火引起的火灾，使人及财产伤亡惨重。当发现预兆，再占卜确认，若是此鬼来临，即备狗、肉等延巫师解鬼消灾。有的还作相当的抵御外患的"挡"巫术，以保村寨安宁。

〔伤玉〕鬼名。水语音译，意为火灾的"伤"鬼，水族恶鬼"伤"类之一种。若染上此鬼，家中的火种会导致火灾，使生命财产受到严重损失。占卜悉此鬼作祟，即备肉、鸡等请巫师念咒解鬼，并作相应抵御外患的"挡"巫术以念咒消灾。其咒云："公巴龙，牙巴僚。公巴龙代玉劳，牙巴僚代玉瓦，代玉瓦当倒，代玉劳当省"，意为带大火种的巴龙公，带雷火种的巴僚奶，带雷火来烧，带大火来撑。

〔伤非巴〕鬼名。水语音译，意为姨妈姊妹的"伤"鬼，水族恶鬼"伤"类之一种。人们认为染上此鬼会导致女性的非正常伤亡。占卜知此鬼作祟，常备鸡、鸭为祭品，延巫师来解鬼，并作相应的抵挡外患的"挡"巫术，以祈免灾纳吉。

〔伤低足〕鬼名。水语音译，意为舅爷的"伤"鬼，水族恶鬼"伤"类之一种。人们认为染上此鬼会引起男性的非正常伤亡，多表现在青年身上。占卜悉此鬼作祟，依卜师所言备鸡、肉等，延巫师念咒解鬼，并作相应抵挡外患的"挡"巫术以祈吉。

〔伤倒〕鬼名。水语音译，意为跌倒的"伤"鬼，水族恶鬼"伤"类之一种。若此鬼附身会导致严重摔伤致残或丧命。占卜悉此鬼作祟，依卜师所言，备酒肉，延巫师解鬼，再作相应抵御外患的"挡"巫术以祈吉。

〔伤蒙〕鬼名。水语音译，意为老虎咬的"伤"鬼，水族恶鬼"伤"类之一种。染上此鬼，大有可能被虎豹等野兽咬死。占卜悉有此鬼，则备酒肉或鸡狗，延巫师念咒解鬼，并作相关的防御"挡伤"巫术以祈消灾。咒词称此鬼为："安伤打答，阿伤打弄"，意为在野外被狼咬的伤，在森林中被兽咬而仰呼的伤鬼。

〔伤朵南〕鬼名。水语音译，意为落水溺死的"伤"鬼，水族恶鬼"伤"类之一种（此鬼有的又名"伤嘎"，即水中龙蛟伤害的伤鬼）。染上此鬼易造成溺水身亡。占卜悉此鬼作祟，则备好酒肉请巫师念咒解鬼，并作相应抵御外患的"挡伤"巫术以防灾患。

〔伤鼻血〕鬼名。水语音译，意为流鼻血不止而身亡的"伤"鬼，水族恶鬼"伤"类之一种。染上此鬼，认为会常流鼻血不止而导致身亡。占卜悉此鬼作祟，备酒肉，延巫师念咒解鬼，以祈消灾纳福。

〔伤都哈〕鬼名。水语音译，意为相互咒骂及至残杀的"伤"鬼，水族恶鬼"伤"类之一种。染上此鬼会与邻里、家族争执、殴斗、残杀。故以杀砍之声又称"伤都哈"为"伤把，伤八"。占卜犯此鬼，备酒肉，请巫师念咒解鬼，以祈吉，有的要作防御的"挡伤"巫术以防灾祸，消灾祈吉。祝咒称此鬼是"免金定，尼金乎。免金定带帮都乎，尼金乎带刀都哈"，意为金定的女子，金乎的妈妈。金定女子持梭镖相刺，金乎的妈妈带刀对杀。

〔潘朝霖：《水族条目》，载徐龙华主编《中国鬼文化大辞典》，第606—637页，广西民族出版社1994年版〕

3. 广西水族鬼魂崇拜

水族的鬼师很少，他们没有经书（如水书、黑书）和神庙。其宗教信仰大体如下：
在敬种方面，信仰以下神祇：
三界公爷：保护人丁、家畜平安，在（每年）七月半及过年时敬。
灶王：保护家庭诸事平安，过年时敬。
观世音：保护添人丁，求子的人敬。每月初一、十五日去上香，过年节时要敬，以后有了小孩，就要杀猪去敬，并且还给菩萨挂红花。
财神：保护生意兴隆，做生意前用酒、肉、香、纸敬。
房门婆：婴儿满"三朝"后，就在房内壁上用白纸条贴上代表神位，以后天天吃饭时要盛一碗饭去敬；过年过节要点香敬；小孩生病或求子诸鬼师架桥时敬。敬房门婆是保护小孩平安。
土地：是屯神，保护屯内牲畜不遭猛兽（老虎）伤害。
米魂：即田神，保护禾苗生长；撒秧前、收获后要敬。撒秧前，用竹笋、鸡蛋、米饭到田间敬，祈求禾苗茂盛。插秧、耘田完毕后，用猪肉、米饭、香去敬，并将一张白纸和几根鸡毛捆在小木条上，插于田中。收获后，于十月十日请鬼师"收米魂"，因米魂保护禾苗，太辛苦了，要休息。用猪肉、鸡、鸭肉敬，并将五谷的穗子（如黏米、糯米、高粱、玉米、糁子等）用红纸条捆好，插在一碗糯米饭内，这碗饭要放在盛满谷米的箩筐上，三天以后拿掉。

门槛神：保护全家人畜平安。安置门槛神时，请鬼师来做鬼，并且杀鸡一只，鬼师做鬼时，将一个碗倒放在神台上移动三次，第三次就将几根鸡毛放在碗的两旁，把鸡血淋过碗边，做鬼完后，再将鸡毛、鸡血和纸钱放入小鸡笼内，挂在门框上方，把碗埋在门槛左边，这样可防凶邪。

梅山神：打野兽有所获时要敬，保佑猎兽很多。

此外，还供祖先香火，每年各重大节日要敬。

在信鬼方面，主要有"山魂"、"水魂"等野鬼，据说闯入了这些鬼，就要生病，必须请鬼师来，用香、纸送鬼（病在鬼师指定的时间内好转，便送，否则不送）。

在一般迷信活动方面，没有还愿、打醮，但有"添粮"的习惯，凡是老年力衰的人，为了增加力量便要"添粮"。买几斤肉、杀一只公鸡，请鬼师来念经，亲房中青年人各送一二斤米给老人吃（年纪太老的人不送，因他本身也衰弱无力了）。另外，要用一张红纸，上面画一匹马的形状，贴在厅堂或灶头，表示力量，"龙马精神"，使老人增加气力。

此外，如家里有死人，每到撒秧时，先将枫木叶在田的一角划出一小块（约可插三蔸禾）给死者，作为死者耕种的田，这样他可保护禾苗生长，以得到丰收。

[中国科学院民族研究所广西少数民族社会历史调查组编：《广西壮族自治区·水族社会历史调查》，第 48—49 页，1962 年]

4. 三都县三洞六甲大人、怪公神

一、六甲大人先师神：水语音译为"果略夺、阿略甲、岜喜奴"；意译为，"六甲公、四祖妇"，概括为六闸先师神。传说是六个远祖，最初是在燕子洞、蝙蝠洞造水书的。六甲大人先师，曾经到过广东、广西传教。如今水族地区老人丧葬时，巫师必须恭请他来保佑，盼丧葬能顺利开展，丧家子孙健壮，六畜兴旺。

丧家在丧葬过程中，根据巫师的旨意，要在丧家选择一个房间，用稻草六把，铺于地上，草上放一个簸箕，簸箕上边摊着白布，摆上六个酒杯、六双筷子、一碗白米，米上放着红纸包的六个银毫，席旁插着六根香，一碗盛着煮熟的六条干鱼，另一碗盛着煮熟的六条鲜鱼。这些鱼都是素煮。另外，一碗盛着糯米饭，席上放着几根手镯、几根项圈。供席边摆着六个新打的草凳。除巫师外，要从家族中选择家中无孕妇的壮年或老年五个人坐于供席旁边。巫师要选吉利时辰、方向坐。然后由巫师一人念咒。念时，手拿六穗糯稻，谷穗上系着一串白纸条，口中念念有词，恭请六甲大人先师从燕子洞、蝙蝠洞中起程，途经广东、广西省，腾云驾雾，行至村寨，登上丧家门，坐于供席边，接受供品。念完，即烧香纸。巫师先饮几口酒、吃些鱼，接着列席人便开怀畅饮。吃毕即暂停。等埋葬死者结束，人们回丧家时，丧家又拿一只母鸡来，放进鸡笼里，置于供席旁，巫师又手拿谷穗，口中念念有词，再次恭

请六甲大人先师从燕子洞、蝙蝠洞中起程，腾云驾雾，走至席边，接受祭品，然后将鸡杀死，拔去毛，洗净内杂，将整个鸡身、内杂放进清水锅中，放进适量糯米煮成稀饭。煮熟后，用一个大盘子盛鸡，六个碗盛稀饭，都供于席上。巫师又拿起谷穗念咒一番，恭请六甲大人先师，饱吃鸡肉、稀饭后，便送走大人先师，腾云驾雾返回燕子洞、蝙蝠洞安住。念咒至此结束，巫师和五个列席人便开怀畅饮，分吃鸡肉，饭饱、酒醉方散。

二、供怪公神，水语音译为"果畜怪，雅歹咒，咒被乃，怪被育"；大意是，"为怪公神，为怪奶神，今年的神，去年的鬼"。认为这个神会给人们带来灾难，庄稼损坏、六畜不旺等。供怪公神为怪的凶兆，发现家中蛇爬行、房前屋后有石头滚动等。这些怪物为怪，令使家中遭祸，就得恭请巫师来敬神，方可由祸变福。敬神恭请巫师选定吉利时辰，于家中堂屋中地板上，用三把糯谷铺开，一个簸箕放上面，剪一串白纸，捆在一小枝栋青树连叶上边，插于簸箕旁，焚烧三根香。如果这神过去尚未敬供过，就用一只小猪供，如果过去用过小猪敬，以后就可用一只狗（不论大狗或小狗）敬神。如果家中尚未见蛇爬行，房头、屋后未发生大石滚动作怪者，则只用一只狗和一两斤鲜猪肉、一碗糯饭、三碗酒、三双筷子供于席上则行。如果发现蛇爬，怪石滚动者，还要加上一只雄鸡，放进鸡笼里，供于供席边。供品摆齐后巫师选定吉利方向坐着念咒。口中念念有词，恭请供怪公神（汉字音译则为"哈刀哈倒，亩母考遭辉"，意为从祖宗的老坟山墓中起程），过田埂，进山村，登主家门，坐于供席旁，享受祭品，保佑家中无怪作患，让家人健康，六畜兴旺。念毕就杀猪或狗、鸡，取去身毛，将内脏摘洗干净，下锅煮熟。将肉盛于大盘里，打三碗稀饭，都供席上。巫师又再念咒一番，把神送出门，返回祖宗老坟山墓中安住。念词至此结束。巫师和帮厨人等便可开怀畅饮，饱吃肉饭，主家便可由凶转福。

[姚福祥搜集整理：《三洞乡流行的巫术、鬼神部分材料》，载贵州省志民族志编委会编《民族志资料汇编》第七集（水族、壮族），第273—274页，1988年]

第三节　善鬼

1. 荔波县水族好鬼类

（1）介包，即保财鬼。为家庭保护财产，造福于家庭。凡出门做生意，求其保护财产、生命安全，必先供祭。此鬼住在家中的桌子边或灶边，除有事供祭外，一般一年用母鸡一只祭一次。

（2）夏哈，即保财鬼。亦为家中保护财产。住在家中屋基之下，当房屋修造落成后它就来到。一年供祭一次，仍用母鸡一只。

(3) 保敏，即保命鬼。保护家中成员生命安全。凡家中有人外出，如参军、做生意、读书等都要先供祭，求其对生命进行保护。供祭时用仔鸡一只。

(4) 躲待，即保神鬼，亦是保家之神。住在家中碗架之下。凡家中有人生病或钱财不利，庄稼不好，请巫师卜卦。若认为应给"躲待"设一个位，则按卜卦的数设躲待的数。用碗翻过来扣在碗架下，如卜卦要求安三个神，就扣三个碗。立位时要用一只鸡、一条狗、一头猪进行供祭。平时每年用刀头肉祭一次。

(5) 鲁颠，即保儿鬼，专门保护小孩的。住在碗架上面。每年供祭一次，时间可以随时供祭。供祭品用鸡、猪均可，但供祭时不能让"生人"进屋。

(6) 牙西，保佑小孩平时身体健康的。住在家中桌子上。立桌子时，杀一头小猪供祭。平日不敬，生小孩时，须杀一头大母猪供祭。

(7) 牙省，给育龄妇女送神小孩子来的。

(8) 牙挖善，亦是给育龄妇女送小孩子来的，与牙西神是姐妹，平日与牙省一起行动。

以上牙西、牙省、牙挖善三个神，都住在牛场与虎场之间的地方，岜虽山脚，岜虽的中间。水语曰"定格苏，姑革一，定岜恰，大岜虽"，用鬼时要到岜虽山去请来。据水书先生解释：由岜虽山上来就是南宁，再上来到庆远，转南丹，上贵州，再来到荔波县某某寨，用完后还须原路送回。

(9) 拱龙猛、牙所洛，是陆铎公等兄弟五人的父母亲。如果陆铎公不灵或出了差错时，必须请他们来弥补或纠正，拱龙猛和牙所洛俩不能单个地请，必须一起请。供祭时用一头猪、豆腐和鱼。

(10) 拱陆铎，即陆铎公，是五兄弟中的老大，创造了水书，名次排在其父母之前，用水书的权威最大，他知识很丰富，受人尊敬，其余四兄弟他都能管束。他是替人类驱逐凶鬼邪恶的。供祭时用猪头、豆腐和鱼。

(11) 光略瓜·牙哈浪，排行第二，专管人们财产的，当人们遭到灾难时，能帮助人们喂好牲口，发展生产，使人们重新富裕起来。供祭时用鱼、豆腐和一头活猪（其大小视供奉者财力之大小）。

(12) 光乃西·牙爽尼，排行第三，专管村寨的大门和大路，不让一切恶鬼进入村寨。供祭时用猪头、豆腐、鱼、一条狗。

(13) 光吉告·牙报铺，排行第四，负责管理田地庄稼，同时还兼管村寨的小门和小路。供祭物同于光乃西·牙爽尼。

(14) 不加叙·尼加烟，排行第五，负责管理村寨中人们的寿命。供祭时用猪头、豆腐和鱼。

以上拱陆铎、拱龙猛、牙所洛、光略瓜·牙哈浪、光乃西·牙爽尼、光吉告·牙报铺、不加叙·尼加烟均是家中的保护神，住的地方水语曰"恒光舍，定岜越，得岜虽、吴港因，因港各"。吴港因：燕子飞来飞去的洞子。因港各：蝙蝠飞的洞口。这一句水语可译为：在广西越群山中的岜虽山燕子洞、蝙蝠洞的地方。

(15) 翁树郎,保护祖宗安葬顺利,也可以保护住室的安全,结婚的顺利。住在佳荣那千山头的水井边(那千山即邑鲜寨后的那一座山。在水族的习惯说法中,邑鲜属于佳荣,故云"佳荣那千山")。供祭时用鱼、豆腐、肉、酒。

(16) 光保诺·牙保苯,负责保护结婚和修造房屋。其住处同于翁树郎,即佳荣那千山。供祭用豆腐和肉即可。

(17) 当舵,即守大门鬼,其职能是守门,不让一切恶鬼进到屋内。住在三都县周覃与水各之间的水庇坡上之四层门庙里。供祭时定用一条大公狗。

(18) 当舵,即守小门鬼,与上面的当舵同名,只是守小门。其作用、住处和供祭都同于守大门鬼,只用一只小狗即可。

(19) 守身鬼,是对个人起守身作用,特别是产妇、孕妇最为害怕,一旦得罪,必须用公鸡一只方能解脱。住在三都县周覃与水各之间的水庇坡上之四层门庙里。

(20) 椎,即保寨鬼。一个为男性和一个为女性,作用是保护村寨安全。住在村寨脚,人们一般都为其修建一所小房,两人让椎都住在房内。立庙时,寨上杀一头大猪进行供祭,平日为各家正月初一敬奉。

[陈国安:《荔波县水族来源及原始宗教调查报告》,载贵州省民族研究学会、贵州省民族研究所编《贵州民族调查》(之四),第188—189页,1986年]

2. 三都三洞水族善神

善神主要是巨石、大树、水井及土地菩萨等等。

三洞乡有三个较大的巨石,人们视为大菩萨。如信哄寨头的菩萨、达便和新阳的大菩萨。

(1) 大菩萨水语呼为"个上":主要是求子、求财和求保佑平安等。

求子:若农户久婚不生孩子或不生男孩子则向大菩萨(巨石)卜卦求子,灵验得子时举行还愿仪式。届时用大猪或小猪或鸡,带色糯米饭、酒,有的立两根桅杆进行祭献,燃香纸,放鞭炮,亲友们带着庆贺的小孩衣物前来祝贺。还愿日期一般是正月十三—十六最多,平时还愿者也有。

求财:解放前发财致富的人家也有举行祭祀大菩萨活动的事例。

求保佑:农户家中有人害病时,卜卦请求保佑者,病好后也举行还愿仪式。

(2) 土地菩萨

三洞水族村寨都有土地庙,人们视为菩萨,有的村寨各个大房族都自立土地庙。一般是在春节后农户自行决定时间祭献,用鸡、猪肉及香纸敬供。

(3) 树神

每个村寨都有被视为神的大树,祭献或拜寄者依据水书先生测定而举行,一般用鸡或刀头肉即可,举行仪式后给小孩取名为木×、树×。

（4）水井神

凡祭献或拜寄水井者，其仪式与树神一样。小孩取名带水或井之字。凡受寄人者，被拜的人要给小孩送一点礼物，主人宴请一桌席以示谢意。

[雷广正：《三都自治县三洞乡水族社会调查》，载贵州省民族研究所编《贵州民族调查》（之三），第88—89页，1985年]

第四节　恶鬼

1. 荔波水族恶鬼

（1）六凶兵，亦称长发鬼。据传说是瑶族人死后变的，专门干坏事，使家人生病。供祭时要杀猪，将全部猪内脏分成大小各六份，请六个人来"坐"，条件是家中无孕妇或产妇，供毕坐的六人各领一大份和一小份，供祭时参加的人不能说话，亦不能让"生人"进入。此鬼瑶族也有，经常供奉，而布依族虽用，但较少。

（2）拦话，即拦路鬼，由被抢劫死者、生产死亡的妇女和命不好的人死后变成、拦路让孕妇流产或小孩生下即死。由外家送一只母鸡，在半路上供祭解脱，以杜绝今后。水族人认为，用母鸡供祭解脱后生下的小孩就不会死了。

（3）牙化来、是送小孩来欺骗人的鬼。她将小孩送给妇女，待孩子长到半大，或成长中途就把小孩要回去了。此鬼不供奉。

（4）牙央洞，此鬼背上有背小孩子的背带，碰上小孩就背走。用一头猪崽供祭。

牙化来，牙央洞二鬼极为可恶，为水族人民最痛恨。据说他俩都住在广东的母门十字路。

（5）牙嬢，即强盗奶，专门在夜间偷小孩，供祭用一只鸡。

（6）牙返会，专门做买卖人口生意的鬼，特别是小孩子最怕。供祭用一只鸡，先用秤将鸡内脏、翅膀、鸡脚和鸡头各称一次。

以上牙化来、牙央洞、牙嬢、牙返会都是女鬼，主要伤害小孩。

（7）觉鬼，这是水族中最大最凶恶的鬼之一，住在水各到周覃途中的长坡旁的那庇山上。据说这个鬼是瑶人变的。直到1895年以前，如果碰上了觉鬼，就必须到水各大桥去供祭，那里有一个供祭时用的灶。供祭用二头大猪，必须是两人用左肩抬着去，中途不准换肩，实在累了只能将抬扛放在抬者的手弯处休息，严禁放下着地，抬到后两人抬猪站等，待鬼师念完咒语方可放下，之后杀猪供祭。用的必须是家中最大的一头猪。据说，有一次供祭时，由于供祭者好事，打来一只斑鸠，煮熟后用以供祭，因此往后的供祭中就必须要一只鸡。由于各地去水各供祭的路途十分遥远费事，人们提出分灶的要求，于清光绪二十一年（公元1895年），由水各寨的韦胖主持了分灶仪式，参加的有水昔、九阡、永康、佳荣、瑶庆等水族地区，各地去一个公，还跟去五人，杀一头大猪，将猪肉等用秤称做若干个六份，各地的公及跟去的五人各领得一份，撤灶，各自取一些灶的泥土带回。将猪肉带回后分给家族内人吃，用带回的泥土各寨重新立灶，供祭时就不用到水各而只要在本寨新灶即可了。后来，有的寨又将灶移进山洞里收藏起来。

（8）杨老，这是由青年、壮年死后组成的鬼群。平日四处找吃，碰上后就会马上昏倒在地。杨老住在广东的一个坟墓里，水语曰："母高召居。"碰上杨老后必须立即请鬼师念咒解脱，供祭用牛或马。

（9）芒晋沙，即叫花鬼。走路时最容易碰上，遇上"芒晋沙"会使人昏倒。首先要用卜卦或吊石头方法测定用什么供祭物解脱，供祭时必须在屋外沟边，一次供祭不行还须继续卜卦供祭。"芒晋沙"没有固定住处，随风而行。

（10）申尚，即杀伤鬼。碰上容易摔岩死、落水死、火烧死。住在天上，随空中红云而行。用一只公鸡可解。

（11）向倒，即跌伤鬼。碰上后会跌伤而死。亦用一只公鸡解。

（12）向玉，即火伤鬼。碰上后要被火烧而死。亦用公鸡一只解。

（13）向哈，碰上后要被刀砍而死或被枪打而死。用公鸡一只解。

（14）向本，亦称向闷，即淹死鬼，碰上后将被水淹而死。用公鸡一只解。

（15）向陶，即睡死鬼。碰上后在睡觉时会自然出血而死。公鸡一只解。

（16）向敏，即命犯鬼。碰上后会犯命而死。用公鸡一只解。

以上六个鬼遇上后会起连锁反应，极难躲避。

（17）呢蒙阿，它是神经病类总的鬼。碰上后会自己发神经病。住在广西邑越群山的邑虽山之四花树上。

（18）呢蒙阿国，碰上后会发牛神经，乱打人，用一牛头供祭解。

（19）呢蒙阿瞒，碰上后会发猴神经，上山乱跑，乱爬树。

（20）呢蒙阿夏，碰上后会发龙神经。

（21）呢蒙阿蛇着，碰上会发多种神经，打人，乱吼乱叫。

以上五个都住在广西邑越群山之邑虽山上的四花树上。水语曰："恒光舍，定邑越，得邑虽，得美敏。"均用一牛头解脱。

（22）单赣，即断命根鬼，专门杀害婴孩的。在产妇满月时用一头猪崽祭解。

（23）珠帕，用小孩送给妇女，待妇女生下来立即就死，又将小孩送来，待生下来又死，要反复九次。满月时杀一头猪崽祭解。

（24）尖椎，即克命鬼，送小孩给妇女，待出生后，克父母，克兄姐，克自己。满月时杀一头猪崽祭解。

（25）把并，小孩子碰着后，爱落水、发神经、烧伤、自己跳崖、自杀等。婴儿满月时用一头猪崽祭解。如果小孩在满月后发生，要在八个月，八岁时，或十八岁时，二十八岁时，用八十斤重的猪一头祭解。

（26）色并，孕妇遇上"色并"鬼后，生下的小孩体弱多病。满月时用一头猪崽祭解,如果在满月以后发生,则用一头大猪祭解。

(27) 胆沈妮,碰着此鬼后容易酿成大病。满月时用一头猪崽祭解,如果发生在满月后,则用一头牛祭解。

(28) 腊梁,遇上"腊梁"鬼后,小孩爱啼哭,到痉挛的程度。婴儿满月时用一只鸭祭解,超过三个月后就不能解了,但小孩随时生病。

(29) 端鬼,遇上能致小孩发生短命。满月时或随时发现时都可以解脱,如果遇着是大端则用牛祭解,小端用猪可祭解。

(30) 歪问,碰上后小孩不能出门,出门即病。满月时用一只鸡祭解。

(31) 外端鬼,与歪问相同,"歪问"是大鬼,"外端鬼"是小鬼,遇着后亦使小孩出门不得,出门即病。满月时用一只鸡祭解。

(32) 岳木,遇着后酿成疾病。满月时用一头猪崽祭解。

(33) 俄尼,遇着后,不论男女,长大成婚后要娶五个妻子或嫁五个丈夫后才能使婚姻稳定成家,必须在小孩满月时用一头猪崽祭解。

(34) 打摆,遇着"打摆"鬼后,小孩生长很不正常,生命无保障,不能积钱,满月前用一头小猪祭解。

(35) 打棒,遇着此鬼者,家中将人丁不旺,家产消失。满月前用一头猪崽祭解。

(36) 系汗,遇着"系汗"鬼者,家中人财自然散失,满月前用红公鸡一只祭解。

(37) 略边,情况同"系汗"。

(38) 俄夫,遇着者生疮生癞,养育不了后代,生下小孩就死。满月时用狗祭解。

(39) 俄夫歹岸,即老虎鬼。当小孩生下就被抓走了,小孩即死。满月时用大狗一只祭解。

(40) 俄哈,小孩生下时他就来抓走的鬼,被抓小孩即死。婴儿满月时用小狗一只祭解。

(41) 俄夫各多,同上。

以上二十个鬼均系小孩命上官杀鬼。前十六个住在越群山中之邑虽山,一个庙门里"皆"的家中,而"皆"家是专门从事将罪犯的绳子解开者。而后四个则是住在邑虽山参差不平的石头上、阴深的树林里。对这二十个鬼的测定则是在小孩出生就进行。

(42) 光大格,此鬼平日在家中住守作用是只要赶光大格出家门,就能把家中所有恶鬼带出家门。水族同胞都尊称他为"公输合牙俄道"。供祭时用狗和鸡,鬼师用芭芒草、棕叶、吊竹叶在家中边念咒语边扫,从里到外进行,扫到楼梯口后就下楼梯,鬼师就在地上坐着念,赶鬼出门。光大格住在广西越群山之邑虽山上,杉树林中枫树脚下,在鬼村老坟山名叫"略恒摸告"的四四方方的坟里。

(43) 光傲岸,平日住在家里,送光傲岸出门能带走家中所有的凶鬼,供祭品和方法与"光大格"一样,住处也一样。

(44) 芒红,遇上者会成大病,它能引很多鬼,即引杨老一伙,"芒红"本身是牛头马面,住在弯山黑洞里。

（45）向罗烂，碰上后会生急病昏倒，吐血而死。住在太阳边的白云山，其形状像一把红色的刀。

用"芒红"和"向罗烂"时，还必须请"拱弄叉"、"牙那弄"，即不讲理的公和黑脸老太婆带芒红或向罗燧烂或其中一个来，而"拱弄叉"和"牙那弄"则住在岜越山最高的山之脚下，有云雾的森林里之石头缝中。

[陈国安：《荔波县水族来源及原始宗教调查报告》，载贵州省民族研究学会、贵州省民族研究所编《贵州民族调查》（之四），第189—192页，1986年]

2. 三都三洞水族恶神

恶神主要有八大类：

（1）牙养（类似于凶恶的大猫头鹰）：专门捉拿小孩，表现为小孩害病时抽筋、咬牙、嘴动等（人碰上什么鬼神由女巫认定——下同）。

（2）牙谬：牙谬鬼又分大、中、小三种。大牙谬，即大野鬼，用小猪崽祭送；中牙谬打，即不大不小的野鬼，用子鸡祭送；小牙谬的，即小鬼，用子鸡祭送。

（3）曼魂：曼魂鬼是非正常死亡的人变鬼来捉拿人，分为大、中、小三种，大鬼用牛（黄牛）、马；不大不小者用猪、鸡，小鬼则用糖果之类食品即可。大、中两种鬼要在野外祭送。

（4）曼哄：曼哄鬼即是冤家对头鬼，都是到官府告状或从打杀场所来的恶鬼。具体分为：①告香迎香、②娘香、③公进算、④牙伦的、⑤开古成、⑥开元能等等。凡遇着这些鬼时，要用狗在野外祭送。

（5）扫相（水语呼为"歪西"）：死于刀枪的人变成的鬼。扫相鬼一般是难产妇遇着，解除的办法是：让产妇在屋外的凳子上坐着并围身，手撑桐油雨伞，巫师头包白布或白纸，肩挂六吊谷子，左手提着雄鸡，右手拿着芭茅草，口念咒语，围着产妇转三圈，杀鸡后用鸡血淋地又转三圈，将此鸡甩到产妇背后，仪式完毕。

（6）掌木（相当于汉语所称的大杀）：掌木鬼又分为五种。①掌木鞋（被埋死之意），即办丧事"开控"时被鬼害。要用一只狗、一根挂白布的木棒，以示戴孝，在野外祭送。②掌戈干，掌饭闷：即是天上掉下来大杀。③掌卯掌优：即早晚从天上下来的大杀。④汉罗卯六鲁土：即从天上星星那里来的大杀。⑤掌棍掌修西，打的掌西炭：即天上的、地下的大杀。

凡遇到此类鬼均用鸡在屋外用木棒三根架起来，上面放一破碗，碗里放火炭和树叶进行祭送。

（7）歹瓦（水语呼为"打哇"）：歹瓦鬼的来历是：姑娘和女婿看着岳父、岳母死于犯歹瓦日子、时间的特大恶鬼，不堪救药大杀。故水族地区若父母病危或病故，女儿和女婿要立即返回自己的家里，待水书先生择定死者死的时间是否犯"歹瓦"（据水书先生讲，一年有三个月，一个月有三个日、时是犯"歹瓦"时间），若犯"歹瓦"则姑娘和女婿不仅不能送丧、送礼物，而且连外家的屋子、村子都不能看，并且要进行拦路拦鬼（用树木拦路）；若死者死的时间不犯歹瓦方可送丧戴孝。这是水族妇女地位低，不招赘的历史原因之一。

（8）觉鬼：觉鬼是使人浑身剧烈疼痛的恶鬼。要用一只猪、六杯酒、一碗炭灰、六个草墩进行祭送，即是由巫师念咒语，然后由五个人加巫师共六人，一人抬一个草墩、一杯酒出门，杀猪并用秤将猪肉分成六份后，又共同放到锅里同大米一块煮，再分成六碗各自吃，若吃不完也要各自带回去。

其他恶鬼：（1）危害牲口的恶鬼："腊滚"．牛、马、猪等害病不食饲料时，即是"腊滚"（孤儿鬼之意思）作祟，要用鸡在关牲口的厩门口祭送。（2）危害农作物的和烤酒不成的鬼："腊鸟"（即私生子鬼）．专门危害五谷，使之不生，烤酒不成。前者要用狗在田坝水沟边祭送；后者用竹子做成钉耙模样，用河沙放在井边，再用多个井的水，待巫师念咒语时将家内所有的容器打开，大开大门，用竹制的钉耙耙地，用沙子和井水撒地上，以示驱邪，然后用一只雄鸡杀来祭送，以表示拦路。

[雷广正：《三都自治县三洞乡水族社会调查》，载贵州省民族研究所编《贵州民族调查》（之三），第89—91页，1985年]

第五节　放鬼和拒鬼

1. 榕江县水族的"放鬼"和"拒鬼"调查

"放鬼"（轰莽），这虽是一种荒唐之说，但对于科学知识贫乏的人们来说却是一个莫大的精神威胁，与人有私仇者尤为恐惧。水族同胞每谈及"放鬼"则大有变色之势。故有久病不愈者不问是非曲直则必疑仇者"放鬼"所致。据当地群众传说，"放鬼"必须具备下列条件：

（一）必是自己的仇者；
（二）必须知晓仇者出生的年月日；
（三）须得到仇者的一件真实物品，如衣服、烂布巾、烂毛巾等物；
（四）请鬼师依"水书"测定仇者所居的方向、应痛的身体部位及致病的程度；
（五）"放鬼"必须秘密进行才能生效。

为报私仇而需要"放鬼"者，须花销二三百元的人民币去请鬼师施法。以三碗米酒、三条鱼（若无鱼可用三张竹叶代替）设祭，经鬼师诅咒一番，即认为把鬼"放"给对方（仇者）了。据说，"放鬼"必须依私仇的深浅行事，否则会自食其果。对于一般仇者，只须使仇者的某个部位如手、脚、肚、眼、头发痛不止，借以达到报复对方的目的；对于有深仇大恨者，则非置之死地而后快！这种情况须放主随时注意对方病势的发展情况，若一闻对方丧命，速以白公鸡一只、鱼三条、米饭一碗、米酒三碗摆于大门之外，说是放去的鬼完成任务以后必返回放主家，若鬼没有东西吃，必要伤害放者。人们认为，鬼能"放"亦能"退"，倘发现自己被仇者"放鬼"，须及时去请鬼师"退鬼"，则无生命的危险。

〔岑秀文：《榕江县水尾公社水族原始宗教》，载贵州省民族研究所编《贵州民族调查》（之二），第111页，1984年〕

2. 荔波水族的"放鬼"、"退鬼"调查

在水族同胞的社会生活中，还有"放鬼"。贵州少数民族地区都广泛流传着"苗家的蛊，水家的鬼"的说法，意思是说，苗族放的"蛊"是很凶的，而水族放的"鬼"也能与苗族的蛊媲美，大有谈虎色变之势。下面介绍水族的"放鬼"和"退鬼"。

"放鬼"一般是在受人欺侮，遭到不幸，无钱无势，告官不能的情况下，只得求助于鬼师的帮助报复或打击对方。在水族人民历史上的反抗斗争中，往往也"放鬼"去杀害对方，借助于鬼的帮助以取得战斗的胜利，这在民间传说中不乏其例。

放鬼的办法是：先备好公鸡一只、鱼若干条（具体数量以时间而定，水历正月、四月、七月、十月为四条或九条；二月、五月、八月、十一月为十三条或十八条；三月、六月、九月、十二月为二条。一般鱼用三指宽大小，都得一样大）、桐油灯一盏，敌方的生辰八字和一件穿过的旧东西，如衣裳角。首先将纸钱放入桐油灯内点燃，鬼师开始念咒作法，请来"芒红鬼"或"向罗烂"鬼，或者两个都请，砍下鱼头和鸡头，放在桐油火上烧，之后用旧衣布包好，再请人将此包偷偷埋在敌方住宅地基下或房角、楼梯之下即可。请的人必须家境很不好者，如讨来的老婆死了，庄稼始终种不好，很穷。十天半月内鬼就开始作祟，敌方有反应了，人病、死，或败家丧财等。

"放鬼"后，主家要立即进行撑门以挡鬼返回，其方法是用一只大黑狗，与"放鬼"同样数量的鱼，鬼师念咒作法，杀死黑狗，取其带牙齿的下颚骨和鱼头，用纸包好埋在门内地下，还须用五棓子树削成木刀，两把大刀，若干把小刀，大木刀挂在门内方之门下部，小木刀挂在门内方之上部。

鬼师回家后，亦须用一只小狗和同样数量的鱼，取狗的带牙齿之下颚骨和鱼头，念咒作法后埋于室内门下，同样挂上木刀。

"放鬼"之事，一般鬼师是不愿做的，因为流行有一种说法，如果"放鬼"去杀害的对方是被诬陷的，鬼师将遭到绝后的惩罚。因此，鬼师放鬼也十分谨慎，不轻易为人施用此法。

当一人感到被人"放鬼"之后，若果是遭到"芒红"的伤害，立即引起大病，遭到"向罗烂"的伤害，立即会昏倒在地吐血，必须立即请过阴婆过阴，查核是否真被人"放鬼"伤害了。一旦确认，马上请来鬼师"退鬼"。首先主家要备好十二种东西：一是

独眼鱼一条，二是倒毛鸡一只，三是阴山崖石下生长的、未见过阳光、没沾过露水的苦蕨菜，四是牛屎，五是瘟牛肉，六是被丢在野外的左脚穿过的烂草鞋一只，七是野外别人用左手持刀割了丢下的草一把，八是田坎边被抛丢的断木耙齿一根，九是田坎边被抛丢的耙藤一段，十是两支鸟枪，十一是一把斧头，十二是红、白、黄、蓝、黑五色纸若干。鬼师用罗盘测定鬼来的方向，将五色纸做成十二面三角旗，其中红、白色各做三面，其余色各做两面。将备好的十一样物品摆于地上，枪口和斧头口对准"放鬼"敌方，插好旗帜，摆上三杯酒，供肉，要来"放鬼"敌方的生辰八字，鬼师念咒作法，请来陆铎公或陆铎公的兄弟来"退鬼"。之后，鬼师和"退鬼"主家仍须掌门拒鬼，其物品和方法与"放鬼"时的撑门同。

[陈国安：《荔波县水族来源及原始宗教调查报告》，载贵州省民族研究学会、贵州省民族研究所编《贵州民族调查》（之四），第192—193页，1986年]

3. "放鬼"、"退鬼"

（放鬼）风俗。流传于贵州水族地区。指一种原始巫术。放鬼原因，多为社会上人与人之间互相仇恨，欲谋害对方。其法是先取得敌方使用过的鞋子一只和敌方的生辰年月。巫师择定"放鬼"时间和方向。届时，由鬼师念咒作法，咒毕，鬼师以蛇壳紧围敌方的鞋子，再将干螺壳击碎，表示杀害敌方。然后割一只活鸡的喉咙，放地让它自走，观其倒毙时头部之方向与欲害之敌方方向是否相同，来确定"放鬼"能否生效。如不同，还须再举行。

（退鬼）风俗。流传于贵州水族地区。指一种原始巫术。水书黑书上记载此类事项甚多。若某人生病，请巫师占卜，如说其被他人"放鬼"作祟，亦可根据黑书考察其放来何鬼，数目多少，再放更凶之鬼或数量更多之鬼退之。据说，如敌情准确，退鬼亦可生效，病人亦可痊愈。

[潘朝霖：《水族条目》，载徐华龙主编《中国鬼文化大辞典》，第642页，广西民族出版社1994年版]

第六节　扫寨鬼　扫家鬼

1. 榕江县计划公社上拉力"扫寨鬼"、"扫家鬼"调查

扫寨，一般在春节前进行，也有寨子发生了不好的征兆，采用平日除鬼方法仍不见效时，也必须进行扫寨。由全寨凑钱买一只公鸡、一只鸭，也有用狗的。上拉力要请附近寨子的红苗鬼师来念咒，鬼师从上寨头开始，挨家挨户去，进门念鬼，用

凉水将火泼熄，再将纸钱贴在门上，又到下一家，全寨进行完后，杀鸡、鸭或狗全寨人煮吃，用生木叶枝封寨门，打上草标，禁期一天，外人不得进寨，若谁家亲戚撞进寨，将罚他赔偿扫寨的全部损失，负责重新扫寨的一切费用。上拉力在1982年扫了一次寨。

扫家鬼，家里有凶死者，如摔死、淹死、枪伤致死等，或有重病人都要扫家鬼。先是查水节，选好日时，然后问卦用什么祭物，如公鸡、狗等，鬼师来家念完咒语后，将祭物杀死，之后将杀死的祭物埋掉。

〔陈国安：《榕江县计划公社水族社会历史调查报告》，载贵州省民族研究所编《月亮山地区民族调查》（贵州省少数民族调查之一），第281页，1983年〕

2. 荔波县佳荣、岜鲜、水维三个乡水族"扫寨"活动

扫寨。扫寨实际是当地水族人民防火、防病的集体安全、清洁卫生措施。以前时有举行。是否扫寨，哪天举行，都得由鬼师占卜确定。如需扫寨，则由全寨筹集钱财，购猪、狗之牲，祭祀鬼神，祈求保佑全寨平安无事。然后清除寨中、家中垃圾，拣好柴禾，消弭火因。整个扫寨过程严禁外人进寨，不然就不灵验。如有违者，令其赔偿损失，然后重购祭品，重新扫寨。如六十年代，水维乡拉祥寨，各家摊两元钱，购一大狗，进行扫寨。中途，有一外人误入寨子，坏了扫寨之事，他只得赔偿六十元钱，请其重新扫寨才算没事。

〔颜勇：《荔波县佳荣、岜鲜、水维三乡水族神话传说及习俗调查》，载贵州省民族研究学会、贵州省民族研究所编《贵州民族调查》（之四），第286页，1986年〕

3. 荔波县水族寡妇改嫁的"撑门、御鬼"仪式

按照水族的习惯，夫妻离婚要请来迎亲时双方的代表调解说和，实在不能挽回者，经断，可以离婚，如果是男方要求，一般女方不退彩礼，女方要求则要将结婚时的彩礼退还男方。

寡妇改嫁，由男方带上猪和肉去到女方父母家，讲好后于天快黑时带来男家，早些年代里，男方还要负责还原夫的彩礼，现已有所改变。若原夫已死，寡妇来新夫家后，还要进行"撑门、御鬼"，以防原夫灵魂会跟随而来。其做法是：用一只大黑狗，鱼若干，其数量按月而定，一般是水历正月、四月、七月、十月要四条或九条鱼；二月、五月、八月、十一月要十三条或十八条（鱼）；三月、六月、九月、十二月要二条（鱼），以三指（宽）大小为宜，须一样大。将狗杀死，水书先生念咒，取狗脚及下腭骨和鱼头，用白纸包好，埋在门内下方，还将若干把小木刀挂在上方。

［陈国安：《荔波县水族社会调查》，载贵州省志民族志编委会编《民族志资料汇编》第七集（水族、壮族），第112页，1988年］

4."挡"

（"挡"）风俗。水语音译。指水族抵挡和防御鬼怪、天灾人祸的巫术活动，其涉及的面极广，包括战事、自我防卫、丧葬、病灾瘟疫、火灾、生辰、家庭与村寨安全等。"挡"既可抵挡、防御鬼怪及天灾人祸的侵扰，也可制止其不再蔓延与发生。水族的恶鬼类极多，但再恶及再凶的鬼都可以凭"挡"的巫术行为，请更高明的、正义的鬼来制止与抵挡击退。作"挡"巫术，要因鬼而异，所请的鬼和所用祭物及仪式也不尽相同。所需器物主要有特制驱鬼安神用的（以）灰浸（泡）的巫用酸鱼，符合驱鬼条件的"歹耿"等生辰的人做执法侲子，打击乐器鼓锣等，用雀不站、白刺、皂角树、大狼箕、龙爪刺等绑成一个带刺的把，有的还有木刀木剑、芭茅草等，酬巫师的布匹及红封等。这类"挡"所涉及的鬼主要有："公当华·牙当姑"、"公挡凯·牙关秋"、"公挡土·补当别"、"金月土地·姑成金告"、"公六猛·牙所洛"、"公挡乐·白挡鲁"、"公孔怪·牙共定"、"腊蒙·免蒙·尼蒙"、（生辰）"挡行"十余种，以及"公金并"、"牙灵除"、（丧用）"挡惰"、（瘟病用）"挡隋"、"挡贵搏丙"、"挡人丙"、"公拟腊·白拟除"、"公两惰·牙两干"、"三金腊兮"、"四尼腊坝"、"挡控腊"、（四种）"挡歹哇"、"挡伤低足"、"挡伤非巴"、"挡伤玉"、"挡雾"、（水獭）"挡免"、"挡君（寡）"、"挡难罕"、"挡困"、"挡依"、"挡邓（刺）"、"挡排"等等。举办"挡"巫术时，一般要忌外人入村寨或家门三天。类似的巫术还有"扎佐"、"希短"等。此类巫术的酬鬼、祭鬼的祭物主要有公鸡、母鸡、白鸡、狗、黑狗、鸭、鱼、肉等等，根据鬼的不同嗜好给予相应的主祭品。

（挡隋）风俗。水语音译，水族家庭防御抵挡及制止鬼怪作祟、天灾人祸侵扰的巫术行为。当家庭出现非正常死伤的"歹伤"现象，有亡人过世碰到招祸的恶鬼，或遇上瘟疫流行及兵荒人祸天灾，生怕祸端发生或蔓延，即备狗、鸡、肉等延巫师念咒请正义的凶鬼、善鬼来保护。所备之物有专门献鬼的灰酸腌鱼、五种刺混绑的小刺把等。还聘请据说有特殊功能的鬼把持的生辰者为执法侲子。祭毕，挖个小坑于大门外，埋下一把刺把及酸鱼，并绑一个刺把于大门之上，有的还用石灰或草木灰在门外面画阻隔线，有的还以黑狗施祭，宰杀半死让其血沥于门外。据说可以取得人们意想的效果。

（挡幸）风俗。水语音译，水族防御抵挡及制止鬼怪作祟、天灾人祸侵扰的巫术行为。人们认为此举可以驱逐鬼怪或拒之于村外，也能防御及抵挡天灾人祸的袭击进攻。因此，凡遇上天花、麻疹等瘟疫，兵荒、火灾等可能危及村寨的凶祸，寨头即聚众集资买狗、鸡、猪肉、酒、糯饭等祭品，并聘请鬼师及两名侲子来作法。侲子选取"歹耿"

日生辰者，做"挡幸"日则择"歹败"、"破罕"等日子，要雀不站、白刺、狼鸡草等五六种刺捆成挡鬼小刺把，削制木刀、剑若干，连绑成串横挂于各通道上方，各道口、各家门口都挖一小坑，让伢子将刺把及酸鱼埋下，并以芭茅草或小竹子打标植于道口，三天之内禁止外人进寨。祭品除众人聚餐食之外，还给鬼师及伢子各一扎包礼，余下的则均分各户。若有违禁行为发生，认为会破坏"挡"之效力，大多由违禁者承担全部损失费用，另择吉日请巫师重新施行。

[潘朝霖：《水族辞条》，载徐华龙主编《中国鬼文化大辞典》，第 686—688 页，广西民族出版社 1994 年版]

第四章 祖先崇拜

第一节 荔波水族关于祖先传说

相传，水族古代住在遥远的地方，地面宽广平坦，海水平岸，看见天边。那时，天上有十二个月亮照到半早，十二个太阳照到半夜。早上吃鱼，晚上吃肉，鱼当顿，肉当餐。天之不幸，河下九年水灾，海水上涨，赶人北上避难，走到红河清水边坐了下来。接着，又发生连续九年旱灾，领、良两个妈妈带着一部分女儿顺清水河而下，赶、鬲两个妈妈带着一部分女儿顺红水河上来，走到邑越山脚杉树林中的枫树下，住在石崖边，睡在草丛中，生下了儿和女，男孩叫亚，女孩叫东，东、亚都长大了，东姑娘很贤惠受人爱戴，亚因善于用术猎兽被大家立为头目，管理全部人群，后被老后拱龙猛、牙所洛代替。不久，人群又举陆铎公接替，陆铎公看到人们住在树下遮不住风雨，挡不住烈日，迁到邑虽山蝙蝠洞、燕子洞居住。陆铎公请来天上青年仙人射日，仙人带着铜弓、铜箭，射落了十一个月亮、十一个太阳，天地景气宜人，陆铎兄弟为了人类的幸福，建造房屋，开荒垦辟，饲养六畜，五谷丰登，牛马兴旺，人类得到幸福。又有不幸，异族侵占田地房屋，他们带着铜弓铜箭向我（水族）人群发射。徒手抵抗，终于失败，往远再迁，经过南丹，远上庆远地方定居，往后异族又来侵占，祖先又北逃经南丹，又遇异族，转上贵州，东向南逃，选在群山环绕的邑容地方，年久，人丁旺盛，分支往九阡、三洞、恒丰、永康一带，水族人民就这样长居在这片土地上了。

[陈国安：《荔波县水族来源及原始宗教调查报告》，载贵州省民族研究学会、贵州省民族研究所编《贵州民族调查》（之四），第183—184页，1986年]

第二节　供祖祭祖

1. 荔波水族对祖先的供祭

荔波县的水族同胞对祖先亦是十分崇敬的。这里的人们普遍崇拜远古祖先陆铎公，从前面的传说故事中可以知道，他使水族人民从"遮不住风雨，挡不住烈日"的树下草丛迁到了峇虽山蝙蝠洞、燕子洞居住，经过与大自然的斗争，请来仙人射下十一个月亮和十一个太阳，使"天地景气宜人"。又建造了房屋，开垦土地，播种庄稼，获得"五谷丰登"，教人们"饲养六畜"，牛马兴旺，人类从此开始了定居生活，过上了较富裕的生活，他还为水族人民创造了自己的文字——水书。他在水族的历史上有过卓越的贡献，立下了不朽的功勋，水族人民非常崇敬他。因此，现在水族人民在用鬼、丧葬等大的祭祀活动中都必须请陆铎公到场，为人民去恶除邪，灭鬼驱妖，是水族人民的保护者和依靠者。

除了对远祖陆铎公的供祭外，荔波地区水族的供祖活动主要是在借额、借卯、过大年、清明、挂社等节日举行。

借额，此节日只有荔波永康和水尧部分地区的水族过，时间选择在农历九月的第一个酉天举行。各家事先备好鱼、豆腐、南瓜、甜酒、糯饭等供祭物，这些供物都必须素做。酉天凌晨两点左右，在堂屋中设一供桌，将备好的供祭物用碗盛满置于桌上，放六碗米酒，还要放上时鲜水果和甘蔗，一把叶烟，一根烟袋，数匹自织土布，还要放一个提篮和碗，点上香，在桌子下放化香木根并点上火，散发出浓郁的清香。楼梯脚的两边还须点香，放一把米草，再放火子于草上，放两根拐棍，以示迎接祖宗的到来，古时还要披上蓑衣，在门口放置拐棍和提篮时，全身故意发抖，嘴里不停地念道："天好冷啊！天好冷啊！"以表示当年北上迁徙逃跑之状。供祭到天亮为止。

借卯，在荔波地区的峇鲜、水利、水尧及水维的拉易、拉强、佳荣的水碰等水族都过此节。相传水利是大哥，吃头卯；洞答是二哥，吃二卯；水扒、水甫是三哥，吃三卯；九阡是四哥，吃四卯；水功、水庆是五哥，吃最后。很早的时候，要从六月吃到十二月，时间长影响生产，后有欧公主张集中在六月过，因此，现在的卯节都在六月举行。在历时四天的节庆活动中，从前一天晚上开始举行供祭祖先的仪式，供物有牛肉、猪肉、糯饭、南瓜、豆腐等，亦要放叶烟、烟杆、炭火等，供祭时间从寅天直到辰晚为止。

过大年，在春节举行，供祖活动亦与借卯相类似。

还有清明和挂社也是专为供祭祖先而举行。老人死后的第一年，在春分前一天举行的供祖活动称"挂社"，将供祭的猪、肉、鸡、鹅抬到坟前举行供祭。往后每年到清明时，各家都要在自己家老人坟上挂青，有的还要抬猪到坟前杀祭，一般都要杀鸡，供猪头、猪肉。

除了对祖先的供祭外，当家中出现了极不顺利的事，也可以请祖公来家进行保佑，水语称"金工不"。请来水书先生，用公鸡和母鸡一对、肉、豆腐等，家中摆设大小两桌，其中大桌给祖公坐，小桌给叔伯或同辈中死去的兄弟坐，水书先生代诉家中之苦，请他们对家庭进行保护。

[陈国安：《荔波县水族来源及原始宗教调查报告》，载贵州省民族研究学会、贵州省民族研究所编《贵州民族调查》（之四），第195—196页，1986年]

2. 榕江水尾水族对祖先"拱略夺"的供祭

在水尾地区，据水族同胞传说，在远古时期水族有六个公，就是历代水族同胞所崇敬的六个正神——"略夺"。这六个公的姓名是：拱略夺、卧略蒋、拱架西、牛假暗、霞西牛、补西略夺。

这六个公又是水族文字的创造者，人们在学习水文时的必敬之神。以母鸡一只、猪肉一斤、鱼六条、酒六碗、米饭六碗、纸钱六张、香六根，于屋内敬献。

水族同胞在为死者"开控"时，亦于卧室内为"六神"设祭。以六条鱼、六双筷、六碗酒、六卡禾做祭，并只许六个人参加，这些人必须挑选为人正派、办事公道的至亲者。鬼师念道："这里有肉、有鱼、有酒、有饭，请你们老人家来吃、来喝，你们六个老人要多多保佑子孙平安，有吃有穿，发财像八寨的马泉那样……"待安葬死者完毕，原参加祭六神的人又回卧室祭六神。杀小猪一头，并以六只银项圈、六只银手镯、六条鱼、六碗酒、六双筷、六卡禾做祭。每个酒碗下压有一个银毫或四、五角人民币，归喝酒者得。经过杀猪祭六神死者的亲属才能吃荤。

水族同胞的祖先崇拜主要是传说中的"六个公"，也是人们非常尊崇的所谓六个正神。长期以来，水族同胞把解脱灾难、六畜兴旺、五谷丰登、子孙繁衍等等的切身利益无不与"六神"紧密地联系在一起。水族同胞深信，六个公的鬼魂依然活着，并依然如前地关照着人们的生活。在他们看来，"六个公"在世时是本民族强有力的领导人物和智慧的化身，他们去世之后其鬼魂依然是强有力的，是完全可以信赖的精神支柱及本民族的希望和幸福的寄托者。由此我们不难看出，祖先崇拜是鬼魂崇拜的产物，其本质是崇拜祖先的鬼魂，但不是所有先民的鬼魂都被人们崇拜，只有对本民族作过杰出贡献的领导人物，才是人们所固定的、长期崇拜的对象。

[岑秀文：《榕江县水尾公社水族的原始宗教》，载贵州省民族研究所编《贵州民族调查》（之二），第109页，1984年]

3. 三都三洞水族对母神、六甲公的供祭

三洞乡水族人民信仰多神教，具体表现在敬奉具有原始色彩的"母王"、"六甲公"

和石神、树神、水井神及名目繁多的其他善神恶鬼等等。

（一）母神（又名娘娘神）

据潘三妹、潘海清说，水族人民凡是婚丧嫁娶时，歌手们都要唱关于娘娘神的古歌。娘娘神是人类的始祖母。五位娘娘神各有其职责：

第一个娘娘神叫"牙老"：负责全面地保护人间所有孩子平安无事。

第二个娘娘神叫"牙发尚"：创造人类的始祖母。

第三个娘娘神叫"牙龙里"：她专门负责将成批成批的孩子引渡江河到彼岸。

第四个娘娘神叫"牙浓"：专门负责向人间送来男孩和女孩，使其人间的人们家家户户男女平均，贫富平均。

第五个娘娘神叫"牙芒母"：专门负责防止小孩们发生意外事件而特加保护。

水族农户，凡成家立业生第一个小孩时，都要举行祭祀母神的仪式，届时，杀鸡、鸭请母舅家人及族中老妇，立桌于正堂侧边，用鸡、鸭和饭菜、香纸等进行祭献。从此以后凡家中过年过节时都要敬供娘娘神位，逢每腊月第一个丑日举行专门祭祀。许多农户家中不立神龛，但娘娘神位非设立不可。

（二）"六甲公"——男性神

"六甲公"水语称为"公老铎"，意为水族创造水书的先主。

凡是水族办丧事举行"开控"敲牛、敲马时，念经咒的水书先生，首先要举行仪式请"公老铎"来掌握礼规和时间。在请"公老铎"之前，要将一专门房间打扫干净，在床上辅好新稻草和放上新被子，然后即在死者棺材的右边用一个簸箕放一尺白布、六吊谷子，六个酒杯、六对筷子并专门指定一个人招待"公老铎"，此人抬来六条醋鱼、六条鲜鱼并盛满六个酒杯的酒，同时放上银项圈、银手镯和银毫或锑毫十二个和六炷香等等。此时水书先生手持六吊谷子口中念念有词。行完接"公老铎"仪式后，水书先生才敢进行正常的丧葬仪式。

待丧事结束后，丧家又杀一只鸡与糯米拌煮，用六个碗装着敬献"公老铎"，以示送走。

[雷广正：《三都自治县三洞乡水族社会调查》，载贵州省民族研究所编《贵州民族调查》（之三），第88页，1985年]

4. 水族铜鼓祭祖

南方百越民族历来被认为是铜鼓文化的创造者，因此水族人民十分珍视铜鼓，《隋书·地理志》记载诸僚"铸铜为大鼓"，有鼓者号为都老。《广州记》（约成书于晋代）记载"俚僚铸铜为鼓……悬于庭，克晨置酒，招致同类，来者盈门"。《八寨县志》记载："击鼓时以绳系耳悬之，一人执槌力击，一人以木桶同之，一击一合，故声洪而音远。"岑家梧先生的《水家仲家风俗志》记载"九月节"（即过端）的仪式如下：（一）招魂，（二）悬铜鼓，水家每家必备，铜鼓传系孔明遗物，平时藏于房中，举行招魂仪式后即取铜鼓悬于门前，先以酒三杯供神，再以酒喷鼓内，然后开始击鼓到第三日始将铜鼓取下，存放系处。民国《三合县志略》卷四一载：水家"每年九月逢亥，则过年以为乐，谓之年坡，亦好吹芦笙击铜鼓"。铜鼓、水语叫 mcan 压，是水族人民使用最为广泛、最为普遍的一种古老乐器，它主要用于节庆、祭典及丧葬活动中，如水族特有的民族节日"端节"、"卯节"素有"敲鼓过端好赛马、敲鼓过卯好唱歌"的诗句。而在丧葬活动中，铜鼓不仅被当做打击用，也用来作为亡人的更衣坐墩，或者当做祭桌摆各种祭品。如在都江区摆鸟村下寨陆朝兴收藏的水书中就有"开控"铜鼓祭品，一般用三个铜鼓放祭品九碗，其中有七碗是按时辰忌碗中之食。

图例：

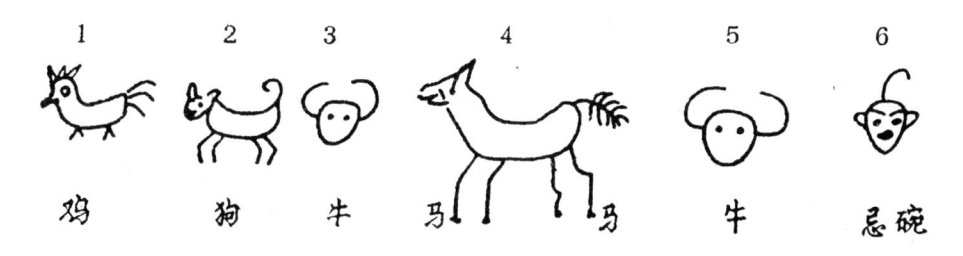

```
  1      2      3       4       5      6
 鸡     狗     牛      马      马     牛    忌碗
```

在铜鼓上放祭品一则表示富有，又表示亡人与传家宝告别，并希冀子孙世代吉祥。水族铜鼓有龙铜鼓与虎铜鼓之分，前者更为珍贵。据传：何家有龙铜鼓，则一旦失火，龙铜鼓所在的主家房檐会滴水灭火。而村寨有虎铜鼓，则往往四季平安，孩子不丢失。可见水族人民历来视铜鼓为吉祥的宝物，谁失去铜鼓就是对祖先的玷辱，谁丢掉铜鼓就意味着丢掉家业的精华，被人夺去铜鼓就意味被夺去欢乐与幸福，否定铜鼓就是否定了古老的传统文化和悠久的历史，水族人民这一心理素质正是来自对祖先遗产的尊重，来自对民族尊严的维护。

以击铜鼓而舞的水族铜鼓舞，水语称"丢压"，意即跳铜鼓。是水族最古老的传统舞蹈之一，它广泛流传于三都水族自治县都江区的上江镇摆鸟村，打鱼乡的平甲村、乌棚村，拉揽乡的董术村，[而]甲雄乡的踏石村一带的水族铜鼓舞最为著名。每逢端节或稻谷进仓的丰收之日，跳铜鼓舞必是男女青年们主要的娱乐内容。舞蹈以其古朴拙实的风貌，雄健粗犷的舞姿，反映出水族人民执戈保卫民族部落安全的英雄气概及栽插收割和庆贺胜利与丰收的多种内容。表演者随着铿锵浑厚的铜、皮鼓音响与节奏，时而屈肘骑马蹲跳，时而急速旋转穿插跃飞，时而围圈穿插，鼓声缓急交错，舞姿也变化多端，场面既壮观热烈，又不乏典雅古朴。全舞在急骤密集如雨点的鼓声中戛然停止，给人以亢奋及无限回味之意，生动地展现出水族人民的民族性格和精神风貌。水族铜鼓舞源于水族人民的古代祭典活动。据平甲村的蒙老应、甲雄乡的韦备贤、板闷村的潘岩龙等老艺人述说，铜鼓舞原是一种古老的巫师舞，其中巫师又分文、武二教，水族铜鼓舞则属武教流派，它能降伏妖魔、驱除邪恶、逢凶化吉，也能为执戈保卫民族部落的民族英雄、武士坚定信心，鼓舞斗志。随着时代的发展和人们精神文化生活的需要，它从祭祀中被搬到实际生活中，使之日渐成为水族人民娱乐欢庆的行动，铜鼓舞也由原来的祭祀舞变为娱乐性的民间舞。

[宋晓君、石国义：《水族铜鼓舞》，载贵州省志民族志编委会编《民族志资料汇编》第七集（水族、壮族），第257—269页，1988年]

5. 水族跳"斗牛舞"祭祖

"斗牛舞"是水族人民用以庆丰收或祭祖时跳的一种民族民间舞蹈，水语称为"斗贵"或"兜刀"，意为斗牛、斗角的意思。除在端节跳以外，往往是"白喜"时用得比较多。

相传在明洪武年间或更早时，水族的先民因充军或逃荒等原因，来到贵州三都等地居住。他们看到当地的苗族在"吃鼓藏"时有牛打角——放牛相斗，场面非常热闹，并且还杀牛祭祖，感到十分羡慕，但他们却因生活穷困而没有牛。在这种情况下，水族的先民们发挥了自己的智慧，他们用竹篾编成斗笠的样子，然后把木削的水牛角安放在斗笠顶端两侧，做成牛头，由二人各持一个，模仿牛打角的架势相斗，跳起了"斗牛舞"，以此表示水族在过端节，庆丰收或祭祖时也有牛打角。这也就是当地苗族有牛打角的习俗而没有"斗牛舞"、水族有"斗牛舞"而没有牛打角流传的原因。

"斗牛舞"一般由五把芦笙、五支莽筒伴奏，吹芦笙者边奏边舞。芦笙中最小的一把，声音最高最响，标为公芦笙，整个舞蹈由它领舞。舞蹈的唯一道具是竹篾制作的"牛头"，前部拴上鸡毛裙，后部披以彩色绸布装饰物，由二人各持一具，取半蹲式边奏边舞。另外，还有五个头戴用三根白鸡毛和一根野鸡毛来装饰、以竹篾编就的帽子，腰拴白鸡毛花裙子的伴舞"姑娘"（由于封建势力的束缚和影响，水族妇女从不参加跳舞，所以"斗牛舞"的女角全由男子担任）。舞蹈从头至尾显现了水族人民热情直爽、粗犷奔放的性格，动作幅度大，有自如的甩腰、顶胯、抖肩、旋转，整个舞蹈的进行就像那都柳江的浪涛碰击在礁石上又打回来一样，浪来浪去。

每当谷种撒下田，芦笙就藏起来不吹了，"斗牛舞"也随之停止。到秧苗拔节抽穗后，方由一舞会头人摘下稻穗插在芦笙上，芦笙才又响起来，"斗牛舞"也随之而起，表示芦笙吹胀了谷粒，迎来的必定又是一个丰收年。

水族"斗牛舞"流传于三都水族自治县城关区拉揽公社，水龙区地祥公社，九阡区阳拱公社，都江区甲雄、上江、坝街等公社，其中以都江区流传最为普遍，凡是水族居住的村寨，不论大小，都有"斗牛舞"和舞会组织，除儿童外，男子几乎人人能跳、能吹。

[宋晓君、焦斌：《水族"斗牛舞"》，载贵州省民族研究所编《民族研究参考资料·民族风情》第二十二集，第189—190页，1985年]

第三节　节日中的祭祖活动

1. 三都九阡水族"借端"祭祖

借端：水话的"借"是吃的意思，每年过一次；到水历的元月至二月（农历九月至十月），根据水书推算选择吉利的亥日举行。

相传，水族的祖先从广西南丹县来到现在贵州三都县的三洞一带，看到这里没有人居住，还有好的坝子，就打算在这里住下来；但又觉得这里地盘太小，住不下这么多人，又分头到四周三四百里的地方去察看，地方也不错，就决定分开在这一带住下来。并决定三年之后的水历年底来三洞拱登祖公住的地方团聚。三年后，［人们］全都来到拱登祖公处，带来花糯米饭、米酒、南瓜，各种水果，各种鱼，大家正准备开宴饮酒，突然天空传来了诺仙术（鸟名，似凤凰）的急叫声，有一群秃鹰追来，大家立即意识到是不好的兆头。这时，狗也狂叫，有一队衣着古怪的人马拿着梭镖、弓箭、砍刀和长矛来到，并声称这一带地盘是他们祖先开发的，到处都埋有金银财宝，强迫水族全部搬走。双方争执不下，水族叫来人当面将财宝挖出对证。开初，总是挖不出来，就不断换人来掏泥巴，突然有一人掏得一锭。当水族人定睛看时，发现锭窝根本没有沾一点泥巴，最后双方动手打了起来，水族凭借人多才保住了这块地方，自己却死去了不少人。当晚把战死者安葬，用包韭菜的炖煎来祭奠。夜里，拱登做了一个奇怪的梦，一个白胡子白头发的老人对他说："你们水族开辟这片地方，有人不服气，他们打不赢了，打算在明天早饭后放瘟疫来毒害你们。早饭后，你们全部爬到那团怒姑端的山坡上去，傍晚回来就没事了。"第二天，人们还在煮鱼奠祭死者，准备杀猪来庆贺这次战斗的胜利，拱登想来想去，怕万一出事，将梦事告诉大家。人们上坡后，唱歌玩乐。然而小孩哭闹，马也踢腿嘶叫，后拉马比赛。待太阳下山回家，人们发现留在家里的猪、牛、鸡、鸭全都死了。大家弄肉摆酒庆贺免于瘟疫，诺仙术也飞来周围梧桐树上落脚。此后，水族每逢水历年底都来庆贺，称做"借端"。过了若干年，大家都感到每次都要走几天路程太疲倦，商定轮流过端，结果是内外套地区过第一批，拉佑、水东过第二批，水婆、天星和水龙过第三批，三洞、中和过第四批，水潘过午日，牛场过未日，共七批。又请来拱略夺，翻看水书，以远祖安葬的亥日为端节，一个一个轮流。

根据水书择定元月亥日后（忌丁亥），在前一天要进行彻底清扫，特别是炊具，必须一件一件洗刷得干干净净，准备好各种过端节的物品。戌亥日交之时，举行一次拜祖仪式，称为"初拜祖"，在屋内堂中设三桌，一桌为祖宗席，一桌为地母娘娘席，另一桌设在祖宗桌旁，供有鲤鱼、水果、糯米饭、南瓜、豆腐、甜酒，其中鲤鱼要煮酸的。祖先席上供置衣服、鞋、帽子，桌边放劳动工具犁、耙、锄、镰刀、摘刀、翻撬等物，供祭半小时后打枪。相传是因为祖先来这里时，和当时居住在这里的人发生了战争，赶走了那些人后才得居住下来。供祭一小时后方可撤席。此时，家人和来客共同饮酒进餐，各家相邀。这次宴饮必须忌荤，只能吃豆腐、南瓜、鱼，不能吃肉，油也只能吃植物油，忌食动物油，以表示对祖先的崇敬。据传说，是因为在一次过端节时，老祖公（亦有说老祖母）上房摘南瓜，因房木腐朽而摔下死亡，为了祭悼，从此开始了忌荤。到了寅时，又举行拜祖的仪式，亦设三桌，供物同前，唯供祭的鲤鱼不同，将鲤鱼开膛取去内脏，放韭菜及香料于鱼腹之中，捆上米草，放入瓦罐煮熟即成，此次供祭时间比第一次要长，三四个小时后结束。然后来客宴饮，仍须素食忌荤。这时，人人着新衣、盛装，各家相互邀请，表示祝贺。同时开始杀猪，请客。有的去到端坡赛马，九阡地区水昂寨有端坡，其余村寨都没有端坡，就上三洞、周覃的端坡观赏游乐。至中午时分，方可食肉，解除禁忌，畅饮。下午，各寨开始敲铜鼓，人员集中娱乐，唱歌，老年人唱酒歌，青年唱情歌，节日一直延续三四天。正如《荔波县志稿》所载："九月节，本属三洞、恒丰等乡之水家，于每年九月至十月之交，逢亥日过节，名曰过多（按：即过端）。在前一日戌日即将家中一切用具洗涤洁净。下午四五时，陈设鲜鱼果品衣服鞋袜等于堂上，恭祭祖先。亥日，青年子弟着鲜衣，骑肥马，到年坡赛跑。观众以千万计，极一时之盛。午后回家，大宴宾客，连日饮酒作乐，并击铜鼓助兴。约四五日客散尽始止。"

[陈国安：《三都水族自治县九阡区水族节日调查》，载贵州省民族研究所编《贵州民族调查》（之三），第316—317页，1985年]

2. 端节的祭祖活动

端节前的准备

逢年秋收完毕，农历八月亥日以前，即水历十二月前，水族人民家家户户都为大人小孩准备好节日新装，将跑马喂养得肥肥壮壮。待节日来临时，将房屋打扫得干干净净。一切家具、炊具及各种用具均要用清水洗净。酿米酒、制甜酒、做豆腐及准备各种蔬菜、果品等等。开塘田水捉草鱼、鲤鱼。

大年三十晚上，将草鱼（水语呼为"湾"）、鲤鱼（"孟阿"）、韭菜（"唉木"）、广菜（"博"）及各种配料、香料备齐后，开始包鱼，包的技术相当讲究，将鱼肚皮剖开，剔除去五脏洗净，把各种配料、香料先放到鱼肚子里，然后再放韭菜、广菜，最后又用韭菜、广菜放在鱼背的一边，用稻草包扎好。这样一尾鱼一包地扎好了，天黑时，放进大铁锅里煮，铁锅的锅底上面要先放韭菜和广菜，再放进包扎好的鱼，最后加适量的冷水来煮，待水蒸干时，已是下半夜一两点钟了。届时，迎接祖先敬供各种祭品。

祭祀祖先仪式及其供品、贡物

水族农户祭祀祖先,在正堂屋中央置桌子一张,摆六个酒杯、六双筷子(有的农户按祖先的人数放数)、三尾鲜鱼、一大碗糯米饭、一大碗豆腐、一碗包扎煮好的鱼、水果、烟叶、一件新衣、一双新鞋、围裙、一把秤和帽子等,桌边放三条凳子、桌子脚边立一烟杆,用一块瓦放上木炭。敞开大门,敬供祖宗,敲铜鼓。农户不烧香、不跪拜,也不燃放鞭炮。第二天清晨,加供一碗南瓜。正堂房侧边的娘娘神桌上的供品、贡物除设有烟叶、烟杆以外,均与正堂屋桌的供品相同,只是酒杯五个,筷子五双,外加一碗甜酒。若家族人中有非正常死亡者,则在大门外供物品,用一把纸伞、一盆水放在贡物旁边。

三十日下午,太阳落坡以前,行招小孩之魂仪式,用杨梅树叶放在门外的楼脚下面,以鱼三尾、糯米饭一碗、南瓜一碗、白米一碗、鸡蛋一个用麻线捆着,并用刻木锯齿放在鸡蛋旁边。并将家中每个小孩的衣服上扯一点丝丝放在那碗米上。祭供以后,大人将桌上的东西一一历数,喊"××小孩来了没有"?小孩则回答"来了"。行祭完毕,小孩们共同吃这些东西。最后,将麻线、刻木锯齿和那碗白米抬到娘娘神桌上,到第三天时,将这碗白米煮吃,表示小孩们顺愿平安。

[雷广正:《水族"端"节调查资料》,载贵州省志民族志编委会编《民族志资料汇编》第七集(水族、壮族),第240—242页,1988年]

3. 三都九阡水族"借卯"祭祖

水历十月(农历六月)选定一个卯日(但忌丁卯,水族同胞认为丁是属火的,容易给人们带来灾难)举行。

据《荔波县志稿》载:"六月节,本属从善(按:即九阡)、瑶庆、永康、水利等乡之水家,于每年六月内,除丁卯外,临时择一卯日过节,备酒肉,祭祖先,宴宾客,名为过卯。"在九阡地区,借卯是一个很隆重的节日。九阡乡的板高、母改、水懂、水各乡的全部水族,杨拱乡的高农寨都过卯节。

卯节的前一天要很隆重地供祭祖先。在供前必须先用两杯酒淋铜鼓。设供祭桌,供品有鸡,鸡头必须向东放在桌上,设五个碗,五双筷子,五个凳子,一大碗花糯米饭,一把叶烟,一根长烟杆,供祭约半小时。一般卯的前一天客人不来,主人家杀猪,但不做供物。

卯天,用同样的供物再供祭一次,供祭的同时,主客可以开始吃饮,餐毕,去"卯坡"。在九阡地区共有三个"卯坡",青年男女在"卯坡"唱情歌。找对象谈恋爱。卯节一般过四天,(参加)人数很多,有的卯坡多到数千人。

[陈国安:《三都水族自治县九阡区水族节日调查》,载贵州省民族研究所编《贵州民族调查》(之三),第317—318页,1985年]

4. 三都九阡水族供祭地母娘娘

（地母娘娘）水语称"云牙港登"，又称"苏稔喜"，水语"云"是敬的意思，称祖先婆为"牙"，"港登"是指在家里的神坛。水语称丑为"苏"，称四月为"稔喜"，苏稔喜是四月丑日之意。民间还有一种称呼，叫敬地母娘娘，这是对一个节日的几种叫法，云牙港登是从放的位置和敬的对象命名的。

在九阡地区的水族中，凡是有孩子的家庭都过这个节日，其目的是求生儿生女，保儿保女健康成长，这个节日是按户进行的。

先是做成一张桌子，请水书先生念咒作法。将桌子放置在堂屋靠家庭主妇卧室墙壁这边，水书先生用红纸剪成人像若干（象征着孩子众多成群）和花纹，粘在白纸上，然后贴在桌子上方墙壁上或用竹竿撑在板壁上，其他人不得移动。在水历四月（农历十二月）丑日的卯时正式供祭。这天，主人要杀猪、鸡、鸭，做红糯米饭、红粽粑、红蛋和酒，将这些供物全部放在桌子上供祭，点香烧纸钱，请水书先生念道："请你牙港登先吃，我们后吃……"念毕，全家聚餐欢庆。

除了四月丑日供祭外，平日早晚用餐时（水族地区一般每日只用两餐），先盛上饭放在桌上供祭一下，然后全家才开始用餐。

四月丑日除了在家的牙港登桌上供祭外，也还有将肉等供物拿到路上桥头供祭的，目的也是一样。

[陈国安：《三都水族自治县九阡区水族节日调查》，载贵州省民族研究所编《贵州民族调查》（之三），第 320 页，1985年]

5. 三都九阡水族挂清祭祖

挂清在九阡地区水族中十分盛行，也是这里拜祭祖先的隆重节日，时至今日还很流行。挂清在每年的"清明"这天举行。

清明这一天，各家备有猪肉、鸡、鹅等，讲究的家庭要准备一些猪肉，一个猪头，还有一头活猪（大小不等，小则三二十斤，大则五六十斤，甚至百斤以上）、两只鸡（祭亡父用红公鹅，祭亡母则用母鸡，均忌用白色），有的还要备鹅，讲究的家庭还要备羊。先在家把猪头、肉煮熟，全家人和邀来的客人一起上山到坟前，供祭分两次进行。第一次，将熟猪头、熟肉，糯米饭一大碗、米酒五碗、筷子五双、碗五个在坟前摆好，点香烧纸钱，作揖磕头，鸣放爆竹。祭毕，食肉、吃糯米饭、喝米酒，之后挖灶支锅，杀猪鸡鸭鹅，用糯米煮稀饭，熟后，先在坟旁设一供祭桌，用一小点肉、一只鸡，舀五杯酒、五碗稀饭，点香烧纸，请土地神享用（据祭者解释，这是为了保证祖先能吃上、吃好，先用一部分给土地神，以免神来抢夺供祖之物）。然后将簸箕把猪肉装好，猪头压放其上，鸡或鹅供放墓前，舀米酒五杯、糯米饭一大碗、稀饭五碗，念道："今天是清明节，有猪、有鸡、有酒，请老祖公（奶）吃，保佑我们全家不生病，不受灾，人丁兴旺，六畜兴盛，粮食丰收……"根据水书规定适合加土垒石就给添土砌石，清除坟墓四周的杂草荆棘。祭毕，家人和来客开怀畅饮，至下午六七时方归。

若是新安葬的坟墓还必须去守坟。由家里哥弟或子女（女必须是小女孩）在交清明的时辰去守坟，先在坟旁挖一小坑，坑内添上水，交清明时刻，要在坟前放鞭炮、打枪，紧接着就开始供祭，杀鹅前要用坑里的水喂鹅。规定第一年必须用公鹅，第二年又必须用母鹅。

[陈国安：《三都水族自治县九阡区水族节日调查》，载贵州省民族研究所编《贵州民族调查》（之三），第318—319页，1985年]

6. 三都板引村水族挂清祭祖活动

这里的水族人民原来是不过清明节祭祖先的。传说在很久以前，三洞的一个公，只有一个儿子，他们又老实又勤劳，儿子对公很孝顺，老人对儿子也很喜爱，他们的生活过得很愉快，老人还在想着怎样为（未婚的）儿子讨个好媳妇呢。后来，突然闯进一只恶虎，它向老人说，你儿子欠了我的债，我只有在清明节吃了他，才能还得清。恶虎讲完话就走了。老人想这清明节是汉族过的节日，与我们无关，不如把儿子哄出去玩几天，等过了这个节日再回来。儿子放牛回家后，老人并没有把恶虎讲的话向儿子说，只哄说姑妈家有事，叫他去看，等汉族过完清明节再回来。

时间过得很快，不几天就是清明，凶残的恶虎当真来了。它闯进屋里，见老人在火塘边吃烟，不见老人的儿子，恶虎问他的儿子哪里去了，公说不知道。恶虎说，不知道你就给我找回来。公答应可以。于是，他老人家就出了门走到一个四面环水的小山包上，估量老虎过不来，就坐在一棵大树下休息。恶虎在家不见公回去，就寻踪找来，它见公坐在四面环水的小山包上。不由恶性发作，一纵跃了过去，就把公给咬死。儿子回来知道此事后，悲痛万分，就把老人埋在大树下。第二天去看，坟却被老虎扒开了，儿子把坟修好，就提着一把大斧爬上了大树躲藏起来，到了半夜恶虎又来扒坟了，儿子用力把斧头从树上砸下来，不偏不倚，正砍在恶虎的头上。老虎当场就死了。他把恶虎放在公的坟前以示祭奠。从此，每年清明节，人们都来自己祖先坟上用些酒、饭、鱼和豆腐之类敬供。

[杨有义：《板引村水族社会调查》，载贵州省志民族志编委会编《民族志资料汇编》第七集（水族、壮族），第174—175页，1988年]

7. 三都九阡水族的挂谢祭祖

挂谢，这个节日是在新埋葬坟的第一、二年春分节气举行。在九阡地区水族中现已不太盛行。供祭前要通知近亲、舅爷、嫁出去的姑娘来参加。

全家备小猪、鹅、鸡、猪肉等物，届时，先将家中带去的熟肉、糯米饭等供上，酌上五杯酒，同时，要在坟墓旁另设一祭坛，仍须供肉、糯米饭和酒敬土地神，这是第一次供祭。杀猪、鹅后，插上"哑基"，用鹅、猪肉等供第二次，稀饭、酒各五碗，供毕，给新坟添土加高，清理杂草。

挂谢中，用鹅被视为最珍贵，从水族的认识上，鹅比猪还要好，但第一年必须用公鹅，第二年又必须用母鹅。

[陈国安：《三都水族自治县九阡区水族节日调查》，载贵州省民族研究所编《贵州民族调查》（之三），第321页，1985年]

第四节 丧葬中的祭祖活动

1. 开控

①水族的丧葬

一、丧葬的程序

丧葬的程序，大致分为报丧、入殓、择吉、安葬、立碑、除服等六个方面。

报丧——水语称为"报亥"或"报代"。人断气了。按孝家和亲戚的主次远近，分头派人去报丧。男丧，即先向其在外地的子女、姐妹、兄弟姑父母报，女丧则先向其外家、在外地子女、姐妹报丧。然后再向其他亲属和家族报丧。

报丧的目的有二：一是让亲属都知道这一噩耗；二是让亲属和家族忌荤，只忌禽畜的油肉，不忌水产动物和植物油，并以鱼为主祭品，直至安葬之后才能开荤。忌荤是水族丧葬中比较特殊的禁忌，是活人对死者的缅怀与悼念，同时又是团结血缘家族的重要纽带。这一习俗是水族先民曾在湖海江河一带生息的遗俗，凡是与亡人属于同一家，不论相隔多远，只要知道这消息，都主动忌荤。谁违了这个不成文的信条，将受到人们的鄙视和指责。传说若有违者，将会导致眼瞎、嘴歪、耳聋、害天花病等残疾，甚至会使五官变形、四肢残缺或夭折等等。这些虽毫无科学根据，却成为水族一条不成文的习惯法。

报丧的同时，则派人去请水书先生（水语称为拱陆铎）来择（埋葬的）日子，并且召集亲邻来商定丧事处理的方法及规模，分头做好治丧准备。

入殓——水语称为"和枕"。在此之前还有更换寿衣的程序。过去，亡人落气之后，不能轻易先动手料理后事，而要待水书先生择吉之后才动手。这阶段要认真守尸，严防黑猫跨越尸首，以防亡灵将来作祟。现在大多即在人落气之后，当即着手擦洗、整容、梳妆、更衣入殓。但是，若是年轻少妇，则要等其父母或兄弟来察看尸首，确属正常死亡才能更衣入殓。

入殓时，要将亡人的床单、破旧衣服搬到寨脚去烧化，水语称此程序为"刀恨"，意译为烧老窝。那些可留下继续使用的衣物，则拿到这堆烟火上熏飘之后才能留存。有很多人家还折一纸船，放进亡人衣服的一点布筋，然后带到河沟边去烧化，让它淌入江河，把亡灵带回老家。

擦洗亡人时，从头上至脚下。男的亡人要剃光头，女的亡人要梳整发式。更换寿衣时，往往扶着亡人端坐竹箩之上或者铜鼓之上，穿戴的衣服不能掉到地上。要是这些掉下地又捡来使用，亡灵就算未收到，往后要作祟索求。寿衣兜单、盖单，常取白、青、蓝三色，而以绸缎为贵，内衣为白色，这些寿装，常取三、五、七、九单数，穿不完的寿装，一并衬垫在亡人两则。

棺木以木质最好，无疙瘩、上土漆者为贵。一些贫寒之家，突然出现丧事，若是白棺则取墨来涂抹。棺内要认真裱糊，以防停棺、运棺时尸水外流。

搬亡人进棺内时，不能让头看见脚，否则怕亡灵变鬼来家里捣乱。在守尸、擦洗、更衣、入殓以及安葬时，料理后事的人们不能在死者和棺木附近互相呼喊姓名，有事只能用人称代词来呼唤，生性胆怯的，也不让做帮手。这些禁忌是以防亡人把生人的灵魂带走。

停棺——将棺木移入正堂停放，以供祭和吊唁，兼等吉日良辰。大部分地区是将棺木顺梁停放，只有阳安、阳乐一带停棺方向与房梁成垂直角度。停棺的现象极为普遍，很少有入殓后即抬上山安埋的葬例。

停棺时间的长短，依择定的葬期而定，一般为一至三天，有少数的人家停棺达数月或经年，但是都以木板围土掩盖，以便让家族及亲属开禁吃荤，而忌荤仅限于孝家。

在水族地区，从亡人落气直至安葬结束，其间不论时间长短，邻里和家族都自发地、主动地来帮忙，不索取任何报酬，孝家短缺的物资，有的也主动献出，互助精神甚为可观。

择吉——水语称为"来问"，意为选日子。孝家要派人去请自己认为信任的水书先生来择定。水书先生往往要根据亡人生年属相，选择与其相生、相合或比肩的吉时吉地吉向。首先要避开"梭项"、"龙犬"、"尾头"、"野辣"、"代排"等凶恶的水书忌日，以求事后不出凶祸的前提下，再去选择添丁发福的吉祥日子。孝家往往要在仓口或楼上举行"点降"（水语音译，直译为压住亡人命上所得的掌官位），以保财源不流散和人丁兴旺。"点降"时，要请六位年龄为六十一岁的水书先生，以六条鱼作为主祭品置于簸箕内，下面垫以折糯的米把。这样的仪式是取其意为水语的"陆铎"。

出殡——要按水书先生选定的日时方位行动，棺木用红毯子遮盖，上面还绑着一只红公鸡。由一人先行在出丧所经的路途撒冥钱纸引路直抵基穴边。孝子一人披麻戴孝端着灵牌的那升米走在前头，接着是妇女、儿童拖拉着白布纤绳。芦笙、唢呐、旗幡、伞盖、耍龙、舞狮队伍随棺木，一路吹奏和表演。出殡之后，不准棺木走回头路，不准孝子回头张望。

安葬——当开挖墓穴前，要敬土地神；挖好之后，有的还在穴底撒上朱砂以驱邪，并以大米画上八卦或写上"富贵双全"等字，下棺入穴之后，校正了方位，常让孝子撒下一杯泥土，以示百无禁忌，然后一旁的人才动手垒坟。有的在下棺时，请风水先生念跳井、踩棺的经咒。垒坟时，忌用锄头当冲杵冲泥巴；凡坟上所用的锄、铲、杵等工具，事后要扛到孝家存放，待过三天之后才能分别物归原主。

二、丧葬的形式

水族的丧葬形式，大致分为便葬、急葬、浅葬、深葬四种。并且还可以分为土葬、火葬两类。火葬最终也要土安埋，实质也属土葬。

土葬是把亡人入棺直接入土安葬、对尸体不再作其他处理。火葬，是把非正常死亡的人火化之后，再装棺入土安葬。比如因刀枪、摔跌、恶疾、怀孕、产妇死亡者，要火化之后才能埋葬。不然认为这种非正常死亡会代代遗传，祸患不止。同时，对在外死亡不属寿终正寝者，不论是尸体、尸骨、骨灰，都不能运进村寨，只能在寨侧搭个棚子停放，等待择吉处理。有些非正常死亡者，当时因条件不具备来不及火化就安葬的，事后条件具备也要火化，否则就耿耿于怀，终日惶惶不安。火化通常以柴炭、黄豆做燃料。

便葬——入殓之后，随即抬棺木上山安葬，不举行开控吊丧仪式。多为贫寒之家或特殊的环境与年代所采用。

急葬——因某种原因来不及筹备开控追悼，先入土安葬，过后再作计议。

浅葬——是所选择的日子尚存在某种凶煞，而又可以采取一些临时应急措施，就把棺木抬至选定的墓穴去安葬。但是棺木不能完全落土，通常用两根木条垫住棺底，或者用木皮、木板等靠住棺头，盖棺时不让泥土贴住棺木。等到选择福禄双全的日子，再将这些垫木或隔板抽开，让棺木全部落土，这才算深葬。

深葬——可分为一次性和两次性。一次性是下棺入穴之后，让泥土全部贴住棺木，以后不再作其他变动。二次性是因近期择不到完美的日子，先浅葬后再深葬。迁葬、火化之类的，也属于二次性的安葬。

迁葬——属于二次葬，其原因是：一是客死他乡，因为路途遥远或经费短缺，当时难以将尸骸运回故乡而地瘗之，过三五载或有一定条件之后，再将骨骸运回故里安葬。二是原来安埋亡人之后，觉得家计不振兴、人丁不旺或祸端常常出现，以为祖坟犯丁凶煞。待寻到灵山福地，选择吉日良辰再作迁葬，希冀所谓风水龙脉福荫，使家境化险为夷，富贵双全。三是建坟所需工地或山体裂缝，以及穴位土地归属有争执，坟茔常受破坏者。总之，迁葬大多是属于不得已而为之，少数属于条件变化之后才考虑的。

迁葬时，若是棺木已朽烂则更新，将尸骨按原来位置摆于棺木中，若是需要火化，有的用木匣装骨灰，有条件的也用大棺材。迁葬动土时，需燃香化纸，摆酒饭祭土地神，并向亡灵说明迁葬原因，有的还请巫师将亡灵收到家里，待迁葬结束再送其归附尸骨。

另外，人们对墓地的选择是相当慎重认真的。过去，每个村寨或每个家族都有一个集中的墓地。公有墓地坟头累累，几难插足，并多植枫香、柏木、杉树和竹子。后来因为公有坟地过分挤密，容纳不下新坟，同时，风水龙脉的迷信影响，也就分散选择墓地了。

三、祭悼的方式

祭悼的方式，可分为一般祭悼和隆重祭悼两种

一般祭悼为：一是忌荤吃素，二是设立供常年供祭，直至三年除服为止。只不过在安葬之前较为繁杂，入土之后则简化一些，三是在墓地上供祭，四是三年后除服。

隆重祭悼，除了包括一般祭悼的各种形式之外还有"开控"、立碑和论理答辩的"诘俄牙"。开控还分为小控、中控、大控；立碑有单面碑、三面碑、八字门、五面碑、楼阁等；论理答辩的"诘俄牙"，多为女丧举行。举行答辩时，在灵堂上摆酒席，以舅爷为一方，孝家为一方，各请一位德高望重、懂得古理古规的长者来答辩。以胜者为荣，围观者挤满屋子，肃然起敬。"诘俄牙"是水族一种诗歌体民间文学。

开控，水语称为"或控"，意为做控，是追悼的一种仪式。水族人民认为把丧事办得隆重一些，才算对父母有孝心，只要是经济条件能勉强应酬，就要举行开控。若条件具备不为死者开控的人，要受到社会舆论的指责与抨击。

开控规模的大小，常依家境而定。通常要杀猪，砍水牛，男丧则有的还要杀马。宰杀的这些牲畜，其肉称为"难得雨"，意为屋檐下的肉，禁止同家族内的人啖食。现在，有的牵牛马和抬猪到坟地上，待棺木入土安葬后再宰杀，这样孝家的族人就可以吃了。

小控——水语称为"控低"，扎些简单的纸伞、旗幡上坟，请一拨芦笙、唢呐吹奏一个晚上，一般杀一头猪。小控开销少，破费不大，为广大的群众所采用。

中控——水语称为"控胆"，规模比小控大一些，除了杀一头猪之外，还砍一头牛或敲一匹马；旗幡伞盖的质量也好；芦笙、唢呐队伍增至二三拨，有的还在寨外搭布棚（用五尺以上的的土布并联在一起，搭成"人"字形的布房），供芦笙和歌手在里面演奏、歌唱。中控的时间也不长，一般是一个下午连一个夜晚。

大控——水语称为"控劳"，规模又比中控大一些。杀猪宰牛从四五头至三四十头不等，敲马往往也达三五匹。除了孝家扎旗幡伞盖之外，亲戚往往要请芦笙队、唢呐队和耍龙班、舞狮班、花灯歌手及旗幡纸伞来吊丧。因此，有的大控要搭五六个布棚作为芦笙堂、歌手堂、花灯台和客祭堂。正头亲戚的吊丧队伍，往往达数百上千人，整个控堂不少于三四千人。

特控——水语称为"控腊"。特控时，有条件的人家还举行一种特殊的停棺仪式"屯亥"。"屯亥"时要敲击铜鼓（不用调节气流的木桶）。使用铜鼓的数目，要经过水书先生按亡命属相推算，限定在三至九个之间。敲击铜鼓时，要用一面锣来定音，铜鼓节奏的快慢缓急，要以锣声而定，演奏者以双膝一夹一松控制铜鼓声的高低、长短与大小。据说，敲击铜鼓是向天神报告，祈其循着鼓声下到凡间引渡亡灵升上天。实则是驱走灵堂一些阴森的寒气，使守灵的人有所娱乐，而以此来阻制人们在丧期的越轨放肆。

另外，要立高高的旗幡，水语称为"杆渺"，即挖连根带叶的大竹子，把三丈三尺来长的土布并联之后绑在上面。然后用大木料做支架，靠着屋山竖立起来，并且不让悬

挂的布尺下端曳住孝家的屋脊。旗幡一般高度都在四五丈，能立旗幡之家常以此为荣。

"屯亥"除作上述两种形式之外，还要请歌手来念吊丧歌——水语称为"甫亥"，其调子与山歌调子相似。常以七天为一阶段，首末两阶段各为七昼夜，中间阶段至少也是五天以上。歌手一般至少有两个，一个为主师，一个为副师，以便轮换。念吊丧歌的歌手，不同于在布棚歌堂里对歌的歌手，而是要以孝子身份出现来呼喊亡灵，要披麻戴孝，要吃素忌荤。

近代，由于汉文化的传播与影响，水族地区亦有个别人家请僧人来念经，超度亡灵。

上述几种情况，是特控前的几种吊丧形式，而具体情况是：旗幡、伞盖、吊笼、"孔明伞"的数目多及质量比大控为优；舞龙、舞狮花灯、唱歌、芦笙、唢呐队伍也比大控的数量多、规模大。特控最主要的形式是"放腊"的规模大，形式特殊。开道的五个人，是水书先生经过专门挑选，其出生年月十分特殊，他们执旗按预测的方向领队前进，一人骑着纸扎的马儿，让马屁股朝前，其后跟着二十多个穿绸缎长衫，戴马尾帽的老者。接着，是一队高擎彩旗的队伍，其后是二三十名披头散发的哭丧妇女，然后才是旗幡、吊笼、伞盖、舞龙班、舞狮、芦笙、唢呐队伍及抬鲜鱼、糯米、豆腐、米酒等奠仪礼物的队伍。放腊的队伍往往达数百或数千人之多。放腊队伍进入控场之后，要结队绕着孝家事先搭好的台子走圈进行亮相表演，绕的圈数要依水书先生的推算与测定。

开控时，控场上舞龙、舞狮、放黄烟、放钢花、放火箭、放孔明灯、唱歌、吹芦笙、跳花灯、放铁炮和鞭炮，加上人声鼎沸，往往弄得响声震天动地，烛火之光彻夜长明，歌唱之声夜以继日，盛极一时，但也花费惊人。尤其是大控和特控更为奢侈，有的开控期长达二三天、五六天之久，甚至有的远近村寨倾寨出动，弄得人山人海。过去开控，不论是送奠仪者、帮忙者，还是玩乐的观赏者，都由孝家管吃，要有酒肉、豆腐、豆芽等招待。有时摆席困难，即以几只大谷桶放在田坝中，把糯饭倒进去让人们吃饱。大控往往有数千甚至一二万人之多。杀的猪、牛不下几十头，粮食消耗难计其数，消费之大颇为惊人。例如，大约距今一百二十年左右，地祥地寨的杨白死了，为他开三天大控，杀了四十头水牛。在六十多年前，水龙区阳乐有一个杨家妇女死了，开大控竟杀了五十头水牛。至于芦笙旗幡、耍龙等娱乐也是达惊人的地步。举行这类仪式也仅在少数水族上层富裕人家出现。

立碑——往往在安葬之后才着手打石碑（有个别立"生碑"）。石碑有单面铁尺碑、三面碑、五面碑、八门、楼阁碑等。碑上雕狮刻龙，还雕有各种人物、花草和铜鼓等图案，真是栩栩如生。过去水族地区还盛行过石棺墓葬，用宽大石板砌成二层或三层四方的坟，尸骸埋在土中的那一层。这些石棺墓遍及三都、独山、荔波等地。目前以水龙区引朗寨石棺墓群为最完好，其次水龙区安塘和九阡区一些地方也保存有一些。

除服——是死者入土安埋得三个年头之后（虚岁则可），孝家举行除服仪式，要把香亭、牌位和悬于堂中的白祭等焚烧，戴孝帕者要将孝帕在此烟火上熏飘一次，以示戴孝纪念结束。亲友往往提一只鸡、一壶酒、一些香和线纸来交给孝家。孝家将鸡杀来祭奠，并且还留一腿肉、一点糯饭给来者带回去。

四、丧葬的主要礼仪

丧葬的礼仪十分繁冗复杂，兹将几个主要部分原录于后。

祭奠——吃素忌荤地区，以草鱼、鲤鱼为贵，作为主祭品。将鱼剖开除去内脏，填以韭菜、广菜、粟米、糟辣和作料，以糯米草单数绑牢，然后一次放水清炖，然后置于大木盘里来祭奠，同时摆上豆腐、糯饭和米酒等。九阡、荔波一带习惯在婴儿诞生时酿糯米酒窖藏，直至死亡时才开封来祭奠和待客，此为生有所备，死有所用。阳安地区不忌荤，而以牲口和禽类来祭奠。

戴孝——孝子和家族中及亲属中的晚辈都要戴孝帕以悼念。戴孝时要在灵位前跪接。

接送吊丧队伍——当亲戚组织旗幡、伞盖、彩龙、舞狮、芦笙等来吊丧时，队伍临近村寨，要鸣放铁炮向孝家致意。当孝家做好接待准备工作之后，就放炮三响致谢，以示准许开进，同时，孝子即到村外的路口跪迎吊丧队伍。当吊丧队伍开道的几位身着青缎长衫的长者，扶着孝子平身之后，即低首位于道旁送行。

奠仪的酬谢——治丧时，不论送奠仪的分量轻重，来者都一视同仁地招待。送的礼物逐项登记，待对方有红白喜事即以相似价值的礼物做还礼。收到奠礼之后，为了向亲属说明已收到礼物，并致以谢意，往往以下列方式表示：送祭幛者，就撕下一尺左右的白布送祭主，而祭主常将此白布折成二指宽的长条别于头上。送鲜鱼、豆腐、白米者，就割下所杀的牛马带皮的肉半斤或二三两做回敬。另外，丧期所借的碗筷、铁炮、抬扛等物品，一定要过三朝之后才能归还物主。若有损失，除照价赔偿之外，也要割带皮的肉半斤左右送去以示感谢。

[潘朝霖：《水族的丧葬》，载贵州省志民族志编委会编《民族志资料汇编》第七集（水族、壮族），第 230—235 页，1988 年]

② 三都县中和区水族丧葬祭祖仪式——开控纪实

1986 年 1 月，我们赴三都水族自治县中和区进行民族调查，1 月 9 日到达目的地。中和区领导同志告诉我们，塘州乡潘钦荣之母于农历冬月十一日去虑，腊月初三下午五时安葬（1986 年 1 月 12 日安葬）并举行开控仪式、家祭仪式等。这是典型的水族丧葬习俗。为此我们按预定时间前往进行丧葬纪实与调查。

现将水族丧葬纪实及调查报告于下：

一、入殓前

潘钦荣的母亲于 1985 年农历冬月十一日去世，终年 65 岁。去世的当天，丧家通知家族中人们即行忌荤吃素，孝子立即前往外家报丧。族中人员前来帮忙上山抬材，为死者洗身、理发、穿寿衣（七套）；孝子请陆铎先生（即水书先生）择定装棺、安葬的吉日、吉时。此时死者的尸体顺梁停放在正房屋中央，脚向火塘坑一方。待外家来人亲视后，按水书先生择定的时间将亡者装入棺内，棺材仍然顺梁停放。棺材前面供有香火及素食物品等。

二、入殓后

入殓后，棺材前面立灵位牌、放白米一升、敬供鱼三尾、糯米饭一碗、豆腐一豌、酒杯三个、筷子三双及香火等。

孝子包白孝帕，长子的孝帕以盖棺长度为准，次子以下的孝帕以棺材两边的长度为准，一般孝子的孝帕以五尺半至六尺为宜。

三、葬丧前的准备工作

潘钦荣之母的安葬时间为腊月初三。临近丧葬仪式的前两天，由族中人组成办理丧葬仪式的执事班子，分为内总管和外总管两班人员。内总管负责炊事、收礼、待客、安排食宿及家祭等项工作，外总管负责架芦笙、花灯和唱台的帐篷、抬棺材、安排人员敲牛及其安全工作等等。

四、丧葬仪式

丧葬仪式包括：请陆铎先生主持仪式、家祭仪式和"点主"仪式三种。

1. 请陆铎先生主持仪式

请陆铎先生仪式由水书先生具体安排。事先将一房间打扫干净，用新木板摆好，再用一新簸箕放上，周围用六个新草垫（即用稻盖编织成的草凳）摆好，放上碗六个、筷六双、洒杯六个、鱼六尾、豆腐一碗、白布六尺、糯米六串、白米一升、手镯、颈圈、红封6元（给水书先生之礼钱），邀请贵客人陪坐。水书先生头戴草帽、手持木棒，口中念经咒。待水书先生念经咒完毕，六人用清水洗手，用新毛巾擦手后共同饮酒和饮食。

待安葬完毕时，又用牛的五脏和母鸡一只行敬供礼，水书先生同样念经咒，送走陆铎公。丧葬撤席。

2. 家祭仪式

家祭仪式在屋外设台举行。家祭台上设有灵位、香案，供品：鱼、豆腐、酒杯六个、碗六个、筷六双、酒壶一把、糯米饭一碗、果品（花生、橘子）、井水一碗。祭台旁边放洗脸盆二个、毛巾一块、柏树一棵。讲书台与司爷位排成十字架，外围竖立各种祭帐、祭文和钱纸等等。

家祭仪式词：

司爷：执事者，孝堂肃静、举行家祭礼；执事者，各执其事，排位、击鼓、再击鼓、三鼓、鸣金、放炮、奏乐、乐止、续奏清音。

执事者：扶孝子执杖绕棺出帏、鞠躬、缓步、待立东方。孝子整麻冠、束麻带、纳麻履、拂麻袖。

执事者：扶孝子诣盥洗所（行礼者答，酌水进巾），诣熏香所（行答：三熏三沐），执事者，扶孝子诣灵柩前（引答：就灵柩前），孝子鞠躬迎灵、茹毛饮血，孝媳献姜汤（将灵堂上的一碗清水倒在地上）。

执事者：扶孝子诣谈礼堂恭听谈礼。（答：就谈礼堂）就位跪、废杖、俯杖，恭听谈礼。代仕者，请读孝经之首章：（代仕谈：子曰孝子之事亲也，居则致其敬，养则致其乐，病则致其爱，丧则致其哀，祭则致其严。五者备矣，然后能事亲）谈毕。执事者，扶孝子执杖、举杖，兴。（起）

执事者，扶孝子诣香案（答：净洁秉香）

执事者：扶孝子诣香案前行水上香礼（引礼者答：就香案前）。执事者：谈位。（读香案牌上的字）就跪位、废杖、上香、再上香、三上香；叩首、再叩首、三叩首；孝子拾杖、倚杖、举杖，兴。

执事者：扶孝子诣讲书堂、恭听讲书（引答：就讲书堂）。就位跪、废杖、俯杖、恭听讲书。代仕者请讲孝经之首章："曾子曰：慎终追远、民德归厚矣。"讲毕。孝子执杖、倚杖、兴。

执事者：扶孝子诣酒斟所（引答：司斟者举皿礼酌），执事者：扶孝子诣灵位前，行礼献酌礼（引答：就灵位前）。

执事者提灵。就位跪、废杖、献酌、再献酌、三献酌、伏、再伏、俯伏、举哀、哀止。

执事者：请司歌者请歌"蓼莪之首章"："蓼蓼者莪，匪我伊蒿，哀我父母，生我劬劳。"歌毕。

执事者，扶孝子执杖兴。执事者扶子诣谈礼堂（引答：就谈礼堂）。就位跪，废杖、俯杖、恭听谈礼。代仕者请谈孝经之次章（子游曰："伤哉贫也，生无以为养，死无以为礼。夫子曰：啜菽饮水尽其欢，斯之谓孝，剑手足，情还葬悬棺而无椁、称其财，斯之谓礼"）。谈毕。孝子执杖、杖举兴。

执事者：扶孝子诣香案前，引亚上香礼（引答：行亚上香礼。就香案前）。

执事者谈位、就跪位、废杖、上香、三上香、六上香；叩首、三叩首、六叩首。孝子拾杖、倚杖、举杖、兴。

执事者：扶孝子执杖兴。执事者扶孝子诣谈礼堂（引答：就谈礼堂）。就位跪，废杖、俯杖、恭听谈礼。代仕者请谈孝经之次章（子游曰："啜菽饮水尽其欢，斯之谓孝，剑手足，情还葬悬棺而无椁、称其财，斯之谓礼"）。谈毕。孝子执杖、举杖、兴。

执事者：扶孝子诣香案前，引亚上香礼（引答：行亚上香礼。就香案前）。

执事者谈位、就位跪、废杖、上香、三上香、六上香；叩首、三叩首、六叩首。孝子拾杖、倚杖、举杖、兴。

执事者：扶孝子诣讲书堂（引答：就讲书堂）。就位跪、废杖、俯杖、恭听讲书。代仕者讲书之次章（林放问礼之本，子曰："大哉问，礼与其奢也，宁俭。丧与其易也宁戚"）。讲毕。孝子执杖、倚杖、举杖、兴。

执事者：扶孝子再诣酒斟所（引答：司斟者，举皿亚酌）。执事者，扶孝子再诣灵柩前行亚献酌礼，（引答）诣灵位师。

执事者：谈灵、就位跪、废杖、献酌、再献酌、三献酌、六献酌。伏、再伏、六伏、俯伏！举哀、哀止。

司歌者请歌"蓼莪之次章"："蓼蓼者莪，匪我伊蔚，哀我父母，生我劳碎。"歌毕。孝子拾杖、倚杖、举杖、兴。

执事者：扶孝子三诣谈礼堂、恭听谈礼（引答：就谈礼堂），就位跪、废杖、俯杖、恭听谈礼。代仕者请读孝经之三章："丧不过三年，示民有终也，为之棺椁哀喊之，陈其簋盈哀戚之，僻踊哭泣哀以送之，卜其宅北而安措之，为之宗庙以鬼享之，春秋祭弛以付思之，生事爱敬，死事哀戚，生民之本尽矣，死生之又备矣，孝子之事亲终矣。"谈毕。

执事者扶孝子，拾杖、举杖、兴。

执事者：扶孝子三诣褚香所（引答：净洁秉香）。执事者：扶孝子诣香案前（引答：香案前），执事者谈位，就位跪、上香、三上香、六上香、九上香；叩首、三叩首、六叩首、九叩首。孝子拾杖、倚杖、举杖、兴。

执事者：扶孝子三诣讲书堂，恭听讲书（引答：就讲书堂），跪、废杖、俯杖、恭听讲书。

代仕者：请讲书之三章："（孟懿子问孝，子曰：无违，樊迟御，子告之曰，孟孙问孝于我，我对曰：无违，樊迟曰：何谓也？子曰：生事之以礼，死葬之以礼祭之以礼"，讲毕。孝子拾杖、倚杖、举杖、兴。

执事者：扶孝子三诣斟所（司斟者举四三酌）。执事者：扶孝子三诣灵位前，行三献酌礼，（答：就灵位前）。

执事者：谈灵、就位跪、废杖、献酌、六献酌、九献酌、献食、献馔、献香稽、献冥钱、献鱼尾、献果品、献马匹、献中隻（杀牛或马）、献刚鬣（猪）、献茹毛（羊）、普献、伏、俯伏、举哀、哀止。司歌者请歌"蓼莪之三章"："父兮生我，母兮鞠我，附我蓄我、养我育我，颈我腹我，出入俊我，欲报之德、昊天罔报。"歌毕。孝子执杖、倚杖、举杖、兴。

执事者：扶孝子执杖入帏。

执事者：引女媳诣灵柩前行献茶礼（引答：女媳就位），献茶、上香、孝媳退位。

执事者：引阁族孝眷诣灵柩前行上香礼（引答：阁族眷族就位），跪、上香、六上香、九上香；叩首、六叩首、九叩首。兴。阁族退位。

执事者：扶孝子绕棺帏，诣灵柩前就位，跪、俯伏、听谈哀章。谈毕，以孙化灰。

执事者：扶孝子拾杖、倚杖、举杖、兴。就位退灵。

执事者：扶孝子执杖入帏、免冠，守制三年家奠完毕，万事大吉，大发大欢。

执事者拆班，孝子叩首，大发大欢，鸣炮，礼毕。

3. 宾祭仪式

孝堂肃静，举行宾祭礼，执事者各执其事。启鼓、再鼓、三鼓、鸣金、声炮、奏乐、乐止、续奏清音。引礼者：引主祭宾。诣盥洗所（引答：着水进巾），诣熏香所（引答：三熏三沐）。引礼者引主祭宾诣香案前，行礼上香礼（引答：就香案前），执事者唱案。就位跪、上香、六上香、九上香；叩首、六叩首、九叩首。兴。

执事者引主祭宾诣酒斟所（引答：诣酒斟所举皿三酌）。引礼者引主祭宾诣灵位前、行献酹礼（引答：诣灵位前），执事者读灵、就位跪、献酹、六献酹、九献酹。献食、献馔、献香褚、献堪钱、献鱼尾、献品。俯伏！听读祭文。有文再读。读毕、兴！执事者扶孝子执杖出帏、举哀答谢礼。礼毕。化财、大发大欢、执事者拆班。

4. 点主仪式

孝堂肃静、举行提旌、饮宴、点主礼。

执事排班、序列。启鼓、再启鼓、三启鼓。鸣金、声炮、奏乐、乐止、续奏清音。执事者：扶孝子执杖出帏、诣东阁前叩请大宾。叩首、再叩、首三、叩首。

执事者：扶孝子执杖入帏。

执事者：请大宾整冠、请大宾出阁、请大宾举步、再举步、三举步。

引礼者：引大宾诣盥洗所（引答：着水进巾），诣熏香所（引答：三熏三沐）。

执事者引大宾诣旌北前、脱帽、鞠躬。请大宾提旌、执事者提红。

引礼者引大宾高坠恭座、执事者设席、执事者进馔、执事者进酹。请大宾举杯、请大宾搁杯、请大宾举箸、请大宾弄肴、请大宾搁箸。执事者请歌嘉鱼之首章："歌：南有嘉鱼，蒸然罩罩，孝子有酒，嘉宾式宴以乐。"

执事者再酹、请大宾举杯、请大宾欢饮、请大宾搁杯。请大宾举箸、请大宾弄肴、请大宾搁箸。执事者请歌嘉鱼之次章："歌：南有嘉鱼，蒸然汕汕，孝子有酒，嘉宾式宴以衍。"

执事者三进酹、请大宾举杯、请大宾畅饮、请大宾搁杯。请大宾举举箸、请大宾弄肴、请大宾搁箸。执事者歌嘉鱼之三章："歌：翩翩者鸡，蒸然来恩，孝子有酒，嘉宾式宴又思。"

执事者拆馔、请大宾更衣。请大宾入座！执事者扶孝子捧主出帏、诣大宾前、就位跪！执事表呈主、请大宾授主、请大宾仰主、请大宾排主。执事者将孝子伸出中指针麻刺血（执事者引述：子血甚浓，滴入杯中。子血点主，富贵荣通）。执事者进朱、执事者呈笔。请大宾祝笔，"祝词：笔乃蒙恬所造，原以定国安邦，今日用来点主，子孙世代永荣昌"。请大宾秉笔润朱，"大宾祝：艳色相孚、浓淡相称，以子三血点父之灵，孝念有感、祭莫思亲"。

请大宾点主：（大宾云：神之情思，以血点主，今日为神，享受千古，宜佑子孙，才兼文武，文能安邦，武能保祖）。

请大宾点内主窜内神：（大宾云：一点如挑，一直如标，文官一品，武官当鲜）。

请大宾点外主窜外神：（大宾云：一点如星，一商如钟，房房富贵，代代公卿）。

请大宾点主庚：（大宾云：大生限）。

请大宾点殁限：（大宾云：殁现明）。

请大宾点吉穴：（大宾云：吉穴谎芳）。

请大宾贯左耳：（大宾云：左耳聪）。

请大宾贯右耳：（大宾云：右耳明）。

请大宾点前：（大宾云：光前，前程远）。

请大宾点后：（大宾云：裕后，后裔荣昌）。
请大宾点天：（大宾云：通天，天官赐福）。
请大宾点地：（大宾云：地厚，地发其祥）。请大宾笔发后人（投笔）。
请大宾合主穿主衣：（大宾云：荣穿主衣，佑启水永吉享福土、阴台燕冀）。
请大宾絮主：（大宾云：玉带絮主，保尔子孙，奋发勤学，能文能武）。
请大宾封主：（大宾云：荣封百代，百代荣封）。
请大宾祝主：（大宾祝云：恭维仙逝××老大孺人，魂升于天，魄降于地，形藏于木，木为神主，听吾祝汝，汝即为神，庇佑子孙，汝即为仙，护尔家园，田园广置，牛马成群，百代衣冠，绵绵硗豆，千秋长发，启云之礼）。

请大宾赐主，执事者扶孝子捧主入帏。请大宾入帏安主，执事者传主呈授大宾。请大宾安主致安主词：（大宾云：神主神主，听吾安汝，汝即为神，入此室处，佑尔子孙，乃文乃武，世代荣昌）。

请大宾出帏，请大宾入阁，执事者扶孝子诣东阁前叩谢大宾，向各陪宾叩谢礼。通堂设班。鸣炮，礼毕。

5. 讲木牙

家祭、宾祭和点主仪式后，进行讲木牙，即在祭台前，由丧家、外家及其他亲戚讲述死者生前的功劳、德行，如丧家说，死者生前从外家带来钱财制得多少家财、家产；外家则说，死者来到这里，得到家人多少照料，死后又得到如此孝敬、开丧等等。双方祝毕，外家将祭台上的那升白米和项圈、手镯、银元等双手捧给孝子。

五、开控场面

丧葬一开始，由女婿或亲友请来的芦笙、花灯和唱歌队随即展开活动。

1. 芦笙台

芦笙场（台）用木头、木柱搭成塔状。用黑、白颜色五至六尺布盖上。中间摆一方桌，桌子上面有米花糖、酒、豆腐（供芦笙队员饮食）、白米一碗、红封一包约一元钱，长凳子三根。芦笙队员十人，其中女的四人。沿着方桌吹芦笙或跳芦笙舞。一队芦笙工资50—80元。待芦笙队员返回时，孝家要送公鸡一只，新碗三个，筷子三双，一竹筒酒，豆腐一碗，猪肉一块。芦笙队在归途中要在三岔路口以酒肉祭献，吃毕，将碗打破，筷子甩掉，然后各自回家。

2. 唱歌队

搭台子与芦笙队（台）相同。中间的方桌上摆六个碗、六个酒杯、米花糖等。男歌手一人，女歌手一人，男女合歌者各一人，共四人。歌词内容有：古歌（即盘庚问古歌）、娘娘神歌、即兴歌（歌颂死者生前的功劳德行等）。女歌手穿水族服装，中间孝家派人来敬酒，送几角或几元钱的红封。

3. 花灯台

花灯台搭成剧台，用布与芦笙场（台）相同。剧台后面桌子上的物品与芦笙台相近。花灯台正式在剧台表演前，先到孝家演唱地灯。然后，要用一只公鸡，名曰"出台鸡"，才正式演唱，剧情与内容和一般的花灯演唱一样。花灯台是最吸引观众的一个场面，附近几十里路的群众都赶来观望。据说，有的地方晚上请电影队来放电影，一晚上放三四场，以减轻丧家的住宿安排。

六、出殡仪式

出殡仪式之前，行砍牛或曰敲马仪式。所砍的牛由孝家自备，请村寨上的人来用斧子敲牛头致死。牛肉孝家不食，分给来治丧的亲友们，按照旧规矩，牛肉的一腿送给外家、一腿分给水书先生，余者按来治丧人户分送。头、脚则招待来帮忙的工作人员。现在略有改变，除外家、水书先生各得一腿外，大部分牛肉均用来招待客人，来治丧的人户，只是向征性地分一小块回去。

出殡时，全体孝子到门外跪着迎棺，长子手捧灵位牌，待抬棺的人将棺材沿孝子队伍身边走过。出殡正式开始时，最前面是开路先生，一手握香、一手施放钱纸，接着是抬祭帐的队伍。孝子走在棺材前面，后面则是芦笙队、花灯队和吹鼓队、水书先生等。

棺材抬到安葬地点时，要用米拌朱砂画八卦，手写"富贵双全"字样，由水书先生用一只公鸡捻土地杀，用鸡血滴在坟坑四角，待水书先生念完经咒，最后下棺埋土，垒成坟形，插一纸伞在坟上，敬供香纸和食品，丧事完毕。

安葬后三朝早晨，孝子脱孝衣，用木炭放在清凉水中漱口后，孝子开荤，即可以吃肉。当天要杀鸡敬供和上坟挂青并宴请客人。

三年以后除服，孝子的孝帕、香庭、挽联全部烧毁，其他人的孝帕剪一角烧掉，并杀小猪邀请主要亲友参加，门联要换上红纸对联，至此，全部丧事完结。

〔雷广正：《水族丧葬纪实》，载贵州省志民族志编委会编《民族志资料汇编》第七集（水族、壮族），第224—229页，1988年〕

③榕江县水尾公社水族开控调查

"开控"的头一天，丧家的三亲六戚及亲朋好友则纷沓而至，是夜，客必云集。

来客必送礼物，一般送大米或米酒数斤，或送人民币数元。至亲者多送厚礼。例如，送大米二三十斤，米酒一二十斤，祭幛一至二张等等，此外，还请来芦笙队或芒筒队或八仙（即唢呐），或者三者兼而有之。若死者是女性，舅舅还须送彩灯、纸伞、排灯、纸人、纸马、纸旗、花圈等五颜六色的纸扎物，鞭炮和铁炮更不可少。值得提及的是，对舅舅的迎接甚为隆重，有所谓的"天上大雷公，地上大舅爷"的说法。因此，当舅舅来到村边时，孝子必至村边下跪迎接。舅舅行至村中，孝子又须给舅舅下跪致意。舅舅行至屋前，孝子第三次给舅舅下跪，同时放鞭炮迎接，这表现出对舅舅的无限尊敬。

"开控"时，在正屋设死者的灵堂，即摆一张小方木桌，上置死者灵牌一块，写有死者的姓名及生卒年月日；大米一碗（供插香用），米碗上还插鸡蛋一枚，一碗鱼（一至三条）、豆腐一碗、素油灯一盏，以为供品。灵堂两旁立有各亲友所送的祭幛（祭幛上书写的均为汉字，例如："跨鹤西游"、"名垂千古"、"永垂不朽"、"跨鹤西归"之类)。在灵堂对面系丧主自请的为老人送葬的八仙（唢呐），亦搁有小方木桌一张，上摆有米酒一碗、豆腐一碗、鱼一碗（一至三条）、盐辣水一碗，这些东西是专供吹唢呐的人享用的。

参与"开控"的芦笙队和芒筒队都置于屋外较为宽敞的地平上，摆有木桌一张，桌上摆有鱼一碗（一至三条）、豆腐一碗、米酒一碗、盐辣水一碗，专供吹奏者享用。芦笙队或芒筒队的吹奏者须身着艳装（五颜六色的刺绣长袍），围圈而跳。内有一人须手持一根用白鸡毛裹扎而成的竹竿（其顶端成抛物线向下垂，长约一米）。整个竹竿长约四米，水语称之为"甘董"。据说，在人山人海的情况下，"甘董"是芦笙队或芒筒队的一种标志。芦笙队或芒筒队在每次吹奏结束时，须由丧主派一名家族或者亲友代之给吹奏者劝酒，并由劝酒者含一口酒仰天喷射，众人立即发出"瞅瞅"的吼声，气氛甚为热烈，围观者不计其数。此外，在距停棺不远的空地上，须将亲友（一般都是舅舅）送来的宫灯、纸伞、排灯、纸人、纸马、花圈、纸旗等纸扎物尽插一地，供人观赏，可谓五彩缤纷，十分引人注目。

"开控"之日，久停的棺材被修整一新，请人日夜护守，于柩尾处设灵桌一张，上面摆有糯米饭一碗、米酒一碗、鱼一碗（三至五条）、豆腐一碗，并在桌下焚香烧纸供祭。

"开控"之夜，唢呐声响，芦笙悠扬，不绝于耳，人声鼎沸，通宵达旦。

次日，拂晓即将灵柩挪动至适当位置，动柩时鞭炮齐放，芦笙高奏，此时给死者杀牲献祭。依水族同胞的习惯，为男性死者献祭，必须杀马宰牛，尤以杀马为贵。他们认为，男性死者最喜欢要马，因所献的马可供死者骑到"阴间"；若丧家无力买马来献祭，亦必须尽力买牛来献祭，这样方为孝敬。若为女性死者献祭，只能宰牛杀猪（必须是母的），因为女子不喜欢马，亦不会骑马的缘故。但是，不管是宰牛杀马或是杀猪，均以老的为贵，而且越老越好。人们认为，这些老的牲畜繁子多，寿命长，将是自己的子孙发达和富有的象征。

献给死者的牛，须精心挑选那些两角对称而整齐的。他们认为，牛角的对称和整齐，将预示着死者的子孙后代的和睦和团结，反之，若献给死者的牛的角不对称和不整齐，将会影响死者的子孙后代的和睦与团结。

给死者杀牲献祭完毕，即准备抬棺上山安葬。人们以粗草绳数根，将棺材牢实地绑于一根长约四米粗如碗口的木杠上，并以土白布约二丈余做拉绳。抬棺将要起步时，孝子须于柩旁下跪叩首向死者致意，以示最后的诀别。待一切准备就绪之后，则按择定的时辰起动。届时帮忙者蜂拥而至，竞相争着抬柩。此时，大放鞭炮，器乐高奏。唢呐队、芦笙队和芒筒队、持纸扎物者及送行群众均尾随灵柩往选定的地点迤逦而行，一时好不热闹。

水尾地区的水族同胞所聚居的各个村寨，都各有自己的集体坟地。这些集体坟山，多是本村古木参天风景秀丽的地方。但由于年代比较久远，坟墓鳞次栉比，以至无以复加。凡属一般正常死亡者，都须葬入集体坟地里。

葬时抬棺至，临时挖坑，坑深约一米，宽约一米，全长约两米。以竹篾吊棺入坑，抽篾后盖土，堆土培成坟墓。然后将抬去的纸扎物尽插于坟上，即算埋葬完毕，人们方能返家聚餐。

水族同胞的习惯，凡献给死者所宰杀的马、牛、猪等牲畜，其家族及至亲者均不能食（如须吃肉，则另寻牲畜宰杀），这些肉只能招待亲友或以做回礼之物。例如，死者若是女性，则须给舅舅回厚礼，一般送半边猪肉或一腿牛肉。人们认为，亲属吃了献给死者而杀的牲畜的肉，就是对不起死者和得罪了死者，深恐招致家人的不幸。安葬死者完毕，其亲属及至亲者吃肉前，须用所谓的"神水"漱口。用清水一碗，置手钏一只于碗中，再投入一块赤热的木炭，这碗水即为"神水"。

凡去看"开控"的人，均可在丧家进餐，丧家则以此为荣，并以米酒、米饭、肉、豆腐、豆芽等较好的食物款待，使会餐者尽兴而归，否则就会受到群众的议论。但是，在本公社的上午寨和下午寨的水族同胞，给死者"开控"时其招待亲友的做法又略有不同。例如众亲友来参加"开控"所送的礼物，自然是给丧家，而招待前来参加"开控"的或看"开控"的亲友及群众却由本寨的各家各户分担。这使丧家获利，却增加了本村群众的经济负担。不过，由于受习惯法的影响，众人亦无可非议。

水族同胞对待死者的"开控"，有一般"开控"和开"大控"之分。一般"开控"如上所述，开"大控"者，只有地主、豪绅之家才办得起，而为一般人家所望尘莫及。开"大控"须杀大量的马、牛、猪等牲畜，有的数十头至百余头。须具有数十个芦笙队和芒筒队，以及唢呐数十台的规模。丧家须在屋外寻地搭帐篷数个，其中有一个帐篷，内摆长木桌一张，桌上放一碗米，米酒三碗，豆腐一碗，并焚香烧纸做祭。特请男女歌首在此就坐对歌，七男七女作陪。在帐篷外，开展各种文娱活动，例如，组织五个人，各持二米长的竹筒一根，然后在地上置四方木板一块，五人围圈以竹筒击打四方木板，发出节奏之声。据说这种传统的活动颇受人们欢迎，围观者甚众。此外，有的还唱花灯或请戏团来演戏等。开"大控"历时七八天，多的参加人数上万，所耗财物不计其数。因此，开"大控"的场面极为少见，它往往成为地主豪绅炫耀财富的一种象征。

早先，贫苦人家有人死了，就无"开控"可言，往往是一埋了之。

[岑秀文：《水尾公社水族的丧葬习俗》，载贵州省民族研究所编《贵州民族调查》（之二），第96—98页，1984年]

④榕江县水尾公社水族丧葬中的敞棺、非正常死亡、墓型、墓碑调查

一、敞棺

这里的水族同胞还迷信死者灵魂的作祟。人们在为死者"开控"期间（即举行葬仪），若出现死者的亲属或家族有生重病或病亡等情况，则认为是死者灵魂作祟的结果。因而必须立即停止"开控"或另择吉日重新"开控"，但遇到这种情况的极少。一般常见的情况是，为死者"开控"之后，死者的亲属和家族中有人得了重病或发生病亡的情况，若经鬼师测定为死者的灵魂作祟，则对死者采取所谓的"报复"行动。即毁其坟，敞其棺，暴尸于野，任其日晒雨淋，乃至死者尸骨被猪狗拉扯，其亲者亦无所痛。敞棺的主要目的，就是"警告"死者（灵魂），使其不敢再来危害亲属和家族老幼。另则，认为病者的灵魂若

被关进死者的棺材里，亦借敞棺之机把病者的灵魂救出来，便可使其康复。

敞棺过了一段时间（没有固定的日期），死者的亲属须请鬼师择定良辰吉日之后，将尸骨迁移他地安葬，故有第三次葬的说法。但此次安葬不举行葬礼，不请酒，只需本村群众帮忙，一埋了之。笔者在调查的过程中，亲眼所见的有几起。例如，水尾公社高望大队必翁寨潘老祥的母亲，经过"开控"不久，潘老祥之妻身得重病，便认为是潘母的灵魂作祟，故将潘老祥母亲的坟挖开敞棺，暴尸于野。又如本公社上下午大队下午寨的死者石国兴（七十三岁），于一九八三年的十一月"开控"后，不到两个月的时间，其家族中就有一人得了重病，二人得病死亡，致使人们议论纷纷，认为是石国兴灵魂所造成的危害。故挖其坟，敞其棺。病者家属石××反映说："把石国兴的坟挖了之后，才制止了事态的发展，不这样做，还不知道家族死多少人呢！"

此外，在死者的家族中，若有与死者出生年月日相同的人，便认为是与死者"合炯"，这种人深感恐惧，对死者是避而远之。一旦得了重病（在安葬死者之后），便认为是死者的灵魂作祟，这就要求死者的亲人去挖坟敞棺。否则将承担病者安危的责任。类似情况在水尾地区是屡见不鲜的。

二、非正常死亡

在水尾地区，人们称非正常死亡的人为"反面死"者。例如，被雷击死、上吊死、刀砍死、枪打死、滚坡死、溺水死、火烧死、蛇咬死、虎咬死、难产死等等，都谓"反面死"者。人们认为，凡"反面死"的人，都是"前世有罪"的因果报应。因而对"反面死"者，不许把死者的尸体运回家，不梳洗净身，就地给死者穿上白色衣服（不给有色衣服穿），以木匣装尸后抬到适当的地方停放（停棺待葬）。对"反面死"者不举行任何葬礼。只需择吉日进行"火化"之后，收其骨灰，择地埋葬，但不能葬入集体坟地，以示区别。

对"反面死"者，一般不予杀牲献祭。但有个别的孝子贤孙出于对长辈的怜悯之情，亦有给"反面死"者杀牲献祭的。这要按习惯法行事，即必须挑选一头未穿鼻子且未耕地的"调皮"牯牛献给"反面死"者。人们认为，这种"调皮"的牯牛可以使死者在"阴间"难以应付，无力再来纠缠世人，从而达到确保死者亲属及其家族老少平安的目的。若不给反面死者杀牲献祭，则可焚烧很多很多的纸钱，人们认为这样能使死者带着很多的钱到"阴间"去，任其走到哪里，都有足够的钱花销，诸如到"阴间"去买田种、买房屋住、买水吃、买路走等等。亦可避免死者灵魂回到世间上来危害亲属和家族。

回避"反面死"者还有一种做法。即取圆木一段，用白布缠裹之后，与死者同棺埋葬，认为死者有了陪伴，无须到世上来找人做伴了，亦可达到确保家人平安的目的。

"反面死"者，人们都惧而远之。故村里群众无一自动去丧主家帮忙，丧家只有请人抬尸安埋。埋毕，必须在死者墓前举行驱鬼仪式。鬼师置罗盘于地上用以测定驱鬼的方向；用白色土布七八尺缠于头上，使布的一端悬垂至地面上；手持尖刀一把，一副威严姿态；参与抬尸的人须聚坐一起，且面均朝向西方。在鬼师口中念念有词的同时，将一只白色公鸡杀得半死,以血滴围抬尸者一周,然后把鸡掷于地上,鸡挣扎时视鸡头的朝向来判凶吉。若鸡头朝向众人,则认为是不吉利的表现,预示死者的灵魂还要到世上来害人,这须丧家再寻狗一只重新举行驱鬼仪式。否则,参加抬尸的人断不返家,认为鬼会跟着人们回家害人。若鸡头朝向他方,则是吉利之兆,无须再举行驱鬼仪式。

三、墓型和墓碑

水尾地区的水族同胞对于死者何时开始墓葬,今已难以考证,亦无史料可查。就其所存的墓型来说,主要有下列几种:

(一)石墓,所谓石墓,均以石块镶合而成。水尾地区至今仅于水尾寨保存有三座石墓,保存得比较完整的数水尾寨旁潘阿更的石墓了(我们把它排列为第一号石墓)。全墓均以厚约三厘米的石块镶成,墓身为方形,全长二百三十厘米,高八十厘米,宽一百一十六厘米,"人"字形的墓脊;墓高九十七厘米,宽七十三厘米;墓门高一百七十厘米,宽一百一十厘米;"山"字形墓冠一个,长一百八十厘米,高五十四厘米,宽六十八百厘米。墓冠中央为"二龙戏珠"图样,甚为精致美观。其墓碑云:

生于道光己丑

清故显考潘阿更之墓

殁于道光癸卯年六月去世

据潘阿更的后代潘老练反映,潘阿更距今已有六七代人了,约二百年左右时间。

在水尾寨寨脚的第一座石墓(我们排之为第二号石墓)。墓为方形,全长约二百四十厘米,高约九十厘米,宽约一百七十厘米;墓冠高约五十厘米,宽约为八十七厘米。全墓无文字,均为各种图案,这可能是一个年代比较久远的石墓。在"山"字形的墓冠上,刻有二鱼抢宝,宝中又刻有二女翩翩起舞图像(舞女所穿的衣服与今天水族妇女的装束完全一样)。墓门全立有石柱(石柱上为方形下为圆形),共十二根,按照水族同胞的传统习惯,每给死者献一头牛或一匹马时,就须在死者墓前栽石柱一根作为标志,十二根石柱表明献给这位死者的牛和马达十二头之多。在这些石柱前,刻有一个戴项圈、身着裙子、形象庄重的妇女图像。其意可能是为这位死者照料这些牲畜的用人。墓的左侧中央,刻有一人牵着一头牛和两匹马的浮雕,似仆人为其主子放牧的劳动场面。在这图像的两边,分别为两根石柱,柱脚为两个男性躬身做垫姿势的图形,这无疑是社会阶级压迫的一种反映。在墓的右边,刻有一个手持烟杆吸旱烟,一人为之点火烧烟的情景。墓的尾部石壁上刻有完整的铜鼓花纹。墓脊全为雕刻的男性石像。总之,墓的图形多样,栩栩如生,形象动人。笔者认为,这个石墓给我们展示了一幅富有者那种豪华生活的图景,它为我们研究水族过去的政治、经济、历史和文化艺术等方面提供了极其宝贵的资料。

在水尾寨脚的第二个石墓(我们排之为第三号石墓),由于年代更为久远的关系,墓已破烂不堪。虽然墓的残迹可辨,但已寻不出有参考价值的东西。

(二)土墓石门,这类墓型在水尾地区比较多。墓门的雕刻甚为雅致,其墓碑上不仅刻有死者的姓名及生卒年月,而且给死者杀牲献祭及其所花销的银子均铭刻在碑上(有的还刻有水文)。以下午寨抗那(地名)潘老贤墓碑为例,碑云:

阳命生于乾隆辛亥享丰杨（阳）七十三岁

役（殁）于咸丰癸亥年二月戊寅日告终择吉本月癸巳日巳时安位

皇清上寿显孝潘公讳贤老大人之佳城

孝男文方　永记
光绪十三年三月十二日立

此墓高约一百二十厘米，墓门宽二十三厘米，墓冠高七十厘米，墓碑高一百厘米。

下午寨亚印（地名）潘金淋墓碑云：

阳命生原于咸丰八年次戊午岁十月庚时

皇清上寿赠考潘先生金淋讳大人之灵位坟

前马一只银十八两四
孝弟潘阿领
记马二只价银四十三两七

阴命光绪九年次癸未岁八月初一日卯时祭于立

下午寨项务（地名）石氏之墓碑云：

原命生于丙申年吉月吉日吉时长生享受七十八之春光在民国二年岁次癸丑九月十三丙寅日谨以告终

瑞上上寿显妣石母老孺人之坟墓前

十一月二十七己卯日

谨择吉于本年岁次癸丑

酉时出柩安其地

穴猪六（个）孝子石老其孝孙石光明老生老彭老香承敬

另有一墓竖三碑者，数上午寨韦记银之墓为最。其墓碑（即石碑）高一百厘米，宽五十厘米，碑云：

原命生于道光十一年，岁次壬辰九月十八壬午日丙午时建，生享寿六十五岁之春光，大限殁于光绪二十二年岁在丙申四月十九甲生吉日庚午时告终。贪狠官不得美期，所以停柩数月以来，也谨择于光绪本年六月甲子冬月二十四日乙卯良辰之吉期亥时中，安厝葬于幸山乙向，坐×五度=分兼丁酉丁卯，分金坐娄九度顺昌大旺吉立，则乙卯日建造石碑记用费工匠各项银钱伍拾陆阡文，去吃食老钱陆拾伍阡文，利市、小衣、汗衣共钱九阡文，开路钱捌阡文，做斋白马一匹价十两三钱，水牛二隻十三两三钱。

墓碑二（正中碑），高一百二十厘米，宽六十五厘米，碑上刻有：

皇清上寿故显考韦公讳记银老大墓

墓碑三（左墓碑），高一百厘米，宽五十厘米，碑云：

齐集总兵做斋未算胡尔戎马无平，悯我婿子孤凄无抚乃以皇天福佐哺乳长，永言孝恩孝思维则瞻望父兮祭矣。

阳孝男韦老罗童永祀碑记立

光绪二十二年腊月造毕

这些墓虽然不及石墓那样豪华，但亦颇为壮观，死者绝非贫苦之家，只能是当时社会的富有者，但这些墓碑却反映了水族同胞某些习俗的特点，具有一定的参考价值。

（三）无碑土墓

这种墓型在水尾地区极为普遍，这类坟墓主要集中于集体墓地，此种墓型的死者均为贫苦之民。土墓又有两种情况，一种是不栽石柱的土墓，一种是栽有上为方形下为圆形的石柱的土墓。根据这里水族同胞的传统习惯，每给死者献一头牛或一匹马时，就于死者墓前栽石柱一根。因此，死者墓前栽的石柱越多，标志着献给死者的牛、马的头数就越多，亦显示出死者家境越富有。这种石柱的原料与当地的岩石没有什么两样，据说这些石柱非从三都水族自治县的九阡区运来不可，此种情况，可能是这里水族同胞的先民们曾居住在九阡，后迁居水尾地区所保存下来的一种乡土观念的遗风。

给死者献猪的，其墓前不栽石柱，不管杀多少头猪均无任何标记。

九、水族"五行"属命表

水文：（水族文字符号）

汉文如下

甲子乙丑—金，丙寅丁卯—火，
戊辰己巳—木，庚午辛未—土，
壬申癸酉—金，甲戌乙亥—火，
丙子丁丑—水，戊寅己卯—土，
庚申辛巳—金，壬午癸未—木，
甲申乙酉—水，丙戌丁亥—土，
戊子己丑—火，庚寅辛卯—木，
壬辰癸巳—水，甲午乙未—金，
丙申丁酉—火，戊戌己亥—土，
庚子辛丑—土，壬寅癸卯—金，
甲辰乙巳—火，丙午丁未—水，
戊辰己酉—土，庚戌辛亥—金，
壬巳癸丑—木，甲寅乙卯—水，
丙辰丁巳—土，戊午己未—火，
庚申辛酉—木，壬戌癸亥—水。

（水族文字）—金，—木，—水，—火，—土（五行）

以六十甲子和"五行"相配而成的属命表，对水族的影响很深。这主要表现在表葬、婚姻和禁忌等方面，无不运用"五行"相生相克的原理去推算和测定。所谓"五行"，即金、木、水、火、土。"五行相生"，金生水，水生木，木生火，火生土，土生金。"五行"相克为，金克木，木克土，土克水，水克火，火克金。凡相生者为好，凡相克者为恶。

[岑秀文：《水尾公社水族的丧葬习俗》，载贵州省民族研究所编《贵州民族调查》（之二），第98—104页，1984年]

2. 停棺待葬

①榕江县计划公社上拉力寨水族停棺待葬调查

上拉力的停棺待葬，都是在夏秋两季才这样处理，一是因为水族的丧葬排场很大，需要耗费的钱粮数量都很大，特别是粮食，要待收获之后才具备这一条件。二是全寨人和亲戚都必须到场参加，夏、秋正是农活大忙季节，没有人来帮忙，亲戚也不能来参加。因此，只能将死尸装入棺中，暂时停放起来，停放棺材有两种，一种是停放在屋内，一种是停放在野外，大凡停棺都须下垫两根大木，上面涂上泥土，在野外者还要搭棚以避风雨。在入殓前，棺内先装入草木灰，约五寸厚，尸体装入盖好后，草木灰能吸尸水，所以经过盛夏而过棺前亦可不闻其嗅。

[陈国安：《榕江县计划公社水族社会历史调查报告》，载贵州省民族研究所编《月亮山地区民族调查》（贵州少数民族社会调查之一），第280页，1983年]

②榕江县水尾公社水族停棺待葬调查

水尾地区实行停棺待葬的情况比较普遍。人死之后，经过梳洗、穿衣、入棺之后，在众亲友和群众的帮助下，将棺材抬到村头或寨脚一个僻静的地方停放，以碗口粗的两根圆木做垫，把棺材停于上面，然后挖少许泥土撒于棺盖上，以示埋葬，谓之"假葬"或"停棺待葬"。为避风雨，停棺地方须搭一个简陋的草棚或木皮棚盖于其上。这种暂时的葬法，丧家无须杀牲请酒，只需抬棺到预定的地方安放了之。但亦有个别死者，如经鬼师依据"水书"测算后。符合好的时辰，便在众人的帮助下及时地抬到山上安埋。此种情况，则依理杀牲请酒，给死者应有的礼遇。

水尾公社水族同胞这种"停棺待葬"，亦称为第一次埋葬的习俗，究竟起于何时，其发展变化的过程还有待进一步的考证，但在我国的古籍中已有记载，例如，《列子·汤问》篇云："楚之南，有炎人之国，其亲戚死，其肉而后埋其骨，乃为孝子。"潘岳《寡妇赋》云："庸存亡之殊制兮，将迁神而屑。"这些情况，可作为我们考察"停棺待葬"的借鉴。因此，"停棺待葬"可堪称为一种古老葬俗的遗风。究其近因大略有三，其一是迷信所致。水族同胞认为，人死之后，必须根据死者的出生年月时辰和死者的病卒年月时辰，依"水书"哲理推算出良辰吉日为葬日，方能安埋死者。"水书"哲理把人的出生至死分为若干个"炯",每个人从生到死都有几个"炯",合"炯"才能安埋,这就需要较长的时间,有几年、十几年,乃至数十年才行安葬的。其二,给死者举行葬仪(特别是对待年老死者)需要一定的花销,丧家由于经济困难,办丧事一时力不能及,为尽孝子之心,需要筹划与积资的时间。故有的到了安葬的时间,但经济仍有困难的,还可以延期若干年后另择吉日安埋。其三,"停棺待葬"表示对死者的第一次安葬,使死者家族及至亲者能吃荤,这样便于他们进行社会交往。

[岑秀文:《水尾公社水族的丧葬习俗》,载贵州省民族研究所编《贵州民族调查》(之二),第96页,1984年]

第五章　水　　书

第一节　水书的来源及分类

1. 泐虽的来历

泐虽，是水族一种古老的文字；拱陆铎，是人们对熟悉泐虽的一位老人的尊称。提起拱陆铎向仙人学泐虽的事，还有一段古老的传说哩！

开天辟地之后，水族没有文字，记事很不方便。听说在高高的仙人山上，有一位专门给人间造字写书的仙人。于是，人们就推举了六个记性最好、心地和善的老者，到仙人山去学泐虽。这六个老者起早贪黑，跋山涉水，整整赶了九九八十一天的路程，才赶到仙人山上。仙人山可好玩啦，有各种奇怪的花果，有很多稀奇的走兽和飞鸟。一栋栋走马转角的楼房，依山靠岩，修得很好看。他们六个人在仙山里找来找去，终于找到那位造字写书的仙人，请求仙人给水族百姓造水族的文字。在那里求学的人很多，穿的衣服也各不相同，说的话各是一种口音。仙人都一一分别给他们造字、讲书，一天从早忙到黑。仙人认真听了这六位老者说的话，又叫这六个老者把水族地方的各种牲畜、飞禽和各种用具，在沙地上画个模拟的图样来看看。仙人边看边点头，过后就根据这些图样造成了泐虽。泐虽的字比较古怪，有的字像家里喂的牲口，有的字像飞鸟，有的字像老虎的脑壳，还有不少的字什么图样也不像，就要硬背硬记它的音和模样。然后，仙人领着这六位老者到"把干引，岭干各"的岩洞里，教他们读，教他们练。这六个老者读泐虽肯用功，勤动脑筋。没有纸笔，就用炭头、红土在岩壁上练字，用木棒在沙地上写字，不久就把仙人教的泐虽背得烂熟，写得又好又快。仙人见他们诚心求学，刻苦读书，十分器重他们，又秘密地传授了很多神奇的学问。转眼间，把干引岩洞口的燕子，来回筑了六次巢，岭干各岩洞外边的桃李树，结了六回果子，这六个老者把泐虽全都学完了。快回来的时候，大家把泐虽刻在竹片上，有的写在布片上，打成了六个小包袱。于是，大家向仙人作揖告别，高高兴兴下山了。

这六个老者离开家乡时间长了，很想念家乡，很想早一天把泐虽传给乡亲，每天五更就起来赶路，半夜才投店歇息，白天再累再饿也不肯歇气。想不到大家在仙山上住惯了，一下山又是暑伏天气，太阳晒得石沙烫得像火子，井泉的水快要滚开，走不到一半路程，有五个老者中了暑气，发痧死了。最后一位老者叫拱陆铎，他请人安埋了伙伴，又从他们的包袱里选了一些书片，裹进自己包袱里，慢慢地赶回来。

一路上，拱陆铎想到伙伴都死了，回家的路程还很远，又怕再遭到什么三灾八难，背上的包袱又比先前的沉重，赶路一天比一天吃力。一天，有个书童挑着书箱，跟着一个名叫哎任党的人赶上来了。一打听，原来哎任党也去仙山求学回来。于是，三个人做伴赶路，走不多远，天下起大雨，见路边有个大岩洞，三个人就钻进去避雨。过了一会儿，哎任党说："不好啦，过了申时这个洞就会垮塌，我们快点走吧！"拱陆铎觉得哎任党心地善良又有本事，心里很感激。于是自己也默默地推算一下说："不要紧，等一会儿石洞虽然垮塌，可是塌的那一头，伤不了我们。"过了申时，石洞果然只垮那一头。哎任党心里暗暗吃惊，就问拱陆铎怎么晓得这件祸事。拱陆铎就解开包袱，翻开书片给哎任党看，可是他一个字也认不出来，更不晓得里面说的是什么意思。

雨停了，三个人继续赶路。不久来到一个大湖泊边，要渡船过去。可是当头风大，很难开船。哎任党想试一试拱陆铎有多大本事，就说："请你掉转个风头，让我们好行船吧！"拱陆铎听哎任党说得有理，就掐了掐掌心，默念一下，然后朝天三拜，风头就立马掉转过来。哎任党嘴里虽然说了几句恭维的话，可是肚子里却结了个大疙瘩。

过了大湖泊，三人往前走了几杆烟工夫，来到一条小河边，水车在河边吱吱呀呀地转。哎任党叫拱陆铎让水车倒着转一转。拱陆铎老实巴交地翻书推算，摸一摸掌心，朝河边磕磕头，河水立刻倒流，水车跟着倒转了起来。哎任党虽然对拱陆铎夸耀一番，可是心里却暗暗地忌恨他。

第二天上路，哎任党就找些借口和拱陆铎岔开；见拱陆铎背的包袱沉重，力气又不旺，就大步赶路，把他远远地丢在后面。不久，哎任党来到一个大村寨，见人们围着一大堆木头，议论着要起（盖）房子。可是人们不晓得搭成哪种架子好，也不晓得哪天立柱上梁合适，都皱着眉头发愁。这时，见哎任党带着书童来了，就求哎任党出个主意。哎任党想了想说："这个不难，只要一头小猪，两罐米酒，五升糯米做利师钱，那就好办了。"听到这么一说，人们把脸扭过去，个个都垂着头。过了一会儿，一个老者对哎任党说："请你行个好，少收点利师吧！"哎任党挺着胸、昂着头说："一根猪毛也不能少，你不要来穷啰唆！"正当这个时候，拱陆铎赶到了，人们见他背个大包袱，穿着朴实，就顺便提起立房子的事。拱陆铎二话不说，解开包袱，翻开书片，和人们商量着画图，选定立柱上梁的日子、时辰。本来，哎任党想把人们逼得没法，给他多送点利师钱，偏偏拱陆铎赶了上来，拦了自己的钱路，心里十分气愤。特别是听到人们叽叽咕咕说他的坏话，心里像刀绞，都怪罪在拱陆铎身上。于是，就默想着要坑害拱陆铎。

晚上，哎任党和拱陆铎偏偏同住一家客栈，又偏偏打伙（共同）住在一间房圈里。哎任党见机会已到，就准备了砍刀，打算夜间下手，杀害拱陆铎。可是，当拱陆铎一躺在床上，心里就"怦怦"直跳，他定神一算，晓得哎任党要使手段害自己，就暗中小心地提防。半夜，趁哎任党出去小便，拱陆铎就悄悄地抱那位熟睡的书童到自己的铺上睡，自己就到书童的床上躺下。哎任党回到房间，听拱陆铎的铺上传来鼾声，以为拱陆铎熟睡了，就挥刀下手，连砍了几刀。他认定拱陆铎死了，就来到书童床前喊："快起来点火让我抽杆烟，顺便看那个人读的是什么书？"

"你要火抽烟吧！我给你弄来！"传来的是拱陆铎的回答声，惊得哎任党掉落了手中的砍刀。拱陆铎擦擦拳头，念两句咒语，伸出手在床前一拍，一团红彤彤的火苗出现了。这下，店家也惊醒了。店家一醒，两人不便再斗。拱陆铎和哎任党，一个看着一个，一直捱到天亮；天亮后，趁哎任党出去找草席给书童收尸，拱陆铎急忙逃走。

跑呀，逃呀！拱陆铎终于回到家乡。人们只见他一个人回来，都团拢来问长问短，拱陆铎把求学的经过和回来路上的遭遇，一一向大伙说了。大伙都庆幸他平安回来，就凑了窖酒、杀肥猪、捉大鱼来招待一番。拱陆铎怕声势闹大了，哎任党会晓得自己的下落，于是就急忙阻拦说："大伙一片心意我接受了，我想早点把泐虽传给大家。要不，万一我有什么三长两短，不是太可惜了吗？"于是，人们只好放下请酒这件事，急忙找栋空房子做学堂，请拱陆铎来教泐虽。拱陆铎耐心地教大家读、写、认，接着又逐条讲解。人们越学越有趣，越学越尊敬拱陆铎。学泐虽的事，从此就传遍了水族的村村寨寨。

哎任党心里一直要坑害拱陆铎，寻去访来，终于查明拱陆铎的下落，就邀约人来抓他。一天，哎任党趁着寨上的大人（成年人）上山去了，就把寨子围得严严实实。幸好，这风声传到拱陆铎的耳朵里。他急忙抓起桌上那本泐虽往怀里一揣，背上包袱就溜出寨外。可是，跑不到一二里路，又被哎任党的人挡住。拱陆铎见势头不好，一转身猫着腰，往路坎下的刺蓬钻。打算顺着陡坡，下到河边去。抓捕的人追上来了，揪住拱陆铎背上的包袱，使劲往后拖。拱陆铎为了逃命，急忙拉开包袱的活套，丢下包袱，逃过河去。哎任党赶来打开包袱，翻完了那些书片，却一个字也认不得，气愤地把那些泐虽全都烧光了。

逃啊，跑啊！拱陆铎逃到另外一个遥远的水族村寨。人们都庆幸他脱了灾难，他却仰着头叹息："我虽脱了难，可是泐虽只剩下一本了。我对不起造字的仙人，对不起一同求学的伙伴，也对不起乡亲。"说完，差点儿昏死过去。等拱陆铎醒来，急忙对身边的乡亲说："你们快点去邀约人来，让我趁早把记得的泐虽传出来。"

拱陆铎身边，只剩下当时逃难揣在怀里的那本书了，他把这本书教完，又把心里记住的全都传出来。泐虽因此却大大地减少了。拱陆铎怕哎任党认出自己的笔迹，又来谋害，就用左手写字，改变笔迹。他还把一些泐虽作了改动，有的字倒着写，有的字横着写，有的字减了笔画，有的字又加了笔画。泐虽虽然在水族的村村寨寨流传下来，字数却比原来的少得太多了。字形结构也稀奇古怪，读音也特殊，含义深刻而又丰富。从此，人们要学泐虽，写得很少，背诵得很多，几乎都靠口传嘴说。

拱陆铎为了让水族地方有文字，历尽辛苦和磨难，大家都尊敬他，怀念他。每到祭奠时，常常去把干引和岭干各那古老的造字传书岩洞，召唤他的神灵哩！后来，人们常常把熟悉泐虽的人尊称为拱陆铎了。

[潘朝霖、姚福祥搜集整理：《泐虽的来历》，载岱年、世杰主编《水族民间故事》，第32—37页，贵州人民出版社1984年版]

2. 天皇烧泐虽

水族有一种古老的文字叫泐虽，当初拱陆铎把泐虽传到水族地方时，泐虽多得成箱成垛，堆满一屋子。怎么泐虽越传越少，传到现在才有几百个字了呢？这里有段古老的传说。

古时候，水族地方有个叫拱陆铎的人，他经过苦心修行，最后变成了仙人。可是，当他变成仙人之后，离开了家乡和亲人，又没什么事情做，感到十分苦闷。一天，他想到水族地方没有文字，做什么事也不方便，于是就专心研造了泐虽。经过六年的写写画画，终于把泐虽造好了。拱陆铎驾着云头，漂洋过海回家乡，要把泐虽传给人们。大伙见拱陆铎这样诚心实意教书，又不肯收利师钱，都尊敬地叫他做拱陆铎。

拱陆铎在恒虽地方教泐虽时，有个娃儿记性格外好，读书又肯用功，只要教一遍，他就能记住，读了三遍就背得滚瓜烂熟，教他那些掐指循掌的课目，只要练习两三次，怎么也忘不了。拱陆铎十分疼爱这个娃儿，看见他读书长进，就把更深的课目单独教给他。可是，拱陆铎发现这个娃儿常常跑去山垭口张望，常常拉住他爸爸的衣角要他的妈妈。拱陆铎感到奇怪，就跑去向他爸爸问个究竟。这个娃儿的爸爸才向拱陆铎说起了伤心落泪的一段经历："他妈妈是天上一位仙女，那年她见我的爹妈和弟妹死了，到处去卖活养命，可怜我，就来和我成亲。可是，生下这娃儿还不到一年，天皇发现她私下人间，违犯了天条，就把她抓回天上去。从此，仙女再也不能回到人间……"

拱陆铎听他这么一说，心里也很难过，他问了问娃儿的生辰年月，又瞧了瞧娃儿的手线指纹，默默地推算一下说："孩子要是想见到他妈妈，后天午时三刻，到对面高坡顶上就能看到了。"

第三天，娃儿高高兴兴赶到对面坡顶上，从早上一直守到太阳偏西，什么人影也不见，低着头擦着眼泪回家。娃儿一见到拱陆铎，就淌着泪水对他说："你哄我到坡顶上白白守了一天，什么人也没见着，只见到七只白鹤从头顶上飞过。"拱陆铎赶忙对娃儿说："孩子，我忘了告诉你，你妈是白鹤仙子，排行第七，飞在最后那一只就是她啦！"

"那怎么办啊！拱陆铎？"娃儿擦干了泪水，急忙问。拱陆铎默默地算了一下说："再过六十天，白鹤仙子还要从那山顶上空飞过。那时，你用箭射落最后一只白鹤尾巴上的一根羽毛，以后你妈妈准下来看望你。"好容易才挨过那轮甲子，这娃儿带上弓箭，包着糯饭团，又爬上对面坡顶。午时三刻，七只白鹤悠悠从上空飞过。娃儿搭上弓箭，对准最后那只白鹤的尾巴，嗖的放了一箭，一根雪白的羽毛飘落下来。这娃儿高兴地把羽毛插在头上，一心盼着和妈妈见面的日子。想不到这箭一射出，白鹤受惊，长鸣一声，竟把天皇惊动了。天皇急忙拨开云头一看，晓得拱陆铎出点子要把白鹤仙子拖回人间，气得吹胡子瞪眼睛，急忙把天将喊来说："那个拱陆铎懂的泐虽太厉害，现在又传给那个神童，以后会更难对付了，你们趁早设法去收拾那些泐虽！"

一个天将背着一把小巧的宝剑，一串金晃晃的铃铛，两只黄澄澄的小葫芦，驾着云头来到人间。那娃儿下到坡脚的岔路口，看见天将摆弄金铃铛，挥动小宝剑，晃着黄葫芦，嘴里在不停地念道：

宝剑威武拿在手，
一身谁也不敢挨边。
金铃铛套在马上，
一天跑得千里远。
宝葫芦装水磨墨，
会写会算赛神仙。

天将又耍又跳又唱，这个娃儿呆呆地在一边看着、听着。听说那小葫芦装水磨墨，读书更能长进，心里就默想着要那小葫芦。等天将停下手脚，娃儿就好奇地上去试试宝剑，摇摇金铃铛，又拿起两个小葫芦，贴在胸口摸去摸来。趁娃儿玩得入迷，天将冷不防抽掉他头上插的那根白羽毛，丢下葫芦，翻身腾云走了。

失去了白鹤羽毛，就不能和妈妈会面，气得小娃儿直淌泪水。一想到拱陆铎神通广大，以后还会找到和妈妈会面的机会，心里才安定下来。娃儿决心把泐虽学好，要像拱陆铎那样熟练，自己找和妈妈会面的机会。娃儿看着还在怀里的那个小葫芦，心想用它去装水磨墨，就带去给拱陆铎看。拱陆铎此时偏偏出去串门了。他走进拱陆铎的房里，撬开葫芦来看个究竟。撬开第一只葫芦抖抖，掉出来的是一摊黑面面。撬开第二只葫芦抖抖，倒出来的是一堆黑末末。娃儿以为是墨面，用手一抹又不像，于是就点油柴来照照看。想不到，油柴掉下一颗火星，那些黑末末噼里啪啦地燃了起来，浓烟和大火熏满了屋子，转眼间一屋子的泐虽全都烧光了。有几个来救火的大人，踢破窗脚下的装板，把拱陆铎的书桌拖了出来。砚台下压着的那张纸没被烧，上面还有几百个泐虽。

娃儿悔恨万分，抱着头跑去村口的树下呜呜地痛哭，等待拱陆铎的打骂。月光下，拱陆铎拄着拐杖来了，听到娃儿的哭声，赶忙上前把他扶起来。娃儿哭哭啼啼向拱陆铎说起前后遇到的事，请求拱陆铎原谅他。拱陆铎叹着气说："孩子，别哭啦！天皇不让泐虽传下去，所以用计来把它烧掉了。往后再写，还要遭到天皇的算计。真传一张纸，假传万卷书，以后学泐虽，你要用心记、背熟，把它装在肚子里，谁也偷不走！"

从此，泐虽只剩下几百个字了。所有的课目几乎全部靠口传心记，要死记硬背。直到现在，泐虽还只是那几百个字，谁要学泐虽，总是写得少，背得多。有的人背了几年，还背不完，学不会哩！

[潘朝霖整理：《天皇烧泐虽》，载岱年、世杰主编《水族民间故事》，第38—41页，贵州人民出版社1984年版]

3. 荔波县："水书"来源及种类

"水书"是水族人民的一种古老文字编辑而成的书。据瑶庆乡水庆寨的蒙建康和水尧乡水涝寨的欧海金的介绍，"水书"由陆铎公（亦有译为略铎公或六铎公，因水语"略"即汉语"六"）创造。当时，他学习了汉文，首先将天干地支、二十八宿、五行相生相克、八卦六爻按水语编成了"水书"，流传至今。

在荔波的水族同胞中，流传着这样一个故事：

远古的时候，各种灾难流行，社会上死人很多，陆铎公很难受，想救天下之人，但又想不出办法。天上仙人看透了他的好心，下到了岜虽山的一个洞里住了下来。陆铎公想来想去，想了九十九个白天，九十九个夜晚，才梦见与他相背的山洞里住着一个仙家，他醒来后立即动身去找，果然在山背后的山洞里遇着了仙人，陆铎公就在仙家那里学习了九十九个白天，九十九个夜晚，仙家的道法全被他学到了手，并全部记录下来，陆铎公神智广通，能救天下人了。天上另有一位仙家知道了这件事，他很恨陆铎公，想设计用火烧。于是来到人间，先夺去了一个孩子的母亲，每年的二月二日才让母亲变成一只蝴蝶从天上飞下来看望她的孩子，让他们母子见面，而孩子并不认得蝴蝶就是他的妈妈，陆铎公指着蝴蝶告诉了孩子，并让母亲显现了原形，他们母子相认了。之后，母亲就带着儿子一起到了天堂，那个仙家拿出一个宝贝给孩子，并要他拿回来送给陆铎公，孩子回来后将宝贝献给陆铎公，当孩子将宝贝刚放在桌子上，立即起火燃烧起来，熊熊大火把陆铎公的书烧掉了很多，陆铎公用右手去灭火，火烧伤了右手，书也被烧光了。陆铎公仅凭着记忆，用左手写记得的书，因此变成了"反书"。

蒙建康、欧海金还介绍说，陆铎公一共写出了六本"水书"，陆铎的父亲拱龙猛掌握一部，是其他五部书的目录，只有九个字，水语音为：烫、足、略、混、冽、胡、帕、薄、本。陆铎为五兄弟之长，得到最齐全的一部，包括了其他四部的内容。二哥光略瓜牙哈浪的一部书是主管田间植物、农业生产的。三哥光西乃牙爽尼的一部书是主管房屋建造、看守村寨大门。四哥光吉告牙报铺的一部书是主管婚丧嫁娶、人的生命寿辰、生死禁忌。五哥不加叙尼加烟的一部书是主管渔猎，看守村寨小门、小路、商业。

从水族来源传说中知道，到陆铎公时水族的先民们还处在野外穴居的原始社会阶段，由于生产力的逐步提高的需要，加之受外界先进社会的影响，水族文字应运而生，陆铎就是众多创造者中的杰出代表。从现存的水文字看，除了象形文字和谐音文字外，还有相当一部分是借用的汉字，如天干地支、一到十等，都借用汉字、将汉字反写、倒写而成。这说明水族在创造自己文字的的过程中，部分地吸收了汉文字。在那时，水族先民与汉人相当多地接触和交往，不仅有经济上的交往，也有文化上的交往，汉文化对水族已有相当大的影响了。据文献记载，在秦及秦以前就有汉人迁居岭南地区，与当地越人杂居，所谓"以谪徙民，与越杂处"就是明显的记载。因此，"水书"的创造时间可能早在秦汉时期。

由于"水书"文字较少，还不能完全作为社会思想交流的工具，使用的范围还未深入到社会生活的各个方面，只用于记录社会生活和生产禁忌，婚姻、丧葬、祭鬼、营造、出行等方面。"水书"一般分为白书和黑书两大类，陆铎五兄弟及其父亲拱龙猛所掌握的均属白书，而陆铎自己的一部又分为八本，因此，白书总计有六部十二本，其用途即按上面介绍内容而定。

另有黑书，由陆铎的母亲牙所洛掌握，黑书只有一部，分三本，第一本是专讲芒红鬼的，第二本是专讲向罗烂鬼的，此两个鬼是做放鬼之鬼，第三本是专讲退鬼和解鬼测定日子的，三本中的内容有相反的，亦有互相综合抵消的。据传，陆铎的母亲在换上服装作法时就不叫牙所洛了，而叫阿西奴。她很聪明，经常利用黑书支持陆铎除恶去邪，为民除害。同时，当陆铎有错误的时候，阿西奴又能及时予以纠正。

[陈国安：《荔波县水族来源及原始宗教调查报告》，载贵州省民族研究学会、贵州省民族研究所编《贵州民族调查》（之四），第197—198页，1986年]

4. 原始古朴的文字

水书先生还介绍说，陆铎公一共写了六本"水书"，陆铎公的父亲拱龙猛掌握一部，它是其余五部的总目录，仅九个字，水语音为：烫、足、略、混、冽、胡、帕、薄、本。陆铎公得到最齐全的一部，包括了其他四部的内容。二哥光略瓜牙哈浪的一部书是主管田间植物、农业生产的。三哥光西乃牙爽尼的一部书是主管房屋建造、看守村寨大门的。四哥光吉告牙报铺的一部书是主管婚丧嫁娶、人的生命寿辰、生死禁忌的。五哥不加叙尼加烟的一部书是主管渔猎活动，看守村寨小门、小路、商业的。

水字也具有"言者意之声，书者言之记"的特点，是代表水族语言的符号。但由于水字发展还不充分，字数有限，只能说水字是代表水族语言的部分符号。虽然水族语言具有内部一致性较大的特点，但现在我们见到的水字却是远远落后于语言。至于水字为什么落后于语言？为什么创字后未能继续发展，进而广泛运用？这些问题均有待于进一步研究。水字属于表意文字，其文字符号主要是表达"个别的完整的词或者它的独立的部分"，和世界上的表意文字一样，它大都源于世界自然物，因此，有些文字与汉字、东巴文、古埃及字相同或相似，但读音又各异。如"日"字、"山"字，等等。

水字的结构可以分为四类：一为象形字，二为会意字，三为谐音字，四为假借汉字。

象形字，"盖依类象形，故谓之文"，"文者，物象之本"，象形实为文字之初始，直取象于物为特点，水字的象形也具有这些特点。如水字" "，水语念"na"，意即弓字，取其状如弓箭形而成。" "，水语念"mom^6"，这个水字几乎就是画的一条鱼，有身、有尾、有鳞、有眼，为鱼字，这个字在水书中使用较多。" "，水语念"nui^2"，有头，有身尾一体的后半部，意为虫字。" "，水语念"au^4"，意为谷字，它像两根谷穗挂在杆子上往下垂状。"❀",水语念"kui²",意即牛字,这本身就是画的一头牛。"✎",水语念"pi²",意即笔字。相传,水族人最早写字的笔是用木棍,将一头在火里烧成炭状,用炭棍写字,因此,水字中的笔字即是把小木棍的一头如放在火上烧时的形状,"—"为小木棍,"✦"为燃烧着的火塘。"仓",水语念"lok⁷",意为仓字,其上部为储放粮食的屋子,顶有遮雨的盖,其下部几点表示粮食,一看便知道是仓字。还有如"✿"、"✿"为猴字和虎字。

会意字,有些类似象形字,其创字方法大致是用两种或两种以上的象形符号组成的复合符号字,如"✿"和"✿",水语念"Zaŋ¹"和"Maŋ¹",两个字的结构完全相同,只是正立着写者表示人,颠倒着写是鬼。这反映了水族先民的原始宗教意识,他们认为人死后必然变成鬼,故将人字倒过来写表示"鬼"。"丞",水语念"goŋ⁵","开"(水字的天字为"开")字表示高大之意。"△",表示人的口,合起来即表示最高一辈人的意思,即为祖字。"父",水语念"pu⁴","大"为天字少顶上一笔,表示比天低,"…"表示在"丞"之下,即为父字。"(I)",水语念"la:k⁸"。从"( )"、"|",表示襁褓中的人,即为子字。"(I)",水语念"ha:n¹",在(|)字底下加一点,表示比子低一辈的人,即为孙字。"▭",水语念"ha:i²",表示要抬去安葬的棺木,即为棺字。"川",水语念"kao","∘∘∘"表示岩石,"川"表示水,意即从岩缝中流出的水,即为泉字。

谐音字,因水字的字数有限,使用中往往出现语言中的意思找不到水字来记录,于是便出现了借用汉字的声音相同或相近的字来"托事",被借音的汉字,只起到记水语语音的作用,与原来汉字的字义无关,仅为表音的符号而已。如:"拜伦",即"往回走"。"何卅",借用"何"字的音,"何卅"意为安葬的地方。"档到",意为来到。"皆构",意为不吉利。"椒了",此为两字的谐音字,意为看过了。

假借字,主要是借用汉字,采用反写或倒写的书写方法,表意与汉字相同,按水语读音。如汉字的天干:甲、乙、丙、丁、戊、己、庚、辛、壬、癸,水字则写成:▽ 乙 丙 丁 戊 己 庚 辛 壬 癸,水语念作:ta:p⁷、jət⁷、pjeŋ³、tjeŋ¹"、mo⁶、ti¹、geŋ¹、ɕin¹、nim²、tui⁵。汉字的地支:子、丑、寅、卯、辰、巳、午、未、申、酉、戌、亥,水字则写成:子 丑 寅 卯 辰 巳 午 未 申 酉 戌 亥,水语念作:ɕi³、Su³、ji²、Ma:u⁴、San²、ɕi⁴、ŋo²、Mi⁶、San¹、ju⁴、hat⁷、kai³。还有数字的一至十也是借用汉字,写作 一 二 三 四 五 六 七 八 九 十,水语念:ti³、ni⁶、ha:m¹、ɕi⁵、ŋo⁵、ljok⁵、ɕat⁷、pa:t⁷、tu³、Sup⁸。还有百字也是借用汉字,写作 百,水语念:pek⁷。还有汉字的年、吉、艮、坤、西,水字借字写作 年 吉 艮 坤 西,水语念作:njan²、t:t⁷、gen、fan¹、Si³,等等。因此,水书又称为"反书"。

水字所记载的书籍,虽然在水族民间不断地发现传承的手抄本,其数量不下数百种,但是,还没有印刷本,其内容也仅限于民间预测吉凶及"用鬼"。按用途"水书"可分为两类:一类是普通水书,为普遍占卜测吉凶使用,如出行、丧葬、婚嫁、动土、营造等。这类书一般水书先生家均有收藏,部分群众中也有藏本,数量较多。另一类是黑书，用于放鬼、收鬼、拒鬼，这类书数量较少，只有部分水书先生家藏有。

据二十世纪四十年代岑家梧先生到水族地区调查统计，普通水书约有五百六十余种，用于丧葬者尤多。按水家习俗，凡人死后的入殓、出殡、安葬、停棺等项，均需根据"水书"来测定时日和方位。如，关于丧葬方面：

篇　名	兆　象
Da—Wang	财、丁、寿，均吉
Ja—Din	遭意外大事、如口角等
Fu—New	死三人
Lok—Dou	全村中每家死一人
Do—Kei	患慢性病，荡产而终，为最凶之一卦

黑书具有相当神秘的色彩，十分隐秘，不轻易示人。书中主要记载了水族原始宗教信仰中的放鬼、收鬼、拒鬼的情况，其中象形文字颇多，且多系秘密记号，非经行家解释，难明其意。利用此书可以测定放鬼的时间、方向、数量及种类等，对于这些，书中记载甚明。如放鬼用的黑书中，关于放鬼的记载非常详细，明确指出某年某日可放鬼，某年某日不宜放鬼。甚至某月宜放何种鬼，放鬼时所需物品都一一列出。

水字在社会生活中，除书写水书外，其他地方运用较少。笔者一九八三年赴榕江县计划乡的上拉力寨时，见到潘老猛的墓碑上刻有水字，是目前发现的水族地区用水字刻写的第一块墓碑，此碑立于清咸丰丙辰年（一八五六），其水字为：

▽ 其 ¥ 三 丁 未 百 四 吡 一 ル 未 🐗 ㄖ 二 ～ 禾 其意为潘老猛"生于甲寅年享年六十三岁丁未年四月十九日葬"。

此外，水族也有自己的历法，它以水族最大最隆重的端节月为岁首，一年也分为十二个月，首月相当于农历的九月，而水历五月相当于农历的正月。

〔陈国安：《水族》，第 82—86 页，民族出版社 1993 年版〕

5.《水书》探源

《水书》的源头应该是从《洛书》、《周易》派生出来的，至今都可以在《水书》中找到这种因缘的痕迹。现就先从《水书》中"九星"说起。

"九星"是距今三千多年以前夏禹从洛河中获得一只神龟，然后根据龟背上的纹路为基础，从一到九的奇、偶数分配于其上，五为中央，其他八个数则放置于四方、四隅，不论以何种直线相加都等于十五，这就是《洛书》。

其配置的方法是：《洛书》与《水书》九星定位对应图：

一白水星配于北方的坎宫。

二黑土星配于西南方的坤宫。

三碧木星配于东方的震宫。

四绿木星配于东南方的巽宫。

五黄土星配于中央。

六白金星配于西北方的乾宫。

七赤金星配于西方的兑宫。

八白土星配于东北方的艮宫。

九紫火星配于北方的坎宫。

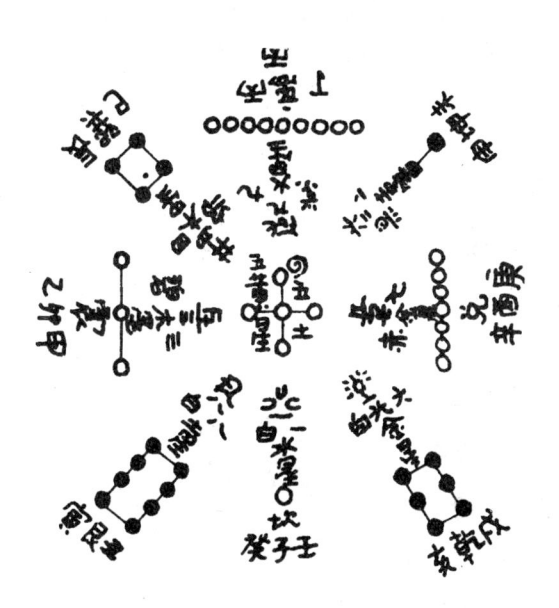

上图为九星的定位,亦即专掌每人的运势之星的定位。但是,《洛书》和《水书》一样,此星年年、月月、日日、时时、方方都在运行着,居中央者往乾宫移动,居艮宫者往南方的离宫移动,所有的星都如此地移动。从这些移动、停留的星座观察运势,便可知道幸福或灾难的到来。在判断其吉凶上,是以五行生克的原理为基础,再考虑其位置上各宫的零意,就能够作出各种判断。

《水书》九星与《洛书》对应表:

《水书》九星与《洛书》对应表:

九星	文	禄	巨	贪	弼	辅	破	武	廉
水书九星	一	二	三	四	五	六	七	八	九
水语	fan² piət⁷	liok⁸ ni⁶	ɬu² ha:m¹	tham¹ ɕi⁵	piet⁸ go⁴	pu² livk⁸	pho⁵ ɕat⁷	fu⁵ pa:t⁷	liem² ɬui
读音	pek⁸	hak⁷	pik⁷	lok⁸	voŋ¹	pak⁸	sek⁷	pek⁸	ɕi³
释文	文星一白	禄星二黑	巨星三碧	贪星四绿	弼星五黄	辅星六白	破星七赤	武星八白	廉星九紫

从上面的对应表不难看出：《水书》的九星与《洛书》的定位完全一致，可以说是一脉相承。

下面再举一例有关《水书》九星的运用情况，就可以看出它们之间的亲缘关系。

ta:p⁷ tɕi¹ tham¹ tɕu³ ɕi³　　甲己贪九子（紫）
tsi¹ pai¹ ljem² tɕu³ ɕi³　　忌去廉九子（紫）

ʔjat⁷ ɡey¹ tɕu² pa:t⁷ pek⁸　　乙庚巨八白
tsi¹ pai¹ fu⁴ pa:t⁷ pek⁸　　忌去武八白

pjey¹ ɕan¹ ljok⁸ ɕət⁷ sek⁷　　丙辛禄七赤
tsi¹ pai¹ pho⁵ ɕət⁷ sek⁷　　忌去破七赤

tjey¹ ȵim² fan² ljok⁸ pek⁸　　丁壬文六白
tsi¹ pa:¹ pu² ljok⁸ pek⁸　　忌去辅六白

mu¹ tɕui⁵ ljem² yo⁴ voŋ¹　　戊癸廉五黄
tsi¹ pai¹ pjek⁸ ŋo⁴ voŋ¹　　忌去弼五黄

还有《水书》中对九宫八卦的描述是这样的：

pjat⁷ gham³ ȵi⁶ faŋ¹ ɕan¹
一　坎　二　方　坤

三ⳑ四那
ha:m¹tsan⁵ si⁵ han⁵ toŋ⁴
三　震　四　巽　同

五中六兀
ŋo⁴ mu⁴ ljok⁸ ɕen² ʒui¹
五　中　六　乾　位

七西八正九卞
ɕot⁷ loi¹ pɐ:t⁷ gan⁵ ku³ li² pjoy⁵
七　兑　八　艮　九　离　变

"九星"一例，描述了九星的运行情况和忌戒的事情。稍有出入的是《水书》的"九子"与《洛书》的"九紫"，子、紫谐音，但《水书》的"子"是按地支的音来读。

"九宫八卦"一例，现代的藏本多用地支的字代替，但这些地支的字仍按八卦字的读音来读，卦位和卦数完全符合"文王八卦"的排列法。

上述事例足以证明《水书》与《洛书》、《周易》的亲缘关系，说明了古百越一支水族与华夏族在很早以前就有了文化上的交往、融合和渗透。今天的《水书》就是这种交往、融合与渗透的活化石。

综上所述，《水书》源于《洛书》，根据《易》卦、星象、五行之理，以五行生克制化合于干支，进而推演吉凶，预测祸福，解决疑难。秦汉以后，《水书》又受到了五行术、星占术、六壬术、太乙数、奇门遁甲以及道教的诸多影响，成为一种复杂的民族的历史文化现象。

[王品魁：《〈水书〉探源》，载贵州省水家学会编《水家学研究》（一），第276—284页，贵州民族出版社1993年版]

6. 水书《正七》卷

水书源流问题，早在二十世纪四十年代初期，岑家梧先生深入水族地区，对水书进行了考察与研究，发表了《水书与水家来源》一文，比较系统地论述了水书的种类、用途、内容、结构及其来源。他认为水书与古代殷人甲骨文之间当有若干因缘关系，是一种被压迫民族的文化。以后，张为纲先生又在《水家来源试探》一文中认为："今日之水书，已失却文字之功用，转而为咒术之工具。然细考其字形，竟有与武丁时期之甲骨文字极为近似者。"同时还指出："鬼人尚巫，其文化为一种'宗教的文化'，极端相信占卜，数巫术盛行。今日水家之所以'鬼名'繁多，所以尊崇巫师，所以有为咒术用之'反书'，皆可为殷代文化遗留之铁证。"

还有一种意见，则是近人坦龙写的《贵州少数民族的宗教信仰》一文，他认为。"水族的宗教文字'水书'，大约就是受到道教符箓影响而产生的符号，水族民间宗教中的'六十甲子'与'五行'相配成的'属命表'，则可以看出明显地受到了道教'纳甲法'的影响"。

上述论点，从各自的侧重面对水书源流问题进行了初步探索，为进一步研究水书提供了有益的借鉴。

笔者近年从事译注水书的尝试与实践，深深感到上述的研究成果，还远远没有触及水书的广泛而深刻的内涵。现单以《正七》水书为例，无论从忌戒条目内容以至表达忌戒的方式来看，都与宋代《象吉通书》基本相似、相近或者相同。

一、从忌戒条目来看。《正七》是水书的启蒙读本，是学习水书最先需要掌握的基础知识，水语称为"泐荐显"，或称"泐凶"。全书共有一百多个忌戒条目，凡丧葬、嫁娶、营建、出行、用鬼，都要依照此书择吉避凶。这些忌戒条目与《象吉通书》的内容大多是相近的。如"梭项"即为"重丧"，"半用"属于"天贼"，"打哇项"意为"三丧日"，"尖辛"日就是"十恶大败"日，"空蒙"日就是"贴身空亡"日，"念友"叫"截路空亡"日，或叫"的呼"日等等，读音尽管不同，但忌戒的内涵都是基本一致的。

二、从忌戒的内容（即所忌戒的年、月、日、时、方）来看，两书也是相似或者相同。如"梭项"条：

水书	象吉通书
正七中庚▽	正七连亥甲
二八乙戊▽	二八乙辛岁
正五三十二	丁癸三十一
四十两主辰	四十两主辰
三六九戊三	三六九戊三
分九巳	戌巳是重丧

从上述例句对比来看，两者忌戒的月份、时份及其内容则完全相同，都是"重丧"的日子，是安葬的忌日。

又如"念友"条，意为忌呼喊。即病人断气或者抬棺出丧的时刻切忌喊话，答话者多凶。《象吉通书》谓此条为"截路空亡"日，或叫"的呼"日。

水书	象吉通书
(水文)	甲己申酉最为超
(水文)	乙庚午未不为求
(水文)	丙辛辰巳君休走
(水文)	丁壬寅卯一场忧
(水文)	戊癸子丑息亨坠
	时犯空亡万事休

还有"马忌"条：

水书	象吉通书
(水文)	申子辰马在寅
(水文)	巳酉丑马在亥
(水文)	寅午戌马在申
(水文)	亥卯未马在巳

水书此条又称"禄马"，水文"六"、"禄"通用。《象吉通书》谓此条为"马星"或"驿马"。命中有"马星"，古人有"贵人驿马多飞跃，常人驿马多奔波"的说法。

再如"天乙贵人"条：

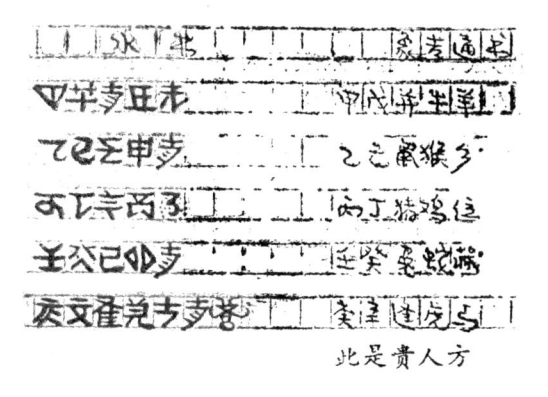

水书	象吉通书
(水文)	甲戊并牛羊
(水文)	乙己鼠猴乡
(水文)	丙丁猪鸡位
(水文)	壬癸兔蛇藏
(水文)	庚辛逢虎马

此是贵人方

此星为解厄之星，救助之星，四柱中有此星，遇事有人帮，遇难危之事有人救，是逢凶化吉之星。水书谓生于此日为"阳贵人"，病逢此日要急解。

从以上几则条目例句的比较中，不难看出水书与《象吉通书》在忌戒条目的内容上和它的吉凶神煞的内涵几乎是一致的，或者是大同小异的，从而证明了两者之间有一定的因缘关系。

三、从表达忌戒的方法上来看，水书与《象吉通书》也是基本相同的。《正七》水书属于朗读本，对每个条目的内容和所忌戒的年、月、日、时、方，都是采用歌谣体编成，读来琅琅上口，便于记忆，童叟妇孺皆能诵读，因而经久传唱不衰。同时，有许多条目，还通过肖像习性的描绘，或者用比喻、夸张的手法，来加重忌戒的重要程度。有些条目，又在正文之后加上几句歌谣，更起着画龙点睛、深化主题的作用。《象吉通书》所表达忌戒的方式亦用歌谣体，与水书的表达方式完全一样，上面所引证的例句便是明证。

四、从水族社会历史发展的情况来看。水族先民自秦代迁入黔桂边境以来，经过千余年的发展，在具有共同的地域、共同的语言的前提下，共同经济生活和共同的心理素质已逐渐形成，于是，水族作为单一民族便正式形成了。从历史文献的记载看：唐贞观三年（六二〇年），东谢首领谢元深入朝，唐以其地置应州，下置都尚、婆览、应江、陀隆、罗恭等五县。唐玄宗开元年间（公元七一三—七四一年），又置莪、劳、抚水等羁縻州，宋太祖开宝三年（九七〇年）以后，先后在水族地区设置荔波、陈蒙、合江、抚水等州。《象吉通书》成书于宋仁宗皇祐年间，由魏鉴明编著而广泛流传于民间，这不能不影响水族社会。尤其是水族尊崇巫术，信奉鬼神，信仰原始的宗教，因而，像《象吉通书》中有关八卦六爻、九宫五行、二十八宿以及各种吉煞神凶和择凶等内容，就很自然地渗透到水族的民间宗教之中，成为具有自己民族特色的水书。水书中有关天干地支、阴阳五行以及数目的字，多有反写、倒写并改变汉字形体的写法，还有记事记物特有的符号和月份顺序与农历相反等等情况，过去被称为"反书"，就是基于此种含义。

清代以后，水书在民间的传播更为广泛。清乾隆九年（1744），吴景鸾上奏章，对《象吉通书》又重新作了修改，大量在民间流行。从清嘉庆、道光、咸丰、同治直至光绪年间，水族民间藏有大量的这一历史时期的抄本，其影响所及，可以窥见。

综上所述，水书在字形结构上，既有殷甲骨文的成分，又受了道教符箓的影响。在思想内容上，从水书所反映的八卦六爻、九宫五行和二十八宿等内容，可以推断：水书源于《周易》，宋代已基本定型，清代是它发展的鼎盛时期。在它的发展过程中，明显地又受到《象吉通书》的制约与影响。清末民初，水族民间的宗教活动，水书与《象吉通书》常常有并行运用的情况就是证明。

〔王品魁：《水书源流新探》，载贵州省水家学会编《水家学研究》（二），第338—342页，1993年〕

第二节 《水书》的研究价值

1. 《水书》具有宗教学研究价值

水族信仰多神的原始宗教。据水族民间传说有七八百个鬼神。仅根据我们在有限地区内调查，现还叫出名称的鬼神就有313个，分属五个系统：男性鬼神系统有59个，女性鬼神系统有57个，落魂和招魂鬼神系统有39个，恶鬼系统有105个，"挡神系统"（"阻挡与驱逐"之意）有52个。而《水书》关于大鬼神的种类计有113种。《水书》记述水族先民关于这些鬼神与人的关系，并给人们指明了趋吉避凶的方法。由上可见，《水书》对研究水族宗教信仰具有重要价值。

[韦忠仕、王品魁：《〈水书〉研究价值刍论》，载贵州省水家学会编《水家学研究》（一），第275页，贵州民族出版社1993年版]

2. 《水书》中的五行观思想及其认识功能

《水书》中包含两种思想：一个是前面讨论过的鬼神观，另一种思想就是五行观。这两部分主要讨论五行观的认识范式。

《水书》反映了水家文化和汉文化的融合。其中五行观就与汉文化中的五行思想是一致的。五行思想与鬼神思想相比，可以说水族的认识水平达到了一个新的高度。《水书》不仅仅包含着五行思想，更重要的是，它以五行思想为基础，建立了一套演绎体系。这套体系与经验结合便形成了水族特有的"水书五行认识范式"，表现在天文历法、择日、算命等方面，尤其在节日、婚丧方面发挥着一种指示和规范的作用。就认识方面讲，《水书》中的五行体系仍具有解释、预测和干预功能。

就解释和预测而言，《水书》五行观主要是把事物归结为五种要素或性质，并借助于五行相生相克的原理来确定对象的总体性质，按照这样一个思想，结合时间（如干支）空间（如方法）及一些具体的东西建立了一套演绎体系。当把经验纳入这套体系时，经验便获得了一种因果解释。预测则是在解释的基础上借助演绎推理对未来结果的推断。如择日就是把五行观与干支结合，推出某日性质如何，是适合祭祀或者是营造等等，算命，就是通过这个人八字中的五行观进行推算，确定此人的命运变化。

就干预而言，对《水书》除了包含前面所说的鬼神观的干预方法外，还有一套五行观的干预方法，即通过五行的填补改变自然的进程，比如，按八字推算，若某人在某个时候因缺五行中的水，按五行平衡的观点，就应通过各种方法给这个人增加水的性质，可叫这个人住北方，可在他的名字上加上与水相关的字等。以这些方法干预此人的命运，避免由于缺水而导致的"火难"。

拿《水书》中的五行观与鬼神观相比，可得出结论。在鬼神观中，事物现象的原因都归结为鬼神，而《水书》五行观则以五行的相生相克作为事物的原因。鬼神体系中，原因和结果之间的联系，是借助于神秘的启示，借助人与鬼神的神秘对话来实现，而《水书》则是借助一套演绎体系来实现原因与结果之间的联系。当然，《水书》五行观的演绎与现代逻辑的演绎相比，有很大的象被和类比的成分，但尽管如此，它仍不失为一种逻辑推演。五行观是认识上的一个巨大进步，是一个飞跃，它是在物质自身中去找原因，而不是在物质之外的精神中去找。但另一方面，从《水书》中并存着的两种思想来看，这种进步又是在徘徊中进行的。

当然，鬼神体系和《水书》五行观都不能被纳入科学的认识之中，只在一定意义上具有前科学的性质。但它们却在很大程度上提供了种种知识的原型，它们都是企图用某种方式整理经验，使经验获得某种"合理性"，获得某种因果解释和预测，它们都是企图以某种方式对现象进行干预、控制，这就使得它们在形式和结构上与科学的认识达到某种一致。

[蒙爱军：《谈水家鬼神观与〈水书〉五行观中的认识结构》，载贵州省水家学会编《水家学研究》（二），第 323—324 页，1993 年]

3. 五十年来《水书》研究述评

水族是一个具有悠久历史和灿烂文化的民族。水族不仅有自己的民族语言，还有在一定程度上记录语言的符号——水文字，以及用水文字书写的典籍——《水书》。《水书》，水语称"泐虽"（le'sui.），它与水族人民生活息息相关，诸如丧葬、姻婚、营建、出行、过节、占卜、农事等等活动都要依《水书》的规定而行。

《水书》自产生到民国以前的漫长岁月里，一直为水族巫师代代秘传。首次记载水族有《水书》的是成书于 20 世纪 20 年代的《都匀县志稿》，其书说《水书》中的古文字类似古籀、小篆。后来，胡羽高在《三合县志略·民族条》（1930 年石印本）对《水书》作了更为详细的记述，肯定它历史悠久。抗日战争时期，社会学家岑家梧、张为纲和民族学家吴泽霖、陈国钧以及语言学家李方桂诸教授深入水族地区调查研究。1943 年岑家梧教授到贵州荔波县调查《水书》"，撰成《水书与水家来源》，开《水书》真正研究之先河。从中华人民共和国建立到"文化大革命"前，《水书》的搜集、整理和研究工作得到党和政府的重视。1956 年，中国科学院语言研究所、中央民族学院等单位的研究人员到水族地区调查语言文字概况。"文化大革命"时期，《水书》被当做作"迷信国书"而被打入另册，损失惨重，党的十一届三中全会后，《水书》研究走上了新的征程。中国民族学会《民族研究通讯》1982 年第 2 期发表"《〈水书〉研究简讯》。其后，中国民族古文字研究会编印的《中国民族古文字画册》专设了"水书"一节，并附

《水书》样品图。

1986年9月,贵州少数民族古籍整理出版小组在贵阳主持召开了"水族古籍'七五'规划会议",会议决定把《水书》搜集、整理、编译列入重点项目,"七五"期间先整理翻译《水书》的读本、阅览本和应用本等共约140万字。1987年国家档案局搜集、整理《水书》。水族学者王品魁等积极投入其中,自1988年以来,王品魁先生已译注完《水书》的"正七本"、"壬辰本"、"丧葬本"等近200万字。1989年10月,贵州省水家学会成立大会暨第一次学术讨论会在三都县召开,标志着"水家学"作为一门学科诞生了,《水书》是水家学科的重要组成部分。1990年6月,贵州省水家学会组建了"搜集整理研究翻译'水书'领导小组",对《水书》研究工作进行统筹安排。1991年10月,贵州省水家学会第二次学术讨论会在荔波县召开,大会提出目前及今后一段时间内水家学会的一个重要研究课题是:广泛搜集、整理民间所有各类《水书》版本;分类汇编成册,作为研究的原始资料;分课题进行专门研究;定期召开《水书》学术讨论会;编辑出版《水书》研究成果。本文拟对50年来《水书》研究的主要情况进行述评。

一、对《水书》源流及成书时代的研究

关于《水书》的源流及成书时代,一般的论文或从《水书》中的文字或从关于《水书》来源传说进行推测。诸如,岑家梧《水书与水家来源》通过对《水书》中的文字及传说进行分析后指出,"水书制造时代极为古远","水书传入江西水家后,水书由此方次第传入江西。……水书初传入江西水家后,水家由江西迁入黔省,乃携之俱来","至少水书与古代殷人甲骨文之间当有若干因缘关系"。张为纲《水家来源试探》也说:"细考其(《水书》)字形,竟有与武丁时期之甲骨文极为近似者。"1981年三都县文史研究组编印的水族知名人士潘一志《水族社会历史资料稿》"水书"部分认为,"'水书'虽然是一种宗教工具,但在很早以前,也不能不说是一种文化的发展","现在追溯往古,也足以说明水族文化与汉族的渊源是很古老的"。李炳泽《从水族传说论水族民间文字学》认为,从水族民间传说《泐虽的来历》、《天皇烧泐虽》和《借书奔月》里可知,"在古代,水族曾有一些精通汉语汉字的知识分子,他们从汉字结构特点里得到启发,然后把这种特点引进水语里,创造了水语记录符号"。雷广正、韦快《〈水书〉古文字探析》认为,"水族社会中流传的'水书'古文字及其内容是古百越民族集团及其后裔中精神文化记录最古最早的例证",《水书》古文字是古代百越民族集团与华夏集团之间文化交流的产物。刘日荣《水书研究》认为,"水书创制时代约当唐末宋初,其文字是在汉字启发下创制而成的"。

上述诸作者由于仅从《水书》的文字和关于《水书》的传说去分析,而没有深入《水书》的内容,所以,他们所得出的关于《水书》的源流及成书时代或很笼而统之,或有偏颇之处,不能准确具体地说出《水书》的源流和成书时代。例如,岑家梧先生说《水书》由北方传入江西再迁入黔省,主要依从于水族村寨中附会的水族从江西迁来的说法。其实,"江西迁来说"并不符合水族的历史实际,水族地区流行的迁徙歌谣是

"古父老住在西雅／从西雅上广东／在广东做不成吃／在广西积不起钱／哥沿红水上去／弟顺清水下去／中间公渡过红水来到丹州（今广西南丹）"。现今研究水族历史文化的学者几乎众口一词地认为水族系百越民族中的一支骆越的后裔。这样，岑家梧先生的说法已难以令人信服了。再看雷广正、韦快《〈水书〉古文字探析》，该文认为《水书》古文字是古代百越民族集团与华夏集团之间文化交流的产物，我们推敲一下也是觉得疑窦丛生。众所周知，古代百越民族的后裔大致是今天壮侗语族诸民族，即壮、布依、傣、侗、仫佬、水、毛南、黎等民族。从文献记载和现实状况看，壮、布依、侗、仫佬、毛南、黎等民族并没有类似《水书》古文字及其内容的东西。所以，情况只可能是《水书》是水族从越族母体中分化出来、成为单一民族之后创制的。

　　水族学者王品魁先生，长期从事《水书》的搜集、整理和调查研究工作。在多次调查的基础上，他译注了《水书》的"正七"、"壬辰"、"丧葬"等卷本共约二百万字。通过译注工作，使他能够深入《水书》的内容，也正因为如此，使他关于《水书》源流的论文所提出的观点令人折服。王品魁一九八九年在贵州省水家学会第一次学术讨论会上提交的《水书源流新探》，通过对《水书》的传说与内容的分析，认定"《水书》源于《周易》，宋代已基本定型。清代是它发展的鼎盛时期。在它的发展过程中，明显地又受到《象吉通书》的影响"。经过再调查研究，其认识更进一步。他在《〈水书〉探源》这篇论文里，既公布了水族民间所说的"六家水书"是：《正七卷》、《春寅卷》、《亥子卷》、《丑牛卷》、《甲巳卷》和《黑书》，又调查出了创造《水书》的六位贤人智者是羊、毫、罕、项、挂、光，通过对《水书》与《洛书》的比较分析，提出"水书"源于《洛书》。我们认为，王品魁先生关于《水书》的源流与成书时代的说法是比较符合客观实际的。这不仅是因为他的论点是建立在长期搜集整理和调查研究《水书》的基础上，是来源于深入分析《水书》内容的基础上，而且其论点与水族社会历史发展也是相一致的。据《新唐书·南蛮传》记载，唐朝时水族先民"东谢蛮"尚"俗无文字，刻木为契"，由此可见，《水书》只可能在唐末宋初或以后才能产生。既然《水书》是水族人民固有的文化，很显然是应该在成为单一民族之后。据一九八五年贵州民族出版社出版的《水族简史》，"水族作为一个单一民族"的正式形成是在唐宋之交。此外，如今仍在水族地区盛行、《水书》中有记载的"水历"是以干支纪年月日时，一年分春夏秋冬四季，以阴历九月为岁首，即水历建月于戌。据研究，"水历"也是产生在宋初，元、明、清时在水族地区就盛行开来。当然，我们赞同王品魁先生的观点，并不等于关于《水书》的源流和成书时代问题就已研究到尽头了。我们认为，随着《水书》搜集、整理、译注、研究工作的深入，关于这一问题一定会得出更加准确具体的结论来。

……

　　三、对《水书》的天文历法、宗教信仰、哲学思想及艺术等方面的研究

　　关于《水书》中的天文历法。石尚昭《〈水书〉通义——天文历法》，用国际音标对水族二十八宿和部分历书条目进行了注音并汉译和注释，认为《水书》非常重视历元，把二十八宿、十二地支与日月木火土金水相配合以纪元，共分七元，第一元甲子从鼠

（虚）宿始算，水历有自己的民族特色，以水稻收获季节的阴历八月为年终，以阴历九月为岁首。这篇文章基本上是对《水书》中的水族天文历法进行注音和释译，对天文历法进行了比较系统的分析研究。在"水族的天文知识"部分，作者着重研究了《水书》中的"水族二十八宿"，并与汉族文献记载的二十八宿列表对照，根据《浑天赋》、《宋志》及《索引》所记载的古代华夏族曾用动物记二十八宿，然后比较分析，提出"水族二十八宿最初源于华夏族，是华夏文化与水族周围自然生态环境相结合的产物"。文中还把《水书》"九星"与古代华夏族"九星"进行了比较，认为《水书》"九星"与《易经》、《洛书》有渊源关系。在"水族的历法"部分，作者着重对《水书》中记载的以阴历九月为岁首的水历进行了详细探讨，从其产生到历元、季节划分、纪年纪月纪日法进行了论述，提出以阴历九月为岁首的水历源于产生于宋初的"无闰水历"，它在明朝开始在水族地区盛行。王品魁《水族画像石墓和水文字石墓》一文对三都县的查村用水文字书写的石墓进行了研究，对碑上的二十二个水文字进行了释读，其中用水族历法纪年月日。通过分析研究，作者认为墓碑建立于明世宗嘉靖四十三年甲子至明熹宗天启四年甲子之间（一五六四年——一六二四年）。由此可见，水历在明中叶已用于丧葬墓碑的纪年月日时。从而我们可知以阴历九月为岁首的水历在明代已在水族地区相当盛行。这一发现，对于我们深入研究《水书》中的天文历法有重要的意义。当然，上述诸文远远没有穷尽《水书》中的天文历法，《水书》中的"时象本"、"丧葬历书"等尚无人问津。

关于《水书》中的宗教信仰。一九九〇年学苑出版社出版的《中国各民族宗教与神话大辞典》"水族部分"，刊登了水族学者潘朝霖撰写的"水书"重要条目解释，共收一百一十三条，侧重于"水书"中的宗教信仰。这113条只不过是其荦荦大端，其实其总数有六百多条。这种情况，在百越民族诸后裔中极为鲜见。正因如此，张为纲先生说："殷人尚鬼，其文化为一种'宗教文化'，极端相信占卜故巫盛行。今日水家之所以'鬼名'繁多，所以尊崇巫师，所以有为咒术用之'反书'，皆为殷代文化遗留之铁证。"这里张为纲先生说《水书》为殷代文化之遗留不一定正确，但《水书》鬼名繁多确是客观事实。坦龙先生分析了《水书》中的宗教，说"水族的宗教文字'水书'，大约就是受到道教符箓的影响而产生的符号，水族民间宗教中的'六十甲子'与'五行'相配成的'属命表'，则可以看出是明显地受到道教'纳甲法'的影响"。王品魁深入研究《水书》，把《水书》条目与《象吉通书》等比较后指出，"水书与《象吉通书》基本相似、相近或相同"，"尤其是水族尊崇巫术、信仰鬼神、信仰宗教，因而《象吉通书》中有关的八卦六爻、九宫五行、二十八宿以及各种凶煞和择吉避祸等内容，就很自然地渗透到水族民间宗教之中，成为具有自己民族特色的《水书》"。潘朝霖《水家黑巫术谈说》对《水书》中的《黑书》所阐述的黑巫术进行了论述。文中说水族黑巫术分为正义和非正义两种，正义和非正义的黑巫术之下又分为若干类，"纵观水家黑巫术，它不过是水家原始宗教不可分割的有机体，是企图依赖与支配有威力的鬼神暗中为自己的目的服务的虚妄行为。水家人围绕庞杂纷繁的鬼神世界，形成了一个怕鬼、敬鬼、祭鬼、祈鬼、放鬼、拒鬼、收鬼、驱鬼、倒鬼、问鬼（占卜）的怪圈"。文章最后对水家黑巫术的组合要素、施行的原理、产生与遗存的原因进行了论述，指出"水家黑白巫术之所以能较系统、完整地遗存下来……更主要的是与水书有关"。《水书》从某种程度上来说，可以说是水族一部古老的宗教典籍，因而上述文章只不过是《水书》宗教信仰方面研究取得的初步成果，其深入研究尚待来日。

关于《水书》的哲学思想方面的研究论文有蒙爱军《谈水家鬼神观与〈水书〉五行观中的认识结构》，主要论述了《水书》中水族的鬼神信仰及思维模式。可以说，《水书》其核心就是用阴阳五行思想贯穿，既然如此，蒙爱军文章只是这方面研究的一个尝试。关于《水书》艺术方面的论文亦不多，只有王思民《水书图象与水族舞蹈关系浅析》一文。该文认为，"水书"里有不少人体图像和动态图像，即描摹各类家畜、飞禽走兽以及花草等的象形动态图、蛙形动作图、人群动态图、巫师手执道具动态图，这些图像是水族先民原始艺术的遗留，它囊括了今日水族村寨留传的水族古铜鼓舞全部舞蹈动作，其文化内涵是反映了水族先民的原始信仰。从上述可见，《水书》中哲学思想和艺术方面的文章特别少，这与《水书》中所包括的丰富内涵是极不相称的，因此这些方面的研究亟待加强。

韦忠仕、王品魁《〈水书〉研究价值刍论》针对研究工作主要集中研究《水书》中的古文字，对其他方面或付之阙如，或很少涉猎的实际情况，根据作者搜集、调查、译著《水书》的实践，认为《水书》具有文字学、历史学、文学、艺术、天文历法学、地理学、气象学、哲学、宗教学、民俗学、教育学等方面的研究价值。《水书》是唯一留传至今的成文的"百科全书"式著作，它不仅对于研究水族，而且对于研究古代华夏文化具有参考作用。

四、台湾地区及国外对《水书》的重视与研究

由于《水书》是水族先民在长期历史中集体智慧的结晶，是水族先民的"百科全书"，因而具有独特的文化价值。因此之故，《水书》不仅引起了国内学界的重视与研究，而且台湾地区和海外都很重视与研究《水书》。台湾"中央研究院历史语言研究所"、美国夏威夷大学、英国大学博物馆、日本东洋文库都藏有《水书》手抄本。华人学者美国夏威夷大学李方桂教授在1977年出版的《水话研究》附录了"水族古文字"。在日本，1955年赖惟勤教授的《有关莫话记略》首先介绍了《水书》，文中说在中华民国《都匀县志稿》"夷文项"中记载了水族文字，用水族文字写成的书叫"水书"，又称"反书"，其中附录了56个水族古文字。1963年出版的《日语的历史2——谈文字》一书，刊登了一页以水文和汉文为对照的图，并有河野六郎教授的说明，"水族文字是由汉字改造而来的象形字，东洋文库藏"。日本已故著名语言学家、原日本语言学会会长文田龙雄教授1980年发表了《水文字历的释译》，他根据《都匀县志稿》所记载"水书"古文字、李方桂《水话研究》附录的水族古文字以及大英博物馆所藏的《水书》（抄本），对二十二个水族古文字进行了释译，除了前述王国宇《水书与一份水书样品的释读》指出其中有六个字释译有误外，其余十六字释译是准确的。文田龙雄高度肯定了《水书》的价值："水书的存在说明：某时期，在四川省、贵州省、云南省境内，曾有过

一系列字形相似的象形字，也已超过记录语言的性质范围。由巫师们代代相传下来的水书，就成了我们今天推断文字历史的重要依据之一了。"据从日本参观访问回来不久的贵州民族学院助理研究员潘朝霖先生和黔南州文艺研究室范禹研究员的介绍，日本学术界现在十分重视《水书》。近几年来，日本、美国、法国、比利时等国学者先后到水族地区采访，也十分关注《水书》。

[韦忠仕、黎汝标：《五十年来〈水书〉研究述评》，载贵州省水家学会编《水家学研究》（二），第325—337页，1993年]

第三节　水书对丧葬的影响（水文墓碑）

1. 水书先生"择吉"、出殡的选择

择吉——水语称为"来问"，意为选日子。孝家要派人去请自己认为信任的水书先生来择课。水书先生往往要根据亡人生年属相选择与其相生、相合或比肩的吉日吉时吉地吉向。首先要避开梭项、龙犬、尼头、野辣、代排等凶恶的水书忌日，以求事后不出现凶祸的前提下，再去选择添丁发福的吉祥日子。孝家往往要在仓口或楼上举行"点降"（水语音译，直译为压住亡人命上所得的掌宫位），以保财源不流散和人丁兴旺。"点降"时，要请六位年龄为六十一岁的水书先生，以六条鱼作为主祭品置于簸箕内，下面垫以折糯的米粑。这样的仪式是取其意为水语的"陆铎"。

出殡——要按水书先生择定的日时方位行动。棺木用红毯子遮盖，上面还要绑一只公鸡。一人先行在出丧所经的路途撒"纸钱"引路，直抵穴边。孝子一人披麻戴孝端着插着灵牌的那升米走在前头，接着是妇女、儿童拖拉着白布纤绳。芦笙、唢呐、旗幡、伞盖、耍龙、舞狮队伍尾随棺木，一路吹奏和表演。出殡之后，不准棺木走回头路，不准孝子回头张望。

[潘朝霖：《水族丧葬》，载贵州省民族研究所编《民族研究参考资料·民族风情》第二十二集，第171—172页，1985年]

2. 水文字碑文

[陈国安：《榕江县计划公社水族社会历史调查报告》，载贵州省民族研究所编《月亮山地区民族调查》（贵州省少数民族社会调查之一），第272页，1983年]

3. 三都县拉下村水文字墓碑

坐落在三都自治县塘州乡拉下村东侧有一片古老的墓地，当地叫做"墓果"。过去由于树林掩映、荆棘丛生，一直不被人们发现和认识。近年来，因薪柴的短缺，其中的林木和荆棘均被砍伐殆尽，因而这片水族的古墓群才晓知人世。目前尚遗留少数墓室，墓制特殊，呈长方形，与当地附近的许多圆形墓室不同。所有的墓室朝向，均为"甲山庚向"。每一座墓室，原来都是用石砖垒砌的，由于年代久远，当地的村民已陆续搬走石砖挪做他用。现在保存用石砖垒砌的墓室，也只是寥寥数座，剩下的只是残存的土堆了。现在保存下来的这些石砖坟墓，墓宽一百四十厘米，墓长二百二十厘米，墓高一百厘米，石砖垒砌的有五层或六层不等，石砖的打凿，与现今烧制的泥砖相似。在这些墓室中，有墓碑，碑面见右图。为了保护水族古代文物，三都水族自治县文物管理所，已把碑面收藏在县文物馆内。下面仅就这座水文字墓碑，作一个初步的识别和辨析。

拉下村水文字墓碑拓片复制图

一、墓制形状

拉下村的水文字墓碑，系门楼式墓碑。整个墓碑分为碑座、碑身（或叫碑门，包括两边伸延出来的门柱）、碑帽和碑顶等四个部分。碑门呈"凸"字形，上刻各种图像和水族古文字，两边配上双肩，构成一幅整块碑面，碑门两边还伸出二十厘米的方柱，碑柱上，无图无字，碑帽紧紧盖压碑门，碑顶已经脱落无存，形状不详。碑门下宽七十二厘米，上宽四十二厘米，双肩各宽十五厘米。碑总高一百一十厘米，下高七十厘米，肩高四十厘米，碑柱内进深二十厘米，外进深三十七厘米。墓碑后面，是用经过加工凿打好的石砖垒砌成长方形的盒子帽，类似石棺形状。这种石砖，与现今烧制的泥砖比较，略大、偏高、稍长，一般垒砌五层至六层，不用灰浆，但垒砌得整齐划一，甚为美观。

二、图像识别

从拉下村水文字墓碑的图像中，朴实地展示出一幅古代水族社会丧葬的习俗画面，这种丧葬习俗，一直沿袭至今。下面就墓碑图像的内涵逐一地进行辨析。

左上图：一人左手举拿伞盖，右手执绳，走前引路，意即牵引和护领亡人走向地府。

左下图：一头大水牛正在迈步前进，这是给亡人献牲的供品。亡人到了地府，仍与阳世间一样，也需要役牛来耕田种地。

正中上图：刻画着一束铜钱花，恰与正中下图竖立的三枝花遥相对应，喻有吉祥祝福之意。

正中下图：平放着一面铜鼓，鼓面上插三枝花。铜鼓在水族社会中被作中为权势和富贵的象征，也是水族丧葬、祭祀用的贵重器物。铜鼓在丧葬中的用法有三：一是当做更换衣物的坐墩。老人去世，藏鼓之家把铜鼓端出来。扶着亡人坐其上，给他着上寿衣，以示富有，同时，让亡人和这珍贵的传家宝告别，并且期望来世也有铜鼓收藏。二是当祭奠桌。亡人入殓之后，停柩于堂屋之中，藏鼓之家往往要用几面铜鼓摆在柩前，上面置放炖鱼、酒、饭祭奠，既表示富有，又表示给亡灵以安慰。三是做打击乐器。在"开控""屯亥"（即大型的祭奠活动）时，灵柩停在家里，要不停地敲击铜鼓，以驱除邪恶，安慰亡灵，并让天上的神仙听到铜鼓声，好降到民间来引渡亡灵回老家。铜鼓上面竖立着的三枝花，表示三炷香，用以祭莫亡人。

右上图：一人右手执羽扇，左手持铜斗烟杆，护卫其后，驱邪除恶，让亡灵顺利地回归地府。羽扇是驱邪的工具，它是用翱翔在太空中的雄鹰的羽毛进行加工制作的，起着撵鬼除魔的作用。铜能镇妖制魔，铜制的烟斗，亦起消灾除祸的功能。

右下图：一人骑着骏马，左手执马缰，右手拍马背，驱马前进。驱马者应为墓主，系男性。因此碑没有专门的姓名、性别标志，只能从画像去判断。

图像中的人物衣饰，刻画得单调浅薄，但是轮廓清晰，大体可以看出当时人物的衣服式样，即：头戴瓜皮帽、身穿长衫的基本服饰。

图像均为阴刻，工艺虽然粗糙，但也能基本勾勒出人物和事物的形象特征，是水族民间的早期的石刻工艺作品，具有重要的历史研究价值。

三、水文破译

在墓碑图像的中部，阴刻有竖行倒写的水族古文字，共五行。内容是记述亡人的生卒年月和安葬年月。下面逐条破译：

原文：

直译：乙巳年七十六庚申

意译：乙巳年为亡人的生年，庚申年为亡人的卒年。从乙巳年生到庚申年卒，刚好是享年七十六岁（虚岁）。

原文：

直译：六十四日丙申日己亥时

意译：这一行是记述亡人的生月生日和生时。亡人生于六月十四日，干支是丙申日己亥时。

原文：

直译：第六癸酉日

意译：这一行是记述安葬亡人的年日。"第六"指第六元，省去"元"字。根据《水书》七元历的推算，亡人的安葬年日为上元第六元的庚申年癸酉日。

原文：

直译：二十一丁卯时

意译：这一行记述亡人死亡的月、日和时，即二月十一日丁卯时死亡。其中省略了"月日"二字。

原文：

直译：丙辰时

意译：这一行记述安葬亡人的时辰，即庚申年癸酉日丙辰时。

按照《水书》七元在斩记时方法与《中国历史年代简表》对照，对这部分的水族古文字作如下译注：

"墓主生于明仁宗洪熙元年（一四二五）乙巳年六月十四丙申日巳亥时。"

"墓主殁于明孝宗弘治十三年（一五〇〇）庚申年二月十一日丁卯时，享年七十六岁。"

"墓主于上元第六元庚申年癸酉日丙辰时安葬。"

古人治历，非常重视历元。《后汉书·律历志》记载："建历之本，必先立元，元正然后定日法。"

古人认为：上好之元，一定要以甲子那天是夜半、朔旦、冬至作为起算的开始，而且要求日、月同升，金、木、水、火、土并见于一方，即所谓"日月合璧、五星联珠"。

为了推测年月以及观测天象的变化，《水书》将二十八宿和十二辰（方位）结合起来，然后分元，以六十甲子为一元，共分七元。第一元甲子从虚宿始算，第二元甲子始于奎宿，第三元甲子始于毕宿，第四元甲子始于鬼宿，第五元甲子始于翌宿，第六元甲子始于氐宿，第七元始甲子始于箕宿。到第七元，二十八宿与六十甲子配毕，共得四百二十年。至七元尽而甲子又起虚，周而复始。

按照"七元"的内涵，水历与汉历一样，又分为上、中、下元，共一千二百六十年。若以明孝宗弘治十七年（一五〇四）甲子为第七元之始，往上溯："上元"的一元，应是宋高宗绍兴十四年（一一四四）甲子；"中元"的第一元，应为明世宗嘉靖四十三年（一五六四）甲子；"下元"的第一元，则是1984年甲子。墓主死于明孝宗弘治十三年（一五〇〇），距今已有四百九十七年，是目前发现的最早用水族古文字书写的墓碑。

通过对水潘拉下村水文字墓碑的考察与辨析，至少可以得到以下几点认识：

第一，水潘拉下村水文字墓碑上所刻画的图像，是当时水族社会的丧葬习俗和丧葬文化的生动反映。凡人死后，要杀牛杀马祭奠，编织纸扎、旗幡、伞盖送葬，以及在丧葬中进行的巫术活动，正反映了宋、元、明之际，水族地区已出现了厚葬之风。这正说明，当时的农牧业生产有了很大发展，社会比较稳定，农村较为富裕，而且阶级分化已相当严重。一些土司、官吏和富绅，奢侈浪费，生活腐化，人死后要大办丧事，杀牛敲马，实行厚葬。据民间相传，荔波的水响地方有一家富户，办丧事时杀了"三十头牛耳齐角，三十四马高平肩"来祭奠送葬，杀掉肥牛壮马，数量之多，均在所不惜。这种遗风，一直沿传到解放前夕。

第二，水潘拉下村水文字墓碑，反映了当时的水族社会还处于封闭社会状态，汉文化还没有传入，墓碑上未发现用汉文字书写的墓主姓名和墓葬年代，至今唯独发现这座用水族古文字记载墓主的生卒年月和墓葬时间，并且用图像去标志墓主的性别。同时也说明：作为卜筮预测的《水书》，在宋代有了很大的发展，广泛运用于水族社会的各个方面。为了推算年月和预测天象的变化，《水书》将二十八宿和十二辰（方位）结合起来，形成自己独特的七元历法，并且运用天干地支和七元历法来纪年、纪月、纪日、纪时。时至今日，水族民间还能熟练地运用这种计时方法。

第三，水族的墓葬文化，特别是墓碑的雕刻艺术异常发达，尤其是晚清和民国时期，达到登峰造极的地步，这是从水族的石刻工艺史而言的，时下在水族地区，还能找到如此恢弘的墓碑建筑，亦让游人叹为观止。但从拉下村水文字墓碑的石刻工艺来看，说明当时水族墓碑雕刻还处于雏形状态，其中的人物和事物的刻画，刻艺粗糙，但形象逼真，轮廓清晰，是研究水族的雕刻技术、水族的社会生活及水族服饰的重要资料。总之，拉下村水文字墓碑具有重要的历史文化研究价值和文物保藏价值。

[王品魁：《拉下村水文字墓碑辨析》，载贵州省水家学会编《水家学研究》（三），第213—216页，1999年]

第四节　"水书"在宗教中的支配作用

"水书"分为白书和黑书两种，在水族人民的日常生活中，使用范围很广，营造、出行、婚姻、丧葬、禁忌、各种原始宗教活动等等，都受"水书"的支配，水族的节日活动，亦须受"水书"的支配，表现在节日的具体时间选择上，必须按"水书"的规定来确定。

借端，水历的元月至二月亥日举行。但是，按水书的规定，虽然到了亥日，若是丁亥，还不能过节，必须避开丁亥延至下一个亥日方能进行过端。

借卯，水历十月卯日举行。但是，按"水书"的规定，虽然到了卯日，若是丁卯仍不能进行过卯，必须延长至下一个卯日方能进行过卯。

拜霞和拜善，每隔十二年或六年于水历十月举行，具体日辰的确定，必须遵循"水书"的规定，选择属于水、土、木的日子才能举行，若是属于火、金的日子就不行。

拜缪，水历五月一日至十五日之间举行，往往确定哪一天时，都要根据"水书"选择吉日进行。

略夺拱，每年水历七月举行，具体哪一天，亦将按"水书"选择属于水、土、木的日子才能举行。

韵孃，隔年的水历十月举行，具体哪一天，亦得遵循"水书"来择属于水、土、木的日子才能举行。

帽牙，水历六月举行，具体日期，亦需按"水书"选一吉日举行。

可见，水族的大部分节日中，虽然有明确的时间规定，但大都只规定了月或属什么样的日，然而，具体到某日都还没有明确的规定，或规定了但也不固定，还必须遵循《水书》的有关规定选择吉日，受着水书的支配。

　　　　　　　　　　　[陈国安：《三都水族自治县九阡区水族节日调查》，载贵州省民族研究所编《贵州民族调查》（之三），第 324—325 页，1985 年]

第五节　《水书》对民俗的影响

　　水族有一种独特的古老文字，水语叫"泐虽"，意为水族的文字，一般便称作水书。事实上，如果称为水文或水字则更明确。因水族有一种古老的原始宗教典籍，乃是以水文记载的婚嫁、丧葬、出行、动土、生产、祭祀等诸多方面的禁忌，以及驱魔避鬼，禳灾解祸的种种事项的书籍，习惯上也称之为《水书》。

　　"水书（水文）"目前整理出来的仅四百余字，由于字数太少，不足以作为思想交流的书面工具，因而平时并不使用。但是，由于水族鬼魂崇拜的意识特别强烈，而以水文写成的《水书》正是这种原始宗教信仰的经典，因此，水文在信仰民俗中又有举足轻重的影响。水族鬼师一切巫术活动，都要以《水书》为依据，这样，水文与用水文写成的《水书》实际上都是原始宗教活动的工具。水文字形很特殊，有不少字状似汉文的反写或倒写，因此又被称为"反书"。例如 ㄏ（五）、ㄣ（九）、貝（艮）、亙（丑）等。

　　关于水书（水文）的产生，目前尚无结论性研究成果。但水族民间传说中，有不少水书来由的故事，其中之一是水书（"泐虽"）是陆铎公等六位老人在仙人那里学来的："仙人认真听了这六位老者说的话，又叫这六个老者把水族地方的各种牲畜、飞禽和各种用具，在沙地上画个模拟的图样来看看。仙人边看边点头，过后就根据这些图样造成了泐虽。泐虽的字比较古怪，有的字像家里喂的牲口，有的像飞鸟，有的字像老虎的脑壳，还有不少的字什么图样也不像，就要硬背硬记它的音和模样。"六位公公经六个年头的刻苦学习，终于把泐虽学到手，并记在竹片、布片上带回。不料回家路上，五位公公病死，陆铎公历尽艰辛把泐虽带回家，却又被一个叫哎任党（水语意为"不认识的人"）的坏人将泐虽抢走，只剩下一本。陆铎公只能凭记忆把一些字写下来，但字数已大大减少。为避免哎任党的谋害，他故意用左手写字，改变字迹，还将一些字倒写、横写或增减笔画，最后成了流传的字形奇特、读音特殊的泐虽。

　　还有的传说则解释说，泐虽是陆铎公花了六年时间精心研造的。最初，泐虽"多得成箱成垛，堆满一屋子"，后来，因陆铎公利用泐虽为一个娃儿推算出与妈妈（仙女）见面的日子和方法，惊动了天皇。天皇认为：泐虽太厉害，人们掌握了泐虽，以后就难以对付。于是，派天将用装着火药的小葫芦骗取小娃儿的喜爱，结果烧了装着泐虽的房子，只剩下压在砚台下的几百个字。陆铎公说："天皇不让泐虽传下去，所以用计来把它烧掉了。往后再写，还要遭到天皇的算计。"以后就用心记，把它装在肚子里，谁也偷不走。从此，泐虽只剩几百字，而且全靠口传心记。那么，水书为什么是"反写"的呢？《借书奔月》告诉我们，水书是纳良从月宫中外公那里学来的，他顺绳子缒下地面时，被狠心的舅舅变的毒蚊叮咬，摔断了右手，只能用左手默写外公的书，因此字是反写的。

这些传说解释了水书的来源及它奇特的造型，也解释了水书仅几百字的原因。民间传说自然不能视为信史，不过从这些优美的传说中，至少让我们看到水族人民对他们的文化瑰宝——水书的自豪、尊崇的感情，也透露出水书在水族生活中的重要地位。而水书保留、传承之艰难，也足以证实岑家梧先生之论断："水书系一种被压迫民族所用之文字。"

水书形状奇特，古拙简朴，因而很给人一种神秘感。水书中天干地支、五行生克、八卦六爻、二十八宿等，与汉族的通书略同，而其字体则甚古。水书的字形随着历史的发展亦有所变化，水族著名学者潘一志先生在《水族社会历史资料》中提到："在解放前，曾看见清光绪年间的水书抄本，其字较古。目前所看到的都是清光绪时代以后的，多用毛笔写，有些字增加，形式也有些逼近今体汉字，但其结构仍保存原状。"可以想象，水书最初可能不用笔写，而以竹片或小树枝烧炭刻画，故字迹与刀刻之甲骨文及金文颇多类似者。由岑家梧先生在《水书与水家来源》所举例子中，可以清楚地看到这一点。如：

卯　水书作⊲⊳ ⊲⊳，甲骨文作⊲⊳ ⊲⊳ ⊲⊳，金文作⊲⊳，水书与甲骨文及金文无异；

酉　水书作🍶、🍶或🍶，甲骨文作🍶、🍶，均像酒樽形，无大差异；

癸　水书作✕、✕、✕或✕，甲骨文作✕，金文作✕、✕、✕、✕，与水书大致相同；

甲　水书作✢✢，甲骨文作✢，金文作✢，二者亦极相似；

寅　水书作✢✢，甲骨文作✢、✢，均相似；

戊　水书作✢、✢或✢，甲骨文作✢、✢、✢或✢；金文作✢、✢、✢，均像斧钺之形。水书作✢，若将之斜置如✢，则与甲骨文之✢、金文之✢颇似。倒置斜置，为水书之常例。至于水书之✢或✢斜置如✢或✢，则原似与甲骨文及金文无关的字形，又十分相似。

水书字数虽不多，但其造型方法亦丰富多样，其主要方法与汉字所用方法大致相同。

1. 象形

水书象形字据统计约有八十个。水书之象形字均为写实体，其中有以动物形体造字者，实在无异于原始图画。如🐟（鱼）、🐛（虫）、🐄（牛）、🐚（螺）、🐦（鸟）、🐾（兽）等。这类文字均很注重动物的特征，如：龙，着重于须之描写；猴，作攀树状；马，着重于鞍之表现；牛，突出角的特点；狗，注重于尾；豹，着意表现尾及皮斑；蜘蛛，注意多足；獭，则写其捕鱼之状；鸟，作飞翔之态；鸡之区别于雉在鸡冠突出；燕之头细长而无冠，亦有别于鸟与鸡。兔，尾向下弯而大耳，示有别于狗……有些字采用简化方法，如虎、豹、牛常以头部代表全体；有些字用植物形体造字，如：🌾（穗）、❋（果）、⚘（花）、🍈（瓜）等，还有的字用物质现象造字，如 彡（风）、⋮⋮（雨）、ꝫ（云）、𝍖（泉）、𖠌（火）等；有的仿用具造字，如 ⌇（刀）、⌔（斧）、ᛉ（弓）、⤳（箭）、Ψ（帚）、⟿（笔）、⨳（仓）、⋇（伞）等，亦有描摹人体器官为字，如 ⊙（脸）、⌒（口）、ẞ（耳）、oo（目）等。

2. 指事

用以指明某种意思，多用于方位词，亦有指明现象者。如 ⩔（上）、⩒（下）、丿（左）、⺁（右）、✶（破，物品破碎状）。

3. 会意

以两个以上符号或单字合在一起造字，如，⛤（星，指星光在大地上空闪烁）、ꝫ口（井，指示井口，并有流水）；⌣（坑，有土，又见凹凼），𖧷（屋，屋前有门，并有石阶）。

4. 假借

借用已有的字来表示语言中某个同音的词，如 𠻘（男、南通用）；卌（地、第通用）。

5. 象形、会意与指事结合

如 凵（酒，坛子形，坛内盛有酒）；冚（春，一表示地面，○为阳光，∩ 示经阳光照耀下万物复苏），𡗶（祖，𠆢 表示天宇，是最高最大的意思，△表示人口，最高一辈人就是祖）；𠔉（父，大字在天字之下，一家有几口人，是在大字之下，故为父）……⑱

从水书借用汉字的现象，以及造字的种种方法来看，水书的产生当与汉文化有着密切的关系。

由于水书字形甚古，其来源与初创时代，便很引起人们的兴趣。而水书字数太少，除做巫术、占卜吉凶之用外，并不能记录完整的事件，因此，没有历史资料可供参考。岑家梧先生据水书起源之传说及水书结构的特点等分析，认为"水书制造之时代极为古远"。"至少水书与古代殷人甲骨文之间，当有若干因缘关系，亦可断言也"。这一结论中的"因缘关系"似有些模糊，如说水书在字形与造字方法上与甲骨文上有"因缘关系"，自是毫无疑问，这种"因缘"可以理解为学习与借鉴。但若以此断定水书的初创年代久远到与殷人甲骨文相近，则此断言也有可怀疑之处。

由水族历史中我们注意到，水族先民作为"百越"族群中骆越的一支，在秦以前一直与其他部族共同生活于岭南广大地区，部族之间虽无统属关系，然长期共同生活及交往，文化上自有许多共同特征。在此期间，水族尚未从骆越族群中分支出来，似乎不可能创造出独立的、系统的文化，因此，水书肯定不可能在此时出现。从另一角度考察，如果这是整个骆越体系所创造的文字，则同属于骆越中分支而出的布依、侗、壮等民族，也应有类似水书的文字流传。然而从目前材料看，水书仅为水族所独有。这也证明，水书肯定不会产生于秦汉之前，与殷商文化，更是断裂甚大。

在中国少数民族中，水书是少有的几种民族文字之一。尽管它在日常生活中并不通用，但在水族文化生活中却有着不可忽视的地位。既然有民族文字的民族极少，这文字肯定就是该民族特别引人注目的一个特点。但在最先提及水族的古籍如明代王守仁《月潭寺公馆记》及稍后的邝露《赤雅》等书中，均未谈及此事。《赤雅》："水亦僚类"，只把水族归于"僚"，而并未觉其有何特立于"僚类"其余民族之处，似乎不是作者疏陋，而应当说明当时尚无水书出现。

从目前考古研究中，除民间藏存的以水文编写的原始宗教典籍《水书》外，仅见有部分水族石墓碑中刻有水书（水文），用以记录死者生卒时间及立碑吉日。据考证，这些刻有水书的石碑，最早的也只是清朝中晚期的墓碑。如果水书初创的时间果然"极为古远"，乃至可上溯至殷周，则清以前这样漫长的历史中，不可能无任何考古发现。

此外，文字是一种稳定的文化传承，它既不易产生，也难以消亡。因此，很难想象通过一两千年的发展（若从秦以前算，已逾两千年），水书仍只有如此简陋的字形与寥寥数百字（如彝文便已发现有一万多个单字）。

综上所述，对水书（水文）创造的年代虽不能准确判定，然言其年代极为久远显然缺乏证据。而从明代古籍中尚无有关水书记载及清朝中晚期石墓碑中方有水书碑文出现等情况。我们相信，水书当始创于明末清初，至清中叶才逐渐定型而被部分加以使用。而水书字形夹杂有甲骨文、金文、秦篆以及象形文字，不少字又明显借用汉字而反写，大概是因为创造水书的初衷即是作为巫家占卜之用，这样奇形怪状的文字，可以增加其神秘性的缘故。也正因为这些简陋而神秘的符号已足以充当巫卜的工具，水书才一直保持仅有的数百字，而没有随时代变化、生活丰富而发展。

以上论及的水书，都是指的"水族文字"。而在水族民俗信仰事项中发挥作用的，自然不会是单个的字，而是用水族文字编写的《水书》。《水书》虽只是巫觋手中的工具，但因水族笃信鬼魂，凡事皆须乞善鬼而避凶鬼，因此，《水书》在水族生活中有着异常重要的作用。《水书》总的可以分为两大类。一是普通《水书》，又称白书；一是秘密使用的黑书。而从使用的具体范围来分，则大致可分为嫁娶、丧葬、营造、出行、巫咒等五类。同时，《水书》还有朗读本、阅览本、遁掌本、时象本、方位本、星宿本等的分别。《水书》中使用的时间皆为水历。其书写格式均为从右至左竖写。书写的体例为，上注明年月日时和方位，下面标注病、祸、口舌、死伤、蚀财、招财、添丁等吉凶兆象及禁忌事项。大多是以年忌月日，以月日忌时方。

普通水书在民间流传较多，一般鬼师家中均有抄本，是为鬼师为人占卜吉凶祸福、请鬼驱鬼之依据，因而为鬼师必备的工具。普通水书又可分为凶吉两类。吉祥类是婚嫁、营造、丧葬、出行等择日所宜用者，据统计有"代旺"、"九高"、"九笨"等四十多个条目；而凶祸类则为择日宜忌者，有"梭项"、"九火"、"花消"、"都居"等近六百个条目。例如：

"梭项"：即使事态连绵不断地持续发生的鬼。首句为"正七连庚甲……"，指水历正七月庚甲日是梭项鬼日，"梭项日解鬼不断根"，忌安葬、殓尸、砍牛悼丧、初次念鬼驱邪治病等。如有犯忌，则将接连死人或解鬼不断根。但利于接亲、开店、放债、打保福等，可获福上加福、亲上加亲、利上加利之益。

"花消"：即丧葬方面的恶鬼。首句念"申子辰忌辛同乙"，指水历申子辰辛，乙日凶。讲解歌云，"开控犯花消，死扛旗的人；埋葬犯花消，死那扶棺者"，意即若犯花消，"开控"吊丧，赠送旗幡伞盖的客人要受害；安葬则使手扶棺木的人要遭殃。独子葬父母更忌讳，杀牛祭祖宗反遭其祸，杀母牧畜死女人，杀公牲畜死男人。断气逢此日会犯重丧（即再死人）。解除方法是：翁死以姑之裤做枕头，反之亦然。再安簸箕席于灵柩前，用母鸡祭鬼，方可免灾。另忌起房、舂火药、蛋卜、安修石碓等。

八贪关印：即富贵吉星。首句念"申子辰关印五酉"，指水历申子辰年八贪关印的吉辰是乙丁己辛癸酉日，安葬逢之能富贵长久。

代旺：是使人财两旺的大吉星。首句念"甲庚癸干丙壬丁"，指生辰是甲庚癸的人办事逢丙壬丁日则吉，宜于安葬、营造、接亲，可使人财两旺。

代寿：即长寿之吉星。首句念"子午卯酉年戌罪戌酉"，宜安葬、开墓穴、立柱上梁、补高寿、接亲等，能使人享长寿。

普通《水书》在水族人民日常生活中影响相当广泛，其中受制约最大的要算丧葬、婚嫁和营造三个方面。如丧葬方面，从入殓、停棺、发殡、下土安葬到"开控"的追悼活动，每一细小的环节都要按《水书》条文去趋吉避凶。因此，过去有些人家请来择日的鬼师，至少要六个，多者达十来个。此外，婚嫁中说亲、定亲、接亲；营造中破土、下基、上梁、落成等等，均要请水书先生看好吉日吉时，甚至如日常生活中驯牛、吃新米等细小活动也受《水书》的制约。可见《水书》对水族人民的思想意识和生产生活都有着深刻的影响。

除白书外，《水书》还有一种黑书。黑书是一种专门用于放鬼、收鬼和拒鬼所用的巫书。书中记有何年、何月、何日、何时、何方可放何鬼。黑书不仅做放鬼之用，并能据以拒鬼、收鬼。若某人得病，由鬼师占卜，知其受他人放鬼作祟，则可根据黑书考察其放来何鬼，数目若干，乃再放更凶之鬼或更多数之鬼拒之。若此鬼能胜彼鬼，则原放鬼之人就会反遭其祸。必要时，原放鬼之鬼师亦可将既放出之鬼收回。至何时能拒鬼、收鬼，黑书中均有规定。

黑书流传甚少，即使少数鬼师有收藏，也多秘而不宣，不让外人知晓。这是因为，黑书既为放鬼之用，而放鬼是受舆论谴责的行为，这类事自然便不愿让别人知道。否则，一旦某家有灾病，就可能怀疑是有黑书的鬼师替别人放鬼所害，以致引起纠纷事端。同时，"放鬼"必须秘密进行，如机关泄露就会不灵，甚至可能被敌方放出的厉鬼所击败而受害。因此，即令藏有黑书并放鬼，也需遮人耳目。由于有这种心理因素，黑书就更不能示人。

黑书主要用做放鬼收鬼，其巫术所需多为鸡、鱼等物，在书中均以象形图案表示。故黑书象形描写颇多，且多系秘密记号，加之各鬼师所用记号、所绘图形不尽一致，因此黑书更难理解，非经原作者解释，旁人是很难看懂的。现以岑家梧抄录于《水书与水家来源》一文中之《水书》部分内容附后，以窥《水书》特点之一斑。据岑家梧先生说明，这是一九四二年九月在贵州荔波县搜集所得资料。(图17)

附：水书内容例举：

水书内容，丧葬用者，均详细注明某年，某月，某日，某时，某方，及吉凶兆象。大都上列书以年月，下端书以吉凶兆象。上列各篇，每篇普通为四行，少则二行，多则十二行，合若干篇订为一册。兹举花肖（Haw-Seu）、金堂（Kam-Tang）二篇为例：

花 肖 篇

释义

1. 凡逢寅、午、戌之年，三、七、十一月丁亥、癸卯日，葬必家中死一人，宜忌。
2. 凡逢亥、卯、未之年，四、八、十二月甲申、庚子日，葬则凶，宜忌。
3. 凡逢寅、丑、子、午之年，正、五、九月甲亥（原作甲亥，照摹，有误）、庚寅、庚午之日，葬则凶。
4. 凡逢巳（原作己，错）卯、亥、未之年，二、六、十月丁卯、癸亥之日，均不宜葬。

金 堂 篇

释义

1. 凡逢甲辰、乙亥之年，一月，亥时，葬则吉，又该年、该月之癸卯日葬亦吉，宜用。
2. 凡逢申、子之年，酉金日，丑、酉时，葬则财源广进（为财字，象马尾，往昔水家用马尾毛串络铜钱，故以马尾示财之多也）。

放鬼用之黑书，其内容叙述较为简单，仅时、日、方向、供牲方法及放鬼数目数事而已。作者采得一册，封面作"七元宿"字样，兹摘录原文并释义如下。

黑书	释义	黑书	释义
	甲子年，虚宿日，忌放鬼，放则反害事主。		己巳年，娄宿日，宜放鬼，可害敌方。
	乙丑年，危宿日，宜放鬼，可害敌方。		庚午年，胃宿日，宜放鬼，可害敌方。
	丙寅年，室宿日，宜放鬼，可害敌方。		辛未年，昴宿日，宜放鬼，可害敌方。
	丁卯年，壁宿日，忌放鬼，放则反害事主。		壬申年，毕宿日，放鬼则双方均不利。
	戊辰年，奎宿日，宜放鬼，可害敌方。		癸酉年，觜宿日，宜放鬼，可害敌方。

以上次第叙述至六十甲子癸亥之后，复起第二甲子，直至第七甲子为止，共四百二十项。每项干支字下之象形字为二十八宿。若虚宿为鼠，故象鼠形。危宿为燕，象燕形。室宿为猪，象猪形。壁宿为貐，貐讹为鱼，以龙代鱼。奎宿为狼，水语狼螺同音，故以螺代。娄宿为狗，象狗形，余类此。下端所作号，象武器之三叉，其叉向下者，表示鬼宜放出；向上者，表示反害其主，不宜放鬼；上下对向者，则示双方均有不利，亦不宜放鬼。

韦鸿才君家藏之黑书，记载放鬼用牲数目及时日方向特详，原书及释义如下：

黑书	释义
	正月宜放午方鬼，用鱼三、放鬼二。 二月宜放子方鬼，用鱼、鸡各二、放鬼三。 三月宜放未方鬼，用鱼三、放鬼三。 四月宜放丑方鬼，用鱼三、鸡二、放鬼三。 五月宜放申方鬼，鱼鸡各二、放鬼一。 六月宜放寅方鬼，用鱼三、放鬼三。 七月宜放酉方鬼，用鱼二、鸡一、放鬼三。 八月宜放卯方鬼，用鱼二、鸡一、放鬼三。 九月宜放戌方鬼，用鱼二、鸡一、放鬼三。 十月宜放辰方鬼，用鱼二、鸡一、放鬼一。 十一月宜放巳方鬼，用鱼三、放鬼三。 十二月宜放亥方鬼，用鱼二、鸡一、放鬼一。 以上并用狗只，供案三，鱼鸡分三碗，陈列案前。

从上面的介绍分析中，我们知道，《水书》作为水族特有的一种古老文字，是水族文化的珍贵遗产。《水书》虽不能作为日常生活的通用文字，但它与水族信仰民俗事象联系极为紧密。水族日常生活及民族意识受到《水书》影响十分深远，因此，它在水族生活中占有非常重要的地位。《水书》难写难认，一般无从认识理解，藏有《水书》并懂得《水书》者被群众尊称为"水书先生"，而其中以《水书》行巫者就是鬼师。神秘的《水书》也提高了水族鬼师的社会地位。

[何积全主编：《水族民俗探幽》，第258—271页，四川民族出版社1992年版]

第六章 经典 神话

第一节 经典

1.《泐金·纪日卷》

第一元甲子

(原　文):　[水书符号四个]
(读　音):　ti⁶　ʔjit⁷　ɕi³　ʈap⁷
(水译汉):　第　一　元　子　甲（即甲子）

su¹　nit⁸　su¹　ɕoŋ¹　ɕoŋ¹
虚　日　鼠　凶　凶

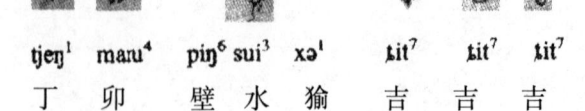

注释：此宿日忌起造、嫁娶、开张、种植各种粮食作物、修粮仓、修鱼塘、放鱼等。

ʔjit⁷　su³　niu⁴　mai⁴　ʔjin⁵　ɕoŋ¹　ɕoŋ¹
乙　丑　危　月　燕　凶　凶

注释：此宿日忌起房架屋、出行、开业开张、埋葬。若犯之，主招血光之灾、百事不顺。

pjeŋ³　ji²　pit⁷　fa³　tsu¹
丙　寅　室　火　猪

注释：此宿日起房盖屋、出行、开张、嫁娶、埋葬，后嗣荣华富贵、人丁兴旺、六畜成群。

tjeŋ¹　maru⁴　piŋ⁶　sui³　xə¹　ȵit⁷　ȵit⁷　ȵit⁷
丁　卯　壁　水　貐　吉　吉　吉

注释：此宿日宜于起房盖屋、出行、开业经商、埋葬，事主嗣后人丁兴旺，家业丰隆；忌修筑鱼塘、放鱼不吉。

mu⁶ 戊	sən² 辰	khui¹ mok⁸ laŋ² 奎 木 狼		çoŋ¹ 凶

注释：此宿日宜建造、嫁娶、出行、筑塘放鱼；忌安葬，若犯之，主招重丧之灾，又忌探视病人。

ti¹ 己	çi⁴ 巳	waːŋ⁴ nit⁸ qau³ 娄 金 狗	ɬit⁷ 吉	ɬit⁷ 吉	çoŋ¹ 凶

注释：娄金狗宿日宜起房盖屋、外出经商、嫁娶、开张、出行；忌诉讼。

qen¹ 庚	ŋo² 午	ŋa² thu³ ti⁶ 胃 土 雉	ɬit⁷ 吉	ɬit⁷ 吉	ɬit⁷ 吉

注释：此宿日建造、嫁娶、出行、经商、埋葬大吉，人丁兴旺，六畜成群，家业丰隆；忌种植玉米、高粱、小米、蔬菜等。

çin¹ 辛	mi⁶ 未	ŋa² nit⁸ te¹ 昴 日 鸡	çoŋ¹ 凶	çoŋ¹ 凶	çoŋ¹ 凶

注释：此宿日宜起房盖屋、出行；忌嫁娶、埋葬。若犯之，招来是非口舌，又忌种植蔬菜、瓜豆等。

nim² 壬	sən¹ 申	pit⁷ mai⁴ ʔu¹ 毕 月 乌	ɬit⁷ 吉	ɬit⁷ 吉	ɬit⁷ 吉

注释：此宿日宜建造、出行、经商、埋葬、嫁娶、开荒，用之，后嗣进官显贵；忌种玉米、高粱、小麦、瓜豆等。

tui⁵ 癸	ju⁴ 酉	foi³ fa³ ʁau¹ 觜 火 猴	ɬit⁷ 吉	ɬit⁷ 吉	ɬit⁷ 吉

注释：此宿性有吉有凶。此宿日宜上山采药治病、采药制酒曲等；忌起造、埋葬、出行、经商。若犯之易见重丧，后嗣好逸恶劳，家业衰败。

taːp⁷ 甲	xət⁷ 戌	sam⁵ sui³ jon² 参 水 猿	ɬit⁷ 吉	ɬit⁷ 吉	ɬit⁷ 吉

注释：此宿日宜起房盖屋、出行、经商、开业；忌嫁娶、埋葬、筑塘放鱼，犯之易招灾厄。

ʔjit⁷ 乙	ʁaːi³ 亥	çeu¹ mok⁸ ŋaːn⁶ 井 木 犴	ɬit⁷ 吉		ɬit⁷ 吉

注释：此宿日宜建筑修造、出行、开张、经商、赴任，行设席扑碗、趋吉避凶之术；但忌嫁娶、埋葬，犯之易遭伤灾。

pjen³	ɕi³	tui³ jum¹ ja:ŋ²	ɕoŋ¹	ɕoŋ¹	ɕoŋ¹
丙	子	鬼 金 羊	凶	凶	凶

注释：此宿性有吉有凶。此宿日宜埋葬；忌起房盖屋、嫁娶、出行。

tien¹	su³	lu⁴ thu³ tsja:ŋ¹	ɕoŋ¹	ɕoŋ¹
丁	丑	柳 土 獐	凶	凶

注释：此宿日宜搜养蜜蜂、挖鱼塘、挖猪圈喂养母猪；忌起造、埋葬、嫁娶。

mu⁶	ji²	sja:ŋ¹ ȵit⁸ ma²	ɕoŋ¹	ɕoŋ¹
戊	寅	星 日 马	凶	凶

注释：此宿性有吉有凶。此宿日宜建筑、起造、出行；忌嫁娶、埋葬。

ti¹	ma:u⁴	tsa³ ȵot⁸ lok⁸	ɕoŋ¹	ɕoŋ¹
己	卯	张 月 鹿	凶	凶

注释：此宿日性吉，此处为凶，疑系传抄之误或作者有意隐瞒。若在此宿日起造、婚嫁、埋葬、开张，后嗣荣华富贵，家业丰隆。

qen¹	sən²	ʔjit⁷ fa³ sja²	
庚	辰	翼 火 蛇	

注释：此宿日忌起房盖屋、嫁娶、走亲访友、孵蛋、埋葬。若犯之，则招来灾祸。

ɕin¹	ɕi⁴	kən³ sui³ jin²	ɕoŋ¹	ɕoŋ¹	ɕoŋ¹
辛	巳	轸 水 蚓	凶	凶	凶

注释：此宿日性吉，此处为凶，疑系传抄之误或作者有意隐瞒。在此宿日修造房屋、牛圈、鱼塘、出行经商、种植各种农作物、埋葬，儿孙进晋官显贵，六畜兴旺，家业丰隆。

ȵim²	ŋo²	qhak⁷ mok⁸ qa:u¹	ɕit⁷	ɕit⁷	ɕit⁷
壬	午	角 木 蛟	吉	吉	吉

注释：此宿日宜建造、赴任、嫁娶、铸造铜鼓、行趋吉避凶之俗；忌埋葬、诉讼、调解。

tui⁵	mi⁶	qham⁵ ɕim¹ ljoŋ²	ɕit⁷	ɕit⁷	ɕit⁷
癸	未	亢 金 龙	吉	吉	吉

注释：此宿性为有吉有凶。此宿日忌起造、嫁娶、埋葬，犯之家业衰败；宜给非正常死亡的人超度灵魂，调解。

第六章 经典 神话

| ta:p⁷ | sən¹ | te¹ thu³ la:k⁸ | ɕit⁷ | ɕit⁷ |
| 甲 | 申 | 氐 土 貉 | 吉 | 吉 |

注释：此宿日性凶，此处为吉，疑系传抄之误或作者有意隐瞒。此宿日忌起造、嫁娶、出行、栽竹子、种棉花，埋葬若犯之，则灾祸连连。

| ʔjit⁷ | ju⁴ | mja:k⁸ ȵit⁸ thu⁵ | ɕoŋ¹ | ɕoŋ¹ | ɕoŋ¹ |
| 乙 | 酉 | 房 日 兔 | 凶 | 凶 | 凶 |

注释：此宿性有吉有凶。若此宿日建造、出行、嫁娶、开业经商、埋葬，人丁兴旺，荣华富贵；忌种植豆类等植物。

| pjeŋ³ | xət⁷ | ɕim¹ ni⁴ ndju¹ | ɕit⁷ | ɕit⁷ |
| 丙 | 戌 | 心 月 狐 | 吉 | 吉 |

注释：此宿日性有吉有凶。宜铸造锄头、镰刀、柴刀等；忌起造、嫁娶、出行、种植树木和蔬菜、埋葬等。

| tjeŋ | ʁa:i³ | ɕim² ŋo⁴ hu³ | ɕit⁷ | ɕit⁷ | ɕit⁷ | ɕit⁷ |
| 丁 | 亥 | 尾 火 虎 | 吉 | 吉 | 吉 | 吉 |

注释：此宿日建造、出行、经商、嫁娶、解煞、埋葬，人丁兴旺，家业丰隆。

| mu⁶ | ɕi³ | tu³ sui³ peu⁵ | ɕoŋ¹ | ɕoŋ¹ |
| 戊 | 子 | 箕 水 豹 | 凶 | 凶 |

注释：此宿性有吉有凶。此宿日宜出行、开业、经商、尝试新谷、穿牛鼻绳等，此宿日亦可为非正常死亡的人超度灵魂，又宜为寨门、家门，行设席扑碗作避凶趋吉之术；忌起房屋盖。

| ɕi¹ | su³ | thu⁵ mok⁸ ha:i⁵ | ɕoŋ¹ | ɕoŋ¹ |
| 己 | 丑 | 斗 木 獬 | 凶 | 凶 |

注释：此宿日性吉，此处为凶，疑系传抄之误或作者有意隐瞒。此宿日宜建筑修造、嫁娶出行、开业经商、筑塘、放鱼。此宿日埋葬，后嗣晋官显贵，六畜兴旺，家业丰隆。

| qeŋ¹ | ji² | ta:i⁶ ɕim¹ nu² | ɕoŋ¹ | ɕoŋ¹ |
| 庚 | 寅 | 牛 金 牛 | 凶 | 凶 |

注释：此宿有吉有凶。此宿日宜行设席扑碗、趋吉避凶之术；忌起房盖屋、尝试新谷、埋葬，若犯之，家业衰败。

629

çin¹	maːu⁴	njo⁴ thu³ fok⁸	tit⁷	tit⁷	tit⁷
辛	卯	女 土 蝠	吉	吉	吉

注释：此宿性有吉有凶。此宿日宜作灶，架桥；忌起房、出行、埋葬，若犯之，家业衰败。

nim²	sən²	su¹ nit⁸ su¹	çoŋ¹	çoŋ¹
壬	辰	虚 日 鼠	凶	凶

注释：此宿日忌起造、嫁娶、开张、种植各种粮食作物、修粮仓、修鱼塘、放鱼等。

tui⁵	çi⁴	niu⁴ mai⁴ ʔjin⁵	çoŋ¹	çoŋ¹
癸	巳	危 月 燕	凶	凶

注释：此宿日忌起房架屋、出行、开业开张、埋葬，若犯之，主招血光之灾，百事不顺。

taːp⁷	ŋo²	pit⁷ faː³ tsu¹	çoŋ¹	çoŋ¹
甲	午	室 火 猪	凶	凶

注释：此宿日性吉，此处为凶，疑系传抄之误或作者有意隐瞒。此宿日起房盖屋、出行、开张、嫁娶、埋葬，后嗣荣华富贵，人丁兴旺，六畜成群。

ʔjit⁷	mi⁶	piŋ⁶ sui³ xə¹	tit⁷	tit⁷
乙	未	壁 水 猢	吉	吉

注释：此宿日宜起房盖屋、出行、开业经商、埋葬，事主嗣后人丁兴旺，家业丰隆，但用于修筑鱼塘、放鱼不吉。

pjeŋ³	sən¹	khui¹ mok⁸ laːŋ²	çoŋ¹	çoŋ¹	çoŋ¹
丙	申	奎 木 狼	凶	凶	凶

注释：此宿日宜用于建造、嫁娶、出行、筑塘、放鱼；忌安葬，若犯之，主招重丧之灾，又忌探视病人。

tjeŋ¹	tui⁵	waːŋ⁴ nit⁸ qau³	çoŋ¹	çoŋ¹
丁	酉	娄 金 狗	凶	凶

注释：此宿日性吉，此处为凶，疑系传抄之误或作者有意隐瞒。娄金狗宿日宜起房盖屋、外出经商、嫁娶、开张、出行；忌诉讼。

mu⁶	xət⁷	ŋa² thu³ ti⁶	çoŋ¹	çoŋ¹
戊	戌	胃 土 雉	凶	凶

注释：此宿性有吉有凶。此宿日建造、嫁娶、出行、经商、埋葬大吉，人丁兴旺，六畜成群，家业丰隆；忌种植玉米、高粱、小米、蔬菜等。

第六章 经典 神话

ɬi¹	ʁaːi³	ŋa² n̪it⁸ tɕe¹	ɕoŋ¹	ɕoŋ¹	
己	亥	昴 日 鸡	凶	凶	

注释：此宿日宜起房盖屋、出行；忌嫁娶、埋葬。若犯之，招来是非口舌，又忌种植蔬菜、瓜豆等。

qeŋ¹	ɕi³	pit⁷ mai⁴ ʔu¹	ɬit¹	ɬit⁷	ɬit⁷
庚	子	毕 月 乌	吉	吉	吉

注释：此宿日宜建造、出行、经商、埋葬、嫁娶、开荒，用之，后嗣晋官显贵；忌种玉米、高粱、小麦、瓜豆等。

ɕin¹	su³	foi³ fa³ ʁau¹	ɕoŋ¹	ɕoŋ¹	
辛	丑	觜 火 猴	凶	凶	

注释：此宿性有吉有凶。此宿日宜上山采药治病、采药制酒曲等；忌起造、埋葬、出行、经商。若犯之易见重丧，后嗣好逸恶劳，家业衰败。

n̪im²	ji²	sam⁵ sui³ jon²	ɬit⁷	ɬit⁷	ɬit⁷
壬	寅	参 水 猿	吉	吉	吉

注释：此宿日宜起房盖屋、出行、经商、开业；忌嫁娶、埋葬、筑塘、放鱼。犯之易招灾厄。

ɬui⁵	maːu⁴	ɕeu¹ mok⁸ ŋam⁶	ɬit⁷	ɬit⁷	ɬit⁷
癸	卯	井 木 犴	吉	吉	吉

注释：此宿日宜建筑修造、出行、开张、经商、赴任，设席扑碗趋吉避凶；但忌嫁娶、埋葬。犯之易遭伤灾。

ɬaːp⁷	sən²	ɬui³ jum¹ jaŋ²	ɕoŋ¹	ɕoŋ¹	
甲	辰	鬼 金 羊	凶	凶	

注释：此宿日有吉有凶。此宿日宜埋葬；忌起房盖屋、嫁娶、出行。

ʔjit⁷	ɕi⁴	lu⁴ thu³ tsjaŋ¹	ɕoŋ¹	ɕoŋ¹	
乙	巳	柳 土 獐	凶	凶	

注释：此宿日宜搜养蜜蜂、挖鱼塘、挖猪圈喂养母猪；忌起造、埋葬、嫁娶。

pjeŋ³	ŋo²	sjaːŋ¹ n̪it⁸ ma²	ɬit⁷	ɬit⁷	ɬit⁷
丙	午	星 日 马	吉	吉	吉

注释：此宿性有吉有凶。此宿日宜建筑、起造、出行；忌嫁娶、埋葬。

水书符号	音标	汉字	注释
	tjeŋ¹ mi⁶ tsa³ ɳot⁸ lok⁸ ɕoŋ¹	丁 未 张 月 鹿 凶	注释：此宿日性吉，此处为凶，疑系传抄之误或作者有意隐瞒。若修造盖屋、出行经商、植瓜豆、棉花、埋葬等，用此吉日，后嗣荣华富贵，家业丰隆。
	mu⁶ sən¹ ʔjit⁷ fa³ sja² ɬit⁷ ɬit⁷ ɬit⁷	戊 申 翼 火 蛇 吉 吉 吉	注释：此宿日性凶，此处为吉，疑系传抄之误或作者有意隐瞒。此宿日忌起房盖屋、嫁娶、走亲访友、孵蛋、埋葬。若犯之，则招来灾祸。
	ɬi¹ ju⁴ kən³ sui³ jin² ɬit⁷ ɬit⁷ ɬit⁷	己 酉 轸 水 蚓 吉 吉 吉	注释：此宿日宜修造房屋、牛圈、鱼塘、出行经商、种植各种农作物、埋葬，儿孙晋官显贵，六畜兴旺，家业丰隆。
	qeŋ¹ xət⁷ qhak⁷ mok⁸ qa:u¹ ɬit⁷ ɬit⁷	庚 戌 角 木 蛟 吉 吉	注释：此宿日宜建造、赴任、嫁娶、铸造铜鼓、行趋吉避凶之俗；忌埋葬、诉讼、调解。
	ɕin¹ ʁa:i³ qham⁵ ɬim¹ ljoŋ² ɬit⁷ ɬit⁷	辛 亥 亢 金 龙 吉 吉	注释：此宿性有吉有凶。此宿日忌起造、嫁娶、埋葬。犯之，家业衰败。宜给非正常死亡的人超度灵魂，调解。
	ɳim² ɕi³ te¹ thu³ la:k⁸ nit⁸ ɕoŋ¹ ɕoŋ¹	壬 子 氐 土 貉 日 凶 凶	注释：此宿日性吉，此处为凶，疑系传抄之误或作者有意隐瞒。此宿日忌起造、嫁娶、出行、栽竹子、种棉花。埋葬若犯之，则灾祸连连。
	tui⁵ su³ mia:k⁸ nit⁸ thu⁵ ɬit⁷ ɬit⁷ ɬit⁷	癸 丑 房 日 兔 吉 吉 吉	注释：此宿性有吉有凶。若用此宿日建造、出行、嫁娶、开业经商、埋葬，人丁兴旺，荣华富贵；忌种植豆类等植物。

第六章 经典 神话　　633

ʦaːp⁷	ji²	ɕim¹ ni⁴ ndju¹	ɬit⁷	ɬit⁷	注释：此宿日性既吉又凶。宜铸造锄头、镰刀、柴刀等；忌起造、嫁娶、出行、种植树木和蔬菜、埋葬等。
甲	寅	心月狐	吉	吉	
ʔjit⁷	maːu⁴	ɬim² ŋo⁴ hu³	ɕoŋ¹	ɕoŋ¹ ɕoŋ¹	注释：此宿原本性吉，但此处著凶，可能是作者疏忽大意或是传抄中误为凶。此宿日建造、出行、经商、嫁娶、解煞、埋葬，人丁兴旺，家业丰隆。
乙	卯	尾火虎	凶	凶 凶	
pjen³	sən²	tu³ sui³ peu⁵	ɕoŋ¹	ɕoŋ¹	注释：此宿性有吉有凶。此宿日宜出行、开业、经商、尝试新谷、穿牛鼻绳等，此宿日亦可为非正常死亡的人超度灵魂，又宜为寨门、家门，设席扑碗作避凶趋吉之术；忌起房盖屋。
丙	辰	箕水豹	凶	凶	
tjeŋ¹	ɕi⁴	thu⁵ mok⁸ haːi⁵	ɕoŋ¹	ɕoŋ¹	注释：此宿日性吉，此处为凶，疑系传抄之误或作者有意隐瞒。此宿日宜建筑修造、嫁娶出行、开业经商、筑塘、放鱼。此宿日埋葬，后嗣晋官显贵，六畜兴旺，家业丰隆。
丁	巳	斗木獬	凶	凶	
mu⁶	ŋo²	taːi⁶ ɬim¹ nu²			注释：此宿有吉有凶。此宿日宜设席扑碗行趋吉避凶之术；忌起房盖屋、尝试新谷、埋葬。若犯之，家业衰败。
戊	午	牛金牛			
ʨi¹	mi⁶	njo⁴ thu³ fok⁸	ɬit⁷	ɬit⁷	注释：此宿性有吉有凶。此宿日宜作灶、架桥；忌起造盖房、出行、埋葬。若犯之，家业衰败。
己	未	女土蝠	吉	吉	
qeŋ¹	sən¹	su¹ nit⁸ su¹	ɕoŋ¹	ɕoŋ¹	注释：此宿日忌起造、嫁娶、开张，忌种植各种粮食作物、修粮仓、修鱼塘、放鱼等。
庚	申	虚日鼠	凶	凶	

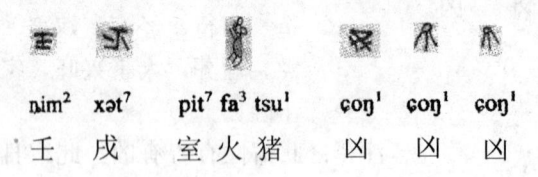

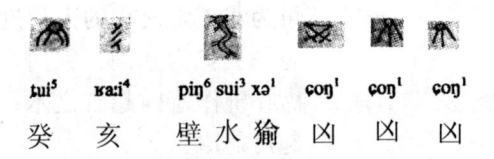

ɕin¹	ju⁴	niu⁴ mai⁴ ʔjin⁵	ȵit⁷	ȵit⁷
辛	酉	危月燕	吉	吉

注释：此宿日性凶，此处为吉，疑系传抄之误或作者有意隐瞒。此宿日忌起房架屋、出行、开业开张、埋葬。若犯之，主招血光之灾，百事不顺。

ȵim²	xət⁷	pit⁷ fa³ tsu¹	ɕoŋ¹	ɕoŋ¹	ɕoŋ¹
壬	戌	室火猪	凶	凶	凶

注释：此宿日性吉，此处为凶，疑系传抄之误或作者有意隐瞒。此宿日起房盖屋、出行、开张、嫁娶、埋葬，后嗣荣华富贵，人丁兴旺，六畜成群。

sui⁵	ɤaːi⁴	piŋ⁶ sui³ xə¹	ɕoŋ¹	ɕoŋ¹	ɕoŋ¹
癸	亥	壁水貐	凶	凶	凶

注释：此宿日性吉，此处为凶，疑系传抄之误或作者有意隐瞒。此宿日起房盖屋、出行、开业经商、埋葬。事主嗣后人丁兴旺，家业丰隆。但修筑鱼塘、放鱼不吉。

第二元甲子

ti⁶	ŋi⁶	taːp⁷	ɕi³	ɕoŋ¹
第	二	甲	子	凶

khui¹	mok⁸	laːŋ²	ɕoŋ¹	ɕoŋ¹
奎	木	狼	凶	凶

注释：此宿日宜建造、嫁娶、出行、筑塘放鱼；忌安葬，若犯之，主招重丧之灾，又忌探视病人。

ʔjit⁷	su³	waːŋ⁴ ȵit⁸ qau³	ɕoŋ¹	ɕoŋ¹
乙	丑	娄金狗	凶	凶

注释：此宿性有吉有凶。娄金狗宿日宜起房盖屋、外出经商、嫁娶、开张、出行；忌诉讼。

第六章 经典 神话

| pjen³ | ji² | ŋa² thu³ ti⁶ | çoŋ¹ | çoŋ¹ |
| 丙 | 寅 | 胃土雉 | 凶 | 凶 |

注释：此宿性有吉有凶。此宿日宜建造、嫁娶、出行、经商、埋葬大吉，人丁兴旺，六畜成群，家业丰隆；忌种植玉米、高粱、小米、蔬菜等。

| tjen¹ | ma:u⁴ | ŋa² nit⁸ te¹ | | |
| 丁 | 卯 | 昴日鸡 | | |

注释：此宿性有吉有凶。此宿日宜起房盖屋、出行；忌嫁娶、埋葬。若犯之，招来是非口舌。又忌种植蔬菜、瓜豆等。

| mu⁶ | sən² | pit⁷ mai⁴ ʔu¹ | ɬit⁷ | ɬit⁷ |
| 戊 | 辰 | 毕月乌 | 吉 | 吉 |

注释：此宿日宜建造、出行、经商、埋葬、嫁娶、开荒，用之，后嗣晋宫显贵；忌种玉米、高粱、小麦、瓜豆等。

| ɬi¹ | çi⁴ | foi³ fa³ ʁau¹ | çoŋ¹ | çoŋ¹ |
| 己 | 巳 | 觜火猴 | 凶 | 凶 |

注释：此宿性有吉有凶。此宿日宜上山采药治病、采药制酒曲等；忌起造、埋葬、出行、经商。若犯之易见重丧，后嗣好逸恶劳，家业衰败。

| qen¹ | ŋo² | sam⁵ sui³ jon² | ɬit⁷ | ɬit⁷ | ɬit⁷ |
| 庚 | 午 | 参水猿 | 吉 | 吉 | 吉 |

注释：此宿日宜起房盖屋、出行、经商、开业；忌嫁娶、埋葬、筑塘放鱼，犯之易招灾厄。

| çin¹ | mi⁶ | çeu¹ mok⁸ ŋa:n⁶ | çoŋ¹ | çoŋ¹ |
| 辛 | 未 | 井木犴 | 凶 | 凶 |

注释：此宿日有吉有凶。宜建筑修造、出行、开张、经商、赴任，设席扑碗趋吉避凶；忌嫁娶、埋葬，犯之易遭伤灾。

| nim² | sən¹ | tui³ jum¹ ja:ŋ² | çoŋ¹ | çoŋ¹ |
| 壬 | 申 | 鬼金羊 | 凶 | 凶 |

注释：此宿性有吉有凶。此宿日宜埋葬；忌起房盖屋、嫁娶、出行。

| tui⁵ | ju⁴ | lu⁴ thu³ tsja:n¹ | ɬit⁷ | ɬit⁷ | ɬit⁷ |
| 癸 | 酉 | 柳土獐 | 吉 | 吉 | 吉 |

注释：此宿日宜搜养蜜蜂、挖鱼塘、挖猪圈喂养母猪；忌起造、埋葬、嫁娶。

ta:p⁷	xət⁷	sja:ŋ¹	n.it⁸	ma²	ɫit⁷	ɫit⁷	ɫit⁷
甲	戌	星	日	马	吉	吉	吉

注释：此宿性有吉有凶。此宿日宜建筑、起造、出行；忌嫁娶、埋葬。

ʔjit⁷	ʁa:i³	tsa³	n.ot⁸	lok⁸	ɫit⁷	ɫit⁷
乙	亥	张	月	鹿	吉	吉

注释：若此宿日起造、婚嫁、埋葬、开张，后嗣荣华富贵，家业丰隆。

pjeŋ³	çi³	ʔjit⁷	fa³	sja²	ɫit⁷	ɫit⁷
丙	子	翼	火	蛇	吉	吉

注释：此宿日性凶，此处为吉，疑系传抄之误或作者有意隐瞒。此宿日忌起房盖屋、嫁娶、走亲访友、孵蛋、埋葬，若犯之，则招来灾祸。

tjeŋ¹	su³	kən³	sui³	jin²	ɫit⁷	ɫit⁷
丁	丑	轸	水	蚓	吉	吉

注释：此宿日修造房屋、牛圈、鱼塘、出行经商、种植各种农作物、埋葬，儿孙晋官显贵，六畜兴旺，家业丰隆。

mu⁶	ji²	qhak⁷	mok⁸	qa:u¹	ɫit⁷	ɫit⁷
戊	寅	角	木	蛟	吉	吉

注释：此宿日宜建造、赴任、嫁娶、铸造铜鼓、行趋吉避凶之俗；忌埋葬、诉讼、调解。

ɫi¹	ma:u⁴	qham⁵	tim¹	lioŋ²	çoŋ¹	çoŋ¹	çoŋ¹
己	卯	亢	金	龙	凶	凶	凶

注释：此宿性有吉凶。此宿日忌起造、嫁娶、埋葬，犯之家业衰败；宜给非正常死亡的人超度灵魂，调解。

qeŋ¹	sən²	te¹	thu³	la:k⁸	çoŋ¹	çoŋ¹
庚	辰	氏	土	貉	凶	凶

注释：此宿日忌起造、嫁娶、出行、栽竹子、种棉花。埋葬若犯之，则灾祸连连。

çin¹	çi⁴	mja:k⁸	n.it⁸	thu⁵	çoŋ¹	çoŋ¹
辛	巳	房	日	兔	凶	凶

注释：此宿性有吉有凶。若此宿日建造、出行、嫁娶、开业经商、埋葬，人丁兴旺，荣华富贵；忌种植豆类等植物。

n.im²	ŋo²	çim¹	ni⁴	ndju¹	ɫit⁷	ɫit⁷	ɫit⁷
壬	午	心	月	狐	吉	吉	吉

注释：此宿日性既吉又凶。宜铸造锄头、镰刀、柴刀等；忌起造、嫁娶、出行、种植树木和蔬菜、埋葬等。

第六章 经典 神话

| ȶui⁵ | mi⁶ | ȶim² | ŋo⁴ | hu³ | ȶit⁷ | ȶit⁷ |
| 癸 | 未 | 尾 | 火 | 虎 | 吉 | 吉 |

注释：此宿日建造、出行、经商、嫁娶、解煞、埋葬，人丁兴旺，家业丰隆。

| ȶa:p⁷ | sən¹ | ȶu³ | sui³ | peu⁵ | ȶit⁷ | ȶit⁷ |
| 甲 | 申 | 箕 | 水 | 豹 | 吉 | 吉 |

注释：此宿性有吉有凶。此宿日宜出行、开业、经商、尝试新谷、穿牛鼻绳等，此宿日亦可为非正常死亡的人超度灵魂，又宜为寨门、家门，设席扑碗作避凶趋吉之术。忌起房盖屋。

| ʔjit⁷ | ju⁴ | thu⁵ | mok⁸ | ha:i⁵ | ɕoŋ¹ | ɕoŋ¹ | ɕoŋ¹ |
| 乙 | 酉 | 斗 | 木 | 獬 | 凶 | 凶 | 凶 |

注释：此宿日性吉，此处为凶，疑系传抄之误或作者有意隐瞒。此宿日宜建筑修造、嫁娶出行、开业经商、筑塘、放鱼。此宿日埋葬，后嗣晋宫显贵，六畜兴旺，家业丰隆。

| pjeŋ³ | xət⁷ | ta:i⁶ | ȶim¹ | ɳu² | ȶit⁷ | ȶit⁷ |
| 丙 | 戌 | 牛 | 金 | 牛 | 吉 | 吉 |

注释：此宿有吉有凶。此宿日宜行设席扑碗、趋吉避凶之术；忌起房盖屋、尝试新谷、埋葬。若犯之，家业衰败。

| tjeŋ¹ | ɣa:i³ | njo⁴ | thu³ | fok⁸ | ȶit⁷ | ȶit⁷ | ȶit⁷ |
| 丁 | 亥 | 女 | 土 | 蝠 | 吉 | 吉 | 吉 |

注释：此宿性有吉有凶。此宿日宜作灶、架桥；忌起造盖房、出行、埋葬。若犯之，家业衰败。

| mu⁶ | ci³ | su¹ | ɳit⁸ | su¹ | ɕoŋ¹ | ȶit⁷ | ɕoŋ¹ |
| 戊 | 子 | 虚 | 日 | 鼠 | 凶 | 吉 | 凶 |

注释：此宿日忌起造、嫁娶、开张、种植各种粮食作物、修粮仓、修鱼塘、放鱼等。

| ȶi¹ | su³ | niu⁴ | mai⁴ | ʔjin⁵ | ɕoŋ¹ | ɕoŋ¹ |
| 己 | 丑 | 危 | 月 | 燕 | 凶 | 凶 |

注释：此宿日忌起房架屋、出行、开业开张、埋葬。若犯之，主招血光之灾，百事不顺。

| qeŋ¹ | ji² | pit⁷ | fa³ | tsu¹ | ȶit⁷ |
| 庚 | 寅 | 室 | 火 | 猪 | 吉 |

注释：用此宿日起房盖屋、出行、开张、嫁娶、埋葬，后嗣荣华富贵，人丁兴旺，六畜成群。

ɕin¹	ju⁴	ȶit⁷	ȶit⁷	ȶit⁷		
辛	酉	吉	吉	吉		
ɕin¹	ma:ŋ⁴	piŋ⁶ sui³ xɔ³	ȶit⁷	ȶit⁷	ȶit⁷	
辛	卯	壁 水 㺄	吉	吉	吉	
ȵim²	sən²	khui¹ mok⁸ la:ŋ²	ɕoŋ¹	ɕoŋ¹		
壬	辰	奎 木 狼	凶	凶		
tui⁵	ɕi⁴	wa:ŋ⁴ ȵit⁸ qau³	ɕoŋ¹	ɕoŋ¹		
癸	巳	娄 金 狗	凶	凶		
tap⁷	ŋo²	ŋa² thu³ ti⁶	ɕoŋ¹	ɕoŋ¹		
甲	午	胃 土 雉	凶	凶		
ʔjit⁷	mi⁶	ŋa² ȵit⁸ ʈe¹	ȶit⁷	ȶit⁷	ȶit⁷	
乙	未	昴 日 鸡	吉	吉	吉	
pjeŋ³	sən¹	pit⁷ mai⁴ ʔu¹	ɕoŋ¹	ɕoŋ¹		
丙	申	毕 月 乌	凶	凶		
tjeŋ¹	ju⁴	foi³ fa³ ʁau¹	ɕoŋ¹	ɕoŋ¹		
丁	酉	觜 火 猴	凶	凶		

注释：此宿日宜起房盖屋、出行、开业经商、埋葬。事主嗣后人丁兴旺，家业丰隆，但修筑鱼塘、放鱼不吉。

注释：此宿日宜建造、嫁娶、出行、筑塘放鱼；忌安葬。若犯之，主招重丧之灾，又忌探视病人。

注释：此宿性有吉有凶。娄金狗宿日宜起房盖屋、外出经商、嫁娶、开张、出行；忌诉讼。

注释：此宿性有吉有凶。用此宿日建造、嫁娶、出行、经商、埋葬大吉。人丁兴旺，六畜成群，家业丰隆。忌种植玉米、高粱、小米、蔬菜等。

注释：此宿性有吉有凶。此宿日宜起房盖屋、出行；忌嫁娶、埋葬。若犯之，招来是非口舌。又忌种植蔬菜、瓜豆等。

注释：此宿日宜建造、出行、经商、埋葬、嫁娶、开荒，用之，后嗣晋官显贵；忌种玉米、高粱、小麦、瓜豆等。

注释：此宿性有吉有凶。此宿日宜上山采药治病、采药制酒曲等；忌起造、埋葬、出行、经商。若犯之易见重丧，后嗣好逸恶劳，家业衰败。

mu⁶	xət⁷	sam⁵	sui³ jon²	ɕoŋ¹		ɕoŋ¹
戊	戌	参	水猿	凶		凶

注释：此宿日宜起房盖屋、出行、经商、开业；忌嫁娶、埋葬、筑塘、放鱼，犯之易招灾厄。

ʑi¹	ʁa:i³	ɕeu¹	mok⁸ ŋa:m⁶	ɕoŋ¹		ɕoŋ¹
己	亥	井	木犴	凶		凶

注释：此宿日宜建筑修造、出行、开张、经商、赴任，设席扑碗趋吉避凶；忌嫁娶、埋葬，犯之易遭伤灾。

qeŋ¹	ɕi³	ɬui³	jum¹ ja:ŋ²	ɕoŋ¹	ɬit⁷	ɕoŋ¹
庚	子	鬼	金羊	凶	吉	凶

注释：此宿性有吉有凶。此宿日宜埋葬；忌起房盖屋、嫁娶、出行。

ɕin¹	su³	lu⁴ thu³	tsja:ŋ¹	ɕoŋ¹	ɬit⁷	ɕoŋ¹
辛	丑	柳土	獐	凶	吉	凶

注释：此宿日宜搜养蜜蜂、挖鱼塘、挖猪圈喂养母猪；忌起造、埋葬、嫁娶。

nim²	ji²	sja:ŋ¹	nit⁸	ma²	ɕoŋ¹	ɬit⁷ ɬit⁷	ɕoŋ¹ ɕoŋ¹
壬	寅	星	日	马	凶	吉 吉	凶 凶

注释：此宿性有吉有凶。此宿日宜建筑、起造、出行；忌嫁娶、埋葬。

ɬui⁵	ma:u⁴	tsa³	not⁸ lok⁸	ɕoŋ¹		ɕoŋ¹
癸	卯	张	月鹿	凶		凶

注释：此宿日性吉，此处为凶，疑系传抄之误或作者有意隐瞒。若修房盖屋、出行经商、种植瓜豆与棉花、埋葬等，用此吉日，后嗣荣华富贵，家业丰隆。

ɬa:p⁷	sən²	ʔjit⁷	fa³ sja²	ɕoŋ¹		ɕoŋ¹
甲	辰	翼	火蛇	凶		凶

注释：此宿日忌起房盖屋、嫁娶、走亲访友、孵蛋、埋葬，若犯之，则招来灾祸。

ʔjit⁷	ɕi⁴	kən³	sui³ jin²	ɕoŋ¹		ɕoŋ¹
乙	巳	轸	水蚓	凶		凶

注释：此宿日性吉，此处为凶，疑系传抄之误或作者有意隐瞒。此宿日修造房屋、牛圈、鱼塘、出行经商、种植各种农作物、埋葬，儿孙晋官显贵，六畜兴旺，家业丰隆。

640　　中国各民族原始宗教资料集成·水族卷

pjeŋ³	ŋo²	qhak⁷	mok⁸	qa:u¹	ɬit⁷	ɬit⁷	ɬit⁷
丙	午	角	木	蛟	吉	吉	吉

注释：此宿日宜建造、赴任、嫁娶、铸造铜鼓、行趋吉避凶之俗；忌埋葬、诉讼、调解。

tjeŋ¹	mi⁶	qham⁵	ɕim¹	ljoŋ²	çoŋ¹	çoŋ¹	çoŋ¹
丁	未	亢	金	龙	凶	凶	凶

注释：此宿性有吉有凶。此宿日忌起造、嫁娶、埋葬，犯之家业衰败；宜给非正常死亡的人超度灵魂、调解。

mu⁶	sən¹	te¹	thu³	la:k⁸	ɬit⁷	ɬit⁷
戊	申	氐	土	貉	吉	吉

注释：此宿日性凶，此处为吉，疑系传抄之误或作者有意隐瞒。此宿日忌起造、嫁娶、出行、栽竹子、种棉花、埋葬，若犯之，则灾祸连连。

ʑi¹	ju⁴	mja:k⁸	n̩it⁸	thu⁵	ɬit⁷	ɬit⁷	ɬit⁷
己	酉	房	日	兔	吉	吉	吉

注释：此宿性有吉有凶。若用此宿日建造、出行、嫁娶、开业经商、埋葬，人丁兴旺，荣华富贵；忌种植豆类等植物。

qeŋ¹	xət⁷	ɕim¹	ni⁴	ndju¹	ɬit⁷	ɬit⁷	
庚	戌	心	月	狐	吉	吉	

注释：此宿日性有吉有凶。宜铸造锄头、镰刀、柴刀等；忌起造、嫁娶、出行、种植树木和蔬菜、埋葬等。

ɕin¹	ka:i³	ɕim²	ŋo⁴	hu⁴	ɬit⁷	ɬit⁷	ɬit⁷
辛	亥	尾	火	虎	吉	吉	吉

注释：此宿日建造、出行、经商、嫁娶、解煞、埋葬，人丁兴旺，家业丰隆。

n̩im²	ci³	tu³	sui³	peu⁵	ɬit⁷	ɬit⁷
壬	子	箕	水	豹	吉	吉

注释：此宿性有吉有凶。此宿日宜出行、开业、经商、尝试新谷、穿牛鼻绳等，此宿日亦可为非正常死亡的人超度灵魂，又宜为寨门、家门，设席扑碗作避凶趋吉之术；忌起房盖屋。

tui⁵	su¹	thu⁵	mok⁸	ha:i⁵	çoŋ¹	ɬit⁷	çoŋ¹
癸	丑	斗	木	獬	凶	吉	凶

注释：此宿日性吉，此处为凶，疑系传抄之误或作者有意隐瞒。此宿日宜建筑修造、嫁

第六章 经典 神话

娶出行、开业经商、筑塘、放鱼，此宿日埋葬，后嗣晋官显贵、六畜兴旺、家业丰隆。

ta:p⁷	ji²	ta:i⁶	ɕim¹	ɲu²	ɬit⁷	ɬit⁷	ɬit⁷
甲	寅	牛	金	牛	吉	吉	吉

注释：此宿有吉有凶。此宿日宜设席扑碗行趋吉避凶之术；忌起房盖屋、尝试新谷、埋葬。若犯之，家业衰败。

ʔjit⁷	ma:u⁴	njo⁴	thu³	fok⁸	ɕoŋ¹	ɕoŋ¹
乙	卯	女	土	蝠	凶	凶

注释：此宿性有吉有凶。此宿日宜作灶、架桥；忌起房盖房、出行、埋葬，若犯之，家业衰败。

pjeŋ³	sən²	su¹	ɲit⁸	su¹	ɬit⁷	ɬit⁷	ɬit⁷
丙	辰	虚	日	鼠	吉	吉	吉

注释：此宿日性凶，此处为吉，疑系传抄之误或作者有意隐瞒。此宿日忌起造、嫁娶、开张，种植各种粮食作物、修粮仓、修鱼塘、放鱼等。

tjeŋ³	ɕi⁴	niu⁴	mai⁴	ʔjin⁵	ɕoŋ¹	ɕoŋ¹
丁	巳	危	月	燕	凶	凶

注释：此宿日忌起房架屋、出行、开业开张、埋葬，若犯之，主招血光之灾，百事不顺。

mu⁶	ŋo²	pit⁷	fa³	tsu¹	ɬit⁷	ɬit⁷	ɬit⁷
戊	午	室	火	猪	吉	吉	吉

注释：用此宿日起房盖屋、出行、开张、嫁娶、埋葬，后嗣荣华富贵，人丁兴旺，六畜成群。

ɕi¹	mi⁶	piŋ⁶	sui³	xə¹	ɬit⁷	ɬit⁷	ɬit⁷	ɕoŋ¹
己	未	壁	水	貐	吉	吉	吉	凶

注释：此宿日用于起房盖屋、出行、开业经商、埋葬，事主嗣后人丁兴旺，家业丰隆；但用于修筑鱼塘、放鱼不吉。

qeŋ¹	sən¹	khui¹	mok⁸	la:ŋ²	ɕoŋ¹	ɬit⁷	ɕoŋ¹
庚	申	奎	木	狼	凶	吉	凶

注释：此宿性有吉有凶。此宿日宜用于建造、嫁娶、出行、筑塘放鱼；忌用于安葬，若犯之，主招重丧之灾，又忌探视病人。

ɕin¹	ju⁴	waŋ⁴	n̠it⁸	qau³	tit⁷	tit⁷	tit⁷
辛	酉	娄	金	狗	吉	吉	吉

注释：此宿日宜起房盖屋、外出经商、嫁娶、开张、出行；忌诉讼。

n̠im²	xət⁷	n̠a² thu³ ti⁶	ɕoŋ¹	ɕoŋ¹	ɕoŋ¹
壬	戌	胃土雉	凶	凶	凶

注释：此宿性有吉有凶。用此宿日建造、嫁娶、出行、经商、埋葬大吉，人丁兴旺，六畜成群，家业丰隆；忌种植玉米、高粱、小米、蔬菜等。

n̠im²	xət⁷	n̠a² thu³ ti⁶	ɕoŋ¹	ɕoŋ¹	ɕoŋ¹
壬	戌	胃土雉	凶	凶	凶

注释：此宿日宜起房盖屋、出行。忌嫁娶、埋葬。若犯之，招来是非口舌；又忌种植蔬菜、瓜豆等。

［贵州省档案室（馆）、荔波县人民政府编：《泐金·纪日卷》，第25—50页，贵州人民出版社2007年版］

2.《水书·正七卷》

梭项
so³ haːŋ¹

tɕjeŋ¹	ɕət⁷	leŋ⁴	gəŋ³	tɕa³
正	七	连	庚	甲

n̠i⁶	paːt⁷	tɕjet⁷	ɕin¹	taŋ¹
二	八	乙	辛	当

tɕeŋ¹	kui¹	ŋo⁴	sup⁸	ʔjit⁷
丁	癸	五	十	一

ɕi⁵	sup⁸	pjeŋ³	n̠im²	thaŋ¹
四	十	丙	壬	乡

haːm¹	ljok⁸	ku³	sup⁸	n̠i⁶
三	六	九	十	二

tsi⁶	mu⁶	ti¹	van¹
忌	戊	己	日

pu³	tsi⁶	so³	haːŋ¹
都	忌	梭	项

《梭项》意译：
正月七月与庚甲日关联，
二月八月正当对乙辛日，
五月十一月忌用丁癸日，
四月十月要忌用丙壬日，
三月六月九月和十二月，
戊日己日正是对梭项日。
梭项日做鬼不断根，
血路日杀猪猪不死，
猪杀不死病亦难根除，
都只因犯了梭项日。

注释：
"梭项"，水语音译，是使事态接连不断地持续发生的鬼，有"梭项日解鬼不断根"之说。用于安葬，年年灾难，死人不断，故此日忌安葬、殓尸、砍牛悼丧及初次念鬼驱邪治病等。但利于定亲、开

van¹ so³ haːŋ¹ fe⁴ maːŋ¹ ɣai³ tju⁵
日　梭　项　做　鬼　不　断

van¹ ɕot⁸ lu⁶ ha³ ȵu⁵ ɣai³ kau²
日　血　路　杀　猪　不　死

kau² ha³ ȵu⁵ ɣai³ tju⁵ tit⁷ ȵeʑ¹
死　杀　猪　不　断　病　弱

tsən² so³ ʔoː⁵ haːŋ¹ van¹
犯　梭　项　日

大 膩
te³ ʔȵjen¹

tsjeŋ¹ ŋo⁴ tu³ tsi⁶ ȵu² tau³ hu³
正　五　九　忌　牛　倒　虎

ȵi⁶ ljok⁸ sup⁸ tsi⁶ ɣau³ taːŋ³ tsu¹
二　六　十　忌　狗　打　猪

haːm¹ tɕat⁷ sup⁸ ʔjet⁷ ʔjon² jaːŋ² ȵat⁸
三　七　十一　猿　羊　咬

si⁵ paːt⁷ sup⁸ ȵi⁶ tɕi⁶ ljoŋ² ɢeu³ ɕa²
四　八　十　二　忌　龙　缠　蛇

ljoŋ² ɢeu³ ɕa² dai³ kaːtiŋ¹ jeŋ³
龙　缠　蛇　得　龙　开　鳞

jaːm⁴ taŋ¹ nok⁸ ɣai³ tau⁶
早　来　雀　不　站

phjau⁵ ɕit⁷ mom⁶ ɣai³ ɕit⁸
放　钓　鱼　不　吃

li⁴ lok⁷ li⁴ ho⁴ ŋo³ ɣai³ kau²
修　仓　立　廒　鼠　不　至

亲、开店、买田、放债、打保福等，可以亲上加亲，福上加福，利上加利。《象吉通书》上称此日为"重丧日"，其歌诀云："正七连庚甲，二八乙辛当，丁癸五十一，四十丙壬乡，三六九十二，戊已是重丧。"

《大膩》意译：

正月五月九月忌丑寅日，
二月六月十月忌戌亥日，
三月七月十一月忌申未日，
四月八月十二月忌辰巳日，
龙缠蛇龙开鳞甲，
天烟日放粘膏，
鸟雀不来站；
天烟日去钓鱼，
鱼儿偏不吃；
天烟日修禾仓，
鼠雀不危害；
天烟日修竹壕去挡鬼，
能挡住外来凶祸。

注释：

"大膩"，水语音译，本章又名"天烟"，是狩猎的恶鬼，保村保寨的善鬼。用此日来开挖鱼塘，狐狸不至，用来立仓廒，鼠雀不至，利于做保护村寨的"挡幸"和"挡惰"之鬼，利于退鬼及修仓库，可抵挡外来灾祸。可除鼠雀的危害。用此日安葬得事，定亲不成。

尖 辛
tsjeŋ¹ ɕən¹

正ㄨ二乙三夆○
tsjeŋ¹ɕən¹ n̩i⁶ tɕiʔ ha:m¹ foŋ² pjeŋ³
正 辛 二 乙 三 逢 丙

四北壬ᔕ兀○
ɕi⁵ ta:u³ n̩im² thaŋ² ŋo⁴ ŋwet⁸ ɡeŋ¹
四 倒 壬 向 五 在 庚

六甲又
ljok⁸ ta:p⁸ thoŋ² hən² tɛn¹ ɕu¹ tɕi⁶
六 甲 忌 地 全 忌

七癸酉ハ乚○
ɕat⁷ ʑui³ ju⁴ loi⁶ pha⁵ pa:t⁷ tjeŋ²
七 癸 酉 忌 破 八 丁

九궂十癸○
tɕu³ ɕu² sup⁸ ʑui² n̩at² ŋu² tɕi⁶
九 鼠 十 癸 群 牛 忌

十一ㄨ丑
sup⁸ ʔɕi¹ ɕən¹ ɡan² mak⁸ tau³ jiŋ²
十 一 辛 艮 马 群 迎

十二ㅗ○卯又
sup⁸ n̩i² tɛp³ɕat³ tɛn¹ hən³ ŋeŋ³
十 二 最 怕 乾 巽 跃

ɕən¹ tɛn¹ hen³ ma⁴ hem³ taŋ³ to¹
成 群 亨 马 别 寸 门

taŋ³ to¹ taŋ³ ɕiŋ¹ pha⁵ seŋ¹ tau²
寸 门 寸 寨 死 牲 群

taŋ³ to¹ taŋ³ ɕiŋ¹ khau⁵ ʔau⁴ nam³
寸 门 寸 寨 少 米 水

九 火
tɕu³ ho³

正ㄉ几二ㄉ日○
tsjeŋ¹ n̩ot⁸ ɡau¹ la:i² n̩i⁶ n̩ot⁸ ɕa²
正 月 狗 来 二 月 蛇

三ㅗ四未○
ha:m¹ ma⁵ ɕi⁵ ja:ŋ² toŋ² ɡap⁷ ɡa³
三 马 四 羊 同 商 讨

正目六ㄲ○
ŋo⁴ hu³ ljok⁸ thu⁵ nda¹ mon⁶ tsjeu⁵
五 虎 六 兔 眼 猴 看

《尖辛》意译：
正辛二乙三逢丙，
四倒壬向五在庚，
六月甲日各地忌，
七忌癸酉八忌丁，
九子十癸牲牛忌，
十一月忌辛丑日，
十二月午日最厉害，
成亨马日怕寸门，
寸门寸寨死牲群，
寸门寸寨少谷米水。

注释：

"尖辛"，水语音译。本章一名"亨马"，又名"学鲁"，是畜牧方面的主要凶神。此日忌安葬、开墓坟，还忌立房，修大门、寸门、立新门间。相传，安葬犯之，幸运者死牲口，厄运者死人，但后代都穷困或缺人丁；忌砍牛祭祖、入新居，修畜圈，违者牲口难增殖。

《九火》意译：
正月忌戌二月忌巳日，
三午四未忌日同商讨，
五月忌寅六月忌卯日，
犹如猴眼看得清，
七月忌辰日，
八月忌亥九月忌子日，
一对眼睛要看清，
十月忌丑日，
十一月忌申日，

第六章　经典　神话

[水文字] 〇
ɕət⁷ ljoŋ² ʔjom⁵ sui³ mon⁶ tau¹ pja¹
七　龙　满　水　猴　掺　芝麻

[水文字] 〇〇
pa:t⁷ tsu¹ tu³ su³ nda¹ mon⁶ tsjeu⁵
八　猪　九　鼠　眼　猴　看

[水文字] 〇
sup⁸ ŋau² ljen⁴ toi¹ thi⁵ meu⁶ pha¹
十　丑　连　兑　起　卯　破

[水文字] 〇
sup⁸ ʔjet⁸ jon² ti² ti¹ li² sjeŋ⁵
十 一　猿　蹄　鸡　力　旺

[水文字] 〇 乂
sup⁸ ɕi⁶ goŋ¹ ti¹ mon⁶ li² pja¹
十　二　公　鸡　猴　离　岩

十二月酉日算最凶，
犹如猴子离开了岩林，
若不按此子孙穷。

注释：

"九火"，水语音译，意为九代穷困。此章又名"亚移"，意为"穷得如猴子或野芝麻"，是导致贫困的恶鬼，忌安葬、开路和立房。相传，犯之，父母屋基丢荒，鸦雀在屋基上吃刺泡，男女葬满了坟场，家人会死绝。营造和婚嫁亦忌讳，生辰逢此日，若不解鬼，会瞎眼睛。打官司或论理时，自己可请对方，而绝不允许应对方之约前往，违之凶祸迭至。

林　显
liŋ² ɕaŋ⁵

[水文字]
san¹ ɕi³ ʂən² thep⁷ thep⁷ ha:i¹ ɕi⁴
申　子　辰　悄　悄　送　巳

[水文字]
ɕi⁴ ju⁴ su³ thep⁷ thep⁷ ha:i¹ san¹
巳　酉　丑　悄　悄　送　申

[水文字]
ji² ŋo² hət⁷ thep⁷ thep⁷ ha:i¹ ka:i³
寅　午　戌　悄　悄　送　亥

[水文字]
ka:i³ mau⁴ mi⁶ thep⁷ thep⁷ ha:i¹ ŋo²
亥　卯　未　悄　悄　送　午

ho⁴ fa:ŋ¹ ŋo² ho¹ pha⁵ ha:i¹ jən²
用　方　午　怕　坏　在　寅

ho⁴ fa:ŋ¹ ŋo² ho¹ san¹ ta:ŋ² vjən³
用　方　午　怕　成　堂　飞

ho⁴ fa:ŋ² vjən³ ta:k⁵ pu¹ tən³ huŋ¹
用　堂　飞　倒　父　主　讼

《林显》意译：
申子辰年在巳方，
巳酉丑年在申方，
寅午戌年在亥方，
亥卯未年在午方，
用午方怕伤寅方，
用午方怕成堂飞，
成堂飞怕伤害主人。

注释：

"林显"，水语音译。此章又名"向且"，是导致人变野、变懒之恶鬼。相传，安葬犯之，后代出乞丐；举行"开控"的大型追悼活动时，吊丧队伍忌由此方行进。用此方退恶鬼，恶鬼方向前去，就要落火烧寨子。这是忌不放鬼的方。

［王品魁译注：《水书·正七卷、壬辰卷》，第3—5、11—12、13—14、17—18、33—39页，贵州民族出版社1994年版］

3.《水书·壬辰卷》

天罡米
then¹ ɡa:ŋ¹ ʔau⁴

ɕi³ ŋo² ma:u⁴ ɕu⁴
子　午　卯　酉

ɕən¹ ɕen² ɕən¹ ʔau⁴ tok⁷ ɡau³ hai⁴ jən²
成　钱　成　粮　落　狗　在　寅

su³ mi⁶ sən² hət⁷
丑　未　辰　戌

ɕən⁴ zən¹ ɕən¹ fu⁵ thu⁵ hai⁴ ljoŋ²
成　人　成　富　兔　在　龙

ji² sən¹ ɕi³ ka:i³
寅　申　巳　亥

ɕən¹ joŋ² ɕən² ja:ŋ² taŋ¹ hai⁴ mi⁶
成　阴　成　阳　来　在　未

ho⁴ van¹ na:i⁶ dai³ fu⁵ pən⁶ ta:i²
用　日　这　得　富　和　辩

ʔdai³ la:i¹ ni⁴ ȶu²
得　背　这　牛

mi⁶ sjen¹ su² ʔdai³ pu² then¹ ɡa:ŋ¹
未　先　出　得　辅　天　罡

pa:k⁷ ɕa:ŋ¹ ʔda³ ka³ la:u³ ɕe⁴ ta:i²
口　舌　硬　等　只　做　辩

大更方
ta:ŋ¹ te³ kən⁵

ɕi³ ŋo² ma:u⁴ ɕu⁴ su³ mi⁶ faŋ¹ te³ kən⁵
子　午　卯　酉　丑　未　方　大　更

su³ mi⁶ sən² hət⁷ sən³ tət¹ ji³ te³ kən⁵ faŋ¹
丑　未　辰　戌　申　吉　寅　大　更　方

ji² sən¹ ɕi³ ka:i³ ɕu⁴ tət¹ ma:u⁴ kən⁵ faŋ¹
寅　申　巳　亥　酉　吉　卯　更　方

《天罡米》意译：
子午卯酉年，
成钱成米落在戌寅日。
丑未辰戌年，
成人成富在卯辰日。
寅申巳亥年，
生男生女都在未日。
用这些日子，
就会成富豪或善辩者，
因为得了这牛的背，
"未"先出来，
得了这个辅星的天罡，
口舌硬只等当辩论者。

注释：
安葬用此日，以后钱粮多，生活好，人丁旺，不但能出人才，而且还成辩论家。

《大更方》意译：
子午卯酉年丑未大更方，
丑未辰戌年申寅大更方，
寅申巳亥年酉卯大更方。

注释：
"大更"意为大更换、大调动、大治理，凡作恶多端、飞扬跋扈、盛气凌人的人和事，可以用大更方来治理它。

吉 立
tət⁷ ljen²

𭒀 𠮷 𠳓 𭉁 𡳴 𠳓 𭉁 𠮷 立
ɕi² ŋo² ma:u⁴ ju⁴ ʔu¹ ma:u⁴ ju⁴ ku³ tət⁷ ljen²
子　午　卯　酉　上　卯　酉　头　吉　立

申 凶 丑 辰 出
san¹ ɦoŋ¹ su³ sən² jat⁷
申　凶　丑　辰　出

丑 未 辰 戌 酉 得 方 吉 立
su³ mi⁶ sən² hət⁷ ju⁴ ʔdai³ fa:ŋ¹ tət⁷ ljen²
丑　未　辰　戌　酉　得　方　吉　立

酉 凶 亥 子 出
ju⁴ ɦoŋ¹ ka:i³ ɕi² jat⁷
酉　凶　亥　子　出

寅 申 巳 亥 问 吉 立
ji² sən¹ ɕi³ ka:i³ sa:i³ tət⁷ ljen²
寅　申　巳　亥　问　吉　立

巳 凶 午 未 出
ɕi⁴ ɦoŋ¹ ŋo² mi⁶ jat⁷
巳　凶　午　未　出

富 吉
fu⁵ tət⁷

春 三 月 要 日 甲 日 乙
tɕ⁵ ha:m¹ ɦet⁸ ʔou¹ van¹ tɕap⁷van¹ nes
春　三　月　要　日　甲　日　乙

七 代 富 贵 官 地 达
ɕat⁷ ti⁶ fu⁵ tui⁵ kwa:n³ ti⁶ ta²
七　代　富　贵　官　地　达

忌 日 戊 日 己 忌 日 壬
tsi⁶ van¹ mu⁶ van¹ ti⁶ tɕi⁶ van¹ ȵim² van¹
忌　日　戊　日　己　忌　日　壬

九 十 家 穷
tɕu³ sup⁸ ta¹ ho³
九　十　家　穷

夏 三 月 要 日 丙 丁 戊
ja¹ ha:m¹ ɦet⁸ ʔou¹ van¹ pjeŋ³ tjeŋ¹ mu⁶
夏　三　月　要　日　丙　丁　戊

七 代 富 贵 官 地 达
tət⁷ ti⁶ fu⁵ tui⁵ kwa:n³ ti⁶ ta²
七　代　富　贵　官　地　达

《吉立》意译：
子午卯酉年卯酉是吉立，
申凶丑辰出，
丑未辰戌年得酉方吉立，
酉凶亥子出，
寅申巳亥年问吉立，
巳凶午未出。

注释：
"吉立"，意为顺通流畅的水槽，用于回乡起房吉，能由贫变富。

《富吉》意译：
春三月要甲日乙日，
七代富贵官通达；
忌戊日己日，
忌壬日癸日，
九家十家要变穷。
夏三月要丙日丁日，
要戊日己日，
七代富贵官通达。
忌甲日乙日，
忌壬日癸日，
九家十家要变穷。
秋三月要庚日辛日，
要壬日癸日，
七代富贵官通达。
忌丙日丁日，
忌戊日己日，

忌 日 甲 日 乙 忌 日 壬

tɕu³ ɕup⁸ ta¹ ho³
九 十 家 穷

ɕu¹ ha:m¹ ŋot⁸ ʐau¹ ʋan¹ ɢeŋ¹ ɕan¹ ȵim² tui⁵
秋 三 月 要 日 庚 辛 壬 癸

ɕat⁷ ti⁶ fu⁵ tui⁵ kwa:n³ ti⁶ ta²
七 代 富 癸 官 地 达

tsi⁶ ʋan¹ pjaŋ³ ʋan¹ tjeŋ¹ tsi⁶ ʋan¹ mu⁶ ʋan¹ ti¹
忌 日 丙 日 丁 忌 日 戊 己

tɕu³ ɕup⁸ ta¹ ho³
九 十 家 穷

toŋ¹ ha:m¹ ŋot⁸ ʐa:u¹ ʋan¹ ȵim² tui⁵ ʐa:u¹ ʋan¹ ta:p⁷ jet¹
冬 三 月 要 日 壬 癸 要 甲 乙

ɕat⁷ ti⁶ fu⁵ tui⁵ kwa:n³ ti⁶ ta²
七 代 富 癸 官 地 达

tsi⁶ ʋan¹ pjeŋ³ ʋan¹ tjeŋ¹ tsi⁶ ʋan¹ mu⁶ ʋan¹ ti¹
忌 日 丙 日 丁 忌 日 戊 日 己

tɕu³ ɕup⁸ ta¹ ho³
九 十 家 穷

放 别
ho⁴ pje²

ɕi³ ŋo² ma:u⁴ ɟu⁴ pa:t⁷ ʋui⁴ thjen¹
子 午 卯 酉 八 为 天

su³ mi⁶ san² hət⁷ ŋo⁴ ti¹ ɕen²
丑 未 辰 戌 五 次 成

ji² san¹ ɕi⁴ ka:i² jet¹ tɕu³ thjen¹
寅 申 巳 亥 一 九 天

九家十家要变穷。
冬三月要壬日癸日，
要甲日乙日，
七代富贵官通达。
忌丙日丁日，
忌戊日己日，
九家十家要变穷。

注释：
用此日安葬，日后钱裕粮丰，官场通达。

《放别》意译：
子午卯酉日七拿八放别，
丑未辰戌日四拿五放别，
寅申巳亥日八拿九放别。

注释：
"放别"，水语音译，"别"是用五种茨捆成一束以驱鬼。本章是撑门间挡恶鬼用。七拿八放，就是侲子用手拿别七次上下摇动，到第八次才放下。余类推。

第六章　经典　神话　　649

［王品魁译注：《水书·正七卷、壬辰卷》，第 235—237、251—252、271—272、284—287、320—321 页，贵州民族出版社 1994 年版］

4.《水书·六十甲子》

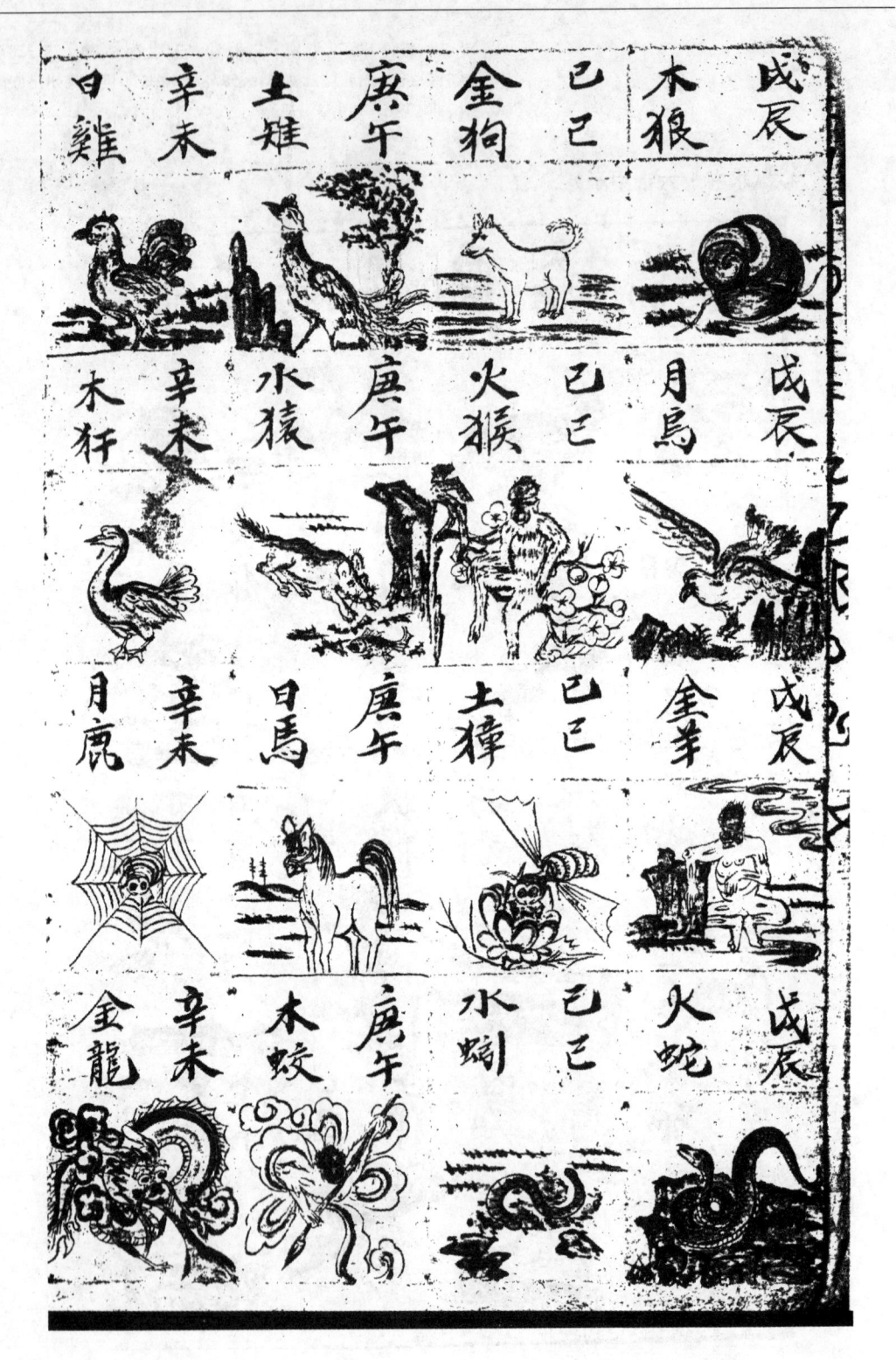

戊辰	木狼	巳巳	金狗	庚午	土雉	辛未	日雞
戊辰	月鳥	巳巳	火猴	庚午	水猿	辛未	木犴
戊辰	金羊	巳巳	土獐	庚午	日馬	辛未	月鹿
戊辰	火蛇	巳巳	水蜊	庚午	木蛟	辛未	金龍

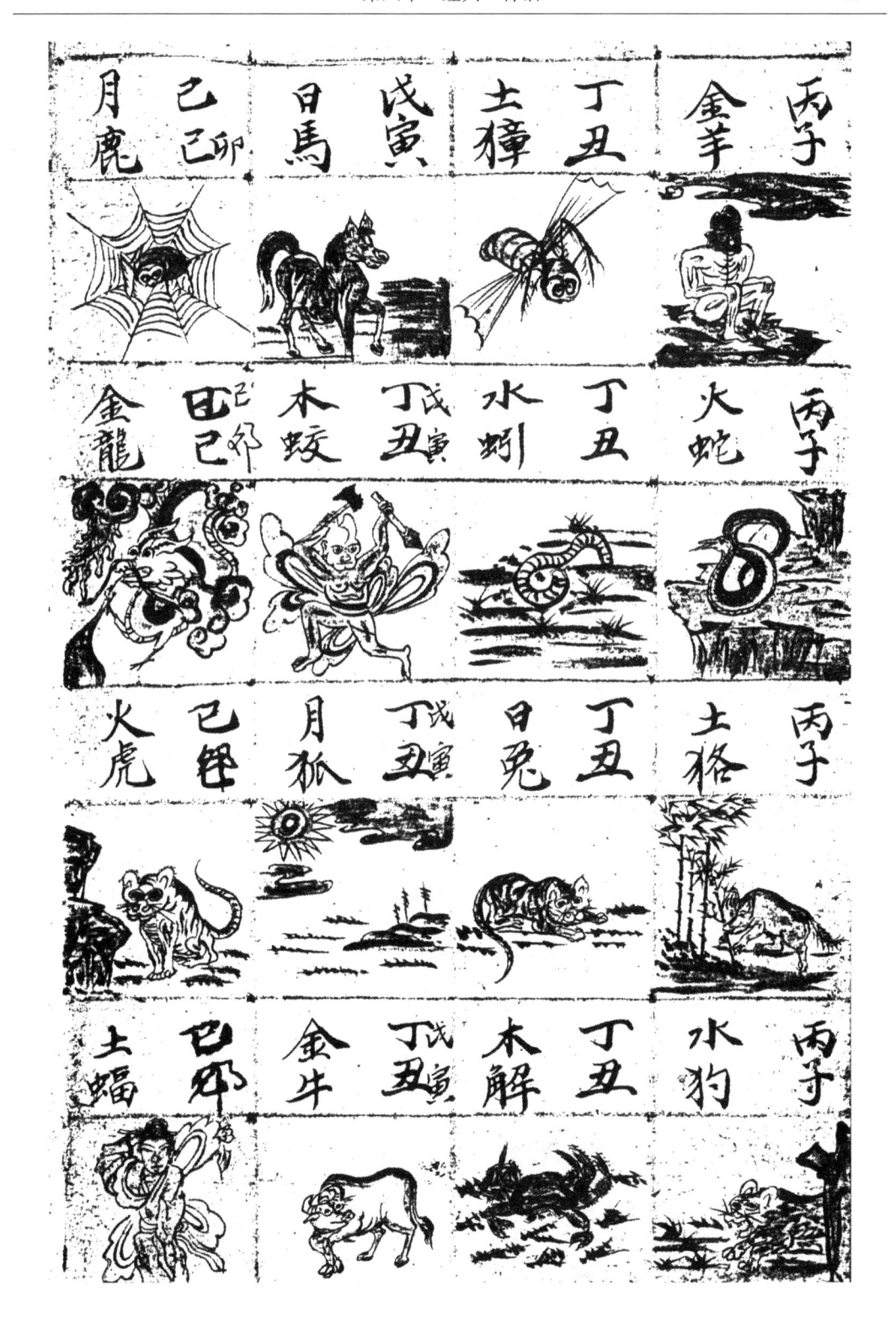

丙子 金羊	丁丑 土獐	戊寅 日馬	己卯 月鹿

丙子 火蛇	丁丑 水蚓	戊寅 木蛟	己卯 金龍

丙子 土狢	丁丑 日兔	戊寅 月狐	己卯 火虎

丙子 水豹	丁丑 木獬	戊寅 金牛	己卯 土蝠

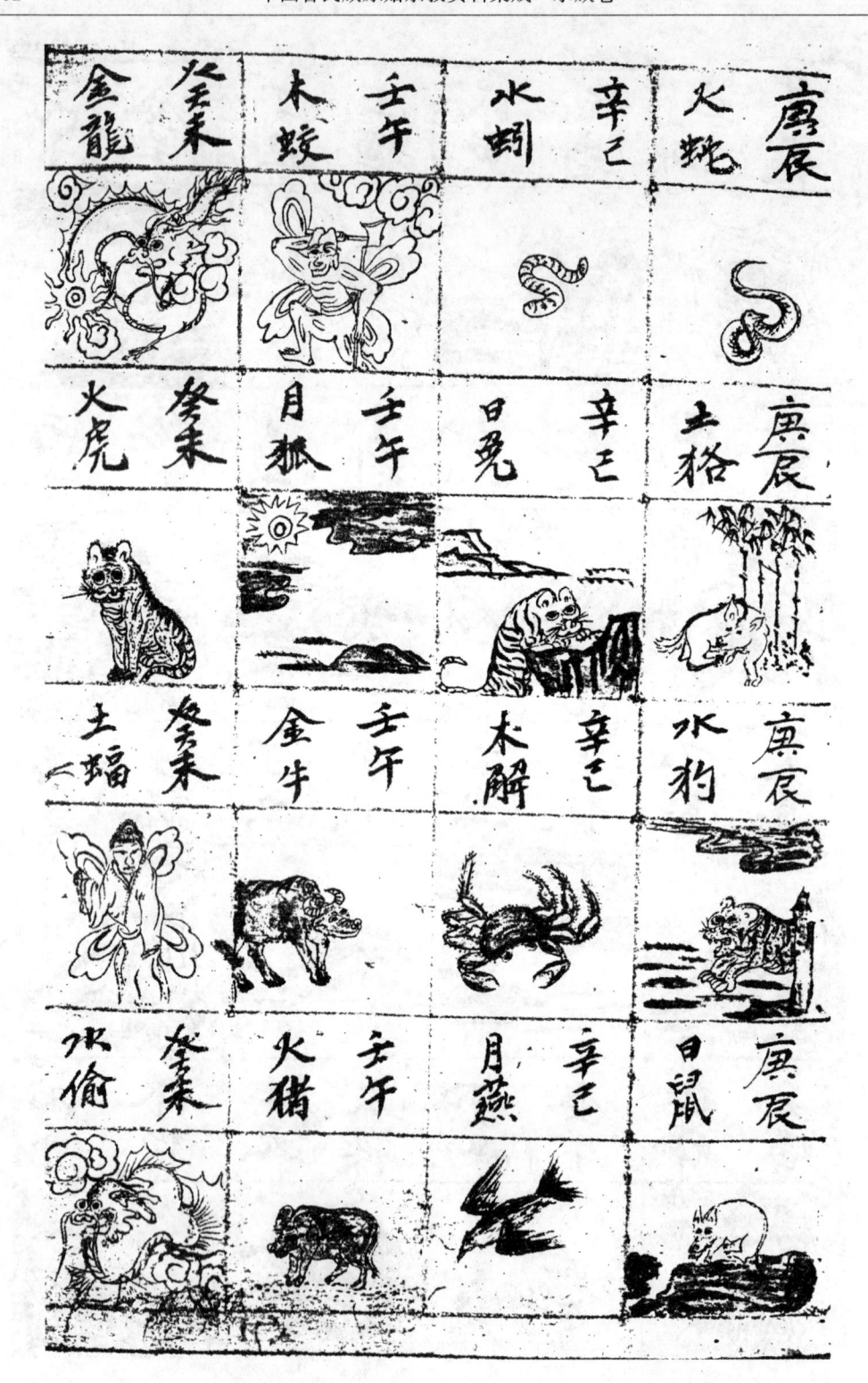

金龍	金未	木蛟	壬午	水蚓	辛巳	火蛇	庚辰
火虎	金未	月狐	壬午	日兔	辛巳	土猪	庚辰
土貓	金未	金牛	壬午	木解	辛巳	水豹	庚辰
水偷	金未	火猪	壬午	月燕	辛巳	日鼠	庚辰

第六章 经典 神话

653

甲申 土豹	乙酉 日兔	丙戌 月狐	丁亥 火虎
甲申 水豹	乙酉 木蝠	丙戌 金牛	丁亥 土蝠
甲申 日鼠	乙酉 月燕	丙戌 火猪	丁亥 水偷
甲申 木狼	乙酉 金狗	丙戌 土雉	丁亥 日鸡

戊子 水豹	己丑 木蝙	庚寅 金牛	辛卯 土蝠
戊子 日鼠	己丑 月燕	庚寅 火猪	辛卯 水偷
戊子 木狼	己丑 金狗	庚寅 土雉	辛卯 日雞
戊子 月鳥	己丑 火猴	庚寅 水猿	辛卯 木犴

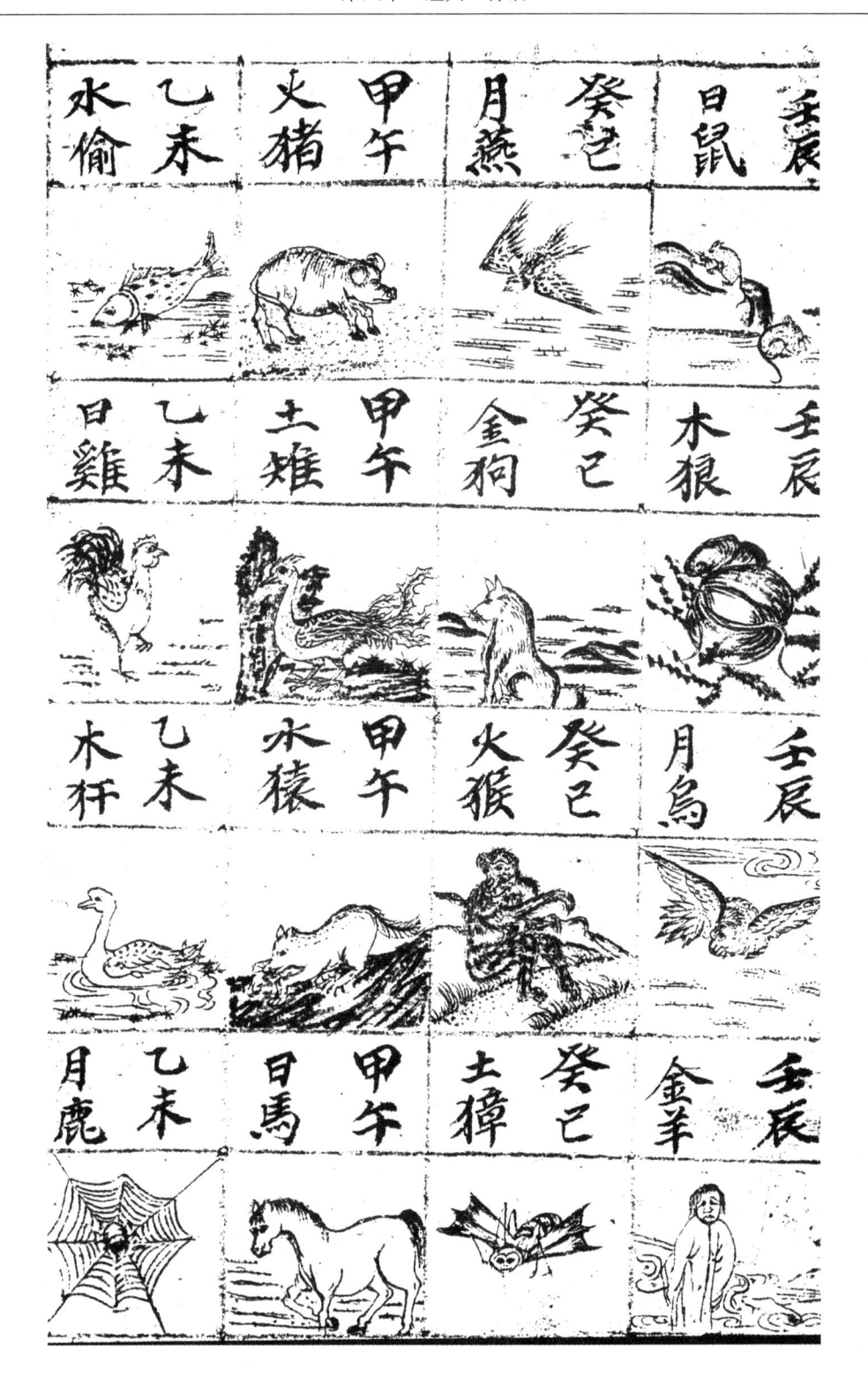

壬辰	日鼠	癸巳	月燕	甲午	火猪	乙未	水㺄
壬辰	木狼	癸巳	金狗	甲午	土雉	乙未	日雞
壬辰	月烏	癸巳	火猴	甲午	水猿	乙未	木犴
壬辰	金羊	癸巳	土獐	甲午	日馬	乙未	月鹿

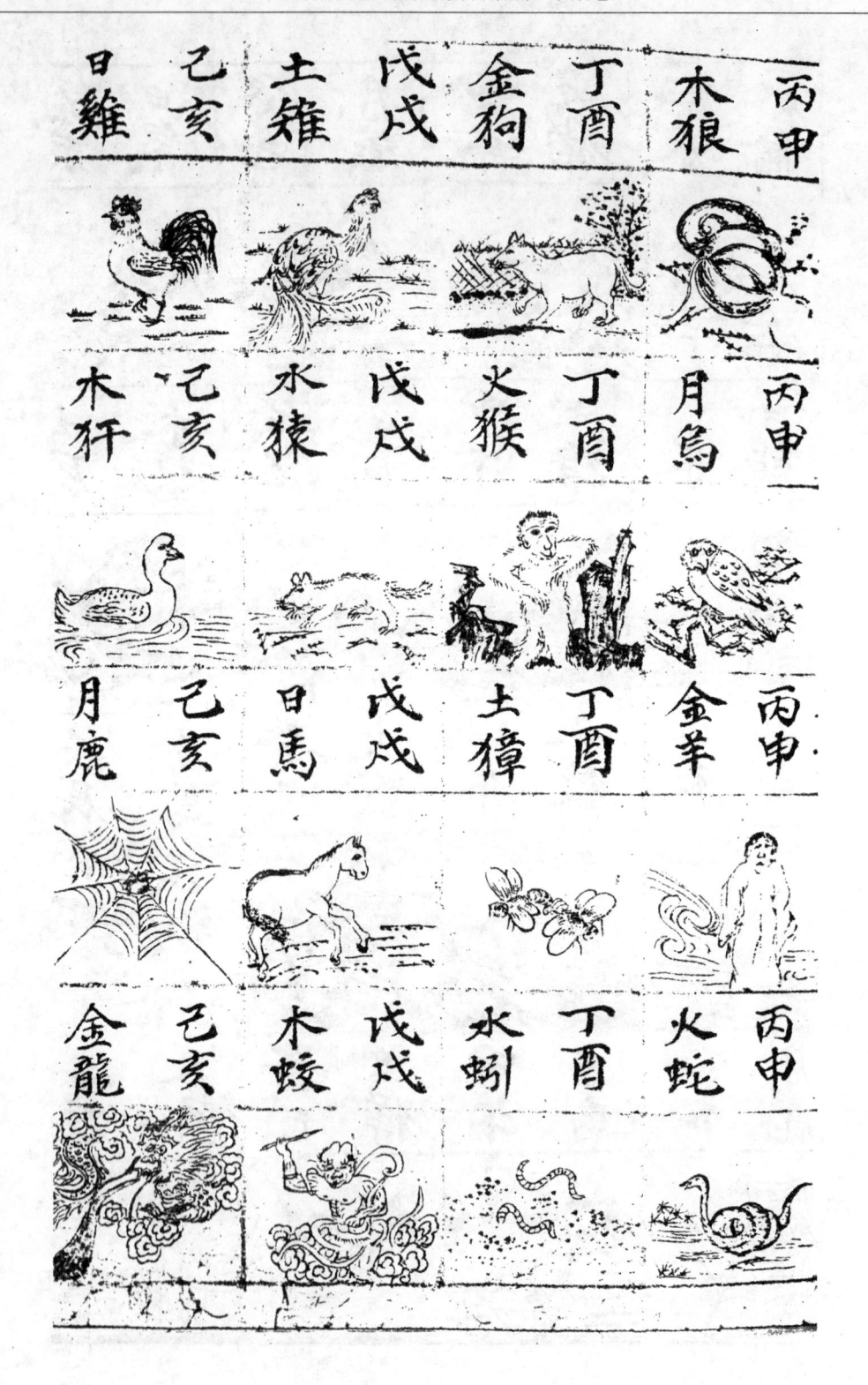

丙申	丁酉	戊戌	己亥		
木狼	金狗	土雞	日雞		

丙申	丁酉	戊戌	己亥		
月烏	火猴	水猿	木犴		

丙申	丁酉	戊戌	己亥		
金羊	土獐	日馬	月鹿		

丙申	丁酉	戊戌	己亥		
火蛇	水蚓	木蛟	金龍		

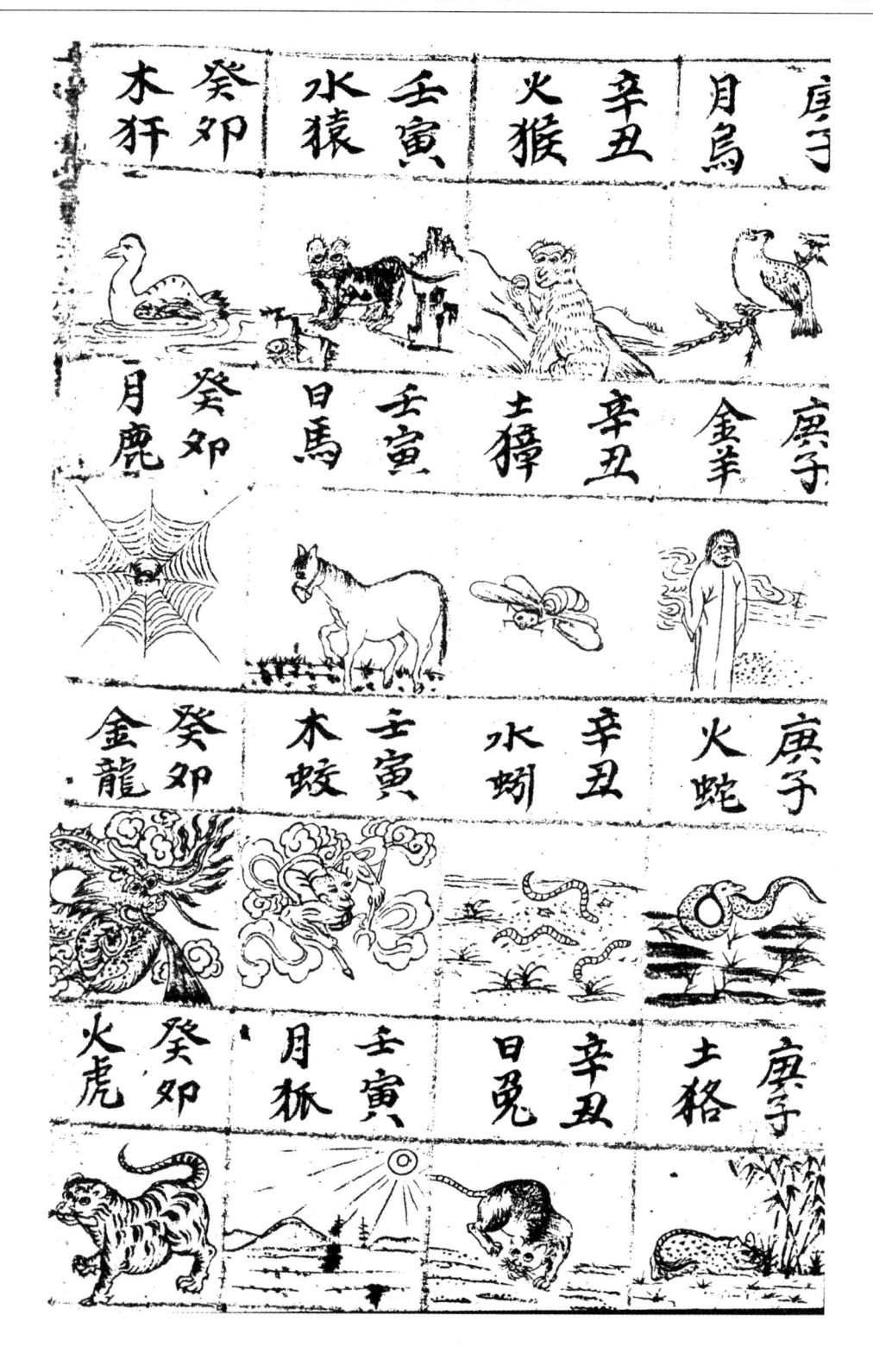

癸卯 木犴	壬寅 水猿	辛丑 火猴	庚子 月烏
癸卯 月鹿	壬寅 日馬	辛丑 土獐	庚子 金羊
癸卯 金龍	壬寅 木蛟	辛丑 水蚓	庚子 火蛇
癸卯 火虎	壬寅 月豺	辛丑 日兔	庚子 土貉

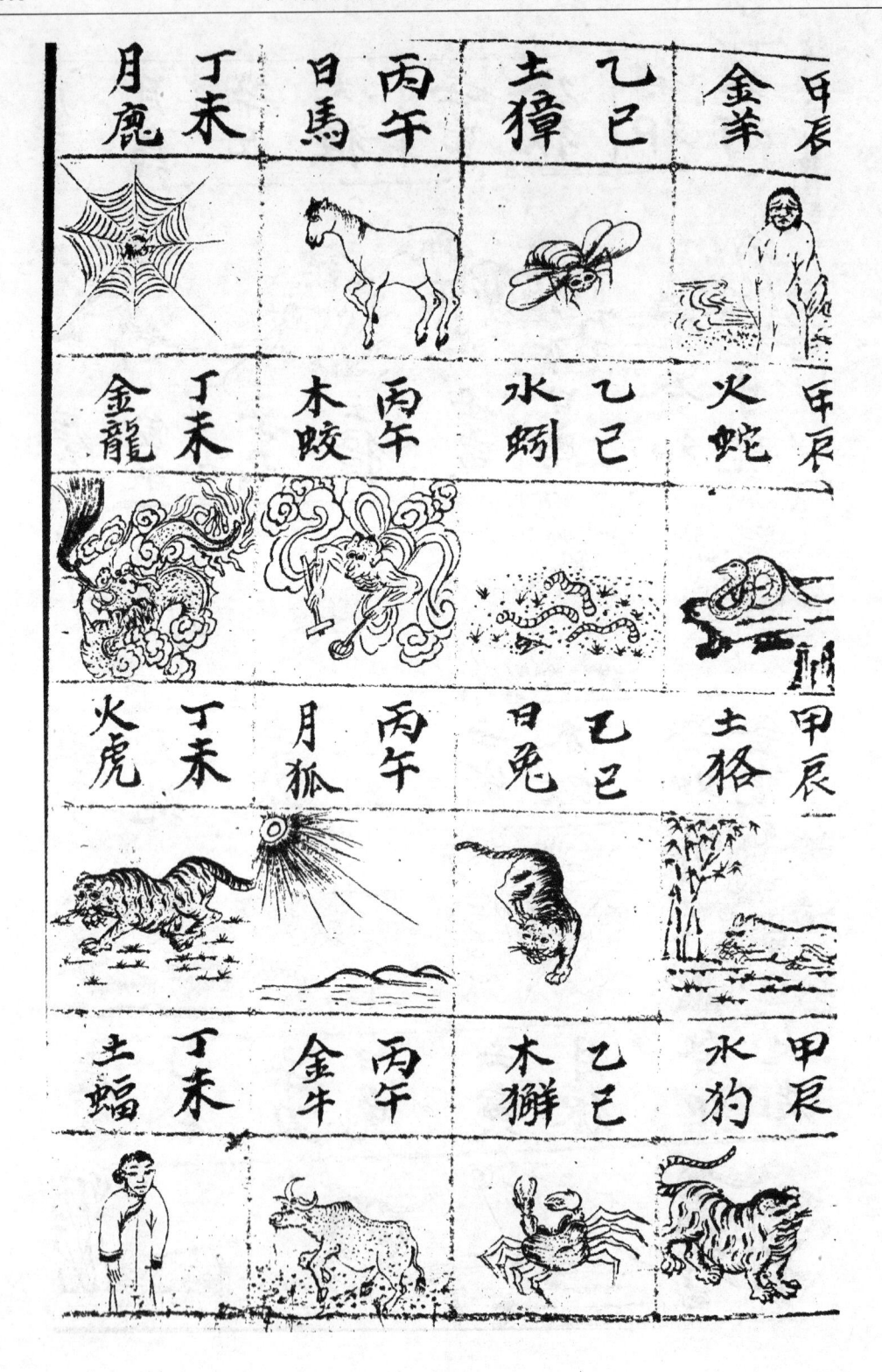

甲辰 金羊	乙巳 土獐	丙午 日馬	丁未 月鹿
甲辰 火蛇	乙巳 水蚓	丙午 木咬	丁未 金龍
甲辰 土猪	乙巳 日兔	丙午 月狐	丁未 火虎
甲辰 水豹	乙巳 木獬	丙午 金牛	丁未 土蝠

第六章 经典 神话

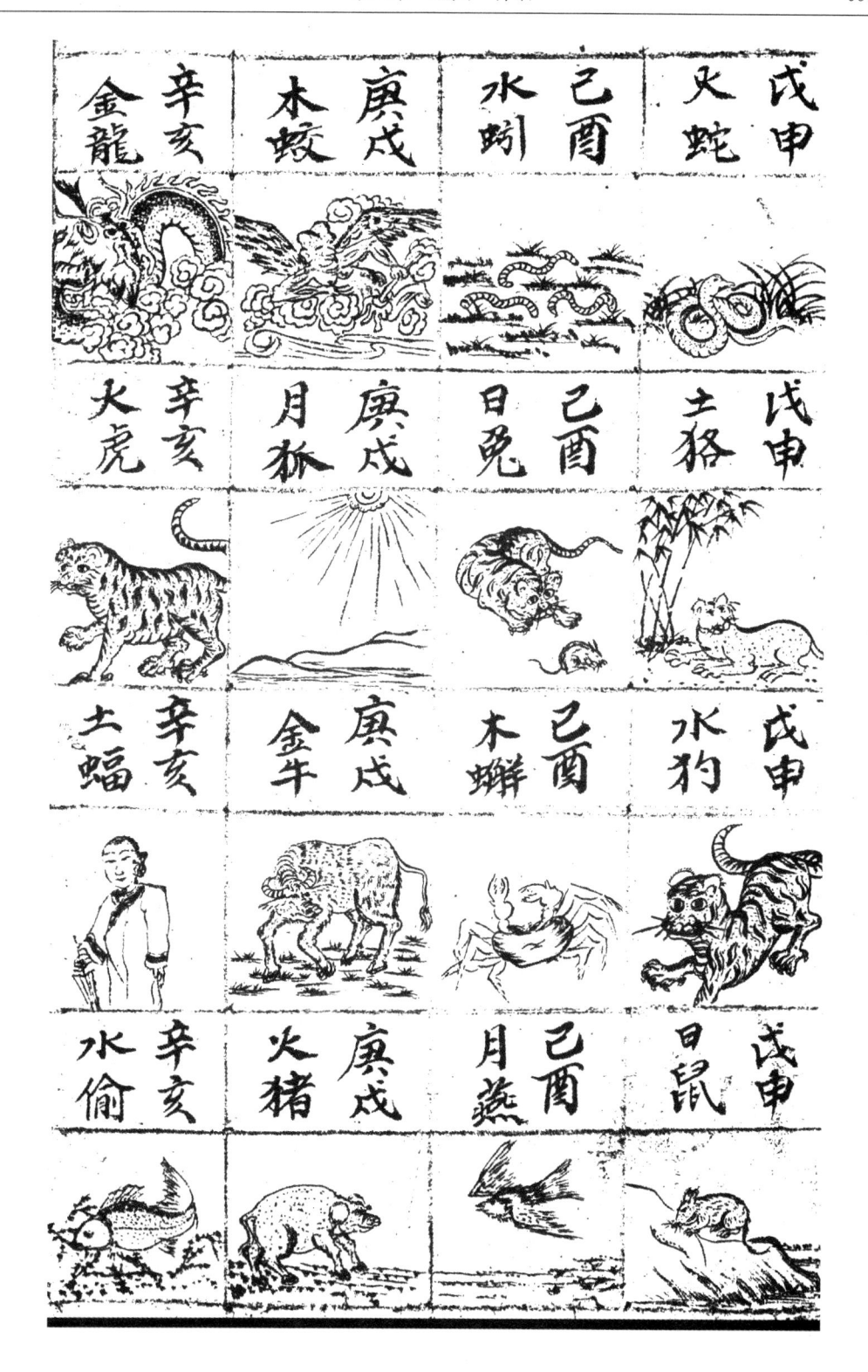

辛亥 金龍	庚戌 木蛟	己酉 水蚓	戊申 火蛇
辛亥 火虎	庚戌 月狐	己酉 日兔	戊申 土貉
辛亥 土蝠	庚戌 金牛	己酉 木蟹	戊申 水豹
辛亥 水偷	庚戌 火猪	己酉 月燕	戊申 日鼠

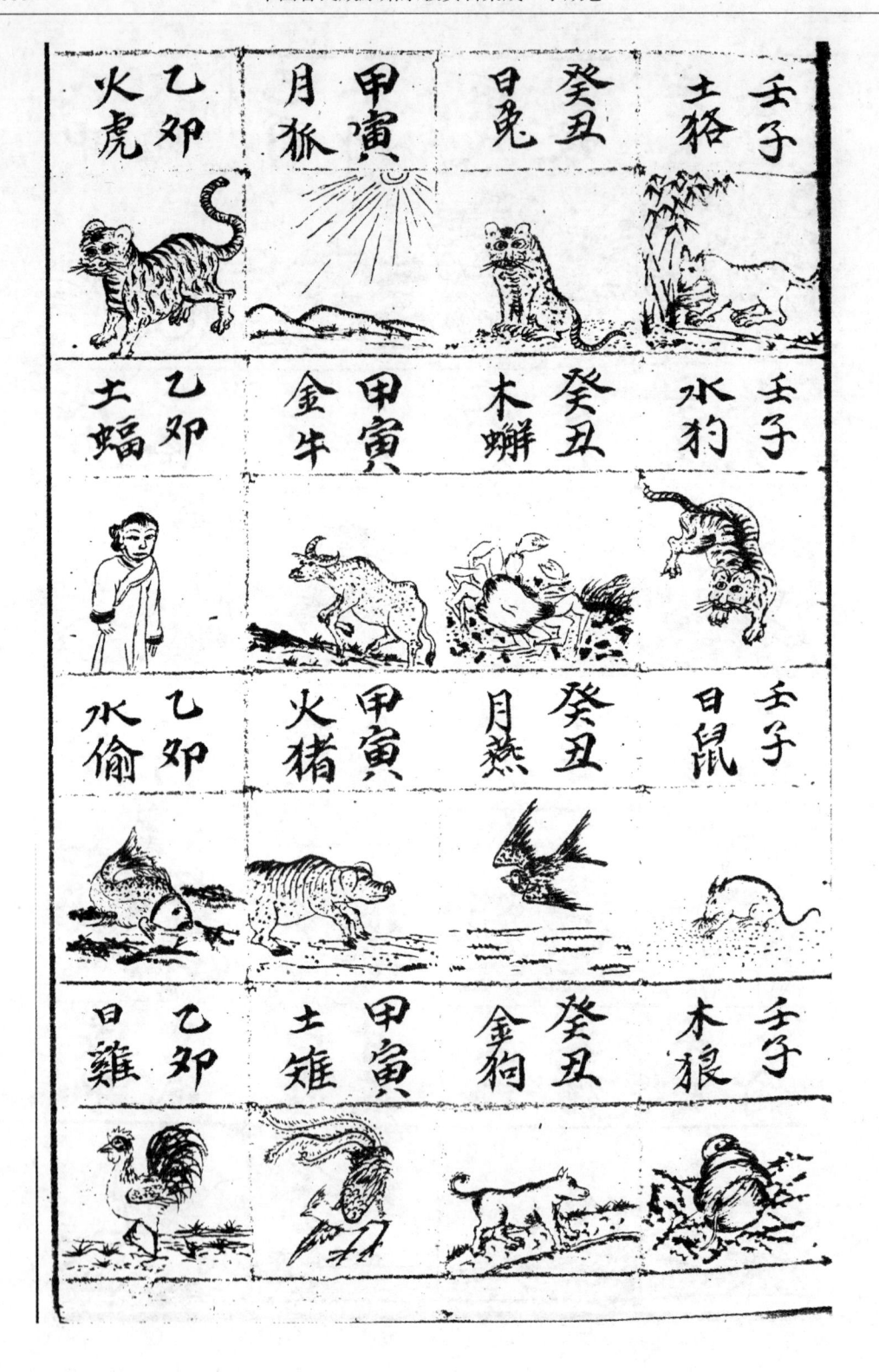

壬子 土猪	癸丑 日兔	甲寅 月狐	乙卯 火虎
壬子 水豹	癸丑 木蝴	甲寅 金牛	乙卯 土蝠
壬子 日鼠	癸丑 月燕	甲寅 火猪	乙卯 水偷
壬子 木狼	癸丑 金狗	甲寅 土雉	乙卯 日雞

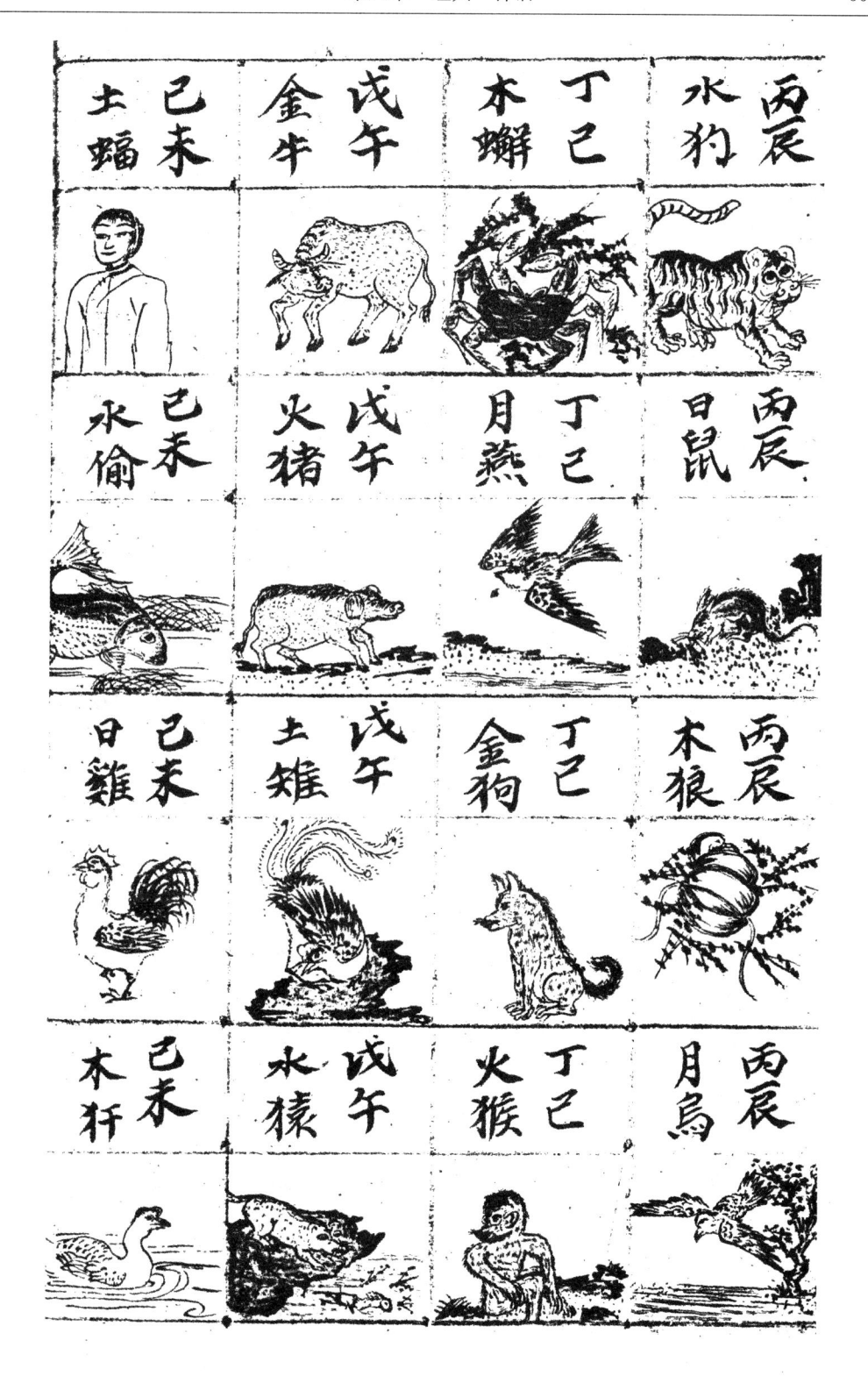

土蝠 己未	金牛 戊午	木蟹 丁巳	水狗 丙辰
水偷 己未	火猪 戊午	月燕 丁巳	日鼠 丙辰
日雞 己未	土雉 戊午	金狗 丁巳	木狼 丙辰
木犴 己未	水猿 戊午	火猴 丁巳	月烏 丙辰

庚申日鼠	辛酉月燕	壬戌火猪	癸亥水偷
庚申木狼	辛酉金狗	壬戌土雉	癸亥日雞
庚申月鳥	辛酉火猴	壬戌水猿	癸亥木犴
庚申金羊	辛酉土獐	壬戌日馬	癸亥月鹿

[王品魁收藏本《水书·六十甲子》]

5. 《水书·丧葬卷》

《水书·丧葬卷》是水书中极为重要的一部，集中反映了水家先民信仰世界的生死观、鬼神观，以及企盼从死亡中追求永生和发展的功利目的。从《水书·丧葬卷》的条目忌戒内容来看，都是与死者后裔的吉凶祸福、兴衰枯荣紧密相连。这是后裔力求通过对死者肉身归宿、灵魂安顿之后，企盼获得子孙发达的永生、家道福泽延绵的兴旺。

《水书·丧葬卷》篇目繁多，名称离奇古怪，而且这些条目绝大多数都是丧葬的忌戒。从信仰功利上来说，《水书·丧葬卷》以及《祭祖卷》就是围绕如何安抚祖先灵魂，如何敬鬼、媚鬼、酬鬼，使其在物质上得到满足，在精神上得到愉悦，然后能欢心尽力地保佑后裔、赐福消灾。从伦理道德上来说，《水书·丧葬卷》把对先辈敬爱、缅怀、感激的孝道、赡养、送终观念糅合于其中。从社会组织结构来说，《水书·丧葬卷》把同宗血缘氏族家庭的团结、增强内部凝聚力等观念也糅于相关的篇目中。水族的丧葬，集中地体现和反映了水族原始宗教信仰和伦理道德的核心内容。

《水书·丧葬卷》是《水书》的重要卷本，其主要忌戒篇目内容有以下几个方面：

（一）防止寿命终结带来的恐惧与祸患

寿命终结，固然给人们带来恐惧与悲哀。但是，当人处在垂危之际，悲痛与恐惧已经向其家人及亲友袭来。从探望垂危的病人开始，水书就出现《各木》、《墓木》等篇名。"各木"，水语音译，其要旨之一就是忌戒去探视垂危的病人，认为会祸延己身。本卷有《公各木》，将《公各木》分为男、女两类，认为若用于安葬，将会招来病患与破财，同时还忌戒杀牛祭祖。"墓木"是水语灭绝之意，忌讳同命之人探望垂危病人，忌戒用于安葬。这是人们对即将去世者的灵魂开始产生恐惧，而采取相应自卫的提防措施。

（二）防止安葬引起接连死人的重丧忌戒

人世间最宝贵的是生命。因此，在丧葬卷中以及择吉的最高原则是保全治丧人家及邻里的性命安全。因此，在择日中对可能导致人员死伤的篇目特别要注意防范。

重丧，是民间对安葬亡人之后，在短期内凶煞引起连锁反应，导致家人及家族接连死亡的简称。这类篇目主要有《龙犬》、《梭项》、《灭门》、《血鲁人》、《姑刀》、《鲁骸》、《涌恒》、《排》、《排月》、《排时》、《排方》、《排姑底（排元）》、《涌恒》、《项地》等。《水书·丧葬卷》的恶煞篇目，大多从其水语读音就基本可以察其题旨。

《水书·丧葬卷》中的不少重丧篇名，其要旨直接或间接地从名称中反映出来，如《涌恒》篇，语义就是相聚挤满了地方、地域；实指死人很多，葬满了墓地。其副歌云："葬涌恒，一人发富。全绝种，一人有钱。"《项地》篇，语义是地面挤得严严实实，实指接连死人，坟头挤满了墓地。《排》水语念 pja:i2，意为相继成排倒下死亡，使家族墓地的新坟一座接一座，一排连一排。这些篇名警示后人应认真对待祖先的葬事。

(三）防止安葬引起贤达善辩人才夭折的忌戒

在《水书·丧葬卷》中的《天罡缺》、《引丫》、《大皇》等条目，水族先民认为是导致聪明贤达、能言善辩、能工巧匠一类人才夭折的祸害。《天罡缺》篇名，"天罡"与"天钢"同义，指刀具最锋利的刃口，是吉利篇目，能使后裔贤达聪颖、能言善辩。天罡加"缺"组成的篇名，就像刀锋很锋利，但缺少韧性，很容易脆损、缺口，以此借代聪明有才华的人才英年早逝。

（四）防止安葬引起人口慢性消亡的忌戒

人口的繁衍发展，过去一直是水族个体家庭、血缘氏族以及整个民族所追求的重大目标。因此，丧葬如果会导致人口慢性绝灭，则是人们所特别提防的大事。《墓玄》、《亚移》、《朽根》、《空顶》、《大败》、《大杀》、《绍骸》等篇目，认为都属于这类凶祸。《水书》的一些篇目名称，是由日常语词变调而成的。《墓玄》的实际语义为全部进墓地，是由水语 $mu^{13}On^{2}$ 变调为 $muu^{6}Gon^{2}$，其义隐含明天、未来全部进墓地。这就警示人们慎重对待丧葬的日子，否则孝家的人丁则日渐衰落而最终彻底消亡。《亚移》语义为野芝麻，实指家人死绝，屋基荒芜，四周长满野芝麻。《朽根》语义是烂根，实指家庭的父系血缘的根子烂掉了。《博略》，是由 $pjo^{5}Uo^{1}$ 降调为 $Pjo^{1}Uo^{1}$，把全家彻底死光的含义隐含于其中。如果了解水语，略读水书，就比较容易理解这些条目的语义以及所蕴涵的宗旨。

（五）防止安葬引起家财溃散流失的忌戒

人是社会活动的主体，在小农经济的社会里，家产、田园、六畜、粮食等物质是水族先民赖以生存的基础条件。因此，丧葬择吉的原则是在保全人的生命安全的前提下，要保住家庭钱财，以图更大的发展。但是，事实不一定像人们企盼的那样完美如意，人世间的真善美与假丑恶总是相对立而存在，《水书·丧葬卷》损财、破财的篇目还为数不少。这类的条目主要有：《风溶》、《九火》、《破散》、《大更》、《歹耕》、《腊血》、《九火》、《中羊》、《饥饿》、《龙讨》、《则头》、《大棒》、《大败》等，人们认为财产在丧事之后不久将出现严重衰败而一蹶不振。

在《水书》中，还有一些篇目是用于安葬之后，认为会导致贫富易位，福祸转移。《地转》篇，《水书·讲解歌诀》云："葬地转，田塘摇移。"据传，若是富裕人家用了此日安葬，则家产田园渐次变卖耗散，流入他人之手；倘若是贫穷之家用此日安葬，将来会逐步置人田产而由穷汉变为富翁。《不倒》篇名，水语意为颠倒的瓜或倒过来的瓜，其旨意与《地转》相同。认为会引起贫富易位，矛盾转化。在《水书》的唯心世界中也有不少辩证的因子。

（六）防止安葬引起招惹口舌是非的忌戒

在水族社会中发生和出现比较重大的常规事项，都可以在《水书》中找到其踪影。《水书·丧葬卷》中有关安葬不慎会招来是非口舌、人头命案等横祸的篇目，间接地反映了衙役官司在水族地区的发生。水族先民认为，安葬日犯《头》、《孝显》、《也腊》、《沙朋》、《则头》等篇目中的鬼，可能会使后人遭受命案、口舌是非等重大灾难。

（七）防止安葬引起严重疾病的忌戒

在科学技术十分落后的年代里，疾病对水族生存的威胁显得十分突出。人们不仅不知道病因、病变、病理、病菌、病毒等情况，反而一味地认为是神灵在支配作祟，加上贫穷和缺少医药，常常是大病拖，小病磨，活生生地被疾病拖垮、拖死。因此，疾病总是被当做病魔来看待和对付。《水书·丧葬卷》就有不少类似的篇目。如：《都居》篇，水语语义为鬼城、鬼都，即魔鬼会聚之城。《别库》，或称《别富》篇，水语对麻风病的称呼。

另外，水族先民还认为谁家经常有人被蛇咬伤、被野兽咬伤，或每代有人在中年丧命者，都认为是与葬日选择不慎，中了相关鬼煞的潜在危害而形成一种恶性循环的遗传。总之，凡是水族社会出现的重大灾难与威胁的事物，都可能成为《水书》的鬼名。

（八）防止安葬引起后代品质变坏的忌戒

人的品质与家庭和社会的教育影响十分重大，跟前辈入土安息的日子时辰没有什么内在联系，但崇尚祖灵崇拜的水族先民，却认为二者存在内在的必然联系。《水书·丧葬卷》中的《歹牙》、《计饿》、《向且》等篇目中的鬼，就认为是影响后世品质的恶鬼。

水族先民还认为人生在世的特殊职业或品质、素质，都与葬事的潜在影响有关。《公猪》篇就是显例，其掌宫口诀云："第一元二元，是公猪元；第三元四元，是公牛元；第五元是黄狗元；第六元是公鸡元……"人世间出现养种猪为生的人，出现终生不娶的人，出现懒惰如黄狗的人等等，认为都是选择安葬祖先日辰不当，误用相关凶祸的日子所致。

《水书·丧葬卷》是王品魁先生选择独山县本寨乡天星村大寨韦光荣先生祖传的《水书》为蓝本。该书主要记述丧葬的忌戒日地方位，属于丧葬凶象条目的汇编。但，水族丧葬活动中的忌戒还远不止如上面所列的内容。因此，需要郑重说明的是，这本《水书·丧葬卷》并非是《水书·丧葬卷》内容的全部，只是水书丧葬内容的一部分。

《水书》是水族原始宗教的重大集成，被誉为水族的"易经"、水族的百科全书。据专家学者考证，水族古文字与殷商甲骨文、金文有"渊源关系"、"水书——'活'着的象形文字"、"水书源头可溯至夏代，这种古代的文化肯定带有神秘的色彩"。

水族是崇尚鬼的民族，《水书》中众多鬼神的出现，那是历史的必然。我们相信，随着科学文化的发展与普及，水族人民已冲出鬼神的重围，逐步进入理想的自由王国。撩开《水书》的神秘面纱，探索其蕴涵的古文化价值；化古老为神奇，让神秘的《水书》成为水族地区旅游经济开发的重要文化支撑亮点，是时代赋予我们的责任与义务。这也是《水书·丧葬卷》译注出版的心愿。

1. 引 腊(一)

ʔjən⁵ la²

𘓞 𘍞 𘊄 𘍩 𘍖 𘊥
ȶaːp⁷ ti¹ ᵐbe¹ pjeŋ³ ȵum² faŋ¹
甲　己　年　丙　壬　方

𘎰 一 𘊥 𘊪 ○ 𘍞 𘋎 ○ 十 二 𘋛 𘎗
ti⁶ ʔjet⁷ pjeŋ³ ji² van¹ ti¹ ɣaːi³ van¹ sup⁸ ȵi⁶ fa³ ɕoŋ¹
第　一　丙　寅　日　己　亥　日　十　二　花　凶

𘊥 𘎶 𘊄 乙 𘎶 𘊥
pjeŋ³ ɕən¹ ᵐbe¹ ʔjət⁷ ɕən¹ faŋ¹
丙　辛　年　乙　辛　方

𘎰 二 𘎶 𘋨 ○ 乙 𘐐 ○ 六 十 𘎗
ti⁶ ȵi⁶ ɕən¹ maːu⁴ van¹ ʔjət⁷ ju⁴ van¹ ljok⁸ sup⁸ ɕoŋ¹
第　二　辛　卯　日　乙　酉　日　六　十　凶

丁 壬 𘊄 庚 𘓞 𘊥
tjeŋ¹ ȵum² ᵐbe¹ qeŋ¹ ȶaːp⁷ faŋ¹
丁　壬　年　庚　甲　方

𘎰 三 𘓞 𘋾 ○ 庚 𘊿 ○ 三 𘎗
ti⁶ haːm¹ ȶaːp⁷ ŋo² van¹ qeŋ¹ hət⁷ van¹ haːm¹ ɕoŋ¹
第　三　甲　午　日　庚　戌　日　三　凶

𘍖 𘊄 𘍼 𘊄 三 𘍼 十 𘊪 𘊥
ȵum² ᵐbe¹ ȶui⁵ ᵐbe¹ haːm¹ ȶui⁵ sup⁸ paːt⁷
壬　年　癸　年　三　癸　十　八

𘎰 四 𘓞 申 ○ 𘎗
ti⁶ ɕi⁵ pjeŋ³ sən¹ van¹ ɕoŋ¹
第　四　丙　申　日　凶

𘎰 五 𘍼 𘋨 ○ 𘎗
ti⁶ ŋo⁴ ȶui⁵ maːu⁴ van¹ ɕoŋ¹
第　五　癸　卯　日　凶

𘎲 𘊿 乙 𘊄 𘍖 丁 𘍼 𘊥
mu⁶ qeŋ¹ ʔjət⁷ ᵐbe¹ ȵum² tjeŋ¹ ȶui⁵ faŋ¹
戊　庚　乙　年　壬　丁　癸　方

𘎰 六 丁 𘋨 ○ 𘎗
ti⁶ ljok⁸ tjeŋ¹ maːu⁴ van¹ ɕoŋ¹
第　六　丁　卯　日　凶

𘎰 七 𘍼 未 ○ 𘎗
ti⁶ ɕət⁷ ȶui⁵ mi⁶ van¹ ɕoŋ¹
第　七　癸　未　日　凶

《引腊（一）》意译：

甲己年丙壬方，

第一元丙寅日、己亥日是十二花引腊凶。

丙辛年乙辛方，

第二元辛卯日、乙酉日六月、十月凶。

丁壬年庚甲方，

第三元甲午日、庚戌日三月凶。

壬年癸年三癸十八方。

第四元丙申日凶。

第五元癸卯日凶，

戊庚乙年壬丁癸方。

第六元丁卯日凶，

第七元癸未日凶。

注释：

"引腊"：或译为"也辣"、"野辣"、"眼腊"等，水语音译，由水族民间鬼名演化成《水书》条目名称，主要忌安葬及逃荒，犯之认为会导致出现大祸事。另外还有用掌宫推算的引腊条目等。

54. 沙 伤
sa⁵ sja:ŋ¹

子 午 卯 酉 年 第 一 己 亥 日 金
çi³ ŋo² ma:u⁴ ju⁴ ᵐbe¹ ti⁶ ʔjət⁷ ti¹ ɡa:i³ van¹ ʔam¹

丑 未 辰 戌 年 第 二 辛 卯 日 金
su³ mi⁶ sən² hət⁷ ᵐbe¹ ti⁶ ŋi⁶ çən¹ ma:u⁴ van¹ ʔam¹

寅 申 巳 亥 年 第 七 丁 亥 日 金 四
ji² sən¹ çi⁴ ɡa:i³ ᵐbe¹ ti⁶ çət⁷ tjeŋ¹ ɡa:i³ van¹ ʔam¹ çi⁵

《沙伤》意译：
子午卯酉年第一元己亥日金项圈。
丑未辰戌年第二元辛卯日金。
寅申巳亥年第七元丁亥日金四月。

注释：
"沙伤"：或译"沙上"、"杀伤"，或译为"杀伤命"，意为忌补高寿、忌打制项圈的杀伤日，水书条目名称，鬼名，水语音译。水语的"杀伤"指非正常死亡的恶死恶伤现象。水书以"乙"代表项圈。此日辰忌打制项圈、忌戴项圈、忌补高寿、忌裁寿衣、忌装修棺木、忌相亲等。

55. 三 禾 伤
ha:m¹ ho⁴ sja:ŋ¹

子 午 卯 酉 年 正 四 七 十 上
çi³ ŋo² ma:u⁴ ju⁴ ᵐbe¹ tsjeŋ¹ çi⁵ çət⁷ sup⁸ ʔjeŋ¹

金 己 未 日 戊 寅 日 凶
tɕəm¹ ʔi¹ mi⁶ van¹ mu⁶ ji² van¹ çoŋ¹

第 一 辛 未 日 第 四 壬 辰 日 凶
ti⁶ ʔjət⁷ çən¹ mi⁶ van¹ ti⁶ çi⁵ ȵum² sən² van¹ çoŋ¹

丑 未 辰 戌 年 二 五 八 十 一
su³ mi⁶ sən² hət⁷ ᵐbe¹ ȵi⁶ ŋo⁴ pa:t⁷ sup⁸ ʔjət⁷

戊 子 日 戊 午 日 凶
mu⁶ çi³ van¹ mu⁶ ŋo² van¹ çoŋ¹

《三禾伤》意译：
子午卯酉年正月、四月、七月、十月，
金己未日、戊寅日凶。
第一元辛未日，第四元壬辰日凶。
丑未辰戌年二月、五月、八月、十一月，
戊子日、戊午日凶。
第一元丙子日，第二元庚午日凶。
寅申巳亥年三月、六月、九月、十二月。
庚申日、戊寅日凶。
第三元壬寅日，第一元癸巳日凶。

ti⁶ ʔjət⁷ pjeŋ³ çi³ van¹ ti⁶ ȵi⁶ qeŋ² ŋo² van¹
第 一 丙 子 日 第 二 庚 午 日

ji² sən¹ çi⁴ ʁaːi³ ᵐbe¹ haːm¹ ljok⁸ ɬu³ sup⁸ ȵi¹
寅 申 巳 亥 年 三 六 九 十 二

qeŋ¹ sən¹ van¹ mu⁶ ji² van¹ ɕoŋ¹
庚 申 日 戊 寅 日 凶

ti⁶ haːm¹ȵum² ji² van¹ ti⁶ ʔjət⁷ ɬui⁴ van¹ ɕoŋ¹
第 三 壬 寅 日 第 一 癸 巳 日 凶

67. 吕 墩（一）
lui⁵ tun⁶

çi³ ŋo² maːu⁴ ju⁴ ᵐbe¹
子 午 卯 酉 年

tsjen¹ çi⁵ ɕət⁷ sup⁸ seŋ¹ sən¹ hət⁷ si² pən² ɕoŋ¹
正 四 七 十 上 辰 戌 时 死 人 凶

su³ mi⁶ sən² hət⁷ ᵐbe¹
丑 未 辰 戌 年

ȵi⁶ ŋo⁴ paːt⁷ sup⁸ ʔjət⁷ su³ ji² si² pən² ɕoŋ¹
二 五 八 十 一 丑 寅 时 死 人 凶

ji² sən¹ çi⁴ ʁaːi³ ᵐbe¹
寅 申 巳 亥 年

ham¹ ljok⁸ ɬu³ sup⁸ ȵi⁶ ʁaːi³ çi³ si² pən² ɕoŋ¹
三 六 九 十 二 亥 子 时 死 人 凶

注释：

"三禾伤"，或译为"三何伤"、"伤三禾"、"三禾"、"三和"等，《水书》条目名称，恶死恶伤的鬼名，水语音译。"三禾"意为血缘亲属中最亲近的三户人家。禾，由晾晒稻谷房子得名。民间有"伤三禾、伤五房"之说。此日忌起造和接亲，违之认为有恶死恶伤发生。

《吕墩（一）》意译：
子午卯酉年，
　　正月四月七月十月辰戌时死人凶。
丑未辰戌年，
　　二月五月八月十一月丑寅时死人凶。
寅申巳亥年，
　　三月六月九月十二月亥子时死人凶。

注释：

"吕墩"：或译"吕短"、"吕敦"等，《水书》条目名称，鬼名，水语音译。篇名语义为取下垫放棺材的枕木。停柩施祭，或假葬——即浅葬停棺不用木条支垫，如果违犯，水书先生认为将引起重丧，葬后不久就接连死人。

69. 宿 移

ȶəm² ɣeu²

𝼀 𠃓 卯 酉 年 未 申 方 吉
ɕi³ ŋo² maːu⁴ ju⁴ ᵐbe¹ mi⁶ sən¹ faŋ¹ tət⁷
子　午　卯　酉　年　未　申　方　吉

四 八 十 二 壬 申 日 奎 木 狼 吉
ɕi⁵ paːt⁷ sup⁸ ȵi⁶ ȵum² sən¹ van¹ qhui¹ mok⁸ tət⁷
四　八　十　二　壬　申　日　奎　木　狼　吉

庚 申 日 燕宿 凶 戊 申 日 蛇宿凶
qen¹ sən¹ van¹ ɕoŋ¹ mu⁶ sən¹ van¹ van¹ ɕoŋ¹
庚　申　日　燕宿　凶　戊　申　日　蛇宿凶

二 六 十 壬 寅 日 心月狐吉
ȵi⁶ ljok⁸ sup⁸ ȵum² ji² van¹ tət⁷
二　六　十　壬　寅　日　心月狐吉

庚 寅 甲 寅 日 星日马宿凶
qen¹ ji² ȶaːp⁷ ji² van¹ ɕoŋ¹
庚　寅　甲　寅　日　星日马宿凶

丙 午 日 胃土雉宿 凶
pjeŋ³ ŋo² van¹ ɕoŋ¹
丙　午　日　胃土雉宿　凶

丑 未 辰 戌 年 戌 亥 方 吉
su³ mi⁶ sən² hət¹ ᵐbe¹ hət¹ ɢaːi³ faŋ¹ tət⁷
丑　未　辰　戌　年　戌　亥　方　吉

四 八 十 二 辛 卯 癸 卯 日 壁水㺄
ɕi⁵ paːt⁷ sup⁸ ȵi⁶ ɕən¹ maːu⁴ tui³ maːu⁴ van¹
四　八　十　二　辛　卯　癸　卯　日　壁水㺄

乙 卯 日 鬼 凶 丁 卯 日
ʔjət⁷ maːu⁴ van¹ tui³ ɕoŋ¹ tjeŋ¹ maːu⁴ van¹
乙　卯　日　鬼　凶　丁　卯　日

正 五 九 乙 亥 日壁水㺄吉
tsjeŋ¹ ŋo⁴ tu³ ʔjət⁷ ɢaːi³ van¹ tət⁷
正　五　九　乙　亥　日壁水㺄吉

辛 亥 日 鬼金羊宿 凶 丁 亥 日井木犴宿
ɕən¹ ɢaːi³ van¹ tui³ ɕoŋ¹ tjeŋ¹ ɢaːi³ van¹ ɕoŋ¹
辛　亥　日　鬼金羊宿　凶　丁　亥　日井木犴宿

寅 申 巳 亥 年 西 方 四 八 吉
ji² sən¹ ɕi³ ɢaːi³ ᵐbe¹ ju⁴ faŋ¹
寅　申　巳　亥　年　西　方

《宿移》意译：

子午卯酉年未申方吉。

四月八月十二月壬申日奎木狼宿吉。

庚申日危月燕宿凶，戊申日翌火蛇宿凶。

二月六月十月壬寅日心月狐宿吉。

庚寅、甲寅日星日马宿凶。

丙午日胃土雉宿凶。

丑未辰戌年戌亥方吉。

四月八月十二月辛卯、癸卯日壁水㺄宿吉。

乙卯日女土蝠宿凶，丁卯日井木犴宿凶。

正月五月九月乙亥日壁水㺄宿吉。

辛亥日女土蝠宿凶，丁亥日井木犴宿凶。

寅申巳亥年西方四八吉。

二月五月八月十一月庚午日心月狐宿吉。

壬午日星日马宿凶，丙午日胃土雉宿凶。

正月四月七月十月癸酉日危月燕宿吉。

辛酉日壁水㺄宿吉。

注释：

"宿移"：或译"炯移"、"宿动"，《水书》条目名称，鬼名，水语音义译，意为星宿移动。水族认为，人世间祸福与天上星宿方位有关。此日主忌拆坟、迁坟，若犯，会损人丁。

ŋi⁶ ŋo⁴ paːt⁷ sup⁸ ʔjət⁷ qeŋ¹ van¹ tət⁷
二 五 八 十 一 庚 午 日 月 狐 吉

n̦um² ŋo² van¹　　　coŋ¹ pən¹ pjeŋ² ŋo² van¹ coŋ¹
壬 午 日　　星日马宿　凶 死人 丙 午 日 凶

tsjeŋ¹ ɕi⁵ cət⁷ sup⁸ sjeŋ⁶ tui¹ ju⁴ van¹ ʔjət⁷ tət⁷
正 四 七 十 上 癸 酉 日 燕 吉

cən¹ ju⁴ van¹ qui⁵ ɕi⁵ paːt⁷ tət⁷
辛 酉 日 锤 猺宿 四 八 吉

71. 天 反（一）

thjen¹ fen³

ɕi³ ŋo² ᵐbe¹ tsjeŋ⁷ cət¹ ɕi¹ ɣaːi³ van¹
子 午 年 正 七 巳 亥 日

ti¹ ʔjət⁷ ɕi¹ cu⁴ van¹ ti¹ ɣaːi³ van¹ ti¹ ju⁴ van¹ coŋ¹
第 一 己 巳 日 己 亥 日 己 酉 日 凶

maːu⁴ ju⁴ ᵐbe¹ ŋi² paːt⁷ hət² sən² van¹
卯 酉 年 二 八 戌 辰 日

ti⁶ ŋi⁶ qeŋ¹ sən² van¹ qeŋ¹ hət² van¹ coŋ¹
第 二 庚 辰 日 庚 戌 日 凶

ji² sən² ᵐbe¹ haːm¹ tu³ maːu⁴ ju⁴ van¹
寅 申 年 三 九 卯 酉 日

ti⁶ haːm¹ cən¹ maːu⁴ van¹ cən¹ ju⁴ van¹ coŋ¹
第 三 辛 卯 日 辛 酉 日 凶

su³ mi⁶ ᵐbe¹ ɕi³ sup⁸ ji² sən² van¹
丑 未 年 四 十 寅 申 日

《天反（一）》意译：
子午年正月七月巳亥日，
　第一元己巳、己亥、己酉日凶。
卯酉年二月八月戌辰日，
　第二元庚辰、庚戌日凶。
寅申年三月九月卯酉日，
　第三元辛卯、辛酉日凶。
丑未年四月十月寅申日，
　第四元丙寅、壬申日凶。
辰戌年五月十一月丑未日，
　第五元丁丑、丁未日凶。
巳亥年六月十二月子午日，
　第六元壬子日，
　第七元壬午日凶。

注释：
"天反"：又名"空蒙"，也有的叫"引贯"，《水书》条目名称，鬼名，水语音译。水书先生认为，

第六章 经典 神话

卅 五 丁 丑 ○ 丁 未 ○ 又
ti⁶ ŋo⁴ tjeŋ¹ su³ van¹ tjeŋ¹ mi⁶ van¹ çoŋ¹
第 五 丁 丑 日 丁 未 日 凶

巳 亥 年 兴 十 二 子 午 ○
çi⁴ ɣa:i³ ᵐbe¹ ljok⁸ sup⁸ ȵi⁶ çi³ ŋo² van¹
巳 亥 年 六 十 二 子 午 日

卅 兴 壬 子 ○ 卅 十 壬 午 ○ 又 凶
ti⁶ ljok⁸ ȵum² çi³ van¹ ti⁶ çən¹ ȵum² ŋo² van¹ çoŋ¹
第 六 壬 子 日 第 七 壬 午 日 凶

85. 借 东
tsje¹ tu

亚 辛 酉 ○
tsjeŋ¹ çan¹ ju⁴ van¹
正 辛 酉 日

二 壬 戌 ○
ȵi⁶ ȵum² hət⁷ van¹
二 壬 戌 日

三 辛 亥 ○
ha:m¹ çan¹ ɣa:i³ van¹
三 辛 亥 日

四 壬 子 ○ 又
çi⁵ ȵum² çi³ van¹ çoŋ¹
四 壬 子 日 凶

五 癸 丑 ○
ŋo⁴ ʈui³ su³ van¹
五 癸 丑 日

兴 壬 兴 ○
ljok⁸ ȵum² ji² van¹
六 壬 寅 日

十 乙 巳 ○
çət⁷ ʔjət⁷ çi⁴ van¹
七 乙 巳 日

八 癸 酉 ○ 又
pa:t⁷ ʈui³ ju⁴ van¹ çoŋ¹
八 癸 酉 日 凶

九 甲 戌 ○
tu³ ta:p⁷ hət⁷ van¹
九 甲 戌 日

"天反"是导致凶祸、丧命的恶鬼。同时又是使凶祸反复滞留的凶鬼。人死安葬逢此日,认为将会出现葬父死母、葬兄死弟、葬妻死夫、葬夫死妻的悲剧。生孩子逢此日,若不解鬼,认为要夭亡。

《借东》意译:
正月辛酉日,二月壬戌日。
三月辛亥日,四月壬子日凶。
五月癸丑日,六月壬寅日,
七月乙巳日,八月癸酉日凶。
九月甲戌日,十月丁未日,
十一月辛卯日,十二月丙申日
死人凶。

注释:
"借东":或译为"嘎吃冬"、"嘎借冬",意译为乌鸦吃刺泡。"东",一种浆果,俗称刺泡,"借"即吃。因屋基荒芜,长满乱刺,雀鸟争吃长出的浆果,暗喻后裔绝灭。水书先生认为若用此日出丧、安葬,认为先败靠近寨门间孝家,后败整个寨子。此篇或称"母鹊",即"吃刺泡的雌性乌鸦"。

十 丁未 ○
sup⁸ tjeŋ¹ mi⁶ van¹
十 丁 未 日

十一 辛卯日 ○
sup⁸ ʔjet⁷ ɕən¹ maːu⁴ van¹
十 一 辛 卯 日

十二 丙申日 ○ 凶死
sup⁸ ȵi⁶ pjeŋ² sən¹ van¹ pən²
十 二 丙 申 日 凶 死

87. 六 跑
ljok⁸ ʔaːk⁷

子午卯酉年正四七十上
ɕi³ ŋo² maːu⁴ ju⁴ ᵐbe¹ tsjeŋ¹ ɕi⁵ ɕət⁷ sup⁸ sjeŋ¹
子 午 卯 酉 年 正 四 七 十 上

甲辰日六挡幸
ȶaːp⁷ sən² van¹ ljok⁸ ʔaːk⁷
甲 辰 日 六 挡 幸

丑未辰戌年二五八十一
su³ mi⁶ sən² hət⁷ ᵐbe¹ ȵi⁶ ŋo⁴ paːt⁷ sup⁸ ʔjet⁷
丑 未 辰 戌 年 二 五 八 十 一

辛丑日辛卯日四凶
ɕən¹ su³ van¹ ɕən¹ maːu⁴ van¹ ɕi⁵ ɕoŋ¹
辛 丑 日 辛 卯 日 四 凶

寅申巳亥年三六九十二
ji² sən¹ ɕi⁴ ɣaːi³ ᵐbe¹ haːm¹ ljok⁸ tu³ sup⁸ ȵi⁶
寅 申 巳 亥 年 三 六 九 十 二

己巳日女六凶
ȶi¹ ɕi⁴ van¹ nu⁴ ljok⁸ ɕoŋ¹
己 巳 日 女 六 凶

《六跑》意译：

子午卯酉年正月四月七月十月，

　　甲辰日六跑凶。

丑未辰戌年二月五月八月十一月，

　　辛丑日、辛卯日四凶六跑。

寅申巳亥年三月六月九月十二月，

　　己巳日女六跑凶。

注释：

"六跑"：《水书》条目名称，鬼名，水语音译。此篇日辰忌娶寡妇。接亲三朝逢此篇日辰，女方不能回门，如果回门，一定会丧命。

149. 六 朵

ljok⁸ ⁿdok⁷

ta:p⁷ ti¹ ᵐbe¹ su³ faŋ¹
甲　己　年　丑　方

ti⁶ ʔjət⁷ ɕən¹ su³ pjeŋ³ sən¹ ta:p⁷ sən¹ ti¹ su³ van¹ ɕoŋ¹
第　一　辛　丑　丙　申　甲　申　己　丑　日　凶

ʔjət⁷ qeŋ¹ ᵐbe¹ hət³ sən² faŋ¹
乙　庚　年　戌　辰　方

ti⁶ ɲi¹ qeŋ¹ hət³ qeŋ¹ sən¹ qeŋ¹ ji² van¹
第　二　庚　戌　庚　辰　庚　寅　日

pjeŋ³ ɕən¹ ᵐbe¹ ɕi³ ma:u¹ faŋ¹
丙　辛　年　子　卯　方

ti⁶ ha:m¹ pjeŋ³ ɕi³ van¹ ɕən¹ ma:u⁴ van¹ ɕoŋ¹
第　三　丙　子　日　辛　卯　日　凶

tjeŋ¹ ȵum² ᵐbe¹ ŋo² faŋ¹
丁　壬　年　午　方

ti⁶ ɕi⁵ ta:p⁷ ŋo² van¹ ȵum² ŋo² van¹ ɕoŋ¹
第　四　甲　午　日　壬　午　日　凶

mu⁶ tui⁵ ᵐbe¹ ju¹ faŋ¹
戊　癸　年　酉　方

ti⁶ ŋo⁴ mu⁶ hət⁷ van¹ ti⁶ ljok⁸ tui⁵ ju⁴ van¹ ɕoŋ¹
第　五　戊　戌　日　第　六　癸　酉　日　凶

ti⁶ ɕət⁷ tjeŋ¹ ɣa:i³ van¹ ljok⁸ ⁿdok⁷ ɕoŋ¹
第　七　丁　亥　日　六　朵　凶

《六朵》意译：

甲己年丑方，

　第一元辛丑、丙申、甲申、己丑日凶。

乙庚年戌辰方，

　第二元庚戌、庚辰、庚寅日凶。

丙辛年子卯方，

　第三元丙子日、辛卯日凶。

丁壬年午方，

　第四元甲午日、壬午日凶。

戊癸年酉方，

　第五元戊戌日、第六元癸酉日凶，

　第七元丁亥日凶六朵。

注释：

"六朵"或译"六散"，《水书》条目名称，鬼名，水语音译，水文写"𰀀"或作"𰀁"。《水书》中指丧事之恶鬼。碰上此鬼认为能把祸水引向丧家的三家六房。水书先生认为安葬会引起家族不和；分吊丧的杀牲肉对孝家不利；施行巫术时，散发肉串对鬼师不利；如嫁女，将来有好运，能发展成为超过五六家的规模。

155. 退逃
toi¹ tau²

sən²	çi³	sən²	ᵐbe¹	sən¹	ha:m¹	ta:p¹	çi³	ta:p¹	ŋo²	van¹	toi⁵tau²
申	子	辰	年	春	三	甲	子	甲	午	日	退逃

çi³	ju⁴	su³	ᵐbe¹	ja³	ha:m¹	ʔjət¹	ma:u¹	ʔjət¹	ju⁴	van¹	toi⁵tau²
巳	酉	丑	年	夏	三	乙	卯	乙	酉	日	退逃

ji²	ŋo²	hət¹	ᵐbe¹	çu¹	ha:m¹	qeŋ¹	sən²	pjeŋ³	ji²	van¹	toi⁵tau²
寅	午	戌	年	秋	三	庚	申	丙	寅	日	退逃

ʁa:i³	ma:u⁴	mi⁶	ᵐbe¹	toŋ¹	ha:m¹	n̩um²	sən²	n̩um²	hət⁷	van¹	toi⁵tau²
亥	卯	未	年	冬	三	壬	辰	壬	戌	日	退逃

《退逃》意译：
申子辰年春三月甲子、甲午日成退逃，
巳酉丑年夏三月乙卯、乙酉日成退逃，
寅午戌年秋三月庚申、丙庚日成退逃，
亥卯未年冬三月壬辰、壬戌日成退逃。

注释：
"🈺"，退逃：鬼名，水语音译。意为成群络绎不绝，引申为使事态连续不断发生的鬼，主忌安葬。此日穷人可葬，富人及大寨子的人不能葬。但用于狩猎安套子，开店市则吉。

167. 姑短六十
ku³ qon⁴ ljok⁸ sup⁸

ta:p⁷	çi³	ᵐbe¹	çi⁵	n̩um²	sən²	ʔjət⁷	su³	van¹	tət⁷
甲	子	年	四	壬	辰	乙	丑	日	吉

çət⁷	ʔjət⁷	mi⁶	van¹	ti⁶	çət⁷	sup⁸	ʔn̩um²	sən²	qeŋ¹	sən¹	van¹
七	乙	未	日	第	七	十	一	壬	申	庚	申

ta:p⁷	ŋo²	van¹	tət⁷	n̩um²	çi³	van¹	pən²	zən¹	çoŋ¹
甲	午	日	吉	壬	子	日	死	人	凶

ʔjət⁷	su³	ᵐbe¹	ha:m¹	kui³	çi¹	van¹	sup⁸	ʔjət⁷	mu⁵	sən¹	van¹	tət⁷
乙	丑	年	三	癸	巳	日	十	一	戊	申	日	吉

ti⁶	ha:m¹	ʔjət⁷	ju⁴	van¹	tət⁷
第	三	乙	酉	日	吉

qeŋ¹	sən¹	van¹	n̩um²	ji²	van¹	pən²	çoŋ¹
庚	申	日	壬	寅	日	死二人	凶

《姑短六十》意译：
甲子年四月壬辰、乙丑日吉。
七月乙未日第七元十一月壬申、庚申日、甲午日吉，
壬子日死一人凶。
乙丑年三月癸巳日、十一月戊申日吉，
第三元乙酉日吉，
庚申日、壬寅日死二人凶。
丙寅年六月辛酉日、第二元壬午日吉。
四月癸卯、庚寅日吉。
丁卯年四月乙丑日、七月乙未日吉，
第七元五月己亥日吉，

第六章 经典 神话

丙 寅 年 六 辛 酉 日 第 二 壬 午 日 吉
pjeŋ³ ji² ᵐbe¹ ljok⁸ ɕən¹ ju⁴ van¹ ti² n̪.um² ŋo² van¹ tət⁷

四 癸 卯 庚 寅 日 吉
ɕi⁵ ȶui⁵ maːu⁴ qeŋ¹ ji² van¹ tət⁷

丁 卯 年 四 乙 丑 日 七 乙 未 日 吉
tjeŋ¹ maːu⁴ ᵐbe¹ ɕi⁵ ʔjət⁷ su³ van¹ ɕət⁷ ʔjət⁷ mi¹ van¹ tət⁷

第 七 五 己 亥 日 吉
ti⁶ ɕat⁷ ŋo⁴ ti¹ ʁaːi³ van¹ tət⁷

己 酉 日 庚 午 日 死 二 踢 凶 人 头
ti¹ ju⁴ van¹ qeŋ¹ ŋo² van¹ pan² taːm¹ ɕoŋ¹ ʑən¹

戊 辰 年 六 甲 辰 日 七 壬 子 日 吉
mu⁶ sən¹ ᵐbe¹ ljok⁸ ɡaːp⁷ sən¹ van¹ ɕət⁷ n̪.um² ɕi¹ van¹ tət⁷

第 四 十 二 戊 申 日 吉
ti⁶ ɕi⁵ ɕup⁸ n̪.i¹ mu⁶ sən¹ van¹ tət⁷

己 丑 日 丙 子 日 五 死 二 凶 头 人
ti¹ su³ van¹ pjeŋ³ ɕi³ van¹ ŋo⁴ pan² ɕoŋ¹ ku¹ ʑən¹

己 巳 年 四 辛 丑 日 正 癸 酉
ti¹ ɕi⁴ ᵐbe¹ ɕi⁵ ɕən¹ su³ van¹ tsjeŋ¹ ȶui⁵ ju⁴ van¹

十 癸 未 日 七 庚 子 日 吉
ɕup⁸ ȶui⁵ mi¹ van¹ ɕət⁷ qeŋ¹ ɕi¹ van¹ tət⁷

丙 午 日 壬 午 日 丁 酉 日 死 二 人
pjeŋ³ ŋo² van¹ n̪.um² ŋo² van¹ tjeŋ¹ ju⁴ van¹ pan² ɕoŋ¹ ʑən¹

庚 午 年 八 丁 丑 日 四 甲 戌 壬 辰 日 吉
qeŋ¹ ŋo² ᵐbe¹ paːt⁷ tjeŋ¹ su³ van¹ ɕi⁵ ɡaːp⁷ het⁷ n̪.um² sən¹ van¹ tət⁷

第 六 丙 寅 庚 寅 日 吉
ti⁵ ljok⁸ pjeŋ³ ji² qeŋ¹ ji² van¹ tət⁷

辛 巳 日 乙 未 日 死 二 人 凶
ɕən¹ ɕi⁴ van¹ ʔjət⁷ mi¹ van¹ pan² ʑən¹ ɕoŋ¹

辛 未 年 七 十 癸 未 日 正 辛 卯 日
ɕən¹ mi¹ ᵐbe¹ ɕət⁷ ɕup⁸ ȶui⁵ mi¹ van¹ tsjeŋ¹ ɕən¹ maːu⁴ van¹

己酉日、庚午日踢死二人凶。

戊辰年六月甲辰日、七月壬子日吉。

第四元十二月日戊申日吉，

己丑日、丙子日五月死二人凶。

己巳年四月辛丑日、正月癸酉日、

十月癸未日、七月庚子日吉，

丙午日、壬午日、丁酉日死二人凶。

庚午年八月丁丑日、四月甲戌、壬辰日吉，

第六元丙寅、庚寅日吉，

辛巳、乙未日死二人凶。

辛未年七月、十月癸未日、正月辛卯日、四月乙亥日吉，

辛亥日死二人凶。

壬申年六月、正月癸酉日、六月壬辰日、七月庚子日吉，

甲午、庚申日五月、十月死二人凶。

癸酉年八月丁丑日、七月丁巳日、六月辛丑、壬辰日吉，

丙寅、丙戌日七月死二人凶。

甲戌年二月甲午日、四月辛丑日、十一月壬寅日吉，

丙午、丙寅日死二人凶。

乙亥年十月乙未日、七月癸未日，正月、十月癸卯日吉，

乙亥日死二人凶。

丙子年六月壬辰日、七月辛未日吉，

第三元壬辰日、四月丁丑日吉，

四 乙亥日吉 辛亥日死二人

$ɕi^5$ $ʔjət^7$ $ʁaːi^3$ van^1 $ɭət^7$ $ɕaːi^3$ van^1 $pən^2$ $zən^1$
四 乙 亥 日 吉 辛 亥 日 死 二 人

壬申年六正癸酉日六壬辰日

$n̠um^2$ $sən^1$ $^mbe^1$ $ljok^8$ $tsjeŋ^1$ $ʑui^2$ ju^2 van^1 $ljok^8$ $n̠um^2$ $sən^1$ van^1
壬 申 年 六 正 癸 酉 日 六 壬 辰 日

七庚子日吉

$ɕət^7$ $qeŋ^1$ $ɕi^3$ van^1 $ɭət^7$
七 庚 子 日 吉

甲午日庚申日死二五十人凶

$ʑaːp^7$ $ŋo^2$ van^1 $qeŋ^1$ $sən^1$ van^1 $pən^2$ $ŋo^4$ sup^8 $zən^1$ $ɕoŋ^1$
甲 午 日 庚 申 日 死 二 五 十 人 凶

癸酉年八丁丑日七丁巳日

$ʑui^5$ ju^4 $^mbe^1$ $paːt^1$ $tjeŋ^1$ su^3 van^1 $ɕət^7$ $tjeŋ^1$ $ɕi^4$ van^1
癸 酉 年 八 丁 丑 日 七 丁 巳 日

六辛丑壬辰日吉

$ljok^8$ $ɕən^1$ su^3 $n̠um^2$ $sən^1$ van^1 $ɭət^7$
六 辛 丑 壬 辰 日 吉

丙寅日丙戌日七死二头人凶

$pjeŋ^3$ ji^2 van^1 $pjeŋ^3$ $hət^7$ van^1 $ɕət^7$ $pən^2$ ku^3 $zən^1$ $ɕoŋ^1$
丙 寅 日 丙 戌 日 七 死 二 头 人 凶

甲戌年二甲午日四辛丑日

$ʑaːp^7$ $hət^7$ $^mbe^1$ $n̠i^2$ $ʑaːp^7$ $ŋo^2$ van^1 $ɕi^5$ $ɕən^1$ su^3 van^1
甲 戌 年 二 甲 午 日 四 辛 丑 日

十一壬寅日吉

sup^8 $ʔjət^7$ $n̠um^2$ ji^2 van^1 $ɭət^7$
十 一 壬 寅 日 吉

丙午日丙寅日死二人凶

$pjeŋ^3$ $ŋo^2$ van^1 $pjeŋ^3$ ji^2 van^1 $pən^2$ $zən^1$ $ɕoŋ^1$
丙 午 日 丙 寅 日 死 二 人 凶

乙亥年十乙未日七癸未日

$ʔjət^7$ $ʁaːi^3$ $^mbe^1$ sup^8 $ʔjət^7$ mi^6 van^1 $ɕət^7$ $ʑui^5$ mi^6 van^1
乙 亥 年 十 乙 未 日 七 癸 未 日

正十癸卯日吉

$tsjeŋ^1$ sup^8 $ʑui^5$ $maːu^4$ van^1 $ɭət^7$
正 十 癸 卯 日 吉

乙亥日死二凶人

$ʔjət^7$ $ʁaːi^3$ van^1 $pən^2$ $ɕoŋ^1$ $zən^1$
乙 亥 日 死 二 凶 人

丙子年六壬辰日七辛未日吉

$pjeŋ^3$ $ɕi^1$ $^mbe^1$ $ljok^8$ $n̠um^2$ $sən^1$ van^1 $ɕət^7$ $ɕən^1$ mi^6 van^1 $ɭət^7$
丙 子 年 六 壬 辰 日 七 辛 未 日 吉

甲寅日、丙午日死二人凶。

丙申年四月辛卯日、庚辰日吉，

七月壬子、癸酉日吉，

乙亥、癸卯日死一人凶。

丁酉年八月丁巳日、三月己巳日、四月辛丑日、六月壬辰日吉，

甲辰、己未日死二人凶。

戊戌年七月己巳、丁未日、六月庚寅日、五月庚午日吉，

乙亥、乙卯日死二人凶。

己亥年七月癸未日、四月辛亥日、五月壬午日吉，

丁亥、丙辰日死一人凶。

庚子年六月壬辰日、八月丁丑日、

十月乙未、丁未日吉，

己亥、乙巳日死人凶。

辛丑年癸丑日、十二月戊申日、七月壬子日吉。

己丑、乙巳、乙酉日死二人凶。

壬寅年正月癸日、二月庚寅日、三月甲戌日、

十一月壬子日、六月辛酉日吉，

甲午、壬午、庚子日死三人凶。

癸卯年辛未日、八月丁丑日、七月乙未日、

十月丁未辛酉日吉，

丁亥、癸丑、癸卯日死二人凶。

甲辰年十二月戊申日、正月辛卯日、六月壬辰日、七月壬子日吉，

第六章 经典 神话

ti⁶ ha:m²n.um² sən² van¹ ɕi⁵ tjeŋ¹ su³ van¹ ɬɔt⁷
第 三 壬 辰 日 四 丁 丑 日 吉

ta:p⁷ ji² van¹ pjeŋ³ ŋo² van¹ pən² zən¹ ɕoŋ¹
甲 寅 日 丙 午 日 死 二 人 凶

pjeŋ³ sən¹ ᵐbe¹ ɕi⁵ ɕən¹ ma:u⁴ van¹ qen² sən² van¹ ɬɔt⁷
丙 申 年 四 辛 卯 日 庚 辰 日 吉

ɕət⁷ n.um² ɕi³ van¹ tui⁵ ju¹ van¹ ɬɔt⁷
七 壬 子 日 癸 酉 日 吉

ʔjət⁷ ʁa:i³ van¹ tui¹ ma:u⁴ van¹ ɕoŋ¹ pən² zən¹
乙 亥 日 癸 卯 日 凶 死 一 人

tjeŋ¹ ju⁴ ᵐbe¹ pa:t⁷ tjeŋ¹ ɕi⁴ van¹ ha:m¹ ti¹ ɕi¹ van¹
丁 酉 年 八 丁 巳 日 三 己 巳 日

ɕi⁵ ɕən¹ su¹ van¹ ljok⁸ n.um² sən² van¹ ɬɔt⁷
四 辛 丑 日 六 壬 辰 日 吉

ta:p⁷ sən¹ van¹ ti¹ mi¹ van¹ pən² zən¹ ɕoŋ¹
甲 辰 日 己 未 日 死 二 人 凶

mu⁶ hət¹ ᵐbe¹ ɕət⁷ ti¹ ɕi tjeŋ¹ mi¹ van¹ ljok⁸ qen² ji² van¹
戊 戌 年 七 己 巳 丁 未 日 六 庚 寅

ŋo⁴ qen² ŋo² van¹ ɬɔt⁷
五 庚 午 日 吉

ʔjət⁷ ʁa:i³ van¹ ʔjət⁷ ma:u⁴ van¹ pən² zən¹ ɕoŋ¹
乙 亥 日 乙 卯 日 死 一 人 凶

ti¹ ʁa:i³ ᵐbe¹ ɕət⁷ tui¹ mi¹ van¹ ɕi⁵ ɕən¹ ʁa:i³ van¹
己 亥 年 七 癸 未 日 四 辛 亥

ŋo⁴ n.um² ŋo² van¹ ɬɔt⁷
五 壬 午 日 吉

tjeŋ¹ ʁa:i³ van¹ pjeŋ³ sən¹ van¹ ɕoŋ¹ pən² zən¹
丁 亥 日 丙 辰 日 凶 死 二 人

丙子、壬子日死二人凶。

乙巳年七月壬子日、十一月癸卯、丁卯日、

　　三月癸巳、己巳、辛巳日吉，

　　壬寅、癸亥、丁卯日死三人凶。

丙午年八月丁丑日、七月乙未日、二月甲寅日、四月甲戌日吉，

　　辛巳、乙亥日死二人凶。

丁未年六月庚寅日、十月癸未日、五月庚午、丁亥、辛亥、己卯日吉，

　　甲辰、庚子日死二人凶。

戊申年四月辛卯日、五月庚午日、六月庚辰、庚寅日吉，

　　丁卯、辛巳、乙丑日死二人凶。

己酉年八月丁丑日、六月戊辰日、七月己巳日吉。

　　丙辰、壬午日死二人凶。

庚戌年三月辛巳日、五月庚午日吉。

　　丁亥、己未日死二人凶。

辛亥年七月癸未日、十月乙未日、四月辛亥日吉，

　　辛卯、乙亥日死二人凶。

壬子年七月乙未日、六月壬辰日、四月辛丑、辛亥日吉，

　　甲申日死二人凶。

癸丑年四月辛丑日、三月丁巳日、十二月戊申日吉，

　　丁卯、丁酉日死二人凶。

甲寅年正月癸酉日、九月丁未、辛丑日、六月庚寅日吉，

　　丙子、壬寅日死二人凶。

qeŋ¹ ɕi³ ᵐbe¹ ljok⁸ ȵum² sən¹ van¹ pa:t⁷ tjeŋ¹ su³ van¹
庚 子 年 六 壬 辰 日 八 丁 丑 日

sup⁸ ʔjət⁷ mi¹ tjeŋ¹ mi⁶ van¹ ɬət⁷
十 乙 未 丁 未 日 吉

ȵi¹ ɣa:i¹ van¹ ʔjət⁷ ɕi⁴ van¹ ku³ zən¹ ɕoŋ¹
己 亥 日 乙 巳 日 人 头 凶

ɕon¹ su³ ᵐbe¹ ɬui³ su³ van¹ sup⁸ ȵi⁶ mu⁶ sən¹ van¹
辛 丑 年 癸 丑 日 十 二 戊 申 日

ɕət⁷ ȵum² ɕi³ van¹ ɬət⁷
七 壬 子 日 吉

ȵi¹ su³ van¹ ʔjət⁷ ɕi⁴ van¹ ʔjət⁷ ju⁷ van¹ ku³ zən¹ pən¹
己 丑 日 乙 酉 日 人 头 死

ȵum² ji² ᵐbe¹ tjeŋ¹ ɬui³ ju⁷ van¹ ȵi⁶ qeŋ¹ ji² van¹ ha:m¹ ta:p⁷ hət⁷ van¹
壬 寅 年 正 癸 酉 日 二 庚 寅 日 三 甲 戌 日

sup⁸ ʔjət⁷ ȵum² ɕi³ van¹ ljok⁸ ɕən¹ ju⁷ van¹ ɬət⁷
十 一 壬 子 日 六 辛 酉 日 吉

ta:p⁷ ŋo² ȵum² ŋo² van¹ qeŋ¹ ɕi³ van¹ pən¹ zən¹ ɕoŋ¹
甲 午 壬 午 日 庚 子 日 死 人 凶

ɬui⁵ ma:u⁴ ᵐbe¹ ɕən¹ mi¹ van¹ pa:t⁷ tjeŋ¹ su³ van¹ ɕət⁷ mi⁶ van¹
癸 卯 年 辛 未 日 八 丁 丑 日 七 乙 未 日

sup⁸ tjeŋ¹ mi¹ ɕən¹ ju⁷ van¹ ɬət⁷
十 丁 未 辛 酉 日 吉

tjeŋ¹ ɣa:i³ ɬui³ su³ ɬui³ ma:u⁴ van¹ zən¹ ta:m¹ pən² ɕoŋ¹
丁 亥 癸 丑 癸 卯 日 人 踢 死 凶

ta:p⁷ sən² ᵐbe¹ sup⁸ ȵi⁶ mu⁶ sən¹ van¹ tseŋ¹ sən¹ ma:u⁴ van¹
甲 辰 年 十 二 戊 申 日 正 辛 卯 日

ljok⁸ ȵum² sən¹ van¹ ɕət⁷ ȵum² van¹ ɬət⁷
六 壬 辰 日 七 壬 子 日 吉

pjeŋ¹ ɕi³ van¹ ȵum² ŋo² van¹ ku³ zən¹ ɕoŋ¹
丙 子 日 壬 午 日 人 头 凶

乙卯年四月壬辰、辛卯日、十月壬寅日、七月乙未日、五月癸亥日吉，

丁亥、丁卯、癸丑日死二人凶。

丙辰年四月辛亥日、六月癸酉日、十二月戊申日吉。乙未、庚寅日死二人凶。

丁巳年四月丁丑日、七月庚子日吉，

甲午、戊申日死二人凶。

戊午年七月乙未日、十二月壬寅日、二月己未日吉，

癸亥、丁卯、壬申日死二人凶。

己未年七月癸未日、四月辛卯日、二月辛亥日、六月庚寅日、五月庚午日吉，

丙申、丙辰日死二人凶。

庚申年七月壬子日、六月壬辰、壬子日、四月辛亥、丙辰日吉，

丁卯、癸丑日死二人凶。

辛酉年正月癸酉日、四月乙丑日、十一月己巳日、六月壬辰日吉，

壬寅、戊子日死二人凶。

壬戌年六月庚寅日、九月庚午日、三月己巳日吉，

甲子、庚申、甲辰日死二人凶。

癸亥年七月癸未日、九月、十月辛未日、正月癸卯日、四月癸亥日吉，

丁卯、丁酉日死二人凶。

第六章 经典 神话

?jət⁷ ɕi⁴ ᵐbe¹ ɕət⁷ n̪um² ɕi⁴ van¹ sup⁸ ?jət⁷ ȶui⁵ maːu⁴ tjeŋ¹ maːu⁴ van¹
乙 巳 年 七 壬 子 日 十 一 癸 卯 丁 卯 日

haːm¹ ȶui⁵ ɕi⁴ ti¹ ɕi⁴ ɕən¹ ɕi⁴ van¹ ȶət⁷
三 癸 巳 己 巳 辛 巳 日 吉

n̪um² ji² ȶui⁵ ɣaːi³ tjeŋ¹ maːu⁴ haːm¹ ku³ zən¹ pən² ɕoŋ¹
壬 寅 癸 亥 丁 卯 三 人 头 死 凶

pjeŋ³ n̪o² ᵐbe¹ paːt⁷ tjeŋ¹ su³ van¹ ɕat⁷ ?jət⁷ mi⁶ van¹ n̪i⁶ taːp⁷ ji² ɣa⁴
丙 午 年 八 丁 丑 日 七 乙 未 日 二 甲 寅 日

ɕi⁵ ȶaːp⁷ hət⁷ van¹ ȶət⁷
四 甲 戌 日 吉

ɕən¹ ɕi⁴ van¹ ?jət⁷ ɣaːi³ van¹ zən¹ pən² ɕoŋ¹
辛 巳 日 乙 亥 日 人 死 凶

tjeŋ¹ mi⁶ ᵐbe¹ ljok⁸ qeŋ¹ ji² van¹ sup⁸ ȶui⁵ mi⁶ van¹
丁 未 年 六 庚 寅 日 十 癸 未 日

n̪o⁴ qeŋ¹ n̪o² tjeŋ¹ ɕən¹ ɣaːi³ ti³ maːu⁴ van¹ ȶət⁷
五 庚 午 丁 辛 亥 己 卯 日 吉

taːp⁷ sən¹ van¹ qeŋ¹ ɕi⁴ van¹ pən² zən¹ ɕoŋ¹
甲 辰 日 庚 子 日 死 人 凶

mu⁶ sən¹ ᵐbe¹ ɕi⁴ ɕən¹ maːu⁴ van¹ ti⁶ n̪o⁴ qeŋ¹ n̪o² van¹
戊 申 年 四 辛 卯 日 第 五 庚 午 日

ljok⁸ qeŋ¹ sən² qeŋ¹ ji² van¹ ȶət⁷
六 庚 辰 庚 寅 日 吉

tjeŋ¹ maːu¹ ɕən¹ ɕi⁴ ?jət⁷ su³ van¹ pən² zən¹ ɕoŋ¹
丁 卯 辛 巳 乙 丑 日 死 人 凶

ti¹ ju¹ ᵐbe¹ paːt⁷ tjeŋ¹ su³ van¹ ljok⁸ mu⁶ sən² van¹
己 酉 年 八 丁 丑 日 六 戊 辰 日

ɕət⁷ ti¹ ɕi⁴ van¹ ȶət⁷
七 己 巳 日 吉

注释:

"姑短六十":或译"六十姑短",水书条目名称,鬼名,水语音译。"女十"指六十花甲年,"姑短"指无头的人"⚚"。此鬼吉凶兼并。本篇日辰的"凶"日忌安葬;吉日宜写契约;若写财产或田地当契,此田以后又转卖出去。此日用于开新田吉。

pjeŋ³ sən² n̩um² ŋo² van¹ pən² zən¹
丙 辰 壬 午 日 凶 死 人

qeŋ¹ hət⁷ ᵐbe¹ haːm¹ çən¹ çi³ van¹ ŋo⁴ qeŋ² ŋo² van¹ ʈət⁷
庚 戌 年 三 辛 巳 日 五 庚 午 日 吉

tjeŋ³ ʁaːi³ ʈi¹ mi⁶ van¹ pən² çoŋ¹ taːm¹ zən¹
丁 亥 己 未 日 死 凶 踢 人

çən¹ ʁaːi³ ᵐbe¹ çət⁷ ʈui⁵ mi⁶ van¹ sup⁸ ʔjət⁷ mi⁶ van¹ çi³ ʁaːi³ van¹ ʈət⁷
辛 亥 年 七 癸 未 日 十 乙 未 日 四 辛 亥 日 吉

çən¹ maːu³ van¹ ʔjət⁷ ʁaːi³ van¹ zən¹ pən² çoŋ¹
辛 卯 日 乙 亥 日 人 死 凶

n̩um² çi³ ᵐbe¹ çət⁷ ʔjət⁷ mi⁶ van¹ ljok⁸ n̩um² sən¹ van¹
壬 子 年 七 乙 未 日 六 壬 辰 日

çi⁵ çən¹ su³ çən¹ ʁaːi³ van¹ ʈət⁷
四 辛 丑 辛 亥 日 吉

ʈaːp⁷ sən¹ van¹ pən² zən¹ çoŋ¹
甲 申 日 死 人 凶

ʈui⁵ su³ ᵐbe¹ çi⁵ çən¹ su³ van¹ haːm¹ tjeŋ¹ çi¹ van¹
癸 丑 年 四 辛 丑 日 三 丁 巳 日

sup⁸ n̩i⁶ mu⁶ sən¹ van¹ ʈət⁷
十 二 戊 申 日 吉

tjeŋ¹ maːu⁴ van¹ tjeŋ¹ ju⁴ van¹ pən² zən¹ çoŋ¹
丁 卯 日 丁 酉 日 死 二 人 凶

ʈaːp⁷ ji² ᵐbe¹ tsjeŋ¹ ʈui⁵ ju⁴ van¹ ʈu³ tjeŋ¹ mi⁶ çən¹ su³ van¹
甲 寅 年 正 癸 酉 日 九 丁 未 辛 丑 日

ljok⁸ qeŋ¹ ji² van¹ ʈət⁷
六 庚 寅 日 吉

pjeŋ³ çi¹ van¹ n̩um² ji² van¹ pən² zən² çoŋ¹
丙 子 日 壬 寅 日 死 二 人 凶

ʔjət⁷ maːu⁴ ᵐbe¹ çi³ n̩um³ sən¹ çən¹ maːu⁴ van¹ sup⁸ n̩um² ji² van¹
乙 卯 年 四 壬 辰 辛 卯 日 十 壬 寅 日

第六章 经典 神话

çət⁷ ʔjet⁷ mi⁶ van¹ ŋo⁴ ʈui⁵ ʁaːi³ van¹ ʈət⁷
七 乙 未 日 五 癸 亥 日 吉

tjeŋ¹ ʁaːi³ tjeŋ¹ maːu⁴ ʈui⁵ su³ van¹ pan² zən¹ çoŋ¹
丁 亥 丁 卯 癸 丑 日 死 二 人 凶

pjeŋ³ sən² ᵐbe¹ çi⁵ çən¹ ʁaːi³ van¹ ljok⁸ ʈui⁵ ju⁴ van¹
丙 辰 年 四 辛 亥 日 六 癸 酉 日

sup⁸ ȵi⁶ mu⁶ sən¹ van¹ ʈət⁷
十 二 戊 申 日 吉

ʔjet⁷ mi⁶ van¹ qeŋ¹ ji² van¹ pan² zən¹ çoŋ¹
乙 未 日 庚 寅 日 死 二 人 凶

tjeŋ¹ çi⁴ ᵐbe¹ çi⁵ çən¹ su³ van¹ ʈət⁷ qeŋ¹ çi³ van¹ ʈət⁷
丁 巳 年 四 辛 丑 日 七 庚 子 日 吉

ʈaːp⁷ ŋo² mu⁶ sən¹ van¹ pan² zən¹ çoŋ¹
甲 午 戊 申 日 死 二 人 凶

mu⁶ ŋo⁴ ᵐbe¹ çət⁷ ʔjet⁷ mi⁶ van¹ sup⁸ ȵi⁶ ȵum² ji² van¹
戊 午 年 七 乙 未 日 十 二 壬 寅 日

ȵi⁶ ʈi¹ mi⁶ van¹ ʈət⁷
二 己 未 日 吉

ʈui⁵ ʁaːi³ tjeŋ¹ maːu⁴ ȵum² sən¹ van¹ pan² zən¹ çoŋ¹
癸 亥 丁 卯 壬 申 日 死 二 人 凶

ʈi¹ mi⁶ ᵐbe¹ çət⁷ ʈui⁵ mi⁶ van¹ çi⁵ çən¹ maːu⁴ van¹ ȵi⁶ çən¹
己 未 年 七 癸 未 日 四 辛 卯 日 二 辛

ʁaːi³ van¹ ljok⁸ qeŋ¹ ji² van¹ ŋo⁴ qeŋ¹ ŋo² van¹ ʈət⁷
亥 日 六 庚 寅 日 五 庚 午 日 吉

pjeŋ³ sən¹ van¹ pjeŋ³ sən³ v. n¹ pan² taːp⁸ zən¹ çoŋ¹
丙 申 日 丙 辰 日 死 二 踢 人 凶

qeŋ¹ sən¹ ᵐbe¹ çət⁷ ȵum² çi³ van¹ ljok⁸ ȵum² sən² ȵum² çi³ van¹
庚 申 年 七 壬 子 日 六 壬 辰 壬 子 日

çi⁵ çən¹ ʁaːi³ pjeŋ³ sən² van¹ tət⁷
四 辛 亥 丙 辰 日 吉

tjeŋ¹ maːu⁴ tɕui¹ su³ van¹ pən² zən² ɕoŋ¹
丁 卯 癸 丑 日 死 二 人 凶

ɕən¹ ju⁴ ᵐbe¹ tsjeŋ¹ tɕui¹ ju⁴ van¹ çi⁵ ʔjət⁷ su³ van¹
辛 酉 年 正 癸 酉 日 四 乙 丑 日

sup⁸ ʔjət⁷ tɕi¹ çi¹ van¹ ljok⁸ ȵum² sən² van¹ tət⁷
十 一 己 巳 日 六 壬 辰 日 吉

ȵum² ji² mu⁶ çi³ van¹ pən² zən² ɕoŋ¹
壬 寅 戊 子 日 死 二 人 凶

ȵum² hət⁷ ᵐbe¹ ljok⁸ qeŋ¹ ji² van¹ tu³ qeŋ¹ ŋo² van¹
壬 戌 年 六 庚 寅 日 九 庚 午 日

haːm¹ tɕi¹ çi⁴ van¹ tət⁷
三 己 巳 日 吉

taːp⁷ çi³ qeŋ¹ sən¹ van¹ taːp⁷ sən² van¹ pən² zən² ɕoŋ¹
甲 子 庚 申 日 甲 辰 日 死 人 凶

tɕui⁵ ʁaːi³ ᵐbe¹ ɕət⁷ tɕui⁵ mi⁶ tu³ sup⁸ çən¹ mi¹ van¹
癸 亥 年 七 癸 未 日 九 十 辛 未 日

tsjeŋ¹ tɕui⁵ maːu⁴ van¹ çi⁵ ʁaːi³ van¹ tət⁷
正 癸 卯 日 四 癸 亥 日 吉

tjeŋ¹ maːu⁴ tjeŋ¹ ju⁴ van¹ zən² pən² taːp⁸ ɕoŋ¹
丁 卯 丁 酉 日 人 死 踢 凶

〔王品魁、潘朝霖译注：《水书·丧葬卷》，第 5—9、1—3、178—180、201—202、204—207、209—211、240—245、363—365、378—379、396—423 页，贵州民族出版社 2005 年版〕

6. 水族古老宗教典籍《水书》中的重要条目

梭项 水语音译，即使事态连绵不断地持续发生的鬼，首句为"正七连庚甲……"，指水历正月、七月庚甲日是"梭项"鬼日,有"梭项日解鬼不断根"之说。忌安葬、殓尸、砍牛悼丧、初次念鬼驱邪治病等;相传违之则接连死人或解鬼不断根;利于接亲、开店、放债、打保福等,认为可亲上加亲,福上加福,利上加利。

则头 水语音译,即导致家财破败之恶鬼,分有①首句念"甲己九月未方忌",指水历甲己年九月忌"未方",宜用此生辰者执旗伞去吊丧,只要此人打头阵,他方用巫术破坏旗幡伞盖就不如意;忌安葬、营造、迁新居;②首句念"丙壬庚甲难现希",相传,安葬逢之,富室破产,穷户无多大关碍。因此,讲解歌云"用则头日安葬,会使人站着受穷"。

则列 水语音译,即导致内讧的恶鬼,首句念"子午卯酉猪则列",指水历子、午、卯、酉年亥日是"则列"凶日,相传,安葬犯之,房族间相互争斗吵闹厮杀,故讲解歌云"人多来找麻烦,怪薅挠鬼惹祸来;则列恶鬼引得三家六房相斗";相传,此日利于己找他人论理,而不利于他人进村找己论理,应拒之于村外。

涌恒 水语音译,意为"挤满了地盘上",是导致众人死亡一家独发的恶鬼,首句念"甲己申酉午未方",指甲己年逢申、酉、午未方招祸,讲解歌云"葬涌恒,独个发富;绝种完,一人赚钱"。忌安葬、吃新米;宜开店,顾客如潮;利于修桥补路,日后人丁增多。

业夺 水语音译,意为"孤独的日子",是导致世代单传,人丁不旺的恶鬼,首句念"子午卯酉年戊业夺",指水历子、午、卯、酉年戊日是"业夺"凶日,讲解歌诀云"放业夺,六世单传",主要忌安葬。

也提 水语音译,即导致主妇丧亡之恶鬼,首句念"子年丑寅方",指水历子年丑、寅方犯"也提"凶煞,讲解歌云"葬也提,会降祸于家庭主妇"。相传,安葬犯之导致家庭主妇身亡,家财破散;接亲犯之遭病;成病解鬼病不消;还忌营造和做娘娘鬼。

也辣 水语音译,即"导致出现大祸事的恶鬼",首句念"甲己忌年丙罕壬",指水历甲己年丙壬日犯"也辣"凶煞,安葬犯之要遭大祸事;逃荒由此方出门则日后积财不起,耕作减产。

也贯 水语音译,即导致凶祸、丧命的恶鬼,主要有六条:①首句云"正七虎来当,二八华龙当",指水历正月、七月寅日犯"也贯"煞,二月、八月辰日犯"也贯"煞凶,安葬犯之出祸事,而惩治偷盗者砍其脚印的巫术则用此日辰,请出恶鬼咒曰:"公七屋,牙七哇,公七屋带柴刀,牙七哇持斧头;持斧砍牙,带柴刀杀公……"。意为:请出七屋公,请出七哇奶,七屋公带来柴刀,七哇奶带来斧头;持斧的砍那女性的盗贼,持柴刀杀那男性盗贼。②"正七蛇猪对,二八狗龙逃",生逢此日要改"也贯"鬼,并忌借耕畜、造屋、砍树、背婴孩走婆家。相传,若葬女则男死,葬男则女亡。③首句云"寅午戌年午申日",安葬若还有吉神保佑可免灾,退鬼用此日辰。④首句云"春贯巳亥夏猪羊",半吉半凶,最好不用此日办大事。⑤首句念"甲乙劳鼠猪",也忌安葬。另外做保福神犯此时,将水牛角放于祭席下即免灾,不然会被盗。⑥首句念"申子辰忌亥吕正",相传,安葬遭是非,宜于退鬼、放吊丧队出发等。

学鲁 水语音译，即畜牧方面的主要凶神，主要有：①首句为"错春正二麻（马），三四假隆要（申），"指水历正月、二月午日凶，三、四月申日凶，安葬犯之缺牲畜，念鬼忌杀自喂牲口，忌念保福之鬼，但堵塞鱼塘涵洞口能获大丰收。反映水家先民注重渔业生产和牲畜的喂养，但却找不出发展的根本，而归咎于鬼神。②首句念"正辛二乙三逢丙"，指水历正月忌辛日，二月忌乙日，三月忌丙日。相传，安葬犯之，幸运者死牲口，厄运者死人，但后代都穷困并缺人丁；忌砍牛祭祖、入新居、修畜圈，违之牲口难增殖。

孝先 水语音译，即安葬及做保福鬼等的凶神，讲解歌云"孝先停棺来'屯亥'开控，丧期之内就遭大祸；开控击鼓合此日，特大口舌是非上门来"。主要有：①首句云"正四七十上上元九狼夹四娘"，指水历正、四、七、十月忌初四、初九，主忌安葬、开墓穴、做保福神、唱丧歌等；生辰逢之要解"姑错"鬼；做撑门的挡邪祸"挡鬼"巫术，用此日埋酸鱼吉利；②首句念"子午卯酉年丑方孝朵寅方先"，指水历子、午、卯、酉年忌丑、寅方，开墓穴犯之，一月之内遭祸灾；③首句念"甲己乾降戌酉方"，指水历甲己年忌戌、酉方，倘若村寨失火，忌在此方安退火巫术祭席；解遭"大鬼怪"鬼时，用此方散发祭鬼的肉丁串子方吉利。

向且 水语音译，即导致人变野、变懒之恶鬼，首句念"申子辰向且鞋巳"，指水历申、子、辰年"向且"恶鬼在巳方，讲解歌云"放向且，抢人手上的饭碗；到处流浪讨乞，穷光恶臭令人嫌"。相传，安葬犯之，后代出乞丐；举行"开控"的大型追悼活动时，吊丧队伍忌由此方行进。

九火满 水语音译，又名"亚夷"，意为"穷得如猴子或野芝麻"，是导致贫困的恶鬼，首句云"正月狗逃二月蛇"，指水历正月戌日、二月巳日凶，讲解歌云"葬芝麻日，父母屋基丢荒；鸦雀在屋基上吃刺泡，男女葬满了坟场……"主要忌安葬，相传，犯之认为家人会死绝，而营造与婚嫁也忌讳。生辰逢此日，若不解鬼，认为会瞎眼。打官司或论理时，自己可请对方，而绝不允应对方之约前往，违之凶祸迭至。

九火 水语音译，意为"九代穷"或"最穷"，是导致极度贫困的恶鬼，主要有：①首句念"正戌二辰三猪"，指水历正月戌日、二月辰日、三月亥日凶，死逢此日不利。要择"金堂"日安葬方消灾；宜于解苦命鬼；②首句念"子、午、卯、酉年厌地辰方"，指水历子午卯酉年忌辰方，若安葬，富室破产，穷户无大关碍；忌安放吊丧的酒席；③首句念"申子辰年忌申酉日"，指水历申、子、辰年，忌申、酉日，宜于做放鬼和砍偷盗者脚印的巫术，倘放鬼对鬼师不大利，愿为者利师也高，约一百银毫，主要念水语咒："则地郎希，则你郎近。你郎近，人则骂，纳刀道，则尸火……"；④见"九火满"条。

蛙吃骨 意为"青蛙吃骨头"，即吃尸骨而亏损后世的恶鬼，首句念"亥子丑年拜酉拱许"，指水历亥、子、丑年忌酉日，安葬犯之尸骨很快朽烂，活者遭殃。缺人丁并穷困；接寡妇则死丈夫；接亲及吊丧犯之则中病，须解"姑又"鬼才免灾；做砍偷盗者脚印巫术宜之，其水语咒云"公殷拭，牙下罕；公下罕，牙打定……"，意为"公放刺把，奶削桩；公削桩，奶钉住脚……"。

退逃 水语音译，即丧葬方面的凶神，首句"春三月甲子甲午见夹九"。讲解歌云："老富贵之家，经不住退逃鬼折磨"，"退逃犯了，用马祭丧要成群"。相传，安葬犯之死人，富贵之户家业败；忌起房、做撑门的"挡惰""挡幸"鬼、砍牛祭祖宗、吃新米、做老年人保福鬼等；只利于开店，买主络绎不绝。

到兰 水语音译，又名"姑梅念"，是导致贤达者夭殇的恶鬼，首句念"子午卯酉寅到兰"，指水历子、午、卯、酉年寅日凶，讲解歌云"崽开控吊父丧，最怕逢那姑梅念"。相传，安葬犯之贤达之后裔夭殇；忌杀牛祭祖宗。

时玉 水语音译，意为"属火的凶时"，是导致火灾的恶鬼，首句念"春忌子时花，夏忌未时玉"，指水历春季子时、夏季未时是火灾凶时。放吊丧铁炮、捆牛敬祖、起吊丧布房、修门间、起房、春火药等均忌。

时哄 水语音译，意为"治丧痛哭招祸的凶时"，是丧葬方面的恶鬼，首句念"正四七十上子时寰"，指水历正、四、七、十月子时凶，认为亡人此时落气，亲友若悲伤痛哭就会出现重丧；祸害大小依哭声而定，哭声大死的人就多。

时凡 水语音译，即招致小凶祸的恶鬼，首句念"甲己寅时华"，指水历甲己日寅时凶，主要忌杀鸡敬神、请客。相传，违之会招小凶祸。

十品 水语音译，即丧葬方面的凶神，属"杀上"系列之恶鬼，首句为"春三月忌巳、酉、丑"，指水历春季巳、酉、丑日犯"十品"恶煞。相传，葬犯此日客死他乡，生逢此日在外死亡，但骨尸都无法运回故土安埋。生逢此日以鸡猪等祭鬼可除后患。讲解歌云"八品抬尸回，十品留肉臭"，即告诫人们生、葬礼仪特别留心。

绍害 水语音译，即限制人丁发展之恶鬼，首句念"虎兔龙蛇要拜更子丑"，指水历寅、卯、辰、巳年子、丑日凶，讲解歌诀云"绍害断气之人，治丧切莫有锣鼓响"。寿终逢此日忌开控吊丧，相传，违之出现重丧；安葬犯之人丁发展极慢，最多只发展到三四户；杀牲敬祖宗得不到保佑；还忌迁新居、营造、做放鬼或退鬼等黑鬼巫术等。

沙上血鲁 水语音译，即安葬方面的凶神，首句云"正七生甲子"，主忌安葬、安置水槽、春火药；人死逢此日忌烧铁炮防人死伤；有人上门来论理争辩拒接待，以防伤及自身。

沙上 水语音译，意为"恶死恶伤"，其有一系列条目，如沙上虎、沙上水、沙上仓、沙上金己、沙上血鲁、沙上蛇等等，是导致人死于非命或招致凶祸的恶鬼，主要有：①首句念"正四七十上金己伤夹未羊辰"，指水历正、四、七、十月未、辰日犯金己煞，这沙上金己主要忌砍树造屋、安葬、整屋基、起房修仓、安石碓、春火药、开墓穴、抬石等；②首句念"子午卯酉很答很"，指水历子、午、卯、酉年辰日凶，利于做砍偷盗者脚印巫术，不利于安葬，犯之后代人多死于非命；③首句念"子午卯酉猪短土"，指水历子、午、卯、酉年亥日凶，生辰逢此日要解"沙上命"鬼免灾，忌打补高寿的项圈、手镯及生碑；④首句念"子午卯酉年拜羊告卡"，安葬则绝嗣；⑤首句念"子午卯酉年卯时"，忌起房修仓、抬石头等。

沙晒 水语音译，意为"杀伤水书先生"，是专门坑害鬼师与水书先生的恶鬼，有：①首句念"正四七十上忌败龙蛇交"指水历正月、四月、七十月忌辰巳日；②首句念"申子辰忌败牛同开"；讲解歌云"葬下的人，其尸未烂，念鬼的老师就死了"。亡人断气逢此日，水书先生不能去孝家择日、不能见棺木，相传，违之必死；不准远行，恐招祸。若请水书先生择日，则不能进孝家门，不能见棺木，方免杀身之祸。

沙命 水语音译，即念鬼和接魂不利的恶鬼，主要有：①首句念"子午年朵败卯酉地"，指水历子、午年卯、酉日凶，相传，鬼师在外念鬼若犯之，不死其妻室则死其本人；还忌起房、接魂、安吊丧的祭悼酒席等；②首句念"正五九丑寅"，指水历正、五、九月丑寅日凶，同上述所忌，还忌生病初次解鬼；③首句念"春代寅未辰"，指水历正、二、三月寅、未、辰日凶，同①②所忌，还忌收取他人偿还的钱粮债，收了则丧命。

沙朋 水语音译，即导致口舌是非的恶鬼，主要条首句念"正、四、七、十上申戌"，指水历正四七十月申戌日凶，讲解歌云"放沙朋，眼前就碰上灾祸"。相传，安葬犯之立即遭口舌是非，并忌吃新米、初次说亲、与人论理、做保福鬼、做保寨保家的撑门"挡"鬼等。

白木 又名"天钢破"，即专坑害有口才而贤达之人的恶鬼。主要有：①首句念"子午卯酉虎要狠"，指水历子、午、卯、酉年寅、申、辰日凶；②首句念"甲乙年忌酉戌时"，指水历甲乙年酉戌日凶；相传，若开墓穴、出丧及安葬下棺犯此方位时辰等，即死有口才且贤达的人，而蠢笨者则无关碍。

天烟 水语音译，又名"歹电"，即鼻涕虫鬼，是狩猎的恶鬼，保村保寨的善鬼，首句为"正五九鸟牛倒虎……"，指水历正、五、九月丑、寅日凶；讲解歌云："天烟放粘膏，鸟雀不来站；天烟去钓鱼，鱼儿偏不吃；天烟修禾仓，鼠雀不危害；天烟修竹壕做挡鬼，能挡住外来凶祸。""天烟"利于做保护村寨的"挡幸"、"挡惰"之鬼，利于退鬼及修仓库，认为可抵挡外来祸害、可除鼠雀的危害；但安葬犯之生愚蠢的儿子，若再与"堂华"、"九己"等日重合定招大祸。这是水族先民生产斗争、社会斗争等的经验总结，可后人却教条地生搬硬套。

土居 水语音译，即招致瘟疫的恶鬼，还分雌雄二类：①公土居，首句为"业逢丁丑油戌寅"，指水历每年逢丁丑、戊寅日凶。②母土居，首句为"己酉壬寅连乙酉……"，指水历每年己酉、壬寅、乙酉日凶；讲解歌云："犯土居，鬼刮要钱；月月虽解鬼，人依旧病瘫。"主忌安葬、营造、修石碓、接亲、舂火药等，犯之会贫病交加。

头 水语音译，即招致命案、贫穷的恶鬼，主要有：①海头，即雄性头鬼，首句念"甲子年癸酉日头"，是生年与死年俱忌，犯之定遭命案，据掌宫推算忌日；②尼头，即雌性头，首句念"甲子年辛未日九火壬申日头"，指水历甲子年辛未日是奇穷鬼之凶日，壬申是招祸的头鬼凶日，以亡人生年推算，前一日为穷困日，后一日为命案日，安葬要特别提防；③头晕，即会飞的头鬼，首句念"甲己九月未方忌九兮起戊辰"，按掌宫推算忌日，忌安葬；④海五寅头，即公五寅头，依太岁年干在掌宫上推算，安葬犯之遭命案或奇穷；⑤宜头五寅，即母五寅头鬼，以太岁及亡人生年来推算，安葬犯之遭命案、奇穷。

天割　水语音译，即婚姻与走亲方面的恶鬼，有：①首句念"春忌猪羊犬，夏忌蛇虎龙"，指水历正、二、三月亥、未、戌日凶，出外买牛途中牛死，初背外甥走外家归来即死，忌做保福鬼、解娘娘鬼；②首句念"正七戌巳，二八申卯"，指水历正七月戌巳日、二八月申卯日凶，除上述所忌，若外村来接新娘，不让新娘与伴娘执伞，由接亲媒婆打伞罩新娘，才免于丧命，而媒婆受厄；寡妇再婚宜用此日。

天反　水语音译，即使恶鬼滞留的凶鬼，首句"正七蛇猪兑"，指水历正、七月巳、亥日凶，主要忌搬入新房、吃新米、病患者初次解鬼，认为会出现反复不吉利；生辰逢此月要解"端劳"之鬼方免灾。

天笔　水语音译，即导致天殇之凶鬼，首句念"甲己天笔简亦寅"，指水历甲己年寅日凶，甲己日寅时凶，相传，安埋不满周岁婴儿会导致新生儿再夭亡。

堂华　水语音译，即能招是非又能挡是非的鬼，首句云"申子辰年堂华方未"，指水历申、子、辰年堂华恶鬼在未方末日，相传，安葬招致凶祸事，治丧的"开控"吊丧用此方打锣鼓则吉利；发生火灾快烧到自己家时，用此方安放退火的祭席并念咒，火势会倒去他方；利于做撑家门及保寨子的"挡"鬼，能阻截凶祸侵害。

九反　水语音译，意即"反复无常作祟的鬼怪"，首句念"亥卯未年忌申子辰"，指水历亥、卯、未年九反鬼在申子辰日。相传，宜于退鬼返回原出发地，使放鬼者自食其害；生辰逢此日须解"五槌"鬼方免灾患，否则常患病。

金可　水语音译，即丧葬与安置家具方面的恶鬼，首句念"申子辰忌乙辛丁"，指水历申、子、辰年乙、辛、丁日凶，相传，独子葬父母恐日后绝嗣；杀牛祭祖会出现杀雌性死女人、杀雄性死男人的恶果；寿终于此日会出现重丧。解救办法是：姑死以翁之裤做枕头，反之亦然，再以簸箕做祭席安放于柩前，杀母鸡念咒解鬼；还忌起房、安石碓、舂火药等。

皆没　水语音译，即劳作方面并导致耳聋的恶鬼，主要有二类：①首句云"正猪二狗烟三伞"，指水历正月亥日、二月戌日凶，主忌婚嫁、出远门、借铜鼓、伐木、买卖牛、舂制火药、抬沉重石块、上他人门户去论理打官司；②首句云"子午卯酉年忌蛇猪"，除上述所忌外，相传，若舅父死，外甥去治丧或舅父病重外甥去探望，舅父不聋则外甥要耳聋。这与"天上雷婆大，地上舅爷大"谚语一样，反映了母系血缘的重大影响，其余的忌戒与日常生活遇上众多波折有关。

降　水语音译，即依亡人年龄推算其属何掌宫名称，再依此名称去择吉避凶的原始宗教活动，分为大小二类：①大者称"降劳"，是六宫掌位，有大花、小花、大金、小金、大水、小水等，如男从大火宫起一十顺行，七十二岁则为小金宫，再依"胡六酉戌吉亥子凶"等条目去选择入棺、下葬之吉日；②小者称"降低"，也称为"散"，分为：敢震很立份兑乾坎八宫，男女都从立宫起一十岁、男顺女逆，如男七十一岁为"份散"，再依该散所忌戒的日子去选择吉辰下棺、安葬等。这是丧葬的重要一环，以此为基础去择吉避凶。

尖幸　水语音译，即导致家庭不安宁的恶鬼，主要有二条：①首句为"甲午乙未……"，指水历每年的甲午、乙未日凶；②首句为"正四七十上甲辰乙巳威壬申"，忌起房修仓、扫除家鬼、吃新米、做撑门撑寨鬼、念保家福鬼等。

　　间桃　又名"缓"，即导致凶祸缠身的恶鬼，首句念"正寅二卯"，指水历正月寅日、二月卯日凶，念鬼逢此日，鬼师及主人都受害，主忌放鬼、做地婆"牙地"鬼、解野鬼恶煞等；利于上学读书，认为容易攻破书中难关。

　　架孟　水语音译，即使人财两旺的福星，首句念"申子辰年甲乙轸元一甲午元二己卯"，指水历申、子、辰年甲、乙日属轸水蚓宿，第一元甲子日，第二元己卯日吉，宜于安葬、营造，人财两旺。

　　甲倒　水语音译，即导致摔伤病患的恶鬼，首句念"甲己忌午子"，指水历甲己日的午时、子时凶，忌安葬、起房、扫家鬼、做保福鬼等。

　　计阿　水语音译，意为"像牲口般贪吃"，导致人们暴食、饥饿、贪吃之恶鬼，有：①首句念"甲己犬中行"，指水历甲己日戌时凶，宜于开店，客户用量大增；走亲饮酒不会醉倒；不宜自家开席待客，犯之食品损耗特大；起房、安葬犯之，后世出现暴食、贪吃之人。②首句念"正四七十上忌地庚申"，指水历正、四、七、十月庚申日凶，与他人砍鸡赌咒后，回家择此日（逢毕月乌宿更好）做撑家门的"挡"鬼免灾。③首句念"春忌羊逆起等薅"，指水历正、二、三月未日凶，使人好酒贪杯，生辰逢此凶，要解鬼方免灾；安葬犯之家境贫寒；忌做小保福鬼、吃新米等；利于打鬼。④首句念"春败寅酉方，夏败亥子方"，指水历正二三月寅酉日凶，四五六月亥子日凶，忌安放吊丧的祭悼酒席；利于走亲饮酒、首次启用新枪打猎。

　　烘金　水语音译，即导致蚀财与丧命的恶鬼，首句念"春忌戌未辰金"，指水历正二三月的戌未辰日属金则吉。相传，捉得犯奸者，以此方放其归去，过不久定自毙；忌借出银子、放吊丧的祭悼酒席等。

　　花消　水语音译，即丧葬方面的恶鬼，首句念"申子辰忌辛问乙"，指水历申子辰辛、乙日凶，讲解歌云"开控犯花消，死扛旗的人；埋葬犯花消，死那糊棺者"。对于治丧的忌戒多，相传，开控吊丧则赠送旗幡伞盖的客户受害，安葬则粘糊寿木者遭殃，独子葬父母更忌；杀牛祭祖宗适得其反，杀雌性牲口死女人，杀雄性牲口死男人；断气逢此日会犯重丧，解除方法是：翁死以姑之裤作枕头，反之亦然，再安簸箕席于灵柩前用母鸡念鬼，方可免灾；忌起房、舂火药、蛋卜、安修石碓等。

　　花祭　水语音译，即容易招致短命的恶鬼，首句念"正麻二子三鬼羊"，指水历正月午日，二月子日，三月未日凶，主忌安葬、做保福鬼；利于解苦命鬼、放鬼等。

　　罕地　又名"干袜"，意为"挤满墓地或荒寂的家庭"，是导致棺木挤满墓地而屋基荒凉的恶鬼，首句念"正四七十上寅罕地"，指水历正四、七、十月寅日凶，主忌安葬、说亲、接亲、远行、入新居、成病初用鬼、做保家福鬼；他人请乡老上门来评理不能等候，违之会输理。

　　姑又五鬼　水语音译，意为"剪刀尖上的五把槌子"，是导致人病重而死的恶鬼，首句念"正五九鸟丁癸方",指水历正五、九月凶鬼在丁癸方,相传,病危之人砍牛来祭鬼,虽有短暂康复期,但不过几天就被鬼弄死。

姑又 水语音译,意为"剪刀尖之恶鬼",此鬼像剪刀一般厉害,主要有年月日方时之忌。①首句念"子午卯酉计火火",指水历子、午、卯、酉年酉日凶,若有人来敲榨,以此日此方按念"秀喜"鬼之法,将钱挞于地上给对方,其阴受恶果;做惩罚偷盗者砍其脚印的巫术最适宜;用此日或方位,击铜鼓指挥队伍出发去开展吊丧活动则吉利;为寡妇做撑挡的"挡鬼"巫术不吉利;②首句念"正二三金金月马先薅",指水历正、二、三月忌属金的午日,主忌安葬、起房、放鬼、做保福鬼、念娘娘鬼、接亲进门(日后媳妇多病)、借铜鼓及锣鼓、春火药、开墓穴、逃荒、新年初出远门走此方位;③首句念"甲左金记乙左申",主忌放衣物入棺中、立吊丧的"竿泐"旗幡、借铜鼓、远行、起房;④首句念"正五九鸟寅卯辰方忌",与他人发生争执,赌咒砍鸡则吉利;放鬼时,鬼师坐此方位念咒则自己受害;⑤首句念"正五九鸟卯方忌";⑥首句念"正五九鸟巳午辰",倘若还有善神保佑,办事也无大关碍;⑦姑又方首句念"正五九鸟寅卯辰方忌",与人争执用此方砍鸡利己;放鬼时忌坐此方念鬼。

姑又甲乙 水语音译,意为"剪刀尖鬼所隐伏的天干日",是招纳财福的吉星。①首句念"子午卯酉正四七十上甲乙不水路倒门钱方",指水历该年该月的甲、乙日吉;②首句念"抵一癸巳卯、乙丑未……";指水历第一元癸卯、癸巳、乙丑、乙未日吉,宜于安葬、立柱上梁、开圈、砍牛祭祖做保福鬼、定亲接亲等,能使诸事顺利,招财招福。

姑秀 水语音译,即婚姻方面的恶鬼,首句念"甲己忌年戌时秀",指水历甲己戌时凶,接新娘忌此时进门。相传,犯之新娘会中邪得上"绿眼"病,不安心居住,喜在外游荡或逃婚。

姑任 水语音译,意为"人头",是招致命案之鬼,首句念"申子辰正五九忌己卯",指水历申、子、辰年正、五、九月己卯日凶。相传,安葬犯之定遭命案凶祸。

姑刀 水语音译,意为"火把头",是丧葬方面的恶鬼,有:①首句念"正四七十上马羊衣",指水历正、四、七、十月的午、未日凶,宜念小鬼,忌砍牛吊丧祭祖;②首句念"正四七十上午得本六力"。相传,安葬犯之死小孩、死砍牛者,故讲解歌云、"葬姑刀,伤残后面小枝桠。葬姑刀,死那撑牛的人儿。"

告采 水语音译,即导致眷恋故地不愿前行的恶鬼,首句念"甲乙杀申寅习采",指水历甲乙日寅时凶,讲解歌云"告采告且偏不前行,告采告且又倒回来"。这是导致人畜眷恋故地不愿外走的鬼。故丢失牲口以之念鬼则牲口自归。相传,接亲犯之,新娘不愿居夫家而归娘家;做惩罚偷盗砍其脚印巫术后,盗者会回到作案地而受擒;放鬼、退鬼则不利;安葬及做保家福鬼则不大吉利。

竿排 又名"四雄",水语音译,意为"立吊丧幡竿的重丧鬼",忌在屋山头竖立特大吊丧标志的"竿泐"木杆。相传,犯之死人;忌入殓与美容、穿寿衣等。

嘎晕 水语音译,意为"招祸的飞龙",是招致凶祸的灾星,把掌宫分为七个宫位,着用事之日属何宫来定其凶祸。其口诀云："抵一抵二抵脚猪，抵三抵四抵牯牛，抵五抵黄狗，抵六抵公鸡，抵七抵飞龙"；指第一元第二元掌宫是公猪掌凶，第三第四元掌宫是公牛掌凶，第五元是黄狗掌宫凶，第六元是公鸡掌宫凶，第七元是飞龙掌宫凶。每一宫也称为每一元。安葬犯之，相传，脚猪与牯牛宫位的则绝嗣，黄狗宫位的后世出懒汉、偷盗之人，公鸡宫位的则后世出不归家之人；飞龙宫位的后世遭飞灾奇祸。将掌宫分为七宫，从甲子起遁，依一定的忌宫确定不同凶祸，如公鸡宫则忌戊辰、乙亥、壬午……

夫牛　水语音译，即导致重丧及缺子嗣的恶鬼，首句念"夫牛龙马甲庚方"，指水历寅、丑、辰、午年甲、庚方犯"夫牛"煞凶，相传，用于安葬，十口以上之家则相继死亡，十口以下之家无关碍；做大保福鬼时，杀牲敬祖宗得不到其保佑；亦忌迁新居、营造、做黑鬼巫术等。

甫逆　水语音译，即招惹口舌是非的恶鬼，首句念"正六蛇当虽甫逆"，指水历正六月的巳日犯甫逆煞凶，生辰逢此日要解"鲁封"鬼，在三岔道口设祭席，以小狗咬大狗，并念咒云"上解迎，龙皆连，公耿打，牙路封，公鲁封，牙朋半，罕曼败亚，罕浪败当……"；知道他人来与自己论理，即择此方在半路做"挡"鬼以阻拦之，即使其来也会输理。

夫狼　水语音译，即丧葬及婚姻方面的恶鬼，首句为"正月虎狼远夫立"，指水历正月寅日、午日凶，死逢此日要解鬼，要分三次办：首次要母鸡，二次要鸭一只，三次用猪头，不然则缺人丁；传初次提礼品去求亲，收礼品则死女方，不收礼品则死新郎；忌"开控"吊丧、送酒礼、舂火药、伐木、探病人、装修老木、开墓穴、抬大石头、在堂中安放祭神的簸箕席、安修涵洞；据传，安葬犯之要接着死一人，后世又缺人丁。

风溶　水语音译，即导致人丁减少、财产消败的恶鬼，首句念"子午卯酉年敖刀玄"，指水历该年的丑日凶，讲解歌云"风溶鬼到，破散了富户的家产"。相传，安葬犯之，田土家产日益耗败，三十年之后人丁渐少。

方弄　水语音译，意为"黑方"，是祭祖活动方面的恶鬼，首句念"申子辰年酉方忌"，指水历申、子、辰年酉方凶，以此方捆牛宰杀来敬祖，牛不叫则大吉，牛若叫了主人要退财。

方别付　水语音译，意为"麻风病鬼的方位"，是导致麻风病的恶鬼，首句念"正戌四未"，指水历正月戌日、四月未日凶，安葬犯之，后裔成麻风病；他人上门来论理不能等候；做砍偷盗者脚印的巫术有效，并要此条生辰之人假饭子在祭席上扑碗；如遇他人来敲诈，以此日辰带钱给他，对己方有利。

点地　水语音译，有：①首句念"正二丙寅，三四己卯"，指水历正、二月丙寅日，三四月己卯日凶，不利于安葬、扫野鬼等；利于做外人的地头奶奶的"牙地"鬼；②首句念"抵一丙寅辛巳乙丑"，指水历第一元丙寅、辛巳、乙丑日凶，不利于做家中保福鬼，宜于做外人的鬼。

地转　水语音译，意为"大地在旋转"，是祸福互换交替的鬼，首句为"春兔夏马天地转"，指水历春季卯日、夏季午日是地转凶煞日，讲解歌云："葬地转，田塘移换动荡。"安葬则穷富相交换，财产不稳定；婚嫁属新婚者忌，老婚及再婚者不忌；做小保福鬼忌，做大保福鬼不忌；忌放鬼，犯之鬼反加害于自身；可退鬼；丢失牲畜用此日念鬼可使之返家。

代哇 水语音译，即丧葬方面的凶鬼，主要有：①代哇登，即孝家受害的代哇鬼，首句为"正二三忌龙蛇鼠"，指水历正二、三月的辰、巳、丑日凶。岳父母死逢此日，女儿与女婿只有在葬后才能去悼丧，违之即丧命。安葬逢此日后世人丁少，但平坦而人多的村寨则不忌，陡峭而人少村寨一定要忌；②代哇控，即举行吊丧"开控"活动要受害的代哇鬼，首句云"正猪二马三牛对"。岳父母家在此日"开控"，婿方一家都不能去悼丧送礼或扎旗幡伞盖送葬，甚至都不能听到丧堂的笙歌之音，违之则死；③代哇片，即对幺儿婿威胁最大的代哇鬼，首句云："子午卯酉年忌卯辰。"岳母岳父死逢此日，相传，主要对幺（幺，最小的意思）女及幺女婿危害极大，忌探望、忌送礼，违之横祸迭至，而独生女则不怕，念解鬼之后可去参加治丧。

代榜 水语音译，即导致崩塌垮败的凶鬼，主要有：①首句念"正四七十上猿带满耍坝"，指水历正四、七、十月申日凶。生逢此日要解"代榜"鬼；葬逢此日，富裕之家产业败，穷困之家少受罪，若再解代榜鬼，则穷去富来；接亲犯之媳妇不愿居夫家，若解此鬼则叫女方父或兄骑马送其到男方家，并带半碗米来念鬼，杀鸡以祭，再叫夫妇俩共抬一张桌子进家来，认为能稳定媳妇之心。②首句念"甲己忌巳方，乙庚寅子方"，指甲己日忌巳方用事，乙庚日忌寅子方用事，利于敲狗请人来论理争辩，不利于安葬和做保福鬼。③代榜弄，即黑代榜，首句念"甲己忌年海未方"。指水历甲己年未方凶，如外人骑马来上门论理争辩，则用此方扫火星及马屎，并念水语咒（音译）云"点洁麻、皆洁六……"，意为，点着马的屎，点着你的屎。这样，则我方有利。

歹耿 水语音译，即导致钱财人口等向外推移的鬼，首句为"正五九鸟鼠合鲁……"，指水历正、五、九月丑日凶，有"歹耿歹耿，向外推钱推粮推人"之说。生辰逢此日为凶，要念鬼以解，但在做"者佐"、"挡惰"、"挡幸"等挡住敌方放来之鬼、退走对方放来之鬼及我方放鬼制敌的巫术活动中可做布阵伥子，按方位扑碗设祭席、埋刺把及配合巫师咒词舞刀挥剑以克敌。安葬犯之富家变穷，穷家变富。忌裁衣、装棺木、逃难、做保家的福鬼等。

歹败 水语音译，即导致家业人口退败的恶鬼，首句为"春寅午戌业歹败……"指水历寅午戌日在春季能致凶祸，生辰逢此日难以成家立业，需念鬼以解方吉；但在治人巫术中以此生人做伥子，倘他方杀死我方之人，即用伥子捆水牛对此方位砍之，或让伥子骑马按此方位作法，敌方则暗中受害致死。另外，放鬼忌，退鬼吉；双方是老亲戚可接亲，新亲戚不能接亲；人死逢此日要念鬼除邪方吉利；若与"甲己损杀额甲九"的《水书》条目的日子相重合，以牛头于此方位念鬼，日后耕牛繁殖快。

博略 水语音译，即寿终逢此日导致后人遭殃的恶鬼，首句念"春忌墨逢奴刀蛇"，指水历春季巳日凶，生辰逢之要解"端劳"鬼方免灾。相传，此日为死人揭开被褥，加上放声痛哭，定遭大祸，相继死人。

傍堂 水语音译，即导致口舌是非迭起的恶鬼，首句念"亥子丑年忌乾代马"，指水历亥子、丑年午日凶，讲解歌云"放傍堂，夸口舌进来，若再与九已日重合，遭大口舌而离乡"。主忌安葬，违之遭横祸；也忌说亲、做撑门鬼、到寨门外请祖宗灵魂来家受祭。

半用 水语音译，意为"半世人"，是导致夭折的恶鬼，主要有：①首句念"正龙二鸡三逢虎"，指水历正月辰日、二月酉日、三月寅日凶；②首句念"甲乙麻当逃"；③首句念"子午祭业忌拱酉"，指水历子、午年忌酉日；④首句念"甲乙违马丙丁羊，"指水历甲乙年逢午日、丙丁年逢未日凶。讲解歌云："放半用，公公老早死。崽没会呼喊，父亲半世亡。"安葬犯之寿命不长，同时婚嫁、营造、念保家鬼亦忌，安放吊丧的酒席亦忌半用方位。利于做惩罚偷盗砍其脚印的巫术，其鬼名水语称为"放八九"。

八头九腊 水语音译，"头"与"腊"均为凶鬼，这是靠掌宫定凶日法，是招致命案与口舌的凶鬼，按水历不同月份在九宫掌上推算，第八宫为"头鬼"，第九宫为"腊鬼"；头则招命案，腊招口舌凶祸，主要忌安葬，如正、四、七、十月从八白宫起甲子推算，"头"日为甲子、癸酉、壬午等，"腊"日为乙丑、甲戌、癸未等。

破花 水语音译，即给鬼师及水书先生带来凶煞的鬼，首句念"春忌寅破花"，指水历正、二、三月寅日是"破花"凶日，在堂摆吊丧祭悼酒席，鬼师不能念咒。相传，违之会招致灭身之祸患。

排 水语音译，又名"代排"，即导致连续死人的丧葬方面的恶鬼。主要条目首句为"狗犬猪羊春三月"，指水历春季三月，这三个月的戌、亥、未日凶。相传，若人死逢此日、葬逢此日则接连死人犯重丧，可念解鬼除患，即择"秀喜"之日，用鸭一只及鱼设祭，用舂杵在停棺处、在内室里外、在大门口及寨口门间去舂击，并念水语咒云："共挡腊八，挡呼，挡寡同，挡姑海，挡六海，挡排登……"，意为挡住腊八、呼、寡同、姑海、六海、排登等凶鬼。"排"鬼很凶恶，分排登、排片、排年、排月、排时、排方，人们认为若犯了不做撑挡的鬼防御，则接连死人。

怕享 水语音译，即导致病患和破财的恶鬼，首句念"正七忌时巳，二八忌时辰"，生辰逢此日要用公鸡解"怕享"鬼，其水语咒云："六响孔蒙，六毫孔蒙，六响差早，六毫差命……"；还忌安葬、做保家福鬼。

牛哇 水语音译，意为"如水牛般蠢笨"，是导致蠢笨愚昧的恶鬼，①首句念"子午卯酉三卡丑寅问辰牛哇"，指水历子、午、卯酉年三月丑、寅、辰日凶；②首句念"正四七十上，鼠龙拍虎牛，子辰成天钢，仲牛成牛哇"，指水历正、四、七、十月的子辰日是天钢日吉利，寅、丑是"牛哇"凶日；③首句念"正四七十上丑挽挽寅牛哇"，指水历正、四、七、十月丑、寅是牛哇凶日，安葬犯之尽出蠢笨的人；忌开墓穴；宜做放鬼巫术。

某没 水语音译，意为"全灭绝进入墓地"，是丧葬方面的恶鬼，主要有：①首句念"申子辰忌巳某没"，指水历申、子、辰年巳日是"某没"鬼在作祟，忌补高寿、安葬；②首句念"子午卯酉年西某没"。相传，治丧开吊安祭堂酒席犯之，日后缺子嗣且穷，并忌安葬。

灭门 水语音译，意为"绝了门户"，是丧葬方面的恶鬼，主要有：①首句念"甲己蛇近龙时忌"，意为甲己日巳时、辰时犯"灭门"鬼，如安葬犯之遭小是非；②首句念"正巳二子地灭门"，指水历正月巳日、二月子日是灭门鬼之日，做黑鬼巫术时请佯子在此日扑碗于祭席上，可制伏对方。

满丙 水语音译，意为"像猴子般来回打转转"，是眷恋故地之鬼，首句念"甲己丑串祭"，意为甲己年丑日是"满丙"鬼之日，有如猴子在一个地方反复转动之含义，宜于走新亲戚、问亲，此后来往密切；忌放鬼、退鬼，违之恶鬼又回头加害。

路封 水语音译，即婚姻方面的凶鬼，是招致道路中断的恶鬼，首句念"正四七十上子戌辰"，指水历正、四、七、十月子、戌、辰日凶，利于嫁寡妇；外出逃荒则永远回不了老家；忌走新亲戚；外村来接亲，应让接亲的媒娘撑伞罩新娘，不能让新娘或其兄弟撑伞，才免除灾祸。

龙讨 水语音译，即能牵引灵魂回归的鬼，首句念"错春龙劳郎"，指逢上春季的辰日是"龙"讨鬼日，利于念鬼找回丢失的牲口；忌接寡妇、砍牛敬祖宗在此方敲锣、请祖宗魂灵来割蛋。

龙反 水语音译，又名"天棒"，是走亲及丧葬方面之恶鬼，首句为"子午卯酉甲子丙寅略两乎"，指水历子、午、卯、酉年甲子、丙寅日凶，讲解歌云："走亲走外家，忌龙反也忌天棒。"主忌外甥初走外婆家，违之夭亡；也忌安葬。

龙犬 水语音译，即导致重丧甚至绝户的大恶鬼。首句念"龙犬牛逃伤，蛇猪牛羊方"，指水历辰、戌年丑日凶，巳、亥年未日凶，讲解歌云："天未黑尽，孝家接踵送丧来；摆棺还未顺，新死的又顺坟边排；坟头未生草又掉眼泪，坟上的白纸未烂又立新丧竿。葬龙犬，倒下的人相继成排。"主忌安葬。相传，若再与"梭项"鬼相重合则接连死人要绝嗣；此日放黑鬼，其鬼会致害放鬼之人；亦忌迁新居、起房、接亲、做保福鬼等。

龙交 水语音译，即专招凶祸之鬼，首句念"子午卯酉姑尼龙"，指水历子、午、卯、酉年辰日凶，安葬犯之招来大凶祸。

龙刮 水语音译，即导致人跛脚、害病的恶鬼，首句念"子丑地申酉地"，指水历子、丑年申、酉日凶。相传，安葬犯之，后世出现跛足或重病者；生辰逢此鬼，要解"龙刮"鬼，不然会跛足或害大病。解鬼用猪一头于中堂设祭，念咒云"个你端白你龙刮……"，再加母鸡一只供祭，念咒云"公三幸、牙三乙，公三幸业何恳，牙三乙业何改……"，意为水书先生的三幸公啊三乙奶，请您们来帮忙。三幸公您来推恶鬼，三乙奶您来给它献鸡……

六年 水语音译，即惹是生非之恶鬼，首句念"子午卯酉年辰申时"，指水历子、午、卯、酉年辰、申日凶，讲解歌云"用六年，打架争吵，院坝狼藉"。主要忌安葬、接亲、起房等。

六力 水语音译，即导致财败人亡的凶鬼，首句念"正四七十上忌十九六力"，指水历正、四、七、十月初、十九是"六力"鬼在作祟，讲解歌云："六力好了，绝产无后人；六力好了，引向屋基荒凉的鬼。"忌接亲、安葬。相传，犯之破产绝嗣。

六寒　水语音译，即导致闹事端的恶鬼，首句念"子午卯年笋辰申"，指水历子、午、卯酉年的辰申日有"六寒"鬼作祟，忌吊丧队出行、"开控"追悼、走亲喝定亲酒、杀牛祭祖等；如杀牛祭祖，可将米草一根、红纸一条，闭气按住左脚捆于坛颈之上，可免日后吵闹纠纷。

六害　水语音译，即导致重丧和少子嗣的恶鬼，首句念"寅卯辰申未年子丑"，指水历该年的子、丑日凶，讲解歌云："葬六害，相继死人倒成排；埋龙犬，倒下的人又相连。"相传，十人以下家庭用之安葬不死人，十人以上家庭安葬犯之则死人无数；亦忌迁新居、营造、放制敌方的黑鬼、做大保福神等。

六朵　水语音译，即安葬之后把祸事引向三家六房的恶鬼，讲解歌云"六朵到，祸事摊到邻近的人家"。首句念"甲己忌年敢丙辛"，指水历甲己年和丙辛日凶。相传，安葬犯之则三家六房受害死人；宜于散发祭鬼神的肉丁串子。

冷谅　水语音译，即反复无常之恶鬼，首句念"亥子丑忌寅卯辰"，指水历、亥、子丑年寅、卯、辰日凶，杀牛祭祖反使主人遭受大病。

破罕　水语音译，意为"破碎散开"，是导致破败、散垮的鬼，主要有：①首句念"甲己忌业丙用马"，指水历甲己年午日凶，安葬犯之少人丁，富室家财破败；退鬼能除凶祸。②首句念"春昔扫州申酉地"，指水历正、二、三月申酉日凶，利于"开控"吊丧队伍出行、退鬼、做野鬼"忙打"、聚众扫除恶煞"点伤"；不利于安放退除火灾的巫术祭席。

卡老弄　水语音译，意为"黑的克伤鬼"，是招病患的恶鬼，首句念"甲戌时牛羊，乙己鼠猴向"，指水历甲戌日丑未时凶，乙己日子申时凶。相传，病逢此日难治愈，必须解鬼方愈；忌补高寿戴命项圈、手镯、缝寿衣、装修棺木等。

不干　水语音译，意为"苦瓜"，是生育方面的凶鬼，首句念"春夏忌六戊，秋冬忌六己"，指水历春夏季的戊日凶，秋冬季的己日凶，讲解歌云："得不干，烂褴褛中婴儿；得不板，坏死腹中胎儿。"此鬼专整治胎儿与婴孩，是生育的敌对鬼，为此说亲、接亲俱忌；同时还忌起房、立碑、放田债、装修棺木、远行、吃新米、入新居首次敬鬼神等。

不倒　水语音译，意为"偏倒的瓜"，是导致福祸颠倒的鬼，首句念"正亥二未三辰"，指水历正月亥日、二月未日、三月辰日凶，讲解歌云："得不倒，钱不在了；葬不倒，老田土归来。"相传，安葬犯之，富室家业破败，贫户反而进田产；买卖田土忌此日兑换银钱。

八品　水语音译，即主要导致家人在外地丧命的恶鬼，首句为"春三月鸟犬鸡上"，指在水历春三月忌戌、酉日；讲解歌云："八品抬尸回，十品留肉臭。"生逢此日若不解鬼，定客死他乡，葬犯此日，后人在外死亡，但都能运尸体回故土安葬；此日探望病人反而害己；成家立业后忌初敬祖宗；生辰解鬼，用公鸡一只、白布八尺、折糯八把、钱八百文、小猪一只，此外还有利师费三百八十文。此属"杀上"系列的恶鬼。

熬挠 水语音译，即导致内讧、口舌的恶鬼，首句云"正虎夹龙二倒羊"，指水历正月忌寅、辰日，二月忌未日；讲解歌云："众人来找麻烦，正是犯熬挠鬼所至。"主忌安葬，相传，犯之则口舌是非踵至，内讧发生，家族不睦；另忌讲婚事、忌吃新米、忌上门去与人论理，否则恐难了结。

贪呆 水语音译，意为招致亡命的贪鬼，与活命的"贪休（生）"鬼相对而言，此为招来死难鬼的凶星，首句念"子午卯酉正四七十上甲子贪戌辰庚辰"，指水历的子、午、卯、酉年正四、七、十月逢甲子是九星的贪日，或逢上戊辰、庚辰日为招祸的"贪呆"日。相传，安葬能使家人死于非命，招来凶祸。

壬辰 水语音译，还分为普通"壬辰"、"公壬辰"和"母壬辰"等条目，是人财俱旺的福星，讲解歌云："办事逢上壬辰，变成大富财产多"。①首句念"申子辰第一戊壬辰"，指水历申、子、辰年第一元甲子中逢上戊辰、壬辰大吉。②首句念"第一乙未水癸丑"。③首句念"子午卯酉年正四七十上元一己酉并戌方"；宜于安葬、营造，人财两旺。④公壬辰，首句念"申子辰哄奋壬乙"，指水历申、子、辰年放出壬乙日为吉辰，宜于葬亲生父，发富久长。⑤母壬辰，首句念"申子辰年壬辰日土旺田塘"，指水历申、子、辰年壬辰日逢土，田地水塘广进，宜葬亲生母，发富久长。

八贪关印 水语音译，即富贵吉星，首句念"申子辰关印五酉"，指水历申子辰年"八贪关印"的吉辰是乙丁、己、辛、癸酉日。相传，安葬逢之能发富、发贵久远。

八贪吉利 水语音译，即福泽吉星，首句念"申子辰吉猪犬癸"，指水历申、子、辰年亥、戌日吉，宜于安葬，财源丰厚，但是很悭吝，惜财如命。同时，孝家与水书先生闹矛盾，须由一人分金，一人择日，就可免除不睦，使主人家与先生及先生相互之间关系和好。

贪休 水语音译，意为"招致生机勃勃又发福久长的贪神"，与招致亡命的"贪呆（死）"相对而言，此为旺相吉星，讲解歌云"得贪休（生），九代吃得香甜"；首句念"子午卯酉十辛未四甲戌丙辰不瓜吉"，指水历子、午、卯、酉年十月逢辛未及四月逢甲戌、丙辰属九星辅日为"贪休"吉日，宜于安葬，后裔数代获福。

五富 水语音译，即财富之吉星，①首句念"申子辰卡申十二壬庚申五富"，指水历申、子、辰年十二月壬、庚、申日是五富吉日；②首句念"申子辰正五九月亥日乙辛亥日五富"，指水历申、子、辰年正五、九月乙亥、辛亥日是五富吉日；宜于安葬、入棺殓尸、营造、做保福鬼、做撑门户的"挡"鬼、买铜鼓等，能使家境富裕。

沙补 水语音译，即招财纳福的吉神，首句念"子午卯酉正四七十上甲乙不水方丙丁凡胡旺"，指水历子午、卯、酉年、正、四、七、十月甲乙日属九星辅日，丙丁日属九星文、武日吉，利于安葬、营造、接亲，能使诸事如愿以偿，人财两旺。

三洛 水语音译，即撮合三方团聚之吉星，①首句念"甲乙七月壬子乙酉"，指水历甲乙年七月壬子、乙酉日吉；②首句念"子午年三齐壬子日戌亥时"，指水历子、午年三月壬子日戌亥时吉；③首句念"申子辰年第一辛亥"，指水历申子辰年第一元辛亥日吉；宜于招集水书先生来议事择吉、赶新场等，能取得如愿效果。

杜空 水语音译，即使人财兴旺发达的吉神，①首句念"春三月乌寅杜空"，指水历春季三个月寅日是吉日，补高寿、打补命项圈与手镯能延年益寿；宜此方杀牛祭祖，此后牲口繁殖快；②首句念"宁正第四辛亥问辰时吉"，指水历正月第四元辛亥日辰时吉，杀牛祭祖，人口增殖快。

代旺 水语音译，即使人财两旺的大吉星，首句念"甲庚癸干丙壬丁"，指生辰是甲、庚、癸的人办事逢丙、壬、丁日则吉，宜于安葬、营造、接亲，佑人财两旺。

代寿 水语音译，即长寿之吉星，首句念"子午卯酉年戌罪戌酉"，宜于安葬、开墓穴、立柱上梁、补高寿、接亲等，能使人享长寿。

不关抵登 水语音译，即招来财富的吉星，首句念"子午卯酉正四七十上丙丁亥日亢春丙午吉"，指水历子、午、卯、酉年正、四、十月丙日、丁亥日吉，春季丙午日吉，安葬死在外面的人和杀牛祭祖，都能使主人家发大财。

龙盆 水语音译，即导致破财、死人的恶鬼，首句为"春忌辰丑戌"，指水历春季辰、丑、戌日凶，杀牛设祭敬神时，自喂牛不可用；忌借铜鼓，忌开墓穴，忌念"牙地"保福鬼，忌出门买牛来悼丧，否则恐难回归，忌念恶鬼和"牙苗"鬼，忌杀牲畜敬祖宗。相传，犯之则出现杀公畜死女人、杀母畜死男人的凶祸；生辰逢此日要念鬼除灾，否则夭亡。

龙定劳 水语音译，与"龙定低"相对而言，即促使人才成长的吉星，其首句念"子午卯酉正四七十上子辰丑寅日时"，指水历子、午、卯、酉年正、四、七、十月子辰日大吉，丑寅日凶，其中又兼有人才蠢笨的"牛哇"日子，能使人蠢笨如牛，故有"龙定劳夹牛哇"之说。上述日辰中，子辰日为"龙定劳"、丑寅日为"牛哇"。相传，葬逢"龙定劳"，就出能言善辩、出口成章的人才；葬逢"牛哇"，则出蠢笨如猪、牛的人。

不登 水语音译，意为"靠根蔸的瓜"，与尖梢的"不片"相对应，是财福之吉星，分"方不登"和"四季不登"，还分有根蔸的"不登"与尖梢的"不片"。①"方不登"首句念"子午卯酉年丑未方不登，辰戌方不片"，指水历子、午、卯、酉年丑未方是不登大吉，辰戌方是不片小吉；"申子辰年辰巳方不登，申酉方不片"，宜于安葬，进财宝；②"四季不登"首句念："春三月卯时未申方不登，丑寅方不片"，接亲进门用"不登"，出阁要用"不片"。办事逢上"不登"与"不片"，能使诸事如愿，人财两旺。

八贪 水语音译，即人财两旺的吉星，首句念"正四七十上丙丁不第二戌时吉"，指在水历正、四、七、十月丙、丁日逢九星辅日逢第二元戌时吉，安葬能使人财两旺。

歹盖 水语音译，意为"上进"、"记得住"。水书条目有认为是肮脏污秽的凶日"堂疑"，有向外推出钱财的凶日"歹耿"，有狩猎毫无所获的凶日"天烟"，但是如果能选到兼有上述三个凶日的一天，则称为"歹盖"。盖者，水语之意是记忆好，能博闻强记，过口成诵，过目不忘。此日，若启蒙学习与办事都大有长进，开店营业则财源茂盛。这是水族物极必反的哲学观念在古老宗教中的运用与反映。

〔潘朝霖：《水族的宗教与神话》，载中国各民族宗教与神话大词典编审委员会编《中国各民族宗教与神话大词典》，第542—547页，学苑出版社1990年版〕

第二节 神话

1. 开天辟地、造神造人、造文字等神话传说

开天辟地神话 据《开天地造人烟》和《开天辟地》古歌叙述，当初"初造人，上下黑糊/初造人，盖上连下。黑咕隆咚，连成一片，不分昼夜"。"哪个来，把天掰开/哪个来，撑天才得/牙巫来，把天掰开/牙巫来，把天撑住。"牙巫仅凭两只巨手把粘连的天地掰开。在《牙巫造天地》神话中描述，牙巫用尽全身力气掰开天地，还朝当中猛吹了一口气。于是出现了奇迹，天地在巨响中裂开，左边成天，右边成地。神话没有描述牙巫的身躯有多大，但从她凭两手掰开天地，猛地吹气的情节来推断，牙巫是力大无穷的神人，其造天地方法也独具一格。这与水家先民认识自然的水平有紧密关联，是母系社会的残余记忆。

造日月与射日月的神话 据《开天地造人烟》叙述，开天辟地之后又造日月星辰。由于牙巫性急，一下造了十个太阳，最后一甩臂膀，手中的宝贝撒遍天际成为漫天星斗。当牙巫将太阳"放七个，树木枯黄/放九个，烫脱皮肉/放十个，实在难当/……烫乎乎，岩石化浆"。庄稼与草木枯死，江河干涸，人和野兽万般哭泣哀求，牙巫动了怜悯之心，把铁箭和铜箭赐给人类，于是出现征服太阳的壮举："取头个，还滴石浆/射三个，依旧难挨/……射八个，留下一双/一个变月亮/一个变太阳。"在《化石婆》神话中，阿劳受众人之托去射太阳，最后被太阳报复，烧死了他。连他的妻子与孩子在石洞中也被熔为人形石块，粘在石洞壁上，成为千古风物化石婆。这个神话反映人类征服自然的愿望与决心，以及付出的血的代价，是神话逐步发展的见证。

撑天地神话 牙巫用手掰开天地之后，天还倾斜摇晃，容易倒塌。牙巫急忙去锻铜柱、炼铁柱来撑天："造铁柱，撑天两边/炼铜柱，衬天肚囊/撑头次，高七万丈/撑二次，天际高耸。"《开天地造人烟》古歌所叙述的情节比较简单，依旧突出牙巫一人的神奇智慧与功力，与母系社会崇拜女性的特点有紧密的联系。

造人神话 牙巫是水家造人神话的始祖，神话"牙巫造人"叙述牙巫见天下无人，就剪纸人压在木箱中（一说掐木叶藏于土罐中），因其性急，未到预定的十天期，到第七天就开启封盖。结果造出矮小、瘦弱、空胸脯的小人，因其不能劳作，牙巫才放老虎与老鹰将他们吃掉。然后重新造人，才成了世界的主人。《十二个仙蛋》神话，说风神与牙巫相配生了十二个仙蛋，孵化出人与雷、龙、虎、蛇、猴、牛、马、猪、狗及凤凰，最后人最先找到火种，凤凰化美女与之成婚。这比《旭济·造人歌》叙述牙巫造了人、龙、雷、虎四兄弟情节，更显得复杂与丰富，是晚期神话的产物。在《旭济·造人歌》古歌中，叙述"初造人，在干罕洞脚，在熬洞口，干罕造粮，熬洞造人"。干罕是水语舂碓洞的音译，熬洞为粮食洞的音译，石碓是加工粮食工具，而其碓窝与舂碓动态，被古歌编者巧妙隐喻为女体与交媾状动作，这当是人理解男女交合生育原理之后而苦心编出的古歌。水族造人神话是丰富多彩的，还没有形成统一的模式，是具有科学研究价值的。

洪水神话 是"人龙雷虎争天下"神话的深化与发展。当人以火攻击败了虎、龙、雷之后，龙窜入海中，虎遁进山林，雷神翻腾上天。人占领了平坝，子孙繁衍很快。雷神在天上看到了十分气愤，就开天河水淹没人类以报仇。由此就出现了《旭济·造人歌》及神话《人类起源》等口头文学作品。作品叙述有兄妹二人拾到一把锃亮的神斧，后来又归还给寻斧的白发老人。老人为了感激他们，便拔下一颗牙齿叫他俩种下，后来长出了奇特的大葫芦瓜。兄妹二人凿开它当住房。正巧连天暴雨降下，实际便是雷神掘开天河堤引起了洪水泛滥。兄妹二人躲在葫芦瓜内侥幸逃脱劫难，成为再造人烟的遗民。兄妹成婚是违背天伦的事，所以在成婚之前有仙人劝婚，有滚石磨、丢竹片等探测天意活动，有问捕鱼鹰、罗汉竹等情节，有的地区还有哥哥追妹妹成婚的传说。洪水神话借洪水灭绝人类为话题，合理而巧妙地掩饰了人类曾经历的血缘婚事实，使之既符合延续后代的要求，又符合后世的人伦观念。同时也是人类认识到人类自身繁衍规律的曲折表现方式。

人龙雷虎争天下 水家古老神话，有"人龙雷虎争天下"、"四弟兄争天下"的古歌与神话。四者是仙婆牙巫所生的亲兄弟，后来因为老虎独占共同耕作的果实——小米穗而发生内讧争斗。在难以调解时，仙人叫四者比武艺法术，谁赢了就占有平坝田土与草棚。雷、虎、龙分别藏威显法，谁也未被吓倒；最后轮到人显身手，用火攻击败了所有对手。龙窜入海中，虎遁往山林，雷翻腾上天，人成了大地的主宰者。故事朴素地反映了人兽同源的进化观点；表明人类掌握火，大大改善了自己的生活条件，是划时代的进步；财产争夺战反映了原始公有制的破产与私有制的产生。神的虚渺形象逐步消失，而人以高大的形象展现出来，成为独立斗争的猛士。因为人击败了三位对手，雷神上天之后怀恨在心，放开天河水，酿成了灭绝人类的洪水滔天之祸。

"石马宝" 抗暴神话故事，传说水家地方有匹石神马，护佑当地人民。但是，凡骑马由此经过，都须经石神马允许，否则马匹就会跪倒不动。贪婪的皇帝想把石神马抢走，派出了大批官兵差役来搜寻。可是，水家人帮助石神马躲藏起来。差役无奈，只在石神马山下捡些奇形怪状的石块带回皇宫交差。皇帝恼羞成怒，杀了差役解恨，谁知这些石块顿时生出烈焰，把皇宫烧毁了。皇帝不死心，亲自领兵来征讨石神马。这下，石神马不再躲藏，皇帝的马也瘫倒在其脚下。皇上跳上石神马背要制伏它，结果被摔死在乱石山中。故事借助神化的石马来对抗残暴的统治者，反映了水家人不畏强暴、争取自由的美好愿望。

水书的神话 水家有古老文字，水语称"泐虽"。《泐虽的来历》叙述水家当初没文字，便推举六个贤人去燕子洞口、蝙蝠洞坎的仙山学泐虽。卒业归来。五人在途中被病魔夺去生命，只余拱陆铎（陆铎公）生还。因水书很灵验，又遭哎任党的妒恨，四下追拦拱陆铎。背来的书丢失了不少，拱陆铎靠记忆及少量的本子把泐虽传世。《天皇烧泐虽》叙述拱陆铎掌握灵验的水书，为孤儿找到其母——天上白鹤仙女。天皇为之震怒，设计把泐虽焚掉，拱陆铎以墨盘压住了一部分，仅余此传世，所以显得很少，主要部分则靠口传心授。《借书奔月》叙述陆铎公为了让人间有文字，设法到月亮上去偷书（借书），最后掉到地上把手弄残，书也丢失，陆铎公就凭记忆用左手写下今天传世的水书。水书的神话反映了水家人渴望在文化上的翻身，并表现了不畏强暴和艰险的为大众谋幸福的牺牲精神。故拱陆铎（公六夺）被尊崇为水家的保护神。

九仙女神话　水家聚居区的三都县、荔波县交界处，有个地名称九阡，按水语语意应是九仙。这里流传着天上九位仙女为凡人的幸福而从天上带来火种、牲畜、树木花草等几个故事。《阿炫送火种》叙述仙女阿炫，见水家先民茹毛饮血的生活，心里很难过。她在姊妹们的帮助下，把火种偷到凡间。后来，索性与阿宝成亲，定居下来。天母派雷神来到凡间，把阿宝打死，阿炫在无法抗争之际纵身跃入火海自尽。故事反映了水家先民为了取得生活上的自由付出了昂贵的代价。类似的还有《阿崴造山造田》、《阿其送水造仙井》、《阿梅送树木花草》等等。

〔潘朝霖、王品魁：《水族的种种古老神话传说》，载中国各民族宗教与神话大词典编审委员会编《中国各民族宗教与神话大词典》，第555—556页，学苑出版社1990年版〕

2. 荔波县佳荣、岜鲜、水维水族神话传说

①佳荣乡托亮水族寨开天辟地、人类起源传说古歌

上古时期，一片混沌，神人开天立地。先开天，后开地。地上长满了土，长满了石。后来石和土又逐渐变成了山，变成了坡。以后仙家（指水族"开天立地、人类起源"古歌传说中的女性神）又创造了人。

有了天，有了地；有了土，有了石；有了人；有了山，有了坡。仙家就把天撑成万丈高，让天通亮。

开初，仙家创造了土，创造了石，创造了人；后来又创造了白天和黑夜。白天有太阳，夜晚有月亮。李公（指水族"开天立地，人类起源"古歌传说中的男性神）创造了万物。

创造了白天与黑夜。当时天上有十二个太阳同时悬挂在中央，山坡的草木被晒死，大海的水被晒干。仙家就用铜箭射下了九个太阳，留下三个，一个就是现在普照大地的太阳，一个变成月亮，一个化做天上灿烂的群星。

于是仙家、李公他们创造好了一切，后人就享受他们的赐予。

②岜鲜水族乡拉毛寨开天立地、人类起源古歌传说

开天立地之时，天下有三座山，六个坡，崎岖不平。以后天下之势逐渐变缓，仙家（亦系指女性神）就用铜柱把天撑成万丈高，然后仙家又创造了十二个太阳。十二个太

阳同时普照大地，炎热难堪：石头炸裂，泥土炙红，万物皆不生长。于是仙家就同李公（亦系指男性神）互相商量，用铜箭射落十一个太阳，只留一个，万物才能复生。当他们用铜箭射下第一、第二个太阳时，天下开始有动物；射下第三、第四个太阳时，水中逐渐有鱼类；射下第五、第六个太阳时，山上逐渐长出树木；射下第七、第八个太阳时，原野上慢慢长出各种青草；射下第九、第十个太阳时，就产生了人类，射下第十一个太阳时，天下草木繁茂。这样仙家和李公就不再射了，留下一个照亮天下。随之，仙家和李公又把天下分成白天与黑夜。

开天辟地之时，李公在天下放了四个生灵。它们的面目体格皆不一样。第一个是老虎，第二个是龙，第三个是雷公，第四个是人。四个生灵互相竞争，都想居住在地面。老虎想凭借自己的威力居住在地面，龙、雷公、人都不服气，要老虎显显自己的本事，谁怕谁就离开。结果人叫老虎在前，自己在后用火烧，老虎怕火，只得逃居密林深山。龙讲自己会兴风作雨，结果人毫不惧怕。雷公讲自己能作雷霆、闪电，结果人亦不怕。于是龙和雷公就要人显显自己的本事，人叫它们上坡顶看自己显本事，待它们上到坡顶，人就在坡下放火烧山，龙只得潜居大海，雷公亦只得飞匿天上。于是人就占有且居住于地面。龙虽潜居海底，雷公虽飞匿天上，但它们仍不服输，商量要造成大水整治于人。神人李公得知，就叫人栽种葫芦。他告诉人，一百二十天后，葫芦就可收获，然后再把葫芦掏空，以待洪水。果然，一百二十天后，洪水滔天，人就乘上掏空的大葫芦，随波逐流，安然无恙。洪水泛滥了整整一百二十天，龙和雷公皆以为人被淹死。但洪水退却，葫芦落地，人仍没有死，结果仍是人居地上。于是仙家就遣一个女子到地上，与人相配。不久女人生产一肉团，人怪之，用斧劈得粉碎。仙家叫人把肉块拿到其他地方抛撒，人讲自己没有这么大的能力，于是仙家就派乌鸦帮人抛撒。乌鸦把肉块啄到哪里，哪里就有了人。这样地上到处都有了人。天下的人分成四种：客家（汉族）、苗家（苗族）、水家（水族）、仲家（布依族）。仙家叫他们一起来学说话，结果他们各学会了一种互不相通的语言。

仙家先拿草种，撒在坡；后拿树种，种在山。撒草喂牛，种树造屋。树长，人用斧头砍，推倒平地上，然后放脉，然后砍齐，然后放线，然后改成枋子。改了三天，够起一幢房子。然后改成柱，定时间，找日子。找得好日子，又怕错过好时日，就用鸡来鸣时。天刚亮，兄弟三十人就立好第一排柱子；又加到四十人，才立好第二排柱子。立成柱子，上好檩子，钉好椽子。找师傅，来烧瓦。踩泥巴，打成砖，割成瓦；打得瓦，立瓦窑；瓦窑成，搬瓦进；烧三天，瓦刚红；烧四天，瓦刚熟。瓦烧成，人熏黑。男抬柴，头昏了；女抬水，拉臂膀（皆辛苦之意）。烧成了，把窑封。封三天，瓦出窑。力大者，抬一筒；力小者，抬半筒。抬来家，找师傅，把瓦盖。翻接雨，仆盖阴；上挡雨，下遮阴。早朝代，住草屋，到现在，住瓦房。

我们知道，神话的产生往往是先人企图说明世上各种事物的起因与性质。虽然"神话的创造就其基础讲来是现实主义的"，但由于当时人们的智力还十分低下，认识世界的能力还十分有限，因此，就难免不掺杂一些现代人看来似乎是荒诞不经的东西。第一首古歌中，是女性神仙家创造了人，射落了多余的太阳。在人类历史发展之初期——母系氏族社会中，人们是"只知其母，而不知父"，亲戚关系是按母亲血缘来加以计算的。这时一切主要的社会活动都由妇女承担。因此，我们可以看到古歌所主要讴歌的女性神仙家无比的神力，而从男性神李公所处的配角似的地位，揣测其古歌产生的时代，大致是在水族社会妇女还具有崇高社会地位与权力的年代。第二首古歌中，虽然仍是女性神仙家射日，然而她已要同男性神李公商量了。同时，李公创造了包括人在内的世上最初的四个生灵。是仙家送女给人，虽然是仙家出主意人才得以繁殖。这些使我们不难发现李公在造人中已起到很重要的作用。而且，当龙和雷公想用滔天洪水淹死人时，是李公拯救了他们。从这些具体情节中，我们可以看出，这时妇女手中的权力正逐渐转移到男人手中，男人在社会生活中的地位越来越高。因此，可以说，这首古歌产生的时代没有前一首早，或者可以说，这首古歌没有前一首古歌那样古老的内容保存得完整。虽然它仍保留有若干原始成分，反映着朴素的远古人类社会生活的背景，但在代代相传、口口相授中不断加工制作，注入了当时社会生活的新内容。

"这是人类的童年。人还住在自己最初居住的地方，即住在热带或亚热带的森林中。他们至少是部分地住在树上，只有这样可以说明，为什么他们在大猛兽中间还能生存。"在第二首古歌——人同虎、龙、雷公相争的内容中，我们可以想象先人在克服自己，适应自然、改造自然中所付出的艰辛。这些忠实地记录了人类童年成长过程之艰苦。

[颜勇：《荔波县佳荣、邑鲜、水维三乡水族神话传说及习俗调查》，载贵州省民族研究学会、贵州省民族研究所编《贵州民族调查》（之四），第275—277页，1986年]

第七章　占卜、巫术和禁忌

第一节　占卜

1. 榕江县水尾公社水族占卜

占卜是水族鬼师盛行的测鬼手段，亦用以预测事的成败和判断征兆的凶吉等，大致有下列几种：

"戛贵"，即割蛋。鬼师取鸡蛋一枚，用木炭在蛋壳上画一简单图形（如图所示），将蛋用清水煮熟，然后用刀割去一端，取小的一端用口吹去蛋黄，将蛋往空一照，视其显影的形状来判断凶吉和某神某鬼，且左右有别。若蛋清的右方显影则认为是外鬼；如蛋清的左方显影则认为是内（家）鬼。显影若成一条直线则表示要杀牛祭鬼；若显影的"脚"朝内则预示病人有好转的希望；若显影的脚朝外则认为病人有生命的危险；若无任何显影则表示鬼不同意或没有鬼，这又须另卜。

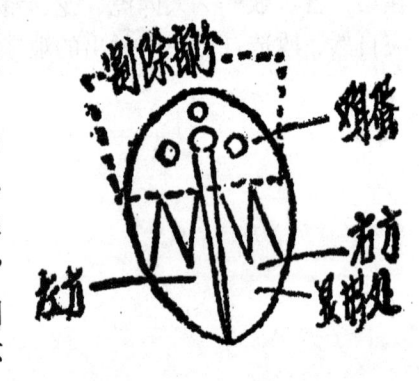

"竹卜"以粗如拇指的圆竹一节（长约三寸），削其一端，剖之为二，即成卜具。鬼师在口念咒语的同时将卜具掷于地上，视其仰伏的情况来判断凶吉和测定某神某鬼。一般来说，一仰一伏为好卜；两块同伏为次卜；两块仰则为坏卜。

"鸡卜"，无须鬼师念咒，一般来说多用于青年男女订婚之事。其做法是：取仔鸡一只，杀死之后去毛剖腹洗净，以清水煮熟，捞鸡视其眼的好坏来判断事物的成败和婚事的可否，若两只鸡眼都平整无损则为好，即可订婚；若其中有一只鸡眼被损坏，则婚告吹；但有男女双方的感情特好者，虽鸡眼不好亦可成亲或另择鸡重新行事。

"石卜"（毫顶），亦称为"吊石头"，是水族鬼师测鬼的普遍方法。其做法是：用细绳拴住一块石头（略为长形），取病人少许衣巾夹于绳上，鬼师向石块呵一口气，然后合掌提起悬于空中，成静止状态，经鬼师念咒之后，视石块的摆动来判断凶吉和测定某鬼某神，若石块有摆动则认为是某鬼某神，再咒，石块又摆动，则认为是以某种牲畜或家禽许给某鬼某神已得同意,等等。一般来说,由于鬼师作法,故石块没有不摆动的。

"草卜"(吼航),鬼师手持稻草七至九根,口中念念有词即将稻草拧为一股,于草的两端以每两根草打一个结,然后将其拉开,视草结的朝向来判断凶吉和测定某鬼某神。若草结的朝向一致则认为是吉利的象征;若草结的朝向不一致,或有碰撞的情况,则认为是一种恶兆,这预示病人有生命的危险。

[岑秀文:《水尾公社水族的原始宗教》,载贵州省民族研究所编《贵州民族调查》(之二),第109—110页,1984年]

2. 水族的古老占卜

薅　意为"水家的占卜"。崇拜神灵的水族,认为死去的人随时可以干预活人的生活和命运。因此,一遇灾难、疾病、贫困,都认为是鬼神作祟,便请巫师占卜,问有何神何鬼,是吉是凶,企望求得解脱。水族社会盛行的占卜方式有巫卜、蛋卜、草卜、石卜、铜钱卜、鸡卜等主要几种。此外,还有文王卦卜。

巫卜　水语称"薅押",即由女巫进行的占卜,俗称"过阴"。求卜者用一尺新白布巾包装一碗米,封几角钱,拿着香纸去问卜。女巫烧香纸,用黑布巾蒙首,烧黄蜡,吸其烟,口中念念有词。有时大声唱歌,忽然宣布某神某鬼已到。于是由某神某鬼问求卜者的一些情况,就判吉凶,应敬某神某鬼,可以化凶为吉。当时也可去传求卜者的祖宗及有关系的死者来对话。巫婆只说出应敬某神某鬼,但她并不实际去敬。求卜者把巫婆的话转告巫师,由巫师择定吉日,叫求卜者备牺牲及所需的供品,临时由巫师念咒作解。能兼择日及念鬼的女巫亦偶有之。

蛋卜　水语称"薅介"。用鸡蛋一枚,放在一个装有白米的碗上,卜师捧蛋碗念祝词。念毕,用炭笔画蛋壳。画毕,放置在小锅内将蛋煮熟,用刀截其半,有的截去一边,而多数是截去一头,留一边或一头,吹去蛋黄,看看蛋白里有些什么阴影和黑点,再看蛋白薄的那一面属于何方(原有炭笔的记号)来判吉凶,判断某神某鬼。这种卜法很古,且属水家最高层次的占卜。卜师一定懂得《水书》。此与古越人"书墨于卵,记其四维而煮之,熟乃横截,视当墨之处,辨其白之厚薄"而定吉凶的情况相似。水家蛋卜大多分为三十六个卜口,每个卜口有固定的水语名称,如"岩贡、枯分、郎分、徐美、尼洛、化美"等。另外,还分为疾病、婚姻、盗贼、命运、口舌、怪异、丧葬等十来个占卜类别。此外,还有烧蛋卜及投蛋下井卜等方式。

石卜　水语叫"薅定"。用一根草绳捆一个石头,将患病者的衣襟夹于悬挂卜石的草绳上,巫师用手捏住绳头,提着卜石,口念咒词,看石头摆动的次数和方向来判吉凶,判断何神何鬼作祟,决定用何物解脱。石卜用的石头,是在神石(即石菩萨)处通过竹卜而取得的。一般认为,只有在神石处提取的卜石才有效验。

草卜　水语称"薅捻"。用七根糯谷草(有的用九根)捻做一束,将患者的衣襟握在手中,巫师一边口念咒词,一边将草的两头每两根打一个结。打完后,将草撒开,看联结的情况判断何神何鬼作祟,是吉是凶。

铜钱卜 水语称"薅枚贤"。求卜者将患者的衣襟,用一尺新白布包着一碗米,封几角钱向巫师问卜。巫师将簸箕置于面前,将患者的衣襟、五枚铜钱、一把米放进筒里,巫师一边口念咒词,一边用手摇动竹筒。念毕,将竹筒倒扣在簸箕上,看铜钱上显示的图像来判断何神何鬼作祟(铜钱上有字的那面为●,无字的那一面为○)。呈此形状○○○○●是金,○○○●●是木,这是野鬼作祟;呈此形状○○○○○是水、土,○○●●●是火,这是家鬼作祟。找到了何神何鬼作祟后,再卜吉凶。○○●○○此图属金,三次卜成上图病重。●○○○●此图属木,三次卜成上图病轻。○○○○○此图属水、土同卦,三次卜成上图无儿。○●○●●此图属火,三次卜成上图病凶。第三次卜是限病好的时日及病好得快慢。○○○○●并合●●○○○是金克木,听说别处有人死或猪死才过难。○○●●●并合○●○●○是木火通明,病轻不用愁。○○○○○此图属水、土,病情慢慢好,恢复期长半吉昌。○●●●○此图属火,病人即愈大吉昌。○●○●○此图属木,病人快好大吉昌。○○○●○此图属金,病人好快好慢还难决定。此卜各地不尽相同,判定的方式方法亦有差异。

别丙 水语音译,意为"掷竹片占卜"。取六七厘米长手指般粗的竹节,一头削平,一头斜削,对半破开做卜具。几乎所有的祭鬼神仪式中,都要在米碗上放此竹片,不时轻轻抛掷,以观鬼神显灵情况以断吉凶;在巨石"哥散"、井泉、古树等显灵之物处占卜命运或求事吉凶,也用此竹片。

当竹片呈一仰一俯状为上吉,事态如愿之后即如约来祭祀酬答;若呈全仰或全俯,则认为不吉利,常再度祈祷后又占卜,有的改期占卜。这是人们认为鬼神的意愿,会通过某种物象昭示人们趋吉避凶。

鸡卜 ①在祭祖、求婚、求财、送鬼时,杀鸡供奉后观其双目以断吉凶。半睁半闭大吉,全睁为中吉,全闭为小吉,若暴裂、凹陷为至凶;②撕鸡腿断曲直,遇争执、怀疑猜忌、赖账而难以调和的双方,当众发誓焚香烧纸祭天后,各执一鸡腿用力撕开,大的一边为理屈者,即依赌咒发誓条款受处罚;③祈雨活动的敬霞节,以一鸡站于高竹竿顶端,念咒之后让其啼叫呼唤雨神。如其不叫认为难以如愿,则再念咒词虔诚祷告,或改期再敬之。人们认为鸡具有一定的神性,能借其反映某种神鬼的意愿,与古代鸟崇拜有关。

投蛋下井卜 刚过门的新媳妇首次到夫家井边挑水时,起得很早,把煮熟的鸡蛋对破后,平心静气虔诚地投入井里,观其剖面仰俯来断吉凶。一仰一俯是阴阳得位,主上吉;全仰或全俯主半吉半凶。为此,往往要回娘家请鬼师念鬼解除恶邪之鬼,祈求幸福。

[王品魁、潘朝霖:《水族的古老占卜》,载中国各民族宗教与神话大词典编审委员会编《中国各民族宗教与神话头大词典》,第551—552页,学苑出版社1990年版]

3. 三都三洞恒丰水族占卜

在水族人民中，一般的中老年人，无论男性或女性，都会施行简单的占卜术，即凡是家人遇到不顺愿的事，诸如人、畜不易生长或病痛、庄稼受害、奇特的梦影、奇异的自然现象、夜晚看见流星下坠、老蛇登进家门、出行遇见老蛇拦路等等，都被视为不祥之兆，一般农民只要遇上一个或两个不祥之兆头时，人们总是情不自禁地会依据历史传统思维习惯或是自身的生活实际经验，以占卜的方法来寻求补救措施，即通过占卜来确定，某种神灵与鬼魂来捉弄，需得施行某种祭祀礼仪等等，然后再请水书先生或一般的巫师、巫婆来实施其礼仪。

就一般占卜而论，计有：铜钱卜。用五个铜钱放到竹筒里，假设以某种神灵为对象，摇晃竹筒以后倒在簸箕里，视其铜钱的有字面和无字面的翻与扑的数目来测定，名曰：金、木、水、火、土，这样反复三至九次，即可认定某种神灵来侵犯了。竹卜：用一节竹子剖开成两半，用手拿起，又放下，以翻或扑来认定神灵之来侵犯。石卜：一般要由巫师进行，用一根稻谷草捆一石头，将石头碰一下当事人的衣物；巫师提着石头，口中念念有词，看其石头摆转的次数和方向来认定吉凶与何种神灵来作祟。蛋卜：用一个鸡蛋由水书先生拿着并在患者或当事人的身边晃一晃，念经咒词，然后用木炭画一些笔画在蛋壳上，放到锅里煮熟，剖开蛋皮，视其蛋的阴影或黑点来认定吉凶与何种神灵来侵犯。草卜：由巫师用五至七根糯谷草在患者或当事人的身上拍一下，一边念经咒，一边用手将草的两头分别打结，然后又将糯谷草放到地面上，视其草联结的情况来定吉凶与判断何种神灵来犯，如何作解。

上述占卜法除一、二项由农民自行占卜外，其他的占卜要由水书先生、巫师、巫婆来进行。一旦占卜认定何种神与鬼魂来侵犯之后，就得准备牺牲和其他物品择吉日实施祭献仪式。在这些祭献仪式中，无论是水书先生或是巫师、巫婆都要施展一定的巫术技艺，特别是在驱赶、拒、送恶鬼神灵的祭献仪式时，巫师要着古装，头戴草帽，手持凶器（刀、斧），念经咒词时，大声武气，阴声惨惨；患者或当事人的大门上要挂多种树叶或枝条，特别狼箕刺不可缺少；祭献完毕要将村旁的路口拦上一些树枝，立一标杆以示封锁。若是集体性（即一村或数村）的祭祀活动，外族、外村人不准入内，违者罚款等等。

另据，韦常林（水族，78 岁）说，人们占卜求神与祭献后，受难得救了，即证明神灵保佑，鬼魂驱除了；若不能如愿（即实在不能解除），还需要另行占卜与祭献，有的农户连续举行数次，少数农户为此而弄得人财两空也是司空见惯的。可见水族人民中占卜与巫术观念之深了。

[雷广正：《水族原始宗教信仰调查报告》，载贵州省民族研究所、贵州省民族研究学会编《贵州民族调查》（之八），第 100—101 页，1990 年]

第二节 禁忌

1. 生产禁忌

水族在日常生活中有不少的禁忌。但是，随着社会的发展，文化科学知识的逐渐普及，也慢慢地有些改变。这里最突出的是忌春雷，而上拉力（地名）和乌雀（地名）在忌春雷上有所不同，上拉力前些年是按老一套忌的，即第一次听到春雷要忌九天，第二次听到春雷忌七天，第三次忌五天，第四次忌三天，第五次忌一天，往后虽听到春雷也就不忌了，但现在改为春节后第一次听到雷声要鸣鸟枪，忌三天，往后凡逢这一天就又忌三天，比如第一次打雷是猴天，往后凡逢猴天就又忌三天，一直忌到插秧为止。在忌日内只能打柴、割草等，不能干犁田、耙田、撒秧等活路。乌雀是第一次响春雷时，往后下种就必须在这一天，其他天不行，但现在也有个别户不忌了，如潘金生家这几年都没有忌。

此外，在迎亲途中也忌雷声。如果在迎亲途中遇上响雷，就必须在到夫家后用一只鸡或一只鸭来解脱，由夫家主人先摆上三杯酒、一束香、一碗饭敬神，再杀鸡鸭，煮熟后继续敬祭，烧纸钱，方得解脱。

结婚后，岳父母初次来家做客时，忌杀鸭、给鸭蛋吃，也忌杀白鸡，忌吃鲤鱼，认为那样都是不祥的征兆，预示将来不好。

老人死后，全族子侄后辈均需忌荤（但勿需忌鱼虾）、忌吃蛋，认为吃了就是对长辈不孝敬。

老人死，如果晚辈中有与老人属相相同的，比如都是牛年生的，老人断气后不能见面，只能待入殓盖棺后才能去看。

出门赶场时，若遇雀屙屎在身上，为大不吉利，必须立即返回，否则有祸事降临。

妇女生小孩后，三天之内严禁外人入房间，打草标为标记。

母猪生小猪崽，本寨、外寨人不准进入圈栏内，若脾气不好的人进去了，今后小猪也会像脾气不好的人一样，整天吵叫。

[陈国安：《榕江县计划公社水族社会历史调查报告》，载贵州省民族研究所编《月亮山地区民族调查》（贵州省少数民族社会调查之一），第281—282页，1983年]

（一）忌雷，这是水尾地区水族同胞普遍而严肃的一件大事。每年立春后第一次听到雷声时家家户户鸣枪迎接，并根据所谓的"五行"之说，即东方甲乙——木，南方丙丁——火，中央戊己——土，西方庚辛——金，北方壬癸——水来判断一年的雨旱情况。他们认为,南方属火,若雷声自南方而来则必有旱象;北方属于水,雷声若来北方则雨水调匀。今年在水尾地区的第一次雷声由西北角而来则被人们认为是风调雨顺的好年景。

这里的水族同胞自年初听到雷声之日起,第一次忌雷九天;第二次听到雷声忌七天;第三次听到雷声忌五天;第四次听到雷声忌三天;第五次听到雷声忌一天。忌雷期间不许动土,如犁田、挖土、薅地等,但可以干其他的农活。人们认为,不忌雷即得罪"雷神",将影响到雨量和庄稼的长势。据说,解放前对违反忌雷的人,罚大肥猪一头和米、酒若干,宴请全村群众。

(二)种棉花时忌说不利于棉花生长的话,否则棉苗长不起来,或只长苗不结棉桃。

(三)春耕播种以后忌烧死人,认为烧死人是一件不吉利的事,会影响庄稼的成长。

(四)春播之后忌吹芦笙,认为吹芦笙会把播下的种子吹走,影响到作物的长势。

(五)寡妇改嫁后必须在其新夫家住满一个月,并要到自己的舅舅家走一趟之后方能自由串门。违者按习惯法罚猪、狗、鸡各一只祭祀,谓之"洗家",并包所到人家的老幼平安三年。

(六)无依无靠的老幼若回娘家同舅舅度日,她死后亲兄不予安埋,亦不参与宴请。但可以支付酒、肉等费用,以请人办丧事。

(七)岳父或岳母病危时,女婿和姑娘(女儿)必须急速离开岳父家,即使岳父或岳母当即绝气亦不看望。

(八)有类似汉族"见龙死,见虎穷"的禁忌。例如人们在山上看到穿山甲(动物),便认为是死难临头,必请鬼师以羊一只、狗一只、小猪一头、鹅一只、鸭一只杀祭。行祭分三次进行,第一次杀羊和鹅祭;第二次杀猪和鸭祭;第三次杀狗祭。他们认为这样做之后就可消灾免祸。

(九)忌蛇进屋,若发现有蛇进屋立即于门外用土碗盖一把米草于地上,表示阻拦,并请鬼师急速念咒赶鬼。家里若养有母猪必杀母猪祭,无猪则可杀大母牛祭。祭毕剖牛头(或猪头)及其四蹄抬到山上设祭,并杀大公鸡一只。此外,须摆衣服、镰刀、斧头、锄头、柴刀、头帕等物品做供。事后任意取上述一件物品弃之于野,则认为鬼会随之而去,就可消灾免祸,这是其一。其二,蛇进屋时,须口含米酒喷之,并念口语:"你来我们知道了,你的命大,长命百岁。你是给我们送银子来的,使我们有吃有穿,发财发富。我们知道了,你赶快回去吧!"让蛇自由离去。

(十)外出忌山雀拦路,认为:山雀若站在路的右边叫个不停,则是吉利之兆;若山雀站在路的左边叫得很厉害,则为恶兆,并速返家;若山雀在路的右边叫后又飞到路的左边叫或从上边飞到下边叫,则预示家里有人病死、寨上发生火灾或有其他坏事发生。

(十一)拉屎时忌听阳雀第一次叫。每年开春之后若在拉屎时第一次听到阳雀叫,则认为是一种凶兆。一时不能进屋,须速叫家人给一土碗,背上反背蓑衣出门讨饭,以兹补生命。讨饭要过三村,至少过三家,并将讨得的饭吃光后才能返家,否则有丧命的危险。若在干活时第一次听到阳雀叫，则是很好的兆头，必然是雨水调匀和五谷丰登。

（十二）出远门的人，若刚起步不久遇见妇女小便，则是不吉利的象征，得停止远出。

（十三）若有乌鸦在村头树上成群地叫个不停并连续三个上午，则预示本村必有人死亡。

（十四）在野外干活的人，若被鸟拉屎淋身，则认为是病前的征兆。

（十五）人死了之后其亲属和家族要忌荤，直至将死者安葬完毕，才能吃荤。在水族同胞看来，未将死者安埋之前吃荤，是对死者的极大不尊，并受到家族和社会舆论的谴责。

（十六）姑娘出嫁时若在途中看到办丧事、抬死人，或看到死猫、死狗之类，都认为是不幸的恶兆，立即返回娘家，或请鬼师驱邪。

（十七）新娘子若在途中或到男家的当晚听到雷声，则认为必将有大祸发生，不是男死，必是女亡。须请鬼师杀大肥猪一头祭鬼神。

（十八）媒人说亲，若在途中看到抬死人、办丧事或看到死猫、死狗则认为是不吉之兆，择日再去。

（十九）水盆寨的水族同胞忌伤猴子和吃猴肉。传说他们的祖先是猴子养大的，故吃猴肉或伤猴子就是对祖先犯下忤逆不孝之罪。

（二十）忌生私生子。若有不婚生子的妇女，必遭社会的非议。非婚孕妇必令其去山上住牛棚，产后满月才准进村。按习惯法对违者罚大肥猪一头，酒、大米若干，用以"洗寨"，并令女的供出与之发生性关系的男人。所罚的物资一般由男方支付，若女的不供出那个人则由自己负责。

（二十一）忌日食和月食。每发生日蚀和月蚀之时认为是不吉之兆。传说是大蛤蟆把太阳和月亮吃了，各家各户须鸣枪、击鼓、敲锣营救。

（二十二）秋天大雁行空时若发生凄厉之声，则预示着天下不太平或将有灾难发生。

（二十三）若遇特级大风时，妇女们常把水瓢扑于地上，或烧头发和烂布巾，认为风神闻到臭味就能使其停止或转向。

[岑秀文：《榕江县水尾公社水族的原始宗教》，载贵州省民族研究所编《贵州民族调查》（之二），第112—114页，1984年]

忌春雷：按天干地支子、丑、寅、卯……十二日计算，按春季头一次打雷是哪一天，以后就忌哪天。如第一次打雷是丑日，以后凡逢丑日都不进行农事活动，直忌至栽插完毕。

忌龙脉：凡是人们认为是本村寨或某几家人的龙脉地方，不允许开荒动土，也不允许砍伐树木。若不遵守，遭到全村人的反对，凡是出现灾难均要由违者负责。

忌老虎田：建国前合法乡有一块田，老虎睡过。建国后，有个人种了一角，不久病死。其母请鬼师看魂，鬼师说是种虎田而死的，因为得罪了"虎神"。需要请鬼师杀鸡、鸭祭田。祭田时，用草扎一个草老虎，放在田角里祭献，然后一边放铁炮，一边将假老虎拉进山洞去，并用一只水牛角埋在田里，因为老虎怕水牛。凡是老虎坐过、睡过、打滚过的田称为"老虎田"，都忌种。

忌雷击：凡是雷打过的田，都不准耕种。合法乡半坡有块面积四担禾的田，被雷击一角，群众都不敢耕种，怕死人。1953年经工作人员再三动员，方把田耕种，但雷击过的那一角仍空着。

忌寡妇田：据传，解放前有一个寡妇，临死前到一块面积六担禾的田埂上，跪在地上喊："天啊！没有生儿女真苦！"以后，人们都不敢种寡妇田，怕以后断子绝孙或早死。凡是寡妇田都丢荒不种。

还有"风水田"、"麻风田"都不允许耕种。种风水田，怕伤害风水造成干旱等天灾，种麻风病人死在那里的田，会生麻风病。

由于各种封建迷信思想的影响，人们在生产上有许多禁忌，给生产带来一定影响。凡是遇天旱、疾病流行，都乞求神灵保佑。求雨时，首先要开田杀鱼，使天看到鱼没有水吃，而下起雨来。然后杀鸡、杀鸭、杀狗、杀牛敬祭求雨，还放一副棺材。人们说"人靠菩萨田靠天"，有的群众跪在田边喊天，或群众性下河闹鱼，以示求雨。人生病时，也要祈求菩萨乃至虫、鱼、鸟兽神灵保佑。

种棉花和新开土地，杀鸡敬神后才会获得丰收。种棉花时，把鸡蛋埋在土内。据说，这样才能使棉花的花朵大得像鸡蛋，而获丰收。

〔雷广正、吴佺新：《摆亥水族乡社会历史调查报告》，载贵州省民族研究学会、贵州省民族研究所编《贵州民族调查》（之四），第450页，1986年〕

2. 出行禁忌

水家崇奉多神，办事与出行方面的禁忌不少，有些是对女性的歧视，是水家父系社会确立之后的产物。忌见到孕妇，凡初始办较大的事或出行，若遇上孕妇，认为不吉利；忌看见妇女小便、梳头、洗澡，凡出行办事俱认为是不吉利的先兆，往往要改期而行；忌乌鸦啼叫，认为是报凶之音；忌蛇拦道，恐诸事不顺利或家中出祸事；忌鸟雀及乌鸦等拉屎淋着人身，认为是大祸降临的先兆；梦见不吉利之物，忌出行办事；忌遇见呆滞不走不飞的兽鸟，认为其送鬼而至，更忌捉其归家；忌煮饭夹生，忌饭碗破裂，主诸多不顺；忌途中见到怪异，诸如清泉暴涌浑水、野地突冒水柱、男女媾和等。

〔潘朝霖：《水族的古老宗教性禁忌》，载《中国各民族宗教与神话大词典》，第550页，学苑出版社1990年版〕

3. 婚姻禁忌

在迎亲途中也忌雷声。如果在迎亲途中遇上响雷，就必须在到夫家后用一只鸡或一只鸭来解脱，由夫家主人先摆上三杯酒、一束香、一碗饭敬神，再杀鸡鸭，煮熟后继续敬祭，烧纸钱，方得解脱。

结婚后，岳父岳母初几次来家做客时，忌杀鸭、给鸭蛋吃，也忌杀白鸡，忌吃鲤鱼，认为那样都是不祥的征兆，预示将来不好。

[陈国安：《榕江县计划公社水族社会历史调查报告》，载贵州省民族研究所编《月亮山地区民族调查》，第281—282页，1983年]

1. 迎亲队伍忌见鸟横飞道路。反之，新人就会生病或不洁。所以迎亲队伍前面几十丈远，有小伙子手持长竹竿专门驱鸟开路。

2. 迎亲队伍忌撞见出丧队伍。如见之，则新娘或新郎要死。

3. 迎亲队伍忌见孕妇，不然新娘"不坐"（不育）。

4. 新娘刚到夫家，夫家要用竹子把楼梯围上三、五、七、九等单数圈子（围的圈数的多少视楼梯大小而定），意即其他人走楼梯之时是走在竹圈上，新娘再走就不会"冷脚"（生病）。

5. 寡妇再嫁，后夫向前夫家族中人交退彩礼时，忌在寨边、田边等处，只得在荒山、石山坡等不毛之地交。否则，在哪里交，哪里就草木不生，庄稼无收，人畜不旺。

6. 寡妇再嫁后，忌回前夫寨中或家中，不然自己将或生病或残废。

7. 寡妇再嫁，要过一年才能回娘家，否则，娘家人畜不旺。

8. 妇女离婚再嫁后，又要同前夫和好，而前夫又同意者，妇女回前夫寨时，要脚踢树石，口含稻草（意即缺德，示罚），扛一捆草过寨（意即她以前不是去嫁人了，而是上山拾柴火去了）。不然，前夫和孩子就会生病，全寨六畜都会死亡。

9. 姑娘出嫁后，回娘家，忌自己开门进屋，忌进娘家禾仓；不然谓其不懂道理。

10. 新娘第一次进夫家门，忌见屋中有人。所以夫家之人在新娘进屋之时都得回避。

[颜勇：《荔波县佳荣、岜鲜、水维三乡水族神话传说及习俗调查》，载贵州省民族研究学会、贵州省民族研究所编《贵州民族调查》（之四），第287页，1986年]

水家崇奉多神，在人生礼仪的婚丧活动中禁忌之多难以胜数，故有"讨错一门亲，胜过葬错一祖坟"之说。问亲、接亲要忌《水书》上的"破罕"、"杀上"、"姑秀"、"卡补妮"等二十余种凶煞；忌在称为"怀奴"的同血缘氏族宗支内开亲，恪守"同宗同血缘不娶，异宗异氏族开亲"的原则，违者受习惯法惩办。过去以猪笼装犯禁者溺入深潭，而未婚先育及在"怀奴"内有性行为者亦受此习惯法惩治；忌雷，雷被称为"尼杠那"，直译为母头雷，是至高无上的母性雷神。女子出嫁时，遇上雷则改期出阁，若已在途中，或径往夫家，入门之后不坐不喝又立即倒回娘家，或在夫家住上十二天再回娘家，但都杀公鸡请巫师念咒敬雷神。接亲时，新娘一定要打红雨伞，相传由忌雷所引起的；忌踩同日出阁的另一新娘的脚印，认为会乱了芳步，往后诸事不遂意，故绕道而行或由兄弟背新娘过这一段路，近来有些地方的新娘相会则以手巾互赠以免祸纳福；忌踩抬死人的路段，当日该路段已抬过亡人，则新娘要改道而行或由兄弟背之而过；新婚之夜忌同房，是夜有伴娘相陪，待新娘回门后再请来了才能同房；出门忌同房，认为对他人不礼貌；忌在堂中同房，怕玷辱祖先神灵；夫妻要分床睡，同房时丈夫再入妻室（现在大多已改为同室寝）；新娘出阁进夫家时，要空室迎候，象征对新娘的尊重，让其日后成为主人；喷水驱邪，或以绿叶或芭茅草拂拭即跨入郎家的新娘，以期扫除染上的恶鬼；妇女改嫁，忌嫁给原夫宗族内的人，忌回原夫村子，倘若回娘家，第一次必须从偏门入室，第二次方能从正门入室；改嫁妇女，忌在原夫的村内写离婚书，恐该村人将来失和，只允许在野地里写；寡妇改嫁，忌在原夫村内交付寡嫁金，寡嫁金多为再婚夫支付。人们认为在野地里兑换，该地会再也不生草，若是在石头上兑换，石头也会炸裂，此为从一而终，改嫁犯天意的伦理观念及迷信观念的表现。水家这些婚姻的禁忌中也有合理的成分，如严防近亲婚的忌戒，但大多为迷信观念及陈旧的伦理观念支配下产生的，尽管有了一些改进，但步子迈得较慢，相信随着文化教育的发展，不恰当的禁忌会被摒弃。

[潘朝霖：《水族的古老宗教性禁忌》，载《中国各民族宗教与神话大词典》，第549页，学苑出版社1990年版]

4. 生育禁忌

水族崇奉多神，众多的生育禁忌与古老的宗教活动往往紧密相连，违禁者俱念鬼以驱邪。忌在娘家生育，若万不得已，也只能到野外的树林中或山洞中生育，但必须满月之后才能进娘家门；生育之后三天内禁止孕妇来家，恐新生婴儿不乖，故常于门外插上竹竿夹着的三角形红纸或插芭茅草绾结的标记，违者要用公鸡来扫家；未满月的产妇忌串门；未满月婴儿忌背在背上，恐对婴儿不利；产妇忌食酸辣味的食品，忌听到怪物响声及铁炮、鞭炮等噪耳响声；胞衣有的埋于屋基下、柱头下，有的要挂在屋后通风背静的树上，过高恐婴儿头昏，过矮又恐其吐奶；初背婴儿回娘家，须忌《水书》上的"天割"、"杀上"、"某没"等十来条凶煞日，要在背带上插小草结以驱邪；切忌夸婴孩长得俊美可爱，而要以丑脏等语来称赞，以防游荡的野鬼慕名而来坑害之；产妇未满月或满月后身体未恢复不准同房。这些禁忌，有些是经验的总结，有些是缺乏科学文化所导致的。

[潘朝霖：《水族的古老宗教性禁忌》，载《中国各民族宗教与神话大词典》，第549页，学苑出版社1990年版]

按《水书》要求，禁"分散日"、"灭门日"、"克父母日"等凶日。要择"六合"大吉大利日，新娘出阁忌打雷，怕新娘、新郎夫妻某一方有灾难。新娘出阁途中如与另一新娘相遇，要绕道走，不能互踩走过的脚印，结婚时辰不到，忌新娘进入新郎家，怕日后新娘不跟丈夫住在一起。猪崽忌赠给岳父、狗仔忌送给女婿，忌孕妇入酿酒房，坐月妇女忌用手摸供祭品，三天内忌食母猪肉、鸭、鸭蛋，不让外人进门，产妇未满月，外婆来看女儿，忌进产房，怕不能回去，人死，不能抬入寨内，只能停于寨外，男丧忌杀母牛、母猪，女丧忌杀公牛与公马，年龄在50岁以上的人忌看视同岁病人或死者，活人眼泪忌滴在死者身上，怕死者找不着投胎的路，死人入殓时，忌穿棉衣怕子孙耳聋等。

〔王克松、王应春：《水族禁忌刍析》，载贵州省水家学会编《水家学研究》（二），第154—155页，1993年〕

非婚生子女，群众叫"野崽"。解放前不论是姑娘、寡妇或有夫之妇，只要是养了野崽，家族寨邻都不答应，不仅认为本族本寨"丢脸"，而且相传养野崽"寨上要天旱，族庭（即家族）要饿饭"。所以解放前对养"野崽"的妇女就要打骂，有的打伤，个别的甚至丢水中杀害。而怀"野崽"的母亲被要求堕胎；实在无法，母亲也是私自跑到山坡无人地方生下婴儿后即活活砸死或活埋，如解放，三郎寨夏陆氏把私生子用脚活活踩死。解放后，在三郎寨对养私生子，群众都怕违反政策，不敢干涉了。有的丈夫对其妻与人通奸所生子女，还愿女方带来自家抚养的。

〔黔南布依族苗族自治州婚姻调查组：《水族婚姻、丧葬与节日》，载贵州省志民族志编委会编《民族志资料汇编》第七集（水族、壮族），第203页，1988年〕

水家孩童的生育发展与疾病抵抗力有极密切关系，水家先民缺乏这方面的知识，把孩童的愚智与一些不相干的事物联系起来，成为众多禁忌。未满月婴孩忌背着，婴孩忌称其漂亮美丽，而以丑坏相称或赞扬才免去恶鬼的勾魂；婴孩初去外婆家忌"天割"等水书凶日；五岁以下婴孩忌吃鸡肝、鸡胗，恐其愚笨；学字读书的少年忌吃鸡翅尖，担心写字手抖，要吃鸡膀、腿才健壮；忌吓唬小孩，恐其害病；孩童忌食烟酒。此类禁忌有些含有科学的道理，属于经验性的总结。

〔潘朝霖：《水族的古老宗教性禁忌》，载《中国各民族宗教与神话大词典》，第550页，学苑出版社1990年版〕

5. 丧葬禁忌

老人一断气，丧家及本房族人均得开始忌荤而食素，若是结婚来的女性，外家和亲属一旦得知人死的消息，亦得忌荤食素（在外地工作、参军、读书者除外），这里水族忌荤只忌动物的肉、油，但鱼虾等类水产物不忌，若有背犯者，必遭到家族和亲戚们的强烈反对和社会舆论的谴责。特别是丧家，今后一旦出现什么不好的事，必将归咎于此人。在他们看来，在死者埋葬之前的忌荤是表示对死者的尊敬和怀念，同时也惧怕得罪死者的"灵魂"，给本家族或亲戚们带来疾病、牲畜死亡等无穷无尽的灾祸。

入棺，现在普遍实行棺葬，老人断气后，一般由其长子立即从井里取来新鲜凉水，烧热后洗脸、洗身、剃头，女性则梳头，洗后的脏水不可随意乱倒，必须倒在僻静之处，防止他人踩着烂脚，还得将一小块银烧热，待冷后放入死者口中，以备回到阴间老地方的路上买水喝，买路走。这里，他们所幻想的阴间和现实的人间是一样的，有所谓"阴与阳同"的说法。

根据水书先生测定的吉时穿"寿衣"，给死者穿衣仍然保持用自制土布，不用机制"洋布"，就是衣裤上的纽扣也必须取掉，男性穿三、五、七等单层数，女性穿四、六、八等双层数，鞋亦用自制的布鞋，不能穿胶鞋、塑料鞋、皮鞋。穿衣在床上进行，穿好后用三根麻带子在死者的胸部、腰部、膝盖三处捆三道，将蚊帐放下，压好四周，点上素油灯，孝子守灵。死者用的棺椁放在木楼房的楼梯脚处，在此入棺。若是女性，婚后家庭和睦、夫妻关系很好的可以不等外家人到来；要是家庭关系一般，夫妻间不睦，经常有口角者，必须等外家人到来查看后才能入棺，有的为了等待外家人来，即是盛夏，尸体发臭也不能先入棺。棺中放三块瓦作为死者的枕头。待出殡安葬后，立即将死者的旧衣物、床上的床铺垫草等通通烧掉。

上山埋葬：依水书先生测定的时间，众人抬棺上山，先是孝子走前，边行边丢纸钱，以示买路，接着是舅家送的八仙，女婿请来的芦笙队伍、歌手，后是戴孝至亲手牵的引线，用糯米草编成，再绕上白布，引线一头套于棺椁抬扛上，最后是众人抬的棺椁，棺椁必须是以死者的脚，即棺的小头在前运行。棺椁移动前，水书先生要"安龙脉"，用一只大红公鸡、三杯酒，将公鸡红冠血放入酒中，以血酒画符，撒米，铺上纸钱，待铺的纸钱烧尽后，方能移棺。

挖葬坑时，按水书先生选定的地点及方位，必须选择一个生日吉利的人挖第一锄。第一锄挖的泥土要大，放在指定的位置，最后盖土时亦须用这块土盖于坟顶。

[陈国安：《荔波县水族社会调查》，载贵州省志民族志编委会编《民族志资料汇编》第七集（水族、壮族），第112—113页，1988年]

水家崇奉多神，人生礼仪中的丧葬与婚嫁的禁忌甚多，且常与原始宗教信仰活动相结合，构成了对凶神恶煞贿赂、抵御与回避的心态，而在文化知识极度贫乏的远古时代产生并延续至今的禁忌，正是人们企望追求美好生活的反映。亡人断气之日，忌逢上"歹排"、"杀上"、"歹哇"、"宁友"、"半用"、"博略"等三十余条水书上的凶日，若犯之又不采取相应的制伏办法，则祸事迭起，家破人亡；忌猫跨尸体，尤其是黑猫，唯恐亡人变鬼来闹得合室不宁，又忌猫跨过棺木；忌入殓时呼喊活人的名姓，恐亡魂将其魂魄带走；忌给亡人着双数的寿衣、寿单，常以单数装殓；若有"博略"鬼，忌抚尸痛哭；不论何种原因，凡在外亡故者均不准运尸入村寨，只能在寨外搭简易棚子祭悼，否则恶鬼将传入寨中；在棺木未入土安埋之前所杀的祭丧牲口及其他畜兽禽类的油肉，亡人的同宗族人员不得啖食，只以鱼为主祭品，这类忌荤表示对亡人的尊敬；棺木忌与房梁垂直停放，要顺梁摆置，并多以亡人脚之一端朝灶堂；棺木忌漆上红黄绿色，以生漆涂为黑色，贫困者以墨代漆涂棺为黑色；安葬之日，避所逢"龙犬"、"野辣"、"九己"、"歹排"、"头"、"连"等百余条水书上的凶日；富室葬亡人，忌逢"不倒"、"九反"等水书上的凶日；属于被杀死、摔死、麻风病死及难产死者，忌讳直接安埋，同时为杜绝相应的事件再发生必须火化（麻疯患者的骨灰要以土坛盛殓，再以大坛覆盖然后葬于四季潮湿的低洼泥凼中，其他火化的亡人可以木棺收殓埋于僻远的野地，总之防止此类恶鬼侵扰村庄）；出嫁的女子忌在娘家寿终，即使万不得已，也得抬到村外让其落气，再抬到僻远的山洼里安埋，否则此类事件会再度传给后世；葬穴的山向忌克亡人的生年，以相生相合为吉；丧期，忌男女同房，认为行房对亡人不尊敬；墓穴与棺木忌沾上桐油，忌插入铜铁钉之类；为亡人整容时，忌由下往上擦洗；为亡人穿着，其衣服忌放置于地上，违之亡灵有可能无法收到此物品；治丧所借物品，忌在三朝复山前归还；垒坟时，忌用锄头舂实坟边泥土，只能用舂杵舂实。

〔潘朝霖：《水族的古老宗教性禁忌》，载《中国各民族宗教与神话大词典》，第 550 页，学苑出版社 1990 年版〕

"南得宇"为水家丧葬禁忌的音译，意为血缘氏族家庭屋檐下的祭肉。在亡人未安埋之前所杀的祭供畜类、禽类，统称"南得宇"，绝对禁止本氏族成员食之。这是通过"南得宇"区分氏族间的亲疏关系，借以巩固和加强氏族的内聚力，促进团结与友爱。阳安等个别地区在祭祖和丧葬时不忌荤，以猪、鸡为主祭品。

〔潘朝霖：《水族的古老宗教性禁忌》，载《中国各民族宗教与神话大词典》，第 550 页，学苑出版社 1990 年版〕

6. 节日禁忌

每当"端节"到来之前，这里家家户户都要做好节日生活的准备，以便客人来了才好招待，要不然的话，到时会束手无策。比如杀年猪、打豆腐、开田鱼、备香料、烤米酒等等。到节来临时，打扫屋内外卫生，蒸上几十斤米的糯米饭，摘广菜叶来包鱼蒸，炸豆腐等等，到戌日下晚（即除夕），堂屋中间摆上桌、凳，然后把鱼、水果、豆腐、糯米饭、米酒等等都很有次序地摆在桌上来向祖先们设供。在这些供品中，还有切成几大块蒸熟的老南瓜。传说是他们的远祖来这个地方，就在这一天，上楼取瓜下来煮吃，因年迈，不幸坠楼而死，因此，在过"端节"时，要供南瓜，而这一天又叫过"瓜年"或"瓜节"。在敬供中，要给供桌的酒杯分别斟三次酒，以表示对先人敬酒。同时，有铜鼓的人家要把铜鼓从楼上"请"下来，吊好在楼棱上，按着节目需要敲的鼓点，铜鼓、皮鼓一起敲响，以示端节已隆重开始。这个村有七面上好的铜鼓和六个大长桶皮鼓，打将起来，十里之外都听得清清楚楚，真是应山应水，村里的人们引以为自豪。铜鼓一直敲五六天，直到没有客人来才停止。

在戌日（除夕）的下晚至亥日的早晨，全村人都要忌食牛、马、猪、羊及鸡、鸭、狗、鹅等动物的肉和油，一律吃素食，如鱼、虾、豆腐、糯饭等，借以表示衷心虔诚地对先人们的默念和尊敬。如果一人不忌荤，必受全族人的非议，称为是大逆不道之人。亥日的早晨，族中老人，分男女，轮流到各家去坐一坐，讲几句祝福和吉利的话，以表示互相问候和"拜年"。如果亥日早上已有客人来，而吃素又对客人不敬，可另拿一锅煮荤菜给客人吃，主人还要拱手言说对不起等表示歉意的话。

在过"端节"中，忌晴喜雨，特别是第一和第二个端日。如第一个"端节"是晴天，那么第二年就会缺乏秧水耙田；第二个端日依旧是晴天，第二年就缺少栽秧水，所以这两个端日之间要在三天之内下雨为好。但是，第三个端日是忌雨的，如果下了雨，第二年在秋收时雨就会多，引起谷子霉烂；第四个端日有雨，第二年秋收未结束，就会阴雨连绵，稻草难以上堆，影响耕牛过冬的草料。总之，"端节"的雨、晴，关系到来年的旱、涝和收成。

[杨有义：《板引村水族社会调查》，载贵州省志民族志编委会编《民族志资料汇编》第七集（水族、壮族），第163，175页，1988年]

过"端节"的头天晚上和当天早上忌吃荤，水家认为吃荤对祖宗不敬。端节当天忌扫地，忌乌鸦和猫头鹰叫，认为不吉利。卯节忌过丁卯日，认为丁卯日属火，不吉利，辛卯日过才吉利。节日忌杀狗，忌用狗肉供祭祖宗和待客。

[王克松、王应春：《水族禁忌刍析》，载贵州水家学会编《水家学研究》（二），第154页，1993年]

7. 其他禁忌

水家崇奉多神，在起房造屋及居住方面有诸多的禁忌，是水族先民把非本质的东西与表象事件相联系的产物，目的在于警示后人避凶趋吉过上如意的生活。屋基选择时，忌朝恶山恶水；伐木造屋忌"六年"等《水书》的凶日；大梁忌顺山倒下，要尖梢朝山顶方向倒下，往后家运才顺畅；大梁忌人畜跨过，恐将来家运不旺；忌起双间的房屋，以三五单数间为宜，若起四间，则让主房三间高出后起的那间以区别主次；忌在大门两侧开窗；起房的日子忌"九火"、"歹棒"、"墓没"、"倒姑任"等三十余条《水书》上的凶日，多择"大旺"、"大吉"、"杜空"等《水书》上的吉日；起新房忌说不吉利话语；迁新居忌"坎爹"等翻楼梯凶日。

[潘朝霖：《水族的古老宗教性禁忌》，载《中国各民族宗教与神话大词典》，第549页，学苑出版社1990年版]

水家崇奉多神，待客的禁忌反映了水家热情好客及注意联谊的伦理观念，但一些禁忌似毫无根据，是水家先民特殊心态的反映。忌杀狗待客，尤其是岳父母及至亲朋好友来到更不行，人们认为"敲狗散场"，往后大家不睦，另认为狗是污秽之物，待客会失礼；忌杀白鸡待客，担心客人往后不再来往；忌让客人孤身而眠，主人家往往是男主人陪男客宿，女主人陪女客宿，不让客人孤单；忌以冷菜残饭待客；忌无酒待客，即使缺少菜肴，炒半碗黄豆也得以酒待客；女客到家若杀鸡相待，忌全部吃光，要留下只鸡腿及一坨糯饭让其携归；杀鸡待客忌鸡眼爆裂下陷，恐有祸事发生。

[潘朝霖：《水族的古老宗教性禁忌》，载《中国各民族宗教与神话大词典》，第549—550页，学苑出版社1990年版]

水家崇奉多神，认为畜禽能致福也能使凶鬼依附，而给主人带来不祥。忌母猪一胎生二子；忌狗生独子；忌鸡酉时啼鸣；忌牛戌时与午夜嗥叫；忌牛从大门进家，若牛爬楼从大门进屋更忌讳，认为是老祖公送来的怪，往往要宰此牛请巫师来念咒送鬼（此牛若非本人的依旧有权宰杀，但需与畜主通气）；忌杀五爪猪，忌食五爪猪肉，认为是人投胎化成之怪物，啖食会招致不祥；忌鸡飞到神龛上站着；忌牛生怪胎，如畸形的胎儿或多腿少腿之幼崽；新买来的畜禽，忌未用火燎其尾毛就放入圈内，恐带来的恶鬼未除；岳父与女婿间忌赠狗崽；忌猪睡在食盆或食槽内，恐家中死人；忌啖食得怪病的禽畜肉。

[潘朝霖：《水族的古老宗教性禁忌》，载《中国各民族宗教与神话大词典》，第550页，学苑出版社1990年版]

第八章　原始宗教礼仪

第一节　水族古老宗教性仪俗

　　求子桥　水家求子的古老宗教活动，久婚不育或无男孩人家，常在通道的小沟上修建小桥。桥的中间安放石板，以梨、柿等果木护两侧，择吉日设祭，并请鬼师念祝咒，最后牵两根棉线至女方卧室，期冀那些游荡的魂灵沿此引魂线来投胎。若果生育，春节期间要去祭桥。

　　迎新雷　水家雷神崇拜的仪式，水家视新春第一声雷响为母头雷苏醒发情，有"瓦正到，不敲鼓，也乒乓拍簸箕庆贺"的歌谣。迎接方式有：鸣枪炮期冀新年狩猎命中；拍打禾仓，年内无鼠雀危害；用石块压住果树丫，祈求果实累累不生虫不掉果；到屋外说笑唱跳可免灾病；对新雷喊冤能除冤屈。崇拜雷、畏惧雷、祈求雷，是水家远古把雷当做自然神与社会神的结合体，是采集、狩猎、种植经济仰仗雨水，祈求增加食品的心态反映，也是人们企图摆脱严寒威胁、恶势力压迫的愿望。

　　挡幸　水家抵挡防御巫术。凡遇上天花、麻疹、瘟疫、兵荒、火灾等可能危及村寨的凶祸，寨头即聚众集资买狗、鸡、猪肉、酒、糯饭等祭品，并聘请鬼师及两名侲子来作法。侲子选取"歹耿"日生辰者，做"挡幸"日则择"歹败"、"破窄"等日子，要雀不站、白刺、狼箕草等五六种带刺植物捆成挡鬼小刺把，削制木刀、剑若干，连绑成串横挂于各通道上方，各道口、各家门口都挖一小坑，让侲子将刺把及酸鱼埋下，并以芭茅草或小竹子打标植于道口，三天之内禁止外人进寨。祭品除众人聚食外，还给鬼及侲子各一扎包礼，余下的则均分给各户。"挡惰"则是各家单独自办的抵挡外患巫术，形式相似，只是拒外人三天不入户。

　　祭口舌鬼　水族消除口舌是非的古老宗教活动。当家中出现了引起社会议论的事后，如果办事不顺利，认为是口舌鬼作祟所致，要解鬼除邪。通常择个三岔道口杀鸡念咒，将一竹竿上端破开，衬入一小节木棒，砍下鸡头在其口内也撑以小木棒，然后挂于竹竿上，再插于祭坛边。认为这样，再议论者即如此鸡一样没好下场，鬼会钳住其人颌骨或让其人害口腔病，导致说话不自由。

　　忌路　水族对路神崇拜的遗俗，在婚丧中有忌路习俗。新娘出阁不能踩住当天另一新娘的脚印，更不能踩着抬过死人的路段，若如此将导致终身受害，故常由其弟兄背过这段路或绕道避开这段路以求吉利，现在有些地区的二位新娘相遇则互赠手帕及祝吉语词以免灾；出丧时，要是前一段路当天已抬过死人，也得绕道而行，为使亡灵能顺利返归先祖故地的南方去安息。有些谨慎的人家，在婚丧时出现类似之事，还念鬼驱邪以求无患。

者佐 水族古老宗教活动。兵荒马乱年月，居住毗连的村寨常集资买水牛、猪、狗、鸡及酒、肉、米等祭品，请鬼师来作法拒挡外患。鬼师通常请七至十一名，设相应祭席，声望最高的鬼师坐于主祭席，由其做总指挥；㑊子择"歹耿"生辰的人八名至十二名。有的地方，鬼师还戴笋壳或牛皮制的凶恶面具，主祭师的言行引导其他祭师。当念咒至高潮时，祭师执戈扬剑齐呼，㑊子跳跃奔突，旁人枪炮齐鸣、锣鼓猛击、异口同声呼喊，弄得声振林木，地动山摇。最后择方位掘坑埋下酸鱼及刺把。相传，此后，若有外患入侵则难以破寨，而敌方的人常糊涂、迷路，若要逃走必须以刀破开裤裆才能找到归路。这是氏族部落联盟为抵御外患而加强内聚力、提高斗志、激发精神举行的宗教活动。

砍盗脚 水族用来惩罚偷盗者的巫术活动。它运用巫术手段，抓住偷盗者的"脚印"这一痕迹进行放鬼。用雄鸡敬供和念咒作法，请"天砸地砸"、"天仙羊以"、"地仙羊以"、"公少牙哀"、"九地"等几个鬼出来讨伐。据传，这样可使偷盗者受到应有的惩处——伤害直至身亡。

挡 水族巫术活动。"挡"有阻挡或制止之意，是巫师用来驱鬼、拒鬼的一种特殊的巫术手段和巫术仪式。尽管凶鬼虽凶，恶鬼虽恶，但巫师仍有办法制伏它，不让它为所欲为，兴妖作祟，当然，只有运用"挡"这种驱鬼法术才能达到。对不同的恶鬼要采用不同的驱鬼方式。一般来说，要举行"挡"这种巫术仪式，有些器物是必不可少的：①要有"酸鱼"祭供。酸鱼的制法是，取约二两重的鲤鱼，剖腹后放在石灰或草灰内晾干而成。②要用"人崽"，即是由巫师选定适合用鬼的生辰年月日的㑊子，来放置敬供的物品。③要有"利司"，如几尺布，几角钱红封，这是送给巫师及放置敬供物品的人的。④有的鬼还需要打击乐器，如铜鼓、镫鼓、锣、铓锣等打击乐器。⑤撑门"挡"，还要捆带刺植物放在大门上，挡拒邪恶进入家内。刺用五种：大狼箕、皂角树、雀不站树、白刺、龙爪茨等，据说这五种刺很厉害，老虎钻不进，跳不出，因而用来守门以避邪恶的侵入。⑥撑门或撑寨，还需要在家门口或村寨口插上竹标或者草标，三天之内不让外人进寨。

喷水驱邪 水家古老遗俗。①新娘出阁即将跨入新郎家大门时，新郎母辈一人持着从井里特地打来的水，喷一口于新娘的红伞或背上，借以驱除途中沾上的邪魔及"姑秀"鬼、绿眼鬼等，使新娘安心度过终生；②为重病者做"勒死杀伤鬼"时，病人执红伞端坐堂中，鬼师以芭草做剑边扫边念，不时喷水于伞上驱鬼；③在启用神器铜鼓时，除以酒饭祭之以外，还在敲击前喷一口水或酒于其上，表示祭鼓镇邪纳吉；④草医治病，有时亦喷水在病人身上或患处，并念些简短咒词，祝咒的魅力随水化为无形的神力制伏病魔。

茅草青枝驱邪　水家古老遗俗。①病人被确认为中了"杀上"鬼之后，令其执红伞端坐堂中，请鬼师执一束芭茅草，边念祝咒边挥草扫拭，还不时喷水。人们把茅草当做斩除恶魔邪怪的神剑；②新娘出阁，即将跨入新郎家大门时，新郎母辈一人常执一束芭茅草或常青树枝，轻轻拂拭新娘之背，有时则捋下常青树叶撒向新娘，口中还要喃喃念祝吉之词，除了驱邪功用之外，还有祝福新夫妇友谊常青、白头偕老之意。

挂兽骨　水家古老遗俗。过去，猎手习惯将猎物头骨排列挂于门首或壁上，或串吊在屋檐下，此外捕到大鱼也常截下尾鳍贴于壁上，除了表示狩猎成果之外，主要为了驱除野兽的危害。据说，野兽嗅到气味或见到此类骨头，即远遁逃窜。

[潘朝霖：《水族的古老宗教性禁忌》，载《中国各民族宗教与神话大词典》，第547—548页，学苑出版社1990年版]

第二节　敬鬼

1. 敬生育神"娘娘"

"敬娘娘"是按户进行的。先是做成一张新桌子，请水书先生念鬼后，将桌子放置在靠家庭主妇卧室这边的堂屋里，水书先生把红纸剪成人形若干，象征着孩子众多成群，花纹贴在白纸上面，然后贴在桌子上方的墙壁上或用竹竿撑在板壁上，别人不能移动。平日早晚用餐时，先盛一碗饭菜放在桌上供一下，然后全家用餐。四月丑日卯时，为正式的祭祀。届时，要杀猪、鸡、鸭，做红糯米饭、红粽粑、红蛋和酒，将这些东西全部放在敬娘娘的桌子上，举行大祭，请来水书先生念咒："请您哑开端先吃，我们后吃，米酒……。"（"哑"是祖先婆之意，"开端"是桌子之意）念毕，全家聚餐欢庆，以表示哑开端会多送儿女和保佑儿女的健康。

[陈国安：《敬娘娘》，1985年三都水族自治县九阡区调查，未刊手稿]

2. 敬霞节

水族的敬霞节，水语称"拜霞"。"拜"是敬的意思，"霞"是求雨水神的名字。

敬霞节一般是隔七年或十二年（逢丑年、未年或逢子年）在水历十月酉日（即农历六月）举行一次。在很早的时候过霞节的时间并不一致，有的地区举行较早，有的地区较晚，后来逐渐发展成为普遍的节日，并在同一个时间举行了。敬霞祭祀是极为隆重的。敬霞这天，当地若干村寨以宗支族系为单位，长者身穿长衫，打着纸伞，手摇羽扇缓步前行，随后是本族成年和少年男子抬着猪肉（旺族多达几百斤，小族也要几十斤）和米酒、糯饭（这些物品由全族凑钱购买或直接拿出物资），敲着铜锣，有的手拿竹片向禾田戽水，组成长蛇仪仗队伍，吆喝前进，各村寨仪仗队都按时到达预先在古井或沼地旁设立的神坛前，将酒肉陈放在神坛前的松针上，坛前矗立一竹竿，竿上挂着装有一经过训练的雄鸡的笼子，由水书先生手执仗鞭，主持祭祀。相传水书先生在拜霞中有指令鸡啼和呼风唤雨的法术。当鸡鸣叫或下雨，整个霞坡上的男女一律关伞摘帽，接受沐浴，祈祷风调雨顺、五谷丰登。

〔陈国安：《敬霞节》，1985年三都水族自治县九阡区调查，未刊手稿〕

3. 拜善石

拜善，水语，即供大菩萨。

每十二年进行一次，逢龙年举行。六月选定对庄稼生长有利的日子，即植物长生日举行（按《水书》规定每月中有人长生日、植物长生日、畜长生日）。

相传水枚有七个公，其顺序是，鲜、彩、所、内、敌、纳、墉。鲜的后代"有"（人名）在邻近的广西省卖活路，回家探亲，亲友们问到广西的庄稼好不好时，"有"说：广西庄稼很好，因为那里有两个石头，形如马状，每年那个寨子男女老少都要去拜敬，保佑了庄稼，所以长得很好。于是亲友们就决定去广西偷石头，让其来保佑庄稼，求得好的收成。偷来后，先放在定邑寨的邑采地方，对石头说："把你放在这里，你觉得地方好就不要叫。如果觉得地方不好就叫。"当晚，亲友们听到石头叫了。翌日，将石头换个地方，搬到了枚以，对它说同样的话，当晚石头又叫了。人们又把它搬到枚才的故杭地方，可是到了晚上还是叫，亲友们已经丧失信心，准备将偷来的石头还回广西原地方去。当石头搬到枚彩寨旁时，因天近黄昏，将石头放在那里过夜，也做同样的交代，当晚石头却不叫了。当时正值农忙栽秧季节，栽完秧后七个公都来供奉，当年正是龙年，于是，以后凡逢龙年这支潘姓水族都来供奉这个石头。

供祭前的准备：其一，各个公的家族按人头出钱买猪，杀猪时只准讲吉利的话，不能讲不吉利的语言。

其二，训练公鸡，供祭前由鲜公，之后是鲜公家族预备一只红公鸡，经常对公鸡进行训练，搭一竹架，立两根竹竿，再横放一竹编块，将啼叫公鸡放竹块上，开初，公鸡不适应，还得将脚套在竹块上，用斗笠扇风，让公鸡啼叫，久而久之，使公鸡形成条件反射，一扇风就能啼叫，到供祭前一二个月，将公鸡交水书先生，水书先生还要继续训练这只公鸡。

其三，准备竹竿，水族对砍竹竿是很讲究的，必须根据《水书》，先选定好的时辰砍竹。砍竹竿的人的条件是出生日、时好，家庭经济富裕，有威望、富贵双全，儿女双全者，辈分不论。

其四，挑选"坐善"者六个人，条件是相貌清秀，父母双亲俱全健在，最好是兄弟姊妹齐全者担任。

供祭，七个公的家族先到枚下寨集中，抬来猪肉、米酒等供祭品。届时，列队前往枚彩，最前为六位水书先生、六位"坐善"者陪同（穿长衫，戴形如九品官帽），之后是七个公（七个公死后为其家族后代中最有威望者，即寨老代表），再后是抬猪肉、米酒的队伍，然后才是按大公、二公、三公的顺序列队的男人、妇女，敲铜鼓打铜锣向枚彩进发。

到善石放置的地方后，众人将猪肉、米酒围善石摆放好。相传祭善神时猪肉多到堆到了树丫，由鲜公或其后代主持，六位水书先生念咒祈祷，六位"坐善"者端坐善石四周，不能移动，更不能离开。祈祷毕，让公鸡啼叫。据说公鸡啼叫天就立即下雨，可得风调雨顺，保佑庄稼生长，获得丰收。

供毕，猪肉由各公家族抬回按人头分食，款待亲朋好友。猪内脏留下，水书先生、坐善者、寨老分食。敬善公鸡由鲜公家族带回继续喂养，不能杀吃，只待自然死去为止。

现参加拜善的有枚彩、枚才、枚玄、枚下、定邑、甲利、衣梭等九个寨。

[陈国安：《敬霞节》，1985年三都水族自治县九阡区调查，未刊手稿]

4. 敬岩神

在水族人民生活中，共和国成立前普遍有敬岩神的习惯，水语叫"拜干散"或"拜谬"。"拜"即敬之意，"干散"、"缪"都是岩神之意（即岩菩萨）。在水历五月十五日（农历正月十五日）这一天，有很多人家杀鸡、鸭，买刀头肉、豆腐、红纸、香、纸钱等物作为祭品。水族各地凡有古怪巨大岩石矗立在路旁的都建有岩神棚，祭者带着供祭品去岩神棚里供祭，有的甚至步行数十里去到他们认为能够显灵的岩神处供祭，如三洞地区就有岩神六处，其中以板劳、杨柳关、殿让三处的岩神最为灵验。在供祭中，凡求生儿育女者，须剪一张红纸并涂上牲口血；凡求财和表示保佑人畜安全者，须用纸钱涂上牲口血。供祭毕，在岩神棚里聚餐（也有邀请亲戚朋友参加）、唱歌，热闹非凡。当晚，回到家中连同亲戚朋友共同欢庆。凡敬岩神后生儿女者，为了表达对岩神的崇敬和感谢，还要进行"还愿"的祭祀。当天，要杀猪，请姑、舅、外婆等亲戚来参加，而这些亲戚都要送给孩子衣服、帽子、糯米等物，在当初求祭的那个岩神棚里进行还愿供祭活动，多是在水历五月十五日（即农历正月十五日）举行。

[陈国安：《敬岩神》，1985年三都水族自治县九阡区调查，未刊手稿]

第三节 撵寨鬼

1. 撵寨鬼（1）

水族人民普遍有撵寨鬼的习俗，水语称"黑板反"。一般在春夏两季间，特别是在天灾人祸和瘟疫流行的季节进行。水族各村寨的人家凑钱买猪、白鸡、鸭、牛头、刀头肉等九种牲口，以及生的小鱼和干鱼、糯米饭、米酒、香纸钱等供祭品和从坡上砍来的枣刺、五棓子、梧桐树枝、竹竿等若干，一起放在村子的大门口，请水书先生来念咒作法，并挨家挨户撵鬼，一直撵到村寨上的恶鬼出村寨门为止，然后全寨聚餐。餐毕，用枣刺把村寨的四周围起来，或者用五棓树削成木刀和搓成的草绳把整个村寨围起来，在村寨大门上方用两把大木刀搭成鬼架子，各家各户的大门口上方都挂木刀，而架子上陈设猪、狗、牛的下颚骨，用土碗盖上，以使恶鬼再不能进村寨里来。如果发现哪一家亲戚或朋友进寨子来了，便对那一家处罚罪金，还必须再次进行扫寨撵鬼。

凡本寨有"私生子"发生，也要进行撵寨鬼。水族同胞认为未婚而生孩子是触犯天神，必须举行撵天孽的活动。此项活动由"寨老"组织本寨男女，将"私生子"的母亲（如果男方也在本寨，则将男女双方）装入猪笼内，抛进河里淹死。不如此，则会触犯天神，将引起旱灾，全寨将会受到天神惩罚。

〔陈国安：《撵寨鬼》，1985年三都水族自治县九阡区调查，未刊手稿〕

2. 撵寨鬼（2）

流传于水族地区。指一种驱鬼仪式。水族认为瘟疫、传染病是恶鬼带来的，所以要在瘟疫和传染病流行时期举行撵寨鬼活动。先请巫师水书先生念经，并挨家挨户驱鬼，直到认为把恶鬼撵出村为止。然后全寨聚餐。餐毕，用枣刺把村寨的四周都围起来，在寨门口用两把木刀搭成鬼架子，在架子上陈设猪、狗、牛的下颚骨，用土碗盖上，据说能使恶鬼再也无法进村。

〔潘朝霖：《撵寨鬼》，载徐华龙主编《中国鬼文化大辞典》，第651页，广西民族出版社1994年版〕

第九章 水族原始宗教器物

第一节 水族古老宗教器物

铜鼓 水家祭祀用贵重器物。铜鼓在水家社会中被当成权势和财富的象征，"有鼓者，号为都老"。因此，水族人民视铜鼓为传世珍物，极其爱护。据三都文物普查资料，三都水族自治县境内，水家民间收藏的铜鼓目前有五百多面。水家人民在节日、祭典、丧葬和盛大庆贺活动中常常使用铜鼓，应用情况也各有所异。节日使用铜鼓，主要是端节、卯节，素有"敲鼓过端好赛马，敲鼓过卯好唱歌"之说。丧葬使用铜鼓，主要表现在以下几个方面：①当做更换寿衣的坐墩。老人过世，藏鼓之家把鼓端出来，扶着亡人坐其上给他着上寿衣，以表示富有，同时让亡人和这珍贵的传家宝告别，并期望其来世也有铜鼓收藏。②当祭奠桌。亡人入殓之后停柩于堂中时，藏鼓之家往往用几面铜鼓摆在柩前，上面置放炖鱼、酒饭祭奠，既表示富有，亦表示给亡灵以安慰。③做打击乐器。在"开控""屯亥"（即大型追悼活动）时，灵柩停在家里，要不停歇地敲击铜鼓，以驱除邪恶，安慰亡灵。另外是让天上的神仙听到铜鼓声，好降到民间引渡亡灵回老家。祭典使用铜鼓，是在砍牛祭祖时，在砍牛的木桩旁吊着铜鼓，当巫师念着巫咒，在旁的人就用小木棍有节奏地敲着，以便使受祭的祖先从遥远的天际，循着鼓声降临祭场享受，并赐福给后裔。除了节庆、丧葬和祭典使用铜鼓之外，历史上也曾把铜鼓作为报警器。战乱年代，相邻的村寨或家族，就常约定以铜鼓声作为报警信号。后来，因战火中铜鼓不便于搬运收藏，还容易被敌方掳掠，所以改用吹牛角代替。这种习惯和《隋书·地理志》载南方俚人"欲相攻，则鸣此鼓，到者如云"的情况相符。

镫鼓 水家祭祀用器物。水家地区至今还留一种鼓面仅三十厘米左右的小铜鼓，可以用手提着敲击，因其敲击时发出镫镫的声音而称为镫鼓。此类铜鼓在水家地区为数极少，被认为是最贵重的，是最富有者所珍藏的稀品，不肯轻易拿出来。它的使用范围，一是用于丧葬，丧葬使用镫鼓与铜鼓的用法相同。二是用于宗教礼仪，是水家巫师用来放鬼、退鬼、驱鬼、拒鬼所必不可少的器具之一。

锣 水家乐器、法器。锣作为打击乐器在水家的丧葬活动中普遍使用，一是丧家鸣锣迎接吊唁宾客；二是宾客鸣锣来哀悼亡灵；三是丧家敲锣送亡人上山落土安葬。此外，鸣锣还能作为报警信号，传送紧急集拢的信息。

铓锣 水家乐器、法器。形状比锣小，深而厚，敲击时声响比锣更为沉重、肃穆，是水家宗教祭祀必须具备的打击乐器，主要用于丧葬活动中的"控腊"。"放腊"时，由水书先生按生辰选择三五人做伢子敲击铓锣，并围绕着孝家早已搭好的台子走几圈，表示引送亡灵升入天堂。同时，巫师在放鬼、退鬼、驱鬼、拒鬼活动时，铓锣也是必不可少的器物之一。

达 水家宗教法器，即革鼓类的统称之音译，大鼓"达劳"长约一百二十厘米，直径三十五至五十厘米，多以大圆木镂空，两端蒙上牛皮而成。据传最好的"达劳"是马桑木所做，击之，声震天庭，惊动鬼神。在祭祖及端节、卯节等年节等俱使用，多为铜鼓的伴奏乐器。小鼓"达低"形体短小，多在野地进行古老的宗教活动或娱乐时所用。

牛角 水家法器与报警器，多取水牛角为之，有的还在其表镶嵌银丝的图案，主要用途在举行防御外侮的巫术活动（"者佐"，即"希屯"）时，用牛角及锣鼓等鸣奏驱鬼；在吊丧的"控腊"活动中有的也以之吹奏壮威；各村寨遇上危急之事鸣之，通知人们相聚或撤离，此外还有不锯开尖端小口而作为酒具的牛角，祭祖及待客时用之。

引魂线 水族在求子时用的古老宗教性器物。久婚不育或无男孩人家，认为某些方面得罪了神灵所致，为此常求师择日修桥、修坐凳以求子嗣。设祭毕，即从桥、凳处牵引红白两根棉线至女方卧室，象征为投胎的迷魂引路，期冀增殖。同时在"牙希登"的生育娘娘席上设供，并贴插成串的彩色纸人与"枚化"纸须条、竹制小拱门等，有的还置一套于女方卧室门后。

尼量 "尼量"意为母性神石，水家宗教崇奉物，多设于寨旁的田坝中。水稻将扬花时，寨头聚众集资买二头肥猪，各户自备糯饭米酒置于竹篼中，统一交到祭头处。先杀一头猪在寨内祭祖先及寨神，然后再将猪肉及各户竹篼送到尼量四周摆祭。另一头猪则绑其后腿，让猪头拖地，不换肩地抬到尼量处宰杀，以猪血溅淋尼量，然后将其煮熟，供祭并念咒。祭毕又酹酒以祭，然后众人聚餐。最后将余下的祭品均分入各户竹篼中，让各户分别去祭自家稻田。祭田时，制作上端开口的竹竿，贴上白纸条或白旗插于田中。回家后还将余下的祭品在屋内设祭。该活动仅限于男性。这是水家转入种植经济后祈求丰收的遗俗。

罩鱼笼 水家古老宗教性器物，迎亲信物之一。男方派人去接新娘时，除了带众多的礼物之外，要带罩鱼笼与一串金刚藤叶，女方见了才同意发亲。水家的习俗中把男婴比做鱼，女婴比做虾；渔业生产是水家先民的重要经济，而鱼又是生育的象征，开亲双方都期望生儿育女，传宗接代。人们借此信物，把"接到一个能继承祖宗烟火的好媳妇"的内涵曲折地表现出来，也是古代渔猎经济的遗俗。

金刚藤叶 水家宗教器物，接亲信物之一。男方派人去接新娘时，除了带诸多礼品之外，必带一串金刚藤叶和罩鱼笼。此叶代表鱼，而渔业生产是水族古代的重要经济，民俗中有以鱼代男婴、虾代女婴的称呼。开亲的双方都期冀生儿育女传宗接代，因此成为婚礼的重要信物，多流行于荔波、九阡的水家地区。

鱼水罐 水家宗教器物。在接亲、营造时祈吉的宗教活动。新娘出阁快进男方大门时，男方请家境好、已生育男女的女性，提小罐到井中打水，再装上二条小鱼，恭立门外等候。新娘一跨入室内，这妇人即随之将鱼罐置于新房内或正堂中，过一会儿再提出去将鱼放生；立新房时，也提鱼水罐到新屋基上放置一会再放生。这象征后裔昌盛、父系家庭巩固。这个仪式与水家将男婴称做鱼，女婴称做虾有关。此外，还有祝福新人和睦，如鱼得水，终生幸福之意。此俗反映水族先民早期的渔猎经济占主导地位的特征。

倒栽杉 水家先民举行分宗开亲的祭天占卜树。相传，水家由现在聚居地的南方溯江迁至龙江、都柳江上游之后，人丁繁衍多了，与外地联姻诸多不便，而内部是同祖共宗又不能开亲。于是众寨老聚议，决定在相隔十分久远的宗族支系间相互开亲。人们担心此举违背人伦常理与天意，就在拜天地祷告之后，闭气反手于后背执杉树苗、枫树苗倒栽于土坑内，观其成活与否来推测天意。结果树苗都活了，众人即依议定的分宗界限确定新的联姻集团。为此，水族婚姻古理词《诘俄牙》有"做反倒的事，干翻转的媒，一处与一处联姻，一带和一带开亲"。在水族婚姻史上称此为"破媒"或"破罕（桩）"。贵州省三都县的廷牌乡水家更寨口尚存一株倒栽杉，据说塘州乡雄寨村板卯寨侧原有五株倒栽枫，今存一株。从此，水家地区的婚姻格局沿袭至今，同一婚姻集团互称为"怀奴"（即血缘兄弟），不论相隔年代多久、地域多远都不许开亲。这是从兄妹成婚神话进入人为安排婚姻的重要标志。

鱼包韭菜 水家祭典菜肴。是水家祭祖中的祭品和节日的佳肴。它是把鲤鱼或草鱼沿背剖开，除去内杂，洒上少量的酒，配以葱、蒜、生姜、食盐和辣椒等作料，再将洗好的韭菜、广菜填充鱼腹，用米草捆扎，放入大锅内清炖或放入甑内清蒸数小时，鱼骨酥脆，鱼肉肥美细腻，鱼块软而柔嫩，烂而不糜，醇香味厚。传说在古时候，水家地区闹洪水，贫困、疾病、饥饿的阴云笼罩水乡大地，水家采集九种菜和鱼虾合制成一种包医百病的妙方良药，治好了在病魔中挣扎的族人。随着岁月的流逝，水家用九种菜和鱼虾制成的医方失传了。为了表达对前辈的敬慕和怀念，水家便用韭菜代替失传了的九种菜，沿习成了今天的"鱼包韭菜"。用这种菜招待客人，表示祝愿大家永远康寿。"鱼包韭菜"除了具有特殊的节日意义外，也是水家的丧葬祭品。鱼和虾，在水家的生活中不视为荤品。老人过世，祭典灵堂，亲戚朋友送去的祭品也是"鱼包韭菜"。因此，"鱼包韭菜"在水家的食谱中属于佳肴。

鱼 水家特别崇尚鱼，敬祖宗、祭鬼神、待客、过节总以鱼为贵。亡人葬礼要举行吃素，但只忌禽兽畜等油肉，不忌鱼虾类，而以鱼为主祭品，制成鱼包韭菜以祭之；年节借端、借卯、借额等，也以鱼祭祖待客；治丧的祭仪以送鱼类为贵；新婚及起新房，要提装有二条小鱼的水罐至新房或屋基上去放置一会儿，再提出去将鱼放生；开墓穴常以活鱼抛于该地之后再开锄；做撑门、撑寨的"挡"鬼，要以特制的酸鱼献鬼。这是水家先民早期渔业经济习俗的遗风，既表示对故土的怀念，又表示以最美好的传统食品献给鬼神，祈求赐福消灾。对鱼的崇拜，还表现在墓碑的双鱼托葫芦的石雕造型艺术，它期冀亡者后裔繁衍迅速，人丁发达。

铜鼓更衣墩　水家宗教性器物。有铜鼓人家为亡人更衣、整容时，以铜鼓为坐墩，既表示亡人与珍贵家产告别，又表示对其尊重，并期冀亡灵到另一世界也享有铜鼓。

〔潘朝霖、王品魁：《水族古老宗教性器物》，载中国各民族宗教与神话大词典编审委员会编《中国各民族宗教与神话大词典》，第550—551页，学苑出版社1990年版〕

第二节　铜鼓的传说

1. 铜鼓的由来

相传，从前水家没有铜鼓。有一回，水王到咸阳朝拜秦始皇，看见皇宫门外，一边挂着一个圆圆的大宝贝（那会儿，他还不知道叫做铜鼓），轻轻一敲，呜呜嗡嗡，久久鸣响，余音绕梁。水王越听越乐，越看越爱。他想："我要是也有这么一个宝贝，该多好呀！呃！等回去，也造个来敲着玩玩。"

可是，这宝贝叫啥名堂？咋个构造？水王不便向人请教，也不好仔细看。他只打正面瞅了一眼。嘿，话是这么说，实际上他看到的那部分，还是用心记住了的。

水王回来后，将所有手艺高明的铜匠都传去，要照他讲的样式，来造那个呼不出名堂来的宝贝。

说造就造，水王的话，谁敢不听？

不久就造好了。水王一看，乐得合不拢嘴。可是他拿根鼓棒一敲，却不怎么响。嚄！莫非敲轻了点？他重重地又擂上一棒。"咚"的一声，闷沉得很，像个老者咳嗽，痰堵喉咙，咳不出声来。水王那块脸，由乐变怄，"刷"地阴沉下来，叫道：

"咦！见鬼罗！咋没得人家秦王的那个响得好呢？"

匠人们说："大王，这可是照你讲的样式造的呐！你再仔细瞧瞧，还有哪点不合，我们再改改吧！"

水王又认真瞧了一遍："嘿！就是这个样子嘛！面子一点不差！就是不如秦王的响得好！"

有个老匠人听出来水王的话有纰漏，笑道：

"大王，你是水家头一个聪明的王呵！你见过的东西，决不会忘记的。既然面子一点也不差，那么尾子呢？是不是也一点不差？"

老匠人这一问，叫水王直抓脑壳。他结结巴巴地说："这……这……，我可没看尾子呐！"

老匠人说："唉，可惜，这样好的宝贝，你要是都瞧过一遍，就好啦！手艺这玩意儿，一根头发丝丝都差不得！"

水王道："这，你们就不懂得啦！我本想看看，但咋好勾头勾脑去看嘛！人家不笑话我吗？说你个水王，连这个挂在门上的东西都稀罕，真是个乡巴佬儿！"

匠人们都说："大王高见！大王高见！的确不应该憨头傻脑去看！"

水王急了："高见归高见，现在咋个办？"

那个老匠人说："依我之见，这宝贝，后头要空心才会响呵！"

水王忙下令道："快给我改！"

水王的命令，谁敢不依？大家动手，将那个物件锯成两个。又高高挂起来，轻轻一敲，呜呜嗡嗡的响起来了，同秦王的那个一样响得好。

水王乐得要死，也学秦王的样子，在自家大门外，一边吊起一个。平日轻易不让敲，逢节过端或有最紧要的事情才敲。

铜鼓成了王室独享之宝，名贵得不得了。百姓可望而不可得。

三国时候，孔明（诸葛亮）进兵牂牁，路过水家地方。人们见孔明的军士造饭、做菜都用铜鼓，盛米、装水也用铜鼓，就觉得怪可惜，都围过去看，蹲下去摸，爱不释手，不忍离去。孔明问明白了，晓得水家老百姓很爱铜鼓，便送给大家一个。

从此，铜鼓不再是王家独占之宝，平民百姓也有了。要敲大家敲，要乐大家乐。

孔明送的那面铜鼓，刻有"孔明造"三个字。后来，水家人自己铸造铜鼓的时候，就想到孔明的恩情，为了纪念他，也刻上"孔明造"三个字。

[燕宝整理：《铜鼓的由来》，流传于三都水族自治县都江地区，潘老明（水族老人，82岁）讲述，载岱年、世杰主编《水族民间故事》，第114—116页，贵州人民出版社1984年版]

2. 孔明（诸葛亮）改铜鼓

很久以前，水族人民每天劳作之后，已经学会唱歌、跳舞了。可是日子一久，他们感到只跳舞、唱歌很单调，总觉得还少点什么。

正好这时，孔明（诸葛亮）来到水族地方。水族人民听说孔明是一个很有本事的人，便找到孔明，请他帮助解决这个问题。

孔明说："你们地方不是有铜鼓吗？拿出来敲响，用它来伴奏唱歌、跳舞，就不会单调了。"有个叫笛告的水族老人说："铜鼓又重，声音又沙，不好听。"孔明说："不要紧，抬出来试试。"

四个筋强力壮的纳伴（水语：小伙）嗨咗嗨咗抬来个大铜鼓，挂在大榕树上。笛告老人举起鼓槌使劲一敲，声音沙哑，刺耳得很。人们七嘴八舌地说："难听难听，不要敲了！"说着就要往回抬。

"慢点抬走！"孔明止住大家，走过去，围着青铜造的铜鼓一边转圈一边细看，摸摸这点，弹弹那点。好久，孔明才说："这铜鼓的鼓面太厚，空堂又太长，何不改薄改短一点，整个铜鼓也改轻一点，敲起来就不会沙哑了。"

过了几天，新铜鼓造出来了，一个人不用多大力就提了出来，人们又聚集在院坝上。今天要用新铜鼓给唱歌跳舞助兴，大家很高兴。笛告老人举起鼓槌，大声说道："纳伴！纳缅（水语：姑娘）！唱吧，跳吧！"可鼓槌落到鼓面上，发出的声音虽然不喑哑了，但还是不大响亮。欢欢喜喜的人们，情绪马上又低落下来。

怪了，为哪样还不响亮呢？孔明看着树上挂着的铜鼓，一时没了主意。笛告老人说："先生！敲鼓的时候，在鼓的空口上放个东西配合，鼓声是不是就会响亮些？"孔明想了想，说："讲得合！拿一个尾巴开口的木鼓来试试。"

人们很快拿来一个木鼓。孔明弯着腰，双手捧着木鼓，把木鼓尾巴对拢铜鼓尾巴，对笛告老人说："你敲吧！"

笛告抡起鼓槌，用力向铜鼓敲去，孔明忙把木鼓往铜鼓尾巴一送，随即又一收。就这样一边敲铜鼓，一边用木鼓配合，铜鼓发出了"冬嗡冬嗡"的声音，又宏亮，又传得远。人们欢天喜地地唱起了歌，跳起了舞。

这时，孔明顺嘴说了句话："铜鼓这样难打整，真是像擒龙、像捉虎呀！"从此，人们就把铜鼓分成了龙铜鼓和虎铜鼓两种。

〔文亮、岱年、何以搜集整理：《孔明改铜鼓》，流传于三都水族自治县，吴育才、杨光和等讲述，载岱年、世杰主编《水族民间故事》，第117—118页，贵州人民出版社1984年版〕

3. 铜鼓歌

流海业喂！
流海业喂！
讲神仙，谁都知道，
都说他，天山飘摇。
说铜鼓，人人喜爱，
敲起来，地动山摇。
问它造何年，
问它何人造，
你问我，我也难讲，
问大伙，少有知道。
先人说，它始于秦，
有的说，比秦还早；
有的说，神仙赠送，
发展多，汉朝孔明。
铜鼓两尺长，

铜鼓二尺高，
鼓面有太阳，
光芒中间耀，
那又叫铜（同）心，
同心心一条。
光环一层层，
其中有神妙，
旗旗遮天地，
海水浪滔滔。
旗一万，万马奔腾，
马一路，狂奔呼叫。
有圣文，美丽图案，
有日月，高照子孙。

诸葛汉，南方征讨，
平洞主，计高谋广。
把铜鼓、送给虽、苗，
苗欢喜、虽更欢笑。
男敲鼓，舞蹈女跳，
过节日，好隆重多。
俺祖先，聪明勤劳，
打木桶，来接来舀。
声清脆，有奏有节，
右手打，左手轻敲。
俺祖先，又造皮鼓，
打起来，降福除邪。
海业铜鼓喂！
海业铜鼓喂！

此歌是韦世明老人唱的，一九八三年元月采集。当时老人正有病，是用讲述的方式。水族人民十分喜爱铜鼓，爱如珍宝，谁家有一个铜鼓，不仅是他家的光荣，而且是全寨的福音，不是隆重的节日或重大的喜事，是不准乱敲的。平时悬挂于梁或放在仓里，不准放于地，怕它受污染而遁去。这里传说孔明铸铜鼓之说较多，并说，古人铸铜鼓，有雄有雌，雄的声色如龙吟虎啸，雌的如凤凰鸾鸣。这里还保留有一面小铜鼓，成为全乡人的宝中之宝，人们为此骄傲和自豪。

[杨有义：《板引村水族社会调查》，载贵州省志民族志编委会编《民族志资料汇编》第七集（水族、壮族），第142页，1988年]

第三节　水族原始宗教器物的功能

1. 铜鼓斗犀牛

平寨有个叫翁达的水族老人，他家里有个铜鼓。这是个龙铜鼓，鼓面亮堂堂的，鼓身上镌刻的花纹像一片片闪光的鳞甲。因为有这个铜鼓，平寨的人们心里踏实得很，就像房子有了顶梁柱，水碾有了碾盘轴。翁达老爹心满意足，把铜鼓放在床铺底下，每天都要几次掀开蜡染垫单来看，要是一天不看就会像丢了魂一样。

风调雨顺，五谷丰登，人们的日子过得顺心顺肠。

突然，有一年，平寨下坎的阴水潭，不知从哪里来了头犀牛。犀牛白天从潭底钻到寨前河，掀起滔滔洪水，漫到岸上，淹没田土；犀牛夜晚回到潭里歇气，让洪水一直泡着庄稼。眼看庄稼就要被大水吞光，人们的心像掉进了滚油锅。

一天半夜，翁达老爹做了个梦，梦见犀牛正在掀波涌浪，浪越掀越大，冲过田土，冲到木楼前，木楼晃动起来，发出"乒乒乓乓"的响声。翁达惊醒过来，连忙翻身下床，又得一惊：房门关得紧紧的，咋个打开了？再一看，垫单掀翻在床上，床铺底的铜鼓已不知去向。这时，寨脚的阴水潭里正传来"乒乒乓乓"的响声。翁达这才晓得铜鼓下潭去了，不由得骂道："哼！这个瘟铜鼓，还说是个宝，哪晓得它和犀牛打伙结交淹庄稼！"翁达越想越气，找根铁棒守在门背后，准备惩治铜鼓。

天快亮了，门外响起骨碌骨碌的滚动声，翁达晓得是铜鼓回来了，抢起铁棒，朝滚进门来的黑影打去，"当"的一声，打断了铜鼓的一只耳朵。翁达还不解恨，用核桃粗的棕索拴住铜鼓另外一只耳朵，把铜鼓吊在房梁上。然后，走出家门，看见洪水已退，正在吐穗的绿油油的包谷（玉米）杆露了出来，翁达还以为是拴起了铜鼓的结果哩。

谁知好景不长，不到一袋烟工夫，河水又重新涨起来，淹了更多的庄稼。翁达正奇怪，只见梁上的铜鼓拼命扳起来，挣断了棕索，朝门外滚去，一直滚进阴水潭，潭里又发出"乒乒乓乓"的响声。人们追到潭边，见铜鼓和犀牛斗在一起，难解难分。斗着斗着，潭水平静下来，响声没有了，河水退了，庄稼得救了，大家才晓得铜鼓为了救庄稼去斗犀牛。翁达老爹更是悔愧不已，想起错怪铜鼓，打落它一只耳朵，心尖尖和手掌心都感到火辣辣的痛。

人们等待铜鼓上潭来，要隆重地祀奉它，感谢它。可是等了好久好久，不见铜鼓上来；等了三天五天，不见铜鼓上来；等了一月两月，还是不见铜鼓上来。翁达老爹说："看来铜鼓不会原谅我了！"人们说："不，铜鼓为了永远镇住犀牛，不准犀牛涌水淹庄稼，才不上来哩！"

从此以后，每逢大雨下过天上出现"嘎响"（水语：彩虹）的时候，阴水潭边就会出现一个打伞的老者，缺了一只耳朵。人们说那就是龙铜鼓，他上岸来晒晒太阳，歇歇气。彩虹一消，他又会回到潭里去镇守犀牛哩。

2. 虎鼓伏虎

龙铜鼓降龙，虎铜鼓伏虎。甲仿寨有一个虎铜鼓伏虎的传说。

寨子侧边的芭茅坡上有一只老虎，经常出来伤人咬牲口，整个寨子家家关门闭户，庄稼不敢种，远门不敢出。

听说虎铜鼓会吃老虎，寨老便派人到外寨借。寨老说，虎铜鼓既然会吃虎，也要谨防伤人，叫那人披着蓑衣，提两斤水牯肉去。

借鼓的人借到虎铜鼓，把鼓驮在背后面的蓑衣上，两斤水牯肉吊在肩头边，心想：虎铜鼓隔着蓑衣，又有水牯肉吃，再不会咬我吧？！回到寨里一看，两斤水牯肉一两不少。虎铜鼓是不会伤人的呀！

但是虎铜鼓真的会吃老虎吗？人们也不完全相信。虎铜鼓一无嘴二无牙，它会吃得了老虎？老虎有四只脚，会跑会跳，虎铜鼓呢？连来寨子都是驮回来的哩！人们把铜鼓放在寨老家粮仓的地板上，也不再多管它了，只是半信半疑地等着看它咋个吃老虎。

说来也怪，从借鼓来的那天晚上起，一连三天，芭茅坡上的老虎再没得出现过，寨里的人畜也没有少一个，人们开始诧异了。

这天，寨老带着大家打开粮仓，准备拿铜鼓来看看。谁知铜鼓盖得紧紧的，好像生了根，扳都扳不起来。用铁棒穿起鼓耳朵，好不容易抬起一看，鼓底下有一堆老虎骨头，鼓身上粘得有些老虎毛。原来，铜鼓真的把老虎吃了！

虎铜鼓是咋个吃掉老虎的呢？人们一点不晓得。但从此人们更把铜鼓当成宝贝了。

[文亮、岱年、何以搜集整理：《铜鼓的传说》，三都水族自治县潘昔、吴育才、杨光和等讲述，载岱年、世杰主编《水族民间故事》，第117—124页，贵州人民出版社1984年版]

3. 三都水族自治县板引村龙铜鼓斗孽龙的传说

一年一度的"端节"来了，水佑寨子上的人们，欢天喜地地做着过节的一切准备。有的人家怕养在田中的鱼不够招待亲朋，男的就下河里去打鱼，女的在家磨豆腐、舂糯米、做糯米饭，有的人家在忙着杀猪、烤酒。老人们穿上圆领新蓝布长衫，小伙子们穿上新衣，姑娘们系上花围腰，搭上洁白的头帕，戴上银项链、手圈……庭院打扫得一干二净。村子呈现出一派节日的新气象。人们把火铜鼓吊在村中门的大枫树枝丫上，准备迎接客人，敲起吉祥如意的铜鼓，快快乐乐地过一个好"瓜年"（端节）。

水佑寨的人们热切地盼望外寨的青年小伙来年坡上赛马，姑娘们来对歌，一切亲朋好友来他们寨子做客，他们尽情地敲铜鼓来迎接客人。端节的头一天（又叫除夕），四邻八寨的老人和年轻小伙，有的穿上节日盛装，有的肩挑礼物，有的骑上高头大马来了，村里的铜鼓震天地响。可是人群中没有见一个女客人来。一问都说是有的明年早（初一）才来，有的下午来，因她们也要在家备年料，就是男的也没有来玩。

水佑寨的人们在除夕的这一天盼着外寨的客人，特别是妇女们的到来。你想，敲起铜鼓要跳舞，没有青年小伙不行，要对歌，没有青年妇女参加，那是多么扫兴的事呀！可千万不要在吉祥的日子里出什么事啊！

可不，除夕的这一天下午还真出事了，寨前的河里不知从哪儿跑来一条孽龙，兴风作浪，掀起巨大的波涛，大水把唯一的石拱桥都淹没了，客人们怎样才能回来？水佑寨的小伙子们迎接客人心切，立即捆扎筏子、划船去接，可是船和木筏还没有到河心，就被一个个浪山推了回来，一次又一次地都失败了。河对岸的客人们眼看天快黑了，只好陆续转回去。水佑寨的人们个个恨得咬牙切齿，真想立即一刀把孽龙劈成两半。

水佑寨的小伙子们无精打采地回到了家，这个"端节"过得好不愉快呀。老人们则想，是不是要预示着明年的灾难？到了夜深人静的时候，忽听得河里涛声震天，整个水佑都在地动山摇，人心惶惶，预感不测。天刚发粉亮，人们就跑出村外去看个究竟。好家伙，只见波涛翻滚，恶浪如山，旋涡深到鬼世界，阵阵涛势唬人胆。人们仔细一看，好像浪中有一个圆圆的东西在和孽龙作斗。老人们说：这是二龙争斗，它们都想占据这个地方。你看，它们从河的上游打到下游，从桥上打到桥下，真是双龙闹海，迟早必有一场。它们相斗不过一个时辰，河水突然下退了，一下子退到原来的位置，孽龙无影无踪了，那个圆圆的东西也不见了。是不是它们都随水走了，人们做着各式各样的猜测。

天大亮了，石桥被洗得干干净净的露在河面，河对面的客人们来了。水佑寨的人们一下子高兴起来，小伙子们忙跑向村中的大树下面，他们要敲起金色的铜鼓迎接客人。可是，一到大枫树下，人们都惊呆了：挂铜鼓的大棕绳断了，铜鼓躺（挂）在地上，浑身湿淋淋的，铜鼓的耳朵上、鼓面上，挂了不少的青苔、杂草、龙鳞甲片。人们当时醒悟了过来，那个和孽龙打架的，不就是铜鼓吗？

寨里老人们说：这铜鼓是我们吉祥如意的宝贝，不能放在露天里，应抬回去挂在楼上的堂屋中，敲起来迎接客人。妇女们拿新手帕把铜鼓擦干净，小伙子们争先恐后地抬这面为他们消灭了祸害而有大功劳的铜鼓。

这一年，水佑寨的"端节"过得特别快乐，人们就把这面铜鼓叫龙铜鼓。你听那"嗡嗡"的声音叫得山鸣谷应。

[杨有义：《板引村水族社会调查》，载贵州省志民族志编委会编《民族志资料汇编》第七集（水族、壮族），第150—152页，1988年]

4. 丧葬活动中对铜鼓的使用

（1）当做更换寿衣的坐墩——老人过世，藏鼓之家把鼓端出，扶亡人端坐其上替他着寿衣。这样做既显示富有，也是让老人与铜鼓告别；

（2）当祭桌——亡人入殓后停柩于堂中时，藏鼓之家往往用几面铜鼓摆在柩前，上面摆放炖鱼、酒饭祭奠，以显示富有及安慰亡灵；

（3）做响器——在"等亥"即开大型追悼会时，不停地敲击铜鼓（不用控制气流的木桶），以除邪恶，安慰亡灵，同时让天上神灵听见，来接亡灵上天。

祭典用铜鼓。砍牛祭祖时，在绑牛的木桩旁吊着铜鼓，当巫师念咒时，旁边的人就用小木棍敲铜鼓，通知祖先来享用祭品，赐福后人。

从上述情况可见，铜鼓在水族人民心目中有着非常神圣的地位。由于水族习俗忌讳坟内、棺内有铜器，认为这会伤害龙脉（传说龙最怕铜），不能以铜鼓作为陪葬品。因此，水族地区的铜鼓均为传世品而无出土发现。但在水族古石墓上，常见到有铜鼓石刻图案，表现了让铜鼓永远伴随亡灵的心理意识。水族石墓上的铜鼓雕刻在长方形石墓墓室的一端或两端，而墓室两侧则有浮雕人物、动物及植物的图案。铜鼓鼓面纹饰一般均凸出石壁，磨制平整光滑，纹饰为阴刻，雕工精细，造型美观，写实性极强。例如荔波县城关水溥村坂本一石墓前后两端墓壁上，均雕刻有铜鼓鼓面纹饰图案，其中保存尚好的一端铜鼓图像凸出石壁，直径45厘米，芒体直径14厘米，中央芒体十二角，其外有九晕：第一晕、第八晕为栉纹；第二晕、第七晕为乳钉纹；第四晕为水波纹。其余则已风化不清。三都县九阡区九阡乡红星村一座石墓上雕刻的铜鼓鼓面纹饰直径43厘米，芒体直径15厘米。中心芒体八角，芒纹之间饰双回纹。其外有七晕：第一晕乳钉纹；第二晕为主晕，饰方形回纹；第三晕旋涡纹；第四晕波浪纹；第五晕栉纹；第六晕乳钉纹；第七晕斜线人字纹。

据专家考证，水族石棺墓葬是明代至清中晚期的产物，在这些墓室中发现众多的铜鼓雕刻，且不少雕刻非常精细，这便有力地证明，历史上水族便喜爱铜鼓、崇拜铜鼓。因水族特别崇信鬼魂，将铜鼓勒于墓室上，也是希望这权势与财富的象征能随亡灵一起带到阴间，让亡灵在阴间能借此提高地位。

此外，在水族刺绣、印染（蜡染、豆浆染）、剪纸上，都常取铜鼓或铜鼓纹为图案，围腰、头帕上，都常在较显眼、表示尊贵的地方以铜鼓纹为装饰。这些，无不显示出水族人民对铜鼓的崇敬及热爱。事实上，这种崇敬之情已远远超出了对一种珍贵器物的感情，它蕴涵着更多的宗教感情。

[何积全主编：《水族民俗探幽》，第277—279页，四川民族出版社1992年版]

第十章　宗教人员

1. 水族的古老宗教人员

哎播　水家宗教祭神驱鬼的男性宗教人员，是他称的音译。哎播一般都粗知《水书》，会念咒祭神驱鬼，也会择些简单的日子，而熟悉《水书》的人中也有部分从事哎播念咒的事。哎播在水家社会中无特殊的政治、经济地位，没有什么特权，愿不愿请其帮忙全由事主自行决定，而祭神驱鬼活动的报酬极为低微，有的仅是供给一二餐便饭而已。哎播也把为人祭神驱鬼当做一种义务活动，甚至提供无偿的服务，而勒索财物的哎播偶尔有之，但当其名声传出之后便失去应有的资格。民谚有"去念一次鬼，家里穷三年"，指一哎播为人帮忙驱鬼，致使延误烧火土播种而穷了三年，足见一斑。

尼薅　水家古老宗教从事巫卜活动的女性人员。近称时则依其年龄辈分而称之为奶、伯母、叔娘、姐等，但有的女巫从巫后改为男装。扮为男装的女巫一是认为前身是男身，二是认为附着在其身上的为其断事的阴鬼——腊押或腊金等俱为男性，人们都以公、爷称之。尼薅多是害了某种恶疾之后，精神错乱，经占卜之后认为是阴鬼所附，立了牌位焚香则恢复正常。此后则从事巫卜，多为业余所为。求事者带些糯饭、一点熟肉、半碗大米送上，尼薅便以布巾蒙面，吸黄蜡烟，旋即歌吟念唱，据说阴鬼已上来为其断事。求卜者则据其念唱去理解求卜的结果。

尼薅无特殊政治、经济地位，属于半义务性质的巫术宗教人员。尼薅从事巫卜之后，据说是腊押（即有名望者或强悍、贤达的夭殇者的阴魂）依附其身所致。当求卜者问教事时，不同的腊押会操不同的语调声腔回答所祈之事，实际全由尼薅一人之口或念或唱。求卜者则从这似是而非的念唱中去领悟、猜测其旨意。亦偶有男性从事此类卜事活动。

〔潘朝霖：《水族的古老宗教人员》，载中国各民族宗教与神话大词典编审委员会编《中国各民族宗教与神话大词典》，第552页，学苑出版社1990年版〕

2. 水族祭司

水族丧葬祭典与祭祀祖先时，水书先生都要举行迎、送"六夺"或"略夺"先司公的仪式，水书先生认为"六夺"既是《水书》的创始人，又是掌握各种宗教祭典仪式的先司。

据称,"六夺"先司公是一个专司祭祀的阶层,他们来自"定干引,领干各"(即岩洞),分别掌握择吉、营造、农事、婚丧及百工等等的祭典、祭祀职责。现今的水书先生在主持各种祭祀时,首先要迎来"六夺"先司,然后才能自己主祭。仪式结束后,又要送走"六夺"先司。比如水族农户举行丧葬祭祀时,请水书先生来主持祭典活动。而水书先生首先要在丧家举行迎接"六夺"公仪式,即在丧家一间屋内,打扫干净,用稻谷草铺在地面上,再置一簸箕在稻草上,旁边放一床新被子,簸箕内用六尺白布垫上为席,供上六个酒杯、六个碗、六双筷子和鱼菜及一大碗糯米饭,周围放六个草凳,一只母鸡,点燃香火,再由五个男性老人着装围坐,陪同水书先生。水书先生念经咒,席间,人们不时将酒、菜递给水书先生饮食祭品,迎接仪式完毕,六人要将祭品食光,若食不完则带走,水书先生取走活鸡。然后水书先生从头到尾亲自掌握丧葬仪式,丧葬完毕,又以同样方式送走"六夺"先司。

水族人民对"六夺"公的崇拜意识类似于汉族人民对孔夫子的崇拜意识,但时间可能更早一些,因为人民对"六夺"公的崇拜意识尚停留在原始宗教性质的阶段。"六夺"公既是古人原始宗教道德行为的规范者,又是为死者开路使其能够寻根归宗的先师。

[雷广正:《水族原始宗教信仰调查报告》,载贵州省民族研究所、贵州省民族研究学会编《贵州民族调查》(之八),第99页,1990年]

3. 鬼师、巫婆在信仰民俗中的作用

水族称巫师为鬼师,女性巫师则称为巫婆或过阴婆。

水族鬼神崇拜意识比较浓厚,因而鬼师、巫婆在社会中有较高的地位。水族鬼师懂得《水书》,能依据《水书》测算吉凶祸福,并掌握了请神送鬼、化灾趋吉的巫术;巫婆则可通过"过阴"请来鬼魂,与亡故的先人交谈,并求得神示,被认为是可以与鬼魂交往的人,因此,鬼师与巫婆均受到尊敬。

在水族意识中有一个鬼魂世界,善鬼与恶鬼随时可能影响人的生活。如,家里有保家鬼、守门鬼;禾仓有保仓鬼;出门远行有拦路鬼、过路鬼;河边有桥头鬼;山野有守山婆、山野鬼;地里有庄稼鬼;有偷小孩的生意婆;有龙鬼、雷鬼、外来鬼……名目繁多,举不胜举。这样,人们的一言一行、一举一动都得注意不要得罪鬼魂。不仅是逢节过(节)气要敬祭鬼魂,平日里的各种活动都常要祭鬼送鬼。这些活动都离不开鬼师。起房造屋要鬼师测算吉日,驱赶鬼魂;丧葬要鬼师定方位,择吉日;有灾难病痛要鬼师卜算作祟的鬼魂并予驱除。鬼师是信仰民俗中不可缺少的重要部分,也是信仰民俗传承的中介。

巫婆与鬼师地位相同。水族妇女特别相信巫婆,经常要向巫婆求问吉凶,祈求巫婆请鬼魂保佑子女或求子嗣。巫婆与鬼师不同的是,巫婆通过"过阴"的巫术手段,使求

巫者进入鬼魂世界，让鬼魂附身，直接与亡灵对话。而鬼师只能依据《水书》测算作祟的鬼魂为何而来，来自何方，却不能直接与鬼魂交流思想。因此，鬼师与巫婆作用是不能互相代替的。

在水族地区，鬼师与巫婆本身不被认为具有神性，更没有"祭师兼国王"（《金枝》语）的崇高地位。特别是现在，鬼师与巫婆基本上都不是"专业户"，而多属业余性质。他们平时从事生产劳动，有人求上门时，才出门行巫。行巫所获报酬极为菲薄，有的仅是吃一两顿饭而已。故民谚有"去念一次鬼，家中穷三年"之说。意思是，念鬼误了自家生产，又没有什么收入，因而使家中十分贫穷。不过，由于鬼魂崇拜很是普遍，纵然是业余行巫，"生意"也颇兴隆，因此，他们在水族人的心目中有较高的地位。

〔何积全主编：《水族民俗探幽》，第256—257页，四川民族出版社1992年版〕

第十一章 原始宗教与社会经济文化生活

1. 三都水族自治县九阡水族原始宗教

九阡地区的水族约在宋代后期或更早一些时候就来到了这里，已有七百年以上的历史。九阡地区除猪场（现区公所所在地）南北一狭长较为平坦的小平坝外，其余绝大部分都是山区。直到解放前森林还占有很大的比例，农田开垦较少，生产工具和耕作技术都很落后，农业生产发展十分缓慢。古代交通闭塞，四周都是水族，只能与周围的水族交往，与外界联系十分困难。因此，在九阡地区的水族中能够较好地保留古代水族的民族特点，其中节日也较完整地保留了下来，有的在经济较发展和交通较方便的水族地区已经消失了的节日，而这里却保留存在着，因而研究九阡地区水族的节日有着普遍的意义。

九阡地区水族节日的特点主要有如下四个：

第一，水族节日与生产生活息息相关。

从上面介绍的十五个节日中，可以归纳为三个方面的内容，一是祈求天降雨水，风调雨顺，农业生产获得丰收；二是供祭祖先，求得祖先神灵对人间后代的保护；三是对鬼神的供奉，免灾得福，求得人丁的发展兴旺。

"拜霞"、"拜善"、"韵嬢"、"立㠭"、"借咬里"、"略夺拱"六个节日都是为了祈祷风调雨顺、获得丰收，属于农业生产方面的节日。拜霞和拜善，从准备工作看，二者也很类似，礼仪上基本相同，在古代和现代社会中都属于十分隆重和讲究的节日。从供祭的物品上看差不多同样丰富，供祭时按股为单位参加。九阡地区的霞组织一般都是十二股，一股一头猪，约一百二十斤，每次供祭用肥猪十二头，千余斤，还要一头母猪，参加人数光霞组织本身就有数百人，加上请来的亲朋好友，都在千人以上，霞和善都是按血缘家族组织起来的，场面和范围都是很大的。据枚彩寨的潘长春介绍，水枚的拜善活动中，各股为了求得好雨水，争取多出贡物，有一次拜善，猪肉堆得齐善井柏树丫枝高（3米多高），五六十头肥猪。之后，才规定每股只准出一百二十斤猪肉，体现平均。

为了确保祈祷的成功，人们提前几个月就开始训练占卜的公鸡，对坐善的六个人，选择条件也是很严格的；拜善砍竹竿时的选择和人物的选择就突出地表明了严格的条件。

关于霞菩萨来历各地都有传说，虽然各种传说的情节有些差异，但在祈求雨水、争取农业丰收这一点上却是一致的。九阡乡的老寨、杨拱乡的大寨、水各乡的水昔寨等各处的传说中，都是因为得到霞菩萨加以崇拜后，农业得到了丰收。从此往后逐渐形成了隆重而完整的拜霞仪式，固定为节日。拜善中的善菩萨则是因为渴望获得农业丰收、自己又无从得到霞菩萨而不惜去偷来，水枚到广西去成功地偷来了善菩萨，满足了确保丰收的欲望。而水响去偷时，把菩萨偷错了，偷来一个叫"觉神"的菩萨，非常小气，吃独食，只得在夜间举行。

水族的"端节"、"卯节"、"荐节"、"挂清"、"挂谢"、"七月半"六个节日着重是为了祭奠祖先而举行的，其中借端、借卯、借荐都包含有年节的意思，既有辞旧迎新的意义，又要进行两次或两次以上的供祖礼仪，而挂清、挂谢、七月半则完全是为了供祭祖先。借端的禁忌习惯传说中更能表明供祭祖先的特点。相传在很早的端节中没有忌荤的习惯，只是因为有一次过端，备好了丰盛的佳肴美酒，全家人准备就餐，祖公还要去摘个南瓜来吃，于是上房摘瓜，由于房屋年久木朽，祖公从房屋上摔下身亡，全家人悲痛不已，当天就忌食肉类。为了纪念祖公，往后每逢端节都要忌食肉类，这就是端节忌荤的由来。在挂清和挂谢的供祭中，为了表达对祖辈的敬意诚心，让祖公、祖母得到对供祭物的完全享用，必须在坟墓旁另设一祭坛把土地神先吸引至此坛前，然后用更丰盛的物品供祭祖公、祖母。

水族对鬼神的供奉节日有"拜缪"、"云牙港登"、"帽牙"等，这类节日都以祈求人丁兴旺发展为目的，在拜缪活动中更突出表现了祈求生育的愿望。在古代社会里，生产力水平很低，经济生活很不富裕，人们对各种疾病的斗争能力很差，在那样的社会环境里人口的发展是一个很严重的问题，各个血缘家族都很强调本族人口的发展，在无力战胜各种疾病、渴望多生育的情况下，往往借助于超自然的力量，幻想得到鬼神的帮助，战胜困难。"缪"就是他（她）们幻想中的力量，能给予帮助的神灵。凡是没有生育而又渴望生育者、渴望生男孩者，都得十分虔诚地去拜缪，他们认为凡是卜卦得灵，缪菩萨应允，就必然会送来子女，如愿以偿。一旦巧合，有了生育，又必须进行"还愿"活动，这个活动比祈求更为隆重，不惜花费更多的财物、更大的代价。云牙港登和帽牙都是供祭女神和女鬼，希望得到她们对儿童的保护，使之健康成长并成才。

水族的节日表现在生产方面是很完整和全面的，从播种到吃新谷，求雨防旱都是围绕着庄稼的生长；表现在祭奠祖先，崇拜死去的先辈，供祭的礼仪很是周密，入微细致，供土地神的目的在于确保祖先充分享用；表现在供祭鬼神则主要就是为了人丁的发展，本家族的兴旺发达。因此，这些节日总是围绕着水族人民的生产和生活举行的，"一方面是生活资料……的生产，另一方面是人类自身的生产，即种的繁衍。"（见恩格斯《家庭、私有制和国家的起源》）也就是生产资料的生产和人类自身的生产，与生产和生活息息相关。

第二，水族的节日活动与原始宗教活动往往融为一体。

节日，在现代社会的含义中都有着纪念或庆祝宴乐的意思，而古代社会里，特别是远古社会中，节日的含义就有些不同，有的节日的含义不完全是为了纪念或庆祝宴乐，它的出发点在于人们的某一幻想，祈求达到某种要求，这往往就在原始社会、产生较早的节日中体现出来，它既是节日活动，同时又是原始亲敬的活动，节日中进行的礼仪是以原始宗教的形式表现出来的，节日与原始宗教往往融为一体，难以区分。

拜霞和拜善，其出发点都是向天求得风调雨顺，保证庄稼生长顺利，为农业生产的丰收而举行的活动。但是，从其复杂的礼仪过程中，训练公鸡、割蛋、由水书先生推算选择吉日，坐善人的选择、择日、选人砍竹、编做彩色纸龙、给霞菩萨做衣服、供祭中用的母猪等，都可看出完全是属于原始宗教的礼仪，所拜的霞菩萨和善菩萨也是属于原始宗教范畴进行的自然崇拜。拜缪中的卜卦求、还愿中的立"干朵"、杀猪供祭礼仪，也都是属于原始宗教的一套做法，所拜的缪菩萨，是人们认为灵验的岩石，亦属于万物有灵的自然崇拜物。还有韵嬢、帽牙节中的割蛋选择吉日、供祭物的使用、插路标、禁止外寨"生人"闯入等都是属于原始宗教的礼仪和禁忌。

由此可见，不管是从供祭的对象、供祭物品的选择、供祭的礼仪，还是从供祭日期选择的方法、从供祭中的禁忌上看，水族的节日的确与它的原始宗教不能截然分开，虽然节日不等同于原始宗教，不能包含所有的原始宗教，也有些节日与原始宗教活动没有联系，但是，从一定意义上说，水族的节日还是可以算做原始宗教的一部分，节日中种种活动也可以说是原始宗教的活动，两者已有机地融为一体。

第三，水族节日受着水书的支配。

水书，是水族先民独创的一种古老文字，有悠久的历史，由于历史的和本身固有的原因没有得到应有的发展，在社会生活中的使用也不广泛，在较长时期里处于一种停滞的状态，而今这种文字仍然处在初级阶段和萎缩、消失的趋势之中，掌握这种文字的人越来越少，民间仅为从事宗教活动的部分人掌握，他们继承和传播着这种文字，水族称他们为"水书先生"。一般外界人士都从水书先生利用《水书》从事原始宗教活动这一表面现象出发，将这些人称为"巫师"，其实，称为"水书先生"更为合适。《水书》分为白书和黑书两种，在水族人民的日常生活中，使用范围很广，营造、出行、婚姻、丧葬、禁忌等各种原始宗教活动都受《水书》的支配，水族的节日活动，亦须受《水书》的支配。节日的具体时间选择上，必须按《水书》的规定来确定。

借端，水历的元月至二月亥日举行。但是，按《水书》的规定，虽然到了亥日，若是丁亥，还不能过节，必须避开丁亥延至下一个亥日方能进行过端。借卯，水历十月卯日举行。但是，按《水书》的规定，虽然到了卯日，若是丁卯仍不能进行过卯，必须延长至下一个卯日方能进行过卯。拜霞和拜善，十二年或六年于水历十月举行，具体日辰的确定，必须遵循《水书》的规定，选择属于水、土、木的日子才能举行，若是属于火、金的日子就不行。拜缪，水历五月一日至十五日之间举行，往往确定哪一天时，都要根据《水书》选择吉日进行。略夺拱，每年水历七月举行，具体哪一天，亦将按《水书》选择属于水、土、木的日子才能举行。韵嬢，隔年的水历十月举行，具体哪一天，亦得按《水书》来择属于水、土、木的日子才能举行。帽牙，水历六月举行，具体日期，亦需按《水书》选一吉日举行。

可见，水族的大部分节日中，虽然有明确的时间规定，但大都只规定了月或属什么样的日，然而，具体到某日却并没有明确的规定，或规定了但也不固定，还必须遵《水书》的有关规定选择吉日，受着水书的支配。

第四，水族节日供祭中很重视对岩石的供奉。

水族节日的供奉对象多种多样，供天、供祖先、供树等等，其中很突出的是很重视对岩石的崇拜。

人类在幼年时期，对大自然中的日、月、星、天、雷电、河流、湖泊、高山、巨树等等的各种变化现象不能正确地认识并作出科学的解释，同时又往往把各种偶然事件或生活中的得失利害联系在一起，从而产生了对某一物体或自然现象的崇拜，逐渐地形成了一整套的崇拜仪式，产生了各式各样的传说，水族同胞对于岩石的崇拜就是属于这一类。

水族对于岩石的崇拜表现在节日中有拜霞、拜善和拜缪。其中又以霞和善的来历传说最为丰富和完整。

"霞"是一个类似人形的岩石，多数立在井边，也有立在山上的。在九阡的水昔地区，相传来这里的发公在下大雨时到河边去捞鱼，第一次捞到一个石头，丢掉了。第二次又捞到这个石头，仔细观看，是一个似人形的半身像，觉得奇怪，拿回家中。晚上发公做了一个梦，霞站在一块石头上，石头下面有一面铜鼓，敲一下响九声，声音能传一百多里远……第二天发公请来巫婆过阴，代言说："我（按：指霞）是想来你们这里，同你们一起发展生产……"发公和寨老们遵照巫婆的代言，将霞放在一个木盘里，装上米，抬到拉蛇寨田边，喊了三声，游来了两条黄鳝围绕着霞，又一起抬到井边，摆上供祭桌，将抬去的一头活猪（重约60斤）溺水，抬猪的二人互打水仗，然后杀猪供祭，顿时天上乌云翻滚，即刻下起大雨，当年庄稼获得丰收。开初是三年一祭，之后发展成六年祭一次。逢子年、午年的六月末日举行。

在九阡乡的老寨也有霞菩萨来历的传说。相传祖公上山打柴，看到两个像人形的石头，当祖公来到石头面前时，两个石头立即站立起来，祖公觉得很奇怪。晚上，祖公梦见一个白胡子公公和一个白发奶奶。第二天祖公就拿酒去供，当年庄稼得到丰收，六畜兴旺。几个公见此好处，就商量将两个霞抬回家，时间约在元朝末年。后来，有一个霞菩萨被人偷走了，于是就将剩下这个霞菩萨秘密地埋了起来，因此，拜霞时就分两次进行，第一次拜真霞，第二次就用一个相似的石头代替。

还有善，其供祭方法基本相同，只是来历不同，善菩萨是"偷"来的。水枚地区的善是从广西偷来的。相传很早的时候。有一个"有公"在广西卖活路，回家探亲时，乡亲们问他那里庄稼好不好，有公说那里庄稼很好，因为有两个石头，形如马状，每年那个寨子的男女老少都要去拜敬，所以庄稼长得很好。于是乡亲们就决定去广西偷来石马，也好让其保佑庄稼，求得好的收成。偷来后，先将石马放在定邑寨的邑彩地方，对石马说:"把你放在这里,你觉得地方好就不要叫,如果觉得不好就叫。"当晚,亲友们听到石头叫了,第二天又将石头移到枚以,作了同样的交代,当晚石头还是叫了,又将石头移到枚才寨的故抗地方,交代后晚上还是叫。乡亲们见选择的几个地方都不行,已经没有信心了,准备送回广西原地方,当晚把石头放在枚彩寨旁的井边,也作了交代,那晚石头不叫了。此时正值农忙插秧季节,插完秧后水枚家族的七个公都来供奉,是年为龙年,往后逢龙年水枚九寨潘姓水族都来供奉。

相传水响的善菩萨也是"偷"来的。起初,水响和杨拱几寨为一个霞组织,据传说是因为请来的水书先生在拜霞时只为杨拱几寨的杨姓祈祷,因而庄稼连年获丰收,而水响不能得利,水响的陆姓生气后就分了出来,自己到水边去"偷"了一个石菩萨来。

拜缪亦是供祭的岩石,这是和水族人丁发展、种的繁衍密切相关,在水族人类自身的生产中占有很重要的地位。而霞和善都是与农业生产密切相关,这对以水稻为主食,且具有悠久的种植历史的百越民族的一支——水族来说,也是在物质生产中占有很重要的地位。可见,水族的节日供奉中,岩石崇拜的确很受重视,占有很重要的地位。

[陈国安:《三都水族自治县九阡区水族节日调查》,载贵州省民族研究所编《贵州民族调查》(之三),第322—326页,1985年]

2. 原始宗教的社会影响

现阶段水族地区水族同胞的宗教信仰基本上还是"万物有灵"。人们对于四季的变化、日月的运行、社会的兴亡及人类的生老病死等等的自然现象与自然规律都似乎觉得不可思议。解放前水尾地区的水族同胞早已进入阶级社会,反映在人的宗教意识上已带有某些阶级的色彩,但总的来说人们的宗教信仰还是以原始宗教为主。由于人们相信人的生命和存在所依靠的东西是鬼和神,所以为了消灾免祸和祈求幸福,就不惜耗费大量钱财去从事祭神赶鬼活动。水盆寨的王老刚和王老波兄弟俩,因经常生病不去医院就医而只是请鬼师杀牲祭鬼,致使家中所养的猪、牛、鸡、鸭均被杀光,花销了不少的财物,最后沦为水尾地区的困难户。一九八二年的某一天,祭尾寨的潘老华在犁田时,突然发现田冒黄水,一时感到惊恐万状,立即把牛杀来祭鬼,造成了不必要的损失。一九八一年水尾寨的妇女韦老贝发生难产,其夫潘老石去请鬼师杀牲祭鬼,但却无济于事,拖了四五天,产妇已危在旦夕,潘才被迫叫其妹将死婴从孕妇腹中硬扯下来,方使产妇得救。类似例子真是不胜枚举。

这里有少数水族同胞生病时,已相信"神"、药两解。但仍以祭鬼为主,吃药为辅,一朝生病,先请鬼师杀牲祭鬼,若病久未愈才被迫就医。因此,鬼师在社会上还有一定的影响。鬼师在水族同胞的心目中既能驱鬼赶鬼,又能放鬼和退鬼。群众对他们存在着一定的畏惧心理。

水尾地区的水族同胞在原始宗教迷雾的笼罩之下,一般的思想比较保守,情绪比较低沉，因循守旧似成为一种"真理"，表现在生产上既无活力，更无创新之举。因而习惯于简单的生产模式和满足于维持生活现状。这也许是水尾地区自然经济发展缓慢的一个重要原因。再则人们的家庭副业不是为发展商品经济之必需，主要是提供祭品，以满足社会上祭神用鬼的需要。例如祭鬼需要用猪，故喂母猪的户数居多，养肥猪的户数极少。据调查，水尾大队拉几生产队共有九户人家，户户喂母猪，而无一户养肥猪者。笔者在水尾地区调查月余，目睹许多猪崽往往被人们随意杀来祭鬼，实为经济发达地区所罕见。至于鸡、鸭、鹅等祭品更是难以数计。

目前水尾地区还存在的原始宗教，是历史遗留的一种社会现象。长期以来，它和当地水族同胞的生活习俗交织在一起，反映了民族问题的一个侧面，我们只能根据党（中共）的宗教信仰自由政策和民族政策精神，给予正确对待。笔者认为：

（一）水尾地区经济、文化、教育事业的落后，是原始宗教赖以存在的基础。若能采取特殊措施使水尾地区的水族同胞在较短的时间内走向富裕和繁荣，就有可能减少原始宗教在"四化建设"中的阻力，进而为逐步地削弱原始宗教在水族同胞中的影响创造有利的条件。

（二）正面引导，重在教育。就是说对待人民内部个人思想上的宗教信仰问题，只能是：一是尊重，二是教育，三是耐心等待。行政命令和操之过急的做法都是有害无益的。对目前还存在的"自然领袖"、寨老、鬼师和"活路头"等有关人物，要进行爱国主义、科学技术知识和法制观念的教育，在条件许可的地方应有计划地安排他们到外地、外区和外省去参观学习，对开阔他们的眼界、提高他们的思想认识、调动他们的生产积极性都大有好处。

（三）尽力办好区、社两级医院，目前缺医少药、医术低劣是很普遍的。这远远不能满足当地的少数民族群众的需要。有的病人行数十里路来区里住院，但必须交住院费三十元，在群众生活还很困苦的情况下，一时交不了费，只好回去求神祭鬼。因此，办好民族地区的医院对于逐步改变人们的旧思想、旧习惯以及削弱宗教势力的影响等等方面，都具有重要的现实意义。

（四）应重视对原始宗教的管理工作，并提到当地党和政府部门的议事日程上来。在对宗教信仰者进行耐心教育和提高认识的基础上，须作出一些使信教群众易于接受而又切实可行的规定，诸如取消鬼师世袭，严禁传授巫术；严禁用马、牛、猪等大牲畜祭神用鬼；不许利用祭神赶鬼活动来干扰和破坏党的各项政策的贯彻执行；不许借祭鬼之机诈骗群众钱粮；不许利用宗教活动去破坏民族团结（如说放鬼）、扰乱社会治安、影响学校教育等等。

（五）须加强对当地干部的教育，务使他们在群众中起到不迷信鬼神的表率作用。

总之，在处理有关群众的宗教信仰问题时，力避草率从事，应取慎重态度，以利于各民族的团结。

[岑秀文：《水尾公社水族的原始宗教》，载贵州省民族研究所编《贵州民族调查》（之二），第114—115页，1984年]

3. 三都三洞恒丰原始宗教对社会意识的影响

长期以来反映水族民族意识的诸多表现，有生产、生活的物质文化，也有文学、艺术和宗教等的精神文化。我们在这里侧重原始宗教及其仪式对水族民族意识的影响与表现。从这些原始宗教表现形式来看，我们认为有如下一些特点：

①水族人民对天地日月与人类形成的意识，既有水族独特的意识观念，又有与中华民族"母体"意识观念相同之处。如水族人民把女性始祖母"牙巫"视为造天、造地、造人的圣人，这与汉族人民的女娲补天、女娲造人的神话传说相类似，水族还有"牙巫"造四个哥弟，即雷、龙、虎、人，最后由于人会使用火，战胜或赶走了雷、龙、虎，人成了社会的主人。水族人民祭祀"娘娘"神即"牙巫"，汉族人民则祭祀"地母娘娘"神，这是偶合相似，还是有其更深的历史根源，还有待研究。水族有"牙巫"射日或"旺虽"射日，这与汉族的后羿射日相同。

②"石主"崇拜。至今，水族人民仍祈求石菩萨（即石主）保佑人畜平安，雨水调匀，生产丰收；赐给人们子女和财富。凡遇到不顺愿的事只要祈求它，许愿它，它都能给人以满足，因此人们对石主的崇拜与祭祀，是司空见惯的。

③水族是古"百越"民族集团后裔之一，被称为"水稻民族"或"滨海民族"，所以人们对水稻种的来源传说很多，对稻种的神化程度也很深，人们从播种到收割、吃新稻米的饭等都要举行祭祀稻种的仪式活动，这可能是水稻民族意识的突出表现之一。

④《水书》是古代水族意识形态的集中体现之一。水书先生能判断人们遭逢吉凶祸福，又能整治一切妖魔鬼怪，必要时又能使用"黑书"中的法术去制服阴间或阳间恶鬼。水书先生既能以宗教祭典的形式为人们在生产、生活中祈求神灵保佑，使人畜兴旺四季平安，风调雨顺，五谷丰登；又能指点（即开路）去世的老人沿着先祖的足迹到大江大河及大海中去见"龙王"而归宗。可以说，水族人民在生产、生活中生、老、病、死、苦与喜怒哀乐，都得求助于《水书》中的信条及水书先生的指导。所以说《水书》是集水族原始宗教的大成，又是水族意识形态观念形成的客观记录之一。

⑤占卜，巫术意识：占卜、巫术是原始宗教的一个部分。在水族人民中，一般的中青年男女都懂得简单的占卜术，而高一层次的占卜与巫术技艺则只有水书先生、巫师和巫婆能掌握了，这可能是占卜与巫术发展的影响。

从历史发展的客观实际来看，最初的原始宗教是从占卜开始的，尔后，由专职的占卜师，将占卜术进一步发展为巫术，再进一步发展为有巫词、经咒词和法术技艺乃至各种各样的祭典礼仪、礼规，又将神灵、鬼魂从大范围内分为善神（包括家神）（祖先神）与恶神、恶鬼等数百种。专职的祭司们又将祭祀、祭典礼仪、礼规再详细分为若干种形式，其祭献、祭供的牺牲与物品因其对象而异；祭祀地点与规模往往视当事人而定。祭师念的经咒词内容很难调查清楚，行法时，祭师着古装、戴草帽、绾裤脚，手持大刀或斧头，或拿狼箕刺等等。

人们对巫师、巫婆（俗称"过阴婆"）的态度，是既看不起他（她）们，有求时，即遇着不顺愿的事或生病时，又要请求他（她）们。所以说，人们对占卜、巫术的意识观念，其实质仍是崇拜神灵鬼魂观念的再现。

〔雷广正：《水族原始宗教信仰调查报告》，载贵州省民族研究所、贵州省民族研究学会编《贵州民族调查》（之八），第101—102页，1990年〕

4. 原始宗教对丧葬的影响

丧葬禁忌之繁多，礼仪之冗杂，为水族习俗中之最。不少家庭为了支撑所谓门面，凑资勉强为之，总是期冀亡灵赐福，坟山贯气。但是坟山风水偏偏没有给这些人家赐以吉祥和福泽，却使他们十之八九债台高筑，穷困潦倒而一蹶难振。但是，过去"开控"十分普遍，"大控"和"特控"也常有人举行，加上地主阶级的兴起，他们拥有较宽裕的经济，丧葬形式也逐步升级和扩大化。因此，对石雕墓刻、刺绣、剪纸、纸扎等工艺和耍龙、舞狮的要求就大大地提高，对工艺美术和文化的发展就起到了推动作用，相应地出现了一些职业化的艺术人才和歌手。

职业歌手的诞生——"开控"，尤其是开"大控"与"特控"，常常要请二三堂歌。一男一女和四个伴唱的小孩，往往要唱一天一夜，最多的甚至七天七夜。歌手的报酬相当高，一天一夜要付五六十元，过去也要付六七十银毫。同时"屯亥"要念一二十天的吊丧歌，这样，职业歌手就应运而生。歌手汇集各地丧葬歌而加以融合加工，使丧歌有了重大的发展。另外，"控腊"往往要有几十名披头散发的哭丧妇女，她们边哭边歌，使丧歌的范围又扩大了。现在，都匀县阳和、基场一带的水族还有在棺前哭丧的习俗。一年长妇女领唱，数名或十数名女人跟着和唱。过去领唱的歌手往往是职业化的。这一带地区的民歌几乎全部演变成七言四句汉歌，唯独哭丧歌仍然保留用水语演唱。过去的大型丧葬活动为丧歌和歌手的发展奠定了基础。丧歌是民间文学的重要遗产之一，具有它应有的历史研究价值。

纸扎工艺的发展——丧葬耍龙舞狮、扎伞盖吊笼等，使纸扎工艺应运而生。伴随而来的剪纸、绘画、裱糊也得到发展和提高。

石雕墓刻的发展——坟墓从毛石围砌改为料石修筑，墓形由方而圆，墓碑由无字发展到有图案、最后发展到刻有各种动物和人物浮雕及文字；墓碑由单面碑发展到三面碑、五面碑、八字门和楼阁形状。这段漫长的演变过程中，造就了大批能工巧匠，并且出现了一批专职的艺人工匠。那些结构严谨、图案美丽、工序繁浩的大墓碑，记载和反映了水族石雕墓刻工艺的较高水平。

文艺队伍的发展——芦笙和唢呐是必不可少的乐器，由于广泛使用，学习的人大大地增加。随着汉文化的影响与传播，"花灯"戏为广大水族人民所喜爱。为了适应丧葬的需要，过去几乎每个大村寨都组织有一个文艺班子，不是吹芦笙、奏唢呐，就是唱花灯或舞狮。他们除了义务为自己亲戚和邻里帮忙之外,还作为一种商业性的文艺出现。这样,既丰富了当地的文化生活,也促进了汉文化的传播。

此外,汉族丧葬中贴孝联、家祭、典祖等仪式,也逐渐传入水族地区为水族人民所接受。

经济方面的影响——"开控"时,由于四方群众汇集,成为变相的集市贸易场所。本地与外地的小商贩蜂拥而至,也促进了当地粮食加工工艺的发展,因此对经济发展和物资交流起了一定作用。一些勉强"开控"的家庭,造成后来家破人亡或倾家荡产,使一些地主兼并、占有更多的土地。总之,过去的丧葬对水族的经济和文化以及美术工艺的发展,都起到相应的推动作用。

随着社会的发展,地主阶级的消亡,丧葬也随着经济、政治的变化而变化。现在,水族地区的丧葬有了很多的改革,礼仪也较为简化。为了表示对死者的悼念,一般只开小控或中控,时间也是一个晚上或者半天搭一个夜晚。有些地区已改革了安葬繁杂的程序,并且破除迷信,不择日,不选福地吉穴和利山利向,使精神得到解放,也减轻了经济负担,推动了生产的发展。为了破除旧的习俗与落后观念,只要有关部门加强文化教育和科学知识的宣传,水族地区的丧葬改革是大有希望的。

[潘朝霖:《水族丧葬》,载贵州省民族研究所编《民族研究参考资料·民族风情》第二十二集,第175—176页,1985年]

5. 原始宗教对经济的影响

水族丧葬"开控",是水族人民悼念亡灵的主要形式。"开控"水语称为"或控",即汉语所说的砍利,意为做控,是追悼亲人的最高体现形式。水族人认为把丧事办得隆重一点,才算对父母有孝心,只要是经济条件能勉强应付,就要举行"开控"。近几年来,随着农村改革的深化,人民群众生活有了较大的提高和改善,"开控"规模在逐渐扩大,讲排场、摆阔气、相互攀比之风日趋见长,就是那些生活困难,不具备"开控"条件的丧家"孝子",亦要千方百计筹资"开控",以免受到社会舆论的抨击,背个不孝敬老人的骂名。

一、"开控"的规模

"开控"规模的大小,常按丧家富有的程度而定。丧女家要杀猪、砍水牛;丧男家杀猪、砍水牛或马。砍杀的这些牲畜外形要好,且要膘肥体壮,有的丧家为找外形好的牲口,要走三乡五县,寻访月余,只要丧家中意,一头牛两三千元,一匹马一两千元也要买,他们不能把外形不好的牲畜送给亲人。

小控:水语称为"控低",扎些简单的纸伞、旗幡上坟,请一批人吹芦笙、撒拉(唢呐)吹跳半天。一般杀一头猪及鸡鸭等即可。小控开销小、破费少。

中控:水语称为"控胆"。规模比小控大些、除了杀一头猪外,还要杀一头水牛或一匹马，纸伞、旗幡质量较好；吹芦笙、唢呐要增至三五批，并陪送花伞十五至二十五杆，有的还在门外用自织的白布并在一起搭成人字形的布棚。时间为一天一夜。控堂人数约一千人。

大控：水语称为"控劳"，杀猪、砍牛、宰马，从四五头至三四十头不等，吹芦笙、唢呐六七批以上，正头亲戚陪送花伞三十杆以上，吊丧队伍数百人，整个控堂约两三千人，时间为三天三夜。耗资约一万五千元。

特控：水语称为"控腊"，规模比大控还要大，控堂人数四五千，时间为七天七夜以上。耗资更大。

开控中还有"热控"和"冷控"之说。热控水语称为"控鲁"，即逝者亡时即安葬时举行的开控；冷控水语称为"控汉"，即逝者安埋数年、数十年后才举行的热坟控、立碑控。

另外，从中控起，还要竖立高高的旗幡，水语称为"杆勒"，即挖来连根带叶的大金竹，用三丈三尺长的土白布并联后绑在上面，然后顺着走廊栏杆揭开瓦片升上屋顶竖立起来。

二、"开控"：惊人的消费

每逢水族举行"开控"，放铁炮，燃钢花；放黄烟、火箭；点孔明灯；敲铜鼓；吹跳芦笙、唢呐；放鞭炮等，加上人声鼎沸，弄得响声震天动地；烛光灯光彻夜长明；有的人家还唱、念古歌、挽歌等，真是盛极一时，浪费惊人。

1. 放烟花、黄烟、火箭、点铁炮等均用火药，以中控计算，每起约需火药四十斤，耗资二百元。2. 爆竹：据老人们说，过去旧社会时有权有势的人家去安葬丈人丈母，烧爆竹也只不过二三万响，而现在却越搞场面越大，如丧家放四五批芦笙送花伞，大家互相攀比，一个要比一个多，请一批芦笙队少的三四万响，一般的五六万响，多者上十万响，每起中控烧掉的爆竹消耗一千元以上。3. 牲畜：前面讲到，水族"开控"，主要看砍杀牲畜的数量，以牲畜的肥瘦情况来判断丧家孝子的富有、忠孝程度。所以，开控的丧家孝子们当不惜重金寻买外形好、膘肥体壮的牲畜砍送亲人。以中控杀一头大猪八百元，一头牛二千三百元，一匹马一千元计算，每起中控所需牲畜耗资可达三千三百元；另有羊、鹅、鸡、鸭、小猪等，每起中控计耗畜禽开支四千余元。4. 粮食耗资：开控前一两天，家门族众各类亲戚早已汇集丧家，开控当天，远近村寨男女老少倾寨而来，人山人海，每起中控约耗粮食二千斤，水酒一千斤，计二千八元。5. 花伞：中控每批芦笙陪送花伞十五至二十五杆，每杆按十元计算，需资一百六十元；另加香烛、纸钱、布匹等计二百余元。6. 薪柴：每堂"开控"数百逾千人汇集丧家前前后后两三天，光是烧掉柴禾就超四五千斤，按每百市斤六元计算，计值三百多元。

以上六项共耗资八千五百元，按此类推，小控按三分之一计二千八百三十元，大控加一倍计一万七千元，特控再加一倍计三万四行元。若再加上汇集劳动力折款，中控按四百人计三千二百元，办一堂中控耗资上万元。如此之大的惊人耗费，给本来经济很不富有的水族群众增加了额外的负担。

三、"开控"耗资对经济发展的影响

随着农村改革的深入和发展，民族政策得到了落实，民族习惯、宗教信仰等得到了尊重。因此，"开控"——水族这个习俗沿袭下来，过去富裕人家才举行，现在已很普遍。

六七十年代几乎消亡的古老悼念习俗，近年来举行越来越普遍，且规模也逐渐扩大化。据笔者对都匀市基场、阳和、奉合三个水族乡初步统计分析，该地区每年举行各种开控达100多场次，平均按中控计算，将耗资上百万元。如此之大的财物浪费，无疑对当地农业生产和经济的发展产生消极的影响。

第一，死人与活人争财。"开控饭甑开，不请人自来"。这已成了规矩。有些丧家本来生活贫困，既无粮无钱更无物无畜，然而，为了支撑所谓的门面，打肿脸充胖子，东筹西借搞"开控"，闹闹哄哄两三天，吃去上千斤粮食，花去上万元钱，客走人散，粮食所剩无几，倒背几千上万元债。他们"开控"的目的是盼望亡灵赐福，坟山贯气，甲第登科，富贵双全。然而坟山风水偏没给这些人家赐以吉祥福禄和富贵，反而使他们多数穷困潦倒，穷上加穷；有的本已小富，可经"开控"这么一折腾，经济元气大伤，沦为新的贫困户。更有的贫困户，丧家通知他放一批芦笙花伞，有道是"人情来得快，不怕你端锅卖"，即使无粮无钱，借粮借钱亦要争口气，东借西凑，挑粮抬酒，吹吹打打去应酬。如此，老贫困户更穷，新贫困户增加，给"扶贫攻坚"工作增加了新的难度。

第二，死人与活人争工。"一家有事百家帮，礼尚往来人情旺。"只要哪家有事"开控"，为了这份帮忙、送礼的人情，几个寨子数百上千人汇集，即使是生产大忙，还有哪样比埋人"开控"更重要的？管你秧子栽不栽、包谷种不种、麦子收不收，先帮忙吃酒去。结果耽搁了收获、播种时机，误了农时，造成粮食减产和损失。

第三，死人与活人争地。选择坟山风水宝地是水族"开控"的主要内容。"开控"这天，众亲友前来，丧家若选了个"青龙拱手，白虎护佑，贵人面立，龙神盾后"的万古佳城墓地，当个个赞扬，祝福丧家日后百福骈臻，千祥云集。所以，水族一概把"人穷怪屋基，富贵在墓地"做千年古训。因此，各丧家都要聘请风水先生周游自家的责任田土、山林，安放罗盘选地，只要风水先生认为是"福地"，那就不管你良田沃土，一葬而安之，蚕食着本来就有限的耕地。

第四，择日选地起纷争，引发不安定因素。请阴阳风水先生选黄道吉日，择龙神宝地出殡安葬逝者，早就成为水家人的不成文规矩，绝大部分的丧家都如此办理。丧家若有三五个孝子，各人都希望风水先生选墓地于己有利，生死互不冲克；择黄道吉日对己无害而有后福；个别丧家孝子多，你去找甲先生，我去找乙道士，他去找丙神汉，因而产生矛盾引起纷争械斗。如某乡蒙氏兄弟俩因安葬父亲，为择日选地引起口角而导致了哥死嫂改嫁弟入狱，留下年逾古稀的老母和未满周岁的孙儿艰难度日。为择日子选墓地引起兄弟不和、妯娌拌嘴、骨肉情绝断的事例也屡见不鲜，给物质文明和精神文明建设埋下了不稳定的隐患。

第五，停柩屋内，污染环境。人死后三四天即开始腐化。停棺于屋内。死尸腐化后尸水外渗，臭不可闻，污染环境。同时，停棺室内，对妇女、儿童产生恐惧心理，影响活人的身心健康。

第六，厚葬薄养，徒有虚名。孝敬老人是中华民族的传统美德，水族人民也不例外。但是由于水族将"开控"场面的热闹程度作为是否孝敬老人的标准，即砍杀的牲畜多，放的芦笙唢呐队数多，花耗资财大，开控场面越隆重，世人就评价你对老人竭尽孝心，因此有些老人在世时，儿女不孝不敬，有的家庭虽有五六个儿子，却将老人丢在一边，无人照顾他们的生活起居。笔者所在地就有这样一位老人，她膝下六男三女，儿孙满堂，可到了晚年，年逾古稀的她孤居一室，自己上山打柴割草，她去世后"开控"场面甚是热闹，五批花伞芦笙，砍杀六头高牛大马。这类事例亦是常有的事。造成了部分人对老人生薄养、死厚葬的心理偏倚，影响精神文明建设的顺利开展。

四、几点看法

水族丧葬"开控"习俗，起源于原始社会的愚昧阶段，生长于封建社会的腐朽土壤，是人们过去缺乏科学知识崇拜原始宗教的表象与痕迹。"长江后浪推前浪，世上新人换旧人。"当今社会是高科技迅猛发展利用的科技时代，而水族同胞生活于边远偏僻的山旮旯里，生产生活条件差，生产力水平低下，经济发展速度较为缓慢。如都匀市基场、阳和、奉合三个水族乡年人均吃粮、人均纯收入仅为：基场156公斤，537元；阳和158公斤，330元；奉合142公斤，401元；均属特困乡镇，多数群众寅吃卯粮，用钱靠贷款，穿衣靠救济，吃粮靠返销。但是，当家中亲人谢世，他们都硬撑面子靠借贷搞"开控"，这不能不引起政府及社会贤明人士的关注。对于"开控"引发的种种问题，笔者有几点肤浅的看法：

第一，关于停棺待葬。人死归土是水家人遵循的千年古训，既然迟早要入土安葬，就没有停柩在家待葬的必要，那些什么黄道良辰吉日全是骗人的东西。提倡丧事新办，即死即葬。第二，关于"开控"规模。"开控"是水家人的信仰与自由，独具民族特色，否认它的存在是不可能的，水家人应倡导戒奢从简搞"开控"的风气，一般以小控为好，亲人去世，立一面石碑，记载逝者生平，请一批芦笙唢呐，杀一两头猪，众亲友相聚一个下午，寄托哀思即可，这样花销不大，节省开支。第三，关于砍牛杀马。牛马是人们生产生活的主要工具，它们为人类犁田耕地，驮运物资，是人类的忠实朋友。水族"开控"中的砍牛杀马场面，牛马被捆钉在树桩上，屠宰手手持大砍刀，一刀一刀将它们砍杀致死，以逗观众取乐，其景惨不忍睹。提倡在"开控"时不准砍牛杀马，既减少开支，又为人们生产留下更多耕牛役马，造福于人类。第四，关于选择墓地。人死归土，顺其自然，但必须强化土地管理，葬人墓地以利用荒山荒坡为好，杜绝占用耕地葬坟，以达到"但存方寸地，留与子孙耕"的目的。

[蒙国颖：《水族丧葬"开控"习俗对经济发展的影响》，载贵州省水家学会编《水家学研究》（三），第226—230页，1999年]

主要参考书目

陈国安著：《水族》，民族出版社 1993 年版。
潘朝霖、韦宗林主编：《中国水族文化研究》，贵州人民出版社 2004 年版。
何积全主编：《水族民俗探幽》，四川民族出版社 1992 年版。
岱年、世杰主编：《水族民间故事》，贵州人民出版社 1984 年版。
《中国各民族宗教与神话大词典》编审委员会编：《中国各民族宗教与神话大词典》，学苑出版社 1990 年版。
徐华龙主编：《中国鬼文化大辞典》，广西民族出版社 1994 年版。
欧阳修：《新唐书·地理志》，上海古籍出版社、上海书店 1995 年版。
王品魁译注：《水书·正七卷、壬辰卷》，贵州民族出版社 1994 年版。
王品魁、潘朝霖译注：《水书·丧葬卷》，贵州民族出版社 2005 年版。
贵州省档案局（馆）、荔波县人民政府编：《泐金·纪日卷》，贵州人民出版社 2007 年版。
潘朝丰、陈立浩编：《水族民间故事集·月亮山》，1981 年铅印本。
贵州省民族研究所编：《月亮山地区民族调查》，1983 年铅印本。
贵州省民族研究所编：《贵州民族调查》（之二），1984 年铅印本。
贵州省民族研究所编：《贵州民族调查》（之三），1985 年铅印本。
贵州省民族研究学会、贵州省民族研究所编：《贵州民族调查》（之四），铅印本。
贵州省民族研究所、贵州省民族研究学会编：《贵州民族调查》（之八），1990 年铅印本。
贵州省志民族志编委会编：《民族志资料汇编》第七集（水族、壮族），1988 年铅印本。
贵州省民族研究所编：《民族研究参考资料·民族风情》第二十二集，1985 年铅印本。
中国科学院民族研究所广西少数民族社会历史调查组编：《广西壮族自治区·水族社会历史调查》，1962 年铅印本。
贵州省水家学会编：《水家学研究》（一），贵州民族出版社 1993 年版。
贵州省水家学会编：《水家学研究》（二），1993 年铅印本。
贵州省水家学会编：《水家学研究》（三），1999 年铅印本。

贵州省水家学会编：《水家学研究》（四），2004年铅印本。
韦忠仕：《中国民族文化大观·水族篇》（未刊打印稿）。
《黔南民族》1990年第2、3期。
《中国民间故事集成·三都县卷》，1989年铅印本。

后　　记

本研究项目是何耀华研究员主持的 2004 年国家社会科学基金重点项目"中国原始宗教资料调查研究"（04AZJ001）的一个子项目；是自"七五"、"八五"以来吕大吉、何耀华总主编的《中国各民族原始宗教资料集成》多卷本中的一卷。

我承担水族原始宗教的编写任务后，便着手搜集资料，同时深入三都、荔波、榕江等县的水族聚居地区调查研究，收集资料。这里特别需要提出的是三都水族自治县的民宗局、民族研究所、档案馆，荔波县的档案馆、民宗局等单位和领导，是他们给予我极大的方便和帮助；还要感谢潘朝霖教授、潘朝显县长、李翠云副县长、石国义所长、潘中西所长、蒙熙林同志、姚炳烈馆长等水族地方领导和水族学者，没有他们的无私支持和帮助，是很难完成这项工作的。潘朝霖教授还为本书提供了数十张水族原始宗教方面的珍贵照片，并表示只要是研究水族，提高研究成果的质量，他都愿意提供，表现出一个水族学者无私的胸怀，实属难能可贵。

项目主持人何耀华研究员多次来贵州检查指导，并召开审稿会议，传达"集成"总主编吕大吉研究员的意见，严格把关；中国社会科学出版社黄燕生编审，责任编辑李是前来贵州省民族研究所出席审稿会议，对本分卷的修改完善给予指导，在本书付梓之前，让我们对上述同志以及对项目申报管理单位云南民族大学、云南省民族研究所、中国西南民族研究学会表示衷心的感谢！

陈国安

2006 年 8 年 18 日

总编附记

"中国原始宗教资料调查研究"是 2004 年全国哲学社会科学规划办公室批准立项的重点项目。根据批准立项的研究计划，按苗、布依、仡佬、侗、水、拉祜、高山、畲等 8 个民族设子课题组进行调研，分五个阶段进行：

第一阶段（2004 年 7—8 月），学习马克思主义的宗教理论和党的民族宗教政策、分析国内外原始宗教研究的历史和现状，总结研究吕大吉、何耀华总主编"七五"（跨"八五"）国家社会科学基金重点项目《中国各民族原始宗教资料集成》对 29 个民族原始宗教调研的经验和问题。

第二阶段（2004 年 9 月—2005 年 12 月），进行多省区、多县域、多社区、多批次的田野调查，同时检索历史文献，辑录、核实前人成果中的资料，编印初稿，送课题组长初审。

第三阶段（2006 年 1—8 月），根据课题组组长的初审意见和咨询专家的建议，进行第二轮的田野调查和文献资料的拾遗补缺补正，完成第二稿送课题组长审定。

第四阶段（2006 年 8—12 月），召开包括有中国社会科学院编室主任黄燕生、责任编辑李是在内的专家评审会。根据专家意见，再次修编，提高质量，编出送审成果，报全国哲学社会科学规划办公室申请结项。

第五阶段（2007 年 12 月—2008 年 3 月），根据全国哲学社会科学规划办公室汇总鉴定专家提出的修改建议，再进行补充调研和修改完善。

最终成果共 8 个分卷，总字数约 300.9 万字，其中《高山族卷》34.5 万、《水族卷》38.9 万、《苗族卷》58.3 万、《布依族卷》38 万、《侗族卷》37.5 万、《仡佬族卷》32.1 万、《拉祜族卷》31 万、《畲族卷》30.6 万。应邀参加 2006 年 6 月 7—9 日在贵阳召开的专家评审会的专家们认为，本成果"内容丰富，资料翔实，学术质量高，达到了立项设计的要求"。

本项成果旨在持续完成《中国各民族原始宗教资料集成》尚待研究的苗、布依、侗、水、仡佬、拉祜、高山、畲等 8 个民族的调研，将已进行原始宗教资料集成的民族由原来的 29 个扩大到 37 个，进一步为哲学社会科学工作者提供新资料；同时，联系上述民族的实际，对原始宗教进行再认识、再研究，为构建宗教和谐、民族和谐、社会和谐提供一定的理论支持。根据吕大吉研究员为《中国各民族原始宗教资料集成》写的总序及这次调研的 8 个子课题成果，现将本项研究的主要观点和内容概述如下：

（一）原始人的宗教信仰，是整个人类宗教的发端；也是人类社会各种文化形式的源泉。文明时代的各种宗教，不管它们崇拜的神灵多么神圣，信奉的教义多么玄秘，构建的礼仪体制多么严密，实际上都不是来自神灵的启示，而是起源于原始时代野蛮人粗俗不堪的膜拜。文明时代各种精致的文化，崇高的道德规范，庄严的政治制度，赏心悦目的高雅艺术，智慧深邃的哲学思辨……尽管它们都有各自植根的社会土壤，但在其发育的初期，几乎无不脱胎寄养于原始宗教的腹中。宗教和其他文化形式在发生学和发育学上的这一事实，凸显出我们研究原始宗教的学术意义。

（二）原始宗教是氏族集团全民信仰的"氏族宗教"；是原始社会的上层建筑和社会意识形态的总汇。它的社会本质集中体现为巩固氏族制度和维护氏族社会的传统；它的各种基本要素（宗教观念、崇拜对象、崇拜行为、崇拜礼仪、宗教体制……）无论在内容还是形式上，都体现出原始时代人际关系的性质和氏族制度发展的需要，并与氏族制的社会结构融为一体，成为制约氏族所有成员意识和行为的规范。本成果调研的民族，原始社会早已消失在远古的烟云之中，但是，原始宗教并不随着原始氏族制的消亡而完全消失，正像氏族制度"在它后来被迫蜕变的时候，也还留下了氏族制度的片断"（《马克思恩格斯选集》第 4 卷，第 148 页）那样，原始宗教在被迫蜕变的时候，也还留下了不少原来的"片断"和经过变形的"沉积"。由于已经脱离原始氏族制社会的母体，这些"片断"和"沉积"虽已不再是完整意义上的原始宗教，但其本质属性、内容、形式和特点仍是原始宗教的，通过它们，仍可还原原始宗教的原有形态。本成果集成的资料，就是通过实地调查，对那些保留下来的"片断"进行实录，通过科学分析，对那些"沉积"进行筛选、剥离而获得的。

（三）原始人的宗教观念，是原始时代支配人们生产生活的异己力量在人们头脑中幻想的反映。从人类诞生之日起，人就与自然界浑然一体，仰赖自然界维持生存；而要从自然界获取生存所需，就必须依赖由血缘关系结成的氏族群体共同从事采集、狩猎、原始农耕等生产活动。这就决定原始人的生活既要受异己的自然力量的支配，又要受异己的氏族社会关系的制约。这两种异己力量反映在原始人的幻想世界中，就使他们产生"灵魂"、"万物有灵"、"灵魂不死"等超自然的观念及对图腾物、自然物、鬼神及祖先的崇拜。这四种崇拜是原始氏族宗教的基本结构和基本崇拜对象，其他的崇拜均是这四种崇拜的附属物和衍化物。现今中国各民族社会中存在的图腾崇拜、自然崇拜、鬼神崇拜和祖先崇拜，本质上都是原始宗教的"沉积物"。本成果集成的资料，基本上是围绕这四种崇拜来进行调研和收集的。对原始宗教与其他宗教结合为"共生物"，而又不能剥离的那些原始宗教因子，也重点地加以收录并予以说明。

（四）灵魂（神灵）观念的产生在原始宗教的形成中具有标志性的意义；在人类思维发展史上是一次质的飞跃。从高深的神学理论和现代文明人的眼光看，原始人的灵魂观念不足为道，他们祭献的神灵粗俗不堪，但在使用石器的原始时代，灵魂（神灵）却是原始人所能设想出来的一种至高无上的存在。它集中了原始人的最高智慧，寄托着他们对美好生活的期待以及对自身命运的关注。灵魂（神灵）观念给原始人的想象添上了超自然的羽翼，使之解脱了人类生理本能的自然束缚，翱翔于超自然的无垠空间；也使原始人超出动物式的感性直观，进入人所特有的抽象思维领域。正是这种具有超自然性质的灵魂（神灵）观念，孕育了人类关于人与超人、自然与超自然的信念。如果原始人没有某种关于"超自然力量"的信念，就不会有宗教的神，也就不会在文明发展的一定阶段出现论证它的哲学与神学；当然，也不会因此而激发起把这种"超自然力量"还原为自然力量的自然科学和启蒙科学。系统、深入地探讨灵魂（神灵）观念的产生、存在形式及原始人对灵魂、神灵、鬼灵的抚慰、祈求、献祭、崇拜的行为、礼仪，是本项成果的特色和建树。因为这不单是从深层研究原始宗教的需要，也是研究其他宗教的需要。

（五）在原始时代，宗教的体制与社会的体制是合二为一的。氏族制度被宗教化，宗教崇拜活动的体制也构成氏族社会的社会制度。由图腾崇拜构建出同一图腾氏族男女不婚的外婚制；由祖先崇拜而规定出丧葬制度；由丰产巫术发展为各种生产祭祀和庆丰收的节日；由巫术神判衍生出氏族社会的习惯法；由祭神山圣水衍生出氏族社会的环境保护。氏族赋予宗教禁忌规定和宗教礼仪以神圣的权威，迫使原始人逐渐强化对社会规范的服从和对个人行为的约束。这些神圣的禁忌和规范成了原始人在生产生活中必须遵守的"无上命令"，使原始人的动物性本能受到抑制，由此而受到自制的教诲。年深日久，这些神圣的禁忌和行为规范演变成为氏族的习尚、行为准则和伦理意识。正如弗雷泽所说，与神圣观念相联系的禁忌制度，在人类早期的社会生活中，对稳定社会秩序，对确立私有财产不被盗窃和不受侵犯，对婚姻的神圣性，对保护和尊重人的生命，都有重大作用。在原始社会，如果没有与宗教崇拜相联系的礼仪制度和禁戒规定，以及随之而来的严酷可怕的神判和神圣制裁，原始人的道德规范和"法纪"规约是难以建立的，社会的文明与进步就难以想象了。因此，本项成果大量汇集了巫术、禁忌及原始宗教与经济生产、与社会和谐、与伦理道德、与人生礼仪、与生态保护等相关的资料。这些资料不仅对研究原始宗教具有学术价值，而且对发展民族经济文化，构建人与人、人与自然和谐的社会，也具有一定的现实意义。

（六）原始宗教是原始文化的载体，又是原始文化的表现形式之一。本成果从原始宗教探寻各种文化的渊源和形式，为文化史研究和创造新文化提供了借鉴。原始人一旦在自己的幻想世界里生出超人间、超自然的神灵观念，必然伴生出对神灵的祈求和敬畏之情。各种敬神、娱神的举动由此而生。他们用以表现神灵的言辞和身体动作都是拟人化的、象征性的；或者用某种物质性的实物和偶像象征那本属虚无的神灵，用比喻性的语词来表现象征神灵的性状，用模拟化的身体动作再现神灵的活动……一切"象征"性的表现，都是人性的创造活动，成为形象化的艺术。语言的象征，发展为讴歌神灵的事功、感谢神灵恩德的文学艺术（诗歌和神话之类）；身体动作的象征性模拟，发展为舞蹈艺术；神灵偶像的制作，发展为雕塑绘画之类造型艺术……原始人的艺术活动和艺术创作之最深刻的源泉无疑是他们的社会实践，但同样无疑的事实是，原始艺术在原始社会的存在与发展，不可能脱离宗教观念的刺激和宗教崇拜活动的哺育。祭坛即文坛，世界各民族的早期文化艺术几乎无不具有宗教的色彩，寄生于原始人的宗教生活。本项成果对与原始宗教相关的神话、传统、经书、诗歌、音乐、舞蹈、绘画、雕刻、手工工艺等资料进行了调研、摄片。这些资料不仅再现了原始宗教崇拜的风貌，而且展现了文化艺术的源头，是深入研究原始宗教、开发利用原始艺术和发展创新民族文化所不可缺少的。

马克思说："研究必须充分地占有材料，分析它的各种发展形式，探寻这些形式的内在联系。"（《资本论》第1卷第二版跋）毛泽东说："要像马克思所说的详细地占有材料，加以科学的分析和综合的研究。"（《改造我们的学习》）资料是学术研究工作的根，没有资料就不可能有学术研究。本项成果的学术价值，就在于它比较充分、比较准确、比较系统地为哲学、宗教学和其他人文科学的研究者提供了研究原始宗教的资料。

研究原始宗教的意义还不限于宗教学领域。在漫长的历史发展中，宗教一直高居于社会上层建筑的顶端，支配着人类的精神世界。正像宗教的神被视为君临世界的主宰一样，它也被视为人类社会各种文化形式的神圣之源。本项成果对历史学、民族学、哲学、文艺学、政治学、法学等诸多学科的研究，都具有应用价值。本项研究的阶段性成果多未发表。就已发表的《论高山族的原始宗教》（《世界宗教研究》2005年第3期）而言，其观点和资料广泛被学者和写论文的硕士、博士研究生引用。该文以高山族原始宗教的产生和发展史为论证的切入点，以高山族的原始信仰与大陆各民族的同类崇拜作比较，得出高山族与祖国大陆的各民族不仅民族同种、文化同源、历史发展同体、国家同一，而且具有中华民族共同的民族心理素质的结论。这说明本项成果对促进祖国的统一大业，也有重要的意义。

作为一项重要的大型学术资料研究工程，本成果的不足，一是对不断变化中的崇拜现象作本质的、理论上的论证不够深入。二是在对原始宗教的理论研究上，我们虽然有一定的建树，但也仅是一家之言。有许多问题尚需作进一步的探讨，比如图腾崇拜是怎样产生的？它与灵魂（神灵）崇拜、自然崇拜、祖先崇拜有何关系？是先有灵魂崇拜，还是先有图腾崇拜；是先有图腾崇拜，还是先有自然崇拜；或他们都是同时产生等等，都还有待作深入的研究。三是进行实地调研的面和调研的专题还不够广泛，特别是对高山族的研究，除依靠台湾学者做实地调查提供部分资料外，课题组成员没有去台湾进行调查，仅有的一次是课题负责人利用在台讲学的机会，去宜兰县大同乡泰雅人碧雅楠部落对夫布尔溪的祭溪护溪仪式作过实录。今后有条件时赴台湾进行实地调查是不可少的。

本成果的错漏，敬请读者予以批评指正。

何耀华

2007年1月16日

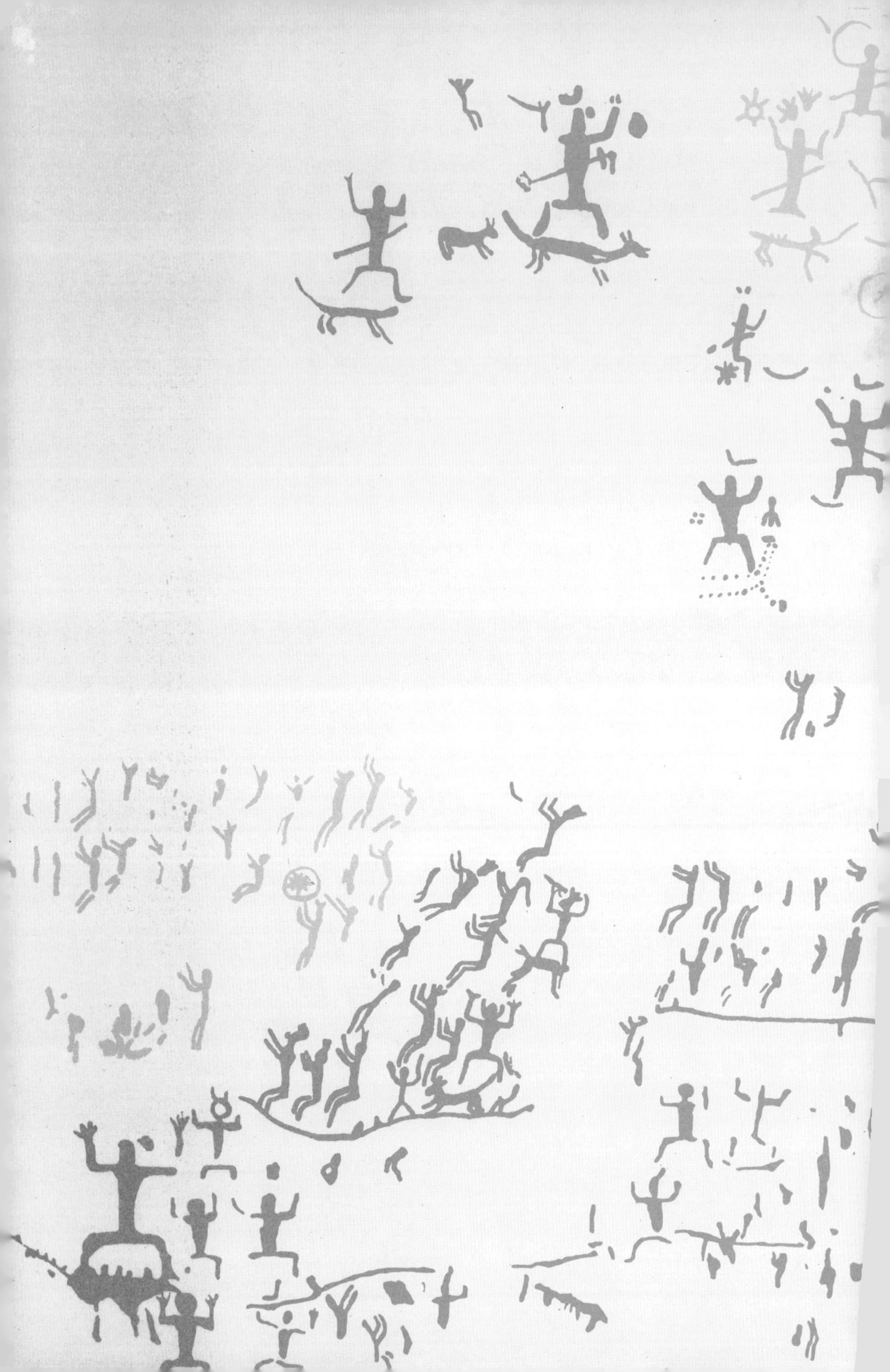